1000 Tage die die Welt bewegten

© Moewig Verlag / edel entertainment GmbH, Hamburg
www.moewig.de www.edel.de

Originalausgabe
Alle Rechte vorbehalten

Idee und Herausgeber: Feierabend Unique Books
Text und Redaktion: Lothar Berndorff, Tobias Friedrich

Mit Beiträgen von: Sean Bussenius, Sven Holly, Nils Kalliski, Maja Kersting,
Frauke Meier, Kerstin Paulmann, Olaf Schumacher, Joachim Staron,
Philip Wahl, Karsten Zang

Layout, Satz, Illustrationen: nawim96, www.nawim96.de
Umschlaggestaltung: Alexander Mertsch

Druck und Bindung: GGP Media GmbH, Pößneck
Printed in Germany
ISBN 978-3-86803-118-8

Lothar Berndorff • Tobias Friedrich

1000
Tage die die Welt bewegten

*Legendäre Taten, spannende Geschichten
und verschollene Momente*

Inhalt

Vorwort	**Der Tag X**	S. 009
Kapitel 1	**Tage des Planeten** Umwelt und Kosmos	S. 010
Kapitel 2	**Tage des Glaubens** Götter, Lehren, Religionen	S. 046
Kapitel 3	**Tage der Vernunft** Legendäre Denker, Werke und Ideen	S. 080
Kapitel 4	**Tage des Genie** Geistesblitze und Erfindungen	S. 106
Kapitel 5	**Tage der Entscheidung** Entscheidungen und berühmte Schlachten	S. 138
Kapitel 6	**Tage des Umsturzes** Ideen, Revolutionen und Revolten	S. 168
Kapitel 7	**Tage des Abenteuers** Helden, Abenteurer und Höchstleistungen	S. 202
Kapitel 8	**Tage des Verderbens** Kriege, Seuchen und Naturkatastrophen	S. 242
Kapitel 9	**Tage der Ikone** Menschen bewegen die Welt	S. 282

| Kapitel 10 | **Tage des Geldes** .... S. 316 |
| Wirtschaft, Handel und Imperien |

| Kapitel 11 | **Tage der Kommunikation** .... S. 352 |
| Vom Buch bis zum Facebook |

| Kapitel 12 | **Tage des Bildes** .... S. 388 |
| Fotografie, Film und visuelle Medien |

| Kapitel 13 | **Tage des Tons** .... S. 420 |
| Stars, Noten und Musik |

| Kapitel 14 | **Tage des Wortes** .... S. 452 |
| Legendäre Sprüche, Reden und Romane |

| Kapitel 15 | **Tage der Farbe** .... S. 484 |
| Berühmte Gemälde und Maler |

| Kapitel 16 | **Tage der Form** .... S. 514 |
| Möbel, Markenzeichen und Modelle |

| Kapitel 17 | **Tage des Bauens** .... S. 546 |
| Bahnbrechende Bauten und Architekturtrends |

| Kapitel 18 | **Tage der Gesundheit** .... S. 578 |
| Ärzte, Medikamente und Methoden |

Kapitel 19	**Tage der Schönheit** .... S. 610	
	Mode, Körper und Kosmetik	
Kapitel 20	**Tage der Bewegung** .... S. 644	
	Sport und Sportler	
Kapitel 21	**Tage des Gaumens** .... S. 682	
	Gastronomie, Speisen und Getränke	
Kapitel 22	**Tage des Wachstums** .... S. 714	
	Erziehung, Kinder- und Jugendtrends	
Kapitel 23	**Tage des Tieres** .... S. 744	
	Animalische Höhepunkte	
Kapitel 24	**Tage der Empörung** .... S. 780	
	Skandale, Schlagzeilen und Schicksale	
Kapitel 25	**Tage des Scheiterns** .... S. 816	
	Menschen, die die Welt nicht bewegten	

Index .... S. 842
Die Autoren .... S. 857
Bild- und Textnachweis .... S. 858

Tausend Tage,
die die Welt bewegten

Schnell dreht sich die Welt, täglich prasseln zahllose Nachrichten, Meldungen und Ereignisse auf die Menschen ein, die sie am nächsten Tag wieder vergessen haben. Müssen sie auch, schließlich wollen jeden Tag neue Geschehnisse wahrgenommen und verarbeitet werden. Doch in dem unaufhörlichen Strudel des Weltgeschehens gibt es immer wieder Dinge, die sich fest ins Bewusstsein der Menschheit eingraben. Entdeckungen, Erfindungen, Hochleistungen, aber auch Katastrophen, Epidemien, Kriege oder Anschläge finden ihren Niederschlag im kollektiven Gedächtnis der Menschheit. Meist sind nur noch Schlagworte übrig geblieben von dem, was einmal die Welt bewegte. Das Ereignis selbst ist häufig vollkommen in Vergessenheit geraten, selbst wenn seine Folgen die Menschen bis heute beschäftigen. Die Autoren dieses Bandes haben sich auf die Suche gemacht nach den Geschichten, die die Welt in Atem hielten. Nach den Männern und Frauen, die ihren Abdruck hinterließen, Ereignissen, nach denen alles anders war, nach Bahn brechenden Erfindungen, Erkenntnissen, Erleuchtungen. Oft sind es rein zufällige Verkettungen, glückliche oder unglückliche Umstände, die weit reichende Folgen hatten, die keiner vorhersehen konnte. Dabei haben wir unzählige spannende, niederschmetternde, amüsante, aufregende, skandalöse, absurde und kuriose Geschichten entdeckt. Helden, die Feiglinge sind, Memmen, die eigentlich Helden sind, Erfindungen, die weniger dem Genie als dem Zufall geschuldet sind, Kriege aus nichtigem Anlass, und nicht zuletzt wirklich beeindruckende Geschichten, die die Welt im Kleinen wie im Großen zurecht veränderten.
Tausend Tage, die die Welt bewegten – das erscheint zunächst viel, doch eigentlich sind es zusammen gerechnet nicht einmal drei Jahre. Tausend Tage aus Millionen Jahren, das sind tausend Geschichten, Worte, Sätze, Taten, Treppenwitze, kleine Krimis und große Dramen, deren Nachhall bis heute zu spüren ist. Sie denken, Sie kennen sie alle? Beginnen wir mit Tag X...

Karsten Zang, April 2008

Tage der Planeten
Umwelt und Kosmos

20|03|3961 v. Chr. *"Am Anfang erschuf Gott Himmel und Erde..."* Der Schöpfungsmythos **S. 13**

05|03|1512 *Vom Ball auf die Karte* Der Atlas wird geboren **S. 14**

03|03|1543 *Der botanische Luther* Leonhart Fuchs führt ins Reich der Pflanzen **S. 14**

15|03|1609 *Vom Orbis zum Orbit* Das Ende des heliozentrischen Weltbildes **S. 15**

10|07|1610 *Die Sternenbotschaft* Die Milchstraße besteht nicht nur aus Eiweiß **S. 16**

03|08|1669 *Ein Haifisch im Gebirge* Ein Skandinavier entdeckt die Versteinerung **S. 17**

14|03|1755 *Die Theorie des Himmels* Kant sinniert über außerirdisches Leben **S. 17**

25|12|1758 *Alle Jahre wieder* Halley entdeckt einen Kometen **S. 18**

13|03|1781 *Das männliche Himmelselement* Der Uranus ist ein König unter den Männern **S. 19**

13|05|1832 *Leben im Zeichen der Vergangenheit* Der Vater der Paläontologie scheidet im Gedenken an einen Blutegel **S. 19**

23|09|1846 *Ein Stern auf Abwegen* Der Neptun ist nicht zu fassen **S. 20**

16|03|1848 *Die Erforschung der Eruptionen* Das erste Vulkanobservatorium öffnet seine Pforten **S. 21**

16|11|1855 *Dr. Livingstone, I presume?* Ein Missionar entdeckt die Viktoriafälle **S. 21**

01|03|1872 *Der Erhalt natürlicher Schönheit* Der Yellowstone National Park macht Geschichte **S. 22**

24|05|1876 *Vorstoß in die Tiefe* Der Beginn der modernen Ozeanographie **S. 22**

13|10|1884 *Die Suche nach dem Mittagskreis* Die New Yorker Meridian Konferenz **S. 23**

09|09|1893 *Die Quelle des längsten Flusses* Ein Österreicher vermisst Afrika **S. 24**

10|12|1903 *Bakterien aus dem All* Svante Arrhenius sinniert über die Panspermietheorie **S. 25**

18|02|1930 *Ein Zwerg im Weltall* Aufstieg und Fall des Planeten Pluto **S. 25**

01|07|1941 *Schießpulver, Fledermäuse und Touristen* Die längste Höhle der Welt **S. 26**

03|06|1948 *Guck mal, Sterne!* Das Hale-Teleskop ist ein weitschauender Koloss **S. 27**

28|03|1949 *Der große Knall auf BBC* Frederick Hoyle erfindet den Urknall **S. 28**

15|05|1953 *Die Ursuppe des Lebens* Stanley Millers Rezepte aus dem Labor **S. 28**

05|10|1957 *Piep, piep, kleiner Satellit* Die Welt erlebt den Sputnik-Schock **S. 29**

24|07|1965 *... und sie bewegen sich doch* John Tuzo Wilson entdeckt die Plattentektonik **S. 30**

01|03|1966 *Bruchlandung auf der Venus* Venera 3 küsst die Göttin der Liebe **S. 31**

24|08|1968 *Das atomare Atoll* Langsam lernen auf Fangataufa **S. 31**

20|07|1969 *Menschen auf dem Mond?* Das große Rätsel um die kleine Fahne **S. 32**

09|02|1971 *...auf der nach unten offenen Richterskala* Charles Francis Richter misst Erdbeben **S. 33**

01|01|1972 *Eine Zeit für alle* Die Einführung der UTC **S. 33**

25|07|1976 *Leben auf dem Mars?* Die Entdeckung des Marsgesichts **S. 34**

14|10|1979 *Friede auf dem grünen Planeten* Greenpeace wird gegründet **S. 35**

25|12|1982 *Das furchtbare Christkind* El Niño macht Schlagzeilen **S. 35**

24|04|1990 *Unser Auge in den Sternen* Das Hubble-Weltraumteleskop **S. 36**

14|06|1992 *Die große Klimahoffnung* Kann das Kyoto-Protokoll die Welt retten? **S. 37**

01|10|1993 *Die Rettung der Tropenlunge?* Der FSC reguliert die Holzwirtschaft **S. 38**

23|07|1995 *Der verfolgte Komet* Thomas Bopp sorgt bei Sterneguckern für Furore **S. 38**

10|12|1995 *Drei Männer stopfen ein Loch* Späte Ehrung für die Entdecker des Ozonlochs **S. 39**

26|12|1996 *Der Wüstenplanet* Die UNO kämpft gegen den Sand **S. 40**

25|05|1999 *Das vermessene Universum* Die Hubble-Konstante **S. 40**

04|06|2002 *Zwerge im Weltall* Das transneptunische Objekt 2002 LM60 **S. 41**

27|08|2004 *Neue Zeiten?* Der sanfte Weg zu einer neuen Erdgeschichte **S. 42**

03|08|2004 *Start zum Merkur* Die Messenger Sonde geht auf eine lange Fahrt **S. 42**

01|03|2007 *Das Verschwinden der Extreme* Das neue Polarjahr lässt die Pole schmelzen **S. 43**

19|12|2007 *Leben im Weltall* Das astrophysische Journal schafft neue Legenden **S. 43**

26|02|2008 *Ein Kühlschrank für die Erde* Die Eröffnung der Slavbard Global Seed Vault **S. 44**

20 | 03 | 3961 v. Chr.
„Am Anfang erschuf Gott Himmel und Erde…"

Und Gott sprach es werde Licht und es ward Licht. Da ward aus Abend und Morgen der erste Tag." Es braucht wohl keinen näheren Grund diesen Tag als einen, der die Welt bewegte bezeichnen zu dürfen. Die darauf folgende Geschichte ist hinreichend bekannt. Gott schuf den Himmel, Land und Meer, Gras und Kraut, Tag, Nacht, Sonne, Mond und Sterne, Säuger, Fische und Vögel und schließlich Mann und Weib, bevor er sich am siebten Tag von all seinen Werken ausruhte. Doch steht heute eine Frage sowohl bei Gläubigen wie Zweiflern und Atheisten bleischwer im Raum, nämlich jene nach dem Zeitpunkt an dem alles Irdische denn nun begonnen haben soll. Dabei ist man sich vor allem über die Länge der ersten Schöpfungstage kaum einig, die christlich gläubige Evolutionsforscher mit mehreren tausend Millionen Jahren beschreiben, um die Bibel mit dem von der modernen Astronomie errechneten Alter der Erde von 4,6 Milliarden Jahren in Einklang zu bringen. Doch hätte es nur der Lektüre einiger Werke des Spätmittelalters bedurft, um wenigstens eine mögliche Antwort zu erhalten. Hartmut Schedel, Verfasser der ersten gedruckten frühneuhochdeutschen Weltchronik, kann uns bereits 1493 Monat und Tag des Sechsten Aktes der Göttlichen Schöpfung ohne einen Anfall von Zweifel auf den 25. März datieren und somit den Anbeginn allen irdischen Seins auf den 20. März festlegen. Dem protestantischen Geistlichen Cyriakus Spangenberg ist 1560 sogar das dazugehörige Jahr kein Geheimnis mehr, das er in seiner Schrift „Ehespiegel" präzise mit 3961 v. Chr. angibt. Es ist nicht geklärt, wie die Autoren zu ihren Berechnungen kamen und auf welche antiken Vorbilder sie dabei zurückgriffen. Doch fest steht, dass in ihrer Vorstellung die irdische Zeit wesentlich kürzer angelegt war als heute angenommen. Sie glaubten sich selbst bereits im sechsten und letzten Weltzeitalter, das wenn nicht heute, dann vielleicht morgen mit der Apokalypse enden und den Weg für den Messias und eine neue geistliche Existenz freimachen würde. Wenigstens die Frage, wann genau angefangen hatte, was bald enden würde, sollte vorher noch geklärt sein.

05 | 03 | 1512
Vom Ball auf die Karte

Im Jahr 1492 entdeckt Kolumbus Amerika, 1498 erkundet Vasco da Gama den Indischen Ozean, 1500 landet Cabral in Brasilien, 1513 erreicht Balboa den Pazifik. In knapp 20 Jahren hat sich der Blick der Europäer auf die Welt, die sie umgibt, in revolutionärer Weise verändert. Was fehlt, ist ein Mann, der in der Lage ist, die neuen Entdeckungen auf dem Papier maßstabsgetreu festzuhalten, um weitere Entdeckungsfahrten besser koordinieren zu können. Das Schicksal entscheidet sich für Gerard de Kremer, der am 5. März 1512 in Rupelmonde in Flandern das Licht einer neuen Welt erblickt, und der als Gerhard Mercator zum bekanntesten Kartografen des 16. Jahrhunderts werden wird. Mercator studiert in Löwen Mathematik, zeichnet hier 1537 seine erste Weltkarte und zieht als Lutheraner 1552 in das in Religionssachen tolerantere Duisburg. Hier entwickelt er die „Mercator-Projektion", bei der es ihm als erstem Kartografen gelingt, die Erdkugel winkelgetreu auf eine Kartenfläche zu zeichnen. 1569 kommt seine erste große Wandkarte der Welt auf den Markt und ist eine Sensation. Mercator will nun ein detailliertes Kartenbuch erschaffen. Doch stirbt er am 2. Dezember 1594 bevor sein „Atlas sive Cosmographicae Meditationes de Fabrica Mundi et Fabricati Figura" vollendet ist. Das später als Mercator-Atlas bekannte Werk wird 1595 posthum von seinem Sohn Rumold herausgegeben. In der Einleitung erklärt Mercator, dass der Titel sich nicht – wie allgemein angenommen – auf den in der Mythologie die Welt tragenden Titan Atlas bezieht, sondern auf den mythischen König Atlas von Mauretanien, den er sich aufgrund seiner Kultiviertheit und Weisheit zum Vorbild genommen hat. Mercators Methode bleibt in der Luft- und Seefahrt bis heute von Bedeutung, sein Geburtsjahr ist ein entscheidendes Datum in der Geschichte der Geographie.

03 | 03 | 1543
Der Botanische Luther

Am 3. März 1543 ist der 42-jährige Universalgelehrte Leonhart Fuchs am Ende einer ausufernden Forschungsarbeit angekommen. Auf 867 Seiten eines viele Zentimeter dicken Folianten hat er nicht nur „die ganze Historie [...] des meisten Teils der Kräuter mit bestem Fleiß beschrieben", sondern zugleich einen unsterblichen Beitrag für die Botanik und eine spätere Forscherzunft bereitgestellt. Er widmet sein Werk Anna von Habsburg, zum einen, weil er ihr eine natürliche Neigung zu Pflanzen unterstellt, zum anderen, weil er weiß, dass eine königliche Widmungsträgerin für die Popularität seines Buches und die Erstattung der Druckkosten sorgen kann. Fuchs hat seine Überlegungen zuvor wie andere Wissenschaftler auch auf Latein veröffentlicht, doch will er jetzt dem „gemeinen Mann" die Geheimnisse der Pflanzenwelt eröffnen und „befleißt sich des Deutschen". Sein Beispiel macht Schule, doch wird es noch etwas dauern bis Carl von Linné 1753 in seinem Werk „Species Plantarum" die oft historisch und heilsgeschichtlich verwobenen Ausführungen Fuchs' auf wissenschaftliche Beine stellen kann. Das Auge des neuzeitlichen Menschen für die ihn umgebende Pflanzenwelt aber ist seit Fuchs geweckt. Leonhart Fuchs hat seinen Namen auch im Pflanzenreich selbst hinterlassen können: 1535 gründete er an der Universität Tübingen mit dem „Hortus Medicus", den ersten Botanischen Garten Deutschlands. Der Botaniker Charles Plumier taufte 1703 die bezaubernde Fuchsie in Reminiszenz an den großen Meister.

15 | 03 | 1609

Vom Orbis zum Orbit

Im Mittelpunkt der Schöpfung steht die Erde, die übrigen Planeten bewegen sich in Kreisbahnen um sie herum, und außerhalb dieser Sphärenwelt liegt das Jenseits – das alte geozentrische Weltbild steht im Einklang mit dem Gedanken vom Menschen als zentralem Wesen der Schöpfung, dem Augapfel Gottes. Nur gab es immer Menschen, die etwas zu genau hinblickten und bemerkten, dass sich die Planeten leider nicht genau an die nach dieser Theorie zu erwarteten Bahnen hielten. Johannes Kepler, geboren am 27. Dezember 1571 in Weil der Stadt, gehört zu den Wissenschaftlern, die sich intensiv mit den Laufbahnen der Planeten beschäftigen. Schon viele haben versucht, durch neue Theorien und kreative Konstrukte die aus der Religion stammende Annahme der perfekten Kreisbewegung zu belegen, aber Kepler, ein tiefreligiöser Mann, ist bereit für Überraschungen. Seine Beschäftigung mit der komplizierten Marsbahn führt am 15. März 1609 zur Veröffentlichung eines epochalen Werks. Die Astronomia Nova bringt die entscheidenden Argumente für das heliozentrische Weltbild, in dessen Zentrum die Sonne steht. Sie bricht mit dem Dogma der gleichförmigen Kreisbewegung der Planeten. In der Astronomia Nova formuliert Kepler zwei erste Gesetze: 1) Die Planeten bewegen sich in Ellipsen, in deren Brennpunkt die Sonne steht 2) Der Fahrstrahl Sonne-Planet überstreicht in gleichen Zeiten gleiche Flächen. Natürlich eckt Kepler damit bei einigen einflussreichen Stellen an. Seine wissenschaftlichen Einsichten zwingen ihn ebenso wie seine vermittelnde Haltung im Glaubensstreit immer wieder zur Flucht. Doch Kepler findet seinen Trost und seine Hilfestellung im Glauben: „Ich fühle mich von einer unaussprechlichen Verzückung ergriffen ob des göttlichen Schauspiels der himmlischen Harmonie. Denn wir sehen hier, wie Gott gleich einem menschlichen Baumeister, der Ordnung und Regel gemäß, an die Grundlegung der Welt herangetreten ist", schreibt er in seinem Buch Harmonices Mundi (1619).

10 | 07 | 1610
Die Sternenbotschaft

Wo lebt der Mensch? Galileo Galilei, der als erster ein Fernrohr auf das blässlich-helle Band am Himmel richtet, das die alten Griechen – nach gala, ihrem Wort für Milch – Galaxie nannten, kommt eine Antwort in den Sinn. Galilei erkennt, dass die Milchstraße aus unzähligen Sternen besteht und dass die Erde nur einer unter vielen ist. Ganz allein ist ihm diese Entdeckung aber nicht zuzuschreiben. Das Fernrohr wurde 1608 von dem Holländer Jan Lippershey erfunden. Galilei verbessert das Prinzip und begründet durch seine Beobachtungsreihen die Teleskopie-Astronomie. Seine Erkenntnisse veröffentlicht er in seiner Schrift „Sidereus Nuncius", dem „Sternenboten". Das Buch erscheint am 10. Juli 1610 und macht Galilei praktisch über Nacht berühmt. Der Großherzog der Toskana ernennt ihn noch im selben Jahr zum Hofmathematiker in Pisa. Damit kann er sich nun völlig frei seinen Forschungen widmen. Diese bringen ihn immer wieder in Konflikt mit der Kirche. Seine Entdeckung der „Sonnenflecken" widerspricht der Annahme, dass die Sonne ein perfektes Gebilde ist. Zum Eklat kommt es nach der Veröffentlichung seines „Dialogs über die Weltsysteme" (1632), der – wie schon 1613 seine Schrift über die Sonnenflecken – nicht auf Latein verfasst ist, sondern auf Italienisch und damit potentiell einem breiteren Publikum zugänglich wird. Nun fährt die Inquisition schweres Geschütz auf. Obwohl Galilei sein berühmtes „Eppur si muove" („Und sie bewegt sich doch...") niemals so gesagt hat, hält er an seiner Überzeugung fest. Bis zu seinem Tod 1642 bleibt der Begründer der Astronomie, der 1638 erblindet, unter Hausarrest und erhält Publikationsverbot auf Lebenszeit.

03 | 08 | 1669
Ein Haifisch im Gebirge

Als sich der von Kopenhagen gebürtige Nikolaus Steno 1667 zu Studien in Florenz befindet, verändert sich sein Leben unerwartet: Eine Gruppe Fischer hat bei Livorno einen Haifisch gefangen und überreicht dessen Kopf dem Mediziner zur Untersuchung. Der stellt fest, dass die Haifischzähne den „Glossopetrae-Steinen", die er auf der Insel Malta gefunden hat wie ein Ei dem anderen gleichen. Steno hat einen Verdacht, der sich bei seinen Wanderungen durch die Toskana bestätigt: Immer wieder findet er im Gebirge vermeintliche Steine, die Tieren und Muscheln aus dem Wasser ähnlich sind. Als er schließlich am Vesuv Lavagesteine untersucht, fügt sich das Bild zusammen. Im April 1669 veröffentlicht er seinen „Vorläufer einer Dissertation über feste Körper die innerhalb anderer fester Körper von Natur eingeschlossen sind", besser bekannt als „De solido intra solidum". Es ist die erste fundierte Theorie über die Entstehung von Sedimentgesteinen. Steno erkennt in den Fossilien die stummen Überreste längst toter Lebewesen, die wie er annimmt, nach der Sinnflut am Land liegen blieben. Eine Sensation, geht man doch zu seiner Zeit noch davon aus, dass es sich hierbei bloß um interessante natürliche Steine handelt. Steno legt mit seinen Überlegungen über Erdschichten und Quarze auch Grundsteine für die Geologie und die Kristallographie. Am 3. August 1669 dankt er dem Großherzog Ferdinando II. für 400 Gulden, die dieser ihm zu Veröffentlichung seiner Forschungsergebnisse bereitgestellt hat. Das geplante vierbändige Werk über seine Untersuchungen kann Steno aber nie vollenden. Am 25. November 1686 stirbt der inzwischen konvertierte Wissenschaftler als katholischer Bischof in Schwerin an einer Nierenkolik. 1988 wird der tiefgläubige Forscher von Papst Johannes Paul II. selig gesprochen.

14 | 03 | 1755
Die Theorie des Himmels

Obwohl Immanuel Kant, geboren am 22. April 1724 in Königsberg (heute Kaliningrad), den zweifelhaften Ruf eines pedantischen, staubigen Stubengenies genießt, zweifelt niemand seine Bedeutung für die Geistesgeschichte der Menschheit an. Kant begründet seinen Ruhm mit seinem zweiten Werk, der „Allgemeinen Naturgeschichte und Theorie des Himmels", dessen Vorwort er am 14. März 1755 verfasst. Der Stil der Widmung an den König von Preußen gehorcht dem Geist der Zeit und entspricht ganz dem Bild eines unterwürfigen Untertans: „Die

Empfindung der eigenen Unwürdigkeit und der Glanz des Thrones können meine Blödigkeit nicht so kleinmüthig machen, als die Gnade, die der allerhuldreichste Monarch über all seine Unterthanen mit gleicher Grossmuth verbreitet, mir Hoffnung einflösst: Dass die Kühnheit, der ich mich unterwinde, nicht mit ungnädigen Augen werde angesehen werden..." Mutiger sind da schon Kants Gedanken. Er sieht unser heimisches Sonnensystem als kleinere Version der himmlischen Fixsterne; Sonnensysteme wie Galaxien entstehen aus einem sich verdichtenden Urnebel. Zudem unterstützt Kant im dritten Teil der Schrift die Annahme, dass außerirdisches Leben möglich ist. Sowohl Kants Gedanken als auch sein Umgang mit der Obrigkeit tragen, allerdings mit einiger Verspätung, Früchte. 1770 erhält er eine Professur für Logik und Metaphysik an der Universität von Königsberg. Hier erscheint sein Hauptwerk „Kritik der reinen Vernunft", das weitaus bekannter werden wird als seine Überlegungen über das fremde Leben auf fernen Sternen.

25|12|1758
Alle Jahre wieder

Er verliert an Helligkeit, kommt etwa alle 76 Jahre wieder, ist auf zahlreichen alten Malereien zu sehen und inspirierte den Namen einer frühen Rock'n'Roll-Band: Der Halleysche Komet. Benannt wurde der Komet nach dem Physiker Edmond Halley. Dieser ist seit 1720 Leiter der Sternwarte bei Greenwich und bemerkt beim Durchsehen alter Aufzeichnungen, dass ein 1682 beobachteter Himmelskörper offenbar mit einem in den Jahren 1607 und 1531 beobachteten Objekt identisch sein muss und offenbar periodisch am Firmament wiederkehrt. Seine 1705 angestellten Berechnungen ergeben die Jahreswende 1758/59 als nächste Annäherung des Planeten an die Erde. Die Astronomen fiebern dem Moment 50 Jahre lang entgegen. Halley aber stirbt 1742 bevor es soweit ist. Die deutschen Amateurastronomen Johann Georg Palitzsch und Christian Gärtner aber dürfen die Rückkehr des Kometen am 25. Dezember 1758 beobachten. Sie blicken gleichsam in den Abgrund der Jahrhunderte. Wie später erkannt wird, haben viele Menschen den Kometen über die Zeiten beobachtet und dargestellt. So findet er sich auf dem „Teppich von Bayeux" (um 1070), und wird so zum Zeitzeugen der auf dem Teppich erzählte Eroberung Englands im Jahre 1066. Zudem steht „Halley" Modell für den Stern von Bethlehem in Giotto di Bondones Fresko „Anbetung der Könige" (1304-1306). Der Halleysche Komet hat die Menschheit begleitet. Allerdings gehen die Jahre auch nicht spurlos an ihm vorüber. Denn jedes Mal, wenn er in Sonnennähe gerät, verliert der Komet durch die intensive Lichteinstrahlung

Materie und damit an Leuchtkraft. Nicht-periodische Kometen wie Hale-Bopp, der 1997 das Sonnensystem durchquerte, machen ihm inzwischen den Thron am Kometenhimmel streitig. Dennoch kann sich die Menschheit auf eine nächste Begegnung im Jahr 2061 freuen.

13 | 03 | 1781
Das männliche Himmelselement

Wie viele Planeten hat das Sonnensystem? Lange Zeit ging man von insgesamt sechs aus, da diese relativ einfach auch mit bloßem Auge als Wandelsterne zu erkennen sind. Doch die Einführung des Fernrohrs ändert das Bild der näheren Nachbarschaft unserer heimatlichen Erde gründlich. Am 13. März 1781 arbeitet der deutsch-britische Astronom Sir Friedrich Wilhelm Herschel in der englischen Stadt Bath kurz nach zehn Uhr Abends an seinem Spiegelteleskop Marke Eigenbau, um Beobachtungen an Fixsternen vorzunehmen. Dabei bemerkt er ein Objekt, das sich am Fixsternhimmel – fernab der Bahn der bekannten Wandelsterne – zwischen den Sternbildern Stier und Zwilling langsam bewegt. Zuerst glaubt Herschel einen Planeten zu beobachten, doch bald kommen ihm Zweifel. Das Objekt ist sehr lichtschwach; es ist mit bloßem Auge gerade noch zu erkennen. Doch Herschel wirft seine Skrupel schließlich über Bord. Er gibt dem neuen Planeten den Namen Georgium Sidum, um den englischen König Georg III. für sich und seine Entdeckung einzunehmen. Bis 1850 setzt sich die alternative Bezeichnung Uranus durch. Herschel entdeckt 1787 noch zwei Monde des Uranus, die Titania und Oberon benannt werden. In der griechischen Mythologie ist „Uranos" der Erstgeborene der Gaia (Erde), der Himmel in Göttergestalt, der das männliche Element in die Welt einführt. Nach seiner Kastration durch seine Kinder spielt der etwas ungeliebte Übervater Uranos allerdings keine Rolle in den Erzählungen der griechischen Mythologie mehr.

13 | 05 | 1832
Leben im Zeichen der Vergangenheit

„Schwester, ich war es, der entdeckt hat, dass die Egel rotes Blut haben", erinnert sich Georges Cuvier, als eine Krankenschwester ihm einen Blutegel ansetzt. Dann bietet Cuviers Tochter dem todkranken Mann eine Limonade an. Er lehnt sie ab, die Tochter trinkt sie selbst. „Es ist wunderbar, wenn man sieht, dass die, die man liebt, noch schlucken können.", sagt der sterbende Forscher, eventuell mit einem Anflug von Traurigkeit, dann verstummt er auf ewig. Auf ewig? Der Franzose Georges Cuvier, geboren am 23. August 1769, hat einen Großteil seines Lebens damit verbracht, stumme Zeugen einer entfernten Vergangenheit zum Sprechen zu bringen. Er gilt als der wissenschaftliche Begründer der Paläontologie, der Wissenschaft von den Lebewesen vergangener Zeiten. Er untersuchte die fossilen Überreste ausgestorbener Tierarten und entwickelte die Theorie, dass das Leben auf der Erde durch verschiedene Katastrophen immer wieder komplett ausgelöscht wurde – ein Irrtum, der seine Leistungen in keiner Weise schmälert. Cuvier macht zu seinen Lebzeiten die Vergleichende Anatomie zu einer Forschungsdisziplin. Auch kann er als erster durch die Untersuchung der Erdschichten und der in ihnen enthaltenen Fossilien nachweisen, dass ganze Tierarten komplett aussterben können. Die von ihm begründeten Disziplinen helfen uns noch heute, stumme Zeugen der Vergangenheit zum Sprechen zu bringen.

23 | 09 | 1846

Ein Stern auf Abwegen

Einen Planeten zu entdecken ist nicht gerade einfach. Nehmen wir den Neptun, den achten und am weitesten vom Zentralgestirn entferntesten Planeten unseres Sonnensystems. Aus den Aufzeichnungen des Galileo Galilei geht hervor, dass er ihn am 28. Dezember 1612 zum ersten Mal beobachtet. Leider hält er das lichtschwache Objekt, das seine Position während der Beobachtungen nicht wahrnehmbar ändert, für einen Fixstern. Beobachten heißt eben nicht immer gleich entdecken. Tatsächlich ist Neptuns nächster Nachbar Uranus für seine Entdeckung verantwortlich. Die Umlaufbahn des Uranus weicht beträchtlich von seiner zu erwartenden Stecke ab. Und nur die Existenz eines weiteren Planeten scheint diese Abweichung vom zu erwartenden Kurs nach Meinung John Couch Adams und Urbain Leverrier erklären zu können. Doch ist ein solcher Planet mit dem bloßen Auge nicht zu sehen. So wird kurzerhand die Umlaufbahn des hypothetischen achten Planeten errechnet – eine Entdeckung am Zeichentisch. Die Theorie steht, nun muss der unbekannte Planet aber noch gefunden werden. Das gelingt am 23. September 1846 an der Berliner Sternwarte, wo Johann Gottfried Galle und sein Assistent Heinrich Louis d'Arrest die Berechnungen Leverriers und eine neue Sternenkarte benutzen, um den ersten theoretisch vorhergesagten Planeten zu entdecken. Es stellt sich heraus, dass Leverriers Berechnungen um vieles genauer sind als die von Adams, der seine Werte allerdings als Erster veröffentlicht. Auf der Erde bricht nun ein national aufgeladener Streit aus, welches Land den Ruhm für die Vorhersage ernten soll: Frankreich oder England? Die beiden Wissenschaftler selbst arbeiten Hand in Hand. Während dabei Adams vorschlägt, den siebten Planeten – Georgium Sidum – in Uranus umzubenennen, schlägt Leverrier vor, den neuen achten Planeten nach dem römischen Meeresgott Neptun zu benennen. Beide Vorschläge haben sich durchgesetzt.

16 | 03 | 1848
Die Erforschung der Eruptionen

Der römische Feuergott und die Liparische Insel Vulcano geben in der Antike den rauchenden Erdnasenlöchern ihren Namen. Danach geschieht lange Zeit nichts. Erst am 16. März 1848 ist das Osservatorio Vesuviano als erstes Vulkanobservatorium der Welt betriebsbereit. Untergebracht in einem 1841 fertig gestellten, neo-klassistischem Gebäude ist die Einrichtung strategisch günstig am Hang des Vesuv gelegen, 608 Meter über Normalnull auf dem Colle del Salvatore. Das Vesuv-Observatorium unter der Leitung von Macedonio Melloni soll den aktiven Vulkanismus in den Gebieten Kampaniens überwachen, vulkanologische Untersuchungen anstellen und nach Möglichkeit vor zukünftigen Eruptionen warnen. Melloni, wird bereits 1839 zum Leiter des Observatoriums ernannt. Freudig nehmen er und seine Mitarbeiter ihre brandneuen Räumlichkeiten in Besitz, doch aufgrund politischer Entscheidungen wird der erste professionelle Vulkanist 1849 seines Amtes enthoben. Neben dem Vesuv-Observatorium werden bald weitere Forschungseinrichtungen gegründet. Der Anlass ist meist traurig, so entsteht das Obervatoire Volcanologique de la Montagne Pelée auf der Karibikinsel Martinique nach einem Ausbruch des Mont Pelé, bei dem 1902 fast 30.000 Menschen ums Leben kommen. Grund genug, die internationalen Anstrengungen in der Vulkanologie zu verstärken. Heute sind die meisten Vulkanobservatorien der Erde im Dachverband WOVO (World Organization of Volcano Obervatories) zusammengefasst.

16 | 11 | 1855
Dr. Livingstone, I presume?

Die Viktoriafälle sind der „längste einheitlich herabstürzende Wasserfall der Erde". Er gehört zu den zahlreichen Entdeckungen, die der legendäre schottische Abenteurer, Missionar und Afrikaforscher David Livingstone für sich verbuchen kann. Die Entdeckung ist eigentlich ein Missgeschick: Um die Christianisierung des inneren Südafrika voranzutreiben, will Livingstone den Sambesi-Fluss als „Gottes Weg" durchqueren. Da durchfährt den gemütlich dahin treibenden Missionar am 16. November 1855 plötzlich ein Schauer: 110 Meter tief stürzen ungeheure Wasserfälle vor ihm in die Tiefe und trennen den oberen vom unteren Flusslauf. Als gutes Subjekt der britischen Krone benennt er die Victoria-Fälle, von den einheimischen Kololo Mosi-oa-Tunya („Donnernder Rauch") genannt, nach seiner Königin. Ebenso ungewollt wird der Name Livingstone sechzehn Jahre später zum Synonym englischer Sprachgewandtheit werden: Als der Journalist Henry Morton Stanley 1871 auf der Suche nach dem wieder einmal unbekannt verzogenen Livingstone ist, entdeckt er diesen unverhofft am Lake Tanganyika. Er erkennt den kauzigen Missionar sofort und nähert sich ihm mit den Worten „Dr. Livingstone, I presume?" Obwohl bereits schwer krank begleitet der unermüdliche Livingstone den Journalisten bald darauf auf dessen aussichtslos erscheinender Suche nach den Nilquellen. Nach einem langen, der Afrika-Erfoschung gewidmetem Leben stirbt Dr. Livingstone am 1. Mai 1873 am Bangweolo-See an Dysenterie. Das Herz Livingstones wird unter einem Baum begraben, so dass ein Teil des Forschers in Afrika bleibt; der Leichnam wird im April 1874 in der Londoner Westminster Abbey beigesetzt.

01 | 03 | 1872
Der Erhalt natürlicher Schönheit

Wer glaubt, der Schutz von Gebieten unberührter Natur sei eine Idee des 20. Jahrhunderts liegt falsch. Schon im frühen 19. Jahrhundert wurden Stimmen laut, Gegenden von besonderer natürlicher Schönheit oder von geologischem Interesse im Namen der Menschheit den Begehrlichkeiten der Industrie zu entziehen. 1832 wird in Arkanden (USA) der erste, aber wegen fehlender Rechtsprechung noch nicht anerkannte Versuch gemacht, ein solches Gebiet in Arkansas einzurichten. Erst am 1. März 1872 ist es soweit: Der Yellowstone National Park, weitgehend im US-Staat Wyoming gelegen, wird zum ersten wirklichen Nationalpark der Welt. Die verschiedensten Gruppen lassen zur Feier des riesigen Schutz- und Erholungsgebiets die Sektkorken knallen: Naturfreunde, Umweltschützer, Politiker sowie Vertreter der Northern Pacific Railroad, die ganz richtig darauf setzen, dass ihre Eisenbahnlinie durch diese neue Touristenattraktion zahlreiche Kunden gewinnen wird. Der Park umfasst eine Fläche von fast 9.000 km² und ist heute das größte noch existierende Ökosystem der nördlichen gemäßigten Erd-Klimazone. Auch Australien, Kanada und Neuseeland richten noch vor 1900 Nationalparks ein, der erste europäische Nationalpark folgt 1909 in Schweden. Der erste deutsche Nationalpark – der Nationalpark Bayerischer Wald – wird erst 1970 eingerichtet.

24 | 05 | 1876
Vorstoß in die Tiefe

Der Hafen von Portsmouth ist am 24. Mai 1876 Zeuge der triumphalen Rückkehr der Korvette HMS Challenger. Die Challenger war am 21. Dezember 1872 unter der Leitung von Kapitän Sir George Nares zu einer langjährigen Mission aufgebrochen, die der Erforschung der Tiefsee galt. Einmal um die ganze Welt ging die Reise, über Teneriffa nach Bermuda, über das Kap der Guten Hoffnung in die Antarktis und über Australien nach Japan und, und, und... Schaulustige und Wissenschaftler begrüßen die heimkehrende Korvette, die auf ihrer Reise fast 70.000 Seemeilen zurückgelegt hat; 374 Tiefseelotungen, 255 Tiefseetemperaturmessungen und 240 Schleppnetzzüge haben der Challenger einen reichen Fundus an Messwerten und anderem wissenschaftlichem Material beschert, mit dem eine erste Bestandsaufnahme der topographischen, physikalischen, chemischen und biologischen Verhältnisse der Weltmeere gelingt. John Murray, der Assistent des Expeditionsleiters Sir Charles Wyville Thomson, veröffentlicht bis 1896 die gesammelten Ergebnisse der Expedition in 50 Bänden. Der Grundstein der modernen Ozeanographie ist gelegt. An der Auswertung von Thomsons Ergenissen sind zahlreiche internationale Forscher beteiligt; unter anderem der deutsche Meeresbiologe Ernst Haeckel, berühmt für seine reich bebilderten Forschungen im Bereich der Strahlentierchen. Er nimmt sich der von der Challenger gesammelten winzigen einzelligen Oranismen an und beschreibt 3500 neue Arten.

13 | 10 | 1884
Die Suche nach dem Mittagskreis

Der Nullmeridian, der halbe Längenkreis der Erdoberfläche von dem aus die Meridiane nach Osten und Westen laufend bestimmt werden, ist keineswegs ein natürliches Phänomen. Es handelt sich vielmehr um eine logische, aber menschliche Einteilung der Welt, die über die Jahrhunderte bei der Navigation und der Kartographierung der Welt von großem Nutzen war. Doch bis zum 19. Jahrhundert verwendet fast jedes europäische Land einen eigenen Nullmeridian, der im Ansatz ungefähr der geografischen Länge der jeweiligen

Landeshauptstadt entspricht. Die Neuzeit mit
ihrem stark wachsendem internationalen Transport- und Reiseverkehr macht aber eine einheitliche Einteilung nötig. Am 13. Oktober 1884 treffen sich Vertreter aus 15 Ländern in Washington,
um aus fünf möglichen Nullmeridianen zu wählen.
Besonders zwischen Frankreich und England besteht
Rivalität, denn neben dem Greenwich-Meridian ist der Pariser Meridian der aussichtsreichste Kandidat. Ebenfalls im Rennen ist der gern benutzte Ferro-Meridian, der bereits in der Antike von Ptolemäus als westlichster Punkt der damals bekannten Welt an der Kanareninsel Ferro (heute El Hierro) entlang lief. Doch die britische Variante Greenwich, die heute auch die internationale Datumsgrenze markiert, setzt sich durch. Frankreich hält dennoch bis 1900 am Pariser Meridian fest. Noch heute erinnern in Paris verschiedene Denkmäler an den inzwischen historischen Referenzmeridian. Weitere Gedenksteine einstiger nationaler Meridiane findet man in ganz Europa. In Deutschland u.a. am zehnten Grad östlicher Länge auf der Kennedy-Brücke in Hamburg-Altstadt.

09|09|1893
Die Quelle des längsten Flusses

Majestätisch und fraglos bestimmt der Nil des Geschick Ägyptens, für dessen Wirtschaft und Geschichte er von unleugbarer Bedeutung ist. Bei Kairo strömt er ins Mittelmeer, nachdem er den Sudan, Uganda, Tansania, Ruanda und Burundi durchflossen hat. Seine 6.671 km Länge machen ihn zum längsten Fluss der Welt. Der österreichische Afrikaforscher Oscar Baumann hat am 9. September 1893 die Ehre, als erster Europäer die Quelle des Kagera-Nils zu entdecken. Der südlichste und längste Quellflusses des Nils in Ruanda entpuppt sich als Ursprung der Lebensader Afrikas. Baumann ist zudem der erste Europäer überhaupt, der offiziell in Ruanda empfangen wird. Sein eigentlicher Auftrag ist die Karthographierung der Massai-Steppe; ihm werden auch die „Entdeckung" der Seen Eyassi und Manyara sowie des Ngorongoro-Kraters zugeschrieben. Als Baumann an den Quellen des Nil steht, ist er gerade 29 Jahre alt. Ihm verbleiben sechs abenteuerliche Lebensjahre, in denen er den Unterlauf des Pangani-Flusses karthographiert und als Konsul in Sansibar wirkt. 1899 stirbt er an den Folgen einer Infektionskrankheit – etwa ein Jahr, nachdem der deutsche Forscher Richard Kandt eine genaue geographische Bestimmung der Nilquelle vorgenommen hat.

10 | 12 | 1903
Bakterien aus dem All

Am 10. Dezember 1903 ist es wieder einmal soweit: Die Königlich-Schwedische Akademie der Wissenschaften verleiht am Todestag des edlen Stifters, Alfred Nobel, in Stockholm den begehrten Nobelpreis für Chemie. Dieses Jahr geht er an Svante Arrhenius „... in Anerkennung des außerordentlichen Verdienstes, das er sich durch seine Theorie über die elektrolytische Dissoziation um die Entwicklung der Chemie erworben hat." Arrhenius ist der erste Schwede, der mit dem Nobelpreis für Chemie ausgezeichnet wird – und der dritte Chemiker, der diese Auszeichnung überhaupt erhält. Ein Grund für Stockholm, ihn gebührend zu feiern. Die Arrhenius-Theorie, die dem Schweden den Preis einbringt und über die er in seiner Nobelrede referiert, beschreibt die Eigenschaften von Säuren und Basen, doch wird ihn eine andere wissenschaftliche Leistung bald wesentlich nachhaltiger berühmt machen. Vielleicht sieht Arrhenius, just in den Himmel der Chemie aufgestiegen, einen hellen Kometen am Himmel streifen und macht sich Gedanken bezüglich der Herkunft des Lebens. Durchaus möglich. Jedenfalls spricht er noch im selben Jahr von der Möglichkeit eines außerirdischen Ursprungs der Menschheit und macht sich einen Namen als Begründer der Panspermie-Theorie. Arrhenius zufolge können Sporen aus den äußeren Schichten der Atmosphäre eines Planeten entweichen und durch den Druck des Sonnenlichts in das unermessliche Weltall getrieben werden, um dort neues Leben zu erzeugen. So quält seit 1903 viele die Frage: Sind wir also alle Außerirdische?

18 | 02 | 1930
Ein Zwerg im Weltall

Ruhm und Ansehen gehören zu den vergänglichsten Dingen im Leben der Menschen. Doch auch Himmelobjekte sind nicht immer vor dem Sturz ins Vergessen sicher. Der Pluto beispielsweise wurde einst als neunter Planet gefeiert. Doch dann... am 18. Februar 1930 ist zunächst die Freude im Lowell-Observatorium in Flagstaff, Arizona groß, als der Pluto mittels eines „Blinkkomparators" nach einer 25 Jahre währenden Suche endlich entdeckt wird. Ähnlich wie sein Nachbar Neptun, wurde Pluto zuerst theoretisch aus Bahnabweichungen anderer Planeten abgeleitet. Der Entdecker des „transneptunischen Objekts" ist der erst 24 Jahre alte Forschungsassistent Clyde Tombaugh. Für den Autodidakten ist es sicherlich einer der bedeutendsten Momente seines Lebens. Der Name „Pluto" folgt einer Reihe chemischer

Elemente, die mit den zuletzt entdeckten Planeten Uran(us) und Neptun(ium) begonnen worden war. Pluto(nium) ist die logische Folge. Tombaugh entdeckt noch zahlreiche neue Asteroiden sowie zwei Kometen und arbeitet bis 1973 als Astronomieprofessor. Er trägt auch dazu bei, dass eine engere Definition des Begriffs „Planet" eingeführt werden muss. Denn im Kuipergürtel genannten Kometenreservoir, der Heimat des Pluto, werden immer mehr Objekte vergleichbarer Größe entdeckt. Tombaugh stirbt 1997; im Jahr 2006 trägt die Raumsonde New Horizons seine Asche auf ihrem Forschungsflug zum Pluto mit sich in die Weite des Weltalls. Im selben Jahr verliert Pluto seinen Status als Planet, denn inzwischen sind mehrere transneptunische Objekte bekannt und man muss sich entscheiden: Sollen es ein paar Planeten mehr (nach einer offeneren Definition würden zumindest noch der Asteroid Ceres, Plutos Begleiter Charon und der Kleinplanet Eris zu den Planeten gezählt) oder einer weniger sein? Am 24. September 2006 erhält Pluto den Status eines Zwergplaneten. Sein stolzer göttlicher Name wird durch die Kleinplanetennummer 134340 ersetzt. Das Sonnensystem hat wieder acht Planeten.

01 | 07 | 1941

Schießpulver, Fledermäuse und Touristen

Die Erde ist unterhöhlt: Wie Wurmlöcher schlängeln sich die langen Hohlräume, die Experten primäre, sekundäre, phreatische und vadose Höhlen tauften als Folge von Korrosion, Erosion und Tektronik unter ihrer Oberfläche entlang. Die Mammut-Höhle im US-Staat Kentucky gilt als die weitläufigste bekannte Höhle der Welt. Auf 214 km^2 findet der geneigte Besucher bizarre Höhlenformationen und weitläufige unterirdische „Säle". Während des Britisch-Amerikanischen Kriegs 1812 ist die Höhle, die zu jener Zeit dank der Ausscheidungen der großen lokalen Fledermauskolonien reich an Salpetervorkommen ist, ein wichtiger Rohstofflieferant für die Schießpulverproduktion. Mitte des 19. Jahrhunderts wird die Mammut-Höhle zum ersten Mal umfassend vermessen und bald ist die Zeit von Schießpulver und Fledermäusen vorbei: Am 1. Juli 1941 wird der Mammoth-Cave-Nationalpark eingerichtet und seitdem ergießt sich jedes Jahr ein riesiger Besucherstrom in die faszinierende Unterwelt. Am 27. Oktober 1981 wird die Mammut-Höhle zum UNESCO-Weltnaturerbe erklärt, im Jahr 1990 folgt die Ernennung zum Biosphärenreservat. Die riesige Höhle hat auch Einzug in die Literatur gehalten: Sie ist der Schauplatz für H.P. Lovecrafts Kurzgeschichte „The Beast in the Cave" (1905). Aber damit nicht genug: Eines der frühesten Adventure-Computerspiele, das textbasierte „Collosal Cave Adventure (ADVENT)" von 1976, benutzt einen Teil der Mammut-Höhle als Vorlage für eine der Höhlenwelten, die Spieler zu erforschen haben.

03 | 06 | 1948

Guck mal, Sterne!

Als am 3. Juni 1948 die ersten Bilder des Hale-Teleskops um die Welt gehen, glaubt sich die Menschheit in einem Science Fiction Film. Am Mount Palomar in San Diego/ Kalifornien hat die USA das größte Fernrohr der Welt errichtet. Es erlaubt den Erdlingen einen Blick auf eine Reichweite von einer Milliarde Lichtjahren. Hinter dem Projekt stecken Astronomie-Pionier George Ellery Hale, der seit 1908 die Beobachtungsstation am Mount Wilson leitet,

und John D. Rockefeller, der 1928 sechs Millionen US-Dollar als Unterstützung für das kühne Projekt bereitstellt. Zwanzig Jahre werden bis zur Inbetriebnahme noch ins Land ziehen. Allein acht Monate dauert es bis der in New York gefertigte 40 Tonnen schwere Hauptspiegel mit seinen 5,1 m Durchmesser nach der Fertigung soweit abgekühlt ist, dass ein Transport möglich wird. Ein spezieller Zug bringt ihn 1936 unter Beifall der Bevölkerung schließlich in einer behutsamen Geschwindigkeit von 20 km/h in 16 Tagen von New York nach Pasadena. Fünf Jahre dauert es nun, bis der Spiegel unter Verwendung von 5.000 kg Glas aufpoliert ist. Die Arbeiten werden 1941 aus Sicherheitsgründen eingestellt. Erst nach dem Krieg erreicht der Koloss am 12. November 1947 seinen Bestimmungsort. Wie ein überdimensionaler runder Ritterhelm erhebt sich sein 41 Meter hohes, 1.000 Tonnen schweres Gehäuse mit 42 m Durchmesser aus den Gebirgszügen von Mount Palomar. Als das Teleskop am 3. Juni 1948 endlich den Betrieb aufnimmt, ist sein Bauherr Hale († 1938) längst verschieden. Es ist Edwyn Hubble, der im Januar die ersten Fotografien mit dem „Big Eye" machen darf. Erst 1975 gelingt der sowjetischen Konkurrenz mit dem Bau des Spiegelteleskops BTA-6 im Kaukasus ein später Sieg über den amerikanischen Rekord. Noch heute ist das nach seinem Erfinder Hale benannte Teleskop das wichtigste Tor zu den Sternen.

28 | 03 | 1949
Der große Knall auf BBC

Es ist der 28. März 1949. Die Mikrofone stehen bereit, um 18.30 Uhr beginnt das BBC-Radioprogramm „The Nature of Things". Als Gast spricht der britische Astronom und Science-Fiction-Autor Sir Frederick Hoyle (1915 – 2001) über das Wesen des Universums, und die Hörerschaft des Landes hört interessiert zu. Hoyle vertritt eine später durch die Beobachtungen von Edwin Hubble bestätigte Theorie: Das Universum dehnt sich aus. Er beschreibt den für ihn abwegigen Schluss, den einige seiner Kollegen aus der Theorie ableiten: Dass unser Universum mit einem – man stelle sich den Begriff leicht spöttisch ausgesprochen vor – „Big Bang" begonnen habe. Hoyle, wie auch seine Kollegen Thomas Gold und Hermann Bondi, favorisieren die – man stelle sich diesen Begriff nun jovial ausgesprochen vor – „Steady State" Theorie, nach der das Universum ewig ist. Doch Hoyles Begriffskreation hat ungewollte Folgen: Mit dem „Big Bang" erfindet er ein geflügeltes Wort, das bald einem großen Teil der Menschheit dabei hilft, moderne kosmogenetische Vorstellungen zu verstehen. Hoyle hat dagegen vor allem philosophische Bedenken, denn das sogenannte Kalam-Argument, benannt nach der islamischen Glaubensschrift Kalam, geht davon aus, dass alles, was einen Beginn hat (z.B. das Universum), auch eine Ursache haben muss. Und jegliche Ursache sei Gott. Ist der „Big Bang" also ein Gottesbeweis? Einige Religionsdenker sagen ja. In der Wissenschaft geht man inzwischen davon aus, dass das Universum in einer Singularität begann, in der unsere physikalisch-logischen Vorstellungen ohnehin keine Bedeutung mehr haben. Einer weiteren Variante zufolge wiederholt sich die Schöpfung des Universums in einem ewigen Kreislauf und hat also keinen Beginn. Wie auch immer, heutzutage spricht kaum jemand mehr den Begriff „Big Bang" mit leichtem Spott auf der Zunge aus.

15 | 05 | 1953
Die Ursuppe des Lebens

Am 15. Mai 1953 können die Leser des Magazins „Science" den Artikel eines jungen, unbekannten Wissenschaftlers lesen. Stanley Miller arbeitet im Labor des Nobelpreisträgers Harold C. Urey und hat in seinem Experiment nachgewiesen, dass, wenn man in einer Umlaufapparatur die angenommenen Bestandteile der Uratmosphäre unseres Planeten (Methan, Wasserstoff, Ammoniak und Wasserdampf) einer Funkenentladung aussetzt, u.a. Aminosäuren entstehen.

Millers Untersuchung wird als Miller-Urey-Experiment zu einem der bekanntesten Versuche der Neuzeit; sein Untersuchungsparat wird zur Ikone der präbiotischen Chemie, die versucht, die Entstehung des Lebens im Labor zu wiederholen – unter anderem durch die genauere Bestimmung der so genannten „Ursuppe". Spätere Versionen des Experiments können durch eine verbesserte „Rezeptur" alle wesentlichen Bausteine der Lebewesen erzeugen. Neuere Theorien zur Zusammensetzung der Uratmosphäre stellen die Anwendbarkeit des Ursuppen-Experiments auf die Zustände zur Zeit der Entstehung des irdischen Lebens allerdings in Frage. Sicher ist jedoch, dass Miller und Urey die Entstehung des Lebens als chemischen Vorgang begreiflich gemacht haben; kein Wunder, dass die beiden Forscher und ihr Versuchsaufbau echte Ikonen am Pop-Himmel der Wissenschaft sind.

05 | 10 | 1957
Piep, piep, kleiner Satellit

Am 5. Oktober 1957 um 0:56 Uhr übertragen die Nachrichtensender nie zuvor gehörte Geräusche quer über den Globus. Ihr Verursacher: Sputnik 1, ein piepsendes und rauschendes Etwas, das aussieht wie eine überdimensionale Christbaumkugel mit sechs Beinen, gerade einmal 83 Kilo schwer und von 58 cm Durchmesser – das erste „Raumschiff" der Welt. Es ist der Sowjetunion gelungen mit dem Sputnik den ersten Satelliten im All abzusetzen und damit einen wichtigen Etappensieg bei der Eroberung des Weltraums zu erringen. US-Präsident Eisenhower, der noch zwei Jahre zuvor siegessicher den Bau des ersten Erdsatelliten angekündigt hat, muss sich zähneknirschend geschlagen geben, als er die Nachricht beim Golfspielen erfährt. Der „Sputnikschock" sitzt der westlichen Welt tief im Nacken, nicht zuletzt, da die Trägerraketen des Trabanten auch zum Transport atomarer Sprengköpfe taugen könnten. Sputnik 1 dagegen hat Friedliches im Sinn: Bereits nach 96 Minuten hat er die Erde einmal umkreist und versendet in den folgenden 21 Tagen piepsende Signale über Kurzwelle in die ganze Welt. Dabei wird der kleine Erdtrabant von der Wissenschaft und Hobbysternenguckern aufmerksam verfolgt. Nach 92 Tagen tritt der Satellit wieder in die Erdatmosphäre ein und verglüht. Doch er hinterlässt unauslöschliche Spuren: Sein Auftreten leitet die Ära der Raumfahrt ein, führt zur Gründung der NASA, verschärft den Kalten Krieg und beschert der Rüstungsindustrie ein enormes Auftragsvolumen.

24 | 07 | 1965
... und sie bewegen sich doch

Wer hat das Rad erfunden? Wer das Teleskop, die Fotografie, das Flugzeug? Wer hat bewiesen, dass die Erde um die Sonne kreist? Es ist selten nur ein Mensch auf den wir unser Wissen zurückführen können, aber oft gibt es Momente, die in der Geschichte der Erkenntnis eine herausragende Rolle spielen. Am 24. Juli 1965 werden die Leser der brandneuen Ausgabe des britischen Wissenschaftsmagazins „Nature" Zeugen eines solchen besonderen Augenblicks. Das Heft enthält einen Artikel des kanadischen Geophysikers John Tuzo Wilson, in dem die geneigten Leser bei ihrem Morgenkaffee einige frische Gedanken bezüglich der Plattentektonik nachverfolgen können. Nun hat schon der deutsche Meteorologe Alfred Wegener 1915 in seinem Buch „Die Entstehung der Kontinente und Ozeane" vermutet, dass Südamerika und Afrika aufgrund der auffällig guten Passform ihrer Küstenlinien einst Teil eines inzwischen auseinander gedrifteten Riesenkontinents waren; Wilson aber „begründet eine neue Wissenschaft", wie das Magazin „Scientific America" später schreibt. Seine Inspiration? Hawaiis Inselkette. Wilson fällt auf, dass die Haupt- oder Kopfinsel noch vulkanisch aktiv ist, während die am anderen Ende der Kette gelegene Insel Niihau sowohl vulkanisch weniger aktiv als auch offensichtlich älter ist. Nun nimmt er an, dass sich unter Hawaii ein stationärer „Hot Spot" befindet, über den sich die Inselkette hinweg bewegt. Die Theorie der Plattentektonik und der Kontinentalverschiebung und damit ein neues Bild unseres Heimatplaneten sind nunmehr nur noch einen Gedanken weit entfernt. Zudem erlauben Wilsons Untersuchungen ein besseres Verständnis des Vulkanismus und der Erdbebenentstehung.

01 | 03 | 1966
Bruchlandung auf der Venus

Die Venus ist einer unserer direkten Nachbarn im Sonnensystem. Sie hat ungefähr den gleichen Durchmesser wie die Erde, verfügt aber über eine radikal andere Atmosphäre, deren Hauptbestandteil Kohlendioxid ist – ein wahrer Gas-Ozean, der einen ungeheuren Druck auf die Venusoberfläche ausübt, wo meist eine Temperatur von leicht über 400° Celsius herrscht. Doch am Abendhimmel strahlt die Venus hell und verführerisch. Im Laufe der Jahrhunderte haben unzählige Menschen den nach der griechischen Göttin der Liebe benannten Wandelstern beobachtet und sehnsuchtsvoll zu ihm hinaufgesehen. Sie ist immerhin das – neben dem Mond – hellste Objekt am Abendhimmel und oft sogar am Tag sichtbar. Kein Wunder also, dass die Menschen schon immer an einer Erforschung der Venus interessiert waren. Galileo Galilei betrachtet sie im Jahr 1610 ausführlich durch sein Teleskop. 1961 startet die sowjetische Raumsonde Venera 1 zur Erforschung des Planeten. Aufgrund einer Funktionsstörung schlägt die Mission allerdings fehl. Die erste erfolgreiche Raumsonde vor Ort ist 1962 die amerikanische Mariner 2. Am 1. März 1966 führt die sowjetische Raumsonde Venera 3 eine Crashlandung auf der Venus durch. Dabei wird sie zwar zerstört, erntet aber den Ruhm, das erste menschliche Raumfahrzeug zu sein, das den Boden der Venus erreicht hat. Als Venera 3 auf ihr zerschellt blinkt die Venus nicht einmal, kühl wie eine römische Göttin strahlt sie weiterhin am Sternenhimmel und betört ihre irdischen Beobachter.

24 | 08 | 1968
Das atomare Atoll

Im Jahr 1966 nimmt das Weltgeschehen auf explosive Weise von zwei unbewohnten Atollen im pazifischen Tuamotu-Archipel Besitz. Die Inseln Fangataufa und Mururoa gehören zu Französisch-Polynesien und Frankreich braucht ein Testgelände für seine Atomwaffen; am Besten möglichst weit entfernt vom französischen Heimatboden. So wird kurzerhand in das Fangataufa-Atoll, ursprünglich ein geschlossener Ring, eine Durchfahrt für Kriegsschiffe gesprengt. Dem Atom-Test steht nichts mehr im Wege. Am 24. August 1968 wird auf Fangataufa eine Wasserstoffbombe mit einer Sprengkraft von 2,5 Megatonnen zur Detonation gebracht, eine respektable Menge, brachte es die Hiroshima-Bombe doch „nur" auf 13 Kilotonnen. Die ungeheure Explosion erschüttert das Inselparadies, führt aber nur zu vereinzelten internationalen Protesten. Weitere folgen bis sich Frankreich 1975 auf unterirdische Testreihen verlegt. 1996 geht die Einsicht, auch aufgrund immer lauter werdender Schmähungen des französischen Präsidenten Chirac, bereits soweit, dass man sich auf Simulationen verlegt, die man strahlungsarm am Computer ausführen kann. Im Jahr 2000 verlassen die französischen Streitkräfte das Atoll. Doch die Nachwirkungen der atomaren Vergangenheit sind umstritten. Die Internationale Atomenergiekommission sieht Fangataufa und die Region nicht mehr als durch die Radioaktivität gefährdet an; andere Organisationen weisen darauf hin, dass Schilddrüsenkrebs in Französisch-Polynesien fünf Mal häufiger ist als in anderen Pazifikregionen. Inzwischen ziehen auch zahlreiche an den Tests beteiligte Arbeiter gegen die französische Regierung vor Gericht. Ihre Anklagepunkte: Körperverletzung und mangelhafte Aufklärung.

20 | 07 | 1969
Menschen auf dem Mond?

Der 20. Juli 1969 ist ein großer Tag, zumindest in der Fernsehgeschichte. Auf der ganzen Welt werden Bilder von der Mondlandung der Apollo 11 gezeigt. Ungezählte Augenpaare folgen Neil Armstrong, der Schritte auf dem Mond unternimmt. Ungezählte Augenpaare sehen die amerikanische Flagge auf dem Mond wehen. Wehen? Nicht alle trauen ihren Augen. Im Jahr 1976 veröffentlicht der US-Autor Bill Kaysing das Buch „We never went to the moon: America's Thirty Billion Dollar Swindle", in dem er – auf sehr populäre Weise – eine komplexe Verschwörungstheorie zur Mondlandung begründet. Die Theorie wird im Laufe der Zeit zum Hit. Die 2001 von Fox Television ausgestrahlte Sendung „Conspiracy Theorie: Did we land on the Moon?" führt Kaysings Theorie ohne Gegendarstellung sensationalistisch vor. Die Menschen wollen glauben, und sie zweifeln die „Mächtigen" bereitwillig an. Verschwörungstheoretiker weisen immer wieder gerne auf die „wehende" Flagge hin. Auf dem Mond gibt es keinen Wind – wieso soll sie also wehen? Aber tut sie das wirklich? Sehen wir genauer hin: Die Flagge hängt an einer deutlich sichtbaren Querstrebe, weswegen sie nicht absinkt. Die „Wellen" in der Flagge entstehen beim Aufstellen, durch Berührung und durch Vibrationen der Haltestange. Einmal zur Ruhe gekommen verweilt sie ruhig in der angenommenen Stellung. Dies sieht die NASA genauso, die darauf verweist, dass die Beweislast auf Seiten der Verschwörungstheoretiker liegt und man keine Steuergelder mit einer Schlammschlacht verschwenden wollte. Das Rätsel Mondlandung bleibt also ungelöst.

09|02|1971
... auf der nach unten offenen Richterskala

Am 9. Februar 1971 erschüttert ein Erdbeben Los Angeles. 65 Menschen sterben, es entstehen Sachschäden in Höhe von einer halben Milliarde Dollar. Teile des brandneuen Olive View Hospital sowie mehrere Brücken stürzen ein. Ein Horrorszenario? Ja, aber auch eine Erfolgsgeschichte. Los Angeles hat in den Sechziger Jahren die Vorschläge des Seismologen Charles Francis Richter, geboren am 26. April 1900, beherzigt und die Stadt auf Erdbeben vorbereitet, ein Frühwarnsystem eingerichtet und zahlreiche Verzierungen von öffentlichen Gebäuden entfernt. Richter ist auch als Vater der Richter-Skala bekannt, obwohl seine berühmte Skala in den Medien nur selten richtig verstanden wird. Für das genannte Erdbeben wird ein Wert von „6,6 auf der nach oben offenen Richter-Skala" gemeldet. Für Wissenschaftler hört die Richter-Skala aber bei 6,5 auf – technisch bedingt, da die Messgeräte, mit denen Richter die Skala entwickelt hat, nur einen bestimmten Teil der Bodenbewegung bei einem Erdbeben erfassen können. Über 6,5 bleibt die Bodenbewegung für Richter-Meter unsichtbar, was viele Berichterstatter aber nicht anficht; höhere Werte, die eigentlich andere Skalen verwenden, werden einfach auch der Richter-Skala zugeordnet. Erdbebenskalen sind aber noch aus einem anderen Grund nicht nach oben offen: Bei einem Wert von 10,6 auf einer modernen Skala würde die gesamte Erdkruste aufbrechen. Darüber kann nichts mehr beben. Aufgrund von Richters nicht jedermann verständlichen Messvorschrift – „Die Magnitude eines Erdbebens ist definiert als der Logarithmus der größten Auslenkung, gemessen in Mikrometer, mit der ein Standard-Seismometer das Erdbeben aus 100 km Entfernung registrieren würde" – sind inzwischen übrigens Messungen im Bereich unter 0, also im Nanometer-Bereich, möglich. Damit ist die Richter-Skala immerhin nach unten offen...

01|01|1972
Eine Zeit für alle

Am 1. Januar 1972 ist Zeit für die Zeit: Eine neue Referenzzeit wird eingeführt, die Koordinierte Weltzeit. Piloten und Kapitäne, Wissenschaftler, internationale Koordinatoren und Amateurfunker stellen sich auf den neuen, UTC („Universal Time Coordinated") genannten Standard ein. Eigentlich ist es eine Revolution ohne Revolution, denn niemand dreht wirklich an seiner Armbanduhr herum oder verstellt die Kuckucksuhr. Die UTC ist weitgehend mit ihrem Vorgänger, der UT („Universal Time") identisch. Sie ist die mittlere Sonnenzeit auf dem Meridian von Greenwich, gemessen ab Mitternacht. Damit unterscheidet sie sich von der astronomischen Zeit, die, um ein nächtliches Umschalten des Datums während der Beobachtungen zu vermeiden, am Mittag beginnt. Aus diesem Grund ist die UTC auch als „Bürgerliche Zeit" bekannt. Eines aber hat sich doch geändert: Während die alte UT von der Erdrotation abgeleitet wird und damit nicht absolut gleichmäßig verlaufend ist, beruht die UCT auf einer Kombination der UT mit der internationalen Atomzeit (TAI), die von Zeitinstituten herausgegeben wird. Sie verstreicht damit beständiger als die alte UT, ist aber auch für den Alltag besser anwendbar als die TAI, die sich aufgrund der Fluktuationen in der Erdrotation notwendig gegen die Sonnenzeit verschiebt. Und tatsächlich hat sich die TAI seit 1972 bis 2007 um 33 Sekunden gegen die UTC „nach Vorne" verschoben. Haarspalterei? Vielleicht, aber für viele präzise Anwendungen ist dieser kleine, aber feine Unterschied durchaus von Bedeutung.

25 | 07 | 1976

Leben auf dem Mars?

1877 macht der italienische Astronom Giovanni Schiaparelli eine aufregende Entdeckung. Er beobachtet Rinnen („Canali") auf dem Mars. Obwohl sich Schiaparelli vorsichtig ausdrückt werden in der Sensationspresse aus den „Canali" schnell ganze Kanäle und damit Zeugen einer Marskultur. Solche Spekulationen halten sich über eine lange Zeit in den Medien. 1976 wird eine am 25. Juli vom Orbiter-Modul der Sonde Viking 1 aufgenommene Struktur populär als „Marsgesicht" gedeutet. Das Relikt einer untergegangenen Zivilisation? Es geht ein lautes Rascheln durch den globalen Blätterwald. Spätestens 1998 können höher auflösende Aufnahmen der Sonde „Mars Global Surveyor" die Annahme widerlegen und zeigen, dass es sich um eine stark verwitterte Felsformation handelt. Bei manchen gesichtsähnlichen Details der Originalaufnahme handelt es sich sogar um Übertragungsfehler. Die Presse interessiert sich allerdings nur wenig für eine Richtigstellung der ursprünglichen sensationalistischen Annahmen. Bis heute halten sich alternative Theorien über das „Marsgesicht", die oft darauf hinweisen, dass den Kritikern in der Presse zu viel Raum gegeben wurde und dahinter eine breit angelegte Verschwörung vermuten. Auch das Lander-Modul der Viking 1 Mission, das am 20. Juli 1976 nach der sowjetischen Sonde Mars 3 (1971) auf dem Roten Planeten landete, konnte das Vorhandensein von organischem Leben auf dem Mars weder bestätigen noch ausschließen. 2005 wurde auf dem Mars sogar ein unterirdisches Eisfeld entdeckt...

14 | 10 | 1979
Friede auf dem grünen Planeten

Die Organisation „Don't Make A Wave Committee" ist heute kaum noch jemandem ein Begriff; gegründet 1971 von nordamerikanischen Anti-Atom-Aktivisten in Vancouver wollte man zuerst nur gegen die Atombombentests der USA in Alaska vorgehen. Bereits bei den ersten Aktionen verwendet man eine Taktik, die mediale Aufmerksamkeit garantiert: Mehrere Aktivisten mieten ein Boot und versuchen, das Testgelände zu erreichen. 1972 will man gegen die französischen Atombombentests auf dem Mururoa-Atoll protestieren. Auf die Aktion wird auch der kanadische Lebemann und Schiffsbesitzer David McTaggart aufmerksam, der sich umgehend anschließt. Dabei wird sein Schiff, die Vega, von einem französischen Kriegsschiff gerammt, bei einer ähnlichen Aktion 1973 wird McTaggart brutal zusammengeschlagen. Nun sind die Kriegslinien gezogen, die für die westlich geprägte Welt des späten 20. Jahrhunderts typisch sind: Eine bunte Protestkultur steht gegen die autoritäre Staatsgewalt. Am 14. Oktober 1979 gründen McTaggert und seine Mitstreiter die Organisation Greenpeace International, die zahlreiche Protestgruppen unter einem internationalen Dach versammelt. McTaggart, der bis 1991 den Vorsitz führt, fasst die Philosophie des ebenso medienwirksamen wie erfolgreichen Unternehmens wie folgt zusammen: „Keine Kampagne sollte ohne klare Ziele begonnen werden; keine Kampagne sollte begonnen werden, ohne dass die Möglichkeit auf Erfolg besteht, keine Kampagne sollte begonnen werden, ohne dass man beabsichtigt, sie konsequent zu Ende zu führen." MacTaggarts Kampf um die öffentliche Aufmerksamkeit gegenüber globalen Umweltproblemen wurde bereits in zahlreichen Aktionen gewonnen.

25 | 12 | 1982
Das furchtbare Christkind

Weihnachten 1982 befinden sich die Anrainer des Pazifiks inmitten einer Katastrophe. Der Wasserpegel steigt um 40 cm, das Wasser ist 8°C wärmer als gewohnt. In Chile sichtet man 10 Quallen pro Kubikmeter. In Ecquador und Peru kommt es zu bachartigen Regenfällen, die Küsten verwandeln sich in ein gigantisches Schlammgebiet. Riffe und Korallenbänke verschwinden. Fische, Landtiere und Pflanzen verenden, die Malaria bricht aus. In Utah wird der Große Salzsee zum Binnenmeer. In Südostasien und Afrika kommt es zu Hungersnöten. Selbst in Deutschland steigt der Rhein über die Ufer und man misst hier im Sommer 1983 Temperaturen von 40° C. Weltweit schätzt man die Schäden auf 8 Milliarden US-Dollar. Schnell spricht die Welt vom größten „El Niño" des 20. Jahrhunderts. So rückt ein eigentlich uraltes Naturphänomen ins öffentliche Bewusstsein. Denn alle zwei bis sieben Jahre zittert die pazifische Welt vor „El Niño", einer Klimaanomalie, die ihren niedlichen Namen „das Christkind" nicht etwa aufgrund ihrer Harmlosigkeit, sondern ihres meist regelmäßigen Auftretens vor Weihnachten erhalten hat. Wenn sich Anfang Dezember die Gewässer des Mittel- und Ostpazifik in dramatischer Weise erwärmen, kommt es zu einem fatalen Zusammenspiel von Winden und Meeresströmungen, Wasser- und Lufttemperatur, dessen Folgen Sturmfluten im Osten und anhaltende Dürreperioden im Westen des Pazifik sind, die seit jeher Tausende von Menschen das Leben kosten: Die kenianische Dürre (1997) und die australische Dürre (2002) sind verheerende Beispiele jüngerer Zeit. Am ärgsten traf es Indien (1896 bis 1902), wo in der größten Hungersnot des Landes elf Millionen Menschen umkamen. Die Entdeckung des Phänomens dankt die Welt dem Briten Sir Gilbert Walker (1889-1959), der mit dem Southern Oscillation Index (SOI) auch ein Instrument zu seiner Vorhersage schuf. Dies hilft den reichen Staaten wie den USA sich auf die Katastrophe vorzubereiten. Allein in Südostasien und Afrika bleibt die Bevölkerung El Niño oft ungeschützt ausgeliefert.

24 | 04 | 1990
Unser Auge in den Sternen

Als das Hubble-Weltraumteleskop am 24. April 1990 mit dem Space Shuttle Discovery auf seine Orbitalbahn gebracht wird, beginnt ein ganz neues Zeitalter in der Astronomie. Zum ersten Mal in der Menschheitsgeschichte sind nun Beobachtungen des Weltalls ohne den störenden Einfluss der Erdatmosphäre über einen längeren Zeitraum möglich. Unter anderem ermöglicht Hubble den Wissenschaftlern eine bessere Annäherung an die – wie das Teleskop nach dem US-Astronom Edwin Hubble benannte – Hubble-Konstante. Diese beschreibt die Expansionsrate des Universums und gewährleistet eine genauere Bestimmung des Alters unseres Kosmos. Da Hubble ein extrem teures Projekt ist, wird von Anfang an eine besondere Einbindung der Weltöffentlichkeit angestrebt. Besonders die amerikanischen Steuerzahler werden im Allgemeinen gut über Hubble-Projekte informiert. Zudem ist das Teleskop bis 1997 für ausgewählte Amateurprojekte zugänglich. Hubble wird auch für interstellare Aufnahmen von hauptsächlich ästhetischem Wert genutzt, die über das „Hubble Heritage

Programm" der Öffentlichkeit zugänglich gemacht werden und sozusagen als Werbung für wissenschaftliche Arbeiten dienen. Von Hubble gemachte Aufnahmen werden außerdem in neueren Folgen der Fernsehserie Star Trek benutzt.

14|06|1992
Die große Klimahoffnung

Rio de Janeiro, international bekannt für seinen ausschweifenden Karneval und als Hort der Kriminalität, wird am 14. Juni 1992 auch zum Schauplatz einer Konferenz der Vereinten Nationen über Umwelt und Entwicklung, bei der die Klimarahmenkonvention (UNFCCC) unterschrieben wird. Am 1. Dezember 1997 wird in Kyoto ein inzwischen bekannteres Zusatzprotokoll zur UNFCCC beschlossen, das sogenannte „Kyoto-Protokoll". Es stellt eine gewaltige Anstrengung der globalen Gemeinschaft dar. Überzeugt, dass der durch den Menschen verursachte Ausstoß an Treibhausgasen für die globale Erwärmung verantwortlich ist, versucht die internationale Gemeinschaft durch die Festlegung von Zielwerten die Produktion dieser Gase zu kontrollieren und, falls möglich, die Erwärmung des Planeten zu stoppen. Das Projekt ist gigantisch, das bürokratische Drumherum von atemberaubender Dimension, die Vorraussetzungen schwer zu erfüllen. Damit das Unternehmen einen Sinn ergibt, wird bestimmt, dass mindestens 55 Staaten das Protokoll ratifizieren müssen; als Island 2002 zustimmt, ist diese Mindestzahl erreicht. Zudem soll auf die ratifizierenden Länder ein Anteil von zumindest 55% der internationalen Kohlenstoffdioxid-Emissionen des Jahres 1990 entfallen. Der russische Präsident Putin darf sich am 5. November 2004, als durch die Ratifikation Russlands dieser Wert überschritten wird, für einen kurzen und seltenen Moment als Held der Menschheit fühlen. Zum Zeitpunkt des Inkrafttretens des Protokolls, am 16. Februar 2005, haben 136 Staaten, die zusammen 62% der Kohlenstoff-Emissionen erzeugen, das Papier ratifiziert. Das gewaltige Projekt hat seine Chance, die Menschheit kann zeigen, dass sie aus Fehlern lernen kann... Allerdings sind nicht alle mit der Vision von Kyoto einverstanden. Die US-Regierung hat Anfang der 2000er Jahre erklärt, dass sie nicht beabsichtigt, das Protokoll zu ratifizieren; damit ist der größte Industriestaat der Erde, zumindest während der Amtszeit von Präsident Bush, an dem Projekt nicht beteiligt.

01 | 10 | 1993
Die Rettung der Tropenlunge?

Majestätisch erstrecken sich die tropischen Wälder wie ein grünes, unterbrochenes Band um den gesamten Erdball. Ein Gebiet zwischen dem 23,5° südlicher und nördlicher Breite, in dem Temperatur und Tageslänge relativ konstant sind. Sein Herz, der tropische Regenwald zwischen 10° südlicher und nördlicher Breite, ist das artenreichste Landökosystem der Erde. Zusammen mit den Wäldern in den kälteren Zonen der Erde sind diese bewaldeten Zonen unersetzbar für alles Leben. Auch für die menschlichen Kulturen, die Holz im großen Maßstab verbrauchen. Ein Glück dass Bäume nachwachsen ...aber tun sie das schnell genug? Nicht immer. Die Waldvernichtung, also der zu schnelle Verbrauch der nachwachsenden Ressource Holz, führt schon vor Jahrhunderten zur Praxis einer nachhaltigen Forstwirtschaft. Entsprechende Forstordnungen gibt es seit spätestens 1442, als der Holzverbrauch im Bistum Speyer reguliert wurde. Die Moderne macht aber weitere Maßnahmen nötig. Dazu gehört die Zertifizierung verantwortungsvoller Holzfirmen, ausgegeben vom Forest Steward Councilship (FSC), der am 1. Oktober 1993 in Toronto, Kanada gegründet wird. Das Zertifikat garantiert (zumindest theoretisch) eine nachhaltige Waldnutzung und ermöglicht den Käufern von Hölzern und Holzprodukten eine informierte Kaufentscheidung. Am Tag der Gründung des FSC atmen die tropischen Wälder also eventuell erleichtert auf... und eine frische Brise bläst um den Erdball.

23 | 07 | 1995
Der verfolgte Komet

Manchmal sind Astronomen besser informiert als andere Sterbliche. Am 23. Juli 1995 entdecken Alan Hale in New Mexico und Thomas Bopp in Arizona unabhängig voneinander einen Kometen, der auf die Sonne zu rast. Dem Punkt der größten Annäherung soll der Flugkörper aber erst am 1. April 1997 erreichen, weswegen er auch als „der Große Komet von 1997" bekannt wird. Die Forscher vermuten früh, dass Hale-Bopp ziemlich hell am Sternenhimmel leuchten wird – schließlich wurde er ja auch schon in ungewöhnlich großer Entfernung entdeckt, was auf eine starke Leuchtkraft hinweist. Die Vorhersage erfüllt sich: Hale-Bopp ist ab Mitte 1996 ganze 18 Monate lang mit dem bloßen Auge sichtbar. Der kosmische Besucher erregt unter den Wissenschaftlern und der allgemeinen Bevölkerung so großes Interesse, dass er zum meist beobachteten Kometen des 20. Jahrhunderts wird.

Den Astronomen gelingt es, durch spektroskopische Beobachtungen organische Verbindungen auf Hale-Bopp zu erkennen. Aber Hale-Bopp weckt auch das Interesse weniger seriöser Gruppen. Manche UFO-Fanatiker glauben, auf einem Foto ein Raumschiff erkennen zu können, das dem Kometen folgt. Die Mitglieder der Sekte Heaven's Gate beschließen daraufhin einen kollektiven Selbstmord, um ihre sterblichen Körper zu verlassen, einen höheren Seinszustand zu erreichen und in dem Raumschiff mit dem Kometen zu reisen.

10 | 12 | 1995
Drei Männer stopfen ein Loch

Jedes Jahr am 10. Dezember kommt es in Stockholm zu ähnlichen Szenen. Wissenschaftler werden für ihre Verdienste geehrt, danach gibt es ein luxuriöses Essen im Beisein vieler Würdenträger des schwedischen Staates. 1995 erhalten drei Forscher den Nobelpreis für Chemie: Die Amerikaner Mario J. Molina und Frank Sherwood Rowland sowie der Niederländer Paul J. Crutzen. Sie erhalten ihn „for their work in athmospheric chemistry, particularly concerning the formation and decomposition of ozone", und weil sie die Menschheit vor einer ungeheuren Bedrohung gewarnt hatten. Crutzen, Molina und Rowland hatten bereits Anfang der 70er Jahre auf die Auswirkungen verschiedener Stoffe, darunter Flurchlorkohlenwasserstoffe (FCKW), auf die schützende Ozonschicht der Erde hingewiesen. 1985 wurde dann das Vorhandensein des „Ozonlochs" durch ein britisches Polarforschungsprogramm von der Halley-Station in der Antarktis aus bestätigt. Durch ein internationales FCKW-Verbot, das 1990 umfassend wurde, konnte der Gefahr entgegen gesteuert werden. 1994 erreichte der Abbau der Ozonschicht seinen Höhepunkt und seitdem schließt sich das Ozonloch langsam wieder. Der Nobelpreis für Chemie feiert also 1995 einen Erfolg. Dies gilt sowohl für die Wissenschaft als auch für die Menschheit, die sich nun der durch sie hervorgerufenen globalen Erwärmung stellen muss. Crutzen schlägt sinnigerweise vor, ein neues Erdzeitalter einzuführen – das „Anthropozän" oder Menschenzeitalter – um der Tatsache Rechnung zu tragen, dass die Menschheit die Erde seit dem Industriezeitalter auf globaler Ebene beeinflusst.

26 | 12 | 1996
Der Wüstenplanet

Wüsten sind extreme Gebiete. Sie sind die wilden Aristokraten unter den Landschaftsformen, unnahbar und abweisend. Nur hochspezialisierte Pflanzenarten können in solchen Gegenden überhaupt existieren. Sandwüsten, Felswüsten, Kieswüsten, Salzwüsten oder auch Eiswüsten nehmen große Teile des Planeten in Anspruch. Als größte Wüste gilt Antarktika (13.000.000 km²), gefolgt von der Sahara (rund 9.000 km²). Insgesamt bedecken die Wüsten fast ein Fünftel der gesamten Landfläche der Erde – und sie breiten sich aus. Schuld daran ist oft der Mensch. So wird die „Desertifikation" oder Verwüstung durch Überweidung, Entwaldung und nicht-nachhaltigen Ackerbau vorangetrieben. Auch die globale Erwärmung trägt durch längere Dürreperioden zur Verwüstung des Planeten bei. Um der verstärkten Tendenz zur Wüstenbildung entgegenzuwirken, wurde von den Vereinten Nationen schon 1977 ein Aktionsplan verabschiedet, der allerdings bis 1991 wirkungslos blieb. 1994 wird daher eine neue Konvention (UNCCD) beschlossen, die am 26. Dezember 1996 durch ihre Ratifizierung durch den fünfzigsten Unterzeichnerstaat in Kraft tritt. Die Kamele schaukeln an jenem Tag sicherlich mit etwas höher gerecktem Höcker durch die Sandwüsten Marokkos, beispielsweise... Zum zehnten Jubiläum des UNCCD wird das Jahr 2006 dann zum „Internationalen Jahr der Wüsten und Wüstenbildung". Die Öffentlichkeit soll weiter für das Thema der Desertifikation sensibilisiert werden. Doch noch schreitet die Verwüstung voran...

25 | 05 | 1999
Das vermessene Universum

Am 25. Mai 1999 gibt die NASA über ihr „Space Science Update" bekannt, dass ein Wissenschaftler-Team das Hubble-Teleskop dazu benutzt hat, einige zur astronomischen Entfernungsbestimmung sehr geeignete Cepheiden (eine Unterklasse der veränderlichen Sterne) genauer zu untersuchen. Dies ermöglicht eine genauere Bestimmung der Expansionsrate des Universums. Sicherlich ein großer Tag für die Wissenschaft. Aber wieso nehmen wir überhaupt an, dass das Universum sich ausdehnt? Die Geschichte solcher Entdeckungen ist kompliziert und beginnt eventuell mit einem Irrtum. Albert Einstein und Willem de Sitter beschreiben 1917 das Universum gemäß der Allgemeinen Relativitätstheorie als statisches Gebilde. 1922 veröffentlicht Alexander Friedman eine ebenfalls relativistische Beschreibung eines expandierenden oder kontrahierenden Universums. 1925 kann Edwin Hubble die Distanz zu einem Nebel in Andromeda bestimmen und zeigen, dass das Gebilde außerhalb der Milchstraße liegt. Ein Jahr später publiziert er die Distanzen zu weiteren Galaxien. 1927 schließlich zeigt der Belgier Georges Lemaitre, dass die weitgehend anerkannte Relativitätstheorie ein dynamisches Universum verlangt. Einstein/Sitter haben sich also geirrt. Lemaitre beruft sich auf Hubbles Entfernungsmessungen und schließt nun, dass das Universum expandiert, wobei er darauf hinweist, dass es sich um eine tatsächliche Expansion des Raums, nicht um eine Flucht in das existierende Nichts handelt. Am 25. Mai 1999 wird die zuerst von Hubble beschriebene Expansionsrate des Universums – die Hubble-Konstante – also genauer beschrieben. Und das Universum wird der Menschheit etwas vertrauter.

04 | 06 | 2002

Zwerge im Weltall

Die Entdeckung von Himmelskörpern ist oft eine Art Glücksspiel. Das transneptunische Objekt LM60 beispielsweise wird bereits 1982 fotografiert, aber nicht als Asteroid identifiziert. Deswegen gilt der 4. Juni 2002 als Zeitpunkt seiner Entdeckung. An diesem Tag werten Chad Trujillo und Mike Brown in Pasadena, USA am California Institute of Technology Aufnahmen aus und bestimmen die Lage des neuen Himmelskörpers, dessen Größe ein Drittel des Erdmondes erreicht. Damit ist er das größte Objekt, das seit der Entdeckung des Pluto in unserem Sonnensystem beobachtet wurde. Die Entdecker schlagen den Namen Quaoar für den Neuzugang vor. Nach der Kosmogonie der um Los Angeles heimatlichen Tongva-Indianer sang und tanzte eine geschlechtslose Gottheit gleichen Namens die Welt ins Leben. Der Himmleskörper Quaoar ist ein Kuipergürtel-Objekt, das eine fast kreisförmige Bahn um die Sonne beschreibt. Seine Entdeckung schwächt 2002 den Status des Pluto als Planet. Bald werden weitere Objekte vergleichbarer Größe im Kuipergürtel gefunden. So auch Eris, der sogar größer ist als Pluto. Um eine Inflation der Planeten im Sonnensystem zu vermeiden, wird 2006 die Klasse der Zwergplaneten eingeführt; solche Objekte müssen sich in einer Umlaufbahn um die Sonne befinden und über ausreichend Masse verfügen, damit ihre eigene Schwerkraft sie in eine annähernde Kugelform zwingt. Anders als Planeten müssen sie aber ihre Umlaufbahn nicht von Fremdobjekten räumen.

27|08|2004

Neue Zeiten?

Im August 2004 findet im Fortezza de Basso, einer Verteidigungsanlage außerhalb des mittelalterlichen Stadtkerns von Florenz, der 32. Kongress der IUGS (Int. Union of Geological Sciences) statt. 1534 erbaut, wurde die Anlage niemals angegriffen und ist daher noch heute in ausgezeichnetem Zustand. Die Geschichte der Erde, eines der wichtigsten Themen des Kongresses, ist da etwas turbulenter. Besonders geht es um die Veröffentlichung einer neuen Geologischen Zeitskala, die alle modernen Erkenntnisse der Stratigrafie (zeitliche Einteilung der Erdschichten) berücksichtigt. Die Erforschung der Erde anhand von Gesteinsschichten geht auf den dänischen Wissenschaftler Nicholas Steno zurück, der Gesteinslagen als „Zeitabschnitte" gedeutet hat. Allerdings wird bald klar, dass die Einteilung dieser Schichten nicht ganz einfach ist. Nicht nur haben zeitgleich abgelegte Erdschichten in verschiedenen Erdregionen ein sehr verschiedenes Erscheinungsbild, durch Erdbeben und andere Einflüsse wurden die Schichten auch immer wieder umgeschichtet, verformt oder gar abgetragen. Frühe, einfache Systeme teilen die Erdgeschichte in vier Zeiten ein, neue Forschungsergebnisse führen jedoch zu genaueren Bestimmungen und zur Neuinterpretation der Daten. Aus diesem Grund sehen sich die Forscher am 27. August 2004 genötigt, eine neue Zeiteinteilung zu verabschieden, die um einiges komplizierter ist, obwohl weiterhin die Grundeinteilung in vier, stark differenzierte Äonen (Hadaikum, Archaikum, Proerzoikum und Phanerozoikum) verwendet wird. Interessant hierbei der Vorschlag von J. Crutzen, dem Entdecker des Ozonlochs, der ein neues Erdzeitalter anregt – das Anthropozän – um der Tatsache Rechnung zu tragen, dass die Menschheit die Erde seit dem Industriezeitalter auf globaler Ebene beeinflusst.

03|08|2004

Start zum Merkur

Das Team im Weltraumbahnhof Cape Canaveral ist angespannt. Immerhin ist der Start der NASA-Raumsonde Messenger bereits mehrere Male verschoben worden. Den Termin im März 2004 muss man technischer Probleme wegen verstreichen lassen und in den Tagen vor dem 3. August 2004 war das Wetter für den Raketenstart zu schlecht. Doch nun ist alles bereit. 10... 9... 8... ...3 ...2 ...1 ... um 02:15:56 Uhr Ortszeit spuckt die Delta II 7925H-Rakete Feuer. Sie schiebt sich mit ihrer empfindlichen Fracht in den Nachthimmel. Die Raumsonde Messenger (kurz für Mercury Surface, Space ENvironment,

Geochemistry and Ranging) ist nun auf ihrem Weg zum Merkur, in dessen Orbit sie im Jahr 2011 einschwenken soll. Die Erforschung des sonnennächsten Planeten steckt noch in den Kinderschuhen. Bisher hat die amerikanische Mariner 10 als einzige Sonde 1974 den Planeten besucht, Die Bedingungen im Bereich des Merkur sind allerdings auch denkbar ungünstig. Die hohen Temperaturen und zerstörerischen Strahlungsbedingungen in Sonnennähe machen den Einsatz technischer Geräte zu einem riskanten Unternehmen, das gut geplant werden muss. 2008 kann die Sonde bereits die ersten scharfen Bilder aus einer Entfernung von 18.000 km schießen.

01|03|2007
Das Verschwinden der Extreme

Am 1. März 2007 beginnt des aktuelle Polarjahr, das allerdings ganze zwei Jahre bis zum 1. März 2009 dauern wird. Immerhin gibt es ja auch zwei Pole. Während dieser Zeit werden die Anstrengungen internationaler Forscher, die unzugänglichen Polarregionen dieser Welt zu erforschen, besonders unterstützt. Zudem gehen zahlreiche Bilder der hehren Schönheit dieser fast menschenfreien Regionen durch die bereitstehenden Medien. Eines der Themen, die am meisten Aufmerksamkeit erhalten, ist die sogenannte Polschmelze oder Eisschmelze, für die der globale Klimawandel verantwortlich gemacht wird. In den polaren und subpolaren Eisschilden im Süden und Norden des Planeten befinden sich fast 99% des Süßwasserreises der Erde. Obwohl die Erforschung der Pole extrem schwierig ist, sind sich die Wissenschaftler inzwischen einig, dass diese ungeheuren Eismassen zurückgehen. Im Moment schmelzen etwa 125 Gigatonnen pro Jahr, wobei der Großteil des Verlustes (ca. 100 Gigatonnen) auf die nördlichen Regionen (besonders Grönland) entfällt. Dies könnte, nach Ansicht einiger Forscher, bis 2100 zu einem Anstieg des Meeresspiegels um bis zu 1,5 Meter führen. Dann müssten sich einige Küstenregionen wasserdicht anziehen.

19|12|2007
Leben im Weltall

Am 19. Dezember 2007 reichen die Wissenschaftler J.H. Debes, A.J. Weinberger und G. Schneider ein Papier zur Veröffentlichung im Astrophysical Journal, Volume 673, Issue 2 ein. Der Text wird unter dem sperrigen Titel „Complex Organic Materials in the Circumstellar Disk of HR 4796A" kurz darauf veröffentlicht. „HR 4796A" ist ein junger Stern im Sternbild Zentaur. Die ihn umgebende protoplanetare Scheibe wurde im Jahr 1991 entdeckt. Aus solchen staubhaltigen Ringen oder Akkretionsscheiben können sich im Laufe der Zeit, so die Theorie, Planetensysteme bilden. Doch das ist nicht alles: Debes, Weinberger und Schneider finden 2007 bei der Auswertung ihrer Messungen mit dem Hubble-Teleskop Hinweise auf Tholine. Tholine – der von Carl Sagan vorgeschlagene Name bezieht sich auf das griechische Wort für „schlammig" – sind organische Moleküle, die, so wird angenommen, eine entscheidende Rolle bei der Entstehung des Lebens gespielt haben. Sie konnten schon auf dem Saturnmond Titan und auf verschiedenen Kometen nachgewiesen werden. Die Staubscheibe des Sterns HR 4796A ist der erste Ort außerhalb unseres Sonnensystems, an dem Indizien für diese Substanz gefunden werden konnten. Die Theorien einer kosmischen, außerirdischen Herkunft des Lebens erhalten durch diese Entdeckung neuen Auftrieb.

26|02|2008
Ein Kühlschrank für die Erde

Am 26. Februar 2008 eröffnet auf der norwegischen Polarinsel Spitzbergen ganz im Norden des Blauen Planeten die Slavbard Global Seed Vault. Es ist die größte Tiefkühltruhe der Welt, oder, wie es der norwegische Landwirtschaftminister Terje Riis-Johansen formuliert: „eine moderne Neuauflage der Arche Noah". Norwegens Regierung hat drei riesige Hallen, je 27 mal 10 Meter, in den frostigen Fels Spitzbergens treiben lassen, um dort Vertreter der Kulturpflanzen der Erde zu lagern. So soll die Menschheit nach einer eventuellen globalen Katastrophe mit dem hier geschützten Saatgut von Vorne anfangen können. Etwa 1000 Jahre lang können die wertvollen Samen hier bei -18 C° überleben. Zwar liegen die Durchschnittstemperaturen auf Spitzbergen, etwa 1000 km vom Nordpol entfernt, nur bei etwa -4 Grad, aber moderne Kühltechniken tun das Ihrige. Neben der Vorsorge für eventuelle Mega-Katastrophen will man hier auch ganz einfach den Erhalt der Pflanzenvielfalt der Erde üben. Schließlich gehört das Verschwinden von Pflanzenvarianten zum Alltag in unserer sich rasch wandelnden Welt. Aktuell stehen 12.043 Pflanzenarten auf der „Roten Liste" der Weltnaturschutzorganisation IUCN, 8447 davon sind akut vom Aussterben bedroht. Dabei spielt nicht nur die natürliche Evolution eine Rolle, sondern vor allem der Mensch, durch dessen Eingreifen, sich die Quote des Artensterbens im letzten Jahrhundert verzehnfacht hat. Doch kann der Ultra-Kühlschrank in Spitzbergen immerhin 4,5 Millionen Samenproben aufnehmen. Das Mega-Projekt, das sich eines Tages als Segen für die Welt herausstellen könnte, wird von Norwegen und den Vereinten Nationen finanziert. Bislang sind 6,3 Millionen Euro investiert worden. Zur Eröffnung erscheinen die Vertreter von Wissenschaft und Politik schön warm angezogen: Ideale -20 C° hat es am Eröffnungstag auf Spitzbergen...

===================== Weiterlesen =====================

- Leif Allendorf: Planet Pluto. Die Geheimnisse des äußeren Sonnensystems. Frankfurt am Main 2007
- Svante Arrhenius: Worlds in the Making. London 1908
- Tilmann Althaus: Venus – Die eigenwillige Schwester der Erde. In: Sterne und Weltraum 45 (2006), S. 32–39
- Nicholas Crane: Der Weltbeschreiber. Gelehrter, Ketzer, Kosmograph – Wie die Karten des Gerhard Mercator die Welt veränderten. München 2005
- Alan Cutler: Die Muschel auf dem Berg. Über Nicolaus Steno und die Anfänge der Geologie. München 2004
- Martin Dameris, Thomas Peter, Ulrich Schmidt, Reinhard Zellner: Das Ozonloch und seine Ursachen. Chemie in unserer Zeit 41(3), 2007, S. 152 – 168
- Hoimar von Ditfurth: Kinder des Weltalls. München 1991
- Ulrike Emrich: Meyres großer Weltlatlas. Mannheim 2008
- Martine Etzbach: Rettet den Tropenwald. Bonn 1991
- Stephen W. Hawking: Eine kurze Geschichte der Zeit. Hamburg 1998
- Marco Hess: Taschenlexikon der Vulkane und Erdbeben. Stuttgart 2006
- Bill Kaysing, Randy Reid: We never went to the moon. America's Thirty Billion Dollar Swindle. Health Research, 1976
- Robert Kluge, Der sowjetische Traum vom Fliegen. München 1997
- Michael Martin: Wüsten der Erde. München 2004
- Harry Nussbaumer: Achtzig Jahre expandierendes Universum. In: Sterne und Weltraum. Band 46, Heft 6, 2007, S. 36-44
- Thomas Riepe: Yellowstone – Im Land der Wölfe und Kojoten. Gelnhausen 2005

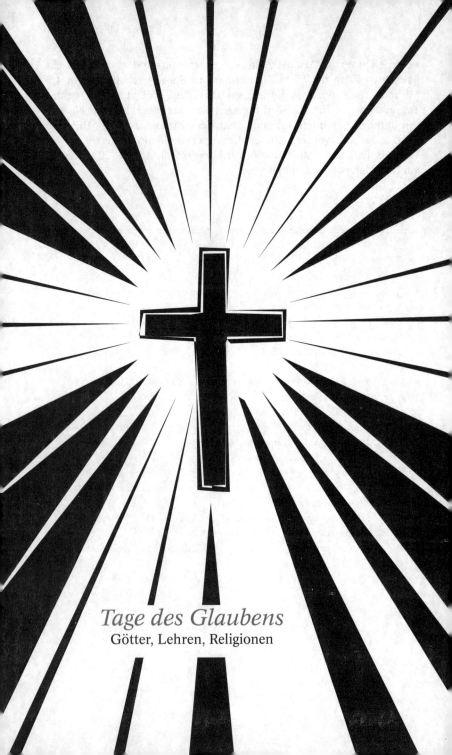

Tage des Glaubens
Götter, Lehren, Religionen

10|09|551 v. Chr. *Ein Lehrer für immer* Konfuzius langer Weg durch China S. 49

25|12|354 *Die geschenkte Weihnacht* Furius Dionysius Filocalus entdeckt das Christfest S. 49

15|03|367 *Das Testament des Bischofs* Athanasius beschließt das Neue Testament S. 50

21|06|400 *Der Alldurchdringende* Vishnus Rückkehr nach Indien S. 51

25|12|498 *Der sündige Täufling* Chlodwig I. bekennt sich zum Christentum S. 52

25|03|532 *Das Jahr des Herrn* Der Abt Dionysius Exiguus erfindet eine neue Zeitrechnung S. 52

14|05|560 *Der erleuchtete Prinz* Aus Siddharta Gautama wird Buddha S. 53

16|07|622 *Der Gepriesene* Mohammed und der Islam S. 54

06|01|754 *Der Papst auf dem Papier* Die Konstantinische Schenkung S. 55

16|12|882 *Prozess für eine Leiche* Das Saeculum Obscurum der unfeinen Päpste S. 55

08|02|963 *Kalif anstelle des Kalifen* Die schicksalhafte Stunde von Kerbala S. 56

28|01|1077 *Die Welt auf dem Kopf* Heinrich IV. geht nach Canossa S. 57

01|05|1196 *Einen Rock für den Herrn* Die Stadt Trier wird zum Wallfahrtstort S. 58

06|07|1415 *Ein Versprechen* Johann Hus wird zum Märtyrer S. 59

17|04|1521 *V. vs. Luther* Martin Luther auf dem Wormser Reichstag S. 59

21|05|1536 *Der Spaßverderber* Jean Calvin treibt Sittenzucht in Genf S. 60

15|10|1582 *Die Zeit macht nur vor dem Glauben halt* Papst Gregor XIII. erfindet einen neuen Kalender S. 61

17|02|1600 *Weltraum denkt, Gott lenkt* Giordano Bruno erliegt dem Glauben S. 62

06|06|1844 *Von der Bibelstunde auf die Tanzfläche* Die Erfolgsgeschichte der YMCA S. 62

01|07|1879 *Wachen und erwachen* Die Zeugen Jehovas formieren sich S. 63

03|06|1886 *Tod der Weißen Väter* Die Martyrium von Uganda S. 64

29|08|1897 *Ein Staat auf dem Mars* Theodor Herzl veranstaltet den 1. Zionistenkongress S. 65

14|04|1910 *Der Yoga-Papst* Aurobindo Ghosh bündelt die Lehre der Yogis S. 65

12|12|1931 *Der Mann in Rot* Der Siegeszug des Weihnachtsmanns S. 66

18|07|1939 *Der Unbeugsame* Paul Schneider predigt in Buchenwald S. 67

15|12|1945 *Brandige Evangelien* Der Fund von Nag Hammadi S. 68

01|01|1946 *Ein Kaiser verliert seine Eltern* Das Ende des Staatsshintoismus S. 69

26|07|1958 *Leben gegen den Schatten* Adolf Martin Bormann wird Priester S. 69

18|09|1962 *Die Wunder Resl* Therese Neumann stirbt als Heilige S. 70

09|03|1963 *Passion à la Pasolini* Pier Paolo Pasolini verfilmt die Leiden Christi S. 71

01|12|1970 *Scheidung auf Italienisch* Der lange Weg des italienischen Scheidungsrechts S. 72

18|11|1978 *Tödlicher Messias* Der kollektive Selbstmord der Volkstempler-Sekte S. 72

14|02|1989 *Falsche Verse* Fatwa über Salman Rushdie S. 73

31|10|1992 *Das schmerzliche Missverständnis* Papst Johannes Paul II. und der „Fall Gallilei" S. 74

20|03|1995 *Japan jagt Dr. No* Die Aum-Sekte attackiert Tokyo S. 75

26|05|1998 *Im Nichtsein ist alles getan* Wissenschaftler ermitteln im Fall Laozi S. 75

04|12|1999 *Vater Hit* Cliff Richard betet den „Millennium Prayer" S. 76

22|11|2004 *Die teigige Dreifaltigkeit* Ebay versteigert Reliquien S. 77

19|04|2005 *Papst zum Spaß* Benedikt XVI. tritt an S. 78

12|06|2006 *Jetzt wird's aber Zeit* Schirin Ebadi kämpft gegen das Kopftuch S. 78

10 | 09 | 551 v. Chr.
Ein Lehrer für immer

Am 10. September 2007 überreichen chinesische Schülerinnen in einer Schule in Bejing ihren Lehrern Süßigkeiten und Geschenke, danach schneiden sie eine tischgroße rosa Torte an und setzen sich mit ihnen zur Gesprächsrunde nieder. Es ist „Lehrertag", aber, noch wichtiger, es ist der Geburtstag des großen Konfuzius, dessen Datum China 1983 kurzerhand auf den 10. September 551 v. Chr. festgelegt hat. „Was Du liebst, lass frei – kommt es zu Dir zurück, gehört es Dir für immer" lautet eine Weisheit des Kongzi, K'ung-fu-tzu oder Konfuzius aus seinem „Lun Yu", dem Meilenstein der Philosophie, der so prägnant ist, dass seine Aphorismen in einen Glückskeks passen. Und so haben es auch die Chinesen mit Konfuzius gehalten. Gleich nach seinem Tod 497 n. Chr. beginnen Schüler, seine Lehren aufzuzeichnen: Zuerst Zen Zi, dann Mengzi, dann 75 weitere, bis schließlich „die 9 Klassiker" beisammen sind. Konfuzius Kosmologie „Yijing", eine komplexe Interpretation von 64 schwarz-weißen Strichzeichen (Hexagrammen), deren Botschaft an den Menschen im Abwägen der Gegenteile und dem Akzeptieren der Veränderung besteht, wird für China zur Morallehre und zur Religion. Konfuzius Forderung nach Liebe, Rechtschaffenheit, Gewissenhaftigkeit, Ehrlichkeit und Gegenseitigkeit prägt den Charakter der Chinesen, seine Forderung nach Loyalität macht aus ihnen duldende Untertanen, seine Anleitung zur Pietät gegenüber der Vaterfigur lässt den Ahnenkult aufblühen. Seit 267 n. Chr. erhält auch Konfuzius selbst Opfergaben, 687 werden überall im Reich Konfuziustempel errichtet. Unter den Ming-Kaisern (1368-1644) macht man ihn zum „höchstheiligen Lehrer Kongzi" ohne den das „Chinesische Reich nicht einen Tag bestehen kann". Seit 1908 spülen kommunistische Strömungen den Meister allmählich hinweg, bis er im neuen China nach Mao als König der Lehrer zurückkehrt und wieder Geschenke zum Geburtstag erhält.

25 | 12 | 354
Die geschenkte Weihnacht

Im Jahr 355 n. Chr. erhält der römische Patrizier Valentian ein Geschenk des bekannten römischen Kartografen Furius Dionysius Filocalus. Es handelt sich dabei um den „Chronographen von 354", eine Chronik der Stadt Rom, die der kunstbegabte Filocalus für seinen verehrten Freund gestaltet hat. Sie enthält reich bebilderte historische Nachrichten über die Stadt am Tiber, dazu Erklärungen der Tierkreiszeichen und Planeten sowie diverse Daten aus dem Leben von Märtyrern und Aposteln. Daneben aber nennt sie erstmals den 25. Dezember als Geburtstag Jesu Christi und berichtet von christlichen Feiern zu dessen Ehren. Offen lässt Filocalus jedoch, seit wann der Brauch begangen wird und er verschweigt ebenfalls, warum man sich für den 25. Dezember entschied. Das Datum markierte bisher den Tag der Wintersonnenwende und wurde in Rom als Fest des Sonnengottes Sol Invictus begangen, direkt nach den ausschweifenden Saturnalien-Festen. So ist wahrscheinlich, dass die Christen beabsichtigten, die heidnischen Bräuche durch ein christliches Fest zu verdrängen und dabei die Popularität des Datums zu nutzen. Zuvor feiert man den 6. Januar als Tag der Taufe Christi und Erscheinung des Herrn (Epiphania). Der „Chronograph" ist das erste Zeugnis des Weihnachtsfestes. Das Konzil von Zaragossa ordnet 380 n. Chr. eine vierwöchige Vorbereitungszeit (Advent) an. Im 5. Jahrhundert ist das Christfest bereits weit verbreitet. Die Bezeichnung „Weihnachten" („wihe nahten", geheiligte Nächte) taucht erstmals im 10. Jahrhundert auf.

15 | 03 | 367
Das Testament des Bischofs

Pünktlich zum 15. März, dem Ostertag des Jahres 367 erreicht, die christlichen Kirchen des Römischen Reiches der 39. Festbrief des Bischofs Athanasius von Alexandria. Der Bischof gilt zu jener Zeit als die höchste kirchliche Autorität neben seinen Amtskollegen in Konstantinopel, Rom und Jerusalem und er teilt diesen eine Bücherliste von 39 Titeln mit, die er gewichtig kommentiert: „Diese sind die Quellen des Heils, auf dass sich der Dürstende an ihnen mehr als genug labe. In ihnen allein wird die Lehre der Frömmigkeit verkündet. Niemand soll ihnen etwas hinzufügen oder etwas von ihnen nehmen." Das unscheinbare Pergament ist die Geburtsurkunde des Neuen Testamentes. Der Bischof Hieronymus wird die genannten Schriften um 382 n. Chr. vom Griechischen ins Lateinische übertragen und so gelangen sie durchs Mittelalter, bis Martin Luther 1522 seine deutsche Übersetzung aus dem Urtext anfertigt. Den Vorsatz, die „gute Nachricht" Christi (Evangelium) als Testament Gottes für die Nachwelt aufzuschreiben, fassen die christlichen Gemeinden nachdem gegen Ende des 1. Jh. alle Zeitgenossen Jesu gestorben sind. Das Evangelium des Marcus (70 n. Chr.) bildet zusammen mit einer zusätzlichen „Spruchquelle" die Basis für Matthäus (80 n. Chr.) und Lukas (90 n. Chr.). Das Johannesevangelium (110 n. Chr.) basiert auf mündlichen Quellen.

Hinzu kommen die Apostelgeschichte und die Briefe des Paulus, Johannes, Jacobus und Petrus. Die Auswahl treffen die Christen nach dem Alter der Schrift, um eine möglichst große Nähe des Autors zu den Aposteln und einen lesbaren Stil der Schrift zu gewährleisten. Schnell tauchen zahlreiche Evangelien auf, die sich mit der fingierten Urheberschaft prominenter Apostel schmücken, darunter das Petrusevangelium. Sie werden als „verbotene Evangelien" oder Apokryphen verdammt. Umstritten bleiben der Hebräerbrief und die als schwärmerisch interpretierte Johannesapokalypse. Athanasius zieht einen Strich unter die Diskussion und nimmt beide auf, doch die griechisch-orthodoxe Kirche wird seinen Kanon erst im 10. Jahrhundert übernehmen.

21 | 06 | 400
Der Alldurchdringende

Man erkennt ihn am bläulichem Gesicht und seinen vier Armen: Vishnu, den Alldruchdringenden, der neben Shiva, der Zerstörenden und Brahma, dem Schöpfer, eine der göttlichen Manifestationen im Hinduismus ist. Mit seinen Insignien Diskus, Muschel, Lotos und Keule sitzt der Gott, der das ganze Universum zusammenhält und sich der irdischen Welt gerne als Fisch oder Schildkröte präsentiert, zufrieden in Schreinen, auf Nachttischen oder in den Schaufenstern von Esoterik-Shops. Dass der 3.000 Jahre alte Vishnu heute selbst Mitteleuropa präsent ist, dankt er vor allem dem König Chandraguptra II. aus der Dynastie der Gupta, die 320 bis 500 n. Chr. weite Teile Indiens regierte. Chandraguptra bringt die lange fast vergessene Gottheit der vedischen Epoche wieder ans Licht des Tages. Er lässt erste Statuen des Gottes anfertigen und um 400 eine Säule aus 6,6 Tonnen Eisen schmieden und bei Udayagiri gut 60 km von Bophal in Zentralindien aufstellen. Diese wirft am 21. Juni eines jeden Jahres zur Sommersonnenwende ihren Schatten direkt auf eine Vishnu-Statue und streichelt der Gottheit zärtlich die Füße. Als Vishnupadagiri, „Hügel mit dem Fußabdruck Vishnus" ist der Ort für Hindus heute eine Wallfahrtsstätte. Die Gupta verschaffen Vishnu auch Einlass in das bedeutende indische Volksepos Ramayana des Poeten Valmiki. Er schlüpft seit 400 in die Rolle der Hauptperson Prinz Rama, der mit Hilfe des Affen Hanuman seine Frau Sita aus den Klauen des Dämons Ravana befreien muss. Die Gupta, deren Reich von Nepal bis zum Punjab reicht, legen den Grundstein zum Tempel-Hinduismus, der bald ganz Indien überziehen wird. Sie fördern aber auch den Buddhismus und andere Geistesströmungen, sind eklektisch und tolerant und damit ihrer Zeit weit voraus.

25|12|498
Der sündige Täufling

Der Erzbischof Remigius von Reims hebt mit lauter Stimme an: "Demütig neige den Nacken, bete an, was du verbrannt hast, und verbrenne, was du angebetet hast!", dann schreitet er am Weihnachtstag 498 zur Taufe des Frankenkönigs Chlodwig I. und seiner 3.000 Gefolgsleute. Chlodwig hat sich zwei Jahre zuvor an der Seite seines Mitkönigs Siegbert des Hinkenden mitten im Schlachtengetümmel bei Zülpich zum Christentum bekannt. In Todesgefahr rief er den Christengott seiner Frau, der burgundischen Prinzessin Chrodechilde, um Hilfe und schlug – so gestärkt – die feindlichen Alemannen vernichtend. Er entschließt sich später zur Taufe und so werden am Weihnachtstag 498 – manche sagen 499, andere bezweifeln den Taufakt ganz – aus den germanischen Franken nun Christen, ein Volk der Gläubigen, wenn auch eines, das noch lange Zeit magischen Wunderglauben und Blutzauber praktiziert und dessen König, der „neue Konstantin", in offenbarer Unkenntnis der Bergpredigt seine Widersacher auf grausamste Art und Weise massakriert. Nachdem die heidnischen Vandalen, Alemannen, Westgoten, schließlich auch Ostgoten, Langobarden und Sachsen aus dem Weg geräumt sind und die Franken um 800 weitgehend uneingeschränkt in Westeuropa herrschen, ist der Siegeszug des christlichen Glaubens im Abendland nicht mehr aufzuhalten.

25|03|532
Das Jahr des Herrn

Im 248. Jahr nach der Regierung des Kaisers Diokletian sitzt der römische Abt Dionysius Exiguus in seiner Klause und rechnet. Papst Johannes I. hat ihn beauftragt, eine neue Ostertafel für die nächsten 95 Jahre zu erstellen. Eine schwierige, aber notwendige Aufgabe, bei der die beweglichen Daten der Mondfeste Ostern und Pfingsten mit dem Sonnenkalender synchronisiert werden müssen. Die letzten Ostertafeln stammen vom Bischof Cyrillus von Alexandria und laufen in sieben Jahren aus. Exiguus errechnet die Osterdaten also für das kommende Jahrhundert und beginnt die Tafel des Cyrillus fortzuführen. Doch eines stört ihn an den Listen seines Vorgängers, die nach den Jahren der Regierung des römischen Kaisers Diokletian datiert sind: Der Römische Kaiser, dem das Osterfest das Jahresdatum gibt, war ein grausamer Christenverfolger, seine Regierungszeit (284-305) eine Zeit des

Martyriums, die unter anderem den beiden Heiligen Maximilianus und Cyriakus das Leben gekostet hat. So sinnt Exiguus auf eine Alternative. Unter Zuhilfenahme römischer Konsulats- und Kaiserlisten errechnet er das Geburtsdatum Jesu Christi auf das 753. Jahr nach der Gründung Roms (ab urbe condita) und gibt dem darauf folgenden einen neuen Namen: 1 AD (annue ab incarnatione domini). Danach notiert er den 25. März 532 AD als erstes Datum seiner neuen Ostertafel, die im ganzen Reich bei den Christen Verwendung findet. Es dauert jedoch bis ins Jahr 1000 bis sich die Datierung „AD" oder „n. Chr." im Abendland flächendeckend durchsetzt, weitere fast 1000 Jahre gehen ins Land, bis man erkennt, dass Exiguus sich um vier Jahre nach vorne verrechnet hat: Christus wurde „4 n. Chr." geboren.

14 | 05 | 560
Der erleuchtete Prinz

Das genaue Geburtsdatum des Siddharta Gautama ist unbekannt, aber westliche Gelehrte gehen heute davon aus, dass er im Jahr 563 vor Christus das Licht der Welt erblickt; traditionelle Quellen nennen den 14.5.560 vor Christus als Datum. Wie auch immer: Der Sohn des Fürsten Suddhodana Shakya erlebt eine beschützte Kindheit. Erst bei einem Ausflug in die harte Welt außerhalb seines luxuriösen Palastes erkennt er die wahre Natur des Lebens. Konfrontiert mit einem Alten, einem Kranken und einem Toten wird ihm klar, dass das Glück der Jugend nicht ewig währt. Schließlich wird im die Existenz im schalen Reichtum gänzlich unerträglich, und er verlässt den Palast sowie seinen neugeborenen Sohn und versucht nun als Asket dem Leiden der Welt zu entkommen. Durch jahrelange Meditation erlangt Siddharta schließlich die ersehnte Erleuchtung und erkennt sein Ziel im Nirwana, dem Zustand der Befreiung oder des Nicht-Seins. Der Weg dorthin ist unbequem und bedarf der Erkenntnis der „vier edlen Wahrheiten": Dass alles Leben Leid und seine Ursache die menschliche Begierde ist, dass diese abgeschüttelt werden muss und hierzu nur die Askese taugt. Die Anleitung zum richtigen Leben ist im „achtteilige Pfad" zu finden. Dieser verlangt rechten Glauben, rechtes Denken, Reden, Handeln, Leben, Streben, Gedenken, und Sich-Versenken. Siddharta darf sich nun Buddha, also „Erwachter" oder „Erleuchteter", nennen. Den Rest seines Lebens verwendet er darauf, seine Erkenntnis an andere weiterzugeben, wodurch er zum Stifter einer der größten Weltreligionen wird. Der Umstand, dass es im Ur-Buddhismus keine Gottheiten gibt, sondern nur Regeln, die zum eigenständigen Erlangen des Nirwana führen sollen, läßt Kritiker Buddha nur als Philosophen ansehen. Doch hat er in seinen Tempeln Asiens inzwischen Gesellschaft von mehr als hundert Göttern und Geistern bekommen, die den Menschen beim anstrengenden Weg ins Nirwana behilflich sein sollen. Buddhas Geburtstag wird jeweils am Vollmondtag des Monats Vaisakh begangen. Der buddhistischen Vorstellung vom zyklischen Dasein gemäß feiert man ihn zugleich als Tag seiner Erleuchtung und seinen Todestag.

16|07|622

Der Gepriesene

Mohammed wird im Jahr des Elefanten 571 n. Chr. geboren, sagen manche, doch die Geschichte des Islam beginnt, wie Sure 96, 1-5 des Korans erzählt, als ihn auf einem abgelegenen Berg bei Mekka die göttliche Berufung ereilt, die Menschheit wieder in die segensreiche Zeit des Propheten Abraham zu führen. Es soll der Erzengel Gabriel gewesen sein, der zu ihm sprach: „Trag vor im Namen deines Herrn, der erschaffen hat, den Menschen aus einem Embryo. Trag vor". Schnell, so wird erzählt, habe der neue Prophet mit seiner Botschaft von einem tugendhaften Leben in der Kaufmannsstadt Mekka Anhänger unter Armen und Sklaven gefunden. Doch die jüdischen Kaufleute und die Hüter der Kab'ba, des „Würfels", oder 180 qm³ großen kastenförmigen Heiligtums, das dem heidnischen Gott Hubal geweiht und als Wallfahrtsstelle für die Stadt eine wichtige Einnahmequelle ist, wollen weder den Propheten Mohammed noch einen neuen Gott dulden. Am 25. September 622 zieht Mohammed nach massiven Bedrohungen nach Medina. Das ist das heilige Datum der Hidschra, der Flucht aus Mekka. In Medina eint er zwei verfeindete Stämme und entschließt sich 630, nach Mekka zurückzukehren, um die Stadt vom Heidentum zu befreien. Fast kampflos ergibt sich Mekka nun dem neuen Heilsbringer. Die Kab'ba mit ihrem schwarzen Meteoriten weiht Mohammed nun Allah und ändert die Gebetsrichtung (Quibla) von Jerusalem nach Medina. Mohammed, der Gepriesene, stirbt am 8. Juni 632 ebenda. Der Islam (Gottes Ergebenheit) tritt bald seinen Siegeszug über den Nahen Osten und Kleinasien an. Kalif Othman (644-655) wird Mohammeds geistiges Vermächtnis im Koran für die Nachwelt erhalten. Der Kalif Umar ibn al-Chattab erklärt den Neumond des Monats der hidschra, den 16. Juli 622 zum 1. Muharram des Jahres 1 der neuen islamischen Zeitrechnung.

06 | 01 | 754
Der Papst auf dem Papier

Vielleicht ist es ein römischer Kanzleischreiber, der an einem Nachmittag irgendwann zwischen den Jahren 750 und 780 n. Chr. angestrengt mit seiner Feder über einem Pergament sitzt und im antiken Stil längst vergangener Tage emsig vor sich hin schreibt. Er notiert sinngemäß: „Der Papst ist der Nachfolger Petri; der Sitz des Papstes ist Rom; Rom ist die Hauptstadt der Christenheit; der Papst ist allen anderen Patriarchen übergeordnet; der Papst ist dem Kaiser an Macht ebenbürtig; der Papst erhält für seine Verdienste den römischen Lateranpalast, Ländereien in Italien und Afrika sowie die politische Oberherrschaft über Rom und alle Provinzen Italiens." Danach nimmt der Unbekannte die Feder noch einmal in die Hand und unterzeichnet mit „Kaiser Konstantin", gegeben im Jahre 337 n. Chr. Wenige Zeit zuvor, vielleicht aber auch danach, steht Papst Stephan II. dem Frankenkönig Pippin dem Jüngeren in der Champagne gegenüber und bittet um Beistand gegen die auf Rom marschierenden Langobarden. Er bietet an, den König als weltlichen Schutzherrn der Römischen Kirche statt des Oströmischen Kaisers anzuerkennen, wenn dieser seinerseits die „historischen" Ansprüche des Papstes für Recht erklärt. Pippin schlägt am 6. Januar 754 ein und übereignet dem Papst die geforderten Gebiete (Pippinische Schenkung). Pippin gewinnt so an Renommee, der Papst einen ganzen Kirchenstaat. Die übrigen christlichen Patriarchen in Byzanz, Jerusalem, Alexandria und Antiochien werden im Lauf der Zeit zu historischen Statisten. Eine spannungsvolle Beziehung entwickelt sich zwischen den römischen Päpsten und den fränkischen Königen, aus denen bald heilige deutsche Kaiser werden. Wo immer Streitigkeiten auftauchen, Bann und Krieg im Verzug sind, leistet die Urkunde des Unbekannten Rom wichtige Dienste, so auch 1059 als Gregor der Große eine prunkvolle Krone für den Papst durchsetzen kann. 1449 wird der Humanist Lorenzo della Valla die Unechtheit der „Konstantinischen Fälschung" wissenschaftlich beweisen und vom Papst die Entsagung von aller weltlichen Macht fordern. Man kommt dem nicht nach.

16 | 12 | 882
Prozess für eine Leiche

Am 16. Dezember 882 endet das Pontifikat Johannes VIII. gewaltsam. Der Papst wird mit einem Hammer erschlagen, nachdem das zuvor verabreichte Gift keine Wirkung zeigen will. Als Täter entpuppen sich neidische Verwandte aus dem reichen Römer

Bürgertum. Es ist der Beginn einer Ära, die Historiker später das „saeculum obscurum" oder das dunkle Papstzeitalter nennen werden. Bereits 14 Jahre später lässt Papst Stephan VI. seinen Vorgänger Formosus nach neun Monaten Leichenruhe exhumieren, in päpstliche Gewänder kleiden und macht dem einer Verschwörung angeklagten Verblichenen einen öffentlichen Prozess. Der verweste Ex-Papst, der der Verhandlung schweigend folgen muss, wird exkommuniziert und geköpft, man schlägt ihm den „Segensfinger" der rechten Hand ab und wirft die Leiche in den Tiber. Der Schauprozess löst in Rom eine derartige Empörung aus, dass Papst Stephan VI. schließlich selbst von einem wütenden Mob ins Gefängnis geworfen und dort erdrosselt wird. Sechs Jahre und ebenso viele Päpste später lässt Sergius III. seine Amtsvorgänger Christophorus und Leo V. ebenfalls gefangen setzen und erwürgen. Eine pikante Rolle bei diesen Ränkespielen haben die einflussreiche Papstmätresse Marozia und deren Mutter Theodora I., die dem Zeitalter auch die Bezeichnung „Pornokratie" eingebracht haben. Kaum einer der folgenden Päpste stirbt eines natürlichen Todes, die Seelenhirten werden erwürgt, verstümmelt, vergiftet oder durch die Straßen geschleift. Glück hat, wer wie Gegenpapst Johannes XVI., nur auf einem Esel durch die Stadt reiten muss. Das „saeculum obscurum" endet mit Clemens II., der als tugendhafter, kaisertreuer Papst am 9. Oktober 1047 stirbt und der sich selbst im eigenen Testament als „Haupt der Welt" und Vernichter des „Siechtums" rühmt. So gereinigt, wird der Römische Stuhl bald zum Spielball der großen Politik Europas werden, die er schließlich selbst mit Gestalten wie Gregor VII. oder Innozenz III. beherrscht.

08 | 02 | 963
Kalif anstelle des Kalifen

Muizz Ad-Daula ist das Oberhaupt des Geschlechts der Buyiden. Kämpferisch hat er seit seinem Machtantritt 936 sein Reich vom persischen Fars aus in alle Richtungen erweitert, und nun plant er gar Bagdad zu erobern. Die Aufgabe ist leichter als sie sich anhört, denn was Ad-Daula an Macht in Hülle und Fülle hat, fehlt Mutie Billah, dem Kalifen von Bagdad, ganz und gar. Zwar ist er das geistige Oberhaupt aller Muslime und Erbe des mächtigen Abbasidenreiches, in dem einst die Märchen aus 1000 und einer Nacht wahr wurden, doch hat der Zahn der Zeit das Reich mürbe gemacht. Ad-Daula nimmt deshalb 945 Bagdad ohne nennenswerte Schwierigkeiten ein, lässt aber den Kalifen der Form halber weiter die geistlichen Geschäfte führen. Nur steht Ad-Daula der Shia („Partei") nahe, während die Abbasiden Sunniten („Tradition") sind. Beide Gruppen hatten sich einst um die Nachfolge Mohammeds zerstritten. Die Schiiten wollten nur ein Familienmitglied Mohammeds als Führer akzeptieren, während die Sunniten entschieden, einfach einen tauglichen Mann einzusetzen. Im Verlauf der Streitigkeiten kam es zur Tragödie von Kerbala, in der der Großsohn Mohammeds, Hussein Ibn Ali, verraten und auf Befehl des Sunnitenkalifen Yasif am 10. Oktober 680 mit Frau und Kindern ermordet wurde. Ad-Daula kennt die Geschichte und er will nun im Zenit seiner Macht den Schiiten in seinem Reich einen Gefallen tun, so erklärt er den Jahrestag des Gemetzels von Kerbala am 8. Februar 963 zum Trauertag (Ashura) und Kerbala zur Pilgerstätte. Seine Entscheidung ist historisch und hat nachhaltige Konsequenzen bis in die Gegenwart, Kerbala und Ashura sind noch heute wichtige Symbole für den blutigen Konflikt der beiden Glaubensparteien, und immer wieder kommt es zu Ausschreitungen, wenn sich die Schiiten zur feierlichen Geißel-Prozession nach Kerbala im Irak aufmachen.

28 | 01 | 1077

Die Welt auf dem Kopf

Vor der Burg Canossa am Nordhang des Apennin in der Nähe von Reggio steht am 26. Januar 1077 ein Mann in kratzigem Büßergewand im Schneetreiben und friert. Dasselbe Bild bietet sich den Beobachtern am darauf folgenden Tag, doch niemand unternimmt etwas oder lässt den Frierenden ein. Am 28. Januar erscheint der Büßer ein drittes Mal vor der Burg und erst jetzt, als der Mann sich gerade wieder zur Abreise rüstet, öffnen sich die Burgtore. Der Büßer tritt vor den Burgherrn und bittet um Absolution. Nach kurzer Bedenkzeit und einigen zähen Verhandlungen gewährt Papst Gregor VII. dem deutschen König Heinrich IV. die Sündenvergebung, spendet ihm das Abendmahl und nimmt den Bann von ihm. Heinrich IV. kann Ostern 1077 in sein Reich zurückkehren, wo man in seiner Abwesenheit einen Gegenkönig ernannt hat, und den Thron wieder in Besitz nehmen. Der Gang nach Canossa stellte die Weltgeschichte auf den Kopf. Noch am 24. Januar 1076 hatte König Heinrich seinerseits dem aufmüpfigen Papst Gregor das Besetzungsrecht für die deutschen Bischofsstühle verweigert und ihn für abgesetzt erklärt, ganz wie sein Vorgänger Heinrich III., der 15 Jahre zuvor sogar drei Päpste ohne nennenswerte Folgen austauschen konnte. Doch die Zeiten hatten sich, ohne dass der König es merkte, verändert. Am 14. Februar 1076 bannt Gregor VII. den König, enthebt ihn des Amtes und seine Untertanen der Gehorsamkeitspflicht. Der Papst verflucht den „Gesalbten des Herrn" – ein ungeheuerlicher Vorgang. Und dennoch von Wirkung, denn viele Reichsstände weigern sich, dem gebannten König zu gehorchen. Heinrich IV. muss den Bann beseitigen, um zunächst die volle Regierungsgewalt in Deutschland und dann die Kaiserwürde in Rom (1105) erlangen zu können. Die „Wende von Canossa" bedeutet das Ende der Idee von einem unmittelbaren königlichen Gottesgnadentum, der Papst tritt nun als Stellvertreter Christi mit politischen Vollmachten in die Geschichte ein.

01 | 05 | 1196

Einen Rock für den Herrn

Rotbrauner Satin, bräunlicher Tüll und grünlicher Taft, etwas Seidengaze, darüber einige Wollfasern und ein wenig Filz: Es ist ein durchaus lädiertes Kleidungsstück, das seit dem 1. Mai 1196 dafür sorgt, dass Trier von Pilgerscharen in Millionenzahl besucht wird. Das A-förmige Gewand verdankt die große Ehre, die ihm seit Jahrhunderten zuteil wird, seinem Träger, der, glaubt man der Deutschen Kaiserchronik, kein Geringerer als Christus selbst gewesen sein soll. Die Heilige Helena, Mutter Konstantins des Großen, soll die Tunika um 326 n. Chr. in Jerusalem neben einigen Kreuzsplittern aufgefunden und der Kirche in Trier gestiftet haben. Die knapp 800 Jahre zwischen der Übergabe und der ersten Zurschaustellung im Westchor des Trierer Domes liegen indessen im Dunkeln. So kann Trier auf dem lukrativen Markt der Jesusreliquien mitmischen und neben den Sandalen Christi (Prüm), den Josephhosen (Aachen), dem Grabtuch (Turin), der Treppe Sacra Santa, den Kreuzsplittern und dem Schweißtuch der Veronika (Rom), seinen Teil der Passion zur Schau stellen. Der Moment, in dem Erzbischof Richard von Greiffenklau Kaiser Maximillian am 14. April 1512 die Tunika präsentiert, wird von Dürer verewigt und trägt dazu bei, dass die Wallfahrten die Reformation überleben. Später steigen die Zahlen ins Gigantische: 1844 zählt man 500.000, 1891 eine Million, 1933 2 Millionen, 1959 1,8 Millionen und zur 900-Jahr Feier 1996 immerhin noch 1 Million Pilger, die sich am „Rausch des Heils" kaum satt sehen können. Den Rock indessen haben die Turbulenzen und kriegsbedingte Umzüge quer durch Europa zermürbt und zu einem Flickwerk werden lassen, das eine Prüfung seiner Echtheit durch Textilhistoriker kaum mehr möglich macht, was seitens Trierer Bistums wohl auch nicht gewünscht wird.

06 | 07 | 1415
Ein Versprechen

1414 erhält der Prediger Johann Hus eine Ladung zum Konzil von Konstanz, wo Geistliche aus ganz Europa über die Zukunft der Kirche beraten wollen. Hus soll hier seine provokante Kirchenlehre verteidigen, in der er ein besitzloses asketisches Priestertum und die Abschaffung des Ablasswesens fordert und sich für den englischen Reformer John Wycliff verwendet, dessen Schriften die päpstliche Autorität in Frage stellen. 1412 ist Hus bereits vom Papst gebannt worden, er gilt offiziell als Ketzer und predigt illegal auf dem böhmischen Land. Die Sache erscheint also gefährlich. Doch als König Sigismund selbst am 18. Oktober 1414 einen Geleitbrief für Hus ausstellt, der ihm die freie Ab- und Anreise garantiert, lässt dieser alle Bedenken fahren. Die Aussicht, die Angelegenheit in Konstanz zu erörtern, erscheint ihm sogar günstig. Doch er irrt. Als Hus am 28. November 1414 in einem Gasthof in Konstanz eintrifft, wird er umgehend verhaftet und vor ein Inquisitionsgericht gestellt. Es folgen drei Verhöre, in denen Hus den Widerruf seiner Lehrsätze verweigert und auf der Widerlegung durch die Heilige Schrift besteht. Am 6. Juli 1415 wird er als Häretiker verurteilt und öffentlich in Konstanz verbrannt. König Sigismund schweigt. In Böhmen erheben sich bald darauf Bauern und Adel gegen König und Kirche. Hus' Wahlspruch „non convictus, non confessus" wird zum Schlachtruf einer blutigen Revolte, an deren Ende nach 24 Jahren Krieg, eine neue böhmische Kirche und mit Hus ein neuer Nationalheros stehen. Die Seiten bleiben lange unversöhnt. Als die Tschechoslowakei 1925 den Todestag des Hus zum Nationalfeiertag erklärt, bricht der Vatikan alle diplomatischen Beziehungen ab.

17 | 04 | 1521
V. vs. Luther

Der Kaiser wünscht Martin Luther zu sprechen. Er soll sich verantworten, denn seine Thesen sind ungeheuerlich: Der Papst ist nicht unfehlbar, Konzilien können irren, nur die Bibel kann in Glaubensfragen urteilen. Papst und Priestern bestreitet Luther die gesellschaftliche Sonderstellung, er will sie weltlichen Gesetzen unterstellen und er rüttelt an der ökonomischen Basis der Kirche, indem er lukrative Ablässe, Wallfahrten, Altarstiftungen für überflüssig erklärt, da der Mensch allein durch den Glauben und nicht durch Werke und Geldspenden göttliche Gnade erlangen könne. Zusammenfassend bezeichnet Luther den Papst als „Antichrist", weswegen er dessen

Bannandrohungsbulle auch feierlich in Wittenberg verbrannt hat und dafür zum Ketzer erklärt wurden ist. Doch der frisch gebackene Kaiser Karl V. muss sich selbst ein Bild von dem aufmüpfigen Mönch machen und lädt Luther auf den Reichstag nach Worms. Und so stehen sie sich am 17. April 1521 gegenüber, der mächtige Weltenherrscher und der Hercules Germanicus. Das Spiel beginnt. Ob die vorliegenden Bücher von ihm stammten? Luther bejaht. Ob er die hier aufgestellten Thesen widerrufen wolle? Luther schweigt. Nach einigen Sekunden, in denen man vermutlich eine Stecknadel im Saal fallen hören könnte, erbittet er sich die Bendenkzeit von einem Tag. Der Kaiser stimmt widerwillig zu. Am nächsten Tag tritt Luther erneut vor den Kaiser: „Habe ich unrecht geredet, so beweise das es Unrecht ist" lautet zusammenfassend seine aus dem Johannisevangelium entlehnte Antwort. Lange Jahrhunderte glaubte die Welt, Luther hätte sein mutiges Plädoyer mit dem großen Wort „Hier stehe ich und kann nicht anders" geschlossen. In Wahrheit entscheidet er sich in diesem historischen Moment für das wenig zitierfähige: „Und darum kann und will ich nichts widerrufen, weil gegen das Gewissen zu handeln weder sicher noch lauter ist". Die Reformation ist dennoch nicht mehr aufzuhalten.

21 | 05 | 1536

Der Spaßverderber

Am 21. Mai 1536 feiert Siege Farel, ein kleiner, unansehnlicher Mann mit rotem Bart, seinen großen und einzigen Triumph. Die Genfer Bürger haben sich vor ihm auf dem Marktplatz versammelt, um sich zum Evangelium zu bekennen. Priester, Domherren und Mönche haben längst die Stadt verlassen. Wie ein Beserker ist Farel mit seinen Anhängern zuvor in ihre Kirchen und Klöster eingedrungen, Bilder von den Wänden reißend, Reliquien und Messgeschirr zertrümmernd. Der Stadtmagistrat hat vor soviel Eifer kapituliert. Doch weiß Farel nichts anzufangen mit seiner Macht, denn er hat kein reformatorisches Programm in der Tasche. Da will es der Zufall, dass sich der Gelehrte Jean Calvin in Genf einfindet. Dieser hat soeben seine „Institutio religiones Christianae" verfasst, einen Grundriss der protestantischen Lehre, praktisch anwendbar, der Schlüssel zu einer neuen christlichen Gesellschaft. Farel schlägt den erst 24-jährigen als neuen Führer vor und Calvin nimmt die Aufgabe an. Hätten die Ratsherren die „Institutio" gelesen, hätten sie wohl protestiert, doch nun befiehlt Calvin als Prediger „allen Höchsten und allen Niedrigsten" was zu tun und zu lassen ist. Bürger werden ihrer Bilder und Schätze beraubt, Tanzen, Trinken, ja selbst Lachen wird verboten, man leistet den Bürgereid nun auf den Katechismus. Die schockierten Stadtväter vertreiben den Tugendwächter bald aus der Stadt, doch als es zu neuen Glaubensstreitigkeiten kommt, kehrt Calvin am 13. September 1538 im Triumphzug nach Genf zurück und errichtet ein diktatorisches Regime: Hausbesuche und Glaubenskontrollen sind an der Tageordnung, Kleider werden gemessen, Rüschen, Ringe und Schuhpaare gezählt, Singende und Scherzende werden verhaftet, in fünf Jahren ergehen 78 Todesurteile und unzählige Haftstrafen. Ein Bürger, der bei der Taufe lächelt, landet für drei Tage im Gefängnis. Das Denunziantentum blüht und das einst so lebhafte Genf versinkt in schalem Grau. Dort verweilt es so lange, bis die Gedanken des Stadtkindes Rousseau ihm 1781 eine republikanisch-demokratische Verfassung bescheren.

15 | 10 | 1582

Die Zeit macht nur vor dem Glauben halt

Katholiken, die sich am 4. Oktober 1582 zu Bett legen, sind am darauf folgenden Morgen vermutlich überrascht: man schreibt den 15. Oktober 1582. Verursacher des Zeitdiebstahls ist Papst Gregor XIII. Der begeisterte Astronom hat sich von Mathematikern wie dem Jesuiten Christoph Clavius überzeugen lassen, dass nicht nur die Kirche, sondern auch die Zeit dringend reformbedürftig ist. Der bisher gebräuchliche julianische Kalender, so eine schon im Mittelalter gewonnene Erkenntnis, hinkt der Zeit hinterher, das julianische Jahr ist elf Minuten zu lang und so haben sich im Verlauf der Jahrhunderte zehn unerwünschte Tage hinzuaddiert. Die beweglichen Feste Ostern und Pfingsten, die dem Sonnenstand und den Himmelserscheinungen folgen, haben sich dramatisch verschoben. Eine einmalige Umstellung, neue Schaltjahrsreglungen und Ostertabellen sollen das bevorstehende Chaos aufhalten. Dem Papst, der in diesen Jahren außenpolitisch an Einfluss verliert, kann mit seiner Bulle „Inter gravissimas" einen kulturhistorischen Meilenstein setzen. Dabei stellt sich allerdings ein unerwünschter Effekt ein, denn Europas Uhren ticken nun doppelt. Während in Italien, Spanien, Frankreich und den deutschen Bistümern die neue Ordnung schnell etabliert ist, weigern sich die Protestanten aus ideologischen Gründen die Kalenderreform des entschiedenen Gegenreformators Gregor anzuerkennen. Dies hat zur Folge, dass die sonst so fortschrittlichen Protestanten nun für die kommenden 120 Jahre der Zeit um zehn Tage hinterherhinken. So konnten Cervantes in Spanien und Shakespeare in England beide am 16. Mai 1616 sterben, obwohl doch eigentlich zehn Tage ihren Todeszeitpunkt trennen.

17 | 02 | 1600
Weltraum denkt, Gott lenkt

Der 17. Februar 1600 ist ein schwarzer Tag für die europäische Kultur, ein Tag, an dem Engstirnigkeit, Dogmatismus und die Furcht vor dem Unbekannten ihr hässliches Wesen zeigen. Es ist der Tag, an dem Giordano Bruno, geboren als Fillipo Bruno 1548 in Nola, Italien, in Rom wegen Ketzerei öffentlich verbrannt wird, der Legende nach mit verbundener Zunge, damit er sich nicht an die schaulustige Menge wenden kann. Wieso? Bruno beginnt seine Karriere als Dominikanermönch, doch in ihm schlummert ein Rebell. Er lehnt die Marienverehrung ab, wird der Ketzerei verdächtigt und aus dem Mönchsorden ausgeschlossen. Seine Ideen gehen dem Vatikan gegen den Strich. Bruno unterstützt das heliozentrische Weltbild des Kopernikus. Schlimmer noch: Er postuliert ein unendliches, ewiges Weltall in dem es, so die Meinung der konservativen Kirchenleute, keinen Raum für das Jenseits und keine Zeit für das jüngste Gericht gibt; ja, er spricht sogar davon, dass die Sterne Sonnen wie unsere sind, um die von intelligenten Wesen bewohnte Planeten kreisen könnten ... Zwar finden seine Gedanken in ganz Europa Anhänger, und dank zahlreicher Gönner kann er in verschiedenen Zentren des damaligen Geisteslebens arbeiten, so in Paris, London, Marburg und in Frankfurt, wo er sein philosophisches Vermächtnis, die Frankfurter Schriften, verfasst, aber dennoch eckt er immer wieder an, muss immer weiter ziehen ... 1592 wird er in Venedig denunziert und von der Inquisition verhaftet. Es folgen acht Jahre Kerker und Folter. Anfangs will Bruno widerrufen, doch am Ende, fast gänzlich gebrochen, hält er trotzig an einigen seiner Überzeugungen fest. Als am 8. Februar 1600 sein Todesurteil verlesen wird sagt er, ein geschundener Mann von 52 Jahren: „Mit mehr Angst verkündet ihr das Urteil, als ich es entgegennehme". Erst im Jahr 2000 erklärt der päpstliche Kulturrat die Hinrichtung Brunos für Unrecht. Eine späte Korrektur.

06 | 06 | 1844
Von der Bibelstunde auf der Tanzfläche

Im England des Industrialisierungszeitalters herrscht bittere Armut. Besonders junge Fabrikarbeiter verbringen ihre Zeit, wenn nicht rund um die Uhr an den Maschinen, auf der Straße und in Notunterkünften. Der Gemischtwarenhändler George Williams hat eine soziale Ader und er gehört gleichzeitig der christlichen Erweckungsbewegung an, die christliche Dogmen verabscheut und alle Menschen „die Gott als ihren Heiland anerkennen" ungeachtet sozialer und nationaler Herkunft, Hautfarbe und Konfession zusammenführen möchte. Der 23-jährige gründet am 6. Juni 1844 in London mit Gleichgesinnten die YMCA (Young Men's Christian Association), eine „Christlichen Vereinigung junger Männer" und bietet entwurzelten Arbeitern Bibelstunden und soziale Geborgenheit an. Schnell weitet Williams die YMCA zum Weltbund aus. 1853 gründet der ehemalige Sklave Anthony Bowen in Washington die erste afro-amerikanische Dependance. 1855 tritt der Bund in Paris zusammen und verabredet gemeinsame ökumenische Grundsätze. Bald zählt man 397 YMCA Gruppen in sieben Ländern mit 30.369 Mitgliedern. Gründer Williams wird 1894 zum Ritter geschlagen und 1905 in der St. Pauls Cathedral bestattet. Zu diesem Zeitpunkt ist die Erfolgsgeschichte der YMCA gerade am Anfang, Weltkriege und Weltwirtschaftskrise machen bis 1958 aus der ehemaligen Freiwilligenbewegung ein effizientes Unternehmen, die Geschlechter- und alle Rassenschranken fallen, die Erlöse steigen, Millioneninvestitionen in Entwicklungsländern werden getätigt. 1978 ist die YMCA so bekannt, dass ihr Name der Discoband Village People weltweit an die Spitze der Charts hilft. Heute bestehen 2.663 YMCA Stationen auf der ganzen Welt, die Zahl der Mitglieder und Betreuten beträgt ca. 20 Millionen jährlich.

01 | 07 | 1879

Wachen und erwachen

Eine Frau steht an der Ampel, in ihrer Hand zwei DIN-A 5 Heftchen, sie blickt ausdruckslos auf die rasch vorbei laufenden Passanten und schweigt. Im selben Augenblick klingelt es an der Tür von Thomas P., er öffnet und blickt in die lächelnden aber etwas kniebelig drein schauenden Gesichter zweier älterer Damen: „Wir würden uns gerne ein wenig mit Ihnen unterhalten", hebt die eine Dame an, während Thomas P. ihr die Nase vor der Tür zuschlägt. Das „Glauben Sie an Gott?" verhallt im Treppenhaus. Als der Puritaner Charles Taze Russel am 1. Juli 1879 in Pittsburgh den ersten „Wachturm" (Zion's Watchtower) herausgibt, hat er die Ablehnung, die seinen Jüngern entgegen schlagen wird, bereits einkalkuliert. Russell hält die Menschheit für verdorben und dem Untergang geweiht. Wissenschaft, Politik und weltliche Freuden wie Musik, Sport und Amüsement werden ebenso abgelehnt wie die konventionellen Religionen. Die finale Schlacht Gut gegen Böse, das Harmageddon, so weiß Russel, wird bald über die sündige Welt hereinbrechen und seine in Askese verharrenden „Zeugen Gottes" werden als Auserwählte das 1000-jährige Reich auf der Erde errichten, bevor sie schließlich in den Himmel fahren. Joseph F. Rutherford tauft

1931 die Sekte in „Zeugen Jehovas" um, verleiht ihr hierarchische Strukturen und gründet die Zeitschrift „Erwachet!". 1939 entsteht in New York eine neue Hauptzentrale, die über die Verbreitung der Lehre in „Königreichsälen" und vor Haustüren rund um die Welt wacht. Nathan H. Knorr wird 1942 die Zügel noch einmal anziehen und die Kirche Jehovas, in die mancher gern eintritt, aber aus der nur die wenigsten wieder herausfinden, durch ein effektives Zwangssystem aus Gemeindearbeit und Spendenwesen straffen. Als 1974 das vorausgesagte Ende der Welt nicht kommt, ist man enttäuscht, aber nicht entmutigt. Unter Frederick Franz (1977-1992) zählen die Zeugen bereits 4,2 Millionen Mitglieder weltweit, unter Milton Henschel sind es 2007 schon 5,2 Millionen.

03 | 06 | 1886
Tod der Weißen Väter

Am 18. Oktober 1964 erklärt Papst Paul VI. 22 Menschen zu Heiligen, 2.200 Bischöfe erklären ihre Zustimmung. Es ist das Ende eines 44-jährigen Heiligsprechungsprozesses. Die Mühlen mahlen langsam in der Katholischen Kirche. Matthias Kalemba, Noe Mwaggali, Mbaga Tuzinde, Bruno Serenkuma und ihre achtzehn Gefährten stammen aus Uganda und sind zum Zeitpunkt ihrer Heiligsprechung bereits 80 Jahre tot. Doch stehen sie nur stellvertretend für die Opfer eines Glaubenskrieges, der 1885 in dem ostafrikanischen Land über die Bevölkerung hereinbricht. Aus Angst vor einer ägyptischen Invasion haben die Könige von Uganda, um sich den Europäern lieb Kind zu machen, seit 1879 sowohl französisch-katholische wie anglikanisch-protestantische Missionare ins Land gerufen. Dies zum Ärger der islamischen Prediger und der alten heidnischen Aristokratie, die um Einfluss fürchtet. Bald ist der Hof des Königs Mwata ein Ort der Ränkeschmiede. Christen beider Konfessionen, Muslime und Häuptlinge geraten aneinander. Ein Wechselspiel aus Intrigen und Diffamierungen bringt den wankelmütigen König auf Betreiben seines Ratgebers Katikiro dazu, sich der christlichen Missionare und ihrer Anhänger brutal zu entledigen. Mythen umrankt sind die grausamen Ereignisse, die nun zum Tod der später heilig gesprochenen 22 Afrikaner vom Orden der „Weißen Väter" führen. Die meisten von ihnen finden am 3. Juni 1886 am Fuß des Berges Namugongo ihr Ende: In Schilfmatten gewickelt werden sie bei lebendigem Leib verbrannt. Die mutigen Sprüche und der Bekennermut jedes einzelnen im Angesicht des Todes hat die katholische Kirche überliefert, auch wenn sie etwas ausgeschmückt sein mögen. Der Bürgerkrieg, der im Anschluss an die Hinrichtungen ausbricht führt Uganda 1894 in die britische Kolonialherrschaft.

29 | 08 | 1897
Ein Staat auf dem Mars

Am 22. November 1890 führt der Kapellmeister Adolf Müller Jr. in Wien die Operette „Des Teufels Weib" auf und wird verrissen. Dort sitzt Theodor Herzl und ärgert sich. Er ist es, der als Komponist von „Des Teufels Weibs" Häme einstecken muss, weil im Wien kurz vor der Jahrhundertwende alles Jüdische kritisch beäugt wird, woran Adam Müller-Guttenbrunn, der antisemitische Feuilletonist der Deutschen Zeitung, regen Anteil hat. Auch die Dreyfuß-Affäre am andern Ende Europas macht Herzl später fast rasend. Am 15. Oktober 1894 verhaftet man den französischen Artilleriehauptmann Albert Dreyfuß in Paris wegen Spionageverdachts und verurteilt ihn zu Festungshaft. Offenkundig ebenfalls ein antisemitisches Komplott. Herzl reagiert. Er schreibt ein Buch, dass er „Der Judenstaat" nennt und fordert hierin konsequent, was als Gebot der Stunde erscheint, ein eigenes Staatswesen für die Juden, die in Europa seit allen Zeiten diskriminiert werden. Israel, das Land Abrahams und König Davids, kommt für Herzl als einziges Gebiet zur Besiedlung in Frage. Wie einst Moses seine Kinder aus Ägypten führte, will auch er die Rückkehr der Juden ins gelobte Land erreichen. Herzl und sein Buch werden verspottet. In der Neuen Freien Presse, in der er als Journalist arbeitet, lässt ihn sein Chefredakteur Bacher wissen: „Den Judenstaat können Sie vielleicht auf dem Mars errichten." Doch Herzl bleibt beharrlich und findet in dem einflussreichen Architekten Oskar Marmorek und dem Mediziner Max Nordau Mitstreiter. Am 29. August 1897 eröffnen sie den 1. Zionistenkongress in Basel und arbeiten die ersten Pläne zur Besiedlung aus. Herzl reist später nach Palästina, spricht mit Diplomaten und gründet den „Jewish Colonial Trust" zur Finanzierung des Unternehmens. Er stirbt mitten im Schaffen am 3. Juli 1904. Am 14. Mai 1948 wird der Staat Israel gegründet, seine Hauptstadt trägt den Namen eines Romans: Altneuland, auf israelisch Tel Aviv. Der Autor des Buches heißt Theodor Herzl.

14 | 04 | 1910
Der Yoga-Papst

Wie kann der Mensch sich selbst (âtman) erkennen, wie kann er sein irdisches Schicksal (karma) und den ewigen Kreislauf der Wiedergeburt (samsâra) verlassen und mit dem Göttlichen (brahman) verschmelzen? Diese Frage stellt sich auch der Hindu Aurobindo Ghosh als er 1909 seine Zeit in einem Gefängnis in Alipur verbringt. Ghosh ist eigentlich ein glühender Nationalist, der mit Bomben, Gewehren und Krieg für eine Unabhängigkeit Indiens von den Engländern streitet. Deshalb wird er 1908 als einer der „gefährlichsten Feinde" des British Empire zu einer zweijährigen Haftstrafe verurteilt. Doch in der Einsamkeit der Zelle von Alipur erinnert sich Aurobindo der Worte eines Yogis aus Maharashtra und sammelt Körper und Seele im Yoga, um die Besatzer zu vertreiben. Man sagt, ihm seien eines Tages Polizisten, Gitterstäbe und Mitgefangene als Inkarnationen des Gottes Vishnu erschienen. Nach seiner Entlassung verschlägt es Aurobindo ins französische Pondicherry. Hier begegnet er der Französin Mira Richard, die sich bald The Mother nennt. Beide gründen am 14. April 1910 den Ashram Centre Universitaire International, geben Yoga-Kurse und gewinnen bis 1930 25.000 Anhänger. Aurobindo schreibt tausende von Briefen, berät seine Schüler in allen Lebenslagen. Es erscheinen „Synthesis on Yoga" (1921), „Letters on Yoga" (1930), „The Life Divine" (1940) und das 24.000 Zeilen lange Yoga-Poem „Savitri". 1972 werden Aurobindos gesammelte Werke auf 16.000 Seiten in 30 Bänden gedruckt. Sie tragen maßgeblich zur Verbreitung des Yoga im Westen bei. Aurobindos „integrales Yoga", gilt als eine der schwierigsten Yoga-Formen. Ziel des Yogis war es, Christentum und darwinistischen Soziallehren eine zeitgemäße Form des Hinduismus entgegen zu setzen. Er stellte nicht nur den Aufstieg des Menschen ins Göttliche, sondern auch dessen Rückkehr auf die Erde als künftiger Übermensch im Sinne einer natürlichen Auslese in Aussicht. Ein Gedanke, der heute jedoch vielen Yogis eher unheimlich ist.

12 | 12 | 1931

Der Mann in Rot

Die amerikanischen Leser der Saturday Evening Post begegnen ihm am 12. Dezember 1931 als Erste: dem leibhaftigen Weihnachtsmann. Nicht irgendeinem in braunem oder auch rotem Gewand, hager, eckig, mit Bart oder ohne, sondern DEM Weihnachtsmann. Dickbäuchig knollnasig, vollbärtig, fröhlich lachend steht er da in rotweißem Ornat, zieht seinen Hut vor Coca Cola („my hat's off to the pause that refreshs") und erzählt den Betrachtern vom den Mühsalen seines Berufs, seinem Schlitten, der kalten Heimat und der so dringend benötigten Erfrischung. Seit den 20er Jahren geht die Coca Cola Company schon mit dem Weihnachtsmann schwanger, aber bisher wollte sich der rechte Erfolg nicht einstellen, manche verwirrte er gar so sehr, dass sie glaubten Cola Cola sei ein Heißgetränk. Doch mit PR-Chef Archie Lee und dem Zeichner Haddon Sundblom, der sich die erste bekannte Beschreibung vom Weihnachtsmann im Gedicht „The Night before Christmas" (1822) zum Vorbild nimmt, wird es diesmal klappen. Nicht nur für die Coca Cola Company, die in den kommenden Jahren den Weltmarkt erobert und dabei den Weihnachtsmann immer wieder neue Abenteuer erleben lässt, sondern auch für Santa Claus selbst, der nunmehr das Christkind und die Heilsgeschichte verdrängt und seinen meist braun gekleideten Konkurrenten St. Nikolaus endgültig in die zweite Reihe stellt. Seit den Dreißiger Jahren ist sich die Menschheit gewiss, Santa Claus ist am Heiligabend der Mann der Stunde, er kommt mit fliegendem Schlitten und seinem Rentier Rudolf (1939) vom Polar, wirft seine Geschenke in den Schornstein und bringt unartigen Kindern die Rute, dazu spielt J. Fred Croots „Santa Claus is coming to town" (1935). Die Welt glaubt an diesen Weihnachtsmann.

18 | 07 | 1939

Der Unbeugsame

Der rheinische Pfarrer Paul Schneider, Prediger der Gemeinde Dickenschied/Hunsrück ist ein mutiger und konsequenter Mann, der sich nur von Gott sagen lassen will „was ich zu tun und wie ich zu leben habe." Eine Haltung, die mit dem totalitären Machtanspruch der Nazis nicht korrespondiert. Seit der Machtergreifung ist Schneider mehrmals in Konflikt mit der NSDAP, der SA und der HJ geraten und hat einige Gefängnisaufenthalte verbüßt. Am 31. Mai 1937 wird er aus seiner Gemeinde ausgewiesen, doch der Hirte will nicht „Mietling" sein und bleibt bei seinen Lämmern. Am 25. November 1937 wird der Unbeugsame ins KZ Buchenwald eingeliefert. Hier wir aus Paul Schneider der „Prediger von Buchenwald" und damit eine der wenigen großen Lichtgestalten, der ansonsten in der Nazizeit eher duldsamen als rebellischen Geistlichkeit. Schneider nutzt jede Gelegenheit, um sich an die Häftlinge, die er als seine Gemeinde betrachtet, und an die Wärter, in denen er verirrte Sünder sieht, zu wenden. Ein Lageraufseher notiert: „Schutzhäftling Paul Schneider, z. Zt. im Arrest, legte am 28. August 1938 ein unglaubliches Verhalten an den Tag". Schneider hat sich ans Fenster seiner Zelle gestellt und den zweiminütigen Überraschungsmoment genutzt, um in den Kasernenhof zu predigen. „Meinen Befehl, sofort seine Predigt abzubrechen, beachtete er in keiner Weise" notiert der Aufseher. Schneider wird darauf von den Wärtern „niedergeknüppelt", landet in Einzelhaft, wird 14 Tage an einer Dampfheizung festgebunden, erlebt ein Dasein ohne Licht und Schlaf. Spätere Aufzeichnungen des Lagerarztes sprechen von einem „unförmigen Skelett" mit „blauroten, grünen und blutigen Einschnürungen." „Möchten wir nur auch lernen und reifen an dem, was uns aufgegeben wird, und überwinden" lautet der letzte überlieferte Satz des „Pfarrers von Buchenwald". Am 18. Juli 1939 wird er durch Einspritzen einer Überdosis Strophanthin hingerichtet. Seine Beerdigung in Dickenschied und eine reichsweite Demonstration der Bekennenden Kirche stoßen auf leider zu kurze internationale Resonanz.

15 | 12 | 1945
Brandige Evangelien

Nag Hammadi in Ägypten, an einem Tag im Dezember 1945: Mohammed Ali Samman ist auf der Suche nach einem neuen Sabakh-Vorkommen, doch statt sich in den Besitz des begehrten Naturdüngemittels bringen zu können, stößt er nach einigen Spatenstichen auf einen geschlossenen roten Tonkrug von einem Meter Höhe. Samman wird sich später erinnern, sehr lange gewartet zu haben, bis er sich zur Öffnung des geheimnisvollen Gefäßes entschließen konnte. Schließlich überwindet er die Angst vor einem Flaschengeist, doch findet er im Tonkrug zu seinem Verdruss nur ein paar in Leder gebundene Bücher, offenbar alt, doch für ihn ohne Nutzen. Samman trägt die Schriften nach Haus und einige wandern in die Flammen des Ofens. Doch Gott hat ein Einsehen und der Bauer deponiert die übrigen Schriften schließlich bei einem koptischen Priester. Dieser stellt bald fest, dass es sich um Evangelien handelt. Nicht jene des Matthäus oder Lukas, die man schont kennt, sondern um „brandneue" aus der Feder solch klingender Namen wie Petrus, Thomas, Jacobus oder Nicodemus. Auf bizarren Umwegen gelangen die Schriften 1952 nach Zürich, werden hier am C.G. Jung Institut entziffert und schließlich als Codex Kung 1956 dem Koptischen Museum in Kairo übereignet. Bis in die Siebziger Jahre studieren und entziffern Wissenschaftler vieler Nationen die Bücher, die heute einer Sekte des Christentums zugeordnet werden und aus dem 2. Jahrhundert stammen. Die Autoren, die man Gnostiker nennt, interpretierten den Lebensweg Jesu als Anleitung zur Selbsterkenntnis und klammerten den Glauben an die Sündenvergebung weitgehend aus. Sie wurden später für ketzerisch erklärt, mitunter weil sie einen anderen Jesus zeigen, der z.B. im Kindheitsevangelium des Thomas seine Rivalen tötet und seine Lehrer verspottet.

01 | 01 | 1946
Ein Kaiser verliert seine Eltern

Es ist ein schwerer Tag für den japanischen Kaiser Hirohito. In schwarzem Anzug tritt er am 1. Januar 1946 vor seine Regierung und erklärt als menschlichen Schwindel, was alle Zeit als göttliche Wahrheit galt: die himmlische Herkunft des Kaiserhauses. Die Sonnengöttin Amaterasu ist nicht seine Tante, die Ureltern Izanagi und Izanami, die einst aus einem Schilfschössling entstanden und Japan erschufen sind ebenfalls nicht mit dem Kaiserhaus verwandt. Ein fast 1500 Jahre alter Mythos endet in Sekunden. Der Rede folgt die Tat. Der Kaisertempel und der Tempel zum Schutz des Staates und die heiligsten Gebäude in Tokyo werden geschlossen. Der Kaiser agiert nicht aus freien Stücken, sondern auf Geheiß des US-Generals MacArthur, der nach dem gewonnenen Krieg der japanischen Regierung am 15. Dezember 1945 ein Memorandum gestellt hat, das die Abschaffung des Staatsreligion, des Shinto verlangt. Es fordert die freie Religionsausübung, die Einstellung aller Subventionen für den Shinto-Kult und die Beseitigung der „Perversion", die aus einer Religion eine ultra-nationale, militaristische Ideologie gemacht habe. Die Maßnahmen werden den Shintoismus nicht ausrotten können, hat sich dieser doch seit seinem Entstehen um 500 als extrem wandlungsfähige Religion erwiesen: Lange Zeit sind in ihm kaiserliche Mythen mit den Ideen des Buddhismus, Taoismus und Konfuzianismus verknüpft. Um 1700 weicht allmählich die religiöse Komponente der nationalen. 1868 wird unter den Meji-Kaisern aus der Religion eine Staatsideologie mit sakralem Charakter. Die göttliche Herkunft des Kaisers rechtfertigt nun den unbedingten Dienst der Gläubigen am Staate, die mit Gebeten, Opfern und Blut zur Errichtung der kaiserlichen Weltherrschaft beitragen sollen. 1940 zählt man 86.000 Tempel in Japan und eine Nation zieht in göttlichem Auftrag in den Krieg. Nach 1946 finden die Japaner wieder zu zivileren Zielen zurück, die rund 200 Götter des Shinto sollen ihnen heute in zahlreichen Schreinen Glück, Segen und Reichtum bringen.

26 | 07 | 1958
Leben gegen den Schatten

Am 26. Juli 1958 steht der Weihbischof von Innsbruck vor einem ungewöhnlichen Anwärter auf die Priesterwürde. Sein Name Adolf Martin Bormann, geboren am 14. April 1930, Sohn Martin Bormanns, der rechten Hand Adolf Hitlers. Der Führer selbst war einst sein Patenonkel und zugleich Trauzeuge bei der Hochzeit der Eltern, die ihn schufen. Der junge Adolf Martin, der in Hoffnung auf seine spätere Rolle in Familie und Partei zärtlich „Krönzi" (Kronprinz) genannt wird, wächst fern von Naziterror und Kriegsgebrüll im Führeridyll auf dem Obersalzberg bei Berchtesgaden auf. Besuche von „Onkel Himmler", der dem Jungen seine Knochen- und Hautsammlung zeigt, gehören zum Alltag des Kindes. Als die Mutter 1945 nach Meran flieht, verschlägt es den 16-jährigen auf einen Bauernhof in Pinzgau bei Salzburg, wo nach dem Tod der Mutter deren Seelsorger Theodor Schmitz zu seinem Vormund werden wird. 1947 wird Bormann katholisch getauft, besucht die Klosterschule und studiert in Ingolstadt. Seine Priesterweihe wird 1958 zum Medienereignis. Weitaus unbeachteter bleiben seine späteren Taten als Missionar des Herz-Jesu-Ordens im Kongo, das Täter-/Opferkind-Treffen mit dem israelischen Psychologen Dan Bar On und seine öffentlichen Reden gegen Fremdenhass. Als 1998 endlich die verbrannte Leiche des verschollen geglaubten Vaters nach 53 Jahren der Spekulation auf Bormann Juniors Initiative identifiziert wird, kann dieser die Schatten der Vergangenheit für einen Moment hinter sich lassen. Sein Buch „Leben gegen den Schatten" ist das Zeugnis eines zerrissenen Charakters.

18 | 09 | 1962

Die Wunder Resl

Mehrere hundert Mal schon hat Therese Neumann in christlicher Ekstase aus Wundmalen geblutet und 30 Jahre lang hat sie angeblich keinen Bissen außer dem Heiligen Abendmahl zu sich genommen, doch nun ist es aus: Frau Neumann stirbt in Folge einer Angina pectoris am 18. September 1962 in ihrem Bett in Konnersreuth. Das Bild der wie sanft schlafend aussehenden Nonne im Ornat geht um die Welt und mit ihm Gerüchte, das ihr Leichnam auch nach vier Tagen weder Leichenstarre zeigte noch den Geruch der Verwesung aufwies. Lange schon steht die Schneiderstochter aus der Oberpfalz im öffentlichen Rampenlicht. Ihr Wohnort ist eine Pilgerstätte und zugleich ein Ärgernis für die katholische Kirche. Denn zu seltsam erscheint vor allem dem zuständigen Bischof von Regensburg, was man sich von Therese „Resl" Neumann erzählt. Ein Bild der heiligen Therese von Liseux und rätselhafte Unfälle, die schließlich zu Lähmung, Erblindung und Essstörungen und dann wieder zur Heilung der

Konnersreutherin führen, stehen dabei nur am Anfang der Legende. An Karfreitagen findet man die Nonne aus allen Poren blutend in ihrem Bett und sie versichert, den Herrn selbst bei der Passion getroffen zu haben. Sie durchlebt die biblischen Ereignisse von Ostern bis Weihnachten, nimmt am Fischzug Christi und der Hochzeit von Kanaan teil und erstattet der wachsenden Pilgerschar Bericht. 1927 ordnet der Bischof schließlich eine wissenschaftliche Untersuchung an, die immerhin bestätigt, dass Neumann tatsächlich keine Nahrung zu sich zu nehmen scheint. Doch die Skeptiker bleiben wachsam, auch als der Tod der Nonne die Legendenbildung verdichtet und das Kloster „Theresianum" zum Wallfahrtsort aufsteigt. Nach heftigem Ringen können die Konnersreuther 2005 den Vatikan veranlassen einen Seligsprechungsprozess zu eröffnen. Die Pilgerzahlen verdoppeln sich darauf auf 10.000 jährlich, ein Ende des Prozesses ist noch nicht in Sicht.

09 | 03 | 1963
Passion à la Pasolini

Am 9. März 1963 wird der italienische Regisseur Pier Paolo Pasolini verhaftet. Sein Delikt: Beleidigung der katholischen Kirche. Anlass zu der spektakulären Festnahme gibt dessen Kurzfilm „La Ricotta". Hierin zeigt der 41-jährige Filmemacher aus Bologna Orson Welles in der Rolle eines eingebildeten Regisseurs, der die Passion Christi verfilmt und dabei Maria Magdalena als Stripperin präsentiert. Ein Skandal, den selbst der reformfreudige Papst Johannes XIII. nicht hinnehmen kann. Es nützt Pasolini nichts, dass er im Vorspann des Films versichert hat, die Bibel wie kein anderes Buch zu verehren und die Passion als das wichtigste Ereignis der Weltgeschichte würdige. Bereits die darauf folgende Eröffnungssequenz, die zwei Jungen Rock'n'Roll tanzend auf dem Abendmahlstisch zeigt, lässt seinen Kritikern das Ansinnen des Skandalfilmers als nicht glaubhaft erscheinen. Pasolini wandert für einige Monate ins Gefängnis, das Urteil muss aber wieder aufgehoben werden. Er revanchiert sich 1964 mit einer Verfilmung des kompletten Matthäusevangeliums in Spielfilmlänge, das allein aus Bibelzitaten besteht, die von Laienschauspielern gesprochen werden. Im November 1975 wird der unbequeme Pasolini Opfer eines Anschlages, ein Auto überrollt ihn dreimal, seine Leiche wird auf einem Fußballplatz in Ostia gefunden. Doch hat die Kirche an der Hinrichtung offenbar keinen Anteil. Der Stricher Pino Pelosi, gesteht die Tat, widerruft sein Geständnis und hinterlässt ein ungelöstes Rätsel.

01 | 12 | 1970
Scheidung auf Italienisch

Der Regisseur Pietro Germi hält der italienischen Gesellschaft 1961 in seinem Film „Scheidung auf Italienisch" ein entwaffnendes Spiegelbild vor: Der Filmheld Fefè will sich von seiner Gattin trennen und eine Liaison mit seiner Cousine Angela eingehen, doch kann er sie nicht heiraten, weil es in Italien kein Scheidungsgesetz gibt. Er begeht ein „Verbrechen aus Leidenschaft" und ermordet seine Frau, was ungestraft als eine Sache der Ehre durchgeht. Auch im realen Leben macht die Kirche selbst für Stars wie Sophia Loren keine Ausnahme, sie erklärt 1957 deren Ehe mit dem in Mexiko geschiedenen Carlo Ponti für ungültig. Doch alles ändert sich, als Italien von den studentischen Ideen der 68er-Genenration, von Sitzstreiks, Demos und der freien Liebe ergriffen wird. Das Papsttum erzittert unter den Angriffen auf Sitte, Moral und Anstand, tumultartige Zustände herrschen, „Divorzio"-Schilder bestimmen das Straßenbild. Das heilige Sakrament der Ehe, seit Jahrhunderten gegen Reformatoren und Staat erfolgreich von der Kirche verteidigt, wankt und fällt, als die Mehrheit der italienischen Kinder Christi in einer Volksabstimmung schließlich für die staatliche Ehescheidung votiert. Das Gesetz Nr. 898 wird am 1. Dezember 1970 verabschiedet und löst erwartungsgemäß eine Scheidungswelle erster Ordnung aus. Dennoch bleibt das italienische Scheidungsrecht eine komplizierte Angelegenheit, verlangt es doch vor der Scheidung ein fünfjähriges, seit 1987 dreijähriges Leben der Partner in Trennung. 2007 schlägt der Demokrat Massimo Butti die Abschaffung der Trennungszeit vor und bringt eine heftige Debatte um die „Zerstörung der traditionellen Familie" in Gang, an der Papst Benedikt XVI. als Verteidiger kirchlicher Ehemoral engagiert teilnimmt.

18 | 11 | 1978
Tödlicher Messias

Im Winter 1978 berichtet die DPA von einem grausigen Fund: Wie „Massen von Stoffpuppen, die jemand auf die Müllhalde geworfen hat", liegen 912 Menschen, darunter 278 Kinder, auf einer Rodung mitten im Dschungel von Guyana. Kollektiv haben sie miteinander Selbstmord begangen, indem sie auf Kommando Zyankali schluckten. Den Befehl hierzu gab Jim Jones, ein Mann mit Sonnenbrille, leicht aufgedunsen, in schwarzem Talar mit weißem Überhang, der Guru der Volkstempler-Sekte. Seine bewaffnete Garde trägt Sorge, dass die Anhänger der Anordnung ihres Führers auch nachkommen. Danach richten auch sie sich selbst, der Sektenführer Jones folgt als letzter. Seit 1973 ist Jones in Kalifornien wie der Rattenfänger von Hameln auf Beutezug gegangen. Er spricht sozial Schwache, bevorzugt Farbige an und lädt sie ein, ihm in den Dschungel von Guyana, nach „Jonestown", zu folgen, mit ihm Teil zu nehmen am Aufbau einer besseren, sozialeren Welt, dem großen Volkstempel. An die 1.000 Menschen schließen sich an und werden enttäuscht. Statt eines Utopia im üppigen Garten Eden des Amazonas erwartet die Jünger des Volkstempels müheselige, sinnlose Fronarbeit auf dem Feld. Der Tempelmeister führt ein unbarmherziges Regiment, er verlangt sexuelle Befriedigung durch seine weiblichen und kindlichen Untertanen, foltert Arbeitsunwillige, sperrt Kinder in Holzkisten und beschlagnahmt allen persönlichen Besitz. Bald dringen aus dem hermetisch abgeriegelten Dschungelreich Nachrichten nach außen. Der US-Senator Leo J. Ryan bricht schließlich mit drei Journalisten auf, um den Fall zu untersuchen, bei der Ankunft werden alle vier erschossen. Im sicheren Bewusstsein des bevorstehenden Endes, führt Jones nun seine Jünger in den finalen Exodus. Die Entdecker des Massakers können nur noch Leichen bergen.

14 | 02 | 1989

Falsche Verse

Am 14. Februar 1989 hält der Revolutionsrat der islamischen Republik Iran Gericht über einen Abwesenden. Der Beklagte sitzt weit entfernt in England. Seine Name ist Salman Rushdie, sein Delikt die Beleidigung des Islam, das Urteil, das der Ayatollah Khomeini am 14. Februar 1989 verkündet, lautet auf Tod. Das Rechtsgutachten (Fatwa) erlaubt allen Muslimen, Rushdie seiner für gerecht erachteten Strafe zuzuführen, ja es animiert dazu, indem es dem freiwilligen Vollstrecker eine Belohnung von 3 Millionen US-Dollar in Aussicht stellt. Rushdie ist zunächst ratlos. Mit der Ablehnung seines Buches „Die satanischen Verse" durch strenge Islamisten hatte er rechnen können, vielleicht hat er sie sogar provozieren wollen, als er die Geschichte seines Helden Mahound schrieb, der in einer Traumvision Mohammed als Teufel kennen lernt und in einem Bordell auf Prostituierte mit den Namen prominenter Prophetinnen stößt. Doch nun hat der Vogelfreie keine Wahl mehr, 1990 entschuldigt er sich. Das ändert aber nichts an der Verurteilung. Ebensowenig die Ablehnung der Fatwa durch die Glaubenshüter in Saudi Arabien und Ägypten. Rushdie wird in England unter Polizeischutz gestellt, Verleger und Übersetzer seines Buches werden in Dänemark und Japan ermordet, das Kopfgeld 1990 verdoppelt. Der Iran wird die Fatwa nicht zurücknehmen, er kann es auch gar nicht, weil Ayatollah Khomeini kurz nach dem Aufruf verstorben ist und selbst nichts mehr annullieren kann. Die Worte des Heiligen aber zu verachten, ist für gläubige Revolutionsanhänger ein Sakrileg. Ein Ayatollah irrt nicht. 1998 wird der iranische Außenminister Kamal Kharrazi jedoch klar stellen, dass die Regierung selbst keine Absicht hat, Rushdie zu beseitigen. So kommt er nach zehn Jahren Versteck wieder zurück in die Öffentlichkeit. Vieles scheint wieder normal, bis 2007 Rushdi im Nahen Osten eine neue Welle des Hasses entgegen schlägt: Der Ritterschlag durch die britische Königin im Juni 2007 kommt hier nicht gut an.

31 | 10 | 1992
Das schmerzliche Missverständnis

Am 31. Oktober 1992 spricht Papst Johannes Paul II. vor der Päpstlichen Akademie der Wissenschaften. Es ist ein historischer Augenblick, denn man munkelt, der Papst wolle im „Fall Galilei" nach 359 Jahren reinen Tisch machen. Vor einem Inquisitionsgericht hatte Galileo Galilei 1633 die These verteidigt, die Erde drehe sich um die Sonne und nicht umgekehrt und war trotz Widerruf zu lebenslangem Hausarrest, Lehr- und Publikationsverbot verurteilt worden. Seit dem 3. Juli 1982 tagt eine Studienkommission unter Kardinal Poupard an der Überprüfung des Prozesses und kann seine Ergebnisse nun endlich 1992 pünktlich zum 350. Todestag des Wissenschaftlers vorlegen. Die Welt muss sich jedoch ein wenig räuspern, als Johannes Paul II. die Resultate zusammen fasst: Zum einen sei das Urteil von 1633 kein endgültiges gewesen, habe man doch bis 1820 (Galilei starb 1642) über die dessen These im Vatikan diskutiert, zum anderen habe Galilei seiner Zeit keine „praktischen Beweise" erbringen können, und zum letzten habe man zum damaligen Zeitpunkt auf beiden Seiten nicht erkannt, dass die Wahrheit der Offenbarung jener der Vernunft nicht widersprechen müsse, wenn man beide richtig deute. Das Votum der Inquisitoren sei aber auch ein Zeichen des Verantwortungsbewusstseins gegenüber den Gläubigen, für die die wissenschaftliche Erkenntnis Galileis sicher Haltlosigkeit bedeutet hätte. Alles in allem handele es sich um ein „schmerzliches Missverständnis", das nun „überwunden" sei. Johannes Paul verspricht aber, dass die Kirche von heute bereit sei „eine neue wissenschaftliche Tatsache zu berücksichtigen" und schließt seine Rede mit der Hoffnung auf „nützliche Hinweise" hierzu.

20|03|1995
Japan jagt Dr. No

Bis zum 20. März 1995 gilt die U-Bahn von Tokyo als eines der sichersten Verkehrsmittel der Welt und Japan als ein Land, das gegen den Terrorismus weitgehend immun erscheint. Doch reißt ein Giftgasanschlag an jenem Morgen die Welt aus dem Schlaf. Zur Hauptverkehrszeit ist in drei U-Bahnwagons das Nervengift Sarin aus herrenlosen Plastikbeuteln ausgetreten und hat sich durch das Tunnelsystem verbreitet. Eine Massenpanik, zwölf Tote und 1.000 Verletzte sind die Folge. Die Suche nach den Schuldigen beginnt und Spuren führen rasch in die Zentrale der Aum-Sekte. Was sich den Ermittlern in den kommenden Wochen offenbart, gleicht dem Szenario eines James-Bond-Films. Der Sektenführer Chizuo Matsumoto glaubt sich zur Rettung der Welt berufen, deren Ende in der finalen Schlacht des Armageddon aller gegen alle unmittelbar bevorstehe. Mit seinen Auserwählten will der Shōkō Asahara, wie sich Matsumoto bald nennt, ein neues 1000-jähriges Reich auf den Trümmern errichten. Seine Lehre, eine Mischung aus Faschismus und Buddhismus, zieht international tausende Menschen an. 1990 kandidiert Ashara für das japansche Parlament, fällt aber durch und entscheidet sich zum Putsch, um als neuer Regent Japans die Großmächte gegeneinander auszuspielen. Er umwirbt russische Atomwissenschaftler, kauft Militärgerät und versucht sich in den Besitz von Uranvorkommen zu bringen. 150 Millionen Dollar Spendengelder stehen ihm zur Verfügung. Ermittelnde Notare und Richter werden 1994 und 1995 aus dem Weg geräumt. Nach dem Attentat vom März und einem weiteren verunglückten Anschlag im Mai wird Asahara festgenommen, in seiner Residenz am Fuße des Fuji findet man komatöse und willenlose Menschen, die wissenschaftlichen Experimenten unterworfen wurden. Asahara, die Attentäter und die Giftmischer werden zum Tod verurteilt. Hideo Murai, der „Wissenschafts- und Technologieminister" der Sekte wird am 23. April 1995 vor dem Sektenquartier von einem aufgebrachten Japaner erstochen, TV-Kameras begleiten zufällig seine Exekution.

26|05|1998
Im Nichtsein ist alles getan

Am 26. Mai 1998 geht am Darthmouth Institute in New Hampshire eine Konferenz über Grabungsfunde im chinesischen Guodian zu Ende. Die Entdeckung einiger Bambusstreifen, auf denen Teile des „Daodejing", der „Bibel" des Taoismus notiert sind fügt ein wissenschaftliches Puzzle zusammen und bestätigt einen lang gehegten Verdacht endgültig: Laozi, der Lehrer des Konfuzius, das schlaue „Langohr", im Westen bekannt als „Erfinder" von Ying und Yang und durch sein Lebensmotto „Im Nichtstun ist alles getan", hat nie gelebt. Einen Historiker namens Tai Shi Dan zur Zeit des Konfuzius (591-479 v. Chr.) kann man anbieten, ebenso den Philosophen Zhuangsi, der den Rückzug des Menschen in die Einsamkeit um 369 v. Chr als Weg zum „Tao" beschreibt. Doch schon um 250 v. Chr. tritt menschliche List anstelle göttlicher Wahrheit, als Zhuangsis Nachfolger den chinesischen Qin-Kaiser für ihre Lehre gewinnen, indem sie erklären, dass ihr Stifter Lao Dan heiße, der Lehrer des Konfuzius gewesen sei und zugleich ein Urahn der Qin-Kaiser. Um 206 v. Chr. wird der mythische Lao Dan kurzerhand zum Stammvater der regierenden Han-Dynastie erklärt und in Laozi umgetauft. Die Lehrschrift, das „Daodejing" wird je nach Notwendigkeit immer wieder umgeschrieben, schließlich verleiht man ihr mythischen Charakter, indem man sie auf 5000 Zeichen (5 Weltrichtungen) und 3 x 3 x 3 x 3 Kapitel (Triade Himmel-Erde-Mensch) kürzt. Der Historiker Sima Qian schreibt um 110 v. Chr. eine Laozi-Biografie, die alle Widersprüche dadurch erklärt, dass Laozi im Besitz des Elixiers des ewigen Lebens sei. Die Erkenntnisse von Darthmouth lösen nicht nur deshalb keinen Schock aus. Der Taoismus, der in der Tang-Dynastie sein Blütezeit (618-900) feierte und als Volksreligion mit Laozi als Verkörperung der kosmischen Gottheit an der Spitze heute 60 Millionen Chinesen Religion ist, hat im Laufe der Geschichte so viele Anfeindungen und grausame Verfolgungen über sich ergehen lassen, dass es auf ein paar wissenschaftliche Einwände auch nicht mehr ankommt.

04 | 12 | 1999

Vater Hit

Anfangs sieht es aus, als würde 1999 kein gutes Jahr für Harry Webb werden. Der besser unter dem Namen Cliff Richard bekannte Sänger bekommt von seiner Plattenfirma einen Korb. Nicht nur, dass sie sich weigert, seine neue Single „Millennium Prayer" zu veröffentlichen, sie hat ihrem dienstältesten Zugpferd gleich den ganzen Vertrag gekündigt. Seit Sommer 1958 singt Cliff Richard für die Electrola, hat alle Angebote anderer Firmen abgelehnt und in Interviews auf sein inniges Verhältnis zu Englands dienstältestem Tonträgerhersteller hingewiesen. Doch die letzten Alben Richards sind gefloppt, und die EMI zeigt ihm die Tür. Richard entschließt sich nun zu einem Schritt, den niemand von dem erfolgsverwöhnten Saubermann erwartet. Er bietet den „Millennium Prayer" dem Indie-Label „Papillon" als

Charity-Single für „Share Jesus International" an und bewirbt sie nur online. Cliffs Vaterunser, dass er unaufgeregt zur schottischen Volksweise „Auld lang Shine" einspricht, packt die Herzen der Engländer zur neuen Jahrtausendwende wie einst die Bibelübersetzung. Vielleicht für Trendkenner voraussehbar, nicht aber für die EMI. Die Single schießt in den UK-Charts am 4. Dezember 1999 auf Platz 1 und schubst die Boyband Westlife von der Spitze. Für Richard ist „Millennium Prayer" die 14. Nummer 1 in England und seine drittbest verkaufte Single überhaupt. Der überzeugte Christ, dessen stets zur Schau getragene Frömmigkeit nicht überall gut ankommt, darf sich über die tiefe Gläubigkeit in seinem Lande freuen, 2002 erreicht er Platz 53 in der Liste der hundert beliebtesten Engländer.

22 | 11 | 2004
Die teigige Dreifaltigkeit

Am 11. Februar 2006 herrscht in der Ebay Community wieder einmal helle Aufregung. Nach Sklavendiensten und altem Butterbrot steht der „Jesus Pancake" zu Gebote. Mike Thompson aus Ohio ist der Verkäufer und die Geschichte geht bald durch die Nachrichtensender der USA. Thompson und seine Frau präsentieren den Reportern in ihrer Wohnung einen verschrumpelten Pancake mit dem Konterfei des Herrn, der des Morgens wie Kai aus der Kiste dem Toaster entsprungen sein soll. Und die Welt glaubt, hat zuviel Zeit oder zu wenig Verstand. Für 15.000 US-Dollar landet der Toast schließlich unter dem Hammer, bevor scharfsinnige Detektive herausfinden können, dass Thompson schlicht die „Jesus Pan" des Onlineshops jesuspan.com um göttlichen Beistand gebeten hatte. Nachahmer finden sich umgehend, haben aber weniger Erfolg, so der Texaner Juan Patrano, der sein Jesus-Gesicht auf einer Pancake-Pfanne feilbietet. Die wahre Stifterin der Teigreliquie ist indessen Diana Duyser, ihr „Virgin Mary grilled cheese sandwich" ist bereits angebissen, hat zehn Jahre als Ikone auf ihrem Nachttisch gestanden und ist, wie ein Wissenschaftsteam tatsächlich feststellt, noch immer schimmelfrei. Diana platziert dennoch den Hinweis „not intended for consumption" beim Auktionsstart. 1,7 Millionen Hits, Grilled-Cheese-T-Shirts, Mary-Toaster sind die Folge, bis ein finales 24.000 US-Dollar Gebot des Golden Palace Casinos am 22. November 2004 dem Spuk der Jungfrau ein Ende macht.

19 | 04 | 2005
Papst zum Spaß

Die Spannung ist erdrückend, seit 26 Stunden schaut die Welt am 19. April 2005 auf die Sixtinische Kapelle, in der sich das Kardinalskolleg bei schlechter Luft in der Konklave zur Wahl des neuen Papstes verschanzt hat. Wie ein Befreiungsschlag wirkt es da, als um 17 Uhr 15 endlich weißer Rauch aus dem Schornstein quillt und Jorge Arturo Medina Estévez kurze Zeit später Joseph Alois Ratzinger als neuen Papst ausruft. Ratzinger ist der erste deutsche Papst seit 450 Jahren. Sein „Vorgänger", der Humanist Hadrian IV., regierte 1522 gerade einmal ein Jahr und war an einer energischen Reform der Kirche gescheitert. Als Benedikt XVI. will Ratzinger vor allem wie seine frühen Namensvettern „Patron Europas" und „Friedenspapst" sein, doch er muss zunächst einen Einstand als „Spaßpapst" geben. Denn die „Bild-Zeitung stellt der „gewonnenen" Papstwahl mit der Headline „Wir sind Papst!" ein Bonmot an die Seite, das schnell Spaßmacher der gesamten Republik auf den Plan ruft, die sich an Lustigkeit zu überbieten versuchen. Michael Mittermeyer behauptet „Wir Bayern sind Papst," die Politikerin Petra Pau textet „Wir sind Preußen!" und die „Bild"-Zeitung setzt dem Spaß die Krone auf, als sie erfolglos vor das Patentamt zieht, um sich den Spruch rechtlich schützen zu lassen. Lediglich „Urbi und Orbi" und ihrer Single „Wir sind Papst!" möchte dann wirklich keiner mehr zuhören. Papst Benedikt selbst hält sich bedeckt, rückt aber gleich wieder ins Boulevard-Interesse als der „Golf Papst". Benjamin Halbe, der sich im Besitz des ehemaligen Golf IV Ratzingers befindet, nutzt die Chance, um sich in den Medien zu platzieren und den Wagen auf Ebay zu versteigern. Für 189.000,- Euro wechselt der Golf seinen Besitzer. In seiner wahren Funktion erlebt Benedikt XVI. Höhen und Tiefen, umjubelte Auftritte beim Weltjugendtag und Weltfriedenstag stehen neben umstrittenen Formulierungen des Seelenhirten, die zum Protest reizen, kirchenpolitisch setzt er den Kurs des Vorgängers fort.

12 | 06 | 2006
Jetzt wird's aber Zeit

Manchmal zeigt sich die Genialität von ihrer schönsten Seite, der mutigen. Schirin Ebadi, iranische Juristin, Menschenrechtsaktivistin und Muslimin, kann mehrere Lieder davon singen, was es heißt, dauerhaft mutig zu sein und auch scheinbar übermächtigen Gegnern und ausweglosen Situationen die Stirn zu bieten. Die 1947 in Hamadan geborene Ebadi hat in ihrem Leben bisher stets

Menschen als Anwältin vertreten, die in irgendeiner Form unterdrückt wurden, zumeist richten sich ihre Vorwürfe und Handlungen gegen die iranische Regierung. Im Herbst 2003 tritt sie als Anwältin der Familie des ermordeten Intellektuellen Dariush Forouhar auf, ein Jahr später kümmert sie sich um den Fall einer ermordeten kanadischen Journalistin iranischer Abstammung, die in Haft gewaltsam umkam. Immer wieder wird sie mit fadenscheinigen Gründen selber verhaftet. So auch am 12. Juni 2006 bei einer Demonstration von Frauen für Menschenrechte. Doch Ebadi kommt wenige Tage später wieder auf freien Fuß und nimmt neue Anläufe gegen die konservative Macht im Iran. „Jede Frau, die das Kopftuch aus freien Stücken tragen möchte, sollte dies tun können. Genauso wie man das Recht haben sollte, mit Hut spazieren zu gehen. Oder nackt" sagt die Frau, die am 13. Oktober 2003 den Friedensnobelpreis zugesprochen bekommt.

===== Weiterlesen =====

- Die Otto Abt: Von Liebe und Macht. Das Mahabarta, Unkel 2001
- Rainer Barth: Das Papstlexikon, München 2005
- Die Bibel, Köln 2005
- Tich Nhat Hanh: Wie Siddharta zum Buddha wurde. Eine Einführung in den Buddhismus, dtv 2004
- Hermann Grotefend: Taschenbuch der Zeitenrechnung, Hannover 1991
- Wolf-Dieter Hauschild: Lehrbuch der Kirche- und Dogmengeschichte. Band 1. Alte Kirche und Mittelalter, Gütersloh 2000
- Wolf-Dieter Hauschild: Lehrbuch der Kirche- und Dogmengeschichte. Band 2. Reformation und Neuzeit, Gütersloh 2001
- Max Henning (Hg.): Der Koran, Stuttgart 1998
- Thomas Kaufmann: Martin Luther, München 2006
- Konfuzius: Gespräche. Lun-Yu, Stuttgart 1998
- Laotse: Tao Te King, Stuttgart 1997
- Ernst Lokowandt: Shinto. Eine Einführung, München 2001
- Claudia Schmölders: Ramayana, München 2005
- Luise Schorn-Schütte: Die Reformation, München 2006
- Otto Wimmer/ Hartmann Melzer: Lexikon der Namen und Heiligen, Hamburg 2000

Tage der Vernunft
Legendäre Denker, Werke und Ideen

An einem Tag 399 v. Chr. *Der letzte Schluck des weisen Mannes* Lehre und Sterben des Sokrates **S. 83**

An einem Tag 385 v. Chr. *Es ist was faul im Staate Griechenland* Platon sinnt auf Abhilfe **S. 83**

An einem Tag 342 v. Chr. *Der Sechsjahresvertrag* Aristoteles und Alexander der Große **S. 84**

07|12|43 v. Chr. *Der Tod der öffentlichen Sache* Der Fall Cicero **S. 85**

26|04|1336 *Es lebe der Mensch* Francesco Petrarca genießt die Aussicht des Mont Ventoux **S. 86**

09|06|1509 *Das Lob der Torheit* Erasmus von Rotterdam zeigt sich närrisch **S. 86**

22|06|1633 *Ein Mann zieht den Kopf ein* René Descartes denkt nach **S. 87**

30|01|1649 *Die Erfindung des Maschinenmenschen* Thomas Hobbes' Leviathan **S. 88**

21|02|1677 *Säe Wahrheit, ernte Hass* Der plötzliche Tod des Radikalethikers Spinoza **S. 89**

24|05|1689 *Versuch über den menschlichen Verstand* John Locke befreit den Geist **S. 90**

12|06|1754 *Über die Ungleichheit der Menschen* Rousseau erkennt Strukturen **S. 90**

17|01|1799 *Kleine Erbschaft macht große Philosophen* Das Leben des Georg Friedrich Hegel **S. 91**

05|06|1799 *Mr. Wissenschaft* Das Allroundtalent Alexander von Humboldt **S. 92**

27|12|1831 *Auf zu neuen Ufern...* Charles Darwins Evolutionstheorie **S. 93**

26|01|1839 *Ein irgendwie freier Tierfreund* Abgelehnt und anerkannt: Arthur Schopenhauer **S. 93**

24|07|1846 *Das einfache Leben* Das Denken des Henry David Thoreau **S. 94**

11|11|1855 *Der Existenzphilosoph und die Kommunion* Kierkegaard kritisiert die Kirche **S. 95**

03|01|1889 *Von Zeit zu Zeit wird gezaubert* Wahnsinn und Wahnzettel des Friedrich Nietzsche **S. 95**

27|05|1933 *Da hat der Heidegger wieder mal Recht* Der finstere Schatten des Martin Heidegger **S. 96**

16|06|1944 *Tod eines Historikers* Marc Bloch als Widerstandskämpfer **S. 97**

23|10|1944 *Ein deutscher Physiker* Max Planck und der Nationalsozialismus **S. 98**

17|11|1962 *Der grübelnde Physiker* Thomas Kuhn entwirft Paradigmenwechsel **S. 99**

25|01|1967 *Antritt* Das System Luhmann **S. 99**

22|04|1969 *Die Demütigung* Adorno verliert die Contenance **S. 100**

25|06|1984 *Lust, Wissen und Macht* Der frühe Tod des Michel Foucault **S. 101**

15|06|1998 *Der tätige Denker* Jostein Gardner lebt in Sofies Welt **S. 102**

19|07|2003 *Der lange Abschied* Herbert Marcuse betritt den Hain der Deutschen Denker **S. 102**

27|10|2006 *Die Zettel-Theorie* Kulinarische Gerüchte um Jürgen Habermas **S. 103**

15|06|2007 *Ein Mann in 15.000 Briefen* Leibniz' Briefwechsel wird zum Weltkulturerbe **S. 104**

02|01|2060 *Warten auf die Wahrheit* Die Siegmund Freud Collection öffnet ihre Pforten **S. 105**

An einem Tag 399 v. Chr.
Der letzte Schluck des weisen Mannes

Er war den Athenern schon lange schwer verdächtig. Aber mehr als „Gottlosigkeit" und „Verführung der Jugend" konnten sie Sokrates dann doch nicht vorwerfen. Aber wer wird da überhaupt angeklagt? Laut Cicero derjenige, der die Philosophie zu einer irdischen Wissenschaft gemacht hat, den Menschen verfügbar, der ein Instrument schuf, Sitten und Werte zu überprüfen. Der vielleicht größte aller Philosophen, und daher den meisten ein Dorn im Auge. Beide Anklagepunkte werden von ihm vor Gericht schnell und sauber entwertet. Er kümmere sich immerhin um die Jugend, und seine Liebe gelte zwar auch den Athenern, mehr aber noch der göttlichen Stimme Apollons, und außerdem: Das unnachgiebige Philosophieren werde er bestimmt auch bis zum letzten Atemzug betreiben. Anstelle der beantragten Strafe verdiene er überdies eher eine großzügige Belohnung für seine Dienste um die Wahrheit. Das sitzt. Die Jury ist tief empört über diesen letzten Affront und verurteilt den unverbesserlichen Dickkopf des penetranten Nervens wegen erst recht zum Tod. Wie, das kann er sich gnädigerweise noch aussuchen. In diesem Moment aber beweist Sokrates, dass er kein Schwätzer ist, der einfach gerne das letzte Wort hat, sondern dass seine Prinzipien auch für ihn selbst gelten. Die von Freunden vorbereitete Flucht schlägt er aus. Er will und wird nicht gesetzeswidrig handeln, wie immer die Folgen auch sein mögen. Seine Maxime, das „Rechte Handeln", ist nämlich nicht nur in seinem Kopf, sondern auch in seinem Herzen verankert. Den Becher mit einem tödlichen Sud aus Schierling in der Hand macht er den Richtern seine grenzenlose Zuversicht in diese Überzeugung klar. „Nun ist es Zeit, wegzugehen – für mich, um zu sterben, für Euch, um zu leben: Wer von uns dem besseren Zustand entgegengeht, ist jedem verborgen, außer dem Gott." Die Athener bleiben mit ihrer geschichtlichen Schuld zurück.

An einem Tag 385 v. Chr.
Es ist was faul im Staate Griechenland

Platon ist noch nie ein Mann der Kompromisse gewesen. Als Schüler des Sokrates hatte er dessen Verurteilung und Hinrichtung mit ansehen müssen und kehrte dem Athener Staat tief enttäuscht den Rücken. Mit seinem Geld kauft er den, dem Helden Akademos gewidmeten Olivenhain, vor den Toren der Stadt und widmet ihn an einem, leider nicht mehr feststellbaren Datum um 385 v. Chr., zum „Philosophischen Garten" um. Dort schlägt er seine Zelte auf und errichtet einen Kultbezirk für die Musen. Am wichtigsten ist ihm aber der Unterricht. Der findet wie fast alle Schriften Platons im Dialog statt. Seine Schüler müssen für den Unterricht nichts bezahlen, besuchen das nahe gelegene Gymnasium und bilden außerdem eine Lebensgemeinschaft, ähnlich wie in einem heutigen Internat.  Der verhinderte Politiker Platon entwickelt hier auch seine eigenen Vorstellungen zum idealen Staat, die er in seiner Schrift Politeia fixiert, der ersten überlieferten Utopie. Die Platonische Akademie besteht mit Unterbrechungen bis 529 nach Christi Geburt, als sie von Kaiser Justinian als „heidnisch" abgeschafft wird. Sie ist Namensgeber für alle Anstalten zur Förderung wissenschaftlicher und künstlerischer Studien, wobei sie die wissenschaftliche Arbeit im Wesentlichen um ihrer selbst willen betreiben, ohne auf praktische Zwecke ausgerichtet zu sein. Ein großes, glücklicherweise bis heute lebensfähiges Ideal. Platons eigentlich radikaldemokratische Staatenlehre aber ist eher für ihre Schwachstellen bekannt: Zwar ist der Ausgangspunkt ein Zwiegespräch über die Gerechtigkeit, dennoch sieht er eine hierarchische Einteilung in drei Stände vor, deren herrschende Klasse die Philosophen sind. Heutzutage liest sich die Vorstellung einer solchen Führungselite mit quasi uneingeschränkter Macht und die rigorose Auslese der Bürger wie eine Anleitung zum diktatorischen Missbrauch.

An einem Tag 342 v. Chr.

Der Sechsjahresvertrag

Es sollte eine Investition in die Zukunft des menschlichen Denkens sein, wie sie vorher noch niemand getätigt hatte, mit unabsehbaren Folgen. Der zu Platons Meisterschüler avancierte Aristoteles, ein Provinzler aus Thrakien, darf nach Platons Tod nicht das neue Oberhaupt der Athener Akademie werden, an der er 20 Jahre verbracht hat. Verbittert verlässt er das Zentrum der griechischen Welt und nimmt in Mazedonien eine Stellung als Hauslehrer und Erzieher an. Der Posten ist allerdings recht prestigeträchtig, immerhin handelt es sich bei dem zu erziehenden aufgeweckten dreizehnjährigen Knaben um den Sohn König Philipps II.. Was der kleine Alexander aus den folgenden Jahren lernt, ist nicht überliefert. Doch beginnt nun eine Zeitspanne, in der einer der größten Strategen der Geschichte, der künftige Unterwerfer der bekannten Welt, bei dem Menschen in die Schule geht, der den wahrscheinlich weitesten geistigen Horizont aller seiner Zeitgenossen hat. Auch noch lange danach hält die Verbindung den großen Entfernungen stand. Alexander der Große, der schließlich bis nach Indien vordringt, hält seine Pioniere an, von sämtlichen Pflanzen und Tieren, die sie auf ihrem Weg finden, Belegexemplare zu sammeln. Sie werden nach Athen geschickt, wohin Aristoteles 336 v. Chr. zurückgekehrt ist und seine eigene Schule eröffnet hat. Der Begründer der Logik und vieler anderer Wissenschaftsdisziplinen erhält dadurch die einmalige Gelegenheit, neben seinem ausgiebigen geistigen Schaffen eine umfassende zoologische Sammlung anzulegen. Er fertigt rund 500 Artbeschreibungen an, die heute teilweise kurios anmuten. Seine Beschreibungen des Kraken und anderer Tiere galten bis ins 20. Jahrhundert als relevant.

07 | 12 | 43 v. Chr.

Der Tod der öffentlichen Sache

Marcus Tullius Cicero führt ein bewegtes Leben im Dunstkreis der Mächtigen, sieht sein Ideal, die Republik, sterben, begleitet unwillig die Geburt des Römischen Imperiums – und lässt für seine Überzeugung sein Leben. Sein ganze Berufslaufbahn hindurch hat er sich für die „öffentliche Sache", die res publica, eingesetzt. Als Anwalt, Politiker und Philosoph wird er zwar oft des Wankelmuts bezichtigt, gilt aber immer noch als der beste Rhetoriker Roms. Das bringt ihm allerdings auch immer wieder Scherereien ein, jedoch kann kaum einer auf ihn und seine spitze Zunge verzichten. Selbst Gaius Iulius Caesar will ihn 61 v. Chr. als Bündnispartner für sein späteres Triumvirat gewinnen, doch Cicero lehnt ab, im Sinne der Republik, die er dort schon gefährdet sieht. Zu Recht: Nach seinen militärischen Erfolgen ernennt sich Gaius Iulius selbst zum Diktator auf Lebenszeit, um kurz darauf, an den Iden des März 44 v. Chr., dem ersten Caesarenmord zum Opfer zu fallen. Cicero, seit längerem mit dem Herrscher verfeindet, hätte zufrieden sein können, muss es sich in seinen 14 Philippischen Reden aber auch noch mit Konsul Marc Anton verscherzen: „Schade, dass die Attentäter ihn vergessen hätten..." Marc Anton will an die Macht und als schließlich der spätere Kaiser Augustus eine strategische Allianz mit ihm eingeht, hat er seine schwarze Liste schon parat. Ganz oben steht natürlich Cicero, der auf der Flucht ermordet und dessen Leiche verstümmelt auf dem Forum Romanum zur Schau gestellt wird. Dass Cicero heute in den Schulen gelesen wird, ist vor allem Francesco Petrarca zu verdanken, den viele Opfer des Lateinunterrichts nur zu gerne dafür geißeln würden.

26 | 04 | 1336
Es lebe der Mensch

Der Mann hat als reisender Dichter schon so einiges hinter sich, als er weit vor Sonnenaufgang mit seinem Bruder die Herberge in Malaucène verlässt. An einem einzigen Tag wird er den höchsten Gipfel der Umgebung besteigen und wieder ins Tal zurückzukehren. Danach ist er nicht mehr derselbe, und die Welt der menschlichen Wahrnehmung wird dank ihm in der folgenden Zeit eine unvergleichliche Horizonterweiterung erfahren. An diesem Morgen dämmern der Humanismus und die Renaissance. Was Petrarca tut, ist dem damaligen Denken unerhört, ungetan. Vollkommen zweckfrei und ohne jede Not besteigt er den Mont Ventoux, knappe zwei Kilometer hoch, eigentlich nur der Aussicht wegen. Der Bergsteiger fordert durch seine eitle Neugier keinen Geringeren als Gott selbst heraus. Auf dem Gipfel angekommen, hat der erste verbürgte Bergsteiger der Geschichte eine der weitesten Aussichten Europas vor sich, von den Gipfeln der Alpen über das Mittelmeer bis hin zu den Pyrenäen. Sein Blick erfaßt in Sekunden Plätze, die viele Tagesreisen voneinander entfernt sind. Petrarca ist überwältigt, geht in sich und begreift: Die Welt besteht nicht aus einer endlichen Abfolge von Orten, sondern die Orte sind eingefügt in einen unendlichen Raum – und indem Petrarca sich selbst diesem Raum als Person gegenüberstellt, wird er zum Erstbeschreiber des Ego. Er hat die erste entscheidende Schlacht im Kampf gegen den hochmittelalterlichen Gott gewonnen, ohne dass er sie führen wollte. Er hat den ersten Impuls gegeben, den Menschen in den Mittelpunkt der Naturbetrachtung zu stellen, ihn überhaupt als Teil der Natur zu begreifen. Sein praktisches Tun, die Besteigung, führt zu einer theoretischen Auseinandersetzung mit dem auf dem Gipfel erfahrenen Weltzusammenhang – und er, der Mensch Francesco Petrarca, ist ein Teil davon. Seine Erkenntnis aber beraubt ihn seiner Geborgenheit im christlichen Glauben. Er hat kein Zuhause mehr. Das ist der Preis, den große Entdecker zu zahlen bereit sein müssen. Selbst Nikolaus Kopernikus, der Sprenger der Geozentrik, wird nicht so weit gehen.

09 | 06 | 1509
Das Lob der Torheit

Weisheit ist Narrheit. Zu diesem Ergebnis gelangt der holländische Universalgelehrte und Humanist Erasmus von Rotterdam, als er 1508 auf einem mehrtägigen Ritt die Alpenpässe überquert. 1509 besucht er seinen Freund Thomas Morus in London und beginnt seine Gedanken zum Thema in seinem Werk „Lob der Torheit" niederzuschreiben. Narrheit und Weisheit als Extreme menschlichen Denkens werden zur Zeit des geistigen Aufbruchs der Renaissance engagiert unter den Gelehrten diskutiert. Populär ist die Ansicht Sebastian Brants, der in seinem „Narrenschiff" (1484) in der Narrentum der Welt den Sündenverfall zu erkennen glaubt, der nur durch eine gute geistige Bildung gehoben werden kann. Erasmus vertritt die Gegenthese, indem er unterstellt, dass zuviel Weisheit die Quelle von Dünkel und Sünde sind und die Menschen in zu großer Selbstgewissheit gegenüber Gott wiege. Auch verstelle übertriebene Stubengelehrsamkeit den Blick auf die Realitäten des Lebens. „Je weiter sich der Mensch von mir entfernt, desto weniger erfreut er sich des Lebens", lässt Erasmus seine Torheit sagen und drückt damit aus, dass wahre Freundschaft, Liebe und Freude das Ergebnis positiver Naivität sind und so die menschliche Kommunikation und Zusammenhalt der Gesellschaft fördern. Dies kann nicht in Büchern erlernt werden. Damit bewegt sich Erasmus in einer lang gehegten Tradition mittelalterlicher Volksbücher, in denen der Narr die Wahrheit reden darf, die einem weisen Autoren nie zu sagen erlaubt wäre. Mit dreisten scheinbar unsinnigen Taten und Sprüchen führen närrische, anarchistische Helden wie Till Eulenspiegel oder der Bauer Markolf starre menschlich erdachte Ordnungs- und Moralvorstellungen ad absurdum und schlagen die Weisheit mit Bauernschläue. Der weise König Salomon spricht „Wenn der Himmel sich wölbet, so will es regnen." Und Bauer Markolf antwortet: „Wenn der Hund sich krümmt, so will er scheißen." Einer hat Recht.

22 | 06 | 1633
Ein Mann zieht den Kopf ein

Die Nachricht aus dem fernen Italien kommt einem Todesurteil für das neue, freie Denken gleich: Der Mathematiker und Astronom Galileo Galilei hat seiner Schrift über die Kreisbahnen der Planeten abschwören müssen, um der Hinrichtung auf dem Scheiterhaufen zu entkommen. Die Inquisition wandelt die Strafe in lebenslängliche Kerkerhaft um. René Descartes, der zur Halbzeit des 30-jährigen Krieges in den Niederlanden sein erstes großes Werk „Die Welt" beinahe vollendet hat, vernichtet es stante pede und traut sich erst vier Jahre später, überhaupt etwas zu veröffentlichen. Das geschieht jedoch anonym und unter dem weniger verfänglichen Titel „Abhandlungen über die Methode". Sein geradezu unlösbares Problem: Da er die Philosophie zu einer Art universaler Mathematik machen will, kann das nur auf streng rationale Weise, also ohne jeglichen Bezug auf den

Glauben geschehen. Das hat einerseits die Folge, dass er (aus Angst um sein Leben) nicht mit seinen Gedanken hausieren geht. Zum anderen zweifelt Descartes konsequent an einfach allem, aber mit System und durchschlagendem Erfolg für alle, die nach ihm kommen: Selbst wenn die ganze Welt Einbildung wäre, „im Zweifel werde ich jedenfalls meiner selbst als eines denkenden Wesens gewiß." Das sich seiner selbst bewußte Ich, das Ego hinter dem „Cogito ergo sum" wird zum Ankerpunkt seiner Welt und zum Grundstein der modernen Philosophie. Er engt aber den Geist auf die Tätigkeit des Denkens ein, nimmt beispielsweise alle Tiere davon aus. Das führt in der Konsequenz bei manchem anderen Denker zu einer maschinistischen Auffassung des Menschen selbst, so wie bei Thomas Hobbes.

30|01|1649
Die Erfindung des Maschinenmenschen

Das Leben ist schlecht, und danach kommt der Tod. So in etwa liest sich stark verkürzt die Lebenseinstellung des englischen Zeitgenossen von Descartes. Hobbes radikalisiert die Weltsicht seines Vorbildes Galileo Galilei und nimmt dem Menschen den Sonderstatus in der Natur. Geist? Seele? Nur Missinterpretationen der rein mechanischen und immer gleichen Reaktionen biologischer Apparate auf Reize ihrer Umwelt. Was andere als freien Willen bezeichnen, ist für ihn allein das Ergebnis eines Wechselspiels zwischen Furcht und Gier. Noch finsterer wird die Betrachtung, wenn viele Menschen zusammenkommen: Der Mensch ist des Menschen Wolf („homo homini lupus") und schon gar nicht das „zoon politikon", das gesellschaftliche Wesen, das Aristoteles beschrieben hat. Dass Gott in einem solchen Weltbild nichts verloren hat, versteht sich von selbst. Er wird abgelöst durch die Selbsterhaltung, die klassisch betrachtet ein Werk des Teufels ist – und dieser finstere Trieb ist Hobbes Grundlage seiner Staatstheorie. Er notiert sie im französischen Exil in seinem Hauptwerk „Leviathan", seiner Antwort auf den englischen Bürgerkrieg, vor dem er geflohen ist. So technisch wie sein Menschenbild ist auch die beschriebene Konsequenz. Die Bürger übertragen dem Staat sämtliche natürliche Gewalt, die Kirche wird vom Staat getrennt, Moral ist reine Privatsache. So schützt der absolutistische, allmächtige Staat die Menschmaschinen vor ihrer eigenen Grausamkeit. Hobbes bringt mit seinem Werk sämtliche Instanzen gegen sich auf: Das Parlament, die Puritaner, vor allem aber die katholische Kirche, die er als „Reich der Finsternis" beschreibt. Hobbes tut gut daran, Frankreich wieder in Richtung England zu verlassen und sich dort mit Lord Protector Oliver Cromwell zu arrangieren.

Der, so hat es den Anschein, ist nach der Exekution Königs Karl I. am 30. Januar 1649 auf einem guten Weg, absolute Macht über die Insel zu erringen. 1651 darf Hobbes seinen Leviathan zu Cromwells Begeisterung veröffentlichen.

21 | 02 | 1677
Säe Wahrheit, ernte Hass

Wer sich in der Kunst des Schimpfens weiterbilden will, der lese die Reaktionen auf den „Tractatus theologico-politicus", die Baruch Despinoza, latinisiert Benedictus de Spinoza, 1670 gerade anonym veröffentlichen lässt. Alle Größen der Zeit scheinen einen Wettbewerb laufen zu haben, wem die schönsten Schmähungen für den Glasschleifer aus Amsterdam einfallen. Womit hat sich der Sohn spanischer Exiljuden diese umfassende Segnung mit Flüchen verdient? Er hat Giordano Bruno gelesen und Descartes, und wendet ihren philosophischen Werkzeugkasten konsequent an. Sein einziges Motiv ist die Liebe zur Wahrheit, und das kommt ihn während seines gesamten Lebens teuer zu stehen. Bevor er auch nur ein Wort geschrieben hat, wird er im Alter von 23 Jahren mit „all den Verwünschungen, die im Gesetz geschrieben stehen" aus der jüdischen Gemeinde ausgeschlossen, obwohl er den Kampf nicht gesucht hat, sondern nur die Wahrheit über die Bibel. Die Folgen dieses Großen Bannfluchs sind einerseits die größte anzunehmende Isolation und Heimatlosigkeit, der ein Mensch damals ausgesetzt sein konnte, andererseits eine innere Unabhängigkeit und Freiheit, wie nur wenige sie jemals kennengelernt haben. Seinen Lebensunterhalt verdient sich der Gelehrte in alter jüdischer Tradition mit seinem erlernten Handwerk, nur nachts findet er Muße zum schreiben. Unglaublich bescheiden und zurückgezogen arbeitet Spinoza an seinem Lebenswerk, einem der wohl am stärksten kondensierten Bücher der Welt. „Die Ethik, nach geometrischer Methode dargestellt", ist ein mathematisch formelhaft verfasstes Buch, für den Laien geradezu unlesbar. Aus der Erfahrung mit seiner letzten Veröffentlichung behält er es in der Schublade bis zu seinem Tod, der den 44-jährigen plötzlich am 21. Februar 1677 in seiner Mietwohnung an der Paviljoensgracht in Den Haag ereilt. Der Arzt diagnostiziert Tuberkulose. Sein Freund Ludwig Meyer bringt den Tractatus noch im selben Jahr heraus. Hass, Spott und Verbote halten nach seinem Erscheinen aber noch gute hundert Jahre an, bis Lessing und Jacobi sich endlich für Spinoza aussprechen.

24 | 05 | 1689
Versuch über den menschlichen Verstand

1689 ist irgendwie ein gutes Jahr für John Locke. Die Gesundheit des 1632 geborenen Engländers ist zwar nicht mehr die Beste, aber immerhin hat Wilhelm von Oranien dem Gelehrten, nach Jahren der Ablehnung unter der Regierung Karls II., das Amt des Handelsministers angeboten. Locke legt in diesen Tagen auch letzte Hand an seinen „Essay Concerning Human Understanding". Am 24. Mai 1689 dediziert er dem Earl of Pembroke Lord Thomas die Widmungsrede des Buches, welches einige kontroverse Ideen auf den Tisch bringt. Anders als die meisten seiner Zeitgenossen glaubt Locke, dass der menschliche Verstand ungeformt in die Welt tritt – als „Tabula Rasa". Dementsprechend machen die Erziehung und die persönliche Geschichte das Wesen eines Menschen aus: Bevor unser „Glück" zu wirken beginnt, sind wir alle gleich. Doch nicht nur das Wesen des Menschen interessiert Locke, sondern auch die Organisation des menschlichen Zusammenlebens. In „Two Treatises of Government" entwickelt Locke liberale Theorien. So hat der Staat mit der Zustimmung der Regierten zu regieren; im Zweifelsfall hat das Volk auch ein Recht auf Rebellion. Der Staat soll sich zudem nicht in die persönliche Lebensgestaltung der Menschen einmischen. Lockes Gedanken haben direkten Einfluss auf die amerikanische Unabhängigkeitserklärung von 1776, ebenso beeinflussen sie die Entwicklung des liberalen Verfassungsstaates in Europa.

12 | 06 | 1754
Über die Ungleichheit der Menschen

Am 12. Juni 1754 schließt der Philosoph und Komponist Jean-Jacques Rousseau seinen „Discours sur l'origine et les fondements de l'inégalité parmi les hommes" ab. Es ist die Antwort auf eine Preisfrage der Académie de Dijon: „Was ist der Ursprung der Ungleichheit unter den Menschen, und wird sie vom Naturrecht erlaubt?". Rousseau hat bereits 1749 einen ähnlichen Wettbewerb zu der Frage „Hat die Wiederherstellung der Wissenschaften und Künste dazu beigetragen, die Sitten zu reinigen?" gewonnen. Seine Antwort machte ihn zu einem ebenso berühmten wie umstrittenen Mann. Denn er konstatierte der europäischen Kultur ein übermäßiges Streben nach Luxus und Vergnügungen und prophezeite deren Untergang durch sittliche Dekadenz. Seinen Erfolg bei den tonangebenden Kreisen quittiert Rousseau, ein Autodidakt aus ärmlichen Umständen, allerdings mit Ablehnung. Als er in Paris 1753 auch noch die These aufstellt, die italienische Musik sei der französischen überlegen, erhängen aufgebrachte Musiker eine Rousseau-Puppe. „Und 1754", nimmt der Philosoph in seinem „Discours" an, „werden die Pariser Kulturkreise nicht freundlicher mit mir umgehen...". Rousseau veröffentlicht seinen „Discours" schließlich in Amsterdam, widmet ihn aber seiner Heimatstadt Genf. Dort ist das „freie Denken" seit Einführung des allem menschlichen Genuss fern stehenden calvinistischen Kirchenregiments lange schon ungern gesehen. Rousseau erklärt in seinem Diskurs, dass die soziale Ungleichheit des Menschen ein Konstrukt ist, ermöglicht durch die Arbeitsteilung und die daraus erwachsende Aneignung der Erträge der Vielen durch Wenige. Diese Wenigen bilden dann Staatswesen, die ihren Besitz schützen sollen. Die Grundidee des Sozialismus scheint geboren. Rousseau wird in Frankreich erst mit der Revolution zu Ehren kommen, der jakobinische Wohlfahrtsausschuss lässt 1794 die Überreste des 1778 verstorbenen Denkers in das Pariser Panthéon überführen.

17 | 01 | 1799

Kleine Erbschaft macht große Philosophen

In einer Todesanzeige in der „Schwäbischen Chronik" vom 17. Januar 1799 empfiehlt sich die trauernde Christiane Hegel mit ihren zwei Brüdern in die „fernere Gewogenheit und Freundschaft" ihrer Freunde und Verwandten und verbittet sich „alle Beileidsbezeugungen". Verstorben ist ihr Vater, der Taxator Georg Ludwig Hegel. Die Hinterbliebenen erhalten ein bescheidenes Erbe, das für Christines Bruder Georg Wilhelm Friedrich Hegel, geboren 1770, allerdings ausreichend ist, um seinen Traum von einer akademischen Karriere zu realisieren. Er geht nach Jena, wo er bereits 1801 seine Doktorarbeit über die Himmelsmechaniken Keplers und Newtons verfasst. Im Folgenden schafft Hegel ein komplexes und höchst einflussreiches philosophisches Werk, dessen Bedeutung für die Geschichte Europas kaum überschätzt werden kann. Hegel, der sich für die Französische Revolution von 1789 begeistert und den traditionellen Feudalismus seiner schwäbischen Heimat unerträglich findet, liefert wichtige Denkansätze für viele spätere Schulen. Sein Konzept der Dialektik, nach dem die Menschheitsgeschichte von den Stadien der Naivität (Religion) zum Selbstbewusstsein (Aufklärung) und schließlich absoluten Wissen (gestalterische Veränderung der Realitäten) verläuft inspiriert vor allem Sozialisten und Revolutionäre. Hegel selbst aber ist bald schockiert von der Brutalität und tyrannischen Verachtung des Individuums, die sich im Nachspiel von 1789 zeigt. So arrangiert Hegel, vorsichtig geworden, sich politisch bald mit dem Status Quo. Er bevorzugt das gemütliche Denken in der Geborgenheit der Universitäten. 1818 wird er nach Berlin berufen, wo er eine kurze Zeit als „Preußens Staatsphilosoph" gilt. 1831 stirbt Hegel an der Cholera. Sein Erbe ist ein Wissensschatz, der mehrere Gelehrtengenerationen versorgen kann.

05 | 06 | 1799

Mr. Wissenschaft

Viele Forscher sind Menschen mit einem gewissen Umfang an Know-how. Oft auf zwei oder drei Gebieten zu Hause, entdecken und ergründen sie Dinge und stellen, wenn es gut läuft auch eigene Theorien auf, die, wenn es noch besser läuft, ein paar Jahre diskutiert werden. Vorhang: Alexander von Humboldt. Der am 14. September 1769 geborene Berliner beschäftigt sich bis zu seinem Tod 1859 mit folgenden Bereichen, zu denen er stets auch wissenschaftlich Wertvolles beitragen kann: Physik, Geografie, Geologie, Botanik, Zoologie, Vulkanologie, Mineralogie, Chemie, Klimatologie, Ozeanografie (Sie können jederzeit Stopp sagen), Astronomie, Wirtschaftsgeografie, Ethnologie, Demografie und er erfindet zudem die so genannte Pflanzengeografie. Dass er überdies ein immenses Zeichen- und Illustrationstalent hat, soll nicht verschwiegen werden. Nach einer durch die Eltern ermöglichten, fast universitätsähnlichen, privaten schulischen Ausbildung aufklärerischer Prägung, beginnt Humboldt bereits früh mit 21 Jahren Forschungsreisen zu unternehmen. Er studiert Staatswirtschaftslehre und schließlich Volks- und Weltwirtschaft, revolutioniert mal eben das Abbauverfahren von Alaunschiefergestein und saniert den Bergbau in Fichtelgebirge und Frankenwald. Er entwickelt einen Vorläufer der Gasmaske, gründet die erste Arbeiter-Berufsschule Deutschlands, für die er die Lehrbücher selber schreibt und schläft selten mehr als vier Stunden, da er ja auch noch Selbstversuche medizinischer Natur machen will. Ausgerüstet mit den besten Messinstrumenten, dem Botaniker Aimé Bonpland als Gefährten und einem üppigen Erbe zur Realisierung bricht von Humboldt am 5. Juni 1799 zu seiner ersten großen Forschungsreise nach Südamerika auf. Es ist unmöglich alle Errungenschaften Humboldts aufzulisten, er vermisst, forscht, analysiert und entdeckt, wo er geht und steht und liefert Unmengen an Erkenntnissen und Grundlagen, die bis heute für die Naturwissenschaft elementar sind. Über den risikobereiten Pionier des modernen wissenschaftlichen Denkens mit internationalem Netzwerk und auch schriftstellerischen Fähigkeiten sagte Charles Darwin: „Ich habe ihn immer bewundert, jetzt bete ich ihn an."

27|12|1831
Auf zu neuen Ufern...

Charles Darwin wird am 12. Februar 1809 in The Mount, England geboren. Darwin wird zwar als Begründer der Evolutionstheorie angesehen; doch schon sein Großvater, der Naturwissenschaftler Erasmus Darwin, vertritt in einem seiner Bücher die Idee, dass alle Lebewesen sich von gemeinsamen Vorfahren entwickelten – der Apfel fällt nicht weit vom Stamm... Darwins Erkenntnisse allerdings formen sich in der Ferne. Am 27. Dezember 1831 sticht er mit der HMS Beagle von Devonport aus zu einer geologischen Expedition in See. Die Reise führt den jungen Wissenschaftler u.a. nach Rio de Janeiro, zum Kap Horn und auf die Falkland-Inseln. Besonders bedeutend ist aber der Aufenthalt der Expedition auf den Galapagosinseln, von wo er drei junge Riesenschildkröten namens Harry, Dick und Tom mit sich nimmt. Fünf Jahre später kehrt Darwin nach England zurück und analysiert seine Beobachtungen. Besonders interessieren ihn die Ähnlichkeiten zwischen Fossilien und noch lebenden Tieren einer Region, sowie die Unterschiede zwischen verwandten Tierarten verschiedener Regionen, die er bald als eine Anpassung an unterschiedliche Lebensbedingungen interpretiert. Am 1. Juli 1858 wird Darwins Vorlesung „On the Origin of Species by Means of Natural Selection, or the Preservation of Favoured Races in the Struggle of Life" vor der Königlichen Linné-Gesellschaft vorgestellt, ein Jahr später erscheint sein gleichnamiges Buch, das mit großem Interesse aufgenommen wird. Bald ist die Evolutionstheorie in aller Munde – man muss einfach entweder dafür oder dagegen sein. Die Schildkröte Harry lebt inzwischen in einem Zoo in Brisbane, Australien. Darwin verstirbt 1882, doch sein Werk lebt weiter. Harry auch. 1960, Harry ist nun etwa 130 Jahre alt, stellt ein Zoodirektor fest, dass es sich um ein Weibchen handelt, und aus Harry wird Harriet. Harriet stirbt im Jahr 2006 im Australia Zoo in Queensland. Zeitgleich wird Darwins Theorie in der Wissenschaft wieder einmal heftig angegriffen.

26|01|1839
Ein irgendwie freier Tierfreund

„Der Mensch kann zwar tun, was er will, aber er kann nicht wollen, was er will." – Der berühmte Ausspruch fasst Arthur Schopenhauers Auffassung über die Willensfreiheit des Menschen gut zusammen. Seine präzisen Ausführungen zum Wesen der Freiheit in dem Aufsatz „Über die Freiheit des menschlichen

Willens" sind der Königlich Norwegischen Societät der Wissenschaften am 26. Januar 1839 den ersten Platz in einem entsprechenden Preisausschreiben wert. Schopenhauer kann sich des Respekts seiner Zeitgenossen sicher sein. Sein Aufsatz „Über das Fundament der Moral", wird indessen am 30. Januar 1840 von der Königlich Dänischen Societät der Wissenschaften abgelehnt. Hierin schrieb Schopenhauer u.a. „Mitleid mit den Tieren hängt mit der Güte des Charakter so genau zusammen, dass man zuversichtlich behaupten darf, wer gegen Tiere grausam ist, könne kein guter Mensch sein". Hat er nicht den richtigen Ton getroffen? Das ficht den Autor letztlich wenig an. Er fasst beide Schriften unter dem Titel „Die beiden Grundprobleme der Ethik" zusammen und veröffentlicht sie in einem Band. Schopenhauer wird zu einem breit gelesenen Autor, er wird verehrt und verlacht. Auch außerhalb Europas wird sein Werk interessiert aufgenommen. In seiner Verbindung von asiatischer Lebensweisheit, buddhistischer Mystik und europäisch aufgeklärtem Denken bildet eine Art Brücke zwischen den Kontinenten. Textpassagen wie „die Verneinung des Willens zu leben allein kann uns erlösen, nicht der Selbstmord, der nur die individuelle Erscheinung des Allwillens vernichtet" wirken wie Anleitungen zum Erreichen des Nirwana. Entsprechend begründet Schopenhauer auch das im deutschsprachigen Kulturraum starke Interesse am Buddhismus.

24 | 07 | 1846
Das einfache Leben

Den 24. Juli 1846 verbringt Henry David Thoreau im Gefängnis. Warum? Der Schriftsteller und Philosoph hatte tagsüber zufällig den lokalen Steuereintreiber, einen gewissen Sam Staples, getroffen. Dieser wollte seine Staatspflicht ausüben und die Kopfsteuer eintreiben, die Thoreau seit sechs Jahren nicht gezahlt hatte. Thoreau weigert sich und weist darauf hin, dass er weder den Mexikanisch-Amerikanischen Krieg, noch das System der Sklaverei unterstützen wolle. Warum also Steuern zahlen? Der Staatsmann Staples zeigt sich unnachgiebig und befördert den Steuerunwilligen hinter schwedische Gardinen. Thoreau lebt zu dieser Zeit denkbar einfach und von der Zivilisation abgewandt in einem selbstgebauten Haus bei Walden Pond, ganz so wie es sein essayistischer Roman „Walden" als eines der großen Werke der Aussteigerliteratur vorgibt. Doch auch im Gefängnis hat Thoreau nun viel Zeit zum Nachdenken. Jedenfalls bis zum nächsten Tag. Denn trotz seiner Proteste wird der widerspenstige Schriftsteller auf freien Fuß gesetzt: Seine Tante hat die ausstehende Steuer bezahlt. Sein kurzes Nachdenken hinter Schloss und Riegel hat dennoch weit reichende Wirkungen. Anfang 1848 hält er einen Vortrag über die Rechte und Pflichten des Individuums gegenüber der Regierung. Wenig später arbeitet er den Vortag in einen Essay um, den er „Resistance to Civil Government" nennt. Thoreau fordert zum „zivilen Ungehorsam" auf, und schreibt „unter einer Regierung, die Menschen zu Unrecht einsperrt, ist das Gefängnis der richtige Platz für einen gerechten Mann". Er wird damit zum Vordenker für die spätere Bürgerrechtsbewegung, zum – nicht nur theoretischen – Vorreiter für Gandhi und Martin Luther King. Die amerikanische anarchistische Denkerin Emma Goldman nennt ihn später „Amerikas größten Anarchisten".

11 | 11 | 1855

Der Existenzphilosoph und die Kommunion

Am 11. November 1855 liegt Søren Aabye Kierkegaard in Kopenhagen im Sterben. Als der Priester zur letzten Kommunion schreiten will, lehnt der erst 43-jährige Philosoph dankend ab. Schon seit geraumer Zeit ist Kierkegaard für seine recht frontalen Angriffe auf die dänische Staatskirche berüchtigt. Das „real existierende" Christentum, so Kierkegaards Argumentation, dient vor allem dem Menschen und nicht Gott. Die offizielle dänische Kirche ist nicht belustigt. Dabei ist Kierkegaard ein tiefreligiöser Denker. Er sieht die Religiosität als Endstadium der Entwicklung des menschlichen Geistes an, wobei er Wahrheit als „Bewegungen in der Zeit" ansieht, als etwas, was sich nur in der Entwicklung offenbart. Kierkegaard schreibt, dass ein Glaube, der nie durch eine Phase des Zweifels gegangen ist, kein wirklicher Glaube sein kann. Dabei lehnt er die zu seiner Zeit sehr populäre Suche nach „absoluten" oder objektiven Systemen ab. Vielmehr hält er die Subjektivität der Wahrheit für gegeben. In diesem Sinne ist er der „modernen" Philosophie um vieles näher als die „Absolutisten" seiner Zeit. Sein Werk findet, einmal aus dem Dänischen übersetzt, international rasch eine illustre Leserschaft.

03 | 01 | 1889

Von Zeit zu Zeit wird gezaubert

Am 3. Januar 1889 notiert Friedrich Nietzsche auf einem Zettel die Worte „Wilhelm, Bismarck und alle Antisemiten abgeschafft. Von Zeit zu Zeit wird gezaubert." Kurz zuvor lässt er verlauten „Heute abend werde ich soviel Opium nehmen, dass ich den Verstand verliere." Nietzsche spricht von „Hindeutungen auf Päderastie", erwähnt dass ihm „ein Pistolenlauf eine Quelle relativ angenehmer Gedanken" sei und stellt fest, dass „das einzig sichere ist, dass ich am Meer leben muss". Am 6. Januar beobachten ihn Stadtbewohner dabei, wie er dem Pferd eines Droschkenkutschers weinend um den Hals fällt und es seinem Peiniger zu entreißen versucht. Am 8. Januar begegnet der Freund Franz Overbeck einem Nietzsche, der mal zuckend auf dem Sofa liege, mal in skurrilen Tänzen und Sprüngen durch das Zimmer eile oder am Piano wie rasend Allegro spiele und sich dabei rhythmisch skandierend als „Nachfolger des toten Gottes" und „Possenreißer der neuen Ewigkeit" bezeichne. Nietzsche sei, so Overbeck, „entsetzlich verfallen". Kurz darauf bringt man den Philosophen von Turin in eine Irrenanstalt nach Basel, dann in die Psychiatrische Klinik nach Jena und als alle Heilungsversuche fehlschlagen zu seiner Mutter nach Naumburg. Seine Schwester Elisabeth Förster Nietzsche nimmt ihn 1897 zu sich nach Weimar in die Villa Silberblick. Bereits die Ankunft des „wahnsinnigen Philosophen" ist in der Stadt eine Sensation, Bürger verstecken sich in den das Haus umgebenden Feldern, um einen Blick auf „Zarathustra" zu erhaschen. Schwester Nietzsche nutzt die Chance, ihren Bruder zur einträglichen Touristenattraktion zu machen. Dass Gerücht „Jeder muss sich glücklich schätzen, der Nietzsche als Kranken gesehen hat" verbreitet sich rasch, der umnachtete Meister erhält mehr Besuche als je zuvor. Die Worte „Ich habe viele schöne Sachen geschrieben. Mehr Licht. Summarisch tot. Ich bin tot, weil ich dumm bin." gehören zu seinen letzten. Nietzsche stirbt am 25. August 1900, bei seiner Beerdigung im Heimatdorf Roecken wirft jeder Gast mit einem Spruch aus dem Zarathustra drei Handvoll Erde in sein Grab. Der Pfarrer notiert im Kirchenbuch: „In Röcken geboren am 15. Oktober 1844 als Sohn des damaligen Pfarrers Nietzsche, und sonach evangelisch, nach seinen philosophischen Werken aber antichristlich."

27 | 05 | 1933
Da hat der Heidegger wieder mal Recht

Der neue Rektor der Freiburger Universität Prof. Dr. Heidegger ist ergriffen, als er 27. Mai 1933 vor den Studenten spricht. Er schwärmt von der „Größe und Herrlichkeit dieses Aufbruchs" und vom „Marsch, den unser Volk in seine künftige Geschichte angetreten hat", und beschwört die „erd- und blutnahen Kräfte" des deutschen Volkes. Heidegger, der durch sein epochales Werk „Sein und Zeit" als Jahrhundertphilosoph in die Geistesgeschichte eingegangen ist, wird später ebenso wie seine Apologeten die Rede als „Ausrutscher" bezeichnen und darauf verweisen, dass er durch vorgespielte Systemtreue der Universität in Wahrheit die Selbstständigkeit habe bewahren wollen. Über Aristoteles sagt Heidegger einmal „Aristoteles wurde geboren, arbeitete und starb. Wenden wir uns also seinem Denken zu." Im Falle Heidegger erscheint das Leben vielen heute spannender, denn es offenbart mehr Überraschungen als nur die düstere Antrittsrede. Der Mann mit der NSDAP-Mitgliedsnummer 3125894 wirbt am 30. Juni 1933 in Heidelberg für eine universitären Kampf im „nationalsozialistischen Geist, der nicht ersticken darf durch humanisierende, christliche Vorstellungen". Heidegger, der sein Rektoramt als geistiges Führeramt versteht, wacht über die Durchführung der Rassengesetze an seiner Universität, er sammelt Spenden für ein Hitler-Buch und lehnt einen Ruf nach München ab, da er sich lieber für eine „Aufgabe entscheiden" wolle, „durch deren Erfüllung ich dem Werk Adolf Hitlers am besten diene". Am 10. Februar 1934 denunziert er den Freiburger Chemieprofessor Herrmann Staudinger, der nach dem Weltkrieg pazifistische Reden gehalten habe. Im Dezember 1933 rät er dem Rektor der Göttinger Universität, Eduard Baumgarten als Privatdozenten zu entlassen, da dieser „mit Juden verkehre" und den Lehren Max Webers folge. Schließlich verhindert er selbst nach Niederlegung seines Rektorats 1938, dass Max Müller, ein der „Sache negativ eingestellter" Mensch einen Lehrauftrag erhält. Als Müller ihn darauf anspricht, entgegnet Heidegger „als Altkatholik" müsse er wissen, dass „man die Wahrheit sagen muss". Heidegger weiß das nicht, er verharrt bis zu seinem Tod 1976 in Schweigen über seine dunklen Jahre.

16|06|1944
Tod eines Historikers

Am 6. Juni 1944 landen britische und amerikanische Truppenverbände an der Küste der Normandie. Die Befreiung Frankreichs von der deutschen Besatzung ist nur noch eine Frage von Wochen. Am 16. Juni 1944 werden auf einem freien Feld in der Nähe von Lyon 29 Gefangene aus dem Gefängnis Mont Luc von der Gestapo erschossen. Einer von ihnen ist der Historiker Marc Bloch, der am 8. März der Gestapo in die Hände gefallen war. In seinem Landhaus in Geurét hatte der aus dem Lehrbetrieb verjagte jüdische Wissenschaftler engagiert im Widerstand gearbeitet und schließlich in Lyon die Leitung der Résistance übernommen. Bereits 1940 hatte er in seinem Buch „Die seltsame Niederlage" die Franzosen der selbstgefälligen Lethargie in ethisch-politischen Fragen bezichtigt. Äußerungen, die in Einklang mit dem beweglichen Geist Blochs standen, der seit 1920 mit scharfer Axt die baumhohen Idole der klassischen Geschichtswissenschaft

– Ereignis, Biografie und Politik – fällte und für eine interdisziplinäre Forschung eintrat. In einer Zeit, in der die Naturwissenschaften so revolutionäre Neuerungen wie die Quantenphysik und die Relativitätstheorie erfuhren, sollte auch die Geschichtswissenschaft nicht zurückstehen. Bloch forderte mehr Phantasie und Flexibilität einerseits, andererseits mehr quantitative Methoden. Da es die Aufgabe der Geschichte sei, die Menschen zu verstehen, müsse ein scharfsinniger Historiker wie ein „Menschenfresser" selbst hinter alltäglichen Werkzeugen und landwirtschaftlichen Flurverzeichnissen „Menschenfleisch wittern" können. Die Zeitung „Annales d'histoire économique et sociale", die Bloch zusammen mit Lucien Febvre gründete war ein Sammelsurium solch neuer und gewagter Denkansätze. In den Sechziger Jahren lösten die Ideen Blochs und Febvres in der Geschichtswissenschaft weltweit eine Revolution aus.

23 | 10 | 1944

Ein deutscher Physiker

Am 23. Oktober 1944 verliert Max Karl Ernst Ludwig Planck, geboren 1858 in Kiel, seinen Sohn. Erwin Planck wird als Mitglied des Stauffenberg-Aufstands in Berlin hingerichtet. Das Nazi-Regime zeigt dem aus Tradition staatstreuen Planck, mit wem er sich arrangiert hat. Planck, hat sich als Präsident der bedeutenden Kaiser-Wilhelm-Gesellschaft (KWG) 1933, wenn auch nicht unbedingt willig, den Nationalsozialisten in Dienst gestellt. Die Gesellschaft beteiligt sich wie gefordert an der „rassenhygienischen Forschung". Der elitäre konservative Planck begreift die Nazi-Diktatur als eine „Diktatur der Masse" und erklärt stilles „Durchhalten" zu Parole. Doch bereits Ende 1933 muss Planck erleben wie der deutsche Chemiker Fritz Haber zwangsweise in den Ruhestand versetzt wird und wendet sich erfolglos an Hitler persönlich. Später veranstaltet er für den Verfemten nach dessen Tod 1934 eine Gedenkfeier am Institut. 1937 spürt der Erfinder des Strahlengesetzes und der Quantenphysik die ersten Einschläge am eigenen Körper. Er wird er von Vertretern der linientreuen „Deutschen Physik" als „weißer Jude" bezeichnet. Sein Familienhintergrund wird durchleuchtet. Als Planck 1938 die KWG verlässt, ist dies ein verspäteter Protest. 1943 kehrt Planck auch Berlin aus Angst vor den Bombenangriffen den Rücken. Als sein Sohn in Berlin-Plötzensee hingerichtet wird, ist er nicht zur Stelle. Ihm selbst ist es vergönnt, sich den „brennenden Wunsch die Krise durchzustehen und „den Anfang zu einem Aufstieg miterleben können" zu erfüllen. Er findet Aufnahme in Göttingen, wo er am 4. Oktober 1947 stirbt. Die Stadt widmet ihm ein Institut und ein Gymnasium. Die Berliner KWG wird 1946 in Max-Planck-Gesellschaft umbenannt.

17 | 11 | 1962
Der grübelnde Physiker

Am 17. November 1962 interviewt Thomas Samuel Kuhn den dänischen Physiker Niels Bohr in Kopenhagen. Es ist ein Treffen der Wissenschaftlergenerationen. Bohr stirbt einen Tag später, Kuhn wird zu einem viel gelesenen Wissenschaftsphilosophen. Besonderes Augenmerk legt Kuhn auf wissenschaftliche Revolutionen, auf die Übergänge von einer Epoche in die nächste. Er spricht dabei in den 60er Jahren von Paradigmenwechseln. Das Paradigma erklärt er als „konkrete Problemlösung, die die Fachwelt akzeptiert hat". Dies hat seine Vor- und Nachteile. Auf Paradigmen kann man aufbauen; Probleme, deren Lösungen nicht auf den akzeptierten Paradigmen aufbauen, werden dadurch aber entweder eher ignoriert, oder zu Krisenfällen. Denn nichts lässt sich so schwer bewegen wie ein Fundament. Bohr beispielsweise war aktiv am Paradigmenwechsel von der „klassischen" Physik zur Quantenphysik beteiligt – einer spektakulären physikalisch-philosophischen Revolution. Kuhn wird zuweilen für seine oft etwas ‚lose' Verwendung des Begriffs „Paradigma" und seine eigenwillige Ausdrucksweise kritisiert. Der Begriff selbst aber zieht weitere Kreise und wird oft recht beliebig verwendet.

25 | 01 | 1967
Antritt

Der Soziologie Professor Niklas Luhmann spricht bei seiner Antrittsvorlesung an der Universität Münster am 25. Januar 1967 zum Thema „Soziologische Aufklärung". Das wäre eigentlich nichts Besonderes, verspräche der Referent nicht im Anschluss innerhalb von 30 Jahren eine holistische Theorie der gegenwärtigen Gesellschaft vorzulegen und dabei auf finanzielle Unterstützung zu verzichten. Luhmann will die Gesellschaft so beschreiben, wie sie ist, es geht ihm um „die Entlarvung und Diskreditierung offizieller Fassaden, herrschender Moralen und dargestellter Selbstüberzeugungen". Ein Raunen geht durch den Saal, doch die meisten ahnen wohl, dass Luhmann halten wird, was er verspricht. Hinter dem Vortragenden liegt eine wissenschaftliche Blitzkarriere. Der 1949 promovierte Jurist war Verwaltungsbeamter in Lüneburg, danach Landtagsreferent im Kultusministerium und Oberregierungsrat, 1960 absolviert er ein Studium der Soziologie an der Harvard University. Er kehrt nach Deutschland zurück und legt in Münster in nur einem Jahr eine Promotion und eine Habil-Schrift vor. Als Luhmann 1969 an die interdisziplinär orientierte Reformuniversität Bielefeld berufen wird, beginnt seine eigentliche Karriere, die ihm den Titel eines „Theoriekönigs" einbringt. Luhmann verfasst 400 Aufsätze und 60 Bücher. Auf die Frage eines Journalisten „Was machen Sie eigentlich, wenn Sie gerade kein Buch schreiben", antwortet er „dann schreibe ich ein anderes Buch". Seine versprochene Gesellschaftstheorie erscheint stückweise. Die Bände Wirtschaft (1988), Wissenschaft (1990), Recht (1993), Kunst (1995) haben den zu erwartenden Umfang, allein das bereits 1984 publizierte Vorwort fasst 700 Seiten. Luhmann versteht die Gesellschaft hierin als einen Verbund sozialer Systeme, die sich voneinander abgrenzen und sich selbst erhalten. Seine Theorie ist indessen so komplex, dass selbst ausgewiesene Experten zugeben müssen, sie nicht verstanden zu haben. Als Luhmann am 6. November 1998 ein Jahr nach Ablauf der selbst gesetzten Frist stirbt, hat er die fehlenden Kapitel seiner Gesellschaftstheorie bereits in der Schublade. Posthum erscheinen Politik, Religion und Erziehung.

22 | 04 | 1969

Die Demütigung

Für Theodor Adorno ist 1969 nichts mehr wie es einmal war. Studenten, die ein Jahr zuvor gegen den Schah-Besuch protestierten und sich dabei auf ihn beriefen, sprengen plötzlich seine Frankfurter Vorlesungen, die zuvor ein Hort der sakralen Ruhe waren. Am 22. April 1969 erreicht das Chaos seinen Höhepunkt. Die 26-jährige Hanna Weitermeier und zwei Freundinnen gruppieren sich barbusig um sein Katheder und beginnen den alten Mann zu tätscheln. Sie wollen, dass Adorno sich dafür verantwortet, dass er am 31. Januar l969 das von Studenten besetzte Institut für Sozialforschung hatte räumen lassen. Doch er will nicht, sich mit seiner Aktentasche verteidigend verlässt er den Saal. Seine Vorlesungen müssen im Sommersemester 1969 eingestellt werden. Der ehemalige Philosophie-Revolutionär, der 1947 mit seinem Werk „Dialektik der Aufklärung" die Welt schockierte, indem er behauptet Kapitalismus und Faschismus seien nichts anderes als die logische Konsequenz der Aufklärung, sieht sich plötzlich ins Lager der Konservativen verschoben. Die Studenten nehmen sein Postulat von der „Kritischen Theorie", das die Überprüfung aller gesellschaftlichen Normen und Wissenschaften fordert, wörtlicher, als Adorno sie verstanden haben möchte. Gleiches gilt für seinen Grundsatz „Es gibt kein richtiges Leben im falschen". Adorno muss öffentlich beteuern: „Ich habe ein theoretisches Denkmodell aufgestellt. Wie konnte ich ahnen, dass Leute es mit Molotow-Cocktails verwirklichen wollen". Gegenüber Herbert Marcuse fasst er zusammen: „Die Meriten der Studentenbewegung bin ich der letzte zu unterschätzen: Sie hat den glatten Übergang zur total verwalteten Welt unterbrochen. Aber es ist ihr ein Quäntchen Wahn beigemischt, dem das Totalitäre teleologisch innewohnt". An seinen Freund Samuel Beckett schreibt: „Das Gefühl, mit einem Mal als Reaktionär angegriffen zu werden, hat etwas Überraschendes." Die Aufregung wird Adorno schließlich zuviel, der ohnehin gesundheitlich angeschlagene Philosoph unternimmt einen Urlaub ans Matterhorn. Nach einer Seilbahnfahrt stirbt der Philosoph, welcher „der Waffe der Kritik, nicht die Kritik der Waffe" folgen lassen wollte, am 6. August 1969 an einem Herzinfarkt.

25 | 06 | 1984
Lust, Wissen und Macht

Michel Foucault stirbt am 25. Juni 1984. Der gerade einmal 57-jährige ist das Opfer einer HIV-Infektion. Für Foucaults zahlreiche Kritiker ist sein Tod ein Beweis für die lasterhafte Moral des bekennenden Homosexuellen, der als Historiker, Soziologe und Philosoph die Welt immer wieder mit provokanten Thesen verwirrte. Bereits in seinem Erstwerk „Wahnsinn und Gesellschaft" (1961) stellt Foucault die unbequeme Theorie auf, die moderne Psychiatrie bezeichne psychisch gestörte Menschen als „Kranke", da ihr Zustand tradierte gesellschaftliche Normvorstellungen verletze; die medikamentöse Behandlung diene vor allem der Kontrolle „wahnsinniger" Außenseiter. In „Überwachung und Strafen" (1975) enttarnt Foucault die Abschaffung der Leibesstrafen, zugunsten von Gefängnisstrafen als eine nur vordergründig humane Maßnahme. Sie stünde im engen Zusammenhang mit der Entwicklung des Überwachungsstaates, der zeitgleich die beobachtende Kontrolle in Fabriken, Krankenhäusern, Kasernen, Schulen und in der Freizeit intensiviere. Schließlich formuliert er 1976 in seiner „Geschichte der Sexualität", dass die fortschreitende Untersuchung, Öffentlichmachung und Freigabe sexueller Praktiken und „Abnormitäten" zum Ziel habe, anstelle externer staatlicher Kontrolle, eine individuelle Selbstkontrolle zu wecken, die Menschen unbewusst im Sinne der Moral der herrschenden Gesellschaftsschichten verinnerlichen sollen. Eine funktionierende Gesellschaft, so lassen sich Foucaults Thesen zusammenfassen, besteht aus Individuen, die produktiv für deren Erhalt arbeiten und sich dabei glücklich fühlen. Die

Balance, die ein Staat hierbei zwischen den repressiven „Technologien der Macht" und den freiwilligen „Technologien des Selbst" finden muss, nennt Foucault „Bio-Politik". Foucaults die moderne Demokratie entwaffnenden Thesen stoßen auf heftige Kritik, meist bei jenen, die sie angehen. Sie unterstellen Foucault, seine Beschäftigung mit Sexualität und Strafvollzug sei allein Ausdruck seiner homophilen, sadomasochistischen Neigungen.

15|06|1998
Der tätige Denker

1991 schreibt der Norweger Jostein Gaarder einen Roman, der bald zu einem internationalen Bestseller wird: „Sofies Welt. Der Roman über die Geschichte der Philosophie" ist bald in jeder Flughafen-Buchhandlung zu haben. Unzählige Fluggäste folgen während der langen, über dem Atlantik verbrachten Stunden der kleinen Sofie, die über Briefe von einem gewissen Knox dazu angeregt wird, die Geschichte der Philosophie in ihrem Kopf nachzudenken. Schließlich erfährt Sofie, dass sie nur Teil eines Romans ist, den ein gewisser Knag schreibt. Knox und Sofie verschwören sich gegen den Autor und wollen in die Realität zu den Fluggästen ausbrechen. Diese werden von der Leiterin des Flugservice darüber informiert, dass sie nur Teil eines Textes über ein Buch eines gewissen Gaarder sind, weswegen sie ihre Sicherheitsgurte nicht schließen müssen. Allgemeine Freude. Freude herrscht auch am 15. Juni 1998, dem Tag, an dem zum ersten Mal der von Gaarder und seiner Frau Siri Dannevig gestiftete Sophie-Preis vergeben wird. Der Umwelt- und Entwicklungspreis geht an die nigerianische Environmental Rights Action, die sich für Umweltschutz und Demokratie einsetzt.

19|07|2003
Der lange Abschied

Am 15. Juli 2003 verlässt Peter Marcuse den Flughafen Tegel, in seiner Hand eine verwitterte Pappschachtel mit der Aufschrift „Achtung Aschenurne, bitte pietätvoll behandeln". Er ist nicht allein, Marcuse wird von einem TV-Team begleitet, als er sich am Flughafenausgang in einen langen Cadillac der Firma Grieneisen setzt. Der Wagen rollt südwärts ins Stadtzentrum, vorbei am Charlottenburger Schloss, über den Großen Stern und das Brandenburger Tor, bis er schließlich seinen Bestimmungsort in der Chausseestraße erreicht:

Den Dorotheenstädtischen Friedhof, die letzte Ruhestätte des Herbert Marcuse, dessen Überreste sich in der geheimnisvollen Pappschachtel befinden. Es ist das Ende einer langen bizarren Fahrt. Bereits am 29. Juli 1979 ist Herbert Marcuse am Starnberger See einem Hirnschlag erlegen. 81 Jahre alt und am Ende eines Lebens, das ihn durch Nazidiktatur und Studentenrevolte führte, das ihn – einen Sozialwissenschaftler – zur Ikone einer ganzen Generation machte. Marcuse weckt vor allem mit seinem Buch „Der eindimensionale Mensch" 1964 das Misstrauen gegen die moderne Konsumgesellschaft, er macht als erster auf die Mechanismen der „Manipulation" und des „Konformitätsdruckes" aufmerksam und übt unverhohlen Kritik am „Establishment". Die Gastauftritte des 1934 in die USA emigrierten Marcuse an den deutschen Universitäten sind ebenso umjubelt wie gefürchtet: Demagogisch scheint er die bärtigen Massen zur Weltrevolution aufrufen zu wollen. Umso bedauerlicher für die deutschen Intellektuellen, dass Marcuses Witwe 1979 die Urne mit den Überresten ihres Ehemannes zwar abholt, aber keine Beisetzung anberaumt. Dieselbe Pappschachtel, die Peter Marcuse an jenem Julitag 2003 mit sich führt, steht 24 Jahre in San Diego im Regal erst bei seiner Frau, dann bei Sohn Peter, dann bei Enkel Harold. So lange, bis der Druck aus Deutschland zu groß wird, das Marcuse zurück in den Hain seiner Denker von Fichte bis Brecht führen will. Als sich schließlich am 19. Juli 2003 die Polit- und Denkerprominenz zur Beisetzung versammelt, fasst Enkel Harold alles Geschehene in einem brillanten Satz zusammen: „Wie sein Denken, war auch sein Sterben ein Prozess".

27|10|2006
Die Zettel-Theorie

Jürgen Habermas zählt zu den bekannteren Philosophen der deutschen Moderne. Der vielseitig interessierte Denker ist bekannt dafür, zu allen möglichen Themen Stellung zu beziehen, die „universalistischen Fragestellungen der Transzendentalphilosophie aufzunehmen", auf „Letztbegründungen" zu verzichten und gelegentlich schwer verständlich zu sein. Das alles aber interessiert Öffentlichkeit sowie Medien weitaus weniger als ein kleiner Zettel, mit dem der große Denker 2006 konfrontiert wird. Denn Habermas hat eine deutsche, sprich: Potentiell schwierige Vergangenheit. In dieser habe er einst, so wird behauptet, in der Hitlerjugend Ausbildungskurse abgehalten und irgendwann den mit ihm befreundeten, aber oft abwesenden, späteren Historiker Hans-Ulrich Wehler einen Rügezettel zukommen lassen, damit dieser sein Gesicht wieder öfter auf dem Trainingsgelände zeige.

Wenn man gewissen Magazinen trauen darf, dann erzählt man sich in informierten Akademikerkreisen nach mehreren Gläschen, Wehler habe Habermas den Zettel später zukommen lassen und Habermas habe ihn dann „geschluckt". Wahrheit, Gerücht, Vergangenheitsbewältigung oder gar Vernichtung von Beweismaterialien? Keiner weiß es, es wird aber immer wieder gern darüber berichtet oder diskutiert. Der FAZ ist die Geschichte am 27. Oktober 2006 immerhin eine recht lesenswerte Kritik an der medialen Welt und ihrer Gerüchteküchen wert.

15|06|2007
Ein Mann in 15.000 Briefen

Der Philosoph, Wissenschaftler, Historiker und Bibliothekar Gottfried Wilhelm Leibniz, geboren 1646 in Leipzig, schreibt gerne Briefe. Sein unruhiger, auf alles neugierige Geist treibt ihn dazu, die verschiedensten Themen mit über 1.000 Personen in ganz Europa und darüber hinaus zu erörtern. Nicht weniger als 15.000 Briefe des Vielschreibers haben sich erhalten. Leibniz tauscht sich darin mit geistigen Größen wie Newton oder Spinoza, mit Staatsmännern wie Zar Peter dem Großen oder Colbert aus, oder er richtet sich im fernen China an den Jesuitenpater Charles Le Gobien, wodurch der Protestant Leibniz gleich zwei kulturelle Brücken schlägt. In seinem Briefwechsel zeigt sich ein buntes Durcheinander von Wissenschaft, politischen Nachrichten, Plaudereien und Philosophie. „Leibniz' Stellung am Beginn der modernen Wissenschaften ist mit der von Aristoteles am Beginn der antiken Wissenschaften zu vergleichen. Leibniz ist ebenso universell wie Aristoteles...", steht in einem Empfehlungsschreiben, das die Aufnahme seiner Korrespondenz in das UNESCO-Programm „Gedächtnis der Menschheit" empfiehlt. Am 15. Juni 2007 ist es dann soweit. Auf der Sitzung des Internationalen Beraterkomitees des Programms in Pretoria wird Leibniz' Briefwechsel zum Weltdokumentenerbe erklärt – neben der Gutenberg-Bibel, Goethes Nachlass, Beethovens neunter Sinfonie und anderen historischen Schriftstücken. So kann Leibniz auch noch im 21. Jahrhundert die Bewohner dieser „besten aller möglichen Welten" erreichen.

02|01|2060
Warten auf die Wahrheit

Im Herbst 1998 schlagen die Herzen von Medizinern, Psychologen, Soziologen und Historikern höher. Die Siegmund Freud Archives, deren Bestände in der Library of Congress in Washington lagern, schicken die Wanderausstellung „Conflict and Culture" mit 8.000 bisher teils ungesehenen Exponaten auf Reisen. Ein Pflichttermin für alle wissbegierigen Freudianer und vor allem jene Kritiker, die eine neue Chance sehen, dem Gottvater der Psychoanalyse Sigismund Schlomo Freud wieder einmal am Zeug zu flicken. Freuds Theorien vom Ödipuskomplex, vom natürlichen Todestrieb, vom Penisneid oder vom sexuellen Missbrauch, den er in vielen Fällen als „ödipal gefärbte Wunschphantasien" definiert, lassen seit jeher viele vermuten, dass es noch unerforschte Geheimnisse hinter der Fassade des Wissenschaftlers geben könnte. Der Verdacht verdichtete sich, als der Wissenschaftler Jeffrey Masson 1985 behauptete, dass Tochter Anna Freud und der Psychoanalytiker Ernst Kris an Manuskripten und Briefen des Meisters herumgedoktert hätten. Ebenso gespannt sind viele auf die Protokolle der Versuchsreihen, die Freud zu seinen provokanten Ergebnissen führten und die noch nicht publiziert wurden. Doch die Ausstellung zeigt hiervon nichts. Das komplette Archiv des Psychologen, so verkündet die Library of Congress auf Anfrage, gibt es erst im Jahre 2060 zu sehen. Keiner der derzeit führenden Freudforscher, das ist gewiss, wird zu diesem Zeitpunkt noch am Leben sein, doch ist nicht ausgeschlossen, dass Freuds Theorien dann noch immer Bestand haben.

===== Weiterlesen =====

- Theodor W. Adorno: Gesellschaftstheorie und Kulturkritik, Frankfurt a. M. 2003
- Aristoteles: Politik. Schriften zur Staatstheorie, Stuttgart 1989
- Michel Foucault: Wahnsinn und Gesellschaft, Frankfurt a. M. 2007
- Jostein Gardner: Sofies Welt, Wien 1993
- Eike Christian Hirsch: Der berühmte Herr Leibniz, München 2007
- Norbert Hoerstler: Klassische Texte der Staatsphilosophie, München 1973
- Herbert Marcuse: Der eindimensionale Mensch, Stuttgart 2004
- Platon: Der Staat, Paderborn 2005
- Erasmus von Rotterdam: Lob der Torheit, Anaconda 2006
- Arthur Schopenhauer: Aphorismen zur Lebensweisheit, Frankfurt am Main 2007
- Christopher C. W. Taylor: Sokrates, Wiesbaden 2004

Tage des Genies
Geistesblitze und Erfindungen

An einem Tag im Jahr 105
Die Papiere bitte Tsai-Lun erfindet
das Papier **S. 109**

13 | 12 | 1565 *Unter einem Baum
in England* Conrad Gessner tauft
den Bleistift **S. 109**

05 | 07 | 1687 *Anziehende Erkenntnisse* Die „Principia" des Isaac
Newton **S. 110**

23 | 01 | 1710 *Made in China*
Das Geheimnis des Meißener
Porzellans **S. 111**

25 | 09 | 1725 *Mit 4,5 km/h in die
Mauer* Das erste Auto **S. 111**

29 | 03 | 1796 *Der Fürst der
Mathematik* Ein König unter
den Genies: Carl Friedrich Gauß
S. 112

17 | 06 | 1799 *Ein Tag des Geistes*
David Hilbert ehrt Euklid
S. 113

20 | 03 | 1800 *Der Weiterleiter*
Alessandro Volta baut Batterien
S. 114

21 | 02 | 1804 *Die erste Lokomotive*
Die Geschichte des Richard
Trevithick **S. 114**

12 | 01 | 1818 *Des Freiherrs Ideen*
Freiherr Drais fährt Rad **S. 115**

06 | 05 | 1840 *Gepresste Papieroblaten* Die Geschichte der
Briefmarke **S. 116**

10 | 04 | 1849 *Verflixt und zugenäht*
Walter Hunt erfindet die Nähmaschine und manches mehr
S. 117

24 | 09 | 1852 *Der erste Motor im
Himmel* Henri Giffard baut ein
Flugzeug **S. 117**

01 | 07 | 1860 *Gib Gummi* Charles
Goodyear macht Kautschuk
haltbar **S. 118**

08 | 02 | 1865 *Das große Erbsenzählen* Johann Gregor Mendel
entdeckt die Evolution **S. 119**

09 | 08 | 1877 *Lindes Maschine*
Carl von Linde und sein Kühlschrank **S. 120**

07 | 12 | 1888 *Eine reife Idee*
John Boyd Dunlop schafft
brauchbare Bereifung **S. 120**

01 | 05 | 1893 *Wie ich lernte, die
Maschine zu lieben* Josephine
Garis Cochrane baut eine Spülmaschine **S. 121**

01 | 01 | 1899 *Der König der
Patente* Thomas Alva Edison und
seine 1.093 Erfindungen **S. 122**

29 | 06 | 1900 *Tage der Explosion*
Alfred Nobel strebt vom Dynamit
zum Frieden **S. 122**

30 | 08 | 1901 *Der Staubsauger auf
der Straße* Hubert Cecil Booth
macht sauber **S. 123**

14 | 01 | 1913 *Prof. Dr.-Ing. E. h. Dr.
h. c. Senator E. h.* Zwei Männer
erfinden den Dübel **S. 124**

06 | 11 | 1919 *Krumme Zeiten*
Einsteins Relativitätstheorie wird
bestätigt **S. 124**

17 | 02 | 1920 *60 Jahre Arbeit für
30 Millisekunden* Der lange Weg
zum Airbag **S. 125**

24 | 09 | 1921 *Nicht mehr
„Nur-Autostraße"* Berlin baut
die erste Autobahn der Welt
S. 126

06 | 11 | 1928 *Wenn alles glatt läuft*
Der elektrische Rasierer des Jacob
Schlick **S. 126**

08 | 09 | 1930 *Von Schotten,
Autos und einem Klebemann*
Das Scotch-Tape erblickt das
Licht der Welt **S. 127**

01 | 01 | 1933 *Linie logisch*
Harry Beck bringt die U-Bahn
in Form **S. 128**

16 | 10 | 1933 *Haas' Hygiene*
Earle C. Haas hilft Frauen mit
dem Tampon **S. 128**

29 | 04 | 1937 *Ganz neue Maschen*
Nylon wird getauft **S. 129**

25 | 04 | 1938 *Des Kugels Kern*
László József Bíró kreiert den
Kugelschreiber **S. 130**

17 | 12 | 1938 *Eine Entdeckung wie
eine Bombe* Otto Hahn entdeckt
die Kernspaltung und schämt
sich **S. 131**

12 | 05 | 1941 *Die Erfinderwerkstatt-Revolution* Konrad Zuse
baut den ersten Computer **S. 131**

08 | 10 | 1945 *Gute Ausstrahlung*
Percy Spencer macht eine Mikrowelle **S. 132**

26 | 10 | 1946 *Alles ISO* Der Siegeszug des Standardformats **S. 133**

28 | 02 | 1950 *Karte oder'n Stück
Holz* Die Kreditkarten-Legende
S. 133

10 | 01 | 1967 *Warmwasserwonnen*
Italienische Einwanderer lassen
das Jacuzzi sprudeln **S. 134**

30 | 05 | 1978 *Das Kartenspiel*
Helmut Gröttrup und die
Chipkarte **S. 135**

03 | 02 | 2003 *Und er fliegt doch*
Judy Leden testet Da Vincis
Flugzeug **S. 135**

30 | 09 | 2005 *Heureka!* Spätes
Experiment mit Archimedes
S. 136

31 | 10 | 2007 *Die Erfindung
des Jahres* Das doppelte iPhone
S. 137

An einem Tag im Jahr 105
Die Papiere bitte

Obwohl er es gekonnt hätte, datierte Tsai-Lun die ihm vorliegende Erfindung leider nicht so exakt, dass man ihr einen bestimmten Stichtag zuordnen könnte. So ist lediglich das Jahr 105 n. Chr. als Zeitangabe für die Erfindung des Papiers dokumentiert. Zwar weiß man, dass auch schon vorher Papier oder papierähnliche Materialien verwendet werden, der chinesische Eunuch und Minister Tsai-Lun ist aber der erste Mensch, der festhält, wie das segensreiche Kommunikationsmittel hergestellt wird. Nicht uninteressant, klingt es doch fast, als wäre schon damals Recycling ein fester Bestandteil der Gesellschaft gewesen: Seidenabfälle sind zentrales Element des frühen Papiers, erst vollständig wird das nützliche Gemisch aber mit den Zutaten alter Lumpen, gebrauchter Fischnetze und Bast vom Maulbeerbaum. Die daraus resultierenden Fasern werden im Anschluss zerstampft, gekocht und gewässert, bevor ein Sieb erste feine Lagen absondert, welche dann getrocknet und gepresst werden. Zunächst entsteht daraus ein Brei, später recht passable Blätter Papier. Diese Methode des „Verfilzens durch Schöpfen mit einer Form" lehrt Tsai-Lun und gilt so vielleicht zu Recht als Erfinder des Papiers. Während die Kunst das Papier von Hand zu schöpfen aller Orten ausstirbt, gibt es in Japan noch ca. 3.000 Heimbetriebe, die diese Tradition fortsetzen. Das damals übrigens auch als Tapete Verwendung findende Papier wird noch heute in Zentral-Taiwan und im Norden Thailands ebenfalls per Hand so wie früher hergestellt.

13 | 12 | 1565
Unter einem Baum in England

Bei der Erfindung des Bleistifts haben viele Menschen verschiedener Kontinente ihre Finger im Spiel. Während man im Mittelalter noch eine Mischung aus länglichem Blei und Silber zum Schreiben verwendet, wird im 15. Jahrhundert in Italien eine Mine aus Blei und Zinn hergestellt, die zum Schreiben dient. Obwohl heutzutage vom Schwermetall Blei in den Stiften nichts mehr übrig ist, stammt aus jenen Zeiten der Name. Dennoch ist das Jahr 1564 durch einen Zufall das Ursprungsjahr des Schreibgeräts. Unter einem im Sturm umgefallenen Baum im englischen Borrowdale entdecken Schäfer Graphit, welches sie verwenden, um damit Abgrenzungen zu markieren. Kurz vor seinem Todestag, dem 13. Dezember 1565, ist es dem Schweizer Naturforscher Conrad Gessner vorbehalten, als erster die schnell als unhandlich und dreckig geltende und deswegen mit Holz ummantelte Masse als Bleistift („Crayons d'Angleterre") zu beschreiben. Erst fast hundert Jahre später, 1662, ist dokumentiert, dass der Nürnberger Friedrich Staedtler ein kleines Bleistiftgeschäft als „Bleiweißsteftmacher" eröffnet und damit den Grundstein für eine noch heute unter dem Namen operierende Firma legt. Ebenfalls aus Nürnberg kommt die 1761 gegründete Bleistiftfirma Faber-Castell. Oftmals wird offiziell der Österreicher Josef Hardtmuth als Erfinder des Bleistifts angesehen, nicht zu Unrecht, wie es scheint. Im Jahr 1790 vermischt er Graphitstaub mit Ton, formt daraus Minen, brennt diese und taucht das Ergebnis anschließend in ein Wachsbad, um eine bessere Abreibung der Mine auf Papier zu erlangen. Bei dieser sogenannten „keramischen Mine" kann Hardtmuth durch unterschiedliche Mengen an Ton sogar noch den Härtegrad des Bleistifts bestimmen. Fast zur gleichen Zeit erfindet der Franzose Nicolas-Jacques Conté ein ähnliches Gerät, für welches er 1795 ein Patent erhält; auch er gilt vielen als der Urheber des heutigen Bleistifts.

05 | 07 | 1687

Anziehende Erkenntnisse

Es ist angeblich ein Stück Fallobst, das im Garten des englischen Physikers Isaac Newton aus der luftigen Höhe eines Apfelbaums zu Boden geht und ihn dazu veranlasst, den Begriff „gravity" in die Wissenschaft einzuführen. Die Anziehungskraft, die die Erde auf ein Objekt ausübt, ist Zeitgenossen wohl bekannt, doch es ist Newton neben der Namensgebung und einer Formel zu deren Berechnung die Erkenntnis vorbehalten, festzustellen, dass die Erdanziehung nur ein Sonderfall der Schwerkraft ist. „Jede Masse im Universum zieht jede andere Masse an", lautet die Grundidee seines Gravitationsgesetzes. Seit dem 5. Juli 1687 können zumindest solche Leser, die das Lateinische beherrschen diese Erkenntnisse vertiefen. Sie sind Teil der „Philosophiae Naturalis Principia Mathematica", des epochalen Werk Newtons. Nun ist es möglich, die Beobachtungen Keplers zu berechnen. Die Wende von der „beobachtenden" Physik zur theoretischen Physik ist vollzogen. Zudem stellt Newton die Konzepte von absoluter Zeit und absolutem Raum dar, die bald allgemein anerkannt werden. Mit Newton endet die Vorstellung, dass die Himmelswelt und die „Menschenwelt" auf der Erde nach verschiedenen Prinzipen funktionieren. Kontrovers ist die Annahme, dass die Gravitation ohne eine direkte Berührung ihre Wirkung entfaltet und diese bis weit in den Raum hinaus ausübt (Fernwirkung). Die Principia gilt heute als eine der wichtigsten

Veröffentlichungen der Physik, obwohl das in ihr ausgedrückte Weltbild inzwischen durch die Relativitätstheorie abgelöst wurde.

23 | 01 | 1710
Made in China

Père Francois Xavier d'Entrecolles passt gut auf, als er im südchinesischen Keramikzentrum Jingdezhen eine Manufaktur besucht und den Herstellern des weißen Goldes über die Schulter sehen darf. Die Porzellanherstellung ist zu jener Zeit in China ein gut gehütetes Geheimnis, doch scheint man für den Jesuitenpater eine Ausnahme zu machen. 1712 schickt d'Entrecolles einen Brief mit seinen Erkenntnissen an Johann Friedrich Boettger. Boettger ist Alchemist und seit Jahren erfolglos mit der Suche nach dem Stein der Weisen beschäftigt, um endlich Gold herstellen zu können. Kurfürst August der Starke hat ihn zu diesem Zweck bei König Friedrich von Preußen abgeworben und beschlossen, ihn solange in die Jungfernbastei einzusperren, bis er das begehrte Edelmetall präsentieren könne. Boettger schart etwas verzweifelt weitere „Goldmacher" wie Ehrenfried Walther von Tschirnhaus und Gottfried Pabst von Ohain um sich und macht sich ans Werk. Doch als sich der Erfolg nicht einstellen will, weicht man auf das ebenfalls begehrte und bisher nur aus China bekannte Porzellan aus. 1706 bis 1708 werden die ersten Herstellungsverfahren entwickelt, am 23. Januar 1710 eröffnet August die Kurfürstlich-Sächsische Porzellan-Manufaktur. Die Nachricht D'Entrecolles aus China kommt 1712 also gerade noch zur rechten Zeit. August der Starke wird das chinesische Geheimnis argwöhnisch hüten, doch es hilft nichts. Bereits 1714 ist die Wiener Manufaktur Augarten im Besitz der Rezeptur. In Berlin muss man sich noch bis ins Jahr 1751 gedulden.

25 | 09 | 1725
Mit 4,5 km/h in die Mauer

Das französische Kriegsministerium hat entschieden. Benötigt wird ein neuartiges Transportmittel für die Artillerie. Der am 25. September 1725 geborene Offizier und Erfinder Nicholas Cugnot soll es auf Regierungskosten nun richten und seinen Vorgesetzten alsbald ein solch neues Vehikel präsentieren. Im Jahr 1769 kann Cugnot das für die damalige Zeit unglaubliche Ergebnis präsentieren. Sein „Dampfwagen", angetrieben von einer Maschine und Wasserdampf, erreicht zwar nur eine Spitzengeschwindigkeit von 4,5 km/h, ist aber trotzdem das erste echte Automobil der Welt, der erste Wagen, dessen Bewegung nicht von Menschen, Tieren oder anderen äußeren Kräften abhängt. Naturgemäß ist das Fahrzeug noch nicht vollkommen. Der Wasserkessel ist überdimensional groß, das Automobil dadurch schwer bis gar nicht zu steuern und pro Viertelstunde Fahrt muss eine Viertelstunde der Kessel geheizt werden. Bei einer Vorführfahrt landet das klobige Fahrgerät auch noch in einer Kasernenmauer – der erste Autounfall der Welt. Während Cugnots Erfindung in späteren Reinkarnationen und Weiterentwicklungen einen beeindruckenden Weg zurücklegt und er während der Menschheit mit seinem, auch „Fardier" genannten, Wagen die Zukunft weist, ist er selbst alles andere als glücklich mit seinem Zögling. Er erachtet seine Dampfmaschine als unausgereift, das ganze Gefährt für zu schwer und den damit verbundenen Nutzen als zu gering. Sein Interesse an einer Fortführung lässt schnell nach. König Ludwig XV. ist dennoch beeindruckt von Cugnots Leistung und gewährt ihm eine Pension von 600 Livres/Jahr. 1789, im Zuge der französischen Revolution, wird die Pension wieder annulliert, Cugnot zieht ins Exil nach Brüssel und lebt dort in Armut. Erst kurz vor seinem Tod holt ihn Napoleon Bonaparte zurück nach Frankreich, wo er am 2. Oktober 1804 stirbt.

29 | 03 | 1796
Der Fürst der Mathematik

Unglaublich, schier unglaublich was Carl Friedrich Gauß selbst im Alter noch bewerkstelligt. Am 7. Dezember 1853 schreibt er an Alexander von Humboldt: „Es ist übermorgen der Tag, wo Sie, mein hochverehrter Freund, in ein Gebiet übergehen, in welches noch keiner der Koryphäen der exacten Wissenschaften eingedrungen ist, der Tag, wo Sie dasselbe Alter erreichen, in welchem Newton seine durch 30766 Tage gemessene irdische Laufbahn geschlossen hat." Aus purer Lust errechnet Gauß die Lebenserwartung berühmter Zeitgenossen. Als er selbst am 23. Februar 1855 stirbt, begräbt man ihn ohne sein Gehirn. Dieses ist bis heute in der Medizinischen Fakultät der Uni Göttingen in Formalin konserviert und wurde oft untersucht, in der Hoffnung, man finde etwas, das den Genius von Gauß' vor allem mathematischer Geisteskraft sichtbar macht. Zwar gelingt dies nicht, die unzähligen Errungenschaften des Mathematikers, Astronomen, Geodäten und Physikers indes reichen und gelten bis heute. Mit 9 Jahren führt der Junge Carl Friedrich seinen Lehrer mit der später „kleiner Gauß" genannten Methode, die Zahlen von 1 bis 100 schnell zu addieren, vor (1 + 100, 2 + 99, ..., 50 + 51). Mit 15 fängt Gauß an zu studieren, mit 22 macht er seinen Doktor. Seinen ersten Geniestreich kann der gescheite Niedersachse am 29. März 1796 verbuchen: Kurz vor seinem 19. Geburtstag konstruiert er das regelmäßige Siebzehneck allein mit einem Zirkel und einem Lineal, eine sensationelle Entdeckung auf dem Gebiet der euklidischen Konstruktion, die seit der Antike quasi keine neuen Ergebnisse zeitigte. Weitere, für Normalsterbliche kaum nachvollziehbare, für die Mathematik bis heute aber elementare Ergebnisse veröffentlicht Gauß 1801 in seinem Werk „Disquisitiones arithmeticae". Nach 1801 berechnet der die Bahnen von Planeten, es folgen das „Gauß-Gesetz" für die Physik, die „gaußsche Landesaufnahme" zur genaueren Landvermessung und die Erfindung des Heliotropen (Messinstrument) und des Magnetometers.

17 | 06 | 1799
Ein Tag des Geistes

Für die Universitätsstadt Göttingen ist Feiertag: Nach monatelangem Ringen um die Form darf man am 17. Juni 1799 den berühmten Stadtkindern Carl Friedrich Gauß und Wilhelm Weber mit einem imposanten Denkmal aus der Hand des Berliner Bildhauers Prof. Ferdinand Hartzer Referenz erweisen. Das Wetter ist herrlich, die Fahnen wehen und um 10 Uhr ertönt ein Eröffnungsmarsch von Beethoven. Oberbürgermeister Calsow würdigt die beiden „Heroen des Geistes" und nimmt zum Klang von Händels „Heldenweise" das Denkmal in der Hospitalstraße feierlich in Stadtbesitz. Auch der Mathematiker David Hilbert gedenkt, an diesem Tag des Geistes etwas zur allgemein intelligenten Stimmung beizutragen. Im Gepäck hat er seine „Grundlagen der Geometrie", in denen er den großen griechischen Mathematiker Euklid in einmaliger Weise würdigt. Er hat dessen Lehre aus 13 dicken Bänden nachvollziehbar, schultauglich und damit für alle Zeiten unvergesslich zusammenfasst. Auch bringt er Euklid auf den neuesten Stand, indem er seine Theorien über Punkte, Geraden und Ebenen getreu dem Motto seines Heroen „quod erat demonstrandum" kritisch überprüft. Das abstrakte Denken Euklids trägt Hilbert in neue Dimensionen, die so gestochen sind, dass man „jederzeit statt Punkte, Geraden, Ebenen, auch Tische, Stühle, Bierseidel" sagen könne, ohne dass sein System auseinander fiele. Doch muss Euklid in diesen Tagen auch eine Schlappe hinnehmen, aufgrund großer biografischer Lücken häufen sich die Gerüchte, es habe ihn selbst gar nicht gegeben.

20 | 03 | 1800
Der Weiterleiter

Obwohl die Menschheit erst im späten 19. Jahrhundert die Elektrizität sinnvoll einsetzt, besteht sie zu diesem Zeitpunkt eigentlich schon fast ein Jahrhundert lang. Es ist der 20. März 1800, als der Italiener Alessandro Volta einen Brief an die britische Gelehrtengesellschaft Royal Society schickt, in dem er beschreibt, wie er elektrischen Strom erzeugt. Vorausgegangen waren Experimente, in denen Volta herausfand, dass gewisse Flüssigkeiten zu einem dauerhaften Fluss elektronischer Kraft führen, wenn man sie als Leiter zwischen Metallen nutzt, die so eine chemische Reaktion erzeugen. Die so entstandene Spannung kann Volta sogar noch erhöhen, indem er sogenannte Spannungszellen aufeinander stapelt, die aus Kupfer- und Zinkplättchen sowie Elektrolyten besteht (die „Voltasche Säule"). Diese Erkenntnis macht sich 1802 der Engländer Dr. William Cruickshank zunutze, indem er quadratische Kupferblätter anordnet und diese an einer Seite verlötet. In einer mit Zement abgedichteten Holzkiste werden die Blätter mit dazwischen postierten Zinkblättern gelegt und die Kiste mit Salzelektrolyt angefüllt. Diese erste fertige Batterie ermöglicht ihren Erfindern nicht mehr nur, wie vorher bei Volta, einen kleinen Funken mit einer elektrischen Leine und einer mit Methangas gefüllten Kanne zum Vorschein zu bringen, sondern dauerhaft Strom zu erzeugen. Cruickshanks Version dient vor allem zur ersten möglichen Massenproduktion der Batterie, der Erfinder der Batterie und neben Luigi Galvani Mitbegründer des Zeitalters der Elektrizität jedoch heißt Alessandro Volta, dem zeitweise sogar Napoléon Bonaparte bei der Funkenbildung mit einer Batterie assistierte.

21 | 02 | 1804
Die erste Lokomotive

Die Geschichte des Richard Trevithick könnte nicht glorreicher und zugleich tragischer sein. Der am 13. April 1771 geborene britische Ingenieur und Erfinder stellt sich schon früh als Talent des Maschinenbaus heraus. Er entwickelt einen stark verkleinerten Dampfkessel mit Hochdruckdampf und im Jahr 1797 sein erstes Dampfwagenmodell, vier Jahre später die „Straßenlokomotive", eine Dampfmaschine auf Rädern, auch „Puffing Devil" genannt. Vor allem der Zylinderauspuff, welcher durch den Schornstein abgeblasen wird, stellt eine entscheidende Neuerung dar. Im Jahr 1802 baut Trevithick seine erste Lokomotive, welche er mitsamt dem dazugehörigen Patent an den

Besitzer eines Eisenwerkes verkauft. Dieser ist derart begeistert, dass er mit einem Konkurrenten wettet, die Lok könne zehn Tonnen Eisen über knapp 16 km ziehen. Der 21. Februar 1804 wird für Trevithick ein grandioser Tag, seine Maschine zieht die zehn Tonnen in Form von fünf Waggons und 70 Männern über die volle Distanz in 4 Stunden und 5 Minuten. Da seine Fahrzeuge jedoch entweder teuer oder von geringem praktischem Nutzen sind und zudem bei einer Explosion einer seiner Maschinen vier Menschen ums Leben kommen, wendet Trevithick sich anderen Dingen zu. Er wird damit beauftragt, einen unfertigen Tunnel unter der Themse zu Ende zu bauen. Nach diversen Versuchen kommt Trevithick bei einer Überflutung fast ums Leben und muss das Projekt aufgeben. Anschließend baut der Erfinder die Dampflok „Catch me who can", welche in einer Kreisbahn läuft und eine reine Publikumsattraktion ist. Aber auch hier erlahmt das Interesse der Menschen schnell, der Ingenieur erfindet noch weitere Maschinen wie einen Dampfbagger, erkrankt, wiederum dem Tode nur knapp entkommend, an Typhus und geht mit seiner Firma Bankrott. Auch in Südamerika, seinem nächsten Ziel, hat er kein Glück, er gerät in die Fänge des Bürgerkrieges, muss fliehen und stirbt einsam und vollkommen verarmt an einer Lungenentzündung in London.

12 | 01 | 1818
Des Freiherrs Ideen

Karl Friedrich Christian Ludwig Freiherr Drais von Sauerbronn, auch schlicht Karl Frh. von Drais genannt, beginnt 1810 sein Berufsleben als Forstmeister, wird jedoch schon ein Jahr später von seiner Arbeit freigestellt, um einem Erfinderdasein nachzugehen. Eine gute Entscheidung. 1821 erfindet Drais die erste Tastenschreibmaschine, 1829 eine Schnellschreibmaschine und einen Holzsparherd. Neben noch einigen weiteren Dingen erfindet der Karlsruher aber 1817 vor allem ein Gerät, welches einen bis heute anhaltenden Nachhall findet: Das „Laufmaschine" oder auch „Draisine" bzw. „Veloziped" genannte Gerät ist ein Zweirad für eine Spur, mit dem man noch mit den Füßen auf dem Boden Schwung holt, ähnelt aber schon auffallend einem heutigen Fahrrad. Von Drais veranstaltete öffentliche Fahrten mit dem „Veloziped" im Sommer 1817 schaffen Aufmerksamkeit. Am 12. Januar 1818 erhält Drais für seine Erfindung ein Großherzogliches Privileg, ähnlich einem heutigen Patent. Während seine

technischen Entwicklungen zu funktionieren scheinen, steht es um sein restliches Leben oft nicht besonders gut. Besonders der schlechte Ruf seines revolutionsfeindlichen Vaters, der Richter ist, verschafft Drais Anfeindungen. Es kommt zu Prozessen und Kneipenschlägereien und einem Mordanschlag. Am Ende muss er mit ansehen, wie seine Erfindung überall kopiert und produziert wird. Zudem beschlagnahmt man seine Pension, Drais stirbt als Erfinder des Fahrrads mittellos. Pierre Michaux, Philipp Moritz Fischer oder auch Kirkpatrick Macmillan verbessern schließlich ein paar Jahrzehnte später Drais' Erfindung mit Pedalantrieb.

06 | 05 | 1840
Gepresste Papieroblaten

Wie so oft gibt es auch dieses Mal viele Väter des Erfolges beziehungsweise der Erfindung. Lovrenc Košir, auch Laurenz Koschier genannt, macht dem österreichischen Handelsministerium 1835 einen Vorschlag. Der Beamte bittet um die Einführung eines aufklebbaren Brieftaxstempels, denn Koschler erachtet es für fair, dass der Absender von Briefen zahlen soll, und nicht wie bisher der Empfänger, der bislang an der eigenen Haustür das „Porto" zu entrichten hatte. Laurenz, der über Kontakte nach England verfügt, hat diese Idee für seine, wie er sie nennt, „gepressten Papieroblaten" vermutlich von dem Briten James Chalmers übernommen. Jener wiederum bekam ein Jahr vorher einen ähnlichen Vorschlag vom Verleger und Schriftsteller Charles Knight gesteckt, der Verschlussstreifen mit Wertstempeleindruck für Zeitungen für sinnvoll hält, weil sie den Versand beschleunigen würden; für Chalmers als Zeitungsverleger ein interessanter Gedanke. Sofort macht er sich an die Umsetzung, lässt erste kleine Zettel dieser Art herstellen, reagiert dennoch erst vier Jahre später mit einem Vorschlag zur Einführung von Briefmarken, als sein Landsmann Rowland Hill eine Reform des Postwesens mit einem einheitlichen Portosatz von 1 Penny pro Brief fordert. Wegen dieser Reform, die 1840 in Kraft tritt, wird Hill als „Vater der Briefmarke" bezeichnet, obwohl, wie es aussieht, eher Chalmers oder gar Knight dieser Titel gebührt. Am 1. Mai werden die ersten Briefmarken herausgegeben, am 6. des Monats frankaturgültig, man sagt aber, dass bereits am 2. Mai die erste Briefmarke der Welt genutzt wurde. Hill fällt es zu, das Motiv der ersten Marke auszuwählen, wobei er mehrere Tausend Entwürfe ablehnt und sich letztlich selber für ein Porträt von Königin Victoria als Vorbild für die erste Marke entscheidet.

10 | 04 | 1849
Verflixt und zugenäht

Es gibt Genies und es gibt schlampige Genies. Zu letzteren gehört ganz eindeutig Walter Hunt. Der am 29. Juli 1796 in Martinsburg, New York geborene Erfinder ist verantwortlich für Neuheiten wie die Straßenbahnglocke, den Steinkohleofen, eine Straßenreinigungsmaschine, das Dreirad, ein frühes Modell des Winchester-Repetiergewehrs oder den Füllfederhalter, doch nur die wenigsten wissen davon. Mit der Erfindung der Sicherheitsnadel geht Hunt besonders fahrlässig um. Zwar lässt er sich das nützliche Accessoire am 10. April 1849 patentieren, glaubt jedoch nicht wirklich an die Nützlichkeit des kleinen Metalls für die Menschheit. 15 Dollar Schulden sind ihm Grund genug die Erfindung zu Geld zu machen. So veräußert er das Patent für günstige 400 Dollar an seinen Gläubiger und sonnt sich im Gewinn der erwirtschafteten Überschusses. Seine erste Version der Nähmaschine dagegen meldet er erst gar nicht erst beim Patentamt an. Zum einen bekommt er sein Modell nicht wirklich zum Laufen, doch viel wesentlicher ist für ihn, dass er fürchtet, die Erfindung könne zu großer Arbeitslosigkeit unter Näherinnen führen. Als er später versucht, seinem Nachfolger Elias Howe dessen verbessertes Modell der Nähmaschine streitig zu machen, ist es bereits zu spät. Howe wiederum streitet sich um dasselbe Thema mit Isaac Singer, welcher ebenfalls mit den Herren Baker, Grover, Wheeler und Wilson kurz vor einem gerichtlichen Streit steht. Alle wollen das Nähmaschinenpatent, bis der Anwalt Orlando B. Potter alle zur Einsicht mahnt, sie überredet einen Patent-Pool zu bilden und sogar Howe noch einen Dollar von jeder verkauften Maschine abzugeben. Bis auf Hunt werden alle Männer mit den Erlösen reich.

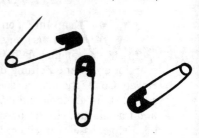

24 | 09 | 1852
Der erste Motor im Himmel

Zunächst ist der Franzose Henri Giffard nur ein technischer Zeichner, wenn auch ein sehr guter. Er arbeitet bei der Eisenbahnlinie St. Germain und verbessert durch seine Vorschläge die Dampfmaschinen derart, dass er sich schon bald als reicher Mann bezeichnen kann. Giffard ist gerade mal 25 Jahre alt, als er dem Ingenieur Jullien hilft, ein Luftschiff zu bauen, dessen Propeller von einem

Uhrwerk angetrieben wird. Damit gibt sich der findige Franzose aber nicht zufrieden. Er entsinnt sich seiner Tätigkeit in St. Germain, wendet schließlich Dampf auch als Antrieb in der Luftschifffahrt an und meldet 1851 das dazugehörige Patent dafür an. Wieder nur 12 Monate danach, an einem windstillen 24. September 1852, startet sein mit zwei anderen Ingenieuren gebautes motorisiertes Luftfahrzeug. Von Paris aus überquert er Versailles und landet nach knapp 28 Kilometern bei Trappes. Giffard, der während des Fluges auf einer Plattform neben der dreiblättrigen Luftschraube steht, ist dabei mit seinem 44 m langen Gefährt acht km/h schnell. Auch wenn dieses mit einer 3 PS-starken Dampfmaschine betriebene Luftschiff noch etwas komisch aussieht, ist ihm mit dem zigarrenförmigen Ballon in der Geschichte der Menschheit der erste bemannte motorisierte Flug gelungen. Bei einem zweiten Versuch drei Jahre später explodiert sein Luftschiff, Giffard und seine Kollegen überleben aber unverletzt. Jahrelang bleibt dieses Großereignis mehr oder weniger unbeachtet, bis am 9. August 1884 Charles Renard und A.C. Krebs das erste steuerbare Luftschiff der Welt abheben lassen. Giffard erlebt diese Entwicklung nicht mehr. Er begeht zwei Jahre – vorher nahezu – erblindet Selbstmord.

01 | 07 | 1860

Gib Gummi

„Wenn Ihr einen Mann seht, in Schuhen, mit Mantel und Hut aus Kautschuk, aber ohne einen Cent in der Tasche, dann habt Ihr Charles Goodyear vor Euch." Diesen Satz schreibt einst eine Zeitung über den am 29. Dezember 1800 in New Haven, Connecticut, geborenen Chemiker und Erfinder. Goodyear, der zunächst im Landmaschinen-Herstellerbetrieb seines Vaters arbeitet und irgendwann ein Eisenwarengeschäft eröffnet, träumt wie viele seiner Zeitgenossen von einem Kautschuk, der hitze- und kältebeständig ist, aber gleichzeitig biegsam. Ein Zufall hilft Goodyear im Jahr 1839. Just hat er mit diversen Chemikalien und Kautschuk experimentiert, als ihm ein Stück Schwefel-Kautschuk-Mischung auf eine heiße Herdplatte fällt. Das Ergebnis dieses Unfalls ist eine trockene und elastische Masse, die weder weich und klebrig, noch brüchig wird, wenn sie extremen Temperaturen ausgesetzt ist. Goodyear hat somit nicht nur die Vulkanisation, sondern auch den Stoff Gummi entdeckt. Im Jahr 1844 meldet er ein Patent an, gründet eine Firma zur Produktion von Gummihandschuhen und Zelten und expandiert mit der Fabrikation von Hartgummi im Jahr 1850. Es folgen eine Einladung zur Weltausstellung nach London und das „Kreuz der französischen Ehrenlegion". 1855 stellt Goodyear aus Gummi ein Kondom her, aber schon vor diesem Zeitpunkt hat sich der Umgang mit Bleioxiden auf seine Gesundheit niedergeschlagen. Trotz all seiner Patente und Erfindungen, von denen viele heute noch weltweite Bedeutung haben, kann der Amerikaner zu Lebzeiten keine Reichtümer anhäufen, im Gegenteil: Oft sitzt er wegen Schulden im Gefängnis. Fast vierzig Jahre nach Goodyears Tod am 1. Juli 1860 gründen zwei deutsche Einwanderer die Reifenfirma Goodyear Tire & Rubber Company, welche bis heute erfolgreich produziert.

08 | 02 | 1865

Das große Erbsenzählen

Am Anfang der Genetik steht das Erbenszählen. Jedenfalls wenn man, wie allgemein üblich, den Augustinermönch Gregor Mendel als Vater der Genetik akzeptiert. Mendel, der in der Abtei St. Thomas in Alt-Brünn (heute Brno in Tschechien) tätig war, beginnt um 1854 an Erbsen Kreuzungsexperimenten durchzuführen. Dabei konzentriert er sich auf klar erkennbare Merkmale wie beispielsweise die Blüten- oder Samenfarbe. Bei der Beobachtung der verschiedenen Erbsengenerationen fallen dem aufmerksamen Mönch einige allgemeine Vererbungsregeln auf, und er beschreibt diese in seinem Aufsatz „Versuche über Pflanzen-Hybriden", den er am 8. Februar 1865 und erneut am 8. März desselben Jahres vor dem von ihm mitbegründeten Naturforschenden Verein in Brünn vorstellt. Am Ende des Vortrages ist sich aber keiner der Anwesenden darüber klar, dass sie soeben einem historischen Ereignis beigewohnt haben. Mendel hofft, dass andere durch seine Ergebnisse angeregt, seine Versuche wiederholen und bestätigen, doch seine Hoffnungen werden enttäuscht. 1866 veröffentlicht er einen längeren Aufsatz über seine Versuche in den Verhandlungen des naturforschenden Vereins, doch wieder findet sein Werk nur wenig Interesse. Charles Darwin erhält zwar ein Exemplar der Verhandlungen, schneidet aber nicht einmal die Seiten des Mendel-Aufsatzes auf. Das Interesse an seinem Werk bleibt bis zu Mendels Tod 1884 gering. Erst Anfang des 20. Jahrhunderts wird seine Arbeit wieder entdeckt und wird in den Händen verschiedener Wissenschaftler zur Basis der modernen Evolutionstheorie. Die von ihm beobachteten Vererbungsregeln sind heute als die mendelschen Regeln bekannt. So machen erfahren noch heute unzählige Schüler ihre ersten Unterweisungen in Sachen Genetik durch das Vergleichen von Erbsenstammbäumen...

09 | 08 | 1877
Lindes Maschine

Der Winter 1883/1884 ist mehr als mild. Schnee will sich auch auf Bitten und Betteln hin nicht zeigen. Die Bierbrauer Europas stehen vor einer Katastrophe, resultierend aus der durch das Klima verursachten Knappheit von Natureis, die sonst jedes Jahr zum Kühlen des Gerstensaftes in den Bierkellern der Unternehmen eingesetzt wird. Als die Lage schon ausweglos scheint, tritt ein Mann namens Carl von Linde auf den Plan. Linde ist mehr als ein heller Kopf. Bereits im Alter von 26 Jahren wird der am 11. Juni 1842 geborene Oberfranke an der Polytechnischen Schule München außerordentlicher Professor, vier Jahre später ordentlicher Professor für Maschinenbau. Der begabte Ingenieur und Erfinder veröffentlicht 1870 seine Schrift über „Wärmeentziehung bei niedrigen Temperaturen durch mechanische Mittel", wenige Jahre später entstehen erste Modelle einer Kühlmaschine, die die Welt bis dahin nicht kannte. Im Jahr 1873 muss er sich selber noch stark auf dem internationalen Brauer-Kongress für seine Kältemaschinen einsetzen, doch schon bald merken speziell die Bierbrauereien, dass durch Lindes Erfindung die Bierherstellung von nun an das ganze Jahr über möglich ist. Am 9. August 1877 meldet Linde seine „Kälteerzeugungsmaschine" unter der Patentnummer 1250 an. Der Winter 83/84 vernichtet auch die letzten Vorbehalte gegenüber der neuartigen Maschine, Linde liefert und rettet den Firmen (und Verbrauchern) das gelbe Nass und hat ganz nebenbei für die Welt den Kühlschrank erfunden.

07 | 12 | 1888
Eine reife Idee

Manchmal bedarf es für eine Bahn brechende Erfindung nur eines schönen Sonnentages und zweier Familienmitglieder. Der Schotte John Boyd Dunlop steht an einem solchen Tag im Garten und bewässert diesen. Wenige Meter entfernt, radelt sein Sohn mit seinem Holzdreirad die Wege entlang. Dank der nur aus Holz und Metall bestehenden Reifen des Gefährts macht die Sause des Filius nicht nur einen Ohren betäubenden Lärm, sie belastet auch das Gesäß des Sohnes, denn jede Unebenheit der Fahrbahn überträgt sich unmittelbar durch das Material auf seinem Körper. John Dunlop blickt einen Moment gedankenverloren den Gartenschlauch in seiner Hand an; dann kommt ihm die entscheidende Idee. Der auf Druck mit sanftem Gegendruck reagierende Schlauch scheint die Lösung für das harte Dreirad. Seinem Sohn hilft er zunächst mit aus alten Gummiresten zusammen geklebten Schläuchen, in die er Luft mit einer Fußballpumpe füllt. Am 7. Dezember 1888 ist der Weg von der holprigen Freizeitfahrt seines Kindes bis zur tatsächlich entscheidenden Wende in der Geschichte der Fortbewegung zu einem guten Teil gegangen. An jenem Wintertag meldet Dunlop seine Erfindung beim Patentamt an, wenig später gründet er sogar eine Firma, die sich der Herstellung professioneller Reifen widmet. Dunlop kann trotz der weit reichenden Wirkung seine Erfindung zu Lebzeiten nicht in großen Reichtum verwandeln und stirbt am 23. November 1921.

01 | 05 | 1893
Wie ich lernte, die Maschine zu lieben

Die „World's Columbian Exposition" Messe in Chicago wird am 1. Mai 1893 feierlich von Präsident Grover Cleveland eröffnet. Bis Oktober werden über 27 Millionen Menschen diese Messe besuchen. Eine Frau wird genau hier ihren großen Durchbruch mit einer Erfindung erleben, die sie wenige Jahre zuvor gemacht hat. Josephine Garis Cochrane ist bereits über 40, als sie feststellt, dass die vielen Partys, die sie und ihr Mann geben, eine Kehrseite haben. Immer wieder fallen Unmengen an dreckigem Geschirr an und das Personal, des reichen Ehepaars, zerbricht immer wieder teures Porzellan beim Abwasch. Weder will Cochrane die Partys missen, noch selber Hand an die benutzten Teller und Tassen legen. Ein Schicksalsschlag hilft ihr bei der folgenden wichtigen und für die Menschheit gar epochalen Entscheidung. Als ihr Mann, der Kaufmann und Politiker William Cochran, stirbt und seiner Frau überraschend Schulden hinterlässt, verbindet die patente Dame den Wunsch nach einer Lösung für ihr häusliches Problem mit der Notwendigkeit Geld verdienen zu müssen. Da sie selber technisch sehr begabt ist, fällt es ihr nicht schwer, sich eine Maschine auszudenken, die ihr gesamtes Geschirr in einem dafür kreierten Korb hält, während ein rotierende Schraube heißes, seifiges Wasser in den Innenraum der Maschine peitscht. Nach einigen mühsamen Jahren ist diese erste Spülmaschine der Welt fertig gestellt, erste Aufträge von Freunden, Restaurants und Hotels trudeln ein, bis Cochrane auf besagter Messe den Preis für „die beste mechanische Konstruktion, Haltbarkeit und Zweckentsprechung" erhält.

01 | 01 | 1899
Der König der Patente

Insgesamt 1093 Patente machen den 1847 in Ohio geborenen Thomas Alva Edison zum Sinnbild des Erfinders, weswegen sein Geburtstag in den USA auch als „National Inventor's Day" begangen wird. Die Liste seiner Erfindungen ist lang und reicht vom Fonografen über den Kleinbildfilm bis zum Telegramm. Der überzeugte Vegetarier und Anti-Alkoholiker glaubt an den Wert guter, einfacher Arbeit und prägt das Bonmot „Genie ist zu 1% Inspiration und zu 99% Transpiration". Im Fall von Edison scheinen noch 75% Geschäftssinn dazuzukommen. Der König der Patente wird kritisiert, da er viele der ihm zugeschriebenen Erfindungen (wie Telefon und Glühlampe) eigentlich nur verbessert und dann geschickt vermarktet hat. Da Edison aber nun einen Sinn fürs Praktische hat, kommen oft Leute mit besonderen Anliegen zu ihm. Darunter das Parlament des Staates New York, das ihn 1886 mit der Entwicklung einer „menschlichen und bequemen" Hinrichtungsart beauftragt. Edison, der heute als Erfinder des elektrischen Stuhl gilt, überträgt den Auftrag an seinen Mitarbeiter Harold P. Brown, den eigentlichen Erfinder. Bei der Entwicklung der „humanen" Hinrichtungsmethode wurden übrigens zahlreiche Tiere zu Testzwecken getötet, darunter Katzen, Pferde und auch eine Elefantenkuh. Die Hinrichtung durch den elektrischen Stuhl wurde am 1. Januar 1889 in New York eingeführt, allerdings erst im Jahr 1890 erstmals durchgeführt.

29 | 06 | 1900
Tage der Explosion

Ascanio Sobrero experimentiert mit Schießbaumwolle, als er unfreiwillig Explosionen herbeiführt und so Nitroglycerin entdeckt. Sein Name für den Sprengstoff ist zunächst „Pyroglicerin". Die Freude über das neu Entdeckte währt allerdings nicht lange, Sobrero zieht sich schon bald beim Experimentieren mit dem explosiven Gemisch schwere Gesichtsverletzungen zu und bewertet den Stoff als zu gefährlich und untauglich für jegliche Nutzung, schon gar für eine kommerzielle. Der schwedische Chemiker Alfred Nobel ist da anderer Meinung. Der Erfinder trifft Sobrero und zeigt sich mehr als interessiert an dessen Entdeckung. Im Dienste der Technik will Nobel den Sprengstoff perfektionieren und entwickelt 1863 die vermeintlich sichere Initialzündung. Dennoch kommt es nur ein Jahr später zur Katastrophe. Bei einer Explosion fliegt sein gesamtes Labor in die Luft, mehrere Personen kommen ums Leben, darunter auch Nobels Bruder Emil.

Aber auch davon lässt Nobel sich nicht beeindrucken, er stellt kurz darauf Nitroglycerin in Massenproduktion her, ohne eine sichere Version des Sprengstoffs gefunden zu haben. Wie so vielen Erfindern, hilft auch Alfred Nobel ein Zufall. Bei einem Transport tropft reines Nitroglycerin auf das Kieselmehl der Ladefläche und ergibt eine zähe Masse. 1867 lässt er sich die Mischung der beiden Stoffe patentieren und ist am Ziel seines Strebens, einen handhabungssicheren Sprengstoff zu finden. Auch den Namen hat er schnell parat: Dynamit. Fabriken zur Herstellung des neuen Stoffes bringen Nobel in der Folgezeit viel Geld. Entgegen der landläufigen Meinung eignen sich weder Dynamit, noch die ebenfalls von Nobel entdeckte Sprenggelatine zur Kriegsführung. Seine ehemalige Sekretärin, die Friedensaktivistin Bertha von Suttner, beeinflusst zudem Nobels ablehnende Haltung zum Krieg und animiert ihn nicht zuletzt dazu, in seinem Testament die Gründung einer Stiftung festzuhalten, welche vier Jahre nach seinem Tod am 29. Juni 1900 gegründet wird und ein Jahr darauf beginnt die so genannten Nobelpreise zu verleihen.

30 | 08 | 1901
Der Staubsauger auf der Straße

Bereits im 19. Jahrhundert gibt es Staubsauger, wobei diese eigentlich nicht saugen, sondern pusten. Zwei Menschen sind notwendig, um solche Maschinen zu betreiben. Einer muss den Blasebalg in Gang setzen, der andere das „Mundstück" über die gewünschten Stellen führen. Der so angegangene Staub wird anschließend aufgewirbelt. Bis auf die Tatsache, dass jener Dreck und Staub auch irgendwann irgendwo wieder zu Boden fallen muss, ist diese Erfindung keine üble Idee. Den Kern des Problems besser treffend, erhält der britische Ingenieur Hubert Cecil Booth am 30. August 1901 ein Patent für eine andere Art Staubsauger. Dieser sieht zwar aus wie eine fahrende Eisdiele und ist mit langen Schläuchen versehen, die von dem auf der Straße geparkten Wagen in die Zimmer der zu saugenden Gebäude reichen, erfüllt aber seinen Zweck weit besser als vorherige Varianten. Vor allem die segensreiche Entwicklung eines Filters, welcher als Teil von Booths Gerät den Schmutz fest in der Maschine nach dem Saugen einschließt, bedeutet einen elementaren Unterschied zu allem Dagewesenen. Lediglich der amerikanische Erfinder Ives McGaffey entwickelte 1871 bereits ein ähnliches Gerät, welches jedoch nicht elektrisch betrieben wurde und daher deutliche Nachteile hatte. Obwohl heutige Staubsauger deutlich kleiner, leiser und schneller den täglichen Dreck beseitigen, basieren alle Modelle auf dem von Booth kreierten „Puffing Billy".

14 | 01 | 1913
Prof. Dr.-Ing. E.h. Dr. h.c. Senator E.h.

John Joseph Rawlings darf sich mit Fug und Recht als Erfinder des Dübels ansprechen lassen, als er am 14. Januar 1913 das Patent für das ersten industriell gefertigte Befestigungselement ausgehändigt bekommt. Jenes Produkt wird seinerzeit aus einer Hanfschnur angefertigt und bedient sich zudem eines Klebstoffs aus Tierblut. Die Hanfschnur bleibt, das Tierblut wird irgendwann als nicht zeitgemäß bzw. wenig praktikabel angesehen und 1926 wird der Dübel schließlich in einer Blechhülse angeboten. Diesem verschwenderischen Treiben macht der Erfinder Artur Fischer 1957 ein Ende, indem er den ersten Kunststoff-Allzweckdübel anfertigt und somit den Dübel seiner endgültigen Bestimmung zuführt. Zentraler Bestandteil seiner Erfindung sind Nylon-Rundstäbe sowie Spreizklauen, die, einmal in die Wand gedreht, wie Widerhaken funktionieren. Beide Dübelhälften spreizen sich beim Eindrehen auf und die ebenfalls vorhandenen Sperrzungen verhindern ein Mitdrehen des Dübels in der Wand. Der als „Prof. Dr.-Ing. E.h. Dr. h.c. Senator E.h." firmierende Fischer hat nach dieser für die Menschheit sehr nützlichen Erfindung aber noch mehr zu bieten. In den 60er Jahren entwickelt er den überaus erfolgreichen Fischertechnik-Baukasten, der sich schnell als beliebtes Kindergeschenk entpuppt. Artur Fischer hält bis kurz nach dem Jahrtausendwechsel 1.080 Patente und 5.867 Schutzrechte. Das vielleicht letzte Ziel des am 31. Dezember 1919 geborenen Mannes ist es, Thomas Alva Edison zu überflügeln, der es Zeit seines Lebens es auf 1.093 Patente gebracht hat.

06 | 11 | 1919
Krumme Zeiten

Nehmen wir an, zwei Zwillingsbrüder würden sich auf dem zukünftigen Weltraumbahnhof von Tempelhof in Berlin verabschieden; der eine rast mit einem fast lichtschnellen Raumschiff durch die Galaxie, der andere vergnügt sich die nächsten 40 Jahre lang in den Berliner Clubs. Dann geht er, inzwischen ein heruntergerockter Frührentner, seinen Bruder abholen, der als immer noch herrlich junger Mann von seiner Reise zurückkehrt. Unser Clubgänger erkennt sein verlorenes Selbst im Spiegelbild des Bruders und stirbt an Herzversagen. Soweit, so gut. Aber was ist da wirklich passiert? Der in diesem berühmten Beispiel illustrierte Effekt beruht auf der Natur der Raumzeit, einem Konzept, mit dem Albert Einstein zu Beginn des 20. Jahrhunderts eine neue Ära der Physik einläutete. Die Raumzeit vereinigt Raum und Zeit in einem vierdimensionalen Raum. Aufgrund der Struktur dieser Raumzeit wächst die Masse eines sich schnell bewegenden Objekts an; bei hohen Massen wiederum krümmt sich die Raumzeit stärker, wodurch die Zeit relativ zur ‚normalen' Raumzeit langsamer vergeht. Was bedeutet, dass unser raumfahrender Zwilling, obwohl er für den Clubber 40 Jahre lang weg war, bei seiner Rückkehr noch immer grün hinter den Ohren ist und nicht besonders viel erlebt hat, da für ihn nur ca. 3 Tage vergangen sind... Trotzdem, wer möchte da wählen? Albert Einstein, noch heute eine der größten Ikonen der Physik, veröffentlicht seine spezielle Relativitätstheorie 1905. 1916 beendet er die allgemeine Relativitätstheorie, doch erst in der Nacht des 6. November 1919 wird er zum Weltstar. In jener Nacht gab die Royal Society in London bekannt, dass die Relativitätstheorie experimentell bestätigt wurde. Und eine neue Raumzeit beginnt...

17 | 02 | 1920

60 Jahre Arbeit für 30 Millisekunden

Arthur Hughes Parrott und Harold Round haben am 17. Februar 1920 den Airbag erfunden, ohne es zu wissen. Fairerweise muss man dazu sagen, dass sie den Airbag, wie wir ihn heute kennen, damals gar nicht erfinden konnten, weder waren die Zeit noch die Automobile reif dafür. Wohl aber die Luftfahrt, für deren Zwecke sie an jenem Tag das Patent # US 1,331,359 erhalten, welches potentielle Flugzeuginsassen mittels eines Luftkissens bei einem Aufprall vor Schaden bewahren soll. 1951 ist es schließlich der Deutsche Walter Lindner und 1952 der Amerikaner John Hetrick, die an dem System weiterarbeiten und im Lenkrad und Handschuhfach befindliche, sich mit Gas aufblasende Luftsäcke entwickeln. Das Problem: Die Säcke füllen sich so langsam mit Luft, dass sie den Insassen bei einem Unfall zu spät zu Hilfe kämen. Auch die nächsten Versuche mit militärischen Treibstoffen, namentlich Raketen-Sprit, bringen zwar den Sack in gewünschter Geschwindigkeit zum Anschwellen, ihn jedoch auch gleich zum Platzen und oft genug auch gleich das ganze Auto – womit den Passagieren auch nicht wirklich geholfen ist. Den Schritt in die richtige Richtung macht man 1970/71 bei Mercedes Benz in Stuttgart. Erneut steht eine Erfindung der Luftfahrt Pate, ein kleiner Festtreibstoff-Gasgenerator, welcher die Luftkissen in kürzester Zeit aufblasen kann. Nachdem auch toxikologische Probleme ausgeräumt sind, wird zuletzt eine Gruppe von Kanarienvögeln dem zehn Millisekunden dauernden Knall beim Auslösen ausgesetzt, um die Wirkung auf das Trommelfell zu testen. Die Vögel überleben gesund und munter. Ende 1980 steht der Einführung des sich in 30 Millisekunden aufblasenden Airbags nichts mehr im Wege.

24 | 09 | 1921
Nicht mehr „Nur-Autostraße"

Wer heute Berlin verlässt oder von Westen kommend in die Stadt fährt, benutzt die so genannte AVUS, die Automobil-Verkehrs- und Übungs-Straße. Sie ist das erste Stück Autobahn der Welt. Am 24. September 1921 wird die von Charlottenburg nach Nikolassee führende Straße eingeweiht. Zunächst nur als Rennstrecke konzipiert, gibt man sie kurz nach der Eröffnung für den privaten Verkehr frei. Eine Durchfahrt kostet zu jener Zeit aber noch zehn Reichsmark, eine Vierteljahreskarte 1.000,- RM. Zunächst spricht man noch von einer „Nur-Autostraße", erst Robert Otzen, seines Zeichens Ingenieur und Vorsitzender des Autobahnprojekts HaFraBa (Hamburg-Frankfurt-Basel), erwähnt 1929 erstmals den Begriff „Autobahn" in Anlehnung an die Eisenbahn. Das erste längere Stück Autobahn führt 1923 von Mailand nach Como (heutige A9). Die erste Autobahn zwischen zwei Städten wird 1932 zwischen Bonn und Köln eingeweiht, sie ist 20 km lang und hört heute auf den Namen A 555. Die größere Planung der Autobahnen beginnt Mitte der Zwanziger Jahre. Hitler hält die Autobahn lange für nutzlos, erkennt jedoch schnell den Propagandaeffekt des Projekts und verkündet im Februar 1933: Man wird für die „Lebenshöhe von Völkern in Zukunft die Kilometerzahl der für den Kraftverkehr geeigneten Straßen anzulegen haben", im September inszeniert er den Spatenstich zur Autobahn Frankfurt als spektakuläres Propagandamittel zur Arbeitsbeschaffung, dessen Nachwirkungen bis heute nicht abgeklungen sind, auch wenn selbst zu Hochzeiten um 1935 nur ca. 0,3% der Bevölkerung im Autobahnbau beschäftigt waren. Aber die AVUS überstand auch Hitler, erst 1998 wurde der Rennbetrieb endgültig eingestellt. Lediglich die alte Tribüne bleibt ein stummer Zeuge ihres Ursprungs. Heute hat die USA mit dem 75.376 km langen Interstate Highway System das längste Autobahnnetz der Welt.

06 | 11 | 1928
Wenn alles glatt läuft

Jacob Schlick stammt aus Iowa und ist einer von vielen, die sich nach der Schule 1898 der US Infantry anschließen. Er erkrankt jedoch auf den Philippinen und die Ärzte raten ihm zu einem Aufenthalt in nördlicheren Gefilden. Schlick gehorcht und arbeitet für die Armee in Fort Gibbon in Alaska und das Klima bekommt ihm sichtlich gut. Im Jahr 1910 verlässt er das Militär, um in Alaska fortan nach Gold zu suchen. Ein verstauchter Knöchel zwingt ihn jedoch auf einer seiner

Expeditionen zur Untätigkeit. Schick, der viel Wert darauf legt, sich täglich rasieren zu können, sieht sich bei Witterungsverhältnissen von bis zu 40 Grad unter Null einem fast unlösbaren Problem gegenüber, eine Nassrasur ist fast nicht möglich bzw. sehr ungemütlich. Der findige Mann nutzt die Zeit der Rekonvaleszenz, um an einem neuartigen Rasiergerät zu arbeiten. Er befestigt eine Rasierklinge an einem Rasierkopf, verbindet diesen mit einem Kabel an einen Motor und schickt die Pläne an verschiedene Firmen, die in der Lage wären einen solchen Apparat herzustellen. Es hagelt Ablehnungen wie Regenwasser und Schick verfolgt seine Idee zunächst nicht weiter. Im Ersten Weltkrieg kehrt er zur Armee zurück, doch der Traum vom ersten Trockenrasierer lässt ihn nicht los. 1919 wendet er sich dem Thema wieder zu, entwickelt über Jahre weiter Rasierer, die alle auf das große Ziel hindeuten. 1925 folgt die erste eigene Firma („Magazine Repeating Razor") und am 6. November 1928 endlich das Patent für den elektrischen Rasierer, den er bis dahin zur Marktreife bringt. Ein Jahr später kann er bereits 100 Menschen in der Produktion beschäftigen, doch der Absatz schwankt zunächst. Den weltweiten Boom erlebt Schick nicht mehr, er stirbt am 3. Juli 1937.

08|09|1930

Von Schotten, Autos und einem Klebemann

Der Kunde des Autoherstellers ist außer sich vor Wut. Er hat wie besprochen versucht, beim zweifarbigen Lackieren die bereits fertigen Autoteile mit Plane abzudecken und mit dem von Richard Drew angefertigten neuen Klebeband die Planen an den Rändern festzukleben. Das Resultat war ernüchternd, die Plane ging ein ums andere mal wieder ab. Bei aller Rage verliert der Kunde dennoch nicht ganz seinen Humor: „Bring das Klebeband deinen schottischen Chefs (scotch bosses) und sag ihnen, sie sollen da mal mehr Klebstoff drauf machen" erklärt er Drew in Anspielung auf die fehlende Haftkraft und bestimmt so zugleich den englischen Namen der epochalen Erfindung (Scotch-Tape). Richard G. Drew hatte vorher zwei Jahre lang mit Ölen, Harzen und Gummi experimentiert und den so entstehenden Stoff auf Krepp-Papier aufgetragen, jedoch zunächst nur an den Rändern, so dass die klebende Verbindung von geringer Kraft und kurzer Dauer war. Im Jahr 1925 verbessert Drew sein Konzept, trägt den Klebstoff auf die gesamte Fläche auf und intensiviert seine Bemühungen, das erste Klebeband der Welt zu erschaffen. Die nächsten Muster gehen an Autohersteller in Detroit. Gleich drei Lkw-Ladungen voll ordert der Kunde. Am 8. September 1930 kann Drew zudem noch die erste Testsendung des ebenfalls von ihm erfundenen transparenten Klebebandes ausliefern. Gerade in Zeiten der Depression feiert dieser Artikel zum Reparieren von Dingen aller Art große Erfolge – aber auch Jahre danach, bis heute.

01 | 01 | 1933
Linie logisch

Viele Menschen reklamieren die Erfindung der U-Bahn für sich, doch nur Harry Beck kann von sich behaupten, mit seinem Plan für den Londoner Underground das Fahrverhalten der Menschen unter der Erde bis zum heutigen Tag maßgeblich beeinflusst zu haben. Mit geraden Strichen für die Schienenführung, unterschiedlichen Farben für die verschiedenen Linien und runden Punkten für die einzelnen Bahnhöfe schafft Beck ein didaktisches und Designpreis verdächtiges Meisterwerk, dass die Realität der in Wahrheit krummen, an zahlreichen Naturhindernissen sich vorbei schlängelnden Gleise dem grafischen Diktat unterwirft. So macht auf Becks Plan sogar die Londoner Circle-Line, in Wirklichkeit kaum mit einem Kreis zu vergleichen, ihrem Namen alle Ehre. Am 1. Januar 1933 hängen Becks Pläne erstmals im Londoner Underground, der neben Frank Picks Kreislogo (1915) nun ein zweites unverwechselbares Markenzeichen erhält. Schnell wird sein Konzept überall auf der Welt kopiert, mit dem Ergebnis, dass sich U-Bahnfahrer auch in entlegenen Winkeln der Welt plötzlich zuhause fühlen, sobald sie in das unterirdische Tunnelsystem eingetaucht sind. Doch führen die schönen Pläne auch zu einer völlig falschen Vorstellung von der jeweiligen Stadt, und schließlich dazu, dass sich Fahrgäste, einmal wieder am Licht des Tages angelangt, sofort verlaufen. Harry Beck arbeitet bis zu seinem Tod an einer Optimierung seines Plans, als Lohn erhielt er 1 £ und eine Gedenkplatte an der Finchley Station. Sein Plan wird in London jährlich 60 Millionen Mal gedruckt.

16 | 10 | 1933
Haas' Hygiene

Man muss als Frau im 5. Jahrhundert vor Christi schon etwas härter im Nehmen sein, um die Klippen des Alltags unbeschadet zu umschiffen. Von dem griechischen Arzt Hippokrates ist überliefert, dass erste Formen des Tampons seinerzeit ein mit Stoff umwickeltes Holzstück war. Komfort geht anders. Erst knapp 2.500 Jahre später entwickelt der amerikanische Arzt Earle C. Haas einen Tampon mit so genannter Einführhilfe, welcher zudem natürlich inzwischen aus einem gepressten Wattebausch (bzw. alternativ auch Mullbausch) besteht. Am 19. November 1931 beantragt der Mediziner ein Patent für für seine „Tampax" genannten Tampons. Zwar ist Haas damit ein großer Schritt in der Geschichte der Hygiene gelungen, einen guten Geschäftsmann macht das aber nicht aus ihm. Immerhin 32.000 Dollar erhält er von der in Geschäftsdingen wesentlich umtriebigeren deutschen Immigrantin Gertrude Tenderich, die ihr Business in Denver betreibt. Sie kauft ihm am 16. Oktober 1933 das erst einen Monat zuvor erteilte Patent ab und gründet die Firma „Tampax". Diese fertigt das neuartige Produkt fortan massenhaft an. Ist es in den frühen Jahren der Produktion Baumwolle, aus der der Tampon angefertigt wird, so ist man inzwischen auf das wesentlich saugfähigere Material Viskose umgestiegen. Auch wenn Tenderich mit Haas' Erfindung reich geworden ist, so wird doch der inzwischen etablierte Tampon noch immer seinem eigentlichen Erfinder zugerechnet, welcher ihn bis ins hohe Alter von 96 Jahren immer wieder versuchte zu verbessern. Die Londoner „Sunday Times" nennt Haas folgerichtig einen der „1.000 Hersteller des Zwanzigsten Jahrhunderts".

29 | 04 | 1937
Ganz neue Maschen

Die Geschichte des Nylons ist weniger eine chemische denn eine des Marketings und letztlich mit einer Tragödie verbunden. 1930 entdeckt der Chemiker Wallace Hume Carothers mit seinen Kollegen Neopren, aus denen sie Polyester synthetisieren, vier Jahre später dann Nylon aus Versuchen mit Polyamiden. Die neue Kunstfaser will die Firma DuPont fortan als Damenstrumpfhose vermarkten, aber das Produkt steht schneller als der Name. Carothers selbst nennt seine Entdeckung schlicht „Faser 66", was den Profis bei DuPont eindeutig zu wenig Sex-Appeal hat. Schnell werden über 400 Vorschläge von einem eigens gegründeten Namenskomitee eingebracht. Ob Wortfindungen wie „Duparooh" (Akronym für „DuPont pulls a rabbit out of the hat") tatsächlich ernst gemeint sind, ist nicht überliefert. Einig ist man sich, dass das Wort „nu" oder „new" enthalten sein sollte. Dr. Ernst K. Gladding, künftiger Leiter der Nylon-Abteilung bei DuPont, ist es schließlich, der den Eigennamen „Norun" einbringt, wobei „no run" für das Ausbleiben von Laufmaschen stehen soll. Da dies nicht garantiert werden kann, ändert Gladding seine Kreation in „Nuron", was wiederum dem Namen eines Nerventonikums nahe kommt, also landet er bei „Nulon". Das Namenskomitee verbessert jenen Namen letztlich in „Nylon". Legenden, die besagen, Nylon würde eine Ehe aus den Städtenamen New York und London sein, oder noch gewagter, den Ausspruch „Now you lousy old Nipponese?" abkürzen und als Angriff auf das japanische Seidenmonopol gelten, erweisen sich als unhaltbar. Als die Nylon-Strumpfhose 1940 auf den Markt kommt, kann sein Entdecker Wallace Carothers deren Einzug in die Gesellschaft nicht mehr begutachten. Der manisch depressive Erfinder bringt sich am 29. April 1937 mit Zyanid selber um.

25 | 04 | 1938
Des Kugels Kern

Manche Menschen erfinden, was sie gerade brauchen, manche erfinden vor allem viel und wieder andere erfinden sehr unterschiedliche Dinge. Und dann gibt es da László József Bíró, einen Ungarn, der viel von dem erfindet, was er braucht und sich dann einem komplett anderen Thema widmet. Ein Medizin-Studium, was er hauptsächlich seines Vaters – Zahnarzt und Erfinder – wegen angefangen hatte, gibt er bald auf. Es folgen Aktivitäten als Versicherungsmakler und Rennfahrer. 1932 ist eine seiner ersten Erfindungen ein Automatikgetriebe, welches General Motors ihm abkauft, damit andere Hersteller ihnen nicht zuvor kommen. Anschließend tritt Bíró eine Stelle als Chefredakteur einer Zeitung an und bei einem Besuch in der zugehörigen Druckerei kommt ihm die Idee seines Lebens. Die Welt braucht endlich einen Stift, der beim Schreiben nicht schmiert wie ein Füllfederhalter, aber trotzdem mit Tinte schreibt. Mithilfe einer Röhre, einer an einem Ende befestigten Kugel und einer besonderen Tinte gelingt ihm die Umsetzung eines solch neuartigen Stiftes. Entscheidend beteiligt sind sein Bruder György und weitere Erfinder-Freunde. Zwar muss Bíró mit seiner Familie im Zweiten Weltkrieg Ungarn verlassen, sein am 25. April 1938 erhaltenes Patent für den Kugelschreiber kann er indes mitnehmen. Der Weg führt ihn bis nach Argentinien, wo er seinen zuvor bereits als Go-Pen auf dem Markt erhältlichen Schreiber erheblich verbessert und 1943 mit einem neuen Patent erneut auf den Markt wirft. Millionen von verkauften Kulis folgen, schließlich der Verkauf seiner Fabrik an einen Engländer. Aber auch hier hört Bírós Weg noch nicht auf, er erfindet weiter Dinge wie den Deo-Roller (nach dem Kugelschreiberprinzip), ein Fieberthermometer für das Handgelenk sowie einen neuen Kunststoff namens Birolit.

17 | 12 | 1938
Eine Entdeckung wie eine Bombe

Harriet Brooks beobachtet 1904 einen so genannten „radioaktiven Rückstoß", deutet ihn jedoch falsch. 1909 kann der zu diesem Zeitpunkt bereits hoch angesehene deutsche Chemiker Otto Hahn den Rückstoß richtig interpretieren und entdeckt in der Folgezeit mit seiner Assistentin Lise Meitner mehrere neue radioaktive Substanzen – ein Meilenstein in der Physik. Im Februar 1921 folgt ein weiterer unter seiner Leitung, die Entdeckung des Uran Z, welches gleichzeitig die Entdeckung der Kernisomerie bedeutet. Nach 1914 wird Hahn im Jahr 1923, dieses Mal unter anderem von Max Planck, bereits zum zweiten Mal für den Chemie Nobelpreis vorgeschlagen. Mit dem Assistenten Fritz Strassmann entdeckt Hahn schließlich am 17. Dezember 1938 bei dem als „Radium-Barium-Mesothorium-Fraktionierung" bekannt gewordenen Experiment die Kernspaltung, ein Zerplatzen des Urankerns in mittelschwere Atomkerne. Am 6. Januar 1939 werden diese Ergebnisse veröffentlicht. Dies bedeutet nicht weniger als „ein neues Zeitalter in der Geschichte der Menschheit", wie Lise Meitner später in einer Würdigung schreibt. Hahn muss jedoch als entschiedener Nazi- und Kriegsgegner kurz nach Kriegsende in Cambridge, wo er und neun andere Physiker von den Alliierten interniert werden, erfahren, dass auf Hiroshima und Nagasaki Atombomben abgeworfen wurden. Otto Hahn ist außer sich vor Wut und Verzweifelung. Er fühlt sich als Teil der Ursache und verantwortlich für den Tod und das Leid hunderttausender Menschen. Auch der 1944 endlich an ihn verliehene Nobelpreis kann ihn darüber nicht hinwegtrösten.

12 | 05 | 1941
Die Erfinderwerkstatt-Revolution

Man schüttelt den Kopf: Nur eine kleine Tafel, nicht größer, als ein Backgammon-Spiel weist in der Berliner Methfesselstraße 7 daraufhin, dass in diesem Haus Konrad Zuse den ersten Computer der Welt entwickelte. Der am 22. Juni 1910 geborene Zuse arbeitet nach dem Abschluss eines Bauingenieurwesenstudiums zunächst in einer „Erfinderwerkstatt" im Wohnzimmer der elterlichen Wohnung in der Methfesselstraße. Sein Ziel: Der Bau eines „mechanischen Gehirns". Im Jahr 1938 hat der Ingenieur den sogenannten „Z1" fertig gebaut, einen vollmechanisch programmierbaren Ziffernrechner. Die eigentliche Schwelle in ein neues Zeitalter der Technik überschreitet Zuse jedoch erst drei Jahre später, als er den „Z3" anfertigt, welcher erstmals eine

Programmsteuerung unter Verwendung des binären Zahlensystems beinhaltet. Diesen präsentiert er staunenden Wissenschaftlern am 12. Mai 1941. Noch mal vier Jahre danach folgt das „Plankalkül", Vorläufer der modernen Programmiersprache. Das Erstaunliche an Zuses Leistung ist jedoch nicht allein die Tatsache der frühen Erfindung, sondern vielmehr, dass er von den Erkenntnissen und Errungenschaften von Kollegen wie Alan Turing oder Howard Aiken nicht das Geringste weiß. Im Zweiten Weltkrieg wird der „Z3" zerstört, der „Z4" ist jedoch schon in Arbeit. Anschließend schlägt er fast zwangsläufig eine Unternehmerlaufbahn ein, welche zur Gründung der Zuse KG sowie deren Übernahme durch Siemens 1966 führt. Während er nach der Übernahme weiter an Ideen zur Informatik arbeitet, schweift sein Fokus doch deutlich in Richtung Malerei. Zuse stirbt am 18. Dezember 1995 in Hünfeld bei Fulda.

08 | 10 | 1945

Gute Ausstrahlung

Percy Spencer ist Ingenieur und Erfinder, lebt ein eigentlich normales Leben und dient seinem Vaterland Amerika so gut er kann. Seit 1925 arbeitet er bei der Firma Raytheon und ist für die Abteilung für Leistungsröhren zuständig. Hier bringt er die Konstruktion des Magnetrons, einer Vakuum-Laufzeitröhre zur Schwingungserzeugung im Mikrowellenbereich, entscheidend voran, die Produktion der Geräte steigt bei seiner Firma von 17 auf 2.600 Stück pro Tag an. Dies wiederum ist für die Seekriegsführung und den Nachtbombeneinsatz entscheidend. In die Geschichte geht Spencer allerdings wegen eines dummen Zufalls ein. Als er im Jahr 1945 vor einem laufenden Magnetron steht, bemerkt er, dass der Erdnuss-Schokoriegel in seiner Hosentasche zu schmelzen anfängt. Wenige Gedanken später stellt er eine Tüte Popcornmais vor das Gerät, bringt sich in Sicherheit außerhalb der Strahlen und beobachtet das wegfliegende, aufpoppende Popcorn. Der Schritt zu einer eigens nur für Lebensmittel zu verwendenden Maschine ist ein kurzer. Am 8. Oktober 1945 bewirbt sich Spencers Firma Raytheon um ein Patent für diesen ersten Mikrowellenherd. Ein Bostoner Restaurant erklärt sich bereit, die Mikrowelle zu testen. Zwei Jahre später bringt die Firma das erste Modell auf den Markt, den „Radarange", der jedoch nur für professionelle Zwecke genutzt werden kann, misst er doch satte 1,80 m Höhe und wiegt 340 kg. Die Leistung von 3.000 W liegt drei Mal so hoch wie der von heute üblichen Geräten. 1954 kommt schließlich die erste Haushalts-Mikrowelle für 2-3.000 $ auf den Markt, erst 1965 sinkt der Preis auf 495 $, in den Siebzigern fiel er dann gänzlich ins Erschwingliche. Allein in Amerika findet man heute in 95% aller Haushalte einen Mikrowellenherd.

26 | 10 | 1946
Alles ISO

Ohne diese Maße kommt weltweit fast niemand mehr aus: 85,6 x 54 mm. Diese Größenbeschreibung ist als ISO 7816 standardisiert und bei einem Blick in die Brief- oder Handtasche entdeckt man die so geschnittene Mikroprozessorkarte inzwischen in vielfacher Anzahl als EC-, Telefon-, Führerschein-, Krankenversicherungskarte mit vielen weiteren Cousins und Cousinen. Ähnlich allgegenwärtig sind die Formate 25 x 15 mm (SIM-Karte), 210 x 297 mm (DIN A 4) oder 52 x 74 (DIN A 8/ Spielkarte). Errungenschaften, über deren unschätzbaren Wert niemand nachdenkt. Am 26. Oktober 1946 ist das allerdings anders. Die Vertreter der nationalen Normierungsorganisationen sind in London zu einer letzten Versammlung zusammentreten, darunter Vertreter des Deutschen Instituts für Normung e.V. (DIN). Die Verhandlungen über allgemein akzeptable Normierungsstandards dauern seit zwei Wochen an, aber die Tat krönt der Erfolg. Die abgesegneten Standardformate werden ein wichtiger Bestandteil einer zusammenwachsenden Welt. Übereinstimmende Abmessungen sind die unbedingte Vorraussetzung zur Standardisierung von Test- und Produktionsprozessen sowie zur Verwendung und Erkennung von Produkten aus anderen Herstellerländern. Die aus der Londoner Konferenz entstehende ISO, die Internationale Organisation für Normung, nimmt am 23. Februar 1947 in Genf ihre Tätigkeit auf; aus den damals 25 Mitgliedländern sind inzwischen über 150 geworden. Die Bezeichnung ISO selbst ist übrigens ein internationaler Kompromiss. Da die Abkürzung in den verschiedenen Mitgliedssprachen verschieden ausfallen würde, wählt man eine einheitliche Kurzbezeichnung. Sie wurde vom griechischen Wort „isos" („gleich") abgeleitet.

28 | 02 | 1950
Karte oder'n Stück Holz

Ausgerechnet der Geschäftsmann hat kein Geld dabei, als es an einem bierseligen Abend in einem netten Restaurant in Manhattan ans Bezahlen geht. Seine Freunde schauen betreten in die Runde, dem Mann wird schließlich vom Leiter des Restaurants Aufschub gewährt, seine Frau muss kommen und ihn aus der Geldnot befreien. Zu Hause angekommen schwört der Mann, namentlich Frank McNamara, dass ihm so etwas nie wieder passieren soll – und erfindet kurzerhand eine Karte, mit der man, auch ohne Bargeld, möglichst überall bezahlen kann. Eine schöne Geschichte, aber wie so viele in der Welt des Konsums eine Erlogene. Ausgedacht von dem fantasievollen und talentierten PR-Mann Matty Simmons, der kurz nach Gründung des Diners Club eben diesen mit der kleinen Anekdote bekannt machen und gleichzeitig auf die Nützlichkeit der Erfindung hinweisen will. Die Wahrheit sieht anders aus: Als McNamara Simmons mit einem plumpen Stück Pappe mit dem handschriftlich aufgetragenen Begriff „Diners Card" in seinem Büro aufsucht, kann jener nicht anders als ehrlich sein: „Das ist die schlechteste Idee, von der ich je gehört habe" platzt es aus dem Marketingmann heraus. Doch auf der Rückseite der Karte befinden sich immerhin 27 Restaurants, die McNamara schon dafür begeistern konnte, dass man bei ihnen mit der Karte anschreiben lassen kann. McNamara schafft es, Simmons zu überzeugen, und so kommt am 28. Februar 1950 die erste Kreditkarte der Welt auf den Markt. Der Anfang ist wie so oft schwer, im ersten Jahr gehen nur 200 Karten weg, als allerdings der Millionär Alfred Bloomingdale ins Geschäft einsteigt, gedeiht das Unternehmen langsam. 5 $ Jahresbeitrag kostet eine Karte anfangs, 7 Prozent der jeweils anfallenden Summe müssen die teilnehmenden Restaurants an die Betreiber abgeben.

10 | 01 | 1967
Warmwasserwonnen

Am 10. Januar 1967 meldet Candido Jacuzzi in den USA ein Patent für ein „voll integriertes Whirlpool-Bad mit Luftdüsen" an. Sein Bruder Roy vermarktet das Produkt kurze Zeit später so erfolgreich, dass der Nachname „Jacuzzi" in den USA bald ein Synonym für „Whirlpool" wird. Genau so wie in Deutschland jeder versteht, dass man ein „Papiertaschentuch" verlangt, wenn man nach einem „Tempo" fragt. Heute stehen weltweit Hunderttausende von „Jacuzzis" in Privathaushalten, Saunen und öffentlichen Schwimmbädern und laden zum Sprudelbad ein. Bis zum Durchbruch ihrer Whirlpools muss die Großfamilie Jacuzzi, die um 1900 von Italien in die USA eingewandert sind, aber erst einige Jahre herumexperimentieren, eine Krankheit weist dabei den Weg. Candido Jacuzzis Sohn leidet an schmerzhaftem Gelenkrheumatismus. Um ihm die Zeit zwischen den Hydrotherapie-Terminen im Krankenhaus zu erleichtern, kommt Candido 1948 eine Idee. Er verwendet eine der landwirtschaftlichen Wasserpumpen, mit denen seine Familie eigentlich handelt, in der Badewanne zu Hause. Mitte der 1950er versuchen die Jacuzzis, diese Idee professionell an den Mann beziehungsweise an die Frau zu bringen. Die Kandidaten der Fernseh-Sendung „Queen for a day" gewinnen tragbare „Jacuzzi-

Pumpen" für die heimische Badewanne, die als „Entspannung für die erschöpfte Hausfrau" angepriesen werden. Als Hollywood-Star Jayne Mansfield die „Jacuzzis" für sich entdeckt und immer mehr Privathaushalte mit Swimming-Pools ausgestattet werden, wollen bald Millionen Amerikaner in den warmen Wellen planschen. Jacuzzi ist heute immer noch Marktführer und hat über 250 Patente angemeldet. Da wundert es nicht, dass es Roy Jacuzzi Anfang der 1990er Jahre sogar bis in die „National Bath and Kitchen Hall of Fame" geschafft hat.

30 | 05 | 1978
Das Kartenspiel

Helmut Gröttrup assistiert einem gewissen Wernher von Braun bei dem Bau der V2-Rakete. Er ist zuständig für die Lenk- und Steuersysteme. 1944 gerät er in den Verdacht, sich mehr mit Raumfahrtexperimenten zu beschäftigen als mit der Herstellung der deutschen Wunderwaffe und verbringt die Zeit bis Kriegsende im Gefängnis. Nach dem Krieg arbeitet Göttrup für die Sowjets, die ihm viel Geld für seine Dienste anbieten. Später, als man die deutschen Spezialisten nicht mehr braucht, schiebt man ihn auf die Insel Gorodomlia ab. Erst 1955 darf Gröttrup zurück nach Deutschland, wo er sich fortan bei der Firma Standard Elektrik Lorenz verdingt. Dort trifft er auf einen gewissen Jürgen Dethloff, welcher federführend mit Gröttrup 1968 eine kleine „Identifikationskarte" mit „einem integrierten Schaltkreis" entwickelt. Während Dethloff das Patent erst später ausgestellt wird, erhält der ebenfalls an einer solchen Karte arbeitende französische Erfinder Roland Moreno sein 1975 angemeldetes Patent bereits am 30. Mai 1978. Auf sein „unabhängiges, elektronisches Objekt, entwickelt für die Speicherung von vertraulichen Daten" kann man nach der Eingabe eines gewissen PINs, einem „geheimen Code", zugreifen. 1977 verbessert Dethloff seine Version Karte noch einmal und entwickelt die heutzutage weit verbreitete Mikroprozessorkarte, die im Format 25 x 15 mm als SIM-Karte in fast jedem Mobiltelefon steckt.

03 | 02 | 2003
Und er fliegt doch

Judy Leden steht am Abgrund. Auf ihrem Rücken ist eine eigenwillige Konstruktion befestigt, zwei Flügel aus Leinenstoff, Holz, Bambus und Seilen. Es ist die Replica eines archaischen 500 Jahre alten Fluggleiters, der nie zuvor getestet wurde und dessen Bauherr Leonardo da Vinci heißt. Judy springt und Judy fliegt, weiter sogar als die Brüder Wright, die als sich als erste Menschen um 1900 in die Lüfte schwangen. Die Luftfahrt hat am 3. Februar 2003 einen neuen Erfinder, auch wenn dieser selbst nie den Himmel erreichte. Seit 1485 ist das Universalgenie Da Vinci davon fasziniert, frei wie ein Vogel auf Schwingen über die Welt zu gleiten. Zuerst bastelt er zwei 12 Meter lange Flügel, verbindet sie mit einem Gurt und einer Tretmaschine, erkennt aber schnell die Sinnlosigkeit seines Tuns. Da Vinci studiert nun aufmerksam die Anatomie der Vögel und stellt auch den Einfluss der Winde auf das Flugverhalten fest. Sein Fluggleiter ist das Ergebnis, ein tödlicher Testflug ist überliefert, Da Vinci dagegen bleibt zeitlebens am Boden, empfiehlt Flugversuche nur über Wasser und konstruiert die Schwimmwesten gleich mit. Sein nächster Versuch sich die Lüfte gefügig zu machen ist die Luftschraube, die heute als Vorläufer des modernen Helikopters gehandelt wird, auch hier kalkuliert Da Vinci den Absturz ein und wird so zum Erfinder des Fallschirms. Geradezu traditionell wirken dagegen seine mechanische Wasserpumpe, das Frischwasserkanalsystem von Mailand, das Seekriegs-Ensemble, das er Agostino Barbarigo, dem Dogen von Venedig anbietet, und welches Schwimmflossen, Rettungsringe, Taucheranzug, Atemgerät und ein Unterseeboot beinhaltet oder die dreißig Kriegsgeräte, die er Lodovico Sforza empfiehlt, darunter Mörser, Panzerwagen, Kanonen, Katapulte und Projektile.

30|09|2005

Heureka!

Bei der Belagerung von Syrakus 209-212 v. Christus soll Archimedes die Schiffe der angreifenden Römer mithilfe eines riesigen Spiegels aus sicherer Entfernung in Brandt gesetzt haben, Legende oder Geniestreich? Am 30. September 2005 möchte man am amerikanischen Forschungsinstitut MIT der Wahrheit durch einen Selbstversuch ein Stückchen näher kommen. Dutzende Studenten halten Spiegel in die Sonne und versuchen so, ein entferntes Holzboot zu entzünden. Es klappt nicht. Sind es die Wolken? Ist die Luft vielleicht zu dick? Man wartet auf besseres Wetter, und siehe da – nach zehnminütiger Bespiegelung brennt das Schiff. „Heureka!", denkt sich mancher – ebenso wie Archimedes, als er das nach ihm benannte Auftriebsprinzip erkannte („Die Auftriebskraft eines Körpers in einem Medium ist genau so groß wie die Gewichtskraft des vom Körper verdrängten Mediums"). Zu der Entdeckung gibt es die schöne Geschichte mit der Goldkrone des Königs Hieron, die Archimedes zum Beweis seiner Theorie im Wasser versenkt. Der Geniestreich mit den Spiegeln konnte Syrakus jedoch nicht vor den entschlossenen Römern retten. Schließlich wird die Stadt von den nicht so einfallsreichen, aber siegeswilligen Legionären eingenommen; Archimedes wird von einem römischen Soldaten erschlagen, seine letzten Worte sollen gelautet haben: „Störe meine Kreise nicht", ein Genie bis in den Tod.

31 | 10 | 2007
Die Erfindung des Jahres

Lev Grossman vom Time-Magazine ist begeistert. Mit wenigen Worten zerstreut er alle Zweifel, die in den letzten zwölf Monaten aufgekommen sind, seit Apple sein neuartiges I-Phone ankündigte, und er fordert seine Leser auf, seinen Artikel über „die Erfindung des Jahres 2007" unvoreingenommen zu studieren: „It's pretty!" hört man Grossman rufen, „it's touchy-feely!" fügt er hinzu. Doch sei das neuartige Gerät, über dessen Fähigkeiten man weltweit diskutiert und dessen Erscheinen auf dem Markt mit ähnlicher Spannung erwartet wird wie seinerzeit das Farbfernsehen, weit mehr als ein lustiges „Gadget". Es ist eine „Plattform", hebt Grossman hervor, ein tragbarer Computer, der den Cyberspace endlich in die Realität bringt. Schließlich verweist Grossman, um sich vom Verdacht zu befreien, er könne von Apple für eine attraktive Summe zu seiner Lobpreisung gedungen worden sein, darauf, dass das I-Phone nur positiv auf den Wettbewerb wirken würde, denn es animiere alle Hersteller, sich auf die Fährte der Innovatoren Apple zu setzen und diesen zu überflügeln. Zur selben Zeit sitzt in China ein Mann namens Lee Wong und freut sich über Grossmans Artikel. Auch Wong hat gerade ein Telefon erfunden. Sein mobiler Fernsprecher nennt sich P168, kann Musik abspielen, Fotos machen, ins Internet, auch verfügt er über einen 3,5 Zoll großen Touchscreen und einen animierten Aquariumsscreensaver. Im Gegensatz zum I-Phone, dass in vielen Ländern verbunden mit Exklusivverträgen bei Mobilfunkanbietern bis zu 2.000 Euro kostet, ist Wongs P168 aber schon für 180 Euro zu haben. Die Zahlenfolge „1-6-8" steht in China für Reichtum, „P" für „Product Copy".

═══════════ Weiterlesen ═══════════

▸ Joseph Nathan Kane: Necessity's Child: The Story of Walter Hunt, America's Forgotten Inventor. Jefferson N.C., 1997
▸ Fritz Vögtle: Thomas Alva Edison. Reinbek bei Hamburg 1982
▸ Edelgard Biedermann: Chère Baronne et Amie – Chèr monsieur et ami. Der Briefwechsel zwischen Alfred Nobel und Bertha von Suttner. Olms, Göttingen 2001

Tage der Entscheidung
Entscheidungen und berühmte Schlachten

Kapitel 5

An einem Tag 207 v. Chr.
Die Geburt einer Weltmacht
Der Aufstieg des Römischen Reiches **S. 141**

09|08|378 *Neu gemischte Karten*
Die Völkerwanderung beginnt **S. 141**

18|10|732 *Europa bleibt französisch* Die Schlacht bei Tours **S. 142**

An einem Tag im August 829
Der vierte Erbe Der Vertrag von Verdun **S. 143**

28|09|1066 *Drei Mann und eine Krone* Die Schlacht von Hastings **S. 144**

18|08|1227 *Enden eines Lebens*
Der plötzliche Tod des Dschingis Khan **S. 145**

29|05|1453 *Die offene Tür*
Die Fall von Byzanz **S. 145**

13|11|1549 *Die Ankunft des Kämpfers* Petrus Canisius ist der Soldat Gottes **S. 146**

24|10|1648 *Der schreckliche Krieg sei jetzt vorbei!* Der Westfälische Frieden **S. 147**

18|06|1815 *Zur ewigen Ruhe*
Die Schlacht von Waterloo **S. 148**

24|06|1859 *Mit der Zeit gehen*
Die Reise der Genfer Konventionen **S. 149**

24|08|1898 *Gemeinsam gegen den Krieg* Das Zarenmanifest Nikolaus II. **S. 150**

28|07|1914 *Sechs gegen zwei*
Das Attentat von Sarajewo **S. 150**

11|11|1918 *Eine Unterschrift* Der Waffenstillstand von Compiegne **S. 151**

01|04|1924 *Der schlechte Aprilscherz* Richter Neidhardt erklärt Hitler zum Deutschen **S. 152**

02|07|1932 *Geschäfte mit dem Präsidenten* Franklin D. Roosevelt macht einen New Deal **S. 153**

28|10|1940 *Zwei Diktatoren und ein Nein* Der Ochi! Tag **S. 153**

07|12|1941 *An einem Sonntag auf Hawaii* Bomben Pearl Harbour **S. 154**

26|01|1943 *Beginn einer grausamen Feindschaft*
Die Konferenz von Casablanca **S. 155**

24|06|1948 *Fliegende Freunde*
Die Amerikaner versorgen Berlin über die Luftbrücke **S. 156**

10|12|1948 *Die Wiedergeburt der Menschenrechte*
Die UN-Generalversammlung 1948 **S. 157**

18|01|1949 *Die Mütter der Verfassung* Elisabeth Selbert spricht ein Machtwort **S. 157**

12|12|1949 *Die falsche Lösung*
Die Teilung Jerusalems **S. 158**

01|12|1955 *Die Frau, die für ihre Rechte sitzen bleibt* Rosa Parks streikt im Bus **S. 159**

05|03|1957 *Self-Government now!* Kwame Nkru-Mah eint Afrika **S. 159**

01|12|1961 *Der kleine Grenzverkehr* Die Sowjets bauen eine Mauer **S. 160**

27|10|1962 *Die Beinahe-Apokalypse* Schweinebucht und Kubakrise **S. 161**

02|07|1964 *Civil Rights Act*
Gleichberechtigung in den USA für alle **S. 161**

28|06|1969 *Straßenkampf in Greenwich Village* Mit dem Molotow zum Gay Rights Movement **S. 162**

19|11|1972 *Willy wählen!*
Willy Brandt wird zur Legende **S. 162**

10|11|1989 *Der Geschmack des Westens* Der Fall der Berliner Mauer und ein Zeuge **S. 163**

24|11|1989 *Der freie Stuhl*
Osama Bin Laden macht sich bereit **S. 164**

21|12|1991 *Der falsche Rat der Räte* Die Sowjetunion verschwindet **S. 164**

07|03|1992 *Politik Schwarz-Weiß*
Das Ende der Apartheid **S. 165**

08|06|1996 *Illegal*
Das Atomkriegsgesetz wird verabschiedet **S. 164**

01|03|1999 *Ottawa-Konvention*
Beerdigung der Landminen **S. 167**

An einem Tag 207 v. Chr.
Die Geburt einer Weltmacht

Der Kopf des Heerführers Hasdrubal fliegt durch die Luft. Er landet im Feldlager seines Bruders Hannibal. Die demütigende und grausame Geste ist ein Zeichen des Aufbruchs Roms zur Weltmacht. Die italienische Republik wird die Hegemonie über Süd- und Mitteleuropa erringen, Teile des Balkans, Großbritannien und Germanien und die Küsten Afrikas bald erobern. Selbst nach seinem Untergang gut 700 Jahre später wird es das Abendland für alle Zeiten kulturell prägen. Der Durchbruch zum Durchbruch ist wie so oft in der Geschichte Roms ein militärischer. Seit 218 v. Chr. zieht Hannibal, der Feldherr der mächtigen afrikanischen Handelsmacht Karthago, mit Truppen und Elefanten durch Italien und fügt den Römern einige empfindliche Niederlagen zu. In der Schlacht von Cannae verlieren die Römer 50.000 Mann. Da will es die hohe Politik, dass der Senat in Karthago dem erfolgreichen Feldherrn weitere Mittel zur Kriegsführung streicht, um die Eroberung Spaniens besser vorantreiben zu können. Hannibals Bruder Hasdrubal eilt aber dennoch 207 v. Chr. mit Truppennachschub über die Alpen. Doch kann der römische Feldherr C. Claudius Nero ihn rechtzeitig abfangen. Schließlich stehen sich 30.000 Karthager und 35.000 Römer am Fluss von Metaurus südlich von Rimini gegenüber. Das Gemetzel, bei dem eine ungeklärte Anzahl von Römern und 20.000 Karthager das Leben verlieren, geht in die Militärgeschichte als taktisches Glanzstück ein. Nero entscheidet sich, die karthagische Taktik zu kopieren, die er zuvor ausgiebig studiert hat. Er gibt spontan die geplante Schlachtordnung auf und verlegt seine Truppen von einem Flügel auf den anderen. Die unerwartete Beweglichkeit seiner Truppen führt die Gegner ins Verderben. Mit der Schlacht von Metaurus endet das Kriegsglück der Karthager, der Feldherr Hannibal wird nach Afrika zurück beordert. 146 v. Chr. machen römische Heere die Stadt Karthago dem Erdboden gleich und entledigen sich ihres größten Rivalen im Kampf um die Hegemonie im Mittelmeerraum.

09|08|378
Neu gemischte Karten

Der Westgotenhäuptling Fritigern richtet sich 376 an den römischen Kaiser Valens und bittet mit seinem Stamm um politisches Asyl an der Donau. Die Goten, die am Schwarzen Meer siedeln, sind seit einiger Zeit den Angriffen fremder Heerscharen ausgesetzt. Das geheimnisvolle Volk, das sich selbst „Hun" (Mensch) nennt, von anderen aber „tartaros" (Teuflische) genannt wird, stammt, wie es ein römischer Chronist später beschreibt, aus dem Dunkel der „maotischen Sümpfe am Eismeer" und wälzt sich „unbändig", erfüllt von „entsetzlicher Gier nach Raub", plündernd und mordend nach Westen. Fritigern erhofft sich nun Schutz durch den römischen Kaiser und ist dafür auch bereit, dessen Oberherrschaft anzuerkennen. Noch im selben Jahr teilt Valens den Goten in Thrakien Siedlungsgebiete zu. Doch es erscheinen weit mehr flüchtige Goten als angekündigt. Als die Versorgung knapp wird, beginnen die unruhigen Gäste 377 einen Aufstand. Kaiser Valens schreitet zur Tat. Ein römisches Heer von 30.000 Mann steht am 9. August 378 dem gotischen Reiterheer gegenüber. Doch die Römer sind vom langen Marsch aus Italien noch erschöpft. Sie unterliegen der kühnen impulsiven Strategie der Goten völlig. Mit Kaiser Valens bleiben 20.000 Römer tot auf dem Schlachtfeld. Das Römische Reich ist seiner besten Soldaten, Feldherren und seines Kaisers beraubt. Zur selben Zeit bedrängen die ebenfalls vor den Hunnen flüchtigen Alamannen den Westen des Römischen Reichs. Siebzig Jahre voller Bevölkerungsverschiebungen, Kriege und Plünderungen liegen nun vor Europa. Als die Hunnen, die christliche Chronisten die „Geißel Gottes" nennen, nach dem Tod ihres Feldherrn Attila 453 zum Stehen kommen, liegt das Römische Reich bereits in Trümmern. Aus der Verbindung der Römer mit Ost- und Westgoten, Vandalen, Alamannen, Langobarden und Franken entstehen Europas neue Völker und eine neue politische Ordnung.

18 | 10 | 732
Europa bleibt französisch

Die Araber nennen sie die „Schlacht der 1000 Tränen", der britische Historiker Edward Gibbon feierte sie in seiner 3.200 Seiten starken Studie über den Fall des Römischen Reiches als das entscheidende Ereignis in der abendländischen Geschichte: Die Schlacht von Tours. Ob soviel Aufhebens wundert es, dass der Schlacht in den zeitgenössischen Quellen überhaupt keine Bedeutung zugemessen wird. Ebenso spärlich sind die Fakten über die große Schlacht, die eine Islamisierung des Abendlandes verhindert haben soll. Der maurische Feldherr Ab dar-Rahman marschiert im Herbst 732 mit einem Heer von 20.000 Mann von den Pyrenäen kommend auf die Stadt Tours. Zu jener Zeit befindet sich der kaum hundert Jahre alte Islam gerade in einer Phase massiver Expansion. Nordafrika und Teile Spaniens sind bereits erobert und auch Byzanz muss sich mancher Angriffe erwehren. Ob dar-Rahman aber einen einfachen Beutezug plant oder das Frankenreich dem Islam unterwerfen will, ist ungewiss. Weit vor der Stadt, an einem bis heute unbekannten Ort, erwartet der Feldherr Karl Martell den Gegner. Auch er ist der Führer einer gerade expandierenden Macht. Das christliche Frankenreich reicht zu diesem Zeitpunkt vom Atlantik bis an die Elbe. Doch für Martell wird die Sache knapp, erst im letzten Moment strömen dem Franken die angeforderten sächsischen und langobardischen Hilfstruppen zu. Mit Hilfe berittener Bogenschützen schlägt er schließlich am 18. Oktober 732 (andere sprechen vom 25. Oktober) das maurische Heer. Ab dar-Rahman findet den Tod. Die Araber ziehen sich zurück und kehren auch in den kommenden Jahrhunderten nicht wieder ins mitteleuropäische Abendland zurück. Im Anschluss entscheidet sich Karl Martell, vom Erfolg bestätigt, statt bäuerlicher Fußtruppen künftig gepanzerten Reitern im Krieg den Vorzug zu geben. Um diese an sich zu binden, belohnt er sie mit Ländereien und trifft damit vielleicht die wichtigere Entscheidung des Tages: Er verfestigt das Lehnwesen.

An einem Tag im August 829
Der vierte Erbe

Auf dem Reichstag zu Worms hat der fränkische Kaiser Ludwig der Fromme im August 829 eine Mitteilung zu machen, die seinen Söhnen Lothar I., Ludwig I. und Pippin I. nicht recht schmecken will. Ludwig lässt die Anwesenden wissen, dass auch sein jüngster Sohn Karl bei seinem Ableben einen Teil des fränkischen Erbes erhalten soll. Nun ist das Fränkische Reich, über das Kaiser Ludwig gebietet, zwar durchaus groß genug, um einen vierten Erben zu verkraften, doch will den drei Söhnen nicht gefallen, dass Karl nur ein Stiefbruder ist und zudem gerade einmal sechs Jahre zählt. Aber der König ist nicht umzustimmen, entstammt der Spross, den man später Karl den Kahlen nennen wird, doch seiner jüngst geschlossenen Ehe mit der schönen Alemannenprinzessin Judith, die sich engagiert für den neuen Nachkommen eingesetzt hat. Am meisten Verdruss bereitet die Entscheidung dem von Ludwig zum königlichen Nachfolger designierten Lothar. Der älteste Sohn soll im Reich die Führungsrolle übernehmen. Da er seinen Brüdern schon die Teilkönigreiche Aquitanien (Pippin) und Bayern (Ludwig) überlassen muss, will er nicht. Die Söhne erheben sich 830 gegen den Vater, um ihn zur Korrektur seines Testaments zu zwingen. Das Ergebnis des Aufstandes ist ein unendliches Gewirr aus Frontenwechseln, Verrat, Friedensgelübden und grausamen Schlachten. Im August 843 stehen sich schließlich Lothar, sein inzwischen 20-jähriger Stiefbruder Karl und Vater Ludwig bei Verdun gegenüber. Man vereinbart einen Teilungsvertrag. 68 Jahre, viele Könige und etliche Scharmützel später gehen aus den in Verdun verabredeten Grenzvereinbarungen Frankreich und Deutschland als neue mitteleuropäische Staaten hervor.

28 | 09 | 1066
Drei Mann und eine Krone

Der englische König Eduard der Bekenner stirbt am 5. Januar 1066 kinderlos. Gute acht Monate später wartet der Normannenfürst William I. bei Dives-sur-Mer an der Küste der Normandie auf günstigen Wind. Auf der anderen Seite des Ärmelkanals liefern sich in jenem Moment die Truppen des angelsächsischen Adligen Harald Godwinson von Wessex mit dem Heer des norwegischen Königs Harald Hardrade bei Stamford Bridge eine blutige Schlacht. Alle genannten Kriegsfürsten behaupten, legitime Erben des englischen Throns zu sein. William beruft sich auf eine mündliche Mitteilung, die ihm Edward bei einem Besuch in der Normandie gemacht habe. Harold kann das Votum des angelsächsischen Adelsrates und ebenfalls eine mündliche Erklärung Edwards beibringen. Dem dänischen König Harald, der sich mit Harolds Bruder Tostig verbündet hat, genügt der Wunsch über England herrschen zu wollen als Legitimation. Als die Lage aber am verworrensten erscheint, beginnen sich die Reihen der Gegner bereits wieder zu lichten. Der Angelsachse Harold erringt zunächst am 25. September 1066 einen glänzenden Sieg über den dänischen König. Doch es muss Schicksal sein, dass der Wettergott eben jenem William, der seit Wochen an der Küste der Normandie auf günstigen Wind wartet, just in dem Moment ein Zeichen gibt, als Harold seine Sternstunde auf dem Schlachtfeld feiert. Am 28. September 1066 landet William mit einer starken Flotte an der Südküste Englands bei Pevensey. Was von Harolds Heer noch übrig ist, eilt herbei, um den Eroberer aufzuhalten. Am Morgen des 14. Oktober treffen die Heere nordwestlich von Hastings aufeinander. Mit Kettenrüstungen, Langschilden und Streitäxten marschieren die Angelsachsen gegen das 9.000 Mann starke Heer Williams, dessen Soldaten mit Pferden, Streitkolben, Lanzen und Armbrüsten bewaffnet sind. Neun Stunden lang dauert das Gemetzel, an dessen Ende Harold II. tot auf dem Schlachtfeld liegt. Am 25. Dezember 1066 wird William in der Westminster Abbey zum König von England gekrönt. Für knapp hundert Jahre wird England normannisch und Französisch zur Amtssprache. Die Battle of Hastings wird noch heute alljährlich in der Nähe des nach der Schlacht benannten Ortes nachgespielt.

18|08|1227
Enden eines Lebens

Was geschah am 18. August 1227? Die Zeugen sind sich uneinig, sie treten dennoch einer nach dem anderen in den Zeugenstand. Zuerst spricht die Prinzessin: Er sei ein schlechter Mann gewesen, habe sie vergewaltigen wollen. Es blieb nur eins: Ihn zu töten, mit einem Messer, und so zugleich die Schmach zu rächen, die er ihrem Volk angetan habe. Nun bahnt sich der Tangute seinen Weg zu den Richtern. Im Kampf, fiel er, im Kampf, ruft er. Wohl war er stark, aber den tapferen Tanguten dennoch unterlegen, wie jeder andere auch. Das Pferd trabt heran, wiehert und macht einige Sprünge. Der Richter versteht, doch kann es nicht glauben: Er ist vom Pferd gefallen, an diesem Schicksalstag? Die Sache ist nicht zu entscheiden. Doch nun liegt ein 19 Millionen km² großes Reich ohne Führer zwischen dem Chinesischem und dem Kaspischem Meer. Russen und Chinesen atmen einen kurzen Moment auf. Dschingis Khan ist tot. Der „ozeangleiche Herrscher", der mit seinen Pfeil spuckenden Horden Asien überrollte, hat seinen Stachel verloren. Doch ist die Verschnaufpause kurz. Sein dritter Sohn Ögedei Khan erobert China, zieht gegen Ungarn, Moskau und Schlesien. Als ihn der Tod auf dem Zenit der Macht am 12. Dezember 1241 aus dem Leben reißt, ist es allerdings das Alter. Sein Neffe Kublai Khan wird zum Kaiser von China und werden einen gewissen Marco Polo empfangen. Die Mongolenherrschaft in Asien wird durch einen nicht weniger gefährlichen Mann als Dschingis Khan um 1480 beendet. Sein Name ist Iwan der Schreckliche.

29|05|1453
Die offene Tür

Sultan Mahomet will Byzanz. Koste es, was es wolle. Seit der junge kühne Herrscher den Thron seines nachgiebigen Vaters bestiegen hat, steht es fest. Er will sich den Lebenstraum erfüllen, die Macht Ostroms, die seit Jahrhunderten den Anstürmen der Türken trotzt, in die Knie zu zwingen. Die Byzantiner wissen das, und ihr Oberhaupt Kaiser Konstantin XI. ist entschlossen. Zwar ist vom einstigen Weltreich, das einst von den Alpen bis nach Persien reichte nicht mehr viel übrig, doch die Hauptstadt Byzanz, ein geistig-kulturelles Zentrum des Abendlandes, wird sich nicht ergeben. Noch nie wurde das Bollwerk mit seiner dreifachen sieben Kilometer langen Mauer, den etlichen Gräben und mächtigen quadratischen Türmen zuvor eingenommen. Am 2. April 1453 beugt Mahomet auf einem Gebetsteppich seinen Kopf dreimal gen Mekka und beginnt die Belagerung. 150.000 Türken stehen 8.000 Byzantinern gegenüber. Bald schon schießt die riesige Steinwerfermaschine der Türken ihre Brocken gegen das Gemäuer. Doch die Stadt steht. Mahomet entscheidet sich nun zu einer unglaublichen Tat. Da Byzanz nur über die Meerbucht des Goldenen Horns zu erstürmen erscheint, diese aber durch eine eiserne Sperrkette unpassierbar ist, lässt er die gesamte türkische Flotte über die Berge in die Bucht tragen und zu Wasser lassen. Doch noch immer will sich die Stadt nicht ergeben. Am 28. Mai versammelt Mahomet alle Truppen und befiehlt eine letzte massive Offensive. Er couragiert die Soldaten durch flammende Reden und lässt muslimische Prozessionen und Feste veranstalten. Um Mitternacht werden alle Lichter gelöscht. Die Byzantiner wissen das Zeichen zu deuten. In einer letzten feierlichen Messe in der Hagia Sophia beten sie zu Gott um Beistand. Wenige Stunden später bricht das Inferno los. Doch sind es keine Geschosse, die die Stadt nun zu Fall bringen, sondern eine offene Tür. Der kleine mannsgroße Durchlass in einer der vielen Mauern wird von versprengten Türken zufällig entdeckt. Sie rufen Verstärkung. Wenige Zeit später schallt der Ruf „Die Stadt ist genommen!" durch Byzanz. Nachmittags betritt Mahomet selbst die Metropole, in der seine Truppen währenddessen alles Leben auslöschen. Er nimmt die Hagia Sophia, das Weltwunder spätantiker Baukunst, das Symbol der östlichen Christenheit, als Moschee in Besitz.

13 | 11 | 1549
Die Ankunft des Kämpfers

An der Universität in Ingolstadt herrscht am 13. November 1549 hektische Betriebsamkeit. Die Theologische Fakultät empfängt drei neue Professoren. Es sind, so heißt es, Jesuitenmönche, und einem von ihnen sagt man besonderes Talent nach. Der Name des mit besonderer Spannung erwarteten Geistlichen lautet Petrus Canisius. Er ist als achtes Mitglied im 1534 gegründeten Jesuitenorden des Ignatius de Loyola als „Soldat Gottes" eingetreten und in Rom und Messina für seine Aufgabe ausgebildet worden. Der Herzog Wilhelm IV. von Bayern, den man auch „den Frommen" nennt, hat ihn schließlich zu sich gerufen. Denn es steht schlecht um den reinen Glauben in Süddeutschland. In Regensburg hört man bereits aufrührerische protestantische Prediger den Abgesang auf den Papst anstimmen. Die ersten akademischen Lesungen des Neuankömmlings scheinen den Verfall zu bestätigen, nur 19 Hörer erscheinen in den Vorlesungen des Canisius. Doch bald entscheidet sich der Jesuit, einen neuen Weg zu beschreiten. Er begibt sich in die Straßen von Ingolstadt und beginnt auf Deutsch zu predigen, sucht das persönliche Gespräch mit Abweichlern und betreibt engagierte Aufklärungsarbeit. Als er 1554 nach Wien wechselt, ist er bereits so bekannt, dass seine Predigten im Stephansdom zu Medienereignissen werden. 1556 erscheint sein Römischer Katechismus auf Deutsch, das Buch bringt es auf 400 Auflagen in den kommenden 130 Jahren und wird in 14 Sprachen übersetzt. Canisius gründet Jesuitenniederlassungen in Ingolstadt, Dillingen, Innsbruck, München, Wien, Prag und Fribourg. Als Berater an der Seite König Ferdinands kann er zwar 1555 im Augsburger Religionsfrieden nicht die Anerkennung der Protestanten verhindern, aber seiner Initiative verdankt die „Gegenreformation" oder „katholische Reform" in Deutschland ihren Durchbruch. Die von Jesuiten erzogenen Monarchen in Bayern und Österreich werden bald nicht mehr zögern, ihren Glauben auch mit Feuer und Schwert zur Geltung zu bringen.

24 | 10 | 1648
Der schreckliche Krieg sei jetzt vorbei!

Willkommen teurer Tag, den dreißig Jahr verlangten! So texten in Europa 1648 nicht nur in Nürnberg die Zeitungen. Überall „trinken die Federn Fried" und wird die „Friedens Taub" froh begrüßt. Sie ersetzen die traurigen Berichte, wie die eines Chronisten aus Rheinheim, der noch zehn Jahre zuvor seinen Mitbürgern berichtete: „Antonius Dorsam ist tot blieben, Heinrich Lübig ist tot blieben, Peter N. von Zimmern, welchem sie zehnmal Wasser eingegossen und mit dem Gemächt aufgehängt, darnach vollends erschlagen...". Der große Frieden, der das dreißig Jahre lange Morden von 15 Millionen Menschen beendet, ist das Ergebnis eines fünfjährigen Ringens, das auf zwei Friedenskonferenzen in Münster und Osnabrück stattfindet. Immer wieder verändern sich je nach Kriegsglück die Wünsche und Ansprüche der verhandelnden Parteien. Schließlich werden die Friedensverträge am 24. Oktober 1648 von den letzten Teilnehmern unterzeichnet. Der Tod oder Rücktritt der ärgsten Kriegsbefürworter, darunter der französische Kardinal Richelieu und der spanische Minister Olivares, haben die Vereinbarungen möglich gemacht. Alle Beteiligten sind vor allem an einem dauerhaften Frieden für Europa interessiert. Für Deutschlands Einwohner bringt der Frieden die Religionsfreiheit, für seine Politiker verordnet er den Kompromiss als künftiges Mittel der

Konfliktbewältigung. Alle politischen Probleme sollen zwischen den katholischen und protestantischen Parteien in „gütlichem Vergleich" verhandelt werden. Dem Heiligen Römischen Reich als nicht expansionswilligem Staatskörper inmitten eifersüchtiger Nationalstaaten wie Frankreich, Spanien oder Schweden kommt außenpolitisch die Rolle eines Vermittlers und Puffers zu. Spätere nationalistische Zeitgenossen haben sich gehässig am Zustand des Reiches als „Flickenteppich" ohne autoritäre Macht gerieben und die Gebietsverluste beklagt, die das Reich gegenüber Schweden und Frankreich hinnehmen musste. Heute wie zur Zeit seiner Entstehung misst man den Westfälischen Frieden an seiner eigentlichen Funktion der Friedensstiftung, die er immerhin knapp 150 Jahre lang erfüllte.

18 | 06 | 1815
Zur ewigen Ruhe

Am 18. Juni 1815 nimmt der französische Marshall Grouchy in einem Bauernhaus in der Nähe des Dorfes Waterloo sein Frühstück ein. Er hat eine Entscheidung zu treffen. Soll er, wie es der Feldherr Napoleon befohlen hat, mit seinen Truppen dem preußischen Heer weiter nachsetzen, das er seit Tagen schon verfolgt? Oder soll er sich mit seinen Truppen zum Schlachtfeld wenden, auf dem in dieser Stunde eine welthistorische Entscheidung getroffen wird? Grouchys Verstand sagt ihm, dass es besser wäre, dem großen Feldherrn in seiner Schlacht gegen das deutsch-englische Heer und General Wellington beizustehen, doch seine Ehre als Soldat fordert, den gegebenen Befehl auszuführen. Grouchy entscheidet sich für die Ehre und damit für die Niederlage seines Feldherrn, für den Untergang des großen Napoleon und eine Neuordnung Europas, in der die Franzosen nur noch eine Nation unter vielen sind. Er marschiert also nach Westen, den preußischen Truppen nach, die er nicht findet. Sie sind auch nicht dort, wo er sie sucht, sondern stehen um 16:30 Uhr bereits auf dem Schlachtfeld von Waterloo. Das bis dahin ausgeglichene Gefecht zwischen 140.000 Engländern, Franzosen und jeweils vierhundert Kanonen wird durch ihr Eingreifen entschieden. Das „sauve qui peut" (Rette sich, wer kann!) schallt über das Schlachtfeld, während Marschall Grouchy durch Belgien irrt und für Frankreich immerhin eine Armee rettet.

24 | 06 | 1859
Mit der Zeit gehen

Henry Dunant ist ein geschlagener Mann, als er die Schlachtfelder von Solferino am 24. Juni 1859 verlässt. Er kann nicht anders, als die Welt an den Gräueln teilhaben zu lassen, welche die Armeen Frankreichs, Sardiniens und Österreichs zwischen den Fronten aneinander verübt haben. Seine „Erinnerung an Solferino" erscheint 1862. Der Genfer Geschäftsmann lässt das Werk selbst drucken. Ein wichtiges Resultat seiner Aufklärungsarbeit ist die Gründung des Internationalen Roten Kreuzes (1876), doch als ebenso wegweisend entpuppt sich die Vereinbarung, die 1864 zwischen zwölf Staaten in Genf verabschiedet wird. Beeindruckt von der Intensität der Schilderungen Dunants einigen die Staaten sich hier über die „Linderung des Loses der im Felddienst verwundeten Militärpersonen", in die sie die Hilfsleistungen des Roten Kreuzes und verwandter Gruppen einbeziehen. Dunant wird dafür 1901, neun Jahre vor seinem Tod, den Friedensnobelpreis erhalten. Die Reise der Genfer Konvention indessen ist noch lange nicht zuende. Nach den Schrecken des Ersten Weltkrieges wird 1925 ein Abkommen über den Einsatz von Giftgas und 1929 die erste Revision notwendig, die den Umgang mit Kriegsgefangenen regelt. Da der Zweite Weltkrieg die Grausamkeiten, die an Verwundeten und Gefangenen begangen werden, noch überbietet, werden 1949 beide Konventionen noch einmal überarbeitet und von 59 Staaten unterzeichnet. Doch ändert sich die Kriegsführung erneut: In den Konflikten von Vietnam, Afrika oder Palästina rückt die Zivilbevölkerung in bisher ungekannte Mitleidenschaft der militärischen Feindseligkeiten. Nicht selten werden unter dem Vorwand, es handele sich um Aufständische, ganze Dörfer und Landstriche entvölkert. Die Resolution 2444 vom 19. Dezember 1968 versucht, derartige Katastrophen zu kriminalisieren. Die Wahl der Kriegsmittel wird reglementiert, die Verpflichtung zur Unterscheidung von Zivilisten und Guerillakämpfern gefordert. Angriffe gegen die Zivilbevölkerung werden verboten. 1977 muss die Genfer Konvention im Zuge zahlreicher Revolten und Aufstände in der Dritten Welt ein weiteres Mal ergänzt werden. Nun geht es vor allem um den Umgang mit Guerillakämpfern und die Behandlung von Bürgerkriegskonflikten, die nunmehr in die Konvention einbezogen werden. Während 194 Staaten die Genfer Konventionen unterzeichnen, können sich nur 167 zur Unterzeichnung der Zusatzabkommen von 1977 entschließen.

24 | 08 | 1898
Gemeinsam gegen den Krieg

Der Journalist Stead besucht im Oktober 1898 den russischen Zaren Nikolaus II. und macht ein Interview für die Daily News. Stead ist von dem Monarchen begeistert. Wenige Monate vorher, am 24. August, hat dieser durch seinen Außenminister Graf Mujawjew den europäischen Regierungen ein Manifest vorlegen lassen, das manchen erstaunt. Der Monarch, der eben noch in kriegerische Gefechte mit Japan verstrickt war, fordert die Abrüstung. Er klagt die sinnlosen Ausgaben zur Kriegsführung an, von „hunderten von Millionen" ist die Rede, die unter dem Deckmantel wissenschaftlicher Forschung aufgewendet werden, „um furchtbare Zerstörungsmaschinen" herzustellen. Nikolaus stellt sich beherzt in die Front der Pazifisten und versucht sogleich im Anschluss eine Diplomatenkonferenz einzuberufen. Vom 18. Mai bis zum 29. Juli 1899 tagen schließlich 26 Staaten auf der ersten Landfriedenskonferenz in Haag und erörtern die Themen „Abrüstung" und „Schiedsgerichtsbarkeit bei Internationalen Streitfällen". Die Erfolge der Konferenz werden von den Zeitgenossen unterschiedlich beurteilt. Sprechen die einen von „einem entschiedenen Durchbruch", nennen sie andere ein „Begräbnis erster Klasse". Auf der zweiten Konferenz 1907 beteiligen sich bereits 44 Staaten, doch lehnen Deutschland, Österreich und die Türkei erneut die Schiedsgerichte ab. Ebenso wenig kann man sich auf eine Abrüstungsstrategie einigen. Kaiser Wilhelm II., ein entfernter Cousin des russischen Zaren, glaubt an einen anderen Weg zum Frieden: „Der Friede wird nie besser gewährleistet sein als durch ein schlagfertiges, kampfbereites Heer, wie wir es jetzt in einzelnen Teilen zu bewundern und darüber uns zu freuen Gelegenheit hatten." Die dritte für 1915 anberaumte Haager Friedenskonferenz kann nicht mehr stattfinden. Der Glaube an den bewaffneten Frieden mündet in den Blutbädern des ersten Weltkriegs. Nikolaus II. und seine Familie werden 1917 von der russischen Revolution hingerichtet. 1919 aber führt der Wunsch, der Welt weitere Kriege zu ersparen, zur Einrichtung des Völkerbunds, einem Vorläufer der 1945 gegründeten UNO.

28 | 07 | 1914
Sechs gegen zwei

Am 28. Juli 1914 um 10:03 Uhr besteigt der österreichische Kronprinz Franz Ferdinand mit seiner Gemahlin Sophie den dritten Wagen einer Kolonne, die die künftigen Monarchen durch die Straßen von Sarajewo kutschieren soll. In der Hauptstadt von Bosnien-

Herzegowina ist die Stimmung in Bezug auf den Habsburger nicht eben glänzend. 1908 hat Österreich-Ungarn das ehemals türkisch besetzte Land annektiert und damit das frisch gebackene Königreich Serbien (1882) verärgert, das die Oberherrschaft über das zu 50% von Serben bewohnte Gebiet beansprucht. Alle Sorgen um ein Attentat schlägt der Kronprinz aber in den Wind. Tatsächlich wartet aber nicht nur ein Attentäter darauf, das Kronprinzenpaar ins Jenseits zu befördern, sondern sechs Mann sind es, die seit den frühen Morgenstunden entlang der Route am Appelkai an strategischen Punkten mit Bomben und Pistolen postiert sind. Was sich nun in den kommenden 57 Minuten abspielen wird, ist eine Mischung aus bitterer Ironie und menschlichem Versagen. Das explosive Produkt des ersten Attentäters zündet nicht. Der zweite hat plötzlich Skrupel. Die Bombe des dritten kullert vom Auto des Kronprinzen wieder herunter und detoniert auf der Straße. Anstatt die Fahrt nun abzubrechen, setzt dieser, wenn auch sichtlich angeschlagen, seine Reise fort, vorbei am vierten Attentäter, der untätig bleibt. Bei einem Zwischenstopp im Rathaus macht Franz Ferdinand zwar seinem Unmut über den „Empfang" Luft, steigt aber bald wieder ins Auto und passiert auch den fünften Attentäter ungehindert. Doch als der Wagen des Kronprinzen auch noch falsch abbiegt und beim Wendemanöver zum Stehen kommt, hat das Schicksal kein Erbarmen mehr: Der sechste Attentäter platziert zwei tödliche Schüsse auf das Prinzenpaar. Die „Tragödie von Sarajewo" wurde lange Zeit als Auslöser des Ersten Weltkrieges interpretiert. Heute weiß man, dass sie bestenfalls Symbolcharakter hatte. Einer der vielen Belege hierfür ist ein Schriftstück des deutschen Staatssekretärs von Jagow vom 25. Juli 1914, der die Situation nun als „sehr günstig" für einen Krieg beschrieb, „der ja doch kommen" würde.

11 | 11 | 1918

Eine Unterschrift

Dem deutschen Staatssekretär Matthias Erzberger wird mulmig. Man schreibt den 11. November 1918. Es ist fünf Uhr morgens. Ein alter Eisenbahnwaggon steht im Wald von Compiegne. Diejenigen, für die der nun folgende Akt inszeniert wurde, haben sich längst aus der Vorstellung geschlichen. Erich Ludendorff schreibt bereits in Schweden an seinen „Kriegserinnerungen", Paul von Hindenburg, der zwar zum Weg nach Compiegne geraten hat, bleibt lieber in Berlin und feilt an der „Dolchstoßlegende". Die „Unbesiegten" geben sich keine Blöße. Erzberger und die ihn begleitenden deutschen Militärs betreten den Waggon. Bevor sie an den aufgestellten Tisch treten können, müssen sie drei von Narben und Schwellungen gezeichnete Gasopfer, so genannte „gueules cassées", passieren. Es ist ein Akt der Anklage, der indessen vor allem als ein Akt der Demütigung verstanden wird. Sechs Stunden später schweigen die Waffen in Europa, 17 Tage später ist das Deutsche Reich entwaffnet. Als Erzberger aus Frankreich zurückkehrt, danken ihm nur wenige, dass er für sein Land gerade durch eine gespenstische Hölle gegangen ist. Nicht anders wird es sein, als sechs Monate später Außenminister Hermann Müller und Verkehrsminister Johannes Beel am 28. Juni 1919 im symbolträchtigen Spiegelsaal die Unterzeichnung des Versailler Vertrages vornehmen. Doch kommen sie mit dem Leben davon. Erzberger dagegen wird am 26. August 1921 von der rechten Partisanengruppe Ehrhardt bei einem Spaziergang in Bad Griesbach im Schwarzwald ermordet.

01 | 04 | 1924
Der schlechte Aprilscherz

Der Richter Georg Neidhardt hat es in der Hand. Das Republikschutzgesetz spricht eine eindeutige Sprache: Ein des Hochverrats überführter Ausländer ist des Landes zu verweisen und darf dasselbe nicht wieder betreten. Vor ihm auf der Bank sitzt der Angeklagte Adolf Hitler, ein Österreicher. Er hat soeben versucht, in einem Husarenstück die Münchner Stadtregierung abzusetzen und die Führung des Landes zu übernehmen. Ein Fall, der alle Tatbestände der Ausbürgerung erfüllt, keine Frage. Doch Georg Neidhardt ziert sich, sucht nach den rechten Worten. „Ein Mann", so sagt er, „der so deutsch denkt und fühlt wie Hitler", der „freiwillig im Deutschen Heere Kriegsdienste geleistet" habe, so einen „tapferen" und hoch „ausgezeichneten" Mann könne man doch durchaus auch als Deutschen bezeichnen. Und schließlich sage Hitler ja selbst von sich, dass er Deutscher sei, also müsse es wohl stimmen. Neithardt entscheidet sich in der Urteilsverkündung am 1. April 1924 für eine fünfjährige Haftstrafe auf Bewährung, die in Deutschland zu verbüßen ist. Das Publikum im Gerichtssaal klatscht Beifall. Hitler verfasst in dieser Zeit sein deutsches Buch „Mein Kampf" und wird bereits 20. Dezember 1924 wieder auf freien Fuß gesetzt. Er beantragt die Entlassung aus der österreichischen Staatsbürgerschaft, sie wird ihm ohne zu murren gewährt. Am 25. Februar 1932 verschafft sich Hitler schließlich auch offiziell Eingang ins deutsche „Volkstum", ein Gericht in Braunschweig gibt seinem Antrag statt. Nach dem Akt entgegnet er einem Gratulanten: „Mir brauchen Sie nicht zu gratulieren, aber Deutschland." Als Dr. Georg Neithardt 1941 stirbt, liegt auf seinem Grab ein respektabler Kranz aus Efeu geziert von weißen und roten Chrysanthemen, der Kondolent mit dem feinen Blumengeschmack heißt Adolf Hitler.

02 | 07 | 1932
Geschäfte mit dem Präsidenten

Der Börsenkrach von 1929 läutet eine Weltwirtschaftskrise ein, die gerade vor den USA nicht halt macht. Die sofortigen Folgen sind Massenarbeitslosigkeit und eine Verarmung der Gesellschaft. Bei seiner Nominierung zum demokratischen Präsidentschaftskandidat verspricht Franklin D. Roosevelt am 2. Juli 1932 den nach Hoffnung suchenden Amerikanern einen „New Deal", eine „Neuverteilung der Karten". Zur Bekämpfung der Arbeitslosigkeit und der Ausbeutung sollen Mindestpreise für Agrarprodukte eingeführt und die Börsen staatlich überwacht werden. Die Bevölkerung lässt sich überzeugen. In den folgenden Jahren greift der Staat massiv in das Wirtschaftsleben des Landes ein. Es werden große Bauprojekte in Auftrag gegeben. Allein die Tennessee Valley Authority baut 20 Staudämme. Die rechtliche Stellung der Gewerkschaften wird gestärkt, ein formelles Streikrecht wird eingeführt, dazu kommen eine Arbeitslosenversicherung und ein Steuersystem mit nach Einkommen gestaffelten Abzügen. Kritiker sprechen von einer Staatsdiktatur, Befürworter von einer bitter nötigen Umstrukturierung der Gesellschaft, von einer „Disziplinierung des Kapitals". Nach 1937 werden viele Programme des „New Deal" durch seine politischen Gegner wieder abgeschafft. Dennoch hat er die Gesellschaft der USA geprägt und dem dortigen Kapitalismus ein etwas menschlicheres Gesicht gegeben. Der Stand des „kleinen Mannes" wurde entscheidend verbessert. Der „New Deal" bedeutet aber auch den Beginn der stärkeren Einflussnahme der US-Regierung auf die Marktwirtschaft und damit eine generelle Erstarkung der Staatsmacht. 1941 wird der „New Deal" durch die Kriegswirtschaft endgültig abgelöst.

28 | 10 | 1940
Zwei Diktatoren und ein Nein

Mit einem entschiedenen „Ochi", zu deutsch „Nein", reagiert der griechische Diktator Ioanis Metaxas auf ein von Mussolini gestelltes Ultimatum. Darin verlangt der Duce in der Nacht zum 28. Oktober 1940 innerhalb von drei Stunden die Übertragung griechischer Gebiete an Italien. Jene benötigt er zur Befestigung seiner Position im Mittelmeerraum. Auch möchte Mussolini endlich vor dem bisher siegreichen Hitler als Feldherr glänzen. Nach Ablauf der absurden Frist startet die italienische Armee zum Angriff. Auch Metaxas ist ein faschistischer Diktator. Er hat mit einem Staatsstreich am 4. August 1936 kurzerhand Parlament und Verfassung abgeschafft und herrscht in Griechenland unbeschränkt. Sein „Ochi" gegenüber Italien stößt jedoch auf viel Sympathie. Motiviert, und trotz des kalten Winters, stoppt die schlecht ausgerüstete griechische Armee die Angreifer und dringt sogar nach Albanien, der Basis der Invasoren, vor. Aber als schließlich deutsche Truppen die sich als schwach erweisenden Italiener unterstützen, wird der Kampf aussichtslos. Der hitlerfreundliche Metaxas erlebt das Eingreifen der Deutschen nicht mehr, er stirbt 1941 siebzigjährig, und hinterlässt ein Machtvakuum. Die Griechen darben bis 1945 unter deutsch-italienischer Besatzung, allein 100.000 Athener verhungern und 60.000 griechische Juden fallen dem Holocaust zum Opfer. In Griechenland ist der „Ochi-Tag" ein nationaler Feiertag. In Mitteleuropa hingegen ist der goldene Weinbrand „Metaxa" bekannt – und nicht der ehemalige Diktator.

07 | 12 | 1941
An einem Sonntag auf Hawaii

Der 7. Dezember 1941 beginnt auf Oʻahu, Hawaii friedlich. Es ist Sonntag, nicht viel zu tun. Die Zivilisten auf der Insel schlafen oder sitzen am Frühstückstisch. Der Krieg, der bereits die halbe Welt ergriffen hat, scheint hier fern zu sein, nur die Schlachtschiffe, die friedlich im Militärhafen Pearl Harbor vor Anker liegen, erinnern ein wenig an das Grauen, das die Welt im Griff hat. Aber es ist Sonntag. Plötzlich rasen Flugzeuge, japanische Zeros, über den Himmel. Sie werfen ihre tödliche Bombenfracht auf Pearl Harbor nieder. Kurze Zeit später sind 2.403 US-Amerikaner tot. Eine Kriegserklärung der Japaner gab es zuvor nicht. Der Angriff ist eine Antwort auf den Wirtschaftsboykott der USA, der Japan von der Erdölversorgung abgeschnitten hat, um seine Expansionsgelüste im Pazifischen Raum zu bremsen. Alle Versuche der japanischen Regierung das Problem diplomatisch zu lösen, sind an der entschlossenen Haltung des US-Präsidenten Franklin D. Roosevelt gescheitert. Und auch nach Pearl Harbor gibt dieser nicht nach. Der nicht als Kriegsbefürworter bekannte Präsident befiehlt seiner Armee: „Fight back!" Am 8. Dezember erklären die USA Japan den Krieg, am 11. Dezember folgt die Kriegserklärung an dessen Verbündete Deutschland und Italien. Japans Angriff hat die USA in den Mahlstrom des Zweiten Weltkriegs gezogen, und diese Entscheidung wird dem Krieg die entscheidende Wende zugunsten der Alliierten geben.

In Pearl Harbor erinnert heute eine Gedenkstätte an die Geschehnisse des 7. Dezembers 1941. Auch das Museumsschiff USS Missouri (BB-63) kann besucht werden. An Bord dieses Schlachtschiffes wurde am 2. September 1945, nach vier Jahren mörderischer Kämpfe, die bedingungslose Kapitulation Japans unterschrieben. Gut vier Wochen zuvor waren die Atombomben auf Hiroshima und Nagasaki gefallen. Ende des 20. Jahrhunderts behaupten Verschwörungstheoretiker, die US-Regierung habe von dem Angriff auf Pearl Harbor gewusst, und nur nach einer Legitimation gesucht, moralisch integer ins Kriegsgeschehen eintreten zu können. Beweise für die These blieben bislang aus.

26 | 01 | 1943
Beginn einer grausamen Feindschaft

Während Ingrid Bergman und Humphrey Bogart bei der Uraufführung von „Casablanca" am 23. Januar 1943 vor üppiger Hollywoodkulisse eine der legendärsten Abschiedsszenen der Filmgeschichte spielen, bahnt sich am Originalschauplatz in Marokko die nachhaltigste politische Entscheidung des Zweiten Weltkriegs an. Die Parallelität der Ereignisse war seitens Hollywood durchaus beabsichtigt. Casablanca ist zu jener Zeit einer der wichtigsten strategischen Knotenpunkte des Krieges und ein Sammelbecken für Flüchtlinge und Spione. Unter strengster Geheimhaltung treffen sich hier US-Präsident Franklin D. Roosevelt, der britische Premier Winston Churchill und die französischen Generäle Charles de Gaulle und H. H. Giraud am 14. Januar 1943 in einer Villa im wohlhabenden Wohnviertel von Anfa. Dass die deutsche Gestapo das Treffen in Casablanca nicht rechtzeitig verhindern oder bespitzeln kann, verdanken die Alliierten einem fast schon tragisch zu nennenden Missverständnis unter Spionen, glaubt man auf deutscher Seite doch, bei der „Casa Blanca" handele es sich um einen wenig originellen Decknamen für das Weiße Haus in Washington. Die Konferenz fasst am 26. Januar 1943 zwei kriegsentscheidende Beschlüsse: man verabredet die Marschroute für den D-Day und einigt sich auf die alleinige Anerkennung einer bedingungslosen Kapitulation Deutschlands („unconditional surrender"). Mit der Entscheidung ist ein weiteres Bestehen des Dritten Reiches nach Kriegsende undenkbar geworden, gleichfalls verschafft sie Stalin die Gewissheit, bis zum Kriegsende mit der Solidarität der Westalliierten rechnen zu können. Für den deutschen Widerstand bedeutet die Forderung indessen eine schwere Schlappe, ruft sie doch nach ihrer Bekanntgabe eine letzte Welle zugleich begeisterten wie verzweifelten Kriegsengagements in der Bevölkerung und im Militär hervor, die vor allem Joseph Goebbels durch seine Propaganda vom geplanten „Vernichtungskrieg gegen das Deutsche Volk" weiter anzuheizen weiß. Die Entscheidung der Konferenz von Casablanca garantiert dem Dritten Reich ein verdientes Ende mit Schrecken, das im direkten Anschluss einsetzende Kriegsinferno scheint jedoch zuerst einmal ein Schrecken ohne Ende zu prophezeien.

24 | 06 | 1948

Fliegende Freunde

Im Frühjahr 1948 herrscht in Deutschland wirtschaftlicher Notstand: Hunger, Kälte, Mangelkrankheiten, Trümmerlandschaften bestimmen das Leben der meisten Deutschen. Die US-Regierung unter Harry S. Truman beschließt am 3. April 1948 die Durchführung des Marshallplans, der Westeuropa und vor allem Deutschland mit 5,3 Milliarden Dollar Auslandshilfe wirtschaftlich wieder auf die Beine helfen soll. Die französischen, britischen und amerikanischen Sektoren Deutschlands sollen nach dem 6-Mächte-Abkommen (2. Juni 1948) an den Westen gebunden werden. Am 20. Juni führen die Westalliierten die Währungsreform in Westdeutschland und Westberlin durch. Stalin, der in diesen Maßnahmen einen Verstoß gegen das Potsdamer Abkommen sieht, schließt die Grenzen des Ostsektors und lässt Westberlin seit dem 24. Juni 1948 durch eine See- und Landblockade von der Versorgung abschneiden. Stromleitungen, Zugverbindungen, Güter- und Personalverkehr sind unterbrochen. Die US-Army bedient sich des Luftweges: US-General Lucius D. Clay befiehlt die Einrichtung einer Luftbrücke, die in der Nacht des 24. Juni den Betrieb aufnimmt. Alle 90 Sekunden landen bald britische, amerikanische, australische, kanadische, ja selbst südafrikanische Flugzeuge auf dem Westberliner Flughafen Tempelhof und bringen täglich rund 12.000 Tonnen Fracht für die 2,1 Millionen Einwohner der Stadt. 202.013 Flugzeuge werden gezählt. Dank dieser Hilfe kann im Herbst 1948 jeder Westberliner täglich mit 40g Fleisch und 400g Brot wirtschaften. Der Berliner Bürgermeister Ernst Reuter fasst in diesen Tagen mit den Worten „Ihr Völker der Welt! ... Schaut auf diese Stadt!" die absurde politische Wetterlage vor dem Berliner Reichstag eindrucksvoll zusammen. Am 12. Mai 1949 lässt Stalin um 0:01 Uhr die wirkungslose Blockade abbrechen. Für Deutschland hat sie nachhaltige Bedeutung: sie nimmt die Teilung Deutschlands und Berlins vorweg und von nun gelten die amerikanischen Besatzer nicht mehr als Feinde, sondern als Freunde und Beschützer. Die deutschamerikanische Freundschaft nimmt gedeihliche Formen an.

10 | 12 | 1948
Die Wiedergeburt der Menschenrechte

Die Mitglieder der Generalversammlung der Vereinten Nationen (UN) tagen am 10. Dezember 1948 im Pariser Palais de Chaillot. Es geht um eines der Hauptziele der erst vor wenigen Jahren gegründeten UN: Den Schutz der Menschenrechte. In Paris wird in 30 Artikeln die Resolution 217 A (III), besser bekannt als Allgemeine Erklärung der Menschenrechte genehmigt und verkündet. „Alle Menschen sind frei und gleich an Würde und Rechten geboren", lautet der erste Satz des historischen Dokuments. Die hier formulierte Menschenrechtserklärung ist eine direkte Reaktion auf die Kriegsverbrechen des Zweiten Weltkriegs, und sie orientiert sich an den bekannten Vorläufern der amerikanischen Unabhängigkeitserklärung von 1776 und der Erklärung der Menschen- und Bürgerrechte der Französischen Nationalversammlung von 1789. Seither sind die Vereinten Nationen von 51 Gründungsstaaten auf 192 Mitgliedsstaaten angewachsen. UN-Sicherheitsrat, Blauhelmsoldaten und der Internationale Gerichtshof in Den Haag setzen sich neben dem Schutz der Menschenrechte für die Sicherung des Weltfriedens, Einhaltung des Völkerrechts und internationale Zusammenarbeit ein. Dennoch gibt es immer wieder Regierungen, die die „UN Charta", oder die „Allgemeine Erklärung der Menschenrechte" ignorieren. Deshalb ist die Liste der weiteren Menschenrechtsorganisationen, die gegen Menschenrechtsverletzungen kämpfen, lang. „Amnesty International" zählt dabei mit über 2,2 Millionen Mitgliedern und Unterstützern in mehr als 150 Staaten zu den Bekanntesten. Auch innerhalb der UN gibt es stets Unstimmigkeiten über die Auslegung der „UN Charta", so gerät Generalsekretär Ban Ki-moon Anfang 2007 in die Kritik als er sich kontrovers zur Todesstrafe Saddam Husseins äußert.

18 | 01 | 1949
Die Mütter der Verfassung

Von den Verfassungsvätern hat jeder schon gehört, doch haben auch Verfassungsmütter ihren Platz in der Weltgeschichte. Es sind allerdings sehr wenige. Gerade vier Frauen werden in den Parlamentarischen Rat berufen, der 1948 eine Verfassung für den neuen westdeutschen Staat ausarbeiten soll. Eine von diesen Frauen ist die Juristin Elisabeth Selbert. Sie wehrt sich gegen den aus der Weimarer Republik bekannten Passus, dass Männer und Frauen die „gleichen staatsbürgerlichen Rechte und Pflichten" haben sollen. Stattdessen besteht sie auf die umfassendere Formulierung „Männer und Frauen sind gleichberechtigt". Nach heftigen Diskussionen wird die Formulierung am 18. Januar 1949 ohne Gegenstimme angenommen und in den Artikel 3 Absatz 2 der bundesdeutschen Verfassung eingepasst. Bis zur Umsetzung der Gleichberechtigung ist es aber noch ein langer Weg. In Westdeutschland wird beispielsweise erst 1958 das „Letztentscheidungsrecht" des Ehemanns aufgehoben. Erst ab 1977 wird Ehemännern das Recht entzogen, ihren Frauen die Erwerbstätigkeit zu verbieten. 1994 fördert der Staat schließlich laut Verfassung „die tatsächliche Durchsetzung der Gleichberechtigung ... und wirkt auf die Beseitigung bestehender Nachteile hin". Höchste Zeit also Elisabeth Selbert für ihre Leistungen zu würdigen.

12|12|1949
Die falsche Lösung

Nabel der Welt, Hauptstadt des biblischen Davidreiches, Schauplatz der christlichen Heilsgeschichte, Heim der islamischen al-Aqsa-Moschee und des Felsendoms: Jerusalem gehört für drei Religionen zum zentralen Ort der Selbstdefinition und Erinnerungskultur. Juden, Babylonier, Römer, Perser, Ägypter und Kreuzfahrer führten bis ins Mittelalter blutige Kriege um das „edle Heiligtum". Von 1516 bis 1917 war Jerusalem schließlich unter osmanischer Herrschaft, 1917 bis 1947 stand es unter britischem Protektorat. Um allen Feindseligkeiten, ein Ende zu machen, veröffentlicht die UN 1947 die Resolution 118, die eine Internationalisierung Jerusalems vorsieht, um den einheimischen Juden, Muslimen und Christen die Nutzung der gemeinsamen Heiligtümer möglich zu machen und Frieden in der Region zu stiften. Israel und Jordanien jedoch schlagen die Resolution in den Wind, stattdessen führen sie im Zuge der Israelischen Staatsgründung 1948 Krieg und teilen am 12. Dezember 1949 nach Ende der Kampfhandlungen Jerusalem untereinander auf. Die Jordanier besetzen den Ostteil mit dem Tempelberg, die Israelis erhalten die Westhälfte, der Besuch der Klagemauer ist ihnen verwehrt. Die Stadt ist von nun an das Symbol für den Nahostkonflikt. Im Sechstagekrieg 1967 wird die Stadt durch Israel vollständig besetzt, den Muslimen nur noch die Verwaltung des Tempelberges überlassen. Die Eroberung wird von der UN ebenso wenig anerkannt wie die seit 1980 geäußerten Ansprüche Israels, Jerusalem zur Landeshauptstadt zu erklären. Dennoch ist die Stadt heute israelischer Regierungssitz und Universitätsstandort. Durch umfangreiche Stadterweiterungen versucht Israel den Anteil jüdischer Einwohner ständig zu erhöhen und durch einen Sicherheitszaun zu sichern. Die arabischen Länder sehen in der israelischen Jerusalem-Politik die zentrale Legitimation für den gewaltsamen Widerstand, der sich hier alljährlich in Bombenattentaten, Ermordungen und Lynchjustiz ausdrückt, die ihrerseits von Israel durch Truppenaufmärsche und Liquidationen gekontert werden.

01 | 12 | 1955
Die Frau, die für ihre Rechte sitzen bleibt

Rosa Parks, geboren 1912 als Rosa Louise McCauley, arbeitet im Jahr 1955 als Näherin in Montgomery, Alabama. Auf ihrem Weg nach Hause sind die Busse, die gemächlich die Cleveland Avenue entlangfahren voll, sie wartet ein wenig. Endlich kommt ein Bus mit ein paar freien Plätzen – auch in der ersten Reihe im „Farbigen"-Abschnitt des rassengetrennten Busses No. 2857 ist ein Platz frei; Parks zahlt und setzt sich hin. Doch der Bus füllt sich schnell wieder. Kurze Zeit später will der Fahrer den „Weißen"-Abschnitt des Busses erweitern und fordert Parks auf, für einen weißen Fahrgast Platz zu machen. Parks weigert sich. Es ist ihr Platz. Diesmal beugt sie sich nicht dem Status Quo. „Ich wollte einfach nur frei sein, wie alle anderen auch", sagt Parks später, und „Ich war nicht müde – Ich war es nur müde, ständig nachzugeben". Sie wird verhaftet, verbringt zwei Stunden im Gefängnis und kommt dann gegen Kaution frei. Parks, die sich für Bürgerrechte engagiert, wird nun zum Stein des Anstoßes für den 381 Tage andauernden Montgomery Bus Boycott, an dem auch Martin Luther King beteiligt ist. 1956 wird die Rassentrennung in Bussen abgeschafft. Parks wird zu einer Ikone der Bürgerrechtsbewegung. Der Bus, in dem Rosa Parks mutig und „müde" sitzen blieb, ist inzwischen ein Ausstellungsstück – er ist im Henry Ford Museum, Dearborn, Michigan zu besichtigen. Zu Rosa Parks Begräbnis 2005 wurden alle offiziellen US-Flaggen auf Halbmast gesetzt.

05 | 03 | 1957
Self-Government now!

Kwame Nkru-Mah gehört im britischen Ghana der Dreißiger Jahre zur privilegierten Schicht, er ist Katholik, kann in den USA studieren und verbringt einige Zeit in London. Hier träumt er von der Freiheit aller afrikanischen Völker und kehrt schließlich 1947 in seine Heimat zurück, um den Plan in die Tat umzusetzen. Er bereitet eine Petition für den britischen Gouverneur vor, die zu seiner Verhaftung, zu heftigen Unruhen, Streiks und Boykotten führt. Dennoch wird Nkru-Mah 1951 als Mitglied der Covention People's Party zum Ministerpräsidenten des Landes gewählt. Am 5. März 1957 erlangt

Ghana seine Unabhängigkeit als erster „heidnischer" Staat der Welt, ein politischer Vorgang, der noch zwanzig Jahre zuvor undenkbar gewesen wäre. Nkru-Mahs Pioniertat löst auf dem afrikanischen Kontinent bis 1965 eine wahre Lawine an Unabhängigkeitserklärungen aus. Anfangs sind die Widerstände gegen die Autonomieforderungen der ehemaligen Kolonien auf westlicher Seite gering, ist deren Aufgabe in der Nachkriegszeit doch militärisch und handelsstrategisch unbedenklich und die öffentliche Meinung kaum für eine Wiedereroberung zu gewinnen. Doch will Nkru-Mah bald mehr als nur die politische Selbstverwaltung: Seine Vision, die er in zahlreichen Büchern und Reden auf dem ganzen Kontinent formuliert, ist ein vereintes Afrika, dessen Bewohner im Besitz von Fabriken und Ressourcen auch wirtschaftlich unabhängig sind. Eine Freiheit, die Einnahmen schmälert, will der Westen nicht gestatten. Als sich Nkru-Mah 1966 prekärerweise zur Werbung für seine Pläne auch noch ins kommunistische China begibt, wird in seiner Abwesenheit auf westliche Initiative ein Militärputsch durchgeführt und seine Verbannung beschlossen. Nkru-Mah stirbt 1972 im Bukarester Exil. Mit ihm versinken die Träume der panafrikanischen Bewegung in Desillusion.

13 | 08 | 1961
Der kleine Grenzverkehr

Der II. Weltkrieg ist vorbei, Deutschland ist in vier Besatzungszonen eingeteilt. In der sowjetischen Zone stellt die SMAD (Sowjetische Militäradministration in Deutschland) schnell eine Grenzpolizei auf, die am 1. Dezember 1946 aktiv wird. Sie blickt über die noch freien Wege zwischen Ost und West. Wer in die Westzonen will, braucht nun einen Interzonenpass. Stacheldraht und Straßensperren bestimmen bald das Bild an der Zonengrenze. Dennoch verlassen viele Menschen die neu entstandene DDR Richtung Westen. 1952 richtet die DDR eine fünf Kilometer breite Sperrzone entlang der Zonengrenze ein – Zutritt nur mit Sondergenehmigung. Nur in Berlin, der geteilten Stadt, ist die Grenze noch porös. Bis 1961 wählen etwa 2,5 Millionen Menschen den Weg in den Westen; wirtschaftlich und philosophisch eine Katastrophe für die DDR. Am 13. August wird dann das „Schlupfloch" West-Berlin dichtgemacht, die halbe Stadt wird mit einer Mauer umgeben und zum Außenposten des Westens gemacht. Willy Brandt, damals Bürgermeister von Berlin, konstatiert „In Wahrheit hat das kommunistische Regime in den letzten 48 Stunden das Eingeständnis dafür geliefert, dass es selbst Schuld ist an der Flucht von Deutschen nach Deutschland." Deutschland ist nun effektiv gespalten. Die ostdeutsche Volkspolizei dokumentiert gewissenhaft: „09.55: Am

KP Eberswalder Str. wurden 2 Personen gestellt, die im demokr. Berlin fotografierten. Davon war ein Reporter der „Wochenpost". Er erklärte, dass er den historischen Augenblick der Spaltung Deutschlands festhalten will..."

27 | 10 | 1962
Die Beinahe-Apokalypse

Im Jahr 1962 droht das Wettrüsten zwischen den USA und der UdSSR heiß zu werden. Die USA positionieren seit 1959 Atomraketen entlang der sowjetischen Einflusszone, besonders in der Türkei. Das revolutionäre Kuba, von den USA abgewiesen, wird von der Sowjetunion umworben. Im August entdecken amerikanische Spionageflugzeuge Raketenabschussvorrichtungen auf Kuba. US-Präsident Kennedy steht vor einer schweren Entscheidung. Soll er mit einem militärischen Schlag reagieren? Oder die Situation einfach hinnehmen? Soll er einen Atomkrieg riskieren? Riskiert er diesen, wenn er nicht handelt? Kennedy kann nicht untätig bleiben, also entscheidet er sich für eine Blockade: Er demonstriert Macht, benutzt sie aber nicht. Die Supermächte handeln einen einfachen Kompromiss aus: Die UdSSR zieht ihre Raketen ab, die USA marschieren nicht in Kuba ein... doch am 27. Oktober wird ein amerikanisches Aufklärungsflugzeug über Kuba abgeschossen, der Pilot stirbt. Die Gemüter sind erhitzt, der Atomkrieg ist nur eine Entscheidung weit entfernt. Kennedy und Chruschtschow aber brechen die Verhandlungen nicht ab; Kennedy bietet – unter der Hand – zusätzlich den Abzug der US-Raketen aus der Türkei an. Beide verlieren, keiner verliert das Gesicht, keiner stirbt. Es ist ein guter Tag für die Welt.

02 | 07 | 1964
Civil Rights Act

Bereits Ende der 1950er Jahre beginnt sich in den Vereinigten Staaten von Amerika eine, von den Ideen Gandhis inspirierte, gewaltlose Bürgerrechtsbewegung zu formieren, an deren Spitze der Baptistenpastor Martin Luther King steht. Diese Bewegung erhält im Laufe der Jahre solch einen Zulauf, unter anderem von zahlreichen weißen Studenten, dass sich auch die Politik den zunehmenden Problemen nicht mehr verschließen kann. Besonders der Präsident der Demokratischen Partei, John F. Kennedy, macht sich für die ethnischen Minderheiten seines Landes stark. Schließlich wird am 2. Juli 1964 eines der bedeutendsten Gesetze verabschiedet, das die Gleichstellung afroamerikanischer Staatsbürger garantiert: der Civil Rights Act. Endlich ist in den USA, nach Jahrhunderten der Sklaverei und Diskriminierung, das offizielle Ende der Rassentrennung in öffentlichen Einrichtungen und am Arbeitsplatz gesetzlich verankert. King erhält für seine Bemühungen um das Zustandekommen des Civil Rights Act 1964 den Friedensnobelpreis verliehen. Doch im Süden der USA ist man von einer Umsetzung des Gesetzes noch weit entfernt. Ja, zwei Gouverneure weigern sich sogar es überhaupt anzuerkennen. Ihnen ist eine Bürgerrechtsbewegung, noch dazu eine von einem Schwarzen angeführte, ein sichtlicher Dorn im Auge. Das bekommt Martin Luther King am eigenen Leibe zu spüren. Am 4. April 1968 wird er in Memphis auf dem Balkon seines Motels von dem Rassisten James Earl Ray ermordet.

28 | 06 | 1969
Straßenkampf in Greenwich Village

Das Stonewall Inn, 53 Christopher Street, ist ein kleines, von wohl heterosexuellen Mafiosi geführtes Etablissement, dessen Klientel sich bevorzugt aus Drag Queens, Haschisch-Rauchern, homosexuellen Angestellten und anderem Szene-Volk zusammensetzt. Am 28. Juni 1969 kommt die Polizei vorbei; die Party ist am Laufen, man ist emotional dabei. Die Stimmung ist ohnehin seit Wochen leicht angeheizt, da die sehr konservativen Ordnungsmächte immer öfter (und oft auch brutal) auf Bars der Homo-Szene zugreifen. Auch diesmal möchte man „Personen ohne Ausweispapiere, solche, die Kleider des anderen Geschlechts tragen, und einige der Angestellten" mitnehmen. Doch diesmal schlagen die „Queers" zurück. Genug mit der Gängelung. Es kommt zu Schlägereien und Straßenschlachten; und am nächsten Tag geht es weiter... Die Vorkommnisse werden als für das Gay Rights Movement prägend angesehen; jedes Jahr erinnern die internationalen Christopher Street Day Paraden an den Aufstand. Inzwischen sind die Rechte der homosexuellen Bürger in den USA anerkannt, und die New Yorker sind Stolz auf die Geschichte des (1969 geschlossenen) Stonewall Inn. Und im Januar 2007 eröffnet das Stonewall Inn erneut seine Pforten...

19 | 11 | 1972
Willy wählen

Im Herbst 1972 ist SPD-Bundeskanzler Willy Brandt gerade bei deutschen Jugendlichen mindestens ebenso populär wie Marc Bolan, The Sweet oder die Les Humphries Singers. Der Politiker hat sich vor allem durch seine Ostpolitik einen Namen gemacht. Im Dezember 1970 reist er nach Polen und demonstriert mit seinem „Kniefall" vor dem Warschauer Ghetto einen Akt der Versöhnungsbereitschaft Deutschlands. Und er ist jemand, dem man Reformvorhaben, wie etwa eine Steuerreform zugunsten Schwächerer, auch abnimmt. Doch die sozialliberale Koalition steht auf wackligen Füßen. Im April 1972 wird von Seiten der CDU ein konstruktives Misstrauensvotum gegen Brandt eingereicht, das letztendlich zu den ersten Neuwahlen in der Geschichte der Bundesrepublik Deutschland führt. Doch nach wie vor schlägt dem sympathischen Staatsmann in breiten Teilen der Bevölkerung uneingeschränkte Zustimmung entgegen. Vor allem junge Leute – das Wahlalter wurde gerade erst von 21 auf 18 Jahre herabgesetzt – fühlen sich von der Person Brandts angezogen. Selbst Kinder tragen voller Stolz Wahlbuttons, die – ganz im Stil der frühen 70er in geschwungener weißer Schrift auf orangefarbenem Hintergrund – die zwei Wörter „Willy wählen" verkünden. Die von Albrecht Müller organisierte Wahlkampagne trägt Früchte. Die Bundestagswahlen am 19. November 1972 erreichen eine Wahlbeteiligung von unglaublichen 91 Prozent. Und die SPD kann mit 45,8 Prozent das beste Wahlergebnis ihrer Laufbahn verbuchen. Nur eineinhalb Jahre später stürzt Brandt über die so genannte Guillaume-Affäre. Doch seinen Lebenstraum soll der Ex- Kanzler noch erleben: den Fall der Mauer und die Wiedervereinigung der beiden deutschen Staaten.

10 | 11 | 1989
Der Geschmack des Westens

Am 10. November 1989 sitzt Günther Schmidt in Berlin-Mariendorf spät nachmittags vor einem Lebensmittelgeschäft auf dem Rinnstein und betrachtet den Verkehr und die Mädchen. In seiner rechten Hand eine Marlboro-Filterzigarette, in der linken eine Flasche Jim Beam. Günther Schmidt ist kein Landstreicher oder Tippelbruder, er kommt aus dem Osten, von drüben, und nun will er wissen, wie der Westen schmeckt. Von den dramatischen Ereignissen, die sich gut 24 Stunden zuvor zugetragen haben, hat Günther Schmidt nichts mitbekommen. Die Pressekonferenz, in der SED-Mann Günter Schabrowski um 18:53 Uhr die historische Entscheidung verkündete, „eine Regelung" getroffen zu haben, „die es jedem Bürger der DDR möglich macht, über Grenzübergangspunkte der DDR auszureisen" hat er im Bett seiner Wohnung in der Wühlischstraße in Berlin-Friedrichshain verschlafen. Auch die tumultartigen Ausbrüche von Freudentaumel und Glücksgefühl um 23:30 Uhr am Grenzübergang Bornholmer Straße, mit allem, was da folgen sollte, konnten ihn nicht bei seinem wohl verdienten Schlummer stören. Von der Nachricht erfährt er schließlich am nächsten Morgen beim Einkaufen. Günther Schmidt will dann aber sofort wissen, wie der Westen „schmeckt", bald weiß er es.

24 | 11 | 1989
Der freie Stuhl

Peshawar am 24. November 1989: ein Auto fährt mit gemäßigtem Tempo durch die Straßen der pakistanischen Grenzstadt und nähert sich langsam der al-Falah Moschee. Eine Detonation zerreißt den Wagen und seine Insassen in Sekunden. Opfer des Attentats, dessen Täter nie ermittelt werden, sind der Palästinenser Sheik Abdullah Azzam und sein zwei Söhne. Der 48 Jahre alte Azzam ist zu jener Zeit im islamischen Raum kein Unbekannter. In fester Überzeugung, den arabischen Völkern nur mit Waffengewalt ihre Freiheit verschaffen zu können, hat er seit der sowjetischen Besetzung Afghanistans wo immer er konnte zum Dschihad aufgerufen. Auf seine Initiative reisten tausende von Muslimen in das Land und beteiligten sich am Widerstand. Azzams Forum ist zu jener Zeit die Universität Jeddah, finanziert wird er über Jahre von einem reichen Saudi. Sein Name: Osama bin Laden. Azzam hatte bin Laden schon Mitte der Achtziger Jahre für seine Ideen begeistert und ihn in die Geheimnisse des erfolgreichen Dschihad eingewiesen. Streitigkeiten den richtigen Weg im Heiligen Krieg hatten aber schließlich zur Trennung des Meisters und seines Schülers beigetragen. Als Azzam an jenem Novembertag 1989 von der Bombe zerrissen wird, ist der Heilige Krieg seines Feldherrn beraubt, man benötigt einen neuen Anführer. Osama bin Laden hat in jenen Tagen gerade seine Mudschaheddin in den Gebirgen Afghanistans verlassen, er kennt bereits seine neue Aufgabe.

21 | 12 | 1991
Der falsche Rat der Räte

Für Sowjetpatrioten ist es ein Drama in drei Akten: Am 11. März 1985 wählt die Partei Michail Gorbatschow zum Generalsekretär der KPdSU. Der Mann mit dem Mal auf der Stirn leitet sein Programm von „Glasnost" (Transparenz) und „Perestroika" (Umbau) ein, eine breit angelegten Reformation des sowjetischen Staats und seiner Gesellschaft. Danach setzt er sich mit dem imperialistischen Dämon Ronald Reagan zu Abrüstungsverhandlungen an einen Tisch. 1989 verkündet Präsident Michail Gorbatschow die Sinatra-Doktrin und entlässt die Mitgliedsstaaten des Warschauer Paktes in die innere Souveränität. Noch im selben Jahr beschließt der Erste Parteisekretär die Auflösung des Warschauer Paktes. Die Sowjettruppen verlassen die DDR, Polen, die Tschechoslowakei und Ungarn. Die Mauer fällt und mit ihr die Grenzen, welche die Sowjetunion lange Jahre wie ein Bollwerk der Sicherheit umgeben haben. Im August 1991 schreiten der KGB-Vorsitzende Wladimir Kjutschow, Innenminister Boris Pugo, Ministerpräsident Walentin Pawlow und der Verteidigungsminister Dmitri Jasow zur Tat. Gorbatschow der gerade auf der Krim seinen Sommerurlaub verbringt, wird am 18. August 1991 gefangen genommen. Man will ihn nötigen seine Vollmachten zu übertragen, doch er weigert sich. Auch die russische Bevölkerung und das Militär wollen nicht mitspielen. Der Aufstand bricht, unter anderem durch Zutun des charismatischen Boris Jelzin, zusammen, und das macht es nur noch schlimmer. Zwar muss Gorbatschow den Sessel räumen, doch er folgt dieser Aufforderung nicht, ohne mit dem künftigen Präsidenten Boris Jelzin zuvor für den 21. Dezember 1991 nichts geringeres als die Auflösung der gesamten Sowjetunion vereinbart zu haben. Die KPdSU und der KGB sind bereits abgewickelt. Als Gorbatschow am 25. Dezember 1991 von seinem Amt zurücktritt, ist die UdSSR Geschichte.

07|03|1992
Politik Schwarz-Weiß

„Auch mit einer Umarmung kann man einen politischen Gegner bewegungsunfähig machen" – Nelson Mandela. Am 7. März 1992 nimmt ein dunkles Kapitel der Geschichte Südafrikas endlich sein zumindest offizielles Ende. Bei einem Referendum stimmen 68,7% der Weißen in Südafrika für eine Abschaffung der Apartheid, der Rassentrennung. Sie folgen damit der Reformpolitik von Präsident Frederik Willem de Klerk, der zwei Jahre zuvor den führenden Anti-Apartheid-Kämpfer Nelson Mandela nach knapp 27 Jahren aus der Haft freigelassen hatte. Mandela wird (wie auch de Klerk) 1993 mit dem Friedensnobelpreis ausgezeichnet und 1994 mit überwältigender Mehrheit zum ersten schwarzen Präsidenten Südafrikas gewählt. Er ist ein weltweites Symbol für gewaltfreien Widerstand geworden. Wie konnte Apartheid in Südafrika entstehen? Die Rassenkonflikte zwischen europäischen Siedlern, vorwiegend niederländischen Buren und Engländern, „Afrikaander" genannt, und den einheimischen Völkergruppen eskalieren im 20. Jahrhundert. Die afrikaander Nationalisten gewinnen 1948 die Kontrolle über die Regierung und führen das System der Apartheid ein. In immer absurderen Gesetzen wird die Rassentrennung durchgesetzt, das weiße Minderheitsregime sichert seine dominante Stellung in der Politik. Neben der so genannten „großen Apartheid', welche die räumliche Rassentrennung im großen Maßstab vorschreibt, haben die Bewohner Südafrikas vor allem mit der „kleinen Apartheid" zu kämpfen. Getrennte Zugänge (oder gar kein Zugang) für Schwarze zu allen Bereichen des täglichen Lebens: Von Parks über öffentliche Verkehrsmittel bis hin zu Krankenhäusern. Der Widerstand der Schwarzen formiert sich bereits 1912 mit Gründung des „African National Congress" (ANC), dem Mandela 1942 beitritt. Die militante Widerstandsorganisation Pan Africanist Congress (PAC) formiert sich 1959, in den 70er und 80er Jahren verstärkt sich die nichtweiße Opposition durch immer bessere Organisation, bis unter ihrem Druck 1992 endlich die Apartheid offiziell abgeschafft wird. Südafrika hat auch heute noch mit den Folgen dieser menschenverachtenden Politik zu kämpfen.

08 | 06 | 1996

Illegal

Im März 1983 legt die Weltgesundheitsorganisation (WHO) einen Bericht über die möglichen Auswirkungen eines Atomkrieges vor. Die Zündung einer Bombe würde 1,5 Millionen Menschen töten, ein begrenzter Atomkrieg zwischen Nationen, so heißt es, könnte schon beim Einsatz „kleinerer" Waffen neun Millionen Opfer fordern, ein totaler Atomkrieg aller gegen alle, bei dem geschätzte 10.000 Megatonnen Sprengstoff zum Einsatz kämen, bedeutete den Verlust der halben Weltbevölkerung: 1 Milliarde Menschen. Die alarmierenden Zahlen veranlassen die WHO beim Internationalen Gerichtshof in Den Haag ein Urteil über die völkerrechtliche Legitimität des Besitzes von Atomwaffen zu beantragen. Während der Antrag trotz 100 Millionen Unterschriften schließlich scheitert, will man auf Initiative der blockfreien Staaten (NAM) unter Führung Indonesiens seit 1993 eine entsprechende Resolution in der UN ausarbeiten. Doch sind England, Frankreich und die USA bemüht, den Prozess zu verzögern. Sie halten das Thema im laufenden Abrüstungsprozess für zu „brisant". Am 15. Dezember 1994 wird die Resolution dennoch mit einer 2/3-Mehrheit verabschiedet, und in Den Haag angenommen. Am 30. Oktober 1995 beginnt der IGH mit den Verhandlungen. Vertreter aus 45 Staaten nehmen teil, darunter als Zeugen die Bürgermeister von Hiroshima und Nagasaki. In zwölf Punkten erklärt der IGH nach langem Ringen am 8. Juni 1996 den Gebrauch von Atomwaffen für illegal. Bereits die Androhung ihres Einsatzes ist völkerrechtlich verboten. Die menschliche Ethik, eine lebenswerte Umwelt und der Erhalt des kulturellen Erbes der Menschheit für jetzige und künftige Generationen stehen im Vordergrund der Urteilsbegründung. Nur in Bezug auf die atomare Abschreckung und einen Einsatz im extremen Fall der Selbstverteidigung, kommt der IGH zu keiner Entscheidung. Dennoch ist ein Meilenstein gesetzt: Regierungen, die Atomwaffen einsetzen oder mit ihrem Gebrauch drohen, kann nun als Kriegsverbrecher der Prozess gemacht werden, einen Präzedenzfall gibt es zum Glück noch nicht.

01 | 03 | 1999
Ottawa-Konvention

Antipersonenrichtminen zählen mit zu den schrecklichsten Waffen, die in Kriegshandlungen zum Einsatz kommen. Denn ein Großteil der Opfer ist in der zivilen Bevölkerung anzutreffen. Eine der am weitesten verbreiteten Minen dieser Art ist die von Norman A. MacLeod nach dem Zweiten Weltkrieg entwickelte M18 A1 oder Claymore-Antipersonenmine. Sie wird erstmals im Koreakrieg „erfolgreich" eingesetzt. Dass sich die Verwendung dieser Waffe auch gegen die eigenen Reihen richten kann, wird im Vietnamkrieg deutlich, als es der Vietcong vortrefflich versteht, die US-amerikanischen M18 aufzuspüren, zu entfernen und sich für eigene Zwecke gegen den Feind zunutze zu machen. Etwa 30 Prozent der Opfer, die die United States Army während dieses Krieges zu beklagen hat, gehen auf die Rechnung eigener Claymore-Landminen. Schätzungen zufolge sollen bis heute weltweit 1 Million Menschen von M18 Claymores getötet worden sein, ein Viertel davon Kinder. Deshalb ist es nur zu begrüßen, als am 1. März 1999, nach Jahren der Vorbereitung, die Ottawa-Konvention oder Mine Ban Treaty verabschiedet wird, die den Gebrauch und die Herstellung von sowie den Handel mit Antipersonenminen verbietet. Bis 2007 unterschreiben 156 Staaten den Vertrag. Dennoch ist die Gefahr international gesehen nicht gebannt. Ausgerechnet Herstellerstaaten wie Ägypten, China, Indien, Iran, Israel, Pakistan, Russland, Syrien und die USA weigern sich bislang, die Konvention zu ratifizieren.

=================== Weiterlesen ===================
- Volker R. Berghahn: Der Erste Weltkrieg, München 2003
- Vito Bianchi: Dschingis Khan, Patmos 2004
- Klaus Bringmann: Römische Geschichte, München 2004
- Golo Mann: Deutsche Geschichte des 19. und 20. Jahrhunderts, Frankfurt a. M.
- Hans Christoph Schröder: Englische Geschichte, München 2003

Tage des Umsturzes
Ideen, Revolutionen und Revolten

Kapitel 6

An einem Spätsommertag 73 v. Chr. *König der Sklaven* Der Spartacus-Aufstand S. 171

06|01|1525 *Die Bauern und die Schnecken* Die Bauernkriege S. 172

30|01|1649 *Gloriose Regenten* Die feine englische Art der Revolution S. 172

16|12|1773 *Tee und Steuern* Die Boston Tea Party S. 173

14|07|1789 *Sturmzeit* Der Sturm auf die Bastille S. 174

09|12|1824 *Das Letzte in der Reihe* Ayacucho und die Unabhängigkeit Perus S. 175

11|11|1854 *Sieg durch Niederlage* Die australische Revolution S. 176

01|01|1870 *Übertragbare Krankheiten* Protest gegen den Contagious Desease Act S. 176

10|04|1919 *Viva Zapata!* Das Schicksal des Emiliano Zapata S. 177

29|10|1923 *Rettung auf türkisch* Kemal Atatürk putscht S. 178

21|01|1924 *Ein Kaffee bleibt stehen* Lenins Tod S. 179

01|10|1936 *Der Wendige* Francisco Franco und die Falange Español S. 179

26|01|1941 *Der Feind meines Feindes* Subhash Chandra Boses unvollendete Revolution S. 180

18|02|1943 *Nieder mit Hitler* Die Weiße Rose S. 181

27|02|1943 *Wunder in dunklen Zeiten?* Demonstration in der Rosenstraße S. 182

01|10|1949 *Der Wellenbrecher* Mao Zedongs Sieg und Scheitern S. 182

20|10|1952 *Gewalt & Recht* Bürgerkrieg in Kenia S. 183

26|07|1953 *¡Venceremos!* Fidel Castro und die „Bewegung des 26. Juli" S. 184

23|10|1956 *Der friedliche Weg des Onkel Imre* Volksaufstand in Ungarn S. 185

31|07|1959 *Axt und Schlange* Die ETA tritt an S. 185

21|02|1965 *Schüsse auf den Namenlosen* Das Attentat auf Malcom X S. 186

21|04|1967 *Unsanftes Erwachen* Der Obristenputsch in Griechenland S. 187

02|04|1968 *Smog in Frankfurt* Die RAF formiert sich S. 187

30|01|1972 *Der Blutsonntag* Sternstunde der IRA S. 188

24|04|1974 *Braungebrannte Stadt* Nelkenrevolution in Portugal S. 189

01|02|1979 *Ankunft eines Heilsbringers* Khomeini und die Iranische Revolution S. 190

17|07|1979 *Kaffee für die Revolution* Die Sandinista in Nicaragua S. 190

23|02|1981 *Machtwort einer Zuckerpuppe* Juan Carlos verhindert einen Putsch S. 191

06|01|1986 *Der populäre Widerstand* Desmond Tutu verändert Südafrikas Ruf S. 192

03|06|1989 *Himmlische Ungeduld* Das Ende der Tian'anmen-Bewegung S. 193

23|08|1989 *Ein Geheimprotokoll und eine Menschenkette* Die „Singende Revolution" im Baltikum S. 193

09|10|1989 *Immer wieder montags* Die Montagsdemo in Leipzig S. 194

11|12|1994 *Vater Gewalt und die Soldatenmütter* Tschetschenienkrieg und Widerstand S. 195

21|05|1998 *Rücktritt eines Prassers* Suharto räumt den Präsidentenstuhl Indonesiens S. 195

21|11|2004 *Orange sticht* Die „Orange Revolution" des Wiktor Juschtschenko S. 196

20|03|2005 *Die Tulpen des Tienschan* Tulpenrevolution in Kirgisistan S. 197

02|06|2005 *Der Frieden am brüchigen Ast* Die Zedernrevolution im Libanon S. 198

01|01|2006 *Ein Volksheld resigniert* Lech Walesa verabschiedet sich S. 198

29|09|2007 *Kämpferische Mönche* Myanmar bewegt sich langsam S. 199

02|01|2008 *Der Staat der Tiger* Aufstand im Ferienparadies Sri Lanka S. 200

An einem Tag im Spätsommer 71 v. Chr.
König der Sklaven

Spartacus ersticht an einem Spätsommertag 71 v. Chr. bei Brundisium sein Pferd mit dem Schwert. Er wird es nicht mehr brauchen oder aber bald so viele Pferde besitzen, dass es auf dieses eine auch nicht mehr ankommt. Dann macht sich der hünenhafte Kämpfer ins Schlachtengetümmel auf. Er sucht den Zweikampf mit dem römischen Feldherrn Crassus, doch dazu kommt es nicht mehr. Nachdem Spartacus zwei Zenturionen nieder gehauen hat, wird er an der Hüfte verwundet, sinkt zu Boden, fechtet kniend gegen die Angreifer und wird schließlich von zahlreichen Speeren und Schwertern durchbohrt. Die Überlebenden seines Heeres werden gefangen genommen und an der Via Appia gekreuzigt. Die Revolte ist zu Ende. Vor drei Jahren hatte Spartacus, dem das Leben als rechtlose Kampfmaschine unerträglich zu werden schien, in einer Gladiatorenschule in Capua mit Brotmessern und Bratspießen den Aufstand gewagt. Schnell schließt sich Spartacus ein Heer von 10.000 Sklaven, Armen und unzufriedenen Freien an. Am Vesuv erringt er 73 v. Chr. seinen größten Triumph. Er schlägt die 3.000 Mann starke Legion des Prätors Glaber vernichtend. Danach folgt Sieg um Sieg gegen den übermächtigen Gegner Rom, bis Uneinigkeit über die Ziele des Aufstandes die Revoltierenden entzweit. Während Spartacus die Sklaven außer Landes in die Freiheit führen wollte, verlangen viele den Marsch auf Rom, um sich an den Peinigern zu rächen. Fast zwei Jahre zieht das Heer nun kämpfend, sich vereinigend und wieder auseinander fallend durch Italien, zeitweise zählt es 70.000 Menschen. Mit dem Prätor Marcus Licinius Crassus und seinen Legionen erwächst ihm um 72 v. Chr. ein gefährlicher Gegner, den zu vernichten für Spartacus zur fixen Idee wird. Doch als sich 12.000 Sklaven selbstständig in Richtung Rom aufmachen und von Crassus aufgerieben werden, müssen sich Spartacus und seine 6.000 verbliebenen Kämpfer, von drei Legionen umzingelt, in Brundisium ins letzte aussichtslose Gefecht fügen. Die politischen Folgen des Spartacus-Aufstandes sind für die Entwicklung des Römischen Reiches historisch. Der erfolgreiche Crassus wird gemeinsam mit den Feldherrn Pompeius und Cäsar als „Triumvirat" eine autokratische Herrschaft im Römischen Reich errichten. Octavian, der Neffe des bald zum Alleinherrscher aufsteigenden Cäsar, wird sich 27 v. Chr. Augustus nennen und aus der Republik ein Kaiserreich machen.

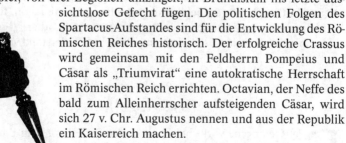

06 | 01 | 1525

Die Bauern und die Schnecken

Im Sommer 1524 bestellt die Gräfin von Lupfen die Bauern ihrer Grundherrschaft zum Frondienst. Sie sollen Schnecken sammeln, deren Gehäuse die Gräfin für ihre Näharbeiten verwenden möchte Da Erntezeit ist und die Bauern auf den eigenen Feldern dringend benötigt werden, verweigern sie der Gräfin den Dienst. Nicht weit entfernt ernennen Bauern in Thayngen bei Schaffhausen ohne Genehmigung der Obrigkeit den Protestanten Adam Bätz zum neuen Prediger ihrer Dorfkirche. Sie beginnen katholische Heiligenbilder im Ofen zu verbrennen. Die Bauern hier wie dort fordern die Wiederherstellung des „alten Rechts", die Abschaffung unzumutbarer Frondienste und die freie Pfarrerwahl. Ihrem Beispiel folgen bald zahlreiche Bauern im Schwarzwald, am Bodensee und in Oberschwaben. Als nichts geschieht, greifen die Bauern zu den Waffen, verwüsten Klöster, Schlösser und Burgen und stellen in Oberschwaben voller Optimismus am Dreikönigstag 1525 in „12 Artikeln" ihre Forderungen zusammen, die sich als Druck in Windeseile im gesamten Reich verbreiten. Bauern in Tirol, im Elsass, der Pfalz und Thüringen schließen sich der Bewegung an. In Oberschwaben erreicht die aus 12.000 Bauern bestehende bewaffnete „Christliche Vereinigung" schließlich von den Obrigkeiten des Schwäbischen Bundes die Zusage zur Erfüllung ihrer Wünsche. Es ist der kurze Augenblick eines mächtigen Triumphs, bevor die Bauernschaft für die nächsten 300 Jahre in politischer Bedeutungslosigkeit versinken wird. Nachdem sich Könige, Kurfürsten, Herzöge und Grafen vom ersten Schock erholt haben, beginnen sie ihre Landsknechtheere zu sammeln. Am 15. Mai 1525 vernichten Philipp von Hessen und Georg von Sachsen, das 6.000 Mann starke Bauernheer bei Frankenhausen nahezu vollständig. Der Herzog von Lothringen lässt einen Tag später 3.000 gefangene Bauern hinrichten. Auch die Bauern der anderen Gebiete müssen bald aufgeben. Eine Stellungnahme Luthers, auf dessen Schriften sich die Bauern berufen, erteilt den Obrigkeiten schließlich die moralische Legitimation, für die Vernichtung der „mörderischen Rotten der Bauern". Luthers „Freiheit eines Christenmenschen" sieht keinen politischen Widerstand vor.

30 | 01 | 1649

Gloriose Regenten

Der Gefangene wirkt heiter als er das Podest vor dem Banketthaus besteigt und seinen Kopf auf den Richtbock legt. 59 der 69 Richter haben ihn kurz zuvor als Tyrannen und Mörder, als

Verräter und öffentlichen Feind des Volkes für schuldig befunden. Doch König Karl I. bewahrt auch in den letzten Minuten seiner Regentschaft die Würde. Am 30. Januar 1649 verliert der König von England seinen Kopf und das Land wird am selben Tag zur Republik. Zwei Bürgerkriege liegen hinter Großbritannien. Der König weigerte sich trotz fortschreitenden Machtverlusts, eine konstitutionelle Monarchie zu akzeptieren und die bischofsfreie Presbyterianer Kirche anzuerkennen. Doch auch der sittenstrenge „Lordprotektor" Oliver Cromwell, der nun die Macht im Vereinten Königreich übernimmt, wird nicht erfolgreich sein. Iren und Schotten verweigern ihm die Gefolgschaft. Er wird das Parlament auflösen und sich durch eine umbarmherzige Politik gegenüber seinen Gegnern unbeliebt machen. Bei seinem Tod am 3. September 1658 hinterlässt er einen Sohn, der die Bürde des Vaters nicht zu tragen bereit ist. Bereits am 23. April 1659 legt Richard Cromwell sein Amt nieder. Die Stunde schlägt für Karl II., den Sohn des enthaupteten Königs, der bald durch seine Rückkehr nach London die Menschen nach einer Zeit der sinnlichen Entbehrungen wieder „wild vor Freude" machen wird. Als Karl II. und „merry monarch" besteigt er 1659 den Thron Englands. 1688 wird sein Bruder Jakob II. die königliche Macht durch eine toleranzlose katholische Religionspolitik noch einmal verspielen, seinen Kopf zwar behalten aber aus dem Land gejagt werden. Mit der „glorious revolution" des Jahres 1688 und der „bill of rights" beginnt Englands Weg in die konstitutionell-parlamentarische Monarchie, in der es noch heute verharrt.

16|12|1773
Tee und Steuern

Tausende von Zuschauern beobachten am Abend des 16. Dezember 1773 in Boston ein eigenartiges Schauspiel. Fünfzig Indianer erstürmen mit lautem Kriegsgeheul die drei britischen Teeschiffe Darthmouth, Eleanor und Beaver, öffnen die Ladeluken und schütten kurz darauf 48 Tonnen Tee ins Hafenbecken. Ebenso schnell wie sie gekommen sind, verschwinden die Indianer wieder in der Dunkelheit. Ein englischer Admiral fordert die Fliehenden auf, ihre „Zeche" zu bezahlen. Es ist das Fanal einer lange sich anbahnenden Entwicklung. Die britische Regierung, die seit 1763 in chronischen Finanznöten ist, versuchte durch Zucker- und Briefmarkensteuern, durch Importzölle für Papier oder Lederwaren in Amerika ihre Staatsfinanzen aufzubessern. „No taxation without representation" lautete dagegen die von den Kolonisten immer wieder erhobene Forderung. Eine wichtige Rolle spielt dabei der Tee. Die amerikanischen Kolonisten beziehen das populäre

Genussmittel illegal durch niederländische Händler aus der Karibik, und so kann die von der englischen Regierung protegierte Ostindiengesellschaft ihre Waren kaum noch absetzen. Das englische Parlament erteilt der Gesellschaft deshalb durch Senkung der Einfuhrzölle massive Handelvorteile. Dies weckt den Unmut der am Teehandel beteiligten „Sons of Liberty" um den amerikanischen Parlamentsabgeordneten Samuel Adams. Dieser entschließt sich, ein Zeichen zu setzen. Er verkleidet seine Männer als Indianer und stürmt die drei Schiffe der Handelsgesellschaft, die in Boston vor Anker liegen. In London empfindet man das Vorgehen als Skandal, doch die „Tea Party" löst einen Schneeballeffekt aus: In den anderen Kolonien kommt es zu ähnlichen Vorfällen. England erlässt Strafgesetze und diese werden in den Kolonien wiederum als „unerträglich" empfunden. Im April 1775 bricht der amerikanische Unabhängigkeitskrieg aus.

14 | 07 | 1789
Sturmzeit

Dreißig Meter hoch umsäumt von 25 Meter breiten Wassergräben liegt sie im Schein der Morgenstunden. Die Bastille. Man schreibt den 14. Juli 1789. Vor den Mauern des steinernen Kolosses drängeln sich an jenem Morgen die Menschenmassen. Das Symbol des Despotismus, das berüchtigte Gefängnis soll seiner Waffenbestände und Kanonen beraubt und dadurch entschärft werden. Seit zwei Tagen schon sind die Bürger von Paris im Aufruhr. Man fordert ein neues Parlament. Es geht das Gerücht, königliche Truppen hätten vor den Stadtgrenzen Stellung bezogen. Das Volk muss sich bewaffnen. Angekommen vor dem Bollwerk fürchten sich die Bürger dennoch, den ersten Schritt zu tun. Was niemand der Beteiligten vor dem Festungstor weiß, lediglich 80 invalide Soldaten und 30 Schweizergardisten des Leutnant Ludwig von Flue stehen unter dem Befehl des Festungskommandanten De Launay zur Verteidigung des dem Untergang geweihten Gebäudes bereit. Die Invaliden sind darüber hinaus kaum kampflustig und beim bloßem Anblick der Angreifer zur Kapitulation bereit. Seit 10 Uhr versuchen Mitglieder des Ständigen Ausschusses des Parlaments den Kommandanten Lounay zur Aufgabe der Festung zu überreden. Um vernünftig verhandeln zu können, setzt man sich zunächst einmal zu Tisch und speist. Zeit vergeht, Zeit, in der sich Gerüchte bilden, Gerüchte von der Vernichtung der Volksmasse, die sich inzwischen in den Vorhof der Anlage vorgearbeitet hat. Zwei Männer erklimmen plötzlich schnell und unbemerkt die Mauern, lassen die Zugbrücke herunter, gewähren den Massen Eintritt. Der Festungskommandant Lounay erteilt den Schießbefehl, 98 Angreifer und drei Verteidiger fallen, dann werden Kanonen auf die Bastille gerichtet und Lounay kaptituliert. Die Ausschussmitglieder eskortieren den Kommandanten bis zum Rathaus, doch dann entlädt sich an ihm das Strafgericht des Volkes, das kurze Zeit später seinen Kopf auf einer Barde durch die Stadt trägt. Am 15. Juli 1789 marschieren die aus den Beständen der Bastille bewaffneten Bürgersoldaten durch die Stadt, an ihren Revers zum ersten Mal das Rot-Blau von Paris und das königliche Weiß – die Trikolore.

09|12|1824
Das Letzte in der Reihe

Der Feind scheint zu weichen. Der Vizekönig von Peru José de La Serna gibt den Befehl zum Großangriff gegen die republikanische Armee. Die republikanischen Kämpfer unter der Führung des Antonio Jose de la Sucre erheben sich mit dem Ruf „Vorwärts zum Sieg" ebenfalls zur Attacke. Die spanischen Truppen geraten in Unordnung. Eine Stunde später ist die letzte Armee Spaniens auf dem Schlachtfeld von Ayacucho in den hochgelegenen Pampas von Peru besiegt. Der Vizekönig wird gefangen gesetzt, noch am selben Abend unterzeichnet er die Kapitulation. De la Sucre übernimmt das Präsidentenamt. Peru hat die Unabhängigkeit errungen. Nach 300 Jahren endet damit am 9. Dezember 1824 die Herrschaft Spaniens über den südamerikanischen Kontinent. Die Unabhängigkeitserklärung der USA im Jahre 1776 und die Erklärung der Menschenrechte während der Französischen Revolution hatten auch die Einwohner der spanischen Kolonien in Übersee nicht unberührt gelassen. Obwohl ein Großteil ihrer Bevölkerung in Armut, Abhängigkeit und Sklaverei lebte und den geistigen Neuerungen aus Nordamerika und Europa gleichgültig gegenüberstand, formierte sich eine starke politische Aufstandsbewegung. Die Schwäche Spaniens, dass auf dem europäischen Kontinent von Frankreich stark bedrängt wurde, ließ den Augenblick günstig erscheinen. Am 19. April 1810 nimmt die Unabhängigkeitsbewegung Südamerikas mit der Absetzung des Königs von Venezuela durch Simon Bolívar ihren Anfang, Argentinien (1810), Paraguay (1811), Chile (1818), Kolumbien (1821) und Brasilien (1822) folgen. Die spanische Armee, deren Soldaten gegen Ende der Kampfhandlungen zermürbt sind, ziehz 1824 in der Pampa Ayacuchos demoralisiert in die Schlacht, lassen Hunderte ihr Leben. Die Stadt San Juan de la Frontera de Huamanga wird 1825 zu Ehren des historischen Sieges in Ayacucho umbenannt.

11 | 11 | 1854
Sieg durch Niederlage

Die Goldsucher in Ballarat, Australien sind mit ihrem Los nicht zufrieden. Sie müssen auf ihre Schürflizenzen hohe Abgaben an die britische Krone zahlen, ohne im Regierungssystem repräsentiert zu sein. Als 17. Oktober 1854 der Miner John Scolbie aus ungeklärter Ursache von Regierungssoldaten erschossen wird, kommt es zu ersten Ausschreitungen. Es beginnt mit gezielten Eierwürfen auf den australischen Gouverneur, doch bald brennen erste Gebäude. Am 11. November 1854 versammeln sich etwa 10.000 Miner am Bakery Hill direkt gegenüber des Regierungsgebäudes in Melbourne und gründen die „Ballarat Reform League". Sie verabschieden eine Resolution, in der nach amerikanischem Vorbild „das unveräußerliche Recht" auf Mitsprache an den Gesetzen gefordert wird. Die „Besteuerung ohne eine entsprechende Repräsentation stellt einen Akt der Tyrannei dar", heißt es weiter. Die Miner fordern dazu das geheime Wahlrecht und eine Reform der Schürfgesetze. Die britische Regionalregierung aber will nicht mit sich verhandeln lassen. Am 28. November treffen britische Armeetruppen in Melbourne ein. 15.000 Miner beschließen tags darauf unter dem Schlachtruf „Are you ready to die? – Yes! Yes! Hooray!" den Aufstand. Man versammelt sich unter der „Eureka"-Flagge – einem weißen „Kreuz des Südens" auf blauem Grund – einer Landesfahne, die symbolträchtig des britischen „Union Jack" beraubt wird. Am 1. Dezember errichten die Aufständischen die Befestigung „Eureka Stockade". Doch was so imposant beginnt, endet in einer nüchternen Niederlage. Die britische Armee überwältigt die Miner in nur 15 Minuten, 30 Miner sterben. Nicht immer, so scheint es, ist die Geschichte den Revolutionären geneigt. Die „Eureka Stockade" wird dennoch zu einem historischen Moment in der australischen Geschichte: Die Forderungen der Ballarat Reform League werden innerhalb eines Jahres von der Britischen Regierung freiwillig und fast vollständig umgesetzt. Es ist, wie Mark Twain formuliert, ein Sieg durch eine verlorene Schlacht.

01 | 01 | 1870
Übertragbare Krankheiten

Am 1. Januar 1870 fordern 140 britische Frauen in einer Petition, dass der 1864 erlassene „Contagious Desease Act („Gesetz über Geschlechtskrankheiten") außer Kraft gesetzt wird. Das Gesetzt erlaubt es der Polizei, Frauen, die sie der Prostitution verdächtigen zu verhaften und sie zu einer gynäkologischen Untersuchung zu zwingen. Das britische Parlament will damit die hohe Verbreitung von Geschlechtskrankheiten eindämmen, unter denen besonders die britischen Soldaten leiden. Viele Frauen sehen das anders; immerhin werden die „Freier" unbehelligt gelassen. Die Frauenrechtlerin Josephin Butler argumentiert, dass Prostituierte Opfer ihrer Lebensumstände sind, „Kunden" jedoch nicht. Die Petition ist ein Skandal. In den Zeitungen wird argumentiert, dass Frauen zu keiner politischen Debatte fähig wären – bestes Beispiel seien die „kreischenden Schwestern", die jene skandalöse Petition unterschrieben hätten. Nun aber beginnt eine breite Öffentlichkeit, über die Bedeutung des „Contagious Desease Act" nachzudenken. In den nächsten zehn Jahren erhält das britische Parlament über 9.000 entsprechende Petitionen, unterschrieben von über zwei Millionen Personen, darunter auch viele Männer. Zu den Forderungen gehören auch eine Änderung der Vaterschaftsgesetze sowie eine Verbesserung der Lebensbedingungen der unteren Schichten. Die Petition gegen den „Contagious Desease Act", der 1886 aus den britischen Gesetzen verschwindet, ist ein Meilenstein in der Geschichte des Kampfes für die Gleichberechtigung und hat die spätere Suffragetten-Bewegung entscheidend beeinflusst.

10 | 04 | 1919
Viva Zapata!

Als am Aprilmorgen des Jahres 1919 der mexikanische Bauernführer Emiliano Zapata der Einladung seines neuen Verbündeten Oberst Guarjado auf dessen Hacienda San Juan folgt, erwartet er Nachschub für seine Truppen zur siegreichen Beendigung der Revolution. Anfängliche Zweifel an der Glaubwürdigkeit des Oberst haben sich längst verflüchtigt; schließlich hat dieser sich an der Tötung von sechzig feindlichen Regierungssoldaten aus dem Lager des Präsidenten Caranzza beteiligt. Bei der Ankunft auf der stillen Hacienda erkennt Zapata jedoch seinen Irrtum, zahlreiche Pistolenläufe sind bereits auf ihn gerichtet. Die Einladung ist eine Falle, der Oberst entpuppt sich als Lockvogel, die rollenden Köpfe der Soldaten ein blutiges Täuschungsmanöver. Zapata stirbt im Kugelhagel. Seit 1909 hat der Revolutionär mit dem wilden schwarzen Schnurbart um eine gerechte Verteilung des Landes gekämpft, das zu 96% den wenigen Großgrundbesitzern gehörte. Die Bauern darbten in bitterster Armut, viele folgten Zapata. Unter dem Kampfruf „Tierra y libertad" (Erde und Freiheit) enteigneten und verteilten die Zapatisten ein Drittel des Großgrundbesitzes in der mexikanischen Region. Als Zapatas Gegenspieler, der Präsident Carranza die Revolution beenden will und eine gemäßigte

Verfassung verabschiedet, glaubt Zapata nicht an ihre Umsetzung. Er enteignet weitere Ländereien und zieht mit gekreuzten Patronengürteln und Winchester im Lande umher. Carranza sieht nur eine Lösung: Die Beseitigung des widerständigen Bauernführers. Erst 1929 ist die mexikanische Revolution nach 19 Jahren Dauer und unendlichen Wirren beendet. Die aus ihr hervorgegangene sozialistische Partei PRI regiert bis zu ihrer Abwahl im Jahr 2006. Weit über Mexikos Grenzen hinaus wird der Bauernführer Zapata bis heute als Held gefeiert.

29 | 10 | 1923

Rettung auf türkisch

Mit den Worten „Wir werden sie retten!" und einem Salut aus einer 101-MG beginnt der türkische Zivilputsch des Generals Mustafa Kemal. Er verändert die Geschichte der Türkei maßgeblich und prägt sie bis heute. Mit den Luftschüssen Atatürks versinkt das 600-jährige islamisch-sunnitische Kalifats mit seinen Machträgern, die sich als „Beherrscher der Gläubigen" titulierten, im Staub. Für Atatürk ist es das Ende einer Ära aus Aberglauben und Despotie. Der „Vater aller Türken" ernennt sich selbst zum Präsidenten einer neuen türkischen Republik, in der die Religion des Islam als eine unzeitgemäße religiös-soziale Erscheinung nur noch eine Nebenrolle spielen soll. Mustafa Kemal hatte sich seine militärischen Meriten fürs Vaterland im Ersten Weltkrieg verdient. Er schlug als General die Briten bei Gallipoli 1915 und stoppte darauf auch die Invasion der griechischen Armee. Nach Atatürks Putsch setzt ein globaler sozialer und politischer Wandel in der Türkei ein, dessen sichtbarste Hauptmerkmale die Emanzipation der Frau sowie die Einführung westlicher Kleidung und des lateinischen Alphabets sind. Zusammengehalten wird die oft kontroverse Gesellschaftspolitik Atatürks durch eine starke Förderung des nationalen Selbstbewusstseins. Der Verlust traditioneller Werte und archaischer sozialer Gefüge soll durch das Identifikationsbild einer traditionsreichen Nation kompensiert werden. Der kulturelle Zwitter Türkei wird zum Dreh- und Angelpunkt zwischen der westlichen Welt und dem Islam. Prägnant ist auch die Einführung des neuen Namensrechtes: Mustafa Kemal verordnet den 1934 Türken Nachnamen, er selbst erhält den Namen „Atatürk" und wird so zum „Vater der Türken". Gut sechzig Jahre nach dem Tod Atatürks am 10. November 1938 regen sich die lang unterdrückten, aber geduldeten islamischen Kräfte erneut, eine Rückführung der Türkei in einen Gottesstaat stellt für manche wieder eine denkbare Alternative dar.

21 | 01 | 1924
Ein Kaffee bleibt stehen

Am 21. Januar 1924 wacht der 53 Jahre alte Ulyanov wie üblich um 10:30 Uhr auf. Doch ihm ist nicht recht wohl, er rührt seinen Kaffee nicht an und begibt sich zurück ins Bett. Abends wird er von hohem Fieber gequält. Die Ärzte werden gerufen, der Freund Nikolai Bukharin steht neben ihnen am Bett. Es herrscht für einen kurzen Moment die hektischste aller Betriebsamkeiten, dann tut Vladimir Ilich Ulyanov, der Welt besser bekannt als Lenin, seinen letzten Atemzug. Der Vater der russischen Revolution, ja vielleicht aller Revolutionen des 20. Jahrhunderts, ist tot. Seit 1918 haben Freunde und Parteifunktionäre bereits mit seinem Ableben gerechnet, 1922 erlitt er einen Herzinfarkt, ihn quälten eine Syphillis und die bleibenden Schäden einer Rückenwunde, die ihm das Attentat des Jahres 1918 bescherte. Der Tod nagte an seinem Körper. Im April 1917 war Lenin in einem plombierten Zug auf Veranlassung der Deutschen Heeresleitung von der Schweiz nach Russland gebracht worden, um das Zarenregime mit seinen kommunistischen Ideen ein wenig zu verwirren, doch er setzte schließlich mit der russischen Oktoberrevolution eine globale gesellschaftlich-politischen Umwälzung in Gang, deren Wirkungen bis heute noch nicht abgeklungen sind. Lenins Tod macht Stalin den Weg frei, der dessen Grundsatz, lieber früh wenige Führer zu eliminieren, als später tausende von Arbeitern töten zu müssen, als Lizenz zum Töten von Millionen handhaben wird.

01 | 10 | 1936
Der Wendige

Im Oktober 1934 streiken die Bergarbeiter in Asturien. Die rechtskonservative spanische Regierung betraut den Kommandanten der Fremdenlegion Francisco Franco mit der Angelegenheit, denn er gilt als konservativ und konsequent. 71 tote Aufständische, Standgerichte und die Ernennung Francos zum Oberbefehlshaber der Armee sind das Resultat seines Eingreifens. Als 1936 die linke Frente Popular die spanischen Wahlen gewinnt, sind Francos Tage allerdings gezählt. Er wird als Militärgouverneur auf die Balearen abgeschoben. Doch was als Exil gedacht ist, erweist sich als strategisch günstiges Sprungbrett für den ehrgeizigen Machtmenschen. Als am 17. Juli 1936 spanische Militärs in Marokko für einen Putsch rüsten, macht sich Franco rasch in einem Privatjet zum Ort des Geschehens auf. Der für die Führung der Aufständischen vorgesehene General José Sangura verunglückt wenig später mit dem Flugzeug. Nun schlägt Francos große Stunde. Er setzt sich an die Spitze der spanischen Afrika-Armee, motiviert das Mussolini-Regime in Italien zu militärischer Hilfe, landet mit seinen Verbänden in Südspanien und steht bald vor Madrid. Am 1. Oktober 1936 erklärt ihn die Militärjunta Franco offiziell zum „Generalisimo" der Bewegung, die sich als Falange Española bezeichnet. Die Falange erhält bald auch aus Deutschland militärische Unterstützung. Am 29. April 1937 fliegt die deutsche Legion Condor ihren berüchtigten Angriff auf Guernica, dem Picasso ein Klagedenkmal setzen wird. 1939 ist der Bürgerkrieg zugunsten der Falange beendet. Das Regime vermeidet im Zweiten Weltkrieg trotz großer Nähe zu Hitler eine eindeutige Bündnispolitik, die dem flexiblen Diktator Franco nach 1945 das politische Überleben sichert. Besonders die USA findet 1950 dessen Angebot attraktiv, die Balearen als geheimen Stützpunkt für Atomraketen zu nutzen und lässt alle Boykottmaßnahmen gegen Spanien aufheben. 1969 entschließt sich der Generalisimo zur Wiederherstellung der Monarchie. Er setzt den Bourbonenkönig Juan Carlos als seinen Nachfolger ein. Francisco Franco stirbt am 20. November 1975 und hinterlässt ein Land, das seitdem mit der Aufarbeitung immer neuer zutage tretender Gräuel seiner faschistischen Vergangenheit zu kämpfen hat.

26 | 01 | 1941
Der Feind meines Feindes

Am 26. Januar 1941 flieht Subhash Chandra Bose aus Indien. Es liegt ein weiter Weg vor ihm. Bose ist ein scharfer Kritiker der britischen Kolonialmacht und fordert ein unabhängiges Indien. Nötigenfalls soll die Fremdherrschaft auch mit Waffengewalt abgeschüttelt werden. Kein Wunder, dass die britische Kolonialverwaltung den Mann unter Hausarrest gestellt hat. Aber er entkommt. Über Russland reist er nach Berlin, wo er sich mit dem größten Feind Großbritanniens verbünden möchte: Adolf Hitler. Die Nazi-Regierung ist nicht abgeneigt. Man unterstützt Bose bei der Aufstellung einer „Indischen Legion", die sich aus indischen Kriegsgefangenen und in Deutschland lebenden Indern rekrutiert und schon bald an der Seite der Wehrmacht in Holland und Frankreich kämpft. Bose, der die Nationalsozialisten teilweise kritisch sieht, reist jedoch weiter nach Japan. Mit einer aus Exilindern und Kriegsgefangenen zusammengestellten „Indian National Army" (INA) und der Kaiserlich Japanischen Armee kämpft er nun unter mit dem Grundsatz „Asien den Asiaten" gegen die Briten. Bose gründet in Japan eine provisorische indische Exilregierung, die von den neun Achsenstaaten umgehend anerkannt wird.

Gegen Kriegsende stirbt Bose 1945 bei einem Flugzeugabsturz. 1950 erringt Indien die Unabhängigkeit. 1956 entsendet die indische Regierung eine Delegation nach Japan, um die Umstände des Todes von Bose zu untersuchen. Es bestehen Zweifel am Unfalltod. Manche behaupten, er wäre in einem sowjetischen Arbeitslager gestorben. Die Frage nach dem Schicksal Boses beschäftigt das unabhängige Indien bis heute. Das Leben des umstrittenen Freiheitskämpfers wurde mehrmals verfilmt.

18 | 02 | 1943
Nieder mit Hitler

München im Februar 1943. Viele Stadtbewohner trauen ihren Augen nicht, als sie an den Außenwänden der Ludwig-Maximilians-Universität und anderer Gebäude Sprüche wie „Nieder mit Hitler", „Freiheit" und „Hitler Massenmörder" lesen. Die Plakat Aktion geht von einer Gruppe junger Studenten aus. Seit Sommer 1942 verteilen diese bereits Flugblätter, in denen sie gegen die nationalsozialistische Diktatur und den Weltkrieg protestieren, zur Sabotage aufrufen und ein Ende der „Tyrannis" fordern. Im Januar 1943 erreicht ihr fünftes Flugblatt eine „Auflage" von etwa 10.000 Exemplaren und wird auch in anderen Städten Süddeutschlands und Österreichs verbreitet. Am 18. Februar 1943 wird ein sechstes Flugblatt an der Münchener Hochschule ausgelegt – es ist der Tag, an dem Joseph Goebbels im Berliner Sportpalast den „Totalen Krieg" ausruft. Ein Hausmeister beobachtet die Studenten und denunziert sie bei der Gestapo. Die Studenten Hans und Sophie Scholl werden noch am selben Tag verhaftet und vier Tage später nach der Verurteilung vor Freislers Volksgerichtshof zusammen mit Christoph Probst hingerichtet. Ebenso ergeht es den anderen Mitgliedern der „Weißen Rose", wie sich die Gruppe nennt. Nach einem weiteren Prozess im April 1943 werden auch Alexander Schmorell, Willi Graf und der Psychologieprofessor Kurt Huber zum Tode verurteilt. Der Gruppe nahe stehende Freunde und Bekannte, darunter zahlreiche Akademiker und Intellektuelle wie Lehrer, Ärzte, Schriftsteller und Buchhändler, werden mit Haftstrafen bis zu 12 Jahren belegt. Das Leben und die Taten der „Weißen Rose" dienen immer wieder als dramaturgischer Stoff, so in Marc Rothemunds Kinofilm Sophie Scholl – Die letzten Tage (2005) mit Julia Jentsch in der Hauptrolle.

27 | 02 | 1943
Wunder in dunklen Zeiten?

Am 27. Februar 1943 beeilen sich die Nazis, Berlin „judenfrei" zu machen. Es werden etwa 8.000 noch in Berlin lebende jüdische Deutsche verhaftet, darunter zahlreiche Personen aus „Mischehen". Diese Personengruppe wird in ein Sammellager in der Rosenstrasse, in Berlin-Mitte, gebracht. Noch am selben Abend finden sich die Frauen und Angehörigen dieser Deportierten vor dem Gebäude ein. Sie verlangen die Freilassung der inhaftierten Personen. Die Demonstration wird über einige Tage Aufrecht erhalten; fast immer sind mehrere Hundert Personen entgegen der Anweisungen der Polizei in der Rosenstrasse präsent. Den Machthabern ist die Demonstration zivilen Ungehorsams nicht geheuer, auch ist die „Behandlung" deutsch-jüdischer Eheleute unter den Beauftragten für „Rassenhygiene" umstritten. Ab dem 2. März werden die Inhaftierten nach und nach wieder freigelassen. Der Vorfall wird als Verwaltungsfehler hingestellt. Goebbels notiert am 6. März in seinem Tagebuch: „Es haben sich da leider etwas unliebsame Szenen vor einem jüdischen Altersheim abgespielt, wo die Bevölkerung sich in größerer Menge ansammelte und zum Teil sogar für die Juden Partei ergriff. Ich gebe dem SD den Auftrag, die Judenevakuierung nicht ausgerechnet in einer so kritischen Zeit fortzusetzen." Die Demonstration der Frauen und Angehörigen hat, im Zusammenhang mit der besonderen Lage, die Freilassung ca. 2.000 Personen erwirkt, die sich nun zur Zwangsarbeit verpflichten mussten. Die meisten der 6.000 übrigen in der Rosenstraße inhaftierten, nicht mit Deutschen verheirateten Personen, wurden im KZ Auschwitz-Birkenau ermordet.

01 | 10 | 1949
Der Wellenbrecher

Im Sommer 1955 hat der Sommerkurort Beidaihe erlauchte Gäste. Der erste Vorsitzende der kommunistischen Partei Chinas Mao Zedong verbringt hier streng bewacht seine Ferien. Der Leibarzt Xu Tao hat dem Revolutionsführer das Baden aus gesundheitlichen Gründen streng untersagt. Schließlich kann sich die frisch gebackene Volksrepublik den Verlust ihres Führers nicht leisten. Doch Mao ist selbst durch seinen Leibwächter Quan Yanchi nicht aufzuhalten. Er stürmt am Strand den meterhohen Wellen entgegen. Die acht Leibwächter folgen und die gesamte Gruppe wird von den Wellen niedergeschlagen. Das Schauspiel wiederholt sich solange bis Mao und die

Seinen endlich auf den Wellen schwimmen. Mao nutzt den Vorfall zu einer Demonstration seiner Philosophie: „Man kann euch immer wieder zurückschlagen, aber am Ende gewinnt der Mutige doch". Maos Mut, seine Zähigkeit und seine Visionen haben den Sieg seiner Truppen im Bürgerkrieg möglich gemacht. Sie waren die Vorraussetzung für die Proklamation der Volksrepublik China am 1. Oktober 1949 und ließen die chinesische Bevölkerung die Enteignungen der „Großen Bodenreform" (1949-52) verkraften. Doch scheitert der Fünfjahresplan des „chinesischen Weges" (1953-58), ein ehrgeiziges Unterfangen, bei dem Mao gegen den Widerstand der Parteispitzen China in einen produktiven Agrarstaat verwandeln möchte. Die sich anschließende völlig konträre Politik des „Großen Sprunges" (1958-1965), das Land mit der Brechstange zu industrialisieren, wurde zum Desaster. Ebenso 1956 die „Hundert Blumen Bewegung", mit der Mao die lang geschmähten Intellektuellen durch freie Meinungsäußerung in den Staatsaufbau einbinden wollte. Schnell regt sich unliebsame Regimekritik, die geistige Repressionsmaßnahmen zur Folge hat. 1965 führt Mao die Chinesen mit der „Großen Kulturrevolution" auch in die kulturelle Verödung. Als der „Große Vorsitzende" 1969 stirbt, hinterlässt er ein Land in Armut und Isolation, die Visionen des Wellenbrechers sind an den Realitäten gescheitert. Sein ehemaliger Leibwächter Quan Yanchi fasst es zusammen: Sein ganzes Leben lang war Mao im Alltag ein Gewinner, nur in der Politik galt dies nicht.

20 | 10 | 1952

Gewalt & Recht

Im Jahr 1952 unterliegt Kenia noch der kolonialen Hoheit der britischen Krone. Diese begünstigt weiße Siedler zu Ungunsten der einheimischen Bauern, die zu einem großen Teil der Volksgruppe der Kikuyu angehören. Während manche Kikuyu sich in der KCA (Kikuyu Central Assoziation) gegen die weiße Besatzung erheben, sucht der Kikuyu-Häuptling Kungu Waruhiu den Schulterschluss mit den Briten, um sich Gehör zu verschaffen. Am 20. Oktober 1952 ist Waruhiu auf dem Weg zu einer Dependance der Adventistenmission bei Nairobi als mehrere Kugeln sein Auto durchsieben. Hinter dem Attentat steckt die KCA, die man auch Mau-Mau nennt. Die Botschaft ist klar: Der Freiheitskampf kennt nun keine Brüder mehr, sondern nur noch Feinde oder Freunde. England schickt massive Truppenverbände nach Kenia, die ausbrechenden Kämpfe dauern acht Jahre und sind verlustreich. Die Mau-Mau ermorden Siedler und zahlreiche Loyalisten, die Briten richten berüchtigte Internierungslager ein, bald sammeln sich hier 100.000 Gefangene. Am Ende des Konflikts ist eine unbekannte Anzahl von Toten zu beklagen; die Schätzungen reichen bis zu 50.000 Menschen, zumeist Einheimische. Die britische Armee soll allein 1.000 Aufständische hingerichtet haben. Die Menschenrechtsverletzungen durch die britische Armee, die weißen Siedler und kenianische Loyalisten finden ihren Weg in die internationalen Medien. Der dadurch ausgelöste internationale Druck bewirkt, dass Großbritannien sich aus Kenia zurückzieht. Am 12. Dezember 1963 wird Kenia in die Unabhängigkeit „entlassen".

26|07|1953
¡Venceremos!

Der 27-jährige Fidel Castro ist Mitglied der antikommunistisch-orthodoxen „Partido del Pueblo Cubano". Die Partei ist sich einig: Das Regime des Diktators Fulgencio Batista, dessen Politik, Kuba soziales Elend und Armut verdankt, ist zu beseitigen. Der Bevölkerung müssen die Augen für einen alternativen Weg geöffnet werden. Man plant eine gewagte Unternehmung: Die Moncada-Kaserne in Santiago de Cuba soll besetzt werden. Die mutige Tat soll die breite Öffentlichkeit zum Aufstand gegen den Diktator inspirieren. Die hoffnungslos unterlegenen Rebellen hoffen dabei, dass die Soldaten von den Karnevalsfeiern zu erschöpft sind, um Widerstand zu leisten. Sie irren sich. Der Coup schlägt fehl. Castro überlebt nur, weil der ihn in Gewahrsam nehmende Unteroffizier sich weigert, dem Befehl Batistas zu folgen und die wehrlosen Gefangenen zu erschießen. Castro wird vor Gericht gestellt. Doch, was sein Waffengang nicht schaffte, gelingt ihm nun auf der Anklagebank durch eine flammende Verteidigungsrede. Castros Worte erzeugen die gewünschte revolutionäre Stimmung in der kubanischen Bevölkerung. 1955 kommen Castro und seine „Moncadistas" durch eine Generalamnestie frei, Batista will die Wogen glätten. Castro flieht nach Mexiko um Kräfte zu sammeln. Vier Jahre später, siegt am 8. Januar 1959 die Revolution in Kuba. Hunderte Soldaten und Polizisten des Batista-Regimes werden wegen Mordes verhaftet, angeklagt und hingerichtet. Als Fidel Castro 1958 von Mexiko zur großen Eroberung Kubas aufgebrochen war, zeigte seine Flagge die Farben rot und schwarz, darüber prangte die weißte Schrift „M-26-7", für „Movimiento 26-7", ein Hinweis auf die epochalen Ereignisse der Julitage 1953.

23|10|1956
Der friedliche Weg des Onkel Imre

Der kommunistische Politiker Imre Nagy ist bei vielen Budapestern durch seine Kaffeehausbesuche beliebt, bei denen er gern über eine bessere Zukunft Ungarns plaudert. Vor allem seit die Altstalinisten den reformorientierten Mann aus dem Amt des Ministerpräsidenten herausgedrängt haben, ist er so etwas wie ein Held der Straße. Am 23. Oktober 1956 fordern Intellektuelle und Arbeiter auf einer Demonstration die Erneuerung des Sozialismus. Schnell schlägt die Stimmung in einen Aufstand um. Die erhitzte Menge hat bereits die Statue des verstorbenen Stalin von ihrem Sockel gestürzt, da ruft sie nach Nagy, von dem man sich Unterstützung verspricht. „Onkel Imre" bittet die Demonstranten jedoch nach Hause. Da die Unzufriedenheit über die wirtschaftlichen Not und die gesellschaftliche Enge unter der Regierung der orthodoxen Kommunisten jedoch zu groß ist, wird Nagy am 28. Oktober 1956 erneut zum Ministerpräsidenten ernannt. Nun tritt er mutig für die Demokratie ein. Er verlangt die politische Neutralität Ungarns und den Austritt aus dem Warschauer Pakt und versetzt so die Sowjetunion in höchste Alarmbereitschaft. Diese reagiert und rückt am 4. November mit Panzern nach Budapest vor. Nach blutigen Straßenkämpfen mit über 3.000 Toten, schlägt die Rote Armee am 11. November 1956 den Aufstand nieder. Über 200.000 Ungarn fliehen aus dem Land, Tausende werden verhaftet. Der neue moskautreue Erste Sekretär Kadar kann jedoch eine bessere materielle Versorgung und eine zaghafte Liberalisierung des Landes erkämpfen. Imre Nagy wird am 16. Juni 1958 in einem Schauprozess hingerichtet,

31|07|1959
Axt und Schlange

Am 31. Juli 1959 gründen einige Studenten an der Universität von Bilbao die Bewegung „Euskadi ‚ta Askatasuna", die man heute besser unter dem Namen ETA kennt. Unter dem Schlachtruf „Baskenland und Freiheit" fordert man einen eigenen Staat für den Ethnie der Basken, die sich in Kultur und Sprache von den übrigen Spaniern unterscheidet. Als Symbol wählt die Gruppe eine sich um eine Axt windende Schlange. Während sich die alte traditionellere baskische Nationalbewegung relativ gut mit der amtierenden Regierung des Diktators Franco arrangieren kann, tritt die junge ETA den Kampf gegen das faschistische Regime offensiv an. Dabei kann sie zunächst von den Sympathien der vielen stillen Franco-Gegner in Spanien profitieren.

Ihre teils rücksichtslosen und teils mafiösen Mitteln wecken aber auch bald Missfallen. Bereits beim ersten der ETA zugeordneten Bombenanschlag kommt 1960 in einem Bahnhof ein unbeteiligtes Kind um. Auch die Erhebung „revolutionärer Steuern", die man 1965 für alle Basken zur patriotischen Pflicht erklärt, kommt nicht überall gut an. Nach dem Ende der Franco-Diktatur 1975 teilt sich die ETA in zwei Flügel auf: Eine Fraktion fügt sich in die neue spanische Demokratie ein und erreicht weitgehende Autonomierechte für das Baskenland. Der andere Teil setzt den bewaffneten Kampf fort. Die spanische Regierung geht nun radikal gegen die ETA vor. Durch diesen Umstand erhält die gejagte Terrororganisation in der noch antiautoritär aufgeladenen Stimmung der Siebziger und frühen Achtziger Jahre eine zeitlang einen gewissen „Pop-Status". Sie wird als Teil des allgemeinen europäischen „Kampfs gegen das System" angesehen. Durch ihre Kompromißlosigkeit und immer neue Gewalttaten verspielt sich die ETA diesen Bonus aber rasch.

21 | 02 | 1965
Schüsse auf den Namenlosen

New York City, Manhattan, Harlem. Es ist der 21. Februar 1965, als ein Mann zum wiederholten Male das Podium des Audubon Ballroom betritt, um vor der von ihm 1963 gegründeten Organization of Afro-American Unity einen Vortrag über die Rechte und die Selbstbestimmung farbiger US-Amerikaner zu halten. Der Mann nennt Malcolm X. 1925 als Malcolm Little geboren, legte seinen Nachnamen ab, als ihm bewusst wurde, dass dies vermutlich sein Sklavenname gewesen ist. Jetzt steht das „X" stellvertretend für seinen verloren gegangenen afrikanische Familienidentität. Malcolm ist eine der führenden Gestalten der Bürgerrechtsbewegung in den Vereinigten Staaten und wird seit Jahren vom FBI überwacht. Doch auch innerhalb der eigenen Reihen macht er sich durch seine radikalen Ansichten nicht nur Freunde und wird bei Veranstaltungen der Nation of Islam immer wieder mit Redeverbot belegt, bis es 1964 schließlich zum Bruch mit der Vereinigung und ihrem Führer, Elijah Muhammad, kommt. Am Abend des 21. Februar 1965 gerieten inmitten seines Vortrags plötzlich zwei Männer in Streit, dann explodiert eine Rauchbombe. Schließlich werden 17 Schüsse auf den charismatischen Redner abgefeuert und verwunden ihn tödlich. Das Attentat soll von Mitgliedern der Nation of Islam verübt worden sein, auch wenn das nie bewiesen werden kann. Ein Jahr nach seinem gewaltsamen Tod kommt es zur Gründung der Black Panther Party for Self-Defense, einer nationalistisch-kommunistischen schwarzen Bürgerrechtsgruppe. Malcolm X gilt als Märtyrer der Black-

Power-Bewegung. Sein Einfluss ist noch heute spürbar, vor allem Spike Lees Filmbiographie (1992) rückte Malcom X wieder ins Bewusstsein der Weltöffentlichkeit.

21 | 04 | 1967
Unsanftes Erwachen

Als am Morgen des 21. April 1967 der griechische König Konstantin II. von den „Obristen" geweckt wird, ist der Militärputsch unter der Führung des Oberstleutnant Georgios Papadopoulos schon in vollem Gange. Schwer bewaffnete Soldaten haben die strategischen Punkte besetzt und mit der Verhaftung Tausender von Oppositioneller begonnen. Der noch schlaftrunkene junge König reagiert zunächst erleichtert, scheint ihm doch diese Art der Bereinigung der desolaten politischen Zustände des Landes annehmbarer als ein Wahlsieg seines Erzfeindes, des linken Politikers Papandreos. Zu häufig war der noch junge und unerfahrene König von militärischen Kreisen eindringlich vor den Gefahren der Regierung Papandreos gewarnt worden. Immer wieder hatte man ihn auf die angeblichen Pläne des Politikers hingewiesen, eine Verschwörung zum Sturz der Monarchie anzetteln zu wollen und die kommunistische Revolution zu planen. Griechenland ist zu jener Zeit seit 1952 als einziger Balkanstaat Mitglied der Nato und somit in den Kalten Krieg involviert, der König hat also eine „Verpflichtung". Obgleich die „Obristen" um Papadopoulos nach dem erfolgreichen Putsch die konstitutionelle Monarchie beibehalten werden, wächst dennoch die Unzufriedenheit des Monarchen, dem die Militärs lediglich mit Repräsentationsaufgaben abspeisen. Noch im selben Jahr wagt er einen Gegenputsch, der wegen halbherziger Vorbereitung scheitert. Konstantin II. muss ins Exil fliehen. 1974 bringen nicht abebbende Demonstrationen der studentischen Bevölkerung und ein militärischer Konflikt mit der Türkei das brutale Militärregime zu Fall. Eine Volksabstimmung macht aus Griechenland, der „Wiege der Demokratie", wieder eine Republik.

02 | 04 | 1968
Smog in Frankfurt

Im Mai 1967 erscheint ein Flugblatt der legendären Kommune 1. Es bezieht sich auf einen Kaufhausbrand in Brüssel und endet mit der Frage: „Wann brennen die Berliner Kaufhäuser?" Einen Monat später, am 2. Juni, wird der Student Benno Ohnesorg während einer Studenten-Demonstration in Berlin erschossen. Die Studentenbewegung, allen voran die Außerparlamentarische Opposition (APO) und der SDS um Rudi Dutschke, beginnt sich zu radikalisieren. Immer häufiger wird diskutiert, auch Gewalt als Mittel des Protestes in Betracht zu ziehen. Szenenwechsel: Es ist die Nacht des 2. April 1968, als vier junge Leute in der Frankfurter Innenstadt drei Brände in zwei Kaufhäusern legen. Schon zwei Tage später können die Täter aufgrund eines „konkreten" Hinweis dingfest gemacht werden. Es handelt sich um Gudrun Ensslin, Andreas Baader, Thorwald Proll und Horst Söhnlein – und um eine politisch motivierte Tat, wie sich bald herausstellt. Im Oktober 1968 wird den Brandstiftern der Prozess gemacht. Sie benehmen sich auf der Anklagebank wie Popstars, rauchen Zigarren und zollen Gericht und Staatsanwaltschaft im allgemeinen wenig Respekt. Das Urteil: Drei Jahre Zuchthaus. Die Verurteilten können vor Antritt ihrer Haftstrafe im November 1969 zwar zunächst in den Untergrund abtauchen, werden aber bald gefasst. Am 14. Mai 1970 gelingt Baader mithilfe von Ensslin, Ulrike Meinhof und anderen bei einem Freigang die spektakuläre Flucht. Der Tag gilt als Gründungsdatum der Roten Armee Fraktion oder Baader-Meinhof-Bande, wie sie anfangs noch genannt wird.

30 | 01 | 1972
Der Blutsonntag

Der irische Unabhängigkeitskrieg wird 1921 mit einem Kompromiss gewonnen: Irland wird geteilt, Großbritannien behält die Kontrolle über den Norden der irischen Insel. Die Irisch-Republikanische Armee (IRA) ist mit der durch die Regierungspartei Sinn Féin akzeptierten Lösung allerdings nicht zufrieden. Sie geht in den Widerstand – im Norden und im Süden der geteilten Insel. Zwei Jahre währt ein Bürgerkrieg bis die IRA 1923 kapituliert. Doch sie bleibt bestehen. Als die nordirische, britisch kontrollierte Polizei sich in den 60er Jahren zahlreicher Menschenrechtsverletzungen gegen die in Nordirland lebenden Katholiken schuldig macht, tritt die IRA wieder an das Licht der Öffentlichkeit. Am 30. Januar 1972 werden die Kampflinien endgültig abgesteckt. Am „Bloody Sunday" werden bei einer nicht genehmigten Demonstration gegen das Vorgehen der britischen Regierung in der nordirischen Stadt Derry vierzehn Menschen von britischen Soldaten erschossen. Die später von der britischen Regierung durchgeführte Untersuchung entlastet die Soldaten. Der Rechtsmediziner der Stadt Derry dagegen schreibt: „Es fällt auf, dass die Britischen Soldaten an jenem Bloody Sunday nur Amok gelaufen sind … Sie haben unschuldige

Menschen getötet". Spätestens jetzt ist die IRA wieder die Schutzmacht der katholischen Iren. Sie führt Racheaktionen durch, es kommt zu beiderseitigem Blutvergießen. Der Guerillakrieg endet 2005 mit einer Erklärung der IRA: „Wir glauben, dass es jetzt einen alternativen Weg gibt, ... die britische Herrschaft in unserem Land zu beenden." Am 26. September 2005 gibt die IRA ihre vollständige Entwaffnung bekannt.

24 | 04 | 1974
Braungebrannte Stadt

Die Hörer des katholischen Radiosenders Renascenca lauschen in den frühen Morgenstunden des 25. April 1974 erstaunt der Übertragung der verbotenen, antifaschistischen Hymne „Grandola, Villa Morena", dem Klagelied über des Sängers José Alfonso über das „braungebrannte" Portugal. Etwas muss geschehen sein. Drei Stunden zuvor sandte der Rundfunk am 24. April um 22:53 Uhr mit Paulo de Carvalhos „E depois do Adeus" (Und nach dem Abschied) Eingeweihten bereits das erste verabredete Startsignal für den beginnenden politischen Umsturz. Geplant hat ihn das Militär unter Führung des Generals die Spinola, der durch sein kritisches und pro-demokratisches Buch „Portugal und die Zukunft" die Stimmung im Land aufgewirbelt hat. Seit 1926 herrscht eine kleine faschistische Elite unter der Führung des Diktators António de Oliveira Salazar und seines Nachfolgers Marcello Caetano (seit 1968) über das Land. Andersdenkende verschwinden in den Gefängnissen der brutalen Geheimpolizei. Die politische Opposition, zu der Teile der Streitkräfte zählen, muss im Verborgenen operieren. Als an jenem frühen Aprilmorgen die Streitkräfte in Armeefahrzeugen durch ihre Stadt rollen, jubeln ihnen die Lissaboner freudig zu. Viele stecken den Soldaten leuchtende rote Nelken in die Gewehrläufe. Diesen verdankt die nahezu unblutig verlaufende „Nelkenrevolution" ihren Namen. Noch am selben Tag befreien die Militärs die zahlreichen poltischen Häftlinge aus den Gefängnissen, die Zeitung Republica berichtet unzensiert über die Ereignisse. Nur widerwillig gibt der Diktator Caetano die Macht an di Spinola ab, er geht ins Exil nach Madeira. Die ehemalige Weltmacht Portugal beginnt den langen Weg in die Demokratie, dem sein Nachbarland Spanien ein Jahr später folgt. Seit 1986 ist Portugal Mitglied der EU. Die Nelke ist bis heute das Symbol für die Freiheit geblieben.

01 | 02 | 1979
Ankunft eines Heilsbringers

Die Airfrance Maschine nähert sich Teheran, an Bord ist der Ayatollah Ruhollah Khomeini, das Oberhaupt der iranischen Schiiten, im Exil seit 15 Jahren. Die Stunde der Rückkehr ist nahe und amerikanische Journalisten, die ebenfalls an Bord sind um den bevorstehenden historischen Moment der Rückkehr mit Kameras zu begleiten, schauen sich verwundert an, als sich der Geistliche vor der Landung friedlich auf dem Fußboden der Maschine schlafen legt. Die 747 landet schließlich unbeschadet in Teheran. Der Premierminister Shahpour Bakhtiar hat die letzte Gelegenheit verpasst, sich und das Schahregime vor dem Untergang zu bewahren. Khomeini hat diesen bereits 1963 vorausgesagt und die Zeit ist nun gekommen. Es sind nicht weniger als eine Million Menschen, die den Ayatollah frenetisch jubelnd am Flughafen erwarten, „Der Heilige ist gekommen!" hört man sie rufen, als der greise Khomeini die Gangway hinabsteigt und sich dabei am Arm eines Air France Flugstewards festklammert. Um 9:39 Uhr betritt er wieder die iranische Erde. Er schreitet zum Mikrophon, heißt sein Volk willkommen und kündigt seinen Gegnern ihr unausweichliches Schicksal an, sollten sie nicht sofort das Land verlassen. Der Jubel ist frenetisch als die Worte „Die Tage der Diktatur sind vorbei" die Lippen des Ayatollah verlassen. Acht Tage später übernimmt Khomeini die Macht. Nahezu kampflos haben ihm die Schah-Anhänger das Feld überlassen müssen und wandern, sofern sie sich nicht absetzen können, in die Gefängnisse. Die unter ihrem autokratischen Regime ausgeblutete Bevölkerung weint dem Regime keine Träne nach, man glaubt, es kann nur besser kommen. Am 1. April ruft Khomeini die Islamische Republik Iran aus, am 12. Dezember erklärt er sich zum Revolutionsführer auf Lebenszeit. Politische Verfolgungswellen, Repressalien, die Mangelwirtschaft und die Zwangsrekrutierungen von Kindersoldaten, die 1980 mit dem Irak-Krieg einsetzen, verdüstern indessen schon bald die anfängliche Euphorie.

17 | 07 | 1979
Kaffee für die Revolution

Am 10. Juli 1979 gibt Anastasio Somoza Debayle auf. Der Diktator flieht aus Nicaragua. Mit ihm machen sich seine Familie und fast der gesamte Generalstab auf den Weg ins sonnige Florida. Die Clique flieht vor den Sandinista, einer Gruppe von Revolutionären, die sich dem Kampf gegen die Unterdrückung des Diktators und seiner amerikanischen Geldgeber verschrieben haben. Benannt hat sich die Bewegung symbolträchtig nach General César Sandino, der in den 20er Jahren gegen die US-Besatzung von Nicaragua kämpfte. Die Sandinisten können auf die Unterstützung der ausgebeuteten Bevölkerung bauen. Bereits seit 1978 war der Diktator in der Defensive, er tyrannisierte die Bevölkerung durch eine rücksichtslose wirtschaftliche und politische Repressionspolitik, die den US-Präsidenten Carter dazu veranlasste, Nicaragua sämtliche zuvor geleistete Militär- und Wirtschaftshilfen zu streichen. Zwar gewährte der Internationale Währungsfonds noch weitere Kredite, doch das half Somoza nicht mehr. Die Sandinisten haben fast die gesamte Bevölkerung hinter sich als sie im Juli 1979 mit einem Generalstreik das Land lahm legen. Auch zahlreiche Nachbarländer entziehen Somoza die Unterstützung. Dem Diktator, bleibt nur die Flucht. Er wird 1980 in Paraguay ermordet. Nicaragua sieht sich nach dem Sieg der Revolution 1979 bald vor neuen Schwierigkeiten. Das westliche Ausland will die Machtübernahme durch die Sandinisten nicht anerkennen und besteht auf freie Wahlen. Die Sandinisten lehnen ab. Das neue Regime begeht bei der poltischen Flurbereinigung nun selbst Menschenrechtsverletzungen und schafft sich durch die Hinrichtungen ehemaliger Mitglieder der Nationalgarde eine zweifelhaften Ruf. Insgeheim unterstützt die US-Regierung unter Reagan ab 1981 den „Contra-Krieg" gegen die sandinistische Regierung. Der etwas anders gestrickte Teil der westlichen Welt greift zum Kaffee – dem nicaraguanischen Soli-Kaffee, der über alternative Einrichtungen als Hilfe zur Selbsthilfe für Nicaragua verkauft wird. Die ersten freien Wahlen im Land folgen 1990: Die Sandinisten werden abgewählt.

23 | 02 | 1981

Machtwort einer Zuckerpuppe

Es ist Montagabend, das spanische Parlament steht in Madrid vor der außerfahrplanmäßigen Wahl des neuen Regierungschefs Leopoldo Calvo Sotelo. Sein Vorgänger Adolfo Suàrez ist überraschend zurückgetreten. Antonio Tejero, Offizier der Guardia Civil, scheint an diesem 23. Februar 1981 zum Thema sprechen zu wollen. Er tritt ans Rednerpult, doch seine Botschaft überrascht: „Alle auf den Boden, auf den Boden, verdammt!" ruft der Mann und schießt mit einer Pistole in die Luft, dann stürmen 200 Mann das Parlament, geben MG-Salven ab und nehmen die Abgeordneten als Geiseln. Man verkündet ihnen, dass „ihnen nichts passieren" wird. In Valencia lässt im selben Augenblick General Jaime Milans del Bosch den Ausnahmezustand verkünden und besetzt die Stadt mit Panzer- und Truppenverbänden.

Schnell verkündet die Guardia Civil ihre Forderungen: General Alfonso Armada soll die Macht im Staat übernehmen. Ein entsprechendes Telegramm wird an König Juan Carlos geschickt, mit dessen Widerstand man kaum rechnet, scheint der doch öffentlich immer wieder als „Zuckerpuppe" gehänselte König doch kein Rückgrat zu besitzen. Anfangs sieht es aus, als hätten die Putschisten Recht. Juan Carlos verbringt einige Zeit weinend im Palast. Doch dann geschieht Unglaubliches. In einem Telegramm lässt er die Putschisten wissen: „Weder danke ich ab noch gehe ich. Ihr müsst mich schon erschießen", dann hält er uniformiert um 1:10 Uhr ein Fernsehansprache an sein Volk, in der er zum Widerstand aufruft und ein Volksreferendum über die Zukunft des Landes befiehlt. Die Putschisten sind so überrascht, dass der Aufstand in Folge heftiger Debatten noch in derselben Nacht zusammenbricht. 1982 werden die Schuldigen zu Freiheitsstrafen verurteilt, kommen jedoch bald wieder auf freien Fuß. Seitdem ranken sich Gerüchte um die Drahtzieher des Aufstandes. Die CIA, die ein Erstarken der kommunistischen Partei in Spanien befürchtete und der spanische Geheimdienst Cesid kommen als Verdächtige in Frage. Ebenso für manche der König selbst, der durch die Machtdemonstration die Stellung seiner Person und der Monarchie habe festigen wollen. Antonio Tejero kennt die Antwort bestimmt, doch er schweigt, der 1996 begnadigte Putschist züchtet heute Avocados an der Costa del Sol.

06 | 01 | 1986

Der populäre Widerstand

„Als die ersten Missionare nach Afrika kamen, besaßen sie die Bibel und wir das Land. Sie forderten uns auf zu beten. Und wir schlossen die Augen. Als wir sie wieder öffneten, war die Lage genau umgekehrt: Wir hatten die Bibel und sie das Land.", so Desmond Mpilo Tutu. Der 1931 in Südafrika geborene Tutu war ursprünglich Lehrer. Als die Apartheid-Regierung schwarzen Schülern eine schlechtere Ausbildung vorschreibt als weißen Kindern, wechselt er den Beruf. Desmond Tutu wird anglikanischer Priester; seine Ausbildung absolviert er in London. 1975 wird er zum ersten schwarzafrikanischen Dekan der St. Marx's-Kathedrale in Johannesburg. Er engagiert sich gegen die Apartheid und erhält 1984 den Friedensnobelpreis. 1986 wird er zum Erzbischof von Kapstadt ernannt. International wird Tutu zum Symbol für Toleranz und den Kampf gegen die Apartheid; so bringt Miles Davis am 6. Januar 1986 ein Album mit dem Titel „Tutu" heraus. Das Album, ein Meilenstein in der Musikgeschichte, verkauft sich gut: Die Weltöffentlichkeit hält seitdem nicht viel von dem offiziellen Südafrika. Auch nach dem Ende der Apartheid ruht Tutu sich nicht auf seinen Lorbeeren auf. Der streitbare Bischof setzt sich aktiv für die Anerkennung von homosexuellen Paaren ein.

03 | 06 | 1989
Himmlische Ungeduld

Im Jahr 1989 träumen in China manche von einer Lockerung der Verhältnisse; der sowjetische Reformer Gorbatschow besucht Peking, international herrscht „Tauwetter", der Kommunismus scheint menschlicher zu werden. Am 17. April 1989 nutzt die alternative Studentenbewegung die Gunst der Stunde und fordert im Rahmen einer Trauerkundgebung auf dem Platz des Himmlischen Friedens (Tian'anmen) einen offenen Dialog mit der Regierung. Aus der Kundgebung wird eine Art Freiheitsfest. Monatelang wird der Tian'anmen-Platz besetzt, bis zu eine Million Menschen demonstrieren hier ihre Solidarität und ihren Wunsch nach mehr Demokratie. Die chinesische Regierung macht im Mai 1989 klar, dass ihre Geduld Grenzen hat. Die Demonstranten lassen sich nicht beirren. Am 3. Juni 1989 rückt die Armee vor und macht von den Waffen Gebrauch. Aus der friedlichen Demonstration wird ein ganz Peking erfassendes Massaker. Die Menge lyncht mehrere Soldaten, es kommt zu Straßenschlachten. Der Aufstand wird schließlich niedergeschlagen. Die angenommenen Opferzahlen gehen weit auseinander – die chinesische Regierung spricht von 300 Toten, das Rote Kreuz nimmt 2.600 getötete Zivilisten an. Das Ereignis bricht zudem effektiv die chinesische Demokratiebewegung. Die Regierung geht hart gegen die beteiligten Aktivisten vor; sie werden zu hohen Haftstrafen verurteilt, teilweise sogar zum Tod. Auf dem Platz des himmlischen Friedens kehrt wieder Ruhe ein.

23 | 08 | 1989
Ein Geheimprotokoll und eine Menschenkette

Am frühen Abend des 23. August 1989 fassen sich über eine Million Esten, Letten und Litauer für die „längste Menschenkette der Welt" an den Händen. Auf über 600 Kilometern demonstrieren sie für ihre staatliche Unabhängigkeit von der Sowjetunion. Brennende Kerzen gemahnen an erlittenes Unrecht. Die Organisatoren wählen den Tag nicht ohne Grund: Fünfzig Jahre zuvor, am 23. August

1939, schüttelten sich nur zwei die Hände: Der deutsche Außenminister von Ribbentropp und sein sowjetischer Amtskollege Molotow. Der Hitler-Stalin Pakt war besiegelt. Zu ihm gehörte das Geheimprotokoll, das das Baltikum dem Machtbereich der Sowjetunion zuschlug. Stalin persönlich malte die Demarkationslinie auf eine Karte. Die Gebiete wurden gewaltsam russifiziert. Selbst auf den traditionellen Sängerfesten, die der Revolution ihren Namen geben sollten, mussten die Chöre kommunistische Lieder einstimmen. Erst zu Weihnachten 1989 erklärte der Oberste Sowjet die Geheimprotokolle für ungültig. Die „längste Menschenkette der Welt" ist ein wichtiger Schritt zur Gründung der Staaten Estland, Lettland und Litauen im Jahr 1992. Möglich ist sie durch Gorbatschows Perestroika geworden. Seit 2004 sind die baltischen Staaten Mitglieder der EU. Am 23. August 1989 wagten wohl die wenigsten so weit zu denken.

09 | 10 | 1989

Immer wieder montags

Die Zeichen stehen auf Veränderung: Seit Ungarn seine Grenze zu Österreich geöffnet hat, klafft ein Loch im Eisernen Vorhang. Zahlreiche Bürger der DDR finden so ihren Weg in den Westen. Die Menschen, die nicht fluchtartig das Land verlassen, begeben sich mutig auf die Straße, damit die Realität im real existierenden Sozialismus bald eine andere wird. Es der erste Montag im September, als nach einem Friedengottesdienst in der Leipziger Nikolaikirche rund 1.000 Menschen für Reise- und Pressefreiheit sowie Versammlungsrecht demonstrieren. Als Montagsdemonstration wird diese bisher unbekannte Form des Protestes gegen die Politik der SED-Regierung in den kommenden Wochen eine feste Institution im Leben der Leipziger, und auch in anderen Städten der DDR kommen von Woche zu Woche mehr Menschen zusammen, um ihre Bürgerrechte einzufordern. Nach dem gewaltsamen Eingreifen der Staatsmacht bei Demonstrationen rund um den 40. Jahrestag der DDR kommt es am 9. Oktober 1989 zu den ersten Massenprotesten. Über 70.000 Menschen bewegen sich durch die Leipziger Innenstadt und skandieren gemeinsamen einen Satz, der das SED-Politbüro eindringlich an die wahren Entscheider in einer Demokratie erinnern soll: „Wir sind das Volk." Es wird die zentrale Parole einer friedlichen Revolution, mit der die couragierten Bürger der DDR bis zur deutschen Wiedervereinigung marschieren. 2004 leben die Losung „Wir sind das Volk" und die Tradition der Montagsdemonstrationen im Osten noch einmal auf, als Protest gegen die Hartz IV-Arbeitsmarktreformen – mit dem Ergebnis, dass sich nicht alle politischen Begebenheiten wegdemonstrieren lassen.

11 | 12 | 1994
Vater Gewalt und die Soldatenmütter

Tschetschenien ist eine kleine Region in Südrussland, direkt über Georgien. Wie Georgien litt Tschetschenien schwer unter Stalin, der bis 1956 fast die gesamte Bevölkerung deportieren ließ. Nun nach der Auflösung der Sowjetunion will sich das Land selbstständig machen. 1991 erklärt der tschetschenische Präsident Dudajew einseitig die Unabhängigkeit. Einen Föderationsvertrag mit Russland lehnt er ab. Nun wird das Leben für die nicht-tschetschenische Bevölkerung des Landes schwierig; bis 1994 verlassen fast 300.000 Menschen, etwa ein Fünftel der Bevölkerung, fluchtartig das Land. Am 11. Dezember 1994 befiehlt der russische Präsident Jelzin das militärische Vorgehen gegen Tschetschenien. Die mächtige russische Armee rumpelt nach Süden, unzählbare junge Russen ziehen in den Krieg. Zwei Monate später hat Russland die tschetschenische Hauptstadt Grosny eingenommen. Es beginnt ein Guerilla- und Terror-Krieg, der zu einer Brutalisierung beider Seiten führt. Besonders die russische Armee ist dafür berüchtigt, ihre Soldaten zu Schlägern umzuformen. Auch in Russland nimmt man das nicht einfach so hin: Seit 1991 kämpft dort die Organisation der Soldatenmütter für die Einhaltung der Menschenrechte. Sie hilft russischen Deserteuren und sucht den Kontakt zu den tschetschenischen Müttern. Dafür werden den „Soldatenmüttern" zahlreiche internationale Friedenspreise verliehen. 1996 endet der erste Tschetschenienkrieg. 1999 beginnt der Zweite. Tschetschenische Attenate wie jenes 2002 im Moskauer Dubrowka-Theater, das 139 russische Zivilisten das Leben kostete gehören danach ebenso zum Alltag der russisch-tschetschenischen Entfremdung wie das Attentat auf die Journalistin Anna Stepanowna Politkowskaja, die 2006 über russische Menschenrechtsverletzungen im Krisengebiet berichtet hatte.

21 | 05 | 1998
Rücktritt eines Prassers

Als am 21. Mai 1998 der indonesische Präsident und General Haji Mohamed Suharto nach 30-jähriger Herrschaft aufgrund von massiven Studentenprotesten zurücktritt, erwartet ihn zunächst eine Anklage wegen Veruntreuung von über 571 Millionen Dollar. Nicht zum ersten Mal ist der Staatsmann von Studenten bedrängt worden. Sein Vorhaben, sich selbst ein auf 9,6 Millionen Dollar veranschlagtes Mausoleum zu bauen, hatte bereits 1977 Demonstrationen gegen Verschwendungssucht und soziale Mißstände ausgelöst. Suharto ist der zweite Präsident, der die ehemalige niederländische Kolonie seit ihrer Unabhängigkeit 1949 beherrscht. Seine Machtfülle äußert sich in Vetternwirtschaft und Korruption. Nach außen offen zum Westen, bekämpft er im Inneren die Opposition, nach Schätzungen fallen den Maßnahmen bis zu einer Millionen Menschen zum Opfer. Soziale Spannungen und Wirtschaftskrisen prägen das Land, in dem die meisten Muslime der Welt leben, helfende Weltbankkredite bleiben fast folgenlos. Die chinesische Minderheit muss Diskriminierungen bis hin zu Pogromen erleiden. In der von Indonesien besetzten Republik Osttimor bestimmen blutige Kämpfe den Alltag, bei dem Massaker von Deli 1991 erschießen indonesische Soldaten über 100 Demonstranten. Die wachsende Unzufriedenheit über den Regierungsstil des Generals treibt die Studenten 1998 wiederholt auf die Straße. Nach dem Rücktritt Suhartos übernimmt 2001 dessen auf politische Entspannung setzende Tochter Megawati Sukarnoputri die Regierungsgeschäfte, 2004 wird General Susilo Bambang Yudhoyono neuer Präsident. Der Prozess gegen Suharto wird bereits 2000 aufgrund seines gesundheitlichen Zustands aufgehoben, er stirbt am 27. Januar 2008.

21 | 11 | 2004
Orange sticht

Es sind die Ereignisse des 21. November 2004, die in der Ukraine die „Orange Revolution" auslösen. Seit April des Jahres befindet sich die ehemalige Sowjetrepublik Ukraine im Wahlkampf. Der Kandidat aus dem Regierungslager ist der bisheriger Ministerpräsident Wiktor Janukowitsch. Obgleich von dem russischen Präsidenten Wladimir Putin unterstützt, fürchtet er um seinen Sieg bei den kommenden Wahlen. Denn sein Gegner, der demokratische Wiktor Juschtschenko, ist nicht nur im Westen beliebt, sondern auch im eigenen Land. Auf ihn verüben Unbekannte im September einen Dioxin-Giftanschlag, der ihn zwingt seinen Wahlkampf für einige Zeit auszusetzen. Juschtschenko beschuldigt die Regierung, Drahtzieher des Anschlags zu sein. Als am 21. November 2004 die Ergebnisse der Wahl vom 31. Oktober veröffentlicht werden, reden nicht nur Wahlbeobachter von massiven Wahlfälschungen. Mit einem Vorsprung von 0,52% ist Juschtschenko zwar der Sieger, aber ein Sieger ohne Mehrheit. Noch am selben Abend fordern die Ukrainer in Massendemonstrationen Neuwahlen. Ihre orangen Schals, die sie tragen, leuchten weithin. Nach Streiks und Massenkundgebungen, kommt es zu Neuwahlen am 26. Dezember 2004, aus denen Juschtschenko als Sieger hervorgeht. Er wird zum Präsidenten der Ukraine ernannt. Die Hintergründe des Anschlags sind bis heute nicht aufgeklärt. Geblieben sind die großflächigen Narben im Gesicht Wiktor Juschtschenkos Gesicht. Orange war die Farbe seines Wahlkampfes.

20|03|2005
Die Tulpen des Tienschan

Am 20. März 2005 versuchen die kirgisischen Ordnungsmächte die seit zwei Tagen von Aufständigen besetzten Regierungsgebäude in Jalal-Abad einzunehmen. Einen Tag später titelt die russische Zeitung „Iswestija": „Die Tulpenrevolution hat begonnen!". Nach der Ukraine und Georgien ist eine weitere ex-Sowjet-Republik dem poltischen Umsturz anheimgefallen. Die Welt schaut für einen kurzen Moment auf den bis dato kaum wahr genommenen muslimischen Turk-Staat im Tienschan-Gebirge, der seit 1991 unabhängig ist. Doch Aufregung scheint fehl am Platz. Die Regierungstruppen unterliegen und der Rest des Aufstands verläuft weitgehend friedlich, allerdings ist ein Sachschaden von 100 Millionen Dollar zu beklagen. Der ehemalige Präsident Akajew, war zuvor der Korruption verdächtig geworden. Er flieht nach Moskau und tritt am 4. April 2005 zurück. Der Anführer der Aufständischen ist Kurmanbek Bakijew, der das freiheitsliebende Volk der Krigisier in eine echte Demokratie führen will und sich nach den Tumulten an die Staatsspitze wählen lässt. Ihm steht eine schwierige Aufgabe bevor, ist das überwiegend muslimische Land doch arm, abgelegen, ethnisch stark durchmischt und auf Grund seiner strategisch günstigen Lage zu Afghanistan nicht nur Basis amerikanischer und russischer Truppenverbände, sondern auch ein beliebtes Versteck islamischer Extremisten. Bakijew, der den Anschluss an das ebenfalls benachbarte China sucht, übersteht die ersten Regierungsjahre dennoch mit Bravour. Immer wieder setzt er sich dafür ein, die „Tulpenrevolution" in Anlehnung an die friedliche „Rosenrevolution" in Georgien, als feierliches Datum der großen Veränderung zu apostrophieren. Lange beißt er dabei vor allem bei den Privatunternehmer auf Granit, deren Fabriken und Geschäftsgebäude im Verlauf der „Tulpenrevolution" zerstört wurden und die noch immer auf eine Entschädigung warten. Nach der gewonnenen Stichwahl im Dezember 2007, kann Bakijew am 13. März 2008 den Tag der Tulpenrevolution dennoch zum Nationalfeiertag erklären.

02|06|2005
Der Frieden am brüchigen Ast

Im Februar 2005 wird der ehemalige libanesische Ministerpräsident al-Hairiri durch eine Autobombe getötet. Sein Tod wird pro-syrischen Kräften oder auch direkt der syrischen Regierung zugeschrieben; an dem feigen Mord entladen sich die angestauten Emotionen. Der Nachbarstaat Syrien unterhält seit 1974 eine ebenso starke wie unpopuläre Militärpräsenz im arabischen Libanon. Offiziell will man das Land vor Israel beschützen und der anti-israelischen Militärorganisation Hisbollah unter die Arme greifen. Seit September 2004 besteht jedoch eine UN-Resolution, die den vollständigen Rückzug der syrischen Truppen und damit einhergehende die Entwaffnung der Hisbollah-Miliz verlangt. Soll durch eine Destabilisierung der Verhältnisse die Umsetzung der UN-Resolution verhindert werden? Die Feinde der syrischen Präsenz gehen – zum Leidwesen der pro-syrischen Regierung – zahlreich auf die Straße und demonstrieren Entschlossenheit und Einheit. Syrien soll sich zurückziehen. Die westliche Welt, inklusive der USA, unterstützt die Forderungen der libanesischen Opposition. Am 26. April 2005 wird die UN-Resolution durchgesetzt, die internationalen Medien sprechen in Anlehnung an ähnliche Revolutionen (wie der georgischen „Rosenrevolution") von der „Zedernrevolution". Sie berichten über einen „Frühling der Demokratie" in der Region. Das Beispiel Irak wirkt, freut sich die US-Regierung. Der Journalist Samir Kassir, der sich durch seine offen anti-syrische und amerikakritische Haltung einen Namen gemacht hat, schreibt dagegen: „Demokratie verbreitet sich in der Region nicht wegen George Bush, sondern trotz ihm". Am 2. Juni 2005 explodiert wieder eine Autobombe in Beirut. Sie beendet das Leben des Journalisten Kassir, der offen die syrische Präsenz kritisiert hat. Es ist ein schwarzer Tag, der die Freude an der Befreiung dämpft. Im Juli 2006 greift Israel den befreiten Libanon an. Offizielles Ziel sind die Quartiere der Hisbollah. Der Schaden, den die junge Demokratie nimmt, ist immens.

01|01|2006
Ein Volksheld resigniert

Lech Walesa nimmt am 1. Januar 2006 Abschied. Der 1943 geborene Pole und gelernte Elektriker tritt aus der Solidarnosc aus. Er kann die Zusammenarbeit der Organisation, die er mitgegründet hat, mit der nationalkonservativen Partei „Recht und Einheit" nicht vertreten, sagt er. Es sind eben andere Zeiten. Begonnen hat die lange Geschichte des 1978, als Walesa zusammen mit Andrzej Gwiazda und Aleksander Hall die Freie Gewerkschaft Pommern organisiert. Im offiziell straff organisierten kommunistischen Polen ist dies ein illegaler Akt. 1980 wird die Untergrundgewerkschaft legal: Walesa wird zum Vorsitzenden der Solidarnosc. Doch sein Kampf ist noch lange nicht vorbei. Als in Polen 1981 im Zuge von NATO-Doppelbeschluss und Friedensbewegung das Kriegsrecht verkündet wird, kommt auch die Solidarnosc wieder auf die Liste der illegalen Vereinigungen, Walesa und viele Gewerkschaftsmitglieder werden inhaftiert. Im Juni 1989 gewinnt das Bürgerkomitee Solidarnosc bei den ersten freien Wahlen in Polen fast alle Sitze im Parlament und im Senat. Am 9. Dezember 1990 ist der Widerstand der Staatsmacht endgültig gebrochen; der einstige Staatsfeind Nr. 1 wird der erste nichtkommunistische Präsident Polens und leitet den Übergang von zentralistisch organisierten Sozialismus zur Demokratie ein. Seit 1995 herrscht nach den turbulenten Jahren auch in Polen der demokratische Alltag. Im Jahr 2000 tritt Walesa erneut zu den Präsidentschaftswahlen an – und erhält weniger als 1% der Stimmen. Die Zeiten haben sich verändert.

29|09|2007
Kämpferische Mönche

Im 20. Jahrhundert ist es unter Militärdiktatoren gute Sitte, das Land „zum Wohl des Volkes" mit zuweilen eiserner Hand zu regieren. Nicht anders in Myanmar, dem früheren Burma. Dort herrschen seit 1962 verschiedene Militärregierungen über ein meist friedliches, aber keineswegs freies Land. Das Regime um General Khin Nyunt sucht zudem die Abgeschiedenheit. 2005 wird der Regierungssitz aus Rangun, der größten Stadt des Landes, in einen neu gegründeten Komplex nahe der Stadt Pyinmana verlegt. Der Zutritt für Zivilisten und Ausländer ist verboten. Gleichzeitig verspricht man eine neue Verfassung und Parlamentswahlen, doch bleibt es bei verbalen Versprechen. Im September 2007 werden die Preise für Treibstoff drastisch angehoben und auch die Lebensmittel werden teurer. Die in der Bevölkerung zutiefst respektierten Mönche des buddhistischen Landes beginnen zu demonstrieren, viele Zivilisten schließen sich an. Doch geht es um mehr als nur die Treibstoffpreise. Wem gehört das Land?, scheinen die Demonstranten zu fragen. Die Regierung schließt die Grenzen und verhält sich zuerst abwartend. Als die Zahl der Demonstranten aber auf mehr als 100.000 angewächst, schreitet die Armee am 25. September 2007 ein. Mehrere Menschen werden erschossen, darunter ein ausländischer Journalist. Oppositionelle werden verhaftet, Klöster gestürmt. Am 29.

September 2007 ist die friedliche Demonstration gewaltsam beendet. Das Militärregime verkündet jedoch ein „Sieben-Schritte-Plan" in die Demokratie, der demokratische Wahlen für das Jahr 2010 verspricht. Der Vorschlag der UN-Beobachter im Land zu stationieren, wird jedoch abgelehnt. Die Oppositionsführerin und Friedensnobelpreisträgerin Aung San Suu Kyi stellt man unter Hausarrest.

02|01|2008
Der Staat der Tiger

Vom 8. bis zum 12. März 2008 erleben die Besucher der ITB Berlin die Insel Sri Lanka „mit allen Sinnen". Der Stand in Halle 5.2a bietet vom eindrucksvollen 3D-Erlebnis der Top-Sehenswürdigkeiten des Landes, darunter der Reliquienschrein der Königsstadt Polonnaruwa, bis zum Tea-Tasting alles, was das Touristenherz begehrt. Luxusreisen in die neuen Boutique-Hotels und Eco-Resorts scheinen in ein Land, in dem Milch und Honig fließen zu locken. Während wohlhabende Berliner ihr neues Reiseziel wählen, wählen 27.000 Einwohner Sri Lankas am 11. März 2008 in der Provinz Batticaloa ihre Volksvertreter. Sie tun dies unter Polizeiaufsicht, denn die Provinz ist seit dem 2. Januar 2008 wieder Kriegsgebiet. Schon seit 1983 ist das Verhältnis zwischen den zwei größten Bevölkerungsgruppen des Inselstaates gespannt. Die mehrheitlich buddhistischen Singhalesen und die hinduistischen Tamilen liefern sich seitdem eine Art schwelenden Bürgerkrieg. Die tamilische LTTE, die „Liberation Tigers of Tamil Eelam", steht dabei auf der einen Seite, die singhalesische Arme auf der anderen. Während die LTTE vor allem durch Attentate auf Militärs von sich reden macht, kommt es andererseits mehrfach zu Progromen an den zivilen Tamilen. Ab 1991 machen die „Tiger" durch Selbstmordattentate auf sich aufmerksam. Im Jahr 2002 wird in Norwegen ein sechsjähriger Waffenstillstand vereinbart, der jedoch bereits 2004 mehrfach verletzt wird. 5.000 Menschen sind bereits ums Leben gekommen, als der Frieden am 16. Januar 2008 auch offiziell ein Ende hat. 14 Tage nach Ablauf des Abkommens kommen bei einem Busattentat der LTTE 23 Menschen ums Leben, 60 werden verletzt.

===== Weiterlesen =====

- David Anderson: Histories of the hanged. The dirty war in Kenya and the end of Empire. Norton. New York 2005
- Arkadi Babtschenko: Die Farbe des Krieges. Berlin 2007
- Horst Dippel: Die Amerikanische Revolution. Frankfurt a.M. 1985
- Norbert Frey: 1968. Jugendrevolte und globaler Protest. Frankfurt a.M. 2008
- Manfred Hildermeier: Die Russische Revolution 1905-1921. Frankfurt a. M. 1989
- Adina Jähn: Die „friedliche Revolution" in der DDR. Saarbrücken 2007
- Lothar Kölm (Hg.), Kremlchefs: poltit.-biographische Skizzen von Lenin bis
- Gorbatschow. Berlin 1991
- Jürgen Osterhammel: Die chinesische Revolution. München 1997
- Antonia Leugers (Hrsg.): Berlin: Rosenstraße 2–4. Protest in der NS-Diktatur. Neue Forschungen zum Frauenprotest in der Rosenstraße 1943. Annweiler 2005
- Bernd Rill: Kemal Atatürk. Berlin 2006
- Jakob Rösel: Der Bürgerkrieg auf Sri Lanka, Baden-Baden 1997
- Inge Scholl: Die weiße Rose. Frankfurt a.M. 1993
- Hans-Ulrich Thamer: Die französische Revolution. München 2004
- Andrew J. Nathan, Perry Link: Die Tiananmen-Akte. Die Geheimdokumente der chinesischen Führung zum Massaker am Platz des Himmlischen Friedens. Berlin, 2001.
- Kurt Schock, Unarmed Insurrections: People Power Movements in Nondemocracies. Minnesota 2005
- Desmond Tutu, Meine afrikanischen Gebete: München 2005
- Lech Walesa: Ein Weg der Hoffnung: Autobiographie. Wien 1987
- Dermot P.J. Walsh: Bloody Sunday and the Rule of Law in Northern Ireland. London 2000
- The Forgotten Army: India's Armed Struggle for Independence, 1942-1945, Peter W. Fay, University of Michigan Press
- Michael Zeuske: Insel der Extreme. Kuba im 20. Jahrhundert, Zürich 2004
- Hans-Bernd Zöllner: Birma zwischen „Unabhängigkeit zuerst – Unabhängigkeit zuletzt". Münster 2000

Tage des Abenteuers
Helden, Abenteurer und Höchstleistungen

10|06|1190 *Das tödliche Bad* Friedrich Barbarossas letztes Abenteuer S. 205

24|11|1247 *Held ohne Geschichte* Wer war Robin Hood? S. 205

08|01|1324 *Abenteuer second hand* Marco Polo phantasiert S. 206

07|05|1429 *Stimmen im Kopf der Jungfrau* Die Jungfrau von Orleans erhält einen Auftrag S. 207

25|09|1513 *Wo ist Biru?* Balboa überquert den Isthmus S. 208

21|04|1519 *Quetzacoatls Rückkehr* Die Eroberung Mexikos S. 209

26|09|1580 *Eine Suche um die Welt* Francis Drake gerät auf Abwege S. 209

29|01|1616 *Reise zum Schiffsfriedhof* Ein Niederländer umschifft Kap Hoorn S. 210

22|11|1718 *Pechschwarz* Der berühmteste Pirat der Welt S. 211

04|06|1741 *Der Kolumbus des Zaren* Ein Däne wandert von Asien nach Amerika S. 212

17|02|1779 *Tod eines Forschungsreisenden* Captain Cook stirbt bei einem Betriebsunfall S. 212

28|04|1789 *Meuterei auf der Bounty* Ein Aufruhr auf hoher See S. 213

22|03|1842 *Idas Welt* Eine Frau umrundet den Erdball S. 214

14|07|1865 *Mensch gegen Berg* Das Matterhorn wird bezwungen S. 215

25|06|1876 *Custers Untergang* Die Überheblichkeit der Weißen erfährt einen Dämpfer S. 216

12|05|1891 *Es fährt ein Zug nach Nirgendwo* Die längsten Eisenbahnstrecke der Welt S. 216

04|06|1892 *Der Lenz war da* Ein Mann, ein schweres Fahrrad und ein unmögliches Vorhaben S. 217

03|11|1897 *Von Schwarz bis zum Schwarzen Tag* Die Geschichte des größten Luftschiffs S. 218

14|12|1911 *Ab ins Ungewiss* Roald Amundsen erreicht den Südpol S. 219

30|03|1912 *Die Geschichte im Kopf* Karl May erlebt am Schreibtisch legendäre Abenteuer S. 219

15|04|1912 *Viele Schlüssel zum Unglück* Die lange Liste der Titanic-Katastrophe S. 220

27|02|1914 *Kermits Abenteuer* Nur eines der vielen schillernde Erlebnisse der Roosevelts S. 221

15|08|1914 *Sumpf, Fieber, Malaria und ein Kanal* Der Panamakanal frisst seine Arbeiter S. 222

04|11|1922 *Gräber, Gold, Geduld und Grausen* Wie gefährlich war Tutanchamuns Grab? S. 23

13|07|1923 *Indiana Andrews* Die Entdeckungen des wahren Indiana Jones S. 223

20|05|1927 *Der Alleinflug des Careu Kent* Charles Lindbergh schreibt Geschichte S. 224

04|12|1931 *Das hübsche Mädchen in der Holzkiste* Frauen werden oft unterschätzt, nicht so Elly Beinhorn S. 225

22|12|1938 *Der Quastenflosser* Eine Museumsangestellte entdeckt die Urzeit S. 226

20|09|1939 *Ich bin dann wirklich mal weg* Wie aus einer Arbeitssuche eine Kajak-Fahrt wurde S. 226

21|03|1942 *Die Calypso* Jacques Cousteau verbringt sein Leben an Bord eines Schiffes S. 227

29|05|1953 *Die Bezwingung des Bastards* Der Mount Everest gibt sich unerbittlich S. 228

25|04|1960 *Nur einmal Luftholen* Nichts Klaustrophobe: Einmal im U-Boot um die Welt S. 228

12|04|1961 *Von der Gießerei ins All* Der sprichwörtliche Aufstieg des Juri Gagarin S. 229

28|05|1967 *Die Welt mit einer Hand* Ein Rekord ohne Segelschein S. 230

24|09|1967 *Ein Leben im Nebel* Dian Fossey und ihre Gorilla-Familie S. 230

29|06|1970 *Das Geheimnis des Nanga Parbat* Was geschah mit Günther Messner? S. 231

16|05|1975 *Junkos Wege nach oben* Die erste Frau auf dem Mount Everest S. 232

01|04|1979 *Alte Seilschaften* Wie waghalsige Studenten einen Sport erfinden S. 233

02|04|1981 *Von Null auf 4.828* Erfolge und Unfälle auf der Weltraumstraße S. 233

30|04|1985 *Bass und Morrow über den Dächern der Welt* Sieben Berge, keine Zwerge S. 234

10|07|1985 *Der Frieden versinkt* Die Rainbow Warrior erlebt ihre letzte Reise S. 235

16|10|1986 *Der Achttausender-Mann* Reinhold Messner sammelt Achttausender S. 235

31|12|1989 *Der Fuchs* Geht nicht, gibt's nicht für Arved Fuchs S. 236

01|12|1990 *Zwei Tunnel treffen sich* Ein Ärmel unter dem Ärmelkanal S. 237

31|08|1992 *Der zu frühe Schlaf des wachen Mannes* Wolfgang Güllich geht ab S. 237

21|03|1999 *Familienabenteuer* Geschichten aus dem Haus Piccard S. 238

01|01|2002 *Die Liste* Das unterhaltsame Leben des John Goddards S. 239

05|12|2005 *Eine Frau mit Visionen* Der unglaubliche Mut der Sabriye Tenberken S. 239

15|07|2007 *Swim when you're winning* Schwimmt sogar in Eis: Lewis Pugh S. 240

20|01|2008 *In 57 Tagen um die Welt* Joyon übertrumpft Jules Verne S. 241

10 | 06 | 1190
Das tödliche Bad

Im Mai 1189 bricht Kaiser Friedrich Barbarossa mit einem Heer aus 15.000 Mann von Regensburg Richtung Osten auf. Sein Ziel ist das Heilige Jerusalem, seine Mission, die Vertilgung aller muslimischen Ketzer, die zugleich die letzte Ruhmestat eines an Abenteuern nicht eben armen Lebens sein soll. Zwei Jahre zuvor hat der türkische Sultan Saladin das vereinigte Heer der Kreuzfahrerstaaten bei Hattin am See Genezareth vernichtend geschlagen, Jerusalem erobert und das Abendland auf diese Weise in einen traumatischen Zustand versetzt. Der Kaiser ist sich sicher, dass eine solche Katastrophe nur Gott selbst bewirkt haben könnte, um den Christen ihre Sündhaftigkeit vor Augen zu führen. Er eröffnet im März 1188 in Mainz den „Hoftag Jesu Christi" und beschließt Durchführung des Dritten Kreuzzuges. Im März 1190 landen die Truppen in Kleinasien. Bei Konya kommt es im Mai zu ersten Kampfhandlungen, bei dem die Kreuzfahrer ein 3.000 Mann starkes Heer muslimischer Sarazenen vernichten. Des Kaisers Schlachtenruf „Christus befiehlt, Christus siegt" hallt durch Anatolien, doch wird er dessen Grenzen nicht mehr verlassen. Als die durstigen und völlig erschöpften Truppen am 10. Juni 1190 im Süden des Landes am Fluss Saleph rasten, beschließt der Kaiser gegen den Rat seiner Landsleute zur Stärkung ein Bad zu nehmen. Doch als der geübte Schwimmer sich in die Wogen stürzen will, erleidet er einen Herzschlag. Die entsetzten Kreuzfahrer müssen sein Fleisch von den Knochen lösen, um den edlen Körper vor der Verwesung zu bewahren, soll die letzte Ruhestätte Friedrich Barbarossas doch Jerusalem sein. Da das später glücklose Kreuzfahrerheer die Heilige Stadt niemals erreichen wird, muss der Kaiser aber in Tyros (Libanon) bestattet werden. Dort ruht er noch heute, wenn er nicht, wie eine andere Sage berichtet, am Kyffhäuser schläft, bis „Deutschland erwacht".

24 | 11 | 1247
Held ohne Geschichte

„Hier unter diesem kleinen Stein liegt Robert, Graf von Huntigdon. Niemals gab es einen besseren Schützen und die Menschen nannten ihn Robin Hood. Gestorben am 24 November 1247" so lautet die Inschrift eines Grabsteins in Kirklees Priory in Nottinghamshire. Archäologen haben bislang darauf verzichtet, den Stein auf seine Echtheit zu prüfen, denn es wäre ein Jammer einen der größten Abenteurer aller Zeiten des einzigen sichtbaren

Zeugnisses seiner Existenz zu berauben. Die Stadtchroniken können Robin Hood kaum helfen: Zwar beschlagnahmt 1225 der Sheriff von Yorckshire das Vermögen eines Robin Hood und wird 1260 der Räuber Robert Godberg im Sherwood Forest festgenommen, doch schon für das Jahr 1300 sind acht Robin Hoods, darunter fünf Verbrecher in der Gegend bezeugt. Dazu geistern Balladen, Verse, Märchen und Theaterstücke über einen Mann durch die Geschichte, von dem kaum sicher ist, ob er William Wallace, Robert von Locksley oder Robert Fitzood geheißen hat. Seine Freunde, die „merry men", Little John, Alan-A-Dale oder Bruder Tuck und seine große Liebe Maryanne sind ebenso sagenhaft wie der Held in Strumpfhosen selbst. In den zahlreichen Geschichten ist Robin Hood mal ein Gauner, mal ein liebestrunkener Ehemann, mal ein Rebell, doch meist ist er auf der Flucht vor dem Sheriff von Nottingham und dessen Schergen Guy of Gisborne, die ihn im Auftrag des Prinz John zu beseitigen versuchen. Der amerikanische Quäker Howard Pyle fasst sich schließlich ein Herz und fügt die zahlreichen Versionen 1883 zu seinen legendären „Merry Adventures of Robin Hood" zusammen. Er macht aus Hood endlich den Mann, der den Reichen nimmt, um den Armen zu geben. Pyle wird später auch die Legende der Ritter der Tafelrunde, der Suche nach dem heiligen Gral und diverse Piratenabenteuer in schöne Verse gießen und auf diese Weise in den Herzen tausender Mädchen und Jungs den Wunsch wecken, auch einmal zu den großen Abenteurern der Weltgeschichte gehören zu wollen.

08 | 01 | 1324

Abenteuer second hand

Venedig im Jahre 1269. Die Juwelenhändler Niccolo und Maffeo Polo sind gerade von einem Ort zurückgekehrt, den nie ein Europäer zuvor gesehen hat. China heißt das geheimnisvolle Land, dessen Herrscher, der große Kublai Khan, begierig ist, den christlichen Glauben kennenzulernen und Handel mit Europa zu treiben. 1271 bricht die Familie, diesmal mit dem siebzehnjährigen Marco Polo im Gepäck, erneut nach China auf. Bei einem Abstecher in Jerusalem treffen sie den Papst, erhandeln einige Tropfen der letzten Ölung Jesu um dem Khan ein passendes Gastgeschenk mitzubringen. Entlang der Seidenstraße erblickt man die Basare von Täbris, die Stahlschmieden von Rajen und das Grab der heiligen Drei Könige. 1275 erreicht die Reisegruppe Shang-tu, wo der Khan die Italiener freudig erwartet. Er ernennt Marco Polo zum Präfekten und lässt ihn 17 Jahre lang im Zeichen der Völkerverständigung durch sein großes Reich reisen. 1295 kehrt die Familie nach 24 Jahren in einer chinesischen Dschunke mit unermesslichen Reichtümern und mongolischen Sklaven nach Venedig zurück. Polo wird bis zu seinem Tod nicht müde werden, Geschichte um Geschichte seiner Wunderreise zum Besten zu geben. Als er am 8. Januar 1324 stirbt, sollen seine letzten Worte gelautet haben: „Ich habe nicht die Hälfte dessen erzählt, was ich gesehen habe!" Heute wünscht man sich mancher, Polo hätte lieber die Hälfte dessen, was er erzählte auch erlebt. Das gilt auch für die Sinologin Frances Wood, die 1995 auf die nicht ganz unwesentliche Tatsache hinwies, dass Polo in seinem detailverliebten Buch keines der entscheidenden Merkmale chinesischer Kultur erwähnt, weder Schriftzeichen, Essstäbchen, Tee, geschnürte Füße noch die Chinesische Mauer. Gelogen oder nicht: Ohne Polo kein Kolumbus, und auch dieser hat sein Ziel bekanntlich nie erreicht.

07 | 05 | 1429
Stimmen im Kopf der Jungfrau

Am 6. Januar 1412 bringt die Bäuerin Isabelle Romées in Domrémy-la-Pucelle ihre Tochter Johanna zur Welt. Dass Johanna kein gewöhnliches Mädchen ist, wird spätestens klar, als diese mit dreizehn Jahren von Stimmen in ihrem Kopf berichtet, die ihr von göttlicher Erwählung künden. Der Erzengel Michael und die Heilige Margarethe selbst sollen ihr den Auftrag erteilt haben, Frankreich von den Engländern zu befreien. Eine überaus schwierige Aufgabe, befindet sich doch seit 1328 das französische Geschlecht der Valois mit den englischen Königen im „Hundertjährigen Krieg" um die Krone Frankreichs. John of Lancaster, der 1. Herzog von Bedford, hat die englischen Truppen 1428 gerade erfolgreich bis zur Loire. Zum strategisch wichtige Orléans vordringen lassen. Johanna verlässt im selben Jahr ihr Heimatdorf und trifft schließlich im März 1429 beim Dauphin Karl am Hof des Valois in Chinon ein. Ihr gelingt es tatsächlich, den Thronanwärter von ihrer übersinnlichen Sendung zu überzeugen. Sie prophezeit ihm seine Krönung noch für den Sommer in der Kathedrale von Reims. Mit einem Versorgungsheer bricht Johanna im Harnisch und mit kurzen Haaren nach Orléans auf. Ihr Erscheinen auf dem Schlachtfeld trägt entscheidend zum Sieg über die Belagerer am 7. Mai 1429. Johanna erhält den Titel einer „Jungfrau von Orléans", Karl wird wie prophezeit in Reims König. Als Johanna weitere militärische Aktionen durchführen will, fällt sie schließlich in die Hände der Engländer. Am 9. Januar 1431 beginnt der Prozess. Doch geht es hier nicht um Johannas Tat auf dem Schlachtfeld, ihre übersinnlichen Fähigkeiten sind es, die sie verteidigen muss. „Sei mit dem, was du tust, vorsichtig, denn ich bin in Wahrheit von Gott gesandt, und du begibst dich in große Gefahr", wird die Erleuchtete ihrem Inquisitor Pierre Cauchon entgegen rufen, bevor sie am 30. Mai 1431 bei lebendigem Leib auf dem Marktplatz von Rouen verbrannt wird. 1456 wird sie in einem Revisionsprozess rehabilitiert, 1920 heilig gesprochen, 1979 errichtet man am Ort ihres Scheiterhaufens eine Kirche. Bereits am 11. September 1811 hat die sie Uraufführung von Schillers „Jungfrau von Orléans" endgültig unsterblich gemacht.

25 | 09 | 1513
Wo ist Biru?

Am 25. September 1513 kämpft sich ein einsamer Mann mühselig einen Berg hinauf. In der rechten Hand trägt er ein Schwert, in der linken die Flagge Kastiliens. Auf der Bergkuppe angekommen, genießt er sichtlich ergriffen der Ausblick: Ostwärts erstreckt sich der Atlantik, westwärts ein unbekanntes Meer. Der Mann, der wenige Minuten später mit seinen Soldaten das „Te deum laudemus" anstimmen wird, ist der spanische Adlige Vasco Nuñez de Balboa, der erste Christ und Europäer, der seine Augen auf den Pazifischen Ozean richten darf. Der Weg Balboas in die Geschichtsbücher ist nicht eben einfach verlaufen: Als blinder Passagier hat sich der verarmte Edelmann in einer Kiste an Bord eines Schiffes geschmuggelt, das nach der Kolonie San Sebastian am Golf von Aruba unterwegs ist. Unter Einsatz seiner diplomatischen und psychologischen Fähigkeiten hat er die Mannschaft überzeugt, Kurs auf Darien an der mittelamerikanischen Küste zu nehmen und ihm bei der Suche nach einem fabelhaften Goldland behilflich zu sein. Dort angekommen ist es ihm gelungen, den offiziellen Führer der Expedition zu verbannen und sich mit den ansässigen Indianerstämmen zu verbünden, die ihm bei der Suche nach dem „Mar del Sur" und seinen Schätzen behilflich sein sollen. Mit 190 gepanzerten Soldaten hat er sich 18 Tage lang in glühender Äquatorhitze durch Dschungel, Sümpfe und Gebirge gekämpft und schließlich sein Ziel erreicht. Zwei Tage nach seiner Entdeckung steht Balboa hüfttief im Pazifik und nimmt den Ozean für die spanische Krone in Besitz. Nur das Goldland „Biru" kann Balboa nicht finden. Einheimische berichten ihm, es läge weiter südlich, viele Tagesmärsche entfernt. Balboa aber wird „Biru" nicht mehr erreichen: Der Rebell hat sich durch seine Eigenmächtigkeiten den neuen Gouverneur Dariens Pedros Arias Davilla zum Feind gemacht. Dieser lässt Balboa nach einer zweiten Isthmusüberquerung festnehmen und enthaupten. Francisco Pizarro wird es sein, der das Inkareich „Biru" entdeckt – eben jener hat seinen Freund Balboa dem Henker ausgeliefert.

21 | 04 | 1519
Quetzacoatls Rückkehr

Der Aztekenhäuptling Moteczuma nimmt im Jahr „Zwölf Haus" (1509) schlimme Vorzeichen einer nahenden Katastrophe wahr: Am Himmel zeigen sich Feuersäulen, der Tempel des Kriegsgottes Huitzilopochtli verbrennt, der des Feuergottes wird vom Blitz getroffen und der Salzsee überschwemmt die Hauptstadt Tenochtitlan. Als am 21. April 1519 „kalkgesichtige" Menschen in „Wasserhäusern" auf die mexikanische Küste zusegeln und mit „Zauberhirschen" und „Feuerrohren" das Land betreten, hat der Häuptling eine düstere Ahnung: Es kann sich nur um den mythischen Priesterfürsten Quetzacoatl handeln, der vor mehr als hundert Jahren vor den Azteken ins „Meer des Ostens" floh und dessen Rückkehr und Rache seitdem erwartet wird. Die anlandenden 452 spanischen Soldaten sind in Wahrheit Abenteurer, verarmte Edelleute und Soldaten, die von den Goldfunden in Mexiko erfahren haben und nun vom Reichtum träumen. Ihr Anführer Hernán Cortés ist ohne königlichen Befehl in das fremde Reich aufgebrochen. Doch ein Land, das politisch straff organisiert und viermal so groß wie Spanien ist und über hunderttausende Krieger verfügt, scheint schwer einzunehmen. Cortés aber ist ein Mann der Tat, er verbrennt seine Schiffe, um eine Umkehr unmöglich zu machen, zieht durch das Land und bemerkt schnell, dass die zahlreichen Indianerstämme mit der Herrschaft der Azteken unzufrieden sind. Im November erreicht er Tenochtitlan, muss aber feststellen, dass dort inzwischen Zweifel an seiner göttlichen Sendung aufgekommen sind. Eigentlich wären die Eroberer nun selbst Gefangene, doch gelingt es Cortés, den Aztekenhäuptling in Geiselhaft zu bringen. Als im März 1520 spanische Truppen in Mexiko eintreffen, um den Rebellen Cortés festzunehmen, verlässt dieser die Stadt und bringt diese mit Waffengewalt auf seine Seite. Am 13. August 1521 erobert eine Streitmacht aus 900 Spaniern und 20.000 aztekenfeindlichen Indianern nach 85 Tagen Belagerung Tenochtitlan. 200.000 Azteken sterben, die Spanier erbeuten 65.000 Kilo Gold. Für die indigene Bevölkerung Mexikos bedeutet Cortés großes Abenteuer den Beginn ihrer Vernichtung.

26 | 09 | 1580
Eine Suche um die Welt

Am 13. Dezember 1577 ist Sir Francis Drake entschlossen, sich durch die Entdeckung der legendären Terra Australis auch bei friedliebenden Menschen unsterblich zu machen. Zuvor hat sich der Engländer vor allem durch Blutrünstigkeiten als Pirat im

Dienste der Königin Elizabeth I. einen Namen machen können. Er hat unter anderem die spanischen Besitzung Nombre de Dios und die Panamakarawane überfallen und die Flotte der Schotten vernichtet. Den Horizont im Blick legt der Pirat seiner Majestät nun mit der Pelican und vier weiteren Schiffen samt 150 Mann von Portsmouth ab. Ohne größere Zwischenfälle erreicht er die Südspitze Südamerikas, wo der Ärger zwar beginnt, aber sich bereits die erste Sensation anbahnt: Zwei Schiffe sinken und Drake verliert nach der Durchquerung der Magellanstraße auch noch das Dritte aus den Augen. Bei der erfolglosen Suche entdeckt er jedoch Kap Hoorn, dessen spätere Umsegelung aber dem Holländer Schouten vorbehalten bleibt. Drake setzt seine Fahrt fort, doch die so heiß ersehnte Terra Australis kommt nicht in Sicht. So beschließt er, das Unternehmen abzubrechen, dreht nach Norden ab und plündert nach alter Gewohnheit mehrere spanische Siedlungen, um reich beladen nach England zurückzukehren. Damit nicht alles umsonst war, entscheidet er sich auf dem nach Heimweg die Nordwestpassage nach Europa zu suchen. Doch auch diese bleibt Drake verborgen. Schließlich verschlägt es ihn unversehens in den Pazifik. Drake erreicht die Gewürzinseln, dann Java und schließlich am 15. Juni 1580 das Kap der Guten Hoffnung. Am 26. September 1580 läuft er nach 1.018 Tagen in den Plymouth Sound ein. Ihm ist gelungen, was dem großen Magellan selbst verwehrt bliebt: Die Weltumsegelung.

29 | 01 | 1616

Reise zum Schiffsfriedhof

Ein Streit unter den Kaufleuten ist es, der zur Entdeckung der gefährlichsten Schiffspassage der Welt führt. 1602 wird Isaac le Maire aus der Ostindischen Handelskompanie ausgeschlossen, die er gerade selbst gegründet hat. Beleidigt und vor allem unwillig auf die guten Einnahmen aus dem Ostindienhandel zu verzichten, beschließt er, seine Geschäfte über eine eigene Seeroute abzuwickeln. Da kommt ihm der Kapitän Willem Cornelisz Schouten gerade recht – Schouten hat die Südsee und Russland bereist und scheint sich auf den Weltmeeren auszukennen. Bereits am 14. Juni 1615 stechen die Schiffe Eendracht und Hoorn von Texel aus in See. An Bord auch Jacob Le Maire – nur eines von La Maires 22 Kindern. Der Auftrag lautet, einen Seeweg nach Indien zu finden, der weder über die Magellanstraße (Chile) noch über das Kap der Guten Hoffnung (Afrika) führt. Die Fahrt verläuft ruhig bis bei einem Aufenthalt in Patagonien die Hoorn in Flammen aufgeht. So ist es die Eendracht allein, die am 29. Januar 1616 als erstes Schiff der Welt Kap Hoorn umsegelt. Die dahingeschiedene Hoorn ist jedoch das wichtigere Schiff: Benannt nach Schoutens Geburtsort, darf sie auch der neuen Passage den Namen leihen. Später entdeckt Schouten noch Tonga und die erneut nach der Heimat benannten Hoorn-Inseln. Doch wie so oft im Leben großer Entdecker ist Undank der Welten Lohn: Bei der späteren Ankunft auf Java wird Schouten gefangen genommen, weil man ihnen nicht glauben will, dass er anders als durch die Magellanstraße den Pazifik erreicht und so das Handelsmonopol verletzt habe. Tatsächlich gilt Kap Hoorn noch lange als schwer umschiffbar: Rund 800 Schiffe und 10.000 Menschen liegen wohl auf den Seegründen vor der gefährlichsten Landspitze der Welt begraben. Kap Hoorn Segler, die so genannten Kap Hoorniers gelten noch heute als die Ausgeburt des tapferen Seebären.

22 | 11 | 1718
Pechschwarz

Wie viel wirklich wahr ist an der Geschichte vom Blackbeard, dem berühmtesten Piraten der Geschichte, weiß niemand so genau. Übereinstimmend sind aber die Berichte, wonach dieser mit bürgerlichem Namen Edward Teach hieß, gegebenenfalls aber auch Thatch oder Tash. Er lernte sein Handwerk als Hilfsmatrose auf Kaperschiffen der britischen Krone und 1714 bei einem „richtigen" Piraten namens Captain Benjamin Hornigold, welcher sich später auf das Jagen von Piraten verlegte. Um 1716 wurde Teach schließlich selbst der meist gefürchtete Pirat seiner Zeit. Kleine Schiffe waren sein bevorzugtes Ziel, so sagt man, und sein Ruf gründet vor allem auf einem pechschwarzen Bart, schillernden Hüten, brennende Lunten an Hut und Haar und auf das gut sichtbare Tragen von zahlreichen Messern und Pistolen. Gerüchten zufolge sollen 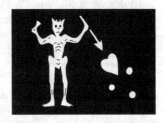 sich die meisten Seeleute bereits bei seinem Anblick kampflos ergeben haben, was der ansonsten blutrünstige Pirat mit einer Freilassung belohnte. Das von ihm 1717 gekaperte Schiff „La Concorde" verwandelte sich unter seiner Regie in „Queen Anne's Revenge", welche die Gegend von Virginia bis Honduras unsicher machte. Als die britische Regierung 1718 allen Piraten, die bereit sind ihr Handwerk aufzugeben, Amnestie gewährt, gehört der unerschrockene Blackbeard zu den entschiedenen Verweigerern des Angebots. Er verlässt sein Piratennest auf den Bahamas und sucht 1718 Unterschlupf in North Carolina. Vor Charleston (South Carolina) landet er seinen letzten und größten Coup: Er droht eine ganze Stadt in Gefangenschaft zu nehmen, fordert aber als Tribut lediglich eine Opiumtinktur zur Befriedigung seiner Drogensucht. Am 22. November 1718 stellt ihn Leutnant Robert Maynard auf dem River Ocracoke durch eine List: Er versteckt seine Mannschaft unter Deck und reizt den schwer betrunkenen Piraten zum Entern und stellt so dessen zahlenmäßig unterlegene Truppe. Der überraschte Blackbeard stirbt in zähem Zweikampf mit Manyard an 25 Stich- und fünf Schusswunden. Er wird enthauptet und sein Kopf am Bug von Maynards Schiff befestigt. Mit Blackbeards Tod endet die große Ära der Piraten in der Karibik.

04 | 06 | 1741
Der Kolumbus des Zaren

Der Däne Vitus Bering ist der erste Europäer, der Alaska entdeckt. Am 4. Juni 1741 legt der Kapitän-Kommandeur, der auch der „Kolumbus des Zaren" genannt wird, im Auftrag Russlands mit seinen zwei Schiffen St. Peter und St. Paul von St. Petersburg ab, um zu beweisen, was ihm während einer ersten Expedition zwischen 1728 und 1730 nicht gelungen war: Es gibt zwischen Asien und Nordamerika keine Landverbindung. Im zweiten Anlauf ist Bering erfolgreich, den Ruhm dafür kann er aber nicht mehr persönlich einheimsen. Auf dem Rückweg muss sein Schiff an der Awatscha-Insel (später Beringinsel) einen Zwischenstopp machen, der für den Kapitän zur Endstation wird. Er stirbt hier am 19. Dezember 1741 an Skorbut. Die eigentliche Tragik besteht darin, das Behring ohne es zu ahnen bereits bei seiner ersten Reise die trennende Meerenge durchfahren hatte. Zu einer Ehrung kam er dennoch, die Meerenge zwischen Asien und Amerika wird heute Beringstraße genannt. Doch auch das zu Unrecht, wie es scheint, denn Semjon Iwanowitsch Deschnjow segelt bereits 1648 und damit satte 80 Jahre vor Bering und 130 Jahre vor Cook zwischen den zwei Kontinenten entlang. Sein Bericht wird jedoch erst 1736 bekannt, ein Gouverneur hatte seiner Zeit das Dokument nicht weitergeleitet.

17 | 02 | 1779
Tod eines Forschungsreisenden

Als Captain Cook am 17. Januar 1779 auf Hawaii eintrifft, erscheint ihm die Insel als ein Ort des größten Triumphes: Der Mann, der auf drei Forschungsreisen Neufundland, Tahiti, die Marquesas, Teile Neuseelands und Australiens entdeckt hat, wird gottgleich empfangen und bewirtet. Die Eingeborenen halten ihn für die Reinkarnation des Gottes Lono, dessen Ankunft an Bord eines großen Bootes seit Jahrhunderten erwartet wird. Zufrieden und ein weiteres Mal von der Gutartigkeit der Polynesier überzeugt, macht sich Cook am 4. Februar 1779 an die Weiterfahrt. Da will es das Schicksal, dass der Mast seines Schiffes Resolution bricht und Cook erneut den Bucht von Keleakekua auf Hawaii anlaufen muss. Die unerwartete Rückkehr Kapitän Cooks passt den Eingeborenen jedoch nicht ins Glaubenskonzept, denn die Saison des Lono, die zugleich eine Zeit des Friedens ist, ist nach ihrem Festkalender nun zu Ende. Zweifel an der Gottähnlichkeit der Weißen beginnen sich auch breit zu machen, als sich diese ein Boot stehlen lassen, den Stammeshäuptling entführen und sich bei einem Handgemenge durchaus verwundbar zeigen. Beim Rückzug von der Insel kommt es am 17. Februar 1779 zum Debakel: Vier Seeleute Cooks werden von den Hawaiianern mit Lanzen erstochen, drei weitere verletzt. Dann macht auch Cook einen fatalen Fehler: Er wendet den Hawaiianern im Gefecht für einen kurzen Augenblick den Rücken zu und verspielt dadurch seine noch vorhandene gottgleiche Autorität. Ein Schlag auf den Kopf und mehrere Dolchstiche strecken ihn nieder, und sogleich wird der Captain von den über ihr eigenes Tun schockierten Hawaiianern bestürzt an Land getragen und beweint. Darauf erweist man dem Nachkommen des Lono alle Ehren einer Person von Rang: Seine Körperteile werden rituell verspeist und seine Knochen an einem heiligen Ort bestattet. In der Heimat wird dem Tod des großen Entdeckers ziviler gedacht: Seine Witwe erhält eine beachtliche Pension von 300 Pfund, der Familie Cook wird ein Wappen gestiftet und eine Goldmedaille der Wissenschaften überreicht.

28 | 04 | 1789
Meuterei auf der Bounty

Am 23. Dezember 1787 beginnt eine der legendärsten Schiffsfahrten aller Zeiten. Die Bounty bricht unter der Führung von Leutnant William Bligh an jenem Tag von England zu einer „Brotfrucht-Expedition" auf, um neue und günstige Nahrungsmittel zu beschaffen. Die Reise ist lang und beschwerlich und der harsche Ton und fragwürdige Entscheidungen von Bligh schaffen schnell schlechte Stimmung. Über das Kap der guten Hoffnung geht die Fahrt bis nach Tahiti. Unterwegs stirbt ein Vollmatrose an Blutvergiftung, in Tahiti der Schiffsarzt, drei Männer der Besatzung versuchen, zu desertieren, werden jedoch eingefangen und ausgepeitscht. Am 4. April 1789 verlässt die Bounty Tahiti mit den gewünschten Jungpflanzen des Brotfruchtbaums.

Bei einem Zwischenstopp auf den Tongainseln kommt es zu Unruhen als Bligh sein Wachpersonal für einen Proviantdiebstahl durch Einheimische verantwortlich macht. Am 28.4.1789 überreden einige Matrosen den von Bligh ständig kritisierten Seemann Fletcher Christian dazu, den Kapitän in einem Boot auszusetzen. Nachts kommt es zur Meuterei. Zu Christians Überraschung gesellen sich 18 weitere Besatzungsmitglieder zu Bligh, die schließlich in einer Barkasse mit etwas Proviant dem Meer überlassen werden. Fletcher Christian und seine Leute fahren weiter zu der Insel Tubuai, wo die Errichtung einer Kolonie scheitert. Einige der Seeleute bleiben auf Tahiti. Mit nur einer Handvoll Verbliebener besiedelt Christian schließlich die Insel Pitcairn. Die Bounty wird in Brand gesetzt, um alle Spuren zu verwischen. Christian wird 1793 auf der Insel ermordet, gilt aber bis heute als Stammvater der heutigen Pitcairner. Bligh hingegen schafft das Unmögliche und bringt seine dezimierte Besatzung zur 5.800 km entfernten Faktorei Kupang in Indonesien. Nur drei Männer seiner Besatzung sterben. Einige der Meuterer werden später gefangen, vier derselben ertrinken dabei in einem Käfig auf der sinkenden HMS Pandora, drei weitere werden erhängt.

22 | 03 | 1842

Idas Welt

Ida Pfeiffer lebte in einer Zeit, in der die Emanzipation in etwa so weit fortgeschritten war wie die Formel 1. Geboren als Ida Reyer am 14.10.1797 in Wien, hat die junge Frau dank einer strengen Erziehung in ihrer Kindheit wenig zu lachen. Es folgen eine Vernunftehe und die Geburt zweier Kinder. Pfeiffers Mann ist ihr jedoch wenig Grund zur Freude, Armut und Entsagung bestimmen ihr Leben. Als schließlich 1837 erst ihre Mutter, dann 1838 ihr Mann stirbt, kommt Pfeiffer in den Genuss einer guten Erbschaft. Ida Pfeiffer nimmt nun trotz heftiger Zweifel im Bekanntenkreis ihr Schicksal in beide Hände und beweist erheblichen Mut: Am 22. März 1842 tritt sie die erste von vielen noch folgenden Reisen an. Das Schwarze Meer, Konstantinopel, Beirut, Jerusalem, das Tote Meer, Damaskus, Alexandria und Kairo sind dabei nur einige ihrer Stationen. Auf dem „Rückweg" ihres Ausflugs, zu dem sie eine „kaum zu bewältigende Reiselust" drängt, besucht sie noch Sizilien, Neapel, Rom und Florenz. Freunde überreden sie, ihr Reisetagebuch zu veröffentlichen, dies geschieht 1843 anonym. Das Buch wird zu einem überragenden Erfolg. Die Anonymität als Autorin wird Pfeiffer erst 1856 aufgeben, lange nachdem weitere Reisen absolviert sind. Island, Norwegen, Schweden, dann diverse Weltreisen in entlegene Orte: Die kleine Frau aus Wien ist nicht mehr zu stoppen, genau wie der Erfolg ihrer weiteren Bücher. Pfeiffer lernt Sprachen, handwerkliche Fertigkeiten, wird als erste weiße Frau von Königen empfangen und unterwegs fast ermordet – der größtmögliche Kontrast zu den ersten zwei Dritteln ihres Lebens. Ida Pfeiffer stirbt am 28. Oktober 1858 an den Folgen einer Malaria, mit der sie sich auf einer ihren Reisen infiziert hat.

14 | 07 | 1865
Mensch gegen Berg

Jean-Antoine Carrel ist am Ende seiner Kräfte. Man schreibt das Jahr 1890 als der begabte Bergsteiger erneut auf dem Weg zum Matterhorn ist. Viermal ist er seit 1857 bereits an diesem gewaltigen Berg gescheitert. Auch bei diesem Versuch versagt der gebürtige Italiener, er stirbt am Berg an Erschöpfung. Am 14. Juli 1865 hat Carrel seine größte Niederlage am Matterhorn hinnehmen müssen. Sie beginnt damit als Carrel und dessen Bruder das Angebot des Konkurrenten Edward Whymper ablehnen, die Besteigung des bis zu diesem Zeitpunkt noch nie erklommenen Gipfels gemeinsam zu bewältigen. Die Ursache: Whymper bietet Carrel den Weg von der Schweizer Seite aus an, was für ihn als patriotischen Italiener nicht in Frage kommt. Stattdessen startet er mit seinem Bruder von der italienischen Seite aus, während Whymper sich zeitgleich mit einigen Landsleuten sowie den Bergführern Michel Croz und Peter Taugwalder Senior und Junior von der Schweiz aus auf den Weg macht. Am 14. Juli 1865 erreicht Whymper sein Ziel und besteigt als erster Mensch der Welt den Gipfel des Matterhorns. Der völlig enttäuschte Carrel wird erst drei Tage später eintreffen. Doch auch Whympers Freude währt jedoch nur kurze Zeit. Auf dem Rückweg rutscht einer seiner Begleiter, der Brite Robert Hadow, aus, fällt auf den Bergführer Croz und reißt schließlich auch noch Lord Francis Douglas und Charles Hudson mit in den Tod. Whymper kann nur tatenlos zusehen, obwohl ihm später der nie zu verifizierende Vorwurf gemacht wird, er habe das Seil zwischen den Stürzenden und sich zerschnitten. Viel mehr plagen den erfolgreichen Bergsteiger über viele Jahre die schrecklichen Erinnerungen an den Abstieg, er spricht von Albträumen, die ihn jede Nacht heimsuchen, stets die abrutschenden Kameraden vor Augen. Whymper und die Carrel-Brüder verbünden sich später trotz ihres zurückliegenden Wettkampfes und erklimmen gemeinsam als erste 1880 den Chimborazo in Ecuador.

25|06|1876
Custers Untergang

George Armstrong Custer verfügt über einen respektablen, aber auch zweifelhaften Ruf. Der 36-jährige hat etwas von zwei anderen bekannten Gesichtern des Wilden Westens. Einerseits recht eitel, trägt er doch schon immer sein Haar glatt und äußerst gepflegt und stets etwas länger als andere, ist er dem Western-"Showmenschen" Buffalo Bill äußerlich nicht unähnlich. Auf der anderen Seite ist da ein zu sich und anderen sehr brutaler General, der gern Deserteure erschießt, ein echter Jesse James der US-Kavallerie. Custer, dessen Karriere alles andere als geradlinig verlief, führt am 25. Juni 1876 die 7. Kavallerie an, welche die Sioux und Cheyenne und deren Häuptlinge Sitting Bull, Crazy Horse und Spotted Elk angreifen soll. Der Rest des Militärs, so der Plan, soll die flüchtenden Indianer dann stellen. Custer teilt zu diesem Zweck seine Truppe in drei Teile auf, um die Gegner von mehreren Seiten aus angreifen zu können. Ein schwerer Fehler, wie sich herausstellt. Custers Teil des Regiments wird schnell vom Ufer des Little Bighorn auf einen Hügel zurückgedrängt und mit Mann und Maus vernichtet, da die Indianer mit 2.000 Kriegern deutlich in der Überzahl sind. Custer wusste das vorher, war sich aber zu siegessicher. Gegen 17 Uhr steht nur noch eine Truppe von 60 Männern dem egozentrischen General auf dem „Last Stand Hill" zur Seite. Custer soll der letzte sein, der fällt und der einzige, der nicht skalpiert wird, da sein Haar schon zu schütter ist. Nach vielen Verdiensten in der Armee und vielen gewonnenen Schlachten, geht General Custer, wennauch kaum so wie selbst gewünscht, in die Geschichte ein: Als Mann, der für die schlimmste Niederlage der US-Armee gegen die Indianer verantwortlich ist.

12|05|1891
Es fährt ein Zug nach Nirgendwo

Am 12. Mai 1891 tritt Zar Nikolai II. auf einen Spaten und beginnt somit symbolisch den Bau der längsten zusammenhängenden Eisenbahnverbindung der Welt. Der Transport von Menschen spielt bei der Entscheidung eine solche zu bauen jedoch eher eine untergeordnete Rolle. Viel mehr sind politische und wirtschaftliche Interessen ausschlaggebend. Die Geschichte der Transsib, wie sie inzwischen genannt wird, ist allerdings keine reine Erfolgsstory. Die Planung ist oft mangelhaft, es wird allein aufgrund der immensen Länge an mehreren Stellen gleichzeitig gebaut. Denn der Winter reicht in Sibirien bis in den Juni, -50°C sind keine Seltenheit und Unterkünfte werden für die

Arbeiter oft erst nach vielen Monaten Dienst an der Strecke errichtet. In der Folge stürzen oftmals besonders Brückenbauer starr vor Kälte einfach in die Tiefe. Mindestens 90.000 Arbeiter sind an der Fertigstellung beteiligt: In einer unwirtlichen Geografie, mit mangelhaften Materialien und heimgesucht von zahlreichen asiatischen Krankheiten. Zehntausende gehen unter diesen Bedingungen zugrunde. 9.297 km Strecke und 80 Stationen zwischen Moskau und Vladiwostok sind schließlich das erfreulichere Resultat. Zwar wird 1903 die Strecke erstmals öffentlich befahren, jedoch findet die offizielle Einweihung erst im Oktober 1916 nach Fertigstellung der Amurbrücke bei Chabarowsk statt. Der Erfolg scheint Russland Recht zu geben, die Wirtschaft wird in den Jahren und Jahrzehnten nach der Fertigstellung durch die Verbindung kräftig angekurbelt.

04 | 06 | 1892

Der Lenz war da

Es muss ungefähr Mitte Mai sein, als Frank G. Lenz von Räubern in der Nähe der türkischen Stadt Erzurum 1894 getötet wird. Der erst 27 Jahre alte Mann ist zu diesem Zeitpunkt auf einer nie zuvor gewagten Reise unterwegs. Mit einem 28 Kilogramm schweren Fahrrad bricht Lenz am 4. Juni 1892 von New York aus auf eine Zweirad-Weltreise von Ost nach West auf, was allein schon schwierig und außergewöhnlich genug ist. Doch den korpulenten und mit ordentlich Ausdauer und Willenskraft ausgestatteten Deutschamerikaner ficht das nicht. Er erreicht San Francisco und setzt nach Yokohama über. Als erster Mensch auf zwei Rädern fährt er durch Nord-China, danach über Shanghai und Burma schließlich nach Indien und Persien. Am 2. Mai 1894 meldet er sich ein letztes Mal. Danach hören weder die Reise-Sponsoren des Magazins „Outing" noch die Overman Bicycle Company je wieder etwas von Lenz. Seine bis dahin steten Reiseberichte finden in Erzurum ein jähes Ende. Die Mörder werden zwar gefasst und auf Druck der USA vor Gericht gestellt, können jedoch wenig später ohne Mühe aus dem Gefängnis fliehen. Lenz' Mutter erhält von der türkischen Regierung eine Entschädigung von 7.500 US-Dollar. Lenz Reise ist schließlich die Inspiration für den 21-jährigen Heinrich Horstmann, welcher den Versuch der Weltumrundung per Fahrrad nur ein Jahr später von Dortmund aus wagt. Obwohl auch mit Schwierigkeiten konfrontiert, ist Horstmann am Ende der erste Deutsche, dem das Unternehmen gelingt. Als eigentlicher Pionier der Weltumrundung mit dem Fahrrad wird aber der Engländer Thomas Stevens gehandelt, er fährt 1887 jedoch die leichtere Strecke von West nach Ost.

03 | 11 | 1897
Von Schwarz bis zum Schwarzen Tag

David Schwarz ist 46 Jahre alt als er vor dem Wiener Restaurant „Zur Linde" zusammenbricht und wenige Minuten später an Herzversagen stirbt. Nur einige Stunden zuvor hat er erfahren, dass sein oft verspottetes Projekt, das erste Ganzmetallluftschiff der Welt, zur Füllung mit Gas bereit wäre und somit kurz vor seinem Jungfernflug stünde. Da Schwarz' Witwe Melanie eine energische Frau und das Projekt schon soweit vorangekommen ist, kann knapp elf Monate später am 3. November 1897 das in Berlin zusammengesetzte Flugzeug dennoch zu einer ersten Fahrt in Berlin-Tempelhof abheben. Doch bei einer erreichten Höhe von 400 m zerbersten die Treibriemen, die Steuerung fällt aus und das Schwarzsche Luftschiff muss notlanden. Der anwesende Ferdinand Graf von Zeppelin ist nichtsdestotrotz von der Idee überzeugt, hatte er in den vorangegangenen Jahren doch ebenso an solch einem Luftschiff gearbeitet. Zeppelin kauft Witwe Schwarz das Patent ihres verstorbenen Mannes ab und beginnt mit viel eigenem Kapital den Bau des ersten funktionstüchtigen Luftschiffes. Am 2. Juli 1900 steigt Zeppelin 1 (LZ 1) zum Himmel, muss jedoch auch wieder notlanden. Es folgen für den Grafen noch viele Schwierigkeiten, doch steigt seine Popularität, so dass schließlich eine öffentliche finanzielle Unterstützung in Form von Spenden von über 6 Millionen Mark bereitgestellt werden kann. Ab 1906 fliegen Zeppeline regelmäßig und werden auch im ersten Weltkrieg, wenn auch mit wechselndem Erfolg eingesetzt. Graf von Zeppelin stirbt 1917, seine Geschäfte übernimmt Dr. Hugo Eckener, welcher eine neue Ära des Riesen-Luftschiffes einläutet und diese mit der Atlantik-Überquerung und der Landung in Lakehurst am 15. Oktober 1924 zu ihrem Höhepunkt führt. Der Anfang vom Ende für die Zeppeline beginnt mit dem aufkommenden Nationalsozialismus und der Hindenburgkatastrophe: Bei der Landung der LZ 129 „Hindenburg", des größten jemals gebauten Luftschiffes, am 6. Mai 1937 über Lakehurst/ New York fängt das Luftschiff Feuer und verbrennt. Von den 97 Passagieren überleben erstaunlicherweise immerhin 62.

14 | 12 | 1911
Ab ins Ungewiss

Roalds schulische Leistungen sinken. Bereits als Kind will der Norweger Polarforscher werden. Während andere Kinder dieses Hirngespinst spätestens mit dem Jugendalter ad acta legen, wandert der 16-jährige Roald Amundsen durch die kalten Berge westlich seiner Heimatstadt Kristiania, um seinen Körper abzuhärten. Nachdem seine Eltern gestorben sind wird der junge Mann mit Anfang Zwanzig Matrose, dann Steuermann und Mitglied einer Expedition in die Antarktis. Er macht eine Fahrradtour durch Westeuropa, leistet seinen Wehrdienst ab und wird schließlich Kapitän des Schiffes Gjøa. Als solcher entdeckt er die Nordwestpassage zwischen Atlantik mit Pazifik und wird zum norwegischen Nationalhelden. Danach wappnet sich Amundsen für eine Expedition zum Nordpol. Als jedoch Robert Peary behauptet, diesen bereits erreicht zu haben, was später bezweifelt wird, fokussiert sich Amundsen auf die andere Seite der Welt, den Südpol. Zeitgleich macht sich der Engländer Robert Falcon Scott auf den Weg dorthin. Ein Wettlauf beginnt. Amundsen klärt seine Crew erst auf dem Weg über das Ziel auf, um seine Mission nicht zu gefährden. Niemand verlässt den mutigen Forscher und nachdem die Antarktis 1910 erreicht ist, bricht seine Expedition am 20. Oktober 1911 zum Südpol auf. Knapp zwei Monate später erreicht Amundsen sein Ziel am 14. Dezember 1911, 35 Tage vor Scott, der auf dem Rückweg mit seiner Mannschaft erfriert. Am 18. Juni 1928, der Norweger ist längst reich und berühmt, bricht Amundsen als Leiter eines Rettungstrupps in die Arktis auf, um seinen Freund Umberto Nobile, der mit einem Luftschiff abgestürzt ist, zu helfen. Außer Teilen seines – wahrscheinlich überladenen – Latham-47 Wasserflugzeugs findet man von Amundsen später keine Spur. Nobile wird schließlich von einem schwedischen Piloten gerettet.

30 | 03 | 1912
Die Geschichte im Kopf

Das Leben des Karl Friedrich May beginnt mit einem Wunder und endet mit viel Jubel, aber dazwischen liegen Lügen, Haft, ein Dasein im Fiktiven und schließlich ein glänzender Ausweg. Als Karl May am 25. Februar 1842 geboren wird, hat er schon kurz darauf Probleme. Eine Nachtblindheit weitet sich zu einer faktischen aus und die ersten Jahre seines Lebens verbringt er quasi in seiner eigenen Dunkelheit. Als er fünf ist, gelingt die unglaubliche Heilung und aus

May wird bereits früh ein sehr fantasievoller Junge. Mit 17 hat er das erste Mal Ärger wegen Unterschlagung, wenig später muss er seine Stelle als Lehrer wegen eines Diebstahls ad acta legen und 1865 führt eine geprellte Zeche zu vier Jahren Arbeitshaus. Dieser Weg setzt sich bis ins Jahr 1874 fort, eine bürgerliche Existenz aufzubauen misslingt. May liest während seiner Zuchthausaufenthalte jedoch Unmengen an Literatur und mit 32 Jahren kann er seine erste Erzählung veröffentlichen. Eine Anstellung als Redakteur folgt. Das Blatt hat sich gewendet: Ab 1878 ist Karl May offiziell freier Schriftsteller. 1880 verfasst er einen Zyklus von Orientgeschichten und zahlreiche Erzählungen für Zeitschriften. Allmählich wird aus dem notorischen Ganoven ein Abenteurer, der nie weit gereist ist. 1892, mit 50 Jahren, lebt May zum ersten Mal in seinem Leben ohne finanzielle Sorgen, sowohl „Das Waldröschen" als auch seine „Gesammelten Reiseromane" laufen fantastisch. Mit der Erfindung des Old Shatterhand beginnt May sich derart mit seiner Figur zu identifizieren, dass er bald glaubt, besagter Held zu sein. Die Realität macht ihm zu schaffen, er erleidet Nervenzusammenbrüche. Die schon 1893 begonnene „Winnetou"-Reihe setzt er bis 1910 fort, doch erst im Jahr 1908 bereist er erstmals die USA, wo er schon zum Ehrendoktor ernannt wurde. Bis zu seinem Tod muss der Schreibtisch-Abenteurer mit der ungeheuren Fantasie sich noch in Prozessen gegen Feinde zur Wehr setzen, um sein Honorar kämpfen und letztlich auch mit sich selbst und seinen erfundenen Figuren. Eine Woche nach einem bejubelten Vortrag hört Mays Herz am 30.3.1912 auf zu schlagen.

15|04|1912
Viele Schlüssel zum Unglück

Lawrence Beesley ist einer der 705 Überlebenden der Titanic. Er berichtet, dass Passagiere und Crew seltsam ruhig und ohne Panik in den Untergang gegangen seien – Stopp – Der Seemann Stephan Rehorek hat den Eisberg, der das Schiff zum Sinken brachte, fünf Tage nach der Katastrophe vom Dampfer „Bremen" aus fotografiert, das Bild wurde vor kurzem entdeckt und verifiziert – Stopp – Der Schriftsteller Morgan Roberston veröffentlicht 1898 einen Roman mit dem Namen „Futility" (Nichtigkeit), der von einem Riesendampfer erzählt, welcher seine Jungfernfahrt von Southampton aus antritt, aber in einer kalten Aprilnacht sinkt und nie ankommt. Name des fiktiven Schiffes: Titan – Stopp – Den Hinterbliebenen des Schiffsorchesters, welches bis zuletzt gespielt haben soll, wurde nur ein Drittel des Lohns gezahlt und außerdem sogar die Rechnung für die Uniformen übermittelt – Stopp – Ein überlebender Stewart der Titanic, Alexander James

Littlejohn war 40 Jahre alt und hatte dunkles Haar zum Zeitpunkt des Unglücks. Wenige Monate später erhält er einen neuen Seemannspass, in welchem auch seine Haarfarbe Erwähnung findet: Weiß – Stopp – Im neuen Jahrhundert bleiben der unter Wasser liegenden Titanic noch maximal 40-50 Jahre bevor sie komplett zersetzt sein wird – Stopp – John Jacob Astor, Millionär und Gründer des Astoria-Hotels (später Waldorf-Astoria), befindet sich zur Zeit der Kollision im Rauchsalon der Ersten Klasse als das Eis aufs Deck splittert. Sein Kommentar: „Ich hatte zwar Eis für meinen Drink bestellt, aber das ist ja lächerlich!" Wenig später verabschiedet er seine im Rettungsboot sitzende Frau von der Reling aus mit den Worten: „Wir sehen uns morgen früh" – Stopp – Hätte Fred Fleet, der Mann im Ausguck, laut eigener Aussage ein Fernglas zur Verfügung gehabt, wäre der Eisberg womöglich rechtzeitig erkannt worden. Doch David Blair, Zweiter Offizier, der kurz vor Abfahrt zu einem anderen Schiff abkommandiert wird, nimmt versehentlich die Schlüssel zum Schrank mit den Ferngläsern mit – Stopp – Dies sind nur ein paar der Geschichten, die sich um eine der größten Tragödien des letzten Jahrhunderts ranken: Den Untergang der Titanic.

27 | 02 | 1914

Kermits Abenteuer

Im Juni 1943 erfährt Edith Kermit Roosevelt, dass ihr Sohn Kermit an einem Herversagen gestorben ist. Die Wahrheit aber ist, Kermit, Sohn von Ex-Präsident Theodore Roosevelt, hat sich am 4. Juni 1943 selbst erschossen. Er litt unter einer nicht mehr kontrollierbaren Alkoholsucht und chronischen Depressionen. Ebenso schwierige, wenn auch erfolgreichere Tage erleben Kermit und seinen Vater im Jahr 1914. Beide sind am 27. Februar 1914 Teil einer Expedition im brasilianischen Dschungel, welche es sich zur Aufgabe gemacht hat, den weithin unbekannten Verlauf eines damals „River of Doubt" genannten Flusses ausfindig zu machen. Die Expedition gerät jedoch zu einem lebensbedrohenden Abenteuer für beide Roosevelts. Nachdem das Team im Regenwald von dem rauen Klima und den widrigen Umständen derart mitgenommen wird, dass ein Mitglied ertrinkt, ein anderes umgebracht wird, erkrankt schließlich auch noch Roosevelt Sr. an Malaria. Eine weitere Serie von kleinen und großen Unglücken lässt die Expedition am Ende zu einem Rennen gegen die Zeit und auf Leben und Tod werden. Sechs Wochen nach Start der Erkundung muss Theodore Roosevelt rund um die Uhr betreut werden. Mehr als ein Mal denkt er daran, eine zu hohe Dosis Morphium zu nehmen, um den anderen eine schnellere Rückkehr zu ermöglichen. Kermits Kenntnisse über die Malaria scheinen am Ende ausschlaggebend für eine erfolgreiche Rückkehr. Er selbst erkrankt hieran zwar ebenso, verheimlicht dies jedoch trotz Todesgefahr geflissentlich. Die Expedition inklusive der Roosevelts erreicht schließlich die Zivilisation. Der Fluss heißt fortan Rio Roosevelt, ein Seitenarm gar Rio Kermit. Theodore Roosevelt wird sich bis zu seinem Tod 1919 nicht mehr richtig von der Reise erholen. Kermit selber hat noch weitere Abenteuer vor sich, bis er seinem Leben ein Ende setzt.

15|08|1914
Sumpf, Fieber, Malaria und ein Kanal

Eine erste Idee von einem möglichen Panamakanal hat schon Karl V., welcher durch die damals neuen Besitzstände in Amerika über ein immenses Reich herrscht. Auch Alexander von Humboldt beschäftigt sich zwischen 1799 und 1804 mit dem Projekt. Tatsächlich gebaut wird der Kanal, der Atlantik und Pazifik miteinander verbinden und so die 30.000 km lange und gefährliche Umschiffung von Kap Hoorn überflüssig machen soll, jedoch erst ab dem 1. Januar 1880. Beauftragt wird der Erbauer des Suezkanals, Ferdinand de Lesseps. Der kleine, aber feine Unterschied zwischen den beiden Projekten liegt jedoch vor allem in der Beschaffenheit des Bodens. Während die Verbindung von Europa nach Asien durch flache, trockene Wüste führte, hat man es in Mittelamerika mit Schlamm, Sumpf und tiefem Dschungel zu tun. Die Folgen dieser Fehleinschätzung sind verheerend. Zwischen 1880 und 1889 sterben im Schnitt täglich fast acht Arbeiter, am Ende dieser ersten Bauperiode stehen unglaubliche 22.000 Opfer auf der Totenliste. Gelbfieber und Malaria raffen die Beteiligten hinweg, so dass viele Leichen gar in Essigfässern nach Europa transportiert werden, damit die Anzahl der Kreuze rund um die Baustelle nicht Überhand nimmt. Selbst der bekannte Ingenieur Gustave Eiffel kann den Erfolg nicht herbeizaubern. 1889 werden die Arbeiten eingestellt. Falsche Planung, mangelhafte Organisation, Korruption und technisches Versagen sind Gründe für das Scheitern. Nach Konzessionsgerangel zwischen den USA, Panama und Kolumbien wird 1906 die Arbeit wieder aufgenommen, erst 1/6 des geplanten Kanals ist zu diesem Zeitpunkt fertig gestellt, nur 40% der geleisteten Arbeit erweist sich als nützlich. Die neue Bauphase kostet noch einmal 5000 Menschen das Leben und kostet Millionen von Dollar. Obwohl die offizielle Eröffnung erst 1920 stattfindet, erfolgt eine erste Durchfahrt des 81,6 km langen Kanals bereits am 15. August 1914.

04 | 11 | 1922
Gräber, Gold, Geduld und Grausen

Auf diesen Tag hat Howard Carter sehr lange gewartet. Die Suche nach dem Grab Tutenchamuns ist bis 1922 schon mehrere Jahre erfolglos geblieben und das Geld droht langsam zur Neige zu gehen. Doch Carter kann seinem Gönner Lord Carnarvon für eine letzte Ausgrabung noch einmal die finanziellen Mittel entlocken. Denn Carnavon glaubt an Carters Genie. Bereits 1907 hat er mit ihm Theben und viele Stätten im Delta durchkämmt, und er war dabei, als das Grab von Amenophis (I und III) sowie Gräber der Hatschepsut gehoben wurde. Wie durch ein Wunder gelingt Carter nun auch am 4. November 1922, was niemand mehr für möglich gehalten hat: In der Nähe des Grabes Ramses' IV. findet er ein paar Arbeiterhütten und entdeckt dort bald Stufen, versiegelte Türen und schließlich ganze Kammern, Goldschätze und den Sarkophag des Pharaos Tutanchamun. Die Mumie und die inzwischen weltberühmte Goldmaske des Pharaos zählen später zu  den größten Entdeckungen des 20. Jahrhunderts. Das alles wäre eine wunderbare Geschichte, wenn es nicht den „Fluch des Pharaos" gegeben hätte. Was an diesem Fluch dran ist oder nicht, wird sich nie wirklich klären lassen, zumal die Berichterstattung darüber immer wieder von starken Übertreibungen gespickt war. Der Legende nach darf niemand die Gräber der Könige stören oder Gegenstände dem Tageslicht zuführen, geschweige denn Gräber plündern. Eine mysteriöse Tontafel mit einem Fluch, von der man sich erzählt, die aber verschollen oder nicht existent ist, spielt dabei eine Rolle. Das Resultat sind zahllose sonderbare Todesfälle, angefangen bei dem Lord Carnarvons nur ein Jahr nach der Entdeckung. Viele Teilnehmer der Ausgrabungen oder andere Beteiligte begehen entweder Selbstmord oder kommen unglücklich und verfrüht ums Leben. Carter selbst verstarb 1939 ganz „unspektakulär" mit 64 Jahren an einem Lymphtumor.

13 | 07 | 1923
Indiana Andrews

Es gab ihn wirklich, diesen Indiana Jones. Gut, er hieß eigentlich Roy Chapman Andrews, aber sein Leben soll in Teilen dem Film als Schablone gedient haben. Andrews wird am 26. Januar 1884 geboren und interessiert sich schon früh für die Natur und was sich in ihr alles entdecken lässt. Am 31. März 1905, er ist gerade das erste Jahr im College, kentert er mit seinem Freund Monty White auf dem Rock River. White stirbt, Andrews überlebt und hat spätestens jetzt das Abenteuer als heraus zu fordernden Gegner und Freund gleichzeitig für sich entdeckt. Er bringt sich früh das Ausstopfen von Tieren bei und will auf Gedeih und Verderb einen Job am American Museum of Natural History ergattern. Als keine Stelle frei ist, heuert er beim Reinigungspersonal des Museums an. Nebenher sammelt er für das Museum eifrig Musterexemplare von Tieren. Ab 1909 unternimmt Andrews seine erste Reise nach Ostindien, auf der er Schlangen und Echsen sammelt und Meeressäugetiere beobachtet. Yunnán und andere Provinzen Chinas sind weitere Forschungsgebiete, die er zwischen 1916 und 1917 als offizieller Anführer einer „Asiatischen Expedition" des Museums mit seiner Frau untersucht. In der Mongolei gräbt er 1920 ein gigantisches Rhinozeros aus, und überreicht es dem American Museum. Am 13. Juli 1923 macht er mit der Entdeckung einiger Dinosaurier Eier seinen spektakulärsten Fund. Weitere Expeditionen in China und der Mongolei folgen. Das Museum bewertet Andrews Funde als extrem wichtig und wertvoll. Doch auch die Gefahr begleitet ihn ständig: Mehr als ein Mal entgeht er dem Tode nur knapp, Wale, Haie, Pythons und bewaffnete Banden machen ihm das Leben schwer. 1934 wird Andrews schließlich zum Direktor des American Museum of Natural History. 1941 setzt er sich zu Ruhe, schreibt jedoch weiterhin Bücher und hält Vorträge über seine Erfahrungen. Andrews stirbt am 11. März 1960.

20|05|1927
Der Alleinflug des Careu Kent

John Alcock hat nicht viel von seinem Ruhm. Mit Arthur Whitten Brown überquert er als einer der beiden ersten Menschen am 14./15. Juni 1919 den Atlantik nonstop. Kaum ein halbes Jahr später stirbt der zum Ritter geschlagene Alcock bei einem Testflug. Der ehemalige Postflieger Charles Lindbergh kennt diese Aufsehen erregende Leistung, ebenso wie andere gescheiterte Versuche, alleine einen Nonstop-Transatlantikflug zu wagen. Er wendet sich an den eher unbekannten Flugzeughersteller Ryan Airlines (nicht die heutige Ryanair), die seine Idee des Rekordversuchs unterstützt und ihm eine eigene einmotorige Maschine baut. Die „Spirit of St. Louis" ist nur zwei Monate nach Beginn der Planungsarbeiten fertig. Am 20. Mai 1927 um 7:54 Uhr startet Lindbergh von New York aus. Schneestürme und vor allem Müdigkeit im letzten Abschnitt der Strecke machen ihm zu schaffen, seinen Weg findet der Pilot aber hervorragend. An Frankreichs Küste angekommen, fällt es ihm nicht schwer nach kurzer Zeit auch Paris zu orten, leuchtet die riesige Citroën-Reklame am Eiffelturm doch weithin sichtbar über die Stadt hinaus. Fast wäre Lindbergh noch nach Rom weitergeflogen, doch nach 33,5 Stunden begrüßen ihn die Franzosen wie einen Helden. Lindbergh bleibt aber auch außerhalb des Cockpits eine schillernde Figur. Eines seiner sechs Kinder wird 1932 entführt und schließlich getötet, böse Zungen behaupten heute, er sei sogar daran beteiligt gewesen. Ein anderer wird jedoch verurteilt und 1936 hingerichtet. Lindberghs Autobiografie bringt ihm 1954 den Pulitzer Prize. Ferner werden ihm nationalsozialistische Tendenzen und Antisemitismus nachgesagt. Neben seiner eigentlichen Familie hat er zahlreiche heimliche Affären und sieben uneheliche Kinder. Die Kinder aus der Liaison mit der Hutmacherin aus München kennen nicht einmal seine wahre Identität, bei Besuchen wird er als Careu Kent vorgestellt.

04 | 12 | 1931

Das hübsche Mädchen in der Holzkiste

Ernst Udet, bekannter Jagd- und Kunstflieger der späten 20er Jahre hat nichts als Hohn und Spott für seine Kollegin übrig. Eine Bruchlandung wäre nur eine Frage der Zeit, verlacht er Elly Beinhorn, eine Frau, die 1929 im Begriff ist nach ihrem Sportflugzeugführerschein auch noch den Kunstflugschein und den Flugzeugführerschein für kleinere Seeflugzeuge zu machen. Bereits 1931 bricht die tollkühne Frau ungeachtet aller Unkenrufe alleine im Flugzeug nach Afrika auf und... muss auf dem Rückflug notlanden. Mit Hilfe des einheimischen Stammes der Songheis kann sie sich nach einem viertägigen Marsch durch die Wüste retten und beherrscht die Gazetten. Am 4. Dezember 1931 sitzt Beinhorn erneut im Flugzeug, erneut allein und erneut mit großem Ziel: Einer Weltumrundung. Südasien, Australien und schließlich Buenos Aires sind die Stationen dieser durchweg erfolgreichen Expedition. Die Australier bezeichnen Beinhorn als „das hübsche Mädchen in ihrer winzigen Holzkiste". Allerorten erntet sie Jubel und eine euphorische Presse. Privat hat Beinhorn nicht im Ansatz so viel Erfolg. Zwar heiratet sie zwei Mal, ihr erster Mann, der Rennfahrer Bernd Rosemeyer, verunglückt jedoch nur zwei Jahre nach der Heirat und zehn Wochen nach der Geburt ihres Sohnes Bernd. Auch mit ihrem zweiten Ehemann Dr. Karl Wittmann währt das Glück nur sieben Jahre. Nach weiteren Rekordflügen und einem aufreibenden Leben gibt sie im Alter von 72 Jahren nach ca. 5.000 zumeist allein absolvierten Flugstunden ihre Pilotenscheine zurück. Sie stirbt 100-jährig am 28.11.2007 in Ottobrunn bei München.

22 | 12 | 1938
Quastenflosser

Die junge Museumsangestellte Mariorie Courtnay-Latimer staunt nicht schlecht, als sie am 22. Dezember 1938 auf dem Vorderdeck des Trawlers Nerine anderthalb Tonnen Haifische inspiziert. Solche Besichtigungen sind zunächst nichts Ungewöhnliches für sie, arbeitet Mariorie doch im Städtischen Meeresmuseum des kleinen Städtchens East London an der südafrikanischen Küste und ist immer auf der Suche nach neuen Ausstellungsexemplaren. Als ihr Blick aber an diesem Tag über den Fischfang schweift, erregt etwas Ungewöhnliches ihre Aufmerksamkeit. Eine blaue Flosse sticht aus dem anderen Meeresgetier hervor, die zu einem anderthalb Meter langen und fast 60 kg schweren bereits toten Fisch gehört. Er besitzt silbrig glänzende Schuppen, einen gelappten Schwanz sowie vier Flossen, die wie Gliedmaßen aussehen. Mariorie hat so ein Tier noch nie gesehen und verwirft ihren ersten Gedanken, es könne sich um einen Fossilfisch, einen Ganoiden, handeln, sofort wieder, da der aufgefundene Fisch ja noch vor Kurzem gelebt hat. Doch alle ihre Klassifizierungsversuche, das Tier einer lebenden Spezies zuzuordnen, bleiben ohne Erfolg. Schließlich fertigt sie eine Skizze des Fisches an und schickt sie dem Chemieprofessor und Hobby-Ichthyologen James L.B. Smith. Die Antwort lässt lange auf sich warten. Erst am 9. Januar 1939 schreibt Smith zurück. Seiner Meinung nach handelt es sich bei dem Fisch um einen Quastenflosser, ein Tier, dass vor 350 Millionen Jahren entstand und vor etwa 70 Millionen Jahren in der Kreidezeit ausgestorben ist. Mariorie Courtnay-Latimer hat ein lebendes Fossil entdeckt, dass man bislang nur aus Versteinerungen kannte – eine wissenschaftliche Sensation! Es ist einer der wichtigsten zoologischen Funde des 20. Jahrhunderts, der nach der Entdeckerin auf den Namen Latimeria chalumnae getauft wird. Seitdem haben sich zahlreiche Forschungsexpeditionen erfolgreich auf die Jagd nach lebenden Coelacanthen gemacht. Doch die Tiefsee-Dinos lassen sich nicht in Gefangenschaft halten, da sie dem Druck an der Meeresoberfläche nicht gewachsen sind.

20 | 09 | 1939
Ich bin dann mal wirklich weg

Als der Deutsche Oskar Speck am 20. September 1939 auf der australischen Insel Saibai aus seinem Kajak steigt und an Land geht, erwarten ihn bereits drei Polizeibeamte. Das Trio weiß mehr über ihn als Speck über die aktuelle politische Situation in der

Welt. Zwei Wochen zuvor hat der Zweite Weltkrieg begonnen, eine Tatsache, die dem allein in einem Faltboot reisenden Speck verborgen blieb. „Nicht schlecht, mein Lieber", begrüßen die Beamten den erstaunten Deutschen. Sie schütteln seine Hand und nehmen den 32-jährigen kurzerhand fest. Die kleine „Deutsche Invasion", die keine ist, wird beendet und Speck tatsächlich bis zum Ende des Weltkrieges gefangen gehalten. Doch wie kam der kühne Deutsche überhaupt in einem Kajak nach Australien? 1932 wird der begabte Kajakfahrer im Zuge der Weltwirtschaftskrise von seiner Firma entlassen. Kurzerhand entscheidet sich der Hamburger nach Ulm zu fahren und von dort in seinem Kajak auf der Donau Richtung Zypern aufzubrechen – überall kann es nur besser sein, mehr Arbeit geben als im Deutschland des Jahres 1932. Es folgt eine unglaubliche siebenjährige Abenteuerreise, die dem wagemutigen Speck auf über 50.000 Kilometern stürmische See, wilde Eingeborene, Gefangenschaft, Diebstahl und zahlreiche andere Widrigkeiten beschert. Mit der Unterstützung der Firma Pionier Faltbootwerft und dank der Bereitstellung von insgesamt fünf Booten, erreicht Speck Australien trotzdem. Dort angekommen verbringt er sieben Jahre im Tatura Internierungslager, ein Fluchtversuch 1943 per Fahrrad scheitert. Später wird Speck ein erfolgreicher Geschäftsmann und stirbt 1995 mit 88 Jahren in seiner neuen Heimat New South Wales, Australien.

21 | 03 | 1942

Die Calypso

Neben seinen zwei Ehen hat der Meeresforscher Jacques-Yves Cousteau eigentlich noch einen dritten Bund fürs Leben geschlossen. Als das Minensuchboot J-826 am 21. März 1942 vom Stapel läuft, wissen weder die Hersteller, die US-Marine noch der französische Taucher, dass dieses Schiff sein lebenslanges Zuhause werden soll. Bevor es soweit ist, wird aus der J-826 noch eine Fähre, die zwischen Malta und der Insel Gozo verkehrt. Im Jahr 1950 schenkt der bekannte irische Bierbrauer Guinness Cousteau das Schiff, das inzwischen Calypso heißt, und dieser baut es umgehend in ein Forschungsschiff um. Cousteau startet damit zahllose Expeditionen, welche in viele Fernseh- und Filmdokumentationen münden. Für letztere, genauer für den Dokumentarfilm „Silent World", den Kurzfilm „The Golden Fish" und „The World Without Sun", gewinnt er 1957 respektive 1959 und 1965 sogar drei Oscars. Cousteau ist Zeit seines Lebens Forscher, Abenteurer, Naturschützer, Erfinder, Filmemacher und Unternehmer und erlangt im Laufe der Jahre eine weltweite Bekanntheit. Er erfindet 1943 mit dem Ingenieur Emile Gagnan eine Atemflasche für die Tiefsee (aqualung) und baut später sogar Freizeitparks. Kurz vor seinem Tod sinkt die Calypso, kann jedoch gehoben und später einem Museum übergeben werden. Der Herr der Meere sagte einmal auf sein Schiff angesprochen: „Ich habe viele Häuser, aber nur die Calypso ist mein richtiges Zuhause".

29 | 05 | 1953
Die Bezwingung des Bastards

George Mallory sieht plötzlich einen Weg. Der Brite gehört einer britischen Expedition an, die geologische Vermessungen am Mount Everest durchführen soll, als er auf einmal eine Route bemerkt, die eine Besteigung des höchsten Berges der Erde (8.848 m) wahrscheinlich erscheinen lässt. Man schreibt das Jahr 1921 und Mallory ist fasziniert von dem Riesen vor ihm. Nur drei Jahre später bricht der Vater von drei Kindern mit seinem Kollegen Andrew Irvine zu einer Reise ohne Wiederkehr auf. Bis heute kann niemand sagen, ob Mallory und Irvine je den Gipfel erreicht haben. Die Leiche George Mallorys wird erst 1999 gefunden, Irvine bleibt verschollen. Es dauert bis 1953 bis schließlich die neunte britische Expedition unter der Leitung von John Hurt einen neuen Anlauf nimmt, diesen scheinbar unerreichbaren Gipfel zu erklimmen. Die erste Seilschaft (Tom Bourdillon/Charles Evans) scheitert, nun kommt es auf den Neuseeländer Edmund Hillary an. Er verlegt das Lager auf eine Höhe von 8.510 Meter und bricht mit dem Sherpas Tenzing Norgay und Ang Nyima auf. Letzterer steigt kurz vor dem Ziel wieder ab und verpasst so seine Chance in die Geschichtsbücher einzugehen. Norgay und Hillary hingegen marschieren um 6 Uhr früh am 29. Mai 1953 Richtung Gipfel und erreichen diesen als erste Menschen der Welt um 11.30 Uhr. Seinen Freund George Lowe begrüßt Hillary bei der Rückkehr mit den Worten „George, wir haben den Bastard bezwungen!"

25 | 04 | 1960
Nur einmal Luftholen

Am 24. April 1960 die USS Triton (SSN-586) die Sankt-Peter-und Sankt-Pauls-Felsen. Erst acht Tage vorher ist das U-Boot abgetaucht und hat seine Jungfernfahrt in New London begonnen. Der Crew wird äußerst geheimnisvoll mitgeteilt, dass sie sich auf eine längere Reise einstellen solle, wohin und wie lange genau bleibt im Verborgenen. Als die Felsen nun sichtbar werden erhält die Besatzung die Information, dass es sich bei der vor wenigen Tagen begonnenen Fahrt um eine Weltumrundung ohne Auftauchen handelt. Obwohl der Radarist John R. Poole an Nierensteinen leidet, hält Kapitän Beach an seinem Plan fest und lässt das Boot weiterfahren. Erst als Pooles Probleme ernsthafter werden, gibt er vor Montevideo einen Funkspruch an die SS Macon ab und bittet um Hilfe. Poole geht von Bord und die Triton setzt ihre Fahrt fort. Am Kap Hoorn dreht das U-Boot fünf Runden, damit jedes Crew-Mitglied durch das Periskop den Anblick des Kaps mit nach Hause nehmen kann. Gleiches passiert bei den Osterinseln und den Moai-Statuen. Die Triton durchläuft die Datumsgrenze zwischen den Zeitzonen und pulverisiert dadurch den 24. März als hätte er nie stattgefunden. Rund einen Monat später, am 25. April 1960, erreicht das Boot erneut die Sankt-Peter- und Sankt-Pauls-Felsen, die Umrundung ist vollzogen, die erste dieser Art, die jemals in einem U-Boot stattgefunden hat.

12 | 04 | 1961

Von der Gießerei ins All

Ein ruhiges Temperament führt zu Ruhm, Ansehen und Außergewöhnlichem. Als der gelernte Gießereitechniker Juri Alexejewitsch Gagarin am 3. Juni 1955 seine Flugprüfung besteht, ahnt er noch nichts davon, dass er später im Universum Geschichte schreiben wird. Sein Weg verläuft über den Rang des Leutnants, den Dienst in der sowjetischen Luftwaffe von 1957 bis 1959, bis schließlich hin zu einer besonderen Ausbildung zum Kosmonauten, die er durchläuft, weil er als potenzieller Kandidat für einen ganz besonderen Job auserwählt wird. Seine Konkurrenten, bestehend aus 19 Mitbewerbern, unterliegen, weil ihm besagte mentale Gelassenheit attestiert wird. Da es den Beruf bis dahin in dieser Form gar nicht gibt, müssen die Russen vor allem jemandem vertrauen, der in brenzligen Situationen die Nerven behält. Am 12. April 1961, nur etwas mehr als ein Jahr nach Beginn seiner Ausbildung, startet Juri Gagarin als erster Mensch der Welt ins All. Er entfernt sich dabei bis zu 237 Kilometer von seinem Heimatplaneten und braucht in seinem Gefährt, der Raumkapsel „Wostok 1", nur 108 Minuten um die Erde ein Mal zu umkreisen. Im Jahr 1966 hat Gagarin Glück, als er am Training für den Erstflug einer Sojuskapsel teilnimmt, jedoch am Ende nur Ersatzmann für Vladimir Komarov ist, welcher bei dem Flug von „Sojus 1" ums Leben kommt. Weniger Fortune hat er am 27. März 1968 bei einem Übungsflug einer MiG-15, in der er tödlich verunglückt.

28 | 05 | 1967
Die Welt mit einer Hand

Der Engländer Francis Drake ist der erste Mensch, der die ganze Welt umsegelt. Er braucht dafür fast drei Jahre (1577-1580) und hat eine Mannschaft von 150 Personen an seiner Seite. Das 20. Jahrhundert aber braucht neue Herausforderungen: Menschen setzen sich in den Kopf, die Welt allein in Nussschalen großen Booten zu umrunden. Schon 1895 schafft es der gebürtige Kanadier Joshua Slocum, die Erdkugel als erster Einhandsegler zu umrunden, darf für diese Bestleistung allerdings ein wenig „mogeln", legt er doch teilweise Stopps von einem halben Jahr auf dem Weg ein. Weit mehr Chuzpe scheint da der Engländer Francis Chichester bewiesen zu haben, als er am 28. Mai 1967 von einer Einhand-Weltumsegelung zurückkehrt. Fast zehn Jahre zuvor hatten ihm Ärzte bescheinigt, dass er in wenigen Monaten seiner Krebs-Erkrankung erliegen würde. Nicht nur, dass er diese falsche Diagnose um ein Vielfaches überlebt, Chichester schafft sogar noch das Husarenstück der Weltumsegelung und stirbt erst am 26. August 1972 in Plymouth, nicht ohne vorher mit einem Schwert des legendären Weltumseglers Sir Francis Drake von Elizabeth II. zum Ritter geschlagen worden zu sein und eine Briefmarke zu seinen Ehren gewidmet zu bekommen. Etwas weniger glorreich verlief die Rückkehr des ersten Deutschen, der die Erde mit einem Segelboot umrundet. Wilfried Erdmann tut dies von 1967 bis 1968 ohne je einen offiziellen Segelschein erworben zu haben. Am 7. Mai 1968 legt Erdmann nach 421 Tagen in Helgoland an. Da sein Boot jedoch nur sieben Meter lang ist, glaubt man ihm zunächst die Leistung nicht, erst tropischer Bewuchs am Schiffsrumpf scheinen den Betrachtern als Verifizierung zu genügen. Statt mit einer Briefmarke wird Erdmann damit belohnt, dass sein Schiff wegen unversteuerter Einfuhr angekettet wird. Im Jahr 2001 kehrt der Mann, der 1959 bereits mit dem Fahrrad nach Indien gefahren war, schließlich als erster Mann der Welt, der mit ein und demselben Schiff die Welt in beide Richtungen (von Ost nach West und vice versa) umrundete, von einer weiteren Weltumsegelung zurück.

24 | 09 | 1967
Ein Leben im Nebel

Ein Ort in Ruanda zwischen dem Mount Bisoke und dem Mount Karisimbi. Die Forscherin Dian Fossey eröffnet am 24. September 1967 ihre Forschungsstation „Karisoke". Vorher hatte Fossey bereits unter den Augen des berühmten Paläoanthropologen Dr. Louis

Leaky in Afrika angefangen, sich für Berggorillas zu interessieren. Nun aber weiht sie ihre eigene Forschungsstation für eine Langzeitstudie über das Verhalten der Berggorillas ein. Langsam nähert sich Fossey nun den Gorillas in ihrem Gebiet an, über Jahre begibt sie sich in ihre Nähe, ahmt ihr Verhalten und ihre Laute nach. 1970 ist es soweit, ein männlicher Gorilla, den sie „Peanuts" nennt, streckt seinen Arm aus, um ihre Hand anzufassen. Tausende von gemeinsamen Stunden mit den Gorillas folgen, bis Fossey als einer von ihnen akzeptiert wird. Artikel im renommierten National Geographic Magazin und wichtige Studien und Fotoserien folgen, 1974 macht Fossey ihren Doktor am Darwin College in Cambridge. Als 1977 einer ihrer Lieblingsgorillas, Digit, von Wilderern getötet wird, verschärft sie ihre Anstrengungen, um die Gorillas vor dem unnatürlichen Tod zu schützen. In der Folge gerät die oft harsche und unnachgiebige Frau immer wieder in Konflikt mit Behörden, dem WWF und anderen Organisationen, denen der Tourismus wichtiger ist als der Erhalt der Gorillas. Am 26. Dezember 1985 wird Dian Fossey in der Hütte ihrer Station „Karisoke" ermordet aufgefunden. Jemand hat ihr den Schädel zertrümmert. Bereits zwei Monate vorher hatte sie eine hölzerne Todeswarnung vor ihrer Tür gefunden. Berühmt wird Fossey später durch den Film „Gorillas im Nebel", gedreht nach ihrem gleichnamigen Buch.

29|06|1970
Das Geheimnis des Nanga Parbat

Reinhold und Günther Messner gehören zu den besten Bergsteigern der Welt, als sie im Sommer 1970 mit einer Expedition unter der Leitung von Karl Herrligkoffer zum Achttausender Nanga Parbat aufbrechen. Am 27. Juni steigen beide zusammen zum Gipfel auf und erreichen diesen auch, obwohl Reinhold Messners Bruder mit Erschöpfung und der Höhenkrankheit zu kämpfen hat. Beim Abstieg spitzen sich die Ereignisse zu. Zwar sind die Bergsteiger Felix Kuen und Peter Scholz in Rufweite, doch vertrauen, so scheint es, die langsam wegen Günther Messner in Not kommenden Brüder darauf, einen sicheren Abstieg über die Diamirwand zu schaffen, statt bei Hilfeleistungen die anderen Bergsteiger in Gefahr zu bringen oder es über die schwierigere Rupalwand zu wagen. Bei dieser ungewollten ersten Überschreitung des Achttausenders ist Günther Messner am 29. Juni 1970 plötzlich verschwunden. Sein Bruder sucht ihn einen Tag lang, steigt, wie es scheint, noch mal ein Stück auf und wieder ab und stellt am Ende die Vermutung auf, eine Lawine habe seinen Bruder mitgerissen. Er kehrt halb erfroren aber am Leben zurück, von seinem Bruder fehlt jede Spur. Dies ist das einzig Belegbare der Expedition, alles weitere ist in zahllosen Deutungskriegen zwischen den beteiligten Bergsteigern und in Prozessen vielfach diskutiert worden. Kuen, Scholz und andere werfen Messner vor, seinen Bruder im Stich gelassen zu haben, Messner wiederum kontert dies mit dem Vorwurf, die anderen Bergsteiger hätten es unterlassen, Hilfe zu holen und nach ihnen suchen zu lassen. Es geht vor allem um Ehre, Eitelkeit, Ethos und nicht zuletzt um die Wahrnehmung der Realität in einer Berg-Welt, die eigentlich irreal ist. Hanspeter Eisendle findet im Juli 2000 am Fuß der Diamirwand einen menschlichen Knochen, am 17. August 2005 werden hier weitere Überreste eines Menschen gefunden, sie werden später als die von Günther Messner identifiziert, was Reinhold Messners Version unterstützt, jedoch nicht schlussendlich verifizieren vermag.

16 | 05 | 1975
Junkos Wege nach oben

Sechs lange Minuten vergehen bis Junko Tabei ihr Bewusstsein wiedererlangt hat. Die Japanerin ist eine von 15 Bergsteigerinnen, die aus Hunderten ausgewählt wurde, den so oft schon unbesiegten Mount Everest zu erklimmen. Auf derselben Route, die Edmund Hillary und Tenzing Norgay mehr als zwanzig Jahre vorher gewählt hatten, waren die Frauen und ihre neun Sherpas auf bis 6.300 Meter Höhe vorgedrungen, als eine Lawine ihr Camp bei einer Rast erwischte. Ausnahmslos alle Beteiligten werden unter den Schneemassen begraben. Die ersten Sherpas können sich jedoch befreien und graben nach den anderen Teilnehmerinnen der Expedition. Auch Junko Tabei wird nach besagten sechs Minuten gefunden und kommt wieder zu sich. Zwölf Tage nach der Beinahe-Katastrophe ist Tabei am 16. Mai 1975 die erste Frau, die den Mount Everest besteigt. Dies soll dennoch nur der Anfang für die begabte, sympathische und ehrgeizige Frau aus Japan sein. Im Jahr 1992 hat sie schließlich, ebenfalls als erste weibliche Person, die „Seven Summits", die höchsten Berge aller sieben Kontinente, bestiegen. Die 1939 geborene Tabei erklettert auch heute noch 3-4 Berge pro Jahr, ein Ende dieser Leidenschaft scheint nicht in Sicht.

01|04|1979
Alte Seilschaften

Die Frau ist auf der Flucht, ihr eifersüchtiger Mann unnachgiebig hinter ihr her. Sie läuft den Berg hinauf und endet an einer Klippe – was nun? Mit dem Mute der Verzweiflung stürzt sie sich in die Tiefe... Pentecôte liegt im Südpazifik, eine Insel deren Bewohner ein immer wiederkehrendes Fest feiern, bei dem sie einen ca. 35 Meter hohen Turm aus Ästen und Stämmen errichten, sich an dessen oberen Ende stehend Lianen um die Füße binden und springen. Jeder Springer, so die Vorgabe, soll mit dem Kopf ein wenig den Boden berühren. 1. April 1979: Alan Weston, David Kirke, Tim Hunt und Keeling Ernst gehören dem Oxford University Dangerous Sports Club an. Ihr Ziel an diesem Tag ist die 75 Meter hohe Clifton Suspension Bridge in Bristol. Die vier Freunde springen an Gummibändern befestigt herunter – und werden an Ort und Stelle festgenommen. Ihnen ist dennoch, sieht man von den Bewohnern von Pentecôte ab, der erste registrierte Bungee-Sprung der westlichen Welt gelungen. Im Jahr 1986 probiert A.J. Hackett ein Seil aus, welches speziell für die Anforderungen der neuen Sportart entwickelt wurde, der Boom nimmt seinen Lauf. In den 90er Jahren bringt vor allem der Deutsche Jochen Schweizer den Extrem-Sprung bei wilden Parties seinen Freunden und letztlich dem Volk näher. Er ist es auch, der 1992 in einem Jeep einen Sprung wagt und bis auf 50 cm dem Boden nahe kommt und für einen Willy Bogner Film 1994 den ersten Kombinationssprung Bungee/Fallschirm unternimmt. Danach folgt noch ein Präzisionssprung, 1997 ein Motorradsprung und ein Rekord aus 2.500 m Höhe, 1.000 m tief fallend. Die Frau von der Klippe hat sich vor dem Sprung ebenfalls eine Liane um den Fuß gebunden und so ihren Mann reingelegt. Diese Geschichte vom Ursprung des Bungee-Jumps ist jedoch nicht verifiziert.

02|04|1981
Von Null auf 4.828

Wie viel Treibstoff hat Ihr Auto nach einer Minute Fahrt verbraucht? Ein Space Shuttle hat 60 Sekunden nach dem Start bereits eine halbe Million Pfund Treibstoff hinter sich gelassen – und ist damit ja noch nicht annähernd am Ziel angekommen. Immerhin sind die Space Shuttles, ursprünglich noch von Richard Nixon in Auftrag gegeben, im Gegensatz zu früheren Raumschiffen wieder verwendbar. Genau das sollte damals auch für eine Kostenersparnis sorgen, ein Plan, der des Treibstoffverbrauchs wegen nicht wirklich aufging.

Während ein Shuttle nach acht Sekunden noch gemächliche 161 Stundenkilometer fährt, ist es nach einer Minute schon mühelos 1.609 kmh schnell. Nur eine weitere Minute später sind es bereits 4.828 Stundenkilometer. Das erste Shuttle dieser Art, welches erfolgreich den Flug ins All wagt, ist am 2. April 1981 die „Columbia", die bereits zwei Tage später auf der Edwards Air Force Base wieder landet. Im Gegensatz zu den meisten Autos kommt die „Columbia", bei zugegebenermaßen etwas weiter reichenden Zielen, lediglich auf 28 Einsätze in ihrer aktiven Zeit. Ihr Ende ist ein grausames, das nicht nur Geld und Rohstoffe kostet. Am 1. Februar 2003 bricht der Orbiter beim Wiedereintritt in die Atmosphäre auseinander, verglüht zum Teil und reißt somit alle sieben an Bord befindlichen Astronauten in den Tod. Das gleiche Schicksal erleiden am 28. Januar 1986 bereits alle sieben Besatzungsmitglieder der „Challenger" als diese kurz nach dem Start explodiert.

30 | 04 | 1985

Bass und Morrow über den Dächern der Welt

Vielleicht muss man verrückt sein, um die höchsten Berge der Erde zu besteigen. Richard D. Bass ist definitiv ein positiv Verrückter. 1929 in Oklahoma geboren, studiert er zunächst Geologie in Yale, dient 1951 bis 1953 im Korea-Krieg und steigt schließlich in das Familiengeschäft des Ölhandels ein. Allein damit hätte er sich ein vergnügliches Leben gestalten können. „Dick", wie er genannt wird, reicht das aber nicht. 1969 entdeckt er die Schönheit der Wasatch Mountains in Utah und verfolgt fortan seinen Traum, dort ein Ski Resort aufzumachen. Gesagt, getan, zwei Jahre später öffnet das Snowbird Ski Resort. Auch das ist dem abenteuerlustigen Mann jedoch noch nicht genug. Sein nächstes Ziel ist die Besteigung der höchsten Berge aller sieben Kontinente. Obwohl inzwischen schon 56 Jahre alt, gelingt Bass am 30. April 1985 auch dieses Vorhaben und er gibt diesem danach in seinem Buch „Seven Summits" auch gleich einen Namen. Da einer dieser sieben Berge allerdings der Mount Kosciuszko in Australien ist, schreibt manch einer den Triumph Pat Morrow zu, der als erster am 7. Mai 1986 auch noch Carstensz Pyramid in West Neu-Guinea erklimmt. Dieser Berg wird von eben jenen zum australischen Kontinent gerechnet. Da Morrow auch den Mount Kosciuszko bewältigt hat, gebührt ihm also mindestens der gleiche Respekt wie Bass. Zusammenfassen kann man das Credo dieser Männer wohl am besten mit Bass' eigenen Worten: „Ich bin weder besonders stark, noch besonders schlau und auch nicht besonders mutig. Aber ich bin auf jeden Fall besonders neugierig und besonders enthusiastisch!"

10 | 07 | 1985
Der Frieden versinkt

Als der Fischdampfer Sir William Hardy 1955 in Aberdeen vom Stapel läuft, ist den Werftbetreibern kaum klar, dass sich das Boot bald zum kunterbunten Flagschiff und Symbol der Umweltbewegung entwickeln wird. 1978 wird die Hardy von Greenpeace übernommen und auf den klangvollen Namen „Rainbow Warrior" umgetauft. Mit frischen Motoren an Bord patrouilliert das Schiff bereits 1981 im Kampf gegen den Walfang vor Island. Doch wartet eine weitaus wichtigere Mission auf den 418-Tonner: 1985 beabsichtigt die französische Regierung die Fortsetzung der Atomtests auf dem polynesischen Mururoa-Atoll, wo schon hunderte Bomben seit 1966 ober- und unterirdisch gezündet worden sind und die Bevölkerung der umliegenden Inselgruppen an den Folgen der Verstrahlung leiden. Auch scheint das Atomprogramm Frankreichs aus politischen Gründen ein Dorn im Auge von Greenpeace. Die Warrior wird also 1985 nach Polynesien geschickt. Sie soll hier einen Konvoi von Atomgegnern auf offener See anführen und Teile der Bevölkerung evakuieren. Am 10. Juli 1985 liegt das Schiff in Auckland vor Anker. Um 11:38 Uhr detoniert die erste von zwei Bomben. Die Warrior sinkt, der holländische Fotograf Fernando Pereira kommt ums Leben. Zwei der sechs später gefassten Täter heißen Major Alain Mafart und den Kapitän Dominique Prieur und arbeiten für den französischen Geheimdienst. Sie hatten durch die bei Greenpeace eingeschleuste Christine Cabon Insiderinfos für ihren Anschlag erhalten. Am 22. September 1985 muss sich die Regierung Mitterand auf öffentlichen Druck offiziell verantwortlich erklären. 1989 werden 13 Millionen Schadensersatz an Greenpeace gezahlt, die zur Ausrüstung der neuen Rainbow Warrior II. verwendet werden. Diese hat seitdem zahllose Abenteuer mit leichten Blessuren überstanden.

16 | 10 | 1986
Der Achttausender-Mann

Wenn die Personifizierung des Wortes Abenteurer je einem Menschen zugeordnet werden müsste, Reinhold Messner wäre wohl eine logische Wahl. In Südtirol geboren, besteigt er bereits als 5-jähriger mit seinem Vater seinen ersten Dreitausender. Ab

1969 folgen über hundert Reisen in zahllose Gebirge und Wüsten dieses Planeten, Erstbegehungen, die Besteigung der „seven summits" (der jeweils höchste Berg der sieben Kontinente), die Durchquerung der Antarktis sowie der Wüste Gobi und die Längsdurchquerung Grönlands, um nur einige seiner Leistungen zu nennen. Messner verzichtet auf Sauerstoffmasken, Bohrhaken und Satellitentelefon, um mit möglichst wenig Ausrüstung unterwegs zu sein. Am 16. Oktober 1986 gelingt ihm, was keinem Menschen zuvor gelang: Messner erreicht zusammen mit seinem Kollegen Hans Kammerlander den Gipfel des Lhotse (8.516 m) und hat somit alle 14 Achttausender der Erde erklommen – alle, ohne dabei künstlichen Sauerstoff zu Hilfe zu nehmen! Der erste Achttausender, den er auf diese Weise meistert ist 1978 der Nanga Parbat. Zwar ist Messner ob seiner medialen Selbstdarstellung und vor allem wegen des Todes seines Bruders am Nanga Parbat 1970 oft in die Kritik geraten, doch überstrahlt seine außergewöhnliche über 50-jährige Expeditions- und Publikations-Leistung alle Zweifel.

31 | 12 | 1989
Der Fuchs

Manche Menschen scheuen sich davor, an kalten oder nassen Tagen das Haus zu verlassen, um Brötchen zu holen. Arved Fuchs ist da etwas anders gestrickt. Der Mann aus Bad Bramstedt bricht seit er Mitte zwanzig ist immer wieder zu Expeditionen auf, bei denen anderen schon vom Zuhören frösteln würden. Bereits im Jahr 1980 versucht Fuchs nicht nur den Nordpol zu erreichen, sondern dies auch noch zu Fuß. Er scheitert, wirft aber nicht etwa frustriert das Handtuch, sondern bricht auf zu Abenteuern wie einer Atlantiküberquerung mit einem Segelboot, einer Hundeschlittenfahrt über das grönländische Inlandeis, einer Winterumrundung des Kap Hoorns in einem Faltboot (als erster und einziger bis heute), Bergtouren durch Patagonien und Feuerland sowie einer Kajakexpedition, während der er zwei Wochen auf einer Eisscholle driftet. Als Fuchs am Silvestertag 1989 den Südpol erreicht mag das für ihn in Anbetracht seiner Vita wie eine Reise nach Bielefeld anmuten. Die Wahrheit ist aber, dass er an diesem Tag Geschichte schreibt. Denn Fuchs ist im selben Jahr bereits bei Temperaturen bis zu -52° C mit einem Team auf ständig sich bewegendem Packeis 1.000 Kilometer bis zum geographischen Nordpol gereist. Demzufolge ist er bei der Ankunft am Südpol am 31. Dezember 1989 der erste Deutsche, der je zu Fuß am Nord- und Südpol gewesen ist und zugleich der erste Mensch auf Erden, der in einem einzigen Kalenderjahr beide Pole erreicht.

01 | 12 | 1990
Das Licht am Ende des Tunnels

Feierlich eröffnen Königin Elizabeth II. von England und der französische Staatspräsident François Mitterand am 6. Mai 1994 den Eurotunnel. Frankreich und England sind nun unter dem Ärmelkanal miteinander verbunden. Bevor es soweit kam, gab es allerdings schon viele Vorschläge, wie man die beiden Länder unterirdisch miteinander verbinden könne. Schon 1802 versucht ein französischer Ingenieur, Napoléon von der Idee zu überzeugen, knapp 50 Jahre danach ist es erneut ein Franzose, Hector Moreau, der einen Plan für einen entsprechenden Stahltunnel ausarbeitet. Beide scheitern zwangsläufig neben vielen anderen Problemen an technischen Voraussetzungen. Sage und schreibe über hundert solcher Pläne gibt es, bis 1973 das Projekt endlich gestartet wird. Doch auch hier erweisen sich Wunsch und Wirklichkeit unvereinbar. 1975 kommen die Arbeiten wieder zum Erliegen. 27 weitere Anläufe gibt es, bis die Regierungen beider Länder endlich einen Anlauf erfolgreich umsetzen. 40 Meter tief liegt schließlich die Strecke, die von 15.000 Arbeitern in sieben Jahren ausgehoben wird. Von beiden Seiten wird gegraben, für die Betreiberfirma fällt sogar noch Landeigentum ab, als sie mit den vier Millionen Kubikmetern Kreide, die abgebaut werden, bei Folkstone eine 36 Hektar große Landzunge anlegt. Am 1. Dezember 1990 folgt dann der historische Moment: Die beiden Bauarbeiterteams treffen sich in der Mitte. Das erste Mal seit der letzten Eiszeit vor über 13.000 Jahren sind England und Frankreich wieder über einen Landweg miteinander verbunden. Die Baukosten liegen allerdings am Ende mit 15 Milliarden doppelt so hoch wie geplant.

31 | 08 | 1992
Der zu frühe Schlaf des wachen Mannes

Yosemite Valley. Im Jahr 1986 bereitet sich der österreichische Fotograf und Kletterer Heinz Zak auf eine der spannendsten Foto-Touren vor, die er je unternommen hat. Er begleitet seinen Freund, den deutschen Ausnahme-Sportkletterer Wolfgang Güllich in den Yosemite-Nationalpark. Dort will dieser die Route „Separate Reality" bewältigen, welche 200 Meter über dem Boden als eine Art horizontales Steindach verläuft. Das allein wäre schon mutig und aller Ehren wert. Güllich will diese Route jedoch ohne jegliche technische Hilfs- und Sicherungsmittel absolvieren, als so genanntes „Free-Solo", was auf dieser Strecke noch nie jemand vor ihm geschafft hat. Ein falscher Griff, und der freie Fall in den Tod ist ihm gewiss. Zak hält die einmalige Aktion auf

Fotos fest, die später um die Welt gehen werden. Er selbst ist nicht nur Fotograf, sondern ebenfalls ein hoch begabter Klettere. Er wird am 23. Mai 2005 genau dieselbe Strecke als erster Mensch im „Free-Solo" klettern, 19 Jahre nach Wolfgang Güllich, der zu diesem Zeitpunkt bereits tot sein wird. Denn Güllich, lange Zeit einer der besten, wenn nicht der beste Sportkletterer der Welt, ereilt ein überaus tragisches Schicksal. Der extreme Gefahrensituationen gewohnte Mann verunglückt am 29. August 1992 mit seinem Auto in der Nähe von Ingolstadt und erliegt zwei Tage später seinen Verletzungen. Es wird vermutet, dass der an den steilsten Wänden der Welt stets wache und konzentrierte Güllich am Steuer eingeschlafen ist.

21 | 03 | 1999

Familienabenteuer

Als Bertrand Piccard am 21. März 1999 seinen Fuß auf ägyptisches Land stellt, hat er eine der abenteuerlichsten Fahrten der Luftfahrt hinter sich gebracht und zugleich einen Weltrekord aufgestellt. Im dritten Versuch schafft er es zusammen mit seinem Co-Piloten Brian Jones im Breitling Orbiter 3 nach 19 Tagen, 21 Stunden und 55 Minuten die Welt non-stop in einem Ballon zu umrunden. Ganz nebenbei ist dies auch der längste Flug der gesamten Luftfahrtgeschichte sowohl was die Dauer als auch was die Entfernung angeht. Piccard hat auf diese Weise ganz nebenbei nicht weniger als sieben Weltrekorde gebrochen. Dass er das Ballonfahren nur als Hobby betreibt, ist dabei kaum zu glauben. Piccard arbeitet eigentlich als Psychiater und lebt seine Abenteuerlust eher am Rande aus, obwohl in seiner Familie alles für eine Karriere spricht, wie sie sich Jules Verne nicht besser hätte ausdenken können. Auguste Piccard, Großvater von Bertrand, fährt am 18. August 1932 in einer Druckkapsel unter einem Ballon fast 17.000 Meter in die Stratosphäre und entwickelt ein Tiefsee-U-Boot, den so genannten Bathyskaphen, der an die tiefste Stelle des Ozeans tauchen kann. Der Legende nach ist sogar Professor Bienlein aus dem Comic „Tim und Struppi" sowie Jean-Luc Picard aus Gene Rodenberrys „Star Trek – The Next Generation" nach ihm benannt. Auch Bertrands Vater Jacques steht in den Abenteuerfußstapfen der Familie: Er bricht den Tiefseetauchweltrekord mit dem Bathyskaphen im Marianengraben im westlichen Pazifischen Ozean mit -10.916 m. Man mag kaum daran denken, was die nächste Generation Piccard für die Menschheit bereithält.

01|01|2002
Die Lebensliste

Als John Goddard 15 Jahre alt ist, hört er einen Freund seines Vaters sagen, was dieser im Leben leider alles verpasst habe. Sofort setzt Goddard sich hin und erstellt eine Liste mit 127 Dingen, die er in seinem Leben erreichen möchte. Was dann folgt, ist so atemberaubend, dass viele, die es nicht mal schaffen, das kaputte Fahrrad im Keller endlich zu reparieren, nur staunen können. Mit strikt einzuhaltenden Deadlines macht der Junge sich an die Aufgabe. Hier ein Auszug, seiner „Todo-Liste": Flüsse wie den Nil, den Amazonas oder den Colorado River erkunden (insg. 8); fremde Kulturen wie die des Kongo, Sudans, Äthiopiens oder Alaskas studieren; Berge wie den Kilimanjaro, das Matterhorn oder den Mount Everest besteigen (insgesamt 16); jedes Land der Erde bereisen, lernen wie man ein Flugzeug fliegt, auf den Spuren Marco Polos und Alexander des Großen wandeln, zum Great Barrier Reef und in die Wasserwelt der Bahamas tauchen, beide Pole besuchen, ebenso die Chinesische Mauer, den Panama- sowie den Suez-kanal und die Osterinseln und auf Ayers Rock in Australien klettern, in einem U-Boot fahren, von einem Flugzeugträger aus starten und landen, auf einem Elefanten reiten, lernen Flöte und Violine zu spielen, 50 Wörter in einer Minute tippen können, mit dem Fallschirm springen, Kampfsportarten lernen, am College unterrichten, in einem Tarzan-Film mitspielen, ein Pferd besitzen, ein Teleskop bauen, einen Artikel im National Geographic Magazine veröffentlichen, Französisch, Spanisch und Arabisch lernen, die gesamte Enzyklopädie Britannica lesen, ebenso die Bibel und die meisten Werke von Shakespeare, Plato, Aristoteles, Dickens, Poe, Tolstoi; Musik komponieren, heiraten und Kinder bekommen, das 21. Jahrhundert erleben und auf den Mond fliegen. Dies, wie gesagt, ist nur ein Auszug. Am 1. Januar 2002 kommt John Goddards Buch „The Survivor" auf den Markt. Bis zum Jahr 2008 hat er nicht nur 111 (in dieser Stunde wahrscheinlich bereits mehr) dieser Ziele erreicht, sondern noch 515 weitere, die nicht auf seiner Liste standen.

05|12|2005
Eine Frau mit Visionen

An Sabriye Tenberken ist so ziemlich alles bemerkenswert oder zumindest außergewöhnlich. Das 1970 in Köln geborene Mädchen erblindet im Alter von zwölf Jahren durch eine Netzhauterkrankung, studiert später Tibetologie, Philosophie und Soziologie und fliegt im Alter von 26 Jahren allein nach Tibet. Schnell setzt sie sich in den Kopf dort ein Blindenzentrum zu gründen. Ihr grenzenloser Elan, ihre Ausdauer und Hartnäckigkeit überstehen sogar die Ränke korrupter Mitarbeiter und Menschen, die mehr an Geld als an echter Hilfe interessiert sind. 1997 steht Tenberken mit dem Holländer Paul Kronenberg endlich ein mehr als wertvoller Partner zur Seite, der schon 1998 mit ihr das Blindenzentrum mit ehrenamtlichen Mitarbeitern eröffnet. Damit nicht genug: Um die tibetische Sprache besser und schneller lernen zu können, hat Tenberken zu diesem Zeitpunkt bereits die Blindenschrift (Braille) ins Tibetische übertragen und begründet somit die später offiziell anerkannte Blindenschrift des Landes. In ihrer Schule kann sie Kindern, die von ihren Familien oft versteckt oder verstoßen wurden, Kinder die jahrelang in dunklen Räumen zubrachten, Lesen und Schreiben beibringen. Die ersten ihrer Schüler haben inzwischen einen Abschluss, gründeten Geschäfte oder schafften es anderweitig, Hauptenährer für ihre Familien zu werden. Bücher von ihr und über sie, ebenso Dokumentarfilme und zahlreiche Medienauftritte folgen, um auf das Schulprojekt aufmerksam zu machen. Am 5. Dezember 2005 erhält Tenberken mit Kronenberg den „Deutschen Fundraising Preis" für ihre Organisation „Braille Without Borders", im gleichen Jahr wird sie gar für den Friedensnobelpreis vorgeschlagen.

15 | 07 | 2007
Swim when you're winning

Gerät ein Mensch in Eiswasser mit Temperaturen um den Gefrierpunkt, so hat er ohne Rettung noch einige Minuten zu leben. Hyperventilation und das Zusammenziehen der Lunge sind nur zwei der lebensbedrohenden Reaktionen des Körpers. Lewis Gordon Pugh aus England sagt, er habe seinem Körper eben diese Reaktionen abgewöhnt, sein Körper leite beim Eintauchen alles Blut ins Innere. Was zunächst als kleiner Scherz belächelt werden könnte, weiß Pugh zu belegen. Am 15. Juli 2007 ist er zwar nicht der erste Mensch, der den Nordpol erreicht, allerdings der erste, der dies schwimmend erledigt. Ganze 19 Minuten legt er in 1,8° C kaltem Wasser zurück, einen Kilometer an einem Riss im Eis entlang. Zuvor schon hat der Mann, der Roald Amundsen, Robert Scott und Edmund Hillary seine Vorbilder nennt, im Wasser Außergewöhnliches geleistet: Er hat in jedem der Weltmeere ein Langstreckenschwimmen hinter sich gebracht, ebenso in der Antarktis als auch in der Arktis. Pugh setzt sich durch diese Taten und damit zusammenhängende Vorträge in aller Welt dafür ein, dass der Klimawandel und die Fragilität der Umwelt mehr Beachtung finden. Übrigens schwimmt Pugh selbst in eisigsten Gewässern weder mit Neopren- noch mit Trockenanzug, und er fürchtet sich weder vor Eisbären noch vor Alligatoren oder Haien.

20|01|2008
In 57 Tagen um die Welt

Francis Joyon ist Vater von drei Kindern und lebt zurückgezogen in Brest. Hin und wieder legt er einen Weltrekord im Extremsport hin, so wie 2004, als er es als erster schafft, die Welt in 72 Tagen zu umsegeln. Am 20. Januar 2008 um 0:30 Uhr MEZ ist es schon wieder soweit: Joyon passiert an Bord seines knallroten Trimarans mit dem sachlichen Namen Idec II nach einer zweiten privaten Weltreise vor Brest die Ziellinie. Was so ziemlich im Verborgenen geschieht, ist in Wahrheit eine Sensation: Nur 57 Tage, 13 Stunden und 34 Minuten hat die Weltumsegelung gedauert. Vergleicht man dies mit früheren Einhandsegler-Rekorden, sehen diese eher blass aus: Pionier Joshau Slocum brauchte Ende des 19. Jahrhunderts drei Jahre und zwei Monate, Robin Knox-Johnston legte die Strecke in 312 Tagen nonstop zurück und selbst Helden der Neuzeit wie Olivier de Kersauson haben 1989 noch 125 Tage benötigt. Doch besonders für Ellen MacArthur ist Joyons Rekord eine schwere Schlappe. Mühselig hat die 21-jährige Engländerin 2005 um einem Tag Joydons alte Meisterleistung überboten, mit dem Ergebnis, dass dieser sich jetzt mit satten 14 Tagen Vorsprung revanchiert und ihren Rekord aus dem Guinnessbuch pustet. Fragt man Joyon, wie es denn eigentlich so gewesen sei, allein 57 Tage mutterseelenallein auf den Weltmeeren, 48.000 km bei 19 Knoten zurücklegend, so berichtet er lapidar von ein paar Mastarbeiten, bei denen er sich Prellungen zugezogen habe. So sind sie eben, die Abenteurer von heute.

===================== Weiterlesen =====================

> Robert D. Ballard: Das Geheimnis der Titanic. 3800 Meter unter Wasser. Berlin 1997
> Rosemary Burton: Die größten Entdecker der Welt. Dresden 2002
> Jaques Cousteau: Der Mensch, die Orchidee und der Octopus. Frankfurt a.M. 2008
> Kurt Diemberger: Aufbruch ins Ungewisse. München 2006
> Reinhold Messner: Der nackte Berg. München 2003
> Georg Rheder: Expedition Tiefsee. Stuttgart 2006
> Samantha Weinberg: Der Quastenflosser. Die abenteuerliche Geschichte der Entdeckung eines lebenden Fossils. Frankfurt a.M. 2001

Tage des Verderbens
Kriege, Seuchen und Naturkatastrophen

24|08|79 *Die Totenstadt*
Der Untergang von Pompeji
S. 245

25|12|782 *Feiern nach dem Blutgericht* Karl der Große und das Blutgericht von Verden S. 245

13|05|1212 *Zu Gott!* Das Schicksal des Kinderkreuzzuges S. 246

An einem Tag im Jahr 1348 *Ein Sprung von drei Metern* Der Schwarze Tod erreicht Europa S. 247

14|05|1487 *Fliegende Frauen und ein Teufel* Die Schmiede des „Hexenhammers" S. 248

20|12|1503 *Glauben durch Arbeit* Die spanische Encomienda S. 248

29|08|1533 *Die Würgeschraube* Francisco Pizarro zerstört das Inka-Reich S. 249

14|02|1556 *Die Erde bebt* Das Erdbeben von Shaanxi S. 250

22|08|1572 *Der König will es!* Die Batholomäusnacht von Paris S. 251

03|02|1635 *Vesper* Aus dem Dreißigjährigen Krieg S. 252

05|06|1793 *Tag des Schafotts* Robespierre veranstaltet „la terreur" S. 252

10|04|1815 *Von Java in den Pauperismus* Der Tambora bürgt Verderben und bringt Armut S. 253

18|07|1864 *Ich werde Not und Trübsaal senden* Hung Siu-tsen und der Aufstand der Taiping S. 254

05|02|1885 *Der königliche Schlächter* König Leopold II. von Belgien terrorisiert den Kongo S. 255

29|12|1890 *Begrabt mein Herz an der Biegung des Flusses* Massaker am Wounded Knee Creek S. 256

22|07|1897 *Die Hölle regiert* Der englische Journalist S. 257

08|02|1915 *Geburt des Grauens* Der Ku Klux Klan S. 257

22|04|1915 *Wolken des Todes* Professor Fritz Haber und der Gaskrieg S. 258

24|04|1915 *Todesmärsche* Die Türkei „löst" das Armenier-Problem S. 259

29|10|1922 *Mit dem Nachtzug in die Diktatur* Benito Mussolini marschiert auf Rom S. 260

24|10|1929 *Ein Donnerstag wie kein anderer* Der Schwarze Freitag und die Folgen S. 261

19|03|1937 *Jeshowschtschina* Stalin und Nikolaj Jeshow „säubern" Russland S. 262

10|04|1941 *Der Gote von Kroatien* Deutsche Truppen proklamieren den Staat Kroatien S. 262

20|01|1942 *„Evakuierung nach dem Osten"* Die Wannseekonferenz S. 263

26|07|1945 *Der 38. Breitengrad* Der Koreakrieg beginnt S. 264

06|08|1945 *Abendessen bei Walters* Hiroshima, Nagasaki und die Opfer S. 265

24|02|1965 *Rollender Donner* Der zweite Vietnamkrieg S. 266

05|08|1966 *Der doppelte Sprung* Mao Tse-tungs Kulturrevolution S. 267

25|01|1971 *Der Schlächter von Afrika* Die Machtergreifung des Idi Amin Dada S. 268

13|10|1972 *Über den Tod hinaus* Flugzeugunglück in den Anden S. 268

17|04|1975 *Bruder Nr. 1* Pol Pot errichtet das Arbeitslager Kambodscha S. 269

10|07|1976 *Dioxin statt Sonnenschein* ICMESA und das Seveso-Problem S. 270

28|07|1976 *15 Sekunden* Das Erdbeben von Tangshan S. 271

12|12|1979 *Drei lange Monate* Russlands Waterloo in Afghanistan S. 272

24|09|1982 *Der Tod hat einen Namen* Die Entdeckung von AIDS S. 272

03|12|1984 *Die verpuffte Katastrophe* Der Chemie-GAU von Bophal S. 273

13|11|1985 *Das „Bild des Jahres"* Der Nevado del Ruiz und Omayra Sánchez S. 274

26|04|1986 *Ein Problem* Tschernobyl S. 275

28|06|1991 *Titos Alptraum* Krieg in Jugoslawien S. 276

19|04|1995 *Der Weg aus dem Krieg zum Gift* Das Attentat von Oklahoma S. 276

27|09|1996 *Die zurückgedrehte Uhr* Die Taliban erobern Kabul S. 277

21|05|1997 *Die Vögel* Der Grippevirus H5N1 S. 278

12|09|2001 *Der Tag danach* Nine-Eleven S. 279

25|02|2003 *Das Leiden der Millionen* Die Tragödie von Darfur S. 279

29|03|2003 *Tod im Dienst der Wissenschaft* Carlo Urbani erklärt SARS den Krieg S. 280

26|12|2004 *Kleine Helden* Der Weihnachts-Tsunami 2004 S. 281

24 | 08 | 79
Die Totenstadt

Als 1746 die ersten Ausgrabungen in der antiken Stadt Pompeji stattfinden, bietet sich den Archäologen ein unglaubliches Bild: Als hätte die Stadt noch gestern existiert, kommen ganze Straßen, Tavernen und Tempel, Geschirr, Schmuck und Werkzeuge, selbst Plakate und Schreibtafeln zum Vorschein. Als in Stein gehauene Skulpturen liegen die Menschen wie schlafend am Boden. „Nichts ist verloren, getreu hat es die Erde bewahrt", wird Friedrich Schiller später begeistert ausrufen. Der erste Sensationsfund der jungen Archäologie, die sich zunächst freilich nur für die Wertgegenstände interessiert, ist zugleich das Zeugnis einer der größten Naturkatastrophen der Antike. Pompeji ist Mitte des ersten Jahrhunderts eine blühende Metropole mit rund 10.000 Einwohnern. Immer an ihrer Seite: Der Vulkan Vesuv, dessen tägliches Fauchen zum Alltag gehört. Um die Mittagsstunde des 17. August 79 n. Chr. hält der Vulkan nicht mehr länger still, es kommt zu drei Eruptionen, die umso verheerender sind, da sich der Schutt des berstenden Kraters immer wieder in der Vulkanmitte sammelt, wie ein Korken neuen Druck erzeugt und sich schließlich in bis zu 15 km hohen Geröll- und Gasfontänen entlädt. Der Untergang Pompejis vollzieht sich in drei Akten, die den Bewohnern wie der Vollzug eines göttlichen Strafgerichtes erschienen sein müssen. Zunächst bläst der Wind giftige Gaswolken in die Straßen und erstickt einen Teil der Bevölkerung, danach hagelt es Bimssteine, die unter den panisch durch die Straßen laufenden Menschen hunderte von Opfern fordern. Eine glühend heiße Lawine aus Lava begräbt schließlich alle Überlebenden unter sich. 1863 gelingt es Guiseppe Fiorelli, die bewegenden letzten Sekunden im Leben der Opfer in Gips zu konservieren. Die finanziell ruinierte Stadt Neapel kämpft heute verzweifelt um den Erhalt der „Totenstadt".

25 | 12 | 782
Feiern nach dem Blutgericht

„Nachdem dies alles zu Ende war, kehrte der genannte König nach Francien zurück und feierte Weihnachten auf dem Hofgut Diedenhofen." berichten die fränkischen Reichsannalen über das Jahr 782 nach Christi. Der erwähnte König, der am 25. Dezember 782 wie gewohnt das Weihnachtsfest begeht, ist Karl, den man auch „den Großen" nennt. Das „alles", das hier sein Ende nimmt, bezeichnet eines der grausamsten Massaker des Frühmittelalters. Seit 772 versuchen sich die rechtsrheinischen Stämme der Sachsen der fränkischen Herrschaft zu erwehren. Doch der fränkische König ist stärker. Er zerstört mit der Eresburg die sächsische Machtzentrale und macht die Weltsäule Irminsul, das sächsische Heiligtum, dem Boden gleich. Die Sachsen ergeben sich, doch unter ihrem Herzog Widukind gärt ständiger Widerstand. 782 bringt seine Streitmacht am Süntelgebirge dem fränkischen Heer sogar eine empfindliche Niederlage bei. Karl, der, wie es sein Biograf Einhard formuliert, „alle Fürsten seiner Zeit an Klugheit und Seelengröße überragt", beschließt, ein grausames Fanal zu setzen. Er reist noch im selben Jahr an die Aller-Weser-Mündung, nimmt die Kapitulation der inzwischen geschlagenen Aufrührer entgegen und lässt die 4.500 Sachsen, die er für den Aufstand verantwortlich macht, enthaupten. Im Anschluss an das Blutgericht brechen weitere Aufstände aus, die der König mit Plünderungen und Geiselnahmen tausender Sachsen beantwortet, 804 lässt er zehntausend Sachsen umsiedeln. Die Macht des fränkischen Reiches ist mit der Zerschlagung der Sachsen gesichert. Manche Historiker zweifeln, ob das Blutbad zu Verden überhaupt stattfand. Es könnte sich um einen Fehler des Reichschronisten handeln, der, guten Lateins kaum mächtig, eigentlich eine Deportation beschreiben wollte. Andere halten wiederum die Anzahl der Hingerichteten für übertrieben.

13 | 05 | 1212

Zu Gott!

Im Sommer 1212 bewegt sich ein Zug von gut 20.000 Kindern von Köln rheinaufwärts in Richtung Italien. Hätte man die Kinder gefragt wohin sie denn wollten, so hätte ihre Antwort wohl „Zu Gott!" gelautet. Ihr wahres Ziel aber ist Jerusalem. Ihre Mission eine, an der ausgewachsene Ritter in zwei blutigen Kreuzzügen scheiterten: Die Inbesitznahme des heiligen Grals. Doch tragen die Kinder weder Waffen, noch sind sie mit finanziellen Mitteln und Proviant hinreichend versorgt. Was sie treibt, ist die Gewissheit als Kinder Gottes auserwählt zu sein. Am 13. Mai 1212 steht aus diesem Grund ein Kölner Junge mit Namen Nikolaus vor dem Reliquienschrein der Heiligen drei Könige im alten Kölner Dom und couragiert die kleinen Kreuzfahrer, das Unmögliche möglich zu machen. Es ist die Zeit einer überbordenden Frömmigkeit, und so schließen sich schnell tausende Kinder, aber auch Unterprivilegierte wie Prostituierte und Bettler dem Zug an. Bei glühender Sommerhitze passieren sie Speyer am 25. Juli, man sieht sie in Ebersheim und Marbach, wo ein Mönch sie vor ihrem Tun warnt. Der Tross teilt sich vor der Überquerung der Alpen, bei der tausende den Tod finden. Am 25. August 1212 erreichen Nikolaus und 7.000 Teilnehmer

Genua. Die Kinder, die glaubten, sie könnten nun wie Jesus zu Fuß das Wasser überqueren und so ins Heilige Land gelangen, sind entsetzt als ihrem Anführer das Experiment misslingt. Die Genuesen weigern sich, den Kindern Schiffe zur Verfügung zu stellen. Nikolaus zieht über Pisa nach Rom, wo ihn der Papst davon überzeugt, das Unternehmen aufzugeben. Hier setzt die Legendenbildung ein, nach der ein Teil der Kinder nach Marseille gezogen sein soll, wo zwei Handelsleute sie an Bord nehmen, aber nicht ins Heilige Land, sondern direkt zu den Sklavenmärkten Afrikas verschiffen. Belegt ist, dass kaum ein Kind seine Heimat jemals wiedersah. Der Vater Nikolaus' nimmt sich schließlich das Leben, da er die Anschuldigungen der betroffenen Eltern nicht mehr erträgt. Die Idee des Kreuzzuges ist pervertiert und zugleich eine Legende geboren: Die des Rattenfängers zu Hameln.

An einem Tag im Jahr 1348
Ein Sprung von drei Metern

Im Jahr 1340 leben in Europa 60 Millionen Menschen. 1348 steht die Goldene Horde des Khans Dschani Beg vor Caffa. Die genuesische Kaufmannsstadt auf der Krim hat den großen Katapulten der riesigen Belagerungsarmee und ihren ausgebildeten Bogenschützen fast drei Jahre getrotzt, nun drohen die Kräfte zu schwinden. Doch beobachten die Belagerten schon seit einigen Tagen unter den Angreifern ein gespenstisches Schauspiel. Die für ihren Mut berühmten Tataren fallen immer wieder zu Boden, hunderte, bald tausende werden, zum Erstaunen der Genuesen tot davon getragen, in Panik scheinen die Belagerer zum Aufbruch zu rüsten. Bevor jedoch die Jurten abgebaut werden, lässt der Khan ein letztes Mal die Katapulte spannen. Die Kadaver aufgedunsener Tatarenkörper schlagen kurz darauf auf den Dächern und Straßen Caffas ein... Im Oktober 1348 erreicht ein Schiff aus Caffa den Hafen von Genua, doch man lässt die Mannschaft nicht an Land. Die auffälligen Beulen und Male auf den Körpern der Matrosen machen den genuesischen Behörden Angst. Man beschließt eine Quarantäne. Gleichzeitig sichtet man am Hafen Genuas in diesen Tagen eine bisher unbekannte Art brauner Ratten... Bereits im Jahr 1333 bildet sich an einem Ort in China das Bakterium Yersinia Pestis im Magen des Flohs Xenopsylla Cheopis. Cheopis wird davon krank und beißt seinen Wirt, die asiatische Braunratte Mus Rattus, in die Adern um sich wenigstens Nahrung in der Not zu verschaffen. Mus Rattus liebt die Nähe der klugen Menschen Homines Sapientes und als Mus Rattus stirbt, findet Xenopsylla Cheopis auch an ihnen Gefallen. Cheopis kann bis zu drei Metern weit springen. Im Jahr 1400 leben in Europa 40 Millionen Menschen.

14 | 05 | 1487
Fliegende Frauen und ein Teufel

Heinrich Kramer ist ein Mann der Kirche. Er gehört zum reformfreudigen Flügel des Dominikanerordens. Als päpstlicher Inquisitor erhält er 1480 den Auftrag, die süddeutschen Lande zu durchqueren und Vertreter unliebsamer Lehrmeinungen aufzuspüren. Doch scheinen ihn diese kaum zu interessieren, wo immer er erscheint, beginnt der Elsässer stattdessen nach Frauen und Männern zu fahnden, die nachts auf Tieren durch die Luft fliegen, mit Teufeln Geschlechtsverkehr pflegen, Ernten und Wasser verzaubern. Er beginnt Verdächtige zu befragen, will ihnen den Prozess machen. All dies stößt bei den Gemeinden auf Unverständnis und man bedeutet Kramer zu gehen. Außer sich reist er nach Rom, um den Papst von der Notwendigkeit weiterer Nachforschungen zu überzeugen und erhält schließlich eine Vollmacht, seine Ermittlungen fortzusetzen. Auf dem Rückweg will er bereits in Innsbruck beginnen, doch auch jetzt erhält er keine Unterstützung, vielmehr glaubt man Kramer sei „kindisch" und das Alter habe ihm den Verstand geraubt. Verbittert setzt sich Kramer nun an den Schreibtisch und fasst seine Theorien in dem Werk „Der Hexenhammer" zusammen. Als Kramer 1503 stirbt, verschwindet mit ihm auch das Buch nach einem kurzzeitigen Achtungserfolg zunächst in der Versenkung. Die Ideen Kramers beflügeln jedoch weiterhin die Phantasie zahlreicher, wenn auch keineswegs hexengläubiger Künstler wie Dürer, die mit Kupferstichen und Holzschnitten dafür sorgen, dass die Hexen in den Köpfen der Bevölkerung allmählich zu Leben erwachen. Als am Ende des 16. Jahrhunderts eine Welle von Ernteausfällen, Hungerkrisen und Pestepidemien bei den Bewohnern Europas kollektive Ängste vor dem Weltuntergang weckt, keimt endlich die ganze Saat Kramers, der es zu seinen Lebzeiten aufzugehen verwehrt war. Die Hexen, so weiß man nun schnell, sind an allem schuld. Im „Jahr ohne Sommer" 1626 läßt allein der Bischof von Bamberg 600 Menschen verbrennen. Als 1782 im Schweizer Kanton Glarus der letzte Scheiterhaufen lodert, findet die 50.000ste europäische Hexe den Tod.

20 | 12 | 1503
Glauben durch Arbeit

Im Jahr 1500 verbietet die spanische Königin Isabella von Kastilien die Versklavung der indianischen Bevölkerung auf den westindischen Inseln in der Karibik und befiehlt deren systematische Missionierung, um der spanischen Krone ein neues Herrschaftsgebiet voll gehorsamer, christlicher Untertanen zu sichern. Als der neue Gouverneur Nicolás de Ovando 1502 nach Haiti reist, muss er jedoch feststellen, dass aufgrund des Ediktes die Indianer die Chance zur Flucht vor ihren Peinigern ergriffen haben. Ovando, der den 2.500 spanischen Auswanderern an seiner Seite üppigen Reichtum versprochen hat, sieht sich geprellt. Vor allem die Arbeit in den eben entdeckten Goldminen ist den Spaniern selbst viel zu mühselig. Ovando erwirkt bei der Königin am 20. Dezember 1503 schließlich die Erlaubnis, die Indianer künftig zwangsweise zur Haus- und Feld- und Bergbauarbeit sowie zum Goldschürfen heranzuziehen, wenn ihnen „Arbeitslohn", „Unterhalt" und eine „gute Behandlung" gewährleistet würden. Die spanischen Siedler nehmen es mit dem letzten Zusatz nicht allzu genau, zumal ihnen ein anderes Mandat gestattet, solche Indianer, die sich als Kannibalen oder Feinde der spanischen Krone entpuppen, zu versklaven. Das neue Prinzip der „Encomienda" führt zur rücksichtslosen körperlichen Ausbeutung der Indianer und deren Missionierung wird schnell zur Nebensache. Der Protest des Dominikanermönchs Bartholomé de las Casas ändert daran ebenso wenig wie die 1542 neu erlassen Schutzgesetze. 1548 ist die Zahl der einst eine Million zählenden Arawak-Indianer Haitis auf 500 geschrumpft, ebenso verhält es sich mit den kriegerischen Kariben der anderen Inseln, die als „Kannibalen" in die Sklaverei wandern. Mitte des 17. Jahrhunderts sind Arawak und Kariben nahezu ausgerottet, afrikanische Sklaven werden sie „ersetzen".

29|08|1533
Die Würgeschraube

1526 entdeckt der Spanier Francisco Pizarro als erster Mensch der Alten Welt die Hochkultur der Inka, deren Reich über volle 37 Breitengrade an der südamerikanischen Westküste von Quito bis Santiago reicht. Pizarro ist sofort klar, dass der Reichtum der Inka unermesslich ist. 1529 erteilt ihm Karl V. die Erlaubnis, das Reich zu erobern und als Vizekönig in Besitz zu nehmen. Pizarro hat zwar nur 180 Mann, 27 Pferde und 1 Kanone zur Verfügung, doch er hat dafür umso mehr Glück: Der Inkakönig Atahualpa, der sich in einem blutigen Krieg um den Thron mit seinem Bruder Huascar befindet, empfängt die Spanier arglos mit einem kleinen Gefolge, obwohl er doch über eine Armee von 50.000 Mann gebietet. Die Truppe Pizarros überrumpelt den König und setzt ihn auf seiner Burg in der Hochebene von Cajamarca gefangen. Die Spanier wissen, dass ein Wort Atahualpas genügt, um einen Aufstand zu veranlassen. Man beschließt, den Häuptling zu Verhandlungen nach Spanien zu verschiffen. Doch Diego del Almagro, einer der Gefolgsleute Pizarros, bevorzugt eine radikale Lösung und es gelingt ihm, Pizarro von der Hinrichtung des Atahualpa zu überzeugen. Der Inkafürst versucht sein Leben mit allen Mitteln zu retten, er lässt Gold und Silber in reichen Mengen heranschaffen und erklärt sich sogar bereit, zum Christentum überzutreten. Am 29. August 1533 wird er von Pater Vicente de Valverde getauft, doch wenige Minuten später mit der Würgeschraube erdrosselt. Nun bricht der offene Krieg aus, und erneut ist das Glück den Europäern hold, denn nicht die spanischen Waffen sind es, die geschätzte 80% der Inkabevölkerung das Leben kosten, sondern die aus Europa eingeschleppten Pocken, Influenza und Typhus. 1542 gründen die Spanier das Vizekönigreich Peru mit der Hauptstadt Lima und beginnen mit der planmäßigen Ausbeutung des Landes durch Plünderungen und Minenarbeit. 1572 bricht der letzte Widerstand der Inka zusammen. Die letzte bedeutende indianische Hochkultur des Spätmittelalters ist ausgerottet.

14 | 02 | 1556
Die Erde bebt

China zu Zeiten der Ming-Dynastie. Seit 1521 sitzt der Alchimie besessene Kaiser Jiajing auf dem Drachenthron in Nanking. Die Zeiten sind unruhig. Im Norden haben die Mongolenhorden des Altan Khan die Chinesische Mauer überwunden und 1550 sogar Peking belagert, an der Ostküste führt General Qi Jiguang einen grausamen Krieg gegen die japanischen Wokou-Piraten. Doch die größte Katastrophe wird sich im Landesinnern ganz ohne menschliches Zutun ereignen: Am 14. Februar 1556 bebt in der Provinz Shaanxi die Erde. Das Epizentrum des Bebens liegt in Hua unweit des Heiligen Berges Huà Shan. Mit einer Magnitude von 8,25 erschüttern die Stöße ein Gebiet von 1.000 km². Die Chronisten berichten von einfallenden Gebirgen, sinnflutartigen Überschwemmungen und von Hügeln, die auf einmal wie Pilze aus der flachen Ebene empor wachsen. Tiefe Löcher tun sich auf und verschlingen Bäume, Felder, Tiere und Menschen. Das Erdbeben von Shaanxi bedeutet den Kollaps einer ganzen Zivilisation. Der legendäre Steinwald und die Steine von Kaicheng zerbersten, die Kleine Wildganspagode der Hauptstadt Xi'an senkt sich um zwei Meter. Vor allem aber trifft es die Menschen, die in den eng gebauten Städten und den porösen Löss-Höhlen (Yaodongs) des Húangtu-Plateaus hausen. Die chinesischen Kaiser werden die Zahl der geborgenen Opfer später genau registrieren lassen: Es sind 830.000 und damit 60% der Bevölkerung. Bis 1565 wird die Provinz, die direkt auf dem mediterran-transasiatischen Bebengürtel liegt, noch von Nachbeben erschüttert. Das Erdbeben von Shaanxi gilt als das heftigste der Weltgeschichte.

22 | 08 | 1572
Der König will es!

Am 18. August 1572 treten der evangelische Herzog Heinrich von Navarra und die französische Prinzessin Margarete von Valois in Notre Dame in den Heiligen Stand der Ehe. Die prunkvolle Vermählung soll den zehnjährigen Religionskrieg im konfessionell geteilten Frankreich symbolhaft beenden. Zahlreiche protestantische Hugenotten sind angereist, um den angesetzten Feierlichkeiten beizuwohnen. Ihr militärischer Anführer Admiral Coligny unterhält enge Beziehungen zum französischen König Karl IX., und dies sehr zum Verdruss des katholischen Herzogs Henri von Guise, seinem erklärten Erzfeind, der nun nicht nur um den rechten Glauben, sondern auch um seinen Einfluss am Hof fürchtet. Als Coligny am 22. August nachmittags den Louvre verlässt, feuert ein Unbekannter einen Schuss auf ihn ab, verfehlt aber sein Ziel. In den kommenden 48 Stunden überschlagen sich die Ereignisse: Die Hugenotten werden aus Furcht vor weiteren Anschlägen unruhig, der Herzog von Guise verbreitet das Gerücht einer bevorstehenden Revolte und König Karl IX. und seine Gemahlin Katharina von Medici lassen am Abend des 23. August die Stadttore schließen, alle Boote von der Seine entfernen und die Stadtmiliz bewaffnen. Nun beginnt der Herzog von Guise seinen blutigen Zug durch die Quartiere der Hugenottenführer. Er tötet zuerst Coligny, dann dreizehn seiner wichtigsten Anhänger. Sein Kampfspruch „der König will es" erreicht bald den Pariser Mob. Als am 24. August 1572 um drei Uhr früh die Glocken von St. Germain erklingen, sind die Häuser der übrigen Hugenotten bereits mit weißen Kreuzen gekennzeichnet worden. Ein Schlachten beginnt, bei dem 3.000 Hugenotten den Tod finden. Die Massaker der „Bartholomäusnacht" werden noch bis zum Oktober 1572 in ganz Frankreich fortgesetzt. 15.000 Tote werden geschätzt. Erst das Toleranzedikt von Nantes verschafft den Hugenotten 1598 Rechtssicherheit, doch längst sind die meisten geflohen, nach Holland und bis nach Preußen, wo die geschäftstüchtigen Protestanten einen wichtigen Einfluss auf die Wirtschaft ausüben werden.

03 | 02 | 1635
Vesper

Ein Pferd, ein Esel, ein Hund, eine Katze und eine Maus sind die ersten Opfer. In der einst blühenden Handelsmetropole Augsburg, Heim des reichen Kaufmannsgeschlechts der Fugger, sind im Februar 1635 „die Kisten leer" und „im Säcklein (Magen) ist nichts", die Pest wütet. Die Vierbeiner wandern als Delikatesse in die hungrigen Mägen, während vor der Stadtmauer die katholisch-ligistischen Truppen die Belagerung vorbereiten. Ein gewisser David Mozart bezieht in diesen Tagen ein Haus in der Frauentorstraße, ein unglücklicher Moment für die Bildung einer Legende. Nicht weit der Stadt, im Pfarrdorf Agawang im Bistum Augsburg, dessen oberster Seelenhirte Bischof Heinrich von Knörringen längst nach Innsbruck geflohen ist, machen sich auch Elise Müller und Christina Regler an die Zubereitung eines Schmauses. Der Nachbar Georg Rithinger ist vor fünf Tagen verhungert, doch sein Fleisch atmet kaum einen Hauch der Verwesung. Nieren, Hirn und Herz hat man sorgfältig in einer Schale drapiert, sie sind zweifellos „das beste an ihm". Anders ist es bei Barbara Mayer und Maria Weldeshof, sie sind vierzehn Tage tot und Jakob Khreiner hat gar fünf Wochen „in seinem Haus gelegen" bis er seinen Weg auf den Tisch findet. Sie haben dennoch „wohl geschmecket". Der Pfarrer Michael Lebhardt von Kutzenhausen, der am 3. Februar 1635 in Agawang eintrifft um acht Toten die letzte Ehre zu erweisen, findet auf dem Kirchhof nur vier verweste Leichen vor. Mit Mayer und Weldeshof kann er nur noch das für eine Suppe fein geriebene Knochenmehl der fehlenden Verhungerten zu Grabe tragen, nachdem er den Bäuerinnen einige Schläge mit seinem „Stecken" versetzt hat. Die Stadt Augsburg zählte 1612 48.000 Einwohner, nach der Belagerung 1635 sind noch 16.432 übrig, Zahlen aus dem Bistum Augsburg sind nicht überliefert. Der Dreißigjährige Krieg, der dreizehn Jahre später zu Ende geht, kostet im Heiligen Römischen Reich Deutscher Nation fünf Millionen Menschen das Leben, die wenigsten sterben auf dem Schlachtfeld.

05 | 06 | 1793
Tag des Schafotts

Am 5. Juni 1793 erscheinen um ein Uhr mittags 2.000 bewaffnete Männer und Frauen vor der französischen Nationalversammlung in den Tuilerien, fordern die Vertilgung aller Revolutionsfeinde und mehr Brot. Bereits um 18 Uhr setzt in Frankreich eine neue Ära ein, die unter dem Namen „la terreur" in die Geschichtsbücher eingegangen ist. Der im Zuge des Tumults ernannte neue Wohlfahrtsausschuss, dessen wichtigste Vertreter Robespierre, Saint-Just und Couthon heißen, bildet sofort ein Revolutionskomitee, erstellt Listen mit Verdächtigen und ernennt eine Revolutionsarmee, die sich im ganzen Land auf die Suche nach Verrätern und Brot-Hamstern macht. Die Liste der „Verdächtigen" ist bald mit 200.000 Namen gefüllt. Am 16. Oktober 1793 sterben zuerst die Königin Marie-Antoinette und 21 Mitglieder der alten Regierung auf dem Schafott. Als im Mai 1794 Anschläge auf Mitglieder des Ausschusses verübt werden, verschärft dieser mit dem Gesetz vom „22. Praiial II" am 10. Juni 1794 die Maßnahmen: Von nun an erhalten Angeklagte keinen Anwalt mehr, auch muss kein materieller, sondern nur noch ein „moralischer" Beweis für den tödlichen Schiedsspruch erbracht werden. In nur sieben Wochen kostet das Praiial-Gesetz 1.376 Menschen, die in „Fournées" (Schüben) zum Schafott transportiert werden, das Leben. Das Urteil trifft vor allem die bislang „Nachsichtigen" unter den Revolutionären wie den berühmten Danton († 1. April 1794). Das blutige Regiment der Robespierristen und die harten Enteignungsgesetze gegen „Konterrevolutionäre" verärgern bald Abgeordnete aller Couleur, zumal inzwischen eine Bedrohung durch Feinde im In- oder Ausland nicht mehr besteht und drakonische Maßnahmen überflüssig sind. Am 27. Juli 1794 kommt es um elf Uhr in der Nationalversammlung zum Tumult, um 23 Uhr werden Robespierre und die Seinen festgenommen und am 28. Juli ohne Prozess guillotiniert. Am 10. August 1794 werden alle überlebenden „Verdächtigen" freigelassen.

10 | 04 | 1815
Von Java in den Pauperismus

Im Sommer des Jahres 1816 ist es in Mitteleuropa ungewöhnlich kalt, es kommt in Folge heftiger Schnee- und Regenfälle zu Überschwemmungen und Missernten, welchen Preissteigerungen und Hungersnöte folgen. Die Bevölkerung spricht von einem „Jahr ohne Sommer", die Nachwirkungen dauern noch Jahre fort und münden schließlich in der Krise des Pauperismus. Auch in den USA kommt es im selben Jahr mitten im Sommer zu Nachtfrost und Ernteausfällen. Hätten die Menschen bereits Weltraumteleskope besessen, so hätten sie eine Dunstwolke bemerkt, die seit 1815 den gesamten Planeten einschloss und die Sonne ihrer Wirkkraft beraubte. Ihr Verursacher: Der Vulkan Tambora, das Ergebnis: Eine menschliche Tragödie am anderen Ende des Planeten auf der Insel Sumbawa im Ost-Ende Javas. Am 3.

April 1815 beginnt der Stratovulkan bereits zu grollen, am 10. April 1815 bricht der 4.000 Meter hohe Koloss mit einer Stärke von 7 auf dem Vulkanexplosionsindex, der zweihöchsten denkbaren Stufe, aus und schleudert 160 km³ Tephra und Bimsstein in Luft. Schwefeldioxid im Wert von 130 mt gelangt in die Atmosphäre. Die Insel und das Dorf Tambora werden unter Lavaströmen begraben, Tsunamis, Erdbeben und Ascheregen verheeren die Inselwelt Indonesiens. Selbst im 2.600 km entfernten Sumatra hört man den Lärm der Eruptionen und hält ihn für Kanonenfeuer. Geschätzte 75.000 Menschen finden den Tod in einem Inferno, das sieben Tage andauert, die folgenden Hungersnöte fordern weitere tausende Opfer. Es ist der schwerste bekannte Vulkanausbruch der Weltgeschichte, eine gewaltigere Eruption ist nur am Taupoosee im Neuseeland der Altsteinzeit nachzuweisen. Der einst 4.000 Meter hohe Tambora ist bis heute gezeichnet, er büßt bei dem Ausbruch seine Kraterspitze und 2.000 m Höhe ein.

18 | 07 | 1864
Ich werde Not und Trübsaal senden

Ein Drache, ein Tiger und ein Hahn laufen Siu-Tsuen voran, und schon bald steht er vor seinem Schöpfer. Dieser reicht ihm ein Schwert, ein Siegel und eine gelbe Frucht und erteilt ihm den Befehl „Fasse Mut und tue das Werk". Diese Traumvision ändert in einer Nacht des Jahres 1837 nicht nur das Leben des Dorflehrers Siu-Tsuen aus der chinesischen Provinz Kanton. Dass Siu-Tsuen seine Mission ernst nimmt, die Chinesen dem Christengott zuzuführen und selbst als neuer Himmelssohn Kaiserthron zu besteigen, zeigt sich anfangs nur darin, dass der einst schüchterne Lehrer majestätisch im Dorf umher schreitet und chinesische Übersetzungen des Evangeliums studiert. Doch bereits 1847 hat er 30.000 Anhänger hinter sich und kann 1851 den Mandschu-Kaisern „als Fremden" offiziell den Kampf ansagen. Die neue Zeitrechnung des „Großen Friedens" (Taiping), der von „Not und Trübsal" eingeleitet werden soll, hat begonnen. Im April 1852 erobert Siu-Tsuen die Hunan-Provinz, im Dezember überqueren seine Soldaten den Jangtse, am 8. März fällt die Kaiserhauptstadt Nanking. Siu-Tsuen nimmt nun als Tien-Wang (Himmelsfürst) auf dem Kaiserthron Platz, schreibt Erlasse auf gelber Seide und blickt würdevoll nach Süden, während seine Truppen weite Teile Chinas der neuen Religion zuzuführen. Die Ethik der Bergpredigt lehnt Siu-Tsuen dabei „als nicht in die Zeit passend" ab und verordnet Enthauptungen beim Übertreten der Zehn Gebote. Im August 1860 stehen seine Truppen schließlich vor Shanghai, wo sich der Kaiser Xian Feng verschanzt hat. Fiele die Stadt, würde ganz China „christlich", doch sind es ausgerechnet die Christen, die dies verhindern. Denn den Europäern ist das neue Reich des Taiping nicht geheuer, die strikte Anti-Opium-Politik des christlichen Herrschers, der die Flüssigkeit für ein Werk des Satans hält, scheint die Geschäfte zu verderben. Der Anblick europäischer Kanonen vor der Hafenstadt Shanghai und der Respekt vor den englischen „Urchristen" ist es, der die eigentlich weit überlegenen Taiping Truppen wankelmütig macht und zum Rückzug treibt. Seit Dezember 1860 kämpft der wieder erstarkte Mandschu-Kaiser mit englischer Unterstützung gegen die Taiping. Am 19. Juli 1864 fällt Nanking, Siu-Tsuen begeht Selbstmord, die Spuren des Taiping werden aus China vollständig getilgt. Mit geschätzten 30 Millionen Toten gilt der „Taiping Aufstand" als der blutigste Bürgerkrieg der Menschheitsgeschichte.

05 | 02 | 1885
Der königliche Schlächter

Als 1880 in Europa einmal die Waffen schweigen, beschließen die Großmächte, die Eroberung der Welt ohne das Klirren von Säbeln und Maschinengewehrlärm vom Schreibtisch aus mit Lineal und Bleistift fortzusetzen. In Berlin verhandeln seit dem November 1884 europäische Regierungsvertreter auf der Kongokonferenz über die Zukunft Afrikas. Hier spricht man am 5. Februar 1885 auch König Leopold II. von Belgien den 2,33 Millionen km² großen Freistaat Belgisch-Kongo mit seinen rund 20 Millionen Einwohnern als persönliches Eigentum zu. Leopold II. ist ein eiskalter Geschäftsmann: Längst hat er das wirtschaftliche Potential der an Kautschuk reichen Region für die aufblühende Gummiindustrie erkannt und weiß, dass er sich beeilen muss, wenn ihm nicht die Kautschukpflanzer der Karibik das Wasser abgraben sollen. Er entschließt sich daher zu einer drastischen Form der Ausbeutung, die in nur 20 Jahren geschätzte zehn Millionen Opfer fordert. Um die Eingeborenen zu Höchstleistungen anzutreiben, nimmt der Monarch große Teile der weiblichen Bevölkerung in Geiselhaft und lässt sie bei Nichteinhaltung der vereinbarten Liefermenge rücksichtslos ebenso wie die „faulen" Arbeiter erschießen. Seiner Armee bläut er ein, dass er für jede verschossene Patrone, die abgehauene rechte Hand des Delinquenten zu sehen wünscht. Über Munition und Gliedmaßen lässt Leopold genau Buch führen, kein Schuss darf umsonst abgefeuert werden. Abgeschlagene Hände, die zum besseren Transport gedörrt werden, sind im Kongo bald ein wertvolles Gut, das wenig treffsicheren Soldaten oder Wilderern das Leben retten kann und Prestige bringt. Als die Machenschaften Leopolds dank des britischen Journalisten Edmund

Dene Morel in Europa ruchbar werden und die erste Menschenrechtsdebatte der neueren Kolonialgeschichte auslösen, zwingt das Parlament Leopold II. 1908 zum Verkauf des Kongo, der nun belgische Kolonie wird. Als der Monarch am 17. Dezember 1909 stirbt, wird der Trauerzug in Brüssel ausgepfiffen. 2005 stellt die Regierung des Kongo sein Reiterbild in Kinshasa als Symbol der Abschreckung wieder auf.

29 | 12 | 1890
Begrabt mein Herz an der Biegung des Flusses

Wie in einem klassischen Drama, geht die Geschichte der Indianerkriege mit einem tragischen Höhepunkt zu Ende. Ende 1890 sind die Lakota-Sioux wie die meisten Indianerstämme des Landes, bereits auf ein kleines Reservat zusammengedrängt. Doch eine rituelle Geistertanzbewegung, von der sich die Indianer die Befreiung von ihren Peinigern versprechen, sowie die Ansprüche weißer Siedler veranlassen die US-Regierung, den Stamm unter scharfe Beobachtung zu stellen. Als ihr Häuptling Sitting Bull bei einem Kampf ums Leben kommt, beschließen die Lakota, sich dem Häuptling Red Cloud im benachbarten Reservat anzuschließen. Auf dem Weg dorthin kampieren sie am Wounded Knee Creek, der Ruhestätte des Sioux-Häuptlings Crazy Horse. Am 29.12.1890 trifft Colonel James W. Forsyth hier mit der 7. Kavallerie ein, um die Indianer zu entwaffnen. Man umzingelt das Camp. Was nun genau passiert, bleibt unklar: An einem Ende des Lagers führt der Indianer Yellow Bird den Geistertanz auf, am anderen kommt es zu einem Gerangel mit dem tauben Black Coyote, der sich weigert, seine Waffe abzugeben. Hier fliegt bloß Sand in die Luft, dort löst sich ein Schuss. Die Reaktion der 7. Kavallerie ist hysterisch: 300 Soldaten und vier automatische Maschinengewehre schießen wahllos in die Menge der Männer, Frauen und Kinder, bis sich nichts mehr bewegt. 143 Indianer sterben. Die Toten werden Tage später in einem Massengrab verscharrt. Man verteilt Ehrenmedaillen an die teilnehmenden Soldaten, während Journalisten nun die vollständige Ausrottung aller Indianer fordern. Dies ist freilich längst überflüssig, ist das Massaker doch nur die Spitze des Eisberges im Kampf zwischen Rot und Weiß, der die indianische Bevölkerung von geschätzten 1,5 Millionen auf 237.000 dezimiert hat. Erst viel später werden Dee Browns Buch „Bury my heart at wounded knee" (1970) und Johnny Cashs Song „Big Foot" (1972) die Sichtweise der Amerikaner auf einen der schwärzesten Tage ihrer Geschichte verändern.

22 | 07 | 1897
Die Hölle regiert

Der englische Journalist F. Merewether berichtet 1897 in seinem indischen Reisebericht: „Der lang andauernde Hunger lässt den Menschen ein feines Fell wachsen, das bald den ganzen Körper bedeckt und sie wie Affen aussehen lässt, ich habe es hier sehr oft gesehen, die Körper sind von Kopf bis Fuß mit dem weichen Pelz bedeckt." Der Journalist Julian Hawthorne erzählt wenig später von „Gruppen unter Bäumen sitzender verwester Leichen, deren zerfetzte Kleidung der Wind gespenstisch umspielt". Später fragt er seine Leser in der Zeitschrift Cosmopolitan: „Sie kennen indische Kinder als aktive, intelligente und anmutige Wesen mit Augen wie Juwelen? Ich habe welche gesehen, deren Arme nicht so dick waren wie mein Daumen, deren Knochen durch die Haut wuchsen, deren Gesichtsausdruck stumpf war, einen Jungen nahm ich auf den Arm, er wog sieben Pfund." Fast zeitgleich reist der indische Vizekönig Lord Elgin durch dasselbe Land und freut sich, dass „die Leute auch mit wenig so gut auskommen." Jene, die „von Natur aus Drückeberger- und Bettlernaturen" sind, verspricht er generös in Armenhäuser zu überführen. Das Britische Landwirtschaftsinstitut hat Indien nach den regenreichen Jahren, die der ersten Dürreperiode 1876-1879 folgten, als ein „Land under Grain" auf dem Weltmarkt berühmt gemacht, man proklamierte das „Age of Wheat". Doch bereits 1888-1891 kehrt das Klimaphänomen „El Niño" mit einer neuen Dürre nach Indien zurück. 1896 beginnt bereits die nächste und längste Dürrephase, schon 1897 schätzt der „British Spectator" 18 Millionen Tote. Im englischen House of Commons wird die Katastrophe bemerkt, sogar in der Presse diskutiert, doch passen umfangreiche Hilfsaktionen nicht ins Konzept des britischen Wirtschaftsimperialismus. Das India Office exportiert das verbliebene Getreide weiterhin nach Übersee, viele Getreidehändler im Inland halten ihre Vorräte in der Hoffnung auf noch bessere Preise zurück. Am 22. Juli 1897 feiert die Kolonialregierung den 60. Geburtstag von Queen Victoria im ganzen Land mit bunten Feuerwerken. Die Hungerkrise dauert bis 1902 an und kostet 29 Millionen Menschen das Leben.

08 | 02 | 1915
Geburt des Grauens

David Wark Griffiths Spielfilm „Birth of a Nation" feiert am 8. Februar 1915 seine Premiere. Das 100.000 Dollar schwere Historienepos wird durch die Einführung der Parallelhandlung, der Nachtaufnahme und der Close-Up's in die Filmgeschichte eingehen.

Doch all das zählt bei seinem Erscheinen wenig, bewegender ist für viele Amerikaner die Story, die ein Loblied auf den 1865 gegründeten Ku Klux Klan singt, der nach den Sezessionskriegen in den Südstaaten der USA Lynchjustiz an entlassenen Sklaven und Republikanern übt. Die Klanmitglieder, von Griffith in schneeweiße Roben mit spitzen Kapuzen gehüllt, werden im Stil eines Ritterdramas als Retter der Nation inszeniert. Selbst Präsident Wilson zeigt sich in Zeitungsinterviews begeistert. Am 17. August 1915 dringen Männer in weißen Kapuzen in das Gefängnis von Marietta ein und kidnappen den jüdischen Fabrikbesitzer Leo Frank, der wegen Vergewaltigung und Tötung der 13-jährigen Mary Phagan inhaftiert ist. Diesmal ist es kein Film. In einem Haus einige Meilen vor der Stadt machen die Männer, dem nicht überführten Angeklagten einen Lynchprozess und hängen ihn an einem Baum auf. Unter den Mördern sind ein Ex-Gouverneur, der Sohn des US-Senators Alexander S. Clay, zwei Anwälte und ein Totengräber. Am Erntedankfest 1915 versammeln sich dieselben Männer mit dem Baptistenprediger William J. Simmons auf dem Stone Mountain und entzünden ein brennendes Kreuz, Simmons wird zum „Invisible Wizard of the Invisible Empire of the Knights of Ku Klux Klan" ausgerufen. Schwarze, Juden, Kommunisten und Katholiken sind nun in Georgia nicht mehr sicher. 3.000 Juden verlassen den Bundesstaat. Doch bald schon treibt der Klan landesweit sein grausiges Wesen. Unter Simmons Nachfolger Hiram Wesley Evans zählt man 1924 sechs Millionen Mitglieder, damit gehören dem Klan 20% der männlichen weißen US-Bevölkerung an. Die meisten der bis 1968 registrierten 4.500 Lynchmorde in den USA gehen auf das Konto des Klans, die Opfer waren überwiegend Schwarze. Wenig charismatische Führungsgestalten, die Wirtschaftskrise und der Zweite Weltkrieg lassen die Bedeutung des Klans schwinden. 2006 zählen illegale Nachfolgeorganisationen rund 3.000 Mitglieder

22 | 04 | 1915

Wolken des Todes

„Im Frieden für die Menschheit, im Krieg für das Vaterland" lautet der Grundsatz des angesehenen Professors Fritz Haber, als er 1914 im Auftrag der Deutschen Heeresleitung in Berlin-Dahlem das erste tödliche Kampfgas entwickelt. Als die deutsche Armee am 22. April 1915 bei Ypern auf französisch-algerische Divisionen trifft, folgt man seiner Devise und lässt 150 Tonnen Chlorgas aus 6.000

Flaschen entweichen. Eine blassgelbe Wolke wälzt sich mit einer Breite von 6 km auf die gegnerischen Frontstellungen heran. Wie Bodennebel senkt sich das Lungen zersetzende Gas auf die Schützengräben herab, wo die Soldaten sich ahnungslos und ohne Schutz verschanzt haben. Es entsteht eine Massenpanik: 5.000 Tote und 10.000 Verletzte sind am Ende der Schlacht zu beklagen. 1916 werden die Franzosen, die ebenfalls schon lange mit der chemischen Kriegsführung liebäugeln, mit dem faulig stinkenden Phosgen (Grünkreuz), eine noch weitaus grausamere Variante des Lungengases einsetzen. Auch die Gasmaske kann die Schrecken der chemischen Kriegsführung nicht aufhalten: Mit der Einführung des „Maskenbrechers" Diphenylarsinchlorid (Blaukreuz), der Brechreiz auslöst, können seit 1917 die Soldaten zum Abziehen der Maske gezwungen werden, so dass sie gegenüber den anderen Gase wieder schutzlos sind. Diese besonders makabere Kampftaktik wird auf deutscher Seite aufgrund der verschieden farbigen Rauchentwicklung der Gase „Buntschießen" genannt. Gasgranaten, Tränengas (Weißkreuz) und das Haut verätzende Senfgas (Gelbkreuz), sind weitere „Innovationen" der modernen Kriegsführung. Im Ersten Weltkrieg, der 10 Millionen Menschen das Leben kostet und 20 Millionen zu Invaliden macht, wird die Zahl der Gastoten auf 1,2 Millionen geschätzt.

24|04|1915

Todesmärsche

Um 1900 ist der kleinasiatische Raum im nationalen Fieber: Griechen, Bulgaren und Serben wollen in gegenseitiger Konkurrenz nationale Großreiche zwischen Zentral- und Kleinasien schaffen. Auch das Volk der Armenier, das sich zugleich unter der Herrschaft von Türken, Russen und Iranern befindet, beabsichtigt Rückgriff auf antike und mittelalterliche Traditionen die Gründung eines eigenen Königreichs. Dies stößt besonders in der Türkei wo man sich gerade für eine islamische Türkisierung des Balkans zu begeistern beginnt, auf heftigen Widerspruch. Das „Komitee Einheit und Fortschritt" der seit 1913 herrschenden jungtürkischen Partei unter Ahmed Cemal und Mehmed Talat fasst daher den Entschluss, sich des armenischen Unruheherdes auf radikale Weise zu entledigen. Der Eintritt der Türkei in den Ersten Weltkrieg am 26. Oktober 1914, bietet hierfür eine willkommene Rechtfertigung, gelten die Armenier doch als Kriegsgegner und Oppositionelle. Nach wenigen Wochen sind die armenischen Parteien zerschlagen, die intellektuelle Elite verhaftet und die armenische Bevölkerung aller Rechte beraubt. Am 24. April 1915 beginnt man Hunderttausende von Armeniern in „Todesmärschen" zu Fuß oder in Viehwagons zu Baustellen an der Bagdadbahn und in Konzentrationslager nach Nordsyrien und Mesopotamien zu deportieren. Besonders die paramilitärischen „Çeteler" (Banden) und das Lager Der-es-Sor spielen hierbei eine grausige Rolle. Bereits Ende 1916 schätzt der deutsche Botschafter Radowitz die Zahl der „Verschickten" auf 2 Millionen, die der „Umgekommenen" auf 1 Million. Als die Türkei am 30. Oktober 1918 gegenüber den Alliierten kapituliert, wird ein Teil der Verantwortlichen verurteilt, andere wie Cemal und Talat fallen 1921 armenischen Attentätern zum Opfer. 1923 werden die Hauptschuldigen durch Kemal Atatürk amnestiert. Erst im Verlauf der Verhandlungen des türkischen Beitritts zur EU kommt das Problem wieder auf die Tagesordnung. Doch lehnt die türkische Regierung eine Entschuldigung ebenso ab, wie sie sich weigert, die Geschehnisse als Völkermord und historisch zu akzeptieren.

29 | 10 | 1922
Mit dem Nachtzug in die Diktatur

Am 29. Oktober 1922 besteigt Benito Mussolini in Mailand den Nachtzug nach Rom. Am Morgen des 30. Oktober erscheint Mussolini in der faschistischen Uniform, dem Schwarzhemd, bei König Vittorio Emanuele III und präsentiert ihm eine Liste der für seine Regierung vorgesehenen Minister. Vor den Toren Roms warten derweil zehntausende Faschisten, die zu Fuß oder in zum Teil gekaperten Sonderzügen in der Nähe der Hauptstadt eingetroffen waren, auf ihren Einsatz. In die unheilvolle Geschichte des 20. Jahrhunderts wird die Episode unter der Überschrift „Marsch auf Rom" eingehen, ein Ereignis mit Vorbildcharakter für viele ähnlich ausgerichtete Bewegungen in ganz Europa. Die 1919 gegründete faschistische Bewegung ist das Produkt einer tiefen Krise, durch die Italien nach dem Ersten Weltkrieg erschüttert wird. Nationalistisch, antibolschewistisch und autoritär, tritt die Bewegung mit ihren Kampftruppen, den „Fasci di Combattimento", den vermeintlichen Ansätzen einer bolschewistischen Revolution entgegen. Die Regierung lässt sie meist gewähren, weil sie in ihnen Verbündete zur Wahrung der Ordnung sieht. Angeführt wird die Bewegung vom Ex-Journalisten und Ex-Sozialisten Benito Mussolini, der sich „Duce" nennen lässt und aus den Verbänden eine Partei formt: Den Partito Nazionale Fascista. Nach einem gescheiterten sozialistischen Generalstreik vom Juli/August 1922, den die faschistischen Trupps in den großen Städten mit Gewalt auflösen, fordern die Faschisten Neuwahlen und drohen mit einem „Marsch auf Rom". Nach seiner Ernennung zum Regierungschef kommandiert der „Duce" die versammelten faschistischen Verbände in die Hauptstadt, wo sie am 31. Oktober 1922 eine Siegesparade abhalten. So beginnt der Aufstieg des Mannes zum Diktator, der sich später noch vor dem italienischen Parlament für seine Mäßigung rühmen wird: „Ich hätte dieses taube, graue Haus zum Biwak für meine Legionen machen können." 21 Jahre später, im Juli 1943, wird Mussolini gestürzt und festgesetzt. Nazi-Deutschland organisiert eine Befreiung des „Duce" und macht ihn zum Chef einer italienischen Kollaborationsregierung. Im April 1945 wird Mussolini von Partisanen aufgegriffen und erschossen.

24 | 10 | 1929
Ein Donnerstag wie kein anderer

Am Donnerstag dem 24. Oktober 1929 fallen die Aktienkurse an der New Yorker Börse tief in den Keller, der Dow Jones stürzt von 89% auf 12%. Das völlig überstürzte Engagement der Amerikaner im Aktiengeschäft ist Schuld an dem Desaster. In Europa spricht man bald vom „Schwarzen Freitag", da die Nachricht hier erst einen Tag später die Medien erreicht. Am 25. Oktober setzt weltweit eine Verkaufspanik auf dem Börsenmarkt ein. In Folge der Ereignisse kommt es zur „Great Depression", einer Serie von Firmen- und Privatbankrotten auf beiden Seiten des Atlantiks. Besonders in Deutschland löst der „Schwarze Freitag" eine wirtschaftliche und soziale Katastrophe aus: Exportgüter wie Solinger Messer, Plauener Spitzen oder Nürnberger Spielzeuge sind plötzlich nicht mehr gefragt. Die Agrarpreise fallen, es kommt zu Massenentlassungen, Beamtengehälter sinken. 1930 verdreifacht sich die Arbeitslosenzahl auf 3,37 Millionen. 1932 steigt sie gar auf 6 Millionen an. Bauern, Arbeiter und Angestellte treibt die Notlage in die Arme der kommunistischen und nationalsozialistischen Propaganda. Genüsslich zitiert Joseph Goebbels im Parteiblatt „Der Angriff" die Selbstmordraten, die im Zuge der Wirtschaftskrise 1932 auf 260 pro Millionen Einwohner anwachsen und brandmarkt sie als Folge der Weimarer Politik. Tatsächlich hat das Erstarken der NSDAP im Reichstag zur zweitstärksten Partei seit 1930 durch eine spürbare Reduzierung ausländischer Kredite und Einlagen die Lage bis 1932 verschlimmert. Als die Weimarer Regierung unter den Reichskanzlern Schleicher und von Papen schließlich Pläne zur Lösung der Arbeitslosenfrage durch Lohnprämien und Arbeitsbeschaffungsmaßnahmen im Straßenbau, bei Reichsbahn und Reichspost anschiebt und die Entwicklung Anfang 1933 am Wendepunkt ist, ergreifen die Nazis die Macht. Sie ernten die Früchte der Weimarer Wirtschaftspolitik und damit alle Sympathien der Bevölkerung. Das Grauen kann beginnen.

19|03|1937
Jeshowschtschina

Am 19. März 1937 fasst Nikolaj Jeshow, der Leiter des sowjetischen Volkskommissariats für Inneres (NKWD), seinen Aktionsplan für die kommenden zwei Jahre zusammen: „Die Hauptaufgabe, der wir uns stellen müssen, besteht darin, all unsere Unterlassungen bezüglich [...] der Vernichtung der Feinde in einem relativ kurzen Zeitraum aufzuholen. Wir vernichten den Feind und zwar ordentlich." Nach Jeshows Rede gehen 12 operative Befehle an die Sicherheitsorgane, der „Große Terror" beginnt. Zunächst werden in „Nationalen Operationen" (nazoperazii) Deutsche, Polen, Finnen und andere fremdstämmige Sowjetbürger ausfindig gemacht und verhaftet. Am 4. August 1937 startet die „Operation 00447" und nimmt „kriminelle Elemente" unter der russischen Bevölkerung ins Visier. Das Verfahren folgt den Regeln strenger Effizienz: Anklagen, aber auch Verhörprotokolle und Urteile werden standardisiert und kopiert, so dass nur noch der Name und die Unterschrift des Delinquenten nach dem unter Folter erpressten „Geständnis" eingetragen werden muss. Moskau bestätigt ohne weiteren Prozess bis zu 2.000 Urteile pro Tag, 99% davon sind Todesurteile. Die Verurteilten werden binnen weniger Tage in Lagern (GULag) durch Genickschuss hingerichtet und in Massengräbern verscharrt. Nur ausgesuchte Offiziere sind mit den Liquidationen betraut, so z.B. in Butowo, wo zwölf Mann in nur 14 Monaten 20.000 Gefangene erschießen. Am 17. November 1938 werden die Massenoperationen für beendet erklärt, die letzten 72.000 Todeskandidaten werden hingerichtet. Insgesamt finden ca. 1 Million Menschen den Tod, darunter große Teile der russischen Arbeiter- und Bauernschaft. Fragt man nach einer Erklärung, so ist diese nur im Verfolgungswahn Stalins zu finden, der durch „geschichtliche Prophylaxe" (McLoughlin) den Konterrevolutionären in den eigenen Reihen und den Angriffen Deutschlands und Japans zuvorkommen zu müssen glaubt. Eine Randnotiz: Der „blutrünstige Zwerg" Nikolaj Jeshow wurde im Februar 1940 selbst hingerichtet.

10|04|1941
Der Gote von Kroatien

Ante Pavelic zieht 1943 gegenüber dem deutschen Diplomaten Edmund Veesenmayer Bilanz: „Zur Gründerzeit des Staates hatten wir etwa 30% Serben, nun haben wir durch die Verdrängung und Massakrierung nur noch 12-15%. Die in diesem Zusammenhang erfolgten Exzesse haben irgendwie doch für den kroatischen Staat positive Auswirkungen gehabt." Am 10. April 1941 haben deutsche Truppen Zagreb eingenommen und den Unabhängigen Staat Kroatien proklamieren lassen. Berlin überträgt die Regierungsgewalt an die 1929 gegründete kroatisch-nationalistische Untergrundbewegung Ustascha („Aufständischer") unter Ante Pavelic. Pavelics Biografie scheint ihn zu qualifizieren, er war am Attentat auf den jugoslawischen König beteiligt, suchte seit den 20er Jahren Kontakt zu Mussolini und Hitler, ist Antisemit und Antikommunist und vertritt die These, dass die Kroaten keine Slawen, sondern eigentlich Goten seien. Erstes Ziel Pavlics ist es nun, den ethnisch bunt durchmischten Vielvölkerstaat Kroatien, der zu 30% aus Serben besteht, zu „reinigen". Hunderttausende von Serben fallen der Ustascha bald zum Opfer, die meisten sterben im Konzentrationslager Jasenovac. Selbst die deutschen Besatzer scheinen von der Konsequenz und Grausamkeit Pavlics und seiner Schergen überrascht zu sein, vor allem fürchtet man, die Exzesse könnten das Bild von der sauberen Wehrmacht trüben, die dem Treiben zuschaut ohne einzugreifen. General Glaise-Horstenau spricht von einer „wahnsinnigen Ausrottungspolitik" und fürchtet, dass die Ustascha so als „staatstragende Totalitätspartei" alle Sympathien bei der Bevölkerung einbüße und dem Ruf der Deutschen nachhaltig schade. SS-Gruppenführer Turner spricht von „bestialischen Hinmordungen". Assistenz leistet die deutsche SS der Ustascha jedoch bei der Liquidierung der jüdischen Bevölkerung, ca. 35.000 Juden sterben in den kroatischen Konzentrationslagern SA-Gruppenführer Siegried Kasche berichtet dem Auswärtigen Amt 1944, dass „die Judenfrage in Kroatien in weitem Sinne bereinigt" sei. Im Frühjahr 1945 wird die Ustascha durch Titos „Volksbefreiungsorganisation" entmachtet, wobei auch diese drastisch vorgeht: In Bleiburg bei Klagenfurt werden mehrere 10.000 kroatische Kriegsgefangene und Ustascha-Mitglieder ermordet.

20|01|1942

„Evakuierung nach dem Osten"

Am 29. November 1941 erhalten die Spitzenbeamten der nationalsozialistischen Verwaltungsbürokratie eine Einladung des SS-Gruppenführers Reinhard Heydrich. Dieser bittet seine Gäste sich für den 9. Dezember 1941 um 12 Uhr zu einer Besprechung mit „anschließendem Frühstück" bereitzuhalten, innerhalb derer die „Gesamtlösung der Judenfrage" diskutiert werden soll. Außenpolitische Ereignisse, unter anderem der Kriegseintritt der USA, führen zu einer Verschiebung des Termins. Erst am Morgen des 20. Januar 1942 können sich Heydrich und zwölf hochrangige Vertreter des Naziregimes versammeln. Die nun folgende Veranstaltung gehört zweifellos zu den gespenstischsten Momenten der Weltgeschichte. Die Teilnehmer nehmen gegen 12 Uhr im Esszimmer der Villa Minoux (Am Großen Wannsee 46/48) vor der Kulisse einer idyllischen Gartenanlage mit Blick auf den Großen Wannsee Platz. Knapp 90 Minuten dauert die Sitzung, auf der, wie der Teilnehmer Eichmann später berichtet, „die ganze Zeit Cognac" gereicht und in „sehr unverblümten Worten" ganz „unparagraphenmäßig" das größte Verbrechen der Menschheit ausgeheckt wird. Nicht „ruhig" wie bei einer „chefoffiziellen Angelegenheit" wird diskutiert, sondern „durcheinander", dennoch „artig" und „nett". Man einigt sich die „legale" Auswanderung der jüdischen Bevölkerung zu stoppen und beschließt deren „Evakuierung nach dem Osten" in Arbeitskolonnen. Auf dem Zug, so meinen die Teilnehmer, würde es zu einer „natürlichen Verminderung" kommen, der „Restbestand" wäre dann als „mögliche Keimzelle eines neuen jüdischen Aufbaues" „entsprechend zu behandeln", damit sich die „Erfahrung der Geschichte" nicht wiederholt. Die Zahl der für die Deportation vorgesehenen Juden liegt bei elf Millionen, von denen sich allerdings gut die Hälfte in Gebieten befindet, die die Nazis noch gar nicht erobert haben, darunter England oder die UdSSR. Im Anschluss an die Konferenz teilt Heydrich dem stellvertretenden Staatssekretär Martin Luther mit, dass „nunmehr erfreulicherweise die Grundlinie der praktischen Durchführung der Endlösung der Judenfrage festgelegt ist". Die „Evakuierung nach Osten" wird nie in der geplanten Weise stattfinden, wohl aber die Vernichtung der jüdischen Bevölkerung in Deutschland und den besetzten Gebieten. Diese war von Hitler, Heydrich und Göring bereits nach dem Einmarsch nach Russland im Juli 1941 beschlossen worden. Die Wannseekonferenz war der bizarre Versuch einer Systematisierung des Holocaust, dem zwischen 1933 und 1945 geschätzte sechs Millionen Juden zum Opfer fielen.

26 | 07 | 1945

Der 38. Breitengrad

Auf der Konferenz von Potsdam präsentiert der US-Admiral Matthias Gardner am 26. Juli 1945 einen Vorschlag, um den Truppeneinsatz der USA und der UdSSR im japanisch besetzen Korea besser zu koordinieren: Er fährt mit seinem Finger am 38. Breitengrad quer über die Karte und schlägt vor, diese Linie als Treffpunkt der Einheiten zu wählen. Der Koreakrieg hat begonnen. Auf der gebirgigen Halbinsel, die das Japanische vom Gelben Meer trennt und die etwas mehr als 200.000 km² misst, kommt es zu einer Machtdemonstration der USA, der UdSSR und der neuen Weltmacht China.

Am 15. August 1945 erobern die Russen wie geplant die Nordhälfte Koreas, während die Amerikaner am 4. September im Süden eintreffen. Was nun geschieht, ist nicht vorgesehen: Es entsteht im Norden mit Pjöngjang die kommunistische Republik Korea (KDVR) unter Kim Il Sung (10.9.1948), und im Süden mit Seoul die Republik Korea (ROK) unter dem westlich orientierten Li Syng Man (15.8.1948). Der 38. Breitengrad trennt das Land als Demarkationslinie zweier Staaten, die sich argwöhnisch gegenüberstehen. Wer tatsächlich am 25. September 1950 die Feindseligkeiten eröffnet hat, wird ewig ein Geheimnis bleiben: Doch einen Tag später steht die ROK vor Hädschu, zwei Tage darauf die KDVR vor Seoul. Die USA treten für Südkorea, China für Nordkorea in den Krieg ein, während Stalin jenes mit Flugzeugen ausstattet. Bewegungskrieg, Stellungskrieg, Luftkrieg, Offensive und Gegenoffensive wechseln sich ab und werden von Weltkriegsdrohungen der Großmächte begleitet, bis beim Waffenstillstand am 27. März 1953 wieder alles beim Alten und der Demarkationslinie des 38. Breitengrades steht. In der Zwischenzeit ist Stalin gestorben, der US-Präsident Truman abgewählt und der kriegslustige General McArthur entlassen. 447.697 Koreaner, Chinesen und Amerikaner haben für Nichts ihr Leben in den Hügeln und Ebenen der Peninsula verloren, 543.893 Kriegsverletzte werden geschätzt. Der 38. Breitengrad teilt Korea bis heute.

06 | 08 | 1945

Abendessen bei Walters

Am 6. August 1945 wirft der amerikanische B29-Bomber Elona Gay bei blauem Himmel und strahlendem Sonnenschein die erste Atombombe über der japanischen Industriestadt Hiroshima ab. 140.000 Menschen sterben im Feuersturm. Thomas Mann, der sich gerade in den USA befindet, notiert das Ereignis wenige Stunden später in seinem Tagebuch zwischen dem Bericht über einen Einkaufsbummel in Westwood und einer Einladung zum Abendessen bei seinen Freunden, den Walters. Berthold Brecht schreibt in sein Notizbuch, dass er fürchte, dieser „Superfurz" könne „alle Siegesglocken" des Kriegsendes übertönen. Die Medien halten sich sachlich. Die Associated Press berichtet, „dass eine Atombombe die auf Hiroshima abgeworfen wurde, alle lebenden menschlichen Wesen und Tiere buchstäblich verbrannte". Andere Medien setzen sich mit der „ungeheuren Sprengkraft" der Bombe auseinander, oder sie stellen kühne Überlegungen an, ob Deutschland den Wettlauf um die Bombe je hätte gewinnen können. Über die Opfer des Bombenabwurfes spricht niemand, auch nicht, als sich am 8. August noch einmal 80.000 weitere aus Nagasaki hinzuaddieren. US-Präsident

Truman tönt stattdessen von einer „neuen revolutionären Steigerung der Zerstörung als Ergänzung der zunehmenden Stärke unserer Streitkräfte", mit der die „Leiden des Krieges abgekürzt" und „tausende junge Amerikaner gerettet" worden seien. Die USA verhängt eine strenge Zensur über die Veröffentlichung von Erlebnisberichten. Major Claude Eatherly, der mit seinen Schuldgefühlen an die Öffentlichkeit treten will, wird in die Psychiatrie gesteckt. Auch von den 350.000 an Spätfolgen leidenden Opfern erfährt niemand etwas. In Deutschland ist das Interesse ohnehin gering, sich in Zeiten der Entnazifizierung und des Wiederaufbaus mit dem Leid eines fremden Volks zu beschäftigen. Es wird noch sehr lange dauern bis der 6. August 1945 die Welt als das bewegt, was er ist, eine der größten Katastrophen der Weltgeschichte und ein Verbrechen gegen alle Menschlichkeit.

24 | 02 | 1965
Rollender Donner

Um 5 Uhr morgens stehen am 30. April 1975 noch 11 Marines auf dem Dach der US-Botschaft in Saigon, unten auf der Straße hunderte von Südvietnamesen, die aus Angst vor den einmarschierenden Truppen des Nordens ausgeflogen werden wollen. Ein Mann hat zuvor versucht, sein Baby in einen der abfahrenden Botschaftsbusse zu reichen, es fällt ihm dabei aus der Hand und wird überfahren. Um acht Uhr trägt ein U.S. Helikopter die letzten Marines in die Lüfte. Hinter ihnen liegen zehn Jahre Grauen und die Leiber von 58.226 gefallenen Kameraden. Es ist das Ende des Vietnamkrieges, der mit der Teilung des Landes 1954 am 17. Breitengrad vorbereitet und durch die Enteignungen in Nordvietnam durch Ho Chi Minh und das skrupellose Regime des südvietnamesischen US-Marionettenpräsidenten Ngo Dihn Diem möglich wurde. US-Präsident Lyndon B. Johnson setzt das Inferno durch den Befehl zum Flächenbombardement „Operation Rolling Thunder" am 24. Februar 1965 in Gang. Die USA wollen von Saigon aus den „chinesischen Weg" des Kommunismus für Vietnam verhindern, Ho Chi Minh über Hanoi mit Hilfe der Sowjetunion und China eine sozialistische Republik Vietnam errichten. Die Tet-Offensive Minhs auf die Stadt Hue mit 5.000 Folteropfern und lebendig begrabenen Frauen und Kindern am 31. Januar 1968 ist einer der grausigen Höhepunkte dieses Krieges. Die Maßnahmen des „search and destroy", der „free fire zones", des „body count" zur Produktion möglichst hoher Menschenverluste und Steigerung der „Truppenmoral", die „madman theory" extremer Gewaltanwendung, die Weihnachtsbombardements und das Massaker von My Lai (16. März 1968) repräsentieren die Kriegsverbrechen der USA. Auf vietnamesischer Seite kostet der Krieg eine Million Soldaten und vier Millionen Zivilisten das Leben. Am 2. Juli 1976 wird im wiedervereinigten Vietnam die Sozialistische Republik ausgerufen, die sich 1986 dem Westen öffnet und seit 1995 wieder Beziehungen zu Amerika unterhält.

05 | 08 | 1966

Der doppelte Sprung

Der Radiosprecher ist aufgeregt und ergriffen als er sich am 5. August 1966 an seine Zuhörer wendet. Der „Große Vorsitzende" Mao hat an diesem heißen Sommertag seinen Chinesen etwas von großer Wichtigkeit mitzuteilen. „Steht auf und vernichtet sie!" lautet die simple aber zugkräftige Botschaft, die kurze Zeit später tausende junge Chinesen auf die Straße treibt. Als „rote Garden" ziehen sie durch die Straßen, in Universitäten, Theater und Geschäfte auf der Suche nach allem Unchinesischen, Feudalen, Kapitalistischen und nicht Maoistischen. Intellektuelle, Lehrer, Schauspieler, westlich gekleidete Menschen oder solche, die die „Mao-Bibel" nicht auswendig zitieren können werden verprügelt, ermordet oder in Arbeitslager gesteckt. Gärten, Gebäude und Skulpturen der Kaiserzeit müssen weichen, werden zerstört und an ihre Stelle neue Bauten gesetzt. Die „Kulturevolution" hat begonnen. Sie ist in gewisser Weise ein spätes Nachwehen der gescheiterten Politik Mao Tse-tungs, das agrarisch geprägte China 1958 im „Großen Sprung" mit der Brechstange ins Industrielle Zeitalter zu befördern. Der Plan des ersten Vorsitzenden, der seinen Bauern befahl, die Äcker brach liegen zu lassen und stattdessen selbst auf selbst gebauten Stahlkochern Eisen zu verhütten, führte das Land in die größte Hungerskatastrophe in Chinas Geschichte, die Zahl der Opfer schwankt zwischen 20 bis 40 Millionen. Der ehrwürdige Führer der Revolution ist darüber in Misskredit geraten und statt seiner gewinnen alte Waffenbrüder wie Deng Xiaoping und Liu Shaoqi an Einfluss und Gestaltungskraft. Mao und seine Frau, die sich seit Juni 1964 mit kleinen nach Profilierung strebenden Beamten umgibt, versuchen nun der alten „Dynastie" wieder Gehör zu verschaffen. Die „Kulturrevolution" soll helfen, die moderaten Politiker als Verräter zu brandmarken. Die „Viererbande" um Jiang Quing übernimmt nach der heißen Phase der Kulturrevolution 1969 für den greisen Mao die Führung in China und hält bis zu dessen Tod und der eigenen Absetzung die Prinzipien der „ewigen Revolution", wie man die Kulturrevolution auch nennt, aufrecht. Die Opfer der Bewegung sind ungezählt, allein für Tibet schätzt man sie auf eine Millionen. Von den einst 6000 buddhistischen Tempeln blieben hier nur dreizehn erhalten.

25|01|1971
Der Schlächter von Afrika

Wann Idi Amin Dada genau geboren wird, ist unbekannt, sein wahrer Name soll Idi Awo-Ongo Angoo gelautet haben. Der bullige Mann tritt in Uganda 1946 der britischen Kolonialarmee bei und macht schnell Militärkarriere. Mit dem Abzug der Briten beginnt für Uganda eine Zeit der Selbstständigkeit, die aber vor allem eine der Unruhe ist. Der demokratische Staatschef Bendicto Kiwanuka kann sich nicht gegen die herrschenden Stammesfehde im Land durchsetzen, 1969 installiert Präsident Milton Obote eine Diktatur und erteilt Idi Amin den Befehl über das Militär. Ein Fehler: Am 25. Januar 1971 nutzt Amin die Abwesenheit Obotes zu einem unblutigen Putsch. Doch lebt Amin von Beginn an in der Angst, sein brüchiges Reich könnte ihm aus den Händen gleiten. Mit „Säuberungsaktionen", denen Intellektuelle, Oppositionelle und die Stämme der Ancholi und Lango zum Opfer fallen, baut er eine Schreckensherrschaft auf. Die 50.000 Asiaten Ugandas dürfen das Land immerhin lebend verlassen. Auch außenpolitisch agiert Amin mit Drohgebärden: Vor den Arabischen Staaten erklärt er sich zum Feind Israels und glorifiziert die Gräueltaten der deutschen Nationalsozialisten. 1976 lässt er sich zum Präsidenten auf Lebenszeit ernennen. Um den „Schlächter von Afrika" ranken sich bald Legenden. So soll der rücksichtslose Machtmensch, dessen Herrschaft nach unterschiedlichen Schätzungen 80.000 bis 500.000 Menschen zum Opfer fielen, mit seinen vier Frauen etwa 25 Kinder gezeugt haben. Doch 1978 verrechnet sich Amin. Er lässt seine Truppen in Tansania einmarschieren und stößt dabei auf unerwartet heftigen Widerstand. 1979 erobert die tansanische Armee mit einer aus dem Exil gelenkten Ugandischen Befreiungsarmee Amins Hauptstadt Kampala. Der Diktator flieht und wird nach dem Übertritt zum Islam in Saudi-Arabien heimisch. Zeitlebens wird Amin auf Rache sinnen, eine Rückkehr ins Land scheitert 1989 an der Intervention Zaires, im August 2003 erliegt der Schlächter von Afrika seinen Altersleiden.

13|10|1972
Über den Tod hinaus

Nando Parrado liegt im Koma. Drei Tage nachdem das Flugzeug am 13. Oktober 1972 mit ihm, ein paar Verwandten und seinen Freunden von der Rugbymannschaft aus Uruguay hoch oben in den Anden abgestürzt ist, ist er bewusstlos, bevor er wieder zu sich kommt. 8 Passagiere und der Bordingenieur wurden noch in der Luft aus dem zerbrochenen Flieger geschleudert, weitere Insassen starben beim Aufprall, von insgesamt 45 Menschen überlebten nur 27. Bei der Wucht mit der das Flugzeug in den Berg gerast ist, ein Wunder, bedingt durch einen günstigen Absturzwinkel auf dem Gefälle des Schneefeldes auf dem das Wrack zum Stillstand kam. Nur zwei der Überlebenden kennen Schnee überhaupt. Nun sind alle von den weißen Massen in 4.200 m Höhe eingeschlossen – unter freiem Himmel und bei Tiefsttemperaturen von -20° C. Das wenige Essen, was sie finden, ist schnell verbraucht, dann kommt der nächste Schock, im Radio hören die Überlebenden, dass die Suche nach ihnen aufgegeben wurde. Sie versuchen sogar noch, das Leder von den herumliegenden Koffern zu essen, doch das Ende scheint gekommen. Schließlich überwinden die Männer sich und fangen an, die Toten zu essen. Die dennoch ausweglose Situation wird noch schlimmer, als nachts eine Lawine auf dem Wrack niedergeht. Die meisten können sich und anderen durch schnelles Ausgraben helfen, für 8 Männer kommt diese Hilfe zu spät. Erneut ist man gezwungen, Freunde und Verwandte zu essen, um zu überleben, dieses Mal gar auch Herz, Lunge, Innereien. Dann der Entschluss: Zwei Leute sollen, mit Rugbyschuhen „bewaffnet", das Unmögliche wagen und versuchen, in ein Tal zu laufen. Im vierten Anlauf klappt das Unterfangen ohne Wiederkehr. Sie überwinden einen 5.500 m hohen Berg, verzweifeln fast und schlurfen nahezu ohnmächtig voran, bis sie 72 Tage nach dem Absturz und 10 Tage nach Aufbruch endlich grüne Wiesen und schließlich einen Mann auf einem Pferd treffen. Einen Tag später werden die restlichen Männer mit zwei Hubschraubern gerettet. Nando Parrado ist einer der Überlebenden.

17 | 04 | 1975

Bruder Nr. 1

Am 17. April 1975 marschieren die Truppen der Khmer Rouge unter ihrem Führer Pol Pot in der kambodschanischen Hauptstadt Phnom Penh ein und rufen das „Demokratische Kambodscha" aus. Die buddhistischen Einwohner Kambodschas haben zu diesem Zeitpunkt bereits eine blutige Geschichte hinter sich: Seit dem Mittelalter in zahlreiche Bürgerkriege verstrickt, waren sie später Spielball der französischen Kolonialpolitik und wurden im Vietnamkrieg abwechselnd vom Vietcong und den USA heimgesucht. Von 1968 bis 1973 fallen 700.000 Bomben und töten 200.000 Menschen. Das seit 1953 unabhängige Land, dessen ehemaliger König Norodom Sihanouk 1970 von den USA entmachtet wird, steht 1974 schließlich unter der Kontrolle des US-Günstlings General Lon Nol. Die kommunistische Partei unter Pol Pot, den man „Bruder Nr. 1" nennt, beginnt einen blutigen Partisanenkampf gegen das Regime, der durch den Einsatz von Kindersoldaten traurige Berühmtheit erlangt. Pol Pots Sieg wird jedoch von den Kambodschanern frenetisch bejubelt. Die Stimmung schlägt um, als der neue Machthaber die Stadtbewohner zur Zwangsarbeit in Reisanbaugebiete deportiert, ihnen schwarze Einheitskleidung verordnet, Bücher verbrennen lässt, öffentliche Gebäude und Schulen schließt und Intellektuelle wie Widerständler ermordet. In wenigen Monaten verwandelt sich das Land in ein gigantisches Arbeitslager im Zeichen des Agrarkommunismus. Geschätzte zwei Millionen Menschen sterben in Konzentrationslagern, weitere sieben Millionen gehen an der schweren körperlichen Arbeit auf den Feldern zugrunde. Im Januar 1978 stürzt die „Einheitsfront zur Nationalen Rettung" das Regime und ruft die „Volksrepublik Kampuchea" aus. Noch bis 1991 herrscht Bürgerkrieg, da weder die Roten Khmer, die USA noch der Nachbar Vietnam den neuen Staatschef Heng Samrin akzeptieren wollen. 1993 wird Kambodscha unter König Sihanouk zur Parlamentarischen Demokratie erklärt. Am 20. November 2007 beginnt der Prozess gegen die Roten Khmer, der Verantwortliche Pol Pot ist 1998 verstorben ohne je zur Rechenschaft gezogen worden zu sein.

10 | 07 | 1976
Dioxin statt Sonnenschein

Ein italienischer Sommer: Die Chemiefirma ICMESA, die sich seit Ende der 60er Jahre unter der Kontrolle des Schweizer Unternehmens Givaudan befindet, stellt bei Seveso, 30 km von Mailand entfernt, das Desinfektionsmittel Hexachlorophen her. Immer wieder klagen Anwohner über unangenehme Gerüche. Schuld daran ist das zur Herstellung benötigte Trichlorphenol (TCP), ein Bestandteil des gefürchteten Kampfgiftes Agent Orange, das Atemwege, Haut und Schleimhäute reizt und bei Überhitzung hochgiftiges Dioxin freisetzt. lässt. In den Mittagsstunden des 10. Juli 1976 verursacht eine unsachgemäße Wartung in einem der Reaktor ein Hitzestau. Um 12:37 Uhr platzt das Sicherheitsventil und lässt große Mengen Dioxin austreten. Die Arbeiter brauchen 58 Minuten, um das Ventil wieder zu schließen. Inzwischen hat die Dioxinwolke das Werk verlassen und treibt über die umliegenden Gemeinden Seveso, Meda, Desio und Cesano Maderno. Bäume und Sträucher verwelken, 3.300 Tiere sterben, 200 Menschen erkranken an Chlorakne, 1.800 h Land werden verseucht. Erst am 15. Juli wird die Anlage geschlossen, am 26. Juli die Evakuierung der Bevölkerung veranlasst. 70.000 Tiere werden notgeschlachtet, Häuser abgerissen, Schwangeren zur Abtreibung geraten, ein Todesfall beklagt. Der Schweizer Konzern weist die Schuld von sich. Erst spät kann man sich zur Zahlung einer Entschädigung entschließen. 1982 verschwindet der Inhalt des Reaktors auf mysteriöse Weise. Gerüchte einer kriegerischen Nutzung machen sich breit. 2005 wird sich der technische Direktor Jörg Sambeth erstmals öffentlich für den Vorfall entschuldigen. Die europäischen Richtlinien zur „Beherrschung der Gefahren bei schweren Unfällen mit gefährlichen Stoffen" tragen heute die Namen Seveso-I (1982) und Seveso II (1996).

28 | 07 | 1976
15 Sekunden

Die Provinz Hebei an der Nordküste Chinas tritt 1927 zum ersten Mal in den Fokus der Weltöffentlichkeit, als man in den Höhlen von Zhoukoudian die Wiege des prähistorischen Peking-Menschen entdeckt. 1976 hinterlässt die Provinz erneut Spuren im kollektiven Gedächtnis der Menschheit. Es ist der 28. Juli als sich hier um 3:42 Uhr morgens in der Kohlenmetropole Tángshan das größte Erdbeben des 20. Jahrhunderts ereignet. Nur 15 Sekunden bebt die Erde bei einer Magnitude von 7,8 auf der Richterskala, doch das genügt um tausende der rund sieben Millionen Einwohner in den Trümmern der gegen Erdbeben kaum gesicherten Stadt zu begraben. Offizielle Verlautbarungen sprechen von 242.419 Toten, Augenzeugen schätzen die Zahl jedoch auf 800.000. Auch die wirtschaftlichen Folgen sind verheerend, leben die Bewohner Tangshans doch vor allem von der Arbeit im Kohlebau und in den hier ansässigen und nun zu 97% zerstörten Fabriken. Doch folgt der Katastrophe bald das „Wirtschaftswunder von Tangshan". Bereits im Oktober haben 99% der Betriebe die Produktion wieder aufgenommen. Die Stadtchronik will sogar wissen, dass gut zwanzig Tage später das erste Fahrrad hergestellt wurde. Die Katastrophe führt China vor Augen, dass es auf einem Pulverfass sitzt, entsprechende Sicherheitsrichtlinien für das Baugewerbe sind seitdem Standard. Tangshan selbst, heute wieder bedeutendes Industriezentrum, erinnert ganz zurückhaltend mit einer sachlichen Stele und einem Erdbebenforschungszentrum an seinen schwärzesten Tag.

12 | 12 | 1979
Drei lange Monate

Verteidigungsminister Dmitri Ustinov, KGB-Chef Yuri Andropov und Außenminister Andrei Gromyko sind entschlossen. Es bedarf ernster Maßnahmen. Die sowjetische Botschaft meldet aus Afghanistan unerwünschte Nachrichten. Das seit 1978 protegierte kommunistische Regime in Kabul ist gefallen, der Staatschef Nur Muhammad Taraki ist angeblich tödlich erkrankt, obwohl alles auf ein Attentat durch den neuen Staatschef Haffizulah Ammin hinweist, dessen Beziehungen zum Westen dem Kreml suspekt sind. Am 12. Dezember 1979 bestellt Leonid Brezhnev die drei Staatsbeamten in sein Büro. Die Botschaft ist kurz: Einmarsch in Afghanistan, Installierung eines Kreml freundlichen Regimes, in drei Monaten ist alles vorbei. Am 25. Dezember überschreitet die Rote Armee die Grenze, stürmt am 27. Dezember den Regierungspalast in Kabul, tötet den Staatschef Ammin und setzt den Ex-Premier Babrak Kamal als neuen Regierungschef ein. Die Angelegenheit scheint erledigt. Doch weder die USA noch Saudi Arabien wollen sich mit dem Sensationscoup der Russen abfinden, beide protegieren die islamistische Widerstandsbewegung der Mudschaheddin, die aus nomadischen Padschunen besteht. Auch Pakistan, das sich durch die Einrahmung der zwei Atommächte Indien und UdSSR bedroht sieht, unterstützt die Rebellen, ebenso wie ein gewisser Osama bin Laden, Sohn reicher Saudis, der Beträge in Millionenhöhe für den Kampf bereit stellt. Die „Strategie der 1000 Nadelstiche", hinter der sich heimtückische Guerilla-Aktionen verbergen, zermürbt bald die Kriegsmoral der Russen. 1986 lässt Michael Gorbatschow Staatspräsident Kamal durch den moderateren Nadschibullah austauschen. 1987 werden Verhandlungen über eine demokratische Regierung zwischen allen verfeindeten Gruppen eingeleitet, am 18. Mai 1988 beginnt der Abzug der russischen Truppen, am 18. Februar rollen die letzten Laster Richtung Heimat. 15.000 tote Russen, 1,2 Millionen gefallene Afghanen und ein Land ohne Zukunft bleiben am Kriegsschauplatz zurück.

24 | 09 | 1982
Der Tod hat einen Namen

Am 24. September 1982 macht das amerikanische Zentrum für Seuchenkontrolle (CDC) die Welt offiziell mit einem neuen Wort bekannt: AIDS – vier Buchstaben, die zu einem Synonym des Grauens werden sollen. Bereits im Juni 1981 ist man am CDC auf einen bislang unbekannten Virus aufmerksam geworden, der bevorzugt

Homosexuelle zu befallen scheint. Man tauft die Krankheit GRID (gay-related immune deficiency) oder „Gay-Cancer". Doch als im Dezember 1981 die ersten Erkrankungen bei weiblichen Drogenabhängigen in den USA auftauchen, müssen die Wissenschaftler nicht nur ihre Diagnosen, sondern auch den Namen für die Immunschwäche korrigieren. Man entscheidet sich schließlich für AIDS (Acquired Immune Deficiency Syndrome = erworbenes Immundefektsyndrom). Damit ist zwar ein Name, aber noch lange nicht die Ursache, geschweige denn eine Heilmethode für die Seuche gefunden. Im Mai 1983 entdecken französische Forscher am Institute Pasteur den Erreger-Virus und taufen ihn LAV (Lymphadenopathy-Associated Virus), der Amerikaner Dr. Robert Gallo schlägt ein Jahr später HTLV-III (Human T-cell Lymphotropic Virus, Type 3) vor. Im Mai 1986 einigt man sich auf das einfachere HIV (Human Immunodeficiency Virus). Zu diesem Zeitpunkt haben sich die Zahlen der AIDS-Opfer bereits auf 38.000 erhöht. Die zahllosen AIDS-Fälle in Afrika zeigen, dass nicht nur der Austausch von Körperflüssigkeiten über Hautöffnungen, sondern auch mangelnde Hygiene beim Gebrauch von Spritzen zu AIDS führen kann. Die Rate der Infizierten steigt in den kommenden Jahren dramatisch, ohne dass ein Heilmittel gefunden werden kann. Im Jahr 2007 zählt man weltweit bereits 2,1 Millionen Tote, in Deutschland sind im selben Jahr von 59.000 Infektionsopfern 650 verstorben.

03 | 12 | 1984

Die verpuffte Katastrophe

Es ist die Nacht vom 2. zum 3. Dezember 1984. Im indischen Bophal werden in einem Werk des US-Chemiekonzerns Union Carbonite mehrere Tonnen giftiger Chemikalien in die Umwelt entlassen. Das Werk produziert das Schädlingsbekämpfungsmittel Sevin, dessen Umsätze seit einiger Zeit rückläufig sind. Die Lagertanks sind voll, die Produktion steht still. Technisches Versagens macht aus dem wirtschaftlichen Ärgernis eine Katastrophe als Wasser in einen Tank voller Methylisocyanat gelangt, chemisch reagiert und schließlich etliche Tonnen der giftigen Substanz durch die Überdruckventile in die Atmosphäre steigen. Direkt betroffen sind die Bewohner eines nahen Elendsviertels, von denen eine unbekannte Zahl – die Zahl schwankt von 4.000 bis 20.000 – sofort stirbt. Offiziell werden 15.000 Todesfälle im Zusammenhang mit der Katastrophe registriert, weit mehr aber angenommen. Etwa eine halbe Million Verletzte erhalten fünf Jahre nach der Katastrophe eine magere Entschädigung, am Rande von Bophal entsteht eine „Kolonie der Gasopfer". Ihre Bewohner werden weitgehend sich selbst überlassen. Der Verursacher Union Carbide hält auch nichts von Aufräumaktionen, sondern verkauft die verseuchte Fabrik kurzerhand an den indischen Staat. Greenpeace findet 1999 massive toxische Belastungen im Boden des Fabrikgeländes sowie eine hohe Konzentration an krebserregenden Substanzen im lokalen Trinkwasser. 2001 fusioniert Union Carbide mit Dow Chemical zum zweitgrößten Chemieunternehmen der Welt; eine Entgiftung des Areals oder eine Versorgung der lokalen Bevölkerung mit sauberem Trinkwasser scheint dem Chemieriesen aber zu kostspielig, man lebt lieber mit einem unschönen Flecken auf der auch ansonsten ohnehin nicht chemisch reinen Weste. Lernen will aus Bophal niemand.

13 | 11 | 1985
Das „Bild des Jahres"

Herbst 1985: Während Deutschland die Uraufführung des neuen Fassbinder-Skandalstückes „Die Stadt, der Müll und der Tod" engagiert diskutiert, kommt es auf der anderen Seite des Planeten zu einem Drama, auf das der Name des Stückes makabrer Weise besser zu passen scheint. Am 13. November 1985 bricht in Kolumbien der Nevado del Ruiz, der zweitgrößte aktive Vulkan der Welt, aus. Die Eruption bringt die schneebedeckte Kuppe des Vulkans zum Bersten, die Lavamasse bahnt sich mit einer Geschwindigkeit von 40 km/h ihren Weg durch das Flusstal von Lagunilla und treibt eine kochende 30 m hohe Lawine aus Asche, Geröll und geschmolzenem Eis vor sich her. Diese erreicht schließlich die 47 km entfernte Stadt Armero und begräbt 25.000 Menschen und 5.000 Gebäude unter sich. Während es in Kolumbien im Anschluss zu bürgerkriegsartigen Ausschreitungen gegen die Regierung kommt, die man für das Desaster verantwortlich macht, gerät ein 13-jähriges Mädchen in den Fokus des westlichen Medieninteresses: Omayra Sánchez ist bis zum Hals zwischen Schlamm und Bauschutt eingeklemmt und ihre Befreiung will nicht gelingen. Drei Tage wird ihr erfolgloser Todeskampf in der Öffentlichkeit verfolgt, Interviews werden gemacht, das Bild des Mädchens, das mit Kopf und Armen aus den Trümmern hervorschaut geht um die Welt. Obwohl sich jede Menge kritische Stimmen gegen den Sensationsjournalismus erheben, wird das Foto zum „Bild des Jahres 1985" gewählt. Die Ruinen von Armero, nordwestlich der Hauptstadt Bogotá gestatten ein sensibleres Andenken an die Katastrophe, die einst als „weiße Stadt" gerühmte Handelsmetropole wurde bis heute nicht wieder aufgebaut.

26 | 04 | 1986
Ein Problem

Bergen am 28. April 1986: Komponist Hans Blum steckt gerade mit Sängerin Ingrid Peters in den Grand-Prix-Proben zu „Über die Brücke gehen" als das Musikervolk und mit ihm die ganze Welt durch eine Radionachricht aus der Welt des schönen Scheins gerissen wird. Nukleare Wolken, so heißt es, seien im Anflug auf Norwegen, ihr Ursprung die Sowjetunion, der Erzeuger das Atomkraftwerk Tschernobyl in der Ukraine. Eben hier kommt es am 26. April 1986 zum ersten atomaren GAU. Konstruktionsschwächen und Fehlentscheidungen des leitenden Personals führen während eines Versuchs zur Katastrophe, bei der große Mengen radioaktiven Materials in die Umwelt abgegeben werden. Die Sowjets informieren die Medien zunächst nicht. Als im schwedischen Kernkraftwerk Forsmark am 28. April 1986 aber erhöhte Radioaktivitätswerte festgestellt werden und kein Fehler an der Anlage festgestellt werden kann, nimmt man aufgrund der Windrichtung an, dass sich die Quelle der Radioaktivität in der Sowjetunion befindet. Noch am gleichen Tag berichtet nun die amtliche sowjetische Nachrichtenagentur TASS von einem „Problem" in Tschernobyl, dem man tags darauf auch den Begriff „Katastrophe" zugesteht. International muss der Umgang mit dieser völlig neuen Situation erst geübt werden, sind doch zahlreiche Gebiete in Westeuropa teilweise gefährlich hohen Strahlendosen ausgesetzt. Am 3. Mai 1986 wird um Tschernobyl eine Sperrzone eingerichtet. Das Gebiet ist noch heute belastet, im engeren Umkreis des Reaktors, kann man die Herkunft der dort arbeitenden Experten oft an ihrem Umgang mit der Strahlungsgefahr erkennen. Während einheimische Wissenschaftler meist ungeschützt arbeiten, bevorzugen ihre westlichen Kollegen Schutzanzüge. Auch kulturell hat der GAU seine Auswirkungen. Im Jahr 2007 kommt beispielsweise der auf der Geschichte des Reaktors basierende ukrainische Ego-Shooter S.T.A.L.K.E.R.: Shadow of Chernobyl auf den Markt.

28 | 06 | 1991
Titos Albtraum

Der Verkehr steht still. Kleinwagen slowenischer oder kroatischer Herkunft, Spediteure aus der Türkei, Griechenland oder Ungarn warten am 28. Juni 1991 auf der Verbindungstrasse zwischen Zagreb und Ljubiana beim Dorf Trebnje auf die Weiterfahrt. Die Ursache für den Stau ist nicht bekannt, manche mögen sie erahnen, doch da ist es bereits zu spät. Bomben detonieren, Schüsse fallen, Autos werden zersiebt. Als die jugoslawischen Kampfflugzeuge weiter Richtung Ljubiana fliegen, bleiben ausbrannte Autowracks, Leichenteile und ein unerträglicher Gestank zurück, an den sich die Bewohner des Balkans nun gewöhnen werden müssen. Der im Juni 1949 gegründete Bundesstaat Jugoslawien gliedert sich 1991 in sechs Republiken (Slowenien, Kroatien, Bosnien-Herzegowina, Serbien, Mazedonien, Montenegro), zwei autonome Gebiete (Kosovo, Wojwodina), sechs staatstragende Nationen (Slowenen, Kroaten, bosnische Muslime, Serben, Montenegriner, Mazedonen), drei Schriftsprachen (serbokroatisch, mazedonisch, slowenisch) und drei Religionen (katholisch, orthodox, muslimisch). Mit Ausnahme Serbiens und Sloweniens sind alle Gebiete mit allen Merkmalen durchmischt. Die daraus entstehenden Gegensätze versuchte der Staatsgründer Josip Broz-Tito mit dem Grundsatz „Gleichheit für alle" zu überdecken, was bis zu seinem Tod im Mai 1980 tatsächlich gelang. Nun aber verdichten sich verschüttete nationalistische Tendenzen mit wirtschaftlichen Eifersüchteleien zu einem explosiven Gemisch. Kroaten und Serben rechnen sich Gräueltaten aus dem II. Weltkrieg vor, als kommunistische Serben gegen die faschistische Kroaten kämpften und auch andere Volksgruppen geben sich plötzlich kämpferisch. Als das reiche Slowenien am 25. Juni 1991 seine Unabhängigkeit erklärt, ist dies wirtschaftlich für Titos Jugoslawien gefährlich, doch darf die Republik bereits zehn Tage nach der Attacke bei Trebnje ihres Weges ziehen. Die nationalistisch motivierte Abspaltung Kroatiens treibt das ethnisch völlig durchmischte Restjugoslawien jedoch mit Dominoeffekt in ein Chaos von Völkermord, Vertreibung und Unterdrückung. Das große Morden auf dem Balkan kostet geschätzte 300.000 Menschen das Leben bis es am 21. November 1995 mit der Anerkennung der Unabhängigkeit Kroatiens und Bosnien ein vorläufiges Ende findet. Bis 2008 haben sieben neue Staaten aus Ex-Jugoslawien die europäische Bühne betreten.

19 | 04 | 1995

Der Weg aus dem Krieg zum Gift

Das Alfred Murrah Haus, ein großes Behördengebäude, sonnt sich, wie all die anderen Häuser der Stadt Oklahoma City, an jenem 19. April 1995 in einem Frühlingsmorgen, den auch ein Maler hätte erfinden können. Um 9:01 Uhr ist alles wie immer. Um 9:02 Uhr ist nichts mehr wie vorher. Eine mächtige Detonation macht aus dem Gebäude einen Krater der Verwüstung, ein monströses schwarzes Loch. Ohne Vorwarnung werden 168 Menschen in den Tod gerissen, 19 von ihnen sind Kinder. Knapp 600 weitere werden verletzt. Wird Amerika angegriffen, gab es irgendeinen technischen Fehler, der zu der

Katastrophe führte? Die ersten Vermutungen gehen in Richtung eines islamischen oder palästinensischen Terroraktes. Am Montag, den 11. Juni 2001, wird Timothy McVeigh hingerichtet. Der Amerikaner, ein im Golfkrieg mit Ehrungen bedachter Soldat, ist in einem zweiten, zunächst nicht sichtbaren Leben, ein rechtsextremer Eiferer, der als Grund für seine Handlung in Oklahoma City angibt, seine Bombe wäre ähnlich gerechtfertigt wie die Bomben Amerikas auf den Irak. Ihm wird in Denver der Prozess gemacht, es war dem Gericht nicht möglich, zwölf Geschworene am Ort des Geschehens zu finden, die hätten objektiv urteilen können. Aber auch die Entscheidungsträger in Denver kennen keine Gnade. McVeighs Mittäter Terry Nichols wird zu einer lebenslangen Haftstrafe verurteilt, McVeigh selbst erhält an einem ebenso strahlenden Tag wie damals im April eine tödliche Giftspritze.

27 | 09 | 1996
Öl und Uhrzeit

CIA-Sprecher Michael Bearden bleibt locker: „Diese Typen waren nicht einmal die schlimmsten, etwas hitzige junge Leute, aber das war immer noch besser als der Bürgerkrieg." Bearden spricht von den Taliban, die zu protegieren die USA 1995 für eine „ganz gute Idee" hält, mit der „alle" am Ende „zufrieden" sein könnten. Afghanistan befindet sich seit der Abdankung des Präsidenten Nadschibullah 1992 im Bürgerkrieg. Hier von Saudi Arabien unterstützte Mujaheddin unter dem selbst erklärten Präsidenten Rabbani, dort schiitische vom Iran protegierte Anhänger General Dostuns, dazwischen Stammesfürst Hykmatjar, der gern die Fronten wechselt. Am 27. September 1996 stehen plötzlich die Taliban vor Kabul. Woher sie kamen und vor allem, wer sie eigentlich sind, ist vielen Afghanen ein Rätsel. Die von Pakistan kommende Kampftruppe besteht zum Großteil aus padschunisch-afghanischen Flüchtlingen und sagt allen Kriegsparteien zugleich den Kampf an. Rabbani, Dostun und Hykamatjar sind sich schnell einig, dass die Taliban, dem Land keinen Vorteil bringen und schließen mit Hilfe von Russland, Indien und Iran ein Zweckbündnis. Doch kann man die Taliban nicht stoppen, denn sie haben mächtige Helfer: Pakistan, die CIA und die US-Mineralölfirma Unocal, die einer Pipeline von Pakistan nach Turkmenistan interessiert sind, bieten den Gotteskrieger militärische Unterstützung, um sie als Schutzmacht für ihr Projekt zu gewinnen. Im Oktober 1996 proklamieren die Taliban im Süden des Landes das Islamische Emirat Afghanistan, ein zutiefst archaisches Staatsgebilde, dass Frauen keine Ausbildung gestattet und Steinigungen bei Ehebruch verordnet. Die Sprengung der antiken

Buddhastatuen im Tal von Bamiyan am 12. März 2001 bezeugt ihren Fanatismus vor der ganzen Welt. Da das Regime auch keine moderne Versorgung oder medizinische Hilfe erlaubt, schätzt man, dass bis 2001 jährlich 250.000 Kinder an Unternährung gestorben sind, im weiter tobenden Bürgerkrieg aller gegen alle verlieren geschätzte 50.000 durch Landminen ihr Leben. Als US-Präsident Bush die Taliban im Oktober 2001 aus dem Land bombt, da sie den hier flüchtigen Osama bin Laden nicht ausliefern wollen und ihren einstigen Steigbügelhaltern mit dem Heiligen Krieg drohen, bringt dies dem kranken Land kaum Linderung. 2006 melden sich die Taliban neu formiert zurück.

21 | 05 | 1997
Die Vögel

Das runde, stachelig behüllte Grippevirus H5N1 hat einen Durchmesser von 0,0001 Millimeter, besteht aus Protein und befällt bevorzugt die Wirtszellen von Hühnern und Gänsen. Hohes Fieber, Atemnot und Schwellungen sind die Folgen, an denen 15% der Erkrankten zugrunde gehen. Als die Vogelgrippe 1997 wieder einmal in Hongkong ausbricht, ist das Medieninteresse zunächst gering, doch als am 21. Mai 1997 erstmals ein dreijähriger Junge nach dem Verzehr von Geflügel von dem Erreger befallen wird und stirbt, ist die Aufmerksamkeit geweckt. Die Asiaten sind jedoch machtlos, H5N1 breitet sich über China, Vietnam, Thailand, Indonesien und Malaysia aus bis 2003 ganze 33 Millionen Hühner und Enten gekeult werden müssen. 2005 erreicht der Virus auf den Schwingen der Zugvögel Mitteleuropa und löst auch hier eine Hysterie aus. In Deutschland werden die ersten Erkrankungen am 8. Februar 2006 auf Rügen festgestellt. Mitte März 2006 erreicht H5N1 mit Berlin die erste Großstadt, sein Opfer ein Mäusebussard, die Folgen monatelanges Vögelsammeln und von großem Medienecho begleitete Untersuchungen. Obwohl H5N1 bislang weltweit „nur" 100 menschliche Todesopfer forderte, sind manche Wissenschaftler davon überzeugt, dass eine Pandemie im Stil der Spanischen Grippe (H1N1) in, wenn auch fernerer, Zukunft zu erwarten ist, denn H5N1 ist wie seine Verwandten H2N2 (Asiatische Grippe) oder H3N2 (Hongkong-Grippe) lern- und anpassungsfähig. Für eine Metropole wie Berlin wäre in einem solchen Fall mit einer Millionen Infektionen und 4.000 Todesfällen zu rechnen. Katastrophenschutzpläne werden weltweit erarbeitet, das Robert-Koch-Institut veröffentlicht am 15. März 2005 einen Nationalen Influenzapandemieplan.

12 | 09 | 2001
Der Tag danach

Sie würde jetzt gerne Makkaroni von „Bake & Things", einem Restaurant in Brooklyn, haben. Aber jetzt liegt sie hier, eingequetscht zwischen Beton und Stahl, ihr Bein unter irgendwas Schwerem. Dann fühlt sie plötzlich eine weiche Fläche neben sich. Dankbar lehnt sie mit ihrem Kopf dagegen, es ist das Bein eines Feuerwehrmannes. Er ist tot. Noch vor wenigen Minuten war sie mit ihren Arbeitskolleginnen nach einigen Debatten aus dem 64. Stock des World Trade Centers das Treppenhaus herunter gelaufen, niemand wusste was genau passiert war. Nach dem großen Knall sagte jemand, ein Flugzeug sei in das Hochhaus eingeschlagen. Sie sah aus dem Fenster, ein Schneeregen aus Papieren. Dann noch ein großer undefinierbarer Knall. Als die Hitze größer wurde, entschloss man sich doch für das vorher gemiedene verrauchte Treppenhaus. Feuerwehrmänner kamen ihnen auf Höhe des 40. Stockwerks entgegen. Treppen, Treppen, Treppen. 13. Stock. Sie musste ihre Schuhe ausziehen, wollte barfuss weiterlaufen, als der Wolkenkratzer sich plötzlich schüttelte und sie ein Geräusch von einem Dutzend herunterfallender Tresore über sich hörte. Etwas Großes brach durch die Wand, sie fiel auf den Boden, verlor den Kontakt zu ihrer Freundin und wurde wie eine Flipperkugel hin und her geworfen. Überall Schutt und Trümmer. Schließlich Dunkelheit und Ruhe, noch ein, zwei „Hilfe"-Rufe in der Nähe, dann Stille. Jetzt ist der tote Feuerwehrmann das einzig Weiche, alles andere hart und unveränderlich, hat sie geschluckt und hält sie gefangen im Magen des kollabierten Gebäudes. Die wenigen Ritzen, durch die Licht scheint, verschwinden nach Stunden, schmelzen und werden zu Nacht. Sie schläft in sich taumelnd ein. Die Reflektoren des Feuerwehrmannes sind es, die die Rettungskräfte mit ihren Taschenlampen wecken. Sie hört Stimmen, ruft „Ich bin hier" und haut mit einem Geröllstein gegen Beton.

25 | 02 | 2003
Das Leiden der Millionen

Darfur, eine abgelegene, arme Region im Nordsudan, ist so groß wie Frankreich. Sieben Millionen Einwohner aus 83 Ethnien haben hier ihr Zuhause. Ausgerechnet ein Frieden ist es, der die Region in eine der größten Katastrophen der afrikanischen Geschichte treibt. Im Februar 2003 erreicht die Provinz Dafur die Nachricht, dass der seit 1983 tobende Bürgerkrieg zwischen dem muslimischen Norden und dem christlich-animistischen Süden des Sudan dem Ende zugeht.

Zwanzig lange Jahre hat man im Land um die Ölquellen gestritten und es scheint sich anzubahnen, dass diese in den Händen des Südens bleiben werden. Die Bewohner Darfurs befürchten durch das Ausscheiden des afrikanischen Südens zum einen ein arabisches Übergewicht im Sudan und zum andern durch den Wegfall der Haupteinnahmequelle des Landes eine Verschlechterung des Lebensstandards. Eine spontan gegründete Sudan Liberation Army unter Kommandant Suleiman Marjan rüstet sich am 25. Februar 2003 mit Kalaschnikows und greift die staatlichen Einrichtungen der Zentralregierung an, 683 Polizisten werden getötet. Die Regierung in Khartum bewaffnet ihrerseits die Janjawid, eine arabische Reitermiliz, da die reguläre Armee im Süden stationiert ist. Der ohnehin lang schwelende interne ethnische Konflikt zwischen den schwarz-afrikanische Bauern und den arabischen Nomaden in Darfur verschärft die Lage und setzt eine Flüchtlingswelle in Gang. Waffenstillstände, wie jener vom 8. April 2004, lassen die leidende Bevölkerung kurz hoffen, doch bereits 2005 greift der Konflikt auf den benachbarten Tschad über, wo arabische Einheiten offenbar rassistische Angriffe auf die afrikanische Zivilbevölkerung verüben. Die UN ist beobachtend präsent, aber die Gräuel gehen weiter. Nach Schätzungen der Coalition for International Justice sind etwa 400.000 Menschen durch den Konflikt umgekommen. Die sudanesische Regierung spricht dagegen von weniger als 10.000 Opfern. Ein Ende der Streitigkeiten ist nicht in Sicht.

29 | 03 | 2003

Tod im Dienst der Wissenschaft

Als im November 2002 in China eine Lungenkrankheit ausbricht und schon nach wenigen Wochen hunderte von Opfern fordert, ist der italienische Arzt Carlo Urbani im Dienst der Weltgesundheitsorganisation sofort zur Stelle. Urbani identifiziert den Erreger und beginnt in Hanoi fieberhaft mit der Erforschung der Krankheit SARS (Schweres akutes Atemwegssyndrom). Urbani erkennt schnell, dass nur 10 % der Infizierten tatsächlich an der Seuche sterben, doch benötigt er genauere Informationen über den Krankheitsverlauf. Er entscheidet sich schließlich, selbst das Versuchskaninchen zu spielen. Anfang März infiziert sich Urbani mit dem Virus, damit seine Kollegen die Entwicklung beobachten können und er die notwenigen Informationen „aus erster Hand" erfährt. Doch der Virus reagiert im Körper des Mediziners aggressiver als angenommen: Urbani quälen Atemnot, Halsentzündung und Muskelschmerzen, nach gut vier Wochen stirbt der Arzt an den Folgen der selbst gesetzten Spritze. Dennoch ist der Tod Urbanis nicht sinnlos, die Seuche, die 8.400 Menschen infiziert und 914 getötet hat, klingt im

Sommer 2003 ab und vielen Opfern kann geholfen werden. Die Tatsache, dass mit SARS neben H5N1 schon wieder ein neuer gefährlicher Virus am Firmament der Zivilisation aufgetaucht ist, veranlasst die EU im Mai 2003, ein „European Centre for Disease Control" einzurichten, dass neue Virenerkrankungen rechtzeitig erforschen soll. Auch Horrorszenarien wie dem Gebrauch von SARS als Biowaffe soll so vorgebeugt werden.

26 | 12 | 2004
Kleine Helden

Die Erde beginnt zu beben, die Wasserlinie zieht sich zurück. Einige wenige Menschen im thailändischen Touristenparadies Phuket deuten die Warnzeichen richtig, darunter erstaunlicher Weise die zehn Jahre Britin Tilly Smith, die die Wirkung von Riesenwellen kurz zuvor im Unterricht an ihrer Schule in Oxshott durchgenommen hat. 100 Menschen werden auf ihre Warnung hin vom Maikhao-Strand evakuiert. Am 26. Dezember 2004 erschüttert ein unterseeisches Erdbeben der Stärke von 9,1 den Indischen Ozean bei Sumatra. Riesenwellen, deren wissenschaftliche Bezeichnung Tsunami bald weltbekannt sein wird, bildet sich und erreichen mit einer Geschwindigkeit von 650 km pro Stunde die Küstenregionen von Südostasien, Indonesien, Sri Lanka, Indien, ja selbst Tansania und Kenia. Die meisten Bewohner dieser Regionen sind ahnungslos; ein Frühwarnsystem gibt es nicht. Bis zu 30 Meter hoch bäumen sich die Riesenwellen auf und donnern dann mit gewaltiger Kraft auf die Küsten und reißen Menschen, Tiere, Bäume, Autos, Häuser mit sich. In zwölf Ländern sterben 231.000 Menschen, 1,7 Millionen werden obdachlos. Der schlimmste Tsunami der geschriebenen Geschichte hat aber dank des Medienzeitalters auch seine Helden, darunter den indischen Fischerhund Silvakumar, der den siebenjährigen Dinakaran am Kragen aus dem Wasser schleift, das People Crisis Center in Bana Aceh auf Sumatra, das mit aufwendigen Suchaktionen zum Auffinden Verschollener beträgt und die zahlreichen Nothelfer, wie Rolf Bartsch vom Technischen Hilfswerk, die aus der ganzen Welt Hilfsgüter, Geldmittel und Medikamente bringen oder psychologische Hilfe, Seuchenvorsorge und die Trinkwasserversorgung gewährleisten.

Tage der Ikone
Menschen bewegen die Welt

09|04|30 n. Chr. *Es ist der Herr* Der Mann am Kreuz **S. 285**

An einem Tag im Jahr 1506 *Das turbulente ewige Leben der Lisa Gherardini* Die Mona Lisa **S. 286**

11|11|1517 *Hammerschläge* Martin Luther schlägt Thesen an die Tür **S. 286**

11|12|1761 *Wolfgangerls kurzer, langer Weg* Mozarts Weg **S. 287**

29|10|1772 *Die Leiden Jerusalems* Goethe schreibt den Werther **S. 288**

13|01|1782 *Schillernder Räuber* Schiller flieht den Erfolg **S. 289**

07|05|1824 *Europas Melodie* Beethovens Neunte **S. 289**

14|04|1865 *Sic semper tyrannis* Tyrannenmord an Abraham Lincoln **S. 290**

25|01|1875 *Hannibal Hood?* Jesse James wird unsterblich geschossen **S. 291**

27|10|1880 *Die geborene Schauspielerin* Sarah Bernhardt wird zum ersten Weltstar **S. 291**

25|03|1886 *„Ihr müsstet alle tot sein!"* Geronimo gemahnt **S. 292**

07|02|1914 *11 Minuten für die Ewigkeit* Charlie Chaplin debütiert **S. 293**

01|04|1930 *Der gefeierte und gefallene Engel* Marlene Dietrich wird entdeckt **S. 294**

23|05|1934 *Ein Paar und ein paar Kugeln* Bonnie & Clyde schießen sich in den Pophimmel **S. 294**

15|04|1938 *Gebrüder Leichtsinn und ihr Held* Superman wird zum Role-Model **S. 295**

13|05|1940 *Ich übe gerade meine Stegreifrede* Winston Churchill spricht sich zur Polit-Ikone **S. 296**

17|01|1942 *Der unbekannte Dieb* Muhammed Ali boxt sich durch **S. 297**

26|08|1946 *Der ewige Star* Die Monroe unterzeichnet einen Vertrag **S. 297**

30|01|1948 *Schüsse auf den Fakir* Mahatma Gandhi wird zum Mythos **S. 298**

14|03|1951 *Relativ gut getroffen* Das Foto des Herrn Einstein **S. 299**

20|03|1952 *Später Kult eines Profis* Humphrey Bogart kommt zu Ehren **S. 300**

17|10|1952 *Der fotografierte Maler* Picasso wird portraitiert **S. 300**

05|07|1954 *Der König* Elvis Presley nimmt eine Platte auf **S. 301**

30|09|1955 *Die Ikone zwischen den Werbespots* Anfang und Ende des James Dean **S. 302**

25|01|1963 *Doppel Null Agent* 007 wird zum Star **S. 303**

22|11|1963 *Das Erbe des Bruders, das Ziel des Vaters* Geheimnisse um John F. Kennedy **S. 304**

17|01|1964 *Der Schlaf des Nimmermüden* Andy Warhol dreht einen Film **S. 304**

02|09|1964 *„Kaiser" Midas* Lichtgestalt, Kaiser und Franz Beckenbauer **S. 305**

05|07|1965 *Die letzte Diva* Das glamoröse Leben der Maria Callas **S. 306**

09|10|1967 *Der Mann auf dem Button* Das Portrait des Che Guevara **S. 307**

18|09|1970 *Hey James* Jimi Hendrix trauriger Abschied **S. 308**

03|07|1971 *Da ist die Tür* Das kurze Leben des Jim Morrison **S. 308**

11|10|1971 *Genie und Wahnsinn* John Lennon wird zum Mythos **S. 309**

13|09|1982 *Das Leben, ein Schauspiel* Grace Kelly fährt in den Tod **S. 310**

06|10|1982 *164 Zentimeter Kraft* Madonna wächst zum Erfolg **S. 311**

01|12|1982 *The King of Starlight* Michael Jackson singt und tanzt **S. 311**

14|04|1988 *Der König der Königin* Freddie Mercury singt noch einmal **S. 312**

24|09|1991 *Riecht nach Ärger* Kurt Cobain schreibt einen Song **S. 313**

15|12|1996 *Traum des bleichen Mannes* Toby Gard und Lara Croft **S. 314**

06|09|1997 *Die Prinzessin schläft* Abschied von Lady Diana **S. 314**

09 | 04 | 30 n. Chr.
Es ist der Herr

Langsam bewegt sich der Verurteilte zum Berg Golgatha herauf. Die schwere Last des Kreuzes drückt ihn, die Geißeln schmerzen. Blut überströmt erreicht er schließlich sein Ziel. Die Richtknechte verrichten ihr grausiges Werk, binden den geschundenen Körper an ein hastig zusammen gezimmertes Kreuz aus Holz, treiben Nägel durch Hände und Füße, um den Gemarterten zu fixieren, richten das Kreuz in die Höhe. Hier hängt der vor Malen blutende Mensch mit der Dornenkrone am Kreuz, noch wenige Stunden bis er stirbt. Die Mission des Gottessohns ist erfüllt. Der allmächtige Mann, der jeden Menschen übertrifft, dem eigentlich niemand etwas anhaben könnte, hat sich selbst in die Hand seiner Feinde gegeben und sich vor seinem Vater, vor Gott geopfert, um die Menschheit von ihrer Sünde zu befreien. Das Bild des so Gemarterten wird zum Symbol einer neuen Religion, der Gemarterte zur Ikone, die für jene Menschen, die an ihn und seine Tat glauben Liebe, Hoffnung und Sündenvergebung symbolisiert. Fand diese Kreuzigung statt? Ist sie mit dem Karfreitag im Jahre 30 richtig datiert? Gab es Jesus? Nur die Evangelien beschreiben sein Leben, spätere Erwähnungen findet man erst bei Tacitus (220) und Agapios (500).Doch ist Ihnen zu glauben? Der Konsens geht dahin, die Person Jesus und seine Worte historisch zu betrachten, sein Heilsgeschichte aber als konstruiert zu bezeichnen. Immer wieder gibt es auch neue Mutmaßungen über das Aussehen des christlichen Heilsbringers. War er der Welt seit dem Frühen Mittelalter als schlanke, hoch gewachsene Gestalt mit langen Haaren und weichen Gesichtszügen bekannt, so stellte der Forensiker Richard Neave 2002 anhand vergleichbarer Knochenfunde aus der Zeit um das Jahr 30 einen muskulösen und kurzhaarigen Jesus vor, der nur 1,55 m maß und 50 kg schwer gewesen sein soll. Wie Jesus aussah und worin seine Lehre wirklich bestand, wird für die Gläubigen bis zur Einlösung der erhofften Offenbarung ein Geheimnis bleiben. Der Apostel Johannes gibt in seiner Apokalypse aber bereits einen Hinweis darauf, wie man sich den Herrn dann vorzustellen habe, seine Haare wären dann „weiß wie Wolle" und seine Augen „wie eine Feuerflamme".

An einem Tag im Jahr 1503
Das turbulente ewige Leben der Lisa Gherardini

Lisa Gherardini ist eine der berühmtesten Frauen aller Zeiten. Sie ist schön, geheimnisvoll, charmant: Schlicht einzigartig. Als ein Maler sie an einem Tag im Jahre 1503, dessen genaues Datum die Wissenschaft bis heute beschäftigt, als Modell auserwählt, sagt sie zu, nicht ahnend, dass die Vollendung des Werkes erst über vier Jahre später erfolgen wird. Dennoch bleibt sie geduldig, der Meister heuert sogar extra Musiker für die gemeinsamen Stunden an, damit der gelassen mysteriöse Ausdruck nur ja nicht aus dem Gesicht der Muse verschwindet. Als das auf dünnem Pappelholz erstellte Bild fertig ist, mag sich der Urheber, obwohl es eine Auftragsarbeit ist, vor lauter Begeisterung bis zu seinem Tod nicht davon trennen. Viertausend Goldflorin zahlt, kurz vor dem Ableben des Künstlers, Franz I. von Frankreich, um es zu besitzen. Später fällt es erst Ludwig XIV. und später Napoléon in die Hände, der es in sein Schlafzimmer hängt, bis es schließlich in einem Museum seinen Platz findet. Der 31-jährige italienische Anstreicher Vincenzo Peruggia versteckt sich am 21. August 1911 in einem Schrank des Museums, löst das Bild in einem günstigen Moment aus dem Rahmen und schmuggelt es unter seinem Mantel heraus. Erst dieser Skandal lässt das vorher schon recht bekannte Bild weltweit zu einem Ereignis werden, nach wenigen Wochen wissen selbst Ureinwohner über das Gemälde Bescheid. Peruggia versteckt es zwei Jahre in einem Loch in der Wand, bevor er es an den Kunsthändler Alfredo Geri verkaufen möchte. Dieser bekundet Interesse und informiert die Polizei, die Lisa zurück in ihr heimisches Museum bringt. Aber auch danach kommt sie nicht zur Ruhe. 1956 muss sie zwei Attentate überstehen, eine Attacke eines Unbekannten mit Säure und einen Steinwurf; ihr Antlitz überlebt, allerdings etwas ramponiert. Sie kennen Lisa nicht? Sie kennen sie. Lisa Gherardini heißt mit vollem Namen Monna Lisa del Giocondo, ist eine geborene Gherardini und bestens bekannt als Mona Lisa.

11 | 11 | 1517
Hammerschläge

Mit ernstem Gesicht, in stolzer Pose und in vollem Bewusstsein seiner historischen Sendung steht Martin Luther am 31. Oktober 1517 vor der Wittenberger Schlosskirche und nagelt seine provokanten Thesen an die Wand. Die Menge schaut wissbegierig zu und die Nachricht verbreitet sich wie ein Lauffeuer: Deutschland hat einen neuen Heiland. Er wird wenige Jahre später das Papsttum in Schutt und Asche legen, Deutschland von der italienischen Fessel befreien und den Weg für eine freie Glaubensausübung ebnen. Es ist dieses schöne Bild, das den Reformator über Jahrhunderte in Romanen, Geschichten, auf Postkarten und Zinntellern bis heute fortleben lässt und ihm in seiner Heimat sogar einen guten zweiten Platz unter den „größten Deutschen" beschert.  Doch verätzen seit dem 19. Jahrhundert vermeintlich neidische, atheistische Querdenker das farbenfrohe Bild vom mächtigen Hammerschwinger immer wieder mit übel riechender Säure. Man stellt fest, dass die Thesen nicht auf schönen Tafeln, sondern auf winzigen Zetteln in Latein verfasst wurden. Später verweist man darauf, dass in der akademischen Praxis seiner Zeit der Anschlag von Thesen an der Kirchentür nicht üblich ist, oder dass Luther die Thesen zwar angeschlagen habe, aber nicht am historischen Datum. Oder dass nicht er selbst, sondern ein unscheinbarer Bediensteter der Universität der Mann mit dem Hammer gewesen sei, ein staubtrockener Beamter als symbolischer Initiator der Reformation. Zu denken gibt selbst glühenden Anhängern Luthers die Tatsache, dass der Thesenanschlag erstmals nach dessen Tod 1546 in den Berichten Philip Melanchthons auftaucht und der gern etwas selbstgefällige Luther ihn selbst in seinen oft biografischen Tischreden nie erwähnte. Ein neues Datum für die Geburt der Ikone Luther wird also benötigt. Der Historiker Volker Leppin findet es schließlich in einem Schreiben, das der bis dahin nur als „Martin Luder" bekannte Mönch zum Martinstag am 11. November 1517 erstmals mit der Unterschrift „Eleutherus", als „Befreier" oder „eines Freien würdig" unterzeichnet. Aus dem unbekannten Mönch Martin Luder wird an diesem Tag Martin Luther, auch ohne Hammerschläge.

11 | 12 | 1761

Wolfgangerls kurzer, langer Weg

Leopold Mozart notiert am 11. und 16. Dezember 1761 ein Andante und ein Allegro als „Wolfgangerl Compositiones" in seinen Aufzeichnungen. Mit Wolfgangerl ist sein Sohn, der damals fünfjährige Johannes Chrysostomus Wolfgangus Theophilus Mozart, genannt Wolfgang Amadeus Mozart, gemeint. Bevor dieser eine halbwegs normale Kindheit antreten kann, geht die ganze Familie, Eltern, Wolfgang und seine Schwester Maria, auf eine ausgedehnte Konzertreise, welche sage und schreibe drei Jahre andauert. Deutschland und Westeuropa wird dabei der talentierte Filius präsentiert, der nicht nur durch seine frühen Kompositionen, sondern vor allem als brillanter Klavierspieler und Violinist auffällt. Das Musikerleben, was dann folgt, ist im Prinzip weder außergewöhnlich noch besonders trist. Mozart komponiert seinem Talent entsprechend viel und vor allem sehr variabel (Orchesterwerke, Opern, Kirchenmusik, Kammermusik), hat feste, oft ungeliebte Anstellungen, verdient gutes Geld mit Konzerten, gibt auf der anderen Seite eben dieses auch mit vollen Händen wieder aus. Weniger populär ist, dass Mozart sich immer wieder auch einer frivolen bis derben Sprache befleißigte, so zum Beispiel im Kanon „Leck mir den Arsch fein recht schön sauber." Zu Lebzeiten erkennt nicht jeder sein Talent, so dass er sich desöfteren auch erfolglos um Anstellungen bemüht. Am 5. Dezember 1791 stirbt Mozart um 1 Uhr früh, die genaue Todesursache ist bis heute nicht geklärt. Er selbst spricht wenige Wochen vor seinem Tod davon, vergiftet worden zu sein. Eine Legende besagt, sein Kollege Antonio Salieri habe erklärt, der Mörder Mozarts zu sein. Bewiesen ist dies indes nicht, das Gegenteil scheint der Fall zu sein, Salieri eher ein Anhänger Mozarts. Da Mozart auch dem Billardspiel mit hohen Einsätzen nicht abholt war, vererbt er seiner Frau groteskerweise lediglich wertvolle Kleidung. Erst viele Jahre nach seinem Tod erkennt man weltweit das Genie an, welches sich in seiner Musik stets ausgedrückt hat.

29 | 10 | 1772
Die Leiden Jerusalems

Karl Wilhelm Jerusalem ist in demselben Dilemma wie sein Freund Johann. Auch ihr Weg gleicht sich beinahe. Beide haben in Leipzig studiert. Später nimmt Jerusalem eine Anstellung am Reichskammergericht in Wetzlar an. Dort trifft er seinen alten Kumpanen wieder. Und noch etwas verbindet die jungen Männer, beide haben von der Juristerei im Grunde genug, würden lieber ihren schriftstellerischen Neigungen nachgehen. Ebenso sind Jerusalem und sein Freund jeweils unglücklich verliebt. Karl hat nur noch Augen für die bereits vergebene Elisabeth, er kann an nichts anderes mehr denken. Wie schwer das seelische Leiden seines Freundes tatsächlich ist, erfährt Johann Wolfgang von Goethe erst nach dem 29. Oktober 1772, als sich Karl Wilhelm Jerusalem aus Liebeskummer eine Pistole an den Kopf setzt. Er überlebt noch wenige Stunden, stirbt aber am darauf folgenden Tag. Goethe, der zu diesem Zeitpunkt schon weit in seine literarische Leidenschaft eingetaucht ist, nimmt den Tod seines Freundes als Ausgang des

Stückes, an dem er gerade arbeitet: „Die Leiden des jungen Werther". Noch bevor die Welt ihm zu Lebzeiten kurz nach Erscheinen des „Werther" fast bedingungslos huldigt, findet Hofrat Johann Christian Kestner folgende Worte für seinen Zeitgenossen: „Er ist bizarr und hat in seinem Betragen... verschiedenes, das ihn unangenehm machen könnte. Aber bei Kindern, bei Frauenzimmern und vielen anderen ist er doch wohl angeschrieben."

13 | 01 | 1782
Schillernder Räuber

Wolfgang Heribert von Dalberg ist, obwohl eher ein Mann der Rechtswissenschaften und in der Städtischen Verwaltung von Mannheim tätig, ein Connaisseur der nationalen und internationalen Theaterlandschaft und Gründer des Nationaltheaters in Mannheim. Als solcher fungiert er auch als Intendant. Am 13. Januar 1782 genießt er an seinem Haus die Uraufführung des Stückes „Die Räuber" eines anonymen Schriftstellers. Vor allem das jugendliche Publikum ist begeistert, im Saal sitzt an jenem Abend aber auch der eigentliche und später auch öffentlich bekannte Urheber des Dramas, der 22-jährige Friedrich Schiller. Da der Herzog von Württemberg Schiller die literarischen Umtriebe verboten hatte, er stattdessen weiter den vorher eingeschlagenen Weg des Militärarztes weitergehen sollte, lässt der Herzog den jungen Dichter kurzerhand 14 Tage lang ins Gefängnis sperren. Zudem verfügt er, dass dem Schreiberling nunmehr untersagt wird Komödien „und dergleiches Zeugs" zu schreiben. Schiller flieht kurz darauf aus der Region, seine Freiheitsliebe ist größer. Viele weitere Stücke und Gedichte sollen noch folgen, ebenso eine innige Freundschaft mit Goethe, jedoch auch Krankheiten und Unsicherheit durch mangelnde Finanzen und ein früher Tod mit 45 Jahren. Goethe „leiht" sich viele Jahre nach Schillers Tod zunächst dessen aufbewahrten Schädel und lässt sich auf eigenen Wunsch nach seinem Tod neben Schiller beerdigen.

07 | 05 | 1824
Europas Melodie

Europa ist seit dem 9. Mai 1950 eine Gemeinschaft. In Paris wird erstmals der Plan einer EU verkündet. Seit dem Jahr 1985 ist dieser Tag offiziell der „Europatag" und mit ihm eine Melodie die offizielle Hymne Europas, die bereits seit 1972 dem Europarat ihr eigene musikalische Kennung gibt. Die Rede ist vom letzten Satz der

9. Sinfonie Ludwig van Beethovens, dessen markante Musik einst die „Ode an die Freude" von Friedrich Schiller untermalte. Beethoven, der einst beinahe Schüler Mozarts geworden wäre, erlebt die Uraufführung seiner 9. Sinfonie am 7. Mai 1824 selber in Wien mit. Zu dieser Zeit bereits vollkommen taub, steht der Meister am Ende des letzten Satzes mit dem Rücken zum Publikum und liest die Worte der Sänger von deren Mündern ab. Die Sinfonie ist vorbei und der Saal gleicht vor Jubel einem Tollhaus. „Vivat! Vivat!" ruft die begeisterte Menge. Beethoven verharrt jedoch an seinem Platz, bemerkt nichts, bis ihn die Sängerin Caroline Unger sanft Richtung Publikum dreht. Der Komponist sieht die Wirkung, die seine Sinfonie hervorruft, verbeugt sich und hat somit seinen letzten großen Auftritt. Er stirbt am 26. März 1827. Die Europahymne ist nur einer von vielen Beweisen, wie sehr sein Werk bis in die weite Zukunft strahlen und Bedeutung haben wird.

14 | 04 | 1865

Sic semper tyrannis

1861 scheiden sich in den USA an der Sklaverei die Geister zwischen den industriellen Nordstaaten, die sie abschaffen wollen und den agrarischen Südstaaten, die lieber die Union verlassen wollen, als sie aufzugeben. Präsident Abraham Lincoln ist für die Union und die Sklavenbefreiung, weswegen der 1,94 m große Mann mit dem hohen dunklen Zylinder auch die Sezessionskriege nicht scheut.Sie werden in vier Jahren 650.000 Amerikaner das Leben kosten und am 9. April 1865 mit der Kapitulation des Südstaaten-Generals Lee enden. Der siegreiche Lincoln wird in diesen Tagen von tiefem Trübsinn befallen: „Wie der Geist Banquos" aus Macbeth, so Lincoln, gegenüber seiner Familie, verfolge ihn der Traum seiner Ermordung. Dennoch beschließt er am Karfreitag, dem 14. April 1865, den Abend in Ford's Theatre in Washington zu verbringen, wo die Komödie „American Cousin" gegeben wird. Dass er so hohen Besuch erwartet, will der Theatermanager nicht für sich behalten und gibt die Nachricht in die Presse. So erfährt es auch John Wilkes Booth, einer der prominentesten Shakespeare-Darsteller der USA, der Lincolns Politik ebenso fürchtet wie dessen Allmacht als „König von Amerika". Booth, dem bereits ein Attentat auf den Präsidenten missglückt ist, will ganz nach Shakespeare die Nachfolge des Tyrannenmörders Brutus antreten. Er begibt sich bewaffnet ins Theater und erschießt den Präsidenten während der Aufführung in seiner Loge. Dann springt er auf die Bühne und ruft in vollem Bewusstseins seines historischen Auftrags: „So soll es allen Tyrannen gehen!". Booth entkommt, wird aber 14 Tage später in einer Scheune gestellt, ausgeräuchert und erschossen. Lincoln, der durch seine militärischen und politischen Erfolge den Erhalt der Union sichert und jeden Kompromiss in der Sklavenfrage verhindert hat, kann den Durchbruch seines politischen Programms von der Gleichheit aller Bürger nicht mehr erleben, wird aber in den USA zur Ikone einer Idee.

25 | 01 | 1875
Hannibal Hood?

Der 25. Januar 1875 macht einen Mann endgültig zur Legende. An jenem Wintertag versucht der Detektiv Allan Pinkerton höchstselbst den Killer und Bandenführer Jesse James zur Strecke zu bringen, nachdem zuvor ausgesandte Mitarbeiter an der gleichen Aufgabe unter Verlust ihres Lebens gescheitert waren. Pinkertons Sprengsatz, welchen er auf James' Familienanwesen wirft, tötet zwar James' Halbbruder Archie und verwundet seine Mutter, James selber geht aus diesem Angriff aber als Held hervor. Hatte der Gangster schon vorher den Herausgeber der „Kansas City Times", John Newman Edwards, auf seiner Seite, der James und seinen Bruder Frank als mutige Rebellen der Konföderierten gegen die Unionstruppen darstellte und als Räuber eine Art Robin Hood aus Jesse machte, so moduliert Edwards nun endgültig einen Helden aus ihm. Die Sympathie der Menschen ist dem just dem Tode entronnenen und den Seinen gewiss, obschon ihre Vergangenheit James, seine Familie und seine Banden als oft blutrünstige Mörder ausweist. Sogar eine Amnestie wird ihnen im Parlament angeboten. Nach weiteren Delikten und Morden, ist es schließlich Bandenmitglied Bob Ford, der mit der Unterstützung eines Gouverneurs Jesse James in seinem eigenen Haus am 3. April 1882 erschießt. Jesses Bruder Frank stirbt 1915 eines natürlichen Todes. Selbst Präsident Roosevelt erklärt Jesse James später zu „Amerikas Robin Hood".

27 | 10 | 1880
Die geborene Schauspielerin

Das Bein wird eingegipst, seit Jahren leidet sie an einer Knieverletzung. Die Ärzte sehen so die einzige Möglichkeit, zu helfen. Aber das Gewebe unter dem Gips stirbt ab und am 22. Februar 1915 muss der 70-jährigen Sarah Bernhardt das rechte Bein unterhalb der Hüfte abgenommen werden. Es ist die vielleicht letzte schwere Etappe in ihrem ereignisreichen Leben. Bernhardt gilt zu dieser Zeit bereits lange als eine der größten Schauspielerinnen aller Zeiten und zudem als Frau, der weder Männer noch das Schicksal etwas anhaben können. In unruhigen Familienverhältnissen aufgewachsen, erkennt schon früh ein Geliebter ihrer Mutter, dass Sarah zu einer Schauspielerin geboren ist. Die als Henriette-Rosine Bernardt geborene Französin ist begabt und ebenso exzentrisch, was in jungen Jahren bereits nach einem handgreiflichen Streit zu einer Degradierung und ausbleibenden Rollenangeboten führt. Mit 20 bekommt Bernhardt ein Kind von dem belgischen Fürst Henri de Ligne, dessen Familie eine Heirat jedoch nicht erlaubt. 1868 schafft die willensstarke Schauspielerin in dem Stück „Kean" den Durchbruch, aber ein Brand in ihrer Wohnung macht sie wieder mittellos. Ein Benefizkonzert und eine als Welttournee zu bezeichnenden Gastspielreise in viele Länder, welche am 27. Oktober 1880 in New York beginnt und bis in englische und russische Monarchenhäuser führt, zementiert schließlich ihren Weltruhm. 1882 heiratet sie den jungen Griechen Jacques Damala, mit dem und für den sie sogar ein Theater eröffnet. Damala aber vergrault mit seinen mäßigen Leistungen das Publikum, bedient sich aus der Theaterkasse, um seine Morphium- und Spielsucht zu stillen und trennt sich schließlich von Bernhardt. Sie verwindet das ebenso wie den Morphium-Tod ihrer Schwester und setzt ihr außergewöhnliches Leben fort. Bernhardt stirbt am 26. März 1923 in ihrer Geburtsstadt Paris, mit nur einem Bein hat sie fast bis zum letzten Atemzug auf der Bühne gestanden.

25|03|1886
„Ihr müsstet alle tot sein!"

Der Apachen-Häuptling Gokhalayeh („einer, der gähnt"), der sich bis heute als Geronimo einen legendären Ruf erworben hat, richtet sich am 25. März 1886 bei San Bernardino Springs an General George Crook. „Ich lebte friedlich mit meiner Familie im Schatten der Bäume und tat genau das, was General Crook mir geraten hatte zu tun. Ich habe nie Unrecht ohne Grund getan, und wenn ihr von Unrecht redet, oder auch nur an Unrecht denkt, so tätet ihr besser daran, an das Unrecht zu denken, das ihr dem Roten Manne zugefügt habt, und das tief und weit wie ein Ozean ist, durch den niemand mehr waten kann, ohne darin zu ertrinken. Mein Unrecht dagegen ist wie ein kleiner ausgetrockneter Bachlauf, den habgierige Weiße mit den Tränen meines Volkes gefüllt haben. Ich habe dieselben Weißen diese Tränen austrinken lassen, bis auf den letzten Tropfen, so dass ich wieder auf den Bach gehen kann, ohne meine Mokassins mit Unrecht zu nässen. Sagt mir, was daran Unrechtes ist! Ihr sagt selbst, dass ein Mensch, der einen anderen tötet, getötet werden muss. Seht, wie zahlreich der Rote

Mann war, bevor ihr kamt, und seht, wie viele Rote Menschen ihr getötet habt. So dürft ihr nach eurem eigenen Gesetz heute nicht hier stehen, sondern müsstet alle tot sein, wenn Euer Gesetz wahrhaftig wäre!" Der Mann, den bisweilen auch 5.000 Soldaten und 250 Indianer-Scouts nicht fangen konnten, geht als wohl tapferster, klügster und größter Indianer in die Geschichte ein. Nachdem er am 17. Februar 1909 stirbt, rauben 1918 einige Männer, darunter Prescott Bush, Großvater von George W. Bush Sen., sein Grab aus und bringen die Überreste in ihr Kultmuseum. Restitutionsansprüche aus der indianischen Gemeinde werden hier bis heute abgelehnt.

07 | 02 | 1914
11 Minuten für die Ewigkeit

Am Ende wird es kein besonders guter Film. Elf Minuten voller Fehler, mit wenigen Lachern und auch handwerklich stark verbesserbar. Ein Landstreicher besucht ein Cart Rennen in Venice, Kalifornien, und sorgt für allerlei Verwirrung auf und neben der Rennstrecke. Regisseur Henry Lehrman kann den Streifen auch nicht retten, immer wieder sieht man unbeteiligte Personen in die Kamera und auf die Schauspieler starren. Einzig der Hauptdarsteller weiß zu überzeugen. Erst kurz zuvor hat er sich von seinem Schauspieler-Kollegen Fatty Arbuckle eine viel zu große Hose geliehen, von dessen Stiefvater eine Melone, von Charles Avery eine zu kleine Jacke und schließlich von Mack Swain einen falschen Bart. Ein Jahr bevor der Film namens „Kid auto races at Venice" gedreht wird, ist der Engländer mit seinem Landsmann Arthur Stanley Jefferson, der später als Stan Laurel bekannt werden soll, mit einem Pantomimentheater durch die USA unterwegs, als er von der Keystone-Filmgesellschaft entdeckt wird. Es ist dieser zweite Film Charlie Chaplins, in dem er das Heft bereits in die Hand nimmt. Er entwickelt das erste Mal den „Tramp"-Charakter, welchen er mit wenigen Ausnahmen bis zum Film „Der große Diktator" 1940 ununterbrochen spielen wird und mit dem er schon zwei Jahre später der populärste Schauspieler der Welt ist. Zugleich erfindet er somit die wohl bekannteste Figur der Filmgeschichte. Am 7. Februar 1914 hat der Kurzfilm Premiere.

01 | 04 | 1930
Der gefeierte und gefallene Engel

Maly Delschaft ist nicht zu erreichen. Die bekannte deutsche Stummfilmschauspielerin, die schon mit Emil Jannings in den Filmen „Der letzte Mann" und „Varieté" spielte, soll von Regisseur Josef von Sternberg erneut mit Jannings in dem Film „Der blaue Engel" besetzt werden. Die Hauptrolle in der Verfilmung von Heinrich Manns „Professor Unrat" scheint ihr sicher – doch zu erreichen ist sie nicht. Am 5. September 1929 hat das Revuestück „Zwei Krawatten" im Berliner Theater Premiere. Neben Hauptdarsteller Hans Albers ist auch eine recht neue, aufstrebende Schauspielerin zu sehen, die den anwesenden Regisseur von Sternberg sofort begeistert. Er entschließt sich, ihr die Rolle für seinen kommenden Film zu geben. Der Film wird schließlich mit jener und Emil Jannings gedreht, als erster deutscher Tonfilm überhaupt und zudem in Deutsch und Englisch. Am 6. Februar des Jahres 1930 nimmt der Komponist und Texter Friedrich Holländer in der Sing-Akademie in Berlin ein zentrales Lied des Filmes auf, welches er selber zu Papier gebracht hat: „Ich bin von Kopf bis Fuß auf Liebe eingestellt". Interpretin des Liedes und zugleich Hauptdarstellerin anstelle von Delschaft wird die aufstrebende Schauspielerin Marlene Dietrich. Keine zwei Monate später hat der Film im Gloria-Palast am Kurfürstendamm in Berlin Uraufführung. In den kommenden Wochen und Monaten wird der Streifen ein gigantischer Erfolg in vielen Ländern. Dietrich wird nicht mal zwölf Monate später für ihren ersten US-Film „Marokko" für den Oscar nominiert und auch „Shanghai Express" 1932, ebenfalls unter der Regie von Sternbergs, ist ein Erfolg an den Kassen. Neben dem Lied „Lili Marleen" wird sie ihr Leben lang und auch darüber hinaus mit dem „blauen Engel" identifiziert werden. Nach großen Erfolgen auf Bühne und Celluloid lebt sie zurückgezogen in ihrer Pariser Wohnung. Sie stirbt 90-jährig und wird in ihrer Heimatstadt Berlin begraben.

23 | 05 | 1934
Ein Paar und ein Paar Kugeln

Die Beamten finden ein Saxophon, diverse Colts, ein paar abgesägte Schrotflinten, Pistolen, Gewehre und ca. 3.000 Patronen. Das Gangster-Pärchen Bonnie Elizabeth Parker und Clyde Chestnut Barrow, bekannt als Bonnie & Clyde, ist gut ausgerüstet, als es zu zweit unterwegs am Morgen des 23. Mai 1934 auf einer Straße im Bienville Parish im US-Staat Louisiana von Polizisten erwartet wird. Das Paar hat, unterstützt von diversen anderen Kriminellen zu denen auch Clydes Bruder Buck und dessen Frau gehört, zu diesem Zeitpunkt eine beispiellose Serie von Überfällen und Morden hinter sich und ist scheinbar weiterhin zu allem bereit. Neben neun Polizeibeamten soll die Bande um das kriminelle Liebespaar für vier weitere Morde verantwortlich sein. An jenem 23. Mai ist die Übermacht der Polizei aber zu groß für die bereits weit über die Staatsgrenzen hinaus bekannten Gangster. Um 9.10 Uhr stoppen die Beamten das Auto (ganz oder fast) und versuchen Bonnie & Clyde zur Aufgabe zu zwingen. Das nicht für seine diplomatischen Stärken bekannte Duo greift zu seinen zwischen den Beinen griffbereiten Waffen, bekommt jedoch nicht die Gelegenheit auch nur einen Schuss abzufeuern. Stattdessen sind es die Polizisten, die das Feuer eröffnen. Das Auto macht einen letzten Satz nach vorne und wird vor und nach dem Stillstand vom Kugelhagel der Beamten durchsiebt. Insgesamt finden 167 Kugeln ihr Ziel in dem Wagen, fünfzig davon in den Körpern des Pärchens. Bonnies Finger der rechten Hand werden komplett weggeschossen, in ihrer linken Hand ruht ein blutiges Päckchen Zigaretten als die Polizei sich immer noch vorsichtig und langsam dem Auto nach dem Angriff nähert. Bonnie stirbt mit nur 23, ihr Partner im Alter von 24 Jahren. Bis heute gelten sie als das Kriminellenpaar schlechthin, sei es in der Popmusik, u.a. durch schafft Serge Gainsbourgs „Bonnie and Clyde" (1968) oder im Film: Nachdem Fritz Lang ihre Geschichte bereits 1937 in „You only live once" nacherzählt, macht 1967 vor allem Arthur Penns „Bonnie und Clyde" mit Warren Beatty und Faye Dunaway, sowohl die Schauspieler als auch die Originale zu Legenden.

15 | 04 | 1938
Gebrüder Leichtsinn und ihr Held

Jerry Siegel und Joe Shuster haben eine Idee, doch keiner ist begeistert. Seit sechs Jahren besuchen sie ein Verlagshaus nach dem nächsten, um ihren Helden vorzustellen: Ein Mann, der alles kann, fliegen, zuhauen, unverwundbar sein, ein Held, der den Menschen hilft, der Nazis und andere Unholde zur Strecke bringt und von einem fernen Planeten namens Krypton stammt. Es ist die offensichtliche Realitätsferne der Idee, der die Verleger nachdenklich macht, hinzu kommt der seltsame Aufzug des Helden im blauroten Strampelanzug. Doch als 1937 die Einschläge des Krieges näher kommen und Amerika allmählich aus der „Great Depression" taumelt, kann sich der Verleger der National Periodicals für den großen Retter begeistern. Schuster und Siegel sind so überrascht, dass sie die erste lange Story ihres Helden in aller Eile aus ihren zahlreichen Entwurfsreihen zusammenstückeln müssen.

Am 15. April 1938 steht Superman das erste Mal auf der Titelseite der „Action Comics" und schleudert ein paar Gangster in einem Auto gegen die Wand. Es dauert nicht lange, bis die Kinder am Zeitungskiosk nicht mehr nach Action Comics, sondern dem neuen Superman-Heft fragen, die Auflage verdoppelt sich von zwei auf vier Millionen Hefte, der „Man of Steel" bekommt eine eigenes Format, Hörspiele, Trickfilme, ein Roman und Auslandslizenzen folgen. Das Profil des Helden, der im richtigen Leben nicht zugeben darf, dass er einer ist, fasziniert die Menschen ebenso wie seine verkorkste Beziehung zur Journalistin Lois Lane, die auch nach siebzig Jahren voller Liebesbeweisen keine Form annehmen will. Nicht begeistert von all dem Trubel sind Schuster und Siegel, sie haben die Lizenz an der Figur Superman seinerzeit leichtfertig für ein Honorar von 130 Dollar an den Verlag DC abgetreten und waren 1948 als Zeichner entlassen worden. Bis 1978 waren beide fast verarmt, erst als ihr Schicksal in Zusammenhang mit der Kinopremiere von Superman in die Schlagzeilen zu kommen droht, erklärt sich DC bereit ihnen eine jährliche Rente von 24.000 Dollar zu zahlen.

13 | 05 | 1940

Ich übe gerade meine Stegreifrede

Am 13. Mai 1940 verspricht der frisch gewählte Premier Winston Churchill seinen Landsleuten „nichts als Blut, Mühsal und Schweiß". Es ist neben dem Begriff vom „Eisernen Vorhang" einer der berühmtesten und folgenreichsten aber weniger schönen Aussprüche des Mannes, der nicht nur durch seine politischen Leistungen, sondern vor allem durch das richtige Wort zu rechten Zeit berühmt geworden ist. Eine kleine Auswahl der Bonmots des Winston Leonard Spencer Churchill: „Die Geschichte wird es gut mit mir meinen, da ich vorhabe sie selber zu schreiben", „Ein Fanatiker ist jemand, der weder seine Meinung, noch das Thema wechselt!", „Obwohl ich für das Märtyrertum bereit bin, würde ich es doch gerne noch verschieben", „Er hat all die Tugenden, die ich verabscheue und all die Laster, die ich bewundere", „Egal wie schön die Strategie auch ist, es lohnt sich, ab und zu die Resultate anzusehen", „Man sagt, die Demokratie ist die schlechteste aller Gesellschaftsformen, sieht man mal von allen anderen ab, die ausprobiert wurden", „Erfolg ist die Fähigkeit von einer Niederlage zur nächsten zu gehen, ohne dabei den Enthusiasmus zu verlieren", „Es gibt schrecklich viele Lügen in dieser Welt – und das schlimmste ist, die Hälfte davon sind wahr", „Mut ist, aufzustehen und zu sprechen, Mut ist aber auch, sitzen zu bleiben und zuzuhören", „Es ist ganz einfach mich mit dem Besten zufrieden zu stellen", „Ich übe gerade meine Stegreifrede", „Das beste Argument gegen die Demokratie ist ein kurzes Gespräch mit einem durchschnittlichen Wähler", „Man kann immer darauf zählen, dass die Amerikaner das Richtige machen – nachdem sie alles Falsche ausprobiert haben", „Es ist gut, wenn ein ungebildeter Mann ein Buch mit Zitaten liest".

17 | 01 | 1942
Der unbekannte Dieb

Der kleine Junge ist mit seinem Kumpel Johnny Willis bei der Louisville Home Show im Columbia Auditorium, um kostenloses Popcorn, Hot Dogs und Süßigkeiten zu ergattern, als es passiert. Die beiden 12-jährigen kehren später am Nachmittag zurück an die Stelle, wo eben noch das Fahrrad stand. Aber es ist weg. Cassius Marcellus Clay kann es nicht fassen. Der schwarze Junge kocht vor Wut. Das von seinem Vater zu Weihnachten geschenkte gute Rad der Marke „Schwinn" mit den großen roten Lichtern, viel Chrome und weißen Reifen ist geklaut worden. Beide suchen die Gegend nach dem Gefährt ab, keine Chance, auf nimmer wieder sehen weg. Irgendwer empfiehlt ihm, dem Polizisten und Boxtrainer Joe Martin zu erzählen, was passiert ist. Clay besucht ihn noch am selben Nachmittag in der Boxhalle und Martin notiert sich, was vorgefallen ist. Kaum hat der Junge den letzten Satz gesprochen, merkt Martin, dass Cassius den Diebstahl schon fast vergessen hat. Er hat nur noch Augen für die seilhüpfenden und Sandsack schlagenden Sportler. Der Polizist gibt ihm ein Anmeldeformular, welches Cassius Clay ausfüllt, als er ein paar Tage später eben jenen Joe Martin in der Fernsehshow „Tomorrow's Champions" als Trainer lokaler Boxgrößen wiedersieht. Er ist beeindruckt, überredet seine Eltern und fängt an zu boxen... „Ich bin der Größte... Das habe ich sogar schon gesagt, als ich noch gar nicht wusste, dass ich es bin!" (Muhammad Ali, geb. 17. Januar 1942)

26 | 08 | 1946
Der ewige Star

Zarte 125,- Dollar pro Woche verdient Norma Jeane Mortenson, die als Kind schon bald nach der Geburt den Nachnamen ihrer Mutter, Baker, bekommt. Gerade hat sie am 26. August 1946 einen Vertrag mit dem Filmstudio Twentieth Century Fox unterschrieben, vorher hatte sie sich mehr als ordentlich als Fotomodell über Wasser gehalten. Der Fotograf David Conover sieht sie eines Tages und entdeckt als erster, was Millionen von Menschen später ebenso feststellen müssen: Diese Frau ist die wohl schönste Person, die auf der Erde wandelt. Conover ist es auch, der ihr erste Model-Jobs vermittelt. Nach der Unterzeichnung bei 20th Century färbt sich Baker die Haare wasserstoffblond und nennt sich fortan Marilyn Monroe, der Nachname stammt von ihrer Großmutter. Die immer mehr aufblühende Schönheit spielt fortan in kleineren, schließlich immer bedeutenderen Rollen, bis sie 1953 mit „Niagara" und kurz danach „Blondinen bevorzugt" und „Wie angelt man sich einen Millionär?" drei Hit-Filme dreht. Eine Hochzeit 1954 und im selben Jahr noch die Scheidung von Baseball-Größe Joe DiMaggio machen aus der Schauspielerin Monroe spätestens jetzt einen weltweiten Star. Eine weitere Ehe mit Arthur Miller, der ihr auch einen Part in dem Film „Nicht gesellschaftsfähig" auf den Leib schreibt, hält zwar länger, wird aber nach dreieinhalb Jahren auch wieder geschieden. Zu diesem Zeitpunkt leidet sie bereits stark unter Ängsten und Depressionen. Ihr Tod im Alter von 36 Jahren am 5. August 1962 lädt bis zum heutigen Tag zu Spekulationen ein, die Todesumstände und vieles, wie zum Beispiel ihre Verbindung zu Präsident John F. Kennedy, bleiben nicht zu 100% geklärt. Was bleibt, ist ihr Status als eine der größten Ikonen aller Zeiten, ihr Name steht auf ewig für Schönheit, Sinnlichkeit und Erotik.

30 | 01 | 1948
Schüsse auf den Fakir

Am 30. Januar 1948 findet das Leben Mohandas Karamchand Ghandis, besser bekannt als Mahatma Gandhi, um 17:17 Uhr im Garten der Villa des Großindustriellen Birla in Neu Dehli sein jähes Ende. Es sind die Kugeln einer Beretta, die den erklärten Pazifisten zu Boden strecken. Der Täter heißt Nathuram Godse, ist Brahmane, 39 Jahre alt und stammt aus Pune/ Maharashtra, 100 km östlich von Bombay. Er ist Teil eines siebenköpfigen Verschwörerkomplotts radikaler Hindus. Der Mord soll ein Fanal setzen, gegen die Muslim-freundliche Politik Gandhis und gegen dessen freundliche Haltung zum eben gegründeten Nachbarstaat Pakistan. Denn das am 15. Januar 1948 unterzeichnete Versöhnungsabkommen der Staaten Pakistan und Indien ist Gandhis Werk. Er hat es durch einen Fastenstreik erhungert und plant nun die friedliche Rückführung der 12 Millionen emigrierten Hindus zurück hinter die pakistanische Grenze zu ihren muslimischen Brüdern. Eine Provokation für die gerade aufkeimende hinduistisch-nationale Bewegung in Indien. Gandhi ist von seinen Beratern auf die Gefahren hingewiesen worden, die ihm, im von Flüchtlingen völlig überlaufenen Neu Dehli, drohen und der sonst starrsinnige hat sogar widerwillig gehorcht. Es ist also ein bitterer Zufall, dass der Leibwächter, der ihn seit sechs Tagen bewacht, gerade an diesem Tag Ausgang hat. Und doch sehen viele im Attentat auf Gandhi auch einen Wink des Schicksals. Die Tatsache, dass es ein Hindu ist, der Gandhi tötet, sorgt für die völlige Diskreditierung der radikalen Hindubewegung in Indien und verhindert den Bruch mit dem muslimischen Pakistan, weshalb man nach der Tat nichts eiliger tut als den nationalen Hintergrund des Täters öffentlich zu machen. Gandhis Tod macht aber auch den Weg für Jawaral Nheru und dessen aufklärerische Politik frei, die Indien in die Moderne führt. Am 1. Februar 1949 gehen Kondolenzschreiben zahlreicher führender Staatsmänner bei Jawaral Nheru und Gandhis Familie ein, das Bild seines Leichnams geht um die Welt. Wenn er es noch nicht war, so wird Gandhi durch seinen tragischen Tod endgültig zur Ikone: Vater der Nation und Inkarnation des Pazifismus. Sein Mörder wird am 15. November 1949 ohne öffentliches Aufsehen im Gefängnishof von Ambala erhängt.

14 | 03 | 1951

Relativ gut getroffen

Der Abend war lang und nun hat der 72-jährige Jubilar genug. Nach dem Lunch in Princeton, den man zu seinen Ehren am 14. März 1951 gegeben hat, will der alte, aber immer noch lebenslustige Mann in das wartende Auto einsteigen, seine Frau Marie und sein Freund Frank Aydelotte warten bereits. Aber die Fotografen belagern den rüstigen Prominenten und bitten ihn immer wieder, für die Kameras zu lächeln. Als er im Auto sitzt hat er endgültig genug, seine Züge entgleisen gewollt und der Fotograf Arthur Sasse hat den Moment seines Lebens. Zur richtigen Zeit drückt er ab und hält eine Sekunde für die Ewigkeit fest. Doch muss Sasse erst von jemand anderem auf die Einmaligkeit des Fotos hingewiesen werden. Jemand, der Frau und Freund rechts und links vom Geburtstagskind auf dem Abzug wegschneidet und lediglich den entscheidenden Ausdruck übrig lässt. Das so entstandene Motiv wird genau so vom Abgelichteten selber bearbeitet und als Grußkarte an Freunde und Bekannte verschickt. Kurze Zeit später wird es zu einem der bekanntesten Pop-Art-Fotos aller Zeiten. Es unterstreicht eine andere Seite des Charakters Einstein, der sonst eher für seine wissenschaftlichen Leistungen berühmt ist. Johanna Fantova, seiner Sekretärin und Geliebten zu jener Zeit, vertraut Albert Einstein in Bezug auf das Foto an: „Die ausgestreckte Zunge gibt meine politischen Anschauungen wieder!"

20 | 03 | 1952
Später Kult eines Profis

Seine große Zeit liegt über 50 Jahre zurück, aber als das American Film Institute am 16. Juni 1999 eine Liste mit den größten männlichen amerikanischen Filmstars aller Zeiten herausgibt, würdigt sie Humphrey Bogart mit dem ersten Platz! Der junge Humphrey schlägt sich als passionierter Theaterschauspieler durch und fällt durch sein hohes Maß an Einsatz und Leidenschaft auf. Doch große Rollen bleiben für ihn am Broadway aus. Es dauert weitere fünf Jahre bis Bogart den ersten ernst zu nehmenden Film dreht. Sein Bühnenpartner Leslie Howard ist es, der bei dem Filmstudio Warner darauf beharrt, dass Bogart auch im Film „Der versteinerte Wald" die Rolle übernimmt, die er in 197 Aufführungen neben Howard im Theater gespielt hat. Diesen Einsatz vergisst Bogey dem Briten Howard nie. Als dieser 1943 im Krieg im Golf von Biscaya stirbt, nennt Bogart ihm zu Ehren später seine Tochter „Leslie". Bogarts Stern beginnt zu scheinen und im hohen Schauspieleralter von über vierzig beginnt seine größte Zeit. Zunächst dreht er den All-time-Klassiker „Casablanca", 1944 trifft er auf die 20-jährige Lauren Bacall, die er mit den Worten begrüßt: „Wir beide werden viel Spaß miteinander haben." Er und Bacall heiraten am 21. Mai 1945 und bleiben bis zu Bogarts Lebensende zusammen, haben zwei Kinder und drehen auch gemeinsam. Am 20. März 1952 erhält Bogart für seine Rolle in „African Queen" den Oscar, den er mit folgenden Worten quittiert: „Einen Oscar kann man nur überleben, wenn man versucht, nie wieder einen zu gewinnen. Man sieht, was es aus anderen Schauspielern macht, sie lehnen alle Drehbücher ab, weil sie eine Rolle haben wollen, mit der sie einen weiteren Oscar gewinnen könnten. Zum Teufel, ich hoffe, ich werde nicht mal mehr nominiert!"

17 | 10 | 1952
Der fotografierte Maler

Pablo Picasso geht als Grafiker, Bildhauer, Dichter und Dramatiker in die Geschichte ein. Selbst Kunstbanausen können den Stil seiner diversen Schaffensperioden von der blauen, der rosa Periode bis hin zum Kubismus auseinander halten und Picasso Werke wie „Kind mit Taube" oder die Dora Maar Porträts zuordnen. Neben seinem Talent wird Picasso aber schon früh als herausragende Persönlichkeit empfunden. Durch zwei Schwarz-Weiß-Fotografien wird Picasso als Mensch unsterblich. Der Franzose Robert Doisneau und der Amerikaner Robert Capa sind dafür verantwortlich. Capa zeigt ihn an der französischen Riviera einen Sonnenschirm über seine Partnerin Francoise Gilot haltend, Doisneau präsentiert den Meister in der Küche, die Hände unter der Tischkante, kleine Baguettes als Finger vor ihm auf dem Tisch liegend. Das Bild „Picasso and the loaves" entstand am 17. Oktober 1952. Wie wirksam und bedeutend der vielleicht bekannteste Künstler des 20. Jahrhunderts ist, zeigt sich auch am 5. Mai 2004, über dreißig Jahre nach seinem Tod. An jenem Tag wird sein Gemälde „Junge mit Pfeife" aus seiner frühen Schaffensperiode von 1905 für 104 Millionen Dollar bei Sotheby's versteigert und ist für einige Zeit das teuerste Bild der Welt. Nach den vielen wechselnden Frauen, die Picasso ein Leben lang begleitet haben, ist es ab dem 19. April 1957 ein Hund, der den Weg in des Malers Herz findet und ihn fortan viele Jahre nicht von der Seite weicht. Der Dachshund „Lump" stirbt schließlich am 29. März 1973, zehn Tage vor seinem Herrchen.

05 | 07 | 1954

Der König

Eine Milliarde. Elvis Aaron Presley, überall bekannt unter seinem Vornamen, oder schlicht als The King, hat bis heute weltweit die sagenhafte Summe von einer Milliarde Platten verkauft, mehr als jeder andere Künstler dieses Planeten. Während sein eineiiger Zwillingsbruder Jessie Garon bei der Geburt am 8. Januar 1935 stirbt, führt Elvis' Weg geradewegs in eine weltumspannende Bekanntheit, die seinesgleichen sucht. Seine Stimme, sein Aussehen und seine humorvolle Art lassen ihn zur absoluten Ausnahmeerscheinung des Rock'n'Roll werden. Als Elvis im Alter von elf Jahren ein Fahrrad haben möchte, die Eltern sich ein solches aber nicht leisten können, überredet der Vater ihn stattdessen zu einer Gitarre. Das 12,95 Dollar teure Instrument wird sein ständiger Begleiter. Am 5. Juli 1954 macht es Klick. Nachdem Elvis für 4,- Dollar eigene Aufnahmen in einem von allen nur Sun Studio genannten Komplex in Memphis macht, verkuppelt ihn Studiobesitzer Sam Phillips mit drei Musikern: Scotty More (Gitarre), Bill Black (Bass) und D.C.Fontana (Drums). Nach frustrierenden ersten Versuchen begeistert eine schnelle Version von Arthur Crudups „That's all right" alle Anwesenden. Ein Auftritt im legendären Grand Ole Opry misslingt und ein Angestellter der Show rät Elvis, doch lieber wieder Lastwagenfahrer zu werden. Bei der „Louisiana Hayride" Radio Show wird er mit seiner Band, die sich jetzt den Blue Moon Boys nennen, schließlich engagiert, dort trifft er auch seinen späteren Manager, „Colonel" Tom Parker. Kurz darauf kann ihn nichts mehr aufhalten, bereits ein Jahr später hat Parker für ihn einen sagenhaften Deal bei RCA verhandelt und als er am 10. Januar 1956 „Heartbreak Hotel" aufnimmt, ist seine Karriere nicht mehr zu stoppen. Elvis' Militärzeit, Auftritte in zahlreichen – nicht immer ausgesuchten – Spielfilmen und eine damit verbundene siebenjährige Konzertpause führen indessen dazu, dass der „King" in den Sechziger Jahren allmählich in Gefahr gerät, seine Krone abgeben zu müssen. Auch scheint sich der Musikgeschmack seit Auftreten der Beatles und der Hippiebewegung gegen den Monarchen gewandt zu haben. Dieser aber wirft nach langem Zögern alle Zweifel über Bord und steht im Dezember 1968 beim NBC-TV-Special im schwarzen Lederanzug wieder auf der Bühne als wäre nie etwas geschehen. Es ist das Comeback des Jahres. Elvis tourt seitdem wieder mehrmals jährlich quer duch die USA. Der Erfolg verhindert jedoch nicht seinem Absturz in Depressionen und in die Tablettensucht. Elvis tritt am 26. Juni 1977 zum letzten Mal live auf, keine zwei Monate später stirbt er in seinem berühmten Haus „Graceland" in Memphis an Herzversagen.

30|09|1955
Die Ikone zwischen den Werbespots

Am 13. Dezember 1950 steht der angehende Schauspieler James Byron Dean das erste Mal professionell vor einer Kamera und erhält 30,- $ für eine Pepsi-Cola Werbung. Über ein halbes Jahrhundert später, am 8. Februar 2008, wäre James Dean 77 Jahre alt geworden. Er verunglückt jedoch am 30. September 1955 im Alter von 24 Jahren auf dem Weg zu einem Autorennen. In den zwölf Monaten davor hat er gleich drei epochale Filme abgedreht, die ihn neben Marilyn Monroe und Elvis Presley zu einem der wohl bekanntesten Menschen des Planeten machen: „Jenseits von Eden", „Denn sie wissen nicht was sie tun" und „Giganten". Das Magazin Newsweek hat kürzlich geschätzt, dass acht der derzeit fast 30 Filme von Tom Cruise in 50 Jahren noch gesehen werden. Die Quote von Dean? 3 von 3. Er ist der zweite Schauspieler, nach Monroe, der in Amerika mit einer Briefmarke geehrt wird. Verzweifelte Teenager folgen ihm nach seinen Unfall in den Tod. Menschen schicken noch Briefe für ihn an Zeitungen lange nachdem er umgekommen ist. Jedwedes Merchandising mit Deans Konterfei verkauft sich bis heute weltweit in rauen Mengen. James Dean ist schlicht die Personifizierung eines zeitlosen Idols. Geradezu grotesk erscheinen im Kontrast einige Tatsachen rund um seinen Tod. Im Februar 1955 lässt sich Dean für das Life-Magazine in einem Bestattungsinstitut in einem Sarg fotografieren. Am 17. September dreht er einen Werbespot zum Thema Verkehrssicherheit. Sein letzte Botschaft an die Zuschauer lautet: „Fahrt vorsichtig! Vielleicht bin ich es, dem ihr damit eines Tages das Leben rettet!" Kurz darauf verschenkt Dean seine Katze mit den Worten: „Wahrscheinlich werde ich irgendwann das Haus verlassen und nie zurückkehren." Am Tag vor dem tödlichem Unfall wird Dean wegen überhöhter Geschwindigkeit angehalten und erhält einen Strafzettel, an seinem Todestag fährt er aber das vorgeschriebene Tempo. Sein Beifahrer Rolf Wütherich überlebt den Unfall. Der deutscher Automechaniker, arbeitet später wieder als Mechaniker, wird schwer depressiv, versucht sich und seine Frau umzubringen und stirbt schließlich bei einem Autounfall in Kupferzell.

25|01|1963
Doppel Null

Am 25. Januar 1963 betritt mit dem Kinostart von „James Bond 007 jagt Dr. No" eine der wohl bekanntesten Superhelden die internationale Filmszene. Zunächst verkörpert von dem – vormals u.a. als Sargpolierer tätigen – Schotten Sean Connery, entwickelt sich die Figur schnell zum Dauerbrenner in den Kinos weltweit. Erfunden wurde der Agent von dem britischen Schriftsteller Ian Fleming, der seines Zeichens ebenfalls auf eine Zeit beim Geheimdienst verweisen kann und offenbar einige persönliche Vorlieben in den von ihm kreierten Charakter mit einfließen lässt. Typisch für den englischen Nobelspion ist neben einer luxuriösen Lebensweise mit all ihren Vorzügen besonders die Eigenschaft, mit jeder noch so absurd erscheinenden Situation fertig zu werden, in die er sowohl in den Flemingschen Romanen als auch später im Film entsendet wird. Oft kopiert und nie erreicht schlägt sich 007 durch den kalten Krieg, bezwingt stets das Böse und lässt dabei keinen Wodka Martini aus und vor allem die Damenwelt niemals außer Acht. Auch die Titulierung als „sexistischen Dinosaurier" durch Chefin M im Jahr 1995 kann den Mann im Maßanzug nicht davon abhalten, in regelmäßigen Abständen die mittlerweile neu geordnete Welt zu retten. Hilfreich zur Seite stehen ihm dabei die stets innovativen Gimmicks und Gadgets der Abteilung Q. Ob Armbanduhr mit Laserstrahl, Miniflugzeug oder ein Schlüssel, der sämtliche Türen auf dem Globus öffnet. Der zerstreute wie geniale (bis 2002 unvergesslich von Desmond Llewelyn verkörpert) Major Geoffrey Boothroyd, alias Q, sorgt während jeder Mission dafür, dass ihrer Majestät beliebtester Schnüffler niemals ernsthaft in Verlegenheit gerät. Derzeit rüstet sich der Agent mit der Lizenz zum Töten für „A Quantum of Solace" zum nunmehr 22. Kinoabenteuer. Gestalt gibt ihm dabei erneut Daniel Craig, in der Riege der offiziellen Bond-Darsteller die Nummer Sechs.

22 | 11 | 1963
Das Erbe des Bruders, das Ziel des Vaters

Joseph P. und Rose Fitzgerald Kennedys erster Sohn Joseph P. Jr., genannt „Joe", ältestes von neun Kindern des Paares, tritt bereits in jungen Jahren in die US Navy ein. Er ist liiert mit Edith Bouvier Beale, einer Cousine von Jacqueline Lee Bouvier, die später seinen Bruder John heiraten wird. Vater Jospeh sieht in seinem ersten Nachkommen nicht nur einen Soldaten, sondern vielmehr nicht weniger als den künftigen Präsidenten der Vereinigten Staaten, die Laufbahn ist bereits vorbestimmt. Als am 12. August 1944 Kennedy Jr.'s mit Bomben voll beladenes Flugzeug über dem Ärmelkanal kurz nach dem Start explodiert, liegt des Vaters Traum in Scherben und Splittern. Die Leiche seines Sohnes wird nie gefunden. Nun ruhen die Hoffnungen auf dem Zweitgeborenen John F. Dieser hatte sich 1943 im Krieg ausgezeichnet, als er einen verwundeten Kameraden, obwohl selber verletzt 5 km durchs Wasser zog und zu einer Insel rettete. Vater Kennedy setzt fortan erfolgreich alle, vor allem finanziellen Mittel ein, um seinen Sohn ins Weiße Haus zu bringen. Am 20. Januar 1961 wird Kennedy zum 35. Präsidenten der USA gewählt. Er umschifft die Kubakrise und erhöht durch sein gewinnendes Auftreten Amerikas Prestige im Ausland. Im November 1963 führen ihn ein interner Parteienkonflikt und Wahlkampfvorbereitungen nach Dallas. Wo warst Du, als John F. Kennedy ermordet wurde? Allein diese Frage ist zu einem geflügelten „Wort" geworden und macht deutlich, für wie bedeutend man den charistmatischen Präsidenten noch heute hält. Die Mythen, Legenden und Spekulationen um das Attentat auf Kennedy am 22. November 1963 übertreffen jedoch in ihrer Anzahl die Leistungen, Amts- und Lebensjahre des berühmten Staatsmannes bei weitem. Schillernd bis heute bleiben auch sein Stil, seine Affären und letztlich seine ganze Familie.

17 | 01 | 1964
Der Schlaf des Nimmermüden

John Giorno schläft. Er schläft sechs Stunden lang, genau 311 Minuten. Es ist der vielleicht berühmteste Schlaf der Kulturgeschichte, denn Giorno wird dabei gefilmt. Das Ergebnis ist ein Spielfilm, den der Regisseur und Produzent Andrew Warhola dreht und welcher am 17. Januar des Jahres 1964 im Grammarcy Arts Theater in Manhattan Uraufführung hat. Zu diesem Zeitpunkt ist der unter seinem Künstlernamen Andy Warhol bekannte Filmemacher bereits ein weltbekannter Künstler. Als 8-jähriger erleidet Warhol einen Nervenzusammenbruch, einhergehend mit einer seltenen Pigmentstörung. Er ähnelt dadurch schon früh einem Albino und ist oft bettlägerig. Schon damals interessiert er sich für Comics, Kino und Zeichnen. Später arbeitet er als begabter Illustrator in New York und erlangt innerhalb weniger Jahre zunächst als Grafiker und dann als experimenteller Künstler Ruhm, der immer gerne schillernde Figuren der Szene, später alle möglichen Weltstars zu sich einlädt, um an seinen Kunstwerken zu partizipieren, siehe Beat-Poet Giorno. Unsterblich macht sich Warhol in den 60er Jahren mit als Siebdruck hergestellten Werken, die allseits bekannte Pressefotos berühmter Persönlichkeiten ebenso zeigen wie Motive aus der Werbung, die jedem Amerikaner nicht minder bekannt sind. Eine seiner Musen ist die junge Edie Sedgwick, später das deutsche Fotomodell Nico. Er kreiert mit einer Banane eines der berühmtesten Plattencover aller Zeiten für die Band Velvet Underground und sein Arbeitsraum, die „Factory", ist ebenso legendär wie seine zahllosen Partynächte mitsamt seiner Entourage. Im Sommer 1968 verübt die geistig verwirrte Valerie Solanas ein Attentat auf Warhol, der schwer verletzt überlebt, jedoch fortan ein Korsett um die Hüfte tragen muss. Dies, gepaart mit seinen silbernen Haaren, den Pigmentstörungen und einem unermüdlichen Arbeitswillen, fördern nur seinen Ruf als außergewöhnlichen Künstler. Warhol stirbt am 22. Februar 1987 nach einer Gallenblasenoperation.

02 | 09 | 1964
„Kaiser" Midas

Lichtgestalt, Kaiser, Ausnahmefußballer, oder auch so profane Bezeichnungen wie Libero, Fußballtrainer, Sportfunktionär, Werbeträger, Geschäftsmann, Präsident und Kolumnist. Alle treffen auf Franz Beckenbauer zu. Während manche Sportler, speziell Fußballer diverse Tätigkeiten nach ihrer aktiven Laufbahn angehen, gibt es nur einen, der alles auf allerhöchstem Niveau praktizieren möchte und das mit zunehmendem Alter scheinbar immer leichtfüßiger tut. Auch wenn seine Kommentare in schöner Regelmäßigkeit ein Quell der Erheiterung sind, gilt für Beckenbauer mehr als für alle anderen der Leitsatz Konrad Adenauers: Was geht mich mein Geschwätz von gestern, oder, von gerade eben an? Kind des Glücks oder doch mit übermenschlichen Genen ausgestattet, Kaiser Franz wandelt auf König Midas' Spuren, das Wort Misserfolg fristet in seinem Leben ein kümmerliches Dasein. Am 2. September 1964 fängt für den jungen Beckenbauer alles an. An diesem Tag debütiert er für den FC Bayern, für den er sich entschieden hat, obwohl der damalige Münchener Nummer 1-Club, der TSV 1860, die eigentlich sinnvollere Wahl gewesen wäre. Eine Ohrfeige eines TSV-Spielers gegen den 13-jährigen Franz besiegelt jedoch das Schicksal für die 60er, Franz unterschreibt später beim FCB. Nach sechs Bundesligaspielen steht er das erste Mal in der Nationalmannschaft, fortan wird er viermal zum Fußballer des Jahres gewählt, er wird Weltmeister, Europameister, Sieger im Europapokal der Landesmeister (heute Champions League) und im Europapokal der Pokalsieger, Weltpokalsieger, fünfmal Deutscher Meister (davon einmal mit dem HSV), viermal Deutscher Pokalsieger, US Meister mit Cosmos New York, schließlich als Trainer noch mal Deutscher Meister, UEFA-Cup-Sieger und als Krönung 1990 Weltmeister. Als Präsident führt er den FC Bayern durch eine glorreiche Zeit und holt am Ende als Funktionär auch noch die WM 2006 nach Deutschland. Dass er nebenher auch mehr als erfolgreicher Werbeträger und Gewinner des Laureus World Sports Awards für sein Lebenswerk, sowie Drittplatzierter der Weltfußballer des Jahrhunderts ist, erscheint da fast „normal".

05 | 07 | 1965

Die letzte Diva

Gesangslehrerin Elvira de Hidalgo traut ihren Augen nicht. Vor ihr steht ein pummeliges und bebrilltes Mädchen griechischer Abstammung namens Maria Kalogeropoulos. Dieses Mädchen will an das Nationale Konservatorium in Athen? Unvorstellbar. „Einfach lächerlich, dass so ein Mädchen Sängerin werden will", urteilt sie. Dann jedoch beginnt die 15-jährige zu singen. „Ich lauschte mit geschlossenen Augen und stellte mir vor, welch eine Freude es sein musste, mit solchem Material zu arbeiten und es bis zur Perfektion zu formen" wechselt Hidalgo sofort die Fronten. Maria, die in New York zur Welt kam und sich bei ihrer späteren Rückkehr wieder den vom Vater gewählten Nachnamen Callas gibt, wird nicht nur am Konservatorium genommen, sie gewinnt zudem nach einem Auftritt in „Cavalleria Rusticana" am 2. April 1939 den Preis der Schule, bekommt Hidalgo als Lehrerin und zündet somit eine beispiellose Karriere als beste Sopranistin und Opernsängerin aller Zeiten. Sie lebt für die Bühne, scheut auch Hässlichkeit nicht, um bei Auftritten glaubhaft zu erscheinen und leidet doch zeitlebens an Minderwertigkeitskomplexen und ruhelosem Ehrgeiz. Ihr größter Feind sind ihre Nerven, die ihr allerdings beim Singen nie den Dienst verweigern. Ingeborg Bachmann schwärmte über Callas: „Sie ist die einzige Person, die rechtmäßig die Bühne betreten hat, um den Zuhörer unten erfrieren, leiden, zittern zu machen." In späten Jahren zieht sich „die Callas" immer mehr zurück, am 5. Juli 1965 gibt sie von den Kameras der Welt begleitet ihren Bühnenabschied im Royal Opera House des Covent Garden. Callas stirbt am 16. September 1977 in Paris.

09 | 10 | 1967
Der Mann auf dem Button

Mutig und entschlossen blickt er in die Ferne, hart gerastert sind seine Gesichtszüge, knallrot der Untergrund auf dem sie sich abheben. Che Guevara, der kubanische Revolutionär, gehört zu jenen die Ikonen, die ihr Zuhause auf T-Shirts, Postern und Buttons gefunden haben. Neben Jim Morrison oder Bob Marley prangt sein Gesicht noch heute, während er früher Jacken und Toilettenwände mit Mao Tse-tung oder Ho Chi Minh teilte. Der 9. Oktober 1967 wird den kubanischen Revolutionär zur Ikone machen, sein Tod fällt geradezu wie bestellt mit dem Ausbruch der Studentenbewegung zusammen. Es ist 13:10 Uhr als Guevara im Hof eines Schulhauses in La Higuera in Bolivien exekutiert wird. Vergeblich hatte der kubanische Revolutionär versucht, mit nur 44 Mann die Erfolgsstory von Kuba in Bolivien zu wiederholen. Ein Spürtrupp des CIA, geleitet durch den Exil-Kubaner Felix Rodriguez hat ihn und seine Begleiter gefangen gesetzt. General Mario Téran, der sich freiwillig zur Exekution meldet, wird in der Nacht zuvor von Gewissensbissen geplagt. Nur unter starkem Einfluss von Alkohol kann er die Aufgabe schließlich durchführen, wobei er wenig treffsicher drei MG-Salven verfeuert bis Guevara tot zu Boden fällt. Die Fotomontage, die den Guevara-Jäger Rodriguez in Siegerpose vor dem knienden Guevara zeigt und die Bilder der Leiche, die kurz darauf stolz an die Presse gehen, haben allerdings einen Bumerangeffekt für die Vollstrecker: Der geschundene Körper Guevaras macht ihn schnell zu einem modernen Jesus. 1997 entdeckt man Guevaras Gebeine südwestlich von Sta. Cruz. Castro lässt sie in einem Mausoleum in Sta. Clara auf Kuba beisetzen. 2006 lässt Castro seinem Mörder, dem an Star erkrankten Téran, in einer kostspieligen Operation das Augenlicht zurückgeben, ein Mediencoup, der das neue Gesicht des vergebenden Kubas zeigen soll. Die posthume Karriere Guevaras als Freiheitsheld und Popikone zeigt indessen späte Risse, der erste Guerillero Castros war maßgeblich an der Durchführung der kubanischen Säuberungen beteiligt. Er verfasste die Todeslisten, brachte Tausende ins Gefängnis von La Cabaña und initiierte Deportationen ins Lager Guanacahabibes.

18 | 09 | 1970
Hey James

Auch Jimi Hendrix wird Teil dieses makaberen Klubs. Der „Club 27" listet alle Musiker, die im zarten Alter von 27 Jahren unter zumeist tragischen Umständen aus dem Leben scheiden. Hendrix stirbt am 18. September 1970 indem er an seinem Erbrochenem erstickt, nachdem eine Überdosis Alkohol und Schlaftabletten die wichtigsten Regionen seines Körpers in eine Wolke verwandelt haben. Der Sänger und Songschreiber macht aus sich selbst damit eine Legende mit Strahlkraft. Während er schon vorher als unbegreiflich guter Gitarrist gilt, wird er an diesem Tag auf einen Schlag der „Beste Gitarrist aller Zeiten". Alben wie „Are you experienced?" und Lieder wie „Hey Joe" sind heute Meilensteine der Rockmusik und vielleicht lässt sich am besten ablesen wie einflussreich sein Spiel und seine Erscheinung sind, wenn man eine Liste der Musiker anlegt, die ihm in Ton und Bild mehr als nahe kommen und dadurch ihrerseits eigene große Karrieren zustande bringen: Brian May (Queen), Prince, Lenny Kravitz oder Stevie Ray Vaughan sind nur einige. Selbst Hendrix' Roadies werden später Stars, wie Lemmy von der Band Motörhead belegt. Neben seiner musikalischen Hinterlassenschaft wird das Bild von dem bürgerlich als James Marshall Hendrix geborenen Musikers vor allem von folgenden optischen Komponenten geprägt: Gitarrespiel als Linkshänder hinter dem Kopf und mit den Zähnen, ewiges Stirnband, sowie das Verbrennen seiner Fender Stratocaster, davor kniend mit beschwörenden Gesten. Weil Linkshändergitarren zur damaligen Zeit teuer und schlicht schwer erhältlich sind, spielt Hendrix öfter auf einer Rechtshändergitarre, auf die er die Saiten in umgekehrter Reihenfolge aufzieht. Gitarren-Feedback, eine kratzige Version des „Star-spangled banner" oder die Auftritte in Monterey und bei Woodstock – die Liste seiner Geniestreiche währt länger als sein Leben.

03 | 07 | 1971
Da ist die Tür

Angeblich lag er zusammengekrümmt auf der Toilette eines Pariser Nachtclubs. Die vorher von Dealern gekauften Drogen hatte er am 3. Juli nach 1 Uhr nachts offensichtlich nicht zu knapp zu sich genommen. Club-Manager Sam Bernett findet ihn, konsultiert einen anwesenden Arzt, der nur noch den Tod feststellt. Jim Morrison, zu diesem Zeitpunkt bereits dick gewordener Popstar aus Amerika, wird anschließend von den Dealern, die behaupten, er sei nur bewusstlos, mitgenommen und Zuhause in seine Badewanne gelegt, wo er von seiner Freundin gefunden wird. Nein. Angeblich war der große Poet der Hippie-Zeit mit seiner Gefährtin Pamela Courson im Kino, danach Essen und anschließend zurück in der eigenen Wohnung, wo sie Platten hörten und dann einschliefen. Morrison habe sich in der Nacht aber unwohl gefühlt, ein Bad genommen und sei darin verendet. Sagt Freundin Courson, die drei Jahre nach Morrison an einer Überdosis Heroin stirbt. Ach was. Angeblich hat Morrison seinen Drogentrip in der französischen Hauptstadt Anfang Juli gar überlebt und ist erste einige Tage später gestorben. Die Öffentlichkeit jedenfalls erfährt es erst spät. Egal, welche Version vom Tod des Sängers und Dichters Jim Morrison letztlich wahr ist. Auch wenn sein Stern zum Zeitpunkt seines Todes schon deutlich matter funkelte als in den Jahren zuvor, spätestens seit dem 7. Juli 1971, als sein Leichnam auf dem Pariser Friedhof Père Lachaise begraben wird, ist Morrison endgültig die Ikone, die die Generation der 68er dringend benötigte.

11 | 10 | 1971
Genie und Wahnsinn

Der amerikanische Schriftsteller Stephen King wird im Jahr 1979 von einem Fan namens Mark David Chapman angesprochen. Der Bewunderer fragt den Horror-Autor, ob dieser ihm ein Autogramm geben könne und sich womöglich noch auf ein Foto mit ihm einlasse. King kommt der Anhänger zwar merkwürdig vor, er willigt jedoch ein und geht seiner Wege. Ungefähr ein Jahr später sitzt King vor dem Fernseher und verfolgt ebenso konsterniert wie die allermeisten Menschen der Welt die Geschehnisse vom 8. Dezember 1980. Ein offenbar psychisch gestörter Mann hat um 22:48 Uhr Ortszeit vor dem Dakota Building in New York auf den Musiker John Lennon gewartet, von dem er am Nachmittag bereits an selber Stelle ein Autogramm ergattert hatte, ihn mit „Mr. John Lennon?" angesprochen und dann mit vier von fünf abgefeuerten Schüssen getötet. Lennon schafft es zwar noch, ein paar Stufen ins Gebäude zu stolpern, „I'm shot, I'm shot" zu rufen, auch im Krankenhaus ist er noch bei Bewusstsein, aber nachdem er 80% seines Blutes verliert, muss er um 23:07 Uhr den Kampf um sein Leben aufgeben. Der Mörder wird verhaftet, als er seelenruhig an einer Laterne lehnend in einer Ausgabe von „Der Fänger im Roggen" liest. Stephen King erkennt den Mann sofort wieder, es ist jener Mark Chapman, der ihn ein Jahr zuvor angesprochen hatte. John Lennon wird durch seine Ermordung zum Mythos, zur Ikone. Unsterblich macht er sich bereits lange vorher. Im Prinzip reicht ein Wort, um seine Genialität auf den

Punkt zu bringen: Imagine. Dieser am 11. Oktober 1971 veröffentlichte Song bringt Lennons lyrisches Können mit der Kraft seiner Melodien, seiner ausdrucksstarken Stimme und der Bedeutung für vor allem die weltweite Friedensbewegung wohl am besten zur Geltung. Er ist, wie auch die drei übrigen Beatles, die Verkörperung von perfekter Popmusik.

13|09|1982
Das Leben, ein Schauspiel

„I try to be like Grace Kelly!" Popstar Mika singt im Jahr 2007, was viele Mädchen und Frauen denken. Die Amerikanerin gilt noch immer als Ausbund von Schönheit und Eleganz, aber auch Disziplin und Strebsamkeit. Das Leben der Tochter aus gutem Haus teilt sich in zwei Abschnitte: In den der aufstrebenden und schnell zu Ruhm kommenden Schauspielerin und in den der Fürstin von Monaco. Ihr Vater kann mit der häufig kränkelnden Grace nicht viel anfangen. Doch während ihr Bruder an Olympischen Spielen teilnimmt, startet sie eine Laufbahn als Fotomodell und steigt kurz darauf, Anfang der 50er Jahre, ins Filmgeschäft ein. Schon in ihrer zweiten Rolle steht sie an der Seite von Gary Cooper in „Zwölf Uhr Mittags", einem absoluten Klassiker. Auch drei Hitchcock-Filme mit ihr („Bei Anruf Mord", „Das Fenster zum Hof" und „Über den Dächern von Nizza") gehen in die Filmgeschichte ein. Kelly spielt mit den Granden des Filmbiz, von James Stewart bis Cary Grant. Der Höhepunkt ihrer ersten Karriere stellt zugleich ihr letzter amerikanischer Film dar, „Die oberen Zehntausend" mit Bing Crosby und Frank Sinatra. Der Journalist Pierre Galante arrangiert während der Filmfestspiele von Cannes 1955 ein Treffen Kellys mit Fürst Rainier III. Dieser ist hingerissen und umwirbt die Amerikanerin bis sie ihr zur fast selben Zeit geäußertes Ziel, nicht zu heiraten, sondern eine große Schauspielerin zu werden, aufgibt. Sie trennt sich einen Tag vor der Verlobung von ihrem Freund, dem Modeschöpfer Oleg Cassini und bindet sich an Rainier. Am 19. April 1956 findet in Monaco die „Hochzeit des Jahrhunderts" statt. Immer wieder gibt es Gerüchte, dass die Fürstin mit ihrer Rolle als Landesmutter nicht klar kommt, Depressionen und Alkoholkonsum steigen. Gracia Patricia, wie sie nun heißt, kommt am 13. September 1982 unter fragwürdigen Umständen auf der Route de la Turbie von der Straße ab und stürzt 40 Meter in die Tiefe. Während ihre Tochter Stephanie wie durch ein Wunder überlebt, stirbt Kelly einen Tag nach dem Unfall. Der Mythos Grace Kelly erreicht eine neue Dimension. Weltweit trauert man um die Königin unter den Schauspielerinnen. Im Jahr 2007 ehrt das Fürstentum Monaco sie mit einer 2-Euro-Gedenkmünze.

06 | 10 | 1982
164 Zentimeter Kraft

Von kleinen Männern sagt man gemeinhin, dass sie ihre geringe Körpergröße mit überdimensionalem Ehrgeiz ausgleichen. Selbes ist für Frauen nicht überliefert, obwohl der eindeutigste Beweis die nur 1,64 m große Amerikanerin Madonna Louise Veronica Ciccone ist. Die am 16. August 1958 in Bay City, Michigan, geborene Pop-Geschäftsfrau beginnt ihr professionelles Leben als Tänzerin, die nach eigener Aussage ihre mutigste Entscheidung trifft, als sie mit nur 35,- Dollar in der Tasche nach New York geht, um es dort im Showbiz zu schaffen. „Ich bin nicht zufrieden, bis ich so bekannt bin wie Gott!" 1979 startet sie als Tänzerin für den Disco-Sänger Patrick Hernandez, bevor ein DJ ihr Musik-Demo so beeindruckend findet, dass er es der Plattenfirma Sire Records empfiehlt. Am 6. Oktober 1982 erscheint ihre erste Single „Everybody" und macht Madonna quasi über Nacht zum Star. Spätestens seit ihrem zweiten Album „Like a virgin" 1984 ist die Powerfrau dann nicht mehr zu stoppen. Vor allem ihren Stil verändert sie mehrere Dutzend Mal, provoziert Skandale mit Videos, dreht Filme, präsentiert sich nackt, schreibt Bücher (erotische genauso wie Kinderbücher) und landet immer dann ein Comeback, wenn keiner mehr mit ihr rechnet. „Seit ich ein kleines Mädchen war, ist mein Ziel gleich geblieben: Ich möchte die Welt beherrschen!" Weit mehr als für ihre Musik, Stimme oder tänzerischen Leistungen, wird Madonna bis heute für ihr Durchhaltevermögen, ihre medialen Talente und ihr geschäftliches Geschick bewundert und gefürchtet. Ihre Arbeiten mit den jeweils besten der Branche sind eindrucksvolles Zeugnis dafür. Ein Ende ihrer Karriere ist nicht abzusehen." Meine Unschuld zu verlieren habe ich als Karriereschritt betrachtet!"

01 | 12 | 1982
The King of Starlight

Irgendwann im Jahr 1981 wird es gewesen sein. Musikproduzent Quincy Jones diskutiert mit dem Sänger Michael Jackson und womöglich Komponist Rod Temperton über den Titel eines Liedes, welches später auch dem Album einen Namen geben soll, an dem alle gerade arbeiten. Man einigt sich auf „Starlight" als Album- und „Give me starlight" als Songtitel für den fulminanten Dance-Hit. Erst später im Produktionsprozess ändert man seine Meinung noch mal und benennt das Lied um in „Thriller". Die Erfolge von Michael Jackson aufzuzählen, hieße an einem goldenen Strand den Sandkörnern Nummern geben zu wollen. In den Siebzigern bereits ein Kinderstar, avanciert er in dem darauf folgenden Jahrzehnt neben Madonna, Prince und Bruce Springsteen zum größten Popstar der Welt, versucht mehr oder weniger gut in den Neunzigern diesen Status zu erhalten und stürzt tief im neuen Jahrtausend. Was auch immer an inzwischen mangelnden finanziellen Möglichkeiten, dürftigem Gesundheitszustand und Anklagen wegen Kindesmissbrauch dran ist oder auch nicht, Jacksons Verdienste im Pop- und nicht minder im Showbiz stehen auf festen Füßen. Knoten- und Kulminationspunkt ist für den dünnen Superstar der 1. Dezember 1982. An jenem Tag erscheint die besagte Schallplatte „Thriller". Zahlen und Fakten erzählen in diesem Fall die Geschichte zu Ende: Bis heute über 104 Millionen verkaufte Exemplare, 80 Wochen in den Top Ten der USA, neun Singleauskopplungen, parallele Einführung des Tanzschrittes „Moonwalk" als Markenzeichen, erstmals ausufernde Videoclips, der Anfang von Jacksons Metamorphose zu einem „Weißen", acht Grammys...

14 | 04 | 1988
Der König der Königin

Irgendjemand fragt Farrokh Bulsara, der sich seit geraumer Zeit nur Freddie Bulsara nennt, als das Lied „My fairy king" seiner noch recht frischen Band Queen Anfang der 70er im Studio abgehört wird, ob die in der Textzeile vorkommende „Mother Mercury" seine Mutter sei? „Ja", sagt der selbstbewusste Sänger, „und von jetzt ab werde ich Freddie Mercury sein!" Am 14. April 1988 tritt Mercury im Londoner Dominion Theatre auf, singt vier Lieder, teils zusammen mit Cliff Richard, zur Vorstellung des Musicals „Time". Es soll das letzte Mal sein, dass Menschen Mercurys Gesang live hören. Zwischen diesen beiden Jahren liegt einer der wohl größten Triumphzüge der Rockgeschichte. Mercurys Band Queen hebt 1973 mit der gleichnamigen Platte ab und präsentiert einem immer wieder verblüfften Publikum einen Hit nach dem anderen, darunter „We will rock you", „Killer queen", „Somebody to love", Bicycle Race", „Another one bites the dust" oder „Bohemian rhapsody", welches vielleicht am besten den opulenten orchestralen Opernsound der Band widerspiegelt. Letzteres ist, wie viele Lieder der Band, von Mercury geschrieben. Am Tag der Fertigstellung der Komposition spielt er es schüchtern dem Manager der Band vor und fragt, was dieser davon halte, er selber räumt dem Song keine guten Chancen ein. Das Lied wird, wie eigentlich fast jede Single der Band in der über 20 Jahre dauernden Karriere, ein gigantischer Erfolg und auch das zwei Jahre später 1977 erscheinende „We are the champions", ebenfalls von Mercury geschrieben, gerät zu einer Hymne, wie es wohl keine zweite in der Welt gibt. Noch heute wird sie in zahllosen Fußballstadien nach Erfolgen gespielt. Gleichzeitig steht Mercury für eine aufreizende, dem Ballett genauso wie dem Machismo zugewandte Bühnenshow, welche seinen unnachahmlichen Gesang stets begleitet. Am 23. November 1991 erklärt Mercury einer erschütterten Öffentlichkeit, dass er HIV positiv sei, keine 24 Stunden später ist einer der legendärsten Showmänner aller Zeiten tot. Das Motto für die Zeit nach seinem Ableben findet sich als Lied auf dem letzten Queen-Album „Innuendo": „The show must go on".

24 | 09 | 1991
Riecht nach Ärger

Ein langsam müde und träge werdender Markt, nämlich der des Rock'n'Roll, erwacht am 24. September 1991, als die Plattenfirma Geffen Records die Platte „Nevermind" der Band Nirvana veröffentlicht. Als am 4. November des Jahres dann die epochale Singleauskopplung „Smells like Teen Spirit" folgt, brechen alle Dämme. Das dazugehörige Video mit „Anarcho-Cheerleadern" tut ein Übriges, um aus dem brachialen Song einen weltweiten Hit zu machen, in kürzester Zeit die neue Musikrichtung Grunge zu gebären und Sänger Kurt Cobain zu einem Helden der Anti-Helden werden zu lassen. Produzent Butch Vig und Mixer Andy Wallace geben dem Lied und der gesamten Platte eine Wucht, die seinesgleichen sucht, und arrangieren die Lieder in Anlehnung an die auch von Nirvana verehrte Band Pixies. Cobains depressive Ausstrahlung hat ob ihrer Authentizität Gewicht bei den Fans, auch weitere Songs wie „Come as you are" zünden. Die Welt lauscht ungläubig und selbst Firmenchef David Geffen sagt über „Teen Spirit": „Ich habe kein Wort verstanden, aber es klingt unglaublich!" Als die Band am 18. November 1993 ein legendäres MTV-Unplugged Konzert spielt, hat der drogenabhängige und suizidgefährdete Cobain nur noch weniger als ein halbes Jahr zu leben. Bereits zu Schulzeiten steckt er einem Freund: „Ich werde dieser Superstar-Musiker sein, mich umbringen und glorreich verglühen." Cobains Suizid am 5. April 1994 wird von der großen englischen Musikzeitung NME als Nummer 1 „Rock Moment of All Time" gewertet. Ein Ortsschild seiner Heimatstadt Aberdeen im US-Staat Washington führt seit dem Jahr 2005 folgende Aufschrift: „Welcome to Aberdeen – Come as you are".

15 | 12 | 1996
Traum des bleichen Mannes

Wie ein Held sieht Toby Gard mit seiner blassen Haut, dem Ziegenbärtchen und der altmodischen Nickelbrille nicht aus, eher wie einer, der den ganzen Tag unter Ausschluss des Sonnenlichtes in miefigen Zimmern vor flimmernden Bildschirmen sitzt. Und genau das tut er auch. 1993 sitzt der Mann mit fünf weiteren für die Firma Core in einem eben jener schlecht belüfteten Räume und sinniert über einen neuen Computerhelden. Zuerst schwebt ihm ein Junge vor, der irgendetwas mit Grabsteinen zu tun hat, dann eine Frau. Laura Cruz? Lara? Lara Croft! Echt soll sie aussehen und lebendig, Abenteuer erleben und Männer erschießen. Am 15. Dezember 1996 liegt Lara Croft eingepackt in Kisten mit der Aufschrift „Tomb Raider" in amerikanischen Kaufhäusern, Stunden später steht sie auf etlichen Playstations vor Jacqueline Natla, einer strengen Businessfrau, die ihr den Auftrag erteilt, das Scion des verlorenen Grabsteins von Qualopec in den Bergen von Peru zu beschaffen. 2001 ist es Angelina Jolie, die diesen Part im Kino übernimmt. Lara Croft ist zu diesem Zeitpunkt längst eine Ikone, vielleicht die einzig weibliche der Neunziger Jahre. Sie löst mit ihren Militärhosen und Tanktopps einen Modetrend aus, boxt sich durch die Technowelt und macht ihr Outfit selbst bei Businessmenschen salonfähig. Die Dame, die spöttisch lächelt wenn sie ihre Gegner mit zwei Vorderladern niederstreckt, wird zum Symbol des neuen „Feminismus", der selbstbewusste aber unbedingt hübsche Frauen zum Role-Model erklärt. Gegnerinnen jenseits des Bildschirms bezeichnen Croft dagegen als Techno-Puppe, den schmutzigen Fantasien männlicher Hirne entsprungen. Toby Gard will davon nichts wissen, er hat bereits 1997 Core verlassen, weil er mit der Vermarktungsstrategie seines Zöglings unzufrieden war. Und während seine Widersacher das Gerücht, er habe den Sessel geräumt, weil man ihm verboten habe Laras Brüste zu vergrößern, in die Welt setzen, schickt Miss Croft auf neue Abenteuerreisen.

06 | 09 | 1997
Die Prinzessin schläft

London schweigt. Ein aufregendes, tragisches und vor allem öffentliches Leben ist am 31. August 1997 nach einem Autounfall unter filmreifen Umständen an einem Tunnelpfeiler in Paris zu Ende gegangen. Die erste Ehefrau des britischen Thronfolgers Charles, Diana Frances Spencer, die vor allem als Lady Di in die Geschichte eingeht, wird wenige Tage später, am 6. September in einer Trauerfeier geehrt und am gleichen Tag beerdigt. Vor allem jene Trauerfeier ist es, welche die Engländerin endgültig in eine Ikone verwandelt. Drei Millionen Menschen stehen in London am Wegesrand, als der Sarg durch die Straßen gefahren wird, 2,5 Milliarden sitzen gebannt an den Fernsehgeräten und machen das Ereignis zur meist gesehenen TV-Übertragung aller Zeiten. Obwohl – die Diana nicht wohl gesonnene – Königin Elisabeth II. angeordnet hat, die Flagge auf dem Buckingham Palace nicht auf Halbmast zu setzen, passiert dies unter dem Druck der Öffentlichkeit dennoch. In der Westminster Abbey, wo die Trauerfeier abgehalten wird, warten bereits zahlreiche Persönlichkeiten, von Henry Kissinger, Sting, Karl Lagerfeld über George Michael bis hin zu Steven Spielberg und Cliff Richard. Luciano Pavarotti wird vorher gefragt, ob er Diana zu Ehren singen wolle, was er ablehnt, er schaffe es nicht, zu groß sei der Schmerz. Dann folgen zwei Momente, die ergreifender nicht hätten sein können. Zunächst spielt Di-Freund Elton John eine textliche Adaption seines großen Hits „Candle in the wind", welches an diesem Tag „Goodbye England's Rose" heißt. Das Lied wird später als Single veröffentlicht und ist bis heute mit 33 Millionen verkauften Exemplaren die erfolgreichste Single aller Zeiten. Der Höhepunkt ist jedoch die Rede von Dianas Bruder Charles, der mit Tränen kämpfend einen nicht mit den „Royals" abgestimmten Text verliest, in dem er unter anderem sagt, dass Diana „keinen königlichen Titel braucht, um einen besonderen Zauber zu behalten," und verspricht, ihre Söhne vor der Kälte des Königshauses zu schützen. Es ist das erste Mal seit dem Jahr 1065, dass in der Westminster Abbey Applaus ertönt.

===== Weiterlesen =====

- Volker Leppin: Martin Luther. Zürich 2007
- Jon L. Anderson: Che. Eine Biographie. Berlin 2001
- Lucy O'Brien: Like an Icon. München 2008
- Kurt Cobain: Tagebücher. Frankfurt 2004
- Karl O. Conrady: Goethe. Leben und Werk. Düsseldorf 2006
- Albert Einstein: Einstein sagt. Zitatet. Einfälle. Gedanken. München 1999
- Martin Geck: Mozart. Eine Biografie. München 2007
- Geronimo: Ein indianischer Krieger erzählt aus seinem Leben. Göttingen 2002
- George Perry: James Dean. München 2005
- Michel Schneider: Marilyns letzte Sitzung. München 2007
- Richard Schickel: Bogart. München 2006
- Philip Steele: City of Light. Die letzten Tage von Jim Morrison. München 2007

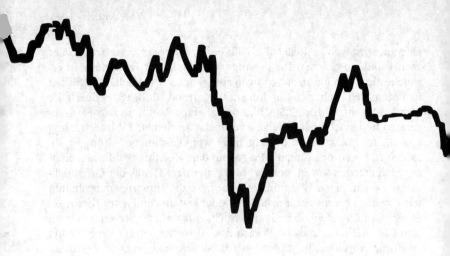

Tage des Geldes
Wirtschaft, Handel und Imperien

| 0600 | 1290 | 7453 | 1901 | 23 |

Kapitel 10

An einem Tag im Jahr 695 v. Chr. *Der Mann mit der goldenen Hand* König Midas hat Pech und wird ausgegraben S. 319

23|02|1218 *Des Bischofs schwarzes Loch* Wolfger von Erla weckt Schatzgräberherzen S. 320

24|05|1370 *Warenhaus Ostsee* Die Hanse wirtschaftet norddeutsch S. 320

26|04|1478 *Reichtum auf italienisch* Geld, Macht und Ränkespiele der Medici S. 321

03|07|1519 *Familie aus Gold* Augsburg glänzt mit Fugger S. 322

17|09|1628 *Silber für Oranje* Piet Heyn plündert die Spanische Silberflotte S. 323

07|07|1757 *Zeit ist Geld* Benjamin Franklins Wege zum Reichtum S. 324

21|09|1769 *Rien ne vas plus – Rot gewinnt!* Rothschild kalkuliert sich reich S. 325

09|12|1776 *Reichtum der Nationen* Adam Smith regiert mit unsichtbarer Hand S. 325

02|04|1792 *Vom Joachimsthal in die Neue Welt* Die Geschichte des Dollar beginnt in Böhmen S. 326

08|03|1817 *Gewinn nach Regeln* Die New Yorker Börse zähmt sich selbst S. 327

26|02|1829 *Buttenheim und der Goldrausch* Levi Strauss erfindet eine Hose S. 328

31|10|1837 *Die Welt im Badezimmer* Procter & Gamble stecken in jedem Alltag S. 328

07|08|1839 *Die Geburt des Räuberbarons* Rockefeller wird zum reichsten Mann S. 329

26|04|1856 *Die noble Kunst des Geldverdienens* Monte Carlo macht sich schön S. 330

27|08|1859 *Der Schwarzgoldbohrer* Colonel Drake lässt Ölquellen sprudeln S. 330

17|06|1880 *Suters Stadt* Ein Schweizer kämpft um San Francisco S. 331

17|03|1883 *Ein Gespenst geht um...* Karl Marx hinterlässt sein Kapital S. 332

05|05|1897 *Vom Penny zum sozialen Gewissen* Marks & Spencer werden reich und handeln fair S. 333

24|04|1913 *Der Stolz der Stadt* Woolworth lässt die Menschen sparen S. 333

28|03|1922 *Eine deutsche Erfolgsgeschichte* Albrechts Aldi-Discount erobert die Welt S. 334

25|09|1926 *Die 40 Stunden Revolution* Henry Ford verdient per 40 Stunden Woche S. 335

09|04|1936 *Gemeinschaft und Gesellschaft* Ferdinand Tönnies erklärt die Wirtschaft für abstrakt S. 335

03|03|1938 *Es werde Wasser! Und es ward Öl.* Saudi Arabien bohrt sich reich S. 336

22|07|1944 *Der Staatismus* John Maynard Keynes verliert einen Kampf S. 337

22|07|1947 *Die Lust am Kleingeld* Die noblen Launen des Dagobert Duck S. 337

13|09|1947 *Ihre neue Jagdbekleidung* Erling Perrson erfindet H&M S. 338

20|06|1948 *Münze mit zwei Seiten* Die D-Mark stellt sich vor S. 339

05|08|1955 *Fahr Käfer fahr!* Eine Million Volkswagen können nicht irren S. 340

30|03|1958 *Biblische Ausmaße* Igmar Kamprad, Elmtaryd Agunnaryd ... IKEA S. 341

31|10|1969 *Der Billigmann* Wal-Mart ist nett zu seinen Kunden S. 341

26|11|1976 *Ein Betriebssystem für die Welt* Bill Gates hat eine Idee S. 342

01|07|1979 *Die Stereobelt-Revolution* Sony's Walkman hat Verwandte in Brasilien S. 343

08|11|1987 *Das Wirtschaftsorakel* Greenspan sagt den Markt voraus S. 344

22|11|1989 *Visionen in der Wüste* Las Vegas feiert ein Comeback S. 344

16|09|1992 *Wetten das...?* George Soros riskiert, andere verlieren S. 345

19|01|1996 *Und immer lockt das Spielzeug* Beate Uhse steigt vom Flugzeug in die Betten S. 346

01|06|1998 *Eine Bank für Europa* Die Europäische Zentralbank S. 346

16|09|1999 *Die Zukunft spricht Mandarin* China tritt der Welthandelsorganisation (WTO) bei S. 347

06|03|2000 *Der Sultan schnallt den Gürtel enger* Prinz Jefri sorgt für Aufregung in Brunei S. 348

10|03|2000 *Platzende Blasen* Der Neue Markt wird zum Ladenhüter S. 349

01|01|2002 *Die teure Union* Der Euro kommt – willkommen ist er nicht S. 349

30|04|2007 *Börse mit Phantasie* Deutsche Börse AG liebt es bunt S. 350

17|08|2007 *Bücher für Amerika* Barnes & Noble lesen sich zum Erfolg S. 351

An einem Tag im Jahr 695 v. Chr.
Der Mann mit der goldenen Hand

Amerikanische Archäologen stoßen 1994 nördlich von Ankara in der Siedlung Gordion auf einen bemerkenswerten Fund. In den Resten einer 30 m² großen Grabhalle steht ein Holzbett, darauf liegt das Skelett eines ca. 65-jährigen Mannes umgeben von Schmuck, Stoffen und 165 Kupferkesseln. Als Todeszeitpunkt wird ca. 700 v. Chr. vermutet. Die Forscher sind sich sofort sicher, der Mann müsse König Midas sein, der sagenumwobene reiche König der Phryger, der in der Frühantike wie kein zweiter Potentat für Legendenstoff sorgte, nur Skeptiker tippen lieber auf Midas Vater. Die Legende des König Midas ist die des reichsten ärmsten Mannes der Welt. Sie beginnt, als der Potentat eines Tages den sichtlich betrunkenen Silen, einen Freund des fröhlichen Weingottes Dyonysos, aus den Händen garstiger Bauern befreit. Dyonysos möchte sich erkenntlich zeigen und bittet Midas, einen Wunsch zu äußern. Der zögert nicht und wünscht sich, was sich viele wünschen und doch nicht haben wollen, die Fähigkeit, alle Gegenstände durch bloße Berührung in Gold verwandeln zu können. Dyonysos erfüllt Midas Wunsch und dieser begibt sich überglücklich zurück nach Gordion, während er unterwegs Bäume, Straßen und Kühe in prächtigen Glanz taucht. Doch als er, von den Ruhmestaten hungrig, zu Tisch sitzt, bemerkt er, dass sich auch die Nahrungsmittel bei seiner Berührung in das unverdauliche Metall verwandeln. Reumütig sucht er den Gott des Weines auf, bittet um Auflösung des Fluches und zieht geläutert auf den Berg Tmolos, um ein Leben als Einsiedler zu beginnen. Später gerät er mit dem Gott Apollo in Streit, weil er dessen Flötenkunst nicht zu schätzen weiß und bekommt von diesem Eselsohren auf den Kopf gezaubert. Die historische Forschung hat, vielleicht zu Recht, Zweifel an dieser Geschichte, dennoch berichten auch sie über ein eher trauriges Schicksal des reichen Königs des historisch belegten Phrygerreichs: Er soll bei der Zerstörung der Königsstadt Gordion durch die Horden der keltischen Kimmerer um 695 v. Chr. Selbstmord durch die Einnahme von Stierblut begangen haben. Teile seines Thrones fand man in einer Abfallgrube bei Delphi. Wie immer es auch sei, die Botschaft lautet, dass Reichtum nicht glücklich macht und wurde trotz aller Warnzeichen im Verlauf der Weltgeschichte bislang nicht berücksichtigt.

23 | 02 | 1218
Des Bischofs schwarzes Loch

Als der Bischof Wolfger von Erla am 23. Februar 1218 in Aquileja stirbt, nimmt er ein schillerndes Geheimnis mit ins Grab. Der feinsinnige Geistliche hat am Passauer Stift immer wieder Minnesänger wie Walther von der Vogelweide oder Magister Konrad empfangen, und so ist um 1200 unter seiner Ägide die alte Sage des „Nibelungenliedes" in klingende Verse gegossen worden. Nach dieser Legende hat Siegfried von Xanten den Schatz des Königs Nibelung unter Einsatz seines Lebens in einem Gefecht gegen zwölf Riesen, den Zwerg Alberich und einen Drachen dem ursprünglichen Besitzer abgetrotzt und als „Mitgift" in die Ehe mit der burgundischen Prinzessin Kriemhild gebracht, wodurch dank Habgier und Intrigen schließlich das Burgunderreich zugrunde geht. Im Finale der Dichtung wird der unermeßliche Schatz durch den Schurken Hermann von Tronje gestohlen und versenkt. Im 18. Jahrhundert stellen Historiker und Schatzsucher fest, dass es den ungeheuren Reichtum des Burgunderreiches, welches 436 unter einfallenden Hunnenscharen in Trümmer ging, tatsächlich gegeben hat. Und so wird das unter Bischof Wolfger verfasste Werk nun aufmerksam auf seinen historischen Kern hin untersucht, um des Schatzes habhaft zu werden. Doch muss man feststellen, dass das „Nibelungenlied" Wolfgers an geografischer Genauigkeit spart. So heißt es im Hinblick auf den letzten Aufenthaltsort des „Nibelungenschatzes" nur: „Tronje ließ ihn bei dem Loche (mhdt. „ze lôche") versenken in den Rhein". Hans Jürgen Jakobi ist 2003 nur einer von vielen, die seit Jahrhunderten nach dem Schatz fahnden. Er glaubt, dass „ze lôche" nur der See „Schwarzes Loch" bei Germsheim sein kann und entdeckt in mittelalterlichen Flurverzeichnissen dort sogar einen Ort namens Lochheim. So viele Löcher können kein Zufall sein und sind es bisher doch: Echolot und Radar förderten nichts zutage. Forscher, die das Objekt der Begierde in einer Höhle bei Soest oder auf einem Acker bei Rheinbach vermuten, haben aber noch gute Chancen, sich in den Besitz des Schatzes zu bringen.

24 | 05 | 1370
Warenhaus Ostsee

Im Hochmittelalter gleicht Nordeuropa einem überdimensionierten dezentralisierten Warenhaus. Die Weiten des russischen Ostens bieten Pelze, Honig, Wachs, Häute, Felle, Pech und Teer, in Preußen und Litauen lagern sich Getreide und Holz in großen Speichern, Schweden vor allem ein Ort der Butter- und Käseproduktion, verfügt über Eisen und Kupfer, Norwegen ist ein Land des Fisches. Es sind Lübecker Kaufleute, die 1159 die Idee haben, den Zugriff auf das reiche Angebot durch eine Handelsvereinigung leichter, ungefährlicher und vor allem ertragreicher zu gestalten. Einen genauen Plan, wie sich die Vereinigung zu organisieren hat, gibt es zunächst nicht. Auch eine Gründungsurkunde können die Lübecker später selbst auf Anfrage nicht beibringen, doch eröffnen kurze Zeit später in Novgorod (1160) und London (1251) Handelskontore, die sich einer „Hanse" zurechnen. Der Begriff, der nun zu einem Synonym für den Warenverkehr des Nordens wird, leitet man vom althochdeutschen „hansa" (= Schar) ab. Die Kaufleute der Hanse unterscheiden sich von ihren süddeutschen Handelspartnern. Während diese an Schreibtischen Geld zählen, über Kunstgeschmack, Bildung und Lebensstil verfügen und in Frankreich und Italien ein und ausgehen, reist der niederdeutsche Kaufmann bis an die Zähne bewaffnet in dickbauchigen Schiffen, den „Koggen", durch die Nordmeere. Und so ist die Geschichte der Hanse vor allem auch eine des Krieges. Als mächtiger Kontrahent im Kampf um die wirtschaftlichen Handelsräume bietet sich im 14. Jahrhundert König Waldemar Atterdag von Dänemark an. Der Bürgermeister von Lübeck selbst wirft sich ihm wie ein Feldherr entgegen und kommt dabei 1362 vor Kopenhagen in einer Seeschlacht um. Als der am Ende des Krieges doch unterlegene König im Vertrag von Stralsund am 24. Mai 1370 der Hanse etliche Häfen abtreten muss, ist der Höhepunkt ihrer Handelsmacht markiert. Die Hanse herrscht jetzt unangefochten über den nordischen Seeraum und zählt 170 Städte-Mitglieder. Doch wie die meisten Wirtschaftsimperien hat auch die Hanse nur eine limitierte Haltbarkeitsdauer. Bereits Mitte des 15. Jahrhunderts präsentieren sich mit den Niederländern und Engländern neue Konkurrenten am Seehorizont und der bald weltweite Handel in Atlantik und Pazifik lässt die Vorzüge der nordischen See allmählich verblassen, 1669 tritt der letzte Hansetag zusammen.

26 | 04 | 1478

Reichtum auf Italienisch

Geld ist Macht, das weiß auch die florentinische Bankiersfamilie Medici, die seit 1434 die Wirtschaftsmetropole Toskana kontrolliert und erheblichen Einfluss auf das politische Geschick Italiens ausübt. 1464 wird Lorenzo de Medici, den man nicht von ungefähr „den Prächtigen" nennt, das neue Haupt der Dynastie, er fördert Wissenschaft, Kultur und das Geschäft. Doch immer wieder geraten die Medici dabei in Streit mit dem Papst und anderen Kaufmannsgeschlechtern. Besonders den rivalisierenden Florentiner Bankiers Salviati und Pazzi wird die Familie bald zu mächtig. Die Medici zu beseitigen erscheint das probate und einfachste Mittel. Francesco Salviati, zugleich Bischof von Pisa, und Jacopo de'Pazzi entschließen sich also mit Billigung des Papstes zu handeln. Als Lorenzo de Medici und sein Bruder Giuliano Ostern am 26. April 1478 im Dom Santa Maria del Fiore das Abendmahl einnehmen, fällt eine Gruppe Meuchelmörder über sie her. Giuliano wird erstochen, Lorenzo kann entkommen. Nun überschlagen sich die Ereignisse: Der 70-jährige de'Pazzi wird auf der Straße von wütenden Anhängern der Medici in Stücke gerissen, Salviati wird bei dem Versuch, die Stadt einzunehmen gefangen und findet sein Ende am Palazzo della Signoria, wo man ihn mit zwei Priestern ohne Prozess aufknüpft. Mythen ranken sich um die möglicherweise beteiligte polnische Kaufmannsfrau Jana Dlugoszs, deren Geschichte mit Richard Dübells Roman „Eine Messe für die Medici" 2002 noch einmal für Aufsehen sorgt. Im Anschluss an die Lynchprozesse bannt Papst Sixtus, ein Parteigänger der de'Pazzi und Salviati, Lorenzo de Medici und droht mit einem Feldzug gegen Florenz. Ein bevorstehender Angriff der Türken und schlaue Ränkespiele Lorenzos erhalten letztlich die Macht de Medicis in Florenz. Bis zu ihrem Aussterben 1737 bestimmt die Familie die Geschicke Italiens, stellt Päpste, Herzöge und Königinnen, deren kulturelle Leistungen bald ebenso berühmt werden wie ihre skrupellose Machtpolitik.

03 | 07 | 1519
Familie aus Gold

Als der Herzog von Liegnitz mit seinem Haushofmeister Hans von Schweinichen 1575 im Hause des Augsburger Kaufmannes Marcus Fugger eintrifft staunt er nicht schlecht: Der vorbereitete Speisesaal hat „mehr Gold als Farbe," und als wäre es ein kleiner Aperitif wird dem geldklammen Herzog ein Schiff aus venezianischem Glas überreicht. Der Haushofmeister nimmt das Geschenk, geht aber sogleich auf dem blank gewienerten Marmor zu Boden und lässt das Wasserfahrzeug in tausend Teile zerbersten. Der Hausherr bleibt gelassen, er speist, zecht und tanzt mit seinen Gästen, führt sie schließlich in sein mit Goldmünzen gedecktes „Türmlein", wo er den staunenden Schlesiern eine Schatztruhe mit 200.000 Gulden und zahlreiches Geschmeide präsentiert. Danach kompromittiert er die Gäste freundlich heraus, des Herzogs Bitte um einen Kredit von 20.000 Gulden lehnt Fugger höflich aber bestimmt ab. Das Augsburger Geschlecht der Fugger gehört zu diesem Zeitpunkt zweifellos zu den reichsten Menschen der Erde. Mitte des 16. Jahrhunderts gehört ihnen mit 6 Millionen Gulden Vermögen vermutlich ein Zehntel des gesamten Volksaufkommens im Deutschen Reich. Fugger finanziert und kontrolliert Kriegszüge, Bischofswahlen, den Bau des Vatikans und schließlich die Kaiserwahl Karls V. am 3. Juli 1519, die den Höhepunkt der familiären Machtentfaltung symbolisiert. Sohn Anton Fugger baut seit 1525 auch die Geschäfte in der Neuen Welt aus und wird zum Reichsgrafen erhoben. Allerdings können die spanischen Habsburger das geliehene Geld bald nicht mehr zurückzahlen. Als Marcus Fugger das Handelshaus 1560 übernimmt, ist es schon im Niedergang begriffen, doch dieser wird sich hinziehen, selbst heute noch ist die weit verzweigte Familie Fugger eher der Sonnenseite des Lebens gewandt. Dem eingangs erwähnten Herzog von Liegnitz bekommt das Erlebnis im Hause Fugger übrigens schlecht: Hoffnungslos überschuldet, wird er in Prag wegen Prasserei auf kaiserlichen Befehl festgenommen.

17 | 09 | 1628
Silber für Oranje

Wem gehört die Neue Welt? Über diese Frage ist man sich im 17. Jahrhundert durchaus nicht mehr einig. 1499 haben die großen Entdecker Spanien und Portugal sie am 46. Längengrad unter sich aufgeteilt und sind seitdem mit der Ausbeutung von Rohstoffen und Edelmetallen in Atlantik und Pazifik beschäftigt. Dies weckt vor allem den Argwohn der Niederländer. Mit Unterstützung der Regierung und 6,5 Millionen Gulden gründet der Kaufmann Johan van Oldenbarnevelt daher die Handelskompagnien Ostindien im Pazifik (1602) und Westindien (1621) im Atlantik, die das Seemonopol der Iberer durchbrechen sollen. In dieser Situation kommt der Niederländer Piet Heyn gerade Recht: Der Pirat hat sich wenn auch mit wechselndem Glück vor Brasilien und Afrika bewährt, und so wird er kurzerhand mit der Plünderung der spanischen Silberflotte beauftragt. Diese schafft alljährlich die Edelmetalle aus Südamerika nach Europa. Heyn bedient sich einer List: Mit drei großen Flotten attackiert er zwei Jahre lang in der Karibik spanische Schiffe und zieht dann wieder ab. Die Luft scheint den Spaniern rein, und so geht die große Silberflotte mit 12 Millionen Gulden an Bord ohne größeren Schutz auf Reisen. Sie erreicht am 17. September 1628 Kuba. Hier erwartet sie Heyn bereits mit 32 schwer bewaffneten Schiffen und drängt sie in die Bucht von Matanza. Der große Coup des Niederländers bleibt danach völlig unspektakulär: Die spanischen Seeleute kapitulieren sofort. Heyn erbeutet eine Ladung im Wert von 12 Millionen Gulden, wird 1629 zum Admiral befördert, aber noch im selben Jahr von spanischen Piraten vor Dünenkirchen erschlagen. Für die Niederlande beginnt dennoch das „Goldene Zeitalter", bald beherrschen ihre Kaufleute vor Persien, China, Japan und Indonesien die Meere. Doch auch Heyn lebt fort, wenn die holländischen Schlachtenbummler heute im Stadion singen: „Piet Heyn, Piet Heyn, zijn nam is klein, zijn daden bennen groot, die heeft gewonnen de Silbernen Floot, ...en bord applejes van oranje".

07 | 07 | 1757
Zeit ist Geld

In seinen „Nützlichen Hinweisen an jene, die reich werden wollen" formuliert Benjamin Franklin 1734: „Bedenke das Zeit Geld ist." Wer, so fährt Franklin fort, statt Geld zu verdienen „spazieren geht" oder „faulenzt", der wirft sein Geld davon. „Aus Rindern mach Talg, aus Menschen Geld" ist Franklins Philosophie. Sie erhebt den Erwerb von Geld zum Lebenszweck, lehnt aber jeden Luxus ab und beruft sich dabei in puritanischer Tradition auf die Sprüche Salomons („sei rüstig im Beruf, so wirst Du vor Königen stehen"). Wer Geld verdient, ist also von Gott erwählt. Doch ist Franklin zugleich Anhänger der Aufklärung und als einer der „Gründerväter" der USA 1776 maßgeblich an der Ausarbeitung der amerikanischen Verfassung und ihrer freiheitlichen Werte beteiligt. Auch als Erfinder profiliert sich der Mann aus Boston, der auf allen Gebieten seines Schaffens Autodidakt ist. Seine Beschäftigung mit der Elektrizität führt zur Erfindung des Blitzableiters, den er aber nicht patentiert – denn, so Franklin, wer von den Erfindungen anderer profitiert, sollte glücklich sein, auch etwas zum Allgemeinwohl beitragen zu können. Dementsrechend publiziert Franklin seine wichtigsten Werke auch frei von persönlicher Eitelkeit unter dem Pseudonym Richard Saunder. Am 7. Juli 1757 schreibt er den Esssay „The Way to Wealth" („Der Weg zum Reichtum"), der sein Denken zusammenfasst und in den USA noch heute als das „erste und beste" amerikanische Werk über Ethik und Anstand gehandelt wird. Es enthält Sinnsprüche wie „Erfahrung ist eine teure Schule, aber Narren wollen anderswo nicht lernen" und „Früh zu Bett und früh aufstehen macht den Menschen gesund, reich und klug", die für den amerikanischen Charakter prägend sind. Franklin stirbt am 17. April 1790. 20.000 Menschen wohnen seiner Beisetzung bei.

21|09|1769
Rien ne vas plus – Rot gewinnt!

Ob 1750 tatsächlich ein rotes Ladenschild das Geschäft des Pfandleihers Moses Amschel Bauer in der Frankfurter Judengasse zierte ist ungewiss. Doch bereits am 21. September 1769 kann Sohn Mayer Amschel Bauer einen Handwerker an der Leiter emporsteigen lassen, um dem Schriftzug „M. A. Rothschild, Hoflieferant Seiner Erlauchten Hoheit, Erbprinz Wilhelm von Hessen, Graf von Hanau" an der Hausfassade anzubringen. Es ist die Geburtsstunde einer neuen Bankiersdynastie und zugleich der Beginn einer neuen tabulosen Ära der Profitmaximierung. Die Rothschilds verdanken ihr Vermögen den Napoleonischen Kriegen. Zuerst rettet Mayer Amschel das beträchtliche Vermögen des hessischen Kurfürsten vor der Beschlagnahmung durch die Franzosen, indem er es kurzerhand für die Gründung einer Bank in London investiert. Darauf brilliert Sohn Natan 1815 als er durch Boten früher als alle anderen von der Niederlage Napoleons gegen die Engländer hört und an der Londoner Börse alle englischen Aktien verkauft. Ein Bluff. In Panik versetzt ziehen die englischen Aktionäre nach und Rothschild sammelt den gesamten englischen Aktienmarkt für den Preis eines Dauerlutschers ein. Als die Öffentlichkeit vom Sieg der Engländer erfährt, hat die Familie ihr Vermögen bereits verzwanzigfacht und kontrolliert Englands Aktienmarkt. Die Erbregeln der Dynastie lesen sich wie der Erlass eines gut kalkulierenden Diktators: Alle Schlüsselpositionen sollen mit Familienmitgliedern besetzt werden, der älteste Sohn soll Familienoberhaupt sein, die Familie soll sich nur durch Cousinenheirat im ersten und zweiten Grades fortpflanzen. Bald spinnen die Rothschilds ihr Handelsimperium über den ganzen Erdball. 1901 stirbt die deutsche Linie des Stammvaters aus, das Vermögen beträgt 163 Millionen Reichsmark. Elie Rothschild, der nach dem Zweiten Weltkrieg das Château-Lafitte-Rothschild bei Pauliac wieder in Stand setzt sowie Guy de Rothschild, Gründer der Investmentbank Rothschild sorgen später für das Überleben der Legende.

09|03|1776
Der Reichtum der Nationen

Die Moderne in der Wirtschaftslehre beginnt am 9. März 1776, mit dem Erscheinen des Buches „An Inquiery into the Nature and Causes of the Wealth of Nations", dem Hauptwerk des Ökonomen und Philosophen Adam Smith. Smith, geboren 1723 in Kirkaldy, Schottland, studiert in Glasgow und Oxford, macht aber keinen Hehl daraus, dass er von der Qualität der englischen Bildungseinrichtung enttäuscht ist. Also zurück nach Schottland, wo er in Edinburgh seine Gedanken über das „offensichtliche und einfache System der natürlichen Freiheit" entwickelt. Seine Grundeinstellung ist liberal. Kein Wunder, dass sein Hauptwerk sich nicht an Spezialisten richtet, sondern an die allgemeine, interessierte Öffentlichkeit. Dennoch wird es zu einem der einflussreichsten wirtschaftstheoretischen Werke Europas. Smith leistet eine erste Analyse der Wirtschaftsrealitäten im Zeitalter der Industriellen Revolution und vertritt die Idee des Freien Marktes, der Selbstregulierung der wirtschaftlichen Kräfte, des „laissez-faire". Der Markt wird sich von „unsichtbarer Hand" selbst regulieren, glaubt Smith. Er ist überzeugt, dass die Erfordernisse des so entstandenen freien Marktes schließlich bis in die Gesellschaft hinein wirken und selbst die Geburtenrate beeinflussen werden: „Um den Faktor Arbeit zu vermehren, muss die Nachfrage nach Arbeit und damit die Lohnhöhe so weit steigen, dass die unteren Schichten mehr Kinder aufziehen können". Nach Smith trägt das eigennützige Streben des Individuums zum Wohl der Gemeinschaft bei. Später wird er zuweilen als kurzsichtiger Theoretiker des Kapitalismus (der Begriff war zu seiner Zeit noch nicht gebräuchlich) kritisiert werden. Doch Smith fordert vom Staat nur Zurückhaltung in Wirtschaftsfragen, öffentliche Fürsorge und die Bildungsförderung armer Bürger betrachtet er weiterhin als dessen Aufgabe.

02 | 04 | 1792
Vom Joachimsthal in die neue Welt

Dollar. Das Wort klingt nach blassgrünem Kapitalismus, die Bezeichnung scheint uramerikanisch. Doch ist der Begriff weit gereist. Die fernen Ursprünge des Dollar finden sich im „Joachimsthaler". Der böhmische Graf von Schlick ist es, der in der Silberbergbaustadt Joachimsthal seit 1519 unautorisiert eine eigene Währung prägen lässt und sich emsig am Warenhandel beteiligt. Der „Thaler" beginnt seine Reise. Es dauert nicht lange bis die böhmischen Taler, Tolar oder Daalder das Synomyn für Münzen schlechthin sind. In Spanien werden Silbermünzen ab dem 16. Jahrhundert Dolaros genannt. Selbst Shakespeare lässt seinen Macbeth von Dollars sprechen. Um 1600 prägt England eigene „Dollars", die als Zahlungsmittel in den Kolonien verwendet werden. In Nordamerika wurde schließlich am 2. April 1792 der „spanische Dollar" mit einem Silberfeingewicht von 24 Gramm mit dem „Coinage Act" zur Hauptwährungseinheit erklärt. Zusätzlich zum Silberdollar gibt es anfangs hier auch einen Golddollar im Wert von

10 Silberdollars. 1975 verschwindet auch der letzte nennenswerte Silbergehalt aus der Münze, die den Vorrang bald ganz an das blassgrüne Papier abtritt. Im Zuge der amerikanischen Expansionspolitik und der  Ausweitung der Kapitalmärkte ist der umtriebige Dollar zum Zahlungsmittel zahlreicher Länder geworden – von den Bahamas nach Namibia, über die Salomonen nach Hongkong, auf den Fidschi-Inseln und an vielen anderen Orten. Überall helfen die entfernten Nachfahren des Joachimsthalers den Menschen bei ihren täglichen Tauschgeschäften. Eine böhmische Erfolgsgeschichte.

08 | 03 | 1817

Gewinn nach Regeln

Die New Yorker Börse. Unendliche Gewinnspannen, hochfliegende Hoffnungen, niederschmetternde Verluste. Über Wertpapiere, Optionen und Verpflichtungen wird hier manches Schicksal entschieden, Karriere gemacht und der Welthandel beeinflusst. Im allgemeinen Chaos scheint oft nur das Glück zu entscheiden. Chaos? Das typische Durcheinander der Börse ist in Wirklichkeit ein nach festgelegten Bestimmungen funktionierender Prozess, dessen Regelwerk auf den 8. März 1817 zurückgeht. An diesem Tag gibt sich die New Yorker Börse, als erste Börse der Welt, ein Börsenreglement. Zugleich wird mit dem New York Stock & Exchange Board eine formelle Organisation gegründet, das der Börse auch gleich ihren Spitznamen gibt: The Big Board. Standort ist die Wall Street, wo sonst. Die Prozeduren für den Handel werden nun festgelegt. Das ursprüngliche Regelwerk muss zwar bereits am 21. Februar 1820 gründlich überarbeitet werden, aber was macht das schon? 1817 knallen die Sektkorken und die Geschichte macht Schule. Inzwischen hat jede Börse einen Börsenrat, der die jeweilige Börsenordnung erlässt. Den äußerlich chaotischen Stil behält man indessen besonders in New York gerne bei. Die New York Börse ist heute eine der größten Wertpapierbörsen der Welt und mit Sicherheit die bekannteste. Die Front ihres 1903 erbauten Hauptgebäudes imitiert eine griechische Tempelanlage – Gottesdienst am Götzen Mammon, Selbstüberhebung, Realismus und augenzwinkernde Ironie.

26 | 02 | 1829
Buttenheim und der Goldrausch

Am 16. Februar 1829 ist Rebecca Strauß für einen Moment erleichtert und glücklich. Sie hält ihren frisch geborenen Sohn, Löb Strauß, in den Armen. Doch das Leben in der oberfränkischen Provinz ist für die jüdisch-deutsche Familie nicht einfach. Der Vater, Hirsch Strauß, ist ein armer Hausierer. Nach seinem Tod folgt die Familie den älteren Kindern nach New York. Löb nennt sich nun Levi Strauss. 1853 folgt er dem Ruf des Goldes und zieht nach San Francisco. Das begehrte Metall finden er und seine Verwandten dort zwar nicht, aber sie gründen ein Textilgeschäft. Strauss ist aufgefallen, dass Goldgräber strapazierfähige Hosen brauchen. Als der Schneider Jacob Davis 1870 mit der Idee, die Hosennähte durch Nieten zu verstärken zu Strauss kommt, ist die Idee für die Denim-Overalls komplett. 1890 wird die Levi Strauss & Company gegründet. Ihre praktischen Arbeitshosen bekommen die Patentnummer „501". Seit den 60er Jahren werden die beliebten Hosen „Jeans" genannt. Levi Strauss erlebt das nicht, er verstirbt 1902. Die Levi Strauss & Company wird zu einem der bekanntesten Hosenhersteller der Welt. In den 90er Jahren macht das Unternehmen besonders durch Werbeclips mit kultverdächtiger Musik auf sich aufmerksam. Durchdachtes Marketing und eine gute, breite Produktpalette führen im Jahr 2006 zu einem Umsatz von 3,2 Milliarden Euro

31 | 10 | 1837
Die Welt im Badezimmer

Ariel, Always-Binden, blend-a-dent, Braun-Rasierer, Ellen Betrix-Faltenmittel, Fairy-Geschirrspüler, Downy-Weichspüler, Gilette-Rasierklingen, Head & Shoulder-Anti-Schuppen-Shampoo, Herbal Essences-Haarspülung, Old Spice-Aftershave, Oral-B-Elektrozahnbürsten, Wella-Haarspray, dazu Wick-Hustensaft, die Wash & Go alles-in-einem-Haarlösung, und das altbekannte Tempo-Taschentuch ... sollte es wirklich jemanden geben, der keinen dieser Artikel in seinem Badezimmer hat? Und damit den Umsatz von Procter & Gamble, einem der größten Konsumgüter-Unternehmen der Welt, erhöht? Als der Kerzenzieher William Procter und der Seifensieder James Gamble, zwei Neueinwanderer, in den USA ihre zukünftigen Frauen treffen – die Schwestern Olivia und Elizabeth Norris – ahnen sie nicht, dass sie am 31. Oktober 1837 zusammen ein zukunftsträchtiges Unternehmen gründen werden. Richtig erfolgreich macht das neue Unternehmen der amerikanische Bürgerkrieg: P&G versorgt die Unionsarmee. 1880 bringen Procter & Gamble eine Seife, die im Badewasser schwimmt auf den Markt. „Ivory" wird zum Verkaufserfolg. P &G bewirbt sein reiches Seifenangebot auch ebenso eifrig wie einfallsreich; zum Beispiel durch Radio-Spielsendungen, die bald „Soaps" genannt werden. Im frühen 21. Jahrhundert gehört das Unternehmen, das von einem beeindruckenden Hauptsitz an der Procter & Gamble Plaza in Cincinnati, Ohio geleitet wird, zu den großen Gewinnern der Globalisierung. Im Jahr 2007 erwirtschafteten die weit über 100.000 Angestellten von P&G einen Gewinn von 10 Milliarden Dollar. Nach einer Neustrukturierung unterteilt sich das Unternehmen ab dem 1. September 2007 in drei sogenannte „Global Business Units" auf: „Beauty", „Household Care" und „Health & Well-Being". Dinge, die jeder braucht. Auf der ganzen Welt. Und immer wieder.

08 | 07 | 1839

Die Geburt des Räuberbarons

Am 8. Juli 1839 stehen die Sterne günstig für William Avery Rockefeller, einem Vagabunden und überzeugten Boheme. Seine Frau Eliza empfängt das zweite Kind, John Davison. Anders als sein Vater hat John Davison Rockefeller, der in Cleveland aufwächst, nicht vor, sich mit aller Kraft dem Arbeitsleben zu entziehen. Er nimmt seinen ersten Job mit 16 an und schwört sich, dass er immer ein Zehntel seines Vermögens für wohltätige Zwecke verwenden wird. Das große Geschäft in Cleveland ist Öl, und 1873 gründet Rockefeller das Unternehmen Standard Oil of Ohio, das Ölprodukte besonders günstig anbietet und schnell zu einem der wichtigsten Ölunternehmen der USA wird. Absprachen mit den Transportunternehmen führen dazu, das Rockefeller seine Vormachtstellung ausweiten kann und eine Monopolstellung erreicht. Er wird zum ersten Dollarmilliardär. Der „Räuberbaron" dessen Geschäftsmethoden als unfair und selten transparent kritisiert werden, bleibt er zeitlebens aber auch ein Förderer der Wissenschaften und Künste. Er spendet großzügig für Lehreinrichtungen und Krankenhäuser, unterstützt Kirche und soziale Einrichtungen. 1884 finanziert Rockefeller ein College in Atlanta, das afroamerikanische Frauen ausbildet, ein mutiger Schritt zu jener Zeit. Rockefeller stirbt am 23. März 1887 im Alter von 97 Jahren. Er geht in die Geschichte als einer der größten Geschäftsmänner seiner Zeit ein und ist der möglicherweise reichste Mann der Moderne. Dank der Zuwendungen durch die Rockefeller Foundation konnten und können auch wichtige Leistungen in der modernen Medizin, wie die effektive Bekämpfung des Gelbfiebers, erreicht werden.

26 | 04 | 1856
Die noble Kunst des Geldverdienens

Nur wenige Stadtteile sind bekannter als ihre Mutterstädte, aber Monte Carlo ist da anders. Manche halten den Sitz der berühmten Spielbank sogar für die Hauptstadt des Stadtstaates Monaco. Sicherlich ist Monte Carlo aber der historische Geldbeutel und wichtigste Motor seiner Mutterstadt. Das Glücksspiel wird dort schon früh als Einnahmequelle erkannt. Am 26. April 1856 wird vom Fürst Florestan zum ersten Mal eine dementsprechende Lizenz vergeben, Ende des Jahres eröffnet eine „Spielhölle" in einer Villa am Hafen. Die ersten paar Betreiber aber haben kein Glück. Erst als Fürst Charles III. sich um das Know-how rheinländischer Spielbankbetreiber bemüht, kommt Schwung in die Sache. François Blanc, zuvor Betreiber der Spielbank Bad Homburg, übernimmt 1863 die Leitung der Spielbank. Er findet miserable Voraussetzungen vor – kaum Hotels, sicherlich nichts in der gehobenen Klasse, und nur einfachste Verkehrsanbindungen. Der Geschäftsmann macht sich daran, das Umfeld des Casinos gehörig zu ändern, und Voilá, 1869 kann Charles III. die direkte Besteuerung seiner Untertanen abschaffen – der Staat Monaco kann von der Spiellust seiner illustren Besucher leben. Schöne Zeiten, die aber nicht ewig dauern. Mit dem Aufkommen moderner Verkehrsmittel, die den Jet Set ohne Probleme und sehr komfortabel an exotischere, weiter entfernte Casinos tragen, beginnt der Abstieg des Traditionsbetriebs. Heute erwirtschaftet die Spielbank nur noch 5% der Staatseinnahmen von Monaco.

27 | 08 | 1859
Der Schwarzgoldbohrer

Der ehemalige Eisenbahnbeamte Edwin Drake ist gerade auf der Suche nach neuer Arbeit, als 1858 dem amerikanischen Industriellen George Bissell und seinem Partner Jonathan Eveleth zu Ohren kommt, dass bei Titusville, im US-Staat Pennsylvania Ölvorkommen entdeckt worden seien. Es braucht nicht lange bis man sich von den gegenseitigen Vorzügen überzeugt hat. „Colonel Drake", wie der Mann mit dem verwegenen Backenbart bald genannt wird, behauptet sogar mit einem dem Salzbau entlehnten Verfahren das Schwarze Gold schneller und effektiver fördern zu können als alle anderen und ist umgehend engagiert. Mit seinem Freund und Mitarbeiter William A. Smith stellt er schließlich Dampfmaschine, Bohrturm und ein Maschinenhaus am Oil Creek auf und beginnt 1859 mit den ersten Bohrungen. Drake entlockt dem Boden zwar einige Tropfen Öl, doch der gewünschte Erfolg stellt sich nicht ein. Stattdessen stellt er nun, ebenfalls nach dem Vorbild der Salzbauern, die Förderanlage im Fluss auf und beginnt in mühevoller Arbeit, Bohrer und Rohre durch den Kies bis auf den Grundfelsen zu treiben, wobei er von den Bewohnern Titusvilles argwöhnisch und spöttisch beobachtet wird. Knapp fünf Monate ziehen sich die Arbeiten hin, bis Drake am 27. August 1859 eine Rekordtiefe von 21 Metern erreicht, doch kurz darauf der Bohrer in einer Spalte stecken bleibt. Drake und Williams brechen ab. Als sie am nächsten Morgen deprimiert zur Bohrstelle zurückkehren, meldet der Bohrspezialist Billy Smith den Überraschungserfolg: Die Quelle spuckt Öl. Anfangs ist es eine Badewanne voll, bald 4.000 Liter am Tag, ein Jahr später meldet man 2.000 Bohrtürme in der Gegend des Oil Creek. Amerika ist im Rausch des Schwarzen Goldes, der aus dem Staat eine Nation der Millionäre machen wird. Drake gehört jedoch nicht dazu, er verkalkuliert sich bei einem Börsengeschäft und stirbt verarmt am 8. November 1880 in Bethlehem, Pennsylvania.

17 | 06 | 1880
Suters Stadt

Am 17. Juni 1880 stirbt der Schweizer Johann August Suter auf den Treppen des Kongresspalastes in Washington an einem Herzschlag. Der 77-jährige verwahrlost aussehende Mann ist der Besitzer von San Francisco. Besitzer? Tatsächlich verfügt Suter über eine Gerichtsurkunde von 1855, die ihm eben jenen Grund und Boden und eine Summe von 50 Millionen US-Dollar zusprechen. Suter ist 1834 in die USA eingereist und schließlich über Vancouver und die Sandwich-Inseln 1838 im Fischerdorf San Francisco angekommen. Der Gouverneur von Kalifornien hat ihm die Besiedlung des Gebietes, das Suter Neu-Helvetien nennt, gestattet. Innerhalb von zehn Jahren verwandelt Suter das Land in eine blühende Agrarregion, die Früchte, Wein und Getreide in die ganze USA exportiert. Doch der so segensreiche Wohlstand verwandelt sich 1848 in ein Chaos, als ein Arbeiter beim Bau eines Sägewerks Gold entdeckt. Binnen von Tagen bricht Neu-Helvetien zusammen. Die Arbeiter verlassen ihre Höfe, Fabriken und Felder und beginnen im Sand nach dem gelben Metall zu graben, Tausende und Abertausende kommen aus der ganzen Welt über das Land, um sich im „Goldrush" ein Stück des goldenen Kuchens zu sichern, sie plündern Suters Land und nehmen es als „Eldorado" selbst in Besitz. Suter kann der Zerstörung keinen Einhalt gebieten, binnen weniger Jahre entsteht auf Neu-Helvetien in berauschendem Tempo die Stadt San Francisco. Als 1850 Kalifornien in die USA aufgenommen wird, beginnt Suter „seinen" Prozess. Er klagt vor dem örtlichen Gericht auf 50 Millionen US-Dollar Schadenersatz und verlangt die Rückübertragung aller Besitzrechte und – gewinnt. Doch ist der Triumph von kurzer Dauer, wenige Stunden nach der Urteilsverkündung rottet sich die Stadtbevölkerung zusammen, zieht zu Suters Farm, zerstört Land und Güter, lyncht seine Söhne und lässt nur aus Unachtsamkeit Suter selbst entkommen. Verwirrt zieht dieser durchs Land, schreibt Petitionen an die US-Regierung und verliert allmählich den Verstand. Der reichste Mann der Welt stirbt, wie sein Biograf Stefan Zweig schreibt, als der unglücklichste und geschlagenste Mann allein im Recht auf ein staunendes Gedenken der Nachwelt

17 | 03 | 1883
Ein Gespenst geht um...

Im Friedhof von Highgate, London, wird am 17. März 1883 ein staatenloser Mann beigesetzt, der bald als einer der einflussreichsten deutschen Philosophen aller Zeiten sowohl verehrt als auch gefürchtet werden soll. Karl Marx, am 14. März verstorben, wird von elf Personen auf seinem letzten Weg begleitet. Auf einem später von der Kommunistischen Partei Großbritanniens errichteten Grabstein steht zu lesen: „Workers of all lands, unite!" Es sind die letzten Worte des „Manifests der kommunistischen Partei", dem schmalen Band, mit dem Marx und Friedrich Engels 1848 dem Kommunismus ein Programm geben. Marx' Hauptwerk „Das Kapital – Kritik der politischen Ökonomie" besticht dagegen durch sein schieres Volumen: Es umfasst drei prallvolle Bände. Marx analysiert darin den Kapitalismus als Klassengesellschaft und postuliert die dem System immanente Tendenz zur Ausbeutung der Arbeiterschaft. Zudem stellt er die von Wirtschaftslenkern gerne angeführten „Wirtschaftszwänge" als von Menschen erzeugt dar. Als praktischer Philosoph schlägt er ein alternatives Gesellschaftssystem vor: Den Sozialismus. Um diesen zu erreichen, propagiert er den Klassenkampf: „Das Proletariat wird seine politische Herrschaft dazu benutzen, der Bourgeoisie nach und nach alles Kapital zu entreißen". Dabei ist der Sozialismus, bei dem die Kurzformel „jeder nach seinen Fähigkeiten, jedem nach seiner Leistung" gilt, nur ein erster Schritt zum Kommunismus. Hier lautet die Kurzformel: „Jeder nach seinen Fähigkeiten, jedem nach seinen Bedürfnissen", was bedeutet, dass Arbeit freiwillig und ohne Not oder Belohnung geleistet wird. Der Himmel auf Erden? Vielleicht.

05 | 05 | 1897
Vom Penny zum sozialen Gewissen

Am 5. Mai 1897 macht sich Michael Marks, geboren 1859 in Slonim, Weißrussland, besonders schick zurecht. Heute wird er Brite und vielleicht poliert er, zur Feier des Ereignisses, sogar einen Penny blank. Denn immerhin schafft der einfache Einwandererjunge mit seinen „Penny Bazars", in denen alles eben nur einen Penny kostet, in Leeds den Aufstieg zum wohlhabenden Geschäftsmann. Seit 1884 arbeitet Marks dabei mit seinem Geschäftspartner Thomas Spencer zusammen, und so liegt bei der Taufe des Unternehmens der Name „Marks & Spencer" verdächtig nahe. Nach Michael Marks Tod im Jahr 1907 übernimmt Marks' Sohn Simon die Rolle des Partners, nicht aber die Namenspatenschaft. Er führt 1928 zum Ausgleich das Label „St. Michael" ein. Marks & Spencer wird schnell bekannt dafür, dass es nur Artikel „Made in UK" verkauft. 1975 eröffnet Marks & Spencer aber immerhin eine Filiale in Paris. Spanien und andere Länder folgen, doch das Geschäft auf dem europäischen Festland läuft nicht so gut wie erwartet und wird 2001 eingestellt. Trotzdem bleibt Marks & Spencer auf Erfolgkurs. Jährlich meldet das Unternehmen einen Umsatz von über 7 Milliarden GBP. Marks & Spencer hat sich heute auf den Verkauf von umweltfreundlichen Fairtrade-Produkten spezialisiert, die es mit der Kampagne „Look Behind the Label" bewirbt. Das Konzept beschert dem Unternehmen im Jahr 2007 eine starke Umsatzsteigerung.

24 | 04 | 1913
Der Stolz der Stadt

Wenn die Welt des 20. Jahrhunderts eine Hauptstadt hat, dann ist es New York. Und am 24. April 1913 feiern die New Yorker, in geübter Anerkennung ihrer Einzigartigkeit, die Eröffnung des höchsten Gebäudes der Welt. Am Broadway wird das Woolworth-Gebäude eingeweiht. Mit 241 Metern hält das Gebäude im neugotischen Stil bis 1930 den Höhenrekord. Es ist der geeignete Ausdruck für den unternehmerischen Ehrgeiz von Franklin Winfield Woolworth und seiner F. W. Woolworth Company. Woolworth, der 1852 geborene Sohn eines Farmers, eröffnet 1879 einen Laden, in dem jeder Artikel fünf Cent kostet – erfolglos. Ein zweiter Versuch – diesmal gibt es Artikel für fünf und zehn Cents („five-and-dime") – ist erfolgreich. Woolworth gründet eine ganze Ladenkette, die darauf ausgelegt ist, die Preise der Konkurrenz zu unterbieten. Ein neues Konzept, dessen weitere Besonderheit ist, dass die Kunden die Ware direkt – ohne den Weg über den Verkäufer – auswählen und berühren können. 1911 umfasst die frisch gegründete F.W. Woolworth Company bereits ein Imperium von 586 Läden. Frank Woolworth stirbt 1919, sein Unternehmen umfasst zu dem Zeitpunkt über 1.000 Filialen. Das Unternehmen bleibt bis weit in die zweite Hälfte des 20. Jahrhunderts erfolgreich, doch dann überholt es die Geister, die es rief. 1997 ist das Imperium wieder auf etwa 500 Filialen geschrumpft, der Name Woolworth im Rahmen einer Umstrukturierung aufgegeben. Da Wal-Mart inzwischen den US-Discountermarkt bestimmt wird aus Woolworth nun die Sportkette Foot Locker. In England behauptet sich weiterhin die Woolworth Group, die 1909 als englische Dependance gegründet und 1982 von Paternoster Stores Ltd. aufgekauft wurde. Auch die deutsche Woolworth GmbH operiert seit 1998 unabhängig von dem Mutterunternehmen.

28 | 03 | 1922
Eine deutsche Erfolgsgeschichte

Der 28. März 1922 ist ein besonderer Tag für den zwei Jahre alten Karl Albrecht: Er bekommt ein kleines Brüderchen, Theo. Die Familie ist glücklich, obwohl man in einfachsten Verhältnissen lebt. Ein kleines Glück. Vater Albrecht ist Bergmann. Mutter Albrecht eröffnet in einem Essener Arbeitervorort einen Lebensmittelladen. Nach dem Zweiten Weltkrieg übernehmen die Brüder Albrecht das Geschäft der Mutter und bauen langsam eine bescheidene Ladenkette auf. Dabei bemerken sie schnell, dass die Deutschen gut auf kleine Preise reagieren. 1962 eröffnen die Brüder den ersten Aldi. Das Kunstwort haben sie aus dem Familiennamen ALbrecht und DIscount zusammengewürfelt. Die Brüder setzen das Discounter-Prinzip konsequent um: Ein kleines Sortiment, schlichte Einrichtung, günstige Preise bei guter Qualität. Das Konzept geht auf. Die Gebrüder Albrecht gehören schnell zu den reichsten Menschen Deutschlands und bald der Welt: 2006 beträgt der Umsatz von Aldi 38,6 Milliarden Euro. Das Konsummekka der kleinen Leute erstreckt sich inzwischen über die ganze Welt. Das Geschäft ist klar unter den Brüdern aufgeteilt: Aldi-Nord (Norddeutschland, Mitteleuropa) ist Theos Domäne, Aldi-Süd (Süddeutschland, Irland, UK, USA, Balkan und Pazifik) gehört Karl. Weitere Märkte werden Anfang des 21. Jahrhunderts erschlossen. „Die Ruhrpott-Version des amerikanischen Traums", textet das Magazin SPIEGEL treffend zum 85. Geburtstag von Theo Albrecht. Soviel Erfolg zieht auch Neid auf sich: Theo Albrecht wird 1971 entführt. Nach 17 Tagen kommt er gegen ein Lösegeld von sieben Millionen Mark frei. Seitdem ist er – wer kann es ihm verdenken? – öffentlichkeitsscheu. Das tut dem Erfolg nicht weh, denn bei Aldi sind die Stars die Preise...

25|09|1926
Die 40 Stunden Revolution

Der Automobil-Gigant Henry Ford überrascht seine Fabrikarbeiter am 25. September 1926 mit einer freudigen Botschaft: Mit den Worten „Freizeit ist nicht mehr länger ein Privileg der höheren Klassen" schafft Ford die Sechs-Tage-Woche ab und verkündet als erster Unternehmer der Welt den arbeitsfreien Samstag. Was sich als humanistische Geste geriert, ist in der Tat eine rein wirtschaftliche Entscheidung: Wer nur fünf Tage arbeitet, so Ford, hat am sechsten Tag endlich Zeit sein Geld auszugeben: Für Kleidung, Essen, und natürlich auch für Automobile. Mit dem Argument der Konsumförderung hatte Ford bereits 1914 den Stundenlohn von zweieinhalb auf sensationelle fünf US-Dollar angehoben und damit zugleich die Kaufkraft seiner Angestellten verdoppelt. Sparsamen Arbeitern ermöglichte er so bereits nach wenigen Monaten den Kauf eines seiner Ford T-Modelle. Kurz nach der Arbeitsverkürzung ersetzt Ford im Dezember 1927 den Ford T gegen den noch günstigeren Ford A, der bei seinem Erscheinen zehn Millionen Menschen in die Autohäuser zieht. Darunter ist auch mancher Fabrikarbeiter, denn die Einführung der neuen Marke fällt selbstverständlich auf einen Samstag. Fords revolutionärer Arbeitszeitverkürzung folgen Fabrikbesitzer und Unternehmer bald weltweit. In Deutschland sind es die Arbeiter selbst, die sich seit 1956 mit dem Slogan „Samstag gehört Vati mir" die 40-Stundenwoche erkämpfen. Nach ihrer flächendeckenden Einführung 1967 streiten Arbeitgeber und Gewerkschaften um die weitere Reduzierung der Arbeitszeit. Die Versuche, eine 35-Stunden-Woche durchzusetzen scheitern 1995, stattdessen wird seit 2003 auf Arbeitgeberseite die Rückkehr zum Ford'schen 40-Stunden-Modell gefordert.

09|04|1936
Gemeinschaft und Gesellschaft

Am 9. April 1936 wird auf dem Friedhof „Eichhof" in Köln der verarmte Universitätsprofessor Ferdinand Tönnies zu Grabe getragen. Die Trauergäste fragen sich, ob sie wohl beobachtet werden. Aufgrund seiner Theorien wurde Tönnies 1933 von den Nationalsozialisten die Lehrerlaubnis entzogen, auch die Emeritenbezüge des ehemaligen Beamten wurden gestrichen. Die neue, nationalsozialistische Gesellschaft ernährt keinen, der ihr nicht passt. Tönnies, geboren 1855 in einem nordfriesischen Dorf, bildet in seinen Theorien in Anlehnung an so unterschiedliche Charaktere wie Adam Smith und Karl Marx. Während in der Gemeinschaft das freie wirtschaftliche Handeln allen Mitgliedern dient, ist die Wirtschaft in der Gesellschaft eine abstrakte Handlung, deren Wirkungen oft nicht direkt sichtbar sind und dient nicht dem gemeinsamen Überleben aller. Die Gesellschaft ist in Tönnies Worten „eine Aneinanderreihung rationaler Tauschhändel"; was bedeutet, dass Handel nur noch nach ‚wirtschaftlichen' oder ‚reellen' Kriterien ausgeführt werden, nicht mehr nach ideellen oder spontanen, oder der Gemeinschaft dienenden. Tönnies Hauptwerk, „Gemeinschaft und Gesellschaft", erscheint 1887. Es wird als das erste soziologische Werk (die Soziologie oder Wissenschaft von dem Zusammenspiel zwischen den Menschen entwickelt sich in der 2. Hälfte des 20. Jahrunderts) in deutscher Sprache angesehen und eckt erst mal sowohl bei Liberalen als auch bei Kommunisten an. Seit 1912 nimmt die deutsche Jugend- und Kultbewegung Tönnies Ideen über die „Gemeinschaft" begeistert auf, sein Buch wird zum Erfolg. Nach dem Zweiten Weltkrieg wird Tönnies Werk zuerst in den USA weiter rezipiert, in Deutschland wird er aufgrund der Vokabel „Gemeinschaft" oft als Vorläufer des Nationalsozialismus ignoriert. Seine Kritik an Marx macht ihn für den Ostblock schwer verdaulich. Ab den 80er Jahren wird Tönnies' Werk wieder in die westdeutsche soziologisch-wirtschaftliche Diskussion eingeführt.

03 | 03 | 1938

Es werde Wasser! Und es ward Öl.

Scheich Abd-al-Aziz ibn Saud von Arabien hat Ende der Dreißiger Jahre ein ernsthaftes Problem: Sein Land leidet unter Wassermangel. In den Wüsten seines Reiches am Persischen Golf sind Oasen ein rares Gut und ibn Saud braucht gesunde zufriedene Einwohner, hat er doch gerade 1932 die Völker der Wüste unter dem neuen Einheitsstaat Saudi-Arabien vereinigt. So beauftragt er kurzerhand eine Gruppe amerikanischer Ingenieure, das Land geologisch zu vermessen und möglichst viele Wasserquellen dabei aufzuspüren. Das Expertenteam aber, das aus den USA bald in Saudi Arabien eintrifft, hat ganz andere Pläne, es handelt im Auftrag der Standard Oil California, die schon vor Jahren auf große Ölvorkommen im Nahen Osten aufmerksam geworden ist. Die Grabungen in den Weiten der Wüste beginnen, doch die Zeit vergeht. Sechs Großbohrungen führt die Ölgesellschaft durch und findet keinen Tropfen des Schwarzen Goldes, bis am 3. März 1938 die Quelle „Hole No. 7" plötzlich in einer Tiefe von 1.440 m aus vollen Rohren zu sprudeln beginnt. Das reichste Ölressort der Welt ist entdeckt. Der Scheich jedoch braucht noch ein volles Jahr, um zu begreifen, was eigentlich geschehen ist. Feierlich aber wohnt er schließlich in Ras Tanura bei, als der erste Öltanker den Wüstenstaat Richtung USA verlässt. Der Herrscher, der mit Mekka bereits über das höchste Heiligtum des Islam gebietet, kann sich über eine neue Kultstätte freuen, die ihm in den kommenden Jahrzehnten den größten Reichtum bringen und seine Machtposition im nahen Osten beträchtlich steigern wird.

22 | 07 | 1944
Der Staatismus

Wessen Name zum „Ismus" wird, der muss es irgendwie geschafft haben. Der Keynesianismus, benannt nach dem britischen Ökonom John Maynard Keynes, ist zwar nicht in aller Munde, aber durchaus sehr einflussreich. Keynes, dessen Theorien die Wirtschaftslenkung durch den Staat befürworten und fordern, wird 1883 in Cambridge geboren. Sein Denkansatz wird von der Weltwirtschaftskrise der frühen 30er Jahre geprägt: Er lehnt die „Laissez-faire"-Haltung ab. Stattdessen soll der Staat die von ihm als grundsätzlich instabil angesehene Wirtschaft leitend beeinflussen, z.B. indem er als Auftraggeber auftritt. Keynes wird einer der führenden Ökonomen seiner Zeit. Am 22. Juli 1944 vertritt er Großbritannien auf der Konferenz zur Reform des Weltwährungssystems in Bretton Woods mit einem von ihm ausgearbeiteten Vorschlag. Nach seinen Vorstellungen sollen die Zahlungsflüsse zwischen den Währungen über eine International Clearing Union und eine internationale Buchwährung abgewickelt werden. Der Vorschlag unterliegt gegen den des Amerikaners Harry Dexter White, nach dem alle Mitgliedswährungen in einem starren Wechselkurs gegen den US-Dollar eingefroren werden. Die USA verpflichten sich dafür, US- Dollars bei Bedarf in Gold einzulösen. Bretton Woods ist also für Keynes eigentlich eine Niederlage. Keynes stirbt 1946; sein -ismus bleibt. Das Bretton Woods-System scheitert Ende der 60er Jahre. Keynes dagegen präge die Wirtschaftspolitik mehrerer europäischer Länder. In den 80er Jahren erblickt dann ein neuer -ismus das Licht der Wirtschaftswelt: Der Neokeynesianismus.

22 | 07 | 1947
Die Lust am Kleingeld

Carl Barks hat es mal wieder geschafft: Eine neue Donald Duck-Story ist fertig. Stolz reicht er sie am 22. Juli 1947 in der Redaktion von Dell Comics ein. „Christmas on Bear Mountain" erscheint in Ausgabe 178 der „Four Colour Comics". Die Geschichte führt einen neuen Charakter ein: Dagobert Duck, im Original Scrooge McDuck. Den Namen „Scrooge" hat Barks einem geizigen Alten in Charles Dickens' Erzählung „A Christmas Carol" entliehen, auf der seine Comicgeschichte „Christmas on Bear Mountain" locker basiert. Dagobert/Scrooge beginnt seine Karriere als alter, übellauniger Mann, der zähneknirschend „alle hassen mich, und ich hasse auch alle" flucht. Mit der Zeit aber wird die reiche Ente, die sich schnell großer Popularität erfreut, jünger, agiler und menschenfreundlicher, Verzeihung, entenfreundlicher. Dagoberts Vergangenheit allerdings bleibt immer etwas zwielichtig – frühe Geschichten erzählen, er hätte einen afrikanischen Stamm wegen einer Diamantenmine von ihrem Land vertrieben. 1949 sucht Bombie the Zombie bei Dagobert Rache für solche kapitalistischen Untaten. Harsche Gesellschaftskritik oder das Lachen derer, die in der Fülle leben? Duck, wie sich im Laufe der Verpoppung des Charakters entwickelt, ist Meister im Geldschwimmen. Sein mit Goldmünzen angefüllter enormer Geldspeicher dominiert die Skyline von Entenhausen. Damit wird ein Gesellschaftsbild erzeugt, das perfekt die internationale Vorstellung vom westlichen Kapitalismus wiederspiegelt – kritisch und genüsslich zugleich. Denn, so die Lehre, Enten und Moneten beherrschen die Welt. Führende „Duckologen" nehmen sogar an, dass die Härte des Münzmetalls auch einen gewissen masochistischen Lusteffekt beim Baden auf Dagobert ausüben.

13 | 09 | 1947

Ihre neue Jagdbekleidung

Wer sind denn nun diese Hennes und Mauritz, deren Modehäuser inzwischen weltweit die Städte bevölkern wie Vögel, die auf Ästen hocken? Die Antwort ist einfach: Hennes ist schwedisch und heißt „ihres" oder „für sie", Mauritz hingegen gibt es tatsächlich. Aber der Reihe nach. Erling Persson hat nur 200 schwedische Kronen in der Tasche, als er 1947 aus der Provinz nach Stockholm kommt. Skurrile Dinge wie Weihnachtssterne und japanische Uhren sind die ersten Waren, die er versucht an Mann und Frau zu bringen. Sein Aufstieg beginnt mit der Entscheidung, am 13. September 1947 ein Damenmodegeschäft zu eröffnen. Das Geschäft läuft bereits über 20 Jahre, als Persson auch das Jagdbekleidungeschäft eines Mauritz Widforss übernimmt. Er ändert den eigenen Firmennamen in Hennes & Mauritz und bietet nun auch Herrenmode an. Das Konzept: Modische Kleidung zu erschwinglichen Preisen bei schneller Warenzufuhr an die Filialen. 1974 folgt der Börsengang, 1980 die erste Deutschland-Filiale und schließlich im Jahr 2000 auch die Eroberung Amerikas. Perssons Sohn Stefan übernimmt 1982 die Geschäftsführung. In dieser Periode expandiert das Unternehmen stark. Im Gegensatz zu Perssons Freund Ingvar Kamprad, der seine Ikea-Möbelhäuser stets am Stadtrand ansiedelt, findet man H&M-Geschäfte in jeder Stadt immer in bester zentraler Lage. Am 28. Oktober 2002 stirbt Erling Persson im Alter von 85 Jahren, das Geschäft liegt jedoch längst sicher in anderen Händen, über 60.000 Mitarbeiter und ein Umsatz um die 9 Milliarden pro Jahr sprechen eine deutliche Sprache. Obwohl sich H&M immer wieder für wohltätige Zwecke engagiert, muss sich die Firma vorwerfen lassen, durch Kinderarbeit und schlechte Tarifbedingungen seine Spitzenposition am Markt sichern zu wollen.

20|06|1948

Münze mit zwei Seiten

Deutschland 1948: Im Rahmen des Marshallplans, der ganz Europa auf US-amerikanische Initiative hin eine 12,4 Milliarden Dollar schwere Aufbauhilfe gewährleisten soll, entscheiden sich die Wirtschaftsräte der USA und Großbritanniens mit Wirtschaftsminister Ludwig Erhardt zur Einführung einer neuen Währung für die Westsektoren. Der Magistrat West führt am 20. Juni 1948 schließlich die D-Mark (DM) ein, welche die alte Reichsmark ersetzt. Für 100 Reichsmark erhält jeder Einwohner 6,50 DM. Wem das zu wenig ist, der gibt seine Reichsmark schnell im Ostsektor aus. Dies alles keineswegs zur Freude des Ost-Magistrats, denn hier kommt es über Nacht zu einer folgenreichen Inflation. Die Sowjets veranlassen in prompter Reaktion am 24. Juni 1948 ebenfalls die Einführung einer neuen Deutschen Mark (DM). Doch die beiden Währungen sind sich trotz ihres gemeinsamen Namens keinesfalls ebenbürtig. Im wirtschaftlich schwächeren Osten tritt alsbald der Kursverfall ein: Steht das Verhältnis 1948 erst 1:2 für den Westen, fällt der Kurs bereits 1949 auf 1:5 zu Ungunsten des Ostgeldes. Die D-Mark, die nur im Westsektor getauscht werden kann, wird so schnell zum Symbol westdeutscher Prosperität und zum Identifikationsobjekt der Bundesrepublik. Die Ostmark bleibt eine auf internationalen Märkten wenig begehrte Binnenwährung. Was die Kaufkraft der DDR-Mark – seit 1968 „Mark der DDR" (M) – im eigenen Land angeht, ist sie in Bezug auf Güter des täglichen Bedarfs ihrer westdeutschen Schwester sogar an Kaufkraft überlegen. Für die Ostdeutschen bleibt die DM dennoch bis 1989 das Objekt materieller Begierde, weswegen die DDR-Regierung bei der Einreise auch am Wechselkurs 1:1 festhält. Mit der Einführung zweier Währungen 1948 war die deutsche Teilung nunmehr auch wirtschaftlich zementiert. Als es am 30. Juni 1990 zur Währungsunion kommt, wird M 3:1 gegen DM getauscht. Am 31. Dezember 2001 um 24 Uhr hört auch die stolze D-Mark zu existieren auf und macht dem Euro Platz.

05 | 08 | 1955

Fahr, Käfer, fahr!

Durch den 5. August 1955 kam ein Erfinder zu seinem Recht, wurde das deutsche Wirtschaftswunder ausgelöst und dem Volkswagen der Durchbruch beschert. Siebzehn Jahre zuvor hat die Deutsche Reichsregierung einen erschwinglichen Kleinwagen konzipieren lassen, um die Bevölkerung von den Annehmlichkeiten des Nationalsozialismus zu überzeugen. Nach Kriegsende bieten die Alliierten die Produktion des „Volkswagens" amerikanischen, britischen und französischen Industriellen zur Übernahme an. Doch niemand räumt dem kleinen und als „unmodern" und „hässlich" verschrienen Auto Chancen auf dem Weltmarkt ein, auch der US-Autogigant Ford lehnt ab. Schließlich übernimmt das Land Niedersachsen die Treuhand für das VW-Werk, und das kleine Auto entwickelt sich schnell zum Verkaufsschlager. Am 5. August 1955 läuft der millionste Volkswagen vom Band. Er ist damit das bestverkaufte Auto Europas und wird zum Symbol des neuen deutschen Wohlstandes. Die ausländische US-Presse meldet gar ein deutsches „Wirtschaftswunder" und preist den kleinen „Beetle" oder „Bug" als charmante Alternative zu den landeseigenen Streetcruisern. Anlässlich des Trubels wird 1955 auch der Tscheche Béla Barény auf den „Käfer" aufmerksam: Er hat in den Zwanziger Jahren einen auffällig ähnlichen Kleinwagen entwickelt. Barény bestreitet dem bis dahin als Erfinder anerkannten und just verstorbenen Ferdinand Porsche die Urheberschaft und bekommt Recht. Bis 2002 werden insgesamt 22 Millionen Exemplare des großäugigen, eierförmigen Vehikels mit dem unnachahmlichen Surren im Motor in die ganze Welt verkauft. Kurioserweise kann VW selbst sich erst 1974 für die offizielle Umbenennung des Volkswagens zum „Käfer" entschließen. Nach Einstellung der deutschen Käferproduktion 1986, lanciert das Autohaus 1998 eine Neuauflage des Produktes. Doch der „New Beetle" löst nicht dieselbe Begeisterung aus wie sein legendärer Vorgänger, er muss sich bald „Golf im Clownskostüm" schimpfen lassen.

30|03|1958
Biblische Ausmaße

Ob er nun, wie zwischenzeitlich kolportiert, auf Rang 1 oder doch eher Rang 4 steht, scheint Nebensache. Mit eisernem Sparzwang hat der am 30.3.1926 geborene Ingvar Kamprad sich selbst zu einem der reichsten Menschen der Welt gemacht und anderen ansehnliche Möbel zu einem vernünftigen Preis beschert. Um die 30 Milliarden Dollar soll Kamprad auf der hohen Kante haben und sich dabei immer noch von der eigenen Frau die Haare schneiden lassen, der Frisör ist ihm zu teuer. Obst wird nachmittags gekauft, weil es dann günstiger ist, Papier beidseitig beschrieben und das Auto ist ein 15 Jahre alter Volvo, der nach Möglichkeit auf einem kostenlosen Parkplatz abgestellt wird. Junge Fußballstars können sich bei Kamprad mehr als eine Schnitte abschneiden, so scheint es. Aber nur mit billigem Obst wird Otto Normalverbraucher mit Kamprad finanziell nicht gleichziehen können. 1943 gründet der junge Ingvar, dem das Sparen und fleißiges Arbeiten schon in die Wiege gelegt wurden, einen Versandhandel, der seine Initialen „IK" und die des Heimatortes Elmtaryd Agunnaryd „EA" trägt. Zunächst gibt es bei Ikea von Kugelschreibern bis zu Gemüsesamen so ziemlich alles, ab Ende der 40er Jahre dann vor allem Möbel. 1956 lässt Kamprad ein Verfahren entwickeln, dass es möglich macht, selbst opulente Schrankwände in handlichen Pappkartons transportfähig zu machen. 1958 eröffnet er sein erstes Möbelhaus in Älmhult. Er mietet günstige Hallen am Stadtrand und lässt die Kunden die unschlagbar preiswerten Einrichtungsgegenstände selber zusammenbauen. Oslo ist 1963 die erste nicht-schwedische Stadt mit einer Ikea-Filiale, 1974 folgt schließlich auch Deutschland mit München. „Knut", „Grinda" und „Billy" sind nicht wenigen bald besser vertraut als ihre eigenen Kinder. Im Jahr 2008 besitzt Ikea über 200 Filialen weltweit, jährlich kommen 20 neue hinzu, der Umsatz kratzt an der 20-Milliarden-Grenze und es wird gar angenommen, dass der Ikea-Katalog mit einer Auflage von 191 Millionen Exemplaren jährlich die Bibel bereits überflügelt hat.

31|10|1969
Der Billigmann

Samuel Moore Walton wird am 29. März 1928 in Kingfisher, Oklahoma geboren. Nach dem II. Weltkrieg gründet er einen „Five-and-Dime"-Laden mit einer besonders kundenorientierten Philosophie. Walton bietet eine breite Produktpalette zu günstigen

Preisen an und hält seinen Laden, besonders in der Weihnachtszeit und an Feiertagen, länger geöffnet als die Konkurrenz. Die günstigen Preise kann er sich leisten, da er seine Waren in großen Stückzahlen und daher zu besseren Konditionen bezieht. 1962 eröffnet Walton den ersten Wal-Mart. Am 31. Oktober 1969 – der Tag wird in der Familiengeschichte der Waltons besonders gefeiert werden – wird das Unternehmen Wal-Mart Stores inkorporiert. Von da an geht es nur noch aufwärts. Sam Walton ist bald einer der reichsten Männer der Welt. Die Wal-Mart Philosophie fasst er so zusammen: „Jeder Wal-Mart muss die Wertvorstellungen seiner Kunden widerspiegeln und sie bei der Umsetzung ihrer Visionen für ihre Gemeinde unterstützen". Entsprechend bieten lokale Wal-Marts wohltätigen Vereinen und Highschool-Abgängern Hilfe an. Kritisiert wird Wal-Mart vor allem von den Gewerkschaften. Sie argumentieren, das Unternehmen ließe seine billigen Waren günstig und unter zweifelhaften Bedingungen im Ausland herstellen. Die US-Regierung nimmt daran keinen Anstoß. Sam Walton, der ab 1985 ein Programm zur Bekämpfung des Kommunismus in Lateinamerika finanziert, erhält kurz vor seinem Tod 1992 sogar die „Presidential Medal of Freedom" von Präsident Bush Senior. Das Unternehmen Wal-Mart wächst weiter, im Jahr 2007 ist ein Umsatz von 351 Milliarden US-Dollar erreicht.

26 | 11 | 1976
Ein Betriebssystem für die Welt

Am 26. November 1976 entscheiden sich Paul Allen und der 1955 geborene William „Bill" Henry Gates III dafür, den Bindestrich aus dem Namen ihres gemeinsamen Projekts „Micro-Soft" zu streichen und sich die Rechte an dem Markennamen „Microsoft" sichern zu lassen. Geschichte ist gemacht. 1980 erhält Microsoft eine Anfrage von IBM. Durch geschicktes Manövrieren wird Microsoft zum Lieferanten des Betriebssystems für die neuen Dinosaurier der Computerindustrie. Der IBM-PC, der PC-DOS und der MS-DOS werden schnell zu Verkaufsschlagern, und Microsoft beginnt, unter der Führung von Bill Gates, seinen Aufstieg an die Spitze des Software-Marktes. Gates wird zu einem der reichsten Männer der Welt. Seine oft aggressive Verkaufsstrategie wird ebenso häufig kritisiert wie bewundert. Gates erreicht, das ein Großteil der PCs mit vorinstallierter Microsoft-Software verkauft werden und schafft sich somit eine Art Monopol. Diese Monopolstellung führt im Jahr 1998 zum Rechtsstreit United States vs. Microsoft, bei dem Gates' ausweichende Stellungnahmen und uneindeutige Aussagen eine Verurteilung von Microsoft nicht verhindern können. Das Urteil führt allerdings nur zu einem Vergleich. Seit 2006 zieht sich Gates langsam aus dem Geschäftsleben zurück. Er widmet sich nun mehr der von ihm und seiner Frau gegründeten Bill & Melinda Gates Foundation. Die Stiftung ist ein wichtiger Geldgeber in den Bereichen Forschung, Bildung und Medizin. Obwohl Bill Gates selten als Held oder Genie, sondern eher als Geschäftshai oder „Computer-Nerd" angesehen wird, hat er das Gesicht des ausgehenden 20. Jahrhunderts geprägt. Seine Bereitschaft, für gemeinnützige Zwecke Gelder aufzuwenden, wird oft auch als eine Abkehr vom egozentrischen Hedonismus der Reichen angesehen.

01 | 07 | 1979

Die Stereobelt-Revolution

Der 1. Juli 1979 markiert eine Revolution in der Geschichte der Unterhaltungsindustrie. An diesem Tag beginnt der Verkauf des Sony Walkmann in Japan. In den USA kommt das Gerät als „Soundabout" auf den Markt, in England heißt er „Stowaway". Das japanische Unternehmen Sony triumphiert. Sony wurde 1946 von Akio Morita und Musara Ibuka als Unternehmen der Kommunikationsindustrie im zerstörten Tokio gegründet. Bald macht sich die Firma einen Namen als Produzent von Transistorenradios, die unter dem Namen Sony vertrieben werden. 1958 wird der erfolgreiche Markenname zum Unternehmenstitel. Sony ist das erste japanische Unternehmen, das seinen Namen in lateinischen Buchstaben schreibt: Eine in der Heimat umstrittene Entscheidung. In den folgenden Jahren verschreibt man sich der „Miniaturisierung". Mit dem Walkman gelingt es, jedem Kunden eine eigene, tragbare Stereoanlage anzubieten. 1983 führt Sony zusammen mit Philips die CD ein. Zudem entwickelt sich die Firma zum Marktführer für professionelle Digitalkameras und erobert sich mit der 1994 vorgestellten Playstation-Konsole eine bedeutende Nische auf dem hart umkämpften Computerspiel-Markt. Aufgrund der weit gefächerten Produktpalette kann Sony im Jahr 2007 einen Umsatz von 70 Milliarden US-Dollar erzielen. Bald fand auch ein unerfreuliches Kapitel der Unternehmensgeschichte ein Ende: Bereits 1977 hatte ein deutsch-brasilianischer Erfinder ein Patent auf einen tragbaren „Stereobelt" angemeldet, der dem legendären Walkman verblüffend glich. Die Streitigkeiten und Verhandlungen zwischen dem Erfinder und Sony begannen 1980 und dauerten bis 2003, über die Höhe der Vergleichssumme ist nichts bekannt.

11 | 08 | 1987
Das Wirtschaftsorakel

Am 11. August 1987 wird dem Wirtschaftswissenschaftler Alan Greenspan vom US-Präsidenten Ronald Reagan der Vorsitz der US-Notenbank übertragen. Greenspan, geboren 1926 in New York, hat bereits den umstrittenen Präsidenten Richard Nixon beraten und weiß in diesem Moment durchaus, dass er nun eine der mächtigsten Positionen des Landes übernimmt. In den nächsten Jahren macht er das auch den internationalen Medien und den politischen Lenkern dieser Welt klar. Sein Machtmittel ist der Zinssatz. Wenn Greenspan eine Ankündigung macht, dann lauscht die Finanz- und Wirtschaftswelt so angespannt, dass die Medienmikrophone das Klimpern des Kleingelds in der Hosentasche des Notenbankvorsitzenden aufnehmen könnten... Danach wird spekuliert. Greenspan ist ein Meister der Andeutungen; seine oft nebulösen Aussagen führen dazu, dass der Begriff „Greenspeak" durch den Blätterwald raschelt. Auch seine hedonische Berechnung von Inflation und Wirtschaftwachstum, die seit seiner Amtsübernahme in fast der gesamten englischsprachigen Welt benutzt wird, ist nicht ohne Kritiker. Bei dieser Methode wird die Qualitätssteigerung von Produkten mit berücksichtigt; das – rechnerische – Ergebnis sind tendenziell niedrigere Inflationsraten bei höheren Wachstumszahlen. Gute, wenn auch nicht wirklich vergleichbare Zahlen führen, so die Kritiker, zu einer Art „Propagandadruck" auf dem internationalen Markt. Greenspan, der ursprünglich Musiker werden wollte und dessen wohl bekanntester Ausspruch „Geldpolitik ist keine angewandte Wissenschaft, sondern Kunst!" war, dient unter vier US-Präsidenten und tritt am 31. Januar 2006 zurück. Seit 2007 ist er als Berater für die Deutsche Bank tätig.

22 | 11 | 1989
Visionen in der Wüste

Golden glitzern die Fensterrahmen in der prallen Wüstensonne. Träge eruptiert ein Vulkan, während Palmen sich im Wind wiegen ... The Mirage, die neueste Attraktion der Wüstenstadt Las Vegas, eröffnet am 29. November 1989 seine Pforten. Das Mega-Casino, erbaut im Auftrag des Milliardärs Steve Wynn, soll zum Glücksfall für die Stadt werden. Die „Sin City" wurde 1905 erbaut, seit Mitte der 40er Jahre ist das Glücksspiel für die Stadtkultur hier bestimmend. Shows, leichte Mädchen, freie Drinks und die Hoffnung auf das schnelle Glück in einer weitab der zivilisierten Welt in der Wüste gelegenen Stadt machen den besonderen Reiz der schnell wachsenden Ansiedlung aus.

Doch in den 70er Jahren beginnt ein starker Rückgang der Besucherzahlen. Der Las Vegas Strip, das Flamingo Hotel und die faszinierendsten Neon-Shows der Welt sind plötzlich kein Magnet für die Massen mehr. Steve Wynn, der das „Golden Nugget Casino" betreibt, erkennt, dass eine neue Strategie Not tut und baut das erste „Megaressort": The Mirage. 3000 Zimmer und verschwenderischer Luxus warten auf jeden, der sein Geld riskieren möchte. Die Investition – $ 630 Millionen – macht sich bezahlt. Wynn kann seinen Baukredit, auf sieben Jahre angelegt, in nicht einmal zwei Jahren abbezahlen. Das Mirage läutet das zweite „Goldene Zeitalter" für Las Vegas ein, das nun eine der am schnellsten wachsenden Städte der USA wird.

16 | 09 | 1992

Wetten das…

György Schwartz wird 1930 in Budapest geboren. Der Sohn einer jüdischen Familie überlebt die deutsche Besetzung Ungarns, die Namensänderung in George Soros schützt ihn vor der Verfolgung. 1947 flüchtet Soros vor der sowjetischen Besetzung nach England. Dort studiert er Wirtschaftswissenschaft bei Karl Popper. Dem jungen Mann ist Europa aber zu eng. 1956 zieht er in die USA. Fortan unternimmt er Investment-Geschäfte in Offshore-Finanzzentren und wird dabei reich. Soros macht seine gelungenen Spekulationen stets öffentlich bekannt, was ihm bald einen gewissen Pop-Status verleiht. So im September 1992, als Soros überzeugt ist, dass das englische Pfund überbewertet ist und bald fallen wird. Er und andere Spekulanten tauschen daher in großem Stil geliehene Pfund gegen andere Währungen ein. Es ist ein frontaler Angriff auf die britische Notenbank. Am „Black Wednesday", dem 16. September 1992 versucht sich die Bank of England aus der Zwickmühle zu befreien, erhöht den Zinssatz, senkt ihn wieder, alles ohne Erfolg, zeitgleich verlässt Großbritannien das Europäische Währungssystem. Innerhalb des nächsten Monats verliert das Pfund drastisch an Wert. Die „Schuld" liegt bei Soros, der dabei Milliarden verdient. Manche halten den Ungarn daraufhin für einen zynischen Kapitalisten, der nur an Geld denkt und dem die Welt um sich egal ist. Andere entschuldigen ihn mit Hinweis auf die Lehren des Wirtschaftstheoretikers Karl Popper, der wie Soros eine „offene Gesellschaft" propagiert habe. Soros selbst versucht, sich durch gute Taten zu rehabilitieren. Die Soros Foundation unterstützt zahlreiche Oppositionsgruppen und Minderheitenprogramme, großzügige Spenden sollten 2005 auch die Wiederwahl von US-Präsident George W. Bush verhindern. Doch diesmal blieb Soros erfolglos – was selten vorkommt.

19 | 01 | 1996
Und immer lockt das Spielzeug

Am 19. Januar 1996 bildet sich am Kopfende der Berliner Kantstrasse eine Schlange Neugieriger, die in das neueste Museum der deutschen Hauptstadt eingelassen werden wollen. Es handelt sich um das Beate Uhse Erotik-Museum. Direkt über einem Beate Uhse Sex-Shop gelegen bietet es auf mehreren Etagen Exponate rund um Phallus und Vagina sowie frühe Pornofilme. Die Gründerin des Museums wird als Beate Köstlin 1919 in Wargenau, Ostpreußen geboren. Sie absolviert in den 30er Jahren eine Fliegerausbildung und wird zur ersten Stuntpilotin Deutschlands. Nebenher heiratet sie und nimmt einen neuen Nachnamen an: Uhse. Nach dem II. Weltkrieg ist der Kampfpilotin das Fliegen verboten. Uhse beschreitet neue Wege und gibt ein bitter benötigtes Buch über Verhütungsmethoden heraus. 1951 gründet sie das Versandhaus Beate Uhse. Neben Informationsmaterial sind auch Kondome im Angebot. Weihnachten 1962 eröffnet Uhse schließlich den ersten Sex-Shop der Welt in Flensburg, ein „Fachgeschäft für Ehehygiene". Das Geschäft läuft gut, Kunden gibt es genug, Kritiker und Feinde aber auch. Immer wieder wird Anzeige gegen Uhse erstattet, der lokale Tennisclub will sie wegen „allgemeiner Bedenken" nicht aufnehmen. Beate Uhse aber ist inzwischen wohlhabend genug, um sich ein eigenes Flugzeug zu leisten; der Tennisclub ist nicht so wichtig, fliegen ist schöner. 1996 erfüllt sie sich den Traum eines eigenen Museums. 1999 geht die Beate-Uhse-AG an die Börse. Das Papier ist heiß begehrt. Inzwischen hat sich auch die Flensburger Bürgerschaft beruhigt, die sie in demselben Jahr zum Ehrenbürger erklärt. Beate Uhse stirbt 2001. Ihr Unternehmen gedeiht weiter; im Jahr 2006 meldet das Erotikunternehmen einen Umsatz von € 271 Millionen.

01 | 06 | 1998
Eine Bank für Europa

Die Vision eines vereinten Europa braucht 1998 Organe, um das neue „transnationale" Staatsgebilde sichtbarer und handlungsfähiger zu machen. Eines dieser Organe, die Europäische Zentralbank (EZB), erblickt am 1. Juni 1998 das Licht der Welt. Bereits im Mai ist der holländische Ökonom Wim Duisenberg zu ihrem Präsidenten bestimmt worden, doch seine Wahl gestaltet sich als mühselig, da Frankreich seinen ehemaligen Schatzmeister Jean-Claude Trichet favorisiert. Als Duisenberg einräumt, sein Amt vor dem Ablauf der Amtszeit von acht Jahren abzugeben und mit Sirrka Hämäläinen auch eine

Frau ins Direktorium bestellt ist, nimmt die EZB endlich den komplizierten Übergangsprozesses vom losen Staatenverbund zum Europa der Zukunft und die Nachfolge des Europäischen Währungsinstituts in Angriff. Duisenberg arbeitet gezielt auf die Einführung der gemeinsamen europäischen Währung in weiten Teilen der Union im Jahr 2002 hin. Dass er am 20. Juni 1998 noch einmal zum 50. Geburtstag der D-Mark sprechen muss, deren Schicksal besiegelt ist, wirkt manchem kurios. Ihren Sitz hat die EZB in Frankfurt am Main, wo sie als Hauptorgan des Europäischen Systems der Zentralbanken fungiert. Das erklärte Ziel der EZB ist die Preisniveaustabilität in der Eurozone sowie die Unterstützung eines hohen Beschäftigungsniveaus bei anhaltendem Wachstum. Zusätzlich berät die EZB die einzelnen Nationalbanken und genehmigt die Ausgabe des Euro-Papiergeldes. Bis 2003 wird die Bank von Wim Duisenberg geführt, dann darf der Franzose Jean-Claude Trichet die Präsidentschaft übernehmen.

16 | 09 | 1999

Die Zukunft spricht Mandarin

Am 16. September 1999 zieht eine Meldung wie ein Wirbelwind durch die Wirtschaftsbeilagen der Zeitungen dieser Welt: China, das bevölkerungsreichste Land der Welt, hat erklärt, dass es der Welthandelsorganisation (WTO) beitreten wird. Das bedeutet eine Öffnung der chinesischen Märkte. China verpflichtet sich zur deutlichen Senkung seiner Einfuhrzölle und erlaubt stufenweise internationale Beteiligungen an chinesischen Unternehmen. An diesem Tag tropft westlichen Geschäftsmännern beim Traum vom chinesischen Markt schon mal eine Freudenträne in den standesgemäßen Latte Machiato. Der Schritt bedeutet aber auch den Beginn vom Aufstieg der Weltmacht China in der internationalen Wirtschaftsszene. Und dieser Aufstieg wird rasant vonstatten gehen. Von 2002 bis 2007 ein jährliches Wirtschaftswachstum von 10%, Wachstum in der Industrieproduktion jährlich 15%, wenn das mal kein Wirtschaftswunder ist. Dazu Devisenreserven von weit über einer Milliarde Dollar im Jahr 2007, ein globaler Platz 1, bedenkt man zudem, dass die Euro-Zone gemeinsame Reserven von unter 200 Milliarden Dollar besitzt. Ein galoppierender Avantgardismus in allen Bereichen, ein riesiger Bauboom. Die jungwilden Künstler, die im vielen Menschen nicht geheuren real existierenden Kommunismus agieren, werden international auch gerne gekauft. Der Leistungswille, oder sollte man sagen, die Leistungsfreude der Volksrepublik scheint keine Grenzen zu kennen. Passend dazu präsentiert das Land im Jahr 2008 auch die Olympischen Spiele. Nur die rekordverdächtige Inflationsrate setzt der allgemeinen Euphorie einen kleinen Dämpfer auf. Aber die Marschrichtung Chinas scheint klar zu sein. Im März 2004 kommt es übrigens zu einer kleinen, stillen Revolution von oben in China: Der Nationalkongress änderte die chinesische Verfassung, die nun die Achtung von Menschenrechten und Privateigentum vorsieht.

06|03|2000
Der Sultan schnallt den Gürtel enger

Im August 2005 veröffentlicht das Automagazin Wheels eine Liste des königlichen Wagenparks des Sultans Haji Hassanal Bolkiah von Brunei. Sie umfasst 2.771 Gefährte. Der Sultan, so ist sofort ersichtlich, bevorzugt die Marke Mercedes, er verfügt über 710 Modelle der Marke, darunter 180 in AMG-Spezialausfertigung, auch der Bentley scheint ihm bei 370 geführten Wagen Spaß zu machen. Sein Interesse für Designermarken wie Ferrari (257 Modelle) oder Aston Martin (70) ist dagegen vergleichsweise gering. Ganz abhold ist er offenbar der Marke VW, die mit nur fünf Exemplaren eher matt glänzt. Vier Milliarden Dollar ist der Fuhrpark wert, der seine Größe vor allem der Vorliebe des Sultanbruders Prinz Jefri für motorisierte Gefährte verdankt. Doch ist der Fuhrpark das Zeugnis einer Wohlstandsperiode, die nach bruneischen Begriffen seit dem Jahr 2000 in Gefahr ist. Prinz Jefri, seines Zeichens auch Finanzminister, gerät in dieser Zeit nämlich nicht nur mit seiner 60 Meter Yacht „Tits" und seinen wilden Orgien wie üblich in die Schlagzeilen, sondern er muss sich am 6. März 2000 für 18 Milliarden falsch investierte Gelder – und damit für den Verlust der Hälfte des Staatsschatzes – verantworten. Im Zuge des Prozesses verliert Jefri seinen Posten als Finanzminister, der Sultan seine Position als unangefochten reichster Mann der Welt und das 5.770 km² große Sultanat seine Unschuld. Der absolutistische Monarch des 600 Jahre alten Brunei muss seinem Volk mehr Einfluss zugestehen. Er entschließt sich auch durch eine strengere Religionspolitik seinem Regime mehr Glaubwürdigkeit zu verschaffen. Darüber hinaus darf sich der Sultan mit einem Jahresverdienst von 2 Milliarden US-Dollar, das sich vor allem aus Erdöl- und Erdgasverkäufen speist, nun hinter Carlos Slim, Ingvar Kamprad und Bill Gates in die Liste der reichten Männer der Welt einreihen.

10|03|2000

Platzende Blasen

Wer Geld hat, der kauft Aktien, schließlich wachsen sie im Wert wie die Bäuche der Willenlosen im Schlaraffenland. Der Neue Markt, eingerichtet im Jahr 1997 als Segment der Deutschen Börse, folgt dem Beispiel des amerikanischen NASDAQ: „The only way is up". Neue Unternehmen gehen an die Börse, die neuen Ideen so bereitwillig Geld zuschiebt wie noch nie. Jeder wird zum Fachmann, man kennt sich aus. Was? Eine Internet-Handelsbörse, bei der jeder sozusagen Verkäufer sein kann. Nehmen wir. Eine neue Schnittstelle für den USB-Toaster? Das nennt man New Economy! Das hat Zukunft! Am 10. März 2000 erreicht der Nemax 50, der Index des Neue Markts, seinen Höchststand – 9666 Punkte. Das ‚666' hätte dem geneigten Anleger zu denken geben können, denn Nach dem Höhenflug kommt stets der Fall. Noch im Jahr 2000 melden zahlreiche „Unternehmen mit Zukunft" Insolvenz an. Die Aktienwerte streben dem Abgrund zu, innerhalb weniger Monate sind Aktien, die einst für 100 Euro gehandelt wurden nur noch Centbeträge wert. Der Nemax ist im Spätsommer 2002 bei etwa 300 Punkten angelangt – und die kleinen Anleger, die eine Weile in der Welt der Großen mitträumen durften, verlieren ihr Geld, sind aber um eine nicht tröstliche Erfahrung reicher. Aber nicht nur diese. Auch die Wirtschaftsexperten müssen lernen, dass der freie Geldmarkt nicht der effiziente Goldesel ist, für den man ihn eine Weile lang hielt. Der Neue Markt, die Vorstellung vom Loslösen des Einkommens von der Welt der Arbeit und des Schweißes, wird im Juni 2003 geschlossen. Friede seinen Verlusten.

01|02|2002

Eine teure Union?

Deutschmark, Lire, Peseten, sie alle sind am 1. Februar 2002 Geschichte. Europa, das eigenwillige und nicht immer geliebte Einheitsprojekt der Europäer, nimmt seine neue Währung an: Den Euro. Schon der Name hat zu Streitereien im Haus der Einheit geführt. Lange dachte man, die Währung würde Ecu heißen, nach der alten EU-Verrechnungswährung. Der Vorschlag „Europäischer Franken" wurde wegen historischer Bedenken fallen gelassen; in Spanien hätte der „Franco" an einen Diktator erinnert ... Schon im Jahr der Einführung erhält die neue Währung den Spitznamen „Teuro", das Satiremagazin Titanic ist Namenspate. Denn viele Waren kosten in Deutschland und anderen Staaten mit der neuen Währung plötzlich mehr. Manche

Länder hatten Preiserhöhungen im Zeitraum der Euro-Einführungen gesetzlich untersagt. Die neue Währung wird zum Buhmann, allein bei Touristen ist der Euro sehr beliebt, da das ständige Umrechnen und Umtauschen wegfällt. Von Andorra bis Irland, auf Zypern und in der Vatikanstadt... überall wird der Euro akzeptiert, der schnell zur (nach dem US-Dollar) zweitwichtigsten Währung der Welt aufsteigt. Doch die Gerüchteküche brodelt überall: Viele Europäer glauben zum Beispiel, die listigen Deutschen hätten sich aus Faulheit eben einen Umrechnungssatz von fast 2:1 gegeben, während Spanier 1:166 umrechnen müssen. Bis heute schwebt die Frage im Raum, ob es wirklich oder nur gefühlt zu einem „Teuro-Effekt" gekommen sei. Den Wirtschaftsstatistikern zufolge ist die durchschnittliche Inflationsrate nach Einführung des Euro sogar gesunken. Fest steht für die meisten aber, dass Europa, irgendwie dann doch, näher zusammengekommen ist – durch den Teuro und die Billigflieger.

30 | 04 | 2007
Börse mit Phantasie

Am 30. April 2007 lässt eine Nachrichtenmeldung die Finanzwelt aufhorchen: Die Deutsche Börse AG kauft die US-Optionsbörse International Securities Exchange Holdings (ISE). Aus Frankfurt wird bekannt gegeben, dass dadurch der größte transatlantische Marktplatz für Finanzderivate entstehen wird. Ein Höhepunkt in einer noch nicht langen Geschichte. Die Deutsche Börse AG, Träger der öffentlich-rechtlichen Frankfurter Wertpaperbörse, deren Ursprünge bis ins 12. Jahrhundert zurück reichen, ist erst 1992 aus der 1990 gegründeten Frankfurter Wertpapierbörse AG hervorgegangen. Schnell träumt das Unternehmen von globalen Einkäufen. Im Jahr 2000 schlägt ein Versuch, den London Stock Exchange zu übernehmen, fehl. Ein zweiter Versuch 2004 scheitert ebenfalls. Im selben Jahr lehnt die Schweizer Börse SWX eine Fusion ab. 2006 versucht man es mit der Borsa Italiana in Mailand; die aber kauft 2007 die der London Stock Exchange auf. Kein Glück mit den Hochzeiten? Vielleicht. Aber mit der ISA hat es ja dann doch geklappt. Als Träger der Frankfurter Wertpapierbörse ist die Deutsche Börse AG ohnehin einer der wichtigsten globalen Akteure im Wertpapiergeschäft. Zudem ist die AG auch Besitzerin der Terminbörse EUREX und des Wertpaperabwicklers Clearstream. Man hat in Frankfurt eben viel Phantasie, da muss nicht alles klappen.

17 | 08 | 2007
Bücher für Amerika

Am 17. August 2007 eröffnet eine neue Barnes & Noble-Filliale in der Euclid Avenue, direkt gegenüber von dem Gelände der Cleveland State University. Innen erwarten druckfrische, akkurat eingeordnete Bücher und ein gemütliches Kaffee sowie freundliche, hilfsbereite Mitarbeiter die lesewilligen Kunden. Das Unternehmen Barnes & Noble ist einer der größten Buchhändler in den USA, nach eigenen Angaben betreibt das Unternehmen über 800 Filialen mit über 42.000 Mitarbeitern; Online-Bestellungen sind natürlich auch möglich. Ist die Filiale an der Cleveland State da nicht nur ein Tropfen im großen Bücherozean? Vielleicht, aber jeder Tropfen zählt. Die Unternehmensgeschichte beginnt mit Charles M. Barnes, der 1873 in Wheaton, Illinois eine Buchdruckerei gründet. Der erste eigentliche Buchladen folgt 1917 in New York, eröffnet von Charles Sohn William Nobel und seinem Partner, Clifford Noble. 1971 wird das Unternehmen an Leonard Riggio verkauft, der als Student in einem der Buchläden gearbeitet hat. Ab 1975 bietet Barnes & Noble die Bücher der New York Times Bestseller-Liste vergünstigt an, der Aufstieg ist nicht aufzuhalten. Auch die Idee, dass Kunden die angebotenen Bücher in einem in den Laden integrierten Kaffee bei einem Heißgetränk ‚beschnüffeln' können, kommt an. 2006 weist Barnes & Noble einen Umsatz von 5,3 Milliarden US-Dollar aus ...und ein Jahr später greift sich in der Euclid Avenue in Cleveland ein möglicher Kunde ein Buch und bestellt sich erst mal einen Kaffee.

=============== Weiterlesen ===============

- Douglas Brinkley, Wheels of the World: Henry Ford, his company, and a century of progress, 1903-2003, New York 2004
- Jürgen Overhoff: Benjamin Franklin. Erfinder, Freigeist, Staatenlenker. Stuttgart 2006
- An Inquiry into the Nature and Causes of the Wealth of Nations, 1776, Paderborn 2005
- Anton Zischka: Der Dollar – Glanz und Elend einer Währung, München 1986
- Franz Herre von Wißner: Die Fugger in ihrer Zeit, Augsburg 2005
- Jonathan A. Knee: Million Dollar Boys, Frankfurt a. M. 2007
- Katja Doubek: Blue Jeans. Levi Strauss u. die Geschichte einer Legende, München 2004
- Fosdick, Raymond B. The Story of the Rockefeller Foundation, New York 1989
- James Kynge: China, Aufstieg einer hungrigen Nation. Hamburg 2006
- Karen Plunkett-Powell: Remembering Woolworth's: A Nostalgic History of the World's Most Famous Five-and-Dime, Griffin 2001
- Hannes Hintermeier: Die Aldi-Welt. Nachforschungen im Reich der Discount-Milliardäre, München 2000

Tage der Kommunikation

Vom Buch bis zum Facebook

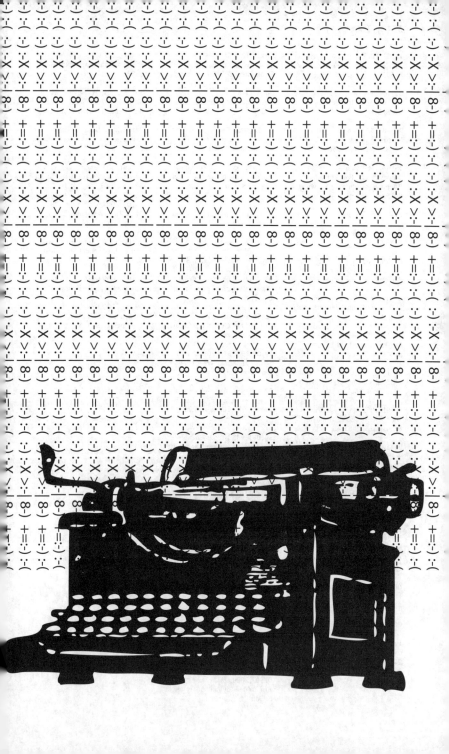

11|03|1143 *Wissende Seiten*
Viktor St. Hugo erfindet das Buch
S. 355

22|10|1454 *Gedruckte Vergebung*
Gutenberg stellt Ablassbriefe
her S. 356

24|06|1520 *Fliegende Blätter*
Martin Luther bricht die Zeit
des Schweigens S. 356

15|08|1564 *Sich messen auf
der Messe* Die Frankfurter
Buchmesse kommt in Schwung
S. 357

21|12|1605 *Nichts ist älter als
die Zeitung von gestern* Johann
Carolus erfindet die Zeitung
S. 358

05|01|1665 *Gelehrte und
Gentlemen* Die Zeitschrift und
die feine Gesellschaft S. 358

24|03|1808 *Senefelder macht
Druck* Die Geburt der Lithografie
S. 359

25|10|1808 *Gesprächsstoff*
Der Kamin und das Lexikon
S. 360

01|10|1832 *Punkt, Strich, Pause*
Ein Maler erfindet das Morsealphabet S. 360

06|01|1852 *Lesen mit Charles*
Die Welt erbt Louis Brailles
Blindenschrift S. 361

05|12|1854 *Der standhafte
Stadtanzeiger* Die Säulen des
Herrn Litfaß S. 362

21|10|1858 *Mit Orpheus in den
Posterhimmel* Jules Chéret malt
Plakate S. 363

26|10|1861 *Der Reistrichter*
Bell klaut Reis S. 364

23|07|1908 *Unter Druck*
Ein Amerikaner gewinnt das
Offset-Rennen S. 364

06|11|1919 *Radio Days*
Hanso Schotanus geht auf
Sendung S. 365

22|01|1935 *Fernsehen für
den Führer* Der Fernsehsender
Paul Nipkow S. 366

22|10|1938 *10-22-38, Astoria!*
Xerox 914 macht Faxen S. 367

30|10|1938 *Mars attacks?*
Orson Welles macht ein
Experiment S. 367

24|06|1952 *Einen Groschen
für's Blatt* Die Bild lernt laufen
S. 368

26|12|1952 *Der Tag in 15
Minuten* Deutschland sendet
Nachrichten S. 369

04|05|1955 *Mache es ähnlich*
Rudolf Hell erfindet alles, auch
das Fax S. 370

15|09|1964 *Here comes „The
Sun"* Englands lauteste Yellow
Press S. 370

01|09|1969 *Der erste Knoten im
Netz* Militär, Wissenschaft und
ein Medium von Welt S. 371

03|04|1973 *Es lag auf der Hand*
Martin Cooper erfindet das
Handy S. 372

12|11|1981 *Komputerfrieks
gesucht!* Die Geburt des Chaos
Computer Clubs S. 372

19|09|1982 *Malen nach Tasten*
Scott E. Fahlman erschafft das
Emoticon S. 373

02|08|1984 *Nachricht mit
Klammeraffe* Ein @ schreibt
Kommunikationsgeschichte
S. 374

30|08|1988 *Von Drachentötern
und Plaudertaschen* Nachrichten
aus dem Chatroom S. 375

03|12|1992 *Milliarden
MUMIDIRE* Die SMS spricht
kurz aber nachhaltig S. 376

17|12|1997 *Unendliches Logbuch*
Jörn Barger bloggert sich einen
S. 376

07|09|1998 *Der beste Suchhund
der Welt* Die Welt wird ergoogelt
S. 377

25|01|1999 *Frucht mit Tasten*
Der Blackberry S. 378

21|07|1999 *Leinen los!* W-Lan
spricht ohne Kabel S. 378

01|01|2000 *Ein neuer Bundes-
präsident für die Schweiz*
Der Supergau fällt aus S. 379

01|10|2000 *Die Frisur sitzt*
Ein Fotohandy namens Intellect
S. 380

15|01|2001 *Was weiß ich?*
Die demokratische Wikipedia
S. 381

11|08|2001 *Das trojanische
Kaffeepferd* Eine Webcam
quittiert den Dienst S. 381

24|06|2003 *Die zweite Chance*
Das Linden Lab lädt zum Second
Life S. 382

29|08|2003 *Sehen und gespro-
chen werden* Zwei Esten erfinden
Skype S. 383

04|02|2004 *Face-to-Face(book)*
Mark Zuckerberg macht
transparent S. 384

12|02|2004 *Sendeplatz für alle*
Der Podcast sendet Menschen
S. 385

15|02|2005 *Die Glotze bist du*
Von PayPal zu YouTube S. 385

09|08|2006 *Tom Superstar*
MySpace erzählt zwei
Geschichten S. 386

11 | 03 | 1143
Wissende Seiten

Im Jahre 1115 schickt der Halbestädter Bischof Reinhard seinen Neffen Hugo ins Augustinerkloster St. Viktor bei Paris. In den Klöstern des Mittelalters findet man ebenso wie an den Universitäten jener Zeit vor allem eins: Wissen. So macht sich Hugo, wohl in einer jener dunklen von Kerzen erleuchteten Klosterzellen, die wir aus „Der Name der Rose" kennen, an das Studium der klostereigenen Schriften, um Gottes Geheimnissen näher zu kommen. Hierfür existiert zu dieser Zeit nur eine übliche Praxis, das Lesen und Abschreiben engzeilig auf Pergament notierter Gedanken geistlicher Autoritäten. Bei der Lektüre vernimmt der Abschreibende die Gedanken der Schrift als würde er sie hören und fügt sie seinem Wissensschatz hinzu, die eigene Abschrift vermehrt und konserviert die Gedanken für kommende Generationen weiterer Kopisten. Stück für Stück, Zeile um Zeile werden Buchstabenkolonnen hintereinander gesetzt. Die Schriften landen neben vielen anderen in der Klosterbibliothek, werden wieder von Mönchen abgeschrieben gelegentlich auch um eigene Erkenntnisse ergänzt. Niemand denkt daran, dass dabei eine überlegte Präsentation des Textes in einem geordneten Layout mit Überschrift, Hervorhebungen, Inhaltsverzeichnis oder Index der Wissensvermittlung dienlich sein könnte, niemand fasst bis dahin den Gedanken, dass sich zusammengehörige Texte eines Autors auf hübschen Blättern unter ledernen Deckeln zusammenfassen ließen. Niemand erkennt die Notwendigkeit, sich als Schöpfer seiner Wissenssammlung zu erkennen zu geben. Niemand bis auf den Mönch Hugo, der 1128 sein „Didascalicon" präsentiert: Eine Textsammlung in vier Teilen, die den aktuellen Wissensstand über Logik, Ethik, Theologie und Mechanik beschreibt und klar gegliedert unter einem Deckel darbietet. Das „Didascalicon" wird vervielfältigt, transportiert und von Gelehrten in ganz Europa gelesen, die seine Struktur schnell adaptieren. Als Hugo von St. Viktor am 11. März 1143 stirbt, sind nicht mehr nur die Mauern der Klöster und Universitäten ein Hafen des Erkenntnis, sondern auch der Text und sein Haus: Das Buch ist erfunden.

22 | 10 | 1454
Gedruckte Vergebung

Der Erfurter Chronist Hartung Kammermeister notiert für das Jahr 1454, dass ein geistlicher Legat in der Stadt eingetroffen sei, der frohe Kunde vom Papst zu Rom zu den Einwohnern der thüringischen Kapitale gebracht habe. Und tatsächlich, Papst Nikolaus V., aus dem Geschlecht der Parentucelli, lässt in einem päpstlichen Erlass verkünden, dass alle Erfurter Bürger ihrer zeitlichen Sünden ledig würden, vorausgesetzt sie leisteten eine Geldspende zum Kirchenbau in Rom. Der versprochene Sündenablass aber überrascht die Erfurter Bürger wohl weniger als die Form des Schriftstückes, die der päpstliche Legat „in der Stadt und auf dem Lande" präsentiert. Denn die Lettern, die Bußstrafen und Wallfahrten mit einem Mal für nichtig erklären, sind nicht in Tinte von menschlicher Hand geschrieben, sondern kommen gut lesbar (für jenen der das kann), pechschwarz und in klarer Gestalt frisch aus der Druckpresse der Bischofsresidenz Mainz. Hier hat Johannes Gutenberg soeben mit der Erfindung bleierner Drucktypen („bewegliche Lettern"), dem Blocksatz, der Druckerschwärze und der Druckpresse die Vorraussetzungen für die schnelle, erschwingliche und massenhafte Verbreitung von Druckerzeugnissen geschaffen. Zu den ersten nachweisbaren Empfängern des „Gutenbergschen Geschenks" an die Menschheit gehört die Erfurter Bürgerin Margarethe Kremer, die damit nicht nur die eigene Sündenvergebung erfährt, sondern den ewigen Ablass für ihren Sohn Johannes gleich mitkauft. Der Ehrensenator der Universität Heidelberg Ernst Fischer gehörte einst zu jenen glücklichen Menschen, die das Schicksal zur Konservierung unwiederbringlicher historischer Funde auserkor: Lange Zeit war er im Besitz des Kremer-Ablassbriefes vom 22. Oktober 1454 und damit des ältesten noch erhaltenen Druckerzeugnisses der Welt. Als die Universität Freiburg 1992 in den Besitz des Nachlasses von Fischer gelangte, war die Schrift verschwunden.

24 | 06 | 1520
Fliegende Blätter

„Die Zeit des Schweigens ist vergangen, die Zeit des Redens ist gekommen" lässt Martin Luther seinen Freund Nicolaus von Amsdorff am 24. Juni 1520 in der Vorrede der programmatischen Schrift „Sendbrief an den christlichen Adel Deutscher Nation" wissen. Den Worten folgt die Tat: Am 12. August 1520 erscheint der 50 Seiten starke Druck in einer Auflage von 4.000 Exemplaren und ist binnen weniger Tage vergriffen. Bis Jahresende müssen 14 weitere Auflagen produziert werden. Verkauft werden die Schriften an Märkten, Kirchen- und Stadttoren. „Umträger" sorgen für die Verbreitung auf dem Land. Die Flut an Papiererzeugnissen, die nun im Zusammenhang mit Luthers Verurteilung in Worms und der Entführung auf die Wartburg über Europa hinwegrollt, wächst bis 1525 auf rund 133.000 Drucke an, in einer Zeit, in der knapp fünf Prozent der Bevölkerung lesekundig sind, eine ungeheuerliche Zahl. Neben der Motivation der meist lutherischen Verfasser – „die Wahrheit muss ans Licht" – erklären die äußeren Eigenschaften der dünnen Heftchen ihren Erfolg, denn sie sind schnell herzustellen, leicht zu transportieren und erschwinglich. Ihr einziger Nachteil wird ihnen jedoch später den Namen  einbringen: Weder geheftet noch gebunden fallen die Hefte gerne, wie man noch heute in Bibliotheken bei der Benutzung erfahren kann, auseinander. So bürgert sich mit den Jahrhunderten die Bezeichnung „fliegende Blätter", oder „Flugschrift", für die publizistische Wunderwaffe ein. Nach Abklingen des großen „Flugschriftenkriegs" 1525, erlebt diese noch einmal Mitte des Jahrhunderts bei streitsüchtigen Theologen eine Blüte, bevor sie allmählich dem gebundenen Buch den Vortritt lässt. Im 20. Jahrhundert feiert die Flugschrift in der Studentenbewegung von 1968 und im „Fanzine"-Boom der Achtziger noch einmal ein unverhofftes Comeback.

15 | 08 | 1564

Sich messen auf der Messe

Am 12. Oktober 1565 klagt der Mansfelder Theologe Cyriakus Spangenberg in einem Brief an seine Mentorin die Gräfin Katharina von Schwarzburg, dass er noch nie in seinem Leben so viele „gotteslästerliche Schriften" erblickt habe, wie auf dem diesjährigen „Markt zu Frankfurt". Die Frankfurter Buchmesse, die von Spangenberg nicht ohne Grund als „Markt" bezeichnet wird, ist zu dieser Zeit der größte Umschlagplatz für geistiges Gedankengut im Abendland. In einer Zeit, die weder Zeitung noch Zeitschrift kennt, zieht die Stadt am Main alljährlich zweimal Gelehrte und Kaufleute aus ganz Europa an. Hier werden Nachrichten und Gerüchte verbreitet, geistige Allianzen geschmiedet und Kommunikationsstrategien verabredet. Die Autoren, die in Frankfurt ihre Romane, Predigten und wissenschaftlichen Erkenntnisse vorstellen dürfen, fiebern der Messe förmlich entgegen und publizieren gezielt auf sie hin. So der Hebraist Johannes Reuchlin, der kurz vor dem Messebesuch 1511 rasch seine Schrift „Augenspiegel" hinwirft, um seinem antisemitischen Kontrahenten Johannes Pfefferkorn und dessen „Handspiegel" in Frankfurt Paroli bieten zu können. Seit der Buchhändler Georg Willer am 15. August 1564 erstmals seinen „Katalog der Messenovitäten" herausgibt, ist auch die gezielte Vorbereitung auf die große geistige Schlacht im Main-Athen möglich. Noch heute zieht die „größte Ansammlung von Inhalten an einem Ort" jährlich über 280.000 Besucher an. Willers Aufgabe indessen übernehmen heute Fernsehen und Internet.

21|12|1605
Nichts ist älter als die Zeitung von gestern

Aber wie alt ist die Zeitung selbst? Am 21. Dezember 1605 jedenfalls befindet der Straßburger Rat, dass Johann Carolus kein Privileg, das bedeutet kein Monopol der Herstellung, für sein neuartiges Druckwerk erhalten soll. Dabei hat Carolus in seiner Bittschrift an den Rat geschrieben, dass er das Blatt schon „das zwölfte Mal" herausgebracht habe. Es handelt sich um die „Relation aller fürnehmen und gedenkwürdigen Historien", das pressegeschichtlich als erstes gedrucktes Nachrichtenblatt, also als erste Zeitung im modernen Sinn, gilt. Carolus macht aber auch ohne das Privileg des Straßburger Rats weiter und damit den Weg frei für den Siegeszug der Zeitung. 1618 folgt die holländische „Courante uyt Italien, Duytslandt, & c.". Äußerlich sieht die „Courante" sogar mehr aus wie eine Zeitung als die „Relation" von 1605, die sich vom Buch kaum unterscheidet. Als ab 1622 in England und bald auch in anderen Ländern erste periodische Zeitungen erscheinen wird offensichtlich, dass die Tageszeitung nicht mehr aufzuhalten ist und sie bald dem Brief und der Messe als zentrales Kommunikationsorgan für aktuelle Nachrichten den Rang ablaufen wird.

05|01|1665
Gelehrte und Gentlemen

An die Französische Revolution ist noch gar nicht zu denken als der französische Autor Denis de Sallo, auch bekannt unter dem Pseudonym Sieur d'Hédonville, am 5. Januar 1665 zum ersten Mal das „Journal des Sçavans", die Zeitschrift der Gelehrten, herausgibt. Das Journal gilt heute als erste Zeitschrift überhaupt. In der zwölfseitigen ersten Ausgabe der wissenschaftlichen Fachzeitschrift geht es unter anderem um die „guten Gründe Frankreichs einen Krieg mit dem Deutschen Reich zu führen". Etwas später, nämlich am 6. Mai 1665, ziehen die Engländer mit den „Philosophical Transactions of the Royal Society" nach. Diese Zeitschrift beschäftigt sich nicht mit königlicher Philosophie, wie der Name vermuten lässt, sondern als neues Kommunikationsorgan der Naturphilosophie vor allem mit dem Ursprung und der Ordnung von Welt und Mensch. Der Vorläufer von Stern, Brigitte und Co. allerdings, also die erste Zeitschrift mit allgemeinen Themeninhalten, kommt genau 66 Jahre später auf den Markt. Im Januar 1731 gründet Edward Cave in London „The Gentleman's Magazine", das sich von lateinischer Dichtkunst bis hin zu Rohstoffpreisen mit so ziemlich allem beschäftigt, was das Gentleman-Herz begehrt. Fast zwei Jahrhunderte lang erfreut sich „The Gentleman's Magazine" großer Beliebtheit im englischsprachigen Raum bevor es 1907 eingestellt wird.

24 | 03 | 1818
Senefelder macht Druck

1794 erbittet sich der freie Komponist Johann Nepomuk Franz Alois Senefelder beim bayerischen König eine Gabe von 25 Gulden, um ein neues Druckverfahren für Notenblätter zu entwickeln. Bis 1796 scheitern allerdings alle Versuche, die Senefelder mit Kupfer und Holzplatten anstellt. Da weckt plötzlich eine eher lästige Angelegenheit das schlummernde Genie: Als seine Mutter einmal kein Papier zur Hand hat, nimmt Senefelder eine kleine Steinplatte vom Arbeitstisch und notiert darauf deren Wäschebestellung mit einer gerade entwickelten Spezialtinte. 22 Jahre später kann er sich mit einem „Vollständigen Lehrbuch der Steindruckerei" am 24. März 1818 auf der Leipziger Buchmesse der Öffentlichkeit in neuem Glanz als „Erfinder der Lithografie und der Chemischen Druckerei" präsentieren. Das mit Hilfe von Fett, Kalkstein und Salpetersäure entwickelte Druckverfahren komme, so der Erfinder, den „schönsten Kupferstichen sehr nah", sei aber „dreimal geschwinder", „leichter" und vor allem billiger als alles zuvor Dagewesene. Zum Beweis fügt er den Lesern eine Lithografie der Stadtsilhouette Münchens bei. Bald druckt Europa à la Senefelder, der russische Zar und der König von Sachsen zählen zu seinen Verehrern und überschütten ihn mit Gunstbezeugungen. 1827 verleiht ihm König Ludwig I. von Bayern die Goldene Ehrenmedaille des Zivildienstordens. Am 26. Februar 1834 stirbt Senefelder mit sich und der Welt im Reinen in seinem Haus am Sendlinger-Tor-Platz 5 in München.

Nicht nur zahlreiche Künstler wie Goya und Munch nutzen Senefelders Steindrucktechnik, vor allem Notenblätter und Werbeplakate machen sie populär. Anfang des 20. Jahrhunderts wird die Lithografie in der Massenproduktion vom Offset-Druck abgelöst.

25 | 10 | 1808
Gesprächsstoff

Man kann sich bildlich vorstellen, wie die gepflegten Herren des frühen 18. Jahrhunderts im Salon am Kaminfeuer sitzen und Schnurrbart zwirbelnd und Zigarre schmauchend hochtrabende Gespräche führen. Und für eben diese Konversationen brauchen sie Stoff. Grund genug für die Geburt des Konversationslexikons. Es soll nicht nur Nachschlagewerk sein, sondern den Herren im Salon das nötige Wissen für ihre Gespräche liefern. Nach dem „Realen Staats- und Zeitungs-Lexikon" des Verlegers Johann Friedrich Gleditsch von 1704, das fünf Jahre darauf in „Reales Staats-, Zeitungs- und Conversations-Lexikon" umgetauft wird, geben Renatus Gotthelf Löbel und Christian Wilhelm Franke fast ein Jahrhundert später, nämlich 1796 ihr „Conversationslexikon mit vorzüglicher Rücksicht auf die gegenwärtigen Zeiten" heraus. Ein Buch, in dessen Nachfolgern wahrscheinlich alle schon einmal geblättert haben. Denn – am 25. Oktober 1808 schlendert ein gewisser Friedrich Arnold Brockhaus über die Leipziger Buchmesse, kommt mit Löbel und Franke ins Gespräch und kauft ihnen ihr „Conversationslexikon" ab. Das konkurriert noch lange, viele Auflagen und Editionen später, unter dem Namen „Brockhaus" wacker mit der Konkurrenz und versorgt so manches Gespräch mit Stoff. Im Februar 2008 verkündet man schließlich nach ungeraden 21 Auflagen das Aus des Lexikons. In Zeiten von Internet und Wikipedia darf auch der Brockhaus nur noch Online und auf DVD erscheinen.

01 | 10 | 1832
Punkt, Strich, Pause

Nach einer 3-jährigen Reise durch die Museen Europas besteigt Samuel Finley Breese Morse am 1. Oktober 1832 das Frachtschiff „Sully", um in die USA zurück zu kehren. Morse ist ein vielseitiger Mann. Das große Interesse des Malers gilt neben seiner Kunst elektrischen Phänomenen, die ihn seit seiner Studienzeit am Yale College begeistern. An Bord der „Sully" trifft Morse auf seinen Landsmann Dr. Charles T. Jackson. Während eines Abendessens kommt das Gespräch auch auf das Thema „elektromagnetische Experimente". Als Jackson seinem Gegenüber von den jüngsten Entdeckungen europäischer Forscher berichtet, u.a. dass elektrische Ströme ohne Verzögerung einen beliebig langen Draht passieren, kommt Morse die Idee, Elektrizität zur Übermittelung von Nachrichten zu nutzen. Nach langen Spaziergängen an Deck entwirft er in dieser Nacht erste Skizzen für einen Schreibtelegraphen und einen Code zur Nachrichtenübermittelung. Wieder daheim, macht sich Morse, der ohnehin in einer malerischen Schaffenskrise steckt, an die Konstruktion eines Prototypen, den er 1837 erstmals öffentlich vorführt. Ein Papierstreifen wird dabei über ein Uhrwerk an einem frei beweglichen Anker vorbeigeführt, an dessen Ende ein Stahlstift befestigt ist. Liegt eine elektrische Spannung vor, so zieht ein Elektromagnet den Stift an, der auf dem Papier einen Punkt oder einen Strich markiert, je nachdem, ob der Schalter zum Schließen des Stromkreises kurz oder lang gedrückt worden ist. Entschlüsseln lassen sich die Zeichen durch ein von Morse erdachtes Codesystem, das die Buchstaben des Alphabets durch Kombinationen von Punkten und Strichen abbildet, Wortabstände werden bei der Nachrichtenübermittlung durch Pausen markiert. Bald interessieren sich die Regierungskreise für die neue Nachrichtentechnik. 1843 bewilligt der Kongress 30.000 $ für den Bau der ersten Telegraphenleitung zwischen Baltimore und Washington D.C. Über diesen Draht schickt der Erfinder am 24. Mai 1844 die erste öffentlich versandte Nachricht. Der wohl bekannteste Morsecode ist SOS (... _ _ _ ...).

06 | 01 | 1852

Lesen mit Charles

Frankreich um 1815: Der französische Hauptmann Charles Barbiers möchte seinen tapferen Soldaten helfen. Er entwickelt eine so genannte Nachtschrift, die es den Männern an der Front ermöglicht, auch im Dunkeln Mitteilungen zu lesen, ohne Laternen anzünden zu müssen und so dem Feind ein einfaches Ziel zu bieten. Zwar kann sich diese auch Sonographie genannte Schrift in Militärkreisen nicht durchsetzen, aber Barbier bietet sie dennoch dem Blindeninstitut in Paris an, wo er auf einen blinden Jungen namens Louis Braille trifft. Braille bietet Barbier an, seine Schrift weiterzuentwickeln, ist er doch schon seit Jahren auf der Suche nach einer Methode, wie auch Blinde Bücher lesen können. Barbier nimmt den Jungen nicht ernst, doch dieser entpuppt sich als ausgesprochen hartnäckig. Im sagenhaften Alter von 16 hat Louis Braille seine Blindenschrift vollendet. Er stützt sich dabei auf die von Barbier begonnene Arbeit, in Papier geprägte Silben zu ertasten, ersetzt allerdings die Silben durch einzelne Buchstaben, welche mit wenigen tastbaren Punkten zu erkennen sind. Obwohl die Schrift bis heute als optimales Instrument für Blinde gilt, ist sie zu Lebzeiten Brailles eher verpönt, Blinde würden sich durch eine für Sehende nicht identifizierbare Schrift isolieren, ist nur eines der Argumente gegen ihren Gebrauch. Zunächst verbietet der Direktor der Blindenschule Brailles Erfindung. Es dauert bis 1850, ehe die „Brailleschrift" offiziell an französischen Blindenschulen eingeführt wird (in Deutschland 1879). 1839 erfindet Louis Braille sogar noch eine Notenschrift für Blinde, welche sich schneller durchsetzen kann. Den Ruhm für sein Lebenswerk kann Braille indes nicht mehr genießen, er stirbt am 6. Januar 1852 an Tuberkulose und hinterlässt der Welt ein sprichwörtlich spürbares Erbe.

05 | 12 | 1854
Der standhafte Stadtanzeiger

Ein wahrer Blätterwald bietet sich Spaziergängern im Berlin der Nachwehen der Märzrevolution. An den Häuserwänden kleben Bekanntmachungen jeglicher Art kreuz und quer übereinander. Ernst Amandus Theodor Litfaß stört dieser plakatierte Wildwuchs. Dem findigen Besitzer eines Druck- und Verlagshauses, kommt bei diesem Anblick eine Idee: Er erinnert sich der achteckigen Werbesäulen, die er vor Kurzem bei einem Ausflug nach Paris gesehen hat, und wird kurz darauf beim Berliner Magistrat vorstellig: Mittels von ihm erfundener „Annonciersäulen", die er auf öffentlichen Plätzen aufstellen will, plant er die Zettelwirtschaft wieder in geordnete Bahnen zu lenken und das Stadtbild damit zu verschönern. Berlins Stadtvätern garantiert Litfaß kostenlosen Platz für ihre öffentlichen Bekanntmachungen, wenn er im Gegenzug das Monopol erhält, „Annonciersäulen" im Stadtgebiet zu errichten und für gewerbliche Anzeigen zu vermieten. Der Magistrat, der in Litfaß' Idee auch eine gute Gelegenheit sieht, seine restaurative Zensurpolitik auszuüben, willigt schließlich ein. Am 5. Dezember 1854 erhält der Verlagskaufmann vom Berliner Polizeipräsidenten die Genehmigung zur Errichtung seiner „Annonciersäulen", inklusive eines Produkt-Monopols bis zum Jahr 1880. Am 1. Juli 1855 werden die ersten 100 Säulen in Berlin aufgestellt und zu Ehren ihres Erfinders Litfaßsäulen getauft.

Politische Parteien machten gern Gebrauch von der Litfaßsäule, die Nationalsozialisten nutzten die runden Stadtanzeiger exzessiv für ihre Kriegspropaganda. Der endgültige Siegeszug der Litfaßsäule als Werbemonolith kam mit dem Wirtschaftswunder der 50er Jahre, das eine wahre Plakatwelle nach sich zog. Aller modernen Medien zum Trotz behauptet sich die Litfaßsäule auch 154 Jahre nach ihrer Einführung noch als Blickfang mit Wirkung und als wichtiges Instrument der Werbewirtschaft. Im gesamten Bundesgebiet bieten heute rund 50.000 Litfaßsäulen Plakaten ihren Platz an.

21 | 10 | 1858
Mit Orpheus in den Posterhimmel

Im Theatre des Bouffes-Parisiennes in der Rue Montsigny im 4. Arrondissement kämpfen am 21. Oktober 1858 zwei Neulinge der Pariser Kulturszene um Anerkennung. Da ist zunächst der finanzkräftige Komponist Jacques Offenbach, der heute Abend mit der Premiere seines „Orpheus" das Publikum für seine „Opéra bouffe", eine turbulente zeitgemäße Musikrichtung, zu begeistern hofft. Der andere Mann heißt Jules Chéret, seine Vita umfasst eine Ausbildung als Lithograf, Abendkurse an der Pariser Schule für Gestaltung, Jobs als Notendrucker und Möbelzeichner sowie ein unstetes persönliches Leben. Chéret hat für den „Orpheus" das Plakat gezeichnet, in einem neuen Stil, bunt, großflächig, auffällig. Doch während Offenbach im Anschluss an den Abend siegreich in den Olymp der Pariser Musikszene einzieht, tritt Chéret ohne sich Meriten verdient zu haben den Weg nach London an, um einen Job als Zeichner bei dem bekannten Parfümfabrikanten Eugene Rimmel anzunehmen. Der hat aber nicht nur von Berufs wegen eine Nase. Er erkennt das Talent seines neuen Zeichners, stattet den unzufriedenen jungen Mann mit Geld und einer Druckpresse aus und schickt ihn 1866 zurück nach Paris. Chéret nutzt seine neue Chance und kann schließlich 1889 vor der Pariser Gesellschaft mit seinen Werbepostern die ersten großen Erfolge feiern. 1890 wird er zum Ritter der Ehrenlegion geschlagen und zum Vater des modernen Plakats erhoben. Seine bewegten, farbigen, großflächigen Plakate und vor allem deren schöne Mädchen inspirieren die aufblühende Werbewirtschaft, die Kunden und auch einen gewissen Henri de Toulouse-Lautrec. Chérets Plakate sind heute noch immer als Postkarten in den Souvenir-Shops zu sehen und hängen als Poster in so mancher Küche, Offenbach wird hier eher selten gespielt.

26|10|1861
Der Reistrichter

Am 26. Oktober 1861 steht der Friedrichsdorfer Lehrer Philipp Reis vor den kritischen Mitgliedern des Physikalischen Vereins in Frankfurt und spricht von menschlichen Hörwerkzeugen und galvanischem Strom. Danach schickt er seinen Bruder mit einem Buch in den Garten, nimmt einen mit einer Holzbox verkabelten Gummitrichter in die Hand, führt ihn an sein Ohr und zitiert seinen Zuhörern, was der Bruder im Garten aus dem Buch vorträgt. Als er seine Demonstration beendet hat, ist die Reaktion verhalten, bestenfalls amüsiert. So verpufft die Geburtsstunde des Telefons im akademischen Staub. Der Bäckersohn Reis bastelt noch dreizehn Jahre an der Perfektionierung seines Apparates, reist von Ort zu Ort um seine Erfindung vorzustellen, bevor er am 14. Januar 1874 mit nur 40 Jahren unbeachtet an Tuberkulose stirbt. Dies aber nicht, ohne in seinen Memoiren einen für die Nachwelt bedeutungsvollen Satz hinterlassen zu haben: „Ich nannte das Instrument Telefon." Eben dieses Statement wird bald tiefe Risse in das Denkmal des Schotten Alexander Graham Bell reißen. Bell gilt nach seiner Patentanmeldung vom 4. Februar 1875 als der unbestrittene Erfinder des Fernsprechers und hat mit seiner Bell Telephone Company den Kommunikationsmarkt revolutioniert. Kleinlaut wird er bald auf spitzfindige Nachfragen eingestehen müssen,

einst Reis besucht und ihm über die Schulter gesehen zu haben. Bestürzt setzt der Physikalische Verein bereits 1878 dem verkannten Reis ein Denkmal. Die Deutsche Bundespost gründet später in dessen ehemaligem Wohnhaus eine Stiftung zu seinen Ehren. Seit 1952 verleiht die Post auch die Philip-Reis-Plakette für „hervorragende Erkenntnisse auf dem Gebiet des Fernmeldewesens", ihre Empfänger dürfen nicht älter als 40 Jahre sein und man verspricht, ihnen auch zuzuhören.

23|07|1908
Unter Druck

Europa um 1900: Seit gut einem Jahrhundert kennt die Welt den Steindruck, aber es muss doch noch einfacher gehen. Das denken sich eine ganze Reihe Erfinder und tüfteln in ihren Laboren und Ateliers, wie sie das behäbige Druckverfahren weiterentwickeln können. Dem Drucker Ira W. Rubel aus New Jersey steht bei der Erfindung des Offset Drucks wie so oft der Zufall Pate. Da das harte Papier beim Drucken immer wieder Schaden am metallenen Druckzylinder seiner Maschine nimmt, legt er eine Gummimatte zu Federung zwischen den steinernen Druckstock und die Stützplatte. Im Eifer des Gefechtes vergisst er jedoch neues Papier einzulegen. Das Gummi wird bedruckt, und als Rubel endlich Papier nachlegt, drückt der noch feuchte bedruckte Gummi die schönsten Farben auf dessen Rückseite ab. Rubel schließt einen Vertrag mit der Automatic Press Company ab und lässt die ersten Offsetmaschinen der Welt herstellen. Er stirbt am 23. Juli 1908 und geht in die Mediengeschichte ein. Zeitgleich erfindet zwar der Deutsche Caspar Hermann den gummibasierten Indirekt-Druck, doch seine Geschichte ist weitaus weniger aufregend. Mit dem steinlosen Offset-Druck kann bald fast jede Vorlage und mehrfarbig bedruckt und in großen Auflagen erstellt werden. Eine Revolution im Druckerwesen. 1907 stellt C.G. Röder als erste deutsche Firma in Leipzig eine Offset-Druckmaschine auf. Von Anzeigen bis zu Visitenkarten wird nun fast alles über Offset-Druck hergestellt bis König Offset seine Krone zumindest im Alltagsgeschäft an den qualitativ meist schlechteren aber günstigeren Digitaldruck abgeben muss.

06 | 11 | 1919

Radio Days

Obwohl man heute keinen speziellen „Empfänger" mehr braucht, um Radio zu hören, steht in fast jedem Haushalt mindestens ein Radio herum. Hätte das die Boston Post im 19. Jahrhundert geahnt! Die urteilt noch 1876: „Gut informierte Menschen wissen, dass es unmöglich ist, die menschliche Stimme via Kabel zu übertragen. Und wenn es möglich wäre, so hätte das Ganze keinen praktischen Wert." Kein Wunder, dass es danach bis zur ersten Radiosendung noch eine Weile dauert. Die geht nämlich erst am 6. November 1919 über den Äther und kommt aus der Privatwohnung des niederländischen Fabrikanten Hanso Schotanus à Steringa Idzerda in Den Haag. Danach allerdings geht alles sehr schnell. Während am 1. Januar 1924 in Deutschland nur 1.580 Rundfunkteilnehmer registriert sind, hat ab den 1930er Jahren durch die preiswerten „Volksempfänger" auch die breite Masse Zugang zum Radio. Erst viel später, nämlich im Jahr 1943 wird offiziell geklärt, wer das Radio erfunden hat: Nikola Tesla bekommt vom Obersten Patentgericht der USA bestätigt, Erfinder des Radios zu sein. Da ist er allerdings schon tot. Die anderen Herren, die

an den Erfindungen, die zu den klassischen Hörfunk-Voraussetzungen – Tonaufnahme, Übertragung und Empfang – beitragen, liest sich wie ein „Who is Who" berühmter Wissenschaftler: So waren Thomas Alva Edison, Alexander Graham Bell, Heinrich Hertz, Guglielmo Marconi und Philipp Reis alle an unterschiedlichen Komponenten beteiligt, die das Radiohören ermöglichen. Heute gibt es alleine in Deutschland um die 250 Radiosender. Nicht mitgezählt sind die unzähligen internationalen Sender, die via Satellit oder Internet empfangen werden können. Video hat also den Radio-Star bis heute nicht „gekillt".

22|01|1935
Fernsehen für den Führer

Als Ende Januar 1935 bekannt wird, die BBC plane für Herbst dieses Jahres die Errichtung eines ständigen Fernsehsendedienstes, beginnt in Deutschland ein hektisches Treiben. Da es Reichspropagandaminister Joseph Goebbels immer gelegen kommt, die behauptete Überlegenheit deutscher Technik in der Öffentlichkeit zu demonstrieren, setzt Reichssendeleiter Hadamovsky alle Hebel in Bewegung, um den Briten zuvorzukommen. Deutschland gewinnt den Wettlauf. Am 22. März 1935 wird in Berlin das weltweit erste regelmäßige Fernsehprogramm ausgestrahlt, wenn auch in noch bescheidener Qualität. „Fernsehsender Paul Nipkow" heißt der Sender der Reichsrundfunkgesellschaft, benannt nach dem Erfinder der für die Entwicklung des Fernsehens Bahn brechenden Nipkow-Scheibe. Gesendet wird drei Mal wöchentlich von 20.30 bis 22.00 Uhr. Allerdings kann das Programm nur im Berliner Raum empfangen werden, und das auch nur von einigen wenigen privilegierten Teilnehmern. Doch schon bald werden so genannte Fernsehstuben eingerichtet, in denen immerhin gute zwei Dutzend Menschen gleichzeitig auf die 22 mal 18 Zentimeter messende Mattscheibe schauen können. Es wird kolportiert, Goebbels habe eher wenig für das Fernsehen übrig gehabt, weil die Live-Übertragungen keine Bearbeitungen zuließen und die monströsen Inszenierungen der Nazi-Propaganda auf nur 36 cm^2 dem Reichsminister nicht imposant genug gewirkt hätten. Wie auch immer, 1944 wird das deutsche Fernsehen kriegsbedingt eingestellt, fast alle Sendeanlagen sind zerstört. Einige Protagonisten des Reichsfernsehens schreiben auch nach 1945 weiter Fernsehgeschichte. So Telefunken-Ingenieur Walter Bruch, der maßgeblich an der Entwicklung der so genannten „Fernsehkanone" (1936) beteiligt gewesen war. Unter seiner Leitung entsteht 1962 das PAL- Farbfernsehsystem.

22 | 10 | 1938
10-22-38, Astoria!

Am 22. Oktober 1938 stehen die Physiker Chester Carlton und Otto Kornei in ihrem Labor im New Yorker Stadtteil Astoria vor einer großen Erfindung: Vor ihnen liegt etwas Schwefel, eine Metallplatte, ein Baumwolltuch, eine Glasplatte, eine Lampe, ein Blatt Wachspapier, eine Hand voll Bärlappsamen und ein Stift. Der Schwefel wird auf das Metall gerieben, die Glasplatte mit der Aufschrift „10-22-38 Astoria" beschrieben und über das Metall gelegt, der Raum wird verdunkelt und das eigentümliche Konstrukt mit der Lampe angestrahlt. Dann wird die Glasplatte entfernt, die Metallplatte mit den Samen bestreut. Das Forscherteam schaut zufrieden, entfernt die Samen wieder und platziert das Wachsblatt auf der Platte. Kurz darauf halten sie die erste Fotokopie der Welt mit der Aufschrift „10-22-38 Astoria" in ihren Händen. Das Geheimnis des Erfolgs: Schwefel und seine Verwandten verändern unter Lichteinfall ihre Wirkung auf Farbpigmente, die jeweils angezogen oder abgestoßen werden. Doch die Theorie interessiert Carlton anders als Kornei längst nicht mehr, er möchte eine Maschine schaffen, die in der Lage ist, Briefe, Gebrauchsanleitungen und Zeichnungen zu kopieren, die bislang mühselig abgeschrieben oder durchgepaust werden mussten. 17 lange Jahre wird es noch dauern bis der Prozess automatisiert ist und sich die Firma Haloid 1959 zur Serienproduktion unter dem Namen „Xerox-914" entschließen kann. Der Erfolg ist so überwältigend, dass sich Haloid bald in Xerox umbenennt. Als Chester Carlton 1968 stirbt, ist die Fotokopie längst bei Behörden etabliert, doch bis sich das Gerät zur Druckpresse des Volks, zum täglichen Freund jedes Studenten, Freiheitskämpfers, Musikers, DJ's und Büroclowns entwickelt, dauert es noch bis in die Achtziger Jahre. Erst Laserdrucker und Email machen Xerox die Macht auf dem Meinungsmarkt allmählich streitig. Carlton-Biograph David Owen berechnete die Zahl der bis 2004 weltweit erstellten Fotokopien auf 4 Trillionen.

30 | 10 | 1938
Mars attacks?

Orson Welles, gefeiertes Wunderkind des amerikanischen Kinos der 30er und 40er Jahre, brütet schon eine ganze Weile über einer ausgefallenen Idee. Er möchte unbedingt einmal H.G. Wells' Roman „Der Krieg der Welten" als Hörspiel inszenieren. Das Buch, das von dem englischen Schriftsteller 1898 ursprünglich als Satire auf die britische Kolonialpolitik verfasst wurde, erzählt von einer

Marsinvasion auf der Erde und gilt zu Recht als Klassiker der Science-Fiction-Literatur. Welles macht sich an die Arbeit. In der Überzeugung, die amerikanische Bevölkerung habe in kritischem Denken keine Erfahrung, entwickelt er einen geradezu teuflischen Plan. Er konzipiert das Hörspiel als realistisch anmutende Reportage, verlegt die Geschichte von England nach New Jersey und entschließt sich, dem Radiopublikum vorzuenthalten, dass es sich um die Adaptation einer fiktiven Story handelt. Am 30. Oktober 1938, dem Abend vor Halloween, ist es schließlich so weit: Das Hörspiel wird von dem US-Radiosender CBS zwischen 20.15 und 21.30 Uhr ausgestrahlt und verfehlt, wie von Welles vermutet, seine Wirkung nicht. Zeitungsberichten (wie z.B. der New York Times) zufolge kommt es nach der Ausstrahlung der Sendung zu heftigen Irritationen innerhalb der US-Bevölkerung: Tausende Menschen nahmen das Gehörte für bare Münze und glauben tatsächlich an einen Angriff von Marsianern! Heute geht man allerdings davon aus, dass verschiedene Berichte, die von einer Massenpanik sprechen, stark übertrieben sind. Seit Orson Welles' unvergleichlichem Medien-Coup ist die Geschichte um den „Krieg der Welten" wiederholt bearbeitet worden, unter anderem in Tim Burtons großartiger Filmsatire „Mars Attacks!" aus dem Jahre 1996.

24 | 06 | 1952

Einen Groschen für's Blatt

Am 24. Juni 1952 weht eine sommerlich-steife Briese durch Hamburg. Ein gewisser Rolf von Bargen, seines Zeichens Chefredakteur, fröstelt wahrscheinlich etwas, weil er aufgeregt ist. Heute wird die neue Zeitung unter seiner Ägide, das „Groschenblatt", zum ersten Mal kostenlos verteilt. Später wird das Blatt für zehn Pfennig verkauft. Die meisten Artikel bestehen lediglich aus einem Foto mit dazugehöriger Bildunterschrift. Dabei hat van Bargen keine Ahnung, was später aus seinem „Groschenblatt" wird: Die „Bild-Zeitung". Binnen weniger Jahre entwickelt sich die Zeitung zum Zugpferd des Axel Springer Verlages, der dank des Erfolges von Bild zu einem ungeheuren Medienimperium heranwächst. Zahlreiche Politik- und Gesellschaftsskandale gehen auf das Konto der Zeitung, die den Begriff der objektiven Berichterstattung für eine Farce hält. Auch heute schreiben die „Bild"-Autoren unter Chefredakteur Kai Diekmann fern der üblichen journalistischen Praxis höchst subjektiv und setzen stark auf emotionalisierende Stilmittel. So erfährt der geneigte Leser täglich, wie es dem Busenmädchen auf Seite eins geht und natürlich alles „Bild"-Bedeutsame über Sport und Tratsch, nebenbei auch über Politik und Wirtschaft. Einmal mehr seit dem berühmten „Wir sind Papst"-Titel vom 20. April 2005 ist klar: „Bild" bildet tatsächlich öffentliche Meinung. Inzwischen ist das Flagschiff des Axel Springer-Verlags mit über 3,5 Millionen Lesern täglich (böse Zungen nennen sie ob der großen Fotos „Seher") längst als Europas auflagenstärkste Zeitung für den einfachen Leser etabliert.

26 | 12 | 1952
Der Tag in 15 Minuten

„Hier ist das erste deutsche Fernsehen mit der Tagesschau." Seit Jahrzehnten begrüßen so die Sprecher von Deutschlands ältester Nachrichtensendung jeden Abend pünktlich um zwanzig Uhr die Zuschauer. Szenenwechsel, Hamburg in den frühen 1950er Jahren: Dort schließt der Nordwestdeutsche Rundfunk mit den Machern der Neuen Deutschen Wochenschau einen Vertrag. Zusätzlich zur Wochenschau soll es eine tägliche Nachrichtensendung geben. Ein Redakteur und zwei Cutterinnen stellen in einem Kellergebäude die Beiträge zusammen,  die dann mit der U-Bahn zum Weltkriegsbunker am Heiligengeistfeld gebracht werden. Von dort geht am 26. Dezember 1952 zum ersten Mal die Tagesschau auf Sendung. Ganze 1000 Zuschauer schalten ein. Die DDR war übrigens fünf Tage schneller mit ihrer Nachrichtensendung, der „Aktuellen Stunde". Die US-Sender CBS und NBC sendeten sogar schon ab 1948 regelmäßig „Evening News". Aber zurück zur Tagesschau. Legendär sind einige der Sprecher geworden: 1959 wird Karl-Heinz Köpcke der erste Moderator. Dagmar Berghoff setzt sich am 16. Juni 1976 als erste weibliche Sprecherin vor die damals noch schwarz-weiße Wand. Den wohl zweifelhaftesten Ruhm erlangen Eva Hermann durch umstrittene Äußerungen zum Geschlechterverhältnis und Susan Stahnke, als sie nach Beendigung ihrer Moderatorenzeit eine Karriere in Hollywood anstrebt und scheitert. Der Tagesschau hat das nicht geschadet. Die wird heute immer noch in Hamburg produziert, sendet bis zu 23 Ausgaben am Tag und wird bei stabilen Quoten allabendlich von knapp 10 Millionen Zuschauern verfolgt.

04|05|1955
Hell – Mache es ähnlich

Der 19. Dezember 1901 ist nicht nur für alle Erfinder, sondern für die Menschheit ein entscheidender Tag. In Eggmühl/ Bayern wird an diesem Tag Rudolf Hell geboren, der bereits 24 Jahre später die erste seiner zahlreichen Erfindungen zum Leben erweckt. Die „Lichtelektrische Bildzerlegeröhre" ist ein wichtiger Baustein für das spätere Fernsehen. Zwei Jahre später stellt er eine entsprechend passende Sende- und Empfangsstation vor und ebenfalls 1927 promoviert er mit einer Arbeit über ein „Direktanzeigendes Funkpeilgerät für die Luftfahrt", einem Vorreiter des Autopiloten. Es folgen ein neuartiges Morsegerät und der nach seinem Urheber benannte „Hellschreiber", eine Vorrichtung zur elektronischen Übertragung von Schriftzeichen. Wird dieser noch vorrangig in der Nachrichtenwelt eingesetzt, entwickelt Hell nach dem zweiten Weltkrieg den Klischographen (Klischee-Graviermaschine), welcher die grafische Industrie zu neuen Ufern führt und bald schon speziell von Zeitungsbetrieben gerne genutzt wird. Mitte der Fünfziger Jahre ist Rudolf Hell ein Meister seines Faches, Innovationen der Bild- und Textübertragung sind ihm zu verdanken. Am 4. Mai 1955 wird Hells Patent für das erste Kleinfaxgerät KF 108 (Fax = Faksimile = lat. für „mache es ähnlich") zugelassen, die Maschine kommt 1556 auf den Markt und macht Hell bald auch in der Öffentlichkeit berühmt. 1963 folgt der Scanner, 1964 ein Telebildempfänger. Wieder ein Jahr danach geht er mit seinem Wissen über elektronische Lichtsatz-Systeme mit digitaler Speicherung an die Öffentlichkeit und öffnet damit eine neue Welt für die Satztechnik, gefolgt von Hells Digiset Setzmaschine, welche Schriften digital zerlegt. Zahlreiche nationale Ehrungen werden Hell zuteil, doch es sind Länder wie Japan, die mit Hells Erfindungen, vor allem Fax-Gerät und Scanner Millionen verdienen. Der Träger des Großen Bundesverdienstkreuzes mit Stern stirbt im Alter von 100 Jahren am 11. März 2002.

15|09|1964
Here comes „The Sun"

Es ist der 15. September 1964. Mitten in den wilden Sechzigern geht eine neue Tageszeitung zum ersten Mal über die Kiosk-Theken: „The Sun". Aber aufrührerisch oder revolutionär ist das neue Blatt nicht. „The Sun" richtet sich vielmehr an die kulturinteressierte, aufstrebende Arbeiterschicht Englands. Zu dem, was sie heute ist, wird „The Sun" erst, als Medienmogul Rupert Murdoch seine Finger an das Blatt kriegt und es 1969 neu erfindet. Seitdem ist das britische Pendant der deutschen „Bild"-Zeitung berühmt-berüchtigt für seine besonders unerbittlichen Schlagzeilen. So titel „The Sun" nach der Wahl Kardinal Ratzingers zum Papst 2005 ganz unverfroren: „From Hitler Youth to Papa Ratzi". Angela Merkel dagegen wird ein Jahr später mit der Schlagzeile: „I'm Big in the Bumdestag" (bum, dt. Po) und einem Foto ihres entblößten Hinterteils auf die Schippe genommen. Kein Wunder, dass Kritiker Englands meist verkaufte Tabloid (knapp 3,2 Mio. Exemplare) als „europaskeptisch, chauvinistisch, xenophob, sexistisch, scheinheilig, bigott, reißerisch, sensationslüstern und trivial" bezeichnen. Aber dafür steht die englische Yellow Press ja ohnehin.

01|09|1969

Der erste Knoten im Netz

Die 1960er Jahre, der Kalte Krieg befindet sich auf seinem Höhepunkt. Das amerikanische Verteidigungsministerium sieht einen erhöhten Bedarf, militärische Geheimnisse hinreichend zu sichern. Die Informationen plant man dafür in ein elektronisches Datennetz einzuspeisen. Mehrere Computer, mit gleichen Datensätzen versehen und in großem Abstand zueinander über das Land verteilt, sollen über dasselbe „Wissen" verfügen und sich durch ständiges Kommunizieren gegenseitig auf dem neuesten Stand halten. Sollte ein Rechner ausfallen, wären Informationen durch die übrigen Computer weiterhin abrufbar. Die Advanced Research Projects Agency, kurz ARPA, eine Forschungsbehörde des Verteidigungsministeriums, gibt dafür eine Studie in Auftrag. Für die Wissenschaftskreise, die auf diesem Gebiet arbeiten, stehen allerdings keine Sicherheitsinteressen im Mittelpunkt, sondern vielmehr die Möglichkeit, via Computer mit anderen Universitäten über weite Entfernungen Forschungsergebnisse auszutauschen. Zentral ist hierfür die Theorie, Daten zwischen zwei Rechnern häppchenweise als kleine Pakete zu versenden, dies angesichts der schmalen Bandbreite einer Telefonleitung, die man für die Übertragung nutzen will. Wissenschaftler mehrerer Universitäten und Forscher regierungsnaher Organisationen machen sich daran, dem geplanten Netz eine Form zu geben und den unterschiedlichen Rechnern das „Sprechen" miteinander beizubringen. Am 1. September 1969 werden die ersten vier Großrechner der Universitäten von California, Santa Barbara, Utah und Stanford miteinander gekoppelt. Das entstandene Netzwerk wird ARPA-Net getauft. Mit wachsender Rechnerzahl entwickeln sich allmählich auch technische Übertragungsstandards. Militärisches Sicherheitsdenken und wissenschaftliches Mitteilungsbedürfnis sind die

Anfänge des revolutionärsten Massenmedium der Neuzeit, des Internets.

03 | 04 | 1973
Es lag auf der Hand

Martin Cooper steht an diesem dritten April des Jahres 1973 irgendwo mitten in Manhattan und hält einen großen Plastik-Klotz in seiner Hand. Der Motorola-Ingenieur nimmt das 1,25 Kilogramm schwere und 13 cm lange Gerät und hält es an sein Ohr. Wie sich herausstellt, hat das Ding Knöpfe, und Cooper hat diese just gedrückt, um eine Telefonverbindung herzustellen. Die Anwesenden trauen ihren Augen und Ohren kaum, als sich am anderen Ende der Leitung tatsächlich jemand meldet. Um den größtmöglichen Rummel um seine neue Erfindung zu veranstalten, hat Cooper sich einen ganz besonderen Gesprächspartner für seinen Anruf ausgesucht. Der Leiter der Forschungsabteilung von AT&T, Joel Engel, direkter Konkurrent von Motorola, nimmt seinen verkabelten Hörer ab und muss zähneknirschend akzeptieren, dass Cooper gerade das weltweit erste Handy in Betrieb nimmt. Die Idee für das Handy hatte Cooper, als er 1967 den Auftrag erhielt, ein tragbares Gerät für den Polizeifunk zu erfinden. 1973 entwickelt er dann in nur sechs Wochen das erste Handy. Nach 30 Minuten Gesprächszeit muss das damals „Dyna-TAC" getaufte Modell zwar wieder für 10 Stunden aufgeladen werden, die Entwicklung des Mobiltelefons ist dennoch nicht mehr aufzuhalten. Nicht unerwähnt bleiben sollte, dass Nathan B. Stubblefield aus Murray, Kentucky schon 1908 ein Patent für ein kabelloses Telefon erwarb und bereits viele Jahre vorher gelungene Experimente damit veranstaltete und ebenso, dass der Kanadier Reginald Fessenden, der auch für Thomas Edison arbeitete, vor allem zwischen 1900 und 1906 kabellos Sprache und Töne verbreitete, darunter auch das Lied „Stille Nacht".

12 | 11 | 1981
Komputerfrieks gesucht!

Am 12. November 1981 kommt es in den Räumlichkeiten der Zeitung „taz" in der Berliner Wattstraße zu einem konspirativen Zusammentreffen. Eine Hand voll junger Männer, die einer Zeitungsanzeige mit dem Titel „Komputerfrieks gesucht" gefolgt sind, diskutieren mit ihren Gastgebern Wau Holland und Tom Widdlebit am ehemaligen Tagungstisch der legendären Kommune 1 die Themen „Verteidigung der Informationsfreiheit" sowie das Recht auf freie Kommunikation." Danach gründen sie den Chaos Computer Club (CCC). Den Machern schwebt eine Plattform für Hacker vor, auf der sie legal über ihr Erfolge beim Knacken von Computersystemen berichten und auf Missstände beim Datenschutz öffentlich hinweisen können. Der erste Feind, der am Horizont auftaucht, ist die Deutsche Bundespost und ihr BTX-System. Am 19.11.1984 knackt der CCC den BTX-Zentralrechner und transferiert 135.000,- DM vom Konto der Deutschen Bundespost direkt auf das eigene. Im Abschluss bekennt man sich zu der Tat und zahlt das Geld zurück. Das Signal entfaltet Wirkung: Es befreit den CCC vom Image einer kriminellen Vereinigung und macht Regierung und Bevölkerung misstrauisch gegen die modernen Datenübertragungssysteme. Später macht sich der CCC mit der Veröffentlichung der Baupläne zum „Datenklo" einen Namen, einem Modem, das Laien u.a. aus den Gummimuffen alter Wasserleitungen herstellen können, und das die Bundespost bewegen soll, ihr Produktmonopol aufzugeben. 1986 dringen Mitglieder des CCC in die Rechner der NASA ein, im gleichen Jahr knackt man die Datenbanken des KGB. Die Aktionen führen zu Verhaftungen und rätselhaften Todesfällen: So wird u.a. die Leiche des Hackers Karl Koch verbrannt aufgefunden. Heute testet der CCC vor allem Bundestrojaner, biometrische Pässe oder den elektronischen Wahlstift und wird deswegen gelegentlich als Stiftung Warentest für Politik und Wirtschaft bezeichnet.

19|09|1982

Malen nach Tasten

Über archäologische Funde ist man immer wieder erstaunt und begeistert. Dass es solche auch bereits im Internet gibt, ist zumindest bemerkenswert. Tatsächlich ist die von Scott E. Fahlman am 19. September 1982 um 11:44 Uhr im internen System der Carnegie Mellon University versandte Mail noch erhalten, in der er vorschlägt, gewisse emotionale Regungen des Menschen in der virtuellen Welt der Computer fortzuführen, indem man dafür Satzzeichen verwendet. Diese sollten großzügig gesehen den Gesichtsausdruck des Absenders widerspiegeln. „I propose that the following character sequence for joke markers: :-) Read it sideways. Actually, it is probably more economical to mark things that are NOT jokes, given current trends. For this, use :-(, schrieb Fahlman, nicht ahnend damit eine Lawine loszutreten, die bis über den heutigen Tag hinaus weiter rollen würde. Anlass waren seiner Zeit diverse Missverständnisse, die im damals noch recht jungfräulichen e-Mail-Verkehr auftraten. Ironie in elektronischen

Briefen zwischen Studenten wurde oft nicht als solche gedeutet, Dinge misinterpretiert, die im Gespräch von Angesicht zu Angesicht nie zweifelhaft gewesen wären. Dass Fahlman damit das komplette textbasierte Internet sowie die SMS-Kommunikation prägen würde, war ihm sicherlich nicht klar. Zudem gibt es heute eine Vielzahl an „Emoticons", die weit über das Grinsen oder Augenzwinkern hinausgehen. **:-X** ist der Zungenkuss, **>:-|** ist Zorn und **8-)** lässt einen Brillenträger erkennen, wobei es inzwischen teilweise diverse Zeichenkombinationen für ein und dieselbe Gefühlsregung gibt und selbst für die Kaffeepause oder Personen des öffentlichen Lebens „Emoticons" entstanden sind. Der Papst zum Beispiel ist **+=:-)** Selbst in andere Sprachen wurden die Emoticons bereits übersetzt, beziehungsweise eine dem ostasiatischem Kulturkreis entsprechende Adaption durchgeführt: Lachen geht dort so: **(^_^)** und **(^.^)**, letzteres als weibliches Lachen, bei dem die Zähne verborgen bleiben!

02 | 08 | 1984

Nachricht mit Klammeraffe

Der amerikanische Computerspezialist Ray Tomlinson arbeitet in den USA beim regierungsnahen Forschungsunternehmen „Bolt, Beranek and Newman" (BBN), das zusammen mit mehreren Universitäten am „ARPA-Net" bastelt, der Keimzelle des späteren Internets. Es ist Ende 1971, das Datennetz wächst langsam. Tomlinsons Team hat die Aufgabe, die ARPA weiterzuentwickeln und mögliche Einsatzgebiete des Netzwerkes zu erkunden. Eine nette Idee kommt ihm beim Programmieren quasi zwischendurch: Wie wäre es, wenn man seinen Kollegen an den entfernten Forschungsplätzen über das Computernetz Nachrichten zusenden könnte? Was innerhalb des Instituts auf der lokalen Ebene bereits funktioniert, möchte Tomlinson auch über die Distanz möglich machen. Dafür modifiziert er in nur wenigen Stunden ein kurz zuvor für das ARPA-Net entworfenes Datenübertragungsprogramm. Bevor er damit die erste E-Mail der Welt verschicken kann, muss er nur noch überlegen, wie man digitale Post akkurat zustellt. Tomlinson schreibt dafür Empfängernamen und den Ort, an dem dieser sich innerhalb des Computernetz befindet, in die Adresszeile. Um Name und Standort voneinander zu trennen, wählt er das in Schrift wie Programmiersprache nicht benutzte @-Zeichen. Nach erfolgreichen Tests haben sich die Kollegen an die „user@host-Konvention" gewöhnt. So beginnen sich rege Brieffreundschaften über

die Forschungsrechner zu entwickeln. Schon bald entsteht der meiste Datenverkehr im ARPA-Net durch E-Mails, denn die Wissenschaftler des Projekts widmen sich in der neuen elektronischen Blitzpost gern auch Themen, die mit ihrer Arbeit gar nichts zu tun haben. Bis in Deutschland jemand seinen Namen vor einem Klammeraffen, wie das @-Zeichen hierzulande auch genannt wird, findet, vergehen noch einige Jahre. Erst am 2. August 1984 geht bei Informatikprofessor Werner Zorn an der Universität Karlsruhe unter der Adresse zorn@germany die erste E-Mail aus einem US-Forschungsnetzwerk ein.

30 | 08 | 1988
Von Drachentötern und Plaudertaschen

Heute muss niemand mehr in die Kneipe gehen, um ein bisschen zu plaudern. Im Internet gibt es inzwischen wohl mehr Chaträume als reale Bars auf der Straße. Wer durch das Netz surft, stolpert schon durch Zufall in einen der zahlreichen Chaträume, die heutzutage fast jede kommerzielle Website anbietet. Gleichgesinnte geben sich dort einen „Nickname" und unterhalten sich über die Computertastatur (fast) in Echtzeit miteinander. Meistens geht es um Alltagsthemen wie Hobbys, Freizeit, Wohnort – das so genannte „Standardmenü" wie der Chatter sagt. Dabei ist der Chat etwa so alt wie der einheitliche Internet-Browser und die „Hypertext-Markup-Language" (HTML). Der finnische Student Jarkko Oikarinen entwickelt an der Universität Oulu das heute meist verbreitete Chat-System „Internet Relay Chat" (IRC) und stellt es am 30. August 1988 fertig. Es ist die offizielle Geburtsstunde des Chatrooms. Doch hat die Idee vom gemeinsamen „Kommunizieren an einem virtuellen Ort" bereits Ende der Siebziger Jahre Konjunktur: Zu dieser Zeit treffen sich Liebhaber des Rollenspiels „Dungeons & Dragons" als „Drachentöter", „Hexenmeister", „Halbelfen" oder „Druiden" in den imaginären Welten der „Multi User Dungeons" zum Chat. Das erste System wurde um 1977 von Daten-Pionier und Fantasyikone William Crowther programmiert und auf amerikanischen Universitätsnetzwerken auf vorsintflutlichen schwarz-grün leuchtenden Computern eingerichtet. Dort werden noch bis zum heutigen Tag Drachen getötet und Kämpfe ausgefochten. Die breite Masse chattet allerdings brav nach „Chatiquette" oder „Netiquette", also nach bestimmten Verhaltensregeln der Internet-Kultur. Ein Moderator überwacht in der Regel das Geschehen. Wer sucht, wird aber dennoch alles oder nichts finden in den Chaträumen des Web 2.0.

03 | 12 | 1992
Milliarden MUMIDIRE

Wer in den frühen 90er Jahren Text-Nachrichten unterwegs erhalten möchte, ist zumeist auf einen so genannten Pager angewiesen. Ähnlich wie ein Arzt in einem Krankenhaus angepiept wird, können auch Privatpersonen mit einem etwa faustgroßen Gerät am Gürtel eingehende, zumeist sehr dringende Nachrichten empfangen. Dies ändert sich nachdem 1991 für Mobiltelefone der GSM-Standard (Global System for Mobile Communications) eingeführt wird und am 3. Dezember 1992 erstmals eine Kurznachricht von einem Computer an ein Mobiltelefon des Britischen Vodafone-Netzes gesendet wird. In der zweiten Hälfte des Jahrzehnts hat sich die SMS etabliert und ist im neuen Jahrtausend kaum mehr wegzudenken aus dem täglichen Leben. Bereits 1999 schreibt in Deutschland jeder Bürger im Schnitt 44 SMS pro Jahr, 2003 werden in Europa schon 16 Milliarden Mitteilungen versandt, 22,4 Milliarden SMS sind es in Deutschland im Jahr 2006. Natürliche Erweiterungen wie Bild-Nachrichten (MMS) oder skurrile Blüten wie das Angebot eines SMS-Spiegels, auf welchem man Nachrichten empfangen kann, sind scheinbar nur der Anfang einer Entwicklung. Selbst vom Festnetz kann man inzwischen die Kurznachrichten verschicken. Der Pager wandert bereits nur wenige Jahre nach seiner kurzen Lebenszeit ins Museum. MUMIDIRE ist übrigens die SMS-Abkürzung für „Muss mit dir reden".

17 | 12 | 1997
Unendliches Logbuch

1997 kreiert der Amerikaner Jorn Barger ein Wort, das als Etikett für ein Massenphänomen im Internet Furore machen soll. Barger ist Internetaktivist der ersten Stunde, der Diskussionen in Newsgroups führt und auf seiner Seite „Robot Wisdom" regelmäßig Artikel veröffentlicht. Am 17. Dezember 1997 beginnt er sein Internet-Logbuch. Er notiert Links zu interessanten Themen, die er online gefunden hat, versieht sie mit Kommentaren und überschreibt die so entstandene Liste schließlich als „Weblog". Zu Beginn des neuen Jahrtausends werden diese Art Online-Tagebücher immer beliebter und schießen unter dem Kürzel „Blogs" wie Pilze aus dem Boden. Spezielle Internetportale, die es erlauben, ohne technisches Wissen einen Blog zu starten, oder kostenlose Blogging-Software legen die Grundlage für den Boom, bei dem Millionen Menschen vom Konsumenten zum aktiven Netzautor wechseln. Thematisch gibt es nichts, über das nicht geschrieben wird: Mode, Musik, Politik, Techniktipps und ganz besonders die eigenen Befindlichkeiten werden regelmäßig, mit Bildern oder Videos gespickt, veröffentlicht. Durch Verlinkungen untereinander, so genannten „Blogrolls", entsteht bald ein dichtes Geflecht an subjektiven Meinungs- und Informationsseiten, die einen unverfälschten Einblick in die Seele der Online-Gemeinschaft bieten. Auch die Massenmedien werden zunehmend aufmerksam auf diesen „Journalismus von unten" und wittern darin eine wachsende Gegenöffentlichkeit. Die Authentizität, die Blogs anhaftet, nutzen bald darauf gezielt Politiker, große Zeitungen und die Werbewirtschaft, und man beginnt, eigene Online-Journale zu betreiben, da man sich so einen heißeren Draht zur Zielgruppen erhofft. Nicht alle beurteilen die neue Macht der Online-User zur Meinungsmache positiv. Starwerber Remy von Matt nennt Blogs im Januar 2006 anlässlich der zahlreichen miesepetrigen Kommentare zur „Du bist Deutschland"-Kampagne despektierlich „Klowände des Internets."

07 | 09 | 1998
Der beste Suchhund der Welt

Der Mensch ist ein Jäger und Sammler. Früher suchte er selbst mit Auge und Hand, mit Suchhunden, er streifte durch Prärien und Dickicht. Später fand er Antworten im Telefonbuch, fragend im persönlichen Gespräch oder in lesend Büchern. Das alles ist seit wenigen Jahren unvorstellbar geworden. Wer heute etwas sucht, dessen Weg führt als erstes ins Internet zu Google. Um das schiere Ausmaß des Siegeszuges dieses Dienstes und seiner Gründer Larry Page und Sergey Brin zu beschreiben, die in nur wenigen Jahren die Suchgewohnheiten des modernen Menschen revolutionierten, hier ein paar Zahlen und Fakten: Erst am 7. September 1998 startete das Duo eine erste Testversion, später im Jahr ging Google offiziell online. Keine zehn Jahre später machte das Unternehmen einen Umsatz von über 10 Milliarden Dollar und beschäftigte über 16.000 Mitarbeiter. Das Startkapital betrug 1998 810.000 Euro, zusammen getragen von Familien und Freunden. Im Jahre 2007 hatte das Unternehmen einen Marktwert von über 220 Milliarden Dollar und platzierte sich somit vor Procter & Gamble, der Bank of America und Toyota. Lediglich Microsoft ist mit 293 Milliarden Dollar im IT-Bereich noch größer. Beide Gründer sind Multimilliardäre. Die Google-Site hat inzwischen mehr Besucher als Microsoft, Yahoo, Time-Warner, Ebay und Wikipedia. Allein in Deutschland reicht der Marktanteil von Google bei den Suchmaschinen bis zu 93%. „Googlen" ist offiziell in vielen Sprachen als Verb für die Internet-Suche anerkannt. Über Google konnte man im Jahr 2005 1.187.630.000 Bilder finden, danach gab man es auf, weiter zu zählen. Zuletzt gab die Firma an, einen Index von über 8 Milliarden Webseiten zu führen. Die Suche nach Erfolg können Brin und Page damit eigentlich für beendet erklären.

25|01|1999
Eine Brombeere macht Geschäfte

Die Geschichte des populärsten Business-Gadgets des neuen Jahrtausends beginnt nicht in den Marketingabteilungen bekannter Multis, sondern 1984 an der „University of Waterloo" in Kanada: Zwei Studenten gründen hier die Firma „Research in Motion" (RIM), um ihre Ideen zu drahtlosen Technologien gemeinsam umzusetzen. In den Neunzigern experimentieren die beiden mit einem drahtlosen E-Mail-Gerät, dass sie zunächst „Interactive Pager" taufen. Nach einer Liaison mit der potenten Lexicon Branding wird hieraus später das Handheld-Gerät „Blackberry". Eigentlich hätte es wohl „Strawberry" geheißen, weil die Tasten die Firmenchefs der Lexicon spontan an Erdbeeren erinnerten. Doch ein geschulter Linguist empfahl das pointierte „Blackberry" und verhinderte so das Schlimmste. „Blackberry" kann fast alles: E-Mails versenden, Daten verwalten, sämtliche Handy-Funktionen und im Web browsen. Als er am 25. Januar 1999 auf den Markt kommt, sind in Businesskreisen Notizblöcke, Handys und erst recht persönliche Gespräche schnell Geschichte: Terminabsprachen, Firmenfusionen und Geschäftsintrigen werden fortan im Zeichen der Brombeere geschmiedet, die sich schnell zum Statussymbol entwickelt. Dass sich RIM im Juni 2007 über neun Millionen Benutzer freuen kann, ist allerdings nicht selbstverständlich. Der amerikanische Konkurrenzanbieter NTP versuchte immer wieder den beiden Studenten das Patent an der lukrativen Brombeere streitig zu machen, bis man sich im März 2006 endlich zu beidseitiger Zufriedenheit einigte.

21|07|1999
Leinen los!

Die digitale Revolution steht noch am Anfang, oder ist sie vielleicht doch schon weiter als alle denken, als am 21. Juli 1999 einer der Pioniere des Computer-Geschäfts, Steve Jobs, Gründer und Chef der Firma Apple, auf seiner eigenen Messe, der Macworld Expo, den iBook Computer hochhebt. Er tut dies, um, wie er sagt, einem

Kameramann einen besseren Blick auf das Gerät zu ermöglichen. Jobs surft weiter im Internet als er vor dem Kameramann steht. Zaghafter Applaus wird zu einem Jubelsturm, als der Saal langsam realisiert, dass Jobs hierfür keinerlei Kabel mehr braucht. Dieser simple Trick des gewieften Managers zeigt wohin die Reise gehen wird. In den kommenden Jahren wird das so genannte W-LAN (Wireless Local Area Network), welches einem ermöglicht das Internet dank eines Funknetzes ohne jegliche Kabel zu benutzen, immer mehr zu einem Segen nicht nur für Politik, Wirtschaft und Wissenschaft, sondern auch für Privathaushalte. Jobs stellt an diesem Tag „Airport Wireless LAN" vor, was künftig zu einem akzeptablen Preis für jedermann erhältlich und zudem in Installation und Anwendung extrem einfach zu handhaben sein soll. Obwohl der erste Gebrauch von W-LAN schon ein paar Jahre zurückliegt, schafft Jobs es, der Welt ein weiteres Mal vorzuführen, dass es seine Firma ist, die nicht nur immer neue Hardware, sondern auch diese neue Freiheit zu den Leuten bringt. Später beansprucht Taipei City für sich, die weltweit erste Stadt zu sein, die flächendeckend W-LAN zur Verfügung stellt. In Europa sind es Wien und Heidelberg, aber auch Düsseldorf, die mit diesem Service hausieren gehen. Auch wenn nicht nachzuweisen ist, ob man wirklich an jeder Stelle dieser Städte ohne Kabel das Internet benutzen kann, die Marschrichtung scheint klar: Kabellos rund um die Welt!

01 | 01 | 2000
Ein neuer Bundespräsident für die Schweiz

Philadelphia 1959: Die Mathematikerin Grace Murray Hopper ist dabei, die revolutionäre Computer-Programmiersprache Cobol zu entwickeln. Die Vorraussetzungen sind denkbar schlecht, denn Computerspeicherplatz ist zu dieser Zeit ein rares und vor allem teures Gut. 500.000 Bits kann ein Großrechner gerade einmal vertragen, ein Tausendstel dessen, was ein billiger Durchschnittscomputer heute zu schlucken vermag, und die Kosten pro Bit machen dabei satte zwei Dollar aus. Also versucht Hopper an allen Enden zu sparen, und dabei rückt auch die Zeit in den Blickpunkt der scharfsinnigen Mathematikerin. Sie entschließt sich die Jahrhundertzahl „19" fix zu lassen und lediglich Zehner und Einer des jeweiligen Jahres fortlaufen zu lassen. So wird jedoch der Zukunft kurzerhand mit dem Jahr 1999 ein Ende gesetzt. Sollten Cobol und die Menschheit das Jahr 2000 überhaupt jemals erreichen, würden beide zurück ins Jahr 1900 katapultiert werden, doch beides hält Hopper wohl für unwahrscheinlich. Als Mitte der Neunziger Cobol noch immer in Gebrauch ist, und auch die Menschheit noch keine Ermüdungserscheinungen zeigt, mag der inzwischen als

„Grandma Cobol" und „Amazing Grace" gefeierten Programmierikone bewusst geworden sein, dass sie der Menschheit ein nicht eben leichtes Erbe hinterlassen wird. Aber für Reue ist es nun zu spät, Hopper stirbt 1992 im Alter von 86 Jahren und mit ihr erlischt auch das Wissen über die Programmiersprache Cobol, die zu diesem Zeitpunkt noch in etwa so geläufig ist wie Esperanto. 1998 kommt den Menschen ein böser Verdacht und die Welt versinkt im sogenannten Y2K-Chaos: 2000er-Witze machen Furore, Horrorszenarien von Börsencrashs, Flugkatastrophen und Superverbrechen werden von den Medien an die Wand gemalt, während Industrie und Wissenschaft überlebende Cobol-Profis zu gigantischen Gagen aus den Versenkung holen und Milliarden in Umrüstungen ihrer Großrechner investieren. Als die Uhren am 31.12.1999 um 23:59:59 umspringen, passiert – nichts. Am 1. Januar 2000 ist die frohe Botschaft, dass Adolf Ogi zum Schweizer Bundespräsidenten gewählt wurde die Nachricht des Tages. Erst viel später wird man von ausgefallenen Spionagesatelliten, zahlreichen Krankenhausunfällen und Stromausfällen in Asien erfahren – sie waren in der allgemeinen Euphorie schlicht untergegangen.

01|10|2000

Die Frisur sitzt

An einem Sonntag im August in einem Café. Ein junger Mann wartet auf eine Verabredung. Zwei Freundinnen am Tisch nebenan kichern und stoßen mit den Nasenspitzen fast auf das Mini-Display ihres Handys. „Sieht er nicht toll aus?" „Klick mal weiter, hast Du noch mehr Bilder gemacht?" Der Mann denkt: Aha, ein Fotohandy! Das bringt ihn auf eine Idee. Unauffällig kramt er in seinem Rucksack, zieht sein Mobiltelefon raus und drückt ab. Mit zusammengekniffenen Augen versucht er, auf dem nicht wirklich großen Display zu erkennen, ob seine Frisur sitzt. Was haben die Menschen nur früher ohne Fotohandys gemacht? Im „Smithsonian's National Museum of American History" in Washington DC kann man die Mutter aller Fotohandys bewundern: „Intellect." Sein Erfinder Daniel A. Henderson hat 1993 die „Picturephone-Technology" entwickelt, um Bilddatenübertragung von einem Message-Center auf ein portables Endgerät möglich zu machen. Der Tag, an dem die ersten Konsumenten mit einem Fotohandy beglückt werden, ist allerdings erst der 1. Oktober 2000. Da bringt die Firma Sharp das erste Mobiltelefon mit integrierter Kamera auf den Markt, das „J-SH04". Aber nicht in den USA, sondern natürlich im Land der Technikpioniere – Japan. Deutschland muss sich noch zwei Jahre gedulden, bis im dritten Quartal 2002 Fotografieren mit dem

Handy, zum Beispiel mit dem Nokia 7650, möglich ist. Der junge Mann im Café macht schnell noch ein Bild von seinem Hinterkopf, um zu sehen, ob auch da der Scheitel sitzt ...

15|01|2001
Was weiß ich?

Seit fast 80 Jahren vergibt das renommierte Time Magazine aus Amerika jährlich den Titel „Person des Jahres", als im Jahr 2006 zum ersten Mal dem Leser selbst diese Ehre zuteil wird. Tatsächlich entscheidet sich die Redaktion für die vielleicht logischste Lösung: You! Nicht unwesentlich Anteil an dieser journalistischen Maßnahme hat die Internet-Plattform Wikipedia, welche zu diesem Zeitpunkt bereits weltweite Bekanntheit erlangt hat. Jahre vorher, genauer am 9. März 2000 wurde die Plattform Nupedia von der Firma Bomis Inc. gegründet, eine Online-Enzyklopädie, die, von Jimmy Wales und Larry Sanger geleitet, Beiträge von Experten zu jeder Art von Thema beinhalten soll. Nur ein Jahr später schlägt Wales vor, eine offenere Art der Enzyklopädie vor, eine, zu der jeder beitragen kann. Sanger unterstützt dies mit dem Vorschlag, hierfür einen Wiki zu benutzen. Unter dem Begriff Wiki (Hawaiisch für „schnell") versteht man dabei, dass jeder Zugang zu den Inhalten hat und diese auch ändern kann, das Wort Pedia entstammt logischerweise der englischen encyclopedia. Am 15. Januar 2001 startet die Plattform offiziell. Diese einfache Idee revolutioniert schnell das Geschehen im Internet und legt in nicht unwesentlicher Art einen Grundstein für das Web 2.0, wo Nutzer aktive Teilhaber sind. Während in den kommenden Jahren die Entwicklung von Wikipedia von vielen auch kritisch gesehen wird, weil die Gefahr der Verbreitung von mangelhaftem Wissen und schlicht falschen Informationen durch die offene Struktur groß ist, geben die faktischen Zahlen den Machern Recht: Im Januar 2008 umfasst allein das englische Wikipedia knapp 2,2 Millionen Artikel und 950.000.000 Wörter.

11|08|2001
Das trojanische Kaffeepferd

Weder ein besonderes Mitteilungsbedürfnis noch das Ausspionieren von potentiellen Feinden war einer der Antriebsmotoren für die Entwicklung der Webcam. Viel mehr spielte eine leere Kaffeekanne dabei eine entscheidende Rolle. Im Computer Science Department der Universität Cambridge arbeiten 1991 viele Mitarbeiter, die sich alle eine Kaffeemaschine teilen. Diese befindet sich zudem im Korridor vor einem Computerlabor, dem so genannten „Trojan Room", für einige Mitarbeiter ein kleiner Ausflug, nur um dann festzustellen, dass schon jemand anders sich den letzten Tropfen gesichert hat. Damit wollen sich der Student Quentin Stafford-Fraser und seine Kollegen jedoch nicht länger abfinden und installieren kurzerhand eine Kamera, die fortan 24 Stunden am Tag die Maschine beobachten soll. Die Live-Bilder dieser Kaffee-Wacht werden an diverse Rechner im Uni-Netzwerk übertragen, so dass die Kaffee-Junkies den aktuellen Füllstand jederzeit beobachten können. Nur zwei Jahre später gelangen die Bilder der tapferen Maschine aus Cambridge ins weltweite Netz und werden schnell zum Kultobjekt für Eingeweihte, stellt der kleine gastronomische Freund doch ein wichtiges Artefakt für die technische Entwicklung dar. Am 11. August 2001, also zehn Jahre nach Inbetriebnahme der Kaffee-Überwachung, schlägt schließlich das vorerst letzte Stündlein der emsigen Maschine, zumindest in den USA. Das Computer Science Department zieht um, viele der ursprünglichen passionierten Mitglieder des „Coffee Clubs" arbeiten nicht mehr dort, und einen neuer Trojan Room ist nicht in Sicht. Ganz abgesehen davon soll der Kaffee kein wirklicher Hochgenuss sein. Prompt wird das gute Stück an jenem 11. August über ein anderes Phänomen des Internet-Zeitalters, dem Auktionshaus Ebay für sagenhafte 3.350 Pfund (10.452,70 Mark, also umgerechnet über 5.000,- €) an die Redaktion von SPIEGEL-Online verkauft. Repariert, nimmt sie dort wenig später ihren Dienst wieder auf. Die älteste noch operierende Webcam nennt sich FogCam und ist seit 1994 an der State Universität San Francisco in Betrieb. Inzwischen wird fast jeder Computer mit einer installierten Kamera verkauft.

24|06|2003
Die zweite Chance

Früher hat in Deutschland die ARD-Serie „Lindenstraße" dafür gesorgt, dass Leute in eine Flimmerkiste starren, jetzt ist es das „Linden Lab". 1999 beginnen Programmierer in San Francisco damit, eine zweite Welt im Internet zu erschaffen. Ihr Vorbild ist das „Metaversum" aus dem Science-Fiction-Roman „Snow Crash". Nach etwa drei Jahren sind sie „fertig mit der Welt" und die geht am 24. Juni 2003 online. Ihr Name? „Second Life". Es funktioniert wie ein Online-Computerspiel. Jeder User kann sich neu erschaffen, einen „Avatar", also einen grafischen Stellvertreter, seiner selbst frei nach seinen Vorstellungen basteln und Bewohner von „Second Life" werden. Praktischerweise können alle Bewohner fliegen und sich in der virtuellen 3D-Welt immer weiter entwickeln. Die virtuelle Währung Linden-Dollars, mit der im „Second Life" alles von Kleidung bis zu Häusern bezahlt wird, kann in reale US-Dollar getauscht werden, was bei einigen wenigen schon zu Reichtum in der realen Welt geführt haben soll. Die Kehrseite der Medaille oder des Linden Dollars ist allerdings, dass viele Bewohner zunächst nur ihren (virtuellen) Körper haben, um an Geld zu kommen. Inzwischen gibt es von Kriminalität, Firmen und Politik bis hin zu Langeweile fast alles im „Second Life", was es auch im realen Leben gibt, aus der Utopie ist scheinbar eine zweite Realität geworden. Natürlich haben auch Firmen diese Marketing-Chance längst für sich entdeckt. Neben Adidas und Mercedes Benz hat sogar die deutsche Post am 3. Mai 2007 als erstes weltweites Unternehmen in der virtuellen Realität Filialen eröffnet. Über elf Millionen Bewohner haben sich für ein zweites Leben registriert, täglich sind rund 60.000 User gleichzeitig online – ob auch die Bewohner der „Lindenstraße" darunter sind?

29 | 08 | 2003

Sehen und gesprochen werden

Im Sommer 2002 befinden sich Niklas Zennström und Janus Friis in einer Mischung aus Depression und Aufbruchstimmung. Soeben haben die Betreiber der Internet-Musik-Tauschbörse Kazaar ihr Unternehmen aus Frustration über die ständigen Prozesse mit der Tonträger-Industrie für 600.000 US-Dollar verkauft. Doch die Esten haben viel gelernt: Erstens, dass man kein Millionär sein muss, um die Großen der Welt in den Ring zu holen, zweitens, dass die Menschen weltweit ein Interesse an selbst bestimmtem Konsumverhalten haben. Zwei Erkenntnisse, die das wirtschaftliche Fortleben der beiden retten werden. Ihr neues Zielobjekt ist der Telefonmarkt, den man als zentralisiert, ausbeuterisch und altmodisch betrachtet. Im Internet erkennt man erneut das geeignete Mittel um das Monopol der konservativen Global Player zu knacken: Über das Interface einer Telefonzelle sollen Nutzer ohne Fremdeinmischung (peer-to-peer) kostenlos miteinander telefonieren und sich dabei auch noch am Bildschirm sehen können. In nur sechs Monaten entwickelt der Programmierer Athi Heinla die nötige Software, bald darauf ist ein Sponsor für die neuen Firma Skype gewonnen. Die Werbung läuft gemäß dem Motto „selbst ist der Mann" nicht über Anzeigen, sondern über Mund- bzw. Mailpropaganda nach den Guerilla-Regeln des „Vital-Marketing". Friis und Zennström glauben zwar, dass Skype so den Wettbewerb anheizen wird, aber sie rechnen kaum mit dem großen kommerziellen Erfolg. Sie liegen falsch. Als das Portal Skype am 29.8.2003 geöffnet wird, bricht aufgrund der Nachfrage nach wenigen Stunden der Server zusammen. 60.000 User zählt man in der ersten Woche, zwölf Mal mehr als seinerzeit bei Kazaar. Medienriese Ebay bietet sich schließlich 2007 zur Übernahme von Skype an. Der stolze Preis beträgt 2,6 Milliarden Dollar, weitere 1,5 Milliarden sollen folgen, wenn sich Skype 2008 so blühend wie bisher entwickelt. Friis bleibt bei Skype, Ex CEO Zennström heckt den nächsten Plan aus: Sein Internet-TV-Sender Joost soll Sende-Inhalte „on demand" bereit stellen, und so das Establishment erneut ärgern.

04|02|2004

Face-to-Face(book)

„Facebook könnte Plaxo kaufen" heißt eines der Gerüchte, welches Anfang des Jahres 2008 im Internet kursiert. Was sich anhört, als würde ein Roboter in einem Supermarkt des Jahres 2243 seine Lieblingszahnpasta anvisieren, ist im wirtschaftlichen Duktus des noch jungen neuen Jahrtausends eine ganz normale Schlagzeile, die eine ordinäre Firmenübernahme zum Thema hat. Das Unternehmen, das sich die „Social-Network"-Firma Plaxo vermeintlich einverleiben soll, ist aber keineswegs normal. Facebook ist 2008 eine der wichtigsten „Headhunter" im Netz. Weltweit werden hier täglich Menschen „eingesammelt", sprich dazu bewegt, sich selbst online darzustellen und mehr noch, möglichst viel von sich preis zu geben, damit die anderen Nutzer immer mehr „virtuelle" Freundschaften auf der Plattform schließen oder ganz einfach ihr bestehendes soziales Netzwerk erweitern können. Erst am 2. Februar 2004 von Harvard Student und Entwickler Mark Zuckerberg gegründet, in lächerlichen zwei Wochen programmiert und ursprünglich als Studentennetzwerk gedacht, expandiert das Unternehmen schneller als das Licht unterwegs ist. Über 62 Millionen Nutzer sind Anfang 2008 registriert. Der Marktwert beträgt 15 Milliarden Dollar als im Oktober 2007 die Firma Microsoft für 240 Millionen den scheinbar nichtigen, als Zugang zum Kunden aber wichtigen Anteil von 1,6% an Facebook erwirbt. 100.000 Entwickler arbeiten zu diesem Zeitpunkt an knapp 10.000 unterschiedlichen Applikationen auf der Plattform. Zuckerberg und seinen Partnern bläst aber auch Kritik ins Gesicht. Die Zurschaustellung sensibler persönlicher Daten vor gewaltigen Konzernen macht Datenschützer ziemlich nervös. Mark Zuckerberg ficht das nicht an, er wird im Mai 2008 gerade einmal 24 Jahre alt und hat noch viel Zeit, sich den ernsten Problemen der Menschheit zu widmen.

12|02|2004
Sendeplatz für alle

Die Sache an sich ist eigentlich gar nicht neu: Mit der um 2001 einsetzenden schlagartigen Vermehrung von Weblogs, kurz „Blogs" genannt, beginnen immer mehr selbst ernannte Ich-Redakteure, ihre Seite mit Audio-Dateien zu veredeln. Sie veröffentlichen kleine selbst produzierte „Radio-Beiträge". Minimaler technischer Aufwand durch oft kostenlose Software zum Erstellen der Hördateien, das MP3-Format (zum Komprimieren) sowie immer schnellere Online-Verbindungen machen es möglich. Über einen Newsfeed, eine Art Abonnement-System, können Interessenten sich ihre Audio-Blogs im Netz zusammenstellen und bekommen so neue Hör-Episoden nach Veröffentlichung automatisch zugeschickt. Was als Audio-Blogging eher ein Nischendasein fristet, ist unter einem anderen Begriff bald in aller Munde. Am 12.2.2004 veröffentlicht der Journalist Ben Hammersley in der britischen Tageszeitung The Guardian seinen Artikel „Audible Revolution" („Hörbare Revolution"), der sich ausführlich mit dem Phänomen des neuen Anwender-generierten Produzententums im Internet beschäftigt. Dabei stellt Hammersley auch die Frage, wie man den Amateur-Radio-Boom am besten benennen sollte. Einer seiner Vorschläge lautet „Podcasting". Das von ihm erfundene Kofferwort bürgert sich in der Folge schnell ein für jegliche Art der periodisch im Netz veröffentlichten Audiobeiträge, parallel zum rasanten Erfolg des iPods, dem tragbaren MP3-Player der Firma Apple, der bei der Begriffsbildung des podcasting Pate stand. Bald entdecken neben dem Privatmann auch etablierte Medien den Podcast für sich und damit die Möglichkeit, abseits von Sendeterminen ihre Zielgruppe zu erreichen. Zunehmend werden Beiträge durch Video-Dateien („Video-Cast" oder „Vidcast") ergänzt. Seit Juni 2006 richtet sich so auch Bundeskanzlerin Angela Merkel wöchentlich in Bild und Ton an ihre Wähler.

15|02|2005
Die Glotze bist du

Chad Hurley, Steve Chen und Jawed Karim sind Web-Tüftler und arbeiten beim Online-Finanzdienstleister PayPal. Eines Abends sitzen die Drei auf einer ausgelassenen Dinner-Party beisammen. Um Freunden hinterher einen kleinen Videogruß senden zu können, filmen sie das Geschehen mit einer Kamera. Als es im Anschluss ans Verschicken des Partyfilmchen gehen soll, fällt Hurley, Chen und Karim wieder einmal auf, wie umständlich es ist, solche Dateien mit seinen Freunden zu teilen, sind die Datenmengen doch zu groß, um sie schnell einmal per E-Mail zu senden. Eine einfache Lösung muss her, und so ersinnen die drei Mitzwanziger eine besondere Art des Privatfernsehens: Eine Internetseite, auf der jeder registrierte Nutzer seine wie auch immer gearteten Filme hochladen kann, so sie nicht größer als 100 MB und nicht länger als zehn Minuten sind. Jedes Mitglied der „Communtiy" soll diese  Filmschnipsel anschauen, kommentieren oder natürlich seine eigenen bewegten Bilder der Online-Öffentlichkeit präsentieren können. Am 15. Februar 2005 gründen Chad Hurley, Steve Chen und Jawed Karim die Online-Plattform YouTube, deren Motto „Broadcast Yourself" („gehe selbst auf Sendung") innerhalb kürzester Zeit nicht nur ihre Freunde mehr als wörtlich nehmen. So entsteht der erste weltweite TV-Sender, bei dem die Nutzer selbst die Programmchefs sind. Tummeln sich anfangs gerade einmal rund 60 Filmschnipsel auf der Site, wächst die Gemeinschaft in nur 19 Monaten auf rund 70 Millionen Mitglieder an, die über 65 Millionen Filmdateien einstellen, die täglich 100 Millionen Mal angeklickt werden. Ob TV-Mitschnitte, Music-Clips oder peinliche Urlaubsvideos, das Sendungsbewusstsein der YouTube-Mitglieder kennt keine Grenzen, und auch die Internet-Wirtschaft überschlägt sich angesichts der User-Zahlen vor Begeisterung. Im Oktober 2006 erwirbt Suchmaschinenriese Google YouTube für 1,65 Milliarden Dollar. Die bevorstehenden Urheberrechtsklagen, die zahlreiche TV-Sender bald darauf anstrengen um die unautorisierte Verbreitung ihrer Sendungen zu verhindern, „kauft" man gleich mit.

09|08|2006

Tom Superstar

Tom ist ein Star. Tom ist sogar der vielleicht größte Star des Internet. Ginge es nach kalten Zahlen, wäre Tom der beliebteste Mensch der Erde. Tom hat auf der Internet-Seite myspace.com über 220 Millionen Freunde. Tom könnte Tom Anderson sein, einer der Gründer von Myspace, aber vieles an diesem Netzwerk erscheint genauso komisch wie der Placebo-Freund Tom, den jeder neue Nutzer von Myspace kennen lernt. Obwohl die Gründung erst wenige Jahre zurückliegt, gibt es kaum zwei exakt gleich lautende Entstehungsgeschichten zu der Firma. 1998 startet die Firma eUniverse eine Website namens Myspace, zunächst für Firmenmitarbeiter, die wetteifern, wer am schnellsten am meisten Freunde online „sammeln" kann, denn darum geht es auf den Seiten zunächst. 1999 wird der Myspace-Firmenarm von eUniverse mit einer entsprechend funktionierenden Infrastruktur ausgestattet, später sind es Chris DeWolfe und besagter Tom Anderson, die Myspace leiten. Anderson ist angeblich auch dafür zuständig, die Site in Musikerkreisen bekannt zu machen. Dies gelingt, wie auch immer, hervorragend, denn schon bald ersetzt eine Myspace-Site für viele Bands ihre eigenen Internetauftritte, kann der User doch hier viel übersichtlicher und schneller Fotos, Infos entdecken und vor allem Musik hören. Ein Versuch, über den Dienstleister Snocap Musik auch zu verkaufen, scheitert an zu geringen Absatzzahlen. Das kann Tom und Chris aber egal sein, denn noch bevor am 9. August 2006 der 100-Millionste Account auf Myspace eröffnet wird, kauft Medien-Tycoon Rupert Murdoch die gesamte und inzwischen in Intermix umbenannte Firma für unglaubliche 580 Millionen US-Dollar. 327 Millionen davon entfallen in der Bewertung allein auf Myspace. Anfang Februar 2008 meldet sich bereits User Nummer 300 Millionen an.

====== Weiterlesen ======

- Carlton Mabee: The American Leonardo. A Life of Samuel F. B Morse. New York 1944
- Frederick G. Kilgour: The Evolution of the Book. Oxford University Press 1998
- Johannes Schwittala: Flugschrift. Niemeyer 1999
- Katie Hafner/ Matthew Lyon: ARPA Kadabra oder Die Geschichte des Internet. d.punkt 2000
- Helmut Schanze: Handbuch der Mediengeschichte. Kröner 2001
- Stefan Füssel: Gutenberg und seine Wirkung. Insel Verlag 2004
- Wilfried F. Schoeller, Ernst Litfaß. Der Reklamekönig. Frankfurt a. M. 2005
- Michael Reufsteck/ Stefan Niggemeier: Das Fernsehlexikon. Goldmann, München 2005
- Annik Rubens: „Podcasting. Das Buch zum Audiobloggen", O'Reilly 2006
- Werner Faulstich: Mediengeschichte von den Anfängen bis ins 3. Jahrtausend. 2 Bde. UTB 2006
- Olivia Adler, Oliver Gassner: Second Life – Das Buch zum zweiten Leben. O'Reilly 2007
- Sascha Häusler: Soziale Netzwerke im Internet. Vdm Verlag Dr. Müller 2007
- http://www.myspace.com
- http://www.skype.com
- http://www.facebook.com

Tage des Bildes
Fotografie, Film und
visuelle Medien

Kapitel 12

An einem Tag im Jahr 1011
Ziemlich obskur Zeichnen mit der Camera Obscura **S. 391**

25|03|1655 *Die magische Laterne* Der erste Diaprojektor **S. 392**

07|05|1833 *Der Scheibenwirbler* Die stroboskopische Wunderscheibe **S. 392**

15|06|1839 *Zwei sind einer zuviel* Die Erfindung der Fotografie **S. 393**

11|06|1878 *Vier Hufe und ein Schuss* Die Chronographien des E. Muybridge **S. 394**

01|03|1883 *Der kreisrunde Blick* Die Eröffnung des Sedan-Panoramas **S. 395**

01|11|1895 *Die Teufel von Berlin* Die erste öffentliche Filmvorführung der Welt **S. 396**

28|12|1895 *Mit dem Zug ins Kino* Die Gebrüder Lumière erfinden das Kino **S. 397**

01|09|1902 *Der Zauberkünstler* Die bizarre Welt des Georges Méliès **S. 397**

05|01|1903 *Sehen lernen mit Porter* Edwin S. Porter erfindet die Parallelhandlung **S. 398**

08|06|1912 *Effiziente Träume* Hollywood erblickt das Licht der Welt **S. 399**

06|10|1927 *Es werde Ton!* „The Jazz Singer" ist der erste Tonfilm **S. 400**

16|08|1929 *Geburt einer Göttin* Die Berliner Filmwelt begrüßt den Blauen Engel **S. 401**

04|12|1930 *Besser nichts Neues* Remarques „Im Westen nichts Neues" wird boykottiert **S. 401**

16|04|1932 *Da hast Du mir ja eine schöne Suppe eingebrockt!* Hal Roach trifft Dick und Doof **S. 402**

29|03|1933 *Der Dämon auf der Leinwand* Fritz Lang und die Nazis. **S. 403**

15|06|1933 *Der Mann mit den Flügelschuhen* Die heile Welt des Fred Astaire **S. 404**

28|12|1935 *Ein Leben mit Mantel und Degen* Errol Flynn entert die Leinwand **S. 405**

21|12|1937 *Ein Abend im Trickfilmwunderland* Walt Disney füllt einen Abend mit Schneewittchen **S. 405**

21|12|1938 *George!* Das Highlight der Screwball-Comedy **S. 406**

02|03|1939 *Hände hoch!* Der Wilde Westen wird zum Mythos **S. 407**

31|10|1941 *Deutsche Farben* Der erste deutsche Farbfilm hat Premiere **S. 408**

26|11|1948 *„Mit das Schärfste, was Sie je in Ihrer Kamera hatten..."* Die Polaroid erobert den Urlaub **S. 408**

26|04|1954 *Für eine Handvoll Reis* Die ambivalente Welt des Akira Kuroswawa **S. 409**

18|11|1959 *50.000 Paar Sandalen* Groß, größer, Ben Hur **S. 410**

28|03|1963 *Der stille Schrecken* Hitchcocks Vögel kommen **S. 411**

06|07|1963 *Mehr Blut!* Der „Godfather of Gore" wetzt das Messer **S. 411**

08|11|1966 *Die Welt ist eine Show* Ronald Reagan schießt scharf **S. 412**

21|12|1968 *Spiel mir den Tod vom Film* Das Ende des Spaghetti-Western **S. 413**

08|05|1969 *Auf der Suche nach Amerika* Vater aller Roadmovies: „Easy Rider" **S. 413**

25|05|1977 *Sternenkrieg im Kinderzimmer* Star Wars mit George Lucas **S. 414**

25|05|1979 *Die Malocher, die Frau und das Monster* Die Welt begrüßt „Alien" **S. 415**

17|02|1989 *Animeisterlich* „Akira", das Juwel der japanischen Zeichenschmiede **S. 416**

03|03|1991 *Familienfeiern und Katastrophen* Mit der Handy Cam in die Realität **S. 416**

23|05|1994 *Der polarisierende Gemischtwarenladen* Quentin Tarantino boxt sich durch **S. 417**

19|09|1994 *Der russische Weg* Eine Kamera kehrt zurück, Zeit für Lomo **S. 418**

02|04|2008 *Der teuerste Film aller Zeiten* Zahlen und Fakten der Zukunft **S. 419**

An einem Tag im Jahr 1011
Ziemlich obskur

Ibn al-Haytham beobachtet eine Sonnenfinsternis. Der Gelehrte aus Basra tut dies nicht mit bloßem Auge. Er steht in einer Art kleiner Garderobe mit einem Loch in der Decke und starrt auf den Fußboden. Was er sieht, zeichnet er auf ein Stück Papier, es ist das Jahr 1011. Gut 20 Jahre später viele tausend Meilen östlich steht der Gelehrte Shen Khuo in ähnlicher Pose auf einem Platz in China. Zahlreiche Gelehrte von Orient bis Okzident folgen in den kommenden Jahren ihrem Beispiel. In Europa sind es vor allem Roger Bacon (1214-1294) und Leonardo da Vinci (1452-1519). Letzterer tauft das eigenartige Gerät auf den passenden Namen „Camera Obscura". Tatsächlich tut sich in den Kammern Merkwürdiges. Legt man eine helle Leinwand oder ein Papier auf den Fußboden, so bildet sich hier exakt wenn auch reichlich unscharf ab, was am Firmament vor sich geht. Noch sind die Astronomen allein, doch kommen bald die Maler hinzu, die, inspiriert vom Geist der Renaissance, wünschen, dass ihre Gemälde immer realistischer werden. Sie richten die Camera Obscura auf Landschaften und Lebewesen. Sie zeichnen die auf Leinwand geworfenen Bilder nach. Die Ergebnisse sind verblüffend und manch geniales Werk der großen Kunstepoche ist diesem „Zeichenfaulenzer" zu danken. Um 1550 nimmt der italienische Gelehrte Hieronymus Cardanus Verbesserungen am Gerät durch den Einbau eines Brillenglases in das Lichtloch vor. Giovanni Porta (1558) und Daniel Barbaro (1568) verbessern das Verfahren. Allmählich beginnt die „dunkle Kammer" auf handliches Format zu schrumpfen. Die „Pocketkameras" des Würzburger Mönchs Johann Zahn sind 1665 bereits mit Reflexspiegel, matt geschliffener Projektionsscheibe (Mattscheibe) und Linse heutigen Fotoapparaten durchaus vergleichbar, mit dem kleinen aber feinen Unterschied, dass sich hiermit keine Fotos schießen lassen. Der Gedanke, die Bilder der Kamera auf andere Art dauerhaft zu machen als mit der Handzeichnung, findet sich nirgends. Als es im 19. Jahrhundert gelingt, ist es eine Folge puren Zufalls.

25|03|1655
Die magische Laterne

König Ludwig XIV. von Frankreich bittet 1662 den niederländischen Poeten Constantijn Huygens um die Zusendung einer Zauberlaterne. Der Fürst hat von der Wundermaschine gehört, die der Sohn des Poeten vor kurzem entwickelt haben soll. Andere Fürsten wie der Kaiser Ferdinand II. haben sie schon, und Ludwig will sie nun auch. Huygens' Sohn Johann Christian freut sich vermutlich über die Bestellung. Nicht alles, was der Physiker und Astronom erfindet, kommt so gut an. Zwar finden Mathematiker Gefallen an seinen Theorien über die Wahrscheinlichkeit im Würfelspiel und die Quadratur des Kegels. Doch seine „Wasserdampforgel" und das „Katzenklavier" finden wenig Anklang. Mit seiner „Zauberlaterne" ist es da schon etwas anderes. Das geheimnisvolle Gerät besteht aus einem Hohlspiegel, einer Kerze und einem Linsensystem, die in ein metallenes Gehäuse eingelassen sind. Nimmt man eine Glasmalerei und schiebt sie in den Kasten, so erscheint wie von Zauberhand auf der Wand gegenüber ein geheimnisvoll flackerndes „Laternenbild". Lässt man dazu etwas Dampf aufsteigen und verursacht unheimliche Geräusche, ist der Gruseleffekt vollendet. Es dauert nicht lange, bis Huygens' Zauberlaternen und ihre Inszenierungen („Phantasmagorien") an den Höfen Europas zum gängigen Unterhaltungsprogramm gehören. Ihr diabolischer Zug bringt ihnen indessen einen zweifelhaften Ruf ein. Die Aufklärung will es schließlich, dass der sensationalistische Anspruch des Gerätes dem sozial-pädagogischen Anliegen Platz macht. Nun werden lehrreiche Bilder und Schriften an die Wand geworfen. Im frühen 19. Jahrhundert sind es vor allem Märchenszenen für Kinder. Mit dem Diapositiv (1851) erlebt die Laterna Magica bis zu Erfindung des Filmprojektors noch einmal eine Renaissance. Exotische Bilder und Dokumentarmaterial trägt man nun von allen Enden der Welt bis in die Provinz. In Verbindung mit Ton und Moderator werden die Aufführungen der Laterna Magica zu multimedialen Shows. Huygens wird für seine Erfindung heute nur noch selten gewürdigt. Am 25. März 1655, in etwa zeitgleich mit der Erfindung der Zauberlaterne, entdeckt er jedoch den Saturnmond Titan. Am 11. Januar 2005 startet eine Weltraumsonde mit seinem Namen in Richtung auf den Himmelskörper.

07 | 05 | 1833
Der Scheibenwirbler

1832 entdeckt der Wiener Mathematiker Simon Stampfer in der „Zeitschrift für Physik und Mathematik" einen Artikel des britischen Physikers Michael Faraday über Zahnräder. Faraday hat beobachtet, dass das menschliche Auge die Zacken und Streben eines Zahnrades ab einer gewissen Geschwindigkeit nicht mehr erkennen kann. Simon Stampfer beginnt zu überlegen, ob sich die Erkenntnis Faradays kommerziell auswerten lassen könnte. Da sich zu seinen Zeiten besonders bunte Bilder für Kinder großer Beliebtheit erfreuen, hat er schnell die Lösung parat. Am 7. Mai 1833 erteilt man

Stampfer in Wien das Privileg für eine Erfindung, die „Bilder... mit gehöriger Schnelligkeit... vor dem Auge vorbeigeführt... während der Lichtstrahl beständig unterbrochen wird". So können bewegliche „theatralische Szenen... gezeichneter Bilder" dargestellt werden. Stampfer tauft seine Erfindung „Zauberscheibe". Sie besteht aus einem Stil an dem eine rotierende Scheibe mit Schlitzen angebracht ist, auf der Innenseite ist sie mit Pferdebildern beklebt. Stellt sich der Käufer mit der Scheibe vor einen Spiegel kann er Pferde durch die rotierenden Schlitze beim Galoppieren beobachten. In der Kunsthandlung Trentsensky & Vieweg ist Stampfers Wunderscheibe 1833 ein Verkaufsschlager. Zeitgleich machen Joseph Plateau in Frankreich (Phenakistiskop) und William Horner in England dieselbe Entdeckung. Horners Gerät heißt „Wundertrommel", benötigt keinen Spiegel und steht als Heimkino auf dem Tisch. Es wird Stampfers Erfindung bald überflügeln. 1857 zeigt die Stadt Frankfurt am Main die erste Riesenwundertrommel mit einem Durchmesser von 5,5 Metern, hier laufen an einem Tag 30 Programme auf mehreren Ebenen: Ein erstes Multiplex-Kino. Stampfer bleibt der Welt durch den Namen in Erinnerung, den er dem von Faraday entdeckten Phänomen gab. Er nannte ihn nach „strobos = wirbeln" und „skopein = betrachten" schlicht den „stroboskopischen Effekt".

15|06|1839
Zwei sind einer zuviel

Es ist der Sommer 1822, als der Franzose Joseph Nicéphore Nièpce mit einer Camera Obscura die erste Fotografie der Welt macht. Es ist die pure Not, die ihm zu dieser Pioniertat treibt. Der mittellose Erfinder möchte gern am schwunghaften Lithografiehandel teilnehmen. Doch versteht sich Nièpce nicht aufs Zeichnen. So ersinnt er ein Verfahren, um seine Motive direkt auf die Steinplatte zu bringen und Zeit zu sparen. Er bedient sich dabei einer Camera Obscura. Als sich die ersten Erfolge zeigen, ersetzt er den Stein durch Papier. Nun reift in Nièpce die Idee, dass er zu Großem berufen sein könnte.

Immer wieder versucht er dasselbe Motiv, den Blick aus dem Fenster seines Arbeitszimmers im französischen Le Gras, auf Papier festzuhalten. Eines Tages funktioniert es. Das Format seiner ersten Fotografie beträgt 16,5 x 21 cm und die Belichtungszeit satte acht Stunden. Doch ebenso wenig wie Nièpce ein Zeichner ist, ist er ein Geschäftsmann. Es gelingt ihm nicht seine Erfindung an den Mann zu bringen. Ein Glück also, dass er auf Louis Jacques Mandé Daguerre trifft, welcher sich ebenfalls für Bilder mit lichtempfindlichen Stoffen interessiert. Daguerre ist Geschäftsmann durch und durch. In Paris betreibt er das Diorama, ein begehbares Panorama, das viel Geld abwirft. Am 4. Oktober 1829 gründet er mit Nièpce eine gemeinsame Firma. Doch der Erfinder der Fotografie wird seinen Ruhm nicht mehr ernten können. Am 3. September 1833 erleidet er einen Schlaganfall in jener Dachkammer, in der er jahrelang nach dem Geheimnis der „perfekten" Fotografie suchte. Daguerre arbeitet unterstützt von Nièpces Sohn Isidore weiter. Am 7. Januar 1839 stellt es Daguerre der Pariser Akademie der Wissenschaften vor. Ohne sich seines alten Geschäftspartners erinnern zu wollen, tauft es der stolze Mann „Daguerreotypie". Das Schicksal rächt sich fürchterlich an Daguerres Hochmut. Als am 4. März 1839 sein Diorama in Paris abbrennt, wird er über Nacht mittellos. Am 15. Juni 1839 muss er sein Patent an den französischen Staat für 6.000 Franc verkaufen, der Sohn Niépces erhält 4.000 Franc.

11 | 06 | 1878
Vier Hufe und ein Schuss

Der Gouverneur von Kalifornien Leland Stanford ist ein Pferdenarr. Brennend interessiert ihn die Frage, ob ein Pferd im Galopp zu irgendeinem Zeitpunkt alle vier Füße in der Luft hat. Wie sehr sich Stanford auch bemüht, mit dem bloßen Auge ist es nicht zu erkennen. Er wendet sich schließlich an seinen Freund, den Fotografen Eadweard Muybridge. Dieser überlegt, wie er helfen kann. 1872 beginnt er sich der Aufgabe zu widmen, aber zunächst ohne Ergebnis. 1874 kommt ihm eine Mordanklage dazwischen. Muybridge hat in Rage den Liebhaber seiner Frau erschossen. Der Gouverneur trägt nicht unwesentlich zum Freispruch bei. Muybridge zeigt sich erkenntlich. Es gelingt es ihm, 1877 ein Foto von Stanfords Pferd Occident zu schießen, das den Beweis erbringt: Alle vier Hufe sind eindeutig vom Boden entfernt. Stanford hat nun Blut geleckt. Er wünscht alles über die Bewegungsabläufe seiner Vierbeiner zu erfahren. Muybridge ist in der Pflicht und ebenfalls von der Idee beseelt. Er stellt nun immer mehr Kameras an der Wegstrecke des Pferdes auf. Erst 12, dann 24, dann 36 Kameras und löst sie hintereinander aus. Am 11. Juni 1878 kann er eine Strecke von sechs Metern Laufzeit genau dokumentieren. Umso ärgerlicher ist es da,

dass sich Stanford 1882 dazu entschließt, ein Buch über den Galopp der Pferde ohne ein einziges Foto Muybridges zu veröffentlichen. Der Druck der Fotografien ist dem Gouverneur und seinem Verlag schlicht zu kostspielig. Muybridge ist allerdings zu diesem Zeitpunkt nicht mehr auf den Gouverneur angewiesen. Die Experimente für seinen Gönner haben ihn längst zu einem wohlhabenden Mann gemacht. Muybridge hat seine Serienfotografien hintereinander auf runde durchsichtige Scheiben geklebt. Eine passende Maschine, das „Zoopraxiskop", kann die fotografierten Bewegungsabläufe mit Licht an die Wand projizieren. Muybridge hat den ersten Projektor erfunden. Bald sind seine Bildfolgen „Woman walking downstairs", „American bison" und natürlich das „Horse in motion" beliebte Attraktionen. Muybridge perfektioniert auch das Aufnahmeverfahren. Er bringt 1893 die erste 12-Linsen-Kamera auf den Markt. Der Vater der Chronofotografie, des Projektors und der Spiegelreflexkamera stirbt am 8. Mai 1904 ohne aus seinen Ergebnissen die logische Konsequenz gezogen zu haben: Die Erfindung des Films bleibt ihm verwehrt.

01 | 03 | 1883

Der kreisrunde Blick

Der Kaiser ist begeistert. Am 1. September 1870 konnte er die Jahrhundertschlacht von Sedan nur von einem fernen Hügel aus beobachten. Doch nun bringt man ihm und allen Berlinern das Schlachtengetümmel, wenn auch mit 13-jähriger Verspätung, vor die Haustür. Gigantisch ist die Rotunde, die man auf dem Berliner Alexanderplatz errichtet hat. Im Innern ist eine 2.300 m² Fläche vollständig bemalt worden und präsentiert nun den Zuschauern die entscheidenden Momente des Schlachtengetümmels in der Zeit von 13.30 bis 14.30 Uhr. Der königliche Maler Anton von Werner, der auch schon die Ehre hatte, an der Seite des Kaisers der Reichsproklamation beizuwohnen, wurde als ausführender Künstler erwählt. Er reist eigens 1882 nach Sedan, um den Originalschauplatz in Augenschein zu nehmen. Nach den neuesten Erkenntnissen über die Wahrnehmung von Licht und Raum zieht von Werner nun alle Register der räumlichen Zeichenkunst. Alles soll aussehen als wäre man dabei gewesen. Die Eröffnung des Sedan-Panoramas am 1. März 1883 ist ein gigantisches Medienspektakel. Sie markiert den Aufstieg und zugleich den Niedergang eines Unterhaltungsmediums. Schon seit Mitte des 19. Jahrhunderts gibt es überall in Europa jene Rotunden gewaltigen Ausmaßes, deren Malflächen mit hohem finanziellen, technischen und handwerklichen Aufwand gestaltet werden. Sie befriedigen lange Zeit die Sehnsucht nach totaler Illusion und eindrucksvollen Erlebnisräumen. Die Zuschauer sind begeistert von jenen 360° Ansichten, die sie in Landschaften, Städte und historische Szenen führen, deren Anblick ihnen sonst verwehrt geblieben wäre. Für Jahrmarktsschausteller ist selbst das Umherfahren kleinerer Panoramen eine einträgliche Betätigung. Doch die Zeiten ändern sich. Das dunkle geheimnisvolle Kino und der Film mit seinen beweglichen Bildern bringen das Panorama um 1900 zum Einsturz.

01 | 11 | 1895

Die Teufel von Berlin

Die Berliner Staatsbürger Zeitung ist vor Erstaunen außer sich. „Wie er das macht, das soll der Teufel wissen" fragt sie sich, ihre Leser und den Schöpfergott, als sie in ihrer Ausgabe vom 2. November 1895 über eine Varietévorstellung im Berliner Wintergarten berichtet. Das renommierte Veranstaltungshaus in der Potsdamer Straße im Berliner Bezirk Tiergarten hat am Tag zuvor seinen Besuchern die „interessanteste Erfindung der Neuzeit" vorgestellt. Die Menschen erscheinen in Scharen zur Präsentation. Die Show beginnt in klassischer Manier. Einige Tänzer und Jongleure treten auf. Doch dann wird es unheimlich. Während im Bühnenvordergrund Artisten weiter ihre Kunststücke vorführen, sind im Hintergrund plötzlich weitere eigenartig leuchtende Doppelgänger zu sehen. Zweidimensionale Figuren eröffnen mit seltsam abgehackten, sich immer wiederholenden Bewegungen eine neue Ebene der Unterhaltung. Das Publikum ist verblüfft. Max und Emil Skladanowsky sind zufrieden. Ängstlich bewachen sie hinter der Bühne den metergroßen Holzkasten, in dem es rattert und aus dessen vorderen zwei Glasaugen Lichtstrahle gegen die weiße Wand strahlen. Immer wenn die Show einen Höhepunkt erreicht, schieben sie kleine Bildstreifen in die Apparatur. Max Skladanowsky, der eigentliche Erfinder, nennt seinen hölzernen Freund „Bioscop", Auge des Lebens. Es ist der erste automatische Filmprojektor der Welt. Der 1. November 1895 wird für die Gebrüder Skladanowsky zur Sternstunde. Nach dem großen Medienecho der ersten Tage verzeichnet der Wintergarten zunächst Zuschauerrekorde. 1.500 Menschen strömen ihm allabendlich zu. Doch dann haben sich die Zuschauer satt gesehen. Auch will sich keine Firma finden, die das „Bioscop" dauerhaft in Serie produziert. Denn das „Bioscop", dieser herrliche Spiegel menschlicher Bewegung, hat einen Nachteil: Es kann nur zwanzig Bilder in Folge zeigen, danach beginnt der Prozess in einer Schleife wieder von vorne. 1897 gibt Max Skladanowsky auf. Er wird Bühnenbildner am Theater. 1939 verstirbt der Vater des Kinos unbemerkt in Berlin-Niederschönhausen. Hier ziert heute eine schlichte Ehrentafel sein Grab. 1999 widmet ihm Wim Wenders den Film „Die Gebrüder Skladanowsky".

28|12|1895
Mit dem Zug ins Kino

Es sind nur 50 Sekunden, aber diejenigen, die sie erleben müssen, glauben, dass ihr letztes Stündlein geschlagen hat. Mit voller Wucht fährt die eiserne Lokomotive am Bahnsteig von La Ciotat in Frankreich ein und hält Kurs auf die Menschen, die in einem Café in Paris ungläubig in ihren Sesseln sitzen. Die Menschen springen vor Entsetzen auf. Louis Lumière lacht. Auch sein 653. Film ist am 4. Januar 1897 wieder einmal ein Erfolg. Und zudem ein besonders gelungener. „L'arrive d'un train en Gare de la Ciotat" wird weitere Triumphe feiern und auf der Pariser Weltausstellung 1900 Lumières Namen weltweit bekannt machen. Lumières Karriere beginnt, als er einer Vorführung des „Kinetoskops" in Paris beiwohnt. Der in den USA von Dickson und Edison erfundene Apparat kann kurze Fotofolgen zeigen und an die Wand projizieren. Der Chemiker Lumière ist fasziniert, doch der ratternde Apparat mit seinen begrenzten Fähigkeiten genügt ihm nicht. Lumière träumt von längeren Filmen, die reale Bilder zeigen. Am 28. Dezember 1895 kann er im Grand Café Paris auf dem Boulevard de Capucines den ersten Film der Weltgeschichte vorführen. Sein Titel lautet „La sortie des usines Lumière" und zeigt, wie der Name bereits verrät, Arbeiter beim Verlassen der Fabrik Lumières. Den Projektionsapparat, der das Wunderwerk an die Wand wirft, nennt Lumière einen „Bewegungsschreiber" oder „Cinématographe". Lumière selbst kann gar nicht genug kriegen von seiner Erfindung. Zwischen 1896 und 1900 produziert er 2000 kleine Filme, 60 davon führt er öffentlich vor. 1907 will er mit seinem Bruder Auguste einen weiteren Meilenstein in die Bildgeschichte setzen. Er beginnt die Farbfotografie industriell salonfähig zu machen. Doch diesmal ist das Wunder-Duo zu langsam. Die wirtschaftlich potenteren Konkurrenten Agfa und Kodak überflügeln die Kleinunternehmer, bevor sie sich der Welt präsentieren können.

01|09|1902
Der Zauberkünstler

Im Sommer 1928 verkauft der ärmlich aussehende Georges Méliès Blechspielzeug am Montparnasse. Am 1. September 1902 steht der Filmproduzent Georges Méliès im Pariser Theater Olympia und zeigt den staunenden Zuschauern seine „Reise zum Mond". Das Publikum ist außer sich, so etwas hat man noch nicht gesehen. Eine Gruppe von bärtigen und wild gestikulierenden Wissenschaftlern will eine Rakete mit einer Kanone auf den Mond schießen. Das phantasievoll gestaltete Gefährt macht sich auf die Reise, vorbei an Planeten aus Pappe, die im Zeitraffer um das Gefährt kreisen. Überall raucht und zischt es. Insektenartige Mondbewohner tauchen auf, um auf geheimnisvolle Weise wieder zu verschwinden. Es ist einfach fantastisch. Méliès ist der Regisseur, Produzent, Tricktechniker und Hauptdarsteller. Der 10.000 Franc teure Film verlangt dem Mann alle Talente ab, über die er als gelernter Zauberkünstler, Filmemacher und Geschäftsmann verfügt. Die „Reise vom Mond" ist dabei nur einer von gut 500 Filmen, die Méliès in den knapp zwanzig Jahren seines Schaffen produziert. Er führt den Film der Lumières über das bloße Dokumentationsstadium hinaus. Er arrangiert seine Szenen (mise-en-scène) und arbeitet mit Spezialeffekten. Seine Werke haben eine, meist wissenschaftspessimistische, Aussage. Mit diesem Handwerkszeug wagt Georges Méliès so kühne Unternehmungen wie eine Wanderung zum Pol oder die Reise in einem Sternenwagen. Um 1912 sind die Zuschauer Méliès' illusionistischen, immer verrückter werdenden Fantasien überdrüssig. Vor allem die Tatsache, dass er später die neuen Strömungen der Filmkunst – Parallelhandlungen, Close-Up, Schnitt – nicht aufnimmt, lässt ihn schnell als Dinosaurier erscheinen. 1914 muss der Meister seine Filmproduktionsgesellschaft schließen. Der immer Kind gebliebene versucht sich als fahrender Spielwarenhändler und verarmt. Journalisten entdecken ihn schließlich am Montparnasse. Sie holen den großen Phantasten von der Straße und ermöglichen ihm einen Lebensabend im Altersheim. Die „Reise zum Mond" und mit ihr die wenigen verbliebenen Kopien der etlichen Werke Georges Méliès werden nach langen Jahren des Verschwindens wieder entdeckt. Die Band Queen verwendet seine „Reise zum Mond" 1995 für ihr Video „Heaven for everyone".

05 | 01 | 1903

Sehen lernen mit Porter

Edwin Porter braucht sechs Minuten, einen Hauptdarsteller, zwei Statisten und 300 Feuerwehrleute um 1903 das Kino zu revolutionieren. Ort des Geschehens ist das Schlafzimmer eines Feuerwehrmannes in New York City. Dem Bild des im Bett liegenden Arthur White folgt das Bild eines Kindes in einem brennenden Zimmer. Das dritte Bild zeigt eine Hand, die eine Alarmglocke auslöst. Die folgenden Minuten verfolgt die Kamera Aufbruch, Fahrt und Ankunft der Feuerwehrleute am Tatort. Hier treffen die Retter in der Not auf eine aufgeregte Frau, die auf ein brennendes Fenster deutet. Die nächste Szene zeigt Arthur White im Rauch mit einem Kind auf dem Arm. Was heute eine gängige Art und Weise wäre, eine Geschichte auf der Leinwand zu erzählen, ist für die Zuschauer, die sich am 5. Januar 1903 zur Premiere von Porters neuem Film einfinden, eine geistige Herausforderung. Bisher genügte den Zuschauern ein Blick auf die Leinwand, wo sich die Handlung wie auf einer Theaterbühne in Echtzeit abspielte. Die Kamera zeigte den Ort des Geschehens in der Totale und alle handelnden Akteure auf einmal. Eine Szene folgte chronologisch der nächsten wie die Akte eines Bühnenstückes. Doch Porter benutzt Schnitte, und nicht nur das, er springt zwischen Zeit und Raum. Er zeigt einen ruhig schlafenden Mann, ein brennendes Zimmer, einen Feuermelder, einen Feuerwehreinsatz und einen glücklichen Retter. Der Zuschauer muss sich die Zusammenhänge und die Botschaft („the fireman is the most bravest of all fire fighters") selbst erschließen. Es ist ein bis dahin kaum gewagtes Experiment und prägt die Erzählstruktur des Kinos bis heute. Porter ist sich der Kühnheit seiner Tat bewusst: Um seinen Zuschauern den Zugang zu erleichtern, wählt er den selbsterklärenden Filmtitel „Dream of an American fireman" und verwendet weiche geblendete Übergänge. Für alle Überforderten zeigt er zum Abschluss die gesamte Rettungsaktion chronologisch in der Totale noch einmal.

08|06|1912
Effiziente Träume

Carl Laemmle packt am 28. Januar 1884 die Koffer. Der 17-jährige Schwabe lässt eine behütete Jugend im idyllischen Laupheim hinter sich und macht sich auf die Reise in die USA. 21 Jahre später steht Laemmle vor einem Nickelodeon in Chicago. Er zählt die Gäste, die im Fünf-Minuten-Takt das Kurzfilmkino betreten und dafür pro Person einen Nickel (5 Cent) bezahlen. Das Geschäft erscheint einträglich. Laemmle investiert sein gesamtes Erspartes und kauft ein Kino. Doch bemerkt er schnell, dass die Gewinnmarge deutlich höher wäre, wenn er seine Filme nicht leihen müsste, selbst produzieren könnte. Am 8. Juni 1912 unterzeichnet er mit Pat Powers, Mark Dintefass und Bill Swanson die Gründungsurkunde der Universal Filmproduktionsgesellschaft. Auf dem Terrain einer alten Hühnerfarm von knapp 1 km² Größe am Cahuenga Pass in Santa Monica eröffnet 1915 die „Universal Film City". Fünfzehn weitere Firmen siedeln sich in diesen Tagen als „Independents" in der Nähe an. Wo früher Farmer ein beschauliches Leben führten, geht quasi über Nacht der Stern von Hollywood auf.

Laemmle entpuppt sich unter den neuen Siedlern als besonders hart kalkulierender und zugleich innovativer Filmproduzent. Die Spezialität des Karl May-Fans sind billige Western, die er am Fließband produziert. Laemmle hat auch einen guten Riecher für Talente. Es ist der erste Filmproduzent, der Schauspieler zu „Stars" macht, indem er ihre Namen und Gesichter in der Öffentlichkeit vermarktet. Zu seinen Schöpfungen gehört der heute längst vergessene Rudolpho Valentino. Laemmles Sohn wird Bela Lugosi und Boris Karloff entdecken und das Horrorgenre begründen. Laemmle Senior produziert in den Universal-Studios gut 2.000 Filme. Doch die Erben des Firmengründers geben ihm schlechten Dank: Als der Tonfilm sich durchsetzt, lässt Universal 90% aller Stummfilme verbrennen. Das aus dem Verbrennungsprozess von Zelluloid gewonnene Silber ist den Filmmachern mehr wert als die Erinnerung an eine vergangene Ära. Durch das württembergische Laupheim dagegen weht Laemmles Geist noch heute und verbreitet den Glamour seiner kalifornischen Traumfabrik: Sein Geburtshaus ist ein Museum, ein Brunnen sprudelt unter Laemmles Namen und Laupheims Schüler machen heute am Carl-Laemmle-Gymnasium ihr Abitur.

06 | 10 | 1927
Es werde Ton!

Den Stummfilm hat es nie gegeben. Von Anbeginn an werden Filme von Kinopianisten oder gar ganzen Orchestern begleitet. Und auch die Versuche, einen synchronen Ton mittels Schallplatten hinzubekommen, reichen schon in die Zeit vor dem 1. Weltkrieg zurück. Doch der Nadelton hat seine Tücken. Der Durchbruch kommt nach 1918 mit der Entwicklung des Lichttonverfahrens. Fast zeitgleich arbeiten Wissenschaftler und Techniker in Europa und den USA Anfang der 20er Jahre an der Lösung des Problems. Im Februar 1921 gelingt dem Schweden Sven A. Berglund in Stockholm eine erste Aufführung nach dem genannten Verfahren. Und in Deutschland wird in der Berliner Babelsberger Straße das Triergon-Verfahren vervollkommnet, dessen Patente später über Umwege an Tobis-Klangfilm fallen. Doch der Durchbruch des sprechenden Films oder talkie's lässt noch einige Jahre auf sich warten, und geht, wie so oft, von den USA aus. Am 6. Oktober 1927 hat hier ein abendfüllender Spielfilm Premiere, der die Rezeption des Mediums nachhaltig beeinflussen soll: The Jazz Singer. Der einen Schwarzen spielende weiße jüdische Vaudeville-Künstler und Entertainer Al Jolson spricht von der Kinoleinwand herab die bezeichnenden Worte „You ain't heard nothing yet!" – und das lippensynchron. Schon bald werden die Filmstudios der Welt mit der entsprechenden Technik ausgestattet, um Tonfilme herstellen zu können. Einzig Charlie Chaplin hält noch jahrelang an dialoglosen Spielfilmen fest. Für zahlreiche Schauspieler bedeutet die technische Neuerung einen empfindlichen Karriereknick: Ihre Stimmen sind einfach nicht für den Tonfilm geeignet.

16 | 08 | 1929

Geburt einer Göttin

Die Berliner Filmwelt ist in Aufruhr: Am 16. August 1929 trifft der in Wien geborene amerikanische Regisseur Josef von Sternberg in Berlin ein, um einen Film zu drehen. „Professor Unrat" von Heinrich Mann ist die Literaturvorlage, der damals weltberühmte und als „bester Schauspieler der Welt" titulierte Emil Jannings spielt die Hauptrolle. Noch unbesetzt ist die weibliche Hauptrolle der Lola-Lola, ein leichtes Mädchen, das den Professor ins Verderben stürzt. Die Gerüchteküche kocht, beinahe alle renommierten Schauspielerinnen Berlins bringen sich selbst ins Gespräch, darunter auch Leni Riefenstahl. Sternberg aber ist nicht zufrieden. In einer Revue macht er eine Entdeckung: Die bisher nur mäßig erfolgreiche Marlene Dietrich. Sternberg lädt sie zum Vorsingen ein, doch die Dietrich nimmt das Ganze nicht sonderlich ernst, sie macht sich kaum Hoffnungen auf die Rolle. So erscheint sie zum Termin ohne das anzügliche Lied, um das Sternberg sie gebeten hatte. Aber er lässt nicht locker: Da sie nichts einstudiert hätte, solle sie halt irgendwas singen. Sie improvisiert daraufhin ein amerikanisches Lied, „You're the cream in my coffee". Sternberg beißt an, verpflichtet sie für die Rolle in „Der Blaue Engel". Emil Jannings ist empört, er mag Marlene nicht, und tatsächlich gibt der fertige Film ihm Recht: Keiner spricht über Jannings, alle Welt ist verrückt nach Marlene Dietrich. Noch am Abend der Berliner Uraufführung des Films reist Josef von Sternberg zurück nach Hollywood, und mit ihm sein neu erschaffener Star.

04 | 12 | 1930

Besser nichts Neues

Am 4. Dezember 1930 erlebt im Berliner Mozartsaal am Nollendorfplatz ein Hollywoodfilm seine Premiere, der als einer der bedeutendsten Antikriegsfilme in die Geschichte eingeht. Sein Titel: „All Quiet on the Western Front". Die Romanvorlage stammt von Erich Maria Remarque. Der 1898 als Erich Paul Remark in Osnabrück geborene Schriftsteller hat 1917 selbst am Krieg teilgenommen. „Im Westen nichts Neues", so der deutsche Originaltitel, erscheint 1928 zunächst als Fortsetzungsroman in der Vossischen Zeitung, und macht den bis dahin unbekannten Autor über Nacht berühmt. Bereits ein Jahr später wird der Roman als Buch veröffentlicht, in 26 Sprachen übersetzt und in Hollywood unter der Regie von Lewis Milestone verfilmt. Doch Roman wie Film sind den rechten und reaktionären Kräften in Deutschland ein Dorn im Auge, weil sie in beiden die Verunglimpfung der deutschen Soldaten des 1. Weltkriegs sehen. Der Gauleiter der Berliner NSDAP, Joseph Goebbels, beschließt, den Film mit allen Kräften zu boykottieren. Parteimitglieder kaufen „legal" einen Großteil der Karten, um in den Kinos Krawalle anzuzetteln und erreichen schließlich die Absetzung des Films durch den Berliner Polizeipräsidenten. Die Kampagne wird in den Augen der Nazis als großer Erfolg auf ihrem Weg zur Machtübernahme gewertet. Jahrzehnte lang ist „All Quiet on the Western Front", wenn nicht verboten, so nur in gekürzten oder verstümmelten Fassungen zu sehen. Erst 1984 wird der mit einem Oscar prämierte Film für das ZDF in seiner Originalversion restauriert.

16 | 04 | 1932
Da hast Du mir ja eine schöne Suppe eingebrockt!

Eigentlich ist die Sache ganz einfach: Zwei Männer sollen ein automatisches Piano in die Wohnung von Professor von Schwarzenhoffen transportieren. Das Problem besteht allein darin, dass das gute Stück Tonnen zu wiegen scheint und Schwarzenhoffens Wohnung von unüberwindbar steilen Treppen gesäumt wird. Als weitaus fataler für ein gutes Gelingen erweist sich aber, dass die Speditionsfirma zwei Männer damit beauftragt hat, die sich der Aufgabe nicht gewachsen zeigen. Der eine ist klein und dick und heißt Oliver Hardy, der andere ist dünn und groß und hört auf den Namen Stan Laurel. Hal Roach heißt der Mann, der die beiden Schauspieler am Set dabei beobachtet, wie sie das Piano eins ums andere mal die Treppe herunterfallen lassen, sich Daumen und Zehen quetschen und den Professor zur Weißglut treiben. Roach ist seit 1915 im Comedygeschäft, mit dem Schauspieler Harold Lloyd und „The Young Rascals" (Die Kleinen Strolche) hat er den Durchbruch geschafft. Er hat selbst den „King of Comedy" Mark Sennett (u.a. Charlie Chaplin) überflügelt. Doch Lloyd fordert mehr Selbständigkeit und höhere Gagen. Roach sieht sich 1927 nach geeignetem Ersatz um. Der ansatzweise erfolgreiche Schauspieler Stan Laurel und der Newcomer Oliver Hardy scheinen ein gutes Team abzugeben. Die drei entwerfen zusammen das Rollenspiel zwischen dem Möchtergern-Lebemann (Oliver) und dem Unglücksraben (Stan). Das humoristische Konzept der Schadenfreude erreicht bei den Abenteuern der beiden seine Perfektion. Wenn Hardy zu Laurel sagt „ Well, here's another nice mess you've gotten me into", steht das Schlimmste meist noch bevor. Roach dreht mit dem Duo bis 1938 Spielfilme wie „Sons of the Desert", „Wayout West" und „Blockheads". Danach gehen „Laurel & Hardy" eigene Wege. Hardy erleidet 1956 einen Schlaganfall († 1957), Laurel, bei dem der Tod Hardys eine Sprechstörung verursacht, wird aufgrund zahlreicher weiterer familiärer Schicksalsschläge zum Alkoholiker († 1965). Für „The Music Box", der am 16. April 1932 Premiere feiert, erhält Hal Roach 1932 einen Oscar. Comedyfans sprechen heute vom „lustigsten Film aller Zeiten".

29 | 03 | 1933
Der Dämon auf der Leinwand

Joseph Goebbels notiert im März 1933 in seinem Tagebuch, er habe einen „aufregenden" Film gesehen. Tags darauf, am 30. März 1933 lässt er ihn verbieten. „Das Testament des Dr. Mabuse" von Fritz Lang begeistert auch den Chefpropagandisten der Nazis, doch Goebbels erkennt sofort, dass es seine eigene politische Bewegung ist, die Lang ins Visier nimmt. Wie Hitler verfasst die dämonische Figur des Mabuse noch in seiner Gefängniszelle Schriften, die die Welt ins Verderben stürzen und das Verbrechen zum Gesetz erheben sollen, während außerhalb des Gefängnisses das organisierte Verbrechen die zusammenhanglosen Anweisungen Mabuses sklavisch in die Tat umsetzt. Zu diesem Zeitpunkt ist Fritz Lang der erfolgreichste deutsche Filmregisseur. Seine Filme werden weltweit gesehen und bewundert, neben einer Reihe von künstlerischen und kommerziellen Erfolgen war Lang auch verantwortlich für „Metropolis" (1927). Dieser vielleicht erste epische Science-Fiction-Film erwies sich als finanzieller Reinfall und brachte die Produktionsfirma UFA an den Rand des Ruins. Besonderen Beifall aus den Reihen der Nazis erhielt Lang für die „Nibelungen" (1924), und vermutlich gehen Goebbels Sympathien für Lang auf diesen Film zurück. Kurz nach dem Verbot von „Das Testament des Dr. Mabuse" erhält Lang eine Aufforderung zum Besuch bei Goebbels. Im April 1933 schließlich kommt es zum Gespräch, und zu Langs Erstaunen bietet Goebbels ihm die Leitung der deutschen Filmindustrie an. Lang selbst erschafft die Legende, er sei noch in der gleichen Nacht mit dem Zug nach Paris ins Exil gefahren, in Wirklichkeit war seine Opposition zu den Nazis zunächst zögerlicher. Im Sommer 1933 geht er nach Frankreich und anschließend in die USA, wo er für MGM arbeitet. Ihm gelingt es, auch in Hollywood Fuß zu fassen, und er dreht eine Reihe von Klassikern des Film Noir und des Western. Hier arbeitet er auch für die Anti-Nazi-League und dreht zusammen mit Brecht den Anti-Nazi-Film „Auch Henker sterben" (1942).

15 | 06 | 1933
Der Mann mit den Flügelschuhen

Ein schlechter Start in Hollywood. Obwohl Fred Astaire (bürgerlich Frederick Austerlitz und Sohn eines österreich-ungarischen Emigranten) zusammen mit seiner Schwester Adele bereits seit frühester Kindheit über die Vaudeville-Bühnen des Landes getänzelt ist, muss er sich bei seinen ersten Probeaufnahmen attestieren lassen: „Kann nicht singen, bekommt eine Glatze, kann nicht schauspielern, aber kann ein wenig tanzen." Sein angeblich letztes bisschen Talent bringt ihm eine Nebenrolle im Film „Dancing Lady". Astaires kurze Tanzeinlage wird allerdings das Einzige, was die Kritiker an der Schmonzette sehenswert finden. Nach seinem nächsten Engagement, weiter oben in der Besetzungshierarchie, werden der Mann mit den eleganten Schritten und seine Partnerin Ginger Rogers schon als neues Traumpaar Hollywoods gefeiert. Die Produktionsfirma wittert den Erfolg und drängt auf einen festen Vertrag, den Astaire mit zähen Verhandlungen äußerst vorteilhaft für sich gestaltet. Er lässt sich eine für die Zeit unübliche prozentuale Gewinnbeteiligung garantieren und darüber hinaus die absolute Freiheit bei seinen Tanz-Choreographien. Am 15. Juni 1933 beginnt Astaire mit Choreograph Hermes Pan erstmals kreativ unabhängig für seinen kommenden Film „Tanz mit mir" („The Gay Divorcee") zu proben. Das Team entwickelt so in den kommenden Jahren ihrer Zusammenarbeit eine wahre Flut an Ideen, die Musical- und Tanzfime für immer leichtfüßiger machen sollen. Astaire tanzt an Wänden, bezieht Bühnenbild und Komparsen in seine Schrittfolgen ein und schreibt Szenen, die die Handlung des Films auf dem Parkett vorantreiben statt sie zu unterbrechen. Vor allem aber bringt er der bisher statischen Kamera das Tanzen bei und besteht darauf, dass jede Choreographie ohne Schnitte in nur einer Einstellung eingefangen wird. Bis heute konnte niemand Fred Astaire seinen Ruf als „größter Tänzer der Welt" streitig machen.

28 | 12 | 1935
Ein Leben mit Mantel und Degen

Eigentlich braucht Errol Flynn nicht viel Phantasie, um sich in die Figuren hineinzuversetzen, die seine Schauspielkarriere prägen sollen. Der australische Schwerenöter schlägt sich als Gigolo, Goldschürfer, Schatzsucher, Fischer oder Matrose durch, bevor er nach ersten Gehversuchen beim Film von Hollywood entdeckt wird. Den Studiobossen gefällt der smarte Typ, mit dem sich vor allem weibliche Zuschauer ins Kino locken lassen. Am 28. Dezember 1935 flimmert Flynn in seiner ersten Hauptrolle über die Leinwand. Er sticht erstmals „Unter Piratenflagge" in See und wird mit seiner Darstellung des draufgängerischen Seeräuberkapitäns wider Willen, der einer höheren Gerechtigkeit dient und dabei Frauenherzen im Sturm erobert, zum Kassenschlager. Mit seinen Paraderollen als Pirat, Ritter oder Robin Hood wird Flynn in der Folge zum unumstößlichen König des „Mantel- und Degen"-Genres. Der markante schmale Schnauzer Errol Flynns ist bald ebenso wenig von diesen opulenten Abenteuerfilmen zu trennen wie die schier endlosen Fechteinlagen, bei denen sich Schurke und Held zum Finale gegenüberstehen.

21 | 12 | 1937
Ein Abend im Trickfilmwunderland

Viele Kollegen halten Walt Disney für verrückt, als bekannt wird, dass der Mickey Mouse-Erfinder an einem Cartoon in Spielfilmlänge arbeitet. Doch Disney ist sich nach dem Erfolg von Micky, Goofy, Donald & Co. sicher, mit seiner Idee auf dem richtigen Weg zu sein. Neben der künstlerischen Herausforderung könnte ein richtiger Kinofilm zudem seine Zeichentrickschmiede finanziell absichern, denn die bisher produzierten kurzen Cartoonclips laufen in Amerikas Lichtspielhäusern nur im Vorprogramm und bringen wenig Geld. Als Vorlage wählt Disney das Grimm'sche Märchen „Schneewittchen und die sieben Zwerge" aus, das ihn in seiner Jugend schon als Stummfilmversion begeistert hat. Nach langen Verhandlungen mit Financiers beginnt das Großprojekt, an dem zweitweise über 700 Künstler zeichnen, tuschen und layouten. Neben dem Ausreizen des technisch Machbaren, um eine möglichst naturgetreue Optik zu erreichen, legt Disney vor allem Wert auf Dramaturgie und seine Figuren. Für die sieben Zwerge, in deren Komik Disney einen Schlüsselfaktor für Erfolg oder Misserfolg des Films sieht, lässt er detaillierte Charakterprofile anlegen und versieht jeden danach mit einem entsprechenden Namen. Um sein Team bei Laune zu halten, spendiert Disney fünf Dollar für jeden Gag, der zusammen mit einer originellen Trickanimation für die Zwerge den Unterhaltungswert des Streifens fördert. Zeitplanung und Budget geraten aus den Fugen, aus 18 Monaten werden drei Jahre, statt 250.000 werden 1,5 Millionen Dollar ausgegeben, was dem riskanten Projekt in Hollywood-Kreisen hinter vorgehaltener Hand auch den Namen „Disneys Dummheit" einbringt. Auf der exklusiven Premiere am 21. Dezember 1937 im Carthay Circle Theater von Los Angeles schweigen alle Zweifler. Mit stehenden Ovationen feiert das vorrangig aus Prominenten wie Charlie Chaplin oder Marlene Dietrich bestehende Publikum den ersten abendfüllenden Zeichentrickfilm der Kinogeschichte.

21 | 12 | 1938
George!

Cary Grant hat Angst, Katherine Hepburn ist souverän. Der dritte Akteur in der Szene ist ein aus dem Zoo ausgebrochener Leopard. Er läuft frei im Garten von Mrs. Random herum, wo der Paläontologe David Huxley (Grant) und Susan Vance (Hepburn) nach einem Dinosaurierknochen suchen, den der Terrier George entwendet hat. In Grants Szenen wird der Leopard später hinein geschnitten oder ein Stofftier verwendet, Hepburn dreht mit der Raubkatze. Howard Hawks „Leoparden küsst man nicht" oder „Bringing up Baby" ist kein gewöhnlicher Film. Es ist die erste perfekte Screwballcomedy, deren Konzept darin besteht, die Lachmuskeln der Zuschauer über 90 Minuten mit steigender Intensität zu bewegen. Hawkes ist 1934 mit „Napoleon vom Broadway" auf die großen Rezepte einer guten Comedy gestoßen. Es bedarf der Etablierung verschiedener autarker Handlungsstränge, die im Laufe der 90 Minuten für die Filmfiguren unvorhersehbar, meist durch schicksalhafte Verwechslungen miteinander verknüpft werden, um sich in einem Allegro Furioso, in der Regel eine Verfolgungsjagd, zu entladen. Der Zuschauer ist den Filmfiguren immer eine Nasenspitze voraus. Als Susan Vance mit ihrem Wagen am Golfplatz von Mr. Peabody vorfährt, wo der Paläontologe Huxley den honorigen Geschäftsmann bei einem entspannten Golfspiel für seine Forschungen begeistern will, ist jedem klar, dass das nur Unheil bedeuten kann. Allen außer Huxley, dessen Leben durch die unverhoffte Bekanntschaft mit Mrs. Vance („Your golf ball, your running board, your car? Is there anything in the world that doesn't belong to you?" - „Yes, thank heavens, YOU!") völlig aus den Fugen gerät. Als Hawks die Komödie 1938 dreht, hat er gerade einen Oscar eingesammelt. Katherine Hepburn genießt den Ruf einer „Zarin von Hollywood". Für den 34-jährigen Cary

Grant ist die Rolle die Chance zum Durchbruch. „Bringing up Baby" feiert seine Premiere am 21. Dezember 1938 ...und floppt. Hepburn und Hawks werden von der Produktionsgesellschaft RKO entlassen. Später wird der Film u.a. vom US-Magazin Weekly als einer der 24 besten Filme aller Zeiten ausgezeichnet. 1972 gibt er die Vorlage für „What's up, Doc?" mit Barbra Streisand und Ryan O'Neal. Der Film wird für den Golden Globe nominiert.

02 | 03 | 1939
Hände hoch!
Der Wilde Westen wird zum Mythos

Als am 2. März 1939 in der New Yorker Radio City Music Hall erstmalig John Fords „Stagecoach" gezeigt wird, ist das Filmgenre „Western" genaugenommen schon fast vier Jahrzehnte alt. Dennoch schafft Ford mit seinem Werk einen Meilenstein in der Geschichte dieses Spielfilmtyps. Filme, die aus der Kino- und Fernsehwelt bis heute nicht wegzudenken sind, und die mit der immer wiederkehrenden Inszenierung des klassischen Konflikts zwischen Gut und Böse die Begeisterung des Publikums hervorrufen. Atemberaubende Aufnahmen der amerikanischen Prärie, grimmige Galgenvögel und der Showdown auf staubiger Straße; die Zutaten eines erfolgversprechenden Westerns sind zumeist die selben. Vor allem ihre Charaktere und Heldenfiguren sind es, die nicht nur unermüdlich den Kampf gegen das Böse ausfechten, sondern auch stets den schnellen Aufstieg und die Unbezwingbarkeit der amerikanischen Kultur symbolisieren. Bereits in „Stagecoach", in der deutschen Synchronisation mit dem abwegigen Namen „Höllenfahrt nach Santa Fe" betitelt, glänzt John Wayne als Hauptdarsteller und legt damit den Grundstein für seine Karriere als einer der bedeutendsten Genre-Stars. Es folgen Hollywood-Größen wie Gary Cooper, Burt Lancaster oder Robert Mitchum, um nur einige zu nennen. Filme wie „High Noon", „Rio Bravo" oder auch spätere Italo-Western wie „Spiel mir das Lied vom Tod" avancieren zu festen kulturellen Bestandteilen der Gesellschaft. Erwähnenswert sind in diesem Zusammenhang auch die Filme des Regisseurs Budd Boetticher. Boetticher kreierte zusammen mit Schauspieler Randolph Scott in den späten 50er Jahren ein tiefergehendes Heldenbild, das sich von den stereotypen Figuren bisheriger Filmemacher deutlich unterscheidet. Obwohl die Hochphase des Westerns bereits Ende der 60er Jahre zu Ende geht, versuchen sich auch heute noch Regisseure an diesem Genre und verarbeiten ihre Einflüsse, die die „Cowboy und Indianer"-Filme seinerzeit hinterlassen haben. Jüngstes Beispiel ist „Todeszug nach Yuma" von 2007 mit Russel Crowe und Christian Bale in den Hauptrollen.

31 | 10 | 1941
Deutsche Farben

Nachdem erst einige Jahre zuvor bildsynchrone Sprache und Musik, sprich der Tonfilm, die Welt der Kinematographie revolutioniert hat, arbeiten die Filmtechniker auf beiden Seiten des Atlantiks ab Mitte der 1930er Jahre an einer weiteren Neuerung: Der Film soll farbig werden. Bereits 1935 hat der erste abendfüllende US-Farbfilm, Becky Sharp von Rouben Marmoulian, Premiere. In Deutschland bleibt Propagandaminister Joseph Goebbels der technische Vorsprung der Amerikaner nicht verborgen. In Privatvorführungen, manchmal unter Teilnahme Hitlers, sieht man Hollywood-Großproduktionen wie Vom Winde verweht (1939). Goebbels möchte der US-Konkurrenz so schnell wie möglich etwas entgegensetzen und erklärt die Entwicklung und Einführung eines eigenen Farbfilmverfahrens zur Chefsache. Im Sommer 1939 beginnen die Aufnahmen zum ersten deutschen Farbfilm mit dem Titel Frauen sind doch bessere Diplomaten, einer seichten Komödie mit Marika Rökk in der Hauptrolle. Doch die Dreharbeiten erweisen sich als ungeahnt schwierig und zeitraubend. Zum Beispiel wird für die Belichtung des von Agfa in Wolfen hergestellten Filmmaterials die unglaubliche Lichtmenge von 30.000 Lux benötigt, sodass den sonnenbebrillten Schauspielern die Schminke übers Gesicht läuft. Über zwei Jahre ziehen sich die Aufnahmen hin. Von Goebbels wird kolportiert, er solle während einer Probevorführung den Ausspruch getätigt haben, diese „Scheiße raus zu bringen und zu verbrennen". Erst am 31. Oktober 1941 kann der erste deutsche Farbfilm seine Premiere feiern. Über Jahrzehnte hinweg aber werden viele Produktionen aus ästhetischen oder Kostengründen weiterhin in Schwarzweiß realisiert.

26 | 11 | 1948
„Mit das Schärfste, was Sie je in Ihrer Kamera hatten..."

Kein Nordseeurlaub ohne Polaroid: Für die späten Nachkriegsgenerationen ist die sofort entwickelnde Kamera mit dem lauten Rattern und den dropsgroßen Knöpfen die Innovation aus der

Zukunft. Der Amerikaner Edwin H. Land stellt seine unglaubliche Erfindung 1947 der Optical Society of America vor: Eine Kamera, deren Fotos sich innerhalb von Minuten im Tageslicht entwickeln lassen. Am 26. November 1948 bringt die Polaroid-Corporation Lands Sofortbildkamera weltweit auf den Markt. Zunächst nur Schwarz-Weiß, erscheint sie 1972 in der klassischen Farb-Ausführung mit der legendären 10-Bilder-Fotokassette, die fleißige Familienfotografen – ach Papa, noch eins! – zwar ein kleines Vermögen kostet, aber viel Spaß macht. Schnell entwickelt sich der Polaroid-Shot auch bei Modelfotografen zum unverzichtbaren Tester, um zu vermeiden, dass meterweise teures Film-Material für ein unattraktives Motiv abgefeuert wird. In Deutschland tritt das Wundergerät 1977 seinen Siegeszug an, als sich der damalige Tatort-Kommissar Haferkamp alias Hansjörg Felmy für eine breit angelegte Werbekampagne zur Verfügung stellt. 1979 verkauft Polaroid neun Millionen Kameras. Die Einführung der Digitalkamera mit Sichtdisplay besiegelt den Untergang der klassischen Polaroid: Die Bilder sind schneller sichtbar, scharf und vor den Fingerabdrücken ungeduldiger Kinder bestens geschützt.

26 | 04 | 1954

Für eine Handvoll Reis

Es sind mehr als dreieinhalb Stunden, die japanische Zuschauer am 26. April 1954 im Kinoklappsitz verbringen, um die Premiere von Akira Kurosawas „Die Sieben Samurai" zu sehen, das monumentale Epos, das von da an zeitlos durch die Filmgeschichte geistern soll. Nach Jahren nationalistisch restriktiver Kulturpolitik und anschließender amerikanischer Besatzung gibt Kurosawa dem noch traumatisierten Japan darin in dramatisch brillanten und filmisch innovativen Bildern einen kritischen Blick auf die Traditionen seiner Vergangenheit und seine nationale Identität. Kurosawas Samurai sind nicht die romantisch verklärten edlen Krieger, die sich im Schwertkampf messen, sondern abgetakelte Anti-Helden einer verlorenen Ordnung, orientierungslose Söldner, die für ein paar Schalen Reis am Tag die Bauern eines kleinen Dorfes vor den Angriffen einer Räuberbande schützen. Sie lassen ihr Leben in einen Kampf, aus dem nur die erfolgreich verteidigte Landbevölkerung als Sieger hervorgeht, als Vertreter einer Welt, in der die Werte eines Samurais nicht mehr existieren und sein Ehrenkodex nichts mehr zählt. Obwohl als Hommage an japanische Historienfilme gedacht und im 16. Jahrhundert angesetzt, weist Kurosawas Epos in seiner Thematik um Heimat, Ehre und gesellschaftliche Wertvorstellungen Parallelen zum amerikanischen Western auf, dem

Genre, das „Die Sieben Samurai" nach der US-Veröffentlichung im Jahr 1956 wiederum so unmittelbar beeinflussen soll. Kurosawas Ronin, der vagabundierende Samurai ohne Lehnsherr, wird zur Blaupause der Outlaws und Revolverhelden, die sich in einer direkten Western-Adaption seines Filmes – John Sturges' „Die glorreichen Sieben" – erstmalig zusammenrotten. Die reziproke Beziehung zwischen Western und Kurosawas Werk macht dieses auch zur großen Inspirationsquelle der fernöstlichen Filme, in denen es statt einer Kugel massenhaft scharfe Schwerter und Handkantenschläge setzt: dem „Eastern".

18|11|1959
50.000 Paar Sandalen

Kinobesucher, die am Abend des 18. November 1959 nach geschlagenen dreieinhalb Stunden die Premiere von „Ben Hur" im New Yorker Loews Theater verlassen, wissen was ein wahrer Monumentalfilm ist. Mit dem dritten Remake des Historienstoffes nach US-Autor Lew Wallace hat das Filmstudio Metro Goldwyn Mayer (MGM) die Devise „Groß, größer, am Größten" ausgegeben. Bei der Umsetzung der Geschichte um den jüdischen Prinzen Ben Hur, dessen bester Freund Messala sich auf die Seite des römischen Reiches schlägt und so zu Ben Hurs erbittertstem Feind und Verfolger des christlichen Glaubens wird, darf Regisseur William Wyler daher aus dem Vollen schöpfen, als nach rund fünf Jahren Planungszeit endlich mit dem Drehen begonnen werden kann. Spektakulär und vor allem historisch authentisch soll der Streifen werden. In zwei Jahren Drehzeit werden dafür über 300 verschiedene Sets erstellt und eine Million Requisiten angefertigt, es gibt 365 Sprechrollen, 50.000 Komparsen steigen für die Massenszenen des Films in die Sandalen. Technisch kommt erstmalig verstärkt das Bluescreen-Verfahren zum Einsatz; um den epochalen Eindruck zu verstärken, filmt Wyler auf 65 mm für ein extremes Breitwandpanorama, das bei der Vorführung ein Seitenverhältnis von 2,76 :1 erreicht. Die über 16 Millionen Dollar Budget machen sich bezahlt: Der Film spielt an den Kassen das Fünffache ein und rettet MGM wie geplant vor der Pleite. Das rasante Quadrigarennen im Circus Maximus zum Finale wird zu einer Sternstunde des frühen Action-Kinos und macht „Ben Hur" zum bemerkenswertesten Klassiker des „Sandalenfilms". Nach „Ben Hur" haben es bis heute nur zwei weitere Filme geschafft, elf Oscars einzustreichen.

28 | 03 | 1963
Der stille Schrecken

Kann etwas Furcht einflößender sein als das vermeintlich Normale? Etwas, das einem im Alltag wenig außergewöhnlich erscheint und gewiss niemals bedrohlich? Mit „Die Vögel", die am 28. März 1963 auf das amerikanische Kinopublikum losgelassen werden, hat Alfred Hitchcock den Zuschauern eine Angst vor Augen geführt, von der sie nicht einmal wussten, dass sie in ihnen steckt. Es ist der wahrscheinlich subtilste „Horror-Thriller" der Filmgeschichte, dessen Plot zunächst wenig Schrecken vermuten lässt: Schöne verwöhnte Frau trifft Mann und fährt ihm hinterher in ein kleines Küstenstädtchen, wo sie und bald der ganze Ort von einer wachsenden Schar Vögel angegriffen werden, ohne jeden ersichtlichen Grund. Es ist der Mangel an Sensation und Kausalität einer auf den ersten Blick so harmlosen Bedrohung, der Unwohlsein und Hilflosigkeit beim Zuschauer auslöst und den Film zu einer so nervenaufreibenden Angelegenheit macht. Hitchcock lässt sich unendlich Zeit, bis die erste schreiende Möwe lediglich beifällig vom Himmel stürzt, was heutige Kinogenerationen, die Explosionen und abgetrennte Köpfe im Minutentakt gewohnt sind, allein dramaturgisch vor eine echte Geduldsprobe stellen dürfte. Am Schlimmsten ist hier alles, was nicht passiert, man aber erwartet, die Spannung und Beklemmung, die man aushalten muss, bis zum offenen Filmende. Neben seiner meisterlichen Bildsprache ist Hitchcocks größter Verbündeter der Soundtrack des Films, den der Regisseur dadurch revolutioniert, dass er ihn eigentlich weglässt. Keine Note Musik in 119 Minuten, nur die elektronisch erzeugten hochfrequenten Vogelgeräusche aus dem Mixturtrautonium, dem prähistorischen Synthesizer des Berliner Komponisten Oskar Sala.

06 | 07 | 1963
Mehr Blut!

Als Herschell Gordon Lewis in einem Gangsterstreifen eine Szene sieht, in der ein Mann von einer Maschinengewehrsalve durchlöchert wird, anschließend aber mit sauberem Hemd zu Boden geht, fällt ihm auf, wie vermeintlich septisch Sterben in vielen Filmen dargestellt wird. Gelangweilt von den Nacktfilmchen, die der Produzent, Regisseur und Marketingmann bisher gedreht hat, macht er sich daran, sein eigenes Genre zu erfinden, in dem er Bluträusche auf Film bannen will. Mit „Blood Feast" erscheint am 6. Juli 1963 der erste Film des von Lewis kreierten Genres „Gore" (engl. „getrocknetes

Blut"), in dem der Ritualmörder Fuad Ramses unter dem Einfluss einer babylonischen Göttin zahlreiche junge Frauen mit einem Fleischermesser um Körperteile erleichtert. Bei der expliziten Darstellung der Verstümmelungen hält sich der Schockeffekt dadurch in Grenzen, dass man dem B-Movie sein Budget von lediglich 24.000 Dollar deutlich ansieht, Ketchup und Plastikgliedmaßen lassen schön grüßen. Dennoch wurde Lewis' erste Schlachtorgie eine kleine Sensation, hatten Zuschauer im Kino doch noch nie so rot gesehen. Als Werbeprofi entwickelte Lewis für seine Filme dazu erfinderische Marketing-Konzepte, bei denen er Speitüten mit den Kinotickets ausgab und in Trailern seiner Werke vor gesundheitlichen Risiken für Herzkranke und Schwangere warnte. Zusammen mit den Zombie-Epen von George A. Romero gilt Herschell Gordon Lewis, der „Godfather of Gore", als Begründer des modernen Horror-Splatter-Films, dem Leatherface, Jason oder Freddy Krueger ihre blutige Karriere verdanken.

8 | 11 | 1966
Die Welt ist eine Show

Ein Mann, der sich selbst als Errol Flynn der B-Filme bezeichnet, muss etwas zu bieten haben. Schon in den 1930er Jahren beweist der am 6. Februar 1911 Geborene sein schauspielerisches Talent: Nur anhand von Tickermeldungen kommentiert er im Radio Sportveranstaltungen, als wäre er selbst dabei. 1937 bekommt er einen Siebenjahresvertrag mit „Warner Brothers" und wird weit über fünfzig Filme drehen. Neben Humphrey Bogart, Ginger Rogers und dem Schimpansen Bonzo wird er zwar nie selbst zum Star, aber spielt durchaus fordernde Rollen: In „Kings Row" zum Beispiel stellt er einen Playboy dar, der in einem Krankenhausbett aufwacht, nachdem ihm ein sadistischer Chirurg beide Beine abgeschnitten hat. Sein kommunikatives Talent hilft ihm auch in seiner zweiten Karriere – der Politik. Zunächst wird er Chef von Hollywoods „Screen Actors Guild". Am 8. November 1966 dann die Sensation: Die Kalifornier wählen ihn zu ihrem Gouverneur. Und es geht bis ganz nach oben: Er ist der einzige professionelle Schauspieler, an den man auch in der Realität die Rolle des US-Präsidenten vergibt. Von 1981 bis 1989 regiert der Republikaner die Vereinigten Staaten, baut sie zur militärischen Supermacht aus. Er zeigt auf dem Politparkett soviel heroische Pose, dass manche vermuten, er habe vor allem im hohen Alter oft nicht mehr unterscheiden können, ob er gerade vor der Kamera oder im Weißen Haus einen Auftritt habe. Ach so, sein Name: Ronald Reagan.

21|12|1968
Spiel mir den Tod vom Film

Zwei Revolverhelden – der Gute in beige, der Böse pechschwarz – umrunden sich, mustern einander. Beide ziehen, ein Schuss fällt und mit ihm der Böse tödlich getroffen zu Boden. Der Gute steckt dem Sterbenden eine Mundharmonika in den Mund, lässt ihn spielen, bis er mit ungläubigem Gesicht schließlich dahin scheidet. Die Musik verebbt in keuchenden Mundharmonika-Ächzern. Mit dieser Szene lässt der italienische Starregisseur Sergio Leone die Zuschauer bei der Premiere seines Films „Once Upon a Time in the West" zurück. Es ist das Ende einer Ära, die beginnt, als Mitte der Sechziger Jahre der Cowboy mit der weißen Weste, am besten verkörpert durch John Wayne, von der Leinwand endgültig im Sonnenuntergang verschwindet und Platz macht für harte, grausame und nach Schweiß stinkende Burschen, die nicht mehr aus den USA, sondern aus Italien kommen und sich in Jugoslawien oder der Poebene duellieren. Mit „Spiel Mir Das Lied Vom Tod" will der König des so genannten Spaghetti-Westerns Sergio Leone nach zahlreichen Kassenschlagern sein Meisterwerk präsentieren. Und alles sieht danach aus, als würde es klappen: Leone dreht erstmals in den USA und hat ein für die damalige Zeit sensationelles Budget von 3 Millionen US-Dollar zur Verfügung. Er wählt mit Henry Fonda und Claudia Cardinale zwei Topstars und landet mit dem raubeinigen Newcomer Charles Bronson einen echten Glücksgriff. Dennoch nimmt die Katastrophe ihren Lauf. Nicht nur, dass die Produktionsfirma den Beginn des Filmes um entscheidende 25 Minuten kürzt, auch die Premiere am 21. Dezember 1968 ist ein ziemlicher Flop, die Kinokassen werden nicht wie erwartet klingeln. Leone stürzt in eine tiefe Sinnkrise, der Spaghetti-Western folgt ihm bald auf dem Fuße. Der Soundtrack, Ennio Morricones meisterhaftes „Lied Vom Tod", bleibt ebenso wie Cast und Film ohne Oscar. Erst Jahre später entwickelt sich das Epos in Europa zum Kultfilm und beeinflusst Regisseure wie Quentin Tarantino nachhaltig.

08|05|1969
Auf der Suche nach Amerika

Die Armbanduhr wird weggeschmissen, der Motor geht an, Wyatt und Billy starten mit ihren Harley-Choppern Richtung Freiheit. Zu lange Haare, zu viele Drogen, zwei amerikanische Archetypen in Negativform, auch äußerlich, mit Lederfransen und Star'n'Stripes-Jacke: Der Cowboy und Captain America. Auf der Suche nach dem amerikanischen Traum finden die beiden Anti-Helden außer Plätzen zum Kiffen jedoch weder die Versprechen ihrer Hippie-Generation, noch die Ideale, die ihr Land angeblich zusammenhält, sondern Intoleranz, Gewalt, innere Leere und schließlich den Tod. Manchmal ist ein kleines Budget genug, um das Lebensgefühl einer ganzen Generation auszudrücken. Rund 350.000 Dollar reichen Peter Fonda und Dennis Hopper, um mit „Easy Rider" das erste wahre Road Movie zu drehen, das in den Nachwehen der Flower Power-Zeit die Frage nach der Seele und den Werten der amerikanischen Gesellschaft stellt. Hopper und Fonda kommen aus der B-Movie-Schmiede Roger Cormans. Dort entwickeln sie die Idee zu einem experimentellen und psychologisierten Road-Trip nach dem Muster alter Motorrad-Rocker-Movies, die sie vom Drehbuch bis zur Regie selbst umsetzen. Das erste Mal wird der Film am 8. Mai 1969 bei den Festspielen von Cannes gezeigt, und erhält prompt den Preis für das beste Erstlingswerk. Die Arbeitsweise von Hopper und Fonda macht „Easy Rider" zum ersten bemerkenswerten Zeugnis von Hollywoods neuem Autorenfilm. Statt eines eigenen Soundtracks ergänzen Fonda und Hopper die Filmbilder durch Rock-Songs, die den Zeitgeist widerspiegeln (Steppenwolfs „Born To Be Wild" wird weltweit zu der Rocker-Hymne), womit der ohnehin dialogarme Film streckenweise das Prinzip des Musikvideos vorausnimmt.

25|05|1977
Sternenkrieg im Kinderzimmer

Seit der Premiere von „Star Wars"/ „Krieg der Sterne" am 25. Mai 1977 ist an Hollywoods Sternenhimmel nichts mehr, wie es einmal war. George Lucas gelingt eine der größten Erfolgsgeschichten der Traumfabrik, die renommierte Studios endgültig umdenken lässt und den „Blockbuster" zum gängigen Prinzip der amerikanischen Filmwirtschaft macht. Mit seinem einfachen Weltraum-Märchen aus einer „weit, weit entfernten Galaxis", das eklektisch mythologische und religiöse Motive mit Elementen aus Western, Mantel-und-Degen sowie Kriegfilmen mischt, komponiert Lucas das perfekte Popcorn-Kino, in dem das Gute über das Böse triumphiert. Ein Beweis dafür, dass Science Fiction kein schwieriges Genres ist, wenn man die benötigten Spezialeffekte revolutionieren kann. Man braucht dann nicht einmal mehr namhafte Schauspieler. Die Story um Luke Skywalker, die Macht, Jedi-Ritter und die Rebellion gegen das totalitäre galaktische Imperium wächst sich mit den weiteren Episoden zum modernen Sagenstoff aus, der fester Bestandteil der Alltagskultur und für viele zur Ersatzreligion wird, wenn sie bereits seit Kindheitstagen mit dem Plastik-Laserschwert herumfuchteln. Neben den filmtechnischen Neuerungen ist „Star Wars" Pionierleistung vor allem darin zu sehen, junge Kinogänger als entscheidende Zielgruppe ins Visier zu nehmen. Bei den Vertragsverhandlungen mit 20th Century Fox verzichtet Lucas als Gegenleistung für die alleinigen Merchandise-Rechte auf ein angemessenes Honorar als Regisseur. Da die Rechte zum damaligen Zeitpunkt quasi wertlos sind, willigt das Studio ein. Selbst die über 790 Millionen Dollar, die der erste „Star Wars"-Film bis heute weltweit eingespielt hat, nehmen sich vergleichsweise bescheiden aus neben den rund 20 Milliarden Dollar, die Lucas mit Spielzeug und anderen Fanartikeln bisher verdient haben soll. Auch der Krieg der Lizenzen, der seitdem zu jeder großen Produktion gehört, hat das Filmgeschäft nachhaltig verändert.

25 | 05 | 1979
Die Malocher, die Frau und das Monster

Drollige Roboter, schöne Sternenreisende, exotische Planeten, phantastische Möglichkeiten – beliebte Zutaten für Science Fiction-Filme, das Genre, das Ende der 1970er so überraschend die Kinokasse klingeln lässt. Wer am 25. Mai 1979 zum USA-Start von „Alien" mit seinem Popcorn im Klappsitz Platz nimmt, wünscht sich hinterher, die Zukunft möge nicht so schnell beginnen. Hier erinnert nichts an das große Abenteuer Weltraum. Ein Raumschiff so anheimelnd wie eine Ruhrpott-Zeche, die Besatzung ein bunt zusammengewürfelter Haufen Malocher mit Baseballkappen und schmutzigen Overalls, die im Jahr 2122 Erze von Außenkolonien zur Erde schippern. Die einzige Mission, die zählt, ist die Lohntüte, die einen erwartet, nur, dass es leider schwer wird sie abzuholen. Der skrupellose Großkonzern, für den man arbeitet, hat Bordcomputer und einen synthetischen Verräter in den eigenen Mannschaftsreihen damit beauftragt, eine fremde Lebensform mit nach Hause zu bringen, eine tödliche, Säure sabbernde Kreatur mit Phallus-Kopf, die in einem Katz-und-Maus-Spiel fast die gesamte Besatzung zur Strecke bringt, bevor die letzte Überlebende der Crew, Ellen Ripley, das „Alien" ins Weltall befördern kann. Regisseur Ridley Scott hat mit der düsteren Ästhetik seines Hollywood-Debüts nicht nur den Schmutz ins sonst so nagelneu wirkende Space Age gebracht. Mit der von Sigourney Weaver gespielten Figur der Ellen Ripley steht erstmalig eine Frau im Zentrum eines Blockbusters, die Action und nicht Dekoration bringt. Das „Alien" des Schweizer Künstlers H.R. Giger, mit dem der Film die Genre-Grenzen zwischen Horror und Sci-Fi verschwimmen lässt, bringt einen Oscar und entwickelt neben den Fortsetzungen der Filmreihe ein popkulturelles Eigenleben. Die Geburtsszene, in der das Alien blutreich durch die Brust seines Wirtskörpers bricht, ist ein viel zitiertes und auch parodiertes Stück Filmgeschichte.

17 | 02 | 1989
Animeisterlich

Auf der 39. Berlinale haben Besucher des Forums am 17. Februar 1989 die Gelegenheit sich ein japanisches Phänomen zu erschließen. Während Trickfilme aus Fernost in westlichen Breiten allgemein als wenig anspruchsvolle Kinderunterhaltung gelten, sind Animes, wie in Japan jegliche Form von animierten Filmen genannt wird, in ihrer Heimat ein populärer und kommerziell erfolgreicher Teil der Unterhaltungskultur für Zuschauer unterschiedlichster Altersstrukturen. Die Premiere von „Akira" des japanischen Regisseurs Katsuhiro Otomo lässt auch das Berlinale-Publikum sein Urteil über fernöstliche Trickfilmkultur revidieren und verdrängt die Erinnerung an Heidi oder Biene Maya, bei denen unaufhörlich ein übergroßer Mund im Kindchenschema-Gesicht wackelt. Otomoros Adaption eines Mangas – Japans Comichefte, die man entgegen unserer Gewohnheit von hinten durchblättert – überzeugt durch akribische Zeichenkunst und eine düstere dichte Atmosphäre, die an „Blade Runner" gemahnt. Der dystrophische Film zeigt die Stadt Neo Tokyo nach dem Dritten Weltkrieg, wo die jugendlichen Gang-Mitglieder Kaneda und Tetsuo in eine verworrene Verschwörung verwickelt werden, die sich um ein Geschöpf namens Akira und dessen geheimnisvolle Fähigkeiten bewegt. „Akira" wird zum ersten Anime, das außerhalb Japans auch ein erwachsenes Publikum in seinen Bann schlägt und dessen harte Sprache, Nacktheit und eindeutigen Gewaltszenen FSK 16 erfordern. Das Interesse am Gesamtkatalog fernöstlicher Comic-Kultur beginnt im Anschluss zu boomen, wovon auch wieder das Kinderprogramm profitiert. Obwohl „Akira" wenig erfolgreich in westlichen Kinos läuft, wird der Film zum subkulturellen Kult-Objekt. Bald entdecken auch Amerikas Action- und Sci-Fi-Filmer Otomos Meisterwerk als überaus fruchtbare Inspirationsquelle und zollen ihm in Filmen wie „Matrix" sichtbar Tribut.

03 | 03 | 1991
Familienfeiern und Katastrophen

Es ist der 3. März 1991. George Holliday probiert in seinem Apartment in South Central Los Angeles seinen Camcorder aus. Es ist purer Zufall, dass er genau in dem Moment auf die Straße filmt, als die Polizei Rodney King nach einer Verfolgungsjagd stoppt. 81 Sekunden lang filmt Holliday, wie der Schwarze King sich zunächst wehrt und dann von den Polizeibeamten brutal zusammengetreten und verprügelt wird. Diese Filmaufnahme wird als „The Rodney King Tape" in die Geschichte eingehen und Auslöser sein für die LA Riots, das Aufbegehren der schwarzen Bevölkerung von LA gegen ungerechtfertigte Polizeigewalt. Gleichzeitig ist diese Amateuraufnahme ein Symbol für den Wandel, den die Entwicklung der Camcorder bringt. Große Elektronikfirmen arbeiten seit Jahrzehnten daran, TV-Kameras zu verkleinern und an den Privatmann zu bringen. 1985 bringt Sony ein Modell auf den Markt, das nicht größer ist als ein japanischer Pass. Hochzeiten, Familienfeiern und das Heranwachsen der eigenen Kinder werden seitdem von ambitionierten Privat-Kameramännern und -frauen auf Band gebannt. 1994 kommen digitale Camcorder auf den Markt, die Geräte werden kleiner und bedienerfreundlicher. Am 11. September 2001 dokumentieren Amateurfilmer die Terror-Anschläge auf das World Trade Center in New York. Die Bilder laufen weltweit auf allen Fernsehkanälen. Auch die Film-Industrie entdeckt Camcorder-Ästhetik: Der Katastrophenfilm „Cloverfield" , der Anfang 2008 in die deutschen Kinos kommt, besteht komplett aus klaustrophobisch wirkenden Wackel-Bildern. Das „Blair Witch Project" schockt bereits neun Jahre zuvor mit diesem Stilmittel.

23 | 05 | 1994
Der polarisierende Gemischtwarenladen

Als sich Clint Eastwood als Juryvorsitzender der 47. Internationalen Filmfestspiele von Cannes am 23. Mai 1994 erhebt und „Pulp Fiction" als Gewinner der „Goldenen Palme" verkündet, kommt es neben dem obligatorischen Applaus auch zu lautstarken Protesten im Zuschauerraum. Während Quentin Tarantino die erste Garde seiner mitgereisten Schauspieler zu sich auf die Bühne winkt, beschimpft eine Frau auf den hinteren Rängen den Regisseur aufs Äußerste, was dieser lachend mit einem Mittelfinger quittiert. Zum Eingang seiner Dankesrede bemerkt Tarantino daraufhin: „Ich mache nicht die Art von Filme, die Menschen zusammenbringen, ich mache Filme, die die Menschen spalten." Der Regisseur sollte sich damit so sehr irren, wie er Recht behalten sollte, denn „Pulp Fiction" gerät zu einem der größten Kultfilme aller Zeiten, der weltweit Millionen Fans auf sich vereint, und löst dabei eine nachhaltige Kontroverse darüber aus, wie cool Gewalt sein darf.Wie aus einem Gemischtwarenladen hat sich der Film-Freak Tarantino, der viele Jahre hinter der Kasse einer

Videothek verbrachte, bei den großen und vor allem abgründigen Momenten der Kinogeschichte bedient. In einer nicht linearen Erzählstruktur lässt er überzeichnete Verlierer und Schmalspur-Ganoven von einer absurden Situation zur nächsten stolpern und sich dabei sinnlose Wortgefechte über Fußmassagen, Fast Food und Gourmet-Kaffee liefern, bevor die Gehirnmasse vom Autositz gekratzt werden muss. Aberwitzige Dialoge, eine obskure Song-Ansammlung als Krönung des trashigen Plots und Ex-Tanzbodenkönig John Travolta, wie ihn zuvor niemand sah – Quentin Tarantino hat mit „Pulp Fiction" einen popkulturellen Meilenstein geschaffen, dessen Messlatte an Originalität er seither selbst versucht wieder zu überspringen.

19|09|1994
Der russische Weg

Im Jahre 1983 herrscht in der Sowjetunion eine gewisse Torschlusspanik. Der Eiserne Vorhang ist durchlässiger geworden und mit ihm dringen Produkte ins Land, von denen die Bevölkerung der Sowjets besser nichts wissen sollte. Besonders im Bereich Kameras blüht der Schwarzmarkt. Da ergreift das Leningrader Fotowerk „Leningradskoye Opitiko Mechanicheskoye Obyedinenie" die Initiative. Man nimmt die beliebte japanische Kamera „Cosima" zur Hand, kopiert ihr Design und bringt sie als „LC-A" auf den Markt. Es dauert nun fünf Jahre, bis ein Mitglied der Familie LC-A auf nicht zu rekonstruierenden Wegen eine Reise nach Wien unternimmt. 1988 gerät sie in die Hände von Matthias Fiegl, Wolfgang Stranzinger und Christoph Hofinger. Die Wiener WG-Bewohner finden Geschmack an dem archaischen Gerät. Es wird ihr ständiger Begleiter, die LC-A wird auf Parties herumgereicht und bestaunt, vor allem die kleinen Schrauben, die immer wieder unaufgefordert ihre Behausung verlassen, sorgen für Heiterkeit, und für den Bedarf nach Ersatzteilen. Als 1991 die Sowjetunion untergeht und mit ihr auch die LC-A in der Gefahr steht ausgerottet zu werden, ergreifen Fiegl und Co. die Initiative. Sie reisen nach St. Petersburg und können die Leningrader Fabrikanten tatsächlich dazu bringen, die Produktion nur für sie weiterzuführen. Am 19. September 1994 eröffnen die drei Lomographen eine gigantische Ausstellung mit 10.000 Bildern aus New York in Moskau und besteigen kurz darauf einen Flieger um unter halsbrecherischer Ausnutzung der Zeitverschiebung noch am selben Abend eine Ausstellung mit Moskauer Bildern in New York zu eröffnen. Lomo Botschaften, Kongresse, sogar eine Lomolympiade und der „Lomography World Congress" in London sind weitere Schmuckstücke einer erfolgreichen Karriere der kleinen japanischen Russin.

02 | 04 | 2008
Der teuerste Film aller Zeiten

Das Spektakel zur Premiere von Peter Jacksons „King Kong"-Remake steht dem haarigen Hauptdarsteller größenmäßig in nichts nach: Ein komplett abgesperrter Times Square, auf dessen großflächigen Videomonitoren sich zu diesem Anlass statt der üblichen Werbeclips allein der neu animierte Riesenaffe austoben darf. New Yorks Bürgermeister Michael Bloomberg hat den Tag zum „King Kong-Tag" ausgerufen. Schließlich gibt es mehr als nur einen Kinostart zu feiern, denn mit rund 207 Millionen Dollar Budget hat „King Kong" „Titanic" vom Thron gestoßen, als bisher teuersten Film aller Zeiten. Ein Titel, der in Blockbustertagen von nur kurzer Dauer ist und so schnell seinen Amtsinhaber wechselt, wie Lizenznehmer, Sponsoren und langfristige Werbepartner für das nächste Mega-Projekt gefunden werden können. Viel von diesem neuen Film wird man danach garantiert abseits der Leinwand wiedersehen, in der Kampagne für den neuen Sportwagen, bei seinem Mobilfunkanbieter, auf der Playstation im Kinderzimmer. Zu Redaktionsschluss führt Johnny Depps „Fluch der Karibik – Am Ende der Welt" die Liste an, mit Produktionskosten von geschätzten 300 Millionen US-Dollar, neben denen sich das Bruttosozialprodukt mancher Länder gar ärmlich ausnimmt. Die 400 Millionen warten schon. Inflationsbereinigt betrachtet bleibt Liz Taylor als „Cleopatra" die oberste Herrscherin der bisher größten Geldtöpfe in der Geschichte des Filmemachens, und das seit 1963, als es nicht einmal Videospielrechte zu verkaufen gab.

===== Weiterlesen =====

- Josef von Sternberg: Ich, Josef von Sternberg. Velber. 1967
- Lotte Eisner: Fritz Lang. London. 1976.
- Deborah Martin Kao, Innovation/ Imagination. 50 years of Polaroid photography. San Francisco 1999
- Erinnerungen. Ein amerikanisches Leben. Ronald Reagan. Berlin 1990

Tage des Tons
Stars, Noten und Musik

04|05|1655 *Ein Klavier, ein Klavier* Die Erfindung des wichtigsten Instrumentes S. 423

17|10|1849 *I like Chopin* Der bekannteste polnische Franzose S. 423

24|12|1871 *Verspätete Premiere* Aida hat den Kanal voll S. 424

03|03|1875 *Der Vater der Zigeunerin* Bizet und seine Carmen S. 425

08|05|1878 *Fliegen husten hören* Die ersten Tage des Mikrofons S. 425

13|11|1886 *Der Hertz am rechten Fleck* 36 erstaunliche Jahre des Heinrich Hertz S. 426

04|07|1900 *Satchmos falscher Geburtstag* Louis Armstrong von unten nach ganz oben S. 427

16|08|1938 *Vater Blues* Einer der wichtigen Begründer des Blues: Robert Johnson S. 427

02|01|1941 *Drei Mädchen, der Krieg und eine Trompete* Wie die Andrews Sisters vom Krieg profitierten S. 428

03|02|1959 *The day the music died* Buddy Hollys schnelles Ende S. 429

04|08|1964 *Das verzerrte Genie* Dave Davies erfindet aus Versehen den Verzerrer S. 430

25|07|1965 *Dylan elektronisch* Des Folk-Königs erster Schock S. 431

27|07|1965 *Zu viel göttliche Liebe* John Coltrane im Zwiespalt S. 431

21|05|1966 *Noah Kaminskys Tod* Neil Diamond bringt sich um S. 432

09|06|1966 *Der zu hohe Berg* Der verrückte Phil Spector auf dem tragischen Gipfel S. 433

15|08|1969 *500.000 Liebende* Woodstock platzt S. 434

29|04|1970 *Zunge für 50 Pfund* Mick Jaggers Gespühr und Geiz S. 434

17|08|1972 *Chinnichap* Zwei Engländer sind die 70er Hit-Fabrik S. 435

30|11|1971 *Eine Dose Krautrock* Deutschland exportiert Can S. 436

04|12|1972 *Der Leuchtpistolen-Hit* Deep Purples Glück mit Zappas Unglück S. 437

23|09|1973 *Die Seele des Nordens* Amerikas Soul in England S. 438

25|08|1975 *Again* Bruce Springsteen macht weiter S. 438

26|04|1977 *Frank Sinatra kommt nicht rein* Das Studio 54 nimmt nicht jeden S. 439

07|06|1977 *God Save the Queen* Sex, Pistolen und die Monarchie S. 440

29|03|1978 *Wir sind Schaufensterpuppen* Sind Kraftwerk Roboter? S. 441

14|09|1979 *Die Wer?* The Who bestimmen Musik, Stil und das Kino S. 441

19|06|1980 *Katzensprung* Stray Cats' Siegeszug S. 442

11|05|1981 *Redemption Song* Bob Marley, der König des Reggae S. 443

30|08|1982 *Sprechen und singen* Rap spricht sich rum S. 444

15|01|1984 *Pop vom Fließband* Verhasste Hit-Fabrikanten S. 444

27|07|1984 *Wenn Tauben heulen* Der kleine Prince ist der Größte S. 445

13|07|1985 *Bob Aid* Geldof, der Gutmensch S. 446

01|07|1989 *Friede, Freude, Eierkuchen* Ein Doktor wirbt für Techno S. 447

26|08|1995 *Bandenkrieg* Oasis und Blur kämpfen um die Pop-Krone S. 448

02|10|2002 *In den wildesten Träume* Robbie Williams – der einzige neue Superstar S. 449

31|10|2006 *(Leg)ende des Punk* Der letzte Punker macht das Licht aus S. 449

03|03|2008 *Wer ist Norman Smith?* Der Toningenieur hinter den Beatles S. 450

04 | 05 | 1655
Ein Klavier, ein Klavier

Man schreibt das Jahr 1688, als Ferdinando de' Medici den Musikinstrumentenbauer Bartolomeo Cristofori zu sich bestellt und ihn als ebensolchen beschäftigen möchte. Zudem könne er auch die bereits vorhandenen Instrumente am Hof von Florenz stimmen. Cristofori tut wie ihm geheißen und macht sich ans Werk. Er restauriert alte Cembali, kümmert sich um die Bestände und fängt schließlich an, neue Instrumente anzufertigen, wie zum Beispiel ein besonders großes und ein ovales Spinett. Wirklich interessieren tut den Mann aus Padua aber eine Weiterentwicklung der vorhandenen Tasteninstrumente, vor allem die Lautstärke hält er für verbesserungsbedürftig. Cristofori erarbeitet fortan eine Mechanik, die diesem Problem Abhilfe verschaffen soll. Diese führt einen Hammer durch eine Stoßzunge gegen die anzuschlagende Saite und lässt ihn dann abrupt wieder zurückschnellen, damit die Saite frei schwingen kann. Mit dem Loslassen einer Taste kann der Spieler dann aber auch die Schwingung mittels eines Dämpfers beenden und so dem Ton ein Ende setzen. Zwei nebeneinander gespannte gleich gestimmte Saiten erzeugen letztlich auch noch den gewünschten Lautstärkeeffekt. Der am vierten Mai 1655 geborene Italiener stellt so im Alter von ca. 45 Jahren sein (und der Menschheit) erstes Klavier fertig. Festgehalten wird die weiter verbesserte Erfindung erst 1709, als der Schriftsteller und Journalist Scipione Maffei über Cristoforis Instrument berichtet und es ein „Cembalo mit leise und laut" nennt. Cristofori entwickelt sein neues Wunderwerk weiter, bis er schließlich 1726 eine Version fertig stellt, die alle Merkmale heutiger Klaviere aufweist.

17 | 10 | 1849
I like Chopin

Frédéric ist eines dieser Wunderkinder, wie sie die Nintendo-Generation einfach nicht mehr hervorbringt. Bereits als kleiner Knirps drückt der Sohn eines nach Polen emigrierten Franzosen das erste Mal die Tasten am Piano, um wenig später schon frei zu improvisieren. Mit sechs Jahren erhält er erste Klavierstunden, zwei Jahre später brilliert er bei seinem Konzertdebüt und schreibt bereits seine frühesten Stücke. Das junge Genie bespielt die Salons der feinen polnischen Gesellschaft und wird von Bewunderern oft mit dem jungen Mozart verglichen. Mit 13 gilt er als Warschaus bester Pianist, nach vollendeten Studien der Musik und Komposition verlässt Frédéric als

Zwanzigjähriger seine von Unruhen geschüttelte Heimat, um mit seinen Werken auch die internationalen Bühnen zu erobern. Paris wird seine Wahlheimat, wo er nach einem Leben in Bohème-Kreisen und zehn Jahren wilder Ehe mit der älteren Schriftstellerin George Sand am 17. Oktober 1849 im Alter von 39 Jahren an den Folgen einer langjährigen Tuberkulose stirbt. Das kompositorische Werk, welches mit diesem frühen Tod zum Erliegen kommt, gilt schon den Zeitgenossen als eines der Wunderbarsten, das je für Klavier geschrieben wurde. Mit seinen Polonaisen und Mazurken hat er den Klängen seiner polnischen Heimat ein ewiges Denkmal gesetzt, doch sein Name spiegelt ebenso seine französischen Wurzeln: Frédéric Chopin.

24 | 12 | 1871
Verspätete Premiere

Ägypten steht Großes bevor. Der Suezkanal ist fast fertig und auch das Opernhaus in Kairo harrt seiner glanzvollen Einweihung. Ägyptens Vizekönig, der Khedive Ismael Pascha, wünscht sich als oberster Landesherr für so historische Ereignisse die passenden weihevollen Klänge und lässt bei dem italienischen Komponisten Guiseppe Verdi zunächst eine Hymne für die Kanaleröffnung anfragen. Verdi, in seiner Heimat längst als Erneuerer der Oper gefeiert, lehnt solcherlei „Gelegenheitskompositionen" brüskiert ab. Ende 1869 eröffnet der Kanal daher ohne Hymne, in Kairos Oper erklingt trotzdem Verdi, allerdings dessen bekanntes Erfolgswerk „Rigoletto". Nur ein gutes halbes Jahr später wird Verdi doch noch zum Auftragsschreiber des Khediven von Ägypten. Der Vizekönig möchte unbedingt das Renommee seines Opernhauses gegenüber den großen Bühnen Europas stärken. Er will eine Uraufführung für sein Haus und ein Verdi-Stück, das zudem auch noch thematisch sein an Kultur so reiches Land behandelt. Als das Honorar sich mit 150.000 Francs in der vorgestellten Höhe eingependelt hat, beginnt Guiseppe Verdi im Juni 1870 mit der Arbeit an der ägyptischen Exklusivoper. Nach Motiven des Archäologen Auguste Mariette Bey schreibt er seine Partituren rund um eine tragische Liebe zwischen einem ägyptischen Feldherren und einer nubischen Sklaventochter zu Zeiten der alten Pharaonen. Schon im November hat der Maestro seine Honorararbeit fertig. Die Premiere muss aber auf unbestimmte Zeit verschoben werden, da Kostümbildner und Requisiteure, die dem Zeitgeschmack entsprechend aus Paris kommen, ihre von Preußen belagerte Stadt nicht verlassen können. Erst am 24. Dezember 1871 bekommt Khedive Ismael Pascha mit der Uraufführung von „Aida" im Kairoer Opernhaus endlich „seinen Verdi" als schönstes Weihnachtsgeschenk.

Für die Eröffnung des Suezkanals, wie sich die Legende hartnäckig hält, war „Aida" hingegen nie gedacht.

03 | 03 | 1875
Der Vater der Zigeunerin

Am 3. März 1875 herrscht eine angespannte Stimmung in der Pariser Opéra-Comique. Es ist der Abend der Uraufführung der Oper „Carmen", deren letzte Proben alles andere als rund verliefen. Komponist Georges Bizet sieht sich genötigt noch letzte Änderungen vorzunehmen und streicht etliche Takte aus den Partituren. Bizets letzte Oper „Djamileh" hatte sich als Misserfolg erwiesen, dennoch ist der Maestro überzeugt, sich seitdem kompositorisch auf dem richtigen Weg zu befinden, der in „Carmen" für ihn seine Vollendung gefunden hat. Als der Premierenvorhang sich endlich öffnet, ist es daher umso betrüblicher für Bizet mitanzusehen, wie die Begeisterung der Besucher im Verlauf der vier Akte stetig abzunehmen scheint. Die Geschichte um den moralischen Verfall des spanischen Soldaten Don José, der in unglücklicher Liebe zu der feurigen Zigeunerin Carmen entbrennt und sie schließlich verletzt und verzweifelt tötet, als sie ihn zurückweist, scheint nur bedingt nach dem Geschmack des Pariser Publikums zu sein. Manche Kritiker verurteilen das Libretto als obszön, die Musik ist ihnen zu wenig romantisch, ein farbloses Zeugnis guten Handwerks. Georges Bizet ist maßlos enttäuscht über die mäßige Rezeption. Er stirbt wenige Monate später am 3. Juni 1875 im Alter von nur 36 Jahren, ohne je zu erfahren, wieviele Operngänger sich bald unsterblich in seine „Carmen" verlieben werden. Der Siegeszug von Bizets Oper beginnt bereits im Oktober desselben Jahres mit ihrer Aufführung in Wien. Sie wird zum Standardrepertoire aller großen internationalen Bühnen und zu Bizets zentralem Werk. Heute ist „Carmen" eines der am häufigsten gespielten Bühnenstücke überhaupt.

08 | 05 | 1878
Fliegen husten hören

David Edward Hughes kann sich nicht recht entscheiden. Einerseits liebt er die Musik, andererseits zieht es ihn immer wieder auch zu den Naturwissenschaften hin. Er studiert letztlich beides und bekommt in Kentucky eine Anstellung als Lehrer für Musik, Physik und Mechanik. Erstes Ergebnis seiner in der Freizeit ausgeübten Tätigkeit als Hobby-Konstrukteur ist der Drucktelegraf, der, anders als der Morsetelegraf, lesbaren Text beim Empfänger ankommen lässt. Im Jahr 1878 verbessert der in Amerika lebende Brite Hughes inzwischen als professioneller Erfinder das Kohlemikrofon, welches er nach bereits vorhandenen Experimenten von Thomas Alva Edison und Emil Berliner, dem Erfinder der Schallplatte und des Grammophons, weiter entwickelt. Der Clou an seinem Gerät: Es ist derart empfindlich, dass das Gerücht die Runde macht, bei Aufnahmen mit dem Mikrofon könnte sogar das Laufen einer Fliege hörbar gemacht werden. Diese Erfindung soll sich später auch als elementar zur Weiterentwicklung des Telefons erweisen. Am 8. Mai 1878 stellt Hughes seine Entwicklung der Royal Society in London vor, er weigert sich aber ein Patent darauf anzumelden, bis die Society es nicht gesehen hat. Hughes gelingt es auch acht Jahre vor Heinrich Hertz, als erster Mensch auf der Welt, Radiowellen zu senden und zu empfangen. Am 22. Januar 1900 stirbt David E. Hughes in London.

13 | 11 | 1886
Der Hertz am rechten Fleck

Nur etwa fünf bis sieben Menschen pro Hunderttausend erkranken an Wegener-Granulomatose, dem so genannten pathologischen Untergang einzelner Zellen. Einer von diesen wenigen ist der Physiker Heinrich Hertz, der im Alter von nur 36 Jahren der heimtückischen Krankheit erliegt. Was Hertz jedoch in diese wenige Lebensjahre legt, ist gewaltig. Bereits mit 26 Jahren ist er 1883 Privatdozent für theoretische Physik, nur zwei Jahre später Professor für Physik in Karlsruhe. Er erfindet den hertzschen Oszillator, welcher die Existenz elektromagnetischer Wellen nachweist, sowie dass diese sich mit der gleichen Geschwindigkeit ausbreiten wie Lichtwellen. Seine wohl größte Stunde schlägt am 13. November 1886, als Hertz die Übertragung elektromagnetischer Wellen von einem Sender zu einem Empfänger gelingt. Ohne diese Ergebnisse wären die Telegrafie und die Entwicklung des Radios ihrer Grundlage enthoben. Der so unheilvoll Erkrankte erfährt den größten Ruhm leider erst nach seinem Ableben 1894. Etwas mehr als zehn Jahre nach seinem Tod nutzt ein gewisser Albert Einstein Hertz' Entdeckung des äußeren Photoeffekts für seine Formulierung der Lichtquantenhypothese. Noch tiefgreifender graviert sich der Physiker jedoch 1933 in das allgemeine Bewusstsein, als im internationalen metrischen System die Frequenz von einer Schwingung pro Sekunde wie folgt festgelegt und benannt wird: 1 Hertz.

04 | 07 | 1900
Satchmos falscher Geburtstag

Wir schreiben das Jahr 1909. Durch die Straßen von New Orleans fährt ein Lumpensammlerwagen, auf dem ein schwarzer Junge sitzt, dessen Großeltern noch in Sklaverei lebten. Louis Daniel Armstrong ist gerade mal acht Jahre alt – und obdachlos. Mit den Resten einer kaputten Kindertrompete beginnen bereits in diesen jungen Jahren seine ersten Gehversuche auf dem Blasinstrument, das zu seinem Markenzeichen werden soll. Mit 11 hat der kleine Louis ein „richtiges" Kornett und erhält im Colored Waifs' Home erste Musikstunden. In den 20er Jahren ist „Satchmo", so sein Spitzname, und seine Band Hot Five in New Orleans bereits eine musikalische Institution, die schon bald über die Grenzen Louisianas hinaus bekannt ist. Doch damit steht Armstrongs beispiellose Karriere gerade erst am Anfang. In den 50er und 60er Jahren spielt und singt er in Hollywood-Filmen wie „Die Glenn Miller Story" (1953), „Die oberen Zehntausend" (1956) und „Hello, Dolly!" (1969). Eines seiner bekanntesten Gesangsstücke ist „What a Wonderful World" (1967). Es wurde von so unterschiedlichen Musikern gecovert wie Nick Cave & Shane McGowan, BMX Bandits, The Flaming Lips, Joey Ramone, Helge Schneider und – in einer deutschen Version – Roy Black. Eine illustre Ansammlung, wenn man bedenkt, dass die meisten der Genannten mit Jazz eher wenig am Hut haben. Kurz vor seinem Tod im Juli 1971 wird Armstrong sogar von den Briten „geadelt": Er darf das Titelstück zum James Bond-Streifen „Im Geheimdienst Ihrer Majestät" (1969) beitragen. Es heißt „We have all the Time in the World". Der Weltstar hatte nur noch zwei Jahre. Erst 1983 wird „Satchmos" wirkliches Geburtsdatum (4. August 1901) auf seinem Taufschein entdeckt. Er selbst hatte immer behauptet, ein knappes Jahr vorher, am 4. Juli 1900, geboren zu sein.

16 | 08 | 1938
Vater Blues

Die Bluesmusiker Willie Brown und Charlie Patton sind von Robert Johnson nicht besonders angetan, als er 1929 in Robinsville in ihr Duo einsteigen will. Sein Gitarrenspiel halten sie für erbärmlich, seine Mundharmonikaspiel finden sie allenfalls erträglich. Robert Johnson packt die Koffer und geht wie viele Schwarze zu jener Zeit auf Wanderarbeit. Er heiratet und nimmt bei einem Mann namens Ike Zinnermann Gitarrenunterricht. Als er 1932 nach Robinsville zurückkehrt und Patton erneut vorspielt, äußert dieser, Johnson müsse seine Seele an den Teufel verkauft haben, um sich so entwickeln zu können. Der Blues, den schwarze Sklaven einst im Süden der USA als Klagelieder an eine bessere Zukunft entwickelt hatten, ist in den USA zu dieser Zeit kaum als kommerzielle Musikform anerkannt. Blues wird vor allem bei Volksfesten oder bei Auftritten in den „Juke Joints" gespielt, wo Afro-Afrilaner frei von Diskriminierung den Freuden des Lebens vom Alkohol bis zum Glücksspiel frönen können. Blind Lemon Jeffersson der König des Delta Blues gehört zu den wenigen Musikern mit Plattenvertrag. Doch Johnsons Blues scheint zukunftsträchtiger. Seine Songs sind keine Improvisationen, sondern meist stringente 3-Minüter. Sie basieren gleichberechtigt auf den drei Ebenen Musik, Rhythmus und Text. Johnson spielt seine Gitarre in „offener Stimmung", was ihr mehr Charakter verleiht, er schlägt einen kantigen Rhythmus an, dem er mit gegenläufigen Gesangslinien Spannung verleiht. Er textet darauf über die Themen, die das Leben der meisten schwarzen Wanderarbeiter, abseits des Berufsalltags bewegen: Frauen, Revolver und Autos. Johnsons Durchbruch sollte eigentlich nur eine Frage der Zeit sein. 1936 unterzeichnet er seinen ersten Plattenvertrag. Seine „Terraplane Blues" erscheint noch im selben Jahr. Doch er stirbt überraschend und mit nur 37 Jahren am 16. August 1938 an einer Syphilis. Die musikalischen Impulse des „Rollin' Man" werden aber schnell von Künstlern wie Howlin' Wolf oder Robert Lockwood adaptiert. 1966 werden die einzigen erhaltenen 29 Songs aus Johnsons Karriere posthum veröffentlicht und machen ihn zur musikalischen Legende. 1990 erscheint sein Opus Mini erstmals auf CD.

02 | 01 | 1941
Drei Mädchen, der Krieg und eine Trompete

Der Boogie Woogie Bugle Boy wird am 8. Dezember 1941 zur US-Armee eingezogen. Dem begabten Trompeter macht das Marschieren aber keinen Spaß. Wehmütig denkt er an die Goldenen Zeiten als er in Chicago die Massen mit seinem Musikinstrument mit heißem Swing zum Tanzen brachte. Als ihm die musikalische Untätigkeit unerträglich zu werden scheint, greift er heimlich dennoch zur Trompete und beginnt zu spielen. Und siehe da, alle Soldaten tanzen mit und vergessen für ein paar Minuten die Gräuel des Krieges. Die amerikanischen GI's, die diese Geschichte 1941 an der japanischen Front im Radio hören sind gerührt. Nicht unwesentlich trägt dazu bei, dass das schöne Märchen von drei noch schöneren Mädchen erzählt wird. Allerdings wissen die drei Andrews Sisters zum Zeitpunkt der Aufnahme des „Boogie Woogie Bugle Boy" am 2. Januar 1941 noch nichts vom elf

Monate später eintretenden Kriegslärm. Die Töchter des griechischen Restaurantbesitzers Andreos, hatten 1937 ihren ersten Plattenvertrag unterzeichnet. Mit ihrer Swingversion des jiddischen Traditionals „Bei mir bist Du schön" gelang ihnen schon 1938 der Durchbruch. „Boogie Woogie Bugle Boy" wäre also vielleicht nur ein Song unter vielen, hätten die Japaner nicht Peral Harbour bombardiert. Die Andrews Sisters erledigen ihre patriotische Mission zu Kriegszeiten weiter mit Begeisterung. Sie reisen nach Afrika und Sizilien und singen zur Steigerung der Truppenmoral. Daneben lancieren sie 46 Top Ten Hits, nehmen weitere knapp tausend Songs auf, sammeln neun Goldene Schallplatten ein und verkaufen 90 Millionen Tonträger. Als der Krieg zu Ende geht und auch der Boogie Woogie Bugle Boy Heim kehrt ist es mit der Karriere der Andrews Sisters vorbei. Doch das liegt nicht am Frieden, Patty Andews will eine Solokarriere starten. Sie scheitert. 2008 feiert sie als letzte lebende Andrews Sister ihren 90. Geburtstag.

03 | 02 | 1959
The day the music died

Es herrscht dichtes Schneetreiben, als in der Nacht zum 3. Februar 1959 ein Kleinflugzeug vom Typ „Beechcraft Bonanza" den Mason City Municipal Airport im amerikanischen Bundesstaat Iowa verlässt. Knapp fünf Minuten später stürzt die Maschine in ein Getreidefeld. Die drei Passagiere, die bei dem Unglück ums Leben kommen, befanden sich noch wenige Augenblicke zuvor auf dem Höhepunkt ihrer Karriere, als sie während ihres letzten Konzerts in Clear Lake zum wiederholten Mal die Zuschauermenge in Ekstase versetzten. Buddy Holly, Ritchie Valens und Jiles Perry Richardson alias The Big Bopper symbolisierten in vorderster Front den Zeitgeist des Rock & Rolls der 50er Jahre. In nur wenigen Jahren entstehen unvergessene Hits wie Hollys „Peggy Sue" (1957), Valens' „La Bamba" (1958) oder „Chantilly Lace" (1958) von The Big Bopper. Zusammen mit weiteren berühmten Weggefährten wie Elvis Presley, Jerry Lee Lewis oder Johnny Cash wird in den 50er Jahren der Grundstein für nahezu alle musikalischen Entwicklungen der folgenden Jahrzehnte gelegt. So gibt es bis heute kaum einen Star aus der Rock- und Popwelt, der sich nicht auf mindestens eine der Ikonen beruft, die zur Zeit von Tolle und Petticoat den Ton angaben. Elf Jahre nach der denkwürdigen Tragödie bezieht sich der amerikanische Sänger Don McLean in seiner bekanntesten Ballade „American Pie" auf den Tag, an dem die Musik starb. Buddy Hollys Konterfei bleibt übrigens nicht zuletzt wegen seiner berühmten Brille unvergesslich. Am 12. Oktober 1989 setzt Alan Janes mit der

Uraufführung seines Musicals „Buddy" dem Rock & Roll-Pionier ein weiteres Denkmal.

04|08|1964
Das verzerrte Genie

Anfang der Sechziger Jahre steht Dave Davies in seinem Zimmer in Fortis Green/ North London und übt Gitarre. Da die Familie völlig mittellos ist, steht ihm kein Gitarrenverstärker zur Verfügung. Davies schließt die Gitarre an einen alten tragbaren Plattenspieler mit Lautsprecher an. Doch das tut diesem nicht gut. Nach einiger Zeit platzt die Membran und es ertönt nur noch schwer verzerrter Lärm. Lärm? Dave Davies hat soeben den Verzerrer erfunden, jenes Effektgerät, dass in der Rockmusik bald unverzichtbar sein wird. Und Davies unfreiwillige Kreativität ist damit noch nicht an ihrem Ende angelangt. Aus Kombination des technischen Defekts und Davies ungestümer archaischer Spielweise entsteht eine weitere Erfindung, die für die Rockgeschichte epochal ist: das Rock-Riff. Die Aneinanderreihung drei oder vier hart phrasierter sich ständig wiederholender Akkorde, gibt noch heute jedem echten Rocksong das Gepräge. Um seinen Sound zu „kultivieren" beginnt Davies, nachdem er sich endlich einen eigenen Verstärker leisten kann, dessen Membranen freiwillig mit dem Messer aufzuschneiden. Dass die Öffentlichkeit aber von Dave Davies Genie erfährt, ist der Großzügigkeit zweier Bandmanager geschuldet. Als Davies' Band The Kinks 1964 ihren Song „You really got me" aufnehmen will, gerät sie zuerst an den Produzenten Shel Tamy. Tamy ist ein Fan weiter Hallräume, er verehrt den Bombastproduzenten Phil Spector und will von puristischem Gitarrenlärm nichts wissen, er nimmt ihm alle Ecken und Kanten. Die erste Aufnahme des Songs wird zu einem Desaster, mit dem weder der Produzent, noch die Band zufrieden ist. Die Kinks müssen sich von ihren Managern Robert Wace und Grenville Collins 200 Pfund leihen, um einen weiteren Versuch nach eigenen Wünschen finanzieren zu können. „You really got me" erscheint am 4. August 1964 auf Pye Records. Wenige Tage später steht der Song auf Nummer Eins der Britischen Charts, nicht trotz seines morbiden Gitarrensound, sondern eben darum. Die Kinks werden so eine der erfolgreichsten und langlebigsten Bands der Sechziger Jahre, bis 1996 treten sie gemeinsam auf. „You really got me" ist dabei jeden Abend im Programm, auch wenn Dave Davies längst keinen Plattenspieler mehr benutzt. Es ist ein Effekt-Gerät, auf dem er herumtrampelt: Ein Verzerrer.

25 | 07 | 1965
Dylan elektronisch

Als Bob Dylan am 25. Juli 1965 beim jährlich stattfindenden Newport Folk Festival eintrifft, ahnt noch niemand, dass der Sänger nicht vorhat, seinen Auftritt wie gewohnt mit Akustikgitarre und Mundharmonika zu bestreiten. Statt dessen betritt er die Bühne dieses Mal mit einer Fender Stratocaster, und Mitgliedern der Butterfield Blues Band. Der 15-minütige erste elektrische Auftritt Dylans, der als Geburtsstunde des Folk-Rock angesehen werden kann, entpuppt sich zu einem regelrechten Eklat innerhalb der recht rigiden Folk-Community. Denn  die Folk-Enthusiasten stehen nicht gerade in dem Ruf, für Neuerungen offen zu sein. Sie sind enttäuscht, wütend, schockiert, und fühlen sich ihrer Ideale beraubt. Nicht viel anders ergeht es Dylan am 17. Mai 1966 im britischen Manchester. Dort wird der Sänger von einem aufgebrachten Fan als „Judas" diffamiert, worauf dieser mit seiner Band eine der besten Versionen seines Songs „Like a Rolling Stone" zum Besten gibt. Dylans Auftritt in Newport aber wird zu einem Wendepunkt in der Geschichte der Rockmusik. Binnen kürzester Zeit machen sich unzählige Garagenbands daran, das amerikanische Folkerbe und Bob Dylan als Inspirationsquelle zu nutzen. Schon bald stürmen elektrifizierte Dylan-Coverversionen die Charts, allen voran „Mr. Tambourine Man" der Byrds, „It's All Over Now Baby Blue" der irischen Them, sowie „All Along The Watchtower" der Jimi Hendrix Experience. Folk-Rock gilt als erste erfolgreiche Verbindung eines traditionellen Musikstils mit Rock. Blues-Rock, Country-Rock und unzählige weitere Spielarten sollten folgen.

27 | 07 | 1965
Zu viel göttliche Liebe

Die Jazzgemeinde in Juan-les-Pins ist bester Stimmung ob des Programms, das sie erwartet. Das Festival in dem kleinen Badeort bei Antibes hat sich in nur wenigen Jahren einen guten Ruf erarbeitet und zieht regelmäßig die Großen der Jazzszene an die Côte d'Azur. Am 27. Juli 1965 strömen die Besucher vor die Bühne, um dem Auftritt von John Coltrane entgegenzufiebern, der mit seinem Trio Tyner/ Jones/ Garrison angereist ist. Für den Star-Saxophonist ist es ein ganz entscheidender Moment in seiner Karriere. Mit „A Love Surpreme" hat er vor wenigen Monaten sein für ihn wichtigstes Album aufgenommen, eine Lobpreisung an Gott, denn nur sein Glaube hatte Coltrane nach seiner überwundenen Heroinabhängigkeit wieder ins Leben finden lassen. Das als vierteilige Suite konzipierte Opus soll auch das einzige Bühnenprogramm für das Festival in Antibes sein, es ist für Coltrane und seine Mitstreiter die Live-Premiere von „A Love Surpreme" und dessen Europa-Debüt, denn die Platte ist auf dem Kontinent zu diesem Zeitpunkt noch nicht erschienen. Im Licht der Bühnenscheinwerfer verlässt das Quartett ein ums andere Mal das konzeptionelle Korsett der Originalaufnahme und dehnt die Länge der vier Teile mit Improvisationen von 33 auf gut 48 Minuten aus, in denen Coltranes Saxophon das experimentelle Stück ekstatisch zwischen Schmerz und Erlösung pendeln lässt. Als der letzte Ton verklingt, ertönt ein Schreikonzert aus dem Publikum, das nicht nur Begeisterung ausdrückt. Während Fans jubeln, ist einem Teil der Besucher eine Dreiviertelstunde einfach zu kurz für ein Konzert diesen Kalibers. Ein Teil des Publikums ist aber schlichtweg überfordert von der avantgardistischen Richtung, die Coltrane mit seiner Musik eingeschlagen hat und macht seiner Überforderung lautstark Luft. Wer auch immer welcher Fraktion angehört, wird später stolz berichten, dabei gewesen zu sein, denn es bleibt die einzige Live-Performance von „A Love Surpreme", dem Werk, das viele Jazzliebhaber übereinstimmend als John Coltranes bedeutendste Aufnahme werten.

21|05|1966
Noah Kaminskys Tod

Noah Kaminsky, der nicht wirklich Noah Kaminsky heißt, geht wieder ins Krankenhaus. Er besucht seine Großmutter, es steht nicht gut um sie. Aber neben der tiefen und schon lange andauernden Zuneigung zu seiner Oma treibt den jungen Musiker noch eine andere Sorge um. Er ist kurz davor, seine erste Single als Interpret zu veröffentlichen, alles ist abgestimmt mit der Plattenfirma, der Stil, der Song, der Künstlername. Nun muss es nur noch schnell genug gehen, Kaminsky möchte das Ergebnis unbedingt noch zusammen mit seiner im Sterben liegenden Oma hören und ihr stolz vorführen, was er geschaffen hat. Als ihn sein Agent schließlich vor der Pressung noch mal fragt, ob es bei dem Künstlernamen bleibt, fällt es dem jungen Mann wie Schuppen von den Augen: Das kann er seiner Großmutter unmöglich antun, seine erste eigene Single, womöglich das gemeinsame Anhören im Krankenhaus und das kurz vor ihrem Tod – und dann soll es eine Platte unter dem imaginären Namen Noah Kaminsky sein? Unmöglich.

Er kann nicht anders als seinen eigentlichen Namen zu wählen. „Was fragst du?" entgegnet er seinem Agenten empört. „Neil Diamond!" ruft er selbstbewusst, „Neil Diamond natürlich." Am 21. Mai 1966 erscheint Diamonds Song „Solitary Man", wird ein Hit und begründet eine der erfolgreichsten Pop-Karrieren aller Zeiten.

09 | 06 | 1966

Der zu hohe Berg

1966 versteht der Musikproduzent Phil Spector die Welt nicht mehr. Der „Tycoon of Teen", der seit 1959 der Jugend diktierte, was Liebe, Sehnsucht und Popmusik bedeuten, verzeichnet einen Hitparadenflop nach dem nächsten. Spector lancierte bis dato mit Songs wie „Be my Baby", „He's a Rebell" oder „Why do Lovers break each others Hearts" oft mehrere Hits gleichzeitig in den Charts. Seine Teenagersymphonien führten Millionen von Jugendlichen in die Pubertät und wieder hinaus. Die unergründlichen, gut gehüteten Geheimnisse seiner „Wall of Sound", ließen weltweit die Konkurrenz verzweifeln. Doch plötzlich will es nicht mehr klappen. Bands wie den Beatles und den Beach Boys konnte Spector zunächst noch Paroli bieten, aber nun weht der Wind plötzlich aus einer anderen Richtung. Bärte machen sich in den Gesichtern der Jugendlichen breit, statt Sex im Hinterzimmer beginnt man die freie Liebe zu fordern, Drogen ersetzen Cherry Cola. Auf den Platten der Konkurrenz kommen eigenartige fernöstliche Instrumente zum Einsatz. Spector lässt sich nicht beirren, er wirft nun alles was er hat in die Waagschale. Er wählt die stimmgewaltige Newcomerin Tina Turner als Sängerin, engagiert die bewährten Hitkomponisten Greenwich und Barry und legt sogar selbst mit Hand an den Song, der jetzt im Sommer 1966 die Musik revolutionieren soll. Zwei Dutzend der besten Musiker stehen bereit. 20.000 Dollar werden investiert. Der Visionär ist von dem Gedanken beseelt, der Welt noch einmal zu zeigen, was er kann und das Ruder zu seinen Gunsten herumzureißen. Nie war Spector so schöpferisch wie in diesen Tagen im Mai 1966. Seine Band besteht wie stets aus vier Gitarren, drei Bässen, drei Pianos und zwei Schlagzeugen entfacht ein musikalisches Inferno, die Hallräume sind grenzenlos. Wie ein Tornado fegt Turner mit ihrer Stimme durch diese undurchdringlich scheinende Wand. Sieg und Niederlage, Hoffnungslosigkeit und Optimismus und jede Menge Sex liegen in der Stimme des Mädchens schlüpft, das sich fragt, ob sie den Jungen wohl je so lieben könnte wie einst ihre treueste Spielpuppe. „Do I love you my oh my? ...River Deep Mountain High", ist die unübertreffliche Hookline des epochalen Werks. Als der Song nach seiner

Veröffentlichung am 9. Juni 1966 in den USA nur die Platzierung 88 erreicht, ist Spector vollkommen konsterniert. Er zieht sich sofort aus dem Musikgeschäft zurück. Die Tatsache, dass der Song in England auf Platz 3 der Charts vordringt, interessiert ihn nicht.

15 | 08 | 1969
500.000 Liebende

The Woodstock Art and Music Fair gilt als größtes Rockfestival aller Zeiten. Und das nicht zu Unrecht, wenn man bedenkt, dass sich etwa 1 Million Menschen im August 1969 aufmachen, um gemeinsam „3 Days of Love, Peace & Music" zu zelebrieren. Es kommen zwar „nur" circa 500.000 beim Festivalgelände an – der  Rest bleibt schlicht und einfach im Verkehr stecken – doch auch auf so viele Leute sind die Organisatoren nicht vorbereitet. Eigentlich hat man mit 60.000 Personen gerechnet, die sich auf Max Yasgurs Farm im US-Bundesstaat New York einfinden. Das Chaos ist vorprogrammiert. Es gibt nicht genügend sanitäre Einrichtungen, und Mitglieder der Hog Farm Kommune haben alle Hände voll zu tun, die unzähligen LSD-Opfer zu versorgen. Dennoch bleibt das Festival weitgehend friedlich. Das ist nicht zuletzt der exquisiten Auswahl der engagierten Künstler und Bands zu verdanken. The Who, Jefferson Airplane, Canned Heat, Joe Cocker, Arlo Guthrie, CSN&Y, Sly & The Familiy Stone, Joan Baez und viele namhafte Musiker mehr geben sich die Ehre und machen Woodstock zu dem Höhepunkt der Hippiebewegung. Am Montagmorgen, den 18. August, spielt Jimi Hendrix als letzter Künstler seine berühmt gewordene Version der amerikanischen Nationalhymne aus Protest gegen den Vietnamkrieg. Zu diesem Zeitpunkt haben die meisten Menschen bereits die Heimreise angetreten. Vielen ergeht es wie Festivalbesucher Todd Goodman: „I had lost my friends, ride, clothes, et al. When I got home two days later, I wasn't even wearing my own clothes."

29 | 04 | 1970
Zunge für 50 Pfund

Im Royal Art College in London klingelt an einem Tag im Jahr 1969 das Telefon. Am Apparat ist Jo Bergman, Leiter der Promotionagentur der Rolling Stones. Er fragt, ob das renommierte Institut einen jungen Studenten in seinen Reihen hätte, der Lust und Talent habe, ein Tourplakat für die Band zu entwerfen. Der Leiter hält den Studenten John Pasche für geeignet. Dieser sendet einige Entwürfe an Bergman. Am 29. April 1970 erhält er den Zuschlag. Einige Tage später besucht Mick Jagger selbst das College, um sich bei Pasche mit zwei Konzertkarten zu bedanken. Einige Wochen später hat Jagger einen neuen Auftrag für den Studenten. Er will ein Logo für die Rolling Stones, das sowohl als Plattenlabel wie auch für alle Merchandisingartikel taugt. Jagger zeigt Pasche ein Bild des Indischen Gottes Kali, aber das ist irgendwie nicht das richtige. Pasche braucht eine Woche bis er den perfekten Entwurf präsentieren kann. Eine knallrote Lippe mit ausgestreckter Zunge. Sie soll den Nonkonformismus der Band repräsentieren und sagt unmissverständlich „leckt uns am Arsch". Pasche erhält 50 Pfund und die Sache ist erledigt. Die Rolling Stones warten den perfekten Moment für den ersten Einsatz des Logos ab. Er kommt am 23. April 1971 mit der Veröffentlichung des Albums „Sticky Fingers", das ohnehin in jeder Hinsicht eine Provokation ist. Zwei seiner Songs sind ungetarnte Oden auf den Drogenkonsum. Das von Andy Warhol und Craig Brown gestaltete Cover zeigt eine Hose echtem Reißverschluss, unter dem allerdings kein Gemächt, sondern der Spruch „this is not..." zum Vorschein kommt. Ein Inlay präsentiert auf die Band zwar bekleidet, aber Jagger mit einem deutlich erigierten Penis unter seiner Hose. Pasches Logo macht den Dreisatz komplett. Fortan ziert es weltweit das Gesäß von Teenagern und Erwachsenen, es taucht auf Fotos, Buttons und T-Shirts auf, leuchtet hausgroß über der Bühne, fliegt als Ballon über den Konzertstadien und begleitet den Weg der Stones von einer Rockband zu einem Wirtschaftsunternehmen mit 88 Millionen Dollar jährlichem Jahresumsatz. Jagger revanchiert sich bei Pasche etwas später noch einmal, diesmal mit immerhin 200 Pfund.

17 | 01 | 1971
Chinnichap!

„Lebten wir in einer normalen Gesellschaft, würden die Menschen uns respektieren." Es ist der Textdichter Nicky Chinn, der 1974 die Welt der Ungerechtigkeit bezichtigt. Dazu hat er allen Grund. Seit dem Chart-Entry von „Co Co" am 17. Januar 1971 liefert das Komponistenduo Chinn/ Chapman alias Chinnichap Hit auf Hit ab, beherrscht die Charts von Italien bis nach England und wird doch in den namhaften Musikmagazinen mit Spott überhäuft. Man fühlt sich unverstanden. Als die beiden sich 1969 erstmals treffen, ist Chinn Kfz-Mechaniker und Chapman ein gescheiterter Musiker, der mit seiner Band Tangerine Peel erfolglos durch London tingelt. Dennoch scheinen beide dieselben musikalischen Vorlieben zu haben. Spaß, Geld und Rock'n'Roll sind das, was zählt. Allein am Geld fehlt es, vom Rest hat man reichlich. Aus dieser Misere hilft dem Duo schließlich ein Mann namens Mickie Most. Most steht mit beiden Beinen knietief im Showbusiness, als Produzent steckte er hinter dem Millionseller „The House of The Rising Sun", hat gerade mit dem Ex-Led Zeppelin-Manager Peter Grant das RAK-Label gegründet und er braucht alles: Bands, Komponisten und vor allem Hits. Chinn und Chapman komponieren Tag und Nacht, wobei die Arbeitsverteilung darin besteht, dass Chinn sich ein oder mehrere Worte ausdenkt und Chapman einen Song darum baut, denn das Team ist davon überzeugt, dass Worte und Musik gleich wichtig sind. So kommen bald so leicht zu merkende Formeln heraus wie „Funny Funny", „Ballroom blitz" „Tiger feet", „Livin' next door to Alice", „48 Crash", die Bands und Künstlern wie The Sweet, Smokie, Mud, Arrows, Suzi Quatro oder später Racey zum Durchbruch verhelfen. Allein im Jahr 1974 haben Chinnichap fünf No. 1-Hits und 14 weitere in den Top Forty. „We're absolutely obsessed with being the best songwriters in the world – within our own field", sagt Chinn.

30|11|1971

Eine Dose Krautrock

1971 gibt es in der Bundesrepublik Deutschland genau zwei TV-Programme, Kabel-, Privat- und Satellitenfernsehen liegen noch in weiter Ferne. Deshalb ist auch nichts Ungewöhnliches daran, wenn die Einschaltquoten mancher ARD- und ZDF Sendungen manchmal um die 90% erreichen. Und das tun sie meist dann, wenn mal wieder ein Francis-Durbridge-„Straßenfeger" ansteht. Am 30.11., 2.12. und 4.12.1971 fegt wieder mal solch ein Dreiteiler die Straßen leer. Der Titel der WDR-Produktion lautet „Das Messer", die Hauptrollen sind mit Hardy Krüger, Sonja Ziemann, Klaus Löwitsch und René Deltgen hochkarätig besetzt. Aufsehen erregt die Filmmusik, denn Regisseur Rolf von Sydow hat eine 1968 gegründete und relativ unbekannte Kölner Band namens Can für das Titelstück verpflichtet. Die Gruppe besteht aus Irmin Schmidt, Holger Czukay, Michael Karoli, Jaki Liebezeit und dem japanischen Sänger Damo Suzuki, der 1970 direkt von der Straße weg für einen Auftritt engagiert wurde. Mit dem hypnotischen „Spoon" aus „Das Messer" wird Can quasi über Nacht berühmt. Es folgen weitere Auftragsarbeiten für Film und Fernsehen, so u.a. für den Tatort „Tote Taube auf der Beethovenstraße" (1972) unter der Regie von Samuel Fuller. Die Reputation des Quintetts wächst schnell, was vor allem auf die positiven Reaktionen von Presse und Fans aus dem Ausland zurückzuführen ist. Dort lässt sich der eigenwillige und innovative Sound von Can und anderen deutschen Formationen wie Kraftwerk, Neu! oder Faust so gar nicht mit angloamerikanischen Gruppen vergleichen, was den englischen Radiomoderator John Peel auf die Idee bringt, die deutschen Bands kurzerhand mit der Etikette Krautrock zu versehen. Noch heute klingt die Musik von Can erfrischend aktuell – ein Zeichen dafür, dass die Gruppe damals ihrer Zeit weit voraus war.

04 | 12 | 1972
Der Leuchtpistolen-Hit

Der Casinobesitzer Claude Nobes hat am 4. Dezember 1972 alle Hände voll zu tun. In seinem Etablissement ist ein Feuer ausgebrochen, die Besucher müssen evakuiert werden. Der Gestank von verschmorten Kabeln und Verstärkern hängt in der Luft. Auf der Bühne bricht auch Frank Zappa der Schweiß aus. Er ist im Grunde genommen der wahre Schuldige an diesem Debakel. Ein Zappa-Fan hat seiner Begeisterung für die kruden Töne des Meisters durch einen Schuss aus einer Leuchtpistole Luft gemacht und so das brennende Inferno ausgelöst. Das Feuer greift vom Veranstaltungssaal auf den Rest des Gebäudes und die benachbarten Häuser über. In einem von diesen nimmt die britische Band Deep Purple gerade ihr neues Album auf. Die Zerstörungen machen die weitere Arbeit unmöglich. Ein Glück, dass die Engländer mit einem mobilen Studio unterwegs sind, das sie sich bei den befreundeten Rolling Stones gemietet haben. Die Band zieht sammt Equipment in das Theater „Pavillon" um. Doch auch hier gibt es Ärger. Anwohner beklagen sich über den Lärm, den Sänger Ian Gillan, Gitarrist Ritchie Blackmore, Jon Lord, Ian Paice und Roger Glover verursachen. Das Quintett mietet sich schließlich im leer stehenden Montreux Grand Hotel ein. Das Ergebnis der Aufnahmesession zwischen Hotellobby und Treppenhaus heißt „Machine Head" und wird 1972 veröffentlicht. Das siebte Album der Band ist zweifellos ihr bestes. Einer der sieben enthaltenen Titel nennt sich „Smoke on the Water" und beschreibt die Umstände der Aufnahmen zum Album im Detail. Doch das ist nicht das einzig Besondere. Mit nur 5:36 Minuten hat „Smoke on the Water" für einen Purple-Song ein geradezu handliches Format und ist durch sein markantes Gitarrenriff extrem hitverdächtig. „Smoke on the Water", als einziger Song des Albums erst nach Montreux aufgenommen, landet auf Platz 3 der US-Charts. In Amerika hat die Band seit ihrem ersten Hit „Hush" (1968) keinen Blumentopf mehr gewinnen können. Der Song löst, so geadelt, weltweit eine Welle der Begeisterung für Hardrock und Headbanging aus, die Ende der siebziger Jahre im neuen Musikgenre Heavy Metal mündet. Frank Zappa sei Dank.

23 | 09 | 1973
Die Seele des Nordens

Nicht wenige Jugendliche vorwiegend der englischen Arbeiterklasse haben Anfang der 70er Jahre seit längerem eigene musikalische Vorlieben entwickelt. Anders als ihre Altergenossen, die etwa auf David Bowie oder Slade stehen, besuchen sie regelmäßig Veranstaltungsorte wie das „Mecca" in Blackpool oder den „Torch Club" in Stoke-on-Trent, um zu raren, zu Unrecht vergessenen und extrem tanzbaren amerikanischen Soulklängen der 60er Jahre das Tanzbein zu schwingen. Am 23. September 1973, um 2 Uhr morgens, eröffnet in Wigan, ebenfalls im Nordosten Englands gelegen, der erste „Soul-Allnighter" im altehrwürdigen jedoch etwas heruntergekommenen Casino Ballroom. Schon bald ist die Veranstaltung eine der angesagten Adressen für Soulfans, Touristen und Neugierige gleichermaßen, setzt neue Maßstäbe und prägen den Begriff „Northern Soul". Über 8 Jahre hinweg findet der Allnighter jedes Wochenende statt und zählt gegen Ende über 100.000 waschechte „Mitglieder"! Darüber hinaus übt der Club einen nicht zu unterschätzenden Einfluss auf die britische Popkultur aus. Dave Ball und Marc Almond (Soft Cell), Kevin Rowland (Dexy's Midnight Runners) und Paul Weller (The Jam) zählen zu seinen illustren Gästen, wie auch der irische Popchronist Nik Cohn. Vielleicht nicht ganz zufällig schreibt dieser 1975 für das New York Magazine einen Artikel mit dem Titel „Tribal Rites of the New Saturday Night", der zur Drehbuchgrundlage für den Film „Saturday Night Fever" wird. Und 1977 kürt das amerikanische Billboard-Magazin den Club zur weltweit besten Diskothek, noch vor dem New Yorker Studio 54. Northern Soul hat das Ende des Casino Ballrooms überlebt. Noch heute finden in aller Herren Länder Veranstaltungen dieser Art statt.

25 | 08 | 1975
Again

Der Sänger steht in der Kabine des Studios, blickt düster zu Boden und sagt das von der Band inzwischen schon verhasste Wort: „Again". Über ein halbes Jahr arbeitet der amerikanische Rockmusiker Bruce Springsteen bereits nur an einem einzigen Stück.

Er hat fast alle denkbaren Arrangements ausprobiert, langsam, schnell, melancholisch, uplifting, depressiv, ausladend und kurz – nichts scheint ihm zu gefallen. Als eine Fassung scheinbar steht, will der Perfektionist diese dann in wirklich der einzigartigen Version haben, die letztlich auf dem Album gleichen Namens den Beginn der zweiten Vinyl-Seite ergeben soll. Also „again". Tatsächlich sind die Aufnahmen zu der gesamten Platte zwar äußerst fruchtbar, aber auch enervierend für alle Beteiligten. Springsteen und seine Mit-Produzenten Mike Appel und Jon Landau (welcher später auch sein Manager wird) schichten diverse Sounds auf das live gespielte Playback jedes Songs, am Ende stehen acht Titel, die knapp 40 Minuten Länge ergeben, jeder für sich ein Klassiker der Rockmusik. Der Musiker selbst beschreibt den Klang, den er für das Album haben will wie folgt: „Roy Orbison singing Bob Dylan, produced by Phil Spector". Am 25. August 1975 erscheint „Born to run", und der Erfolg überrollt Springsteen und seine E Street Band, was jedoch auch bitter nötig ist, nachdem er vorher „nur" ein Kritikerliebling ohne großen kommerziellen Erfolg war. Bis heute hat die Platte allein in den USA über 6 Millionen Kopien abgesetzt und eine Karriere sondergleichen in Gang gesetzt. In der Woche des Erscheinens ist Amerika derart vom Donner gerührt, dass Springsteen in einer Woche gleich auf zwei Titelseiten von Zeitungen zu sehen ist, die äußerst selten Musiker auf ihr Cover heben: Newsweek und Time-Magazine.

26|04|1977

Frank Sinatra kommt nicht rein

Das Gebäude liegt an der Ecke Broadway und West 54th Street im New Yorker Stadtteil Manhattan und es beherbergte einst ein Theater, erfolgreiche Plattenfirmen wie West End und Scepter Records sowie das 52. CBS-Fernsehstudio der USA, von Mitarbeitern der Rundfunkgesellschaft schlicht und einfach Studio 52 genannt. Hier wird am 26. April 1977 von Steve Rubell und Ian Schrager (als stiller Teilhaber) eine Discothek eröffnet, die Geschichte machen soll und, in Anlehnung an die frühere Nutzung des Hauses, Studio 54 getauft wird. Das Konzept: Es wird nur den Berühmtesten der Berühmten Einlass gewährt, wobei Rubell und seine Türsteher die Auswahl ganz subjektiv nach persönlichen Vorlieben und der Kleidung der Gäste vornehmen. Schnell entwickelt sich Studio 54 zu der angesagten Adresse für Stars und solche, die es werden wollen. Zu seinen Stammgästen zählen Liza Minnelli, Andy Warhol,

Debbie Harry, Liz Taylor, Mick und Bianca Jagger, Diana Ross, Truman Capote und John Travolta. Andere nicht minder bekannte Celebrities wie Frank Sinatra, Cher oder Warren Beatty scheitern hingegen an der rigorosen Einlasspolitik Rubells. Auf dem Höhepunkt der Discowelle macht das 54 durch exzessive Partys, Sex und Drogenkonsum von sich reden und wird, so ganz nebenbei, auch zu einem der bestimmenden Katalysatoren der Discomusik. 1986 wird der Tanztempel, nachdem seine Besitzer wegen Steuerhinterziehung bereits 1980 in Verruf geraten waren, endgültig geschlossen. Dennoch gilt er bis heute als Vorbild für die Discothek schlechthin. Auch 30 Jahre später zeugt der Name noch vom Glanz vergangener Tage. In einigen Metropolen gab und gibt es Ableger der berühmtesten Disco der Welt, so in Berlin und Antwerpen.

07 | 06 | 1977
God Save the Queen

Wir schreiben das Jahr 1977. Schon seit Wochen feiern die monarchietreuen Briten das silberne Kronjubiläum der Queen. Der Höhepunkt der Festivitäten aber soll am 7. Juni im Buckingham Palace steigen – genau an diesem Tag vor 25 Jahren hatte Elizabeth II. den britischen Thron bestiegen. Doch die Feierlichkeiten werden gestört. Draußen auf der Themse, unweit des Palastes schippert eine Barkasse, auf der sich Englands berüchtigte Punkband, The Sex Pistols, eingefunden hat, um ihre jüngst erschienene Single mit dem Titel „God Save the Queen" zu präsentieren. Der Text des Songs ist unerhört. Kaum jemals zuvor hat es jemand gewagt, die britische Monarchie so offen anzugreifen, die Queen als nicht menschliches Wesen und das Königreich als faschistisches Regime zu diffamieren. Es dauert nicht lange, da wird das Boot zum Anlegen gezwungen, und alle Anwesenden kurzerhand verhaftet. Es ist ein inszeniertes Medienereignis, das seinesgleichen sucht, clever ausgedacht von Pistols-Manager Malcolm McLaren. Die Single wird von mehreren Schallplattenladenketten erst gar nicht in ihr Sortiment genommen und darf nicht im Radio gespielt werden. Das erhöht natürlich die Nachfrage, denn jetzt will erst recht jeder den skandalösen Song hören. Innerhalb von zwei Wochen erreicht die Single Platz 2 der britischen Charts. Bis heute zieren sich Punks mit dem Pistols-Credo „No Future"– so der Originaltitel des Songs, den die Band 1976 in der Denmark Street erstmals als Demo aufnahm.

29|03|1978
Wir sind Schaufensterpuppen

Mitte der 70er Jahre ist es für eine deutschsprachige Band eigentlich unvorstellbar, über die Grenzen des eigenen Landes hinaus nennenswert bekannt zu werden. Doch vier Musikern aus Düsseldorf gelingt das Unmögliche. Kraftwerk nennt sich die Gruppe, das Album und die dazu gehörige Single heißt „Autobahn". Auf ihrer 1975er US-Tour wird die Band um Ralf Hütter, Florian Schneider, Wolfgang Flür und Karl Bartos als „Kraftwerk, die Mensch-Maschine" angekündigt, ein Ausdruck, der „so beziehungsreich und stark" ist, „dass er einfach zu einem neuen Albumtitel heranwachsen musste" (Flür). So entstehen 1977 im hauseigenen Kling Klang Studio Stücke wie „Die  Roboter", „Das Modell" und „Metropolis", die vortrefflich ins Konzept passen. Im März 1978 wird „Die Mensch-Maschine" in New York und im Pariser Tour Montparnasse erstmals öffentlich vorgestellt, begleitet von einem einmaligen Mediencoup. Die Musiker selbst treten nur kurz in Erscheinung. Stattdessen „agieren" auf der Bühne ihre neuen, von der Münchener Firma Obermayer angefertigten und täuschend ähnlichen, Schaufensterpuppen (so auch der Titel eines Stücks auf ihrem Vorgängeralbum „Trans-Europa-Express"). Die von überall angereiste Musikjournaille reagiert irritiert bis verärgert. Vor allem die visuelle Gestaltung des Albums stößt bei vielen auf Missverständnisse. Das ganz in den Farben Rot, Weiß und Schwarz gehaltene Plattencover wird für faschistoid gehalten. Den meisten Kritikern entgeht dabei, dass sich die Band viel mehr auf den russischen Konstruktivisten El Lissitzky beruft als auf die braune Vergangenheit. In Deutschland präsentieren die Soundtüftler aus Düsseldorf ihren Videoclip zu „(Wir sind...) Die Roboter" einem verblüfften Publikum erstmals am 29. März 1978 in der ZDF-Sendung „Rockpop".

14|09|1979
Die Wer?

Am 14. September 1979 wird auf dem Toronto Film Festival erstmalig ein Film vorgeführt, der einen nachhaltigen Einfluss (nicht nur) auf die britische Jugend- und Musikkultur ausüben soll: „Quadrophenia" basiert auf dem 1973 veröffentlichten gleichnamigen

Konzeptalbum der britischen Band The Who. Die von Who-Mastermind Pete Townshend geschriebene Geschichte ist im Jahre 1964 angesiedelt, dem Jahr, als seine Band noch unter dem Namen High Numbers zu vielleicht dem archetypischen musikalischen Sprachrohr der Modbewegung avancierte. Erzählt werden zehn Tage aus dem Leben des jugendlichen Mods Jimmy, die Höhen und Tiefen des pubertierenden Protagonisten, die schließlich in Schizophrenie und Suizid enden. Höhepunkt des von Franc Roddam inszenierten Streifens ist eine (nachgestellte) Schlacht zwischen Rockern und Mods in Brighton, die auf wahren Begebenheiten beruht. In einer Nebenrolle ist übrigens Sting als unsympathischer aber charismatischer Edel-Mod Ace zu sehen. „Quadrophenia" mutiert quasi über Nacht zum Katalysator einer neuen Post-Punk-Bewegung, in deren Folge, zunächst nur im Vereinigten Königreich, Myriaden von Mod-Bands wie Pilze aus dem Boden schießen. Gruppen wie The Chords, Secret Affair oder The Lambrettas ziehen ihre Energie aus dem Powerpop der Who und Paul Wellers (bereits 1975 gegründetem) Trio The Jam. Andere Bands wie die Television Personalities schlagen etwas sanftere Töne an und setzen mit ihrem Song „Geoffrey Ingram" (1982) dem smarten Mod von nebenan ein Denkmal. Der Film und seine Musik (Soul, Girl Groups und, natürlich, The Who) übt auch auf kommende Generationen einen spürbaren Einfluss aus. Im Jahre 1994 zollen die Britpop-Ikonen Blur einem Idol ihrer Jugend Tribut: In ihrem Song „Parklife" (und dem dazu gehörigen Videoclip) gastiert und agiert kein Geringerer als „Quadrophenia"-Hauptdarsteller Phil Daniels.

19 | 06 | 1980

Katzensprung

Am 19. Juni 1980 beschließen drei ehemalige Schulfreunde, aufgewachsen im amerikanischen Bundesstaat New York, den Sprung über den großen Teich nach London anzutreten, um das fortzusetzen, was sie auch schon vorher am liebsten gemacht haben: Musik. Es handelt sich um den Gitarristen Brian Setzer, den Schlagzeuger Jim McDonell, besser bekannt als Slim Jim Phantom, und den Kontrabassisten Leo Drucker alias Lee Rocker. Mit Ihrer Band, den Stray Cats, läutet das Trio kurze Zeit später das Revival des Rockabilly ein. Unter der sicheren Hand von Produzent Dave Edmunds landen die drei auffällig frisierten Herren mit Hits wie „Runaway Boys" und „Rock This Town" auf obere Platzierungen in den UK-Charts und auch das gleichnamige erste Album (Stray Cats) kennzeichnet bis heute einen Meilenstein in der Musikhistorie. Das Prinzip ist dabei ganz einfach: Rockabilly der 50er Jahre gepaart mit einer Prise Punk, wobei die Optik neben der Musik niemals zu kurz kommen darf. Vor allem Setzer und Phantom bekennen sich schon früh zu ihrer Leidenschaft für farbenfrohe Tätowierungen. Was zunächst aus einem Trend im modeverrückten England hervorsprudelte, entwickelt sich bald zu einer dauerhaften Instanz. Die Stray Cats bestechen durch Qualität, nicht zuletzt geprägt durch Setzers virtuose Gitarrenarbeit, die weltweit zahlreiche Nachahmer auf den Plan ruft. Oft kopiert und nie erreicht gelten sie mit ihrem eigenen Stil zweifellos als Vorreiter ihres Genres und genießen auch darüber hinaus Kultstatus. 1984 trennen sich die drei vorübergehend – bekanntester Spross innerhalb des Stray Cats-Stammbaums ist fortan das Brian Setzer Orchestra, das dem blonden Ausnahmemusiker sogar mehrere Grammys einbringt.Nach den mittlerweile im Musikgeschäft üblichen Wiedervereinigungen und Auflösungen verkünden die Stray Cats Anfang 2008 ihre Abschiedstournee, die im Sommer des Jahres durch Europa führen soll.

11 | 05 | 1981

Redemption Song

Auf der kleinen Karibikinsel Jamaika entwickelt sich in den 60er Jahren aus dem Calypso ein ganz neuer Musikstil, der als Ska oder Rocksteady und, ab etwa 1970, als Reggae bezeichnet wird. Als Hauptvertreter dieser Musikrichtung gilt die 1963 gegründete Band The Wailers um ihren charismatischen Sänger Robert Nesta Marley, genannt Bob. Viele der Reggaemusiker sind Rastafari, lassen sich lange geflochtene Zöpfe stehen und bekennen sich zu dem äthiopischen König Haile Selassi als spirituellen Mentor. Und man zelebriert die Einnahme von Ganjah (Marihuana) aus so genannten Spliffs (Joints). Anfang der 70er Jahre erscheinen erste LPs von Bob Marley & The Wailers wie „Catch a Fire" (1972), „Burnin'" (1973) und „Natty Dread" (1974). Und die haben, auch außerhalb der Karibik, wo Marley bereits ein Superstar ist, zunehmenden Erfolg. Innerhalb kürzester Zeit wird die westliche Rock- und Popkultur von Reggae infiziert. Eric Clapton covert Marleys Klassiker „I Shot the Sheriff" (1974), 10cc begeben sich auf einen „Dreadlock Holiday" (1978), und auch Led Zeppelin („D'yer Maker", 1973) und die Rolling Stones („Cherry Oh Baby", 1976) sind von den jamaikanischen Klängen fasziniert. Ebenso ist (Post-)Punk ohne die Musik aus Jamaika undenkbar, wie Platten von The Clash, The Ruts oder The Specials belegen. Am 11. Mai 1981 stirbt Bob Marley. Doch seine Musik und die damit verbundene Ideologie sind nicht totzukriegen. Selbst die Country-Ikone Johnny Cash nimmt im Duett mit Joe Strummer einen Marley-Klassiker auf: „Redemption Song" erscheint nach Cashs Tod posthum auf der 5-CD-Box „Unearthed". Besonders auf dem afrikanischen Kontinent aber wird der Musiker bis heute wie kein anderer als Kultfigur verehrt. Was einst als World Music begann, ist heute genau das: Musik, die auf der ganzen Welt bekannt ist.

30|08|1982
Sprechen und singen

Cutting, Phasing, Back-Spinning. Grandmaster Flash, oder Joseph Chandler, wie ihn seine Mutter kennt, unterzieht das Vinyl seiner Platten beim Auflegen einem Härtetest. Rückwärts, vorwärts, schneller, langsam, der New Yorker ist Ende der 1970er der Erste, der seinen Plattenspieler als Musikinstrument einsetzt und mit der Erfindung des „Scratchings" den DJ in den Rang des wichtigsten Instrumentalisten der kommenden Dekaden erhebt. Mit seinen flinken Händen mischt er auf Partys nicht nur Blondie, Queen oder Chic zu einem Groove, sondern mit seinen „3 MC's" Cowboy, Melle Mel und Kid Creole, die rhythmischen Sprechgesang über die Mixtur geben, auch die Menge regelmäßig auf. Rap wird als musikalischer Stil geboren, doch während Meister Flash mit seinen Kumpels, die sich mit Scorpio und Rahiem zu den „Furious Five" auswachsen, weiter in den Straßen feiert, presst die Konkurrenz in Form der Sugar Hill Gang mit „Rapper's Delight" die erste Rap-Party-Platte der Musikgeschichte. In der zweiten Runde um die Rap-Krone leistet der Grandmaster denn doch wirklich Großes: Mit „The Message", einem beat-lastigen, reduzierten Song, der die harte Lebensrealität im New Yorker Ghetto problematisiert, erscheint die erste Single, die für die Entwicklung des Hip-Hop musikalisch stilprägend ist und das Genre als authentisches Sprachrohr der afro-amerikanischen Gemeinschaft etabliert. Und das überaus erfolgreich und international: Am 30. August 1982 kommt die Botschaft auch in den Top Ten der britischen Charts an.

15|01|1984
Pop vom Fließband

Am 15. Januar 1984 hat das britische Songschreiber-Duo Mike Stock und Matt Aitken einen wichtigen Termin im Londoner Aufnahmestudio von Pete Waterman. Der ehemalige DJ hat gerade erst seine eigene Produktionsfirma PWL gegründet und ist auf der Suche nach musikalischen Talenten. Waterman schlägt den beiden Kreativen eine Zusammenarbeit als Songschreiber- und Produzenten-Team vor, worauf diese nur allzu gern eingehen. Die ersten Chartplatzierungen lassen durch schnelle Eurodance-Nummern nicht lange auf sich warten. Als das Produzenten-Trio das scheinbar aufgehende Konzept von gut tanzbaren Beats aus der Drum-Konserve und melodiösen Synthesizer-Kaskaden 1985 auf den Song „You Spin Me Round (Like A Record)" der Gothic-Popper Dead or Alive anwenden, rutscht die Single geradewegs auf Platz 1 der britischen Charts. Ab jetzt steht das Fließband in der Hitfabrik Stock/ Aitken/ Waterman nicht mehr still. Nach dem stets gleichen Prinzip schnitzen die drei Briten Pop-Nummern, die in die Füße gehen und zuckrig süß im Gedächtnis kleben bleiben. Für die Gesangsparts casten die Produzenten adrette Kleiderständer mit durchschnittlichen Stimmen, die Teenie-Herzen höher schlagen lassen. Der nette Rick Astley von nebenan, das australische Soap-Sternchen Kylie Minogue und ihr TV-Kollege Jason Donovan werden zu den bekanntesten und erfolgreichsten Gesichtern des Stock/ Aitken/ Waterman-Sounds, der sich international auf den vorderen Plätzen der Hitlisten festsetzt und die ausgehenden 80er prägt. Nach unzähligen Chartbreakern, massig Edelmetall und allein 13 UK-Nummer-Eins-Hits wird es Anfang der 90er Jahre schnell ruhig um die Massenproduzenten. Ihr Erfolgsrezept hat seine Halbwertszeit überschritten, Techno und Grunge entsprechen dem Zeitgeist. Das Erfolgstrio geht fortan getrennte Wege. Im Jahr 2005 macht man gemeinsam noch einmal Kassensturz und veröffentlich mit der Compilation-CD „Gold" alle Hit-Singles mit dem Markenzeichen Stock/ Aitken/ Waterman.

27|07|1984
Wenn Tauben heulen

Am 27. Juli 1984 kommt ein Film in die amerikanischen Kinos, der zwar in Handlung und filmischem Niveau durchaus Luft nach oben bietet, der dennoch als ein einschneidender Moment des Rock'n'Roll gilt. Der Titel des Films lautet „Purple Rain" und vor allem das dazugehörige Album macht in jenem Jahr Furore. Der Protagonist, Prince, und seine Band The Revolution bieten auf der Schallplatte zumeist live gespielte Aufnahmen von Liedern, die Rock, Soul, Funk und Pop derart perfekt, opulent und gleichzeitig fast an Hardrock erinnernd darbieten, dass die meisten Hörer ob der Genialität der gänzlich neuen Klänge des Albums verstört zurückbleiben. Prince reüssiert dabei erstmals für eine breite Öffentlichkeit als brillanter

Sänger, Komponist, Gitarrist, Showman und Bandleader, als der er in den nächsten Jahren in die Pop-Annalen eingehen wird. Vor allem eine der fünf ausgekoppelten Singles namens „When doves cry" sorgt für Aufsehen. Die Nummer wird Platz 1 der Dance-Charts und als solche die erste, in der kein Bass verwendet wird, eine Art Gesetzesbruch für die Dance-Szene, aber das Lied steckt 1984 (und darüber hinaus) mehr Menschen zum Tanzen an, als jedes andere. „When doves cry" wird zudem, ebenso wie das Lied „Let's go crazy", Platz 1 der regulären Singles-Charts, Titelsong „Purple rain" steigt bis auf Platz 2 und „I would die for you" bis zur 8. Das Album selbst ist 24 Wochen an der Spitze der Albumcharts und verkauft sich innerhalb kürzester Zeit mehr als zehn Millionen Mal. Es sollte nicht der letzte Geniestreich des kleinen verschrobenen Mannes aus Minneapolis bleiben.

13|07|1985

Bob Aid

Im Oktober 1984 schaltet Bob Geldof, Sänger der Band Boomtown Rats, seinen Fernseher an und gerät dabei an eine BBC-Reportage über die Ausmaße einer Hungerkatastrophe, die sich in Äthiopien durch Missernten nach einer langen Dürreperiode und die im Land herrschende politische Instabilität ausbreitet. Die Bilder der hungernden Bevölkerung verfolgen den Musiker und er überlegt, wie er mit seinen Mitteln zur Besserung der Situation in dem afrikanischen Staat beitragen kann. Durch eine Benefiz-Single will er erstes Geld auftreiben und die prekäre Lage der äthiopischen Bevölkerung mehr ins öffentliche Bewusstsein rücken, um so auch für weitere Spenden zu sorgen. Zusammen mit Sänger Midge Ure von Ultravox schreibt er den Song „Do they know it's Christmas". Unter dem Projektnamen Band Aid schafft es Geldof anschließend eine hochkarätige Schar des britischen Pop zusammen ins Aufnahmestudio zu bringen, die das Projekt musikalisch und solidarisch unterstützt, selbstverständlich unentgeldlich. Am 3. Dezember 1984 landet die Single in den Plattenregalen und an der Chartspitze vieler europäischer Länder. Die Erlöse aus den Verkäufen in Millionenhöhe gehen Richtung Afrika. Doch Geldof ist gerade erst warm geworden. Er überträgt seine Idee auf ein Live-Konzert und beginnt zu telefonieren. Am 13. Juli 1985 versammeln sich bei „Live Aid" parallel im Londoner Wembley-Stadion und dem JFK-Stadium in Philadelphia das Who-is-Who der britischen und amerikanischen Musik-Szene für das bisher größte Konzert der Rockgeschichte. Über eine Milliarde Menschen verfolgen weltweit die 16 Stunden Live-Geschehen, die begleitende Spendenaktion bringt mehr als 100 Millionen US-Dollar

Hilfsgelder für die Menschen in Äthiopien. Bob Geldof erhält für sein Engagement den Ritterschlag der britischen Queen.

01 | 07 | 1989
Friede, Freude, Eierkuchen

Matthias Roeingh steht vor einem Berliner Club und träumt. Er denkt an eine gigantische Party auf den Straßen von Berlin, bei der sich Menschen im Zeichen von Frieden und Völkerverständigung in den Armen liegen. Roeingh, der sich gerne Dr. Motte nennt, war in Rio und Nottingham beim Karneval und hat gesehen, dass es funktioniert. Eine Idee, wie das ganze legal zu bewerkstelligen wäre, hat Motte auch. Er meldet bei der Stadt eine Friedensdemo an. Am 1. Juli 1989 tanzen 150 Anhänger zu House-Klängen auf dem Kurfürstendamm. Das Motto der Demonstration lautet „Friede, Freude, Eierkuchen". Die euphorische Stimmung nach dem Mauerfall bringt der „Loveparade" den Durchbruch. 1990 verzehnfacht sich die Teilnehmerzahl. Motte kommt jetzt jedes Jahr. Die Bewegung wird immer größer (1993: 30.000), größer (1994: 120.000) und größer (1995: 500.000). Am 13. Juli 1996 zählt man bereits 750.000 „Raver", wie sich die partyerprobten Fans des Techno inzwischen nennen. Man weicht auf die Straße des 17. Juni aus. Von den schwindelnden Höhen der Siegssäule heißt Dr. Motte seine Jünger fortan alljährlich am Nachmittag mit einer Rede willkommen. Die Motte-Rede ist eine Institution mythischen Ausmaßes. Feierlich schwenkt der Technopapst zum Beispiel 1999 eine Muschel in alle Himmelsrichtungen, als wollte er die Welt und die zu seinen Füßen versammelten 1,5 Millionen Raver segnen und die Saat des Techno durch die Lüfte tragen. Es ist der Höhepunkt der Bewegung, und Mottes Bekenntnis „Wir lassen uns nicht verkaufen!", welches er an diesem Tag spricht, während unter ihm die Fahnen populärer TV-Sender und prominenter Getränkehersteller wehen, wird in die Geschichte eingehen. Ebenfalls im kollektiven Gedächtnis bleiben seine musikhistorischen Ausführungen über den natürlichen Zugang australischer Stammesgesellschaften zum Rhythmus. Seit 2000 wird die „Loveparade" langsam vom Ringen der Veranstalter um den eigenen Anspruch, den finanziellen Forderungen der Berliner Stadtreinigung und einem schlechten Image als bierselige Veranstaltung zerrieben. 2001 klingt Mottes Antrittsrede – „Hallo, ich bin's. Hallo, Euer Dr. Motte. Seid Ihr alle da?" – bereits ein wenig bemüht. 2003 paradiert die „Loveparade" zum letzten Mal. 2006 versucht Rainer Schaller, ein Geschäftsmann aus Frankfurt, einen Neuaufguss, er findet ein Publikum aber keine Akzeptanz in der Technogemeinde.

26|08|1995
Bandenkrieg

Es ist Hochsommer 1995, und Sauregurkenzeit oder the silly season, wie die Engländer sagen. Deshalb kommt es den Medien nicht ungelegen, als bekannt wird, dass zwei der vielversprechendsten Britpop-Bands der 90er Jahre zeitgleich am 14. August ihre neuen Singles veröffentlichen wollen. Die eine Band, Oasis, kommt aus Manchester, und wurde von Creation-Labelchef Alan McGee 1993 bei einem Konzert in Glasgow entdeckt. Er erkannte sofort das Potential, das in der Gruppe steckt und war vor allem von Frontmann Liam Gallagher beeindruckt. Außerdem realisierte er, dass sich die häufigen Rangeleien der Brüder Liam und Noel medienwirksam in den britischen tabloids verwenden lassen. Blur hingegen stammen aus Colchester in Essex und gelten als intellektueller und more sophisticated als ihre Rivalen aus dem Norden. Es ist ein offenes Geheimnis, dass sich beide Bands gegenseitig nicht ausstehen können. Ein gefundenes Fressen also für die englischen Musikgazetten wie Melody Maker und New Musical Express, die einen Battle of the Bands inszenieren, wie es ihn seit den Beatles und Rolling Stones in den 60er Jahren nicht mehr gegeben hat. Im gesamten Vereinigten Königreich scheint sich in diesen Wochen alles nur noch um eine Frage zu drehen: Wer wird die Nummer 1 in den Charts? Wer ist die beste Band des Landes? Selbst die BBC Six O'Clock News berichten über das Ereignis. Am 26. August 1995 schließlich fällt die Entscheidung. Blur gewinnt den Wettstreit mit ihrer Single „Country House" um eine Nasenlänge. Doch langfristig gesehen sind Oasis mit „Roll With It" und ihrem Album „(What's the Story) Morning Glory?" wesentlich erfolgreicher. Das haben sie vor allem den Singleauskopplungen „Wonderwall" und „Don't Look Back in Anger" zu verdanken – letzteres wird vom ZDF sogar zum Themensong der Fußball-EM 1996 in England gemacht. Seitdem treten Oasis, musikalisch gesehen, leider etwas auf der Stelle.

02|10|2002
In den wildesten Träumen

Drei Tage ist der Oktober im Jahr 2002 alt, als die Zeitungen weltweit im Kultur- und Wirtschaftsteil bekannt geben, dass 24 Stunden zuvor, am 2.10.2002, der britische Sänger und Entertainer Robbie Williams und die Plattenfirma EMI eine neue Tür im Pop-Business aufgestoßen haben. Das ehemalige Boyband-Mitglied, ohnehin schon mit einer mehr als erfolgreichen Solo-Karriere gesegnet, erhält durch seinen neuen Vertrag die unfassbare Summe von 127 Millionen Euro für einen exklusiven Plattenvertrag über vier Alben, welcher der Firma wiederum eine Beteiligung an Einnahmen von Ticketverkäufen und Merchandising des Superstars zubilligt. In Branchenkreisen wird der Deal als Schritt in eine neue Zukunft der Musikindustrie gesehen, da sowohl Umfang, als auch Art des Handels neue Dimensionen bedeuten. Williams selbst macht über die genaue Höhe seines künftigen Ertrages keine präzisen Angaben, gibt aber zu, dass ihn seine Unterschrift reicher mache, „als ich es mir je in meinen wildesten Träumen vorgestellt habe." Analysten sehen die Zukunft für das Unternehmen EMI hingegen nicht so rosig und werten den Schritt als Flop und finanziell riskant. Williams verbringt die kommenden Jahre wie jene davor, mit hochklassigem Pop und Entertainment, sowie Drogen und Depressionen, die Firma gerät, wie prognostiziert, in Turbulenzen. Als EMI im Jahr 2007 immer mehr Mitarbeiter entlässt, kündigt Williams' Manager an, zu überdenken, ob man weiter bei EMI bleibe. Der zu jener Zeit aktuelle CEO der Firma reagiert gelassen: „Robbie Williams stellt nur 1% unserer Einnahmen dar!"

31 | 10 | 2006

(Leg)ende des Punk

Nach einem knappen Vierteljahrhundert fällt am 31. Oktober 2006 für einen der berühmtesten Punk-Clubs, das CBGBs in New York City, der letzte Vorhang. In diesem Zusammenhang dürften sich zwei wichtige Fragen stellen. Erstens: Wird es jemals wieder ein vergleichbares Etablissement geben? Und zweitens die immer wieder gern geäußerte Frage nach der obskur anmutenden Abkürzung CBGB OMFUG. Auf die erste Frage dürfte als Antwort wohl ein klares Nein erfolgen. Blickt man auf die Gästeliste des Clubs, finden sich darunter namhafte Genregrößen wie die Ramones, Patti Smith oder Blondie, für die das CBGBs die Initialzündung zur darauf folgenden Punk-Explosion bedeutete. Eine solch hochkarätige wie langjährige Konzertreihe lässt sich heutzutage für eine vergleichbare Lokalität wohl nur schwer umsetzen. Dabei hat der 2007 verstorbene Gründer Hilly Kristal bezüglich des bevorzugten Musikstils zunächst eine ganz andere Vorstellung. Country, Bluegrass, and Blues sollen sich 1973 den Weg durch Manhattan's Bowery bahnen, womit bereits zu 50 Prozent Frage Nummer Zwei beantwortet werden kann. Die andere Hälfte erfüllt den Zweck einer Kurzbeschreibung des Liveclubs schon eher: Other Music

For Uplifting Gourmandizers. Kurzum, hier geben andere, gar andersartige Künstler den Ton an. „Schräg, schnell, schrill" lautet die Devise, und in dieser Zeit, lange bevor labelorientierte Berufsjugendliche ihren iPod spazieren führen, mausert sich die Kultkaschemme zur Keimzelle US-stämmiger Punk- und Rockmusik. Wichtigster Einrichtungsgegenstand war übrigens das Klo mit Throncharakter und einer unnachahmlichen Sammlung von Grafitti, Stickern sowie einer stets garantierten flächendeckenden Mindestbewässerung.

03|03|2008
Wer ist Norman Smith?

Der „Summer of Love" 1967 ist für die wenigsten Menschen das, was man gemeinhin unter einem normalen Sommer versteht. Für Norman Smith schon gar nicht. Smith arbeitet als Toningenieur für die EMI in den Abbey Road Studios. Drei Bands stehen schon seit Februar im Stundenplan von Smith, alle drei sind Vertragspartner bei EMI, alle drei soll er betreuen. Freizeit wird für Smith nun ein rares Gut. Erst recht, wenn man sich vor Augen führt, was die Künstler vorhaben in jener Zeit der musikalischen Innovationen, der großen Träume und des wahnsinnigen Genies. Die Pretty Things, eine ansatzweise bekannte Garagenband, arbeiten an „S.F. Sorrow", der ersten Rockoper der Geschichte, ein gutes Jahr vor „Tommy". Pink Floyd ist zu jener Zeit ein unbeschriebenes Blatt. Smith selbst hat die Band entdeckt. Obwohl sie ihm musikalisch überhaupt nicht zusagt, glaubt er an ihren Erfolg. Ihr Debütalbum „Piper at the gates of dawn" ist skurril und voll von eigenartiger altenglischer Lyrik, die sich in Songs wie „Pow R. Toc H." oder „The Gnome" auf einem sphärischen Teppich von Orgeln und Rasseln ausbreitet. Auch mit der dritten Band stand Smith einst auf Kriegsfuß, hat sich aber im Lauf der Jahre mit ihnen arrangiert. Einst war er der Meinung, sie könnten ihre Instrumente nicht spielen. Jetzt weiß er es besser. Der Name der Band ist The Beatles, das Album, das sie aufnehmen wollen, nennt sich „Sgt. Pepper's Lonely Hearts Club Band". Im Frühjahr beginnt eine turbulente Zeit in den Räumen von Abbey Road. Immer wieder erwischt man Bandmitglieder, wenn sie an den Türen lauschen, um herauszufinden, was die Konkurrenz gerade treibt. Auch Pink Floyds Bandleader Syd Barrett, der im Umgang mit LSD nicht eben kleinlich ist, sorgt für Furore. Bei den Pretty Things verlässt der Bassist, des Wahnsinns überdrüssig, spontan das Studio, reist nach Paris und kehrt erst Wochen später mit einer hübschen Französin im Arm zurück. Was Produzent George Martin mit den Beatles im Studio veranstaltet, ist bereits oft erzählt worden. Irgendwann ist sie vorbei, diese erste Hälfte 1967. „Sgt. Pepper" erscheint bereits am 1. Juni, der „Piper" folgt am 5. August. Beides sind epochale Alben, ebenso „S.F. Sorrow", das aber erst 1968 erscheint, weil die Firma kein Geld für die Veröffentlichung bereitstellt. Norman Smith hat auf keinem der drei Alben einen Credit. Er stirbt am 3. März 2008 mit ein paar Monaten im Kopf, um die ihn viele beneiden.

===== Weiterlesen =====

- NME Originals: Mod, vol. 2, issue 2
- Der Brockhaus Musik. Komponisten, Interpreten, Sachbegriffe, 3. Auflage. Mannheim. 2005
- Matthias S. Fifka: Rockmusik in den 50er und 60er Jahren. Von der jugendlichen Rebellion zum Protest einer Generation. Baden Baden 2007
- Peter Wicke, Wieland Ziegenrücker, Kai-Erik Ziegenrücker: Handbuch der populären Musik. Geschichte - Stile - Praxis – Industrie. Mainz 2006
- On the Wild Side. Die wahre Geschichte der Popmusik. Martin Büsser. Hamburg 2004
- Barry Miles: Hippies. München 2005

Tage des Wortes
Legendäre Sprüche, Reden und Romane

Kapitel 14

An einem Tag im jahr 750 v. Chr.
Von Göttern und Griechen
Homer schafft Kultur **S. 455**

06|07|1535 *Nirgendwo ist auch ein Ort* Die Utopien des Thomas Morus **S. 455**

26|04|1564 *Sein oder Nichtsein?* Die ewigen Wortkulissen des William Shakespeare **S. 456**

06|09|1597 *Trauriger Ritter, armer Autor* Miguel de Cervantes und sein Don Quichote **S. 457**

20|08|1639 *Poesiebuch-Klassiker* „Carpe diem!"– Horaz, Opitz und andere Tagespflücker. **S. 457**

09|01|1794 *Nur eine Stimme bis zur Weltsprache* Die Mühlenberg-Legende **S. 458**

06|05|1796 *Benimm dich!* Adolph Freiherr Knigge beerbt die Welt **S. 459**

12|07|1805 *Es war einmal...* Die Gebrüder Grimm erzählen uns Märchen **S. 459**

20|04|1808 *Des Pudels Kern* Carl Friedrich Zelter liest den Faust **S. 460**

16|06|1816 *Es lebt!* Shelley erweckt Frankenstein **S. 461**

07|07|1880 *Schreib es richtig* Der Duden zeigt, wie sich's wirklich schreibt. **S. 462**

20|08|1882 *Gott ist tot* Friedrich Nietzsche sammelt Aphorismen **S. 462**

30|11|1887 *Der Fall Sherlock Holmes* Arthur Conan Doyle ermittelt**S. 463**

03|12|1894 *Beginn und Ende eines Abenteuers* Robert Louis Stevensons Schatzinsel **S. 464**

23|10|1902 *Kafkaeske Konsequenzen* Der letzte Wille des Herrn Kaffka **S. 465**

21|09|1937 *Klein, aber oho!* Tolkien öffnet mit dem „Kleinen Hobbit" das Tor nach Mittelerde **S. 465**

01|09|1939 *Seit 5:45 Uhr wird zurückgeschossen!* Hitler eine Rede **S. 466**

09|05|1945 *Funkstille* Letzte Worte des Reichssenders Flensburg **S. 467**

08|06|1949 *Der Große Bruder* Orwells schaut nach 1984 **S. 468**

01|05|1951 *Genshibadukan* Die Glocken von Nagasaki **S. 468**

29|08|1951 *Grübel, grübel, ächz, stöhn!* Micky Maus spricht **S. 469**

12|06|1952 *Kitty lebt* Die Welt macht Bekanntschaft mit Anne Frank **S. 470**

14|09|1953 *Der Sexperte* Dr. Alfred Charles Kinsey schaut Amerika ins Schlafzimmer **S. 471**

08|12|1953 *Im Kern ganz friedlich* Eisenhowers „Atoms for Peace" **S. 471**

01|07|1955 *Süße Lolita* Nabokovs Lolita und der Kindfrau-Archetypus **S. 472**

02|11|1958 *Kleiner, großer Trommler* Hans Werner Richters Gruppe **S. 473**

01|07|1959 *Liebe Neger!* Heinrich Lübke spricht **S. 473**

29|10|1959 *Beim Teutates* Asterix und Oberlix **S. 474**

11|01|1963 *Die Geschichte der Victoria Lucas* Sylvia Plath und ihr Leben **S. 475**

26|06|1963 *Ich bin ein Berliner* Schöne Worte von Präsident Kennedy **S. 476**

28|08|1963 *Der kollektive Traum* Martin Luther King spricht **S. 476**

10|09|1964 *Willkommen in Deutschland* Armando Rodrigues ist der tausendste Gastarbeiter **S. 477**

21|07|1969 *Der Mann im Mond* Ein kleiner Schritt für Neil Armstrong **S. 478**

06|09|1970 *Macht kaputt... was euch kaputt macht* Das Love-And-Peace-Festival **S. 478**

25|04|1983 *Falscher Führer* Meinungsführer Stern präsentiert Hitlers Tagebücher **S. 479**

11|08|1984 *Bombenstimmung im Studio* Zur amerikanisch-russischen Radikaldiplomatie **S. 480**

01|07|1990 *Blumen für den Osten* Helmut Kohl macht Versprechungen **S. 480**

29|01|2002 *Staaten voller Schurken* Bush zeichnet „Die Achse des Bösen" auf die Landkarte **S. 481**

01|07|2007 *All was well* Harry Potter verzaubert Jeden **S. 482**

16|03|2008 *Das nasse Grab des kleinen Prinzen* Das endliche Räsel um Saint-Exépury **S. 483**

An einem Tag im Jahr 750 v. Chr.
Von Göttern und Griechen

Die Wiege des Abendlandes steht in Griechenland, genauer gesagt in den griechisch besetzten Gebieten an den Küsten Kleinasiens. Dort lebt im 8. Jahrhundert v. Chr. ein Mann genannt Homer, der Versdichtungen schreibt. Damit ist man auch schon fast am Ende der bisher bekannten Fakten angelangt. Zuviel lässt sich aus Forschungssicht nicht eindeutig belegen. Ist dieser Homer wirklich der Schöpfer der ihm zugeschriebenen Werke oder verbergen sich gar mehrere Autoren hinter dieser Figur? Wie auch immer die korrekte Antwort auf die so genannte „Homerische Frage" lauten mag, die mit diesem Namen versehene Dichtung ist in ihrer Bedeutung unbestritten. Ungefähr 750 v. Chr. (+/- 100 Jahre) entsteht die Ilias, das bis heute älteste überlieferte Versepos. Rund um das Schicksal des strahlendsten griechischen Helden Achilles werden darin 51 Tage des Trojanischen Krieges lebendig und mit ihnen das Oben und Unten der antiken Welt. Denn während sich Griechen und Trojaner auf dem Schlachtfeld ihre Rüstungen verbeulen, liefern sich Zeus und seine Götterriege auf dem Olymp viele kleine allzu menschliche Auseinandersetzungen. Homers Heldendichtung verdanken schon die Menschen der Antike eine identitätsstiftende Vorstellung ihrer Gesellschafts- und Göttergeschichte. Für griechische Dichter wird sie prägend, in späteren Zeitepochen lässt die Ilias die hellenistische Hochkultur sprachlich reich bebildert wieder auferstehen. Mit der Renaissance und spätestens durch die Verzückung der deutschen Klassiker über Homers Verse, wird die Ilias ein unverrückbarer Pfeiler der Bildung. Die Ilias beschreibt somit Tag 1 der verschrifteten abendländischen Wortkultur. Als wichtigster Prätext für die Literatur des Okzident macht ihr wohl nur die Bibel Konkurrenz.

06|07|1535
Nirgendwo ist auch ein Ort

Dafür, dass er Heinrich VIII. den Eid verweigert, der den englischen König als selbst ernanntes Oberhaupt der anglikanischen Kirche bestätigt, muss Thomas Morus am 6. Juni 1535 seinen Kopf lassen – allerdings nicht, ohne der Welt zuvor ein beträchtliches Geschenk zu hinterlassen. In seinem bereits 1516 verfassten Roman „Utopia" beschreibt der belesene englische Staatsmann eine ideale Gesellschaft an Hand des Reiseberichts eines Seefahrers, der auf dieser weit entfernten, konkret aber nicht greifbaren Insel – Utopia – gelebt haben will. Die mögliche Existenz eines solchen „Nicht-Ortes", so die wörtliche Bedeutung des griechischen Kompositums, beflügelt seitdem die Phantasie der Menschen durch alle Epochen ihrer Geschichte. Morus' Roman prägt den Begriff Utopie, unter dem Romanciers, Staatstheoretiker oder der Briefträger künftig über das perfekte Morgen sinnieren werden. Fliegende Autos, nur noch Freizeit, das Ende des Kapitals. Mit Entwürfen utopischer Gesellschaften versucht sich der Mensch ein Bild von seiner unvorhersehbaren Zukunft zu machen und erkennt in Abgrenzung zum Unmöglichen umso deutlicher seine Gegenwart. Thomas Morus' Roman ist der Namensgeber dieses Wunschdenkens an das ideal Vorstellbare.

26|04|1564
Sein oder Nichtsein?

Als der Handschuhmacher John Shakespeare am 26. April 1564 seinen neugeborenen Sohn auf den Namen William taufen lässt, ahnt niemand, dass dieser Name nicht nur in das Kirchenregister von Stratford-upon-Avon, sondern in die Annalen der Weltliteratur eingehen soll. Abseits der wissenschaftlichen Debatte um die Urheberschaft seiner Stücke, wird William Shakespeare durch die ihm zugeschriebenen Werke bereits zu Lebzeiten zum „Popstar" am Londoner Globe Theater. In seinen Dramen erschafft Shakespeare mit sprachlicher Brillanz wahre Wortkulissen, in denen Freud und Leid der menschlichen Existenz sich allegorisch vor dem Zuschauer ausbreiten. Literaten neigen ehrfürchtig ihr Haupt vor den Blankversen des Dramatikers, für Bühnenschauspieler ist die überzeugende Darstellung eines Macbeths, Othellos oder Hamlets bis heute eine künstlerische Reifeprüfung, die über „Sein oder Nichtsein?" entscheidet – Hamlets fünfter Monolog zählt zu den bekanntesten dramatischen Zeilen aller Zeiten, dessen anfängliche Frage auch Menschen kennen, die noch nie ein Theater von innen gesehen haben. Überhaupt hat Shakespeare nicht bloß der schönen Kunst einen reichen Fundus hinterlassen. Über 30.000 unterschiedliche Worte lassen sich in seinen Werken zählen. Viele dieser erstmalig bei dem genialen Wortschöpfer aufgetauchten Ausdrücke haben über die Jahrhunderte, ihren Einzug in das Alltagsvokabular die englische Sprache bereichert.

06 | 09 | 1597
Trauriger Ritter, armer Autor

Miguel de Cervantes ist nicht gerade das, was man einen Glückspilz nennt. Das vierte Kind eines armen spanischen Landadligen hat bereits früh literarische Ambitionen, verdingt sich in seiner Jugend jedoch eher als Soldat für die königlich-spanische Marine. Er wird verwundet und gerät in eine fünfjährige Kriegsgefangenschaft. Trotz seines verdienstreichen Militärdienstes versagt der spanische König ihm bei seiner Rückkehr einen prestigeträchtigen und gutbezahlten Posten. Mit dem Schreiben versucht der stets schwer verschuldete Cervantes ein paar Dukaten zu verdienen, mit mäßigem Erfolg. Als Steuereintreiber hält er sich über Wasser. Am 6. September 1597 muss Cervantes wegen Veruntreuung von Staatsgeldern in Sevilla eine mehrmonatige Gefängnisstrafe antreten. An diesem tristen Tiefpunkt seines Lebens entwirft Cervantes die ersten Skizzen für das Werk, das ihn zum spanischen Nationaldichter werden lässt. „Der sinnreiche Junker Don Quijote von der Mancha", dessen erster Teil 1605 erscheint, wird der erste große Roman der Weltgeschichte einer bislang wenig angesehenen literarischen Gattung. Wenig anspruchsvolle Ritter-Romane entsprechen dem Geschmack der Zeit, und ist es der Konsum dieser Abenteuerschinken, die Cervantes Helden als „Ritter von der traurigen Gestalt" dazu bewegen, für Galanterie und Tugendhaftigkeit auszureiten. Eine Reise wie im Wahn, auf der Don Quijote Windmühlen wie Riesen und einfache Bauernmädchen wie edle Hofdamen erscheinen. Stets an seiner Seite: Der getreue „Schildknappe" Sancho Panza. Durch den beschriebenen Effekt, den das Verschlingen von Ritter-Romanzen auf den Protagonisten hat, ist „Don Quijote" auch der erste Roman über den Roman. Er thematisiert eindrucksvoll die mitunter wundersame Kraft literarischer Fiktion.

20 | 08 | 1639
Poesiebuch-Klassiker

Im Jahr 23 v. Chr. schreibt der römische Dichter Horaz eine vollendete Ode, in der er einer gewissen Leukonoe einen Rat fürs Leben gibt, der noch lange durch die Jahrhunderte nachhallen soll: „Carpe diem, quam minimum credula postero" – „Pflücke den Tag, und glaube so wenig wie möglich an den nächsten." Ganze Legionen an „Tagespflückern" folgen seit dem dieser Empfehlung. Ob für Einträge in das Poesiebuch, Sätze auf Geburtstagskarten oder wenn es darum geht, das eigene Lebensmotto möglichst plakativ zu präsentieren, „carpe diem" ist für derartige Anlässe der zeitlose Klassiker. Die Person, die diesen Wahlspruch äußert, gedenkt sich damit nicht nur als höchst optimistisch, positiv und lebensbejahend darzustellen, sondern kann so ganz nebenbei auch noch den Beweis erbringen, zumindest zwei Worte in lateinischer Sprache zu beherrschen. Im Sinne ihrer ursprünglichen Bedeutung besitzt die Sentenz eine durchaus melancholische Note, die moderne Carpe diem-Verfechter meist eher ausblenden. 1624 greift der deutsche Dichter Martin Opitz Horaz' Ausspruch auf. Opitz' Gedicht „Carpe diem" ist ein Spiegel des barocken Lebensgefühls: Durch Seuchen und die Eindrücke des Dreißigjährigen Krieges sehen sich die Menschen im 17. Jahrhundert stets von Verfall und Vergänglichkeit umweht. Dem Anspruch, jeden Tag so zu leben, als sei es der letzte, liegt bei allem Hedonismus daher das Gefühl zu Grunde, selbst bald sterben zu müssen. Auch Opitz tut gut daran, seine Tage zu nutzen: Am 20. August 1639 stirbt der Dichter im Alter von nur 42 Jahren an der Pest.

09 | 01 | 1794

Nur eine Stimme bis zur Weltsprache

Am 9. Januar 1794 begibt sich eine kleine Delegation deutschstämmiger Einwanderer zum Kongress im US-Bundesstaat Virginia, um eine Petition vorzulegen. Darin wird die Übersetzung von Gesetzestexten in deutscher Sprache gefordert, um den Neuamerikanern die Eingliederung in ihre Wahlheimat zu erleichtern, da es mit dem Englischen noch etwas hapert. Mit 41 zu 42 Stimmen wird der Antrag abgelehnt. Ausgerechnet der deutschstämmige Sprecher des Repräsentantenhauses, Frederick Augustus Mühlenberg, entscheidet die Abstimmung durch seine Enthaltung, mit der Begründung: „Je schneller die Deutschen Amerikaner werden, desto besser." Diese eher unspektakuläre Episode ist der historische Kern einer sich hartnäckig haltenden Legende, nach der Deutsch beinahe Amtssprache in den USA und damit dominierende „Weltsprache" geworden wäre. Lediglich eine Stimme soll danach bei einer Abstimmung gefehlt haben. Eine solche Abstimmung hat jedoch nie stattgefunden. Man nimmt an, die besagten deutschen Einwanderer verbreiteten die Geschichte aus Enttäuschung über ihren gescheiterten Vorstoß. Kongress-Sprecher Mühlenberg wurde mit seinem Votum so zum vermeintlichen Grund dafür, warum Englisch und nicht Deutsch in den USA gesprochen wird. Bis heute erfreut sich die so genannte „Mühlenberg-Legende" großer Beliebtheit, nicht nur im deutschsprachigen Raum. In Amerika wird sie mitunter genutzt, um die Bedrohung der englischen Muttersprache durch stark anwachsende Sprachgemeinschaften im Land zu verdeutlichen.

06 | 05 | 1796

Benimm dich!

Adolph Freiherr Knigge ist oft entsetzt über das Gebaren seiner adligen Standesgenossen an den Höfen der zahlreichen deutschen Fürstentümer. Wer als Bürgerlicher bei Hofe vorspricht, wird mitunter schnell zum Spielball der adligen Gesellschaft, so er nicht weiß, wie man sein Anliegen in so vornehmen Kreisen am besten vortragen sollte. Mit einem Buch will Knigge für so einen Fall hilfreich zur Seite stehen. In seiner 1788 erstmals erscheinenden Schrift „Über den Umgang mit Menschen" gibt er jedoch nicht nur nützliche Tipps, wie man im Angesicht eines Landesfürsten sein Gesicht wahrt. In seinem Werk schaut Knigge über Standesgrenzen hinaus und entwirft ein detailliertes Sittengemälde seiner Zeit, dem er – ganz im Sinne der Aufklärung – idealisierte Verhaltensregel entgegen stellt, die das Zusammenleben aller Menschen erleichtern sollen. Als Adolph Freiherr Knigge am 6. Mai 1796 stirbt, entwickelt sein literarisches Vermächtnis ein Eigenleben, das bald nur noch wenig mit den freigeistigen Gedanken seines Urhebers gemein haben soll. Der Verlag schreibt Knigges Zentralwerk mehrfach um und konzentriert sich dabei vorrangig auf gesellschaftliche Benimmregeln, die in regelmäßigen Abständen unter Berücksichtigung des jeweiligen Zeitgeistes ergänzt werden. In der Folge wird „der Knigge" zur Anstandsfibel schlechthin, nach deren kundigerer Lektüre man am Buffet selbstsicher zum Fischbesteck findet. Der Name des visionären Autors ist heute der Inbegriff eines tadellosen Verhaltenskodexes, für welche Lebensbereiche auch immer. Sex-Knigge, Online-Knigge, Business-Knigge, kaum etwas, für das der Freiherr nicht mit seinem Namen herhalten muss.

12 | 07 | 1805

Es war einmal...

Nicht immer sind sich Brüder so nah wie Jacob und Wilhelm Grimm. Der frühe Tod des Vaters schweißt die beiden ältesten der fünf Geschwister Grimm zusammen. Nur ungern verbringen der eine Zeit ohne den anderen. Der Beginn ihrer Studienjahre bedingt es aber, dass Jacob und Wilhelm Grimm sich für eine Weile trennen müssen, was für beide nur schwer zu ertragen ist. Am 12. Juli 1807 schreibt Jacob auf einer Studienreise in Paris an den daheim in Kassel gebliebenen Wilhelm einen Brief, in dem er ein Versprechen formuliert: „Lieber Wilhelm, wir wollen uns einmal nie trennen, und gesetzt, man wollte einen anders wohin tun, so müßte der andere gleich aufsagen.

Wir sind nun diese Gemeinschaft so gewohnt, daß mich schon das Vereinzeln zum Tode betrüben könnte." Dieser Schwur, den beide bis zu ihrem Tod einhalten sollen, hat weitreichende Folgen für die deutsche Sprache und Sprachwissenschaft. Vereint erweisen sich die beiden Brüder als ein arbeitsames Duo von unbändiger Produktivität. Denn die Brüder Grimm verbindet nicht nur eine innige Freundschaft, sondern auch eine gemeinsame Leidenschaft für alles, was über die Epochen im deutschen Sprachraum aufgeschrieben wurde und was der Volksmund sich erzählt. Zusammen beginnen Jacob und Wilhelm bisher ausschließlich mündlich tradierte Geschichten zu sammeln und niederzuschreiben. Mit ihren „Kinder- und Hausmärchen" befördern die Brüder Grimm Figuren wie Rotkäppchen, das tapfere Schneiderlein oder Hänsel und Gretel für immer in das kollektive Bewusstsein der Deutschen. Die Eingangsformel „Es war einmal..." wird zum prägenden Merkmal von märchenhaft epischen Texten. Der Allgemeinheit weniger bekannt ist hingegen das wissenschaftliche Schwergewicht im Werk der Gebrüder Grimm, das mehrbändige „Deutsche Wörterbuch". Bis heute ist es ein Standardwerk der deutschen Sprachgeschichte.

20 | 04 | 1808

Des Pudels Kern

Carl Friedrich Zelter ist einer der Ersten, der Auszüge aus etwas lesen darf, was seine Zeitgenossen bald alle lesen wollen, Generationen von Schülern stöhnend lesen müssen und manche nicht oft genug lesen können. Am 20. April 1808 schickt Johann Wolfgang von Goethe seinem guten Freund und Musiker in einem Brief den ersten Bogen seines gerade im Druck befindlichen Werkes „Faust. Eine Tragödie". Was Zelter da zusammen mit den persönlichen Zeilen Goethes in den Händen hält, ist nicht weniger als ein Teil des Buches, das sich zum bedeutensten Werk der deutschen Literatur auswachsen soll. Kein Wunder, hat doch der Dichter- und Denkerfürst im ersten Teil seines Faust sprachgewand nicht weniger als die Problematik des Menschseins an sich in Verse gegossen. In der Gestalt des strauchelnden Wissenschaftlers Heinrich Faust, der für seinen Durst nach Leben und Erkenntnis Mephisto seine Seele verpfändet, darf ein jeder sich gern selbst erkennen und fragen, wie es in der Welt zwischen Himmel und Hölle mit Gut, Böse, Wahrheit, Liebe, Glauben oder dem freien Willen so bestellt ist. „Faust I" ist der vielleicht reichste deutsche Zitatenschatz.

Mit „Des Pudels Kern", „Hier bin ich Mensch, hier darf ich's sein" oder „Da steh ich nun, ich armer Tor, und bin so klug als wie zuvor!" steckt mehr „Faust" in den geflügelten Worten des Alltags, als manch einem bewusst ist. Es hilft also alles nichts: „Faust I" ist der gehaltvolle Brocken Allgemeinbildung, den man wenigstens einmal schlucken muss. Testen Sie sich selbst: Kennen Sie die „Gretchenfrage"?

16 | 06 | 1816
Es lebt!

Es ist ungewöhnlich kalt und ungemütlich im Sommer des Jahres 1816, den Mary Wollstonecraft Godwin und ihr späterer Mann Percy Shelley mit Lord Byron und seinem Leibarzt John Polidori in einer Villa am Genfer See verbringen. Am 16. Juni verlässt die Gesellschaft wegen des regnerischen Wetters wieder einmal nicht das Haus. Zum Zeitvertreib schlägt Lord Byron einen literarischen Wettstreit vor. Nachdem man sich bereits ausgiebig Geistergeschichten vorgelesen (und mit Laudanum berauscht) hat, soll nun jeder der Anwesenden selbst eine gruselige Erzählung zu Papier bringen und anschließend zum Besten geben. Die Idee zu ihrem Text kommt der jungen Mary erst nach einem Albtraum, der sie im Inneren aufwühlt und dessen Schrecken sie zu ihrem bekanntesten Roman verarbeitet: „Frankenstein oder Der moderne Prometheus. Er erscheint 1818 zur erst anonym. Wegen des großen Erfolgs der Schauergeschichte versieht Mary Shelley die zweiten Auflage mit einem persönlichen Vorwort und lässt auch ihren Namen auf den Buchdeckel drucken. Bereits zu Mary Shelleys Lebzeiten waren Theateraufführungen ihres Werkes, die vorrangig auf Schockeffekte auswaren, überaus beliebt. Seit den Filmadaptionen der 1930er Jahre ist die Geschichte des besessenen Forschers Viktor Frankenstein, der aus Leichenteilen ein Monster erschafft und zum Leben erweckt, zum festen Bestandteil der Pop- und Trash-Kultur geworden, die sich meist nur wenig um den literarischen Gehalt des Originals schert. Neben Dracula dürfte Frankenstein bzw. sein Monster der beständigste Charakter des Horror-Genres sein. „Frankenstein" begründet den Stereotyp des „verrückten Wissenschaftlers" und wird als Begriff auch gern in der Kritik ethisch fraglicher Forschungen wie Klonen verwendet.

07 | 07 | 1880
Schreib es richtig

Konrad Duden weiß, was dem noch jungen Deutschen Reich fehlt: Eine einheitliche Rechtschreibung. Dem Gymnasiallehrer fällt täglich auf, wie verwirrend der Umstand besonders für seine Schüler ist, dass quasi jede Schule, jeder Buchverlag und jede öffentliche Institution nach einer eigenen Orthographie schreibt. Er will Einheitlichkeit in der Schriftsprache. Diese Notwendigkeit sehen viele Vertreter der deutschen Bundesstaaten. Allerdings teilen sie nicht Dudens Ansicht, nach welchem Prinzip einheitliche Rechtschreibregeln entstehen sollten. Duden vertritt einen „Schreibe-wie-du-sprichst-Ansatz", damit möglichst viele Menschen ungeachtet ihrer Bildung das fehlerfreie Schreiben erlernen können. Seine Gegner bevorzugen hingegen ein sich stark sprachgeschichtlich am Mittelhochdeutschen orientierendes Regelwerk. Die Uneinigkeit der Experten und Reichskanzler Bismarcks Ablehnung der Ergebnisse lassen die 1. Orthographische Konferenz scheitern. Konrad Duden lässt sich davon nicht beirren. Im Alleingang erarbeitet er ein Wörterbuch, das sich in der Schreibung vornehmlich an der gesprochenen Sprache orientiert. Es baut auf den bayrischen, sowie besonders den preußischen Schreibregeln auf, um die Zustimmung Bismarcks in Zukunft zu sichern. Am 7. Juli 1880 veröffentlicht Konrad Duden das „Vollständige orthographische Wörterbuch der deutschen Sprache" – 27.000 Einträge mit den gebräuchlichsten Wörtern zum Preis von 1,- Mark. Auch abseits seines eigentlichen Einsatzortes, dem Schulunterricht, setzt sich das Nachschlagewerk in der Folge schnell durch. Auf der 2. Orthographischen Konferenz werden die darin aufgeführten Regeln mehrheitlich als verbindlich bestätigt. Konrad Duden wird zum „Vater der Rechtschreibung". Das richtungsweisende Wörterbuch trägt ihm zu Ehren seit der 9. Auflage seinen Namen. Bis heute ist „der Duden" das maßgebliche Nachschlagewerk der deutschen Rechtschreibung.

20 | 08 | 1882
Gott ist tot

Am 20. August 1882 hält Friedrich Nietzsche die ersten korrigierten Exemplare seiner Aphorismensammlung „Die fröhliche Wissenschaft" in den Händen, aus welcher der wohl bekannteste Ausspruch des Philosophen stammt: „Gott ist tot." – Ein Satz, der an Prägnanz kaum zu überbieten ist und wohl auch nicht an Provokanz, so man einen gläubigen Menschen mit ihm konfrontiert. Praktizierende

Atheisten verweisen nach dem Herausposaunen der plakativen Parole für die Begründung ihrer gottlosen Weltanschauung ganz bildungsbürgerlich gern auf Nietzsche. Dabei eignet sich der Urheber der widerborstigen Sentenz nur bedingt, um etwa bekennenden Christen gegenüber das eigene Nichtglauben zu rechtfertigen. Zwar stellt Nietzsche die Existenz eines metaphysischen Gottes in Abrede, denn so einer sei „eine viel zu extreme Hypothese." Zentral ist für ihn hingegen das Glauben an einen Gott, was diesen letztlich für den Menschen überhaupt erst entstehen lässt bzw. ihn auch wieder tötet, so durch wissenschaftliche Erkenntnis oder moralischen Verfall die Vorstellung von einem göttlichen Wesen religiöser Prägung unmöglich wird und für eine Gesellschaft nicht mehr sinnstiftend ist. Ohne dieses Gedankenkonstrukt beginnt das Elend aber erst, der Mensch irrt ziemlich kopflos durch eine nun leer scheinende Welt. Um in diese wieder Ordnung zu bekommen, setzt Nietzsche an die Stelle Gottes den Menschen, der selbst gottgleich zur höchsten moralischen Instanz eines auf weltlichen Idealen fußenden Wertesystems aufsteigen muss. Nietzsche verneint mit seinem Ausspruch also lediglich die Gültigkeit einer christlichen Moral, nicht aber die Idee einer höheren Macht, die für ihn nicht überirdisch, sondern übermenschlich ist. Kompliziert? – In der Tat, und zuviel, um auf einem Slogan-T-Shirt platzzufinden. So bleiben denn viele einfach bei dem kurzen, knackigen Satz, mit dem man im Konfirmandenunterricht garantiert aneckt.

30 | 11 | 1887

Der Fall Sherlock Holmes

Wer in England am 30. November 1887 einen Schilling übrig hat, ist gut beraten sich davon die Ausgabe von Beeton's Christmas Annuals zuzulegen. Das periodisch zu Weihnachten erscheinende schmucklose Paperback-Heftchen hat in diesem Jahr – neben den obligatorischen Anzeigen – einen ganzen Roman als einzigen redaktionellen Teil anzubieten. Er heißt „A Study in Scarlet" / „Eine Studie in Scharlachrot" und stammt von dem jungen britischen Arzt Arthur Conan Doyle, der sich eher zum Schreiben denn zu Patientenbesuchen berufen fühlt. In der Geschichte, für die Doyle von den Herausgebern des Magazins 25 Pfund bekommt, macht der Leser erstmalig Bekanntschaft mit einem eloquenten Gentleman mit Pfeife, Jagdkappe und einer Vorliebe fürs Geigespielen, wenn er sich nicht gerade mit seinem Freund Dr. Watson der Auflösung delikater Kriminalfälle widmet. Die Leserschaft ist fasziniert von diesem Sherlock Holmes, der mit kühler Logik und seiner ausgeprägten Kombinationsgabe selbst die kniffligsten Rätsel zu lösen weiß. Das Magazin ist noch vor Weihnachten vergriffen. Der Roman erscheint im darauf folgenden Jahr in gebundener Form, und Doyle verbringt die nächsten Jahre damit einen weiteren und diverse Kurzgeschichten zu schreiben, die das gegensätzliche Paar Sherlock Holmes und Dr. Watson entgültig zu Publikumslieblingen machen. Dem Autor wird die Popularität der von ihm geschaffenen Figur allerdings schnell lästig, überschattet sie doch sein weiteres literarisches Schaffen, das er selbst wesentlich bedeutsamer findet. 1893 entschließt sich Doyle daher, seinen Detektiv sterben zu lassen. Nur wenig später stellt sich Holmes allerdings wieder neuen Fällen, auf Drängen der Leser und Doyles Verleger, die mit hohen Honoraren locken.Sherlock Holmes bleibt zum Leidwesen Arthur Conan Doyles dessen prominentestes Werk. Er wird dadurch nicht weniger als der bekannteste Detektiv der Weltliteratur und der Archetypus des cleveren Kriminalermittlers.

03 | 12 | 1894

Beginn und Ende eines Abenteuers

Als am 3. Dezember 1894 der Schriftsteller Robert Louis Stevenson im samoanischen Vailima unerwartet verstirbt, hinterlässt er nicht nur ein beeindruckendes Anwesen, sondern auch ein nicht minder bemerkenswertes literarisches Gesamtwerk. „Die Schatzinsel" geht hieraus als einer der wichtigsten Abenteuerromane hervor. Wer erinnert sich nicht gerne an die spannende Geschichte des Schiffsjungen Jim Hawkins, der auf der Suche nach einem Piratenschatz eine aufregende Odyssee durchlebt? Mit dem richtigen Gespür dafür, wie man den Leser an ein Buch fesselt, erzählt Stevenson von einbeinigen Piraten, einer geheimnisvollen Schatzkarte und unbekannten Eilanden. Der Stoff, aus dem die Träume eines jeden Jungen sind, wird bereits 18 Jahre nach Stevensons Tod zum ersten Mal verfilmt. Es folgen um die 30 Inszenierungen, zuletzt eine Fernsehproduktion von 2007. Inspiriert wird Stevenson nicht zuletzt durch die exotischen Aufenthaltsorte, die er, bedingt durch ein chronisches Lungenleiden, bevorzugt. Besonders die Südsee hat es ihm angetan. Hier verweilt er die letzten Jahre bis zu seinem Tod. Liefert die Figur des Bösewichts „Long John Silver", stilecht mit Holzbein und Papagei versehen, die Vorlage für zahlreiche Piratengeschichten. Ein Hotel und Casino in Las Vegas oder eine künstlich aufgeschüttete Insel in der Bucht von San Francisco tragen den Namen des berühmten Werkes Stevensons: „Treasure Island".

23 | 10 | 1902
Kafkaeske Konsequenzen

Am 23. Oktober 1902 hält Max Brod an der Prager Karls-Universität einen Vortrag über Schopenhauer. Als sich der Student im Anschluss auf seinen Heimweg begibt, spricht ihn ein Kommilitone an, der ihm schon des öfteren in seinem Studienkreis aufgefallen war. Brod hatte dem introvertiert wirkenden Sonderling allerdings nie weiter beachtet. Er stellt sich ihm als Franz Kafka vor und beginnt sogleich den gerade gehörten Vortrag von Brod zu kritisieren. Brod und Kafka werden enge Freunde. Was die beiden verbindet, ist ihre Leidenschaft für die Schriftstellerei, die sie mit unterschiedlichem Erfolg ausüben. Brod erschreibt sich in den folgenden Jahren zusehends einen Namen und wird zu einer einflussreichen Person in der deutschen Literaturszene, was er – mit mäßigem Erfolg – auch dazu nutzt, um den Arbeiten seines Freundes ein breiteres Publikum zu verschaffen. Max Brod ist voller Bewunderung für Kafkas seltsame Texte, in denen er das Werk des größten Dichter seiner Zeit sieht. Dieser ist hauptsächlich jedoch Angestellter einer Prager Versicherungsanstalt. Ohne die Freundschaft zu Max Brod wäre er vielleicht auch ausschließlich als solcher in Erinnerung geblieben. Am 3. Juni 1924 stirbt Franz Kafka an den Folgen von Tuberkulose. In seinem Testament bittet er Brod um die Vernichtung aller Texte, derer er habhaft werden kann. Max Brod ignoriert diesen letzten Willen. Er vermacht der Nachwelt damit ein einzigartiges literarisches Gesamtwerk mit losen Enden und offenen Fragen, dessen Wirkung auf andere Autoren und Deutungsversuche mittlerweile selbst Bibliotheken füllen. Ein Gefühl der Beklemmung, die Ohnmacht der Protagonisten gegenüber einer nicht greifbaren unheilvollen Macht, die ihr meist tragisches Schicksal bestimmt; um ein eigentümliches Unwohlsein zu beschreiben, wie es die Texte des Autors kennzeichnet, hat das Adjektiv „kafkaesk" Einzug in den Sprachgebrauch vieler Länder gefunden.

21 | 09 | 1937
Klein, aber oho!

Vier Kinder wollen beschäftigt werden. Wer einen Vater wie John Ronald Reuel Tolkien hat, der während seiner Studienzeit jedes große Heldenepos der europäischen Kultur verschlungen hat und selbst das Schreiben liebt, kann sich sicher sein, vor dem Einschlafen die ein oder andere spannende Geschichte erzählt zu bekommen. Am 21. September 1937 wird eine von Tolkiens Erzählungen als Kinderbuch verlegt. In „Der kleine Hobbit" öffnet der Autor das Tor zu einer von ihm ersonnenen dichten Fantasiewelt, in der sich bald ein Millionenpublikum nur allzu gern verlieren will. Mit den Abenteuern des kleinen Bilbo Beutlin aus dem Auenland betritt der Leser das erste Mal Mittelerde, eine Welt voller Mythen und Fabelwesen, deren Bewohner und Konflikte man erst in der Fortsetzung „Der Herr der Ringe" besser kennenlernt. Tolkien begnügt sich jedoch nicht damit, lediglich einen komplexen Sagenstoff um Hobbits, Elben, Orks und Menschen zu erzählen. Er zeichnet detaillierte Karten zu den Gebieten Mittelerdes und versorgt sein Universum wie in den heiligen Schriften einer Religion mit einer minutiösen Schöpfungsgeschichte. Als leidenschaftlicher Philologe erschafft er zudem eigene Sprachen wie Elbisch oder Zwergisch, deren Etymologie er über mehrere Sprachstufen darlegt. J.R.R. Tolkiens Werke gelten als die zentralen Texte des Fantasy-Genres. Abseits der inhaltlichen Faszination ist Tolkiens Mythologie ein fruchtbares Forschungsgebiet für Wissenschaftler verschiedenster Disziplinen.

01 | 09 | 1939

Seit 5:45 Uhr wird zurückgeschossen

Adolf Hitler ist gut vorbereitet auf diesen Moment. Bei leichter vegetarischer Diät, einem vollen Arbeitspensum und nur dem Nötigsten an Schlaf hat er die letzten Wochen zurückgezogen in der Reichskanzlei verbracht. Es ist an der Zeit, weitere Ziele seiner politischen Großmachtsagenda in Angriff zu nehmen. Der Deutsch-Sowjetische Nichtangriffspakt ist unterzeichnet, eine sichere Grundlage, um sich zur Revidierung der Reichsgrenzen nach dem Versailler Vertrag der lästigen Existenz Polens zu widmen. Bereits in der vorangegangenen Nacht haben SS-Angehörige Zwischenfälle an der deutsch-polnischen Grenze fingiert. Ein Angriff der deutschen Wehrmacht auf Polen erfolgt prompt und ohne Kriegserklärung. Aufgabe des Führers ist es nun, der Weltöffentlichkeit das Geschehen als Aggressionsakt Polens zu verkaufen. Für seinen Auftritt hat Hitler sich eine neue Gardeuniform schneidern lassen, die das Eiserne Kreuz schmückt, mit dem er für seine Frontdienste im Ersten Weltkrieg dekoriert wurde. Um 10 Uhr am Morgen des 1. September 1939 verlässt der Führer die Reichskanzlei, um mit einer Rede vor dem versammelten Reichstag das Volk euphorisch auf Krieg zu bürsten, indem er sich selbst in seinem neuen Zwirn als bedingungslos opferbereiter Soldat inszeniert. „Polen hat heute nacht zum erstenmal auf unserem eigenen Territorium auch mit bereits regulären Soldaten geschossen. Seit 5.45 Uhr wird jetzt zurückgeschossen! Und von jetzt ab wird Bombe mit Bombe vergolten! Wer mit Gift kämpft, wird mit Giftgas bekämpft." (...) Mein ganzes

Leben gehört von jetzt ab erst recht meinem Volk. Ich will nichts anderes jetzt sein, als der erste Soldat des deutschen Reiches." Nicht nur dem Gegner, auch den Deutschen soll Hitlers markige Ansprache noch lange in den Ohren klingen. Sie markiert den Beginn des Zweiten Weltkrieges, der nur zwei Tage später über sie hereinbricht.

09 | 05 | 1945
Funkstille

Am 9. Mai 1945 um 20:03 Uhr macht Klaus Kahlenberg, Sprecher des Reichssenders Flensburg, seinen Landsleuten die wohl gewichtigste Mitteilung des 20. Jahrhunderts. Unverhohlen emotional rollen die Worte von den Lippen des letzten Wehrmachtsberichterstatters der deutschen Geschichte: „Seit Mitternacht schweigen nun an allen Fronten die Waffen." Der Krieg, der dem deutschen Volk, so formuliert es der vorgetragene Wehrmachtsbericht, „große Siege" aber auch „schwere Niederlagen" gebracht habe, ist zu Ende. Kahlenberg fährt fort: „Es folgt eine Funkstille von drei Minuten". Als der Moderator sich darauf bei der Programmleitung erkundigt, ob er das Programm nun mit Musik fortsetzen solle, erhält er als Antwort: „Ja, aber bitte nicht Wagner!". Doch Kahlenberg hält es für besser, sich persönlich im Namen des Senders mit eigenen Worten für immer zu verabschieden. Doch dazu kommt er nicht: Er wird vom General der Nachrichtenabteilung mit vorgehaltener Waffe aus dem Studio kompromittiert. Dem Reichssender Flensburg, der nach dem Tod Hitlers am 30. April 1945 für den Erhalt der „sauberen Wehrmacht", eine „unideologische Volksgemeinschaft" und die „deutschen Tugenden" geworben hatte, war an einem tränenreichen Abschied nicht gelegen. Bis zum 13. Mai 1945 wirbt der Sender im Namen des Großadmirals Dönitz für „militärische Disziplin" und warnt vor einer „drohenden Bolschiwisierung". An diesem Tag wird er als letzte Sendeanstalt der Nazi-Diktatur von empörten britischen Militärs beschlagnahmt. Kahlenberg wird sich später zwiespältig über seine historische Rolle äußern: Er habe tiefe Erleichterung empfunden und Schwierigkeiten gehabt, seine Abneigung gegen den Pathos der propagandistischen Formulierungen über das Ende des „heldenhaften Ringens", die „Waffenehre des deutschen Soldaten" und die „ehrenvolle Niederlage" zu verbergen, von denen er lieber geschwiegen hätte. Auch den Hörern des 9. Mai genügte das Schweigen der Waffen voll und ganz.

08 | 06 | 1949
Der Große Bruder

Gedankenpolizei, Neusprech, auf Fortpflanzung reduzierte Sexualität und eine alles per Teleschirm überwachende Partei – ein wirklich ungemütlicher Ort, dieses Ozeanien, jener fiktive Staat, der Schauplatz der Handlung des Romans „1984" ist. Die Anti-Utopie des britischen Schriftstellers George Orwell erscheint am 8. Juni 1949 und wird zu seinem zentralen Werk. Der Autor verstirbt nur wenige Monate später und erreicht so nicht sein 87. Lebensjahr, in dem er die Realität mit der von ihm prophezeiten Gesellschaft hätte abgleichen können. Ob vor oder nach der im Titel notierten Jahreszahl, Orwells düstere Vision des totalen Überwachungsstaates ist mehr als nur eine ständige Inspirationsquelle, nach der Science Fiction-Autoren ähnliche Entwürfe einer unheilvollen Zukunft basteln. Während die Nachkriegsgeneration sich unter dem Eindruck von Nationalsozialismus und Stalinismus vorrangig an Orwells Szenario der totalitären Staatsmacht reibt, gewinnt der Roman dieser Tage durch deren Methoden an brisanter Aktualität, gipfelnd im wohl bekanntesten Satz des Werkes: „Big Brother is watching you"/ „der Große Bruder sieht dich." Der imaginäre Diktator von Ozeanien, den seine Bürger nie zu Gesicht bekommen, der aber ihr Leben bis in die intimsten Gedanken hinein kontrolliert, ist zur gängigsten Metapher eines (staatlichen oder privaten) Kontrollapparats geworden, der rücksichtslos die Privatsphäre des Einzelnen missachtet. Keine Diskussion über Kameras an öffentlichen Plätzen oder Online-Durchsuchungen ohne Orwells Großen Bruder – und natürlich auch keine lustigen Geschichten aus dem TV-Container.

01 | 05 | 1951
Genshibadukan

Takashi Nagai ist ein Totgeweihter, als er sein Buch „Die Glocken von Nagasaki" verfasst. Der strahlenverseuchte Augenzeuge des Atombombenabwurfs auf Nagasaki, Arzt und Radiologe, notiert minutiös und schonungslos die gesehenen Gräuel, die sich am 9. August 1945 in der japanischen Hafenstadt abspielen, als „Fatboy", der angeblich die militärischen Anlagen der Stadt vernichten soll, im christlichen Arbeiterviertel Urakami detoniert. Sein Verleger schlägt Nagai schließlich vor, das Buch nach der Kathedrale des Bezirks zu benennen. 1949 können „Die Glocken von Nagasaki" (Nagasaki no kane) als einziges japanisches Buch die Zensur der Amerikaner unterlaufen, welche die Berichterstattung über die Katastrophe in Buch, Film oder Zeitung streng verbietet. Doch dies kostet auch Nagai einen Preis, er muss seinem Werk einen Kriegsbericht über die japanischen Gräueltaten auf Manila anfügen, um einen Ausgleich bei der moralischen Bewertung durch den Leser möglich zu machen. Ob auch Nagais uneingeschränkte Schuldzuweisung an Japan – „Wer das Schwert zieht, wird durch das Schwert umkommen" – amerikanischer Intervention geschuldet ist, ist ungeklärt. Außer Zweifel aber steht, dass die Schilderungen des eigentlich unbeschreiblichen Grauens die Menschen der Nachkriegszeit aus der Apathie wach rüttelte, die man bis dahin gegenüber den Atombombenabwürfen gezeigt hatte. Zu eindringlich sind die Schilderungen vom Feuersturm, den Leichenbergen bis zum Abwurf der Zettel durch amerikanische Flugzeuge, die die Überlebenden davon unterrichten, dass soeben eine Atombombe (genshibadukan) in ihrer Stadt explodiert ist. Nicht weniger schockierend die Berichte über die Spätfolgen der atomaren Verseuchung, die bisher gar nicht die Öffentlichkeit erreicht hatten. Entwaffnend ist Nagais Schuldbekenntnis, dass er stellvertretend für die ganze Menschheit ausspricht: „Wer ist es, der diese tätige, lebenssprühende Stadt in ein gigantisches Krematorium, einen einzigen Gräberwald verwandelt hat? Wir sind's." Eine eindringlichere Warnung an nachfolgende Generationen vor einem neuem Krieg ist kaum denkbar. Als Nagai am 1. Mai 1951 den Nachwirkungen der Strahlenverseuchung erliegt, stirbt der profundeste Zeuge einer der größten Katastrophen des 20. Jahrhunderts.

29|08|1951
Grübel, grübel, ächz, stöhn!

Am 29. August 1951 erscheint im noch jungen Ehapa-Verlag das erste deutsche Micky Maus-Heft. Chefredakteurin und Übersetzerin ist Erika Fuchs, die über 20 Jahre lang die Sprache der Disney-Geschichten prägen soll und das Medium Comic vom dem Ruf befreit, lediglich ein trivialer bunter Bilderspaß sein zu müssen. Besonders angetan ist die studierte Kunsthistorikerin von Geschichten des amerikanischen Zeichners Carl Barks. Neben Sätzen wie „Dem Ingeniör ist nichts zu schwör" und zahlreichen literarischen Anspielungen schreibt Fuchs Donald Duck und seinen Verwandten etwas in die Sprechblasen, was als grammatisches Phänomen seinen Weg in die deutsche Alltagssprache findet. Mit Wortschöpfungen wie „Ächz!", „Stöhn!", „Stotter!", „Quietsch!" belebt sie die Aktionen der Entenhausener Einwohner in den Bilderreihen auf kreative Weise, abseits der reinen „Bumm- und Peng!"- Lautmalerei. Der so genannte Inflektiv, das Weglassen der Infinitivendung bei Verben, die oft mimische oder gestische Handlungen beschreiben und lautmalerischen Charakter haben können, wird von Sprachwissenschaftlern heute als Wertschätzung für seine Verbreiterin mitunter auch als „Erikativ" bezeichnet. Seit dem Boom von Chatrooms und Internet-Foren erlebt der „Erikativ" eine wahre Blütezeit. Neben Emoticons sind Ausdrücke wie *schmunzel*, *in den Tisch beiß*, oder *anflirt* in der nüchternen Netzkommunikation überaus beliebt, um den eigenen Gemütszustand zu illustrieren.

15 | 06 | 1952
Kitty lebt

Es ist Annes 13. Geburtstag und sie bekommt ein rot-weiß kariertes Tagebuch geschenkt, welches sie ihrem Vater wenige Tage zuvor in einem Schaufenster gezeigt hatte. Obwohl aus Frankfurt stammend, fängt Annelies Marie Frank noch am gleichen Tag, dem 12. Juni 1942, an, ihr neues Tagebuch in holländischer Sprache einzuweihen, lebt ihre Familie doch nach der Flucht vor den Nationalsozialisten seit 1934 in Amsterdam. Imaginärer Ansprechpartner des jungen Mädchens ist ihre erfundene Freundin Kitty, der sie alles über ihr Leben und ihre Gedanken erzählt. Aus einem ohnehin schon schwierigen Kinderleben wird ein ausweglosens, als die Familie ab dem 6. Juli 1942 das Hinterhaus der Prinsengracht 263 „bewohnt". Dort verstecken sie sich, aus Angst, von der Gestapo gefunden und deportiert zu werden. Annes letzter Tagebucheintrag datiert vom 1. August 1944. Drei Tage später führt ein Verrat dazu, dass die gesamte Familie zunächst vom SS-Mann Karl-Josef Silberbauer verhaftet, dann deportiert wird und schließlich alle bis auf Vater Otto im KZ sterben. Das Tagebuch der Anne Frank jedoch bleibt mit verstreuten Einzelseiten auf dem Zimmerboden in Amsterdam zurück, wird gefunden und nach Ende des Krieges Otto Frank übergeben. Dieser versucht dem Wunsch seiner verstorbenen Tochter nachzukommen, die eine große Schriftstellerin werden wollte. Zunächst scheitert ein Versuch der Historikerin Anne Romein, das Buch zu veröffentlichen an Desinteresse, erst ein Artikel ihres Mannes weckt die Neugier eines Verlegers. Jan Romein schreibt in diesem Artikel: „Dieses scheinbar inkonsequente Tagebuch eines Kindes, dieses in einer Kinderstimme gestotterte de profundis, verkörpert die Grässlichkeit des Faschismus besser als alle Beweise von Nürnberg zusammen." Das Tagebuch erscheint schließlich im Sommer 1952 unter dem Titel „Diary of a young girl" in den USA, eine Review von Meyer Levin in der New York Times macht die Tagebucheintragungen am 12. Juni 1952 weltbekannt. Karl-Josef Silberbauer arbeitet ab 1954 für die Wiener Polizei.

14 | 09 | 1953
Der Sexperte

Am 14. September 1953 veröffentlicht der US-Wissenschaftler Dr. Alfred Charles Kinsey den zweiten Band einer breit angelegten Forschungsstudie, die Amerika spaltet. Sein Buch „Das sexuelle Verhalten bei der Frau" findet noch reißenderen Absatz als sein bereits 1948 erschienenes Pendant zur männlichen Sexualität, und auch der Sturm der Entrüstung ist mindestens genauso groß. Denn was Kinsey in 20.000 Interviews über die Lust von Männlein und Weiblein herausgefunden hat, passt so gar nicht ins Bild des prüden Amerika. Nach seinen Ergebnissen masturbieren Männer wie Frauen mit Genuss und häufig, besitzen zu einem großen Prozentsatz bisexuelle Neigungen und phantasieren über bzw. praktizieren auch sonst eher eine Körperlichkeit, die niemand in einem amerikanischen Schlafzimmer vermutet hätte. Während viele die als „Kinsey-Report" bekannt werdenden Publikationen als überfälligen Beitrag zur sexuellen Aufklärung und den Beginn empirischer Sexualforschung feiern, protestieren Sittenwächter gegen deren ihrer Meinung nach unmoralischen Inhalt. Besonders die Kirche ist empört über das drohende Ende der heilen Welt der Missionarsstellung. Der Kinsey-Report gilt heute als wichtiger Beitrag zur Entabuisierung der Sexualität. Die Kritik an Kinseys Arbeit, sei es aus ethischer oder methodisch-wissenschaftlicher Sicht, ist jedoch nie verstummt.

08 | 12 | 1953
Im Kern ganz friedlich

Die Tage des US-amerikanischen Atom-Monopols gehören der Vergangenheit an. Mit Sorge betrachten die USA und ihre Alliierten, wie die nuklearen Waffenarsenale der Sowjetunion wachsen. Am 8. Dezember 1953 tritt der amerikanische Präsident Dwight D. Eisenhower vor die Vollversammlung der Vereinten Nationen, um in einer ambitionierten Rede seinen Entwurf darzulegen, wie die Welt mit der gewaltigen Kraft der Atomenergie umgehen sollte. In seiner Ansprache zeichnet Eisenhower für die Weltöffentlichkeit ein Bild des bedrohlichen status quo der nuklearen Bewaffnung der USA und der UDSSR. Er zeigt sich besorgt darüber, dass die zerstörerische Technologie weitere Verbreitung finden könnte. Eisenhower versichert das konstruktive Bestreben der USA, dieses Bedrohungsszenario in Absprache mit der Sowjetunion zu beseitigen. Um dies zu erreichen, spricht er sich für eine Verringerung der Waffenbestände, kontrollierte Verbreitung uranhaltigen Materials und die Einrichtung einer unabhängigen Atombehörde aus. Als übergeordnetes Ziel plädiert Eisenhower aber für eine friedliche Nutzung der Kernspaltung. Seine Vision ist „der Tag, an dem die Furcht vor der Atomenergie aus den Köpfen der Menschen zu verschwinden beginnt." Eisenhowers als „Atoms for Peace"/ „Atomkraft für den Frieden" bekannt gewordene Rede bezeichnet den Beginn atomarer Abrüstungsbestrebungen zwischen Ost und West. Sie gilt gleichzeitig als die Geburtsstunde der Internationalen Atomenergieorganisation (IAEO) und der überwachten Verbreitung radioaktiver Stoffe und deren Nutzung.

01|07|1955
Süße Lolita

Vladimir Nabokov ist frustriert. Für seinen Roman, an dem er gearbeitet hat, seit er und seine jüdische Frau auf der Flucht vor den Nationalsozialisten in die USA gekommen sind, will sich partout kein Verleger finden lassen. Die Geschichte um den Literaturwissenschaftler Humbert Humbert, der der erotischen Faszination der zwölfjährigen Dolores, von ihm „Lolita" genannt, verfällt und mit ihr eine sexuelle Beziehung beginnt, ruft im prüden Amerika der 50er Jahre unweigerlich Zensur und Sittenwächter auf den Plan. Die Ablehnung seines Manuskripts lässt den russischen Emigranten bereits befürchten, sein Roman könnte sich negativ auf seine Professur am Cornell College auswirken. Über eine befreundete Literaturagentin erreicht das Buch den in Frankreich lebenden Amerikaner Maurice Girodias, der in seinem kleinen Pariser Verlag Olympia Press ausschließlich erotische Werke in englischer Sprache veröffentlicht. Der von der breiten Masse oft als „Schmutzfink" gescholtene Verleger erkennt sofort die literarische Potenz von Nabokovs Roman und nimmt Kontakt zu dem Autor auf. Am 1. Juli 1955 sichert Girodias Nabokov in einem Brief die Veröffentlichung zu, bittet ihn aber noch um einige Änderungen am Manuskript. „Lolita" findet über den Nischenverlag seine Verbreitung und wird vom Insidertipp zu einem der wichtigsten Romane des 20. Jahrhunderts. Ab 1958 darf er auch in den USA erscheinen. Der Romanerfolg macht den Begriff „Lolita" zum Synonym der verführerischen Kindfrau. Männern, die diesen Typus Frau begehren, wird analog dazu ein „Lolitakomplex" bescheinigt.

02 | 11 | 1958
Kleiner, großer Trommler

Hans Werner Richters Gruppe 47 will den Folgen der verheerenden Kulturpolitik des Nationalsozialismus durch gezielte Förderung des Literaturbetriebs in der noch jungen Bundesrepublik begegnen. Zu diesem Zweck hat man einen unabhängigen Literaturpreis eingerichtet, der auf regelmäßig stattfindenden Treffen vergeben wird, bei denen vielversprechende Autoren ihre Arbeiten vorstellen. Die Gruppe hat einen ausgeprägten Instinkt für Talente. Nach dreitägiger Klausur in einem kleinen Ort im Allgäu geht ihr Förderpreis am 2. November 1958 an Günter Grass, für seinen noch unfertigen Debütroman „Die Blechtrommel". 4500,- DM kann der junge Schriftsteller einstreichen, genug Geld, um seinen Erstling fertigzustellen und der deutschen Nachkriegsliterature damit eines ihrer wichtigsten Werke zu vermachen. Wüst, lebendig und für manche obszön ist der Erzählstil, mit dem Grass den Deutschen aus der Perspektive des infantilen Zwerges Oskar Matzerath den kleinbürgerlichen Mief ihrer jüngsten Vergangenheit vortrommelt. Der Roman findet ein großes Echo und setzt deutsche Literatur auch international wieder in den Fokus. Eine Leistung, die Grass nach Meinung vieler Kritiker bisher nicht wiederholen konnte.

01 | 07 | 1959
Liebe Neger!

Nach dem Rückzug von Konrad Adenauers Kanditatur für das höchste Amt im Staat, wird Heinrich Lübke am 1. Juli 1959 zum zweiten Bundespräsidenten der Bundesrepublik Deutschland gewählt. Die zwei Amtszeiten des „Ersatzmannes" gehen allerdings weniger durch politische Souveränität als vielmehr durch seine rhetorische Ungelenkigkeit in die Geschichtsbücher ein. Parteifreunde und Opposition schlagen bei Ansprachen des CDU-Politikers oft gleichermaßen beschämt die Hände vor das Gesicht. Bei einem Staatsbesuch in Liberia im Jahr 1962 begrüßt Heinrich Lübke bei seiner Rede die Anwesenden angeblich mit „Sehr geehrte Damen und Herren, liebe Neger!". Einen eindeutigen Beleg für diesen Ausspruch gibt es nicht, der wenig politisch korrekte Fauxpas hat sich jedoch zu einer modernen Sage entwickelt, die untrennbar mit den „Bundespräsidenten der Fettnäpfchen" in Verbindung gebracht wird. Der Lapsus verweist quasi pointiert auf die zahlreichen verbalen Fehltritte und zeitlosen Weisheiten, die Heinrich Lübke bei öffentlichen Anlässen zum Besten gibt: „Indonesien besteht aus Inseln, die liegen teils nördlich, teils südlich vom Äquator, und dazwischen ist eine Menge Wasser." Nachrichtensendungen wie die Tagesschau werden durch derlei unfreiwillige Komik des Bundespräsidenten für die deutsche Bevölkerung mitunter zum Unterhaltungsprogramm. Für die deutsche Kabarettisten-Szene sind Lübkes sprachliche Schnitzer, bis zum seinem vorzeitigen Amtsende im Jahr 1969, eine dankbare Fundgrube. 1966 veröffentlicht die Satire-Zeitschrift „pardon" die Langspielplatte „Heinrich Lübke redet für Deutschland" mit O-Tönen aus Reden des Bundespräsidenten, die ein Kassenschlager wird.

29|10|1959
Beim Teutates

Frankreich hat Ende der 50er Jahre zwei große Gegner. Die einen sitzen in der Regierung der IV. Republik und stürzen das Land in eine parlamentarische Krise. Der Hardliner Charles de Gaulle kann sie mit seiner Politik der „Schlagkraft" vom Thron stoßen. Der andere Feind der Franzosen scheint schwerer zu besiegen, es ist die belgische Comickultur, die seit einigen Jahren mit Hergés Tim & Struppi oder Franquins „Spirou" den Franzosen das wallonische Lachen beibringt und der stolzen Kulturnation ihre Schwächen vor Augen führt. Zur Rettung naht als ein kleiner blonder Knirps aus Gallien, der Wiege der französischen Kultur, und an seiner Seite ein Dicker in blauweiß gestreiften Hosen mit einem Hinkelstein auf dem Rücken. Eigentlich war ein einzelner muskelbepackter Hüne als Heilsbringer vorgesehen, blieb aber auf Anraten des Autors René Goscinny in der Schreibtischschublade des Zeichners Alberto Uderzo. Am 29. Oktober 1959 gibt das Duo in der Comic- und Satirezeitschrift „Pilote" sein Debüt. Die Gallier Asterix und Obelix sowie ihre Dorfkollegen der Druide Miraculix, der Häuptling Majestix oder der wenig begabte Barde Troubadix kommen so gut an, dass man ihnen schließlich eine eigene Comicserie gönnt. 6.000 Exemplare verkauft der erste Band „Asterix der Gallier" 1961, „Asterix der Legionär" erreicht 1966 die Traumzahl von knapp 1 Million Exemplaren. Den Erfolg verdankt das Comic um den gallischen Widerstand zu Zeiten Julius Cäsars dem anarchistischen Humor, den der Autor Goscinny sich bei MAD-Erfinder Harvey Kutzman in den USA abgeguckt hat. Sätze wie „Wein her, es ist zu Weinen", „Was sagt der Gote?" oder „Keinen Zucker, nur einen Tropfen Milch", die in Deutschland durch die Romanistin Gudrun Penndorf übersetzt wurden, sind längst geflügelte Worte für alle Lebenslagen. Die Franzosen dagegen schätzen vor allem den nationalepischen Charakter des 33-bändigen Werks, das gerne als „französische Ilias" bezeichnet wird. Für Goscinny und Uderzo ist Asterix zugleich eine geheime Autobiographie, der Band „Streit um Asterix" reflektiert die Probleme der Autoren mit der 68er-Revolte, die zum Sturm auf ihre Redaktion führten. „Die große Überfahrt" setzt Goscinnys Ausscheiden bei „Pilote" ein Denkmal.

11 | 01 | 1963
Die Geschichte der Victoria Lucas

Obschon im jungen Alter von nur 30 Jahren gestorben, hat Sylvia Plath genug Lyrik und Literatur hinterlassen, um sich unsterblich zu machen. Doch unter den versunkenen Werken der depressiven Frau lagen vermutlich noch weitere Schriftstücke, unter anderem Briefe an ihre Mutter und ein Roman-Manuskript, welche, so sagt man, von ihrem Mann und/oder ihrer Mutter vernichtet oder stark gekürzt wurden oder schlicht „verschwunden" sind. Die Mutter ist es allerdings, die vorher, nach dem frühen Tod des Vaters, alles gibt und tut, um Sylvia und ihrem Bruder ein angenehmes und volles Leben zu ermöglichen. Dennoch wird Sylvia Plath nie über den Verlust des Vaters mit 8 Jahren hinwegkommen und auch die erdrückende Fürsorge ihrer Mutter und das „anderen-gefallen-müssen" ohne ehrlich die Meinung zu sagen und Gefühle auszudrücken führt sie schon früh an den Rand der Katastrophe. Mit 20 unternimmt sie mit Tabletten den ersten Selbstmordversuch. Ihrer Poesie wird teils für großartig befunden, teils aber auch ablehnend begegnet. Im Laufe der 50er Jahre erhält sie zunehmend Preise für ihre Gedichte und schließlich ein Stipendium für das Newham College im englischen Cambridge. Dort verliebt sie sich in den Schriftsteller Ted Hughes, versucht ihm eine perfekte Frau zu sein und zerbricht erneut auch daran fast. Sie bekommt zwei Kinder von Hughes, schreibt mit Unterbrechungen weiter Gedichte und veröffentlicht diese. Aber Hughes liebt eine andere, das Paar trennt sich. Plath fängt an fieberhaft nachts um vier, vor dem morgendlichen Kindergeschrei zu schreiben, unter anderem den autobiografischen Roman „Die Glasglocke", der am 11. Januar 1963 unter dem Pseudonym Victoria Lucas erscheint. Am 12. Februar des Jahres hat sie einen Termin beim Psychiater, einen Tag vorher nimmt sie erneut Schlaftabletten, dichtet die Küche mit Handtüchern ab und dreht den Gashahn auf. „...bin in den Zug gestiegen, von dem es keinen Ausstieg gibt"

26|06|1963
„Ich bin ein Berliner"

Vor dem Rathaus Schöneberg herrscht am 26. Juni 1963 dichtes Gedränge. Über 100.000 Menschen sind gekommen, um die Rede des amerikanischen Präsidenten John F. Kennedys zu hören, der anlässlich des 15. Jahrestages der Berliner Luftbrücke den Westteil der Stadt besucht. Für Kennedy ist der Aufenthalt im amerikanischen Sektor Berlins eine wichtige außenpolitische Bühne. Neben der Ermutigung für die seit dem Mauerbau eingeschlossene West-Berliner Bevölkerung soll von hier aus auch ein eindeutiges Signal über den Status der Stadt an die Sowjetunion gehen, die vermehrt auf die Entmilitarisierung Berlins gedrängt hatte. Kennedy hat sich von dem amerikanischen Journalisten Robert H. Lochner, der in Berlin arbeitet, einen Satz in deutscher Sprache in Lautschrift aufschreiben lassen, als Höhepunkt für seine Ansprache. An der Seite des regierenden Bürgermeisters Willy Brandt tritt John F. Kennedy vor die wartende Menschenmenge und beendet seine Rede mit dem vorbereiteten deutschen Ausspruch: „Ich bin ein Berliner". Mit großem Jubel wird Kennedys empathische Solidaritätsbekundung für die West-Berliner Bevölkerung als Zeichen des anhaltenden amerikanischen Engagements in der geteilten Stadt gewürdigt. Etwas belustigte Ratlosigkeit herrscht hingegen im Lager der englischsprachigen Journalisten, die von dem Ereignis in ihre Heimatländer berichten. Einige sind sich unsicher, wie der deutsche Schluss der Kennedys-Rede korrekt auf Englisch lauten sollte. Verwirrung stiftet der unbestimmte Artikel in der Äußerung des Präsidenten, sind die Übersetzer doch überzeugt, dass ein Einwohner der Mauer-Stadt schlicht „Ich bin Berliner" gesagt hätte. „Ein Berliner" hingegen bezeichnet ein schmackhaftes Fettgebäck, und so schlagen einige Landsleute des Präsidenten als adäquate Übersetzung für dessen rhetorischen Griff zur deutschen Sprache „I am a jelly doughnut" vor – zumindest einer Legende nach, die im englischsprachigen Raum weit verbreitet ist.

28|08|1963
Der kollektive Traum

Es sind nicht weniger als eine viertel Million Menschen, die am 28. August 1963 nach Washington marschieren. Die Teilnehmer der Protestkundgebung sind in der Mehrzahl afroamerikanischer Herkunft und in die Schaltzentrale der USA gekommen, um ihre Bürgerrechte einzufordern, das Recht auf Arbeit, das Recht auf Freiheit und gesellschaftliche Gleichbehandlung, ein Ende diskriminierender

Rassentrennung. Auf dem Höhepunkt der Demonstration tritt der farbige Bürgerrechtler Martin Luther King Jr. am Denkmal des amerikanischen Gründervaters Abraham Lincoln vor die Anwesenden. „I have a dream"/ „Ich habe einen Traum", beginnt King seine Rede und repetiert den Satz beschwörend wie in einer Predigt, um seine Vision eines gerechten Amerikas auszumalen, mit der er dem Publikum aus dem Herzen spricht: „Ich habe einen Traum, dass meine vier kleinen Kinder eines Tages in einer Nation leben werden, in der man sie nicht nach ihrer Hautfarbe, sondern nach ihrem Charakter beurteilt werden!" Der Traum des Martin Luther King hat ganze Generationen gleich welcher ethnischer Zugehörigkeit inspiriert, um sich für eine gerechte Gesellschaft gleicher Chancen zu engagieren. Nach Meinung vieler ein bisher unerreichtes Ziel.

10 | 09 | 1964
Willkommen in Deutschland

Armando Rodrigues de Sá ist verunsichert, als er am 10. September 1964 in Köln-Deutz aus dem Zug steigt und seinen Namen über die Bahnhofslautsprecher hört. Erst nach einigen Erklärungen von einem Übersetzer versteht der portugiesische Zimmermann, dass das Blitzlichtgewitter und die Blaskapellen am Bahnsteig ihm gelten. Er ist der millionste Gastarbeiter, der in die Bundesrepublik gekommen ist, um die Ärmel hochzukrempeln – Vertreter der Bundesvereinigung der Deutschen Arbeitgeberverbände hatten ihn zuvor durch wahlloses Tippen auf die Liste der mit dem Zug erwarteten Arbeiter dazu bestimmt. Neben Blumenstrauß, Ehrenständchen und einem „Seien Sie in der Bundesrepublik herzlich willkommen" seitens der Politikprominenz, bekommt Rodrigues de Sá noch ein Moped für seinen Start fernab der Heimat. Die Begrüßung des Portugiesen wird zu einem Medienereignis. Der Begriff „Gastarbeiter", den die Bundesregierung für die seit 1955 im Ausland angeworbenen Arbeitskräfte gewählt hat, erhält für viele Bürger erstmalig ein menschliches Gesicht. Wie problematisch der Begriff „Gastarbeiter" ist, zeigt sich nicht nur an den oft wenig gastlichen Wohn- und Lebensumständen, die für die meist männlichen Arbeiter aus Italien, Portugal, Spanien oder der Türkei bundesdeutscher Alltag sind. Die Abschaffung des Rotationsprinzips und die damit ausbleibende Rückkehr in ihre Heimatländer macht aus Gastarbeitern bald Dauergäste, die und deren nachgereiste Familien mit dem Schwinden des Wirtschaftswachstums auf einmal nicht mehr so herzlich willkommen scheinen.

21|07|1969
Der Mann im Mond

Mit dem Start des sowjetischen Sputnik-Satelliten verlagert sich das Kräftemessen der beiden Supermächte UDSSR und USA in den Weltraum. Seit dem ersten bemannten Raumflug des sowjetischen Kosmonauten Juri Gagarin sitzt der Schock tief bei den Verantwortlichen der amerikanischen Raumfahrtbehörde NASA. Da es die USA verpasst haben, die erste Nation im Weltall zu sein, konzentriert man sich fortan auf die prestigeträchtige Unternehmung einer Mondlandung. Ein Wettlauf im Weltall, ein „Space Race", beginnt, und mit dem Apollo-Programm haben die Amerikaner die Nase vorn. Nach erfolgreichen Mondumrundungen erfolgt mit der Apollo 11-Mission der erste Anlauf, gezielt auf dem Erdtrabanten zu landen. An Bord der Apollo 11 befinden sich Michael Collins, Edwin „Buzz" Aldrin und Neil Armstrong. Alle drei Astronauten haben auf früheren Einsätzen bereits Weltraumerfahrungen sammeln können. Es ist der Kommandant der Apollo 11-Mission, Neil Armstrong, der über Funk einen Satz in die Geschichtsbücher diktiert. Am 21. Juli 1969 betritt er um 2.56 Uhr Koordinierter Weltzeit als erster Mensch den Mond und begleitet seine Gehversuche auf der steinigen Oberfläche mit den Worten „Dies ist ein kleiner Schritt für einen Menschen, aber ein gewaltiger Sprung für die Menschheit." Über eine halbe Million Zuschauer verfolgen weltweit das Ereignis an ihren Fernsehgeräten mit. Ob die viel zitierten Worte allerdings Armstrongs eigene kreative Leistung sind oder im Vorfeld von der NASA beim US-Schriftstellers Norman Mailer in Auftrag gegeben wurden ist bis heute unklar. Menschen wie Bill Kaysing, der das Buch „We never went to the moon" 1976 verfasste, glauben gar die gesamte Mondlandung sei ein TV-Spektakel gewesen.

06|09|1970
„Macht kaputt, was Euch kaputt macht"

Auf der kleinen Ostseeinsel Fehmarn wird im September 1970 ganz Flower Power zum „Love-And-Peace-Festival" geladen. Am Abend des 6. September bestreitet die Berliner Band Rote Steine ihr Bühnendebüt bei dem Festival der Marke Woodstock, das sich trotz des Auftritts von Jimi Hendrix über drei Tage eher von Panne zu Panne gehangelt hat. Als bekannt wird, dass sich die Veranstalter mitsamt der Tageskasse aus dem Staub gemacht haben, kippt die Stimmung endgültig, denn Festivalordner und Bands fühlen sich geprellt. Die Roten Steine schmettern gerade ihren dritten Song „Macht kaputt, was Euch kaputt macht", und den Worten dieser Textzeilen folgen Taten: Eine aufgebrachte Menge lässt das Festivalgelände in Flammen aufgehen. Nach diesen Ereignissen ist die Band, die sich fortan Ton, Steine, Scherben nennt, schlagartig in aller Munde. Der Song mit dem schlagkräftigen Titel, der zuvor schon in einer Fernsehdokumentation über die Außerparlamentarische Opposition (APO) gelaufen war, greift wie kein anderer die sich radikalisierende gesellschaftspolitische Stimmung und deren Sprache in der Bundesrepublik am Vorabend des Deutschen Herbstes auf. Mit dem Titel der Agit-Rock-Band wird die Parole linker anarchistischer Gruppen vorrangig popkulturell konserviert. Während sich Ulrike Meinhof im ersten öffentlichen Papier der RAF „Das Konzept Stadtguerilla" mit der radikalpolitischen Losung „Macht kaputt, was Euch kaputt macht" noch ideologisch auseinandersetzt und anmerkt, diese sollte nicht „das falsche Bewußtsein vermittelt, man brauchte bloß zuzuschlagen", scheint für viele mittlerweile genau darin die zentrale Botschaft zu liegen, wenn die zur Phrase verkommene Parole auf so genannten „Revolutionären 1. Mai-Demos" den Wurf des Backsteins begleitet.

25|04|1983
Falscher Führer

Gerd Heidemann zeigt sich in Siegerpose, als eine Schaar internationaler Journalisten am 25. April 1983 die vom Nachrichtenmagazin Stern anberaumte Pressekonferenz im Hamburger Gruner + Jahr-Verlagshaus in ein Blitzlichtgewitter taucht. Der Reporter ist die Schlüsselfigur für die „Jahrhundert-Story", die der Stern in den nächsten Ausgaben drucken will. Über Heidemann sind der Redaktion die geheimen Tagebücher Adolf Hitlers zugespielt worden. Stern-Chefredakteur Peter Koch ist sich sicher, „die Geschichte des Dritten Reichs muss zu großen Teilen neu geschrieben werden", wie er in seinem Editorial verkündet. 62 Bände, verziert mit Hakenkreuz und Reichsadler, voll persönlicher Aufzeichnungen des Führers, eine Sensation. 1945 sollen die Bücher Berlin quasi in letzter Minute mit einem Flugzeug verlassen haben, das wenig später über einem kleinen Dorf in Sachsen abgeschossen wird, wo die Führertagebücher bis zu ihrer Entdeckung verschollen bleiben. Schriftgutachter und namhafte Hitler-Experten bestätigen mit schnellen Expertisen die Echtheit der Manuskripte. Am 28. April 1983 erscheint die erste Ausgabe des Sterns mit Auszügen der privaten Hitler-Zeilen. Es bleibt die einzige Ausgabe, denn in weiteren Gutachten, die auf Druck führender deutscher Historiker entstehen, entlarven Klebebindungen und Papierzusatzstoffe die Tagebuchbände bereits eine Woche später als überaus grobe Fälschungen.

Angefertigt hat diese der Kunstmaler Konrad Kujau, dem es erfolgreich gelungen war, den sensationsversessenen Heidemann zu täuschen. Durch Heidemanns Verbindungen zur Verlagsleitung des Sterns kassiert Kujau insgesamt 9,3 Millionen D-Mark für seine Hitler-Interpretationen. Kujau und Heidemann werden zu Haftstrafen verurteilt. Nach öffentlichen Entschuldigung tritt die Chefredaktion des Sterns zurück. Sie hat den größten Presseskandal der Bundesrepublik zu verantworten. Von dem Imageschaden soll sich das Magazin jahrelang nicht erholen.

11|08|1984
Bombenstimmung im Studio

Ronald Reagan ist ein Routinier, wenn es darum geht, in ein Mikrophon zu sprechen. Am 11. August 1984 sitzt der amerikanische Präsident in einem Sendestudio, bereit seine wöchentliche Radioansprache über den Äther zu schicken. Im Aufnahmeraum herrscht eine gelöste Stimmung. Bevor es auf Sendung geht, bittet einer der Techniker den Präsidenten noch um eine Tonprobe. In Reagan scheint seine ehemalige Profession als Schauspieler durchzubrechen, als er einen Satz ins Mikrophon spricht: „My fellow Americans, I'm pleased to tell you today that I've signed legislation that will outlaw Russia forever. We begin bombing in five minutes." („Meine amerikanischen Mitbürger, es freut mich, Ihnen heute mitteilen zu können, dass ich ein Gesetz unterschrieben habe, das Russland dauerhaft für vogelfrei erklärt. Wir beginnen in fünf Minuten mit der Bombardierung.") Reagan ahnt nicht, dass sein Mikrophon bereits offen ist. Sein makaberer Scherz gelangt so an die Öffentlichkeit und wird von den Medien weiter verbreitet. Die scherzhaft gemeinte Ansage bringt Reagan angesichts seines ohnehin harten außenpolitischen Kurses gegenüber der Sowjetunion international Kritik ein. Seine Umfragewerte geben kurz vor den anstehenden Präsidentschaftswahlen deutlich nach. Heute gilt der Fauxpas vielen Amerikaner als Zeichen des unverwechselbaren Humors ihres 40. Präsidenten.

01|07|1990
Blumen für den Osten

Helmut Kohl ist freudiger Stimmung. Mit der Wirtschafts-, Währungs- und Sozialunion zwischen der BRD und der DDR scheint die Deutsche Einheit nur noch eine Formsache. Kohl wird als Einheitskanzler in die Geschichtsbücher eingehen, das politische Barometer für die im Dezember stattfindende Bundestagswahl steht günstig für den CDU-Patriarchen. Am 1. Juli 1990 tritt die Wirtschafts,- Währungs- und Sozialunion in Kraft, und der Bundeskanzler richtet sich in einer Fernsehansprache an die Landsleute in Ost und West, mit der er überschwenglichen Optimismus säht, auch als bewusste Abgrenzung zu den Einheitszweiflern in der politischen Opposition um Oskar Lafontaine. Für seinen Ausblick auf eine gesamtdeutsche Zukunft findet Kohl eine im wahrsten Sinne des Wortes blumige Sprache: „Durch eine gemeinsame Anstrengung wird es uns gelingen, Mecklenburg-Vorpommern und Sachsen-Anhalt, Brandenburg, Sachsen und Thüringen schon bald wieder in blühende Landschaften zu verwandeln, in denen es sich zu leben und zu arbeiten lohnt." Einheitstaumel und die versprochenen rosigen Zeiten lassen die CDU aus der ersten gesamtdeutschen Bundestagswahl als stärkste Partei hervorgehen. Kohl bleibt im Kanzleramt, Aufschwung, Arbeitsplätze und Blumenmeer bleiben allerdings aus. Angesichts der anhaltenden Probleme in den so genannten neuen Bundesländern wird über die Vision des Kanzlers in der Presse bald eher in Anführungszeichen geschrieben. „Blühende Landschaften" wird ein geflügeltes Wort, das auf die unterschätzten Kosten und zu optimistischen Prognosen der Deutschen Einheit verweist. Bis heute ist die blumige Metapher ein ironisierendes Etikett für die noch vorherrschende Strukturschwäche in vielen Regionen Ostdeutschlands, in denen außer der Natur manchmal wenig zu gedeihen scheint.

29 | 01 | 2002

Staaten voller Schurken

Wenige Monate nach den Attentaten vom 11. September und der militärischen Invasion Afghanistans erwartet sein Land klare Worte von George W. Bush. Als der Präsident der USA am 29. Januar 2002 für seine Rede zur Lage der Nation vor dem amerikanischen Kongress ans Pult tritt, sollen die Zuhörer nicht enttäuscht werden. Bush macht deutlich, wie sich die Welt in Amerikas Augen darstellt. In einem Atemzug bezeichnet der US-Präsident Nordkorea, Iran und Irak als bedrohliche Regime, die über Massenvernichtungsmittel und Verbindungen zum Terrorismus verfügen, eine Gefahr für Amerika und die freie Welt: „Staaten wie diese, und ihre terroristischen Verbündeten, bilden eine Achse des Bösen, die sich bewaffnet, um den Weltfrieden zu bedrohen." International wird die Formulierung der „Achse des Bösen", die Bush von seinem Redenschreiber David Frum in den Mund gelegt wurde, sehr kritisch betrachtet, nicht nur wegen der lediglich bedingt treffenden Analogie zu den Achsenmächten des Zweiten Weltkrieges. Die öffentliche Ächtung der drei Staaten wird als klares Indiz weiterer amerikanischer Militärinterventionen gewertet. Die „Achse des Bösen" und die damit verbundene Absteckung der politischen Landkarte steht stellvertretend für das Bedrohungsszenario, mit dem die Bush-Administration den zweiten Irak-Krieg legitimiert.

01|07|2007
All was well

Pünktlich um Mitternacht zum 21. Juli 2007 stehen die Fans vor ausgewählten Buchläden Schlange. Heute erscheint mit „Harry Potter und die Heiligtümer des Todes" der siebte und letzte Band der erfolgreichsten Jugendbuchreihe im englischsprachigen Raum – in einer Erstauflage von unglaublichen 2,6 Millionen Exemplaren. Der Zauberlehrling mit der Zackennarbe muss noch ein letztes Mal die Schulbank drücken, aber dann ist Schluss. Harry Potter hat genug erlebt. Im Internet und in den Medien wird schon seit Wochen gerätselt, was mit ihm passieren wird: Heiratet er Hermine, besiegt er alle seine Gegner oder stirbt der arme Harry am Ende etwa? Die Autorin Joanne K. Rowling, oft in den Schlagzeilen reduziert auf den Grundtenor „Alleinerziehende Sozialhilfeempfängerin schreibt einen Bestseller", entscheidet sich für eine Utopie. Am Ende schaut sie in die Zukunft und verspricht den Lesern eine heile Zauberwelt ohne schwarze Magie. „Alles war gut". Langweilig, finden das viele. Doch die vorherigen 600 Seiten der englischen Ausgabe begeistern die Fans in typischer Harry Potter-Manier: Der Roman ist spannend, vielschichtig und lustig, aber auch brutaler und erwachsener als sein Vorgänger. Rowling hat schon im Alter von fünf Jahren ihre erste Geschichte erfunden, damals ging es um ein Bienenmädchen und ein krankes Kaninchen. Mit dem ersten „Harry Potter"-Manuskript muss ihr Agent in den 1990ern viele Klinken putzen, bis der Verlag Bloomsbury sich dazu entschließt, „Harry Potter und der Stein der Weisen" am 26. Juni 1997 mit einer Startauflage von 500 Stück auf den Markt zu bringen. Die folgenden Millionen-Verkäufe, die Hollywood-Verfilmungen, das zugehörige Merchandise-Imperium, Videospiele, Lego-Figuren und der geplante „Harry Potter"-Themenpark dürften in den ablehnenden Verlagshäusern zu einige blutig gebissenen Fäusten hinterlassen haben.

16 | 03 | 2008
Das nasse Grab des kleinen Prinzen

Antoine de Saint-Exupéry sieht sich Zeit seines Lebens eigentlich nur als passionierter Pilot, den seine Ausflüge über die Wolken auch immer wieder zum Schreiben inspirieren. Die Fliegerei spielt eine große Rolle in seinen Romanen, mit denen er gerade Pilotenkollegen immer wieder zu inspirieren weiß. Seinen größten Erfolg feiert Saint-Exupéry 1943 mit „Der kleine Prinz", der philosophischen Geschichte eines notgelandeten Piloten, der auf einen kleinen Knirps von einem weit entfernten Asteroiden trifft. Die Weisheit, Melancholie und Einfachheit der lebensklugen Sprache, die Sätzen wie „Man sieht nur mit dem Herzen gut. Das Wesentliche ist für die Augen unsichtbar." anhaftet, lassen „Der kleine Prinz" zum ewigen Lieblingskinderbuch der Erwachsenen werden. Auf der Höhe seines Ruhms startet Saint-Exupéry am 31. Juli 1944 für die alliierten Streitkräfte zu einem Aufklärungsflug über Korsika, von dem er nie zurückkehrt. Weder Machine noch sein Leichnam können gefunden werden, Saint-Exupérys Verschwinden bleibt ein Mysterium. Erst im Jahr 2000 zieht ein Fischer ein Armband mit dem Namen des Kultautors aus dem Meer, woraufhin Wrackteile eines Flugzeugs entdeckt werden. 2004 wird das Wrack als Saint-Exupérys Lightning P-38 identifiziert und in ein Pariser Luftfahrtmuseum überstellt, der Verbleib des prominenten Piloten ist weiterhin ungeklärt. Am 16. März 2008 scheint das Rätsel gelöst: Eine französische Tageszeitung druckt vorab Auszüge aus dem Buch „Saint-Exupéry – Das letzte Geheimnis", in dem der Deutsche Horst Rippert angibt, die Maschine des „Vaters" des „Kleinen Prinzen" abgeschossen zu haben. Rippert, Bruder des verstorbenen singenden Berufsrussen Ivan Rebroff und ehemaliger ZDF-Sportreporter, war an dem besagten Tag im Juli 1944 ein junger Flieger bei der deutschen Luftwaffe und zeigt sich sehr bestürzt über seine Tat. Wäre ihm bewusst gewesen, wer in jenem Flugzeug saß, er hätte nie geschossen, so Rippert. Als Pilot ist auch er ein erklärter Bewunderer der Werke von Antoine de Saint-Exupéry.

=== Weiterlesen ===

- Anne Stevenson, Friederike Roth (Hrsg.): Sylvia Plath – Eine Biographie, Fischer-Taschenbuch Verlag, 1994
- Marc Shapiro: J. K. Rowling. Die Zauberin hinter Harry Potter. Burgschmiet-Verlag, Nürnberg 2000
- Friedrich Nietzsche: Also sprach Zarathustra, Anaconda 2005

Tage der Farbe
Berühmte Gemälde
und Maler

24|08|79 *Von Tauben und Trauben* Plinius doziert über antike Kunst **S. 487**

14|10|1066 *Kunstfertigkeit auf 73 Metern* Nonnen stricken den Teppich von Bayeux **S. 487**

01|01|1413 *Sehr reiche Stunden* Das Stundenbuch des Herzogs von Berry **S. 488**

21|10|1433 *Wie ich kann* Jan van Eyck kann sich selbst malen **S. 489**

10|05|1508 *Die Neuerschaffung Adams* Michelangelo veredelt die Sixtinische Kapelle **S. 490**

08|06|1525 *Dürers Traumgesicht* Starmaler Albrecht Dürer hat einen Albtraum **S. 490**

08|07|1593 *Judith und Holofernes* Artemisia Gentileschi nimmt Rache auf der Staffelei **S. 491**

29|05|1606 *Ein gewalt(tät)iger Maler* Das skandalöse Leben des Caravaggio **S. 492**

31|01|1632 *Die Anatomie des Dr. Tulp* Rembrandt obduziert eine Leiche **S. 493**

06|08|1660 *Maler der Mühe* Das anstrengende Leben des Diego Rodriguez Velasquez **S. 493**

13|07|1793 *Der Tod des Marat* Jacques-Louis David malt die Revolution **S. 494**

06|02|1799 *Der ungeheure Schlaf der Vernunft* Francisco de Goya visualisiert das Grauen **S. 494**

21|10|1805 *Die Tollkühne* William Turner beerdigt die „Téméraire" **S. 495**

21|01|1818 *Romantischer Ausblick* Caspar David Friedrich feiert die Liebe am Kreidefelsen **S. 496**

28|07|1830 *Die Freiheit führt das Volk* Delacroix schafft Revolutionsmythen **S. 496**

25|04|1874 *Bleibender Eindruck* Die Zeitschrift Charivari erfindet den Impressionismus **S. 497**

01|04|1880 *Wieder nicht dabei* Der lange Weg der Malerinnen in die Kunst **S. 498**

23|12|1888 *Der Mitbewohner* Van Gogh und Gauguin gründen eine WG **S. 498**

01|01|1895 *Ganz schön plakativ* Alfons Maria Mucha macht sich mit Postern einen Namen **S. 499**

20|02|1909 *Falscher Optimismus* Irrtümer im futuristischen Manifest **S. 500**

21|07|1909 *Die Blaue Reiterin* Gabriele Münter malt abstrakt **S. 501**

21|08|1911 *Schicksale einer Schönen* Vincenzo Peruggia stiehlt die Mona Lisa **S. 501**

13|04|1917 *Der Blinde und das Urinal* Marcel Duchamp führt die Kunst ad absurdum **S. 502**

10|08|1925 *Prinzipiell Zufall* Max Ernst zeichnet auf Holzdielen **S. 503**

01|05|1937 *Schreie überschwemmen das Meer* Pablo Picasso und Guernica **S. 503**

19|07|1937 *Verrückt um jeden Preis* Goebbels stellt „Entartete Kunst" aus **S. 504**

12|09|1940 *Das Geheimnis in der Tiefe* Überraschungsfund in der Höhle von Lascaux **S. 505**

11|08|1956 *Jack the Dripper* Jackson Pollock tropft die Kunst der Zukunft **S. 506**

09|07|1962 *Guck mal Mickey, Dosensuppen* Lichtenstein und Warhol macht Pop zur Art **S. 506**

05|06|1965 *Gebildete Schirme* Nam June Paik flirtet mit Fernsehern **S. 507**

09|07|1976 *Was ich las, wohin ich ging, wen ich traf* On Kawara malt in den Tag **S. 508**

23|03|1978 *Jeder Mensch ein Künstler* Joseph Beuys erklärt die Gesellschaft zum Kunstwerk **S. 508**

07|11|1985 *Vom Untergrund auf die Unterhose* Die schonungslose Vermarktung des Keith Haring **S. 509**

18|09|1997 *Shirley, Schädel und schwarze Tinte* Die wunderbare Welt des Damien Hirst **S. 510**

06|07|2004 *Picasso knipst Baader* Gerhard Richter erklimmt den Pantheon der modernen Kunst **S. 510**

20|06|2007 *Umsturz in Kassel* Ai Weiwei erstürmt die Documenta **S. 511**

25|10|2007 *Der Kiefer haart* Sylvester Stallone kauft ein Werk von Kiefer **S. 512**

24|08|79
Von Tauben und Trauben

Spätestens seit der Entdeckung der Höhlenmalereien ist bekannt, dass sich bereits der Urmensch künstlerisch betätigte. Was aber sind die Beweggründe, Pinsel und Farbe oder einen Stift in die Hand zu nehmen und eine Darstellung auf Papier, Leinen oder eine Wand zu bringen? Einer der Gründe ist sicherlich der Ehrgeiz, die Welt so realistisch abzubilden, dass Motiv und Abbild nicht mehr unterscheidbar sind. So zumindest belegt es Plinius, der Ältere, in seiner Naturalis Historia in der Antike. Er erzählt die Legende von Zeuxis und Parrhasius, die sich um 400 vor Christus in Griechenland zugetragen haben soll. Dieser Geschichte nach befinden sich die beiden Maler Zeuxis und Parrhasius in einem künstlerischen Wettstreit, wer denn die Illusion von Wirklichkeit besser abbilden kann. Zeuxis malt Trauben. Diese sind so täuschend echt dargestellt, dass Vögel herbeifliegen und versuchen an ihnen zu picken. Danach ist Parrhasius an der Reihe. Und er kann mehr. Er zeigt seinem Rivalen ein Gemälde, vor dem ein Vorhang zu hängen scheint. Zeuxis bittet ungeduldig, den Vorhang doch beiseite zu schieben, damit er endlich das eigentliche Bild anschauen kann. Reingefallen! Parrhasius gewinnt, denn es gelingt ihm seinen Malerkollegen zu täuschen. Der Vorhang war nämlich gemalt. Mit dieser Legende wird ein wichtiger Aspekt der Kunst erstmals deutlich benannt: die täuschend echte Abbildung von Wirklichkeit. Als trompe l'oeil findet diese Art zu malen in der Renaissance ihren Höhepunkt. Die Werke aus dem alten Griechenland sind leider nicht erhalten. Lediglich die Ausgrabungsfunde von Pompeji lassen Rückschlüsse auf die antike Kunst zu. Tragischerweise kommt Plinius der Ältere, dem wir die Erzählung verdanken, bei dem Ausbruch des Vesuv am 24. August 79 auch zu Tode.

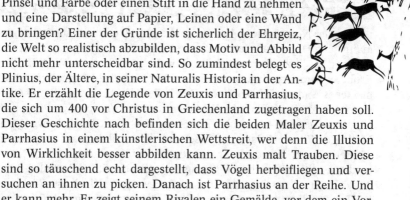

14|10|1066
Kunstfertigkeit auf 73 Metern

Es wird Abend am 14. Oktober 1066 und den Angelsachsen wird klar, dass sie keine Chance mehr haben. Sie fliehen, so gut sie können. Viele sind bereits gefallen, viele sterben auf der Flucht. Unbarmherzig erschlagen die Normannen alle, derer sie habhaft werden können. Diese entscheidende Schlacht bei Hastings kennzeichnet eines der wichtigsten Eckdaten in der Geschichte Englands. Wilhelm,

Herzog der Normandie, gelingt es an diesem 14. Oktober 1066, die normannische Herrschaft dauerhaft zu sichern. Nur wenig später lässt er sich am 25. Dezember zum König von England krönen. Wilhelm der Eroberer wird er auch genannt und die siegreiche Schlacht soll ein angemessenes Andenken bekommen. Das findet offenbar auch Bischof Odo von Bayeux, ein Halbbruder Wilhelms, der den „Teppich von Bayeux" in Auftrag gegeben haben soll. Zugeschrieben wird das Werk zwar gern Mathilde, Wilhelms Gattin, wahrscheinlicher ist aber, dass Nonnen den 73 Meter langen Wandbehang anfertigten, der heute als eines der bedeutendsten mittelalterlichen Bildzeugnisse gilt. Unzählige Details geben Auskunft über das Leben in der damaligen Zeit. Kleidung, Rüstung, Waffen, Tafelfreuden und Feste sind auf dem Wandbehang als Stickerei zu sehen. Sogar das Auftauchen des Halleyschen Kometen halten die mittelalterlichen Frauenhände für die Nachwelt fest.

01 | 01 | 1413
Sehr reiche Stunden

Feste feiern, Geschenke bekommen, Gäste empfangen: damit beschäftigt sich der Herzog von Berry ganz besonders gern. Im Frankreich des 15. Jahrhunderts ist es gute Sitte, sich zum Jahresanfang Präsente zu machen. Johann von Berry findet offenbar Gefallen an dieser Tradition. Dokumentiert sind 350 Objekte, die er im Laufe der Jahre an Neujahrsgaben erhalten hat, darunter seltene Manuskripte, kostbare Juwelen oder auch Ausgefallenes wie ein Zauberstein, der sich verfärbt, wenn er mit Gift in Berührung kommt. Berry seinerseits hat 281 Geschenke verteilt. Nicht berücksichtigt sind dabei seine Spenden in Geld, über die ein Zeitgenosse berichtet: „Er hat so viel verschenkt an die Diener um ihn her, dass sie allesamt reich geworden sind." Großzügigkeit als Mittel der Politik gehen beim Herzog einher mit einer natürlichen Verschwendungssucht. So lässt er sich noch mit 73 Jahren, im Winter 1413, gleich drei neue Gewänder anfertigen, eins zu Weihnachten, bestehend aus 447 Marderpelzen, eines zum Dreikönigstag aus blauem Samt und eines mit Gold bestickt zum Neujahrstag. Letzteres lässt sich vermutlich auf einer Miniatur der Brüder Limburg bewundern, dem Januarbild, das Teil ihres „Sehr reichen Stundenbuchs des Herzogs von Berry" ist. Dieses haben sie in seinem Auftrag meisterlich illustriert: Das ganze Jahr ist hier in Bildern dargestellt. Am 1. Januar 1413 zeigt die kleine, aber künstlerisch beeindruckende Abbildung den Herzog in einer Umgebung, die ihm am liebsten ist: ergebenes Gefolge, Freunde, schöne Kleider, kostbares Geschirr und gutes Essen. Die Brüder Limburg folgen in ihrer Art der Darstellung hier zwar noch einer mittelalterlichen Tradition. Mit den Illustrationen im Stundenbuch zeigen sie aber nicht nur die im wörtlichen Sinne sehr reichen Stunden des Herzogs von Berry, ihre Miniaturen verdeutlichen vielmehr eine neue Auffassung von Natur und Abbild: ein Wendepunkt von der mittelalterlichen Malerei hin zu einer realistischeren Darstellungsweise.

21 | 10 | 1433
Wie ich kann

„**W**ie ich kann" steht oben auf dem Originalrahmen. „Jan van Eyck hat mich gemacht 1433, 21. Oktober", hat der Künstler unten auf den Rahmen geschrieben. Auf dem Gemälde abgebildet ist ein ernst blickender Mann mit einem seltsamen roten Turban auf dem Kopf. Schräg von der Seite scheint er den Betrachter anzuschauen. Eigentlich aber schaut der Mann sich selbst im Spiegel an. Das Ziel, das er verfolgt, ist neu in der Kunst seiner Zeit. Er bildet sich selbst ab. Um keinen Zweifel zuzulassen, gibt er seinem Selbstporträt, dem in dieser Deutlichkeit wohl ersten der Kunstgeschichte, die oben zitierte Bildunterschrift. Bereits vor diesem Bild haben Künstler sich selbst in ihren Werken abgebildet. Dabei hielten sie sich aber im Hintergrund; höchstens als Nebenfigur am Rand oder in einer Menschenmasse wagten sie es, sich in ihren Bildern zu verewigen. Nur dezente Hinweise, ein Zettel in der Hand oder eine unauffällig mit dem Namen des Künstlers versehene Mütze, ließen Rückschluss auf ihre Identität zu. Anfang des 15. Jahrhunderts ändert sich das Selbstverständnis der Künstler. Waren sie im Mittelalter vor allem ausführendes Organ, so werden sie nun zu wichtigen Persönlichkeiten der Gesellschaft, zum gefeierten Star. Van Eyck, der Mann mit dem Turban, lässt daran keinen Zweifel. Zum Stadtmaler Brügges und Kammerherrn eines Herzogs berufen, weitgereist und Schöpfer des als Wunderwerk geltenden Genter Altars, scheint er 1433 auf dem Gipfel seines beruflichen Erfolges. Er kann es sich leisten, sich vom besten Maler der Stadt porträtieren zu lassen. Er muss aber weder einen Vertrag abschließen noch ein Honorar bezahlen. Denn der beste Maler der Stadt, der ist er zufällig selbst.

10 | 05 | 1508
Die Neuerschaffung Adams

Eigentlich sieht Michelangelo sich vor allem als Bildhauer, die Malerei steht für ihn erst an zweiter Stelle. Trotz seines anfänglichen Widerstandes gegen die Idee des Papstes Julius II, die Decke in der Sixtinischen Kapelle mit einem Fresko zu versehen, schließen Künstler und Kirchenoberhaupt am 10. Mai 1508 einen Vertrag über eine ornamentale Gliederung der Decke. Der Papst hat dabei allerdings lediglich eine Darstellung der zwölf Apostel im Sinn. Und Michelangelo beginnt zunächst eher widerwillig mit dieser Aufgabe. Dann aber entwickelt er seine eigene Vorstellung des Werks, die sich in ganz anderen Größenordnungen bewegt: Nun schlägt er dem Papst einen fulminanten Entwurf vor, der mit Hunderten von Figuren die Geschichte der Genesis von der Schöpfung bis zur Sintflut erzählt, begleitet von Propheten und Sibyllen. Das ist dem Papst wiederum zu viel. So hatte er sich das nicht vorgestellt. Schnell kommt es zu Auseinandersetzungen. Der Papst soll den Streit schließlich mit den Worten „Mach, was du willst" beendet haben. Michelangelo macht sich also ans Werk, zunächst unterstützt von einigen Assistenzmalern. Aber deren Arbeit ist ihm nicht gut genug. Er führt den Rest der Arbeiten allein durch. Wie besessen arbeitet der Künstler in den folgenden vier Jahren fast bis zum Ende seiner Kräfte, um die 540 Quadratmeter der Decke mit einem Fresko zu versehen, das heute zu den wichtigsten Werken der europäischen Kunstgeschichte zählt. Es entsteht ein komplexes theologisches Programm, in dessen Mittelpunkt neun Hauptbilder die Schöpfungsgeschichte illustrieren. Heute durch unzählige Postkartenreproduktionen tief im allgemeinen Bewusstsein verankert, bildet dabei die Erschaffung Adams wohl das berühmteste Motiv.

08 | 06 | 1525
Dürers Traumgesicht

Neben dem Bett des Künstlers Salvador Dalí soll einst eine Staffelei gestanden haben, die es ihm erlaubte, direkt nach dem Erwachen seine Träume malerisch festzuhalten. Die Ergebnisse sind weithin bekannt: Surrealistische, traumhafte Bildwelten mit zerfließenden Formen und undenkbaren Motiven. Beeinflusst von den Theorien Freuds ging es Dalí dabei darum, das Unbewusste abzubilden. Mehr als 400 Jahre zuvor ist bereits ein anderer Künstler so beeindruckt und erschrocken von einem Traum, dass er ihn direkt nach dem Aufwachen in einem Bild visualisiert. Unter der wie hektisch aufs

Blatt geworfenen Zeichnung protokolliert der Künstler seinen Traum zusätzlich schriftlich und versieht das Ganze mit seinem Namen. Es ist Albrecht Dürer, zu Lebzeiten bereits ein gefeierter Star der Kunstwelt. Das, was er am 8. Juni 1525 malt und beschreibt, erinnert an die archaische Vorstellung der Sintflut oder an die Bilder eines Tsunamis aus dem 21. Jahrhundert: „In der Nacht im Schlaf habe ich ein Gesicht gesehen, wie viele große Wasser vom Himmel fielen. Und das erste traf das Erdreich ungefähr vier Meilen von mir mit einer solchen Grausamkeit mit einem übergroßen Rauschen und Zerspritzen und ertränkte das ganze Land." Folgt man Freuds Theorien, dann sind Träume der Spiegel des Unbewussten. Wie Dürers schrecklicher Traum zu deuten ist und was er über den Künstler aussagt, darüber kann man spekulieren. Bedeutsamer ist aber, dass mit Dürers Traum vielleicht das erste Mal in der Geschichte der Kunst ein Künstler mit einem Bild einen Einblick in sein Unbewusstes, in seine Traumwelt gibt. Dieser Einblick bleibt allerdings zunächst ein Einzelfall. Erst im 20. Jahrhundert findet das „Traumgesicht" in Dalí seinen vielleicht populärsten Nachfolger.

08 | 07 | 1593
Judith und Holofernes

Am 8. Juli 1593 wird Artemisia Gentileschi in Rom geboren. Niemand wird an diesem Tag vermutet haben, dass hier eine der erfolgreichsten Künstlerinnen ihrer Zeit das Licht der Welt erblickt. Nach ihrem Tod wird sie bis ins 20. Jahrhundert hinein in Vergessenheit geraten, ihre Werke werden zumeist ihrem Vater zugeschrieben. Dann wird die Künstlerin wieder entdeckt. Und sie eignet sich nicht nur aufgrund ihrer herausragenden künstlerischen Fähigkeiten zur Vorzeigekünstlerin ihrer Zeit, sondern auch weil ihre Bilder vor dem Hintergrund ihrer Biografie eine ganz andere Bedeutung bekommen. So ist zum Beispiel ein beliebtes Motiv der Gentileschi die biblische Geschichte von Judith und Holofernes, in der die schöne Judith den Belagerer ihrer Heimatstadt, Holofernes, zunächst mit weiblichen Reizen und viel Wein wehrlos und dann einen Kopf kürzer macht. Bei der Umsetzung des Themas fallen bei Gentileschi besonders die zwei Frauen auf, die bei ihr so entschlossen und ohne Zögern die brutale Tat begehen. Die Genugtuung in den Gesichtern der Frauen zu malen, mag Artemisia – nicht ohne Grund – gefallen haben. Denn ihr Vater gab ihr einst seinen Malerfreund Tassi als Lehrer, und der vergewaltigte die junge Frau. Es kommt es zu einem vor allem für Artemisia unangenehmen

Prozess, begleitet von gynäkologischen Untersuchungen und dem Anlegen von Daumenschrauben, um sie zur Rücknahme der Behauptungen zu zwingen. Nach dem sieben Monate dauernden Prozess verlässt die Künstlerin Rom, um in Florenz zur Wiederherstellung ihrer Ehre verheiratet zu werden. Ihren Aufstieg als Künstlerin und in die höhere Gesellschaft kann das alles nicht aufhalten. Zu ihren Auftraggebern werden später die einflussreichen Medici gehören, Galileo Galilei zählt zu ihren Freunden. Statt sich, wie für Frauen damals üblich, auf Porträts oder Miniaturen beschränken zu lassen, malt sie auch historische und religiöse Szenen, und das auf so beeindruckende Weise, dass sie als Nachfolgerin Caravaggios gilt. Gentileschi ist damit eine der ersten Frauen, denen zu Lebzeiten Anerkennung in ihrer Kunst erfährt.

29 | 05 | 1606
Ein gewalt(tät)iger Maler

Gern ranken sich Geschichten und Legenden um Genie und Wahnsinn der besonders Begabten. Der Barockkünstler Caravaggio ist hierfür ein gutes Beispiel. Er zeichnet sich nicht nur durch einen einzigartigen Malstil aus, sondern sein Leben wird umsäumt von Legenden. Caravaggio steht in dem Ruf gewalttätig und unberechenbar zu sein. Immer wieder gerät er in Schwierigkeiten und Auseinandersetzungen. Diese finden schließlich ihren Höhepunkt, als er am 29. Mai 1606, wahrscheinlich unbeabsichtigt, einen jungen Mann tötet. Mysteriös sind die Umstände des Todes von Ranuccio Tomassoni. Ein Streit um Spielschulden oder ein Tennisspiel soll Auslöser des Konfliktes gewesen sein. Es ist aber nicht der extreme Lebensstil Caravaggios, der ihn zu Lebzeiten auf Ablehnung stoßen lässt. Nach dem Vorfall verhelfen ihm sogar hochgestellte Persönlichkeiten zur Flucht. Der Künstler, so gern sich auch Legenden um seine Vita ranken, wird vor allem wegen seiner Art zu malen, besonders bei religiösen Themen, als provozierend aufgefasst. Nach seinem Durchbruch 1599 überhäufen ihn Kirche und Privatleute zwar zunächst mit Aufträgen, aber immer öfter lehnt vor allem die Kirche seine Werke ab oder entfernt sie nach kurzer Zeit. Denn Caravaggio malt die Heiligen in zerrissenen Kleidern, mit schmutzigen Füßen und abgearbeiteten Händen, ein kompromissloser Realismus, der nicht so recht zum seitens der Kirche gewünschten Bild des triumphierenden Heiligen passen will. Die heutige Bedeutung seiner großartigen Malweise ist davon allerdings unabhängig und unumstritten.

31 | 01 | 1632
Die Anatomie des Dr. Tulp

Am 31. Januar 1632 wird der Kriminelle Adriaan Adriaanszoon gehenkt. Damit nimmt seine Geschichte allerdings kein Ende. Nach seinem Tod wird er unsterblich, indem er auf einem Gemälde verewigt wird. Seine Leiche wird nämlich in Amsterdam von Chirurgen öffentlich obduziert. Seinerzeit sind solche Schauveranstaltungen nicht ungewöhnlich. Als Publikum nehmen Chirurgen, Studenten und auch Bürger an den fast gesellschaftlichen Ereignissen teil. Das war nicht immer so. Bis ins Mittelalter war das Öffnen von Leichen verboten. Der menschliche Körper galt als Werk Gottes und damit, in den Augen der Kirche, als unantastbar. In der Renaissance lockert sich diese Einstellung. Leonardo Da Vinci soll an einigen Obduktionen teilgenommen haben. Aber auch die öffentlichen, von Mitgliedern medizinischer Fakultäten oder Chirurgen-Zünften organisierten Schauveranstaltungen im 17. Jahrhundert müssen zuvor genehmigt werden. Als Adriaan Adriaanszoon nach seiner Hinrichtung am 31. Januar 1632 obduziert wird, ist auch der Maler Rembrandt zugegen. Im Auftrag der an der „Anatomie" beteiligten Chirurgen soll er ein Gruppenbild anfertigen, das vermutlich zur Ehre der Abgebildeten ihren Zunftraum schmücken soll. Üblicherweise reiht sich bei solchen Aufträgen Porträt an Porträt, die Abgebildeten schauen dabei den Betrachter an. Rembrandt macht es spannender. Er zeigt Dr. Tulp und die sieben weiteren Ärzte in Aktion, gebannt und fasziniert vom Blick in den menschlichen Körper. Ein meisterhaftes Gemälde in Komposition und Darstellung, das vom menschlichen Selbsterforschungsdrang zeugt.

06 | 08 | 1660
Maler der Mühe

„Maler der Maler" wird Diego Rodriguez Velasquez aufgrund seiner künstlerischen Fähigkeiten gern genannt. Sein Umgang mit Farbwerten macht ihn zum Vorbild für die Impressionisten. Werke wie „Las Meninas" haben ihm einen festen Platz in der Kunstgeschichte gesichert. Aber Velázquez ist nicht nur ein begnadeter Maler, sondern auch eine einflussreiche Persönlichkeit am spanischen Hof unter König Philipp IV. Mit 24 Jahren wird er Hofmaler, drei Jahre später wird er zusätzlich zum „Leibtürhüter" des Königs ernannt und schließlich zum Palast-Marschall befördert. Dies bringt unzählige Verpflichtungen, die ihm nur noch wenig Zeit zum Malen lassen. Velazquez muss sich nicht nur um die dramaturgische Ausgestaltung der Hofzeremonien und die Organisation der vielen Reisen des Königs kümmern, sondern auch um Betttücher, um die Strohsäcke der Wachen, die Beschaffung von Holz und Kohle oder die Beaufsichtigung des Reinigungspersonals. Bei öffentlichen Essen hält er dem König den Stuhl. 1658 wird er für seine Dienste zwar zum Ritter geschlagen, doch aus einer Aktennotiz von 1657 wird ersichtlich, dass man ihm zeitweise den Lohn für ein ganzes Jahr schuldet. Nach der Rückkehr von einer Reise im Juli 1660 schreibt Velázquez: „Ich bin nach Madrid zurückgekehrt, erschöpft von der Reise bei Nacht und der Arbeit bei Tage." Schließlich werden Arbeitsbelastung und Erschöpfung zu groß: Am 6. August 1660 bricht der entkräftete Künstler tot zusammen.

13 | 07 | 1793
Der Tod des Marat

Die französische Revolution befindet sich in ihrer radikalen Phase, als Charlotte de Corday am 13. Juli 1793 den Revolutionär Marat mit einem Küchenmesser in seiner Badewanne ersticht. Dort hielt er sich wegen eines Hautleidens nicht selten auch während der Arbeit auf. Charlotte stammt zwar aus altem Adel, sympathisiert gleichwohl mit den Republikanern. Jean Paul Marat allerdings personifiziert für sie den jakobinischen Radikalismus, der in ihren Augen u.a. durch die Hinrichtung des Königs Ludwig XVI. und die damit verbundenen Kriegserklärungen anderer europäischer Mächte den Erfolg der Revolution gefährdet. Charlotte wird wegen ihrer Tat wenig später hingerichtet. Jacques-Louis David, Mitrevolutionär von Marat, begnadeter Maler und bedeutender Propagandist der französischen Revolution, nutzt den gewaltsamen Tod, um Marat als revolutionären Märtyrer zu inszenieren. Die Haltung des Marat im Bild entspricht bewusst der des Christus in der Pietà von Michelangelo. David macht den toten Revolutionär dadurch zum Heldenmonument und Staatsheiligen der Republik. Als die Vollendung des Bildes am 14. Oktober bekannt gegeben wird, herrscht in dieser bereits seit September der „Terreur", die Schreckensherrschaft.

06 | 02 | 1799
Der ungeheure Schlaf der Vernunft

Chronos, der Gott der Zeit, verschlingt als grausiges Monster mit weit aufgerissenen Augen seine Kinder. Zwei Bauern stecken bis zu den Knien im Schlamm und schlagen unter einem bleischweren Himmel erbarmungslos mit Stöcken aufeinander ein. Dies sind zwei Szenen eines dunklen Bilderzyklus, der sich als „Pinturas Negras", schwarze Bilder, heute im Museo del Prado in Madrid befindet. Damit das beängstigende Szenario dort betrachtet werden kann, musste einiges an Aufwand betrieben werden. Im 19. Jahrhundert wurden hierzu die Wände eines Landhauses in der Nähe von Madrid abgetragen um dann im Museum wieder aufgebaut zu werden. Francisco de Goya ist siebzig Jahre alt, als er um 1820 die albtraumhaften Bilder mit Ölfarbe auf die Zimmerwände dieses Hauses malt. Müde und geschwächt hat er sich dorthin zurückgezogen. „Quinta del Sordo", übersetzt „Wohnung des Tauben" wird das Haus genannt, weil der Künstler nichts mehr hören kann. Das alles hindert ihn nicht daran, hier ein visionäres Werk zu schaffen, das zu Ende bringt, was sich bereits zwanzig Jahre zuvor in einer Madrider Tageszeitung ankündigte. Am 6. Februar 1799 annonciert Goya das Erscheinen einer Serie von 80 Radierungen. Das Blatt Nr. 43 dieser früheren Serie zeigt den schlafenden Künstler, der von unheimlichem Getier bedrängt wird. Es heißt „Der Schlaf der Vernunft gebiert Ungeheuer". Das kann man auch so verstehen: Wenn die Vernunft schläft, werden Dummheit, Unvernunft und Gewalt regieren. Goya nennt die Serie „Caprichos" (Launen) und übt mit ihnen in satirischer Form Kritik an Kirche und Gesellschaft. Das bringt ihm einige Schwierigkeiten ein, so dass er, um der Inquisition zu entgehen, die Druckplatten schließlich dem König schenkt und sich damit unter dessen Schutz stellt. Mit den „Caprichos" und den „Pinturas Negras" qualifiziert sich Goya endgültig zum herausragenden Visionär der Finsternis.

21 | 10 | 1805

Die Tollkühne

„Téméraire", übersetzt die „Tollkühne", heißt das Kriegsschiff mit der Nummer 2 in der Schlachtordnung der Briten. Diesem Namen macht das Schiff alle Ehre, denn ihr tollkühner Einsatz verhilft den Engländern am 21. Oktober 1805 bei Trafalgar zum Sieg über die französische Flotte. Ein Erfolg, der den Briten für ein Jahrhundert die Seeherrschaft sichert. Der Ruhm der „Téméraire" soll nicht so lange andauern. Dreißig Jahre nach der siegreichen Schlacht hat das alte Schiff ausgedient. Ganz England trauert, so heißt es, als das Schiff zum Abwracken geschleppt wird. Auch der englische Landschafts- und Seemaler William Turner muss dabei gewesen sein, denn er hält den bewegenden Moment in einem seiner bekanntesten Bilder fest. Der kleine dunkle dampfbetriebene Schlepper und sein feuriger Schlot bekommen in Turners Gemälde allerdings ebenso viel Aufmerksamkeit wie das alte ausgediente, ehemals „tollkühne" Segelschiff. „Der kleine Dämon eines Dampfschiffs stößt eine stinkende, gespenstische, rotglühende, bösartige Rauchfahne aus, während dahinter langsam, traurig und majestätisch das tapfere alte Schiff folgt, gewissermaßen vom Tod gezeichnet," kommentiert der Dichter William Makepeace Thakeray das Ereignis. So aufgefasst, wird Turners Gemälde von 1838 zum Sinnbild des Aufbruchs in eine neue, moderne Welt und zum Abgesang einer vergangenen Ära.

21 | 01 | 1818
Romantischer Ausblick

Am 21. Januar 1818 heiraten Caspar David Friedrich und Caroline Bommer. Im Sommer führt ihre Hochzeitsreise sie zu den weißen Klippen von Stubbenkammer auf Rügen. Das dort entstandene Bild zeigt einen beliebten Aussichtspunkt der Ostseeinsel und gilt als eines der schönsten Gemälde des romantischen Malers. Friedrich ist für seine Kompositionen bekannt, in denen ein beengter Bildvordergrund sich durch einen fensterartigen Ausblick in eine weite und sehnsuchtsvolle Ferne öffnet. Von den verloren wirkenden Figuren, die Friedrich in diese Landschaften setzt, zeigt er dem Betrachter nur den Rücken. Als im 20. Jahrhundert sein fast vergessenes Werk wieder entdeckt wird, streiten sich die Interpreten darüber, ob Friedrich den Ausblick auf ein religiöses Jenseits oder ein politisches Diesseits in seinen Bildern zeigen will. Wer sich aber die Komposition von „Kreidefelsen auf Rügen" genauer anschaut, kann erkennen, dass Friedrich hier der Öffnung die Form eines Herzens gibt. Auch wenn eine der drei Rückenfiguren sich eher angstvoll am Rande der Klippen festklammert, offenbart Friedrich in „Kreidefelsen auf Rügen" anlässlich seiner Hochzeit vor allem seine romantische Sicht auf die Liebe.

28 | 07 | 1830
Die Freiheit führt das Volk

Marianne stürmt voran, in der einen Hand die nach vorn gestreckten Trikolore, in der anderen Hand ein Gewehr, zum Kampf bereit. Es ist der 28. Juli 1830, und die Barrikadenkämpfe der Pariser Bevölkerung gegen die am 26. Juli publizierten „Juliordonnanzen" erreichen die Ausmaße einer Revolution. So inszeniert der Maler Delacroix den Aufstand der Pariser Kommune auf seinem

Gemälde „Die Freiheit führt das Volk". Die reale Szene, die ihm, wie man vermutet, Anregung für seine mythisch überhöhte Allegorie auf die Freiheit der Republik gibt, ist jedoch wesentlich schmutziger. Die Wäscherin Ann-Charlotte D., so berichtet ein Flugblatt, rennt an einem Tag im Juni 1830, offenbar nur mit einem Unterrock bekleidet, aus dem Haus, um ihren jüngeren Bruder zu suchen, stolpert über dessen von Kugeln durchsiebten Leichnam und schwört, für jede der zehn Kugeln einen Königstreuen zu erschießen. Neun kann sie offenbar erwischen, bevor sie selbst getötet wird. Ann-Chalotte wird bei Delacroix zur Marianne, zur Identifikationsfigur der französischen Nation. Ihr Name leitet sich passenderweise von den mütterlichen Heiligen Maria und Anna ab. Sie wird zum Symbol für das Selbstverständnis der Franzosen: „Liberté, Egalité, Fraternité" (Freiheit, Gleichheit, Brüderlichkeit). Mit entblößter Brust einer Amazone gleich und ungeachtet der bereits Gefallenen im Bildvordergrund, appelliert ihr Blick kämpferisch und auffordernd an das Volk, es ihr nachzutun.

25 | 04 | 1874
Bleibender Eindruck

Am 25. April 1874 erscheint in der Pariser Zeitschrift Charivari die Rezension einer Ausstellung. Der Titel des Beitrags lautet „Exposition des Impressionistes". Der Kritiker will sich damit über die neuartige Malerei lustig machen. Aber was als abwertender Spottname gemeint ist, soll sich als Bezeichnung für einen Stil durchsetzen, der mit der akademischen Maltradition bricht und den Weg in die Moderne ebnet. Die folgenreiche Artikelüberschrift bezieht sich auf das Gemälde „Impression – Soleil Levant" von Claude Monet. Blickfang des Bildes ist die aufgehende Morgensonne, die sich als dominierend oranger Farbeindruck in der verschwommenen blauen Wasserfläche spiegelt. Entstanden „Plein-Air", als Freiluftmalerei, gibt das Bild den flüchtigen Eindruck im Moment seines Entstehens und die Wirkungen von Licht, Atmosphäre und Bewegung wieder. Monet, wie auch seine Künstlerfreunde, setzen dazu schnelle Pinselstriche in reinen Farben nebeneinander, ein Geflirre von Farbeindrücken entsteht. Das akkurate, naturgetreue Abbilden von Motiven und Gegenständen interessiert nicht mehr. Das aber ist das, was seinerzeit an den Akademien gelehrt wird, und die meisten Zeitgenossen verstehen nicht, was auf den neuen Bilder zu sehen ist: Der momentane Eindruck, die „Impression" bleibt ihnen verschlossen. Da die Impressionisten zum „Salon", der tonangebenden jährlich stattfindenden Pariser Kunstausstellung, nicht zugelassen sind, treffen sie sich im Café Guerbois. In der bürgerlichen

Gesellschaft werden sie aufgrund ihres lockeren Lebenswandels als „Bohemiens" verachtet. Neben einem neuen Kunststil ist so auch das Klischee vom verkannten Künstler und Müßiggänger geboren.

01 | 04 | 1880

Wieder nicht dabei

Die Plakate zur fünften Impressionistenausstellung, die am 1. April 1880 eröffnet wird, sind fertig. Mit leuchtend roten Buchstaben ist dort auf grünem Grund die Teilnehmerliste zu lesen. Der Name einer Frau ist nicht dabei. Wie im vergangenen Jahr sind Marie Bracquemont, Berthe Morisot und Mary Cassat nicht aufgeführt, beschwert sich Edgar Degas in einem Brief an einen befreundeten Künstler. Idiotisch findet Degas den Ausschluss der Künstlerinnen und sieht Starrsinn und Gleichgültigkeit als Ursache. Immerhin arbeiten 1883 rund 3.000 Künstlerinnen allein in Frankreich, wenn man der Zeitschrift „Gazette des Femmes" glauben darf, und 1880 werden es kaum viel weniger gewesen sein. Aber die öffentliche Meinung tut sich schwer, malenden Frauen dieselbe Begabung wie ihren männlichen Geschlechtsgenossen zuzutrauen. Das verwundert nicht, weil Frauen im 19. Jahrhundert grundsätzlich wichtige Bereiche der Gesellschaft nicht zugänglich sind. Eine unverheiratete Frau soll nicht allein das Haus verlassen, Cafés oder Restaurants kann sie ohne Begleitung nicht betreten. Haushalt und Kindererziehung bilden ihren Lebensmittelpunkt. Nur langsam brechen diese Vorstellungen auf. 1897 haben auch Frauen Zugang zur staatlichen Kunstakademie in Paris. An privaten Kunstschulen konnten sie zwar schon vorher Malerei studieren, mussten dafür aber oftmals doppelt so viel bezahlen wie ihre männlichen Kollegen. Kein Wunder also, dass die Werke der Künstlerinnen des 19. Jahrhunderts nur sehr beschränkten Zugang zur Öffentlichkeit haben. Späte Anerkennung wird dann doch noch einigen bedeutsamen Impressionistinnen zuteil: Von Februar bis Juni 2008, über 120 Jahre später, werden ihre Werke in der Frankfurter Schirn-Kunsthalle gezeigt.

23 | 12 | 1888

Der Mitbewohner

Im Mai 1888 mietet Vincent van Gogh vier Zimmer im südfranzösischen Arles im „Gelben Haus", das seinen Namen von einem seiner Bilder erhält. Van Goghs Ziel ist es, dort eine Künstlergemeinschaft zu begründen. Er wünscht sich Paul Gauguin, den er noch aus Paris kennt, als ersten künstlerischen Mitstreiter und lädt ihn wiederholt zu sich ein. Gauguin schätzt van Goghs besonderen expressiven Stil, fürchtet sich aber ein wenig vor dessen schwieriger Persönlichkeit und kann sich ein Zusammenleben mit dem Maler eigentlich nicht vorstellen. Van Gogh bleibt hartnäckig und schließlich bezieht Gauguin am 23. Oktober sein Zimmer im „Gelben Haus". In den ersten Wochen scheint es gut zu gehen. Van Gogh scheint sogar seine Malweise an den Stil Gauguins anpassen zu wollen.  Am 17. Dezember schreibt van Gogh in einem seiner vielen Briefe an seinen Bruder und Galeristen Theo aber bereits von einer „unerhört elektrischen Spannung", die er zwischen sich und seinem Künstlerkollegen spürt. Kurz vor Weihnachten, am 23. Dezember, entladen sich die aufgestauten Emotionen des sensiblen Künstlers. Van Gogh bedroht Gauguin mit einem Rasiermesser, richtet die Aggression dann aber gegen sich selbst und schneidet sich den unteren Teil des linken Ohres ab. Das abgeschnittene Ohr gehört später zum Künstlermythos Van Gogh wie die aus heiteren Zeiten stammenden berühmten Sonnenblumen. Immer extremer werden auch die expressive Farbpalette und der hektisch wirkende Pinselduktus gegen Ende seines Lebens, das 1890 durch die Folgen eines Selbstmordversuches ein frühes Ende findet. Gauguin verlässt Arles am 26. Dezember 1888. Er wird in der Südsee schließlich seine künstlerischen Ideale verwirklichen.

01 | 01 | 1895
Ganz schön plakativ

Manchmal sind es Sekunden, die über Wohl und Wehe, Sieg und Niederlage und Bekanntheit und Untergang entscheiden. Zu welcher Stunde und Sekunde die weltberühmte Schauspielerin Sarah Bernhardt Weihnachten 1894 den Entschluss fasst, dem bis dahin unbekannten tschechischen, in Paris lebenden Grafiker und Maler Alfons Maria Mucha den Auftrag zu erteilen, ein Plakat für ihr Theaterstück „Gismonda" zu entwerfen, ist nicht bekannt. Aber seit dem 1. Januar 1895 hängen die lebensgroßen „Gismonda"-Plakate des 34-jährigen an den Wänden der Stadt und führen Mucha nach ganz oben. Bernhardt dient ihm weitere Male als Model. Von ihm angefertigte Aktien für das Kaufhaus „Paris-France" verteilen sich über das ganze Land, Bilder für Kunstverlage und Zeitschriften folgen und die Belle Epoque bekommt einen ihrer größten Darsteller. Seine unverwechselbare

Jugendstil-Grafik ist schnell so heiß begehrt, dass schon die Bernhardt-Theater-Plakate kurz nach Erscheinen in den Straßen von Paris von den Wänden gerissen und im eigenen Heim verehrt werden. Der Erfolg hält für den auch als Dozent in Amerika arbeitenden Autodidakten bis kurz nach dem Ersten Weltkrieg an. Mit Frau und zwei Kindern lebt er später ohne Geldnöte auf einem Schloss in der Nähe von Prag und entwirft unter anderem Briefmarken und Banknoten sowie einen Zyklus mit 20 monumentalen Gemälden für einen amerikanischen Millionär. Lediglich sein Tod steht unter einem tragischen Stern: Kurz nach dem Einmarsch deutscher Truppen in Prag wird Mucha interniert und stirbt am 14. Juli 1939 an einer Lungenentzündung. Muchas eigenständiger Stil wird bis heute kopiert und bewundert.

20 | 02 | 1909
Falscher Optimismus

Aufsplitternde Linien, gebrochene Formen und sich überlagernde Farbflächen kennzeichnen Umberto Boccionis Bild „Der Lärm der Stadt dringt ins Haus" mit fast hörbarer Dynamik. Die Schnelligkeit und der Lärm einer neuen Ära, einer modernen Welt, dringt von der Straße hinauf zum Balkon eines Hauses, der davon in Schwingung zu geraten scheint. Das Bild entsteht 1911. Bereits zwei Jahre zuvor, am 20. Februar 1909, veröffentlicht der Figaro das futuristische Manifest von Filippo Marinetti. Darin wird deutlich, wie begeistert die „Futuristen", als die sie später in die Kunstgeschichte eingehen sollen, von der Entwicklung des technischen Fortschritts sind. Für sie bedeutet er den Aufbruch in eine moderne Welt. Beeinflusst von den Abbildungsmöglichkeiten der Fotografie wollen sie in ihrer Malerei Bewegung und vor allem den Aspekt der Zeit erfahrbar machen. Auch die geräuschvolle Maschinenmusik einer modernen, technischen Ära soll visualisiert werden. Für ihre Hoffnungen auf eine neue Welt schrecken die Futuristen auch nicht vor den Mitteln der Gewalt zurück. Das Alte hat ausgedient und muss dem Neuen weichen. Wie im futuristischen Manifest formuliert, erscheint den Zukunftsbegeisterten selbst der Krieg als probates Mittel zur Erreichung dieses Zieles. Der erste Weltkrieg kommt. Die Hoffnungen der Futuristen aber erfüllen sich nicht. Die ersehnte Erneuerung endet in Zerstörung, der Lärm stammt von modernen Kampfmaschinen.

21|07|1909
Die Blaue Reiterin

Am 21. Juli 1909 zeichnet die Malerin Gabriele Münter in ihr Skizzenbuch. Mit Folgen: Die Zeichnungen werden zur Grundlage ihres Gemäldes „Jawlensky und Werefkin", das die Geburtsstunde einer neuen Kunstbewegung symbolisiert. Abgebildet sind Marianne von Werefkin und Alexej Jawlensky. Die beiden sind ein Künstlerpaar und verbringen zusammen mit Gabriele Münter und Wassily Kandinsky, ebenfalls einem Paar, den Sommer im oberbayerischen Murnau. Im Januar hatten sie zusammen mit anderen Künstlern die „Neue Künstlervereinigung München", kurz NKVM, gegründet mit dem Ziel, in Wanderausstellungen die neue, moderne Kunst zu verbreiten. Münters Bild vom Sommer 1909 entsteht in einer äußerst produktiven Zeit. 1910 schließt sich Franz Marc der Künstlervereinigung an. Am 2. Dezember 1911 wird überraschend Kandinskys Bild „Komposition V" von der Mehrheit der NKVM Mitglieder abgelehnt. Lapidar lautet die Begründung, es sei zu groß. Wirklicher Grund der Ablehnung ist aber vermutlich die zu abstrakte Darstellungsweise Kandinskys, die auf Unverständnis stößt. Kandinsky, Marc und Münter treten aus der Vereinigung aus und gründen eine eigene: „Der Blaue Reiter". Die reduzierten, abstrahierten Formen und Farben in ihren Werken, prägen die Entwicklung der Kunst: Sie bereiten den Weg in die Moderne. Kandinsky wird von Kunsthistorikern meist das erste abstrakte Bild (1910) zugeschrieben, Gabriele Münter, deren Bilder vom Sommer 1909 bereits die abstrakten Tendenzen zeigen, die sich später in der Kunst der Moderne wieder finden, tritt in den Hintergrund.

21|08|1911
Schicksale einer Schönen

Am 21. August 1911 verschwindet das wohl berühmteste Lächeln der Welt. Von der „Mona Lisa" bleibt nur der damals gänzlich ungesicherte Rahmen an der Wand des Louvre zurück. Offenbar als Reinigungskraft verkleidet, stiehlt der Italiener Vincenzo Peruggia am helllichten Tag, von Hunderten von Besuchern unbemerkt, das Bild aus dem Pariser Museum. Zwei Jahre lang versteckt er das Meisterwerk zuhause, bis er es schließlich nach Florenz schmuggelt um die kostbare Ware zu verkaufen. Er wird erwischt. In der sich anschließenden Gerichtsverhandlung verteidigt sich Peruggia: Er habe das Bild nur Italien, seinem Heimatland, zurückgeben wollen. Doch „La Gioconda", wie sie in ihrer italienischen Heimat heißt, ist Kummer gewohnt. Nicht nur, dass die dargestellte Lisa Gherardini im Laufe der Zeit ihre Identität von einer Herzogin zur Prostituierten, zur schwerkranken Frau und schließlich zur Inkarnation des Malergenies Leonardo Da Vinci selbst veränderte, auch musste sie sich im 19. Jahrhundert wechselweise Vamp, Sphinx oder „femme fatale" schimpfen lassen. Und es kommt schlimmer: 1914 übermalt Kasimir Malewitsch eine Reproduktion des berühmten Gemäldes in einer Collage mit einem roten Kreuz, Jan Voss serviert 1965 die Mona Lisa in einer Ölsardinenbüchse. Den größten Skandal aber erzeugt der Dadaist Marcel Duchamp, als er 1919 einen Kunstdruck der Gioconda per Bleistift mit einem Schnurrbart versieht und mit einem Wortspiel, das übersetzt so viel bedeutet wie: „Ihr ist heiß am Hintern". Davon sieht der heutige Betrachter im Louvre nichts. Hier hängt die Mona Lisa jetzt hinter dickem Panzerglas. Wer sich in die Schlange stellt, muss sich gedulden, um einen Blick auf das legendäre Lächeln zu erlangen.

13 | 04 | 1917

Der blinde Mann und das Urinal

Die Society of Independent Artists in New York ist erst ein Jahr alt, als ein gewisser Richard Mutt sein Kunstwerk dort zur Jahresausstellung einreicht. Grundidee der frisch gegründeten Gesellschaft ist, dass jeder Künstler dort gegen eine Beitrittsgebühr von einem Dollar und eine Jahresgebühr von fünf Dollar bis zu zwei seiner Werke in der Jahresausstellung zeigen darf. Ohne Zensur und Vorauswahl durch eine Jury soll der Künstler-Avantgarde die Möglichkeit gegeben werden, ihre Werke zu publizieren. Die sechs Dollar hat Richard Mutt bezahlt und könnte nun erwarten, dass sein eingereichtes Werk auch ausgestellt wird. Doch das Werk namens „Fontäne" wird, ohne weiteren Kommentar der Veranstalter, nicht gezeigt. Dies liegt augenscheinlich daran, dass es sich bei „Fontäne" um ein ganz normales Urinal handelt, ein Pissoirbecken für öffentliche Bedürfnisanstalten. Der Künstler hat es gekauft und mit schwarzer Farbe am Rand signiert, viel mehr hat er nicht gemacht. Die Kommission ist empört und beschließt, das vulgäre Plagiat sei keine Kunst, und verdiene nicht ausgestellt zu werden. Einer allerdings ist da ganz anderer Meinung. Es ist Marcel Duchamp, ein Gründungsmitglied der Gesellschaft. Er selbst war es, der als Richard Mutt unter falschem Namen das Urinal einsandte, um zu prüfen, wie offen und unabhängig seine Jahresausstellung wirklich ist. Nach der Ablehnung des Objektes zieht Duchamp die Konsequenzen und tritt aus der Gesellschaft aus. Als am 13. April 1917 die Avantgarde-Zeitschrift „The Blind Man" erscheint und den Skandal publiziert, wird die „Fontäne" doch noch der Öffentlichkeit zugänglich, mehr noch, sie wird zum Medienereignis. Duchamp gilt seitdem als Erfinder des Ready-Mades und das Urinal als zentrales Werk, mit dem alle bisherigen Kunstbegriffe in Frage gestellt wurden.

10 | 08 | 1925
Prinzipiell Zufall

Max Ernst notiert: „Am zehnten August 1925 brachte mich eine unerträgliche Heimsuchung dazu, die technischen Mittel zu entdecken, die eine klare Verwirklichung der Lektion von Leonardo mit sich brachten." Die Lektion, auf die sich Max Ernst hier bezieht, besteht darin, sich vom Zufall zu Bildideen anregen zu lassen. Um 1519 schreibt Leonardo darüber, wie inspirierend ein Blick auf eine mit Flecken beschmutzte Wand oder auf einen Stein mit unterschiedlicher Struktur sein kann. Landschaften könne man darin erkennen, auch Schlachten oder lebhafte Gebärden von Figuren und sonderbare Physiognomien. Dinge, die, auf eine vollkommene und gute Form zurückgebracht, Quellen für Bildideen sein könnten. Am Abend des 10. August 1925 regnet es. Max Ernst befindet sich in einem Gasthaus am See, als ihn eine Vision beim Anblick der Kratzer in den Fußbodendielen des Gasthauses heimsucht. Er kann den faszinierten Blick nicht mehr von den ausgetretenen Holzbrettern abwenden. Schließlich fertigt er eine Serie von Zeichnungen von den Mustern auf den Dielen an, indem er Papierblätter darauf legt und diese mit Bleistift abreibt. Für Max Ernst entstehen so Abbildungen, die nicht mehr die Oberfläche des Holzes wiedergeben, sondern eine ganz eigene Symbolik entwickeln, die dann in seinen Waldbildern ihren vielleicht stärksten Ausdruck findet. Frottage nennt sich heute das von Max Ernst angewandte Abreibeverfahren. Die durch mechanische, automatische und zufällige Bearbeitung einer Fläche entstehenden Strukturen werden Basis für aussagekräftige Bildwelten. Der Zufall wird Prinzip.

01 | 05 | 1937
Schreie überschwemmen das Meer

Am 1. Mai 1937 beginnt Pablo Picasso mit seiner Arbeit an dem Gemälde „Guernica". Bereits am 4. Juni wird das Werk vollendet. Es soll zu einem der wichtigsten Mahnmale der Kunstgeschichte gegen Krieg, Brutalität und Gewalt werden. Picasso ist bereits im Januar von der republikanischen spanischen Regierung damit beauftragt worden, für die Pariser Weltausstellung ein monumentales Gemälde für den nationalen Pavillon zu gestalten. Hat er mit „Maler und Atelier" zunächst ein eher privates Thema im Sinn, so ändert sich sein Plan mit der Nachricht vom Bombenangriff, den deutsche Flieger am 26. April 1937 auf die baskische Stadt Guernica verübten, schlagartig. In zahlreichen Entwürfen und Skizzen vorbereitet, fügt Picasso Zitate der Kunstgeschichte, Zitate seiner eigenen Werke und Elemente des synthetischen Kubismus zusammen und passt dies der neuen künstlerischen und historischen Situation an. Eine Allegorie des Leidens entsteht. „Schreie der Kinder, Schreie der Frauen, Schreie der Vögel, Schreie der Blumen, (…) Schreie des Rauchs, der in die Schulter sticht, Schreie, die in dem großen Kessel schmoren, und des Regens von Vögeln, die das Meer überschwemmen," so formuliert Picasso in einem Gedicht zu seinem Radierungszyklus „Traum und Lüge Francos" bereits Anfang 1937 das Entsetzen, das ihn angesichts des Erlebnisses des spanischen Bürgerkriegs ergreift. In „Guernica" finden diese Gedanken ihren stärksten Ausdruck: Das Leiden, die Angst und der Schrecken werden hier nicht im Moment offenbar, sondern als ewige Schattenseite des menschlichen Daseins.

19 | 07 | 1937
Verrückt um jeden Preis

Der 19. Juli 1937 ist ein trauriges Datum für die Geschichte der Kunst in Deutschland. An diesem Tag wird in München die Ausstellung „Entartete Kunst" von den Nationalsozialisten eröffnet. „Gequälte Leinwand – Seelische Verwesung – Krankhafte Phantasten – Geisteskranke Nichtskönner", heißt es in dem Text, mit welchem im Juli 1937 die Ausstellung angekündigt wird. Das Ziel der Nationalsozialisten ist es, die Kunst der Moderne als die von Schwachsinnigen zu diffamieren, an deren Stelle nun eine „völkische" Kunst treten soll. Hunderte von Gemälden, Grafiken und Skulpturen werden auf Weisung des Propagandaministers Goebbels in deutschen Museen beschlagnahmt und nach München transportiert. Parallel zur ersten „Großen Deutschen Kunstausstellung" werden hier die Werke der künstlerischen Avantgarde in einer Schandausstellung präsentiert. Dicht gedrängt hängen die Werke des Expressionismus, Impressionismus, Dadaismus, der Neuen Sachlichkeit oder des Surrealismus. An den Wänden zwischen Bildern von Künstlern wie Schwitters, Nolde, Beckmann, Kirchner, Klee, Ernst, Chagall und Kandinsky prangen Schriftzüge wie „Wahnsinn wird Methode", „Verrückt um jeden Preis" oder „So schauen kranke Geister die Natur". Als Wanderausstellung

konzipiert, sehen über zwei Millionen Besucher diese Ausstellung. Das Propagandaministerium scheint Erfolg zu haben. Derweil werden die Vertreter der Moderne von den Kunsthochschulen vertrieben oder mit Malverboten belegt. Viele von ihnen fliehen ins Ausland, wo sie ihre Ideen weiter entwickeln. In Deutschland hingegen bestimmen mittelmäßige Künstler mit einer antiquierten Bildsprache die visuelle Wahrnehmung. Die düstere Zeit muss erst zu Ende gehen, damit auch hier die Moderne fortgesetzt werden kann.

12 | 09 | 1940
Das Geheimnis in der Tiefe

Plötzlich ist der kleine Hund wie vom Erdboden verschluckt. Schnell wird offenbar, dass er in einer Erdspalte verschwunden sein muss. Die vier Jungen, die am 12. September 1940 im Moment zuvor noch fröhlich und nichts ahnend einen Wald in der südwestfranzösischen Dordogne durchstreiften, räumen hastig ein paar Steine beiseite. Vor ihnen öffnet sich eine dunkle Tiefe. Voller Angst und Neugier steigen sie hinab. Was sie unten entdecken, wird die Welt in einzigartiger Weise beeindrucken. Etwa einhundert Meter lang ist die Höhle von Lascaux und in ihr finden sich mehr als 1.500 geritzte Zeichnungen und 600 naturgetreue Bilder aus vorgeschichtlicher Zeit. Auf 15.000 v. Chr. wird deren Alter geschätzt. Die Urzeitmenschen haben vor allem Tiere und Jagdszenen, aber auch geheimnisvolle, vermutlich rituelle Symbole bildlich festgehalten. Die größten Abbildungen sind bis zu fünf Meter lang. Neben der beeindruckenden Größe überzeugen die Darstellungen aber auch durch ihre Kunstfertigkeit. Beschwerlich muss die Arbeit gewesen sein, nur lang ausgestreckt oder zusammengekauert und mit primitivsten Werkzeugen konnten diese frühen Künstler ihre Bilder auf die Höhlenwände malen. Niemand hatte bis zum 12. September 1940 vermutet, dass Menschen in so früher Vorzeit zu solchen Meisterwerken in der Lage gewesen wären. Die zufällige Entdeckung bescherte nicht nur den vier französischen Jungen ein unvergessliches Abenteuer, sondern stellte damit auch die bisherigen Vorstellungen der Kunsthistoriker auf den Kopf.

11|08|1956
Jack the Dripper

Jackson Pollock breitet seine großformatigen Leinwände auf dem Boden aus. So kann er von allen Seiten an sie herantreten. Zunächst versieht er den Malgrund mit figurativen Grundstrukturen, dann lässt er Farbe aus Dosen oder von Stöcken darauf tropfen. Ein für das Auge des Betrachters unauflösbares und dynamisches Gewirr aus Linien entsteht. Rational gesteuert sein soll dieser Prozess nicht. Unbewusst und unter Einsatz des ganzen Körpers entstehen die sogenannten „Drip Paintings". Pollock wird mit seiner neuen Maltechnik, angeregt von der „automatischen Bilderzeugung" der Surrealisten, zum Star der 1942 von Peggy Guggenheim in New York eröffneten Galerie „Art of This Century". Von dort aus wird der neue Stil, der unter der Bezeichnung „Abstrakter Expressionismus" auch andere neue Mal- und Darstellungsverfahren subsumiert, seinen Siegeszug in den USA antreten. In den 1950er Jahren beherrscht der Stil den amerikanischen Kunstmarkt. Die Öffentlichkeit allerdings findet nur schwer Zugang zu den abstrakten Werken. Spöttisch erhält Pollock den Beinamen „Jack the Dripper" (Jack der Tropfer). Der Künstler, der seine Emotionen so expressiv auf der Leinwand verdeutlicht, versucht seine psychischen Probleme mit Alkohol zu bekämpfen. Er stirbt am 11. August 1956 mit 44 Jahren bei einem Autounfall, den er betrunken verursacht.

09|07|1962
Guck mal Mickey, Dosensuppen

Am 9. Juli 1962 eröffnet die erste Einzelausstellung von Andy Warhol in der Ferus Gallery in Los Angeles. Warhol hat sich bereits seit Anfang des Jahres bei einigen anderen Galerien vorgestellt, wird aber immer wieder abgewiesen. Am meisten trifft ihn die Ablehnung des Galeristen Leo Castelli. Zu diesem kommt Warhol mit einer Serie zum Thema „Comics", die er leicht expressionistisch als Kunstwerke aufbereitet hat. Eigentlich eine ausgefallene Idee für eine Zeit, in der abstrakte Malerei den Markt beherrscht. Aber Warhol hat Pech. Ein anderer Künstler ist ihm zuvor gekommen. Roy Lichtenstein hat bereits im Herbst 1961 Comicbilder bei Leo Castelli ausgestellt und bekommt im Frühjahr 1962 dort auch seine erste Einzelausstellung. Sein Stil, mit Rasterpunkten die industrielle Fertigung zu zitieren, ist, das sieht auch Warhol ein, viel provokativer. Mit dem Bild „Look Mickey" gelingt Lichtenstein der Durchbruch: Mickey Mouse und Donald Duck stehen auf einem Bootssteg und Donald ruft begeistert: „Look

Mickey, I've hooked a big one", obwohl sich sein Angelhaken nur in seiner Jacke verfangen hat. Mickey steht grinsend daneben. Ob dies als Sinnbild für den Erfolg der Comicbilder von Warhol und Lichtenstein verstanden werden darf, sei dahingestellt. Warhol jedenfalls ärgert sich nur kurz darüber, dass Lichtenstein der bessere Comicmaler ist. Er gibt das Thema Comics auf und setzt nun auf Quantität und Wiederholung. Vom Genie dieses Einfalls zeugen die Serien seiner Marilyns und Tomatendosen noch heute. Mit Eröffnung seiner ersten Einzelausstellung am 9. Juli 1962 machen ihn die Bilder der „Campbell's Soup Cans", die nichts weiter als Dosensuppenbüchsen zeigen, auf einen Schlag berühmt. Warhol und Lichtenstein gelten daher beide als Begründern der amerikanischen Popart.

05|06|1965
Gebildete Schirme

Der Mann aus Südkorea steht neben Joseph Beuys in der Galerie Parnass in Wuppertal, nicht weit von beiden entfernt eine Armada aus Fernsehern. „Das Fernsehen hat uns ein Leben lang attackiert, jetzt schlagen wir zurück", verkündet der Mittdreißiger. Der Auftritt am 5. Juni 1965 ist Teil eines 24-Stunden-Happenings, ebenso wie ist die so genannte „Robot Opera", Initiator ist der Fluxus-Künstler Nam June Paik. Jener hat schon früh in seinem Leben einen Hang zur außergewöhnlichen künstlerischen Nutzung der medialen Möglichkeiten. Von Tokio führt ihn sein Weg nach München und Freiburg, wo einer seiner Lehrer schreibt, Paik sei eine so extraordinäre Erscheinung, dass er sich nicht für ihn zuständig fühle. Er trifft 1958 John Cage, wirft bei einer Aufführung von Stockhausens „Originale" von einem Wasserbecken aus Bohnen ins Publikum, erfindet quasi die „action music" und ist der vielleicht erste Video-Künstler der Welt, als das Wort noch kaum jemandem ein Begriff ist. Paik baut einen Video-Synthesizer und Werke wie den inzwischen weltberühmten „Video-Buddha". Überall, wo moderne unübliche Kunst einen Platz hat, ist er vor Ort. 1988 stellt Paik das Kunstwerk „The More The Better" bei den Olympischen Sommerspielen in Seoul auf: 1.003 Monitore bilden diesen imposanten Medienturm. Am 29. Januar 1996 stirbt Nam June Paik in Florida. Die Dokumenta X widmet ihm 1997 ein Briefmarken-Motiv. Ein Paik-Museum südlich von Seoul ist in Arbeit.

09 | 07 | 1976
Was ich las, wohin ich ging, wen ich traf

Am 9. Juli 1976 ist der japanische Konzeptkünstler On Kawara in Berlin zu Gast. Darüber gibt ein kleines, eher unauffälliges Bild Auskunft. Das Besondere an diesem Bild ist, dass es Teil einer schier endlos erscheinenden Serie ist, die gut zehn Jahre vorher, am 4. Januar 1966, von On Kawara ins Leben gerufen wurde und die bis heute andauert. Der Künstler fertigt kleine, monochrom grundierte Leinwände an, die er in weißer Farbe mit dem jeweiligen Datum des Tages versieht, an dem das Bild gemalt wird. Am 9. Juli 1976 also entsteht das Datumsbild in Berlin. Das erkennt der Betrachter daran, dass jedes Datum in der Schreibweise des Entstehungslandes verfasst wird. Außerdem gehört ein kleiner Aufbewahrungskarton zu jedem Bild, auf dessen Boden ein Ausschnitt aus einer regionalen Tageszeitung klebt. Mehr als das geben die kleinen Datumsbilder nicht her, ebenso ihr Schöpfer über sich selbst. Der reist von Ort zu Ort, lässt sich aber nicht fotografieren oder interviewen, sondern verschickt stattdessen Telegramme an Freunde, auf die er „I am still alive" schreibt. Etwas mehr erfährt man in drei Bänden, in denen On Kawara seine Aufzeichnungen zu den Themen „was ich las", „wohin ich ging" und „wen ich traf" protokolliert. Es ist ein ungewöhnliches Langzeitprojekt, das On Kawara da initiiert hat. Das Ende des Projektes ist hier untrennbar und unerbittlich mit dem des Künstlers verbunden. Aufgrund dieser Entschlossenheit gilt On Kawara als einer der kompromisslosesten Konzeptkünstler.

23 | 03 | 1978
Jeder Mensch ein Künstler

Am 23. März 1978 spricht Joseph Beuys in Achberg. Er spricht über Kunst, und darüber, was Kunst ist und sein sollte und er äußert seine berühmte These: „Jeder Mensch ein Künstler." Doch will Beuys nicht einfach jeden dazu aufrufen, sich nun im klassischen Sinn, mit Pinsel und Farbe, künstlerisch zu betätigen. Vielmehr hat er eine Erweiterung des Kunstbegriffs im Sinn: Auch die Gesellschaft selbst kann als Kunstwerk betrachtet werden. Damit dieses Kunstwerk erfolgreich funktioniert, sind individuelle Offenheit, Kreativität und Phantasie nötig, und damit Eigenschaften, die traditionell den Künstlern im Umgang mit ihren Werken zugesprochen werden. Diese künstlerische Potenz spricht Beuys nun jedem Menschen zu. Jeder kann Mitschöpfer an dem Kunstwerk Gesellschaft sein, das Beuys „Soziale Plastik" nennt. Beuys selbst geht mit gutem Beispiel voran.

Er beschränkt sich nicht auf Vorträge, Performances und Happenings: Als Mitte Juli 1971 beinahe die Hälfte der Bewerber für ein Lehramtsstudium für Kunst an der Kunstakademie in Düsseldorf im normalen Zulassungsverfahren abgelehnt werden, nimmt Beuys alle 142 abgewiesenen Studenten in seine Klasse auf. Damit hat er als Konsequenz nicht nur 400 Studenten im folgenden Semester, sondern auch jede Menge Ärger mit dem Wissenschaftsministerium. Schließlich wird Beuys aus der Akademie entlassen. Die Studenten reagieren mit Hungerstreiks, einem dreitägigen Vorlesungsboykott, Unterschriftenaktionen, Transparenten und Informationswänden. In den Medien gerät der Vorfall in die Schlagzeilen. Künstlerkollegen fordern in einem offenen Brief die Wiedereinsetzung des Professors. Folgt man den Ideen von Beuys, so waren hier alle Beteiligten, vom Wissenschaftsminister Rau bis zu den Erstsemestern, dabei, sich künstlerisch zu betätigen. Sie alle arbeiten mit an der „Sozialen Plastik", sie alle sind Künstler.

07 | 11 | 1985

Vom Untergrund auf die Unterhose

Unverkennbar zeigt das Bild mit dem Titel „Selbstbildnis, 7. November 1985" einen echten Keith Haring. Das wird allerdings nicht dadurch deutlich, dass der Künstler sich hier akkurat naturgetreu selbst abbildet, wie es der Name des Bildes vermuten ließe. Stattdessen sind die auf dem Bild sichtbaren Strichzeichnungen in den kräftigen Farben so sehr zum unverkennbaren Markenzeichen des Künstlers geworden, dass es nur wenigen Schwierigkeiten bereiten dürfte, das Bild dem Maler zuzuordnen. Ein echter Keith Haring also, und damit bereits 1985 eines der teuersten Werke auf dem Kunstmarkt. Das war nicht immer so. Haring beginnt sozusagen im Untergrund, in den U-Bahnhöfen von New York, wo er seine Graffiti-Kunst illegal auf die Wände bringt. Bald sind seine cartoonartigen, witzigen Figuren überall im New Yorker Stadtbild anzutreffen. Schnell findet Haring Anschluss an die Künstleravantgarde der Weltmetropole, genau so schnell gelangt seine populäre Kunst von der Straße in die Galerien und Museen dieser Welt. Dabei sympathisierte der 1990 im Alter von nur 32 Jahren verstorbene Haring ursprünglich mit der Punkbewegung und seine Werke waren durchaus gegen den Mainstream auf dem Kunstmarkt gerichtet. Heute zieren seine fröhlichen Bilder nicht nur Museumswände, sondern auch Eierbecher, Unterhosen und Blumentöpfe.

18|09|1997
Shirley, Schädel und schwarze Tinte

Am 18. September 1997 wird die Ausstellung „Sensations" in der Royal Academy in London eröffnet. Vielen der dort gezeigten Ausstellungsstücke des Sammlers Charles Saatchi eilt zu diesem Zeitpunkt bereits ein umstrittener Ruf voraus. Besonders das Werk mit dem Titel „Die physische Unmöglichkeit des Todes in der Vorstellung eines Lebenden" von Provokationskünstler Damien Hirst, ein in Formaldehyd eingelegter Tigerhai in einem Glastank, wird kontrovers diskutiert. Die Fragen, die dieses und andere von Hirsts Kunstwerken über Leben und Tod aufwerfen, scheinen nicht bei allen Betrachtern Anklang zu finden. So kam es bereits 1994 auf einer früheren Ausstellung, mit dem bezeichnenden Titel „Some Went Mad, Some Ran Away", zu einem Skandal, als ein Besucher schwarze Tinte in den Behälter eines ausgestellten toten Schafes schüttete und damit die Transparenz der Kunstidee Hirsts zumindest für kurze Zeit verschleierte. 2007 gerät Hirst erneut in die Schlagzeilen. Mit dem Werk „For the Love of God" möchte er nach eigenen Worten den Menschen den Atem nehmen. Luft holen müssen Normalsterbliche allerdings nur, als sie den Preis hören, für den es verkauft wird: 75 Millionen Euro. Zu Ehren kommt in dieser Arbeit ein 35-jähriger Unbekannter aus dem 18. Jahrhundert, dessen Schädel Hirst in einem Londoner Geschäft erwirbt. Von diesem erstellt er einen Platinabguss, den er mit 8.601 Diamanten bestückt. Es handelt sich um die aktuell teuerste Arbeit zeitgenössischer Kunst. Der Hai, mit dem Hirsts Ruhm seinen Anfang nahm, macht dem Thema der Vergänglichkeit inzwischen alle Ehre. Seit 2006 berichten Medien von einem geplanten Austausch der Shirley Shark, wie die erste Haiin liebevoll genannt wird. Sie verliert langsam an Kontur, dem aufgrund von Konservierungsfehlern hat  bei ihr der Verwesungsprozess eingesetzt. Von bleibendem Wert aber ist die Bedeutung der Ausstellung „Sensations"; sie prägte nachhaltig die Kunstwahrnehmung der 90er Jahre und danach.

06|07|2004
Picasso knipst Baader

Der Guardian veröffentlicht am 6. Juli 2004 einen Artikel, der bereits im Titel den „Picasso des 21. Jahrhunderts" postuliert. Das 21. Jahrhundert ist zu diesem Zeitpunkt zwar erst vier Jahre alt, dennoch ist es ohne Zweifel eine große Ehre, die dem deutschen

Maler Gerhard Richter hier zuteil wird. Im Jahr zuvor war Richter der teuerste lebende Maler der Welt, eine Tatsache, die den rühmenden Titel wohl inspiriert haben wird. Zurück geht die Bezeichnung aber, so heißt es in der britischen Zeitung, auf ein Zitat eines Frankfurter Galeristen. Im selben Atemzug mit dem Namen des Künstlers wird, vor allem in der internationalen Kritik, als eines seiner berühmtesten Werke ein Bilderzyklus genannt, der sich auf ein finsteres Datum in der deutschen Geschichte bezieht. Es handelt sich um die fünfzehnteilige Fotoserie mit dem Titel „18. Oktober 1977", die sich auf den Tod der RAF-Terroristen Gudrun Ensslin, Andreas Baader und Jan-Carl Raspe im Gefängnis von Stuttgart-Stammheim bezieht. Gerhard Richter hat die Dokumente aus dieser Zeit gesammelt und damit die kollektive Wahrnehmung archiviert. 1988 stellt er sie zu einem Zyklus, ganz in schwarz und weiß gehalten, zusammen. Drastisch sind die Motive des Werks und kontrovers wird es diskutiert. Wiederum elf Jahre später, 1999, zieht der „18. Oktober 1977", wie es einem Picasso zustünde, im Museum of Modern Art in New York ein und erklimmt der Pantheon der modernen Kunst.

20|06|2007
Umsturz in Kassel

Es herrscht Sturm am 20. Juni 2007 in Kassel. Dort findet gerade zum zwölften Mal die Documenta statt, die wohl renommierteste Ausstellung zeitgenössischer Kunst in Deutschland. Ein Star der Veranstaltung ist der Chinese Ai Weiwei, der vor allem mit seinem Werk „Fairytale", zu deutsch „Märchen", in den Fokus der Aufmerksamkeit gerät. 1.001 Chinesen holt er für dieses Kunstwerk nach Deutschland und stattet sie mit USB-Sticks aus, die sie an einem Bändchen ums Handgelenk tragen. Darauf sollen sie in Form von Digitalfotos und Berichten ihre Impressionen der Kasseler Ausstellung festhalten. Was niemand einen Tag zuvor ahnen kann, auch der chinesische Künstler selbst nicht, ist, dass sein anderes Werk vom 20. Juni zu ebenso viel Aufmerksamkeit kommen wird. Es handelt sich um eine riesige Torkonstruktion aus hunderten antiker Fenster und Türen chinesischer Bauten. Ai Weiwei nennt diese Skulptur „Template". Eigentlich ist sie für den Innenraum konstruiert, aber hier in Kassel steht sie draußen. Das ist für ihre Haltbarkeit nicht eben zuträglich. Der Sturm und der Regen bringen das Werk am 20. Juni 2007 zum Einsturz. Für Ai Weiwei ist das eher ein Grund zur Freude. Für ihn entsteht aus der ursprünglichen Form nur eine neue. „Die Natur ist eben doch der fähigere Künstler", frohlockt er und beschließt, das Werk soll bis zum

Ende der Documenta einfach so liegen bleiben. Mindestens einer der 1.001 Chinesen wird bis dahin den Umsturz dokumentiert haben. Die Beständigkeit der Kunst wird zum Märchen.

25|10|2007
Der Kiefer haart

Ein Morgen wie jeder andere im Haus des Schauspielers. Nicht ganz wie jeder andere. Unter dem vor kurzem gekauften Gemälde mit plastischen Elementen liegt etwas. Der Mann geht hin und sieht nach. Es ist Stroh, das Bild von dem sehr bekannten Künstler scheint sich aufzulösen. Am nächsten Tag entdeckt Sylvester Stallone erneut etwas Stroh unter dem Bild. Er ruft den Händler an, sagt „der Kiefer haart", doch der hat für ihn nur eine wenig ermutigende Auskunft parat: „Mister Stallone, das muss so sein, das Bild geht durch eine Entwicklung, das Bild lebt." Stallone ist perplex, leise rieseln täglich Teile der 1,7 Millionen Dollar gen Boden, die er für das Kunstwerk des angesagten deutschen Malers Anselm Kiefer bezahlt hat. Schließlich wird es dem Mimen zu bunt und er klebt eigenhändig die Halme wieder auf das Bild und verkauft es schließlich weiter. So, wie es Stallone in einem Interview 2007 berichtet hat, oder doch so ähnlich, könnte es an diversen Orten der Welt zugehen, denn einer der am teuersten gehandelten Maler und Bildhauer, eben jener Kiefer, hat nicht nur bei Joseph Beuys gelernt, sondern dessen Geist auch verinnerlicht. Seine auch Materialbilder genannten Werke, sind im Stil ebenso eklektisch wie die Reaktionen darauf. Am 25. Oktober 2007 wird ihm allerdings eine Ehre zuteil, die seit über 50 Jahren niemand anders mehr erfahren hat: Der Louvre, meistbesuchtes Museum der Welt, gibt bei Kiefer ein zeitgenössisches Werk in Auftrag, welches an diesem Spätoktobertag eingeweiht wird. Auf dieser 14 mal 4 Meter großen Leinwand ist ein liegender nackter Mann zu sehen: Es ist Kiefer selbst.

======= Weiterlesen =======

▸ Klant, Michael/ Walch, Josef: Grundkurs Kunst. Schroedel, Braunschweig, 2002
▸ Günther Regel (Hg.): Moderne Kunst. Leipzig 2001
▸ Heine, Florian: Das erste Mal. Wie Neues in die Kunst kam. Bucher Verlag, 2007
▸ Zuffi, Stefano: Bildatlas der Malerei. Seemann Verlag, Leipzig, 2004

- Krauße, Anna-Carola: Geschichte der Malerei von der Renaissance bis heute. Könemann, Köln, 1995
- Norbert Wolf: Friedrich. Taschen Verlag, Köln, 2003
- Petra Bosetti: „Genies im Hintergrund" in Art, Februar 2008
- Alfons Mucha, ein Künstlerleben, Verl. Volk & Welt, Berlin, 1986
- Walther, Ingo F.: Picasso. Taschen Verlag, Köln 1986
- Prette, Maria Carla/ De Giorgis, Alfonso: Was ist Kunst. Kaiser Verlag, 2005
- Hendrickson, Janis: Lichtenstein. Taschen, Köln, 2001
- Boris von Brauchtisch: Das 20. Jahrhundert. Dumont, Köln, 1999

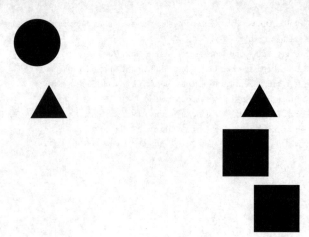

Tage der Form
Möbel, Markenzeichen und Modelle

13|06|1713 *Zwillinge mit Schneid* Die „Schneidigen von Zwilling" S. 517

03|12|1775 *Von den Sons of Liberty zu Robert Heft* Ein Schüler entwirft Stars & Stripes S. 517

19|10|1857 *Er läuft und läuft und läuft* Auf einer Speisekarte wird Johnnie Walker der bekannteste Spaziergänger der Welt S. 518

24|04|1892 *Der Tag der Erweckung* Das Weckglas profitiert von drei Versuchen des Einkochens S. 519

02|07|1904 *Das Krokodil des Robert George* Ein Sieg, eine Wette, eine Zeichnung, ein Trend und... Lacoste S. 520

06|02|1911 *Der Geist der Eleanor Thornton* Eine heimliche Geliebte wird auf dem Rolls Royce verewigt S. 520

16|11|1915 *Der Buchhalter und der Schwede* Zwei außergewöhnliche Randfiguren geben Coca-Cola ein Gesicht S. 521

21|03|1919 *Allianz der Kunst-Handwerker* Künstler und Architekten schreiben das Bauhaus Manifest S. 522

13|12|1920 *Vom Jahrmarkt zum weltweiten Markt* Hans Riegel bindet sich selbst einen (Haribo-)Bär auf S. 523

20|11|1923 *Das Ampelmännchen* Garrett Morgan regelt den Verkehr S. 523

28|06|1926 *Ein aufgehender Stern* Gottlieb Daimler war nicht nur Ingenieur, sondern auch Prophet und Designer S. 524

15|12|1928 *Mit allen hundert Wassern gewaschen* Friedensreich Regentag Dunkelbunt Hundertwassers außergewöhnliches Leben S. 525

16|05|1929 *Conrad...Cedric... George...Margaret: Oscar* Ein goldener Mann rettet die Hollywood-Filmindustrie S. 525

03|10|1932 *Sign of the Times* Stanely Morisons steile Karriere vom Gefängnis zum „Times"-Typografie-Gott S. 526

01|04|1933 *Der kleine Mann mit dem Bart* Acht Ecken aus Aluminium: Alfonso Bialettis Kaffeemaschine „Moka Express" S. 527

26|04|1934 *Das sind doch bloß Töppe...* Die zwielichtige Geschichte des Bollhagen-Porzellans S. 527

03|03|1936 *Die zündende Idee* George G. Blaisdell geht rechtzeitig mit seinem Zippo ein Licht auf S. 528

27|05|1937 *Es ist alles Gold, was nicht glänzt* Joseph Strauss baut die bekannteste Brücke der Welt in San Francisco S. 529

28|05|1937 *Die Zeichnungen des FXR* Quasi im Vorbeigehen entwickelt ein Ingenieur das VW-Logo S. 530

23|04|1946 *Die Wespe mit neuer Taille* Aus der Not eine Jugend. Kurz nach dem Krieg entsteht die ewig junge Vespa S. 530

18|01|1949 *Echt Starck* Vom Staatspräsidenten zur Zitronenpresse: Philippe Starck S. 531

31|10|1949 *Mehr als akzeptabel* Raymond Loewy ist der Mann, der Amerika ein Gesicht gibt S. 532

08|11|1949 *Eine unkaputtbares Geschäft* Vom Bauernhof zur Tupper-Party S. 532

06|11|1951 *Schneewittchen und die vielen Designer* Vom Sarg des Gründers zum Vorzeigesarg der Angestellten der Firma Braun S. 533

01|12|1953 *Wie der Hase läuft* 30 Minuten reichen für eines der bekanntesten Markenzeichen, den Playboy-Bunny S. 534

14|07|1955 *Form... vollendet* Wie der Italiener Luigi Segre VW einen Klassiker beschert S. 534

06|08|1959 *Minimale Maße, maximaler Effekt* Die Legende Mini wird nach nur sieben Monaten Schwangerschaft geboren S. 535

05|10|1961 *Bann der Sonne* Die Armee ist ausschlaggebend für die zwei Ray-Ban-Klassiker S. 536

05|10|1962 *Den Bogen geschlagen* Wie aus Architektur ein Logo und schließlich ein großes M in der Landschaft wird S. 536

20|04|1964 *Denkmalschutz für eine Schokoladenbehausung* Das Nutella-Glas wird zur Ikone der Schokoladenliebhaber S. 537

14|09|1964 *Butzi baut ein Auto* Der Porsche 911 ist eine Familienangelegenheit S. 538

12|01|1966 *Sitzen im Globus* Ein Finne lässt die Welt in der Welt sitzen – dem „Globe Chair" S. 538

02|04|1968 *Die Zukunft, die es nie gab* Olivier Mourgues, 2001 und die Visiona S. 539

22|11|1968 *Blütenweiß* So rein wie die Musik, ein epochales Beatles-Album und sein Cover S. 540

26|08|1972 *35,- $ für die Siegesgöttin* Eine Studentin ist für 2 Dollar die Stunde die Siegesgöttin Nike S. 541

08|11|1972 *Das Schicksal ist orange* Ein Parawan schreibt für Eileen Gray Geschichte S. 541

16|04|1977 *Angebissen* Aus einer Tüte Apples wird ein einziger das Symbol technologischer Zukunft S. 542

18|01|2000 *Abgang einer Küchenhilfe* Margarete Schütte-Lihotzky spart, wo sie kann und erfindet die Einbauküche S. 543

01|05|2004 *Alles im Fluss* Aus Lutz wird Luigi und aus gelötetem Spielzeug Colani-Design S. 544

30|05|2005 *Vom Luftkissen zum Vogelnest* Herzog & de Mauron setzen um, wovon andere nur träumen, Stadien wie Spielzeug S. 545

13 | 06 | 1713
Zwillinge mit Schneid

Wer im Solingen des frühen 18. Jahrhunderts kein Messerschmied ist, gehört eigentlich nicht richtig dazu. Anders Peter Henckels, der sogar beabsichtigt, sich vom Rest seiner Zunftgenossen abzuheben und seine Waren durch eine einprägsame Signatur leicht erkenntlich machen möchte. Nachdem er dreimal vor dem Rathaus das gewählte Zeichen zur Schau gestellt hat, um sich späterer Klagen zu erwehren, zieht er am 13. Juni 1713 in die Amtsstube und lässt sein Bildzeichen eintragen: Zwei knubblige schwarze Strichmännchen mit einem Schwert über dem Kopf – „Zwilling". Lediglich mit den Messerschmieden Clemens Kirsch und Wilhelm Kirchoff muss sich Henckels vor Ort noch einigen, die ihrerseits eine etwas schlankere aber nicht eben unähnliche Gestalt mit einer Krone über dem Kopf als Markenzeichen verwenden. Doch der zweite Mann in Henckels „gemerktem Zeichen" reicht offenbar aus um Verwechslungen zu vermeiden. Dass Henckels sich für den „Zwilling" entscheidet, hat seine Ursache im Sternenglauben der Zeit: der Juni 1713 steht im Zeichen von Castor und Pollux. Die Geschichte wäre nichts besonderes, handelte es sich bei „Zwilling" nicht um eines der ältesten Markenzeichen der Welt, das heute noch immer in Gebrauch ist. Auch die Firma Zwilling, später um den Zusatz „J. A. Henckels" veredelt, hat eine Erfolgsgeschichte wie kaum eine andere: 1818 entsteht eine erste Filiale in Berlin, 1883 eine in New York, es folgen Auszeichnungen auf internationalen Weltausstellungen und als sprichwörtlichen Gipfel tauft der Afrikaforscher und Stammkunde Leo Frobenius 1905 in Afrika zwei Berge auf die Namen „Zwilling" und „Henckels". In den Dreißigern schwört die Firma auf „Eishärte", in den Siebzigern auf die „Schneidigen von Zwilling", 1992 auf „Sintemetall" und 2003 auf „Twin Pollux". Das Firmenlogo macht die Trends der Zeit mit, die dicken schwarzen Zwillinge werden immer dünner, immer größer und schließlich rotweiß eingefärbt, immerhin verkörpern sie die erfolgreichste Kochmesserserie der Welt.

03 | 12 | 1775
Von den Sons of Liberty zu Robert Heft

Am 4. Juli 1776, dem Tag der „Declaration of Independence", haben die Vereinigten Staaten von Amerika de facto keine Flagge. Man bedient sich einer unentschlossenen Mischung aus diversen Fahnen der britischen Kolonialzeit. Das erste Mal wird diese Mixtur am 3. Dezember 1775 gehisst, also schon Monate vor der Unterzeichnung der Unabhängigkeitserklärung. Eine echte Nationalfahne ist sie dennoch nie geworden. Denn schnell ändern sich die Ansprüche: Am 14. Juni 1777 entscheidet der Second Continental Congress, dass die Fahne dreizehn Streifen und ebenso viele Sterne haben soll, denn dreizehn Kolonien sind den USA inzwischen beigetreten. Die Legende sagt, dass eine gewisse Betsy Ross nach einer Zeichnung George Washingtons, die Sterne beim Nähen im Kreis angeordnet habe, seriös nachgewiesen werden kann dies jedoch nicht. Zudem sind zu der Zeit viele individuelle Versionen in Umlauf. Fortan gibt es weitere zahllose Varianten im Sternenbanner, je nach Staatenanzahl, lediglich die Anzahl der rot-weißen Streifen bleibt seit dem 4. April 1818 zu Ehren der ursprünglichen dreizehn ersten Kolonien unverändert. Die schönste Geschichte liefert jedoch der „Designer", der für die jetzt und somit am längsten gültige Version der Flagge mit ihren 50 Sternen verantwortlich ist. Robert G. Heft ist 17 Jahre alt, als er 1958 an einem Schulprojekt teilnimmt, dass eine neue Fahne mit 50 Sternen für die hinzukommenden Staaten Alaska und Hawaii entwickeln soll. Seine Version wird, wie 1.500 andere aus dem ganzen Land auch, zu Präsident Eisenhower eingesandt – und letztlich ausgewählt. Für sein „Design" bekommt Heft zunächst die Note B- (2-). Sein Lehrer verspricht ihm jedoch augenzwinkernd, die Note anzupassen, sollte seine Fahne genommen werden. Robert G. Heft erhält am Ende ein A (1).

19 | 10 | 1857

Er läuft und läuft und läuft

Tom Browne lehnt sich etwas in Richtung seines Gegenübers Alexander Walker II und fängt an, eine Figur auf die Rückseite der Speisekarte des Restaurants zu zeichnen. Der Illustrator und kommerzielle Zeichner Browne hat schnell die Grundzüge einer Mischung aus Gentleman und Dandy zu Papier gebracht und schlägt den so entstandenen Mann mit Zylinder, Monokel und Stock als neues Markenzeichen des „Walker's Kilmarnock Whisky", vor der auf dem besten Wege ist, der am besten verkaufte Whisky weltweit zu werden. Bereits 1820 verkauft der Urvater des alkoholischen Getränks den Whisky in seinem kleinen Lebensmittelladen. Nach seinem Tod am 19. Oktober 1857 übernehmen sein Sohn Alexander und schließlich sein Enkel, besagter Alexander Walker II, die Firma und führen sie in neue kommerzielle und vertriebliche Sphären. Hinzu kommt 1908 der neue Werbeslogan „Born 1820 – Still going strong!" von Managing Director James Stevenson, der den von rechts nach links laufenden Dandy in allem Werbekampagnen begleitet. Auch heute noch verkauft sich die viereckige Flasche mit dem braunen Alkohol blendend. In über 200 Märkten weltweit werden jährlich mehr als 120 Millionen Flaschen abgesetzt. Und auch wenn der forsch voran schreitende Schotte von Tom Browne im Laufe der Jahre unter anderem von Christian Lacroix schlanker und moderner gemacht wurde, so hat er sich doch zu einer der bekanntesten Bild-Ikonen aller Zeiten entwickelt. Der schmucke Herr hat dabei übrigens einen Richtungswechsel vollzogen: Der „Striding Man" läuft heute von links nach rechts.

24 | 04 | 1892
Der Tag der Erweckung

Die Franzosen Denis Papin und François Nicolas Appert, vor allem aber der Gelsenkirchener Chemiker, der auf den schönen Namen Rudolf Rempel hört, sind die großen Verlierer was Ehre und Ruhm für Erfindungen angeht. Papin zum Beispiel entwickelt um das Jahr 1700 herum das Einkochen, damals noch in abgedichteten Kupfertöpfen, ist sich seiner Sache aber nicht sicher und belässt es bei ein paar Versuchen. Appert konnte von Napoléon Bonaparte immerhin 12.000,- Goldfrancs dafür erlangen, dass er 1810 herausfindet, wie man stark erhitzte Lebensmittel in geschlossenen Behältern mittelfristig genießbar hält. Rempel hingegen erfindet Mitte der 1880er Jahre Gläser, die mit glatt geschliffenen Rändern, Blechdeckeln und Gummiringen versehen, Lebensmittel auch über längere Zeit konservierbar machen. Am 24. April 1892 lässt er sich diese Erfindung patentieren. Johann Carl Weck ist begeistert. Er gehört zu den ersten Kunden Rempels und kauft sich geistesgegenwärtig die Rechte am Patent, nachdem Rempel 1893 gestorben ist. Wecks Partner Georg van Eyck kümmert sich um die Werbung der J. Weck & Co. getauften Firma, die fortan die Gläser und das sich langsam als „Einwecken" etablierende Einkochen bekannt machen soll. Der Plan geht auf und die praktisch gestalteten Gläser von Rempel bringen Weck und van Eyck einiges an Umsatz. Nach nur einem Jahr verlässt Weck jedoch seine eigene Firma und versucht fortan, die „Einweckgläser" auch in Frankreich bekannt zu machen. 1907 wird der Begriff „Einwecken" in den Duden aufgenommen, Wecks Name bleibt bis zum heutigen Tage mit dem Produkt und Rempels Design eng verbunden.

02 | 07 | 1904
Das Krokodil des Robert George

Als René Lacoste am 2. Juli 1904 geboren wird, ahnt noch niemand, dass er zunächst als Sportler und später unter anderem als Geschäftsmann, Erfinder und Autor in die Annalen eingehen wird. Als Tennisspieler überaus erfolgreich, besiegt Lacoste 1927 in seinem wohl wichtigsten Spiel den Amerikaner Bill Tilden, was letztlich zum ersten Davis Cup Erfolg der Franzosen führt. Etwa zur selben Zeit erhält der Franzose von der amerikanischen Presse den Spitznamen „Krokodil", der von einer Wette Lacostes mit dem Kapitän der französischen Davis-Cup-Mannschaft herrührt. Der Wetteinsatz ist einen Koffer aus Krokodilsleder, den Lacoste erhalten soll, so er ein entscheidendes Spiel für die Mannschaft gewinnen kann. Neben dem Koffer ist es jedoch auch die Zähigkeit, mit welcher der Franzose seine Spiele bestreitet, die den Spitznamen rechtfertigt. Noch im Jahr 1927 lässt sich Lacoste daraufhin von seinem Freund Robert George ein Krokodil zeichnen, welches er sich fortan als Emblem auf seine speziell für ihn angefertigten Tennisshirts sticken lässt. Nach seiner aktiven Zeit gründet Lacoste 1933 mit dem Strickwarenhersteller André Gillier ein Unternehmen zur Vermarktung von Sporthemden. Was das auserwählte Logo sein soll, ist keine Frage. Zum ersten Mal überhaupt erscheint fortan ein Markenzeichen sichtbar auf der Außenseite eines Shirts, ein Trend, der sich in den kommenden Jahrzehnten auf dem Modemarkt etablieren soll wie kaum ein zweiter. Die Firma Lacoste wird im Laufe der Jahre immer mehr wachsen, einzig das bis heute unveränderte Bildzeichen, das Krokodil des Robert George, bleibt immer gleich klein.

06 | 02 | 1911
Der Geist der Eleanor Thornton

Charmant und tragisch zugleich ist die Geschichte hinter der auch irrtümlich oft „Emily" genannten Frauenfigur, die auf vielen Wagen der Marke Rolls Royce die Kühlerhaube ziert. Fast zeitgleich mit dem Mercedes-Stern wird die richtigerweise „Spirit of Ecstasy" genannte Figur am 6. Februar 1911 das erste Mal auf einen Rolls Royce montiert. Doch sie trägt ein Geheimnis mit sich. Denn vorher bereits lässt sich der adlige Lord Montagu of Beaulieu für seinen eigenen Rolls von dem befreundeten Bildhauer Charles R. Sykes eine Frauenfigur mit wehenden Flügeln für den Grill anfertigen. Modell steht dem Künstler dabei Eleanor Velasco Thornton, die Sekretärin – und heimliche Geliebte – von Lord Montagu. Jener kann und muss die Liebe zu der aus sozial wesentlich ärmeren Verhältnissen stammenden Thornton seiner strengen, blaublütigen Familie wegen für sich behalten, nur wenige Freunde sind eingeweiht. Da es in jenen Tagen in Mode kommt, Kühlerfiguren auf Autos zu positionieren und Rolls Royce privaten Missbildungen, die eigenmächtig von Fahrern auf ihren Wagen angebracht worden, zuvor kommen will, lässt die Firma, von eben jenem Charles Sykes, ein Modell anfertigen. Natürlich steht die schöne Eleanor auch hierfür als Patin bereit. Ursprünglich sollte die griechische Göttin Nike Vorbild sein, aber Sykes vertraut seiner künstlerischen und des Lords amourösen Muse. Trotzdem scheitert das Unterfangen beinahe, da Firmengründer Henry Royce selbst von Kühlerfiguren nichts hält. Er ist jedoch am Tag der Entscheidung krank und kann später wegen der großen Popularität der Figur nichts mehr ändern. Allein die arme Eleanor hat von ihrem silbernen Abbild nichts. Während sie mit dem Lord eine Schiffsfahrt nach Indien unternimmt, wird das Schiff, die SS Persia, torpediert und sinkt am 30. Dezember 1915. Eleanor Thornton ertrinkt, Montagu gilt zunächst als vermisst, wird aber später gerettet.

16 | 11 | 1915
Der Buchhalter und der Schwede

Man erlebt es nicht oft, dass Buchhalter Logos von Firmen erfinden, geschweige denn gleich den ganzen Firmennamen. So ist es jedoch bei der vermeintlich bekanntesten Marke der Welt passiert, der Coca-Cola Company. Erfunden wird die zuckrige Limonade zwar von John Pemberton, es ist jedoch sein Buchhalter Frank Mason Robinson, der 1885 nicht nur aus den ursprünglichen Zutaten – Kokain und Kolanuss – den Eigennamen Coca-Cola bastelt. Nein, er ist es auch, der direkt im Anschluss gleich noch den markanten Schriftzug aus der von Platt Rogers Spencer entwickelten Schrift „Spencerian Script" entwickelt. Spencerian ist, so sagt man, damals eine sehr beliebte Typografie unter Buchhaltern, doch wird sie dank Robinson zum unverwechselbaren Schriftzug von Coca-Cola. Nicht weniger berühmt wird die dazugehörige Glasflasche. Jener auch als „Konturen-Flasche" bezeichnete, durchsichtige kleine Glasbehälter tritt 1913 als Sieger eines von Coca-Cola ausgeschriebenen Wettbewerbs hervor, eine neue, unverkennbare Flasche zu kreieren. Diese solle, so Firmenanwalt Harold Hirsch, selbst mit geschlossenen Augen und sogar zerbrochen noch zu erkennen sein. Die „Root Glass Company of Terre Haute" macht das Rennen und mit ihr das Konzept des schwedischen Glasbläsers Alexander Samuelson und die Umsetzung des Designers Earl R. Dean. Dean entwirft zunächst zwar eine Flasche, die im Bauchbereich um einiges üppiger ausfällt als die später als Klassiker gefeierte Version, er erkennt dies jedoch rechtzeitig und macht aus der moppeligen, einer Kakaoschote nachempfundenen ersten Variante quasi eine „Model"-Version, schlank, weiblich und einzigartig. Das Patent hierfür erlangt Samuelson am 16. November 1915.

21 | 03 | 1919
Allianz der Kunst-Handwerker

„**D**as Endziel aller bildnerischen Tätigkeit ist der Bau! Der Künstler ist eine Steigerung des Handwerkers!", behauptet Walter Gropius in seinem Bauhaus-Manifest. Es ist der 21. März 1919 als die ehemaligen Stätten der Großherzoglichen Sächsischen Hochschule für Bildende Kunst in Weimar und die vier Jahre zuvor aufgelöste Kunstgewerbeschule Weimar zum „Staatlichen Bauhaus" in Weimar zusammengeschlossen werden. Als Leiter der neuen Schule wird Walter Gropius berufen, jener Architekt, der bereits bei Peter Behrens im Berliner Büro mitarbeitete und wie sein Lehrmeister schon früh den Industriebau als wichtigste Bauaufgabe der Gegenwart formulierte. In besagtem Manifest fordert Gropius von allen werdenden Künstlern zunächst eine umfassende handwerkliche Ausbildung, künstlerische Begabung selbst dagegen hält er für nicht lernbar. So bietet er seinen Schülern 1919 in Weimar Kurse für Bildhauerei, Malerei, Kunstgewerbe und Handwerk von der Buchbinderei bis zur Weberei an. Gropius Kunst der Zukunft soll sie alle beinhalten und in der Architektur als Königin aller Kunstformen zusammenführen. Dabei soll sie sachlich, praktisch und modern sein. Der schnörkelvolle Stil des gerade abgedankten Kaiserreiches ist Gropius ein Gräuel. Seine Worte verhallen nicht ungehört, finden sich doch diverse prominente Lehrer am Bauhaus ein: Wassily Kandinsky, Paul Klee, Hinnerk Scheper und Oskar Schlemmer sind nur ein paar der Namen. Zahlreiche Architekten hinterlassen darauf neben Gropius ihre Spuren vom sachlichen Bau auf der ganzen Welt. Neben Problemen in Philosophie und Ausrichtung sind es vor allem die Nationalsozialisten, die dem Bauhaus schließlich den Garaus machen. 1932 führt Mies van der Rohe die zunächst nach Dessau umgezogene und inzwischen von den Nazis geschlossene Schule als Privatschule in Berlin weiter, am 20.7.1933 wird das „entartete" Bauhaus aufgelöst, seine prominenten Lehrer emigrieren ins Ausland.

13 | 12 | 1920
Vom Jahrmarkt zum weltweiten Markt

Hans Riegel sucht Inspiration und findet sie in der Erinnerung an Tanzbären, die im 19. Jahrhundert auf Märkten an Ketten gehalten die Leute belustigten. Das für das Tier eher zweifelhafte Vergnügen kommt dem Geschäftsmann, der seine Süßwaren-Firma am 13. Dezember 1920 ins Handelsregister hat eintragen lassen, in den Sinn, als er nach einem neuen Motiv für seine Fruchtgummis fahndet. Schlank und etwas höher als die heute bekannten Gummibären werden 1922 schließlich die „Tanzbären" von der Firma Hans Riegel Bonn, deren Akronym folglich die Bezeichnung HARIBO ist, hergestellt. Schon bald avancieren sie neben den „Süßen Teufeln" zum populärsten Süßwarenartikel des Unternehmens. Im inflationsgeschüttelten Deutschland kosten zwei der Tanzbären lediglich einen Pfennig. Im Verhältnis zu heutigen Preisen ein vergleichsweise fairer Deal. In den 30er Jahren folgt der „Teddybär", etwas kleiner und rundlicher angelegt als sein großer Bruder. Als Vorbild für den „Teddybär" steht, allerdings eher auf den Namen bezogen, der verblichene US-Präsident Theodore „Teddy" Roosevelt Pate, dessen Faible für Bären bereits damals legendär war. Der vom inzwischen gestorbenen Firmengründer Riegel selbst entworfene „Tanzbär" muss im Jahr 1960 einer weiteren Legende der Firma HARIBO Platz machen, dem „Goldbären". Dieser wird indes noch begehrter als seine Vorgänger. Im neuen Jahrtausend verlassen über 80 Millionen „Goldbären" weltweit die Produktionsstätten.

20 | 11 | 1923
Das Ampelmännchen

Garrett Morgan ist am 25. Juli 1916 mit einer Gruppe Freiwilliger schon unterwegs zum Ort der Katastrophe, als die Helfer die von ihm erfundenen und hergestellten Masken aufsetzen. 32 Männer sind nach einer Explosion in einem Tunnel unter dem Lake Eerie gefangen. Morgan und seine Mitstreiter können unter zu Hilfenahme der wie eine Haube mit Gurten über dem Kopf sitzenden Masken die Männer retten. Die Rettungsaktion wird schon bald national in den Nachrichten gebracht. Die Maske ist nur eine von vielen Erfindungen, die der einfallsreiche und umtriebige Morgan während seines Lebens in die Tat umsetzt. Der Sohn früherer Sklaven ist bereits im Teenageralter berühmt dafür, diverse Dinge reparieren zu können. 1907 eröffnet er sein erstes Geschäft, in welchem er Kleidungsstücke mit Finessen und sogar kleinen, selbst hergestellten Gerätschaften ausgestattet verkauft.

1920 wechselt Morgan in die Zeitungsbranche und wird ein angesehener Geschäftsmann, angeblich ist er auch der erste Afroamerikaner, der ein Automobil besitzt. Seine vielleicht größte erfinderische Stunde schlägt jedoch am 20. November 1923: Zu einem Zeitpunkt, da auf Straßen neben Autos auch noch Kutschen, Fahrräder und Fußgängern ihren Platz finden, hat Morgan seinen besten Einfall, als er eines Tages einen Unfall eines Autos mit einer Pferdekutsche beobachtet. Er will dem Verkehrschaos mit einer Ampel ein Ende setzen. Die wie ein „T" aussehende Säule mit den leicht verständlichen Worten „Stop" und „Go" ist keinesfalls die erste Erfindung, die einer Ampel, wie wir sie heute kennen, gleicht. Auch der Name Ampel stammt nicht von Morgan, sondern ist seit der Antike als Bezeichnung für Lichtquellen aller Art in Gebrauch (ampulla = Ölgefäß). Morgan meldet seine Ampel jedoch als erster an, perfektioniert sie und weiß zudem, wie man sie günstig herstellen lassen kann. Garrett Morgan geht also für die Erfindung seiner Gasmasken und Ampeln in die Annalen ein. Einem Morgan William Potts ist es aber 1920 vergönnt, der erste zu sein, der ein gelbes Licht als Zwischensignal mit berücksichtigt.

28|06|1926

Ein aufgehender Stern

Zu den berühmtesten Markenzeichen überhaupt gehört der Mercedes Stern der dazugehörigen Automarke. Egal, welche Allianz die Firma als Mercedes-Benz oder später Daimler-Chrysler strategisch eingeht, der Stern ist seit 1910 fester Bestandteil der Kühlerhaube und zudem zahlloser Gebäude, auch wenn er erst sehr spät zu dem wird, was er heute ist. Gottlieb Daimler selbst, der Urvater der Firma Mercedes, hat sich das Symbol ausgedacht, es soll für die Elemente Erde, Luft und Wasser stehen, welche wiederum die drei Produktionszweige seiner Firma symbolisieren, Motoren für Kraftfahrzeuge, Flugzeuge und Schiffe. Angeblich taucht der Stern, eingezeichnet über seinem Wohnhaus, das erste Mal auf einer Postkarte an seine Frau auf, auf der auch der folgende Satz steht: „Dieser Stern wird einmal segensreich über unserem Werk aufgehen." Damit soll der findige Ingenieur und Konstrukteur mehr als Recht behalten. Jedoch erst im Jahr 1926, genauer am 28. Juni des Jahres, also mehr als ein Vierteljahrhundert nach Daimlers Tod, bekommt der Stern bei der Fusion mit der Firma Benz & Cie den markanten Lorbeerring und ist somit das erste Mal komplett. Fortan ist er zudem das am häufigsten benötigte Ersatzteil der Firma, wird das abklappbare Symbol doch häufig in aller Welt von den Autos abgebrochen.

15|12|1928
Mit allen hundert Wassern gewaschen

Das Leben des am 15.12.1928 in Wien geborenen Friedrich Stowasser liest sich wie eine Biografie, die Astrid Lindgren sich hätte ausdenken können. Der Mann, der sowohl Maler als auch Bildhauer, generell Künstler, Lebemann, Spinner und Fantast, aber auch Globetrotter, Architekt, Designer und Visionär war, gestaltete unter anderem 37 Bauwerke, die noch heute zu dem Außergewöhnlichsten zählen, was Architektur, Kunst und Design weltweit zu bieten haben. Stowasser bezeichnet sich zeitlebens selber als „Maler mit fünf Häuten". Als solcher erfindet er den „Transautomatismus", eine Kunstrichtung, die auf Spiralen basiert, mit dem Ziel, dass der Betrachter sich in die Situation des Bildes hineinziehen lassen soll. Während seiner Reisen in sprichwörtlich alle Welt gibt sich Stowasser immer wieder diverse neue Namen, die letztlich in dem Künstlernamen Friedensreich Regentag Dunkelbunt Hundertwasser münden. Als Friedensreich Hundertwasser wird er schließlich weltbekannt. Hundertwasser hält nackt öffentliche Reden über sein Streben nach einem humanen und friedlichen Umgang mit der Natur, er segelt über die Meere, arbeitet an Filmen, malt, entwirft unter anderem das Plakat für die Olympischen Sommerspiele 1972 sowie diverse Briefmarken, gestaltet weltweit Häuser wie das legendäre „Hundertwasser-Haus" in Wien und fertigt eine eigene Bibel mit vielen Collagen an. Als „Stowasser" fabriziert er sogar eine unter dem Namen „Der kleine Stowasser" bekannt gewordene Ausgabe eines lateinisch-deutschen Schulwörterbuches. Beeinflusst von Gustav Klimt und Egon Schiele, verdammt der Ausnahmekünstler jede gerade Linie in der Kunst. Hundertwasser stirbt am 19. Februar 2000 an Bord der „Queen Elizabeth 2" und wird auf eigenen Wunsch ohne Sarg, nur in einer von ihm entworfenen Fahne mit dem Koru-Symbol der polynesischen Maori auf seinem Grundstück in Neuseeland begraben.

16|05|1929
Conrad...Cedric...George...Margaret: Oscar

Conrad Nagel hat eine Idee. Der von der Academy of Motion Picture Arts and Sciences beauftragte Mann soll für 500,- $ für die Akademie einen Preis kreieren, der bei der jährlichen Verleihung der besten Filme vergeben werden und so die in der Krise befindliche Filmindustrie aufwerten soll. Eine schlichte Papierrolle oder ein ähnliches Dokument wird als Lösung nicht akzeptiert. Nagels Weg führt zu Art Direktor Cedric Gibbons, der selbst tief in die Hollywood-

Maschinerie verwoben und zudem auf dem Weg ist, einer der bedeutendsten Art Direktoren zu werden. Und tatsächlich kommt Gibbons auf die passende Idee, eine glatte Statuette zu entwerfen, einen stoischen Schwertträger, der als fließende Figur auf einer Filmrolle steht. Die Skulptur wird letztlich von Bildhauer George Stanley nach Plänen von Gibbons verarbeitet, man verwendet einen massiven Nickel-Kupfer-Silber-Körper mit einer 24-karätigen Goldhaut. Das erste Mal wird der damals noch „Academy Award of Merit" genannte Preis am 16. Mai 1929 verliehen. Das klassische Design des bekanntesten Filmpreises der Welt hat sich seit seiner Einführung nicht verändert. Lediglich die Geschichte, wie der goldene Mann seinen Namen bekam, wird im Laufe der Jahre immer wieder anders und neu erzählt. Die gängigste Version ist die, dass Academy-Mitglied Margaret Herrick fand, dass die Figur aussehe wie ihr Onkel Oscar.

03 | 10 | 1932
Sign of the Times

Stanely Morison ist ein Mann der Worte. Der geschriebenen, gemalten, gezeichneten und gedruckten Worte. Nachdem der 1889 in Wanstead geborene Typograf 1913 bei der Zeitschrift „The Imprint" erste grafische Gehversuche unternommen hat, findet er sich bereits ein Jahr später als Kriegsdienstverweigerer im Gefängnis wieder. Nach Ende des Ersten Weltkrieges wird er entlassen und bekommt eine Stelle beim „Pelican Press". 1922 gründet Morison die „Fleuron Society", die sich mit allen typografischen Dingen und Ereignissen befasst. Nur logisch, dass er selbst auch als Redakteur an der hauseigenen Postille „The Fleuron" Hand anlegt. Das Niveau der Zeitung und vor allem deren Grafik wird als derart hoch angesehen, dass Morisons Ruf schnell Kreise zieht. Ab 1923 wird er typografischer Berater der Monotype Corporation, eine Arbeit, die auch Recherche alter Typografien und deren Adaption beinhaltet. Unsterblich macht sich Morison jedoch kurz nachdem er 1929 beginnt, die angesehene Zeitung „The Times" zu beraten. Zunächst riskiert er es, sich bei seinen Auftraggebern unbeliebt zu machen, indem er den traurigen Zustand des Druckerzeugnisses öffentlich anprangert, vor allem die Schrift sei bemitleidenswert. Die „Times" reagiert und wählt Morison selbst aus, der Zeitung eine neue, lesbare und trotzdem kräftige Typografie zu erstellen. So entsteht 1931 zunächst die „Times" Schrift, ein Jahr später „Times New Roman" sowie zahlreiche weitere Ableger. „The Times" erscheint am 3. Oktober 1932 das erste Mal mit Morisons Schrift, die in den kommenden Jahrzehnten in unzähligen Print-Publikationen, vor allem Tageszeitungen Verwendung findet und eine der populärsten und bekanntesten Schriften überhaupt wird.

01 | 04 | 1933
Der kleine Mann mit dem Bart

Alfonso Bialetti, ein Italiener, der bereits in Frankreich in der Aluminiumverarbeitung Erfahrung gesammelt hat und sich generell sehr gut im Metallhandwerk auskennt, kommt 1918 in seine Heimat zurück und eröffnet ein Jahr später in Crusinallo das bald veritable Designstudio „Alfonso Bialetti & C. Fonderia". Hier bastelt der umtriebige Erfinder an diversen Artikeln, die marktgerecht entwickelt werden sollen. Im Frühjahr 1933 hat er sein wichtigstes Produkt fertig gestellt, die Espressomaschine „Moka Express". Neu an der kleinen achteckigen Aluminiumkanne ist nicht nur ihre Leichtigkeit und die schöne Form, sondern auch ihr Fähigkeit, Wasser mit geringen Dampfdruck durch das Kaffeepulver zu pressen. Moka Express benötigt keine Sprungfeder wie die großen professionellen Caféhaus-Maschinen, ist erheblich kleiner und kann so problemlos auf jedem Haushaltsherd eingesetzt werden. Der perfekte Espresso kommt so zu den Italienern nach Hause. Zumindest theoretisch, denn da Bialetti zwar ein genialer Erfinder ist, jedoch kein guter Geschäftsmann, vertreibt er die kleine Art Decò-Kanne zunächst nur selbst auf Märkten. Erst sein Sohn Renato meldet die Maschine später zum Patent an und vermarktet sie weltweit, unter anderem ab 1958 mit der „Little Man With A Moustache"-Kampagne", die eine schnell zum Kult werdende Zeichentrickfigur präsentiert. Inzwischen sind von der im Design bis heute gleich gebliebenen „Moka Express" über 270 Millionen Exemplare verkauft worden.

26 | 04 | 1934
Das sind doch bloß Töppe ...

Am 26. April 1934 wartet auf den Gleichschaltungsbeauftragten des Reichsstandes des deutschen Handwerks Heinrich Schild eine günstige Gelegenheit. Für 45.000 Deutsche Reichsmark kann der Wuppertaler in Marwitz die Haël-Werkstätten für Künstlerische Keramik, die mindestens das sechsfache Wert sind, erstehen. Die Verkäuferin heißt Margarethe Heymann-Loebenstein ist Jüdin und zudem in den „entarteten" Kreisen des Bauhaus aktiv. Sie nimmt, was sie kriegen kann und flüchtet nach Bornholm. Sogleich beginnt

Schild mit der „Arisierung" des Betriebes, als Leiterin wählt er die Keramikerin Hedwig Bollhagen. Sie ist deutsch, unpolitisch und trägt Bauernkittel, ganz anders als Heymann, die mit Pagenkopf, Krawatte und Leinenanzug die „Verdorbenheit in Person" repräsentierte. Zudem sind Bollhagens Entwürfe gerade noch so wenig Bauhaus, wie verträglich ist. Unter ihren Namen werden in den HB-Werkstätten auch die „entarteten" Entwürfe Heymanns weiter verkauft und verhelfen dem „arischen Unternehmen" zu beträchtlichem Ruhm. Als die Russen nach dem Krieg auch in Marwitz Präsenz zeigen, setzt sich Schild in den Westen ab, tritt dem Deutschen Handwerksfachverband bei und absolviert eine politische Karriere in der rechtskonservativen DP und der CDU. Bollhagen bleibt in Marwitz und fertigt nach Kollektivierung und Zwangsenteignung weiter die weltberühmten Porzellane im blau-weißen oder klassischen schwarz-weißen Dekor an, die heute in fast jeder Küche zu finden sind. 1991 beantragt sie die Rückübertragung der Fabrik in Privatbesitz, muss jedoch zuvor eine Entschädigungssumme an die „Jewish Claims" zahlen. Bollhagen stirbt am 8. Juni 2001, ausgezeichnet mit dem Bundesverdienstkreuz und der Hedwig-Bollhagen-Straße, die Marwitz ihr aus seinem nicht eben großen Straßenfundus widmet. Margarethe Heymann verstirbt unbeachtet am 11. November 1990 in London.

03 | 03 | 1936
Die zündende Idee

George G. Blaisdell hat genug. Der Mann, der die Schule in der fünften Klasse verließ, die Militärakademie nach zwei Jahren abbrach, schließlich in das Geschäft seines Vaters einstieg und nach dessen Übernahme und Verkauf im eigentlich verhassten Öl-Business anfing. Er hat genug, weil nun mit der Weltwirtschaftskrise auch seine Ölgeschäfte sprichwörtlich versiegen und er Anfang der 30er Jahre mit Nichts dasteht. Aber er hat eine Idee, die so absurd ist, dass sie klappen muss. Blaisdell läuft von Investor zu Investor, doch keiner glaubt an seinen Plan, ein schönes wetterfestes Feuerzeug herzustellen und es für teure 1,95 $ zu verkaufen, einem Preis, der in jener Zeit ganze Familien ernährt. Aber Blaisdell gibt nicht auf, er kann nicht, weder für sich noch für seine Familie. Irgendwie startet er 1932 das Geschäft und entwickelt das besagte Feuerzeug, welches in seinen Vorstellungen nicht nur extrem gut aussehen soll, sondern auch einfach zu bedienen sein muss. Er erwirbt die Rechte an einem österreichischen

Sturmfeuerzeug mit abnehmbarer Kappe und formt dieses nach seinem Geschmack um. Die nicht allzu weit zurückliegende Erfindung des Reißverschlusses gibt Blaisdell die Inspiration für den Namen seines „Kindes", der englische „zipper" ist Pate seines „Zippo". Am 3. März 1936 wird dem hartnäckigen Unternehmer und Mann mit gutem Geschmack das Patent mit der Nummer 2032695 überreicht. Das Zippo kann seinen Siegeszug antreten, in dessen Verlauf über 300 Millionen der kleinen silbernen Anzünder verkauft werden.

27 | 05 | 1937
Es ist alles Gold, was nicht glänzt

Joseph Baermann Strauss steht still und golden, hinter ihm leuchtet die Brücke in den Nachthimmel. Streng sieht er aus, eine Papierrolle in der Hand. Strauss kann nicht anders, als meterhohes Denkmal wird er weiterhin reglos, die Menschen an sein Meisterwerk erinnern, an die Golden Gate Bridge in San Francisco. Bereits im Jahr 1872 gibt es erste Überlegungen, eine Brücke über die sogenannte Golden Gate Straße zu bauen, welche die Stadt San Francisco mit Marin County verbinden und somit eine Art Eingangstür zur großen Bucht von SF darstellen soll. Erst in den 20er Jahren des neuen Jahrhunderts wird der Gedanke wieder aufgegriffen, als die Fähren den Ansturm der Leute kaum mehr bewältigen können. Konstrukteur Strauss errichtet zwischen dem 5.1.1933 und dem 19.4.1937 die inzwischen wohl berühmteste Brücke der Welt. Lediglich bei der Farbe kann sich der Ingenieur nicht durchsetzen. Während er für ein brückenübliches Grau plädiert, wollen die Einwohner der Stadt lieber das rötlich schillernde Orange des verwendeten Schutzmittels. Von den vielen hunderttausend verwendeten Nieten der Brücke soll am Ende der Arbeiten die letzte symbolische „Schraube" eine goldene sein. Bei dem unter starker Hitzezufuhr stattfindenden Einschlagen gibt das weiche Edelmetall jedoch nach und fällt ins Wasser. Sie ist eines der vielen Opfer der Brücke, das nie wieder auftaucht. 11 Bauarbeiter und geschätzte 1.250 Selbstmörder werden in den kommenden 70 Jahren dazu kommen. Auch wenn die Brücke nur wenig anders aussieht als andere Brücken, ist sie doch seit ihrer Eröffnung am 27. Mai 1937 eines der bekanntesten Wahrzeichen der Welt und verkörpert Amerikas Form der Freiheit wie kaum ein anderes Bauwerk.

28|05|1937
Die Zeichnungen des FXR

Franz Xaver Reimspieß geht in die Geschichte ein als ein Konstrukteur, der sowohl für Daimler, als auch für Volkswagen und Porsche wichtige Ingenieursarbeit leistete. Der am 28. November 1900 in Wien geborene Reimspieß ist als Jugendlicher zunächst nur Laufbursche bei Daimler, versucht sich aber schnell mit eigenen Zeichnungen zu aktuellen Produktionsmodellen Anerkennung zu verschaffen. Zunächst als jugendlicher Spinner verlacht, müssen die Ingenieure schnell feststellen, dass die akkuraten Zeichnungen des Burschen mehr als präzise sind. Eine Stelle als technischer Zeichner ist ihm bald darauf sicher. 1918 wird er im Ersten Weltkrieg verwundet, kehrt aber wieder an seinen Arbeitsplatz zurück und landet 1934 bei dem Autobauer Porsche, dem Ruf seines ehemaligen Chefs Karl Rabe folgend. Er arbeitet sowohl an Auto- als auch an Panzerkonstruktionen mit und wird in den 60er Jahren Chef des Porsche Konstruktionsbüros. Nach seinem Tod 1979 wird in der Wiener Neustadt der „Franz Reimspieß Weg" nach ihm benannt. Kurioser weise graviert Reimspieß aber seinen Namen wegen einer Leistung für immer in die Geschichte des Automobils ein, die gar nichts mit der Konstruktion von Autos zu tun hat. Denn als am 28. Mai 1937 die „Gesellschaft zur Vorbereitung des Deutschen Volkswagens mbH" entsteht, ist er nicht nur an der Entwicklung der Auto-Modelle beteiligt, sondern zeichnet auch das heute noch gültige und weltbekannte VW-Logo. Für diese, seine wohl größte Leistung erhält Reimspieß seinen geringsten Lohn: eine einmalige Provision in Höhe von 100 Reichsmark.

23|04|1946
Die Wespe mit neuer Taille

High Noon, es ist tatsächlich genau Mittag, als Enrico Piaggio, Sohn von Firmengründer Rinaldo Piaggio, am 23. April 1946 das Patentamt von Florenz verlässt. In der Hand hat er das Patent für „ein Motorrad von überschaubarer Komplexität mit Schutzverkleidung, welche den gesamten mechanischen Teil überdeckt". Die Idee, aus den Überresten der väterlichen Flugzeugherstellung ein mehr als erschwingliches und für jedermann einfach zu benutzendes Fahrzeug zu bauen, erwächst aus der Not; Materialien sind im Nachkriegsitalien rar und die Bevölkerung arm. Das erste Modell, das aus dieser Idee hervorgeht, bekommt die Nummer MP5 und hört zudem auf den Spitznamen „Paperino", der italienische Name von Donald Duck. Dies vor allem, weil das üppig verkleidete Gefährt eine mehr als sonderbare Form hat und über ein etwas linkisches Aussehen verfügt. Es wird also Zeit für den Auftritt Corradino D'Ascanios. Der zuverlässige Ingenieur von Piaggio hat zwar vorher noch nie ein Motorrad gebaut, es wird ihm sogar eine Abneigung gegen derlei Fahrzeuge nachgesagt, allerdings besitzt er das, worauf es in diesem Moment ankommt: Stil. D'Ascanio übernimmt den Job und redesigned das kleine Motorrad außerordentlich. Der nun als MP6 schick und schlank vor Enrico Piaggio stehende Roller erinnert den Firmeneigner beim Erklingen des Motorengeräusches an ein kleines Tier: „Sembra una vespa" ruft er aus, „scheint eine Wespe zu sein". Schon nach wenigen Jahren sind über 170.000 Stück verkauft, die Times nennt die Vespa das italienischste Fahrzeug seit den Römischen Triumphwagen. Ihren Kultstatus kann sich die Vespa bis heute bei Italienliebhabern, Mods und Sonntagsfahrern bewahren.

18 | 01 | 1949
Echt Starck

Für die Geschichte des Designs hat ein Mann gleich eine ganze Hundertschaft an wichtigen Daten parat, nämlich all jene, an denen er neue Resultate seiner Kreativität präsentieren kann. Das erste entscheidende Datum ist aber die Geburt des Mannes, der dem Planeten in unzählbaren Bereichen neue Formen von Gegenständen, Wohnräumen bis hin zu ganzen Hotels gebracht hat. Am 18. Januar 1949 erblickt Philippe Starck das Licht der Welt. Schon früh gewinnt er einen Möbelwettbewerb, gründet 1968 eine Firma für aufblasbare Objekte und wird keine drei Jahre danach bereits künstlerischer Leiter im Studio Pierre Cardin. Das zweite entscheidende Jahr in der Karriere des jungen Designers ist 1982, als er einen Anruf aus dem Elysée-Palast bekommt, dessen Bewohner Staatspräsident François Mitterand Starck auswählt, ihm seine Privaträume im Palast neu zu gestalten. Auch Möbel, Elektrogeräte, Lampen, Gepäck, ganze Badezimmer und selbst Lebensmittel nimmt Starck in Angriff. Ein Teddybär mit Hasenköpfen anstelle von Händen kommt dabei ebenso heraus wie berühmt gewordene Kaffeekannen oder, und das wäre das dritte herausragende Jahr des Philippe Starck, 1990 die Zitronenpresse „Juicy Salif". Diese sieht im ersten Moment aus wie eine silberne Tischrakete oder ein auftauchender Tintenfisch. Dass letzterer die Inspiration für den schönen Küchengehilfen ist, beweist eine Skizze auf einem Papieruntersetzer eines Restaurants, in dem Starck die Idee zu dem Klassiker kam. Das New Yorker Museum of Modern Art stellt das gute Stück schließlich aus. Der Clou: Die Presse eignet sich zwar zur Saftgewinnung, hat jedoch weder eine Vorrichtung zum Trennen von Saft und Kernen, noch ein Auffangbecken. Starck: „Mit meiner Saftpresse soll man keine Zitronen pressen, sondern ein Gespräch anfangen!"

31 | 10 | 1949
Mehr als akzeptabel

Ein Cadillac, ein Schiff, die von ihm gestaltete Lokomotive GG-1, ein Kühlschrank und diverse Kleinigkeiten umfliegen Raymond Loewys Kopf, der am 31. Oktober 1949 auf der Titelseite des TIME Magazine prangt. Der am 5. November 1893 in Paris geborene Designer ist auf der Höhe seines Erfolges, als das renommierte amerikanische Magazin ihn zum Titelhelden kürt. Anfänglich startet Loewy eine verheißungsvolle Karriere als Illustrator für die Modeindustrie, bevor er schließlich zum Industriedesign wechselt und schnell nicht nur Erfolge feiert, sondern vielmehr der Branche seinen Stempel aufdrückt. Sein Prinzip: Design muss so modern wie möglich sein, aber dennoch akzeptabel bleiben (MAYA = most advanced yet acceptable). So entwirft Loewy alles von Kühlschränken über Autos bis hin zu Raumschiffen. Ein wichtiges Merkmal seiner Produkte ist die Stromlinienförmigkeit, welche der fleißige Kreativkopf quasi erfindet und im Industriedesign implementiert. Große Sternstunden sind unter anderem die bis heute weltberühmte Lucky Strike Packung sowie eine schlanke Version der Coca-Cola-Flasche. Kurz nach dem Attentat auf John F. Kennedy wird Loewy gar gefragt, ob er eine Gedenkbriefmarke entwerfen will. Er will. Ebenso entschlossen entwirft er das Innenleben von Saturn I und Saturn V, ein Skylab, den Greyhoundbus und dessen Logo, das internationale Shell Logo, das Exxon Logo, den Studebaker Avanti und und und. Bereits Anfang der 50er Jahre kann Loewy behaupten, dass es in Amerika, wenn nicht weltweit, kaum eine Person gibt, die nicht mit Dingen in Berührung kommt, an deren Entwicklung er beteiligt gewesen ist.

08 | 11 | 1949
Eine unkaputtbares Geschäft

Der Farmersohn Earl Silas Tupper scheint alles richtig zu machen. Nachdem ihm weder die väterliche landwirtschaftliche Arbeit zusagen, noch eine zaghafte erste Geschäftsidee fruchtete, steht er nun bei dem Chemiekonzern DuPont an genau der richtigen Stelle. Vor allem als er den Kunststoff Polyethylen kennen lernt, entpuppt sich diese Begegnung von Mensch und Chemie für den Mann aus New Hampshire als äußerst richtungweisend. Er hört bei Du Pont auf und gründet 1938 die Earl S. Tupper Company, die er 1944 in Tupper Plastic Company umbenennt. Im Gegensatz zu den bisher üblichen Materialien wie Metall, Glas oder Porzellan verfügt Tuppers Polyethylen über unschlagbare Eigenschaften: Das Material ist unzerbrechlich, flexibel und federleicht, zudem in der Herstellung äußerst simpel. Die von ihm nach dem Zweiten Weltkrieg vertriebenen geschmacks- und geruchsneutralen „Wunderschüsseln", die Lebensmittel mit einem Sicherheitsverschluss luft- und wasserdicht machen, werden ein großer Erfolg. Für die Haushalte ist die Erfindung der Tupperware eine revolutionäre Sache, gibt es doch zu dieser Zeit kaum Kühlschränke. Der für den Siegeszug notwendige Verschluss wird dem Namensgeber am 8. November 1949 patentiert. Brownie Wise ist es schließlich, die Tupper auf die Idee bringt, die Funktionen der Produkte lieber direkt bei den Hausfrauen zu Hause zu präsentieren, statt in einem Kaufhaus. Ebenso ein Volltreffer. Bald veranstalten begeisterte Hausfrauen weltweit „Tupper-Parties" mit dem pastell-milchig gefärbten Töpfchen, die perfekt auf jeden Nierentisch passen. Bereits 1958 verkauft Tupper das Unternehmen für 16 Millionen Dollar. Er stirbt 1983 in Costa Rica.

06|11|1951
Schneewittchen und die vielen Designer

So traurig dieses Datum auch ist, für Designer aller Art steht es für eine entscheidende Wende. Als Max Braun, Gründer der nach ihm benannten Firma, am 6.11.1951 stirbt, übernehmen kurz darauf seine Söhne Artur und Erwin die Leitung der noch zu Gründungszeiten schlicht Apparatebauwerkstatt bezeichneten Firma. Diese hat sich zu diesem Zeitpunkt bereits als wichtiger Hersteller elektrischer Geräte aller Art etabliert und auch den Wiederaufbau nach dem Zweiten Weltkrieg gut bestanden. Die Wende zu einem neuen noch erfolgreicheren Firmenkonzept kommt jedoch mit den Brüdern Artur und Erwin. Sie gründen mit der „Abteilung für Formgestaltung" ein eigenes Designstudio und lassen künftig mit Fokus auf ein schönes Design dem Bauhausstil ähnliche Geräte produzieren. Während Fritz Eichler diese neue Abteilung aufbaut, stößt 1955 der Architekt Dieter Rams hinzu, und nimmt ab dem Jahr 1961 die Rolle des Chefdesigners ein und wirkt dort bis 1995. Nachdem schon früher der Rasierapparat „S 50" und die Küchenmaschine „Multimix" für Furore sorgten, sind es jetzt unter Rams zum Beispiel die „SK 4" Radio-Plattenspieler-Kombination, welche bald als „Schneewittchensarg" in die Geschichte eingehen wird. Das Prinzip von Brauns kreativen Köpfen ist so simpel wie genial: radikale

Reduktion in Aussehen und Anwendung sollen zu einem sinnlichen Genuss für die Kunden führen. Viele Jahre bestimmt die Firma in ihren Bereichen den Zeitgeist. Schon das Braun-Logo mit dem hochgezogenen „A", formvollendet von Wolfgang Schmittel, aber bereits 1935 entstanden, deutet die schlichte Grandezza des Braun-Designs an.

01 | 12 | 1953
Wie der Hase läuft

Ursprünglich soll das Heft „Stag Party" (Junggesellenabend) heißen. Aber irgendwer vom Stag-Magazin ruft an, als die Sache ruchbar wird, und droht mit einer Klage. Also muss Hugh Hefner sich einen anderen Titel für sein neues Herrenmagazin einfallen lassen. Der Name Playboy ist zunächst nur eine Notlösung, bleibt aber haften. Als nächstes soll noch ein Bild-Motiv her, ein Symbol um dem Heft eine Art Stempel aufzudrücken. Während andere Magazine Männer verwenden, will Hefner etwas auffälliges, was auf der anderen Seite aber auch eine Portion Humor vermittelt. Schnell einigt man sich auf einen Hasen, der Unanständigkeit und Verspieltheit symbolisieren soll. Für eine gewisse Portion Raffinesse denkt sich Hefner, kann dem Tier eine Fliege um den Hals nicht schaden. Sein Art Director Arthur „Art" Paul macht sich an die Arbeit, setzt sich allerdings nur eine halbe Stunde hin und gibt Hefner bereits den ersten Entwurf als fertige Arbeit. Hefner ist zufrieden und am 1. Dezember 1953 erscheint die Premierenausgabe des Playboy. Der Hase wird zu einem der bekanntesten Markenzeichen aller Zeiten. Dazu Art Paul: „Wenn ich gewusst hätte, wie wichtig dieser kleine Hase werden würde, hätte ich ihn wahrscheinlich Dutzende Male neu gezeichnet, um ihn gut genug zu gestalten, und ich nehme mal an, dass keine dieser Versionen so gut geworden wäre wie das Original."

14 | 07 | 1955
Form... vollendet

Der Genfer Autosalon, Frühjahr 1953. Wilhelm Karmann, Geschäftsführer des gleichnamigen Karosseriewerks in Osnabrück klagt seinem italienischen Kollegen Luigi Segre von der Firma Ghia sein Leid. Seit zwei Jahren versucht der Deutsche das VW-Werk und hier vor allem dessen Boss Heinrich Nordhoff von der gemeinsamen Entwicklung eines sportlichen Wagen zu überzeugen – vergeblich. Segre verspricht, die Sache in die Hand zu nehmen und eine Lösung zu finden. Kein halbes Jahr später bestellt er Karmann in die Garage des VW-Importeurs Ladouche nach Paris. Was Karmann hier zu sehen bekommt, trifft ihn wie ein Blitz. Ein solch schönes Auto hat er nie zuvor gesehen, vor ihm steht der Prototyp eines Coupés, das Harmonie und ein schnittiges Design unnachahmlich vereint. Sofort lässt er den Wagen, unter äußerster Geheimhaltung nach Osnabrück bringen. Im November 1953 präsentiert er die Schönheit dem VW-Chef, und auch dieser kann seine Begeisterung nicht verhehlen. An Ort und Stelle verabreden die beiden Geschäftsleute eine Serienanfertigung und taufen das Auto nach seinen zwei Vätern: „Karmann Ghia". Am 14. Juli 1955 ist es soweit, der erste Karmann Ghia Typ 14 rollt vom Band. In den Zeiten des Wirtschaftswunders ist Deutschland besonders die Damenwelt bereit für den Luxus des eleganten Zweisitzers, das gleiche gilt für die USA, wo der Wagen für Furore sorgt. Zurecht verweist VW auch heute noch in Ausstellungen auf „Formen, die man nicht verbessern kann", dennoch musste das gute Stück 1974 dem wenig anmutigen VW-Scirocco weichen.

26|08|1959

Minimale Maße, maximaler Effekt

Leonard Lord, seines Zeichens Vorsitzender der British Motor Corporation, sieht Ende der 50er Jahre die Zeit für ein neuartiges Auto gekommen. Es soll nach außen klein, innen jedoch mit einem guten Platzangebot ausgestattet sein. Es gibt nur einen Mann, der für die Aufgabe, ein solches Auto zu entwerfen, in Frage kommt, der Ingenieur Alec Issigonis, der bereits den umwerfenden Morris Minor konzipierte. Ganze sieben Monate dauert die Entwicklung des smarten Autos. Dann schon kann Issigonis seinen Chef auf eine Testfahrt mit den zwei Prototypen einladen. Lord macht einen eher ängstlichen Eindruck, als sein Ingenieur mit ihm in dem neuen Automobil in einem Affenzahn das Werksgelände abfährt. Schließlich kommt das Fahrzeug zum Stehen, Lord steigt aus und sagt nur fünf Worte: „Los, bauen Sie dieses Auto!" Mit einem Wendekreis von nur 10 Metern ist Issigonis' Mini nicht nur enorm praktisch, vor allem sieht der Wagen dabei auch noch gut aus, selbst wenn dieses erste Modell noch etwas pubertär im Vergleich zu späteren Ausführungen daherkommt. Die eigentlich aufgrund von Zeit- und Geldmangel angebrachten außen liegenden Schweißnähte sind es unter anderem, die später über die Coolness des Autos mit entscheiden. Am 26. August 1959 wird der Mini offiziell vorgestellt. Ab 1969 gibt es statt der zwei anfänglichen Varianten Austin Mini und Mini-Minor nur noch einen „Mini", der noch im selben Jahr im Film „The Italian Job" die „Hauptrolle" spielt. David Bowie bringt es später auf den Punkt: „Der Mini ist für das Parken, was ein Sandwich für den Hunger ist – ein perfekt designter Klassiker." Eine aktualisierte Version kommt 1997 auf den Markt, das Innendesign wird in Gedenken an die alten Tage von der Sixties-Modeikone Mary Quant entworfen, die einst den Mini-Rock erfand. Vom Ursprungsmini werden bis ins Jahr 2000 über 5 Millionen Exemplare verkauft.

05 | 10 | 1961
Bann der Sonne

Es ist Mitte der Dreißiger Jahre als die US Army Air Corps die Firma Bausch & Lomb, einen Hersteller von medizinisch-optischen Geräten, beauftragen, eine effiziente Sonnebrille für ihre Flieger zu konzipieren. Die Sonnenstrahlen bei Tagesflügen sind für die Piloten derart unangenehm, dass die Army Abhilfe schaffen will. Zu diesem Zweck gründen Auftraggeber und Kunde die „Ray Ban" Company, welche schon im Namen andeutet, dass jegliche Art von unerfreulichem Lichtstrahl fortan verbannt gehört. Physiker von Bausch & Lomb arbeiten fortan eng mit Optikern zusammen und entwickeln schließlich das Modell „Aviator", welches, mit grünen Gläsern ausgestattet, der Sonne am besten Paroli bieten kann. 1936 wird die Brille zunächst für den ursprünglichen Zweck genutzt, ein Jahr später geht sie in den normalen Verkauf und wird im Laufe der Jahre immer beliebter. Erfinder und Designer Raymond (wie passend) Stegeman kann 1952 aber für die Firma noch einen draufsetzen. Sein Modell „Wayfarer", eine ganz in Schwarz mit breiten Bügeln ausgestattete Sonnenbrille, wird die „Aviator" noch übetreffen. Auch hier stehen Filmstars wie Cary Grant, Marilyn Monroe und James Dean, Politiker wie John F. Kennedy oder Popstars wie John Lennon und Bob Dylan bereitwillig und gewollt oder ungewollt Pate für den Erfolg. Die Initialzündung für diese zweite Brillen-Ikone ist jedoch der Filmstart von „Breakfast at Tiffany's" am 5. Oktober 1961, in dem Audrey Hepburn eine ganze Generation mit der „Wayfarer" verzaubert. Allein Steve McQueen wird unbeirrt an der „Aviator" festhalten.

05 | 10 | 1962
Den Bogen geschlagen

Manchmal liegen gute Ideen so nahe und brauchen doch ihre Zeit. Im Gegensatz zu dem teilweise verbreiteten Glauben, das große gelbe „M" des Fast-Food-Herstellers McDonald's wäre von gebogenen Pommes Frites abgeleitet, verhielt es sich mit der

Idee zu dem markanten Buchstaben-Bild anders, aber ähnlich simpel. Der Architekt Stanley Metson präsentiert den Brüdern McDonald 1952 Pläne für ihre Drive-In-Kette, die ein schräges Dach und viel Glas beinhalten. Die Brüder mögen die Entwürfe, Dick McDonald meint jedoch, irgendetwas würde noch fehlen. Er geht mit den Entwürfen zum Schildermacher George Dexter, welcher zwei große gewölbte Bögen, je einen an jedem Ende der Häuser, in die Fassade mit einarbeitet. Dies soll, so der Plan, zu einem Markenzeichen für die aufstrebende Kette werden. Im Logo schlägt sich das Konzept allerdings erst zehn Jahre später nieder. Fred Turner soll im Jahr 1962 eine Neubelebung der Corporate Identity mit neuem Logo durchführen – bislang ist es ein gezeichneter rennender Küchenchef – und entwirft ein paar Zeichnungen mit einem stilisierten „V", doch was das bedeuten soll, weiß niemand so genau. Jim Schindler, Chef der Designabteilung, skizziert schließlich die Bögen der Filialen darum und verbindet alle Linien: M! Eine einfache, aber sehr effektive Idee! Am 5. Oktober 1962 wird das Logo in einer Annonce im Life Magazine offiziell eingeführt. Die „Golden Arches" sind geboren und somit ein Logo, welches nicht nur dem Corporate Design ein neues Kapitel aufschlägt, sondern auch die Landschaft der Welt verändern soll. Heute ragen weltweit 35.000 Säulen mit dem leuchtenen M in die Höhe.

20 | 04 | 1964
Denkmalschutz für eine Schokoladenbehausung

Pietro Ferrero, geboren am 2. September 1898, gründet im Jahr 1946 als Konditor die Firma Ferrero. Sechs Jahre vorher hat er bereits einen schokoladehaltigen Brotaufstrich erfunden, der als Nutella Geschichte schreiben wird. Aber den späteren Namen der beliebten Schokoladencreme wird Pietro Ferrero nie in seinem Leben hören, er stirbt bereits am 2. März 1949. Das Geschäft wird jedoch von seinen Hinterbliebenen übernommen und floriert vor allem unter der Leitung seines Sohnes Michele Ferrero. Die aus Nüssen, Zucker, Nougat und Kuvertüre, einer fetthaltigen Schokoladengrundmasse, bestehende Creme erhält von Ferrero zunächst den neuen Namen „Supercrema gianduja", nachdem sie lange Zeit vorher „Pasta gianduja" hieß. Ein italienisches Gesetz verbietet es jedoch, Markennamen mit dem Präfix „Super" in die Läden zu stellen und so erfindet man aus dem englischen „nut" und der italienischen weiblichen Verkleinerungsform „-ella" den inzwischen wohlbekannten Namen Nutella. Eine entscheidende Rolle bei dem am 20. April 1964 startenden Verkauf spielt der 1919 geborene Italiener Lelo Cremonesi. Jener wird nicht nur als großer Künstler geschätzt, er entwirft auch das zeitlose Design des Nutella-Glases, und erschafft somit einen sich bis zum heutigen Tage haltenden Klassiker des Produktdesigns, welcher sozusagen unter Denkmalschutz steht.

14|09|1964
Butzi baut ein Auto

Zu jedem epochal neuen Modell der Firma Porsche gehört es, dass ein Mitglied der Familie an der Entstehung eines solchen Wagens beteiligt ist. Neben dem Porsche Designer und Ingenieur Erwin Komenda, welcher mit dem VW-Käfer auch das erfolgreichste Auto- und Karosseriedesign aller Zeiten mitentwickelt hat, wird folgerichtig Anfang der 60er Jahre auch Ferdinand Alexander Porsche alias „Butzi" mit dem Design eines neuen Wagens betraut. Porsche-Gründer Ferry Porsche beschließt, dass es sich dabei um einen Sportwagen handeln soll. Porsche hat einen Ruf zu verlieren, hat sich doch das Logo der Firma, eine Kombination aus dem Wappen von Baden-Württemberg und dem Wappenpferd von Stuttgart, zu diesem Zeitpunkt bereits fest in der Designhistorie verewigt. Die Ansprüche sind also hoch gesteckt für den Sohnemann „Butzi" Porsche Jr. der nun gegen Designerass Komenda antritt. Die Firma, und somit letztlich die treusorgliche Familie, entscheidet sich am Ende vielleicht wenig überraschend für Butzis Design, das aber ohnehin im Verlauf der Entwicklung maßgebliche Unterstützung von Komenda erhalten hat. Das Ergebnis gibt der Findungsmethode Recht. Der 14. September 1964 geht als Geburtsdatum des Porsche 911 in die Auto- und Designgeschichte ein, als das erste Verkaufsmodell der baldigen Legende mit der Fahrgestellnummer 300.007 das Licht der Welt erblickt. Der Porsche 911 wird auch auf dem Markt ein Volltreffer. Bis heute gilt das Modell immer wieder als „der" Porsche schlechthin.

12|01|1966
Sitzen im Globus

Wenn es darum geht die Komponenten Plastik und Fiberglas im Möbeldesign unterzubringen, gibt es kaum jemanden auf der Welt, der dem Finnen Eero Aarnio das Wasser reichen kann. Der Triumphzug Aarmios beginnt nur ein Jahr nachdem er sein eigenes Büro als Innenarchitekt und Industriedesigner eröffnet: Im Jahr

1963 fertigt er den „Ball Chair", welcher später auch oft „Globe Chair" genannt wird, einen Sessel, der tatsächlich kugelgleich auf einem Sockel steht. Lediglich um das nicht selten quietschorange Sitzpolster zu offenbaren, schneidet Aarnio seiner Sitzkugel ein gutes Viertel ab und öffnet so den „Globus". Als typisches und dennoch außergewöhnliches Sitzmöbel seiner Zeit geht die simple wie geniale Idee schnell in die Geschichte ein. Neu an dem Ball ist nicht nur der Mut, diese Form als Möbelstück anzubieten, sondern vor allem das Fiberglass-Material aus welchem der Sessel gemacht ist. Aarnio präsentiert seine Kreation erstmals am 12. Januar 1966 auf der Internationalen Möbelmesse in Köln. Seine internationale Karriere beginnt. Schnell findet sich das gute Stück in Science Fiction Filmen, auf Modenschauen und diversen Magazinen wieder. Luxusausgaben mit Telefon, Kopfhörern oder Computer kommen im Zuge des Erfolges ebenso in die Läden.

02 | 04 | 1968

Eine Zukunft, die nie kam

Wir schreiben das Jahr 2001: an Bord der Spacestation 5 trifft sich das Personal zur Plauderstunde. Die Männer in anthrazitgrauen Anzügen und die Damen in ihren Minikleidern mit Aeroflottaschen lümmeln sich in roten tropfenartigen Stühlen, hinter ihnen blinkt ein Hilton-Logo. 89 Minuten später schließt sich der Vorhang des Kinos und die Zuschauer gehen nach Haus. Sichtlich verwirrt, denn sie waren an diesem 2. April 1968 Zeuge der Premiere von „2001 – Odyssee im Weltraum", dem vielleicht rätselhaftesten Film aller Zeiten, und sie haben dabei einen Einblick in die Welt des Designers Olivier Mourgue bekommen. Der Franzose hat Möbel und Raumschiffe für Stanley Kubricks Meisterwerk entworfen und sich damit ohne es zu wissen unsterblich gemacht. Denn eigentlich hat er mehr als Kino im Sinn. Mit dem Spanier Joe Colombo und dem Dänen Verner Panton gehört er seit den späten Sechzigern zur Creme de la Creme der Designerzunft. Spielwiese der großen Drei sind die Visiona–Ausstellungen in Köln, die von der Bayer AG gesponsert werden. Eine neue Kultur des Wohnens soll hier Zukunftsoptimismus, Radikalismus und Mutterbauchästhetik humorvoll zu einer Symbiose vereinen. Colombo setzt 1969 auf spielerische Weltraumästhetik, Panton lässt 1970 plüschige, weiche Formen in lila, rot und orange aus den Wänden wachsen. In den Exponaten sind schlafende Besucher keine Seltenheit und sogar ausdrücklich erwünscht, besonders Pantons modulares Sitzsystem „Living", in dem beliebig viele Menschen wie in einer plüschigen Höhle neben- und übereinander sitzen, liegen oder stehen können, lädt mit kommunistisch-ergonomischer Geste dazu ein. Mourgue verwandelt die Kölner Messehallen schließlich 1971 in ein Utopia aus Flüssen, Bäumen, Teppichen und modularen Wohneinheiten. Die Welt wird eine Zeit lang von den großen Visionen der Künstler sprechen, doch ihnen folgen wird sie nicht, sie sind zu radikal und haben zuviel Humor. Während Panton († 1998) dennoch zeitlebens zur Ikone wird, stirbt Colombo bereits 1971, Mourgue wird 1976 Kunstprofessor und widmet sich der Malerei.

22|11|1968
Blütenweiß

Es ist das wahrscheinlich beste Pop-Album aller Zeiten, mit Sicherheit aber das beste Doppelalbum der Pop-Geschichte. Der Arbeitstitel zu dem epochalen „Weißen Album" der Beatles lautet „A Doll's House", ein Name, den Henrik Ibsen einem Theaterstück aus dem 19. Jahrhundert gegeben hatte. Der Künstler Patrick ist bereits dabei ein Cover für die Platte anzufertigen, als alles ganz anders kommt. Die Band entschließt sich die 93-minütige Platte, die erste auf dem neuen, eigenen Apple-Label, schon optisch in eine komplett andere Richtung zu führen als den Vorgänger „Sgt. Peppers Hearts Club Band", dessen buntes, üppiges, mit zahllosen Personen bevölkertes Cover bereits oft kopiert wurde. Auch der Titel soll so schlicht wie möglich sein, man einigt sich schnell auf „The Beatles". Dass diese Platte zudem die erste der Beatles nach dem Tod ihres Managers Brian Epstein ist, mag ein weiterer Grund für die Reduktion gewesen sein. Der Pop-Art-Künstler Richard Hamilton, ein Freund der Gruppe und Lehrer von so schillernden Persönlichkeiten wie Bryan Ferry, wird schließlich engagiert, das Artwork zu gestalten und er entschließt sich zum Äußersten. Am Ende ist lediglich eine kleine Seriennummer auf dem ansonsten weißen Cover zu finden; sanfte Ironie für den pfiffigen Hamilton, bei einer geschätzten Auflage von mindestens fünf Millionen Exemplaren. Der Name „The Beatles" wird als Blindprägung in das Cover gestanzt, erst beim Aufklappen offenbaren sich die Mitglieder in schwarz-weiß, im Innenleben findet man die Song-Texte und Farbfotos von John Kelly, die später zu Ikonen-Bildern werden. Das „Weiße Album" ist nicht nur die einzige Platte der Beatles, die keine Musiker auf dem Cover zeigt, sondern auch ihr meist verkauftes Album. Die Cover-Variante des geschassten Patrick erscheint später auf der Compilation „The Beatles Ballads" – ein holzschnittartiges Kunterbunt, auf dem sogar Yoko Ono zu sehen ist.

26|08|1972
35,- $ für die Siegesgöttin

Phil Knight ist wenig begeistert. Der Chef der kleinen Sportfirma Blue Ribbon Sports Company und sein Partner, der Trainer Bill Bowerman, hatten die Studentin Carolyn Davidson angesprochen, ob sie nicht ein Logo für eine neue Sportschuhserie entwerfen könne. Die Laufschuhe sollten nach der griechischen Siegesgöttin Nike benannt werden und die Zeit drängte bereits, als sich Davidson 1971 an die Arbeit machte. Knight sucht sich letztlich einen aus, den er mit den Worten „Ich liebe ihn nicht gerade, aber werde mich schon dran gewöhnen" quittiert. Doch wird nicht nur der erste Schuh mit dem von Carolyn Davidson kreierten Bildzeichen „Swoosh", eines runden Pfeils bzw. Bogens, welcher Schnelligkeit symbolisieren soll, ein Erfolg, sondern auch die daraus entstehende Marke. Blue Ribbons „Moonshow" macht am 26. August 1972 bei der Olympiade in München durch sein Design, aber auch das einzigartige Profil von sich reden, das Bowerman kreiert haben soll als er das Testmodel mit einem Waffeleisen bearbeitete. Knight und Bowerman benennen die Firma 1978 in Nike Inc. um. Heute ist sie eine der größten Sportausrüsterfirmen der Welt. Davidson wird für einige Jahre Teil des Unternehmens und kümmert sich um die Designabteilung. Im September 1983, als Nike längst an der Börse notiert ist und den Markt für Laufschuhe in den USA mit über 50% beherrscht, lädt Phil Knight Davidson zum Essen ein und überreicht ihr einen Diamantring mit dem von ihr entwickelten Nike-Emblem. Zudem erhält die Grafikerin eine der Öffentlichkeit nicht näher bekannte Aktienmenge von dem Unternehmen. Großzügig. Aber auch notwendig, hatte die geschmackssichere Studentin doch seinerzeit nur 2,- $ pro Stunde als Lohn veranschlagt und den beiden Gründern am Ende eine Rechnung von 35,- $ präsentiert, woraus zu schließen ist, dass sie gar nach der halben Stunde genau abgerechnet hat.

08|11|1972
Das Schicksal ist orange

Das Jahr 1913 wärmt sich in Sonnenstrahlen, als die irische Kunststudentin Kathleen Eileen Moray alias Eileen Gray im Salon Artistes Décorateures in Paris eine blaue, mit Lotusblumen bemalte Lackpaneele ausstellt und das Interesse des Kunstmäzens Jean Doucet weckt. Doucet besucht Grays Atelier in der Rue Bonaparte. Hier erwartet ihn aber erst die eigentliche Offenbarung: „Le Destin" – ein vierteiliger orangefarbener Wandschirm, der von einem nackten

Jüngling und orientalischen Ornamenten geziert wird. Weder Doucet noch Gray ahnen zu diesem Zeitpunkt, dass „Le Destin" (Das Schicksal) seinem Titel aller Ehre machen wird. Doucet nimmt den Wandschirm zu sich und platziert ihn in seinem Studio in St. James Neully neben Picasso, Matisse und Bracque – als ein religiöses Gegensymbol zur modernen Avantgarde. Gray selbst beginnen die Flirts mit der sakralen asiatischen Kunst jedoch bald zu langweilen, überhaupt sind die Gemütslagen und der Geschmack der Irin heftigen Schwankungen unterworfen: Sie eröffnet eine eigene Galerie und schließt sie wieder, ihr Blick wendet sich mal Stahlrohren und abstrakten Teppichmustern, dann afrikanischer Kunst und antiken Diwanen zu. Die Wohnungseinrichtungen, die die Innenarchitektin für reiche Designliebhaber gestaltet, sprechen die Sprache einer rastlosen und völlig tabulosen Künstlerin. 1936 gehen Gray nach eigenem Empfinden ganz die Ideen aus, selbst Le Corbusiers Einladung an der Weltausstellung in Paris teilzunehmen lehnt sie ab. Ihr Name verschwindet ebenso wie sie selbst in der Versenkung. Doch „Das Schicksal" will es anders. Am 8. November 1972 landet bei der Versteigerung des Nachlasses von Jean Doucet „Le Destin" unter dem Hammer und erzielt einen Höchstpreis. Überraschte Kunsthistoriker entdecken plötzlich die Brillanz der Designerin auf alten Fotos, die Londoner Möbelfirma Zeev-Aram lässt gar ihren Stahlrohrglastisch E-1027 in Serie gehen. Am 31. Oktober 1976 wird in Frankreich das erste Mal Grays Name öffentlich im Radio genannt, es ist die Meldung eines weiteren Schicksals, ihres Todes.

16 | 04 | 1977

Angebissen

Rob Janoff kauft sich eine Tüte Äpfel. Soeben wurde er von seinem Boss Regis McKenna beauftragt, für die Firma Apple Computer eines gewissen Steve Jobs, ein Logo zu entwerfen. Das bis dahin gültige, ein komplizierter Kupferstich, der Isaac Newton unter einem Baum sitzend zeigt, oben und unten mit einer art barocken Banderole, ist viel zu kleinteilig. Janoff besorgt sich also Äpfel aus dem Supermarkt und beginnt nachzudenken. Er starrt das gekaufte Obst an, denkt, starrt und denkt weiter. Er sinniert auch über den Sandalen tragenden Jobs und dessen merkwürdige Holzkiste mit Drähten drin, den damaligen Prototyp des Apple II, die das Business des Freundes seines Chefs bedeuten. Schließlich entwirft er einen simplen eindimensionalen Apfel, von dem jemand rechts ein Stück abgebissen hat. Steve Jobs ist begeistert, suggeriert jedoch, dass der ursprünglich monochrom gehaltene Apfel Farbe brauche. Agenturchef Regis McKenna ist dagegen, allein wegen der Kosten, die farbige Reproduktionen im weiteren Verlauf für Jobs' Firma bedeuten würden. Jobs beharrt auf der Farbe, sie sei der Schlüssel dazu, die Firma menschenfreundlicher erscheinen zu lassen. Janoff schmeißt also einen bunten, geradlinigen Regenbogen in die Frucht und das Bildzeichen ist gekauft. Heute leitet Janoff seine eigene Firma in Chicago, damals erhält er jedoch als Dank „nicht mal eine Postkarte", wie er attestiert. Eine weitere Pointe: Als Jobs das Logo auf dem Apple II offiziell am 16. April 1977 auf der West Coast Computer Fair vorstellt, gibt es nicht wenige, die ihm mit dem Apfel-Bild einen frühen Bankrott prophezeien.

18 | 01 | 2000
Abgang einer Küchenhilfe

Als Margarete Schütte-Lihotzky am 18. Januar 2000 fünf Tage vor ihrem 103. Geburtstag stirbt, liegt ein mehr als bewegtes Leben hinter ihr. Nach ihrem Schulabschluss 1914 nimmt sie Unterricht im Malen und wird nur ein Jahr später erste weibliche Studentin an der Wiener K.K. Kunstgewerbeschule, angeblich auf Empfehlung Gustav Klimts, einem Freund der Familie. Sie studiert Architektur unter Oskar Strnad und erringt erste Preise. Sie arbeitet im Theater-Modellbau für Max Reinhardt, in diversen Architekturbüros und entwickelt erste Kücheneinrichtungen. Nach guten Erfolgen in Wien, wird sie 1926 an das Hochbauamt Frankfurt berufen, wo sie sich mit der Rationalisierung der Hauswirtschaft beschäftigt. Mit Eugen Kaufmann und Ernst May macht sie sich an die Planung moderner aber enger Reihenhäuser, und stellt 1927 während eines Radiovortrags ein neues passendes Küchenkonzept vor. Diese sogenannte „Frankfurter Küche" gilt heute als Prototyp der Einbauküche und stellt eine Art Revolution dar, was zu diesem Zeitpunkt allerdings noch niemand ahnen kann.
Innerhalb von vier Jahren werden 10.000 dieser Küchen in Wohnungen eingebaut. Schütte-Lihotzkys Aufstieg setzt sich fort, bis die Weimarer Republik in den letzten Zügen liegt. Als Anhängerin des Kommunismus geht sie mit ihrem Mann, Wilhelm Schütte, nach Moskau, wo sie im Rahmen von Stalins gigantischen Baumaßnahmen Anstellung findet. Die Architektin erhält weitere Aufträge und Ehrungen in Russland und China, engagiert sich im Widerstand gegen die Nazis und wird schließlich von der Gestapo festgenommen und zum Tode verurteilt. Mit Glück wird ihre Strafe in 15 Jahre Zuchthaus umgewandelt. Am 29. April 1945 wird sie von US Truppen befreit.

01|05|2004
Alles im Fluss

Wenn jemand mit einer Ausstellung über sein Lebenswerk geehrt wird, kann man davon ausgehen, dass dieser jemand entweder nicht faul gewesen ist, oder wenigstens ein, zwei brillante Ideen gehabt haben muss. Auf Luigi Colani trifft wohl beides zu. Am ersten Mai 2004 wird in Karlsruhe die große Ausstellung „COLANI – Das Lebenswerk" in der Nancyhalle eröffnet. Zu diesem Zeitpunkt hat der unter dem etwas weniger spektakulären Namen Lutz Colani in Berlin geborene Designer bereits fünf Jahrzehnte lang die Welt mit herausfordernden Designentwürfen begeistert. Schon mit vier Jahren kann der neugierige Junge Colani löten, seine Eltern richten ihm alsbald eine Bastelkammer ein, die er dazu nutzt, sich eigenes Spielzeug zu bauen. Nach der Schule studiert er Bildhauerei und Malerei, schließlich an der Sorbonne Aerodynamik, bevor er zunächst bei dem Flugzeughersteller Douglas in Amerika arbeitet. Zurück in Europa befasst er sich mit Karosserieentwürfen, gewinnt erste Preise und erweitert schnell sein Spektrum in Richtung Möbel und Gebrauchsgegenstände. Der zumeist exzentrisch und extrovertiert auftretende Colani ist darüber hinaus ein brillanter PR-Mann, der es vor allem versteht seine eigene Person mit den dazugehörigen Kreationen zu vermarkten. Einer der vielen Höhepunkte seines Schaffens ist Ende der 80er Jahre die weltberühmte ergonomische Spiegelreflexkamera T90 für den Hersteller Canon. Etwa zur gleichen Zeit stellt das New Yorker Museum of Modern Art 1988 den ersten organisch gestalteten Kopfhörer der Welt aus, entwickelt von Colani für die Firma Sony. Studien für Überschallflugzeuge, bio-organische Architekturen und aerodynamische Sportgeräte folgen und in Colanis Welt gibt es sogar einen Stromlinien-LKW.

30|05|2005
Vom Luftkissen zum Vogelnest

Nach etwas mehr als 30 Monaten Bauzeit ist es soweit. Kurz vor den Toren von München findet am 30. Mai 2005 die Eröffnung der Allianz Arena statt und somit die Krönung der bisherigen Arbeit der Architekten Herzog & de Mauron. Während diese schon vorher ereignisreiche Bauten wie das gläserne Prada Aoyama Epicenter in Tokio oder die mit Fotografien in Beton bestückte Bibliothek der Fachhochschule Eberswalde ausgeheckt hatten, öffnet ihre architektonische Designkunst an diesem Tag eine neue Tür. Die Schweizer blicken, genau wie die Zuschauer und die hier spielenden Vereine FC Bayern München und TSV 1860 München, auf ein Stadion, welches von außen wie ein riesiges Luftkissenfahrzeug anmutet. Sobald die Dämmerung einsetzt kommt ein weiteres kaum schlagbares Merkmal des Baus im wahrsten Sinne des Wortes zum Vorschein: Die verwendeten EFTE-Folienkissen beginnen wahlweise allein oder in Kombination in den Farben rot, weiß und blau zu leuchten. Im gleichen Jahr können die Architekten noch die Vollendung der Elbphilharmonie beiwohnen, einem in Zweck und Effizienz beeindruckenden Backsteinspeicher, welcher jedoch an die Kreativität der Arena nicht heranreichen kann. Den leidenschaftlichen Umgang der Architekten mit Materialien in Verbindung mit den Wünschen der Auftraggeber und dem Vorstoß in neue Dimensionen der Realität werdenden Fantasie kann das geneigte Publikum dann wieder im Jahr 2008 bestaunen. Nach vielen wert- und kunstvollen Projekten, kann das Nationalstadion in Peking den Einfallsreichtum des Münchener Stadions sogar überflügeln. Als Konterpunkt zum gleichförmigen chinesischen Städtebau errichten Herzog und de Mauron hier ein riesiges Stadion in der Verkleidung eins Stahl-Vogelnestes. Nicht nur Christo hätte seine helle Freude an dem Werk.

===================== Weiterlesen =====================

▸ Mark Pendergrast: For God, Country and Coca-Cola. Charles Scribner's Sons 1993
▸ Margarete Schütte-Lihotzky: Warum ich Architektin wurde. Residenz Verlag, Salzburg 2004

Tage des Bauens
Bahnbrechende Bauten und Architekturtrends

12|03|515 v. Chr. *Haus ohne Lade* Wiederaufbau des Tempels Salomos **S. 549**

21|07|356 v. Chr. *Die Eitelkeit und der Tempel* Die Zerstörung des Weltwunders von Ephesos **S. 549**

16|04|73 *Wenn diese Mauern fallen* Die Tragödie der Festung Masada **S. 550**

13|05|609 *Kuppel der Götter* Das Pantheon in Rom **S. 551**

09|08|1173 *Grundlos in Schräglage* Der Schiefe Turm von Pisa **S. 551**

16|03|1244 *Der sichere Berg* Die Katharer-Festung Montségur **S. 552**

29|05|1453 *Das Weltwunder von Byzanz* Die Hagia Sofia **S. 553**

02|01|1492 *Des Mauren letzter Seufzer* Die Alhambra **S. 553**

18|04|1506 *Gottes größte Kuppel* Der Petersdom **S. 554**

10|08|1557 *Die größte Einsiedelei der Welt* Escorial **S. 555**

17|06|1631 *Monument der Trauer* Das Taj Mahal **S. 555**

02|09|1666 *Phönix aus der Asche* Saint Paul's Cathedral **S. 556**

31|05|1689 *Immer wieder die Franzosen...* Der Wormser Dom **S. 557**

14|07|1789 *Sturm des Zufalls* Die Zerstörung der Bastille **S. 557**

21|07|1798 *Diese Nase!* Die Sphinx von Gizeh **S. 558**

25|01|1860 *Angkor sehen und sterben* Die Ruinen der Khmer-Könige **S. 559**

09|09|1878 *Actionspektakel in Marmor* Der Pergamonaltar **S. 559**

15|10|1880 *Das Deutsche Weltwunder* Der Kölner Dom **S. 560**

14|02|1887 *Turm zu Babel an der Seine* Der Eiffelturm **S. 561**

24|07|1911 *Vergessene Stadt in den Wolken* Die Entdeckung von Machu Picchu **S. 562**

10|10|1925 *Peking* Die Verbotene Stadt **S. 562**

19|05|1929 *Räume ohne Grenzen* Der Barcelona-Pavillon von Mies van der Rohe **S. 563**

27|05|1930 *Der Trick mit der Spitze* Das Chrysler Building **S. 564**

27|02|1933 *Ein Haus mit sieben Leben* Der Deutsche Reichstag **S. 564**

30|01|1937 *Gebauter Wahn* Speers Germania **S. 565**

04|12|1937 *Die Mutter der Flughäfen* Der Flughafen Berlin-Tempelhof **S. 566**

29|04|1952 *Architektur der Seife* Das Lever House **S. 566**

22|10|1956 *Die Stadt der Zukunft* Brasilia **S. 567**

17|03|1959 *Heiligtum, geschändet* Der Potala Palast des Dalai Lama in Lhasa **S. 568**

13|08|1961 *Das hässlichste Bauwerk Deutschlands* Die Berliner Mauer **S. 568**

21|05|1965 *Der Pharao wird zersägt* Der Felsentempel Ramses II. **S. 569**

04|04|1973 *Die Türme von NY* Das World Trade Center **S. 570**

29|03|1974 *Eine Armee im Brunnen* Die Terrakottafiguren des Kaisers Qin Shi Huangdi **S. 571**

25|04|1986 *Wehe, wenn diese Mauern brechen...* Die Architektur von Tschernobyl **S. 571**

10|09|1990 *Michelangelo in Afrika* Die Imitation der Basilika Michelangelos **S. 572**

30|11|2000 *Brandenburgische Luftnummer* Die Cargolifterhalle in Brand **S. 573**

12|03|2001 *Religion der Zerstörung* Die Sprengung der Buddhas von Bamiyan **S. 573**

20|09|2004 *Nur die Größe zählt* Das Burj Dubai **S. 574**

30|10|2005 *Der Wiederaufbau der Sahnetorte* Die Rekonstruktion der im Krieg zerstörten Frauenkirche **S. 575**

20|05|2006 *Betonwunder über dem Jangtse* Der Drei-Schluchten-Damm **S. 575**

07|07|2007 *Siebenfaches Wundern* Die sieben alten und neuen Weltwunder **S. 576**

12 | 03 | 515 v. Chr.
Haus ohne Lade

Der 12. März des Jahres 515 v. Chr. ist für die Juden ein Festtag. Der neue Tempel in Jerusalem kann endlich eingeweiht werden. Damit beginnt eine neue Ära nach 60 Jahren des babylonischen Exils. Der Babylonier Nebukadnezar II. hatte 586 v. Chr. Israel überfallen, die Bevölkerung verschleppt und den Tempel Salomos zerstört. 539 v. Chr. fiel Babylon an die Perser, und den Juden wurde die Rückkehr gestattet. Nun, mit der Einweihung des neuen Tempels nach 20 Jahren Bauzeit, ist die Heimkehr vollkommen. Die Gestaltung orientiert sich ganz am alten Vorbild, das 951 v. Chr. geweiht wurde, wenn er auch dessen Pracht nicht erreicht. Auf dem etwa 150 x 50 m großen Areal erhebt sich ein ca. 13 m hoher, 30 m langer und 9 m breiter Bau. Davor befindet sich eine Eingangshalle, flankiert von zwei Säulen, die nach der Kabbala rein symbolische Funktion haben. Allerdings – das wichtigste Heiligtum des alten Tempels fehlt nun. Die Bundeslade mit den Gesetzestafeln Moses' ist seit der Zerstörung des salomonischen Tempels verschollen. Das Volk feiert, während auf dem Altar das erste Opfer dargeboten wird. Die wieder gewonnene Eigenstaatlichkeit endet knapp 600 Jahre später. Am 4. August im Jahr 70 n. Chr. fällt auch der neue Tempel in Schutt und Asche. Die Römer schlagen den jüdischen Aufstand nieder und zerstören Jerusalem, worauf hin die bis heute anhaltende Zerstreuung des Jüdischen Volkes in die ganze Welt ihren Ausgang nimmt.

21 | 07 | 356 v. Chr.
Die Eitelkeit und der Tempel

Herostratos ist ein getriebener. Er, der nur ein Hirte ist, träumt von der Unsterblichkeit des Ruhmes. Doch wie soll man dem eigenen Namen zur Unsterblichkeit verhelfen, wenn man hier, in der Metropole Ephesos ein völlig unbedeutendes Dasein fristet? Seine Geltungssucht bringt ihn dazu, einen wahnsinnigen Plan zu schmieden. In der Nacht des 21. Juli 356 v. Chr. schreitet er zur Tat: Er legt Feuer am Tempel der Artemis. So soll die Zerstörung dieses Bauwerkes, das schon in der Antike als Weltwunder gilt, seinem Namen zu unsterblichem Ruhm verhelfen. Sein Plan geht auf – das prächtige Bauwerk, das König Kroisos in 120 jähriger Bauzeit bis 560 v. Chr. hatte errichten lassen, versinkt in Schutt und Asche. 55 x 115 m maß die Grundfläche des gewaltigen Tempels, über 100 Marmorsäulen trugen die schweren hölzernen Dachbalken, in der Mitte des Gebäudes stand eine 2 m hohe

Statue der Göttin. Antipater von Sidon, Schöpfer der Liste der sieben Weltwunder, schreibt „als ich das in den Himmel ragende Haus der Artemis erblickte, verloren die anderen Wunder ihren Glanz, etwas großartigeres hat die Sonne nie gesehen". Herostratos wird der Zerstörungstat überführt und hingerichtet. Sein Name darf nicht mehr genannt werden, damit ihm der erwünschte Ruhm verwehrt bleiben soll. Doch der griechische Geschichtsschreiber Theopompos hält sich nicht an das Verbot und verhilft so dem Herostratos doch noch zur Unsterblichkeit. In Ephesos macht man sich bald daran, einen neuen Tempel zu errichten. Zerstört haben ihn die Goten im Jahr 262.

16 | 04 | 73
Wenn diese Mauern fallen

Die Bergfestung Masada gilt als sicherster Ort in Palästina. Die Anlage befindet sich auf einem schwer zugänglichen Felsplateau südwestlich des Toten Meeres. Wenige, gut einsehbare Zufahrtwege und mächtige Mauern ermöglichen eine einfache Verteidigung, ein Dutzend Zisternen sichern die Wasserversorgung auf lange Zeit. Es scheint, als haben sich die knapp 100 Angehörigen des Stammes der Zeloten einen idealen Ort gesucht, um sich während des Aufstandes gegen die Römer zu verschanzen. Die Römer rücken mit schweren Geschützen an: 15.000 Soldaten, Rammböcke und mordernstes Kriegsgerät nehmen die Festung ins Visier, doch die Eingeschlossenen wähnen sich in Sicherheit. Zu Recht, wie es scheint, denn nach Monaten erfolgloser Belagerung macht sich unter den Römern Frust breit. Doch der Feldherr Lucius Flavius Silva will Masada schleifen. Auf einem natürlichen Gebirgsausläufer lässt er unter größten Anstrengungen eine Rampe errichten, über die ein Rammbock bis an die Festungswälle gebracht werden kann. So gelingt es den Römern schließlich, die Mauern zum Einsturz zu bringen. Am 16. April im Jahre 73 n. Chr. betreten die erschöpften Römer schließlich die Festung. Ihnen bietet sich ein schrecklicher Anblick. Bis auf zwei Frauen mit ihren fünf Kindern sind alle Zeloten tot. Die beiden Frauen, die sich in einer Zisterne versteckt hatten, berichten, dass einige der jüdischen Soldaten bestimmt wurden, alle anderen umzubringen, und anschließend sich selbst zu töten. Der Tod sei besser als die drohende Versklavung durch die Römer. Der Massenselbstmord wurde fortan zum Symbol jüdischer Unbeugsamkeit.

13 | 05 | 609
Kuppel der Götter

Am 13. Mai 609 werden die Gebeine vieler christlicher Märtyrer durch die ewige Stadt getragen. Papst Bonifazius IV. weiht an diesem Tag ihre neue Ruhestätte feierlich zur christlichen Kirche Sancta Maria ad Martyres, ehemals römisches Pantheon. Bis dahin war der kuppelbekrönte Rundbau den römischen Planetengöttern Merkur, Venus, Mars, Jupiter und Saturn gewidmet. Mit dieser Umweihung des heidnischen Tempels in eine Kirche sichert Bonifazius das Überleben des Gebäudes, denn im frühen Mittelalter geht man ansonsten recht rabiat mit den Baudenkmälern der Antike um. Auch dem Pantheon geht es an den Kragen: noch im Jahrhundert seiner Weihung zur Kirche werden die Kuppel beschädigt und die bronzenen Ziegeln nach Konstantinopel verbracht. Das Gebäude selbst bleibt immerhin unzerstört. Später, im siebzehnten Jahrhundert weckt der Bau die Gier des Papstes Urban VIII., der nun die Bleiverkleidung des Daches abreißen und zu Kanonen umschmelzen lässt. Über die Entstehungszeit des römischen Tempels herrscht Unklarheit, vermutlich wurde er um 120 n. Chr. errichtet. Die Kuppel ist eine bautechnische Meisterleistung, bis ins 20. Jahrhundert gilt sie mit ihren 43,4 m Innendurchmesser als größte Kuppel der Welt, sie ist außerdem die einzige erhaltene Kuppel der Antike. Die ausgewogene Harmonie des Gebäudes macht das Pantheon für die Architekten der Renaissance zum Idealbild des perfekten Bauwerks, bis ins 19. Jahrhundert wird es immer wieder kopiert. Zu den im Pantheon Bestatteten gehören der Renaissancemaler Raffael, sowie zahlreiche Könige Italiens.

09 | 08 | 1173
Grundlos in Schräglage

Der Dom der toskanischen Stadt Pisa ist bereits seit über hundert Jahren im Bau, als am 9. August 1173 der Grundstein für den dazugehörigen Glockenturm gelegt wird. Schon beim Kirchenbau hatte sich der Untergrund als zu weich erwiesen, dennoch beginnt man unverdrossen mit dem Bau des marmornen Turmes. Es dauert nicht lange, und auch der Turmansatz beginnt, sich auf einer Seite nach Südosten abzusenken. Als die Schräglage 1178 bemerkt wird, bricht man die Bauarbeiten zunächst ab, drei Stockwerke sind bereits fertig. In der Zwischenzeit sind die Pisaner beschäftigt, politische Auseinandersetzungen mit den umliegenden Städten zu führen. Dies erweist sich als Glücksfall, denn so hat der Untergrund des Turmstumpfes Zeit, sich zu stabilisieren. Ohne diese Zwangspause wäre ein Weiterbau kaum möglich gewesen. 1272 nimmt man die Bauarbeiten wieder auf. Eine gegensätzliche Neigung der neuen Geschosse soll die Schräge des Baus ausgleichen, doch als 1319 das siebte Geschoss fertig gestellt wird, zeigt sich, dass der Turm weiter kippt. 1372 kann schließlich der Glockenstuhl aufgesetzt werden, der Turm gilt als vollendet. Bereits damals betrug der Höhenunterschied der beiden Seiten des Turmes eine ganze Treppenstufe. Als die Lage im zwanzigsten Jahrhundert gefährlich zu werden drohte, läßt man nichts unversucht, um das langsame Absinken zu stoppen, zumeist vergeblich. Erst die Entfernung von Grund unter der höheren Seite kann die Neigung um etwa 45 cm verringern. Damit gilt der Schiefe Turm von Pisa zumindest für die nächsten Jahrhunderte als gesichert.

16 | 03 | 1244
Der sichere Berg

Sie sind der Dorn im Auge des Papstes: Die Katharer. In Südfrankreich hat sich die christliche Glaubensbewegung festgesetzt, und nicht einmal der mit großer Härte geführte Albigenserkreuzzug (1209-1229) mit den Massakern von Béziers und Carcassonne konnte dem ketzerischen Treiben Einhalt gebieten. Montségur, eine als uneinnehmbar geltende Festung im Languedoc ist sogar zum neuen Zentrum der Bewegung aufgestiegen, und von dort aus greifen sie immer wieder päpstliche Autoritäten an. Doch nun beschließt der französische König, Ludwig IX., der bereits die Juden des Landes entrechtet hatte, mithilfe der Inquisition gegen die christlichen Rebellen vorzugehen. Ein Heer von 10.000 Kreuzrittern belagert ab 1243 die Festung, kann sie aber nicht einnehmen. Die Katharer strapazieren die Ausdauer der Belagerer aufs Äußerste, doch Lebensmittelknappheit veranlaßt die Eingeschlossenen nach zehn Monaten, Verhandlungen mit den Belagerern aufzunehmen. Am 16. März 1244 kapitulieren sie, und die Kreuzritter lassen keine Gnade walten. Wer der dualistischen Lehre der Katharer nicht abschwört, wird verbrannt. Doch die meisten von ihnen denken nicht daran, sich dem Papst zu unterwerfen. In den Wochen vor der Kapitulation lassen sich sogar viele noch weihen, den sicheren Tod vor Augen. Der Katharer-Bischof Bertrand Marty führt an diesem Tag die etwa 200 zum Tode Verurteilten aus der Burg zu den Scheiterhaufen, die unterhalb der Festung errichtet worden waren. Hier, auf den Prats des Cramats, wurden sie verbrannt, heute erinnert eine Stele an die Opfer.

29 | 05 | 1453
Das Weltwunder von Byzanz

Der 29. Mai 1453 ist ein Schreckenstag für Europa: Konstantinopel fällt in die Hand der Osmanen. Der islamische Ansturm auf Europa hat nun auch die Hauptstadt Ostroms zu Fall gebracht. Lange war sie die größte, reichste und fortschrittlichste Stadt des christlichen Abendlandes, ihren Untergang betrachtet man als Menetekel für ganz Europa. Schließlich steht die größte Kathedrale der damaligen Welt hier am Bosporus: Die Hagia Sofia. 537 erbaut, ist sie das letzte großes Monument der Antike und des römischen Reichs. Ihre gewaltige Kuppel gilt als architektonisches Wunder, sie ist 56 m hoch und hat einen Durchmesser von 31 m. 40 Fenster durchlöchern die Kuppel und lassen Tageslicht ins Innere. Mehrfach stürzt sie ein, immer wieder wird sie wieder hergestellt. Bereits am Tag der Einnahme der Stadt hält der osmanische Sultan Mehmed II. hier einen islamischen Gottesdienst ab, und in den folgenden Monaten wandelt sich das Bild der Kirche. Fresken und Mosaike werden übermalt, christliche Insignien verschwinden, neben der Kirche entstehen Minarette – die Hagia Sofia wird eine Moschee. 1932 veranlasst Kemal Atatürk die Umwandlung der Moschee in ein Museum, Teile der christlichen Wandbemalung werden wieder freigelegt – teils unter Protesten der türkischen Bevölkerung, da dafür kalligraphische Wandbemalungen der islamischen Zeit weichen müssen. Die Hagia Sofia steht heute unter dem Schutz der UNESCO.

02 | 01 | 1492
Des Mauren letzter Seufzer

Am 2. Januar des Jahres 1492 erreicht ein Tross um Bobadil, den letzten Sultan von Granada, eine Anhöhe südlich von Granada. Mohammad XII., wie Bobadil eigentlich heißt, dreht sich noch einmal um und wirft einen letzten Blick auf die Stadt, die wie keine andere für den Glanz und den Untergang des maurischen Spaniens steht. Bis heute heißt der Ort „El Suspirio del Moro", „des Mauren letzter Seufzer". Nach kurzem Verweilen setzt sich der Tross wieder in Bewegung in Richtung Küste – um Andalusien für immer zu verlassen. Fast achthundert Jahre maurischer Kultur und Prachtentfaltung gehen so zu Ende – die Hinterlassenschaft Bobadils ist noch heute die Hauptsehenswürdigkeit Südspaniens: Die Alhambra. Diese legendärste unter den maurischen Palastanlagen Spaniens gilt als das Spanische Weltwunder. Seit dem dreizehnten Jahrhundert wurde eifrig gebaut an

der „roten Festung", die von außen eher spartanisch anmutet. Doch hinter den Mauern erwarten den Besucher gebaute Paradiese. Wie in einem Schloss aus Tausendundeiner Nacht bilden hier Marmorsäulen, vergoldete Zedernholzdecken, Arkadengänge und Stalaktitengewölbe eine ästhetische Einheit, die die Sinne verzaubert. Hier ist alles Ornament, eine unüberschaubare Vielzahl von Formen und Mustern verwirrt das Auge. Mediterrane Paradiesgärten mit Wasserläufen sorgen für Abkühlung in der trockenen Hitze Andalusiens. Auch nach dem Einzug der katholischen Herrscher wurden die Bauarbeiten fortgeführt – der Renaissancepalast Kaiser Karls V. ist das augenfälligste Zeugnis dieser Zeit. Bobadil aber setzte mit seinem Gefolge im Januar 1492 nach Marokko über, wo er nach erfolglosen Versuchen, eine Rückeroberung Andalusiens zu organisieren, 1533 verstarb.

18 | 04 | 1506
Gottes größte Kuppel

Am 18. April 1506 lässt es sich Papst Julius II. nicht nehmen, selbst in den Schacht hinab zu steigen. Der Legende nach trägt er Mitra und Maurerkelle, als er direkt über dem antiken Petrusgrab in Rom den Grundstein legt für das Gebäude, das viele Jahrhunderte lang der Größte Kirchenbau der Christenheit sein sollte. Dabei geht er, so berichten Chronisten, so hastig vor, dass er den Stein versehentlich schief einsetzt. Heute wissen wir, es tat dem Mammutprojekt keinen Abbruch, doch viele seiner Zeitgenossen sehen dies anders. Der spektakuläre Neubau soll die baufällige Basilika des Konstantin ersetzen, doch der wagemutige Entwurf des Architekten Bramante überfordert selbst den Papst und dessen Mittel. Die Kritik ist hart. Julius finanziert den Bau zum Teil durch Ablasshandel, zudem wirft man ihm vor, er wolle sich selbst ein gigantisches Denkmal setzen und opfere dafür die antike Basilika. Die Bauarbeiten ziehen sich hin, es droht die Bauruine. Dann, im Jahr 1547, Bramante ist längst gestorben, übernimmt sein Konkurrent Michelangelo die Leitung des Baus. Dieser konstruiert eine gigantische Kuppel, die sein letztes großes Werk werden sollte. Mit 42 m Durchmesser gilt sie als größter freitragender Ziegelbau der Welt, ihr Gewicht wird auf 14.000 Tonnen geschätzt. Auch Michelangelo wird die Fertigstellung des Doms nicht erleben. Erst 1593 wird die Kuppel eingeweiht, 1626 schließlich das gesamte Bauwerk. Der Petersdom ist bis heute vom Volumen her eines der größten Gebäude der Welt, er gilt als zweitgrößte christliche Kirche.

10 | 08 | 1557
Die größte Einsiedelei der Welt

Philipp II, König von Spanien, ist ein frommer, manche sagen ein fanatischer Mann. Religion ist ihm wichtiger als alles Andere, unbarmherzig ist er in seiner Gegnerschaft zur Reformation. Nicht immer ist er ein siegreicher Feldherr, doch am 10. August 1557 ist das Glück auf seiner Seite. Die spanischen Truppen erringen den Sieg über die Franzosen im sogenannten Italienischen Krieg. Philipp legt vor der Schlacht ein Gelübde ab – nun, nachdem er gesiegt hat, ist es an der Zeit, es einzulösen. Am Rande der Sierra de Guadarrama, nördlich von Madrid, lässt er eine Klosteranlage bauen, größer als alle anderen. Auf einer Grundfläche von 200 x 160 m entsteht das größte Renaissancegebäude der Welt – Kloster, Palast, Mausoleum der Habsburger, Monument des Katholizismus. Die quadratische Anlage ist um eine gewaltige Kirche geordnet, deren Kuppel eine Höhe von 90 m erreicht. Nach 21 Jahren Bauzeit wird das „spanische Weltwunder" 1584 fertiggestellt. Währenddessen kauft Philipp Gemälde für seine Sammlung, die bis heute weltberühmt ist: El Greco, Hieronymus Bosch und Velázquez gehören zu den Höhepunkten. 40.000 Bücher umfasst die Bibliothek. Doch Philipp selbst lebt wie ein Mönch. Von den insgesamt ca. 3000 Räumen des Escorial nutzt der König nur drei – hier verbringt er die letzten Jahre seines Lebens. Philipp, den Zeitgenossen als kühl und düster beschreiben, wird in der Grabkammer des Escorial beigesetzt, dem sogenannten „Pantheon der Könige". Hier ruht er neben seinen Nachfolgern, und seinem Vater, dem deutschen Kaiser Karl V. Heute gehört der Escorial zum UNESCO Weltkulturerbe.

17 | 06 | 1631
Monument der Trauer

Der 17. Juni 1631 ist der schwierigste Tag im Leben des indischen Großmoguls Shabuddin Mohammed Shah Jahan. Freude und Trauer liegen an diesem Tag nah beieinander. Seine Lieblingsfrau, Mumtaz Mahal, die er noch als Prinz geheiratet hatte, stirbt im Alter von 37 Jahren, nachdem sie ihm eine Tochter geschenkt hat – es ist das vierzehnte Kind des Paares. Die Trauer des Kaisers kennt keine Grenzen – und so läßt er bald ein Grabmonument errichten, das die Erinnerung an die Verstorbene auf alle Zeiten lebendig halten soll. Nach dem Vorbild persischer Grabmonumente entsteht zwischen 1631 und 1648 ein immenses ca. 22 ha großes Areal mit Moschee, Wasserbecken und Paradiesgärten. Inmitten dieser Landschaft erhebt sich wie eine Fata Morgana ein Mausoleum aus weißem Marmor. Der Bau ist bekrönt von einer gewaltigen zwiebelförmigen Kuppel, vier Minarette rahmen ihn ein und markieren die Begrenzung der 100 x 100 m marmornen Terrasse, auf der das Mausoleum steht. Bis heute ist nicht geklärt, wer der Architekt des Taj Mahal war, vielen gilt Ustad Ahmad Lahauri als wahrscheinlichster Urheber. Das Ende des Kaisers ist ein trauriges: Von seinem Sohn entmachtet, verbringt er die letzten zehn Jahre seines Lebens als dessen Gefangener. Er stirbt hochbetagt im Alter von 74 Jahren, begraben wird er im Taj Mahal. Seine ursprünglichen Pläne, sich selbst ein schwarzes Marmormausoleum gegenüber dem seiner Frau zu errichten, waren längst vergessen. Bis heute gilt das Taj Mahal als Musterbeispiel indisch-islamischer Baukunst und als eines der schönsten Monumente weltweit. Es zählt zum UNESCO Weltkulturerbe.

02 | 09 | 1666
Phönix aus der Asche

Am Morgen des 2. September 1666, einem Sonntag, bricht in der Londoner Bäckerei des Thomas Faryner in der Pudding Lane ein Feuer aus. Was zunächst aussieht wie ein ganz alltäglicher Vorfall, entwickelt sich schnell zur Katastrophe. Das Feuer breitet sich in den nächsten drei Tagen über große Teile Londons aus und verschlingt mehr als 13.000 Häuser, ganze Stadtteile liegen in Schutt und Asche. Auch Saint Paul's Cathedral, die gotische Kathedrale der Stadt, wird Opfer des Feuersturms. Nachdem der Stadtbrand gelöscht ist, beginnt man zunächst, die ausgebrannte Kirche notdürftig zu reparieren. Christopher Wren, der englische Meisterarchitekt, war bereits vorher in die Renovierung der alten Kathedrale involviert, nun beauftragt man ihn mit dem Neubau. 1677 wird der Grundstein gelegt für die neue Kirche, 1708 schließlich kann der mittlerweile 76-jährige Architekt sein Meisterwerk abschließen. Die neue Kathedrale von London ist nun nicht weniger als das anglikanische Gegenstück zu Sankt Peter in Rom, die Ähnlichkeit der Kirchen ist nicht zufällig. Wren orientiert sich stark an Vorbildern der italienischen Renaissance, zudem stellt St. Paul's auch in politisch-religiöser Sicht ein Gegenstück zu Sankt Peter in Rom, schließlich sah sich England im Jahrhundert der Gegenreformation als größte Bastion der Reformation. Die gewaltige Kuppel von Saint Paul erreicht eine Höhe von 100 Metern, selbst heute behauptet sie sich zwischen den modernen Hochhäusern Londons.

31 | 05 | 1689

Immer wieder die Franzosen...

Um neun Uhr vormittags läutet Dekan Dorn ein letztes Mal die Glocken des Wormser Doms, dann verlässt er die Stadt mit tausenden anderen. Um 16 Uhr gibt der französische General Mélac den Befehl zur Zerstörung der Städte Worms, Speyer und Oppenheim. Der pfälzische Erbfolgekrieg hat das Rheinufer erreicht, wo die Truppen Ludwigs XIV. keine Burg, keine Stadt und kein Schloss unzerstört lassen. Auch Kirchen, Klöster und Kathedralen werden nicht verschont. Während die Stadt Worms im Feuersturm untergeht, versuchen die Franzosen, den Dom zu sprengen. Doch er erweist sich als zäh – zu dick sind die romanischen Mauern. Er überlebt den französischen Zerstörungsfeldzug, während der Speyerer Dom ausbrennt und einstürzt, nachdem die Kaisergräber von den französischen Soldaten geplündert worden waren. Die Franzosen verwüsten 1792 erneut den Dom, er wird entweiht und zum Viehstall degradiert. Es gelingt Bischof Colmar nur mit äußerster Mühe, sie davon abzuhalten, die Kaiserdome abreißen zu lassen. Der Wormser Dom gehört zu den bedeutendsten Baudenkmälern des Mittelalters. Um 600 entstand auf einem hochwassersicheren Hügel ein merowingischer Vorgängerbau, der heutige Dom wurde an gleicher Stelle im zwölften Jahrhundert errichtet. Das Nibelungenlied berichtet vom Streit der Königinnen Kriemhild und Brunhild, der sich vor dem Portal des Domes abspielt, allerdings gibt es keine historischen Belege. Direkt an den Dom anschließend befand sich die Kaiserpfalz, hier fand auch der Reichstag von 1521 statt, auf dem Martin Luther seine Thesen vor Kaiser Karl V. rechtfertigen musste.

14 | 07 | 1789

Sturm des Zufalls

Am 14. Juli 1789 ist die Atmosphäre in Paris aufgeheizt. Zwei Tage zuvor hatte Camille Desmoulins eine Brandrede gegen den Absolutismus gehalten, während der König seine Truppen in Versailles aufmarschieren lässt. In der Hauptstadt beginnt eine Gruppe von Revoluzzern sich zu bewaffnen, und die Suche nach Munitionslagern führt die aufgebrachte Menge zur Bastille. Die mittelalterliche Befestigungsanlage in der Rue Saint-Antoine dient mittlerweile als Gefängnis aller Klassen, politische Gefangene sind allerdings nicht unter den sieben Häftlingen, die zu diesem Zeitpunkt einsitzen. Die Menge ist auch weniger an den Insassen interessiert als an den dort gelagerten Munitionsvorräten, immerhin 13.000 kg Schießpulver. Nach Verhandlungen mit dem Kommandeur Bernard-René de Launay beginnt die wütende Menge, das Gefängnis zu stürmen. Launay wird ins Hôtel de Ville gezerrt, misshandelt, erstochen und enthauptet, sein Kopf wird auf eine Mistgabel gespießt und als Trophäe präsentiert. Die Bedeutung dieser Erstürmung ist rein symbolischer Natur, sie gilt als Auftakt der Französischen Revolution. Die Bastille aber ist weder strategisch noch historisch von besonderer Bedeutung. Nur aufgrund der dort gelagerten großen Mengen Munition wird sie zur Zielscheibe der Aufständischen und damit zum Symbol des absolutistischen Regimes. Deshalb beginnt man auch bald damit, die Festung abzureißen, gleichzeitig wird die Ruine als Sehenswürdigkeit vermarktet. Geblieben ist bis heute der billige Rummel, von der mittelalterlichen Festung selbst ist dagegen nichts mehr zu sehen.

21 | 07 | 1798
Diese Nase!

20 Meter hoch erhebt sie sich im Wüstensand, als stiller Bewacher der Pyramiden von Gizeh. Eigentlich ist Sie ein Er, denn die größte aus einem Stein gehauene Statue der Welt stellt vermutlich einen Pharao in Löwengestalt dar, wahrscheinlich Chephren, den Erbauer der zweitgrößten der drei Pyramiden. Um 2500 v. Chr. wurde sie errichtet und war zeitweise bis zum Hals mit Sand umgeben. Um die fehlende Nase ranken sich zwei hartnäckige Gerüchte. Doch weder Obelix noch Napoleons Truppen sind verantwortlich, tatsächlich war die Nase bereits Jahrhunderte vorher verschwunden. Vermutlich wurde im Mittelalter versucht, das Gesicht der Sphinx zu zerstören, um die abergläubische Bevölkerung davon abzubringen, ihr heimlich Opfer zu bringen, um sie zu besänftigen. Ins Gedächtnis Europas aber gerät die Sphinx erst viel später, kurioserweise durch eine Schlacht. Als Napoleon seinen Ägyptenfeldzug 1798 antritt, finden sich in seinem Tross nicht nur Soldaten, sondern auch ein Heer von Wissenschaftlern. Der Feldherr will das europäische Interesse an Ägyptens Altertümern wecken. Am 21. Juli 1798 spricht er zu seinen Soldaten, die bei den Pyramiden auf die entscheidende Schlacht gegen die Mamelucken warten: „Soldaten, von diesen Pyramiden blicken 40 Jahrhunderte auf euch herab". Napoleon gewinnt zwar die Schlacht, keine zwei Wochen später wird er jedoch von Admiral Nelson bei Abukir besiegt; die Sphinx aber erwacht wie gewünscht aus ihrem Jahrhunderte langen Schlaf und wird zur Stil-Ikone. Ägyptisch gilt nun als schick in Europas Salons, und plötzlich schmücken kleine Sphinxen Schreibtische, Stuhllehnen und Fassaden in London und Paris. Ganz nebenbei ist dies auch die Geburtsstunde der Ägyptologie, denn im Reisegepäck bringen die Franzosen den Stein von Rosette mit, der schließlich zur Entschlüsselung der Hieroglyphen führt. Die Sphinx dagegen bewahrt ihr berühmtes Geheimnis bis heute.

25 | 01 | 1860
Angkor sehen und sterben

Als der Naturforscher Henri Mouhot am 25. Januar 1860 durch den kambodschanischen Dschungel streift, gilt seine Aufmerksamkeit in erster Linie der üppigen Natur. Doch was er in der Nähe der Stadt Siem Reap entdeckt, lässt ihm den Atem stocken. Vor ihm liegt die größte Tempelanlage der Welt, Angkor. Tief beeindruckt notiert Mouhot in seinem Reisebericht, „welches Genie war dieser Michelangelo des Ostens, der ein solches Werk erschuf", und bald darauf wird sein Ausspruch „Angkor sehen und sterben" in ganz Europa berühmt. Mouhot hat mit seinen Notizen für Europa entdeckt, was in Kambodscha zu allen Zeiten tief im Bewusstsein verankert war. Die Ruinen von Angkor sind das Erbe des Khmer-Königreichs, das bis ins 15. Jahrhundert zu den Großmächten des Subkontinents gehört. Unter König Suryavarman II. erreicht die Stadt Angkor mit ihrem größten Tempel Angkor Vat den Höhepunkt ihrer Prachtentfaltung. Ursprünglich sind die Tempel den Hindu-Göttern Vishnu und Shiva gewidmet, später werden sie dem Buddhismus geweiht. Auf einer Fläche von etwa 200 km² befinden sich 74 bisher entdeckte Tempel und man vermutet, dass die alte Hauptstadt möglicherweise sogar noch größer war. Der Haupttempel, Angkor Vat, ist von einem viereckigen Wassergraben umgeben, im Zentrum befindet sich eine Pyramide mit fünf Türmen. Die Anlage gilt als ein Abbild des Kosmos mit dem mythologischen Berg Meru im Zentrum und den Ozeanen an der Peripherie. Nachdem die Thai 1431 Angkor erobern, beginnen der Niedergang von Angkor und der Aufstieg von Phnom Penh. Die Ruinen von Angkor gehören heute zum UNESCO Weltkulturerbe.

09 | 09 | 1878
Actionspektakel in Marmor

Am 9. September 1878 beginnt der deutsche Ingenieur und Archäologe Carl Humann mit einer Ausgrabungsaktion, deren Resultat weltweit Aufsehen erregen soll. Nahe der türkische Stadt Bergama befand sich das antike Pergamon, Hauptstadt eines hellenischen Königreiches im zweiten und dritten vorchristlichen Jahrhundert. Reste antiker Architektur hatte man dort bereits häufiger gefunden, doch meist wurden sie vernichtet, denn die Ruinen werden als Steinbruch genutzt. Das Osmanische Reich interessiert sich nicht besonders für seine antiken Schätze, und so fällt es Humann nicht schwer, eine Genehmigung für umfangreiche Grabungen zu bekommen. In dieser und den beiden folgenden Grabungsaktionen findet Humanns Team eine Reihe von Marmorplatten, die in der Spätantike aus einem Monumentalaltar herausgelöst und zum Bau einer Stadtmauer zweckentfremdet wurden. So gelingt es ihm, nach und nach das zu rekonstruieren, was als Pergamonaltar weltweit bekannt wird. Eumenes II., König von Pergamon, hatte um 184 v. Chr. auf dem Burgberg der Stadt eine monumentale Altaranlage errichten lassen, um militärische Siege zu feiern. Sie besteht aus drei Flügeln und einer Treppe, die zum Innenraum führt. Die dem Gott Zeus gewidmete Anlage ist mit Marmorreliefs verkleidet, die den Kampf der Götter gegen die aufbegehrenden Giganten schildern. Die Dynamik, Dramatik und Lebendigkeit der Darstellungen kann selbst in der bilderüberfluteten heutigen Zeit noch beeindrucken, um so berauschender muss der Fries auf die antiken Betrachter gewirkt haben. Bald sind große Teile der Friese geborgen und gelangen ab 1879 nach Berlin in die Antikensammlung. Obwohl die Fundstücke mit ausdrücklicher Genehmigung der osmanischen Behörden in deutschen Besitz übergehen, ist man sich in Berlin durchaus bewusst, dass ein Export der Kunstschätze keine Ideallösung darstellt. Dies ist jedoch die einzige Möglichkeit, sie vor der Zerstörung zu bewahren. In Berlin wird der Pergamonaltar zunächst im Alten Museum ausgestellt. 1910 beginnen die Bauarbeiten an einem neuartigen Museumsbau, der eigens für die Fragmente antiker Architektur erreichet wird: Das Pergamonmuseum. Es ist heute das meistbesuchte Museum in Berlin.

15 | 10 | 1880

Das Deutsche Weltwunder

Am 15. Oktober 1880 feiert das erst jüngst wieder auferstandene Deutsche Reich. Das Deutsche Weltwunder ist vollendet: Nach 632 Jahren wird das Symbol der deutschen Gotik schlechthin, der Kölner Dom, vollendet. Er ist – für einige Jahre – mit 157 m Höhe das höchste Gebäude der Welt, man staunt weltweit über die bauliche Sensation. Wie so viele gotische Kathedralen war der Dom von Köln bis dahin eine ewige Baustelle, ein unvollendetes Denkmal der Gigantomanie des Mittelalters. Im 16. Jahrhundert hatte man die dreihundert Jahre zuvor begonnenen Bauarbeiten eingestellt, bis dahin waren gerade mal der Chor, das Langhaus und die unteren Geschosse des mächtigen Südturms fertig gestellt. Die Gotik war mittlerweile von leichteren, weniger in unermessliche Höhen strebenden Baustilen abgelöst worden und galt zunehmend als Relikt des düsteren Mittelalters. Dies änderte sich im 19. Jahrhundert, als eine Verklärung der Geschichte und ganz besonders des Mittelalters einsetzte. Wie durch eine Fügung des Schicksals fand man nun, 1814 und 1816, die verloren geglaubten Baupläne der Kathedrale wieder. Der wiedererwachte deutsche Nationalismus bejubelte die Vollendung des Doms als Inbegriff einer stolzen Vergangenheit. Noch heute ist der Dom die dritthöchste Kirche der Welt. Den Krieg hat er mit schweren Schäden überstanden, und die Nachkriegszeit bescherte ihm eine katastrophale städtebauliche Situation. Dennoch ist er das meistbesuchte Baudenkmal Deutschlands.

14 | 02 | 1887
Turm zu Babel an der Seine

Am 14. Februar 1887 entlädt sich der Zorn aller aufgebrachten Schöngeister Frankreichs. In der Zeitung „Le Temps" erscheint ein Pamphlet gegen die drohende Zerstörung der Pariser Silhouette, ja des ganzen Stadtbilds. „Wir Schriftsteller, Maler, Bildhauer, Architekten und leidenschaftliche Liebhaber der bisher unangetasteten Schönheit von Paris protestieren im Namen des verkannten französischen Geschmacks mit aller Kraft gegen die Errichtung des unnötigen und ungeheuerlichen Eiffelturmes im Herzen unserer Hauptstadt, den die oft von gesundem Menschenverstand und Gerechtigkeitsgefühl inspirierte Spottlust der Volksseele schon den Turm zu Babel getauft hat." Doch der Aufruf verhallt. Am 28. Januar beginnen die Bauarbeiten an dem Stahlmonstrum, das in den folgenden zwei Jahren auf eine Höhe von 300 m anwächst. Pünktlich zum einhundertsten Jahrestag der Französischen Revolution und zur Eröffnung der Weltausstellung kann am 31. März 1889 die Einweihung gefeiert werden. Die Architekten Stephen Sauvestre und Gustave Eiffel hatten ein Bauwerk geschaffen, das das neue technische Zeitalter repräsentieren sollte. Ursprünglich war geplant, den Turm nach 20 Jahren wieder abreißen zu lassen, doch die anfängliche Skepsis der Franzosen dem Gigant gegenüber wich schnell einer Begeisterung, sodass der Turm stehen blieb. Heute misst er mitsamt Antenne 325 m und wiegt ca. 10.000 Tonnen. Über 200 Millionen Menschen haben ihn schon besucht.

24 | 07 | 1911
Vergessene Stadt in den Wolken

Eigentlich sind der Historiker Hiram Bingham und sein Team auf der Suche nach der letzten Inka-Zuflucht Vilcamba. Zu Fuß durchqueren sie im Juli 1911 das Urubamba-Tal, wo sie ihr Lager aufschlagen. Hier machen sie Bekanntschaft mit dem Bauern Arteaga, der ihnen von Ruinen hoch oben auf einem Berg erzählt. Bingham hat vorher nie davon gehört oder gelesen, doch seine Neugierde ist geweckt. Am Morgen des 24. Juli herrscht kühles Nieselwetter. Bingham kann Arteaga nur mit Mühe dazu bringen, ihn und einen Begleiter an diesem Tag auf den Gipfel zu führen. Bei ihrem mühsamen Aufstieg stoßen die drei, die sich teilweise auf Knien fortbewegen müssen, auf mehr als einhundert Terrassen, offenbar Jahrhunderte alt. Dann stehen sie plötzlich vor fein gearbeiteten weißen Granitmauern. Vor ihnen liegt eine Sensation: Eine verlassene, unzerstörte Stadt der Inka. Dieses Volk, das auf dem Höhepunkt seiner Macht im 15. Jahrhundert große Teile der südamerikanischen Westküste beherrschte, war von den spanischen Konquistadoren unterjocht, versklavt und vertrieben, seine Städte und Paläste restlos zerstört, die Kunstschätze nach Europa verschleppt worden. Doch Machu Picchu, so scheint es, haben Francisco Pizarro und seine Soldaten bei ihren Zerstörungszügen durch die Anden einfach übersehen. Man vermutet, dass die Stadt um 1450 errichtet und etwa 100 Jahre später aufgegeben wurde. In über 2.400 m Höhe gelegen, war sie seitdem der Aufmerksamkeit aller Eroberer und Ausbeuter entgangen. Heute dagegen finden täglich bis zu 2.000 Besucher ihren Weg in die vergessene Stadt der Inka.

10 | 10 | 1925
Das Heiligtum des Kaisers

Am 10. Oktober 1925 ist in Peking nichts mehr, wie es war. Fünf Jahrhunderte lang war den Pekingern die Verbotene Stadt verschlossen geblieben, hohe Mauern und breite Wassergräben verhinderten jeden Einblick. Was sich hinter den Mauern befand, darüber konnte man nur spekulieren. Paläste aus Gold und unermessliche Kunstschätze, untergebracht in 999 ½ Räumen, sollten sich hinter den Mauern befinden. Seit Menschengedenken wurde keinem Normalsterblichen der Zugang zum Areal des Kaiserpalastes gestattet, aufmerksam beobachteten die Wachen auf den Türmen jeden, der sich den Mauern näherte. Dies alles änderte sich nun – die Tore öffnen sich an diesem Oktobertag. Das staatliche Palastmuseum lockt die zunächst noch ungläubigen Stadtbewohner in die Paläste der chinesischen Kaiser. Seit dem dritten Kaiser der Ming-Dynastie, seit 1420, residierten hier die Herrscher in unvorstellbarem Luxus, nun gehört die Anlage dem Volk. Den letzten Kaiser Chinas hatte man im Jahr zuvor aus der Stadt vertrieben, das Kaiserreich ist Geschichte. Anders als die meisten Kulturdenkmäler Chinas überlebt der Kaiserpalast auch die mörderische Kulturrevolution vergleichsweise unbeschadet, heute ist er die wichtigste Sehenswürdigkeit Pekings.

19 | 05 | 1929
Räume ohne Grenzen

Als der spanische König am 19. Mai 1929 die spanische Weltausstellung eröffnet, dominiert Traditionelles. Das Gastgeberland präsentiert sich stolz mit dem Nationalpalast, der kaum mehr als eine Ansammlung von Architekturzitaten ist. Insgesamt herrscht eine Tendenz zu konservativ-monumentalen Bauten vor. Das Deutsche Reich wählt dagegen eine gänzlich andere Ästhetik. Man hatte den Architekten Ludwig Mies van der Rohe mit der Gestaltung des deutschen Pavillons beauftragt, und der leichte, durchlässige Bau, den Mies nun präsentiert, sorgt für allgemeines Erstaunen. Ein flaches Betondach ruht ausschließlich auf einigen zierlichen Stützen, dadurch werden die Wände zu frei beweglichen Raumteilern. So ist eine fast gänzlich freie Gestaltung des Innenraums möglich. Große Glasflächen ersetzen Außenmauern, und Wände aus Travertin und Onyx gliedern den Bau, ohne allerdings eine eindeutige Abgrenzung von Außen- und Innenräumen zu markieren. Die Kombination von modernen Bauprinzipien und traditionellen Materialien wie edlem Stein und Holz provozieren Kritik. Doch gleichzeitig feiert man die gelungene Verbindung von neuen Raum- und Gebäudekonzepten mit einer Ästhetik, die mit wenigen Mitteln den Anspruch des Repräsentativen erfüllt. Damit wird Mies van der Rohes Pavillon zu einem Meilenstein der modernen Architektur. Nach dem Ende der Weltausstellung reißt man den filigranen Bau ab, und verkauft die Baustoffe. 1986 schließlich wird eine Rekonstruktion des Meisterwerkes am ursprünglichen Standort eröffnet.

27|05|1930
Der Trick mit der Spitze

New York war immer die Stadt der Superlative. Doch was der Architekt William van Alen am Nachmittag des 27. Mai 1930 vollbringt, ist eine besondere Dreistigkeit. Seit einem Jahr baut er nun schon um die Wette mit seinem einstigen Bürokollegen H. Craig Severance. Während van Alen das Chrysler Building baut, errichtet Severance den Wolkenkratzer der Bank of the Manhattan Company in der Wall Street. Sie bauen um die Wette, es geht um den Höhenrekord. Offiziell hat Severance die Nase vorn: Mit 282,5 m wird sein Gebäude das Chrysler Building um einen halben Meter überragen. Doch van Alen ist ein gerissener Fuchs: Insgeheim lässt er einen ausfahrbaren Antennenmast konstruieren. Dann wartet er, bis Severance öffentlich die Fertigstellung seines Bankhochhauses verkündet, im festen Glauben, mit 282 m den Rekord gebrochen zu haben. Dies ist van Alens großer Moment: Vor den Augen der überraschten Öffentlichkeit lässt er den im Gebäude vormontierten Mast auf die Dachspitze aufsetzen und präsentiert sich als Gewinner. Mit 318,8 m Höhe hat er nicht nur den Konkurrenten in der Wall Street übertroffen, sondern sogar den Eiffelturm. Das Chrysler Building ist das höchste Gebäude der Welt! Doch auch van Alens Freude währt nur kurz: Bereits am 1. Mai 1931 stellt das Empire State Building mit 448,7 m einen neuen Höhenrekord auf und hält ihn immerhin bis 1972.

27|02|1933
Ein Haus mit sieben Leben

Berlin, am Rande des Tiergartens. In der Nacht des 27. Februar 1933 geht ein Symbol in Flammen auf. Der Reichstag, Sitz des deutschen Parlaments, brennt – ein Fanal der Demokratie mit fatalen Folgen für die ganze Welt. Danach ist das Gebäude über Jahrzehnte kaum mehr als ein Relikt. Dabei galt er bei seiner Entstehung als Trutzburg der Demokratie gegen die arrogante Macht des Kaisers. Das Reichstagsgebäude wurde 1894 eingeweiht, entworfen hatte den Bau der Architekt Paul Wallot. Er verband die Formen der Hochrenaissance mit damals modernster Technik. Während das andere große Bauprojekt des Kaiserreichs in Berlin, der Berliner Dom, bereits zur Entstehungszeit von der Kritik als geschmackloses Monstrum verrissen wurde, fand Wallots Entwurf breite Zustimmung. Doch seine Arbeit hatte nicht nur Fürsprecher – Wilhelm II. verabscheute das „Reichsaffenhaus", wie er es nannte, sowohl als Institution wie auch als Gebäude. Als besondere

Anmaßung betrachtete er die Kuppel, die „seiner" Schlosskuppel Konkurrenz zu machen drohte. Dennoch – nach dem Krieg galt die Ruine des Reichstags als Relikt der finsteren, antidemokratischen Zeiten. Selten ist einem Gebäude so Unrecht getan worden, doch die Geschichte hatte ein Nachsehen. Die Wiedervereinigung rückte das Haus wieder in den Mittelpunkt der Stadt und des Interesses. Das Künstlerpaar Christo und Jeanne Claude nimmt ihm vollends den Nimbus der Schwere, als sie das Gebäude 1995 für zwei Wochen mit 10.000 Quadratmetern metallischer Stoffbahnen verhüllen. Danach erfolgt der Umbau unter der Leitung des britischen Architekten Norman Foster, 1999 schließlich zieht der Deutsche Bundestag ein. Die begehbare, der Öffentlichkeit allzeit zugängliche Glaskuppel gilt nun als Symbol einer transparenten Demokratie und beim täglichen Trubel in und um den Reichstag scheint es fast, als sei dies nie anders gewesen.

30 | 01 | 1937
Gebauter Wahn

Als Adolf Hitler am 30. Januar 1937 per Erlass den Architekten Albert Speer zum Generalbauinspektor für die Reichshauptstadt ernennt, wird es ernst für die Reichshauptstadt Berlin. Bislang hatte Speer einige Aufsehen erregende Bauprojekte für die Nationalsozialisten entworfen, von denen vor allem das Nürnberger „Reichsparteitagsgelände" bereits verwirklicht worden war. Nun soll Speer die gesamte Hauptstadt im Sinne Hitlers umgestalten, Berlin auf seine künftige Rolle als „Welthauptstadt" Germania vorbereiten. Speer hat nun freie Hand, um Einwände der Berliner Stadtverwaltung oder gar privater Grundbesitzer braucht er sich nicht zu scheren. Eine gewaltige Nord-Süd-Achse soll Berlin durchschneiden, ebenso eine Ost-West-Achse. Entlang dieser Achsen sollen Repräsentationsbauten entstehen, darunter ein Weltkriegsmuseum und ein Triumphbogen. Eine gigantische Kuppelhalle ist direkt neben dem Reichstag geplant, der so zum Zwerg degradiert würde. Auf einem Grundriss von 315 x 315 m soll sie sich zu einer Höhe von 320 m auftürmen, wobei der Durchmesser der Kuppel alleine 290 m betragen würde. Speer geht alsbald ans Werk, ganze Wohnviertel werden abgerissen, Friedhöfe planiert. Doch 1943 muss er die Arbeiten einstellen, der Krieg hat Vorrang. Als 1945 Berlin und ganz Deutschland in Schutt und Asche liegen, scheint „Germania" wie ein böser Traum. Geblieben ist ein Abschnitt der Ost-West-Achse und der Schwerbelastungskörper, ein Betonkoloss, der die Tragfähigkeit des märkischen Baugrundes testen sollte.

04 | 12 | 1937
Die Mutter der Flughäfen

Am 4. Dezember 1937 lässt es sich der preußische Ministerpräsident Hermann Göring nicht nehmen, die Rede zum Richtfest eines der ambitioniertesten Bauprojekte des Dritten Reichs selbst zu halten. Mit drei Hammerschlägen versenkt er die Urkunde zum Richtfest im Mauerloch und verkündet: „mögen diese Bauten im Dienste des Friedens und des Verkehrs unter den Völkern als Monumente aus großer deutscher Zeit die Jahrhunderte überdauern!" Anlass dieses Auftritts ist der Bau des neuen Flughafens Berlin-Tempelhof, ein verkehrstechnischer Quantensprung für Deutschland und eine bauliche Sensation. Ernst Sagebiel entwarf eines der klassischen Beispiele faschistischer Staatsarchitektur, das bis heute ein eindrucksvolles Zeugnis der maßlosen Baukultur der Nazis geblieben ist. Tempelhof ist zum Zeitpunkt seiner Entstehung der weltweit größte Flughafen, bis heute gilt er als eines der größten Gebäude der Welt. Den alten Flughafen hatte man abgerissen, ebenso das an das Flughafenareal angrenzende Konzentrationslager „Columbiahaus", nun werden die Bauarbeiten am Riesenprojekt mit Hochdruck vorangetrieben. Der Krieg stoppt schließlich die Fertigstellung des nahezu vollendeten Komplexes. Eine technische Sensation ist der stützenfreie, 40 m tiefe Flugsteig, der eine Länge von 380 m erreicht. Nach Kriegsende geht der Flughafen durch die Luftbrücke in die Geschichte ein: während der sowjetischen Berlin-Blockade 1948 landen hier die alliierten Flieger mit Nahrungsmitteln für die Zivilbevölkerung. 2006 beschließt der Berliner Senat die Schließung des mittlerweile unrentablen Flughafens zugunsten des neuen Großflughafens Berlin-Schönefeld.

29 | 04 | 1952
Architektur der Seife

Am 29. April 1952 eröffnet in New York City ein Bürogebäude, das eine neue Zeit verkündet. Es gilt als Prototyp einer neuen Architektursprache: Ein Bürohochhaus mit einer Fassade ganz aus Glas und Stahl. Anders als die bis dahin gewohnten Bürohäuser strotzt das Lever House geradezu vor Eleganz und Leichtigkeit. Anstatt einer Steinfassade ist es mit der ersten Vorhangfassade New Yorks verkleidet. Sämtliche Glasscheiben sind grün getönt, die Fassade ist gleichmäßig gerastert. Neu ist auch, dass die Fassade sich nicht langsam abgestuft zur Gesamthöhe aufbaut, hier schießt das Gebäude ohne jede optische Milderung direkt an der Gebäudekante in die Höhe, 94 Meter sind es insgesamt. Lediglich an zwei Seiten ist ein zweistöckiger Vorbau eingeschoben. Entworfen wurde das Gebäude von Gordon Bunshaft vom Architektenbüro Skidmore, Owings & Merrill LLP im Auftrag des Seifenkonzerns Lever, es befindet sich direkt im Herzen Manhattans an der Park Avenue. Das Lever House begründet einen neuen Bürohausstil und macht sofort Schule. Auf der anderen Seite der Park Avenue baut Ludwig Mies van der Rohe 1958 das Seagram Building, das heute neben dem Lever House als Ikone der Moderne gilt, weltweit wird der Stil schnell tausendfach imitiert. In puncto Eleganz gelten Lever und Seagram allerdings als unerreicht.

22|10|1956
Die Stadt der Zukunft

Es gibt viele Städte, die als Gesamtkonzept geplant und gebaut wurden, doch keine erfuhr eine solche Bewunderung wie die brasilianische Hauptstadt Brasilia. Zwar hatte der aufstrebende Großstaat bereits Ende des 19. Jahrhunderts den Plan gefasst, auf einer Hochebene mitten in der Wildnis eine neue Hauptstadt zu erbauen, doch erst am 22. Oktober 1956 beginnt die Vision Realität zu werden. Stadtplaner Lúcio Costa und Architekt Oscar Niemeyer entwerfen im „Plano Piloto" eine neue, futuristische Stadt, die zum Denkmal des Optimismus der Epoche werden sollte. Auf einem Grundriss, der an einen Vogel oder Schmetterling erinnert, sind schlichte modern gestaltete Hochhäuser angeordnet, bildhauerische Fassadenelemente verleihen den wichtigsten Gebäuden eine majestätische Eleganz. Die großzügige Anordnung balanciert ihre Monumentalität perfekt aus, schafft damit allerdings Entfernungen zwischen den Gebäuden, die zu Fuß kaum zu bewältigen sind – die perfekte Autostadt. Bereits 1960 kann Staatspräsident Kubitschek den ersten Abschnitt der Stadt einweihen, die jedoch bis heute unvollendet ist. Brasilia ist zur Ikone der modernen Architektur geworden. Die Verbindung zwischen dynamischer Architektursprache und monumentaler Dimension hat sie davor bewahrt, zum Relikt einer untergegangenen Zeit zu werden. Dank Brasilia gilt Oscar Niemeyer heute als einer der größten Architekten des 20. Jahrhunderts. Dass seine Stadt auch der Ausdruck einer freiheitlichen Gesinnung war, die historische Chancen erkannte und ergriff, wurde schon in den Sechziger Jahren deutlich, als die brasilianische Demokratie unterging und das Land 1964 in eine Militärdiktatur umgewandelt wurde. Unter den Militärs wäre Brasilia so ganz sicher nicht gebaut worden.

17 | 03 | 1959
Heiligtum, geschändet

Am 17. März des Jahres 1959 fürchtet der 23 jährige Tenzin Gyatso um sein Leben. Er ist der 14. Dalai Lama, das religiöse und politische Oberhaupt Tibets. Seit Jahren kommt es in Tibet zu Unruhen gegen die Chinesen, die Tibet 1950 annektiert haben. Immer brutaler gehen die Besatzer gegen die Bevölkerung des Himalaya-Landes vor und die Lage spitzt sich dramatisch zu, als der Norbulingka-Palast, sommerlicher Aufenthaltsort des Dalai Lama, beschossen wird. Die sofortige Flucht nach Indien rettet sein Leben, das indische Dharamsala bleibt bis heute sein Exil. Den Ort seiner Bestimmung dagegen hat er seit seiner Flucht nicht wieder betreten. Der Potala Palast hoch über der tibetischen Hauptstadt Lhasa gilt als Sitz des Avalokitesvara, des meistverehrten Bodhisattva, er ist gleichzeitig seit über 500 Jahren Residenz des Dalai Lama. 13 Stockwerke, über 1000 Räume, eine Gesamthöhe von über 100 m, und eine Geschichte, die bis ins siebte Jahrhundert zurückreicht – Potala ist das Herz Tibets. Seine heutigen Ausmaße nahm die Anlage im 17. Jahrhundert an. Die Gräber der letzten acht Dalai Lama gehören zu den bedeutendsten Orten im Palastkomplex. Während die systematische Zerstörung der tibetanischen Kultur durch die Chinesen unvermindert andauert, steht immerhin der Palast seit 1994 symbolisch unter dem Schutz der UNESCO, die ihn zum Weltkulturerbe zählt. Um den Nimbus Potalas als geheiligten Ort auszulöschen, erzwangen die chinesischen Besatzer eine Öffnung des Palasts als Museum.

13 | 08 | 1961
Das hässlichste Bauwerk Deutschlands

Es ist die Zeit des Kalten Kriegs, der Konkurrenzkampf zwischen dem westlichen demokratischen Kapitalismus und dem diktatorischen Kommunismus hält die Welt in Atem. Die westlich orientierte Bundesrepublik und die DDR, ostdeutsche Diktatur von Moskaus Gnaden, gelten als „Frontstaaten", beider Systeme. Die Folgen sind offensichtlich: Die DDR leidet unter einer Massenflucht ihrer Bürger, die ihr Glück im Westen suchen. Dieses „Ausbluten" kann die Staatsführung nicht länger tatenlos mit ansehen. In der Nacht zum 13. August 1961 lässt der Staatsratsvorsitzende der DDR, Walter Ulbricht, die durch Berlin laufende Sektorengrenze schließen, West-Berlin wird eingemauert. Für den Bau des 156 km langen Betonwalls werden Kirchen abgerissen, Friedhöfe planiert und Wohnviertel zu Sperrgebieten erklärt. Auf Familien, die so auseinandergerissen werden, nimmt die DDR-Führung keine Rücksicht, Menschenrechte spielen keine Rolle. In den folgenden Monaten entsteht entlang der innerdeutschen Grenze das Bauwerk, das für die nächsten drei Jahrzehnte zum unfreiwilligen Symbol der ostdeutschen Diktatur werden soll. Die DDR-Propaganda tauft das Bauwerk euphemistisch „antifaschistischer Schutzwall". Wer versucht, die Mauer zu überwinden, wird von DDR-Grenzern erschossen. Von den Opfern sind 123 namentlich bekannt, die Dunkelziffer wird auf etwa 200 Menschen geschätzt. In der Nacht zum 9. November 1989 ist der Spuk vorüber. Die untergehende DDR muss die Mauer öffnen, die Tage der Diktatur sind gezählt.

21 | 05 | 1965
Der Pharao wird zersägt

Am 21. Mai 1965 glich die berühmte Anlage der Felsentempel von Abu Simbel in Süd-Ägypten einer Großbaustelle. Planierraupen, Kräne, Bagger waren hergeschafft worden, um eines der heikelsten Projekte umzusetzen, das die ägyptischen Altertümer je gesehen hatten. An diesem Tag hob ein Kran den ersten tonnenschweren Steinblock der Felsentempel Ramses' II. durch die Luft, 1036 weitere Blöcke sollten folgen. Die gesamten Tempelanlagen hatte man in einzelne Blöcke zersägt, um sie vor dem drohenden Untergang zu retten. Der Grund: Der neue Assuan-Staudamm soll zum Wohle der Landwirtschaft einen gigantischen Stausee erzeugen, der zu den größten Binnengewässern der Welt gehören wird: Den Nasser-Stausee. Für die ägyptische Wirtschaft ist das ein großer Segen, doch die Sache hat einen Haken: Kulturlandschaften von unschätzbarem Wert werden in den Fluten des Stausees versinken. Davon sind nicht nur Dörfer, Moscheen, Festungen betroffen. Die Felsentempel von Abu Simbel, zwei der wichtigsten antiken Monumente Ägyptens, würden vollständig im See verschwinden. Ramses II., vielleicht der mächtigste Pharao der ägyptischen Geschichte, hatte sie ab 1284 v. Chr. errichten lassen, um seinen Herrschaftsanspruch in der Grenzregion zu Nubien zu demonstrieren. Der große Felsentempel beeindruckt mit seiner Fassade von vier je 20 Meter hohen sitzenden Statuen des Pharao, dahinter öffnet sich ein Gefüge aus 14 Räumen, über 60 Meter tief in den Fels getrieben. Nicht weit davon entfernt befindet sich der kleinere, seiner Lieblingsfrau Nefertari gewidmete Tempel. Daneben sind auch weitere antike Anlagen von dem Bau des Staudammes bedroht, etwa die Tempel der Insel Philae, die bereits seit Inbetriebnahme der alten Staudämme jährlich für mehrere Monate überflutet wurden, und die Tempelanlagen von Kalabscha. Da der Bau des Staudammes nicht mehr zu verhindern ist, beschließt die UNESCO eine Rettungsaktion, die es so noch nie gab. Bauarbeiter der Firma Hochtief beginnen, die gewaltigen Höhlentempel abzutragen, um sie rund 64 Meter höher wieder aufzubauen, wobei man auf die Ausrichtung penibel achtet. Denn der große Tempel von Abu Simbel war genau so konstruiert, dass am 21. Februar und am 21. Oktober die aufsteigende Sonne die Statue des Erbauers Ramses II. erleuchtet. Durch die Umsetzung des Tempels ergibt sich lediglich eine eintägige Zeitverschiebung, sodass jetzt die Erleuchtung am 22. stattfindet.

04 | 04 | 1973
Die Türme von NY

Am 4. April 1973 werden die beiden damals höchsten Wolkenkratzer der Erde eingeweiht. Weithin sichtbar an der Spitze von Manhattan gelegen, kündet das World Trade Center (WTC) vom Reichtum und der Bedeutung des Finanz- und Wirtschaftszentrums New York. Doch der Komplex erfreut sich bei den New Yorkern keiner großen Beliebtheit – insbesondere die Gestaltung der beiden weißen Türme wird als banal kritisiert. Die Höhe des Nordturms mitsamt Antenne betrug 521 m, der Südturm bringt es auf 415 m. 28 Jahre später: Der 11. September 2001 ist ein schöner Herbsttag. Niemand ahnt, dass sich dieser Tag ins Gedächtnis der Welt einbrennen wird als Tag des Schreckens. Zwei von islamistischen Terroristen entführte vollbesetzte Passagierflugzeuge steuern direkt in die beiden Türme des WTC. Das aus den voll getankten Flugzeugen austretende Kerosin reißt riesige Löcher in die Außenwände und erzeugt Temperaturen von bis zu 1.000° Celsius. Feuerwehrleute bemühen sich, den in den oberen Stockwerken Eingeschlossenen zu Hilfe zu kommen. Fernsehbilder von Verzweifelten, die aus den brennenden Etagen in den Tod springen gehen um die ganze Welt. Die vom brennenden Kerosin erzeugte Hitze schwächt die Konstruktion der Türme so sehr, dass sie etwa eine Stunde nach den Einschlägen der Flugzeuge nahezu senkrecht in sich zusammen fallen. Ca. 18.000 Personen, die sich zum Zeitpunkt der Einschläge in den Gebäuden aufhalten, können sich retten, fast 3.000 Menschen sterben, darunter 343 im Einsatz befindliche Feuerwehrleute. Die Einstürze der beiden Türme begraben halb Manhattan unter Staub und Asche; die Rauchsäulen sind noch auf Satellitenbildern zu erkennen. Nach der Zerstörung beginnen die Pläne für einen Neubau: Der Architekt Daniel Liebeskind gewinnt den Wettbewerb um den Wiederaufbau des Geländes und wird zusammen mit David Childs beauftragt, einen 541 Meter hohen Turm zu errichten. Mit einer Fertigstellung wird nicht vor 2010 gerechnet.

29 | 03 | 1974
Eine Armee im Brunnen

Oft belohnt die Geschichte die Ahnungslosen: So auch am 29. März 1974, als zwei eigentlich nur durstige chinesische Bauern 30 km östlich von Xian beim Brunnenbohren zufällig einen der unglaublichsten Funde der Antike machen. Anfangs wissen sie nicht recht, was sie mit den steinernen Soldaten tun sollen, die angriffslustig in voller Rüstung aus dem Erdreich hervorluken. Doch verbreitet sich die Kunde der spektakulären Entdeckung bald ganz von selbst. Es soll aber noch einige Jahre dauern, bis die 7.278 Terrakottafiguren mit ihren Streitwagen, Pferden und Rüstungen nach einem mehr als 2000-jährigem Winterschlaf wieder das Licht des Tages sehen. Der erste chinesische Kaiser Qin Shi Huangdi hatte sich um 221 v. Chr. die Soldatenarmee als Eskorte ins Jenseits schaffen lassen und sogar jeden Soldaten mit einem anderen Gesicht ausgestattet. Mühselig setzt man seit 1976 die zum Großteil zerbrochenen Wächter wieder zusammen. Die nötige Pflege kann aber im verarmten China der Achtziger Jahre kaum geleistet werden. 1990 ist die ruhmreiche Armee bereits derart vom Verfall bedroht, dass ein Spezialistenteam aus Deutschland mit ihrer Rettung beauftragt wird. 2004 entwickeln diese ein brauchbares Verfahren zur Konservierung. Seit 1987 darf sich die Armee zum UNESCO Weltkulturerbe rechnen, 1995 wird sie zu einem der Neuen Sieben Weltwunder erklärt. Die größte Last jedoch trägt der bis heute überlebende Entdecker Zhifa Yang. Zur Freude der Touristen, aber sichtbar zur eigenen Unzufriedenheit, sitzt er auf Geheiß der Regierung Tag für Tag als lebendes Museumsstück am Ausgang der großen Ausstellungshalle. Yang hat viel gemeinsam mit den Soldaten aus Stein, man kann ihn bestaunen, aber nicht mit ihm reden. Es heißt, er schätze die Konversation mit den Touristen nicht.

25 | 04 | 1986
Wehe, wenn diese Mauern brechen...

In der Nacht vom 25. zum 26. April 1986 wird ein Alptraum wahr. Im ukrainischen Atomkraftwerk Tschernobyl passiert der Super-GAU (GAU: Größter Anzunehmender Unfall). Durch eine technische Panne kommt es zur Kernschmelze, eine gewaltige Explosion zerstört einen Reaktor und setzt enorme Mengen Radioaktivität frei. Die sowjetischen Medien vertuschen zunächst, bis Messungen in westlichen Nachbarländern die Katastrophe nachweisen. Vor Ort sind nun tausende Arbeiter und Feuerwehrleute dabei, die Brände zu löschen, und nach etwa einer Woche kann das Austreten von Radioaktivität ganz gestoppt werden. Insgesamt arbeiten etwa 800.000 Menschen daran, den Schaden zu begrenzen. Man nennt sie „Liquidatoren", wie in einem Science-Fiction-Film. Für Zehntausende der Beteiligten bedeutet dieser Einsatz den sicheren Tod, manche sterben bereits Monate nach der Katastrophe, manche erst nach Jahren. Die Angaben über Todesopfer schwanken zwischen 25.000 und 100.000. Bis Dezember 1986 entsteht um den ausgebrannten Reaktor herum ein groteskes Gebäude: Ein enormer Betonmantel, der die verstrahlte Anlage unter Tonnen von Beton begraben soll. Dieses massige, formlose Gebäude ist vielleicht die bizarrste Architektur der Gegenwart: Ein Versuch, Materialmassen aufzutürmen um das Verhängnis zu bannen. Von Anfang an ist es zum Scheitern verurteilt, denn der Beton bekommt über die Jahre Risse. Es hat geradezu symbolischen Charakter: Das Unheil, das die Zivilisation selbst erschaffen hat, lässt sich nicht verbannen, einmal in die Welt gesetzt, wird es die Menschen über sehr lange Zeit begleiten. 2007 beginnt man, um den brüchigen Sarkophag eine zweiten zu bauen, er soll 270 x 150 Meter messen, und etwa 100 Meter hoch sein.

10 | 09 | 1990
Michelangelo in Afrika

Am 10. September 1990 ist Yamoussoukro in Feierlaune. Die Hauptstadt der Elfenbeinküste feiert die Weihung eines Gebäudes, das bereits ins Guinness Buch der Rekorde aufgenommen wurde als größter Kirchenbau der Welt. Das ist ganz nach dem Geschmack des damaligen Staatspräsidenten Félix Houphouët-Boigny, der einige Jahre zuvor erst seine Geburtsstadt zur neuen Landeshauptstadt ernannt hatte. Für die Kathedrale steht die nun nicht mehr größte Kirche der Christenheit Pate, der Petersdom – Bescheidenheit war nie Houphouët-Boignys Sache. So erhebt sich nun mitten in der flachen westafrikanischen Küstenlandschaft eine bizarre Imitation der Basilika Michelangelos mitsamt der Kolonnaden, ausgestattet mit italienischem Marmor und Kirchenfenstern, die Jesus, die Apostel und natürlich den Staatspräsidenten zeigen. Die Grundfläche des Bauwerks misst 30.000 m², die Kuppel mit Kreuz erreicht eine Höhe von 158 m. Die Baukosten schätzt man auf 250 Millionen Euro, und der Präsident beteuert, sie ausschließlich aus Privatmitteln finanziert zu haben. Immerhin kann er die höchste Autorität der katholischen Christenheit für die Einweihung der Kirche gewinnen, allerdings stellt Papst Johannes Paul II. eine

Bedingung für sein Kommen: Der Präsident müsse in der Nähe der Kirche auch ein Krankenhaus bauen, was Houphouët-Boigny verspricht. Und so weiht der Papst an diesem Tag das gigantische Bauwerk und legt gleich im Anschluss – sicher ist sicher – selbst den Grundstein für das Hospital. Dort liegt er noch heute, gut sichtbar auf weitem Feld.

30 | 11 | 2000

Brandenburgische Luftnummer

Am 30. November 2000 feiert man in Brandenburg. Hier, in einer der strukturschwächsten Regionen Deutschlands, wird ein Rekord gebrochen. Die Firma Cargo-Lifter weiht nach zweieinhalb Jahren Bauzeit ihre neu gebaute Luftschiffhalle ein, das Aerium. Die Halle in der Nähe von Berlin ist die größte frei tragende Halle der Welt, die Ausmaße sind beeindruckend: 210 x 360 m misst das Gebäude, die Höhe beträgt 107 m. Luftschiffe sollen hier gebaut werden, man rechnet mit einer Renaissance des Zeppelins. Die Hoffnungen sind enorm, ebenso wie die öffentlichen Gelder, die das Land Brandenburg in das Projekt steckt. 42 Millionen Euro sind mutmaßlich aus der Staatskasse in den Bau der Halle geflossen, doch es dauert nicht lange, bis die brandenburgische Luftblase beginnt zu zerplatzen. Am 7. Juni 2002, nicht einmal zwei Jahre nach Eröffnung, meldet man Insolvenz an, zurück bleiben rund 70.000 geprellte Aktionäre und eine riesige Halle mitten in der Pampa. Nach dem Abgang von CargoLifter wird das Bauwerk zum Tropical Island umgebaut, einem riesigen Freizeit- und Erholungspark mit tropischer Landschaft, Schwimmbecken und Saunen – mitten in einer der am dünnsten besiedelten und einkommensschwächsten Regionen der Republik. 17 Millionen Euro investiert das Land Brandenburg unbeirrt in das aberwitzige Projekt, und die Negativschlagzeilen lassen nicht lange auf sich warten. Man wird sich langfristig wohl anfreunden müssen mit einer leerstehenden Halle, die nicht nur im Hinblick auf ihre Größe rekordverdächtig ist.

12 | 03 | 2001

Religion der Zerstörung

Die Welt blickt entsetzt nach Afghanistan. Dort zwingen die fanatischen Muslime der Taliban eine ganze Gesellschaft zurück ins Mittelalter. Das Leben soll sich nur noch nach dem Wortlaut des Koran richten, jenes geschriebenen Wortes, das die Mehrzahl der brutalen Eiferer nur vom Hörensagen kennt, denn die meisten von ihnen sind Analphabeten. Musik, Kunst, Literatur, Tanz, auch die vorislamische Geschichte des Landes, werden verteufelt, die Existenz anderer Religionen ist für die Fundamentalisten bereits eine Provokation. Um der Welt ihre neue Gesellschaftsordnung im Sinne des radikal ausgelegten Korans zu demonstrieren, veranstalten die Taliban ein barbarisches Spektakel. Am 12. März 2001 sprengen sie die beiden antiken Buddhastatuen im Tal von Bamiyan, die als die größten stehenden Buddha-Statuen der Welt gelten. Zuvor hatten sie die Kunstwerke tagelang beschossen. Im sechsten Jahrhundert hatte man die 34 und 55 m hohen Statuen aus dem Fels geschlagen. Seit der Islamisierung Afghanistans wurde wiederholt versucht, die Buddhas durch Beschuss zu zerstören, da sie gegen das islamische Verbot der bildlichen Darstellung von Menschen verstießen. Mittlerweile sind die Taliban von der Macht verdrängt, aber längst nicht aufgelöst. 2005 wird Mawlawi Mohammed Islam Mohammadi, ehemals Taliban-Gouverneur der Provinz und damit einer der Hauptverantwortlichen für die Zerstörung, ins afghanische Parlament gewählt. 2007 kommt er in den Straßen Kabuls ums Leben.

20|09|2004
Nur die Größe zählt

Am 20. September geht es dem Sears Tower und sogar dem Fernsehturm von Toronto an den Kragen. Ihre Tage als höchste Bauwerke der Welt sind gezählt, als man in Anwesenheit von Staatsoberhaupt Scheich Muhammad ibn Raschid Al Maktum beginnt, im Emirat Dubai eine 7.000 m² große Betonplatte zu gießen. Sie ist das Fundament des größten jemals errichteten Bauwerks dieser Erde. Das Burj Dubai soll bis auf eine Höhe von 800 m anwachsen, genaue Zahlen werden gehütet wie ein Staatsgeheimnis. Insgesamt werden 230.000 m³ Beton, 83.000 m² Glas und 28.000 m² Metall auf 162 Etagen verbaut. Das amerikanische Architektenbüro Skidmore, Owings & Merrill, das auch mit dem Bau des New Yorker Freedom Tower beauftragt wurde, hat den Giganten entworfen, Adrian Smith ist leitender Architekt. Es wird gemunkelt, dass die endgültige Höhe des Gebäudes so lange wie möglich flexibel gehalten wird, um eventuelle Konkurrenz in letzter Minute ausstechen zu können. Das Burj Dubai wird eine Stadt in der Stadt: neben Büros sind etwa 700 Apartments auf 60 Stockwerken, ein von Giorgio Armani entworfenes Hotel auf 37 Etagen, sowie Pools und Gärten geplant, außerdem in 440 m Höhe eine Aussichtsplattform. Die Aufzüge werden eine Geschwindigkeit von 18 m/s erreichen. Die Fertigstellung wird für 2009 erwartet, doch es bleibt spannend: nur ein Jahr später soll ebenfalls in Dubai der Al Burj entstehen, geplante Höhe:

1050 m. Und in Kuwait plant man noch weiter: das Projekt Madinat al-Hareer würde, sofern es umgesetzt wird, 1.852 m Höhe erreichen, also mehr als zwei Burj Dubai übereinander!

30|10|2005
Der Wiederaufbau der Sahnetorte

Am 30. Oktober 2005 strömen die Dresdner zu Tausenden in die Altstadt. Sie wollen ein modernes Mirakel besichtigen, das kaum einer noch für möglich gehalten hat: Die Rekonstruktion der im Krieg zerstörten Frauenkirche. Der monumentale Barockbau in der Altstadt galt vor seiner Zerstörung 1945 als einer der schönsten Kirchenbauten Deutschlands und seine Silhouette war prägend für das Dresdner Stadtbild. Daneben war die Frauenkirche die bedeutendste evangelische Kirche des ansonsten eher katholisch geprägten Barock. Entworfen hatte sie der Baumeister George Bähr (1666 – 1738). Trotz ihrer enormen Größe – ihre steinerne Kuppel ist eine der größten Mittel- und Nordeuropas – wirkte die Frauenkirche eher wie eine große Sahnetorte in der lieblich-verspielten barocken Altstadt. Wie die meisten Monumentalbauten der Dresdner Innenstadt wurde auch die Frauenkirche Opfer des Zweiten Weltkrieges. Am 15. Februar 1945 stürzte die ausgebrannte Kirche ein, und in den folgenden Jahrzehnten galt ihre Ruine als Mahnmal des Krieges. Als nach der Wiedervereinigung neuer Optimismus einzieht, nimmt man auch den Wiederaufbau der Kirche in Angriff. Die historischen Bauteile werden gesichtet, Spenden gesammelt. Und so beginnt 1994 die Rekonstruktion. Ob der heutige Bau als Neubau, Rekonstruktion oder Wiederaufbau zu beurteilen ist, darüber wird zwar gestritten, nicht aber über den Zweck des Hauses. Neu rekonstruierte Schlösser braucht heute kein Mensch mehr, eine Kirche aber kann auch heute noch als das genutzt werden, als was sie ursprünglich gebaut und gestaltet wurde. Am 30. Oktober 2005 schließlich kann die neue Kirche geweiht werden, das öffentliche Interesse ist gewaltig. In den folgenden 12 Monaten besuchen 2,5 Millionen Besucher das Gebäude.

20|05|2006
Betonwunder über dem Jangtse

Am 20. Mai 2006 wird ein Bauwerk eröffnet, das in den Jahren zuvor weltweit für Aufsehen und Proteste gesorgt hat. Es sei verantwortlich für die Zerstörung von Kulturgütern, die ökologischen Folgen seien katastrophal und deren Ausmaß schwer kalkulierbar. Es ist die Rede vom Drei-Schluchten-Staudamm am Jangtse-Fluß in der zentralchinesischen Provinz Hubei. Beinahe 14 Jahre lang wurde gebaut an dem gigantischen Damm, geschätzte 27 Millionen Kubikmeter Beton wurden verbaut, die Gesamtlänge misst 2,3 km, damit handelt es sich um einen der größten Staudämme der Welt. 184 m Höhe erreicht die Staumauer, über zwei Dutzend Turbinen und 26 Generatoren sollen 85 Milliarden Kilowattstunden jährlich erzeugen und den Energiedurst der rapide wachsenden chinesischen Industrie stillen. Es wird erwartet, dass der Stausee eine Länge von bis zu 600 km erreicht, in dem bis über 150 m tiefen Gewässer werden hunderte Quadratkilometer des Landes versinken, darunter über hundert Städte und über tausend Dörfer. Weil sich in dem Areal des Stausees auch zahlreiche Industrieanlagen befinden, fürchtet man, dass das Austreten von Giftstoffen zu einer Umweltkatastrophe führen wird. Einige Tierarten werden durch den Bau mit hoher Sicherheit aussterben, und insgesamt werden mehr als eine Millionen Menschen zwangsumgesiedelt. Allein die kalkulierbaren Folgen dieses gigantischen Industriebauwerks sind bereits heute kaum fassbar, darüber hinaus malen Forscher Horrorszenarien aus, wie etwa Erosionen selbst im weit entfernten Schanghai.

07 | 07 | 2007

Siebenfaches Wundern

Es ist kein zufälliges Datum: Am 7.7.2007 wird in Lissabon eine neue Epoche eingeläutet. Nach jahrelangen Vorbereitungen, und nicht zuletzt nachdem etwa 100 Millionen Menschen ihre Stimme abgegeben hatten, verkündet das Komitee um den Schweizer Bernhard Weber feierlich die sieben neuen Weltwunder. Mit recht verschwurbelter Prosa werden die „Gewinner" den menschlichen Tugenden zugeordnet: So verkörpert das indische Taj Mahal „Leidenschaft", das Kolosseum – Austragungsort brutaler Gladiatorenkämpfe – steht für „Freude", die Christusstatue von Rio symbolisiert „Offenheit", das mexikanische Chichén Itzá steht für „Wissen", Machu Picchu in Peru steht für „Hingabe", Chinas große Mauer symbolisiert „Beharrlichkeit", während das Jordanische Petra mit dem bisher als Tugend unbekannten Begriff „Schutz" verbunden wird. Zu den Kandidaten, die nicht ausgewählt wurden, gehört die Akropolis, Angkor Vat, der Eiffelturm und Schloss Neuschwanstein. Möglicherweise wird diese Liste neuer Wunder nicht die Langlebigkeit ihres historischen Vorgängers erreichen. Im zweiten Jahrhundert vor Christus hatte der Phönizier Antipatros von Sidon vielleicht in Anlehnung an Herodot eine Liste der „rühmenswertesten Bauwerke" der Antike angefertigt, also eine frühe

Form des Reiseführers. Außer den Pyramiden von Gizeh existiert heute keines dieser antiken Bauwunder mehr. Antipatros empfahl neben den Pyramiden die hängenden Gärten der Semiramis, den Koloss von Rhodos, das Grab des König Mausolos II., den Leuchtturm von Pharos, den Artemis-Tempel in Ephesos und die Zeusstatue von Olympia.

===== Weiterlesen =====

- Debora Barbagli: Die sieben Weltwunder der Antike. Berlin (Parthas), 2007
- Hans-Georg Deggau: Kleine Geschichte der Katharer. Freiburg (Herder) 2005
- Steven Runciman: Die Eroberung von Konstantinopel 1453. München: C.H.Beck, 2005
- Robert Fischer: St. Peter in Rom. Lindenberg (Kunstverlag Josef Fink), 2007
- Joscelyn Godwin, Athanasius Kircher, Berlin 1994
- Claude Jacques, Suzanne Held: Angkor. München (Hirmer), 2006
- Huberta Heres, Volker Kästner, Der Pergamonaltar. Mainz: Zabern, 2004
- Hiram Bingham: Machu Picchu. München (Frederking & Thaler), 2007
- Matthias Witzel, Hua Pan-Witzel: Peking. Die nicht mehr Verbotene Stadt. Luzern (Reich), 1996.
- Ursel Berger und Thomas Pavel: Der Barcelona-Pavillon. Berlin (Jovis), 2006
- Johann N. Schmidt: William Van Alen, Das Chrysler Building. Frankfurt am Main (Fischer), 1995
- Jürgen Schmädeke: Der Deutsche Reichstag. Geschichte und Gegenwart eines Bauwerks. München, Piper, 1994
- Frank Schmitz: Flughafen Tempelhof – Berlins Tor zur Welt. Berlin (Bebra), 1997
- Michael Ellenbogen: Gigantische Visionen. Graz (Ares), 2006
- Heinrich Harrer: Sieben Jahre in Tibet. Berlin (Ullstein) 1997
- Thomas Flemming, Hagen Koch: Die Berliner Mauer. Berlin (Bebra), 2000
- Igor Kostin: Tschernobyl. Nahaufnahme. Kunstmann, 2006
- Conrad J. Schetter: Kleine Geschichte Afghanistans. München (Beck), 2004
- Valeria Manferto De Fabianis: World Trade Center. Die Türme, die den Himmel berührten. Köln: Karl Müller, 2002
- Chris Scarre: Die siebzig Weltwunder. München (Frederking & Thaler), 2004
- Gert Sperling: Das Pantheon in Rom. Neuried (Ars Una), 1999
- Dethard von Winterfeld: Der Dom zu Worms. Königstein (Langewiesche), 2003
- Andres Lepik: Wolkenkratzer. München (Prestel): 2005
- Mirko Titze: Probleme einer strategischen Handelspolitik. Eine Untersuchung am Beispiel der CargoLifter AG. Wiesbaden (Deutscher Universitätsverlag), 2005.

Tage der Gesundheit
Ärzte, Medikamente und Methoden

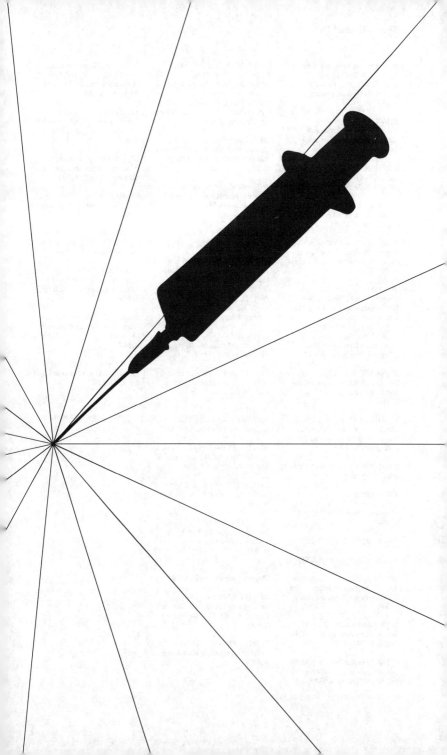

An einem Tag um 400 v. Chr. *Ich schwöre bei Apollon...* Hippokrates formuliert die ärztlichen Grundtugenden S. 581

22|09|129 *Eine Frage der Mischung* Galens „Methodi medendi" beginnen ihr langes Leben S. 581

05|06|1527 *Ein Blatt sagt mehr als tausend Bücher* Paracelsus attackiert die Medizin S. 582

01|08|1542 *Für Kaiser und Körper* Antonius Vesalius entdeckt die Anatomie S. 583

03|06|1657 *Die Straßen des Körpers* William Harvey's Vermächtnis ist der Blutkreislauf S. 584

15|06|1667 *Jetzt wird's mal kurz pieken...* Wren, Boyle, Lower, Denis, Emmerez und Elsholtz setzen Spritzen S. 584

08|07|1766 *Vater der Notärzte* Dominique Jean Larrey baut „fliegende Lazarette" S. 585

09|06|1797 *Badende Fürsten* Die Gründung der Seeheilbäder Bad Doberan und Norderney S. 586

12|09|1799 *Damit Sie auch Morgen noch...* Adolf Heinrich August Bergmann erfindet die Zahnpasta S. 587

24|03|1839 *Ruhe sanft* Der Krieg um das Opium S. 588

10|11|1847 *Das werden Sie gar nicht merken...* Sir James Young Simpson setzt auf Chloroform S. 588

24|06|1859 *Hilfe durch Kreuz und Halbmond* Henry Dunant gründet das Rote Kreuz S. 589

07|06|1881 *Die Geschichte der Anna O.* Freud und Pappenheim entwickeln die Psychoanalyse S. 590

24|03|1887 *Kampf den Motten* Robert Koch entschärft die Tuberkulose S. 590

07|10|1888 *Betten zu Tragbahren* Johannes Auping schmiedet Betten für Kranke S. 591

09|04|1889 *Altersorgen* Der Vater der Gerontologie heißt Michel Eugène Chevreul S. 592

11|03|1891 *Ungeheure Heiterkeit* Franziska Tiburtius macht Frauen zu Ärztinnen S. 593

08|11|1895 *Strahlen übers ganze Gesicht* Wilhelm Conrad Röntgen macht Menschen durchsichtig S. 593

26|06|1896 *Flucht vor dem Schmerz* Bayers Heroin öffnet neue Welten S. 594

10|09|1897 *Das falsche Mädesüß* Das Medikament Nr. 1 Aspirin stellt sich vor S. 595

14|08|1901 *Ungebetene Gäste* Rudolf Virchow erteilt Trichinen Hausverbot S. 596

10|12|1904 *Mach es wie der Hund* Anton Pavlov entdeckt Lernmethoden S. 596

11|11|1918 *Das Erbe des Schreckens* Ferdinand Sauerbruch hilft Kriegsinvaliden S. 597

28|09|1928 *Der Killerpilz, der Leben rettet* Alexander Fleming und das Penicillin S. 598

18|08|1960 *Der Albtraum des Vatikan* Die Anti-Baby-Pille erobert die Schlafzimmer S. 598

03|12|1967 *Eine Herzensangelegenheit* Die erste Herztransplantation am Menschen S. 599

23|12|1972 *Ärzte ohne Grenzen* Biafra, Nicaragua: Erster Einsatz S. 600

01|12|1973 *Fragen Sie ihren Arm!* John F. Goodheart, John F. Tie und die Applied Kineology S. 600

25|07|1978 *Es ist ein Mädchen...* Das erste Retortenbaby S. 601

22|09|1980 *Tödliche Menstruation* Procter & Gamble führt den „TSS Tampon" ein S. 602

29|12|1987 *Glück auf Rezept* Prozac erobert die trüben Sinne S. 603

14|04|1988 *Mein Feind, der hohle Zahn...* Dr. med. Max Daunderer macht Schluss mit Amalgam S. 603

16|06|1992 *Der Milchmann* Louis Pasteur reinigt die Milch und gelangt zu späten Erfolg S. 604

17|10|1997 *Unter Kollegen...* Julius Hackethal propagiert die aktive Sterbehilfe S. 604

27|03|1998 *Artenschutz mal anders* Viagra kräftigt Populationen S. 605

17|09|1998 *Medizin, Mystik und Visionen...* Hildegard von Bingen wird 900 Jahre alt S. 606

18|04|2006 *Das Reich der tausend Nadelstiche* Die Akupunktur wird rehabilitiert S. 606

24|07|2007 *Tödliche Therapie* Jolee Mohr wird zum Versuchskaninchen der Targeted Genetics S. 607

29|10|2007 *Hofmann und die böse Hexe* Albert Hofmann und das LSD S. 608

An einem Tag um 400 v. Chr.
Ich schwöre bei Apollon...

Auf der Ägäisinsel Kos, um 400 vor Christus, sitzt Hippokrates unter seiner geschätzten Platane und unterrichtet seine Schüler in der Heilkunst. Sie hören gebannt zu. Auch wenn die genaue zeitliche Zuordnung schwierig ist: Es handelt sich um den langsamen Beginn der Medizin als Wissenschaft. Die Ärzteschule der Insel Kos geht davon aus, dass jede Krankheit ein eigenes Wesen hat, dessen Ausprägung sich nur im individuellen Fall von Patient zu Patient unterscheidet. Jetzt können Krankheiten vergleichend untersucht und kategorisiert werden. Ebenfalls wenden sich Hippokrates und seine Kollegen vom Schamanimus ab, der Krankheiten mit magischen Riten behandelt. Zwar sind die Theorien der Ärzteschule von Kos – Erkrankungen entstehen aus einem Ungleichgewicht von Körpersäften – heute nicht mehr relevant, die ethisch-professionellen Forderungen an den Arzt, der sie einst „bei Apollon" zu beeiden hatte, dafür um so mehr. Nach der hippokratischen Lehre sollen sich Diagnose und Therapie auf sorgfältige, systematische Beobachtungen stützen. Der Arzt hat dabei sowohl körperliche als auch geistige Hygiene zu wahren. Er muss sich dem Patienten mit Vorsicht und Empathie nähern und sich auch für die Lebensumstände des Erkrankten interessieren. Der bekannte Eid des Hippokrates ist die älteste bekannte Formulierung einer ärztlichen Ethik. So muss der Arzt z.B. versichern „niemandem ein tödliches Gift" zu verabreichen, „auch nicht wenn ich darum gebeten werde". Der Eid wurde zwar wahrscheinlich nicht von Hippokrates selbst verfasst, hat aber bis auf die Moderne eine tiefe Wirkung auf die Ärzteschaft. Der Passus „ich werde auch keiner Frau ein fruchtabtreibendes Zäpfchen verabreichen" wurde in der Neuversion des Ärzteverbandes 1948 gestrichen und an die jeweilige Gesetzeslage gebunden. Ebenso wie der Eid ist auch die Platane des Hippokrates inzwischen weit über 2000 Jahre alt und etwas gebrechlich: sie wird mit Metallschienen gestützt. Am 25. November 1962 bewegt sie sich gemächlich im Ägäiswind, während die frisch gegründete Internationale Hippokrates-Stiftung, sich erstmals der Pflege des Werks des großen Arztes widmet.

22|09|129
Eine Frage der Mischung

Am 22. September 129 erblickt in Pergamon ein Baby das Licht der Welt, dessen Taten der Menschheit Fluch und Segen zugleich sein werden. Der Säugling wird zum Mediziner Galen und dieser zum der Arzt des Vertrauens der römischen Aristokratie. So kann er unter anderem am Krankenbett des angesehenen Philosophen Eudemos erfolgreich operieren und sich Bekanntheit verschaffen. Galens Behandlungsmethoden basieren weitgehend auf der Viersäftelehre des Hippokrates, der Humoralpathologie, die er systematisiert und perfektioniert. Demnach zirkulieren im menschlichen Körper Blut, Wasser, gelbe und schwarze Galle, die mit den Eigenschaften heiter, träge, traurig und cholerisch und den Elementen Feuer, Erde, Luft und Wasser verbunden sind. Ist ein Mensch physisch krank oder leidet an psychischen Störungen muss ein Missverhältnis der Körpersäfte die Ursache sein. Eine probate Abhilfe: Der Aderlass, der im Verlauf der Jahrhunderte etliche Menschen das Leben kostet. Galens 16-bändige „Methodi Medeni" und sein 70 Bände fassendes Gesamtwerk bilden über Jahrhunderte die Grundlage der medizinischen Lehre und seine Autorität ist so groß, dass sie lange niemand in Frage stellt. So erkennt erst Vesalius im 16. Jahrhundert, dass Galen die menschliche Anatomie teilweise falsch beschreibt; er hatte wahrscheinlich niemals menschliche Leichen seziert und seine Erkenntnisse aus Tierkadavern abgeleitet. Die Viersäftelehre verliert im späten 17. Jahrhundert ganz an Bedeutung. Aufgrund ihrer Anschaulichkeit und ihren geheimnisvollen Bezügen zum Kosmos wird sie heute allerdings wieder als Vorreiter alternativ-spiritueller Heilmethoden hervorgekramt, auch einer auf Hormonen, Immunkörpern und anderen „Körpersäften" basierenden Medizin weist sie den Weg und schickt sich an der westlichen „Organmedizin" des Industriezeitalters langsam wieder Konkurrenz zu machen.

05 | 06 | 1527

Ein Blatt sagt mehr als tausend Bücher

Am 5. Juni 1527 hält Philippus Theophrastus Aureolus Bombastus alias Paracelsus seine Antrittsrede an der Universität von Basel. Der Professor der Medizin verspricht seinen Zuhörern nichts weniger als die Revolution der Medizin, die bisher „nur die wenigsten Doktoren mit Glück ausüben". Es beginnt bei der Form: „Die Wahrheit müsse nur deutsch gelehrt werden", meint der „Luther der Medizin" und stemmt sich damit zunächst gegen die akademischen Gepflogenheiten des Medizinerstandes, auf Latein zu lehren. Doch ganz grundsätzlich sei die „Lektüre vieler Bücher", für das Studium der Medizin irrelevant, in Gottes Natur liegt der Schlüssel der Medizin. So meint Paracelsus vor allem im Aussehen von Pflanzen einen Hinweis auf deren medizinische Wirksamkeit erkennen zu können, denn „die Natur zeichnet ein jegliches Gewächs, zu dem dazu es gut ist". So ist

zum Beispiel das „Lungenkraut", dessen violette Blätter in Form und Farbe der menschlichen Lunge gleichen, ein probates Mittel gegen die Bronchitis. Zufall oder vielleicht doch der göttliche Heilsplan, führen dazu, dass Paracelsus mit seiner „Signaturenlehre" tatsächlich oft ins Schwarze trifft. Die angegriffene Ärzteschaft Basels indessen schmäht den Mediziner, der sich mit Bauern und Handwerkern umgibt, mit der Alchimie flirtet und droht dem Mann, der nicht einmal würdig sei „den Nachtopf des Hippokrates zu tragen" mit „dem Strick". Paracelsus flieht und ein rastloses Wanderleben quer durch Europa beginnt, das von „Wunderheilungen", Alkohol- und Prassereiexzessen umrahmt wird. Als Paracelsus versucht, sein Konzept auch auf die Religion zu übertragen, verfällt er in Anbetracht der Unlösbarkeit der Aufgabe, den Zusammenhang von Geist, Seele und Kosmos aus der Natur zu ergründen in Depression. Er stirbt am 24. September 1541 in Salzburg, seine Kenntnisse werden heute vor allem in der Heilpflanzenkunde genutzt, auch paracelsische Talismane erfreuen heute wieder das Esoterikerherz.

01 | 08 | 1542

Für Kaiser und Körper

Zwei Beine, Bauch, Rumpf, Brust, zwei Arme, ein Kopf. Einen Menschen beschreiben ist doch eigentlich ganz einfach. Dann gibt es dann noch zwei Sorten von Geschlechtsteilen, die je fünf Finger an jeder Hand nicht vergessen... wie? Lunge, Darm, Prostata und endlos viele Muskeln mit lateinischen Namen? Körperflüssigkeiten auch? Muss das sein? Durchaus. Jedenfalls, wenn man den menschlichen Körper im Detail untersuchen und seine Funktionsweise verstehen möchte. Die entsprechenden Bemühungen reichen Tausende von Jahren in die Vergangenheit; einen Erfinder der Anatomie, der Wissenschaft vom Aufbau des Körpers, gibt es in dem Sinne nicht. Andreas Vesalius, geboren 1514 in Brüssel und später Leibarzt des Kaisers Karl V., kommt die Ehre zu, als Begründer der modernen Anatomie zu gelten. Es ist sein Werk „De Humani Corporis Fabrica", dessen Vorwort vom 1. August 1542 seinem hochwohlgeborenem Patienten gewidmet ist. Hierin werden viele der seit dem Wirken des Arztes Galen im 2. Jahrhundert bestehenden Irrtümer aus der Welt geschafft. So zum Beispiel die Theorie, dass die großen Blutbahnen von der Leber ausgehen. Zudem besticht Vesalius Werk durch die heute noch beeindruckenden, detailreichen anatomischen Zeichnungen von Skeletten und „Muskelwesen", die in den kleinsten Winkel der menschlichen Anatomie vordringen. Die zeichnerischen Vorlagen für die Holzschnitte kreiert kein geringerer als Rubens, der

den wissenschaftlichen Zeichnungen durch tanzende Skelette und betende Knochenhände eine christliche Dimension gibt. Vesalius gewinnt seine Detailkenntnis über den menschlichen Körper vor allem als Scherbarbier (Feldarzt) auf diversen Kriegszügen, auch später setzt er sie in der Praxis recht blutrünstig um und empfiehlt den Henkern gern neue effektive Hinrichtungsmethoden und versichert sich der Leichname zu Studienzwecken. Varenus stirbt 1564 auf der Insel Zakynthos, wo er während einer Pilgerreise nach Jerusalem gestrandet ist.

03 | 06 | 1657
Die Straßen des Körpers

Das Herz pumpt das Blut über die Blutgefäße durch die Adern in den Körper und versorgt so den Organismus mit den nötigen Nährstoffen und mit Sauerstoff; nach getaner Arbeit fließt es durch die Venen zum Herz zurück und der Kreislauf fängt von vorne an – das ist heute fast jedem Kind klar. Bis ins 17. Jahrhundert aber ist die Lehrmeinung des römischen Arztes Galens vorherrschend, der meint, das Blut werde ständig neu in der Leber produziert und dann durch die Kontraktion der Arterien durch den Körper bewegt. 1628 aber veröffentlicht der Arzt und Anatom William Harvey, geboren am 1. April 1578 in Folkstone, England, sein Buch „Exercitattio Anatomica de Motu Cordis et Sanguinis Animalibus" (Anatomische Studien über die Bewegungen des Herzens und des Blutes). Das Werk wird von den Anhängern Galens natürlich heftig kritisiert. Aber neben der Kreisbewegung des Blutes birgt Harveys Werk noch eine andere Neuerung: Er benutzt wissenschaftliche Methoden, trennt seine Hypothesen klar von den vorliegenden Fakten und besteht auf Kontrollversuche für jedes Experiment. Dieser Umstand bringt ihm den Ruf des Begründers der modernen Medizin ein. Harvey, der unter anderem auch die Befruchtung durch Eizellen vermutet (aber nicht bestätigen kann), stirbt am 3. Juni 1657. Die wenigen noch verbleibenden Anhänger der Lehren Galens fühlen an diesem Tag vielleicht keine Trauer, eventuell spüren sie aber, dass Harveys Tod lediglich das Ende der alten Körperkunde ein wenig hinauszögert.

15 | 06 | 1667
Jetzt wird's mal kurz pieken...

Christopher Wren ist ein vielseitiger Mann, als Architekt ist er unter anderem auch für die St. Paul's Cathedral in London verantwortlich. Doch kann er sich auch als einer der Erfinder der

Spritzkanüle rühmen. Mit dem schräg angesägten Oberschenkelknochen einer Nachtigall unternimmt er 1657 mit dem irischen Naturforscher Robert Boyle, dem „Vater der Chemie", die ersten Experimente und verabreicht Hunden Alkohol, Opium und andere Substanzen intravenös. Grundlage sind beiden die Erkenntnisse William Harveys über den Blutkreislauf. Als Vater der Bluttransfusion indessen gilt Richard Lower, der am 26. September 1666 vor der Royal Society in England sein an Tieren getestetes Verfahren vorstellt. Die Leibärzte Ludwig XIV. Jean Denis und Paul Emmerez unternehmen schließlich die ersten Versuche am Menschen, als sie einem 15-jährigen Jungen Lammblut arteriovenös spritzen, der erstaunlicherweise überlebt. In einem Bericht 1667 beschreibt der deutsche Naturforscher und Alchemist Johann Sigismund Elsholtz schließlich die intravenöse Injektion von Mensch zu Mensch. In seiner „Clymatica Nova" („Neue Klistierkunst") diskutiert er das ethische Für und Wieder der Bluttransfusion in Auseinandersetzung mit der Göttlichen Schöpfung. Bemerkenswert ist in diesem Zusammenhang Elsholtz Entdeckung der Bluttransfusion als Wundermittel bei Eheproblemen. So könne ein melancholischer Mann durch das heitere Blut seiner Gattin lebensfroher werden, eine Vermischung des Blutes führte zu einer Harmonisierung des Ehelebens. Diese Theorien Elsholtzs, die ihre Wurzeln noch in der Viersäfte-Lehre Galens haben, führen indessen zu tragischen Fehldiagnosen. Bei einem harmonisierungswilligen Paar wird schwärzlicher Urin bemerkt, man glaubt an eine positive Reinigung des Körpers. Tatsächlich hat das Paar einen schweren Transfusionsschock aufgrund unverträglicher Blutgruppen mit Glück überlebt. Trotz solcher Fehlgriffe war Elsholtz ein bedeutender Gelehrter und ein Pionier der Verwendung von intravenösen Injektionen, die sich 1900 etablieren und nach dem Zweiten Weltkrieg mit der Erfindung des Insulins zum medizinischen Standard werden.

08 | 07 | 1766

Vater der Notärzte

Dominique Jean Larreys Weg konnte eigentlich gar nicht anders verlaufen. Der am 8. Juli 1766 geborene Franzose kommt aus einer Familie von Militärärzten und ist schon in seinen Zwanziger Jahren selber als Chirurg tätig, sowohl bei der Marine als auch in der Armee Napoleons von 1797 bis zur Schlacht von Waterloo 1815. Zeitweilig ist er dabei sogar Napoleons Leibarzt. Aber Larrey hat weit mehr vor als nur verletzte Soldaten zu versorgen. Vor seinem Auftreten sind Lazarette oft viel zu weit weg vom kriegerischen Geschehen und können so den verwundeten Soldaten meist nicht mehr helfen.

Larrey führt 1793 „fliegende Lazarette" ein, die schneller eingreifen können, sich mitten im Kriegsgeschehen befinden, statt nur an dessen Randschauplätzen auf bereits verblutete menschliche Körper zu warten. Der Mediziner ist sich selber nicht zu schade, mit aufs Feld zu gehen und unter großem Risiko den Opfern, Freund wie Feind, zu helfen. Dabei konzipiert er Organisations- und Behandlungsprinzipien, die heute noch Gültigkeit haben und entwickelt Methoden wie die Amputation oder die Resektion weiter. Sein Engagement gipfelt darin, dass der Chirurg 1812 bei der Schlacht von Borodino bis zu 200 Arme und Beine amputiert. Es sind aber vor allem Larreys „fliegende Lazarette", die sich weit über hundert Jahre halten können. Selbst die „Mobile Army Surgical Hospitals", kurz M.A.S.H., welche vor allem im Koreakrieg Anfang der 50er Jahre von den Amerikanern eingesetzt werden, fußen auf der Idee des mutigen Franzosen. Nach Waterloo wird Larrey von Preußen gefangen genommen und soll hingerichtet werden. Ein deutscher Chirurg erkennt aber, dass es sich um den Arzt handelt, der den Sohn von Preußens Generalfeldmarschall von Blücher im Krieg behandelte und ihm das Leben rettete, und lässt ihn begnadigen. Larrey stirbt am 1. August 1842 in Paris als der „Vater der Notärzte".

09 | 06 | 1797

Badende Fürsten

Wasser ist gefährlich, diese Weisheit hat knapp 350 Jahre in Europa gegolten, man glaubte, das kühle Nass übertrage die Pest, die Blattern oder den Aussatz. Man wusch sich nicht und ans Baden war nicht zu denken. Die Professoren Christoph Lichtenberg in Göttingen und Christoph Wilhelm Hufeland in Jena erkennen jedoch Mitte des 18. Jahrhunderts die heilenden Kräfte von Meerwasser und Seeluft für den menschlichen Körper. Salzwasser spendet dem Körper lebenswichtige Salze, während dieser im Gegenzug Schlacken und Schadstoffe ausscheidet. Die an Aeroionen reiche Seeluft regeneriert kranke Körperzellen. Der Student Samuel Gottlieb Vogel hört aufmerksam zu und versucht nachdem er 1789 seine Dozentenstelle an der Universität Rostock angetreten hat, den Herzog von Mecklenburg für die Idee zur Errichtung eines Seebades zu begeistern. Tatsächlich nimmt der von Leibesschwäche in vielerlei Hinsicht geplagte Potentat 1793 in der Ostsee bei Heiligendamm ein Bad und lässt im selben Jahr im beachbarten Doberan einen Kurort anlegen. Weiter westlich bekommen auch der Pastor Gerhard Janus auf Juist und der Landphysicus Dr. Halem auf Norderney sprichwörtlich Wind vom Potential der Meeres, das die kargen Inseln ihrer Heimat umgibt. Am 9. Juni 1797 stellt man beim preußischen König einen Antrag zur Errichtung eines Seebades. 1800 wird die Seebadeanstalt Norderney eröffnet. Bald folgen Wangerooge (1804), Langeoog (1827), Juist (1840), Borkum (1840), Spiekeroog (1846) und Baltrum (1876).

12 | 09 | 1799
Damit Sie auch Morgen noch...

Lange ringt die Menschheit um die richtige Methode, wie man seine Zähne zu putzen habe. Die alten Ägypter sollen bereits erste Formen von Zahnpasta hergestellt haben, Ingredienzien waren gemahlener Bimsstein und Weinessig. Dass Zahnpasta im alten Rom ein Verkaufsschlager war, darf zumindest angezweifelt werden. Die Römer setzten abenteuerlustig auf menschlichen Urin als Hauptbestandteil, manche Damen zogen allerdings die alternative Variante eines mit Bimsstein und Marmorstaub bestreuten Tuches vor – wer wollte es ihnen verübeln? Im 18. Jahrhundert glaubte man mit gebranntem Brot als Koalitionspartner in der Paste den Zähnen helfen zu können. Selbst Kreide und pulverisierte Steine mit Salz wurden beizeiten als Lösung angeboten. In Indien gab es vor Jahrhunderten den Glauben, dass Pasten aus Salz, Sesamöl, Ingwer, Zimt, Muskatnuss und Honig den Zähnen gut tun würden. Diese, wie auch die folgende Version des Zähneputzens, scheint zu einem guten Teil mit der Kultur des jeweiligen Landes verwoben zu sein. So hat der Kanzler der medizinischen Fakultät von Montpellier einst schlicht Wein als Zahnreinigungsmittel anempfohlen. Selbstversuche sind nicht überliefert. Derlei fantasievollen Angriffen auf Zahnstein und Parodontose wird erst mit der Geburt von Adolf Heinrich August Bergmann am 12. September 1799 Einhalt geboten, welcher etwas mehr als 50 Jahre danach die sogenannte „Zahnseife" erfindet. Dieser Vorläufer der Zahncreme ist das erste wirklich wirksame Mittel gegen Karies. 1907 perfektioniert Ottomar von Mayenburg das Produkt mit seiner auf dem Dachboden entwickelten Zahnpasta, die er, in eigener Herstellung und erstmals in einer Metalltube fabriziert, vielfach verkauft.

24|03|1839
Ruhe sanft

Opium ist „der durch Anritzen gewonnene getrocknete Milchsaft unreifer, ausgewachsener Samenkapseln des ... Schlafmohns". Schon der englische Mediziner Thomas Sydenham (1624-1689) wusste: „Unter all den Mitteln, die es dem Allmächtigen gefallen hat uns zu geben, auf das wir unsere Leiden lindern, ist keines so umfangreich anwendbar und so effizient ... wie das Opium". Opium ist nun aber auch ein Rauschmittel und damit ein Handelsartikel. Als solcher spielt er eine entscheidende Rolle im 1. Opiumkrieg zwischen England und China. Im frühen 19. Jahrhundert versorgt England, trotz eines in China seit 1729 herrschenden Verbots, den chinesischen Markt mit billigem Opium. Das Resultat ist ein explosionsartiges Ansteigen des Konsums in China; die Sucht wirkt sich stark negativ auf die chinesische Wirtschaft aus. 1839 hat das „Reich der Mitte" genug: Jeder Handel mit Großbritannien wird unterbunden, solange die Händler sich nicht verpflichten, sich an die chinesischen Gesetze zu halten und kein Opium zu schmuggeln. Am 23. März 1839 werden 350 in den Opiumhandel verwickelte Ausländer festgenommen. Die Händler beteuern wahrscheinlich, dass sie nichts Schlimmes getan hätten. Man handele ja mit Billigung der Queen... Charles Elliot ist nun gezwungen, sich von 1,4 Millionen kg Opium zu verabschieden, ein hartes Los für einen Drogenhändler. Bald kommt es zur offenen, kriegerischen Konfrontation. Großbritannien gelingt es, das asiatische Riesenreich in die Knie zu zwingen. Am Ende des Opiumkriegs, 1842, ist China gezwungen, Großbritannien den Opiumhandel zu erlauben und den Außenposten Hong Kong an die Krone abzutreten. Das britische Verhalten wurde übrigens auch in England nicht immer gutgeheißen. Thomas Arnold schreibt 1840: „Ein gewöhnlicher Eroberungskrieg erscheint mir um vieles ehrenvoller als dieser Krieg, der um das Recht, eine demoralisierende Droge schmuggeln zu dürfen geführt wird..."

10|11|1847
Das werden Sie gar nicht merken...

Chloroform. Das Mittel, das Schurken in Filmen ihren Opfern unter die Nase halten, damit diese ohnmächtig umfallen? Richtig. Die Substanz, eine farblose, recht flüchtige Flüssigkeit mit süßlichem Geruch wird 1831 entdeckt – und zwar gleich von drei Forschern auf einmal. Samuel Guthrie (USA), Eugène Soubeiran (Frankreich) und Justus von Liebig (Deutschland) stellen ungefähr gleichzeitig und unabhängig voneinander Chloroform her. Am 10. November 1847 verwendet Dr. James Young Simpson zum ersten Mal Chloroform, um Geburtsschmerzen zu lindern. Die Geburt verläuft ohne Komplikationen. Der Arzt ist von der Wirkung begeistert. Schon wenige Jahre später ist Chloroform ein oft benutztes Mittel, um Operationsschmerzen zu lindern. Zuvor wurden Operationspatienten üblicherweise geknebelt, damit sie durch die oft grausamen Schmerzen während eines Eingriffs nicht sich selbst und den Arzt durch plötzliche Bewegungen verletzen, oder die Operation behindern. Ein betäubter Patient dagegen ist eine wahre Freude für den operierenden Arzt. Und Simpsons Novum ist ein Segen für die Kranken der Welt. Heute weiß man allerdings, dass Chloroform toxische Wirkungen auf die inneren Organe ausübt, weswegen es nicht mehr als Narkosemittel verwendet wird. Die stark dosierte Verabreichung von Chloroform führt übrigens tatsächlich zur Bewusstlosigkeit, die aus dem Film bekannte Taschentuch-vors-Gesicht-Variante ruft aber „nur" einen Rausch hervor.

24 | 06 | 1859
Hilfe durch Kreuz und Halbmond

Henry Dunant ist Genfer Geschäftsmann und Christ. Am 24. Juni 1859 passiert er, auf dem Weg zu einem Gespräch mit Kaiser Napoléon III., den Ort Solferino und gerät mitten ins Kriegstreiben. In der Entscheidungsschlacht des Sardinischen Krieges prallen über 200.000 Soldaten aufeinander. An einem einzigen Tag sterben 6.000 Menschen, etwa 25.000 werden verwundet. Dunant ist schockiert von den Zuständen. Die medizinische Versorgung der Opfer ist schlecht organisiert und ohne jeden durchdachten Zusammenhalt. Das menschliche Leid ist erschütternd, das sinnlose Sterben geht nach der brutalen Schlacht in Lazaretten durch Achtlosigkeit weiter. Dunant vergisst seine geschäftlichen Verpflichtungen und organisiert die Versorgung der Hilfsbedürftigen. Später schreibt er ein Buch über seine Erlebnisse: „Eine Erinnerung an Solferino" erscheint 1862 im Eigenverlag. Dunant verschickt das Buch an Politiker und Machthaber in Europa und wirbt für die Schaffung einer Hilfsorganisation sowie für die Einrichtung eines Sonderstatus für Verwundete und für medizinisches Personal. Bereits 1864 wird die erste Genfer Konvention unterschrieben, die den Umgang mit Kriegsverwundeten regelt. Auch die von Dunant erdachte Hilfsorganisation nimmt langsam Gestalt an. 1876 erhält sie den Namen „Internationales Komitee vom Roten Kreuz", zwei Jahre später kommt die türkische Rothalbmond-Gesellschaft dazu. 1901 erhält Henry Dunant den ersten Friedensnobelpreis. Inzwischen gibt es

186 nationale Rotkreuz- und Rothalbmond-Gesellschaften, die auf der ganzen Welt versuchen, Not und Leid zu mindern.

07 | 06 | 1881
Die Geschichte der Anna O.

Am 7. Juni 1881 wird Bertha Pappenheim in das bayrische Sanatorium Inzersdorf gebracht. Die junge Frau ist „hysterisch". Sprachstörungen, Nervenschmerzen. Lähmungserscheinungen, starke Stimmungsschwankungen, Essstörungen... Man ist ratlos. Ihr Hausarzt Josef Breuer versucht die Behandlung mit Hypnose. Ein befreundeter Arzt, Sigmund Freud aus Wien, interessiert sich auch für den Fall. Langsam entwickeln die beiden eine „Sprachtherapie", bei der die Patientin – mit Hilfe der Ärzte – die in ihrem Bewusstsein verschütteten Gründe für die lästigen und teilweise gefährlichen Symptome ermittelt. Ein Jahr später kann Breuer Pappenheim für geheilt erklären. Die Breuersche Therapie beschreibt Freud so: „Der Breuersche Fund ist noch heute die Grundlage der psychoanalytischen Therapie. Der Satz, dass die Symptome verschwinden, wenn man ihre unbewußten Vorbedingungen bewußt gemacht hat, ist durch alle weitere Forschung bestätigt worden..." Freud entwickelt auf den gemachten Erfahrungen und der Breuerschen Sprechtherapie die Psychoanalyse. Den Begriff benutzt er erstmals 1896. In ihren Veröffentlichungen nennen die beiden Ärzte Pappenheim „Anna O.", um ihre Identität zu wahren. Die Psychoanalyse und das Aufbrechen einer mühsam aufrecht erhaltenen, ‚falschen' Wahrheit, das zur Heilung führt, lassen Freud zu einem der einflussreichsten Denker des 20. Jahrhunderts werden. Pappenheim ist vor allem im sozialen Bereich tätig und gründet zahlreiche Erziehungsheime und Bildungsstätten, darunter das Mädchenwohnheim Neu-Isenburg, das unehelichen oder von Prostitution bedrohten jüdischen Frauen Zuflucht bietet. Das Wohnheim wird in der Reichskristallnacht 1942 verwüstet.

24 | 03 | 1882
Kampf den Motten

Am 24. März 1882 erklärt der in Berlin tätige und 1843 geborene Robert Koch in seinem Vortrag „Über die Aetiologie der Tuberkulose" der erstaunten Zuhörerschaft, dass er den Erreger der Lungentuberkulose entdeckt hat. Nur ein weiterer Schritt für Koch, der bereits 1876 den Erreger des Milzbrands entdeckt hat, 1884 wird der

Cholera-Erreger folgen. Dennoch ist seine Entdeckung von 1882 etwas ganz besonderes: Es handelt sich um die erste Identifizierung eines pathogenen Mikroorganismus. Ein Umstand, der Koch zu einem der Leitgestirne der noch nicht existierenden Mikrobiologie macht. Gut, Geschichte ist gemacht, nun geht es an die Arbeit. 1885 wird Koch Leiter des neu geschaffenen Instituts für Hygiene in Berlin. Ein Glücksfall für die Stadt an der Spree. Das von Koch angeregte Kanalsystem für Abwässer ist für die damalige Zeit beispielhaft. 1905 erhält Koch für die Entdeckung des Tuberkuloseerregers den Nobelpreis für Physiologie (Medizin). Sein Kampf gegen die Tuberkulose, die in Berlin „die Motten" genannt wird, und besonders die Arbeiterklasse geißelt, ist leider nicht sofort von Erfolg gekrönt. Sein Tuberkulin genanntes Medikament ist wenig wirksam; auch übersieht er die Kuhmilch als möglichen Ansteckungsweg, den Jahre später Louis Pasteur entschärfen wird. Koch stirbt 1910; die Tuberkulose ist weiterhin die weltweit tödlichste Infektionskrankheit.

07 | 10 | 1888
Betten zu Tragbahren

Der Deventer Schmied Johannes Auping erhält im Herbst 1888 einen ungewöhnlichen Auftrag. Der Direktor des Krankenhauses „Sint Geertruiden" klagt über mangelnde Hygiene in seinem Krankenhaus, Rückenleiden seiner Patienten und instabile Betten die immer wieder unter dem Gewicht der Kranken zusammenbrechen. Er braucht ein Bett, dass täglich einer 24-stündigen Belastung standhält. Auping beginnt eiserne Spiralfederm ineinander zu flechten und spannt sie in einen Eisenrahmen. Das so entstandene Spiralnetzgewebe ist tragfähig und elastisch und stemmt sich dem Körper entgegen, so dass dieser nicht mehr wie ein Sack Zement in der Matratze sinkt. Die Maschen sorgen für Belüftung und verhindern Schimmelbildung. 1890 ordert das Bürgerkrankenhaus in Amsterdam vierzig Exemplare der „stählernen Gesundheitsmatratze". 1898 wird bereits das niederländische Königshauses bei Auping vorstellig, um die Schlafgemächer des königlichen Palais am Damplatz mit seinen Rosten bestücken zu lassen. Am 7. Februar 1912 können die Aupings mittlerweile in dritter Generation den Bau einer Großfabrik wagen, doch der Krieg droht rasch das schöne Geschäft mit dem bequemen Schlafluxus zunichte zu machen. Bis 1915 die niederländische

Regierung überraschend 30.000 stählerne Bettroste bei Auping bestellt, die die Stoffbahren und Feldbetten an der Front ersetzen sollen. Nun offenbart sich ein weiteres Genie der Erfindung, denn Aupings Rost braucht kein Gestell, ist leicht und robust. Nach dem Krieg findet der erste Bettrost der Welt zahlreiche Epigonen, doch Auping bleibt der Zeit voraus, 1967 bringt die Firma den ersten Höhen verstellbaren Rost auf den Markt, 1973 schafft Frans de la Haye dem kargen Rahmen endlich ein Gehäuse, dass als „Auronde"-Bett noch heute unverändert hergestellt wird und zum Designklassiker wird. Ebenso wie Johannes Aupings Rost von 1888, auf dem das niederländische Königpaar noch immer wohl zu ruhen pflegt.

09 | 04 | 1889
Alterssorgen

Michel Eugène Chevreul, geboren am 31. August 1786, hat bei seinem Tod am 9. April 1889 ein bewegtes Leben von beachtlichen 102 Jahren hinter sich. Nicht nur darf Chevreul Zeuge der Konstruktion des Eifelturms werden. Er macht als Wissenschaftler auch bedeutende Entdeckungen über Fettsäuren. Seine Farbtheorie von 1839 macht ihn zu einem Vordenker des Neo-Impressionismus, und er entwickelt eine neuartige Seife aus tierischen Fetten und Salzen. Zudem wirkt er als Direktor des Pariser Naturkundemuseums. Doch seine vielleicht abenteuerlichste Erkundung kann Chevreul nicht zu Ende führen. In den späten 1880er beginnt der Greis, die Auswirkungen des Alterns auf den Körper zu untersuchen und wird so zum Vorläufer der Gerontologie, als ein unerschrockener Geist, der bis ins hohe Alter an der Welt und seinem eigenen Wesen nicht für gegeben hinnimmt. Seine Idee ist zeitgemäß. Mit dem Industriezeitalter wächst die Zahl der Menschen, die das extreme Altern des Körpers erleben dürfen. Die Sorge um die oft gebrechlichen und wunderlichen Alten wird von einer Familiensache zu einem Problem der modernen Gesellschaften und des Individuums. Der Begriff Gerontologie selbst wird Anfang des 20. Jahrhunderts geprägt. Max Bürger gründet 1938 in Leipzig die „Deutsche Gesellschaft für Altersforschung". Heute unterteilt sich die Gerontologie in verschiedene Disziplinen, darunter die Altenhilfe, die Biogerontologie (biologische Ursachen des Alterns), die Geriatrie (Alterskrankheiten) und die Gerontopsychologie (psychologische Alterprobleme).

11 | 03 | 1891
Ungeheure Heiterkeit

Am 11. März 1891 herrscht „ungeheure Heiterkeit" im Reichstag. Anlass ist eine Petition von „Dr. med. in Zürich" Franziska Tiburtius. Sie fordert die generelle Zulassung von Frauen an den deutschen Universitäten. Verschiedentlich zwirbeln sich Abgeordnete gut gelaunt den wilheminischen Bart. Frauen und eine Hochschulausbildung! Donner und Doria! Die 1843 auf Rügen geborene Franziska Tiburtius ist zu dem Zeitpunkt bereits promovierte Ärztin. Aufgrund des Studienverbots für Frauen in Deutschland musste sie, die als erste deutsche promovierte Ärztin der Neuzeit gilt, allerdings in Zürich studieren. Die freiheitlich orientierte Schweiz ist das erste europäische Land, das Frauen generell das Promotionsrecht bietet. „Arzt" aber darf sich Tiburtius 1891 in Preußen noch nicht nennen, da dieser Titel eine deutsche Approbation voraussetzt – für Frauen nicht erhältlich. Erst im April 1899 beschließt der deutsche Bundesrat, dass „auch Frauen zu den medizinischen Prüfungen, sowie zu den Prüfungen der Zahnärzte und Apotheker im Deutschen Reich zugelassen werden sollen". Für die Umsetzung des Beschlusses lässt sich das sonst so fortschrittliche Preußen neun Jahre Zeit – und wird so zu einem der unrühmlichen Schlusslichter Europas. Auf dem Umweg über die Schweiz oder andere Länder erobern sich Frauen aber dennoch bereits einen Platz in der akademischen und medizinischen Welt. So kann Tiburtius, zusammen mit Agnes Hacker, 1908 in Berlin eine „Chirurgische Klinik weiblicher Ärzte" eröffnen, eine Poliklinik, die sich besonders um die medizinische Versorgung von keiner Krankenkasse zugehörigen Frauen verdient macht. Das Recht zur Approbation erhalten Frauen in Deutschland, unter anderem auf Betreiben von Tiburius, im Jahr 1914.

08 | 11 | 1895
Strahlen übers ganze Gesicht

Wilhelm Conrad Röntgen fliegt. Er fliegt ohne Abitur von der Schule, weil er angeblich eine Karikatur seines Lehrers angefertigt hat. Selbst die Wahrheit kann den angehenden Physiker nicht retten und dennoch schafft er es, eine akademische Laufbahn zu starten, da an der Eidgenössischen Technischen Hochschule in Zürich eine Aufnahmeprüfung Vorrang vor etwaigen Abschlüssen hat. Schnell wird klar, dass man es bei Röntgen mit einem mehr als talentierten Menschen zu tun hat. Erst studiert er Maschinenbau, schließlich Physik, später arbeitet sich der Mann aus Remscheid gar bis zum außerordentlichen Professor in Straßburg hoch. In Würzburg wird er Rektor der Universität, an der er vorher Experimentalphysik gelehrt hat. Hier macht er am 8. November 1895 eine Entdeckung, nach der die Welt nicht mehr dieselbe sein wird. Strahlen aus einer Entladungsröhre durchdringen alles, was sich ihnen in den Weg stellt, vor allem natürlich menschliche Wesen. Das Ergebnis kann man sogar auf einem beschichteten Stück Papier sehen – ein Blick ins Innere auf die Knochen der so bestrahlten Person. Nicht nur Röntgens Kollegen sind mehr als begeistert. Im Jahr 1901 erhält der Physiker und Mathematiker als erster Mensch den Nobelpreis für Physik. Jenseits seiner inhaltlichen Kompetenz hat Röntgen aber auch charakterlich einiges zu bieten. Statt seine zunächst „X-Strahlen", später Röntgenstrahlen genannte Erfindung patentieren zu lassen, verzichtet er darauf, damit seine Röntgenapparate schneller in Umlauf kommen. Der Preisträger wörtlich: „Meine Erfindungen und Entdeckungen gehören der Allgemeinheit und sollen nicht durch Patente, Lizenzverträge und dergleichen einzelnen Unternehmungen vorbehalten bleiben."

26 | 06 | 1896
Flucht vor dem Schmerz

„Sie haben Husten? Leichte Schmerzen, etwas erhöhten Blutdruck? Dann empfehlen wir Heroin. Das macht nicht süchtig, hat äußerst positive Eigenschaften, und wir können es Ihnen in der günstigen Vorratspackung anbieten ... Sollte man immer im Haus haben." So etwa mag ein Apotheker das kurz vor 1900 auf den Markt kommende Schmerzmittel „Heroin" (von heros = Held) angepriesen haben. Am 26. Juni 1896 meldet die Aktiengesellschaft Farbenfabriken, heute als Bayer bekannt, das Patent auf ein Herstellungsverfahren für Diacetylmorhin an, wie Chemiker die Substanz nennen. Eine Revolution – Heroin ist eines der ersten industriell hergestellten chemischen Medikamente. Schon früh weisen einige Ärzte darauf hin, dass Heroin eben doch abhängig macht – dank der gering dosierten Pillenabreichung sind allerdings bemerkbare Rauschzustände selten. Zudem ist die Opiumabhängigkeit um 1900 nicht nur weit verbreitet, sondern auch gesellschaftlich gewissermaßen akzeptiert. Anders in den USA. Dort entwickelt sich Heroin schnell zu einer stigmatisierten und daher potentiell ‚hippen' Droge, besonders, nachdem sich die intravenöse Verabreichung mit ihrer stärkeren Drogenwirkung durchgesetzt hat. 1909 streben die USA und Großbritannien eine Opium-Prohibition an. Bayer gibt 1931 dem politischen Druck nach und stellt auch die Produktion von Heroin ein. Kein großer Verlust, denn man hat noch ein anderes tolles Schmerzmittel im Angebot: Aspirin. In der Nachkriegszeit wird Heroin dann durch seine Verbindung zur Musiker- und Künstlerszene besonders durch den Buchautor William S. Burroughs zur Kultdroge. In Deutschland ist die Substanz bis 1958 auf Rezept erhältlich, hier kommt es im Westen 1971 zum Verbot – und damit zur Entstehung eines lukrativen illegalen Drogenmarktes. Inzwischen erlebt Heroin ein kleines Comeback als Schmerzmittel; in manchen Ländern wird das Opiat in Nasensprays für Kinder mit Knochenbrüchen eingesetzt.

10 | 09 | 1897
Das falsche Mädesüß

Am 10. September 1897 synthetisiert der Chemiker Felix Hoffmann das weiße Pulver namens Acetylsalicylsäure, besser bekannt unter dem Namen „Aspirin". Neu an dem Stoff ist vor allem, dass er wenig Nebenwirkungen zeigt, was man von der bis dahin bekannten Salicylsäure, die vor allem aus einem Kraut namens „Echtes Mädesüß" gewonnen wurde, nicht sagen konnte. Für die Firma Bayer ist dieser Tag in Gold gegossen. Aspirin wird das meistverkaufte Präparat des Unternehmens und selbst als Bayer nach dem Ersten Weltkrieg sein Patent an einen amerikanischen Konkurrenten verliert, setzt sich dieser Siegeszug fort. Bis zum heutigen Tag wird knapp ein Viertel der weltweit verkauften Acetylsalicylsäure von Bayer produziert. Hoffmann, dem es elf Tage nach seiner Entdeckung auch noch gelingt Heroin synthetisch herzustellen, ist jedoch zum Zeitpunkt seiner Entdeckung nicht der Erste, der sowohl die Säure als auch das Heroin entdeckt hat. Dem Franzose Charles Frédéric Gerhardt gelingt 1853 allerdings nur die unreine Synthetisierung von ASS, dem britischen Chemiker Charles Robert Alder Wright 1874 die Acetylierung des Morphin-Moleküls und damit immerhin die Erfindung von Heroin (Diacetylmorphin). In medizinisch reiner Form kann es erst Hoffmann entwickeln. Unklar ist die Rolle des ebenfalls für Bayer arbeitenden Arthur Eichgrün, der vermutlich ebenso an der Entdeckung von Aspirin beteiligt gewesen ist, dessen Grad der Urheberschaft aber spätestens zur Zeit der Nazis mehr als verschleiert wird, da Eichgrün jüdischer Herkunft ist. Erst 1999 erklärt der pharmazeutische Wissenschaftler Walter Sneader nach Untersuchungen, dass Eichgrün sehr wohl die Ehre der Aspirin-Erfindung gebühre – Bayer bestreitet diese These und rechnet die Aspirin-Synthese bis heute Hoffmann an.

14|08|1901
Ungebetene Gäste

Am 14. August 1901 feiert Rudolf Virchow seinen 80. Geburtstag im erst kürzlich eingerichteten Pathologischen Museum, unweit der Charite in Berlin. Zwischen in Formaldehyd konservierten Tumoren, verwachsenen Knochen und fehlgebildeten Föten wird in Virchow ein Mann geehrt, dessen Einsatz für die Hygiene in der Großstadt Berlin international Schule machen soll. Neben zahlreichen anderen Errungenschaften ist es die aufgrund seiner Anstrengungen gesetzlich vorgeschriebene Trichinenschau, die vielen Menschen eine sehr unangenehme, potentiell tödliche Trichinelose erspart. Im Jahr 1900 wird das „Reichsfleischbeschaugesetz" verabschiedet; zu dieser Zeit gibt es jährlich knapp 15.000 Erkrankungen. 1950 ist die Trichinelose in Deutschland praktisch vergessen. Trichinen sind Fadenwürmer, die sich parasitär im Muskelgewebe verschiedener Säugetiere einnisten. Die Ansteckung geschieht durch rohes Fleisch (Kochen tötet die Trichinen ab; Räuchern oder Angaren dagegen nicht). Bei der Trichinenschau werden Fleischproben mit Trichinoskopen untersucht. Das Verfahren ist, wie die Geschichte gezeigt hat, äußerst effektiv. Ist der Kampf gegen den Parasiten aber gewonnen? Noch heute kommt es in Deutschland zu vereinzelten Erkrankungen; meist durch erlegtes Schwarzwild, da mancher Jäger das Beschauungsgesetz umgeht. Auch wurden in Osteuropa Trichinenherde in Haus- und Wildschweinen entdeckt. Hygiene und Vorsorge sind, ganz im Sinne Virchows, eben andauernde Anstrengungen.

10|12|1904
Mach es wie der Hund

Der Hund, sein Name ist nicht überliefert, isst gern. Und sein Herrchen, der russische Mediziner Ivan Petrovic Pavlov, ist daran brennend interessiert. Am 10. Dezember 1904 wird er für eine Arbeit über Verdauungsdrüsen mit dem Nobelpreis für Physiologie ausgezeichnet und beabsichtigt die Arbeit mit seinem Vierbeiner und einigen Artverwandten fortzuführen. Unverhofft macht er eine Entdeckung: Beim bloßen Anblick des gefüllten Futternapfes, läuft der beigebraun gescheckten Promenadenmischung der Speichel aus den Lefzen. Pavlov fragt sich, ob der von der Natur mitgegebene Automatismus (conditioned stimulus) im Hirn des Hundes – sehe ich Essen, produziere ich Speichel – auch künstlich anzutrainieren ist. So entschließt er sich für einige Monate, stets mit einer Glocke zu läuten, wenn die Nahrungsaufnahme ins Haus steht. Eines Tages lässt Pavlov das Objekt der hündischen Begierde einfach weg, und er lässt die Glocke erschallen ohne ein Abendbrot zu präsentieren. Der Hund sabbert trotzdem, aus der Assoziationskette Essen-Speichel, ist durch regelmäßige Gewöhnung die Assoziationskette Glocke-Speichel geworden (unconditioned stimulus), auch wenn der Hund vom Läuten keineswegs satt wird. Pavlov legt mit diesem Experiment einen Grundstein für die Lerntheorien der Gegenwart und leistet der Verhaltensforschung einen unschätzbaren Dienst. Was er nicht ahnt, die Werbewirtschaft wird aus seinem Experiment in den kommenden Jahrzehnten massiven Profit schlagen. Das Werbewirkungsmodell der Klassischen Konditionierung à la Pavlov entwickelt sich bis in die 90er Jahre zum Königsweg in der Branche. Das lange unaufhörliche „Läuten" mit Produktnamen und Werbeslogans weckt beim Konsumenten unkontrollierbare Begierden, oft genügt gar ein simples aber einmaliges Rot: „Coca Cola is it".

11 | 11 | 1918
Das Erbe des Schreckens

Am 11. November 1918 unterzeichnen die Vertreter der Alliierten und des Deutschen Reichs einen Waffenstillstandsvertrag. Der I. Weltkrieg ist vorbei. Die Soldaten stehen im Rauch der letzten Schlachten verloren auf den Feldern der Ehre oder Schande. Es beginnt die Rückkehr in das zivile Leben. Der Weltkrieg aber hat nicht nur Tote gefordert, sondern auch eine große Zahl an Menschen verstümmelt. Arm- und beinlose Invaliden sind in den Metropolen Europas nun ein Teil des Stadtbilds. Einer der Ärzte, die sich besonders um die Versorgung der verstümmelten Soldaten verdient machen ist der deutsche Chirurg Ferdinand Sauerbruch. Bekannt ist vor allem der Sauerbruch-Arm, bei dem in den Armstumpf durch das Muskelfleisch ein Kanal mit einem eingelegten Bolzen geführt wird. Die Konstruktion ermöglicht die Übertragung der Bewegungen der Muskulatur auf die Prothese. Die Sauerbruch-Prothese trägt auch der spätere Bildhauer Hubert Weber, der beide Hände verloren hat. Sauerbruch operiert Weber zehnmal und ermutigt ihn zu einem Kunststudium. Trotz seiner vielen Errungenschaften – Sauerbruch gilt als einer der bedeutendsten Chirurgen des 20. Jahrhunderts – gibt es auch einen Fleck auf seiner Biografie. 1933 beteiligt er sich am Bekenntnis der deutschen Ärzte und Wissenschaftler zum Dritten Reich und wird 1934 zum Staatsrat ernannt. Zwar warnt Sauerbruch privat vor Hitler als dem „verrücktesten Kriminellen der Welt", doch er nimmt die Ehren des 3. Reiches gerne an. Ab 1939 werden wieder viele Prothesen benötigt.

28|09|1928
Der Killerpilz, der Leben rettet

Der Kalender zeigt den 28. September 1928 als der schottische Bakteriologe Alexander Fleming aus dem Urlaub zurückkehrt und eine für ihn fast unglaubliche Entdeckung macht. Die Agarplatte mit Staphylokokken in seiner Petrischale sieht nach den Wochen der Abwesenheit definitiv anders aus. Auf dem Nährboden ist in der Zwischenzeit ein Pilz gewachsen, der die Bakterien in unmittelbarer Nähe aufgelöst hat. Fleming nennt den Stoff, der nach weiteren Untersuchungen und Versuchen auch Bakterien wie Streptokokken und Pneumokokken tötet, für den Menschen jedoch ungefährlich ist, Penicillin. Er erläutert seine Erkenntnisse anderen Spezialisten wie dem Amerikaner Charles Thom und ist verhalten optimistisch, dass dieses Penicillin ein nützliches, keimtötendes Mittel sein könne. Nach weiteren Experimenten gibt der Schotte jedoch entnervt auf, mutmaßend, dass das Mittel im menschlichen Körper nicht lange genug existieren könne, um eine heilende Wirkung zu entfalten. Ab 1938 arbeiten der australische Pathologe Howard W. Florey und der deutsche Biochemiker Ernst Boris Chain weiter an einer Bakterien zerstörenden Substanz und setzen dabei auch die von Fleming angefangene Arbeit fort. Anfang der 40er Jahre erringen sie erste Erfolge, und noch während des Zweiten Weltkrieges gelingt es ihnen, für die verwundeten Soldaten ein wirksames Mittel herzustellen. Für diese wichtige Errungenschaft der Medizin erhalten Fleming, Florey und Chain 1945 den Nobelpreis. Diese Ehre wurde dem Franzosen Ernest Duchesne nicht zuteil. Dieser Physiker erkannte bereits im Jahr 1897 die Wirkung der Pilze, seine Erkenntnisse wurden jedoch von seinem Doktorvater als nicht besonders epochal gedeutet, unter anderem weil er Duchesne mit 23 Jahren für zu jung hielt, um derart Sensationelles zu Tage fördern zu können. Duchesne stirbt im Alter von nur 37 Jahren an Tuberkulose, einer Krankheit, die frühzeitig mit Penicillin hätte bekämpft werden können.

18|08|1960
Der Alptraum des Vatikan

Vor dem Sex nach dem Kalender zu schielen ist erträglich, der Coitus Interruptus bereits eine heikle Sache, aber schon das Kondom ist dem Vatikan nicht mehr geheuer. Und dann das: Am 18. August 1960 kommt eine Pille mit dem klingenden Namen „Enovid" auf den amerikanischen Markt. Das Verhütungsmittel verspricht sexuellen Kontakt ohne unerwünschte Folgen, indem es auf hormonelle

Weise den Monatszyklus der Frau beeinflusst. Am 1. Juni 1961 bietet Schering „Anovlar" in der BRD an – aus Respekt auf die westdeutschen Moralnerven als „Mittel zur Behebung von Menstruationsstörungen", das nur verheirateten Frauen verschrieben werden darf. Immerhin ist die westdeutsche Einführung eine europäische Premiere. Die DDR folgt 1965, dort stellt die VEB Jenapharm „Ovisiston" her. Die „Pille" führt zu einem lockereren Umgang mit der Sexualität – und zu einem starken Rückgang in der Geburtenrate. Der „Pillenknick", der zwar nicht ausschließlich auf die Anti-Baby-Pille zurückgeführt werden kann, ist ein epochales Phänomen in der Geschichte der westlichen Welt. Der „Vater der Pille", Carl Djerassi, beschreibt schon früh die wahrscheinlichen soziokulturellen Auswirkungen der Pille – die mit dem Sexualverhalten die Grundlage des gesellschaftlichen Verhaltens von Männern zu Frauen beeinflusst – als eine „Verweiblichung der Männer". Djerassi, der die „Pille" 1951 zusammen mit George Rosenkranz und Luis Miramontes entwickelt hat, wird – unter anderem wegen seiner Arbeit an der Anti-Baby-Pille – als einer der einflussreichsten Menschen des 20. Jahrhunderts angesehen.

03 | 12 | 1967

Eine Herzensangelegenheit

Grote Schuur-Krankenhaus, Kapstadt, 3. Dezember 1967. Christiaan Barnard konzentriert sich ganz auf seinen Patienten, Louis Washkansky. Washkansky leidet an einer unheilbaren Herzkrankheit. Zu seiner Rettung leitet Barnard die erste Herztransplantation am Menschen in der Geschichte. Ihm zur Seite steht – allerdings nur im Geiste – Hamilton Naki, ein schwarzer Südafrikaner, der gemäß den Regeln der Apartheid einer Operation an einem Weißen nicht beiwohnen darf. Nach der erfolgreichen Operation wird Barnard zum Medienstar. Das offizielle Südafrika hält Naki, der auf nach der Operation geschossenen Pressefotos im Hintergrund zu sehen ist, für eine Putzkraft. Lange Zeit später räumt Barnard ein, dass Naki einen wesentlichen Beitrag bei der Entwicklung der Herztransplantationstechnik geleistet hat, doch selbst ein solcher Beitrag ist dem sensiblen Apartheid-System zu viel. Wie dem auch sei: Die Operation ist gelungen, Washkansky lebt – noch 18 Tage lang. Er stirbt an den Folgen einer Lungenentzündung. Um eine Abstoßungsreaktion seines Körpers zu vermeiden hatten die Ärzte sein Immunsystem außer Kraft gesetzt. Barnards zweiter Patient überlebt 18 Monate. Die Apartheid überlebt bis 1994.

20 | 12 | 1971
Ärzte ohne Grenzen

Am 20. Dezember 1971 lösen sich zwei französische Organisationen auf, die den Hilfebedürftigen der Welt zu Seite standen: Die 1970 als Reaktion auf die humanitäre Katastrophe von Biafra gegründete „Groupe d'Intervention Médicale et Chirurgicale en Urgence" und „Secours Médical Français". Die Organisationen fusionieren zu einer neuen Einheit mit dem klingenden Namen „Ärzte ohne Grenzen" (Médecins Sans Frontières, kurz MSF). Wie feiert man die Neugründung einer Hilfsorganisation? Wahrscheinlich wünscht man sich gegenseitig ruhigere Jahre. Doch MSF muss nicht lange auf die nächste Katastrophe warten. Am 23. Dezember 1972 zerstört ein Erdbeben Nicaraguas Hauptstadt Managua. An Katastrophen, Kriegen und Ähnlichem wird es der rasch wachsenden, bald in vielen verschiedenen Ländern beheimateten Organisation auch in Zukunft nicht fehlen. MSF kümmert sich um politische Krisengebiete und führt medizinische Grundausbildungskurse auf der ganzen Welt durch. Dafür wird die Organisation 1999 mit dem Friedensnobelpreis ausgezeichnet. Es ist klar, dass die Arbeit der MSF nicht ungefährlich ist. Während des Genozids von Ruanda wurden fast 100 MSF-Mitarbeiter getötet, die Entkommenen, meist nicht-ruandische Mitarbeiter, die Zeugen des Massakers geworden waren, forderten das französische Militär – entgegen der offiziellen Politik der MSF – zur Intervention auf. Es entwickelte sich eine breite Diskussion über das Mandat der Hilfsorganisationen, für die Neutralität von größter Wichtigkeit ist. MSF hielt sich daraufhin bei Kriegen zurück.

01 | 12 | 1973
Fragen Sie ihren Arm!

Der Patient liegt wehrlos auf dem Rücken und streckt den rechten Arm in die Höhe. Der Arzt platziert mysteriöse Döschen mit Samen auf seinem Bauch. Dann drückt er den Arm des wackeren Patienten zu Boden als wäre er aus Papier und attestiert eine Glutenallergie. Man nennt das Kinesiologie. Im Jahr 1964 wird die nach dem altgriechischen „kinesis" (Bewegung) benannte Heilmethode durch den amerikanischen Chiropraktiker George Goodheart formuliert. Nach seiner Argumentation spiegelt die Funktionsweise der Muskeln organische und seelische Zustände wieder, und um diese Informationen abzurufen, entwickelt Goodheart den kinesiologischen Muskeltest, den er teils eng mit dem Meridiansystem der Akupunktur verwandt ansieht. Der Diagnosemethode gibt er den klingenden Namen „Biofeedback-System". Ähnlich wie die Akupunktur wird die Kinesiologie von der etablierten Medizin schnell in die Esoterik-Ecke abgedrängt und ebenso schnell von der „alternativen" Medizin-Szene interessiert aufgenommen. Während die Akupunktur aber in manchen Bereichen, wie etwa in der Schmerzbehandlung, durch klinische Ergebnisse „hoffähig" geworden ist, stehen solche Beweise für die Kinesiologie noch aus. Auch Apparaturen groß wie Schuhkarton, die in der Lage sein sollen durch ein Kabel den Körper von Quecksilber und anderen Giften zu befreien, sind nicht jedem geheuer. Dennoch: George Goodheart wird 1980 der erste Chiropraktiker, im Ärzteteam des amerikanischen Olympischen Teams. Seitdem besitzt die Kinesiologie einen besonderen Zugang zur Sportmedizin. Die Kinesiologie hat inzwischen zahlreiche internationale Organe ausgebildet, unter denen das 1975 gegründete ICAK (International College of Applied Kinesiology) das wichtigste ist. Partner John F. Tie macht die Kinesiologie mit seinem Buch „Touch for Health" am 1. Dezember 1973 auch den Laien bekannt und verhilft ihr so auch in Esoterik- und Sektenkreisen zu Ruhm. Am 19. September 2008 treffen sich Chiropraktiker, Sportmediziner, Zahnärzte und andere Kinesiologen zum internationalen Jahreskongress der ICAK in Antwerpen. Ein Zeichen dafür, wie lebendig Goodhearts Theorie heute ist.

25 | 07 | 1978

Es ist ein Mädchen...

Oldham, bei Manchester, England. Lesley und John Brown sind am 25. Juli 1978, 13 Minuten vor Mitternacht, erschöpft und glücklich. Ihre Tochter, Louise Joy Brown, ist endlich auf der Welt. „Our Miracle Baby", jubelt die Londoner Presse. Die „Daily Mail", die sich die Exklusivrechte sichern konnte, berichtet ausführlich über den geplanten und erfolgreich ausgeführten Kaiserschnitt. Zahlreiche Kommentatoren warnen aber vor den sozialen Auswirkungen. sollte die Geschichte Schule machen: Sie malen Leihmütter und Babyfarmen in einer „schönen, neuen Welt" an die Wand. Schließlich handelt es sich um das erste Retortenbaby; aufgrund ihrer blockierten Eileiter konnte Lesley Brown nicht auf „natürlichem" Weg schwanger werden. Die Ärzte Patrick Steptoe und Robert Edwards sind auch erleichtert – die In-vitro-Fertilisation oder „künstliche Befruchtung" ist immerhin Neuland.

Das war einmal. Inzwischen wurden Millionen Kinder mit Hilfe der künstlichen Befruchtung gezeugt. Im Jahr 2006 bringt Louise Brown übrigens einen gesunden Jungen zur Welt – der, wie die Presse berichtet, auf natürlichem Weg und ganz konventionell gezeugt wurde.

22 | 09 | 1980
Tödliche Menstruation

Im Durchschnitt benutzt eine Frau in ihrem Leben 16.800 Tampons. Dass die Verwendung des als eher harmlos bekannten Utensils tödlich sein kann, erkannte die Welt am 22. September 1980. Tatort ist die USA, der Verdächtige der Tampon Rely aus dem Haus Procter & Gamble. In den USA hat der Tampon zu diesem Zeitpunkt noch keine lange Tradition. Während der phallusförmige Menstruationsschutz in Europa schon seit 1936 auf dem Vormarsch ist, widerspricht er in Amerika bis in die Siebziger Jahre offenbar den puritanischen Moralvorstellungen. Als schließlich o.b. den ersten Tampon in die USA exportiert, will auch die heimische Industrie nicht länger warten: Mit dem Werbeslogan „Rely – it even absorbs the worry" lancieren Procter & Gamble 1975 einen eigenen Tampon, der an Saugfähigkeit die Konkurrenz weit übertrifft und aus Synthetik hergestellt wird. 1979 sind bereits eine halbe Milliarde Rely-Tampons verkauft. Zur selben Zeit laufen beim amerikanischen Institut für Seuchenkontrolle (CDC) zahlreiche Meldungen über das Auftreten toxischer Schockreaktionen (TSS) in der weiblichen Bevölkerung ein. Bald muss man feststellen, dass fast alle Frauen, die an den TSS-Symptomen Hautausschlag, Fieber, niedrigem Blutdruck, Leber- und Nierenabnormalitäten teils tödlich erkrankt sind, zur selben Zeit ihre Menstruationsphase haben. Bald wird auch eine auffällige Verbindung zwischen den Symptomen und dem Gebrauch von Rely bemerkt. Der Tampon, so die Vermutung, trocknet die Vagina so stark aus, dass das TSS erregende Bakterien leichter eindringen können. Am 22. September 1980 veröffentlicht Procter & Gamble einen öffentlichen Brief, indem es zu den Anschuldigungen Stellung nimmt und sich verteidigt, jedoch gleichzeitig den Rückruf des Tampons vom Markt für den 26. September 1980 bekannt gibt. Der Slogan „it even absorbs the worry" bleibt aber in den USA noch für Jahre ein sarkastischer Kalauer. Warnhinweise auf TSS sind noch heute auf jeder Tamponpackung vorgeschrieben.

29|12|1987

Glück auf Rezept

Die 1980er sind das Jahrzehnt der Yuppies. Erfolg, Macht und Geld stehen ganz oben auf der Agenda. Seit die Zeit der ausgeflippten Blumenkinder vorbei ist, gilt es, sich der Gesellschaft anzupassen und zu funktionieren. Wer da mal schlecht drauf ist, hat schlechte Karten. Vielleicht hat das Antidepressivum „Prozac" genau aus diesen Gründen bei seiner Markteinführung in den USA am 29. Dezember 1987 ssolchen immensen Erfolg: Es trifft den Nerv der Zeit. Der Hersteller „Eli Lilly" hat den Wirkstoff „Fluoxetin", der im Gehirn durch Beeinflussung des Serotonin-Haushalts für ein künstliches Hochgefühl sorgt, ein Jahr zuvor in Belgien herausgebracht. Doch ein Verkaufsschlager wird „Fluoxetin" unter dem Markennamen „Prozac" erst in den USA. Seit 1987 ist es weltweit an über 54 Millionen Menschen verschrieben worden. Zeitweise ist es sogar „hip", depressiv zu sein und Pillen dagegen einzuwerfen. Es gibt Prozac-T-Shirts, Prozac-Songs und Kühlschrankmagneten mit dem Spruch: „Prozac – Wash your Blues Away". Die möglichen Nebenwirkungen und die starke Gefahr der Abhängigkeit ignorieren viele zunächst bei ihrer Suche nach Glück auf Rezept. Als 2001 der Wirkstoff „Fluoxetin" auch als günstigeres Generikum in den USA zugelassen wird, greift die Firma „Eli Lilly" zu noch aggressiveren Werbemethoden: Sie bietet auf einer Gesundheits-Website eine Monatsration „Prozac" kostenlos an – zum Ausprobieren.

14|04|1988

Mein Feind, der hohle Zahn...

Am 14. April 1988 wird die bundesdeutsche Allgemeinheit von einer WDR-Reportage über die in ihrem Alltag schlummernden Gefahren informiert: Dr. med. Max Daunderer erzählt in „Gift am Arbeitsplatz" ausführlich über solche Vergiftungen. Als er die typischen Symptome einer Quecksilbervergiftung aufführt, wird ein Münchner Assistenzarzt hellhörig: Die Symptome passen auf eine in der

Uni-Klinik liegende, im Koma dahindämmernde jungen Patientin. Er ruft den Giftspezialisten zu Hilfe. Daunderers Anti-Quecksilber-Kur schlägt an, die Quecksilber-Werte der kleinen Patientin gehen aber nicht zurück. Bald vermutet Daunderer, dass die Amalgam-Füllungen des Mädchens der Grund sein könnten, denn Amalgam besteht zu fast 50% aus Quecksilber. Der Giftspezialist beginnt eine groß angelegte Untersuchung über die Quecksilberbelastung durch Amalgam-Füllungen. Er verfasst zahlreiche Schriften und regt eine kontroverse, öffentliche Diskussion der Dentalamalgame an. Als Reaktion darauf wird die Verwendung von Amalgam in Zahnfüllungen in Deutschland seit 1992 eingeschränkt, obwohl von keiner akuten Gesundheitsgefährdung ausgegangen wird. Klar geworden ist allerdings, dass der Patient sich heute gründlich überlegen sollte, was er sich in den hohlen Zahn füllen lässt...

16|06|1992
Der Milchmann

Louis Pasteur, geboren am 27. Dezember 1822 im französischen Dole, kann als einer der großen Helfer der Menschheit angesehen werden. Er entwickelt Impfstoffe gegen den Milzbrand, die Tollwut und die Geflügelcholera. Einer seiner wichtigsten Entdeckungen aber trägt erst am 16. Juni 1992 die vom Europarat verabschiedete Richtlinie 92/46/EWG Rechnung. Es sind die „Hygienevorschriften für die Herstellung und Vermarktung von Rohmilch, wärmebehandelter Milch und Erzeugnissen auf Milchbasis", die für alle Milchsorten außer für Roh- und Vorzugsmilch gelten, die entsprechend gekennzeichnet werden müssen. Laut dieser Vorschrift muss die verwendete Milch „pasteurisiert" werden. Der klingende Name beschreibt eine kurzzeitige Erhitzung von Lebensmitteln auf ca. 70° C, wodurch ein Großteil der vorhandenen Keime abgetötet wird. Pasteur hatte schon im Vorfeld seiner erregerunfreundlichen Entdeckung bemerkt, dass der Lebensmittelverderb durch Lebewesen verursacht wird, die Schulmeinung ging damals noch von einem rein chemischen Prozess aus. Pasteurs wohl berühmtester Ausspruch betrifft die Fermentation: „Fermentation, das ist Leben ohne Luft". Nach seinem Tod 1895 wird Pasteur schnell zu einem Nationalheld in Frankreich.

17|10|1997
Unter Kollegen...

Der außerordentliche Professor Julius Hackethal sorgt im Jahr 1963 für helle Aufregung an der Chirurgischen Universitätsklinik in Erlangen. Er weigert sich, weiter an der Einrichtung zu arbeiten; 138 schwere Kunstfehler wirft er dem Klinikchef vor. Viele davon, so Hackethal, mit tödlichen Folgen. Hackethals Vorwürfe stellen sich als nicht haltbar heraus; seine Karriere in Erlangen ist beendet.

Doch die als „Erlanger Professorenstreit" bekannt gewordene Affäre begründet auch seinen Ruf als aufmüpfiger Mediziner. Er kritisiert den Medizinerstand oft heftig und regt so breite, oft hitzige Diskussionen zu verschiedenen Themen an. In den 70er Jahren vertritt er die Meinung, dass die Chemotherapie oft mehr Schaden anrichtet, als dass sie den Patienten hilft. Er nennt zahlreiche typische Eingriffe „Verstümmelungen". In den 80er Jahren ist er für die Deutsche Gesellschaft für Humanes Sterben tätig und propagiert die aktive Sterbehilfe. Unter anderem stellt er Schwerkranken Zyankali zur Verfügung. Ein Skandal für viele, für andere die Hoffnung auf einen kürzeren Leidensweg. Hackethal wird immer wieder angeklagt – unter anderem 1987 wegen einer Tötung auf Verlangen. Das zuständige Gericht wertet die (strafbare) Tötung auf Verlangen aber als (nicht strafbare) Beihilfe zum Suizid. Am 17. Oktober 1997 stirbt der kämpferische Mediziner an Lungenkrebs.

27 | 03 | 1998

Artenschutz mal anders

Am 27. März 1998 bringt der US-amerikanische Pharmakonzern „Pfizer" den Wirkstoff „Sildenafil" auf den Markt. Damit er sich besser verkauft, denkt sich Pfizer natürlich auch einen schmucken Markennamen für das Medikament aus. Zusammengesetzt aus den Begriffen vigor (lat. Stärke) und Niagara (die Wasserfälle) entsteht das geschützte Kunstwort „Viagra", das praktischerweise auch noch homophon zu dem Sanskrit-Wort für Tiger ist. Der Wirkstoff „Sildenafil" in Viagra ermöglicht männlichen Patienten, die wegen unterschiedlicher Erkrankungen wie zum Beispiel auch Diabetes unter erektiler Dysfunktion (Erektionsstörung) leiden, wieder ein erfülltes Liebesleben. Im Gegensatz zu anderen Potenzmitteln muss Viagra zur Freude der männlichen Bevölkerung nicht in den Penis gespritzt werden, sondern es wird geschluckt. Der durchblutungsfördernde Wirkstoff produziert bei sexueller Erregung in der Schwellkörpermuskulatur des Penis einen Stoff, der die Muskeln entspannt und Blut in den Schwellkörper fließen lässt. Die kleinen, hellblauen Pillen nehmen die (Männer-)Welt im Sturm für sich ein. Nebenwirkungen wie Kopfschmerzen oder Übelkeit werden für das Liebesglück freudig in Kauf genommen. In den USA wird „Viagra" Woche für Woche 100.000-mal verschrieben, auch in Deutschland ist das Medikament längst salonfähig. Aber dass es als erstes Medikament nachweislich zum internationalen Artenschutz beitragen soll, ist noch unbewiesen. Immerhin werden in Asien seit Viagra wesentlich weniger bedrohte Tierarten zur Gewinnung von tierischen „Potenzmitteln" gejagt.

17|09|1998
Medizin, Mystik und Visionen ...

Hildegard von Bingen wäre 1998 900 Jahre alt geworden; Grund genug für die Gemeinde von Eibingen, ihr traditionelles Hildegardisfest in diesem Jahr mit besonderer Inbrunst zu feiern. Pontifikalamt am Morgen, Reliquienfeier am Mittag, danach Reliquienprozession... Gläubige können zudem den Reliquienschrein den ganzen Tag über bestaunen. Am Abend dann die Hildegardisvesper in der Abtei St. Hildegard. Von Bingen, die im 16. Jahrhundert heilig gesprochen wurde, wird vom Volk schon zu ihren Lebzeiten als solche verehrt. Immerhin ist die ungewöhnliche Frau für ihre Volksnähe berühmt. Sie ist die erste bekannte pilgernde Nonne, die Umkehr zu Gott fordert. Sie plädiert für ein „Selbstverantwortliches Handeln in der Geborgenheit Gottes". Statt auf intellektuelle Argumentation basieren ihre Aussagen stilistisch auf Visionen. Weiter beschäftigt sie sich mit der Medizin, und verbindet das aus den griechisch-lateinischen Schriften bekannte Wissen über Heilpflanzen mit dem lokalen Volkswissen – wobei sie die den einfachen Leuten bekannten Pflanzennamen benutzt. Ihre Schriften, deren Herkunft zuweilen allerdings unklar ist und vor allem ihr Mythos sind so mitreißend, dass Gottfried Hertzka sie in den 70er Jahren als Grundlage für seine Hildegard-Medizin benutzt. Hildegard-Produkte sind inzwischen aus keinem Esotherik- und Bio-Laden mehr wegzudenken.

18|04|2006
Das Reich der tausend Nadelstiche

Am 18. April 2006 geht in Deutschland ein jahrelanges Ringen zuende. Rainer Hess, der Vorsitzende der Kassenärztlichen Bundesvereinigung (G-BA) verkündet die Anerkennung der Akupunktur durch die Gesetzlichen Krankenkassen. Die Einsicht kommt spät, ist die Akupunktur selbst ist eine alte, im chinesischen Kulturraum beheimatete Heilpraxis, deren Ursprung sich im Dunkeln der Zeit vor gut zweitausend Jahren verliert. Feine Nadeln werden an bestimmten Stellen in den Körper eingeführt, um den Fluss des Qi (der Lebensenergie) zu beeinflussen. Alternativ können diese Punkte auch erwärmt (Moxibustion) oder durch Druck stimuliert (Akupressur) werden. In China wird die Akupunktur lange mündlich weitergegeben. Hua Borens „Erläuterungen der 14 Hauptleitbahnen" von 1341 und Yang Jizhons „Summe der Aku-Moxi-Theraphie" von 1601 sind späte Klassiker, die der Akupunktur Referenzpunkte liefern. Zwar wurde die Praxis in China Ende des 19. Jahrhunderts verboten, um das Gesundheitssystem

auf ein modernes, wissenschaftliches Fundament zu stellen. Das Verbot erweist sich aber als nicht durchsetzbar, das Volk hält an seiner Medizin fest. Mao wiederum bringt die alte Nadelkunst zurück in den Schoß der offiziellen Wissenschaften; die Volksmedizin wurde als ein großer Schatz angesehen. Unter Leitung der kommunistischen Partei Chinas wird die Traditionelle Chinesische Medizin (TCM) intensiv untersucht und als System ausgearbeitet. Nach der Kulturrevolution wird die TCM zum Pflichtfach für Medizinstudenten. Im Westen beginnt man sich Anfang der 70er Jahre mit dem Aufkommen der Alternativbewegungen verstärkt für die Nadelstiche aus dem Osten zu interessieren. 1983 gründet sich die ICMART („International Council of Medical Acupuncture and Related Techniques") in Wien und tagt im Oktober 2008 schon zum 25ten Mal – ein Zeichen dafür, wie sehr die Praxis der Akupunktur in den modernen, westlichen Gesellschaften inzwischen zu Hause ist.

24 | 07 | 2007
Tödliche Therapie

Jolee Mohr, 36 Jahre alt, hat eine rheumatoide Arthritis im Knie. Die junge Frau aus Taylorville, Illinois hört von einem Sicherheitstest für eine Gentherapie der Targeted Genetics Corp. Das getestete Verfahren birgt für ihren gesundheitlichen Zustand keine echten Vorteile, aber Mohr entschließt sich trotzdem an der Studie teilzunehmen. Im Februar 2007 werden ihr gentechnisch erzeugte Viren in das rechte Knie gespritzt. Einige Monate später folgt die zweite Injektion; schon am nächsten Tag entwickelt Mohr ein Fieber. Sie wartet ein paar Tage. Am 7. Juli wird sie in der Notfallaufnahme vorstellig. Man ist ratlos. Am 12. Juli wird sie ins Krankenhaus von Springfield eingeliefert. Targeted Genetics lässt verlauten, dass ihre Erkrankung nicht mit der Medikamentenstudie in Zusammenhang steht. Einige Tage später versagen Mohrs Organe, sie wird in das medizinische Zentrum der University of Chicago verlegt. Einer der dortigen Ärzte benachrichtigt die zuständigen US-Behörde (Food and Drug Administration, FDA) am 19. Juli; einen Tag später hört die FDA auch von Targeted Genetics. Jolee Mohr stirbt am 24. Juli 2007, trotz intensiver Bemühungen durch das Chicagoer Ärzteteam. Die genaue Ursache für ihren Tod ist noch unbekannt. Kritiker der Gentherapie halten den Fall für einen Grund, die bisher wenig erfolgreichen Bemühungen zur Entwicklung von Gentherapien einzustellen. Targeted Genetics vermutet Probleme mit den Arthritis-Medikamenten, die Mohr zur Schmerzlinderung eingenommen hat. Zudem bleibt unklar, ob Mohr beim unterzeichnen der entsprechenden juristischen Papiere überhaupt verstanden hat, dass sie sich

29|10|2007
Hofmann und die böse Hexe

16:20 Uhr: Einnahme der Substanz. 17:00 Uhr: Beginnender Schwindel, Angstgefühl, Sehstörungen, Lähmungen, Lachreiz. Mit Velo nach Hause. Von 18 bis circa 20 Uhr schwerste Krise, siehe Spezialbericht: Die letzten Worte konnte ich nur mit großer Mühe niederschreiben. [...] die Veränderungen und Empfindungen waren von der gleichen Art [wie gestern], nur viel tief greifender. Ich konnte nur noch mit größter Anstrengung verständlich sprechen, und bat meine Laborantin, die über den Selbstversuch informiert war, mich nach Hause zu begleiten. Schon auf dem Heimweg mit dem Fahrrad [...] nahm mein Zustand bedrohliche Formen an. Alles in meinem Gesichtsfeld schwankte und war verzerrt wie in einem gekrümmten Spiegel. Auch hatte ich das Gefühl, mit dem Fahrrad nicht vom Fleck zu kommen. Indessen sagte mir später meine Assistentin, wir seien sehr schnell gefahren. [Zu Hause angelangt] wurden Schwindel und Ohnmachtgefühl zeitweise so stark, dass ich mich nicht mehr aufrecht halten konnte und mich auf ein Sofa hinlegen musste. Meine Umgebung hatte sich nun in beängstigender Weise verwandelt. [...] die vertrauten Gegenstände nahmen groteske, meist bedrohliche Formen an. Sie waren in dauernder Bewegung, wie belebt, wie von innerer Unruhe erfüllt. Die Nachbarsfrau [...] war nicht mehr Frau R., sondern eine bösartige, heimtückische Hexe mit einer farbigen Fratze." So lautet 1943 das Protokoll des Selbstversuchs des Schweizer Chemikers Albert Hofmann mit dem Diethylamid LSD-25, welches er im Rahmen von Arzneimittelforschungen, die ein Kreislaufstimulans zum Ziel hatten, entdeckt hatte. Hofmann tritt fortan für eine sinn- und maßvolle Nutzung von LSD in der Forschung ein, jedoch nicht, wie Timothy Leary, für eine radikale Massenverwendung. Am 29. Oktober 2007 wird der 101 Jahre alte Chemiker vom englischen Guardian zum bedeutendsten lebenden Genie erklärt.

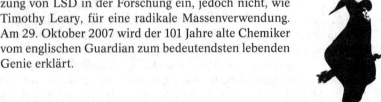

=== Weiterlesen ===

- Christian Weymayr: Hippokrates, Dr. Röntgen & Co. Berühmte Pioniere der Medizin. Berlin Verlag 2007
- Hans Diller: Ausgewählte Schriften von Hippokrates. Reclam 1994
- Theophrastus Paracelsus: Vom Licht der Natur und des Geistes. Eine Auswahl aus dem Gesamtwerk. Reclam 1993
- Andreas Vesalius: Anatomia. Reprint der Originalausgabe Nürnberg 1551. Marix 2004
- Karl E. von Mühlendahl: William Harveys „Von der Bewegung des Herzens". Von der Geburt einer Idee. Books on Demand 2006
- Johannes K. Soyener: Der Chirurg Napoleons. Gustav Lübbe Verlag 2006
- H. Laing Gordon: Sir James Young Simpson and Chloroform (1811-1870). University Press of the Pacific 2007
- Richard A. Skues: Sigmund Freud and the History of Anna O.: Re-Opening a Closed Case, Palgrave Macmillan 2006 (Basingstoke)
- Manfred Vasold: Robert Koch, der Entdecker von Krankheitserregern. Spektrum der Wissenschaften Verlagsgesellschaft 2002 (Heidelberg)
- Hans Haug, Hans-Peter Gasser, Francoise Perret, Jean-Pierre Robert-Tissot: Menschlichkeit für alle. Die Weltbewegung des Roten Kreuzes und des Roten Halbmonds. Haupt Verlag AG 1995 (Bern)
- Christiaan Barnard, Das zweite Leben. Erinnerungen des weltberühmten Herzchirurgen. Piper, 1994.
- Michael de Ridder: Heroin. Vom Arzneimittel zur Droge. Campus 2000 (Frankfurt/Main, New York)
- Martin Friedrich Karpa: Die Geschichte der Armprothese unter besonderer Berücksichtigung der Leistung von Ferdinand Sauerbruch. Bochum 2004
- Lara V. Marks: Sexual Chemistry. A History Of The Contraceptive Pill. Diane Publishing Company 2004
- John F. Tie: Touch for Health. The complete Edition. Spiral 2004
- Barbro Walker: Edu-Kinestetik – ein pädagogischer Heilsweg? Eine kritische Analyse. Tectum 2004 (Marburg)
- Tiner, John Hudson: Louis Pasteur. Founder of Modern Medicine. Mott Media 1990
- Alfred Hafercamp (Hrsg.): Hildegard von Bingen in ihrem historischen Umfeld. Bingen am Rhein 2000 (Mainz)
- Hans P. Ogal, Wolfram Stör und Yu-Lin Lian: Seirin Bildatlas der Akupunktur, KVM-Verlag
- Julius Hackethal, Der Meineid des Hippokrates - Von der Verschwörung der Ärzte zur Selbstbestimmung des Patienten. Bergisch Gladbach: Lübbe 1992
- Michael Hallek: Ethische und juristische Aspekte der Gentherapie, Herbert Utz Verlag 1999
- Wahl Hans-Werner; Heyl Vera: Gerontologie – Einführung und Geschichte. Kohlhammer Verlag, Stuttgart 2004

Tage der Schönheit

Mode, Körper und Kosmetik

28|10|1533 *Die Welt riecht französisch* Eine Geburtsstunde der Parfümkunst **S. 613**

30|07|1775 *Tat-au!* Das Tattoo wird in Europa populär **S. 613**

08|10|1792 *Das duftende Märchen* Die Legende von 4711 **S. 614**

18|10|1817 *Ein Bart sagt mehr als 1000 Worte* Die Burschenschaften und der Bart **S. 615**

17|05|1822 *Der giftige Lift* Ein Forscher entdeckt Botox **S. 616**

01|05|1879 *Man singt wieder bleifrei* Der Opernsänger Leichner erfindet die Bühnenschminke **S. 616**

28|03|1882 *Patent mit Folgen* Beiersdorf macht in Körperpflege **S. 617**

01|05|1883 *Das umstrittene Würtschen* Der Lippenstift erobert die Welt **S. 618**

03|10|1892 *Wahre Schönheit kommt aus dem Mund* Karl August Linger erfindet Odol, **S. 619**

10|03|1895 *Abschied von Monsieur Couture* Charles Frederick Worth liefert Haute Couture **S. 619**

10|08|1906 *Eine Welle von Dauer* Der Friseur Nesser stellt die Dauerwelle vor **S. 620**

12|06|1912 *Gefährliche Schönheit* Nofretete ist die schönste Frau der Welt und hochtoxisch **S. 621**

05|05|1921 *Sinnliche Chemie* Alkohol, ein Forscher und eine Lieblingszahl ergeben Chanel No. 5 **S. 621**

09|02|1926 *Haare aus Beton* Erik Rotheim baut eine Lacksprühdose, Haarspray wird daraus **S. 622**

23|07|1929 *Glückliche Babys* Leo Gerstenzang erfindet die Q-Tips **S. 623**

24|10|1929 *Der schöne Duft der Depression* Die Welt liegt am Boden, aber der Couturier Jean Patou hat ein Mittel dagegen: Joy! **S. 623**

01|03|1932 *Matching Lips and Fingertips* Revlon gibt Schminktipps **S. 624**

08|09|1937 *Schönheit durch Pfannkuchen* Max Factor revolutioniert das Make-Up mit einem Puderkeks **S. 625**

05|10|1940 *Vom Niagarafall zum Wunderbusen* Silikon entströmt den Niagarafällen **S. 626**

05|07|1946 *Eine Bombe geht baden* Der Bikini erobert die Côte d'Azur **S. 626**

14|12|1946 *Hermès – je t'aime* IT Girls verneigen sich vor der Birkin-Bag **S. 627**

12|02|1947 *Je suis couturier – nieder mit dem Robotmenschen!* Dior stellt den New Look vor **S. 628**

27|10|1950 *Busenwunder im Reisfeld* Sylvia Mangano setzt auf frivolen Körperkult **S. 629**

02|05|1954 *Modisches Desaster als Comeback* Die Rückkehr der Coco Chanel **S. 629**

05|11|1955 *Mode für alle* Mary Quant eröffnet den Bazaar **S. 630**

09|04|1956 *Kleine Kinder bringt die Handtasche* Grace Kelly und die Tasche von Hermès **S. 631**

28|11|1956 *Und immer lockt das Weib...* Ein Film hat Premiere und BB macht Mode **S. 631**

01|01|1964 *Mit Pin-Up's durch das Jahr* Sex statt Gummireifen: die Pirelli-Kalender **S. 632**

23|02|1966 *Friseurbesuch mit Folgen* Twiggy wird das erste Supermodel der Welt **S. 633**

11|05|1975 *Haute Shockure* Vivienne Westwood und Malcom McLaren wollen modische Anarchie **S. 633**

22|03|1976 *The Queen of Green* Annita Roddick eröffnet den ersten Body Shop in Brighton **S. 634**

01|01|1978 *Schönheit per Gesetz* In Deutschland tritt die erste Kosmetikverordnung in Kraft **S. 635**

01|02|1983 *Wissen ist Schönheit* Drei Ärzte gründen die Ayurveda Gesellschaft **S. 635**

01|08|1988 *Die Geburt der Supermodels* Naomi Campbell und ihre Freundinnen sind Supermodels **S. 636**

27|06|1994 *Push-Up – alles nach oben bis man unten ist* Anna Nicole Smith wird zum Sexsymbol für acht Monate **S. 637**

13|08|1996 *Patentierter Erfolg* Die Karriere der Heidi Klum Karriere beginnt beim Patentamt **S. 638**

15|07|1997 *Tod eines Modezaren* Gianni Versace wird erschossen und sein Ex verdächtigt **S. 639**

02|05|1998 *Die Königin der Nägel* Sylvia Troska lässt Nail-Studios aus dem Boden sprießen **S. 639**

02|12|2003 *Seht mich an!* Paris Hilton und ihr einfaches Leben kommen ins Fernsehen **S. 640**

05|03|2004 *Abschied einer Sprachpanscherin* Jil Sander nimmt ihren Hut **S. 641**

30|06|2006 *Der Teufel trägt Prada* Das Prada Modeimperium **S. 641**

07|01|2008 *Das brutale Mode-Gericht* Die Blackwell-Liste der größten Modesünden **S. 642**

28 | 10 | 1533
Die Welt riecht französisch

Katharina von Medici, florentinische „Krämerstochter" und Papstenkelin, spätere Königin Frankreichs und Schwiegermutter Maria Stuarts, war in der zweiten Hälfte des 16. Jahrhunderts eine der großen historischen Gestalten: Die Hugenottenkriege, die niederländischen Freiheitskämpfe und die Machtübernahme des Hauses Bourbon sind mit ihrer Person wesentlich verknüpft. Doch als Katharina am 28. Oktober 1533 den späteren König Heinrich II. heiratet, bringt sie nicht nur politische Verwicklungen an den französischen Hof, sondern infiziert die Gesellschaft Frankreichs mit ihrer Leidenschaft für Mode und Parfüm. Katharina begeistert die französische Gesellschaft mit dem Damensattel und den ersten langen Strümpfen. Vor allem aber ist es ihr Hofparfümeur René, der mit seinen parfümierten Handschuhen eine Duftrevolution im mitteleuropäischen Abendland auslöst. Da man sich aus Angst vor der Seuchengefahr in Frankreich wie im übrigen Mitteleuropa nicht wäscht, ist endlich ein Mittel zur Überdeckung des schier unerträglichen Gestanks gefunden. Bald werden auf französischem Boden in Hülle und Fülle Rosen und Veilchen angebaut. Die Jasminfelder bei Grasse werden zu Pilgerorten der feinen Gesellschaft. Als in Frankreich wenig später die Verfahren der Destillation und Enfleurage bekannt werden, ist der Siegeszug der französischen Parfümeurskunst nicht mehr aufzuhalten. Ob Aimé Guerlain, Francois Coty oder Coco Chanel – die Nase von Welt riecht bis heute französisch.

30 | 07 | 1775
Tat-au!

Am 30. Juli 1775 kehrt Kapitän James Cook mit seinen beiden Schiffen Adventure und Resolution von seiner zweiten Entdeckungsreise in die Südsee zurück. Er hat Kap Hoorn umsegelt, war auf den Marquesas, den Osterinseln, Tahiti, den Neuen Hebriden und sogar am südlichen Polar. Als die Schiffe im Hafen von Spithead anlegen, entladen die beiden deutschen Forschern Johann und Georg Forster ganze Wagenladungen voll exotischer Fracht: Süßkartoffeln, Maniok, Yams, Taro, Blasrohre, Schrumpfköpfe, selbst ganze Eingeborenenhütten und Boote. Doch das eindrucksvollste „Forschungsobjekt" ist lebendig: Der tahitische Häuptlingssohn Omai hat die Reisegruppe begleitet und soll die westliche Welt kennenlernen. Und während Omai in London bei dem Kaufmann Joseph Banks in die Geheimnisse des Lesens, Schreibens, der Fuchsjagd, des Schlittschuhlaufens, des Alkohols und der Oper eingeführt wird, ist auf den vielen Einladungen, die er in Clubs und Salons zu absolvieren hat, vor allem eines Gesprächsthema: Die eigentümliche blauschwarze Körperbemalung des „edlen Wilden". Verschlungene Muster sind an seinen Händen aufgebracht, die der fremdländische Prinz „Tatau" nennt. Und er kann zu allgemeinem Erstaunen berichten, dass „tat" für das Klopfen des Tätowierkamms steht, während „au" die Schreie der Gepeinigten lautmalerisch illustriert. Als Omai 1776 London wieder Richtung Heimat verlässt, hat das Tattoo aber noch einen langen Weg vor sich. Obwohl in London 1879 die erste Tätowierstube eröffnet, bleibt nach einer kurzen Modewelle in der adligen Gesellschaft das Tragen von Tattoos noch bis in die Sechziger Jahre des 20. Jahrhunderts ein Privileg von Seefahrern und Knastbrüdern. Das erste Tattoo-Studio Deutschlands eröffnet am 1. Februar 1946 in der Seilerstr. 44A in Hamburg, 1981 zählt man zwölf, heute weit über 1000 Studios.

08 | 10 | 1792
Das duftende Märchen

Am 8. Oktober des Jahres 1792 tritt der Kölner Kaufmann Wilhelm Muehlens in den heiligen Stand der Ehe, ein an der Trauungszeremonie teilnehmender Karthäusermönch überreicht ihm die Rezeptur eines Wunderwassers als Hochzeitsgeschenk. Der Essenz aus Zitrone, Orange, Bergamotte, Lavendel, Rosmarin und Neroli sagt man eine wohltuende Wirkung für Magen und Geist und eine exquisite Duftnote nach. Muehlens macht sich an die Produktion und bekommt den passenden Namen für sein Produkt gleich mitgeliefert, als französische Soldaten 1794 bei der Besetzung der Stadt Köln die Häuser nummerieren und auf die Tür seines Geschäftes die Nummer „4711" notieren. Bei dieser Gelegenheit nehmen sich die Soldaten auch gleich ein paar Fläschchen mit und so verbreitet sich das „Eau de Cologne" schnell westlich des Rheins. Die duftenden Soldaten gefallen selbst Napoleon, der sich, als Verehrer Julius Caesars, dessen ebenfalls parfümierter Truppen erinnert. Seit 1810 wird aus dem aromatischen „Getränk" 4711 ein reines Duftwasser, das spätestens seit Einführung der bis heute verwendeten Molanusflasche 1820 zur Legende wird. Goethe und Wagner loben den Duft der Essenz, die 1875 als Marke eingetragen wird. Die Archive der Stadt Köln offenbaren zwar eine weniger märchenhafte Version der Geschichte, nach der Muehlens erst 1797 in die Glockengasse einzog, erst viel später mit der Produktion begann und darüber hinaus 1854 umgezogen ist, doch hat sich die Legende längst verselbständigt. Nicht einmal die völlige Zerstörung des Haus Muehlens 1943

kann den Siegszug von 4711 stoppen. 1964 wird das restaurierte Haus wiedereröffnet und ist seitdem einer der größten Tourismusmagneten Deutschlands. Die Kölner Traditionsmarke gehört indessen längst zum Multi Procter & Gamble.

18 | 10 | 1817
Ein Bart sagt mehr als 1000 Worte

Das Wartburgfest, das die deutschen Burschenschaften am 18. Oktober 1817 im Gedenken an die Völkerschlacht zu Leipzig und die Reformation veranstalteten, ist als Keimzelle der studentisch-nationalen Bewegung des Vormärz und der gescheiterten 48er Revolution in die Geschichte eingegangen. Darüber hinaus brachte das Wartburgfest die Wiedergeburt des deutschen Bartes. Denn jene 500 Studenten, die sich da unter Führung Hans Ferdinand Maßmanns versammelten, um unter dem Motto „Ehre, Freiheit, Vaterland" die schwarzrotgoldene Fahne der Revolution zu schwingen und dem deutschen Föderalismus den Kampf anzusagen, einte optisch nicht nur die nationale Tracht, sondern auch ein üppiger Bartwuchs. Dies kam nicht von ungefähr, sondern in deutlicher Anlehnung an den hier zu feiernden Martin Luther, der als „Held der Deutschen Nation", auf der Wartburg 1521-1523 in Gestalt des bärtigen Junkers Jörg, seine wortgewaltigsten Kampfschriften gegen die Kirche in Rom verfasst hatte. Bartträger waren auch Gestalten wie Ulrich von Hutten und Friedrich der Weise. Der Bart von 1817 war also ein politisches Statement und wurde, wie zeitgenössische Berichte zeigen, auch so aufgefasst. Nachdem im 18. Jahrhundert der Bart von Hof und Aufklärung als unzivilisiert aus der Puderperückenmode verbannt worden war, sah man in der Gesichtsbehaarung der Studenten einen Rückfall in die Barbarei und ein Zeichen revolutionärer Gesinnung. Das Militär Preußens verbot sich den Bartwuchs in ihren Reihen gar ganz. Als schließlich mit den Barrikaden von 1848 der Traum vom neuen Deutschland zerbrach, blieb nur der Bart zurück auf dem Schlachtfeld. Mit der Reichsgründung von 1871 begann er sich im bürgerlichen Lager als Kennzeichen des „Volksfreundes" durchzusetzen. In seiner domestizierten Form mit gezwirbelten Enden galt er bald als Symbol der Kaisertreue. Erst ab 1910 zeigte sich der moderne Mann wieder bartfrei. Ein letztes großes Revival erlebte der Bart in der Studentenbewegung von 1968. Heute ist er bei Akademikern, Bluesmusikern und einigen Hiphoppern ein gern getragenes Modestatement.

17 | 05 | 1822
Der giftige Lift

Faltenlose Schönheit verdankt das weibliche Antlitz einem schwäbischen Poeten. Justinus Kerner (1786-1862), namhafter Vertreter der Dichterschule um Ludwig Uhland und Gustav Schwab und zugleich Mediziner, setzte ohne es zu ahnen, mit der Veröffentlichung seines Buches „Das Fettgift oder die Fettsäure und ihre Wirkung auf den tierischen Organismus" am 17. Mai 1822 einen Meilenstein auf dem Weg der Menschheit zur ewigen Jugend. Anlass zur Veröffentlichung gab ihm eine grassierende Welle von Fleischvergiftungen durch Wurstwarenkonserven, die beim Menschen Muskelversagen, starkes Schielen und schließlich tödliche Atemlähmung hervorriefen. Als Verursacher entlarvte Kerner Clostridium botulinum, das sogenannte Wurstbakterium (lat. botulus = Wurst), welches durch Ausscheidung des Nervengifts Botulinumtoxin den Botenstoff Acetylcholin im menschlichen Körper hemmt und die Muskeln den Dienst verweigern lässt. Gut 150 Jahre nach Kerners Entdeckung begann die Neurologie den Muskel schwächenden Effekt des Nervengifts therapeutisch gezielt gegen Bewegungsstörungen, starkes Schielen, heftiges Schwitzen und Kopfschmerzen zu nutzen, Politiker indessen fürchten nach dem 11. September 2001 terroristische Botulinumtoxin-Attentate in Supermärkten. Wesentlich Appetitlicheres hatte die boomende ästhetische Chirurgie mit dem Nervengift im Sinne: Durch die gezielte Lahmlegung Falten bildender Gesichtsmuskeln ließen sich, so die Erkenntnis gewiefter Mediziner, Mimikfalten, Krähenfüße und Löwenfalten aus lebensgegerbten Gesichtern nach ewiger Jugend strebender Damen und Herren entfernen. In Deutschland ließ sich die Firma Allergan 1986 den Namen Botox für ihr Botulinumtoxin-Produkt rechtlich schützen, und so wurde das Wurstbakterium kurze Zeit später zum Synonym faltenloser Schönheit. Am 27. Januar 2006 genehmigte das Bundesinstitut für Arzneimittel und Medizinprodukte den Einsatz des Botoxablegers Vistabel schließlich auch in Deutschland außertherapeutisch.

01 | 05 | 1879
Man singt wieder bleifrei

Die hautverträgliche Schminke verdankt ihre Entstehung dem Gesang. Unter dem Künstlernamen Raphael Carlo tourt der Bariton Ludwig Leichner (1836-1912) seit 1863 durch die deutschen Lande. Er gibt den Wilhelm Tell, den Don Juan und den Papageno und steht in engem Kontakt mit Richard Wagner. Es ist die pure Leidenschaft für Moleküle, die den begabten Bariton 1870 veranlasst, sein früher begonnenes Chemiestudium wieder aufzunehmen. Dem singenden Chemiker wird bald bewusst, dass er sich in seinen Bühnentagen durch das tägliche Auftragen blei- und glycerinhaltiger Schminke fast die Gesundheit ruiniert hätte. Er beschließt Abhilfe zu schaffen und entdeckt bald ein Verfahren, dass die Herstellung von Schminke auf reiner Fett- und Farbenbasis gestattet. Leichner wechselt ein weiteres Mal das Fach und wird durch die Gründung der „Poudre- und Schminkenfabrik Leichner" zum Unternehmer. Auf der Berliner Gewerbeausstellung stellt er am 1. Mai 1879 seine Fettschminke der Öffentlichkeit vor und wird für sein Produkt in Paris, Melbourne und Brüssel international ausgezeichnet. Leichners Schminke geht in Produktion und macht die Kosmetikindustrie in Deutschland erstmals zu einem florierenden Wirtschaftszweig. 1897 wird Leichner für seine Leistung zum Preußischen Kommerzienrat ernannt. Noch heute gilt die Firma Leichner Kosmetik trotz zahlreicher Besitzwechsel weltweit als eine exzellente Adresse für professionelle Maskenbildner und Gebrauchskosmetik von hohem Standard. Man produziert teilweise noch immer nach den Originalrezepten Leichners.

28 | 03 | 1882

Patent mit Folgen

Was haben Hautpflege, Wundversorgung und Klebetechnologie gemeinsam? Sie alle sind mit dem Namen Paul Carl von Beiersdorf verbunden, obwohl dieser niemals wirklichen Anteil an ihrer Entwicklung hatte. Denn als der Hamburger Apotheker am 28. März 1882 ein harmloses Patent für das Wundpflaster Gutapercha anmeldet und mit elf Arbeitern seine „Fabrik dermotherapeutischer Präparate" eröffnet, ist ihm kaum klar, welche Lawine er damit lostreten wird. Stattdessen verkauft er seine Fabrik 1890 an den Pharmazeuten und Jungunternehmer Oscar Troplowitz und segnet sechs Jahre später das Zeitliche. Troplowitz, dem sein eigener Name für die Vermarktung konsumfähiger Güter ungeeignet erscheint, entwickelt nun unter dem Namen Beiersdorf gleich vier bis heute unsterbliche Güter zum Nutzen der Menschheit: 1896 entsteht unter seiner Regie der Kautschuk-Klebefilm, der 1936 den einprägsameren Namen Tesa-Film bekommen wird, 1901 erfindet Troplowitz das Leukoplast. 1909 nimmt er sich mit dem Lippenpflegestift Labello („schöne Lippe") der Schönheitspflege an. Im Dezember 1911 folgt die Hautcreme Nivea (lat. nives = der Schnee). Den exklusiven Erfolg dankt die Creme dem Emulgator Eucerit, den Troplowitz aus dem Wollfett von Schafen gewinnt und bereits 1900 als

Patent anmeldet. Durch Eucerit bilden Fett und Wasser eine stabile Salbengrundlage. Nivea wird zum internationalen Erfolg und bereits vor Ausbruch des Krieges in 34 Ländern vertrieben. Als Troplowitz 1918 mit 55 Jahren an einem Gehirnschlag stirbt, entsteht die Beiersdorf AG. Der Produktdesigner und Marketingexperte Juan Gregorio Clausen gibt der Dose 1925 die berühmte knallblau-weiße Farbe, die an Meer und blauen Himmel und porentiefe Reinheit zugleich erinnert. Nach dem Krieg hinterlässt Beiersdorf mit der ersten desodorierenden Seife 8x4 (1951), der Handcreme Atrix (1955) und der Nivea Milch (1963) weitere Spuren auf dem menschlichen Körper, seit 1991 gibt man unter seinem Namen auch dekorative Kosmetik heraus.

01 | 05 | 1883

Das umstrittende Würstchen

Das Jahr 1883 ist geschichtsträchtig: In Chicago baut man den ersten Wolkenkratzer, in Deutschland wird die Krankenversicherung eingeführt, in Italien der spätere Diktator Mussolini geboren. Für die französischen Parfümiere, die auf der Amsterdamer Weltausstellung den ersten serienmäßig produzierten Lippenstift der Moderne vorstellen, scheint diesem Datum jedoch zunächst nichts Historisches anzuhaften. Auf der gigantischen Freifläche des Rijksmuseums ist der kleine Rhodopis-Serviteur – wie die Createure ihre Erfindung nennen – neben dem spektakulären Kolonialpavillon, neuen Maschinen, Riesensafes und eindrucksvollen Miniaturstädten allenfalls eine Randnotiz wert. Der aus Rizinusöl, Bienenwachs und Hirschtalg zusammengesetzte, in Seidenpapier eingewickelte Lippenstift, wird disrespektierlich als „saucisse", als Würstchen, bezeichnet. Auch der Preis von umgerechnet rund 50 Euro macht das Accessoire kaum massenkompatibel. Bis der Lippenstift in seiner heutigen Form mit Drehmechanik (1949) und Lanonin-Körper (1950) als Massenprodukt ab einem Euro erschwinglich ist, soll es noch einige Zeit dauern. Dass das „Würtschen" allmählich zum beliebtesten Kosmetikartikel aufsteigen konnte, verdankt es vor allem Sarah Bernhardt und den Stummfilmstars der Zwanziger Jahre, die den „Stylo d'Amour" als „Zauberstab des Eros" auf der Leinwand einsetzen. 1912 wird der Lippenstift für die Frauenbewegung auf dem Marsch durch New York zum Symbol ihres Kampfes für das Wahlrecht. Bis heute ist der Lippenstift umstritten, man betrachtet ihn wahlweise als Ausdruck der Feminisierung, Sinnbild der Verführung, Zeichen der Unmoral oder Symbol eines trivialen Schönheitsideals. Dem Produkt hat das nicht geschadet: Allein in Deutschland greifen heute 80% der Frauen zwischen 14-64 täglich zum Lippenstift.

03 | 10 | 1892
Wahre Schönheit kommt aus dem Mund

Der Wunsch nach wohlriechendem Atem ist so alt wie die Menschheit. Im 19. Jahrhundert paart er sich mit der medizinischen Erkenntnis, dass der menschliche Mund Tür und Tor für einfallende Bakterien ist. Karl August Linger präsentiert 1888 in Dresden mit dem Mundwasser Odol eine in jeder Hinsicht zufrieden stellende Lösung. Die einmalige Erfindung der antibakteriellen Mundspülung, die nach „sympathischem Atem" riecht, stammt von dem Chemiker Richard Seifert, der sein Rezept dem geschäftstüchtigen, aber verarmten Linger zur Vermarktung angeboten hatte. Nachdem der Ruf des Wundermittels über die Stadt an der Elbe hinaus gedrungen ist, eröffnet Linger am 3. Oktober 1892 das „Chemische Laboratorium Linger" und bereitet seinem „Mundöl" (griech. odous = Mund, oleum = Öl) den Weg zur Welteroberung. Bald darauf ist Odol in zwanzig Ländern erhältlich. Schnell ist Linger ein gemachter Mann, residiert in Villen, ist Mitglied in Motoryacht- und Automobilclubs und macht durch ein ausschweifendes Sexualleben von sich reden. Doch sein Geld fließt auch in hygienische Einrichtungen und Forschungsprojekte. 1916 stirbt der Erfinder des bis heute beliebtesten Mundwassers der Welt mit nur 55 Jahren ausgerechnet an Zungenkrebs. Eine bittere Ironie der Geschichte, die jedoch keinen Einfluss auf die Werbestrategie gehabt hat: Hieß es 1902 „Wahre Küsse gibt es nur mit Odol", wirbt der neue Markenbesitzer GlaxoSmithKline noch heute: „Küss mit Odol!"

10 | 03 | 1895
Abschied von Monsieur Couture

Als Charles Frederick Worth am 10. März 1895 in Paris stirbt, hinterlässt er der Welt ein äußerst hübsches Erbe: Die Haute Couture, das Modehaus und das Mannequin. Dass es dazu kommt, verdankt der Kostümschneider der Hochzeit des frisch gebackenen Kaisers Louis Napoléon mit der spanischen Grafentochter Eugénie de Montijo. Diese erweist sich als äußerst modeinteressierte Gattin und wünscht 1858 jenen außergewöhnlichen Schneider kennen zu lernen, der soeben mit dem Schweden Otto Bobergh das erste große Modehaus in Paris eröffnet hat. Worth wird zum Hofausstatter ernannt und damit ist die Haute Couture geboren. Das Prinzip ist einfach: Die Kaiserin wünscht zu tragen, was modern ist, und die Kundschaft Worths ihrerseits findet es todschick, sich wie eine Kaiserin zu kleiden. Um den Kreislauf zu erhalten, fertigt Worth von den kostspieligen kaiserlichen

Einzelstücken weniger prunkvolle, aber dennoch sündhaft teure Versionen an und stellt sie ins Schaufenster seines Geschäftes in der Rue de la Paix. Dann engagiert er hübsche Damen (mannequins), die seine Mode den Kundinnen aus aller Welt vorstellen. Schon bald hat Worths Name auch international den besten Klang. Die Kaiserin Sissi und selbst die Rockefellers reisen an, um sich a la Worth einzukleiden. Als Worth sich schließlich mit einigen Kollegen 1868 im „Chambre Syndicale de la Couture Française" zusammenschließt, ist die Haute Couture bereits ein stehender Begriff.

08 | 10 | 1906

Eine Welle von Dauer

Die Dauerwelle gehört zweifellos zu den nachhaltigsten und zugleich umstrittensten haarkosmetischen Errungenschaften. Ihr Schöpfer: Karl Ludwig Nessler, der bei einem Experiment die Haarpracht seines Versuchskannichens, der Gattin Katharina, mit spiralförmigen Metallstäben, ätzenden alkalischen Flüssigkeiten und der unerträglichen Hitze einer glühenden Zange in ein loderndes Inferno verwandelt. Doch das Leiden hat sich gelohnt: Neben einem verkohlten Haarstummel und einer großen Brandblase bleibt auch eine prachtvolle Locke auf dem Haupt der Gattin zurück, die selbst bei mehrmaligem Waschen nicht die Form verliert. Der Plan, der Damenwelt mit der „Heißwelle" den Wunsch nach immerwährender Lockenpracht zu erfüllen und Marcel Grateau, dem Erfinder der wenig haltbaren „Wasserwelle", seinen Platz im Schönheitslexikon streitig zu machen, ist geglückt. Nessler, der aus Todtnau stammt und in Genf das Frisörhandwerk erlernt hat, zieht nach London, wo er ein kaufkräftiges Publikum wittert und stellt am 8. Oktober 1906 seine Erfindung öffentlich vor. Trotz der enervierenden Prozedur, die eine 5-stündige Behandlung mit dem „Hair Curler" mit sich bringt, ist er bald der Star der Saison. 1908 lässt sich Nessler seine Erfindung patentieren und zieht bei Ausbruch ersten Weltkrieges 1914 nach New York. Er gründet ein florierendes Frisörunternehmen und stirbt am 22. Januar 1951 als reicher Mann in Harrington Park/ New Jersey. Die weniger schmerzhaften „Flachwellen" der Marke Wella (Franz Ströher, 1927) und die „Kaltwelle" (Everett McDonough, 1940) haben den Ruhm seines Torturapparates zu dieser Zeit längst verblassen lassen. „Nesslers Dauerwelle", die in den Achtziger Jahren im „Power Hair Trend" bei Bon Jovi Konzerten und im Fernsehen beim Denver Clan ihre Sternstunde feiert, war in den Neunzigern als „Putzfrauentoupet" diskreditiert, konnte aber im Zuge des kulturellen Crossover als cooler Curly-Look bei jungen Mädchen wieder Meriten verdienen.

06 | 12 | 1912
Gefährliche Schönheit

Am Nikolaustag des Jahres 1912 entdeckt der Direktor des Deutschen Instituts für Altertumskunde Ludwig Borchardt bei Ausgrabungen in Amarna im viertausend Jahre alten Atelier des Bildhauers Thutmosi die Büste der Nofretete. Während sich um die Herkunft, Regierungszeit und das Schicksal der Gemahlin des Pharao Echnaton bis heute abenteuerliche Legenden von Mord und Totschlag ranken und auch die Eigentumsverhältnisse zwischen Deutschland und Ägypten heftig umstritten sind, so besteht nach ihrem ersten öffentlichen Auftreten im Ägyptischen Museum in Berlin kein Zweifel darüber, dass das um 1338 v. Chr. geschaffene Antlitz der Nofretete diese als eine wahre Meisterin der Schminkkunst zeigt. So wird die Geheimnis umwitterte Königin zu einer weltweit anerkannten Stil-Ikone der Moderne und kann ihrem Namen (altägypt. Nfr.t-jy.tj = „die Schöne ist gekommen") mit über 3000-jähriger Verspätung endlich gerecht werden. Besonders der meisterhaft gezeichnete Kajalstrich der Ägypterin wird bis in die jüngste Zeit gern imitiert. Tatsächlich ist die Schminkkunst der Nofretete wenig nachahmenswert: Die Ägypterinnen färbten ihre Augenkonturen u.a. mit Bleisulfid, schwarzem Eisenoxid und Ruß, die Lippen schminkte man mit ätzendem rotem Ocker und hochgiftigem mineralischem Zinober, als Lidschatten wurden die grünen Pigmente des Malachit verwendet. Die Theorie indessen, im chemisch hochexplosiven Make-Up die Todesursache der legendären Pharaonin zu sehen, wurde bislang noch nicht aufgestellt.

05 | 05 | 1921
Sinnliche Chemie

Nicht nur Blumen duften nach Erotik, auch ein unscheinbares Aldehyd-Molekül kann Männer und Frauen in sinnliche Verzückung versetzen. Die Erkenntnis, dass die Chemie der Natur nicht selten überlegen ist, brach sich Anfang der Zwanziger Jahre im Pariser Salon des Parfümherstellers Ernest Beaux Bahn. Die Modeschöpferin Gabrielle „Coco" Chanel, die seit 1910 in ihrer Boutique in der Rue Cambon kontinuierlich das traditionelle Frauenbild mit der Einführung von Segelhosen, Cardigans und Jersey-Kleidern auf den Kopf stellt, will ihren weiblichen Modelentwurf der „Garconne" mit dem passenden Parfüm abrunden. Also besucht sie Beauxs Salon und stellt ihm mit den Worten: „Ich möchte ein Parfüm für Frauen, das wie eine Frau riecht" eine nicht eben leichte Aufgabe. Doch Beaux ist Fachmann und als ehemaliger Hofparfümeur des russischen Zaren schwierige Kunden gewohnt. Wochen vergehen, in denen Beaux den Charakter vollendeter Weiblichkeit aus einer Mischung von Rosen, Jasmin, Iris, Maiglöckchen, Weißdorn, Osterglocke, Vetiveröl, Patschuli, Ambra und Moschus zu destillieren versucht. Um bei einer seiner Mischungen dem vorherrschenden Jasmin die Schwere zu nehmen, setzt Beaux schließlich als Bindemolekül aliphatische Aldehyde ein. Das Ergebnis ist ein Unfall, bei dem dank des übermäßigen Gebrauchs dehydrierten Alkohols die anderen Duftnoten in vollkommen unnatürlicher Weise überbetont werden. Als Coco Chanel schließlich zur Abnahme erscheint, entscheidet sie sich spontan für die synthetische Chemieprobe „No. 5", nicht aus Leidenschaft, sondern, weil die fünf ihre Lieblingszahl ist. So wird auch kurzerhand der 5.5.1921 als Auslieferungstermin festgesetzt. Bis heute ist Chanel No. 5 das meistverkaufte Parfüm der Welt.

09 | 02 | 1926
Haare sprühen auf Norwegisch

Der 9. Februar 1926 wird gemeinhin als Geburtstag der Sprühfarbe gehandelt, er entpuppte sich aber später auch zu einem epochalen Datum für Haarfetischisten. Der Norweger Erik Rotheim bringt die Angelegenheit ins Rollen, als er seine Erkenntnisse über das Zustandekommen von Nebel und Wolken in klingende Münze umsetzt und die erste Farblack-Spraydose auf den Markt bringt. Für den kosmetischen Bereich ist die Erfindung jedoch anfangs nur von geringem Nutzen, muss doch, ist der Knopf der Pandorabüchse einmal geöffnet, dessen voller Inhalt in einem Rutsch auf den Zielgegenstand gesprüht werden. Rotheim verkauft sein Patent schließlich für 100.000 norwegische Kronen in die USA. 1942 entwickeln Lyle Goodhue und William N. Sullivan vom US-Ministerium für Landwirtschaft daraus ein Insektenspray mit abschaltbarem Sprühknopf, dass im Japankrieg eingesetzt wird. Doch auch diese recht grobe Erfindung ist für die Haarpracht keineswegs geeignet. Es ist schließlich Robert H. Abplanal, dem es gelingt, einen Zerstäuber für die Büchse zu entwerfen, der brauchbare Dosierungsmengen abgibt. 1955 tritt das Haarspray seinen unaufhaltsamen Siegeszug über die Köpfe der vor allem weiblichen Bevölkerung an. 1962 – im Jahr der Bienenkorb-Frisur – steht sein Erfolg im Zenit, eine weitere Hochphase folgt 1976 mit der Punkbewegung. Als schließlich 1985 in der Öffentlichkeit ruchbar wird, dass das enthaltene Treibgas FCKW den Ozonmantel der Erde empfindlich beschädigt, gibt die zischende Dose ihre Führungsrolle an Pump-Sprays und Haargel ab.

Nach der Entdeckung ungefährlicherer Treibgase werden heute wieder geschätzte 229 Milllionen Sprays jährlich verkauft.

23 | 07 | 1929
Glückliche Babys, saubere Ohren

Einer der praktischsten Gegenstände der alltäglichen Körperhygiene verdankt seine Entstehung einem jener Geistesblitze, die nur wenigen Menschen im Leben zuteil werden. Dem polnischen US-Einwanderer Leo Gerstenzang ist eine solche Sternstunde vergönnt als er eines Tages seine Frau dabei beobachtet, wie sie die Ohren ihres Kindes mit einem von Watte umwickelten Streichholz zu säubern versucht. Dabei rutscht wahlweise das Streichholz aus der Hand der Gattin oder die Watte vom Streichholz. Gerstenzang wird schnell klar, dass nicht nur seine Frau täglich mit diesem Problem zu kämpfen hat. Er macht sich an die Erfindung eines Wattestäbchens, das belastbar, sicher und wendig ist. 1923 hält er das erste handgefertigte Wattestäbchen aus Birkenholz in der Hand und gründet zur Vermarktung in New York die Firma Infant Novelty Co.. Gerstenzang tauft seine Stäbchen zunächst „Baby Gays" (glückliche Babys), doch muss er bald erkennen, dass diese natürlich auch Erwachsenen zur Reinigung des Hörorgans dienen könnten. 1926 wird das Produkt in Q-Tips umgetauft, das Q steht für „Quality" und „Tips" für das bauschige weiche Baumwollende, welches das Produkt bis heute von Plagiaten unterscheidet. Der letzte Baustein zum Glück, der helfen soll, Q-Tips als Massenware in der ganzen Welt bekannt zu machen, ist eine Maschine, die in der Lage ist, das Produkt in uneingeschränkter Menge zu produzieren. Am 27.10.1927 reicht Gerstenzang den Patentantrag für seinen „Process and apparatus for manufacturing medical swabs" beim US-Patentamt ein, am 23.7.1929 erhält er die amtliche Bestätigung. Bis heute, sind die Q-Tips, seit 1987 im Besitz der Unilever, unangefochtener Marktführer auf weiter Flur.

24 | 10 | 1929
Der schöne Duft der Depression

Für zahlreiche amerikanische Großanleger bricht am 24. Oktober 1929, am „schwarzen Freitag", die „Große Depression" an. Die Zeiten von Luxus und ungezügelter Ausschweifung sind vorbei. Dies bekommt auf der anderen Seite des Atlantiks auch der Designer und Parfümeur Jean Patou zu spüren. Dem Designer und Hersteller feinster Parfüms, der sich seit 1925 einen Kundenstamm in der amerikanischen

High Society aufgebaut und das französische Feld längst seiner Konkurrentin Coco Chanel überlassen hat, bleiben mit einem Mal die Aufträge aus. Aber Patou ist ein Innovator: Er hat 1921 bereits die Sonnencreme und die Damen-Sportmode erfunden, er brachte als Erster amerikanische Models auf den Laufsteg und gilt als Experte erfinderischer Marketingkampagnen. Also tritt Patou die Flucht nach vorn an und beauftragt seinen Chefparfümeur Henri Alméras, die finsteren Zukunftsprognosen der Amerikaner mit einem „duftenden Freudenschrei" zu beantworten. Das edelste, teuerste und luxuriöseste Parfüm soll es sein. Mit 10.600 Jasminblüten und 336 Mairosen auf 30 Millilitern wird das gewünschte Ergebnis schließlich erreicht und das Kind der Depression auf den Namen „Joy" getauft. 1930 wird es als „teuerstes Parfüm der Welt" vorgestellt und an die von ökonomischen Zwängen geplagte Kundschaft gratis verschifft: Eine duftende Spende des Trostes, die ewige Kundenbindung bewirkt. Als „Joy" nach Abklingen der Wirtschaftskrise 1932 in den Handel kommt, ist sein Ruf bereits so mythisch, dass es sich in Rekordzeit zum zweitbest verkauften Parfüm der Welt hinter Chanel No. 5 entwickelt. Bis heute konnte ihm diese Position noch kein Duftwasser streitig machen.

01 | 03 | 1932
Matching Lips and Fingertips

Greller Nagellack ist Anfang der Dreißiger in den USA noch keineswegs populär, er klebt, zieht Streifen und wird vornehmlich von Prostituierten verwendet. Charles Haskell Revson ist aber optimistisch. Er gründet am 1. März 1932 mit seinem Bruder Joseph Revson eine Nagellackfirma. Hinzu stößt der Chemiker Charles Lachmann, dem die Firma „Revlon" nicht nur das „L" im Namen verdankt, sondern auch ihren Erfolg. Denn es gelingt Lachmann als erstem, Farbpigmente in Acryl-Nagellack zu mischen, so dass streifenfreie deckende Lacke in sattem Rot, Pink, und Koralle entstehen. Bald macht sich Revson selbst mit grell lackierten Fingernägeln durch die Beautysalons auf, um seine Kunden von der neuen Errungenschaft zu überzeugen. 1939 hat er eine weitere Idee: Er erkennt eines Abends bei den Ausgehvorbereitungen, dass der Nagellack seiner Frau nicht zum Lippenstift passen will und entschließt sich unter dem Motto „matching lips and fingertips" farbenfrohe Nagellack/Lippenstift-Kombinationen anzubieten, die schnell zahlreiche Nachahmer finden. Besonders seine knallroten Lippenstifte, die „Revlon Reds", werden dank der Schauspielerin Rita Hayworth bald zur Legende. Revson wird zur öffentlichen Figur. Er gilt als raffgieriger Egozentriker, kann sich aber durch die Revson

Foundation, einer der größten gemeinnützigen Stiftungen der USA, einen Namen als großzügiger Philanthrop machen. In den 60ern gelten Revlons Produkte als Symbol des „American Look", 1973 lanciert die Firma mit „Charlie" das erste Parfüm, das sich gezielt an die Arbeiterklasse richtet. Revson stirbt 1976 als Milliardär. Trotz des Verkaufs der Marke 1985 und fallenden Verkaufzahlen wird heute jede Minute in 175 Ländern der Welt ein Revlon Nagellack verkauft. Zu den Bewunderern der Marke gehören Victoria Beckham und Halle Berry.

09|08|1937
Schönheit durch Pfannkuchen

Als am 9. August 1937 Irvin Cummings Modekomödie „Vogues of 1938" in Technicolor über die Leinwand flimmert, schlagen die Kritiker Purzelbäume. Nicht etwa, weil die Story um den Konfektionier George Curson so bahnbrechend ist, sondern weil man nie so realistische und schöne Gesichter auf der Leinwand gesehen zu haben glaubt. Es sei „als könnten die Schauspieler direkt von der Leinwand herabsteigen", heißt es in der Presse. Hinter dem perfekten Make-Up steckt kein geringerer als Max Factor. Der Mann aus Lodz hat bereits eine erfolgreiche Karriere als Hofkosmetiker des russischen Zaren und Star-Visagist hinter sich: Er bescherte Hollywood die erste hitzebeständige Filmschminke, prägte den Look seiner Stars von Bette Davis bis Marlene Dietrich und erfand ganz nebenbei Lidschatten (1916), falsche Wimpern (1919) und Lipgloss (1930). 1920 befreite er die Kosmetik von ihrem elitären Image und trat mit dem Slogan „jedes Mädchen sollte Aussehen wie ein Filmstar" eine gesellschaftsübergreifende Lawine des Schönheitswahns los. Doch auf ihn warten neue Aufgaben: Seit 1932 das Technicolor eingeführt wurde, sehen die Gesichter der Darsteller im Film grün oder rotstichig aus. Ursache sind die Reflexionen des flüssigen Make-Up. 1937 entwickelt Factor in nur sechs Monaten den Kompaktpuder, der durch hohe, aber transparente Deckkraft dem Gesicht einen ebenmäßigen, matten Teint verleiht. Da die gepresste Puderscheibe und ihr Behältnis an einen Frühstückspfannkuchen erinnern, tauft man die Erfindung „Pancake-Makeup". Bald nach der Premiere von „Vogues of 38" verselbstständigen sich die Dinge: Zwei Models haben das Make-Up mit nach Hause genommen und verwenden es in der Öffentlichkeit. Wenig später steht halb Hollywood bei Factor Schlange. Durch eine Anzeige in „Women of America" leitet der Pole darauf zum zweiten Mal die Make-Up-Revolution ein, stirbt aber wenig später im August 1938. Hollywood arbeitet noch heute mit seinen Produkten, in Deutschland hält Ellen Betrix das Factor-Monopol.

10 | 05 | 1940
Vom Niagarafall zum Silikonbusen

Am 17. Juni 1992 posiert Pornoqueen Dolly Buster auf dem Titelblatt des Magazins Stern mit ihrem prallen Silikonbusen erstmals vor einem breiten Publikum. Silikone beherrschen seitdem die öffentliche Diskussion um das weibliche Schönheitsideal: 25.000 Frauen, so eine Schätzung, lassen sich jährlich in Deutschland Gel-Implantate in die Brust einsetzen, in den USA liegt die Zahl bei rund 330.000. Der Entdecker der Silikonherstellung Eugene G. Rochow hat jedoch alles andere als den weiblichen Busen im Sinn, als er 1940 im Auftrag der General Electric Company zu forschen beginnt. Die Firma will den flexiblen Stoff im Bereich der Kabeltechnik verwenden. Viele vor Rochow haben versucht, Silikone, die in der Erdkruste nur in Verbindung mit Sauerstoff vorkommen, zu isolieren, konnten sie aber nur in harter Konsistenz gewinnen. Als Rochow am 10. Mai 1940 mit Schmelzwasser der Niagarafälle und gasförmigen Methyl-Chloriden experimentiert, kommt es endlich zur Synthese eines flexiblen, Wasser abweisenden harzigen Stoffes. Der Chemiker Herman Liebhafsky wird 1978 diesen 10. Mai als den wichtigsten Tag der Silikonindustrie beschreiben. 1943 setzt die industrielle Produktion von Silikon durch General Electric ein. Als man Rochows Forschungsergebnisse für die Nukleartechnologie nutzen will, verlässt dieser die Firma. Nach 1945 produzieren Konzerne wie Grignard, Wacker oder Bayer mit Silikonen Kunststoff, Kontaktlinsen, Autopolitur sowie Rüstungs- und Raumfahrtartikel. In der Medizin werden Silikon-Implantate seit 1950 verwendet. Heute werden 1.4 Millionen Tonnen Silikone jährlich hergestellt, der Umsatz wird auf 3,5 Milliarden US-Dollar geschätzt. Der Dank gebührt Rochow, der 1992 den Wacker-Silikon-Preises erhält und sogar seinem Konkurrenten Richard Müller die Hand schütteln darf. Müller fand 1942 unabhängig von Rochow eine eigene Silikonformel. Auch er suchte dabei nicht nach dem Geheimnis des Wunderbusens, er dachte an ein Mittel zur Herstellung künstlichen Nebels.

05 | 07 | 1946
Eine Bombe geht baden

Es ist ebenso nahe liegend wie absurd: Der Bikini verdankt seinen Ursprung der Mangelwirtschaft. Das US-Wirtschaftsministerium erteilt 1943 der Textilindustrie die Weisung, Stoff einzusparen und diesen für die Rüstung bereitzustellen. Die Bademodenbranche nimmt das wörtlich, sie verzichtet erst auf den Rock am Badeanzug, dann auch auf das Mittelteil zwischen Brust und Hüfte. Doch ist diese Bademode zunächst eher unpopulär. Als jedoch am 30. Juni 1946 der erste Nukleartest auf dem Bikini-Atoll der amerikanisch besetzten Marshallinseln im Pazifik stattfindet und weltweites Gesprächthema ist, wird die Anregung in Paris durch die Designer Louis Réard und Jacques Heim dankbar aufgenommen. Beide entwerfen einen zweiteiligen Badeanzug, Heim nennt sein Modell „atome", Réard entscheidet sich für das freundlichere „bikini". Hätte nicht Japan bereits 1914 das Atoll der Deutschen Kolonialherrschaft abgerungen – hätte der Bikini vielleicht nach der deutschen Bezeichnung für das Atoll „Eschscholtz" geheißen. Am 5. Juli 1946 stellt das Model Micheline Bernadini die Kreation Réards im Casino de Paris vor. Die Vorführung ist eine Mediensensation: Vor allem an den Stränden der Côte d'Azur trägt die High Society jetzt zweiteilig. Stars wie Brigitte Bardot machen den Bikini international bekannt. In den prüderen USA trauen sich zunächst nur B-Movie-Queens wie Jane Mansfield, Bettie Page oder Mamie van Doren mit einem Bikini auf die Leinwand. Als schließlich 1960 der Surfsound des Beach Boys Amerikas Hitlisten stürmt, ist es aber auch hier mit dem Bikinitabu vorbei. In Deutschland wird der Bikini erst Ende der Sechziger wirklich populär, spät, aber immerhin erfindet mit Karl Lagerfeld ein Deutscher 1995 den ersten Micro-Bikini.

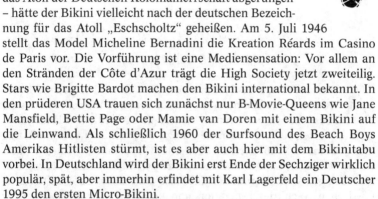

14 | 12 | 1946

Hermès, je t'aime!

Für die Freunde französischer Musik ist der Geburtstag Jane Birkins ein heiliger Tag, doch auch für It-Girls und Fashion Victims ist der 14. Dezember 1946 inzwischen ein kaum zu ignorierendes Ereignis: Trägt doch die berühmteste und begehrteste Luxushandtasche der Welt Birkins Namen und wurde eigens für sie angefertigt. Den entscheidenden Impuls gibt eine Begegnung des Hermès Executives Jean-Louis Dumas mit der Sängerin auf einem gemeinsamen Flug: Beim Kramen im Adressbuch schüttet Birkin einen Haufen loser Zettel über den Schoß ihres Reisegefährten aus und beklagt sich über den mangelnden Stauraum handelsüblicher Lederwaren. Der unglückliche Auftritt veranlasst Dumas, der Sängerin eine eigene Tasche ohne räumliche Grenzen zu kreieren. Die Birkin-Bag, eine knuffige, weichere Variante der eleganten Kelly-Bag, erscheint 1984 auf dem Markt. Durch ihre Auftritte in den Sitcoms „Sex and the City", „Will & Grace" oder

„Gilmoure Girls" avanciert die Luxustasche um 2000 schließlich zum Objekt der Begierde wohlhabender It-Girls, die allerdings kaum mehr wissen, dass ihre Patronin einst das unnachahmliche „Je t'aime" ins Mikrophon stöhnte. Hermès Birkin-Bags erzielen auf Auktionen Preise bis zu 40.000 Euro. Jane Birkin selbst hält ihr Taschenkind für eine lederne Katastrophe, da das enorme Gewicht der an Stauraum schier unerschöpflichen Handtasche ihr bereits mehrere Sehnenscheidenentzündungen beschert habe. Ihre Lieblingstasche kommt aus in einem Second Hand Shop in Edinburgh Castle und kostete 10 Englische Pfund.

12 | 02 | 1947
Je suis couturier – Nieder mit den Robotmenschen!

Am 12. Februar 1947 öffnen sich die Türen eines neuen Pariser Modehauses und das Tor zu einer neuen Modewelt. Hatten die Besucher in der Avenue Montaigne 30 schlichtes Understatement erwartet, so bekommen sie nun zu ihrer größten Verwunderung Mannequins in Schößchenjäckchen mit Wespentaille, in langen Röcken, in Pelz, Taft, Satin und Duchesse zu sehen. Das Life-Magazine erklärt schon am Tag darauf die Entwürfe zum „New Look" einer optimistischen Nachkriegsgeneration und ihren Erfinder Christian Dior zum neuen Modekönig. Diors größte Wünsche erfüllen sich; wollte er doch mit seiner Kollektion ein deutliches Fanal zur Beendigung des von ihm verachteten „Maschinenzeitalters" setzen, das er im schlicht und farblos gekleideten „Robotmenschen" und der „Garçonne" verkörpert sieht. Die Damenwelt soll sich den alten großbürgerlichen und aristokratischen Traditionen des europäischen Abendlandes erinnern und wieder selbstbewusst in märchenhaftem Luxus schwelgen. Diors Weg zum Couturier verlief keineswegs konsequent: Der Fabrikantensohn hatte sich bereits zu einem Leben als Kunstmäzen und Charleston tanzendem Dandy entschlossen, als ihn 1935 eine langwierige Krankheit und der Bankrott seines Vaters in finanzielle Engpässe stürzten. Der Kunststudent Dior nahm eine Stelle als Model-Maler an, entschloss sich schließlich, selbst Couturier zu werden und konnte 1947 mit Hilfe des Baumwollgroßindustriellen Boussac sein eigenes Modehaus eröffnen. Ob durch modische Neuerungen wie den Blütenkelch, die A-, Y-Linie oder den Dior-Schlitz: Dior diktierte fortan die Mode. Mit der Eröffnung internationaler Filialen und Tochterunternehmen in den Bereichen Parfüm, Accessoires oder Pelzen machte er zudem als erster die Haute Couture zu einem global lukrativen Wirtschaftszweig.

27 | 10 | 1950
Busenwunder im Reisfeld

Die Zuschauer bei der Weltpremiere des neorealistischen Films „Bitterer Reis" am 27.10.1950 sind ebenso schockiert wie angetan: In jenem Melodram um Liebe, Lüge und soziale Ungerechtigkeit zieht die Hauptdarstellerin Silvana Mangano, eine ehemalige Miss Roma, alle Augen auf sich: Nur mit einem engen Pulli und einer knappen Krempel-Shorts bekleidet, die nichts der Fantasie überlassen, stampft sie mit nackten Beinen, die allein von zerschlissenen Overknee-Strümpfen bedeckt sind, durch ein feuchtes Reisfeld. Das Aushangfoto der Szene wird zum Symbol einer neuen tabulosen Moral und Mangano zum ersten europäischen Sexsymbol der Nachkriegszeit. Regisseur Giuseppe De Santis wird für einen Oscar nominiert. Filmproduzent Dino de Laurentiis ehelicht Mangano 1949 kurz nach den Dreharbeiten: Ihm gelingt es später mit Guilietta Masina in Fellinis „La Strada" (1954) und Jane Fonda in Vadims „Barbarella" (1968) weitere Kinoskandale zu produzieren.

05 | 02 | 1954
Modisches Desaster als Comeback

Am 5. Februar 1954 stellt Gabrielle „Coco" Chanel in der Rue Cambon nach 15jähriger Abstinenz vom Modemarkt ihre neue Modekollektion vor. Schlichte Grazie für Kriegswitwen, Damen und Jungfrauen, weg vom überkandidelten Dior-Look mit seinen Schleppen und Korsetts ist das Motto. Die „Extravaganzen und Hirngespinste" männlicher Modeschöpfer sind Chanel ein Gräuel. Doch was als grandioses Comeback geplant ist, gerät zum Fiasko: Als „modisches Desaster" und „gespenstische Parade von Kleidern der Dreißiger Jahre" wird die Modenschau in den Pariser Gazetten verunglimpft. Die Kritik hat einen Hintergrund: Die Grand Dame der Haute Couture ist durch ihr Verstrickungen mit dem Naziregime während der Besatzungszeit im Paris der Nachkriegsjahwre nicht eben wohl gelitten und hat in ihrem Schweizer Exil so manchen Trend verpasst. Zudem traut man einer 61-jährigen ohnehin keine modischen Innovationen mehr zu. Was aber in Frankreich brüsk abgelehnt wird, findet in den USA durchaus Anklang: Die Kollektion von 1954 verkauft sich gut, die folgenden noch besser. 1957 stellt die US-Vogue Chanels „Ford" – das „kleine Schwarze" – der Öffentlichkeit als „Kleid für alle Anlässe und jede Frau" vor. Die eigentliche Vorlage hierfür lieferte der Modeschöpfer Jean Patou, doch davon will eigentlich niemand etwas wissen. Der mit den schlichten

Kleidern und strengen Bouclet-Kostümen verknüpfte „Chanel-Look" wird bald darauf weltweit zum Inbegriff zurückhaltender aber vollendeter Weiblichkeit. Nach Abklingen alternativer Modewellen aus den Siebziger Jahren verschafft Karl Lagerfeld dem Look 1983 noch einmal ein nachhaltiges Comeback.

05 | 11 | 1955
Mode für alle

Die Swingin' Sixties beginnen in einer Whiskey Bar in Chelsea in den Fünfzigern: Die Kunststudentin Mary Quant und ihr Freund Alexander Plunkett Green, zwei Taugenichtse aus gutem Haus, treffen hier 1954 den Fotografen Archie McNair und entschließen sich spontan zur Gründung einer Modeboutique. Obwohl das Trio eigentlich weder etwas von Mode noch vom Geschäft versteht, eröffnet es im November 1955 auf der Partymeile King's Road den „Bazaar". Zwar erscheint keine Presse zum Termin, doch das junge Publikum räumt in wenigen Stunden den gesamten Laden aus. Mary Quant beschließt eine eigene Kollektion zu entwickeln, die mit der elitären Haute Couture des aktuellen Dior-Looks mit seinen Wespentaillen nichts gemeinsam hat. Für ihre Entwürfe verwendet sie billiges Plastik, Ballonseide, Punkt- und Karomuster und näht sie mit ihren rudimentären Textilkenntnissen zu A-förmigen Kleidern, Knickerbockern und Pyjamaanzügen zusammen. Quants Philosophie ist ebenso gesellschaftspolitisch wie kommerziell: Kleidung soll nicht mehr zeigen, wie viel man hat, sondern wie man ist. Und was wenig kostet, kann auch jeder kaufen. Die erst 21-jährige will den Mädchen ihrer Generation eine ebenso arbeits- wie clubtaugliche Mode präsentieren. Bald ist Bazaar der Hotspot der King's Road. Als Quant schließlich 1959 den Minirock erfindet, ist das Eis auch jenseits der King's Road gebrochen. 1962 wird sie in der British Vogue als neue Modezarin gefeiert. Ihre Kleider-Kollektionen werden 1963 international vertrieben und zum Synonym des London Look, ihre Frisur, der von Vidal Sassoon entworfene Five-Point-Cut, zum oft kopierten Markenzeichen einer neuen Generation. Quant macht Millionen, lanciert eine Kosmetikklinie, verkauft Strumpfhosen und Schmuck. 1966 erhält sie als Frau des Jahres den „Order of the British Empire". Als die Swingin' Sixties allmählich abklingen, zieht sie sich aus der Modebranche zurück und setzt auf Kosmetik, als ihre letzte Erfindung gilt die „Hot Pants", die 1970 in die Läden kommt. Heute ist ihre Modelinie nur noch in Japan zu haben.

09|04|1956
Kleine Kinder bringt die Handtasche

Am 19.4.1956 ehelicht Filmstar Grace Kelly Fürst Rainer III. di Grimaldi und wird zur Fürstin Gracia Patricia. Die Leser der Zeitschrift Life bekommen bereits am 9. April 1956, in einem Artikel über die bevorstehende „Hochzeit des Jahrhunderts", das Foto der frisch zu backenden Prinzessin zu sehen, die sich mit einer Hermès-Tasche den Bauch bedeckt. Dabei handelt es sich keineswegs um cleveres Product-Placement. Kelly will, so das sofort grassierende Gerücht, ihre angehende Schwangerschaft verbergen. Die Yellow Press behält Recht: Tatsächlich kommt am 22. Januar 1957 Caroline von Monaco auf die Welt. Von nun an gilt die 1935 entworfene, einer Satteltasche nachempfundene „Kelly Bag" als das Symbol für Eheglück, Glamour und unendliche Prinzessinnenromantik. Kelly trug die „kleine große Tasche mit Henkeln" bereits 1955 gerne in der Öffentlichkeit, doch erst 1957 gestattet das monogassische Königshaus Hermès, die Tasche offiziell in „Kelly-Bag" umzutaufen. Trotz ihres märchenhaften Rufes ist es bis heute nur wenigen Frauen vergönnt, eine original Kelly-Bag am Arm zu tragen: 4.000 bis 20.000 Euro kostet ein klassisches Exemplar, die Diamanten-Platin-Version erreicht gar die 70.000 Euro Grenze. 15 bis 20 Stunden ist ein Sattler des Hauses in der Rue Faubourg-Saint-Honoré mit der Fertigstellung der handgenähten Tasche beschäftigt. Die Auftragsbücher von Hermès sind dennoch so voll, dass monatelange Wartezeiten in Kauf genommen werden müssen.

28|11|1956
Und immer lockt das Weib...

Am 28. November 1956 öffnen sich die Vorhänge der Pariser Kinos zur Premiere von „Et dieu créa la femme": Zwei im Wind wehende Laken geben den Blick auf eine blonde Frau frei, die sich nackt und lasziv in der Sonne lümmelt, gute 60 Minuten und etliche Schmollmund-Close-Ups später, tanzt dasselbe Mädchen nur mit einem schwarzen Pulli bekleidet Mambo auf einem Kneipentisch. Brigitte Bardot ist die Antithese zur aufgeputzten förmlichen Schönheit der Fünfziger Jahre: Sie trägt flache Schuhe, grobe Pullover und einfache Kleider, ihre blonde Löwenmähne, die sie mit einem Handgriff zur Hochfrisur verwandeln kann, wird bald als „choucroute", als Sauerkraut-Frisur, der Trend der späten Fünfziger Jahre werden. Ihr Ehemann und „Schöpfer" Roger Vadim sieht in Bardot die „Quintessenz der Weiblichkeit", in ihrem männlich selbstbewussten Auftreten und ihrer natürlichen weiblichen Grazie erkennt er das Frauenbild einer neuen Generation. Der Playboy Simone de Beauvoir erklärt gar die „weibliche Revolution" für eröffnet. Diese muss aber warten, bis der in Frankreich nur wenig erfolgreiche Film endlich auch im Ausland anläuft. In Deutschland hat er am 8. März 1957 Premiere. Und hier wie in England, Skandinavien oder den USA löst Bardots Auftritt eine Welle der Begeisterung und Nachahmung aus: Vichy-Karos, Haarbänder und kurze Röcke sind nun en vogue, Kämme und übertriebene Moral dagegen out. Ein unabhängiges und selbstbestimmtes Frauenideal steht plötzlich zur Diskussion. Und Bardot, die 1956 in Cannes nicht in Abendrobe, sondern in einem roten Pulli im Rizz Carlton erscheint, wird zum Aushängeschild Frankreichs. Bereits 1957 ist sie bekannter als Renault.

01 | 01 | 1964

Mit Pin-Up's durch das Jahr

Denkt man an den Namen Pirelli, sollten einem Autoreifen einfallen, stattdessen weckt der Name bis heute bei Männern eher feuchte Träume. Die Verantwortung trägt die Firma gerne selbst, kreierte sie doch mit den Pirelli-Kalendern eines der innovativsten Marketing-Tools des 20. Jahrhunderts und setzte gleichzeitig Maßstäbe im Bereich der erotischen Fotografie. Der englische Ableger des Reifengiganten bringt die Angelegenheit 1962 ins Rollen: Um den Absatz anzukurbeln, beschließt PR-Chef Derek Forsyth Fotomodels in Autos, auf Lastwagen und Traktoren zu fotografieren. Die Bilder werden als Kalender an gute Kunden verschickt. Die Resonanz ist jedoch verhalten und Pirelli Italien beschließt das Ende der Kampagne. Doch Forsyth bleibt beharrlich, er engagiert den Beatles-Fotografen Robert Freeman und reist mit dessen Frau Sonny und dem Fotomodel Jane Lumb nach Mallorca. Die blonde Jane und die rothaarige Sonny posieren für zwölf Aufnahmen, das Ergebnis wird als Kalender gebunden und ohne den Mutterkonzern in Mailand zu unterrichten erneut den Stammkunden zugestellt. Als diese am 1. Januar 1964 mit Jane Lumb als Strand-Pin-Up das Neujahr begrüßen dürfen, sind sie hingerissen. Auch die Presse wird schnell auf den nun jährlich erscheinenden Kalender aufmerksam. Von nun an gilt gute Kundschaft bei Pirelli als höchstes Privileg. Die Kalender werden bald zu Schwindel erregenden Preisen gehandelt. 2002 wird das lang gehütete Geheimnis der elitären Pin-Up's endlich auch für die breite Öffentlichkeit gelüftet: Pirelli gibt einen Band mit allen Fotomotiven heraus, zum Ärger manches Pirelli-Sammlers.

23 | 02 | 1966
Friseurbesuch mit Folgen

Was haben ein Tischler und ein Flohmarkthändler gemeinsam? Antwort: Beide waren an der Entwicklung des ersten Supermodels der Welt entscheidend beteiligt. Die Britin Leslie Hornby, eine von drei Töchtern des Tischlers William Hornby, arbeitet 1966 in einem Friseursalon in Neasden. Eines Tages betritt Nigel Davies den Laden, um sich die Haare schneiden zu lassen. Davies hat einen Stand auf dem Londoner Flohmarkt, ein Gespür für die Trends der Saison und ist sofort in seine Friseuse verliebt. Er schleppt sie zu den zwei Topadressen Londons, zu Starfriseur Vidal Sassoon, der mit seinem Five-Point-Cut gerade Londons Straßen in Brand gesteckt hat und in die King's Road zur Modeikone Mary Quant, die das dünne Mädchen in ein Minikleid steckt. Im Anschluss geht er mit seiner Kreation auf eine Tour durch die Londoner Medienlandschaft. Zuvor tauft er sein dürres Mündel „Twiggy" („Zweigchen") und sich selbst Justin de Villeneuve. Am 23. Februar 1966 bringt der Daily Express die 16-jährige Twiggy als „Face of the Year" auf das Cover. Schnell ist das dünne, androgyne Geschöpf mit einer Stundegage von 200 englischen Pfund der „teuerste Kleiderbügel Londons". Twiggy wird zur Ikone der Mod-Bewegung, die in 60ern die Mode diktiert. Ihre mikroskopischen Maße 78-55-80 sind nun der Traum jeder Teenagerin. Twiggy reist in die USA, gibt Modemagazine heraus, dreht Filme, singt in Musicals und auf Schallplatten und gewinnt 1972 sogar einen Golden Globe. 2005 sieht man sie noch einmal in modischer Mission: Sie hat einen Gastauftritt in America's Next Top Model und muss feststellen, wie die Zeiten sich geändert haben.

05 | 11 | 1975
Haute Shockure

Als die Sex Pistols am 5. November 1975 erstmals in London öffentlich auf der Bühne stehen, wird eine musikalische Trendwende und zugleich die bizarrste modische Revolution des 20. Jahrhunderts eingeläutet. Alles beginnt im November 1971 als die Lehrerin Vivienne Westwood mit dem Kunststudenten Malcom Edwards aus purer Langeweile den Shop „Let it Rock" in der Londoner King's Road 430 eröffnet. Hier hält man Memorabilien der Fifties für jung gebliebene Teddyboys feil. Bald unzufrieden, nennt man den Laden 1972 „Too Fast to Live, Too Young to Die" und verkauft nun Mode für echte Rocker und Hells Angels. Doch erst als 1973 die transsexuellen

Paradiesvögel der US-Band New York Dolls den Laden betreten, fällt bei Westwood und Edwards, der sich inzwischen Malcom McLaren nennt, der Groschen: Der Rebell der 70er Jahre sieht anders aus als im Rock'n'Roll. Das Duo will mit dieser Erkenntnis zugleich die Musikwelt und die Haute Couture, die man für „korrupt, übergewichtig, lächerlich und unwichtig" hält, revolutionieren und dabei am besten das gesamte Establishment angreifen. 1974 versucht man das mit SM-Mode im frisch umgetauften Laden „Sex", doch 1975 haben Westwood und McLaren eine bessere Idee: Sie kaufen fertige Klamotten ein und verunstalten diese zu einem möglichst geschmacklosen Patchwork der Subkulturen: Weißen T-Shirts werden die Ärmel abgerissen und Phallussymbole aufgemalt, Netzstrumpfhosen werden mit Stahlkappenschuhen kombiniert, Sicherheitsnadeln und Nazi-Symbole in zerrissene Hosen mit traditionellem Karomuster geheftet. So gerüstet betreten die Sex Pistols, die McLaren managt, im November 1975 die Bühne. Das Konzept von McLaren und Westwood geht auf wie ein gut gewärmter Hefeteig: Von nun an ist in der Boutique, die jetzt „Seditionaries" heißt, die Hölle los, Polizeibesuche, Schlagzeilen und enorme Einnahmen sind an der Tagesordnung. Die Mode des Punk, die nach „Do it yourself" aussieht, aber Geld kostet, setzt sich durch. 1981 wird Westwood von der verhassten Haute Couture nach Paris eingeladen, 1992 wird sie zum „Officer of the Order of the British Empire" ernannt. 2006 kopiert man ihren Punktrend sogar bei H&M.

22 | 03 | 1976
The Queen of Green

Am 10.9.2007 stirbt Annita Roddick infolge einer Hepatitis C Erkrankung an einem Gehirnschlag. Zu diesem Zeitpunkt gilt sie als eine der innovativsten Geschäftsfrauen des Jahrhunderts. Ihr Werk: „The Body Shop", ihr Motto: „Firmen, die nicht moralisch, sondern nur aus Profitgier handeln, schaden ihrem Geschäft". In der Tat versteht es Roddick, Umweltbewusstsein und Profit zu verschmelzen als sie 1976 in Brighton die Drogerie The Body Shop eröffnet. Das Hippie-Girl hat zuvor auf zahlreichen Weltreisen von Madagaskar bis Tahiti die Geheimnisse alternativer Kosmetik und Körperpflege entdeckt, aber auch die Nöte der Dritten Welt erlebt. Die Produkte ihres Shops basieren dementsprechend auf Naturextrakten, sind ohne Tierversuche gewonnen, stammen aus dem Fair Trade und die durchsichtigen Plastikfläschchen mit den Öko-Etiketten können sogar wieder nachgefüllt werden. In den naturverbundenen Siebzigern entpuppt sich Roddicks Geschäftsphilosophie sofort als revolutionär. Doch sind es

1976 nur 300 Pfund Gewinn pro Woche, zählt man heute 800 Millionen Dollar Jahresumsatz und 2000 Franchise-Filialen in 50 Ländern – 82 davon in Deutschland, wo 1980 der erste Shop eröffnete. 2003 wird der in Menschenrechtsfragen aktiven Roddick der Titel „Dame Commander of the the British Empire" verliehen. Dass die Produkte von The Body Shop heute kaum noch mit den neuesten Standards der Umweltverträglichkeit mithalten können, ist eine kleine Ironie der Geschichte, eine größere, dass Roddick 2002 ihr Geschäft an den französischen Kosmetikriesen L'Oreal verkaufte.

01 | 01 | 1978
Schönheit per Gesetz

Am 1. Januar 1978 tritt in Deutschland die erste Kosmetikverordnung in Kraft. Das 50 Seiten starke Werk schafft klare Richtlinien für die Zusammensetzung kosmetischer Produkte. Die Liste der allgemein verbotenen oder eingeschränkt zugelassenen Stoffe, der Farbstoffe, Konservierungsstoffe und UV-Filter fasst vierzig Seiten und listet 1243 Ingredienzen. Auch will man die Produzenten zwingen, ihren Kunden über Herkunft, und Gefahren des Produktes Mitteilung zu machen, um Erkrankungen durch Allergien zu verhindern. 1999 werden diese Bestimmungen verschärft: Seitdem muss jeder Hersteller eines Kosmetikartikels dem Konsumenten auch dessen Haltbarkeit, Zusammensetzung und Verwendungszweck erläutern, schließlich wünscht man nicht, dass Make-Up als Zahnpaste oder Nagellack als Mundwasser verwendet werden. Auch die 3600 Essenzen die nach medizinischen Studien Kontaktallergien auslösen können, sollen dem Kunden kenntlich gemacht werden. Und man staunt nicht schlecht, wie viele kleine Buchstaben sich doch z. B. auf einem Fläschchen Nagellack oder Parfüm zum Wohle der Verbraucher unterbringen lassen: Alcohol Denat, Amyl Cinnamal, Benzyl Alcohol, Citronellol, Eugenol, Farnesol, Hexyl Cinnamal, Hydroxycitronellal

01 | 02 | 1983
Wissen ist Schönheit

Vor 3000 Jahren entwickelten sechs Philosophen in Indien eine „Wissenschaft vom Leben", die als älteste ganzheitliche Heilkunde der Menschheit gelten darf. Die Beobachtung der Natur, die Erkenntnis des eigenen Ich, das Zusammenspiel von menschlicher Ratio und spiritueller Erfahrung sind die Eckpfeiler des Ayurveda, das in Indien lange Zeit ungenutzt vor sich hinschlummerte. Am 1. Februar 1983 gründen die Ärzte Ernst Schrott, Wolfgang Schachinger und Ulrich Bauhofer mit Hilfe des Maharishi Mahesh Yogi, der sich die Wiederentdeckung der Wissenschaft verschrieben hat, die Deutsche Gesellschaft für Ayurveda. Es ist die erste Institution der altehrwürdigen Wissenschaft in der westlichen Hemisphäre. Niemand ahnt zu diesem Zeitpunkt, welchen einen Erdrutsch diese Entscheidung in den westlichen Gesellschaften auslösen wird. Doch mitten im Zeitalter von Birkenstock, Atomkraft? Nein Danke! und Nato-Doppelbeschluss-Demo, findet die Lehre der Maharishis, verstanden oder unverstanden, sofort Resonanz. Akademien, Gesundheitszentren und Selbsterfahrungsgruppen sprießen wie Pilze aus dem Boden. Gut zwanzig Jahre später ist bereits kein Hotel, Saunatempel oder Wellnesszentrum mehr denkbar, das nicht auf Du und Du mit Panchakarma, Aromatherapie und Shirodara-Stirnguss steht. Die Suchmaschine Google spuckt über eine Millionen Ergebnisse beim Suchbegriff Ayurveda aus, selbst unter „Ayuveda" ohne „r" wollen 4500 Sites zum Thema Stellung zu nehmen und dem Menschen bei der Findung seines Doshas („individuelle Konstitution") behilflich zu sein. Die Gründer der Deutschen Gesellschaft für Ayurveda versuchen verzweifelt, dem Treiben durch gezielte Aufklärung ein Ende zu bereiten, in Sicht ist es nicht.

01 | 08 | 1988
Die Geburt der Supermodels

Als am ersten August 1988 das US-Model Naomi Campbell auf dem Cover der französischen Vogue erscheint, ist die Sensation perfekt. Sie ist die erste Farbige, das es je auf den Titel der konservativen Modezeitschrift geschafft hat. Doch das ist nicht das Einzige, was Naomis Auftritt historisch macht. Mit der schwarzen 1,77 m großen Schönheit ist die Top-Five der crossmedia-fähigen Supermodels der Achtziger Jahre komplett. Wie Pilze sind sie aus dem Boden geschossen: Zuerst die Deutsche Claudia Schiffer, die 1986 durch eine Kampagne für Guess Jeans berühmt wurde und 1988 bereits für Chanel über den Laufsteg läuft, dann Christy Turlington, die 1987 im Duran Duran-Video „Notorious" ihr Debüt gibt, sowie Cindy Crawford und Linda Evangelista, beide Gewinnerinnen des Elite Model Look, seit 1985 die begehrteste Auszeichnung des Genres. Allen fünf Supermodels sehen sich nicht mehr nur als dekorierbare Schaufensterpuppen, sondern profilieren sich geschäftstüchtig und selbstbewusst wo sie nur können zwischen Laufsteg, Popmusik, Kino, Playboycover, Galas, Werbespots und im Falle Crawfords sogar im Fitnessvideo. Sie sind die Popstars der späten Achtziger, die sie mit all ihrem Glamour und ihrer Eitelkeit repräsentieren. Linda Evangelista lässt bald verlauten, dass keine von ihnen sich für weniger als 10.000 Dollar Tagesgage aus dem Bett bewegen würde. Karl Lagerfeld sieht gar eine neue Kulturform am Horizont heraufziehen. Das Phänomen Supermodel erreicht seinen Zenit 1990, als das Quintett, mit Ausnahme von Claudia Schiffer, in George Michaels „Freedom 90"-Video in spartanischer Industriekulisse vor blauem Rauch, alten Badewannen und einer explodierenden Jukebox posiert. Als Schiffer, Campbell, Turlington und Crawford 1996 in New York zusammen mit Kate Moss und Elle McPherson gemeinsam das „Fashion Café" gründen, ist dies in gewisser Weise schon der erste Schritt Richtung Altersvorsorge. Die Ära der Supermodels ist vorbei und die Damen machen langsam Platz für die Geister, die sie riefen und die nun in Gestalt von Britney Spears oder Jennifer Lopez daherkommen: Popstars, die eigentlich lieber Models sein wollen.

27|06|1994

Push-Up – Alles nach oben, bis man unten ist

Im kalten Winter von 1993 hängt die H&M-Werbung für den Push-Up-BH an jeder standfesten Litfaßsäule und Bushaltestelle. Das dargestellte Model heißt Anna Nicole Smith und ist das Playmate des Jahres. Kopfüber, die platinblonden Haare über den Fußboden verteilt, streckt Smith ihre langen Beine in die Luft und blinzelt verführerisch dem Schneetreiben entgegen. Männer verweilen plötzlich länger als gewohnt beim Einkaufsbummel mit der Freundin und verpassen freiwillig auch den ein oder anderen Bus. Für das arme Mädchen aus Texas geht urplötzlich die Sonne auf. Ihre Playboy-Videos sind ein Verkaufsschlager, und Smith hat als Guess-Model sogar Claudia Schiffer den Rang abgelaufen. Regisseur Peter Segal engagiert sie für „Die nackte Kanone 33 1/3", die Coen-Brüder verschaffen ihr einen Auftritt in „Hudsucker". Smith wird von verwegenen Journalisten schon als die neue Monroe gehandelt und scheint gar ein neues Schönheitsideal zu verkörpern. Da tut die überrumpelte Blondine, ohne die Folgen ahnen, das, was jedes Mädchen aus schlechten Verhältnissen, das plötzlich zum Star wird, tun würde: Sie heiratet am 27. Juni 1994 einen Milliardär. Doch ist es eben jene Liaison mit dem 89-jährigen J. Howard Marshall, die ihre soeben mit Verve aufgezogene Blitzkarriere quasi über Nacht wieder beendet. Bitter sind die Anfeindungen, die in der Presse auf den platinblonden Engel hereinprasseln, Smith wird als Hure, Erbschleicherin und Biest beschimpft. Als Marshall am 4. August 1995 auch noch wie erwartet das Zeitliche segnet, aber Smith nicht im Testament bedenkt, ist die Seifenoper perfekt. Es folgt ein zäher Kampf der Gattin um ihr Erbe. Anfangs aufmerksam verfolgt, verliert die Öffentlichkeit jedoch irgendwann das Interesse. Smith' erster eigener Film „To the Limit" entpuppt sich 1995 bereits als totaler Flop, ihre Modelverträge werden gekündigt. Anna Nicole Smith verschwindet aus der Regenbogenpresse so schnell wie sie gekommen ist. 2002 startet sie ein tragisches Comeback mit der Anna Nicole Show, in der sie die Öffentlichkeit als Voyeure an ihrem verpfuschten Leben teilhaben lässt. Am 8. Februar 2007 erreicht die Meldung ihres Todes die Presse. Und nun kann man sich doch wieder an Anna Nicole Smith erinnern, als eine Frau, die zumindest den Alltag im Winter 1993/94 zu einem der aufregendsten der Dekade machte.

13 | 08 | 1996
Patentierter Erfolg

Vorbei ist es mit dem unbekümmerten Hedonismus einer Twiggy und der überkandidelten Glamourwelt der Supermodels à la Linda Evangelista. Seit 1996 weht ein neuer Wind am Modelhimmel. Das Model von heute ist Produkt, Medienfrau, investiert und vertraut auf Sicherheit. Heidi Klum steht am Anfang dieser Entwicklung: Das unbekannte Model meldet am 13. August 1996 ihren Namen unter der Registriernummer 39635173 für sämtliche Produkte vom Parfüm bis zum Regenschirm als Marke an und gründet die Heidi Klum GmbH. Sie reserviert im Internet acht Top-Level-Domains obwohl es noch gar keine Site gibt. Klums Interesse an Haute Couture ist Nebensache, sie schafft ihren Durchbruch 1998 gleich als Covergirl der Sports Illustrated Swimsuit Issue vor 55 Millionen Lesern, in Deutschland raubt ihr Cover-Shot im GQ Männern den Atem. Danach jongliert Klum mit ihrem Körper wie andere mit Aktien. Sie unterzeichnet Werbeverträge für Katjes, Douglas, McDonalds, Schwarzkopf, Birkenstock, Braun, Henkel, Volkswagen, Jordache oder das Grazer Schuhhaus Stiefelkönig. Parfüms, Büstenhalter, Schmucklinien und ein US-Fruchtgummisortiment tragen ihren Namen. Sie singt sich in die Charts und gibt Gastauftritte auf der Leinwand. Doch ganz will sich Klum auch nicht aus dem Rennen um den Laufsteg drängen lassen, wenn schon nicht sie selbst, dann sollen doch künftige Nachfolgerinnen einmal erfolgreich für die Haute Couture promenieren – nach ihrer Anleitung versteht sich: Ihre Castings Shows „Project Runaway" (2004) und „Germany's Next Topmodel" (2006) erzielen Traumquoten.

15|07|1997
Tod eines Modezaren

Modedesigner Gianni Versace ist Mitte der Neunziger die Stilikone seiner Zunft. Der 1962 in Reggio geborene Kalabrier macht vor allem durch seinen Stil-Mix aus Renaissance-Prunk und Sportwear sowie durch die ersten Designerjeans Furore. Versace gilt als Schöpfer der Homoerotisierung der Mode und stattet mit Leidenschaft Popkonzerte, Opern- und Ballettaufführungen aus. Seine Modelle sind bereits Exponate im Victoria & Albert Museum in London. Im Zenit seiner Karriere reißt ihn ein Attentat aus dem Leben. Am 15. Juli 1997, wird der Designer, als er morgens von einem Cafébesuch zu seinem Grundstück in Miami zurückkehrt, vor der Haustür hinterrücks erschossen. Der Schütze: Andrew Cunanan, ein bis dahin bereits vierfacher Serienmörder, seit Mai 1997 Nr. 449 auf der Liste der meistgesuchten Männer des FBI. Doch nicht Cunanan, der sofort vom Tatort flieht, gerät zunächst in den Fokus der Ermittlungen, sondern Versaces Ex Antonio D'Amico, der selbst die Polizei gerufen hat. Er wird stundenlang verhört, bis sich die Indizien endlich in Richtung Cunanan verdichten. Erst eine Woche später wird der wahre Mörder auf einer Yacht am Indian Creek Canal entdeckt. 400 FBI-Beamte entschließen sich nach vierstündiger Belagerung die Yacht zu stürmen. Zu diesem Zeitpunkt ist Andrew Cunanan längst tot, er hat sich vor Ankunft des FBI eine Kugel in den Kopf geschossen. Eine angenommene Verbindung zwischen Cunanan und Versace wird durch die weiteren Ermittlungen nicht bestätigt. Was bleibt, ist ein Mord ohne Motiv. Mit dem Versace-Attentat verliert die Modewelt nicht nur einen ihrer größten Paradiesvögel, auch das Genre selbst verliert seine öffentliche Unbeschwertheit.

02|05|1998
Königin der Nägel

1998 ist ein großes Jahr für den Fingernagel und ein noch größeres für Sylvia Troska. Am 2. Mai 1998 wird die Königin der Fingernägel mit dem renommierten Kosmetikpreis Veuve Cliquot für ihre unternehmerischen Leistungen geehrt. Im selben Jahr macht ihre Produktlinie „Alessandro Mehndi" weltweit Furore: Fingerschablonen, Tattoo-Painter, Henna-Set und Schmuckpailletten machen aus einem abgekauten Nagel plötzlich ein etliche Zentimeter langes Kunstwerk. Den Trend hat Troska von Madonna abgeguckt, denn Trendscouting ist seit ehedem das großes Talent der Monheimerin: Mit sicherem Blick hat sie bereits 1980 das Potential künstlicher Fingernägel entdeckt und mit einem Versandhandel dafür gesorgt, dass in Europa die ersten Nagelstudios entstehen. 1989 eröffnet sie mit „Alessandro" in Langenheim ihre eigene Firma. Bereits 1990 revolutioniert Troska den neuen Markt mit dem ersten säurefreien Kunststoff, der den Nagel bei der Verlängerung weder verätzt, noch in den menschlichen Organismus gelangen kann. 1996 benötigt ihr Unternehmen bereits eine 1.000 qm große Lagerhalle, um den täglichen Bestellungen aus aller Welt standzuhalten. Häuser wie Dior oder Givenchy werden zu Stammkunden. Doch will Troska mehr als nur den eigenen Profit: 1997 wird auf ihre Initiative die „Maniküre-Stylistin" als Ausbildungsberuf anerkannt. Nail-Studios schießen nun wie Pilze aus dem Boden. Unterhielten sich die Damen beim Friseur früher übers Wetter, so fachsimpeln Mädchen aller Gesellschaftsschichten nun am – übrigens von Troska patentrechtlich geschützten – Maniküre-Tisch über Liebe, Trends und Airbrush-Technik. Selbst mancher Mann trägt inzwischen „French". Alessandro erzielt jährlich knapp 30 Millionen Euro Umsatz.

02 | 12 | 2003

Seht mich an!

Kaum hat das 21. Jahrhundert begonnen, da hat es auch schon eine neue Schönheits- und Lifestyle-Ikone. Doch Paris Hilton, die irgendwann einmal die künftige Erbin des 2,3 Milliarden schweren Nachlasses ihres Großvater Barron Hilton sein wird, kann eigentlich gar nichts. Sie ist weder Schauspielerin, noch Sängerin, kein Model oder Pornostar. Ihr Leben besteht darin, teure Kleidung zu tragen, auf jeder Party mitzumischen, Drogen zu nehmen, Rechnungen zu prellen oder Hotelzimmer in Schutt und Asche zu legen. Schnell ist klar: Ohne Produkt und Leistung lässt sich auch eine Paris Hilton nicht über lange Zeit verkaufen. So tut Paris das einzig Richtige und vermarktet was sie hat: Ihr Leben und ihre Schönheit. Mit Nicole Richie, deren Kapital allein darin besteht, Paris Hiltons beste Freundin und Adoptivtochter von Sänger Lionel Richie zu sein, lässt sie sich in der US-Doku-Soap „The Simple Life" seit dem 2. Dezember 2003 dabei beobachten, wie sie als verwöhnte Millionärstochter das alltägliche Leben der US-Bevölkerung kennen lernt: Auf dem Bauernhof, beim Campen, als Praktikantin und vor allem ohne Geld. Die Einschaltquoten kurbelt ihr Ex Rick Salomon an, der zum TV-Start das Sex-Video mit dem brillanten Titel „One Night in Paris" in Umlauf bringt. „The Simple Life" erreicht nun Traumquoten. Jeder möchte dabei sein, wenn Paris das erste Mal im Leben eine Mistgabel sieht oder erkennt, dass es so etwas wie Arbeit gibt.

Erst nach der fünften Staffel lässt 2007 das Interesse nach. Doch Hilton hat längst vorgesorgt: Ein Buch, eine CD, eine Filmrolle und ein Gefängnisaufenthalt haben sie in der Yellow Press unsterblich gemacht.

05|03|2004
Abschied einer Sprachpanscherin

Am 5. März 2004 überreicht die Fragrance Foundation Jil Sander den Parfüm-Oscar FIFI für ihr Lebenswerk, es ist die zweite Aufsehen erregende Auszeichnung, die die Lady der deutschen Haute Couture erhält. Die andere erwirbt sie sich 1996 mit dem Ausspruch „Wer Ladyisches will, searcht nicht bei Jil Sander" bei der FAZ als „Sprachpanscherin des Jahres". Was im März 2004 noch niemand weiß: Sanders FIFI ist ein Abschiedsgeschenk, denn die große Geschäftsfrau hat sich verkalkuliert: Finanziell und persönlich. Trotz einer triumphalen Rückkehr ins eigene Haus, wird Jil Sander das Geschäftsjahr 2004 mit 19 Millionen Euro Verlust abschließen und ihren Hut nehmen. Bereits 1999 musste sie ihre Firma an Prada verkaufen und war 2000 aufgrund persönlicher Differenzen mit Pradachef Bertelli ausgestiegen. 2006 stößt Prada den Konzern an die wenig glamorös wirkende Firma Change Capital Partners ab. Jil Sander, zieht sich 2005 ins Private zurück, sie hat die modische Welt schließlich mehr als nur einmal bewegt: 1967 eröffnet Heidemarie Jiline Sander in der Milchstraße in Hamburg Pöseldorf die erste deutsche Designerboutique und macht die Mode made in Germany in den Siebzigern Haute Couture fähig. 1979 lanciert sie mit „Pure" ein schlichtes Parfüm, das sich als wegweisend heraustellt. Ganze Armeen von Businessfrauen verdanken in den Achtzigern den Entwürfen Sanders ihr Outfit. Sander beantwortet die wilden Stilmixe der Siebziger Jahre mit klaren Linien, Grundfarben, Trenchcoats, weißen Blusen und macht den Weg frei für die selbstbewusste Yuppiefrau. 1989 geht ihr Unternehmen sogar an die Börse. Noch in den Neunzigern heißt es „Jil Sander is hot, Armani not".

30|06|2006
Der Teufel trägt Prada

1913 gründet Mario Prada das Unternehmen Fratelli Prada und stellt Lederwaren her. Das Geschäft läuft gut, aber es ist erst die Enkelin des Firmengründers Maria Bianchi, die aus dem aus dem ererbten Unternehmen 1978 als „Miuccia Prada" einen internationalen Modeerfolg macht. Bianchi studiert Politikwissenschaften und absolviert eine Schauspielausbildung, bevor sie durch ihren eigenwilligen Umgang mit Materialien Prada zu einer internationalen und oft kopierten Ikone macht. Berühmt werden 1985 vor allem ihre Handtaschen aus Fallschirmnylon. Bianchi vergisst dabei nicht, dass nur große Unternehmen nicht nur vom Geschäft der Reichen leben können. 1992 führt sie daher die Miu-Miu-Kollektion ein, die preiswertere, aber nicht billige Mode für jüngere und weniger betuchte Kunden anbietet. Prada bedient die Medien durch einen aggressiven Umgang mit der Mode, der sensationell diskutiert werden kann. Die New York Times nennt den in den 90er Jahren vertretenen Prada-Look den „Chic einer neofaschistischen Armee". Am 30. Juni 2006 erobert Prada unter Bianchis Regie auch die Welt der Hollywoods: Als die Verfilmung des Bestsellers „Der Teufel trägt Prada" Premiere feiert, tragen die Stars, Sternchen und Socialites pflichtbewusst die Marke Bianchis, die Kostümabteilung des Films, natürlich aus dem Hause Prada selbst, wird für den Oscar nominiert, der Name Prada ist in aller Munde. Die Cross-Promotion geht weiter: 2007 wird in Kooperation mit dem Mobiltelefonhersteller LG Electronics ein ebenso schickes wie kostspieliges Telefon angeboten, das LG Prada.

07 | 01 | 2008
Das brutale Mode-Gericht

Richard Sylvian Selzer, alias Richard Blackwell, Ex-Modedesigner und der Parvenue unter den US-Modekritikern ist in der Glamourwelt ein gefürchteter Mann. Am 7. Januar 2008 hat wieder einmal die Stunde geschlagen: Blackwell veröffentlicht zum 48. Mal seit 1960 seine Top-Ten der „worst dressed people"; dass er zur selben Zeit auch stets eine Liste der zehn „best dressed people" veröffentlicht, interessiert eigentlich niemanden. Auf Platz eins steht die „skinny-mini monstrosity" Victoria Beckham alias „Posh Spice", dahinter rangiert Sängerin Amy Winehouse („50ies Horror Show"), Platz 3 belegt das Millionärskind Mary-Jane Olson, die als „zerfledderter Zahnstocher in einem Hurrikan" gewürdigt wird. Blackwells Auswahl trifft vor allem die Dünnsten und ist damit zugleich Kritik am Bulimie fördernden Schönheitswahn der frischen Nuller Jahre. Blackwell selbst hat eine bewegte Karriere hinter sich: Er wächst in Brooklyn auf, ist zunächst Gangleader, dann verhinderter Schauspieler und avanciert in den späten 50ern mit seinem „House of Blackwell" zum Modezar. 1960 beauftragt ihn die Zeitung American Daily erstmals die Liste der am besten und schlechtesten gekleideten Prominenten zusammenzustellen. „Die Liste" erscheint von nun an jährlich und löst in der Glamourwelt wahlweise Bestürzung oder Schadenfreude aus. Im Anschluss an die Publikation nimmt sich Blackwell eine volle Woche Zeit, um seine Wertung auf der ganzen Welt bei allen relevanten Medien zu verbreiten. So kennt bald jeder die vernichtenden Urteile des Moderichters über Christina Aguillera („all crass, no class"), Mariah Carey („queen of catastrophic kitsch"), Paris Hilton und Britney Spears („two peas in an overexposed pod"). Die Queen wurde in den 60er Jahren von Blackwell als „königlicher Tannenbaum" betitelt.

===== Weiterlesen =====

- Stephan Oettermann, Zeichen auf der Haut, Berlin 1985
- Ute Kaltwasser/ Karl Michael Armer, Zweihundert Jahre 4711, New York 1992
- Sabine Gieske/ Frank Müller (Hg.), Lippenstift. Ein kulturhistorischer Streifzug über den Mund, Marburg 1996
- Emmerich Paszthory, Salben, Schminken und Parfüme im Altertum. Antike Welt Sonderheft 21, Mainz 1990
- Edmonde Charles-Roux, Coco Chanel. Ein Leben, Wien/ Darmstadt 1988
- Andrew Tobias, Fire and Ice: The Story of Charles Revson, the Man Who Built the Revlon Empire, New York 1977
- Fred E. Basten, Max Factor's Hollywood Glamour, New York 1995
- E. G. Rochow, Silicon and silicones, Heidelberg 1987
- Dana Thomas, How luxury lost its luster, 2007
- Christian Dior, Ich mache Mode, Wiesbaden 1952
- Dino: The Life and the Films of Dino de Laurentiis, New York 2004
- Edmonde Charles-Roux, Coco Chanel. Ein Leben, Wien/ Darmstadt 1988
- Mary Quant, Quant by Quant, London 1966
- Howell Conant, Grace, München 2007
- Brigitte Bardot, B.B. Memoiren, Bergisch-Gladbach 1995
- Claire Wilcox, Vivienne Westwood, Berlin 2007
- Samuele Mazza/ Mariuccia Casado, Versace. Der Prophet des Glamour, München 1998

Tage der Bewegung
Sport und Sportler

26|10|1863 *Es ist....ein Ball!!*
11 Spieler hat eine Mannschaft. Das war aber nicht immer so S. 647

03|03|1875 *Die Erfindung des Eishockeys* Wie der Eishockey-Sport begann S. 647

23|06|1894 *Let the games begin. Frédy* Der Baron Pierre Frédy de Coubertin erfindet Olympia neu! S. 648

09|07|1922 *Ich Weltrekord, Du Jane* Johnny Weissmüller war nicht nur Tarzan... S. 649

10|07|1924 *Der fliegende Finne* Zwei Mal Gold in 55 Minuten, der Finne Paavo Nurmi schreibt Geschichte S. 649

06|08|1926 *„Swim girl, swim!"* Die unglaubliche Geschichte vom Ärmelkanal und Trudy Ederle S. 650

25|05|1935 *17 entscheidende Monate* Jesse Owens erhält Schützenhilfe von einem Deutschen S. 651

09|11|1938 *Gewonnen ohne zu schlagen* Max Schmeling konnte nicht nur zuschlagen S. 651

09|08|1942 *Das letzte Spiel des FC Start* Der Zweite Weltkrieg in den Sport S. 652

25|07|1952 *Das Herz auf der Zunge* Zátopek trägt seine Frau und sich zum Erfolg S. 653

19|06|1958 *Junge Junge* Mit 17 schon im Himmel und doch erst am Anfang: Pelé S. 653

10|07|1958 *Goldkind* Die schwangere Russin Latynina zeigt der Konkurrenz wie es geht S. 654

27|10|1962 *Gegen den Strom* Dawn Fraser schwimmt stromlinienförmig S. 655

30|07|1966 *Das dritte Tor* Für England ist es einfach das dritte Tor... S. 655

03|04|1968 *Wo bist du, Joe?* Joe DiMaggios zweiter Frühling in einem Lied S. 656

18|10|1968 *Sprung ins 21. Jahrhundert* Bob Beamon landet in einer anderen Welt S. 657

11|07|1972 *Match des Jahrhunderts* Das Genie Bobby Fisher treibt alle zum Wahnsinn S. 657

03|09|1972 *Zweitausend Beweise* Der Schwede Gunnar Larsson gewinnt knapper als je jemand zuvor S. 658

04|09|1972 *Sieben auf einen Streich* Mark Spitz' Demütigung der Konkurrenz S. 659

05|09|1972 *Als plötzlich in den frühen Morgenstunden...* Moshe Weinbergs fehlende halbe Stunde S. 659

22|06|1974 *Sieg durch Niederlage* Jürgen Sparwasser schießt Deutschland zum Titel S. 660

17|12|1974 *Die faire Legende aus Tärnaby* Ingemar Stenmark leistet sich Aussetzer S. 661

01|10|1975 *Mächtig, ohnmächtig* Wie zwei der besten Boxer sich fast umbringen S. 662

30|12|1975 *Die Geburt des Tigers* Ein Vietnamese steht Pate für den besten Golfer S. 663

18|07|1976 *Unerreichbar? Oder: 10 statt 1* Nadia Comaneci schafft das Unmögliche S. 663

05|10|1977 *Das unsichtbare Genie* Jan-Ove Waldner besiegt Gegner mit Unsichtbarkeit S. 664

30|03|1979 *131 Tage später* Das tragische Schicksal eines Handball-Weltmeisters S. 664

05|07|1980 *22 Minuten und 16:18* Björn Borg gegen John McEnroe – mehr als nur Tennis S. 665

14|02|1984 *Note 6 und doch die Besten* Paarlauf hat nur zwei Namen: Torvil & Dean S. 666

05|04|1984 *31.420* Ein Kind aus dem Ghetto arbeitet sich hoch – bis zum Rekord S. 666

29|05|1985 *Der letzte Tag von Heysel* 39 Tote im Stadion: das Spiel nach einem Krieg S. 667

07|07|1985 *Arbeitsplatz Wohnzimmer mit Rasen* Boris Becker zieht in Wimbledon ein S. 668

13|07|1985 *Hoch, höher, Bubka* 1985 wird das Jahr des Sergej Bubka S. 669

22|06|1986 *Die Hand Gottes* Maradona zeigt, warum er geliebt und gehasst wird S. 669

24|09|1988 *Schneller als erlaubt* Ben Johnson überzeugt und führt alle an der Nase herum S. 670

01|10|1988 *Golden Slam* Steffi Graf schafft, was niemand sonst schafft S. 671

22|01|1989 *King Cool Magic und John Candy* Joe Montana mit Tricks und Coolness S. 671

25|08|1991 *Macht Spa-ß* Wie Reizgas Michael Schumachers Karriere startet S. 672

06|02|1993 *Von Brook Field nach Wimbledon* Leben und Sterben des mutigen Arthur Ashe S. 673

28|06|1997 *Biss dann...* Mike Tyson konnte boxen und beißen kein anderer S. 674

14|06|1998 *Sekunden in die Unsterblichkeit* Michael Jordans Sekunden zur Legend S. 674

29|03|1999 *Gordie Howe und das letzte Tor* Wayne Gretzkys frühzeitiger Rekord S. 675

25|07|1999 *Comeback des Jahrhunderts* Ein Unheilbarer gewinnt die Tour de France S. 676

06|01|2002 *Vier Chancen* Sven Hannawald springt zu einem einmaligen Rekord S. 677

06|02|2002 *Rekord in Moll* Georg Hackls trauriger Medaillenrekord S. 677

27|10|2004 *Sprung in die Tiefe* Matti Nykänen hebt ab, landet weit, aber fällt tief S. 678

10|03|2005 *Gegen Karpow, gegen Deep Blue, gegen Putin, gegen die Welt* Kasparow gewinnt gegen (fast) alle S. 679

10|02|2006 *Die Kopfstoß-Legende* Zidane ist der Größte, und ein Dickkopf S. 679

15|05|2007 *Der Wertvollste* Der Deutsche Nowitzki brilliert im US-Basketball S. 680

03|07|2007 *Alinghis Sekunde* Fotofinish im Segelsport, oder: Europa gegen Neuseeland S. 681

26 | 10 | 1863
Es ist... ein Ball!!

Unvorstellbar aus heutiger Sicht: Bereits im dritten Jahrhundert vor Christus hat man in China ein fußballähnliches Spiel gespielt, hatte womöglich sogar eine Profiliga – und vernachlässigte um 600 Jahre nach Chr. den Sport schließlich wieder soweit, dass er gar ganz in Vergessenheit geriet! Im Mittelalter gab es sowohl in England als auch in Italien ebenfalls sportliche Kämpfe, die dem Fußball zumindest verwandt waren, bei dem es jedoch weit rüder als heute zuging. Die wirkliche Geburtsstunde des Fußballs wie wir ihn heute kennen geht jedoch auf einen anderen Tag zurück. Am 26. Oktober 1863 sind ganze sieben Menschen, also nicht mal so viele wie in einer Mannschaft stehen, für die Gründung des ersten Fußballverbandes verantwortlich. Die „Football Association" wird, genau wie die ersten einheitlichen Regeln, von Mitgliedern diverser Vereine in der Londoner Freemason's Tavern fixiert. Fußball war schon Jahre vorher wieder populär, existierte jedoch nur in einer sehr freien und fast anarchistischen Form ohne feste Regeln. Bis zu 20 Mitspieler waren keine Seltenheit – in einem Team! Nach der offiziellen Geburtsstunde des Sports findet das erste Spiel nach den festgelegten Regeln am 9. Januar 1864 statt. Das erste Länderspiel (England – Schottland) folgt am 30. November 1872. Bereits 1875 darf sich der Sheffield F.C. als erster Fußballklub der Welt fühlen, 1866 gibt es sogar schon die erste Abseitsregel. Es folgen Eckball und Freistoß, erst 1870 die Begrenzung auf elf Spieler pro Team und ein Jahr später das Verbot des Handspiels. In Kontinentaleuropa interessieren sich die Schweizer als erste für ein geregeltes Spiel, 1874 findet Fußball den Weg nach Deutschland, 100 Jahre vor dem zweiten WM-Sieg.

03 | 03 | 1875
Die Erfindung des Eishockeys

Der Student James George Aylwin Creighton und sein Freund Henry Joseph sind große Anhänger des Ballspiels Shinney, welches aus England stammt. Während sie im Jahr 1875 an der McGill-Universität in Montreal studieren wird ihnen das Spiel jedoch ebenso wie das artverwandte Lacrosse zu langweilig und so erfinden sie nach und nach neue, zusätzliche Regeln, die sie sich aus anderen Sportarten „leihen". So wird etwas körperliche Härte vom Rugby mit den Schlägern des Feldhockeys vermengt und schon steht einem schnellen, harten und kurzweiligen Spiel nichts mehr im Wege.

Als Austragungsort für das erste Spiel wird die älteste Eishalle der Welt, der Victoria Skating Rink, auserkoren. Creighton erinnerte sich daran, wie er dort Schlittschuhlaufen war und es nicht nur windstill sondern auch angemessen warm war. Bislang spielte man die Vorläufer des Eishockeys stets unter freiem Himmel im Hafen oder auf Seen. Am 3. März 1875 tragen die Studenten schließlich das erste Eishockeyspiel der Welt aus. Das Feld entspricht den heute noch gültigen Maßen. 500 Anwesende sehen die Geburt des Sports. Creighton führe sein Team als Kapitän an, das 2:1 gewinnt. Der Puck wird wenig später ebenfalls von einem McGill-Studenten erfunden. William Fleet Robertson, der auch die ersten Eishockey-Regeln angemessen zu Papier bringt, schneidet bei einem Shinney-Spiel, welches er besucht, kurzerhand mit einem Messer die obere und untere Seite des Balles ab, der ihm vor die Füße trudelte und heraus kam eine Scheibe: Der erste Puck!

23 | 06 | 1894
Let the games begin, Frédy

Der Baron Pierre Frédy de Coubertin ist gerade 31 Jahre alt als er in Paris einen internationalen Kongress einberuft. Auf der Agenda steht die Wiederbelebung der Olympischen Spiele. Am 23. Juni 1894 wird das Internationale Olympische Komitee (IOC) gegründet und Coubertin als dessen Generalsekretär eingesetzt. Kurz darauf wird festgelegt, dass die ersten Olympischen Spiele der Neuzeit über die Bühne gehen sollen. Ab dem 6. April 1896 finden diese dann in Athen statt. Coubertin setzt seinen interessanten Lebensweg daraufhin fort. Dem Baron ist daran gelegen den friedlichen Charakter der Spiele zu manifestieren und so zu internationaler Verständigung beizutragen. Auch wenn sein Vorsatz, nur männliche Athleten teilnehmen zu lassen schon bald an den zarten Anfängen der Emanzipation scheitert, so sind doch seine restlichen Absichten mehr als ehrenhaft. Die Auswahl der sportlichen Disziplin durch Coubertin, ist jedoch eher flexibel gehalten, tritt er selbst doch im Jahr 1912 unter einem Pseudonym in der Disziplin Literatur an – und gewinnt. Wie und gegen wen, ist nicht überliefert. Auch erfindet der gewiefte Franzose 1913 die Olympischen Ringe, welche 1920 zu dem Symbol der Spiele werden. Von 1896 bis 1925 ist er Präsident des IOC, muss jedoch kurz vor seinem Tod 1937 noch, in finanzielle Schieflage geraten, eine „Ehrengabe" von 10.000 Reichsmark von Hitler entgegennehmen.

09 | 07 | 1922
Ich Weltrekord, Du Jane

Johnny Weissmüller ist Tarzan. An diesem Umstand wird sich wohl, so lange die Welt sich dreht, nichts ändern. Die wenigsten wissen, dass der Mann, der 1904 in Freidorf, Ungarn (inzwischen Rumänien) geboren wurde, nicht nur ein Modellathlet und erfolgreicher Schwimmer war, sondern auch Anfang der 20er Jahre (s)einen ganz eigenen Schwimmstil, den „American Crawl", erfand. Zur sportlichen Legende wird der als Peter John Weissmüller zur Welt gekommene und später für die USA antretende Sportler jedoch am 9. Juli 1922, also zehn Jahre bevor er das erste Mal seinen markerschütternden Schrei als Tarzan ausstößt. Weissmüller ist tatsächlich der erste Mann der Welt, der 100 Meter unter einer Minute schwimmt! Genau 58,6 Sekunden benötigt der Hüne, um am Ziel in Alameda, Kalifornien anzuschlagen. Doch damit ist er noch lange nicht am Ende angekommen: Allein seinen mäßigen administrativen Fähigkeiten ist es zu schulden, dass er „lediglich" auf 51 Weltrekorde kommt, versäumt er es doch ein ums andere Mal Rekordprotokolle einzureichen. Er gewinnt sechs olympische Goldmedaillen (eine davon mit der Wasserball-Mannschaft!) und wird schließlich 1965 in die Ruhmeshalle des internationalen Schwimmsports aufgenommen. Nach seiner sportlichen Laufbahn dreht er unter anderem zwölf Tarzan-Filme und profiliert sich als ein begeisterter Jodler. So stammt auch der legendäre Tarzan-Schrei tatsächlich von ihm. Nach dieser zweiten Karriere verlässt Weissmüller jedoch das Glück. Er stirbt verarmt 1984 in Acapulco, Mexiko. Sein Weltrekord ist fast vergessen, auf seinem Grabstein steht lediglich: Johnny Weissmüller, Tarzan.

10 | 07 | 1924
Der fliegende Finne

Es ist erstaunlich genug, wenn jemand innerhalb einer Stunde gleich zwei Weltrekorde bricht. Dem Finnen Paavo Nurmi gelingt dies in Helsinki am 19. Juni 1924, als er für die Olympischen Spiele übt. Den 1.500-Meter-Lauf bewältigt er in 3:52,6 Minuten, den 5.000-Meter-Lauf in 14:28,2 Minuten. Noch bemerkenswerter ist jedoch, dass dieselbe Person nur wenig später, am 10. Juli des gleichen Jahres, dieser Leistung noch die Krone aufsetzt, indem er bei den Spielen selbst innerhalb von nur 55 Minuten zwei Mal auf beiden Strecken auch noch Gold holt. Und Paavo Nurmi gelingt noch mehr. Mit neun olympischen Goldmedaillen ist er neben Carl Lewis der erfolgreichste Leichtathlet aller Zeiten und international eine Legende. Insgesamt pflastern 24 Weltrekorde sprichwörtlich seinen Weg. Doch auch jede Goldmedaille hat seine zwei Seiten. Vor den Olympischen Spielen in Los Angeles 1932 wird Nurmi gesperrt (Verletzung des Amateurstatus), zankt sich mit Funktionären herum und findet für die Öffentlichkeit erst wieder statt, als er 1952 das Olympische Feuer ins Stadion von Helsinki tragen darf. Später in seinem Leben erblindet Nurmi fast gänzlich, ist halbseitig gelähmt und erleidet mehrere Herzinfarkte. Trotz einer eigenen, sehr nüchternen Bilanz seines Lebens („Ich habe im Leben nichts geleistet") besteht sein Ruhm als „Das finnische Phantom" und „Der fliegende Finne" für die Ewigkeit.

06 | 08 | 1926
„Swim girl, swim!"

Manche Heldinnen vergisst das Leben. Die heute wenig bekannte Gertrude „Trudy" Ederle ist 19 Jahre alt als sie am sechsten August 1926 um 5:30 Uhr in das 16° C kalte Wasser von Cape Gris-Nez steigt, um als erste Frau den Ärmelkanal zu durchschwimmen. Erst fünf Menschen vor ihr, alles Männer, haben dies geschafft, der erste von ihnen war am 25. August 1875 der Engländer Matthew Webb, der hierfür unendliche 21 Stunden und 45 Minuten benötigte. 1883 kam Webb bei dem Versuch die Niagarafälle schwimmend zu überqueren ums Leben. Nach einem gescheiterten Versuch 1925, ist Ederle an jenem Tag im August 1926 umso überzeugter, in England anzukommen. Von einem Boot aus feuert sie ihr Vater an: „Swim girl, swim!" Und schwimmen wird die führende Vertreterin des Acht-Schlag-Kraulens. In Dover warten bereits 10.000 Schaulustige, jedoch vergeblich, da die Strömung Ederle abtreibt. Nach gerade mal 14 Stunden und 39 Minuten steigt sie um 20:09 Uhr in Kingsdam, England aus dem Wasser. Mit ihrer Zeit ist das Schwimmidol ganze zwei Stunden schneller als der bis dahin schnellste Mann. Und das auf der meist befahrenen Wasserstraße der Welt! Ederle hatte schon 1919 mit zarten 12 (!) Jahren einen Weltrekord in 800 m Freistil und 1926 bei den Olympischen Spielen eine Gold- und zwei Bronze-Medaillen errungen. Besonders in den USA wird Ederle gefeiert: Für 6000 Dollar Abendgage tritt sie in einem Varieté im gläsernen Schwimmbecken auf. Die Zukunft Ederles liest sich allerdings wie ein schlechter Roman: Die Durchquerung durch den Ärmelkanal hat sie fast taub gemacht, das Salzwasser ihre Stimmbänder beschädigt. Als die Beschwerden unerträglich werden, zerstört sie das gläserne Schwimmbecken des Varietés mit einer Feueraxt. Ab 1933 ist sie infolge einer Wirbelsäulenverletzung halbseitig gelähmt.

1939 tritt Ederle wieder bei der New York World Fair auf und arbeitet schließlich als Schwimmlehrerin für taubstumme Kinder. Auf ihre Schwierigkeiten angesprochen sagt Ederle ein Mal: „Macht euch nur keine Sorgen um die alte Trudy!" Sie stirbt im Alter von 98 Jahren 2003 in einem Pflegeheim in Wyckoff.

25|05|1935

17 entscheidende Monate

Am 25. Mai 1935 um 15:15 Uhr geht es los: Der amerikanische Leichtathlet Jesse Owens tritt in Ann Arbor, Michigan, zum 100 Yard-Lauf (91,44 Meter) an. 9,4 Sekunden später hat er den bestehenden Weltrekord egalisiert. In den folgenden 45 Minuten wächst er über sich hinaus und stellt nicht weniger als sechs neue Weltrekorde auf: Im Weitsprung, im 220 Yard-Lauf sowie über die 220 Yard-Strecke im Hürdenlauf. In den ersten Augusttagen des Jahres 1936 ist Owens bei der Olympiade in Deutschland ebenfalls in Bestform und erringt sagenhafte vier Goldmedaillen beim 100-m-Lauf, 200-m-Lauf, 4 x 100-m-Staffel und im Weitsprung. So etwas gelingt fast 50 Jahre später lediglich Carl Lewis. Für Owens sind all diese Erfolge nur schmückendes Beiwerk. Wichtiger ist ihm 1936 ein freundlicher Ratschlag seines eigentlich größten Konkurrenten, des Deutschen Carl Ludwig „Luz" Long. Dieser berät ihn so gut, dass sich Owens im Weitsprung nach zwei Fehlversuchen doch noch qualifizieren kann. Owens gewinnt, Long gibt sich mit Silber zufrieden. Der Gewinner wird später zitiert, dass keine Medaille der Welt gegen die „24-Karat-Freundschaft" mit Long ankommen kann, hätte dieser doch nicht nur selbstlos Tipps gegeben, sondern vor Hitler auch Kopf und Kragen riskiert, als er Owens umarmte. Diese spezielle Freundschaft ist leider eine der kürzesten in der Geschichte des Sports. Owens sieht Long nach der Olympiade nie wieder. Long fällt im zweiten Weltkrieg am 13. Juli 1943 in San Pietro.

09|11|1938

Gewonnen ohne zu schlagen

Max Schmeling geht als Boxer in die Geschichtsbücher ein als er gegen seinen bekanntesten Gegner, den Amerikaner Joe Louis, zunächst 1936 in New York gewinnt und zwei Jahre später in einer Revanche im Yankee Stadium in derselben Stadt verliert. Die wenigsten wissen jedoch, dass Schmeling gleichzeitig nicht nur ein entschiedener Gegner des Nazi-Regimes war, sondern den Terror auch mit seinen eigenen Mitteln im Alltag bekämpfte. In den turbulenten Stunden des 9. November 1938, der Reichskristallnacht, riskierte Schmeling mehr als in jedem seiner Boxkämpfe. In jener Nacht hinterließ er beim Portier des Excelsior Hotels in Berlin, in dem er zu der Zeit wohnte, eine Nachricht. Es ginge ihm nicht gut und er wünsche keinen Besuch oder Störung. Schmeling ging es jedoch nie besser und er war auch keinesfalls allein in seinem Zimmer. Der Boxer mit dem Turnhallengroßen Herz versteckte vielmehr Henri und Werner, die beiden jüdischen Söhne seines Freundes David Lewin in seinem Appartment. Als die Wogen in der Stadt sich etwas geglättet hatten, nutzte Schmeling die Gunst der Stunde und sorgte dafür, dass beide Jungs das Land in Sicherheit verlassen konnten. Ebenso verband Schmeling zeitlebens mit dem ehemaligen Gegner Joe Louis eine, bis zu dessen Tod anhaltende, Freundschaft. Er finanzierte dem kranken und verarmten Mann sogar die nötigen Medikamente. Der Kontakt zu den Lewin-Brüdern lebte fort. Doch hätte Henri Lewin seinen Retter nicht 1989 nach Las Vegas eingeladen und der Welt mitgeteilt, was am 9. November 1938 im Excelsior vorgefallen war, niemand hätte es je erfahren! Bis heute glauben beide Lewins, dass sie ohne Schmeling vermutlich umgekommen wären und dass letzterer sein eigenes Leben für sie aufs Spiel setzte.

09 | 08 | 1942
Das letzte Spiel des FC Start

Nikolai Trusewitsch lehnt ab. Seine Mannschaft schließt sich an. Alle Spieler vom FC Start haben die Worte des SS-Mannes gehört, der jetzt in der Halbzeitpause vor ihnen steht und verkündet: „Sie können nicht gewinnen! Ich bitte Sie über die Folgen nachzudenken." Doch der FC Start will beenden, was er in der ersten Halbzeit begonnen hat, den Sieg über die deutsche Luftwaffenelf „Adler". Fast genau ein Jahr vor diesem Spiel war die deutsche Wehrmacht in Kiew einmarschiert und hatte fast 34.000 Juden umgebracht und 630.000 sowjetische Soldaten zu Gefangenen gemacht. Nun ist „Zeit" zur sportlichen Ertüchtigung. Die deutsche Luftwaffenelf „Adler" fordert am 9. August 1942 in Kiew den FC Start – das russische Team des Betriebes der Bäckerei III – heraus. Eine sonderbar aufmüpfige Mannschaft, die zuvor das Team der Deutschen Luftwaffe mit 5:1 geschlagen und andere deutsche Besatzungsmannschaften in ihre Schranken verwiesen hat. Was niemand, am wenigsten das deutsche Team der „Adler", ahnt: Eigentlich besteht der FC Start zu 100% aus den besten Spielern der derzeit inaktiven Fußballklubs Dynamo und Lokomotive Kiew. Beim Zwischenstand steht es bereits 3:1 für den FC. Und selbst die Warnung in der Pause vermag die Ehre der ukrainischen Spieler nicht zu erschüttern. Sie gewinnen am Ende 5:3. Eine Woche später werden acht Fußballer des FC Start von der Gestapo abgeholt, ein Spieler sofort zu Tode gefoltert, drei weitere ins Lager von Siretz transportiert, wo sie ebenfalls sterben. Einer von ihnen ist Torwart Nikolai Trusewitsch.

25 | 07 | 1952

Das Herz auf der Zunge

Der Deutsche Herbert Schade wähnt sich am Ziel seiner Träume. Er führt bei den 15. Olympischen Spielen am 25. Juli 1952 in Helsinki beim 5.000 Meter-Lauf eine Runde vor Schluss das Feld an und hofft zu Recht auf Gold. Dann jedoch überholt ihn der Franzose Mimoun einige Male, aber Schade kann sich immer wieder zurückkämpfen. Hinter den beiden Spitzenläufern rennt ein Mann, der aussieht als würde er mit dem Tode ringen. Seine Zunge hängt aus dem Mund, die Arme wie gebrochene Entenflügel vom Körper. Im Ziel kommt dieser Läufer, den sie „die tschechische Lokomotive" nennen und der später für eben jene heraushängende Zunge berühmt wird, trotzdem als Erster an. Emil Zátopek erreicht bei dieser Olympiade nicht nur Gold über 5.000, sondern auch über 10.000 Meter und am Ende gar den Sieg im Marathon. Ein Grund für diese Erfolge: Zátopek hat sich auf die Rennen vorbereitet, indem er seine Frau Dana auf Bergwegen laufend auf dem Rücken trug. Aber der Tscheche hat weitere Qualitäten: Eines Tages besucht ihn der glücklose Läufer Ron Clarke, der trotz 18 Weltrekorden lediglich eine Bronzemedaille bei Olympischen Spielen ergattern konnte. Zátopek überreicht ihm eine kleine Schachtel und bittet ihn, sie erst später zu öffnen. Clarke öffnet die Schachtel nach dem Besuch und findet eine von Zátopeks Goldmedaillen und folgende Notiz: „Lieber Ron, ich habe vier Goldmedaillen gewonnen. Es ist nur richtig, dass du eine davon bekommst. Dein Freund Emil."

19 | 06 | 1958

Junge Junge

Edson Arantes do Nascimento wird von vielen als der beste Fußballspieler aller Zeiten bezeichnet. Dies jedoch nicht unter seinem gebürtigen Namen, sondern unter dem weit besser bekannten Pseudonym Pelé. Neben seinem mehr als eleganten Spiel, zahllosen unnachahmlichen Tricks und Toren und einer beispiellosen Karriere, welche unter anderem drei Weltmeistertitel umfasst (kein anderer Spieler hat dies je erreicht), steht der 19. Juni 1958 stellvertretend für die Genialität des sympathischen Brasilianers. 17 Jahre und exakt 249 Tage ist Pelé alt, als er an diesem Donnerstag das Solna Stadion in Schweden betritt, um sein erstes WM-Finale zu spielen. Er ist somit bis zum heutigen Tag der jüngste Spieler, der je in einem Weltmeisterschaftsendspiel stand. Der Tag endet für ihn jedoch nicht mit diesem Rekord. Seine Mannschaft schlägt das WM-Gastgeberland Schweden mit einem deutlichen 5:2 und der junge Pelé trägt mit zwei erzielten Toren maßgeblich zum Gelingen des Sieges bei. Als das Spiel vorbei ist, ist das große Talent jedoch so erschöpft und mitgenommen, dass er noch auf dem Rasen in Ohnmacht fällt und medizinisch behandelt werden muss. Wenig später aber darf er vor lauter Glück Freudentränen vergießen und den Pokal in den Händen halten.

10 | 07 | 1958

Goldkind mit Kind im Bauch

Dem Ballettlehrer der Russin Larissa Latynina gebührt ein besonderes Lob für die schlichte Durchführung eines Umzuges. Latynina kommt von ihrer ursprünglichen Idee Balletttänzerin zu werden ab, als ihr Lehrer die Stadt verlässt. Der anschließende Wechsel ins Kunstturner-Fach zahlt sich letztlich mehr als aus. In ihrer Laufbahn, die sie für eine Kunstturnerin ungewöhnlich spät mit 32 Jahren beendet, schlagen nicht weniger als 18 Olympiamedaillen zu Buche, die Hälfte davon pures Gold, neben zahlreichen anderen Bestmarken. Ihre wohl größte Stunde schlägt jedoch bei der Weltmeisterschaft 1958, als sie am Donnerstag, dam 10. Juli im fünften Monat schwanger in sechs Wettbewerben fünf Mal Gold holt (Mehrkampf-Mannschaft, Mehrkampf-Einzel, Pferdsprung, Schwebebalken und Stufenbarren). Dass es überhaupt soweit kommt, verdankt sie im Wesentlichen sich selbst, verschweigt sie doch ihrem Mannschaftsarzt ihren körperlichen Zustand, da sie sonst an den Wettkämpfen nicht hätte teilnehmen dürfen. Seit 1964 ist Latynina die erfolgreichste Turnerin und, nach Medaillen gerechnet, auch die erfolgreichste Olympionikin aller Zeiten – seit über 40 Jahren, and counting...

27 | 10 | 1962
Gegen den Strom

Im November 1999 wird Australiens größte Olympionikin Dawn Fraser als „World Athlete of the Century" geehrt und noch im selben Jahr von der Australian Sports Hall of Fame zur Athletin des Jahrhunderts ernannt. Australien kommt nicht umhin eine ihrer berühmtesten Töchter zu ehren, obwohl sich Fraser nicht nur mit dem australischen Schwimmverband mehr als ein Mal anlegte. Anlass dieser mehr als gerechtfertigten Honorierung sind Leistungen, die fast ein halbes Jahrhundert zurückliegt. 1952 registriert Schwimmtrainer Harry Gallagher, welch unglaublich großes Talent sich da vor ihm im Wasser tummelt. Sein erstes Ziel mit Fraser sind die Olympischen Spiele im eigenen Land. 1956 fährt sie bei der Olympiade in Melbourne ihr erstes Gold ein, bricht aber schon zuvor nationale Rekorde. 1960 später steht sie in Rom erneut ganz oben auf dem Treppchen. Ihren absoluten Zenit erreicht die Modellathletin jedoch 1964 bei den Spielen in Tokyo. Mit 27 Jahren zählt sie dort schon eher zum alten Eisen, beweist der Konkurrenz jedoch, dass sie immer noch zulegen kann. Am 27. Oktober 1964 schreibt Fraser Geschichte als sie die 100 m Distanz als erste Frau der Welt unter einer Minute schwimmt. Doch ihr Verhältnis zum Verband ist zu diesem Zeitpunkt bereits angespannt und weil Fraser sich einige Male gegen Anordnungen der Offiziellen stemmt, wird sie für zehn Jahre gesperrt, was einem Karriereende gleichkommt. 1965 verabschiedet sie sich vom Leistungssport. Frasers Weltrekord jedoch soll noch acht weitere Jahre halten.

30 | 07 | 1966
Das dritte Tor

Geoff Hurst schießt, sein Mannschaftskamerad Roger Hunt dreht jubelnd ab, Schieds- und Linienrichter sehen sich kurz an und entscheiden schließlich auf Tor. Kein Treffer ist in der Geschichte des Fußballs derart umstritten wie jener vom 30. Juli 1966, geschossen – oder eben nicht – während des WM-Finales zwischen England und Deutschland im Londoner Wembleystadion. Hurst schießt in der 101. Minute, also während der Verlängerung des Spiels, auf das deutsche Tor, der Ball prallt von der Unterkante der Latte senkrecht nach unten, springt wieder aufs Feld, von wo aus ihn der deutsche Abwehrspieler Wolfgang Weber ins Toraus köpft. Weder der russische Linienrichter, noch Schiedsrichter Gottfried Dienst haben genau gesehen, wo der Ball landete und verlassen sich auf die sofort jubelnden

Engländer. In der Schlussminute der Verlängerung erzielt Hurst noch das 4:2 (auch einmalig: Durch das vorherige 1:0 ist Hurst der einzige Schütze, der offiziell drei Tore in einem Finale erzielte), welches jedoch definitiv irregulär ist, da sich zu diesem Zeitpunkt bereits Zuschauer auf dem Rasen befinden. Doch auch dieser Treffer wird gegeben, England ist Weltmeister. Noch Jahre später flimmert die Szene zum 3:2 über alle Bildschirme, Video-Beweise werden angefertigt und am Ende belegt, dass der Ball lediglich auf die Linie aufprallte und es somit kein reguläres Tor war. Helfen tut dies jedoch nichts, im Gegenteil, der Schmerz der deutschen Anhänger vergrößert sich dadurch lediglich Trost finden sie nur in der Tatsache, dass England seitdem kein entscheidendes Turnier mehr gewonnen hat. Interessanterweise ist Hursts Tor als „Wembley-Tor" in die Geschichte eingegangen und eben jener Begriff taucht in ähnlich strittigen Szenen immer wieder auf – nur in England spricht man seither schlicht von dem „dritten Tor".

03 | 04 | 1968
Wo bist du, Joe?

Es sind nur Schnipsel eines Liedes, die einem der größten Sportler Amerikas einen zweiten Popularitätsschub nach dem Ende seiner Karriere bescheren. In dem überraschend erfolgreichen Film „The Graduate" („Die Reifeprüfung") mit Dustin Hoffman tauchen in den entscheidenden Szenen immer wieder winzige Teile eines rasanten Liedes auf, die zu dem Kultstatus des Streifens entscheidend beitragen: „Where have you gone, Joe DiMaggio? / Our nation turns its lonely eyes to you / What's that you say, Mrs. Robinson? / Joltin' Joe has left and gone away". Der hier mit Namen und Spitznamen Joltin' Joe angesprochene DiMaggio ist zunächst gar nicht erbaut davon, dass im Jahr 1968, ein Jahr nachdem der Film die Kinos erobert, Paul Simon die Fragmente des Liedes zusammenbaut, sie mit seinem Duo Simon & Garfunkel als Single „Mrs. Robinson" veröffentlicht und die Nummer ein Riesenhit wird. Er sei nie „weg" gewesen, betont DiMaggio. Als sich jedoch herausstellt, dass eine wahre Welle der Sympathie dem so prominent Platzierten entgegen schwappt, beruhigt sich der ehemals beste Baseball-Spieler der Welt und genießt die Anerkennung. Simons eigentlicher Baseball-Held Mickey „Dick" Mantle spricht den Komponisten wenig später in einer Talkshow darauf an, wieso er nicht in jenem Hit erwähnt wird? Simons lapidare Antwort lautet, „Es dreht sich alles um Silben, Dick. Es geht darum, wie viele Beats die Zeilen haben!" So kommt DiMaggio lange nach seinen berühmten neun Meisterschaften in dreizehn Jahren bei den New York Yankees oder seiner ebenso schillernden Ehe mit Marilyn Monroe erneut, wenn auch passiv, zu den ihm gebührenden Ehren.

18 | 10 | 1968
Sprung ins 21. Jahrhundert

In der dünnen Luft von Mexico City verändert ganze sechs Sekunden nicht nur das Leben eines 22-jährigen New Yorker Sportler sondern die gesamte Welt der Leichtathletik für zunächst 23 Jahre und letztlich weit darüber hinaus. Denn als Bob Beamon, der es mit Mühe und Not ins Finale der Olympischen Spiele 1968 geschafft hat, zu seinem ersten Versuch im Weitsprung antritt, haben sich die Umstände, das Quäntchen Glück und sein Talent zu einer unschlagbaren Allianz zusammen gefunden. Beamon läuft an, trifft den Absprung perfekt, segelt – Pfeil und Bogen in einer Person – durch die Luft und landet im Sand genau 8,90 Meter hinter dem Punkt, wo seine Füße den mexikanischen Boden verlassen haben. Beamon weiß, genau wie alle anderen im Stadion, dass der Weltrekord im Weitsprung bis dahin bei respektablen 8,35 m lag. In einer Disziplin, in der es jährlich lediglich wenige Zentimeter von Weltrekord zu Weltrekord voran ging, springt Beamon mit einem Satz gleich sensationelle 55 cm weiter als der bis dato erfolgreichste Athlet Ralph Boston. Beamon ist derart aus dem Häuschen, dass die Ärzte befürchten, er könnte einen Anfall erleiden. Die anderen Weitspringer trauen ihren Augen ebenso wenig wie die anwesenden Zuschauer. Unmittelbarer Konkurrent und Weltrekord-Springer Igor Ter-Owanesjan fasst das Gesehene und die verbleibenden Chancen für sich und seinen Kollegen wie folgt zusammen: „Im Vergleich zu diesem Sprung, sehen wir aus wie Kinder!" Die Ausmaße des Triumphes spürt man noch 23 lange Jahre, bis Mike Powell im Jahr 1991 den Rekord auf 8,95 m verbessert. Auch wenn Beamon nach seinem Olympiasieg sprichwörtlich kein Bein mehr weit genug auf den Boden bekommt und nur wenige Jahre später seine Laufbahn zu Gunsten einer Karriere als Sozialarbeiter beendet bleibt der 18. Oktober 1968 durch ihn in die Geschichte des Sports eingraviert.

11 | 07 | 1972
Match des Jahrhunderts

„Hier ist der schlechteste Spieler der Welt, um mit dem besten Spieler der Welt zu sprechen." Als Henry Kissinger diese Worte ins Telefon spricht, ist Robert James Fischer, genannt Bobby Fischer das erste Mal seit langem sichtlich beeindruckt. Der exzentrische und unberechenbare amerikanische Schachspieler ist schon seit Jahren erpicht darauf, die Phalanx der russischen Schachweltmeister zu durchbrechen, steht sich dabei aber selbst genauso im Weg wie Organisatoren, Verbände und Regierungen. Im jenem Jahr 1972 soll es schließlich zum Kampf der Giganten kommen: Der amtierende russische Weltmeister Boris Spasski gegen Bobby Fischer. Fischer hat bereits eine beeindruckende Serie von 20 Siegen in Folge gegen andere Großmeister vorgelegt. Doch gilt er selbst im eigenen Land als paranoid, arrogant und zwanghaft, was sich in der Regel in seinen vulgären und wenig diplomatischen Auftritten äußert. Und wieder feilscht der Amerikaner, der auch schon öfters inmitten von Partien mit Abreise gedroht hatte, vor dem Spiel gegen Spasski so lange um das Preisgeld, bis er erneut kurz davor ist, die Brocken hinzuschmeißen und wutentbrannt den Ort, in diesem Fall Reykjavik, zu verlassen. Bis eben jener Anruf von Henry Kissinger kommt, der, im Auftrag von Präsident Richard Nixon persönlich, das Schachgenie von der Teilnahme überzeugen soll. Der britische Bankier James Slater legt schließlich auf das ohnehin schon in die Höhe getriebene Preisgeld noch einen eigenen Anteil oben drauf, so dass am 11. Juli 1972 endlich um 275.000 $ gespielt werden kann. Nachdem Fischer seinen Gegner jeden Tag zunächst fünf Minuten warten lässt, besiegt er ihn schließlich am 1. September 1972 mit Abbruch der 21. Partie.

03 | 09 | 1972

Zweitausend Beweise

Der Schwede Gunnar Larsson wird 1979 in die Ruhmeshalle des internationalen Schwimmsports aufgenommen. Seine Bekanntheit erlangte er jedoch jenseits seiner blanken Erfolge neun Jahre vor dieser Ehrung. Am 10. September 1970 tritt Larsson zum Wettkampf über 400 m Lagen bei den Europameisterschaften in Barcelona an. Sein größter Konkurrent, so scheint es, ist der Amerikaner Alexander McKee. Und tatsächlich liefern sich beide einen unerbittlichen Kampf um Platz 1. Als sie die letzten Meter schwimmen, ist nicht zu erkennen, wer von beiden tatsächlich vorne liegt. Dieser Eindruck ändert sich auch nicht, als beide am Beckenrand anschlagen. Die Sportler sind auf die Hundertstel Sekunde gleich schnell: 4:31,98 zeigt die Stoppuhr an. Da man sich eine Goldmedaille nicht teilen kann, schaut die Jury auf weitere Stellen hinter dem Komma und ruft schließlich Larsson als Sieger aus, führten seine Schwimmbewegungen ihn doch genau sage und schreibe zwei Tausendstel früher zum Ziel als den konsternierten

McKee. Der Drittplatzierte Andras Hargitay muss sich in diesem Augenblick mit seinen etwas mehr als sieben Hundertstel Abstand geradezu wie eine lahme Ente gefühlt haben. Als Konsequenz auf dieses Rennen und die irrsinnige Entscheidung beschloss der Schwimm-Weltverband später, den Beweis bis auf die Tausendstel-Sekunde fallen zu lassen und fortan nur noch bis zwei Stellen hinter dem Komma zu messen.

04|09|1972
Sieben auf einen Streich

Selten genug, dass jemand im Alter von 22 Jahren seine Karriere beendet. Noch seltener, um nicht zu sagen ein absolutes Unikum, dürfte der Versuch sein, eben jene mit 41 Jahren dann wiederbeleben zu wollen. Aber der Reihe nach. Bereits 1968 gehört der Schwimmer Mark Spitz zu den besten der Welt, obwohl er gerade mal volljährig ist. Mit zwei Gold-, einer Silber- und einer Bronze-Medaille ist seine nicht eben schlechte Ausbeute bei den Olympischen Spielen in Mexiko gemessen an den Erwartungen jedoch fast enttäuschend. Erst die nächsten Olympischen Spiele in München sollen für den 1950 geborenen Spitz ein einziges Fest werden. Am 28. August 1972 holt Spitz seine erste Goldmedaille (200 m Schmetterling), gefolgt von ersten Plätzen in 4 x 100 m Freistilstaffel, 200 m Freistil, 100 m Schmetterling, 4 x 200 m Freistilstaffel und 100 m Freistil in den kommenden Tagen. In allen Wettbewerben schlägt er nicht nur als erster an, sondern schafft es auch in jedem einzelnen, einen neuen Weltrekord aufzustellen. Am 4. September beendet er diese Demütigung für alle übrigen Athleten im Wasser mit der Krönung, der 4 x 100 m Lagenstaffel, mit welcher er ebenfalls Gold holt, ebenfalls in Weltbestzeit. In seiner kurzen Karriere stellt Spitz 33 Weltrekorde auf. Er wird 1999 zu einem von fünf Sportlern des Jahrhunderts gewählt und bereits 1977 in die Ruhmeshalle des internationalen Schwimmsports aufgenommen. Sein Comeback-Versuch, sich für die Spiele in Barcelona 1992 zu qualifizieren, scheitert jedoch.

05|09|1972
Als plötzlich in den frühen Morgenstunden...

Mosche Weinberg, Ringer-Trainer der israelischen Nationalmannschaft, feiert am 4. September 1972 während der Olympischen Spiele in München mit Mitgliedern des „Anatevka"-Ensembles des Deutschen Theaters bis tief in die Nacht. Die Spiele verliefen in den ersten zehn Tagen wunderbar, das Wetter spielte mit und Weinberg war zudem vor wenigen Wochen Vater geworden. Sechs seiner Sport-Kollegen sind schon wieder zurück im Olympischen Dorf, als er sich nachts um 3.30 Uhr ebenfalls entschließt, den Abend zu beenden. Eine habe Stunde zu früh, wie sich herausstellt. Weinberg ist erst ein paar Minuten zurück in seinem Zimmer als drei Taxen vor dem Quartier vorfahren und eine Gruppe arabisch aussehende Männer mit schweren Sporttaschen und Rucksäcken aus den Wagen steigt. US-Athleten, die gerade von einer Zechtour heimkehren helfen den düster aussehenden Männern noch über den Zaun bei Tor 25A und rufen ihnen „Good night and have fun" hinterher. Mit diesem ungewollt makaberen Spruch im Ohr dringen diese dann in das Appartement der israelischen Mannschaft ein und nehmen elf Geiseln. Unter anderem wird den Sportlern zum Verhängnis, dass Deutschland der Welt signalisieren will, dass diese Spiele einen friedlichen Kontrast zu denen von 1936 darstellen. Die Sicherheitsbestimmungen sind lax, Polizei so gut wie nicht sichtbar. Die Terroristen wollen palästinensische Geiseln, Baader und Meinhof sowie einen japanischen Terroristen freipressen. Die ersten, die in diesem Wahnsinn ihr Leben lassen, sind der 32-jährige Gewichtheber Josef Romano und sein Trainer Mosche Weinberg, die noch in ihrer Unterkunft umgebracht werden. Die anderen neun Israelis werden später in einer beispiellosen Schießerei auf dem Flughafen Fürstenfeldbruck entweder im Kugelhagel der „Befreier", durch Schüsse der Terroristen oder deren Handgranaten sterben. Auch unter den Terroristen, die sich Gruppe „Schwarzer September" nennt, gibt es am Ende fünf Opfer. Jahre nach dem Terrorangriff werden weitere Beteiligte und potentielle Drahtzieher von der israelischen Sondereinheit „Caesarea" exekutiert.

22|06|1974

Sieg durch Niederlage

Die Statistik ist eindeutig. Die Fußball-Nationalmannschaft der DDR war Zeit ihrer Existenz besser als die der bundesrepublikanischen, zumindest was den direkten Vergleich angeht. Das Kräfteverhältnis lautet genau 1:0. Ein einziges Spiel fand zwischen den beiden Nationen statt, auf deutschem Boden, im mit 62.000 Zuschauern ausverkauften Hamburger Volksparkstadion während der WM 1974 am 22. Juni 1974. Jürgen Sparwasser hieß der Schütze der DDR, welcher in der 77. Spielminute die als große Favoriten ins Spiel gegangene Mannschaft um Franz Beckenbauer in ein tiefes Loch stürzte. Allerdings hatte diese Niederlage in Retrospektive eine sehr heilsame Wirkung und die DDR der bundesdeutschen Auswahl gar einen Gefallen getan. Zum einen gab es eine Aussprache im Lager der Hoeneß', Breitners und Overaths, in welcher die Anführer der Mannschaft an die Ehre der Spieler appellierten und vor allem gegen den zögerlichen Trainer Helmut Schön rebellierten. Auf der anderen Seite hatte die Niederlage zur Folge, dass die Bundesrepublik Deutschland in der Zwischenrunde weder auf den späteren Finalgegner Holland noch auf den amtierenden Weltmeister Brasilien oder die spielstarken Argentinier traf – dies war den armen Spielern aus der DDR vorbehalten. So steigerte sich die inzwischen legendäre Mannschaft von  Kapitän Beckenbauer bis hin zum Finale, welches durch ein ebenfalls legendäres Tor von Gerd Müller gewonnen wurde. Ohne Sparwasser und die Elf der DDR wäre dies wohl nie eingetreten.

17 | 12 | 1974

Die faire Legende aus Tärnaby

Der schwedische Skirennläufer Ingemar Stenmark hat eine langwierige Suche hinter sich, als er am 17. Dezember 1974 an einem Etappenziel angekommen ist. Das 18-jährige Talent hatte vergeblich an die Türen der diversen Ski-Ausrüster geklopft, um einen geeigneten Partner zu finden, der ihm seine Skier stellt. Doch der unbekannte junge Mann wird stets mit dem Hinweis fortgeschickt, schwedische Skirennläufer hätten keine Zukunft. Lediglich die kleine jugoslawische Firma Elan willigt ein und sieht sich am 17. Dezember mit einem Sportler liiert, der an jenem Tag im italienischen Madonna di Campiglio sein erstes von noch folgenden 86 Weltcuprennen gewinnt. Stenmark ist nicht nur ein außergewöhnlicher Slalomfahrer, er hat auch gelernt, was es heißt, Mut, Risiko und Vertrauen zu honorieren. Als später namhafte Firmen bei ihm anklopfen, lässt er sie abblitzen und bleibt bis zum Ende seiner Karriere der Firma Elan treu. Diese kann sich im Laufe der Jahre freuen, den erfolgreichsten Skirennläufer aller Zeiten, die „Legende aus Tärnaby", unter ihren Fittichen zu haben. Das Besondere an Stenmarks Weltcup-Erfolgen, vor allem an seinen drei Gesamtweltcupsiegen zwischen 1976-1978: Der Slalomspezialist gewann die Wettbewerbe, obwohl er fast nie im Abfahrtslauf antrat. Er war so überragend besser in Slalom und Riesenslalom, dass er es sich leisten konnte, die anderen Läufer in ihren vergeblichen Bemühungen im Ablauf nur zu beobachten.

01 | 10 | 1975
Mächtig, ohnmächtig

Es gibt Boxkämpfe und es gibt Boxkämpfe. Boxkämpfe, die selbst Menschen im Gedächtnis behalten, die ansonsten mit dem Sport keinerlei Berührungspunkte haben. Muhammad Ali ist eine Ikone des 20. Jahrhunderts, seine große Klappe ebenso bekannt wie sein Genie als Kämpfer im Ring. Alis bekanntester Kampf war neben dem „Rumble in the jungle" gegen George Foreman jedoch einer, den er zwar gewann, dessen Preis allerdings weit höher war, als der als Cassius Clay geborene Champion es sich je hätte träumen lassen. Sein Gegner am 1.10.1975 in Manila auf den Philippinen ist niemand geringeres als Joe Frazier, gegen den er zuvor schon in legendären Kämpfen ein Mal verloren und ein Mal gewonnen hat – und der sein Intimfeind geworden ist. Vor dem als „Thrilla in Manila" in die Geschichtsbücher eingehenden Kampf behaken sich die Kontrahenten bereits mit zahlreichen Wortduellen. Ali: „Dürfen artgeschützte Tiere in die Philippinen einreisen?", oder „Joe Frazier ist der größte Boxer aller Zeiten – nach mir", worauf Frazier kontert, „Ich reiße diesem Halbblut sein Herz aus der Brust". Für Zündstoff ist also ausreichend gesorgt. Was beide Boxer noch nicht wissen können: Dieser Kampf wird sie weit über ihre Grenzen tragen, er wird ihnen alles abverlangen, sie kurzzeitig als Wracks zurücklassen und für immer verändern. Ali beginnt sicher, aber Frazier holt auf und beide haben eine erstaunlich hohe Trefferquote. Diese führt zusammen mit der hohen Luftfeuchtigkeit und ständigem Flüssigkeitsentzug dazu, dass beide im zweiten Drittel des Kampfes bereits vollkommen am Ende sind und, so später Alis Ringarzt, sich in dieser Phase sogar in Lebensgefahr befinden. Ali gewinnt in der 13. und vor allem 14. Runde wieder die Oberhand und verunstaltet Frazier geradezu, er schlägt ihm gar seinen Mundschutz aus dem Gesicht. Frazier ist am Ende mit einem zugeschwollenen Auge und einem beschädigten zweiten quasi blind und hat nichts mehr entgegenzusetzen. Obwohl er weiterkämpfen will, wirft sein Trainer Eddie Futch für ihn das Handtuch. Ali gewinnt, kollabiert aber direkt nach dem Kampf und gibt zu, dem Tod nie so nahe gekommen zu sein. Der Respekt füreinander steigt nach dem Kampf deutlich. Ali wird sagen: „Wir kamen als junge Champions nach Manila und gingen als alte Männer" und „Joe Frazier, das sage ich der Welt hier und heute, ist ein großartiger Kämpfer, Gott schütze ihn!". Frazier, nicht minder demütig: „Mein Gott! Was für ein Champion! Ich habe ihn mit Schlägen bearbeitet, die ganze Stadtmauern zum Einsturz gebracht hätten und er hat sie einfach weggesteckt. Was für ein Kämpfer!"

30 | 12 | 1975
Die Geburt des Tigers

Earl Woods ist Oberstleutnant der US Army und als solcher sehr gut befreundet mit einem vietnamesischen Soldaten namens Vuong Dang Phong, dem er den Spitznamen „Tiger" verleiht. Ende des Jahres 1975 bekommen Earl und seine Frau Kultida einen Sohn, den sie zwar Eldrick taufen, der jedoch schon bald ebenfalls auf den Rufnamen „Tiger" hört. Dieser familieninterne Tiger kann kaum krabbeln, als er seinem Vater beim Golfen zusieht. Im unglaublichen Alter von 2 Jahren tritt Woods Junior in der Mike Douglas Show auf, in der er mit Komiker Bob Hope die ersten Bälle schlägt. Keine 12 Monate später braucht er nur 48 Schläge für neun Löcher und wiederum 2 Jahre danach bewundert man bereits sein Naturtalent in dem Fachmagazin „Golf Digest". Es folgen eine atemberaubende Anzahl an Turniersiegen und eine beispiellose Karriere als wohl bester Golfer aller Zeiten, die in diversen Rekorden und einem Einkommen von über 75 Millionen US-Dollar allein aus Erlösen der PGA-Tour münden.

18 | 07 | 1976
Unerreichbar? Oder: 10 statt 1

Die Firma Longines ist traditionell Hersteller der Anzeigentafeln für die Olympischen Spiele. Kurz vor den Wettbewerben 1976 in Montreal sprechen Vertreter der Firma bei der Jury für die Disziplin Turnen vor und regen an, erstmals die Höchstwertung von 10,00 für die Anzeigentafel einzuprogrammieren, also auf eine vierstellige Wertung vorbereitet zu sein. Die Jury winkt ab, dies sei zwecklos, bislang wäre so etwas noch nicht vorgekommen und würde auch nie und nimmer vorkommen, das sei verschwendete Arbeitszeit. Die Worte der Jury sollen ihr jedoch wie Kleingeld auf den Boden fallen, als am 18. Juli 1976 die kleine, zierliche 14-jährige Rumänin Nadia Comaneci die Halle betritt und ihre Schritte Richtung Stufenbarren lenkt. Was folgt, hinterlässt die Jury mit offenen Mündern und einem Erstaunen, welches auch in den kommenden Tagen und noch lange Zeit danach nicht abebben wird. Comaneci liefert nicht nur die mit Abstand beste Leistung im Wettbewerb ab, ihre Darbietung grenzt vielmehr an eine

Blaupause der absoluten Perfektion, ein Ausrufezeichen hinter allem, was an diesem Gerät möglich ist. Die Jury kommt nicht umhin ihr das Gütesiegel der Höchstnote zu verleihen, und vergisst dabei für einen Moment, dass sie Longines erst vor kurzem einen Korb gaben, was die Erweiterung der Anzeigentafel angeht. So erscheint die völlig perplexe Wertung 1,00, stellvertretend für den eigentlich von der Jury gewünschten Ritterschlag der Bestnote. Comaneci kann heute auf insgesamt fünf Gold-, drei Silber- und eine Bronzemedaille bei Olympischen Spielen zurückblicken und gilt völlig zu Recht als eine der besten Turnerinnen aller Zeiten.

05 | 10 | 1977
Das unsichtbare Genie

Jan-Ove Waldner ist, wie man am Namen schon unschwer erkennen kann, kein Chinese, und trotzdem einer der besten Tischtennisspieler aller Zeiten – und das als Schwede. In seiner über zwanzig Jahre andauernden Karriere hat der selbst von Chinesen respektvoll „Evergreen" getaufte Sportler alles gewonnen, was es zu gewinnen gibt. Und dennoch markiert eine Episode aus seiner frühen Jugend die sensationelle Entwicklung und das Erstaunen, mit dem seine Gegner ein ums andere mal zurückgelassen wurden: Nachdem Waldner im zarten Alter von zwölf Jahren sein Debüt in der ersten schwedischen Tischtennis-Liga gegeben hat, feiert er am 5. Oktober 1977 hier den ersten seiner vielen Siege. Sein „Opfer" ist Dennis Pettersson, der die Niederlage gegen den damals lediglich 140 cm kleinen Jungen wie folgt kommentiert: „Wie kann man gegen jemanden gewinnen, den man gar nicht sieht?" Zu jenem Zeitpunkt war Jan-Ove Waldner also zu klein für seine Gegner, später schlicht zu schnell.

30 | 03 | 1979
131 Tage später

Der Handball-Sport hat viele Stars hervorgebracht, auch wenn die Sportart selbst nicht oft im Scheinwerferlicht steht. Ob der Schwede Magnus Wislander, offiziell vom internationalen Handballverband nach einer Umfrage zum Spieler des Jahrhunderts gewählt, oder der Kroate Ivano Balic, der „Ronaldinho des Handballs", es gibt einige Spieler, die dieses Prädikat verdient haben. So auch der Deutsche Joachim „Jo" Deckarm, welchen jedoch im Gegensatz zu seinen Nachfolgern ein tragisches Schicksal ereilte. Der ehemalige Junioren-Zehnkampfmeister steht am 30. März 1979 mit seiner Vereinsmannschaft, dem VfL Gummersbach, im Europapokalspiel im ungarischen Tatabánya auf dem Feld. Drei deutsche Meisterschaften, zwei Europacuperfolge und ein Jahr zuvor sogar der Gewinn der Handball-Weltmeisterschaft liegen hinter ihm. Deckarm ist zu diesem Zeitpunkt der beste Spieler des Planeten, als er in jener Partie unglücklich mit dem Gegenspieler Lajos Pánovics zusammenstößt. Der linke Rückraumspieler ist sofort bewusstlos und prallt ungeschützt mit dem Kopf auf den Betonboden, der nur unzureichend mit einer dünnen PVC-Schicht überzogen ist. Die Folge: Doppelter Schädelbasisbruch, ein Gehirnhautriss und schwere Gehirnquetschungen. Erst nach 131 Tagen erwacht er aus dem Koma. Deckarm kann sich kaum bewegen und nicht mehr sprechen. Bis ins Jahr 1982 wird er therapiert – erfolglos. Erst als sein ehemaliger Trainer Werner Hürter ein eigens für den ehemaligen Spieler entwickeltes Trainingsprogramm mit ihm durchführt, kehren langsam wieder Hoffnung und Lebenswille zurück. Unter anderem durchs Schachspielen findet „Jo" langsam wieder Anschluss und kann später, wenn auch stets mit fremder Hilfe, ein halbwegs normales Leben führen.

05|07|1980
22 Minuten und 16:18

Der Schwede Björn Borg ist 1980 nicht nur der Publikumsliebling, sondern auch der Favorit für das Finale des wichtigsten Tennisturniers der Welt: Wimbledon. Er hat die vier vorhergehenden Endspiele gewonnen und steht somit vor dem Rekord, als erster Mensch dieses Turnier fünf Mal in Folge zu gewinnen. Sein Widersacher, der Amerikaner John McEnroe, stürmt jedoch ähnlich eindrucksvoll ins Finale und scheint zu diesem Zeitpunkt ein mehr als ebenbürtiger Gegner zu sein. Am 5. Juli 1980 beginnt um 14:19 Uhr Ortszeit eines der denkwürdigsten Endspiele in der Geschichte von Wimbledon. McEnroe startet furios, drängt Borg ein ums andere Mal zurück und entscheidet den ersten Satz geradezu sensationell hoch und deutlich mit 6:1 für sich. Borg ist geschockt, fängt sich jedoch und beweist Nervenstärke, als es ihm gelingt, im zweiten Satz einen Break zu holen, den Satz 7:5 zu gewinnen und auch im dritten mit 6:3 zu dominieren. Alles scheint doch noch zu seinen Gunsten zu laufen, als er im vierten Satz beim Stand von 5:4 zwei Matchbälle hat. McEnroe bleibt gelassen, wehrt die zwei Bälle auf höchstem Niveau ab und rettet ein 6:6. Der Tie-Break muss erneut entscheiden. Statt auf Nummer Sicher zu gehen, spielen beide volles Risiko und so steht es erst 6:5 und dann 7:6 für Borg. Borg vergibt noch weitere drei Matchbälle, McEnroe auf der Gegenseite zwei

Satzbälle. Am Ende geht es um den 34. Punkt in diesem dramatischen Satz, als McEnroe mit einem Rückhand-Return auf den Körper des Schweden zielt, der seinen Volley nicht mehr im Feld platzieren kann. Nach 22 Minuten und einem Satz, der 18:16 im Tie-Break entschieden wird, ist McEnroe wieder im Spiel um den Wimbldeon-Sieg. Doch statt sich von McEnroes Rückkehr ins Spiel einschüchtern zu lassen, spielt der Schwede nun wieder konzentrierter. McEnroe bäumt sich auf, muss sich aber am Ende 6:8 im letzten Satz geschlagen geben. Erst ein Jahr später darf er Borgs Regentschaft beenden. Für den Moment entsteht eines der bekanntesten Tennis-Bilder, als Borg nach dem letzten gespielten Ball auf die Knie sackt und fest seinen Schläger umklammert, froh diesen Marathon für sich entschieden zu haben.

14 | 02 | 1984

Note 6 und doch die Besten

Am 14. Februar 1984, als die Klänge von Maurice Ravels „Boléro" bei der Entscheidung im Eistanz erklingen, denken weder Christopher Dean noch Jayne Torvill daran, ob es richtig war, ihre Jobs als Polizeibeamter und Versicherungsangestellte aufzugeben. Die beiden englischen Eiskunstläufer stehen für den entscheidenden Lauf bei den Olympischen Winterspielen in Sarajevo auf dem Eis und werden in den kommenden Minuten die perfekteste Kür ihres Lebens hinlegen, womöglich die beste, die es je im Paarlauf geben wird. Als ihre Kufen zum Stillstand kommen, bricht tosender Jubel aus, Dean wird später berichten, dass er sich nicht mehr daran erinnern kann, diesen Lauf je absolviert zu haben. Die Punktrichter können sich sehr wohl erinnern und vergeben zum einzigen Mal in der Geschichte des Eislaufs neun von zwölf Fällen die bestmögliche B-Note: 6,0! Die einzig logische Folge ist die Goldmedaille. Die Leistung des Sport-Paares aus Nottingham ist derart erstaunlich, dass es sogar ein Video zu der Kür in einige Hitparaden schafft.

05 | 04 | 1984

31.420

Zwei Jahre nach dem Ende des Zweiten Weltkrieges wurde Ferdinand Lewis Alcindor Jr. in Harlem, New York City geboren. Der Junge wuchs heran zum bei weitem größten Kind seiner Nachbarschaft. Schnell war klar, dass Alcindors Weg nur auf das Basketballfeld führen konnte. Seine Mitschüler sahen ihn als Freak an, sein Vater interessierte sich nicht für ihn und erzog ihn zudem mehr als streng. Alcindor aber machte seinen Weg, konvertierte 1971 vom Katholizismus zum Islam und nannte sich fortan Kareem Abdul-Jabbar, was in etwa „großmütiger, kraftvoller Diener" bedeutet. Abdul-Jabbar ist zu diesem Zeitpunkt schon in Lichtgeschwindigkeit unterwegs, einer der besten Basketball-Spieler aller Zeiten zu werden. Am 5. April 1984 jedoch zimmert er sich sein eigenes Denkmal. Im Spiel gegen die Mannschaft von Utah Jazz nimmt er einen Pass seines kongenialen Partners Magic Johnson auf, setzt zu dem von ihm erfundenen „Skyhook" Wurf an und punktet, ohne auch nur den Ring des Korbes zu berühren. Abdul-Jabbars Punkt Nummer 31.420 stellte gleichzeitig einen neuen Rekord dar, Superstar Wilt Chamberlain war überholt, der erfolgreichste Werfer aller Zeiten war nunmehr Kareem! Als Abdul-Jabbar mit 42 (!) Jahren 1989 seine beispiellose Karriere beendet, zeigt sein Punkte-Kontostand die bis heute unerreichte Marke von 38.387 an.

29|05|1985
Der letzte Tag von Heysel

Als der ARD-Kommentator Jochen Hageleit am Dienstag, den 29. Mai 1985 durch die Innenstadt von Brüssel schlendert, scheint es für ihn wie für viele andere auch ein wunderschöner Sommertag zu werden, an dessen Ende das hochinteressante Endspiel der Fußball Champions League (damals noch Cup der Landesmeister) zwischen dem FC Liverpool und Juventus Turin stattfinden soll. Die Atmosphäre scheint entspannt und niemand ahnt, dass wenige Stunden später 39 Menschen ihr Leben lassen müssen. Noch bevor das Spiel angepfiffen wird, gibt es erste Tumulte inmitten der 60.000 Fans, von denen sich nicht wenige noch am Nachmittag in Brüssel bei einem Bier verbrüdert hatten. Schuld an dem folgenden Desaster sind jedoch nicht nur eine Menge Liverpooler Hooligans, die einen Block mit italienischen Fans stürmen, sondern auch ein korrupter UEFA-Funktionär, der unerlaubt Tickets an Fans verkauft hat, so dass beide Lager am Ende lediglich durch einen wackligen Drahtzaun voneinander getrennt sind. Das Ergebnis ist erschütternd, „Fans" werden weggedrängt und bringen eine Mauer zum Einsturz, unter deren Last die ersten Zuschauer sterben. Panik bricht aus, an ein Spiel ist lange nicht zu denken. Neben den vielen Toten werden auch 400 Menschen verletzt. Das Unmögliche geschieht schließlich dennoch: Das Spiel wird durchgeführt. Die ARD verzichtet jedoch auf einen Kommentar, Hageleit bekommt die Order: „Wir machen nichts, brechen Sie ab und fahren Sie nach Hause". Von ganz oben wird aus Sicherheitsgründen entschieden, dass gespielt wird. Weder Platinis Tor zum Sieg von Turin noch der dadurch eingefahrene Titel werden bejubelt. Nach dem Endspiel wird in Heysel nie wieder ein Spiel ausgetragen. Zudem werden englische Vereine als Konsequenz für fünf Jahre, der FC Liverpool gar für sieben Jahre von internationalen Wettbewerben ausgeschlossen.

07 | 07 | 1985
Arbeitsplatz Wohnzimmer mit Rasen

Kevin Curren spielt das Turnier seines Lebens. Der südafrikanische Tennisspieler besiegt in Wimbledon, dem bedeutendsten Turnier der Welt, 1985 nicht nur den Schweden Stefan Edberg und den Finalisten vom Vorjahr, Jimmy Connors. Nein, er lässt sich auch von dem zweiten US-Star John McEnroe nicht aufhalten und zieht am 7. Juli schließlich ins Finale ein. Seine Form lässt keine Frage über den Ausgang dieses Matches zu. Ihm gegenüber steht an diesem Tag ein blutjunger rothaariger Deutscher, der als ungesetzter Spieler das Turnier begonnen hat und daher erst der neunte Spieler ist, der das Finale erreicht. Der freche Jungspund aus Leimen gewinnt den ersten Satz mit 6:3 und zeigt, dass er seine kleine Chance nutzen will. Curren zwingt ihn im zweiten Satz mit 7:6 in die Knie und hofft, trotz des knappen Erfolges, auf die eigentlich doch logische Wende im Spiel. Zu Recht, fängt Becker doch unbeherrscht an sich selber anzumeckern und wild gestikulierend zu hadern, etwas wofür er später bekannt werden soll. Auch der dritte Satz ist hart umkämpft, Curren schafft einen Break, alles rechnet mit dem Ende von Beckers Kunst. Dieser fährt sich mit der Zunge über die Lippen und kämpft sich direkt zurück ins Spiel, der Satz endet 7:6 zu Beckers Gunsten, und das erste Mal zeigt er ein weiteres unverwechselbares Merkmal, die Becker-Faust, den Arm im rechten Winkel zum Körper gezogen. Er ist wieder im Spiel! Nach drei Stunden und achtzehn Minuten verwandelt Becker vor den Augen von 13.118 Stadion-Zuschauern und mehreren hundert Millionen vor dem Fernseher seinen dritten Matchball und ist somit der erste Deutsche, der erste Ungesetzte und der jüngste Spieler, der das Turnier gewinnen kann, welches an jenem Tag zum 99. Mal entschieden wird. Becker wird zum Star und Wimbledon zu seinem bevorzugten Terrain. Noch zwei Mal wird er später hier gewinnen. Er selbst geht sogar soweit, den Londoner Rasenplatz sein Wohnzimmer zu nennen.

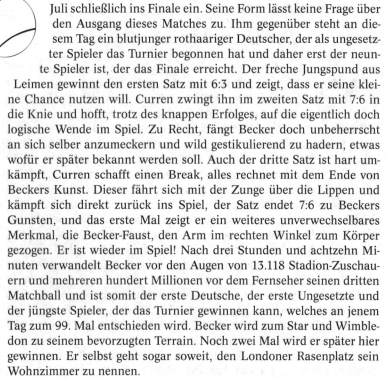

13 | 07 | 1985
Hoch, höher, Bubka

Die Freiluftsaison 1985 soll für den ohnehin schon sehr erfolgreichen Stabhochspringer Sergej Bubka zu einem denkwürdigen Ereignis werden. Bei vielen Wettkämpfen pflegte der Ausnahmesportler seit dem Beginn seiner Karriere, seine eigenen Rekorde um jeweils nur einen Zentimeter zu überbieten. Seit 1983 ist ihm der Weltmeistertitel nicht mehr zu nehmen. Doch an einem warmen Julitag im Jahr 1985 in Paris versucht der ukrainische Athlet als erster der Welt die magische Marke von sechs Metern zu überspringen. Bubka beginnt den Wettbewerb mit 5,70 Meter, lässt aber als nächstes schon die Latte auf sechs ganze Meter legen. Nur drei Versuche braucht der 1,83 m große Sportler für die erfolgreiche Überwindung der Höhe und somit einen Eintrag in die Geschichtsbücher der Leichtathletik. 1994 steigert er seinen eigenen Weltrekord im Freien auf 6,14 Meter und in der Halle auf 6,15 Meter. Wie dominant Bubka seit seinen jungen Jahren ist, wird bereits am 31. August 1984 deutlich, als der Franzose Thierry Vigneron mit 5,91 m einen neuen Weltrekord aufstellt, diesen aber lediglich zehn kurze Minuten behalten darf. Genau bis zu dem Moment, an dem ein gewisser Sergej Bubka kurz vor der Matte den Boden verlässt.

22 | 06 | 1986
Die Hand Gottes

In der schwülen Hitze vom 22. Juni 1986 spielen im Azteca-Stadion von Mexico City bei der Fußballweltmeisterschaft nicht nur zwei Fußball-Teams gegeneinander. Argentinien will viel mehr in diesem Viertelfinale gegen England die Schmach des verlorenen Falklandkrieges rächen. „Es ging nicht ums Gewinnen, sondern darum, die Engländer heim zu schicken", wird der Mittelfeldspieler Maradona später zitiert. Um dies zu erreichen ist dem nur 165 cm großen Mann jedes Mittel recht. Nachdem Maradona bereits in der ersten Halbzeit sein Können aufblitzen lässt, verwandelt er in der 51. Spielminute das Match ganz allein in ein historisches Spiel. Der Engländer Hodge kann den Ball nicht aus der Gefahrenzone bringen, Torhüter Shildon und der winzige Maradona springen beide vor dem Tor der Engländer dem Ball entgegen. Der geniale und hinterlistige Argentinier gewinnt das Duell auf bizarre Weise, indem er den Ball über Shildon hinweg mit der Hand ins Tor spitzelt. Der Schiedsrichter signalisiert: Das Tor zählt; das Spiel erfährt so eine entscheidende Wende. Von Fair Play so weit entfernt wie London von Buenos Aires, jubelt Diego Armando wie bei jedem regulären Tor – obwohl die Fernsehbilder beweisen, dass es sich um ein eindeutiges Handspiel handelte. Maradona, sich keiner Schuld bewusst, spricht nach dem Spiel im Gegenteil davon, dass England „durch die Hand Gottes und den Kopf Maradonas bestraft worden" sei. Fortan werden Journalisten weltweit bei jedem Handspiel-Tor „die Hand Gottes" zitieren, die über ähnlichen Regelverstößen künftig wie ein Damoklesschwert schwebt. Das Spiel reißt Maradona aber auch nach dem irregulären Treffer weiter an sich, indem er nicht weniger als das später offiziell titulierte „WM-Tor des Jahrhunderts" schießt. Nur vier Minuten nach seinem Handspiel setzt der zwergenhafte Held in der eigenen Hälfte zu einem Dribbling an, bei dem er vier englische Spieler wie Statisten stehen lässt, Torhüter Shildon ebenfalls austrickst und den Ball im Fallen einschiebt. Die randalierenden Fans Englands und Argentiniens im mit 100.000 Zuschauern gefüllten Stadion sowie Millionen von Menschen an den Bildschirmen sehen die beiden Seiten des Diego Armando Maradona – und ein Spiel, das in die Annalen eingeht.

24 | 09 | 1988
Schneller als erlaubt

Benjamin „Ben" Sinclair Johnson, ein in Jamaika geborener kanadischer Leichtathlet, ist 1988 scheinbar auf der Höhe seiner Karriere angekommen. Er ist seinem erbitterten Rivalen Carl Lewis – wie Johnson ein 100-Meter-Lauf-Spezialist – zwar nicht um Längen, jedoch um Hundertstelsekunden überlegen. Nachdem Lewis bei den Olympischen Spielen in Los Angeles noch die Oberhand hatte, gewann Johnson sowohl die Goodwill Games in Moskau 1986 als auch die Leichtathletik-Weltmeisterschaften in Rom ein Jahr später. Bei den Olympischen Spielen in Seoul 1988 soll es am 24. September 1988 zum großen Kampf der Giganten kommen. Lewis ist auf Rache aus, Johnson will der Welt endgültig beweisen, dass er der König der Sprinter ist. Der von Johnson aufgestellte Weltrekord von 9,83 Sekunden steht zudem im Raum. Das Rennen beginnt, und keine 9,79 Sekunden später überquert Johnson die Ziellinie, vor dem staunenden Lewis, der „nur" auf 9,92 Sekunden kommt. Das Stadion und Millionen Menschen am Fernseher jubeln, doch nur zwei Tage später zerplatzt der Traum des scheinbar in Lichtgeschwindigkeit laufenden Johnson. Schon vorher hatten Zweifler von den unglaublichen Muskelpaketen des Modellathleten auf eine Einnahme unerlaubter Mittel geschlossen, und nun bestätigt sich die bittere Wahrheit: In der Urinprobe Johnsons findet man Spuren von Stanozol. Der Kanadier bekommt seine Goldmedaille aberkannt. Weitere Geständnisse Johnsons folgen und auch frühere Erfolge werden annulliert. Während Carl Lewis als einer der größten und erfolgreichsten Leichtathleten aller Zeiten gefeiert wird, mutiert sein Kontrahent zu einer tragikomischen Figur des Sports.

01 | 10 | 1988
Golden Slam

Steffi Graf ist erst 19 Jahre alt und in Lichtgeschwindigkeit auf dem Weg die beste Tennisspielerin aller Zeiten zu werden, als ihr am 1. Oktober 1988 etwas gelingt, was im Tennissport bis heute einmalig ist. Nachdem das Ausnahmetalent im gleichen Jahr bereits die großen vier Turniere (Australien Open, French Open, Wimbledon und US Open) gewonnen hat, reist sie als Grand Slam Siegerin nach Seoul. „Ich bin wirklich müde hierher gekommen und habe nicht sehr viel von mir erwartet" wird sie später zu Protokoll geben. Was nun folgt, ist das vielleicht beste Tennis, das Graf je spielen soll. Besonders das Halbfinale gegen Zina Garrison absolviert sie herausragend und auch Gabriela Sabatini, ihre zu der Zeit härteste Konkurrentin, unterliegt ihr im Finale letztlich 3:6 und 3:6. Diese Goldmedaille bedeutet allerdings mehr als nur einen weiteren Erfolg für die Brühlerin. Grand Slam und Olympisches Gold ergeben zusammen den so genannten Golden Slam, eine unsichtbare Trophäe, die kein Tennisspieler, männlich oder weiblich, vor oder nach ihr erreicht hat. 1988 wird zwar Grafs erfolgreichstes Jahr bleiben, ihre Regentschaft im Damentennis jedoch steht erst am Anfang. Am Ende ihrer Karriere wird sie 377 Wochen auf Platz 1 der Weltrangliste gestanden haben – ebenso unerreicht wie der Golden Slam von 1988.

22 | 01 | 1989
King Cool Magic und John Candy

Comeback King, Montana Magic oder Joe Cool. Es gibt viele Bezeichnungen für den besten Quarterback aller Zeiten. Joe Montana bestimmte in einer der zentralen und wichtigsten Positionen im amerikanischen Football den Sport über 15 Jahre. Er errang zahlreiche Bestmarken, Rekorde und gewann die National Football League mit seinen San Francisco 49ers. Er bestach vor allem durch seine Coolness und die Fähigkeit, selbst aussichtslose Spiele noch in letzter Sekunde zu drehen. Sein tödlicher Pass in einem legendären Spiel 1982 gegen die Dallas Cowboys ging als „The Catch" in die Geschichte ein, und mit vier gewonnenen Endspielen und drei Titeln als „Wertvollster Spieler der Saison" könnte sein Stern kaum glänzender sein. Er selbst bezeichnete jedoch folgendes Ereignis als den schönsten Moment seiner Karriere: Im Super Bowl Endspiel gegen die Cincinnati Bengals muss Montanas Team kurz vor Schluss noch sage und schreibe aussichtslose 92 Yards erobern und den Spielzug mit einem Touchdown beenden. Für diese Aufgabe kommt nur eine Person in Frage. Während einer kurzen Pause vor der entscheidenden Spielszene herrscht große Nervosität und Angst vor dem Scheitern in den Reihen der 49ers. Montana jedoch schaut gelangweilt in dem großen Stadion umher und wendet sich schließlich seinen Mitspielern zu: „Hey, da drüben ist John Candy!" Sein Kollege Harris Barton ist derart mit den Nerven fertig, dass ihn allein der Hinweis auf die Anwesenheit des Schauspielers Candy aus seiner Anspannung befreit. Montana führt sein Team die letzten drei Minuten aufs Feld, überwindet die endlose Distanz bis zur gegnerischen Grundlinie und spielt am Ende sogar noch den entscheidenden Pass auf John Taylor, welcher den Sieg bringt. Nicht erst seit diesem unglaublich lässig herbeigeführten Sieg gegen Ende seiner Karriere trägt Montana den Namen „The Comeback Kid" vollkommen zu Recht.

25 | 08 | 1991
Macht Spa-ß

Bertrand Gachot und sein ungezügeltes Temperament beflügelten eine der beispiellosesten Karrieren in der Geschichte des Motorsports. Im Sommer 1991 setzt sich der Belgier in ein Taxi, beginnt jedoch mit dem Fahrer über die Höhe der zu zahlenden Summe zu streiten. Gachot gerät in Rage und besprüht den Mann mit Reizgas. Das alles wäre nicht weiter von Belang, wäre Gachot zu jenem Zeitpunkt nicht Stammfahrer des Formel-1-Rennstalls Jordan. Der Taxi-Vorfall katapultiert Gachot von seinem Platz im Team ins Gefängnis, als Nachfolger steht Stefan Johansson bereit. Aber auch dieser bekommt den Platz im Rennauto nicht, ein junger Mann aus Deutschland, der bis dato nur Formel 3000 gefahren war, namens Michael Schumacher wird Dank einer finanziellen Mitgift als Ersatzfahrer ausgewählt. Zudem versichert Schumachers Manager Willi Weber Teamchef Eddie Jordan, dass sein Klient die als nächstes auf dem Plan stehende belgische Strecke Circuit de Spa-Francorchamps, kurz Spa, wie seine Westentasche kenne. Schumacher schnappt sich seinerzeit ein Fahrrad und fährt die Strecke von Spa ab, während sein Manager bereits Zimmer in der örtlichen Jugendherberge bucht. Im Qualifying erreicht Schumacher einen alle überraschenden 7. Platz, im Rennen selbst bleibt er schon nach 500 Metern mit

Kupplungsschaden liegen. Vorher hat er allerdings bereits zwei Fahrer überholt und gemerkt, dass er auch ohne weiteres und selbst ohne Formel-1-Erfahrung Fahrer wie Senna oder Piquet überholen kann. Bevor das Rennen vorbei ist, sichert sich der Chef des Teams Benetton, ein gewisser Flavio Briatore, die Dienste von Michael Schumacher, der 1994 und 1995 zunächst zwei WM-Titel für Benetton holt und später für Ferrari noch weitere fünf!

06 | 02 | 1993
Von Brook Field nach Wimbledon

Als Arthur Ashe wenige Tage vor seinem Tod am 6. Februar 1993 die letzten Worte seines Buches „Days of Grace" schreibt, liegt ein langer, trotzdem zu kurzer und vor allem beschwerlicher aber auch sehr erfolgreicher Weg hinter ihm. Ashe kämpft Zeit seines Lebens gegen Rassendiskriminierung und Apartheid und engagiert sich stets philanthropisch, nicht zuletzt im Kampf gegen AIDS, die Krankheit, die ihn als einziger Gegner wirklich besiegt. Sensationell erfolgreich ist auch seine Karriere als Tennisspieler, die damit beginnt, dass sein Vater eine Stelle als Parkwächter in Brook Field annimmt, einer Grünfläche mit diversen Tennisplätzen und einem Spielplatz nur für Schwarze. Diese animieren Ashe, selbst den Schläger in die Hand zu nehmen. Sein Tennisspiel beherrscht er selbst im für Profis hohen Alter von 31 Jahren noch derart gut, dass er es schafft, den haushohen Favoriten Jimmy Conners 1975 im Finale von Wimbledon zu schlagen. Als erster und bislang einziger Schwarzer gewinnt er dieses Turnier und sagt: „Als ich den Matchball spielte, zahlten sich all die Jahre, all die Anstrengung und all die Unterstützung, die ich bekommen habe aus. Der ganze lange Weg von Brook Field nach Wimbledon". Drei schwere Operationen und die AIDS-Infektion von 1983 beenden Ashes Karriere kurze Zeit später. Auf die Frage eines Fans, wieso Gott ausgerechnet ihn ausgewählt habe, mit AIDS infiziert zu werden, antwortet er: „50.000.000 Kinder spielen Tennis. 5.000.000 lernen es, 500.000 spielen professionell, 50.000 schaffen es ins Tennis-Business, 5.000 bis zum Grand Slam, 50 gar bis nach Wimbledon, 4 ins Halbfinale, 2 ins Finale. Als ich dort den Pokal hochhielt, habe ich nie daran gedacht Gott zu fragen: Wieso ich?".

28|06|1997
Biss dann...

Mike Tyson war auf dem besten Weg der größte Boxer im Schwergewicht zu werden, besiegte er doch alles und jeden in äußerst brutaler Manier, was sich ihm in den Weg stellte. Sein düsteres Äußeres tat ein Übriges zu einer medialen Präsenz und Bewunderung, die es seit Muhammad Ali nicht gegeben hatte. Dies war der Status Quo am 1. August 1987 als Tyson alle Titel der drei gewichtigen Box-Verbände (WBA, WBC und IBF) mit einem Sieg gegen Tony Tucker gewonnen hatte. Sein Alter damals: Sensationelle 21 Jahre. Doch mit dem Tod seines Managers Jim Jacobs und seines Ziehvaters Cus D'Amato, einer verrückten Ehe, privaten Turbulenzen, der Entlassung seines Trainers Kevin Rooney und dem Promoterwechsel hin zu dem legendären Don King, begann Tysons Abstieg. Zwar zögerte er ihn hinaus, kam er immer mal wieder zurück, war aber nie mehr der Alte. Am 9. November 1996 kommt es zu einem großen Fight gegen Altmeister Evander Holyfield, vor dem Tyson als haushoher Favorit gilt, lagen Holyfields beste Tage doch in der Vergangenheit. Der Außenseiter kämpft jedoch bravourös und bringt den Ringrichter dazu, Tyson in der elften Runde aus dem Kampf zu nehmen. Die Revanche findet am 28. Juni 1997 statt, und obwohl das Aufeinandertreffen aus sportlicher Sicht kein Highlight ist, entwickelt es sich doch zu einem der spektakulärsten Kämpfe aller Zeiten und zu einem Symbol für Tysons langsames Ende. Holyfield hat Tyson erneut gut im Griff und lässt wenig Gegenwehr zu, als Tyson, dieser Tatsache gewahr werdend, zu einem außergewöhnlichen „Kunstgriff" ansetzt. In Runde 3 beißt er seinem Gegner kurzerhand ein Stück des rechten Ohres ab, um den Kampf zu beenden, in Kauf nehmend, oder sogar ahnend, dass er disqualifiziert werden würde. Einige Beobachter geben im Nachhinein jedoch Holyfield die Schuld, der seinerseits gegen Tyson, auch schon im ersten Kampf, zu unlauteren Kopfstößen geneigt habe. Tyson selber kommentiert den Anfang vom Ende seiner Karriere so: „I just snapped" („Es ist mit mir durchgegangen!").

14|06|1998
Sekunden in die Unsterblichkeit

Das sechste Spiel der Finalserie. Die Basketballmannschaft der Chicago Bulls führt nach Spielen 3:2 gegen Utah Jazz. Dieses womöglich entscheidende Spiel in der Hölle von Utah dauert nur noch zehn Sekunden, und Chicago liegt einen Punkt zurück. Ein

Spieler schnappt sich den Ball, wartet, erstaunlich ruhig, dribbelt wenige Meter vom gegnerischen Korb entfernt von links nach rechts, unter der strengen Beobachtung tausender Utah-Fans und natürlich vor allem seines Bewachers auf dem Feld, Byron Russell. Plötzlich zieht er an, hält ruckartig inne, Russell versucht ihm zu folgen, aber der Haken, den die Beine des Angreifers schlagen, ist zu abrupt. Russell rutscht weg, der Angreifer steht nun frei ca. fünf Meter dem Korb geradeaus gegenüber, hebt ab und versenkt den Ball genau 5,2 Sekunden vor dem Ende der Partie im Korb. Der verzweifelte Versuch eines Utah-Spielers danach noch einen unmöglichen Drei-Punkte-Wurf zu vollenden misslingt, Chicago ist NBA-Meister und hat zudem als einziges Team jemals zum zweiten Mal drei Meisterschaften in Folge gewonnen. Der Spieler, von dem der entscheidende Ball erobert wurde, ist niemand Geringeres als Superstar Karl Malone; der Angreifer, der bereits vorher zahllose Siege und Meisterschaften errungen hat und auch dieses Jahr wieder zum „Most Valuable Player" gekürt wird, ist schlicht der beste Basketballspieler aller Zeiten, Michael Jordan. Es ist der 14. Juni 1998, und es sind die wohl besten und wichtigsten fünf Sekunden, die Jordan in seiner Laufbahn gespielt hat.

29 | 03 | 1999
Gordie Howe und das letzte Tor

Ausgerechnet im Jahr 1999 verabschiedet sich Kanadas Eishockeylegende Wayne Gretzky vom aktiven Sport. Seine Rückennummer 99 ist für immer gesperrt, niemand außer ihm kann und soll sie je tragen, zu großartig sind seine Verdienste und Leistungen, die ihn zum besten Eishockeyspieler der Welt machten – und zu einem der erfolgreichsten. Dennoch: Kurz vor dem definitiven Ende seiner Karriere gibt es noch einen Rekord zu brechen. Gordie Howe hat in seiner Karriere mehr Tore (nämlich 1.071) erzielt als Gretzky, welcher sich kurz vor Ablauf seiner letzten Saison am Rücken verletzt. Die Schmerzen sind derart stark, dass er kaum den Arm heben kann. Gretzky beißt die Zähne zusammen. Er spielt in Calgary, er spielt in Edmonton, aber ein Tor will ihm nicht gelingen. Schließlich kehrt er zurück, muss ins Krankenhaus und spielt resigniert mit dem Gedanken, vorzeitig seinen Rücktritt bekannt zu geben. Am selben Abend ruft ihn Gordie Howe an: „Ich reise nach China und wollte Dir schon mal zu dem Tor-Rekord gratulieren, weil ich dich später nicht werde erreichen können!" Gretzky antwortet erschöpft: „Gordie, ich werde morgen bekannt geben, dass ich mich endgültig zurückziehen werde…". Daraufhin Howe: „Ach Quatsch, Du wirst wieder spielen. Du wirst es schaffen. Mach Dir darüber keine Sorgen." Wayne Gretzky erzielt sein Tor Nummer 1.072 am 29. März 1999 im Spiel gegen die New York Islanders.

25|07|1999
Comeback des Jahrhunderts

Die Karriere des Profi-Radfahrers Lance Edward Armstrong war bereits 1993 auf einem Höhepunkt angekommen, für den jeder andere Profi seine Mutter eintauschen würde. In Oslo wird er mit 21 Jahren als jüngster Fahrer aller Zeiten Profi-Straßenweltmeister. Keine drei Jahre und weitere Sprossen auf der Karriereleiter später stellt sich Armstrongs Welt von einem auf den anderen Tag jedoch auf den Kopf: Hodenkrebs im fortgeschrittenen Stadium, Lymphknotenmetastasen in Bauch und Lunge, Tumore im Gehirn und eine Überlebenschance von nichtigen 3%. Diese niederschmetternde Erkenntnis allein käme für die meisten Menschen einem Todesurteil gleich.

Nicht so für Lance Armstrong. Er entscheidet sich für die schwierigere von zwei Chemotherapien, die jedoch eine Fortsetzung seiner Radfahrlaufbahn, so unmöglich sie auch erscheint, zulässt. Armstrong radelt seinem festzustehenden Schicksal sprichwörtlich davon und kehrt sensationelle zwei Jahre nach der Diagnose bereits wieder zu den Radrennen zurück. Der erste Anlauf im Herbst 1998 misslingt. Am 25. Juli des Jahres 1999 jedoch schlägt der Mann, dem sein Team Équipe Cofidis noch während der Rekonvaleszenz kündigt, nicht nur dem Sensemann ein Schnippchen, sondern beweist auch der ganzen Welt, dass man Wunder durchaus auch selber bewirken kann: Er gewinnt die Tour de France! Hier endet das „Wunder Lance" jedoch noch lange nicht. Armstrong gewinnt auch die folgenden sechs Tour de France und schreibt ein Bestseller-Buch über seinen Leidensweg und die Rückkehr zur Spitze. Immer wieder auftauchende Dopingvorwürfe können nie erhärtet werden. Armstrongs Leistung und der Ablauf seiner Karriere werden für lange, lange Zeit einzigartig bleiben. Noch heute spricht man in seinem Fall zu Recht von dem „Comeback des Jahrhunderts".

06|01|2002

Vier Chancen

Oberstdorf, Garmisch-Partenkirchen, Innsbruck und Bischofshofen heißen die wenig glamourösen Städtenamen einer Tournee, die für viele Sportler zu den Highlights ihres Profilebens gehören. Mit erzielbaren Sprungweiten von bis zu 143 Metern sind die dort errichteten Schanzen nichts für Menschen mit schwachen Nerven. Anfang der 50er Jahre beginnt die „Vierschanzentournee" die Menschen in ihren Bann zu ziehen. Waghalsige Sportler wie der DDR-Springer Helmut Recknagel, sein Landsmann Jens Weißflog, zahllose Norweger, Österreicher oder der tragische, aber sehr talentierte Finne Matti Nykänen bestimmen über die Jahre das Bild der Tour. Zuletzt war es der ebenfalls aus Finnland stammende Janne Ahonen, der mit fünf Gesamtsiegen in die Annalen einging. Von allen talentierten Springern, die sich je der steilen Abfahrt mit dem langen Sprung ins Tal gestellt haben, hat jedoch nie jemand alle vier Springen der Vierschanzentournee gewonnen. Niemand, bis zum 6. Januar 2002. Der Deutsche Sven Hannawald ist nicht nur Liebling der Teen-Fans dieses Sports, er geht an diesem Tag auch in die Geschichte ein, als er das letzte der vier Springen mit einem Schanzenrekord von 139 Metern gewinnt und die Konkurrenz um Landsmann Martin Schmitt und vor allem den Polen Adam Malysz hinter sich lässt.

06|02|2002

Rekord in Moll

Georg Hackl, von allen nur „Hackl-Schorsch" genannt, ist in seinem Element auf der Rodelbahn fast nicht zu schlagen. Beim Supercup am Königssee lässt er erneut die Konkurrenz hinter sich und fährt auf den ersten Platz. Nach dem Rennen ist Georg Hackl Senior einer der ersten Gratulanten, bevor der Glanz des Tages von einer auf die andere Sekunde verblasst. Nur wenige Minuten nachdem sein Vater ihm zu dem Triumph beglückwünscht, erleidet dieser einen Herzinfarkt und stirbt wenig später im Krankenhaus. Schon sechs Wochen danach stehen die für Hackl so wichtigen Olympischen Spiele in Salt Lake City an, bei denen er seine vierte aufeinander folgende olympische Goldmedaille holen will. Doch der Schock sitzt zu tief, der Italiener Armin Zoeggeller schnappt ihm vor seinen Augen den ersten Platz weg. Noch in der Finishing Zone applaudiert Hackl seinem Kontrahenten aufrichtig und gibt zu Protokoll: „Ich bin zu Recht nur Zweiter geworden. Armin ist der wahre Champion!" Nach einer kurzen

Pause fügt er mit stockender Stimme hinzu, „Ich widme diese Silber-Medaille meinem Vater,... der vor kurzem starb." Ob Silber oder Gold, „Hackl-Schorsch" ist an jenem 6. Februar 2002 der erste Sportler, der es geschafft hat, in fünf Olympiaden nacheinander Medaillen zu erobern, und ganz nebenbei der beste Rodler aller Zeiten.

27 | 10 | 2004
Sprung in die Tiefe

Als der Finne Matti Ensio Nykänen (*17. Juli 1963) am 27. Oktober des Jahres 2004 im Saal 1 des Gerichtes von Tampere, Finnland Platz nimmt, ist dies der schlimmste Aufprall eines an Höhenflügen aber vor allem tiefen Abstürzen nicht eben armen Lebens. Nykänen gewann als Skispringer alles, was es zu gewinnen gab: Fünf olympische Goldmedaillen, eine Silbermedaille, die Weltmeisterschaft im Skisprung, die Weltmeisterschaft im Skiflug, den Weltcup gleich vier mal, die Vierschanzentournee zwei mal. Nun wird er von der zuständigen Richterin in dem Berufsfeld „Künstler" einsortiert und des versuchten Totschlags angeklagt. Wenige Monate zuvor stach er mit einem Metzgermesser zwei Mal in den Körper seines Freundes Aarno Kalevi Hujanen. Das Ende einer Talfahrt, die mit keinem noch so schlechten Sprung eines Skispringers zu vergleichen wäre. Der Mann Nykänen hat nach seiner glorreichen, aber auch von Skandalen und Trunkenheit geprägten aktiven Zeit sein Leben in einen dauerhaften Abwärtsstrudel verwandelt, der an diesem trüben Oktobertag sein vorläufiges trauriges Ende nimmt. Im Kurzformat liest sich das Leben des Matti Nykänen wie die Storyline eines in Klischees ertrinkenden Schriftstellers. Vier mal verheiratet, ständig Alkoholabstürze, Selbstmordversuch, Verkauf der eigenen Medaillen, misslungene Gesangsaufnahmen, am Ende gar ein Strip im Casino von Järvenpää. Für den versuchten Totschlag seines Freundes wird Nykänen zu zwei Jahren und zwei Monaten Gefängnis verurteilt. Der wohl beste Skispringer aller Zeiten sprang weit und landete tief und geht gleichzeitig als zunächst leuchtendes und später abschreckendes Beispiel für alle Sportler in die Geschichte ein.

10|03|2005

Gegen Karpow, gegen Deep Blue, gegen Putin, gegen die Welt

Garri Kasparow ist das Siegen gewöhnt wie andere Leute das Kaffee trinken. Schnell ist klar, dass der Sohn eines deutschjüdischen Vaters und einer armenischen Mutter in Aserbaidschan mehr als nur ein Talent besitzt. Im Schach entfaltet sich seine erste größte Blüte: Er wird UdSSR-Juniorenmeister, internationaler Meister, Großmeister, Gewinner der Schacholympiade und des Schach-Oscar, jüngster Schachweltmeister aller Zeiten, feiert mehrere Siege gegen seinen Erzrivalen Anatoli Karpow und ist Rekordhalter der höchsten Elo-Zahl (Wertungszahl im Schach) aller Zeiten. Er gewinnt 1989 gegen den Schach-Computer „Deep Thought" und später auch gegen den weiter entwickelten „Deep Blue" (der jedoch danach auch gegen ihn gewinnen kann); schließlich misst sich Kasparow 1999 mit der „ganzen Welt" im Internet, spielt gegen junge Profis und zahllose Online-Teilnehmer – und gewinnt. Am 10. März 2005 verabschiedet sich Kasparow vom Schach, das er als Sport 30 Jahre lang weltweit geprägt hat. Denn der Mann, der seine 16 Spielfiguren ebenso beherrscht wie 15 Sprachen, besitzt auch einen ausgeprägten Gerechtigkeitssinn, den er in der Politik einsetzen möchte. Als Gründer der „Vereinigten Bürgerfront" und Mitglied bei „Das andere Russland" kämpft einer der außergewöhnlichsten Russen des letzten Jahrhunderts seinen aktuellen und vielleicht vergeblichen Kampf gegen seinen hartnäckigsten Gegner bislang: Wladimir Putin.

10|07|2006

Die Kopfstoß-Legende

Der Platz reicht kaum aus, um dem größten Fußballer aller Zeiten gerecht zu werden. Die Superlative stehen Schlange. 2001 zahlte Real Madrid für Zidane die höchste Summe, die je für einen Fußballer ausgegeben wurde, 76 Millionen Euro. Bereits 1998 hatte er in einer Sternstunde seiner Kunst Frankreich fast im Alleingang den WM-Titel beschert, als er zwei Tore zum Sieg über Brasilien beisteuerte. Zudem pflastern u.a. der Supercup und der Weltpokal mit Juventus Turin, die dreimalige Ehrung zum Weltfußballer des Jahres, die Ernennung zum Weltsportler des Jahres 1999, die spanische Meisterschaft sowie der Gewinn der EM 2000 Zidanes Weg. Nicht messbar hingegen ist das, was ihn zu einer Symbiose der weltbesten Fußballer wie

Beckenbauer, Pele, Maradona oder Matthäus macht. Wenn Zidane am Ball ist, sieht es nicht nur so aus, als wäre dieser Teil seiner Kleidung. Die Bewegungen, die Kraft und die Präzision, mit der er das Spielgerät bewegt, sind einzigartig. Und doch wird Zinedine Zidane vor allem für die letzte aktive Minute seiner Laufbahn bekannt bleiben: Bei der WM 2006 erreicht Frankreich am 10. Juli nicht zuletzt dank Zidane das Endspiel gegen Italien. Bereits in der 7. Minute verwandelt Zidane mit einem Lupfer unter die Latte einen Elfmeter zur Führung. Später gleicht Italien aus, Frankreich zieht ein fulminantes Spiel auf ein Tor auf, muss jedoch in die Verlängerung. Die Mannschaft der Tricolore bleibt aber spielführend. Dann die 109. Minute: Italiens Verteidiger Marco Materazzi zieht Zidane am Trikot, welcher daraufhin ihm sagt, er könne das Trikot nach dem Spiel haben. Materazzi erwidert, wie er erst Monate später zugibt: „Ich bevorzuge deine Schwester, die Nutte!" Nachdem ihn Materazzi schon vorher gereizt hatte, ist dies für Zidane der Tropfen, der das Fass zum Überlaufen bringt. Er läuft auf Materazzi zu und stößt ihm mit dem Kopf gegen die Brust. Zidane erhält die Rote Karte, Italien rettet sich ins Elfmeterschießen und gewinnt. Die Nation Frankreich steht zwar selbst nach dieser Kurzschlusshandlung zu seinem Star, doch die Frage, ob ohne diesen unrühmlichen Abgang Frankreich noch gewonnen hätte, bleibt ewig bestehen.

15 | 05 | 2007

Der Wertvollste

Dirk Nowitzki ist 16, als ihn der ehemalige Nationalspieler Holger Geschwindner anspricht, sein Talent erkennt und ihn fördert, bis er ganz oben im Basketball-Himmel angekommen ist. Dirk wurde in eine Sportler-Familie geboren, Vater Bundesliga-Handballspieler, Mutter und Schwester Basketball-Nationalspielerinnen. Er widmet sich jedoch zunächst dem Turnen und dem Tennis. Erst mit zwölf Jahren fängt Nowitzki mit dem Basketball an. Kaum vorstellbar, dass er 17 Jahre später in dem Mutterland des Basketball, unter den besten Spielern der Welt, teilweise den besten Spielern aller Zeiten, nicht nur besteht, sondern vielmehr sein Team, die Dallas Mavericks, als Top Scorer anführt und als erster europäischer Spieler überhaupt zum „Most Valuable Player" der NBA-Saison gewählt wird. Nach zahllosen Bestmarken klettert der weißgesichtige 2,13 Meter große Franke zwischen all den Profis an die Spitze und nimmt am 15. Mai 2007 die Ehrung zum wichtigsten Spieler entgegen. Und das, ohne je einen Titel mit seinem Team gewonnen zu haben. Kurz nach Ende der Saison gehen Nowitzki und Holger Geschwindner mit Rucksack auf eine Tour durch Australien. Und trotz Millionen auf dem Konto steht Dirk auch noch in seinen späten Jahren als Profi oft im Spätsommer in einer kleinen Turnhalle in Würzburg, an die eine Bäckerei angeschlossen ist, und aus deren Wechselkasse er den Schlüssel bekommt, und wirft Bälle ins Netz. Wertvoller geht nicht.

03 | 07 | 2007

Alinghis Sekunde

Der 2. März 2000 ist ein entscheidender Wendepunkt im Segelsport, zumindest aus Sicht der Europäer. An diesem Tag gewinnt zum ersten Mal seit Einführung des bekanntesten Segelrennens der Welt, seit 1851 also, ein europäisches Team den America's Cup. Das Team Alinghi, startend für die Schweiz, zusammengestellt aus internationalen Profis, siegt an diesem Tag gegen das Team Neuseeland sensationell hoch mit 5:0. Diese Demütigung soll nun am 3. Juli 2007 im 32. Wettbewerb um den Cup wieder wettgemacht werden. Im siebten von neun Rennen liegt das Team Alinghi allerdings erneut vorn und scheint 1.000 Meter vor dem Ziel mit einem Vorsprung von 100 Metern uneinholbar. Plötzlich ändern sich jedoch die Windverhältnisse und Neuseeland holt auf, schnell überrunden sie das Schweizer Team sogar. Doch noch hat Alinghi nicht verloren. Die Neuseeländer sind schon vorher dazu verdonnert, einen so genannten Strafkringel auszuführen, aber auch diesen bewältigen sie bravourös und sind danach erneut Kopf an Kopf mit den Europäern. Dann geschieht das Unglaubliche: Beide Yachten kommen parallel in Ziel. Kein Gewinner? Nein, die Jury ermittelt den Sieger des Photo-Finishs: Das Team Alinghi verteidigt den Cup mit dem Vorsprung von einer ganzen Sekunde und ist damit Gewinner des spannendsten Finales seit Bestehen des America's Cup.

================ Weiterlesen ================

- „Triumph: The Untold Story of Jesse Owens and Hitler's Olympics" Jeremy Schaap
- Richard Mandell, Hitlers Olympiade Berlin 1936. München 1980 (Heyne-Taschenbuch)
- Andy Dougan: Dynamo: Defending the Honour of Kiev. London: Fourth Estate 2001.
- Klaus Brinkbäumer, Hans Leyendecker, Heiner Schimmöller: Reiche Steffi, armes Kind: Die Akte Graf. Hamburg 1996
- Rolf Hauschild, Hansjörg Falz: Danke, Steffi: Die unvergeßlichen Jahre der Königin des Centre Court. Sportverlag, Berlin 1999
- Doris Henkel: Steffi Graf (Superstars des Sports). Copress Verlag, München 1993, Graf.
- Michael Schumacher, Sabine Kehm, Michel Comte: Michael Schumacher. Die offizielle und autorisierte Inside Story zum Karriere-Ende

Tage des Gaumens
Gastronomie, Speisen und Getränke

An einem Tag 8400 v. Chr.
Es gibt Reis Reisanbau am
Huai-Fluss **S. 685**

An einem Tag 2000 v. Chr.
Die Köchin der Wahrheit
Die älteste Nudel der Welt
S. 685

14|07|1453 *Der edle Tropfen*
Das Château Latour wird
französisch **S. 686**

15|11|1475 *Vorsicht, scharf!*
Die Landshuter Gewürzhochzeit
ist nichts für zarte Gaumen **S. 687**

10|06|1507 *Schnaps, das
war ihr letztes Wort* Die erste
Kornbrennerurkunde der Stadt
Nordhausen **S. 688**

23|04|1516 *Öl her, Öl her...*
Bier nach Reinheitsgebot **S. 689**

26|01|1588 *Knollige Zeiten*
Die lange und aufregende Reise
der Kartoffel **S. 689**

An einem Tag im Jahr 1598
Tafelfreunden Frantz de Rontzier
hat Kochgeheimnisse **S. 690**

11|05|1655 *Eine hochprozentige
Eroberung* Admiral Pen macht
Bekanntschaft mit dem Rum
S. 691

09|06|1665 *Der Besuch der
Bohne* Der türkische Kaffee und
seine erlauchten Boten **S. 692**

01|12|1680 *Von Sprotten und
Brücken* Die Legende der
Pommes Frites **S. 693**

27|12|1703 *Zwei ganz gefährliche
Brüder* Englands Gin und
Portugals Wein **S. 694**

17|11|1825 *Mühlen mahlen süß*
Suchard und seine Milka **S. 694**

24|08|1853 *Dünner als ein Model*
Die Geburt der Kartoffelchips ist
kompliziert **S. 695**

28|12|1869 *Indianer retten
Thomas Adams* Das Kaugummi
wird erfunden **S. 696**

11|06|1889 *Königin Teig*
Raffaelle Esposito kreiert die
Pizza Margherita **S. 697**

01|04|1891 *Gum, Gum, Gum...*
Startschuss für Wrigley's Spearmint **S. 697**

02|04|1892 *Bärige Zeiten*
Gutes Gespann: Die Berner und
die Bärenmarke **S. 698**

05|06|1898 *Die Geldbrigade*
Speisen im Ritz **S. 699**

29|04|1903 *Für'n Groschen 'n
Riesenspaß* August Storck kauft
kleine Riesen **S. 700**

21|09|1903 *Helle Köpfe*
Dr. August Oetkers Kuchen
gelingt dank Backin **S. 701**

15|12|1908 *Im Kaffeesatz gelesen*
Die mysteriöse Erfindung des
Kaffeefilters **S. 701**

An einem Tag im Jahr 1929 *Hanf
für alle* Thomas Sullivan baut
Teebeutel **S. 702**

27|04|1929 *Viel Rauch um ein
Dromedar* Reynolds raucht und
baut das Camel-Haus **S. 702**

21|08|1931 *Wollt ihr unentschieden?* Edmund Münster und sein
Maoam **S. 703**

23|03|1933 *Aus dem Kopf ins
Glas* Trader Vic, der Mai Tai und
die Tropen von Kalifornien **S. 704**

08|04|1934 *Der Riegelvater und
sein Erbe* Franklin Clarence Mars
erfindet Milky Way **S. 705**

25|09|1936 *Pralinen, Pennies
und Peter Pan* Macintosh eröffnet
die Quality Street **S. 706**

15|05|1940 *Ich kaufe es* Die
Eröffnung der ersten McDonalds-
Filiale **S. 707**

04|09|1949 *Ohne Darm* Frau
Herta Heuwer schnippelt eine
Currywurst in Berlin **S. 707**

15|04|1960 *Das Mädchen
auf dem gelben Blechkasten*
Gerda Hahn gewinnt und wirbt
für PEZ **S. 708**

14|01|1966 *Günters Gesicht*
Der nette Junge auf der Kinder-
schokolade **S. 709**

02|03|1971 *Mit Soßé* Mehmet
Aygün und Döner Kebab **S. 710**

09|07|1985 *Altes Glykol in
neuen Schläuchen* Die rote Rebe
im Glykol-Skandal **S. 710**

15|11|1989 *Der Koch des
Jahrhunderts* Paul Bocuse wird
geehrt **S. 711**

23|02|2005 *Die Rache der
Gourmands* Jamie Oliver und
„Feed me better" **S. 711**

21|11|2005 *Schwarze Schafe*
Unschön: Der Gammelfleisch-
Skandal **S. 712**

07|01|2008
Der Welteroberer Ein Starbucks-
General geht von Bord **S. 713**

An einem Tag 8400 v. Chr.
Es gibt Reis

Mit den Worten „Untersuchen Sie die Phytolithen!", wendet sich Zhou Kunshu 1993 an seine Mitarbeiter Zhang Juzhong und Wang Xiankun, und beide wissen, was zu tun ist. Sechs Ausgrabungen haben seit 1983 in der neolithischen Siedlung Jiahu am Huai Fluss in der Henan-Provinz stattgefunden, und es ist bereits sicher, dass eine Gruppe von Jägern und Sammlern hier Nutztiere hielt und Tongefäße herstellte. Doch das ist den Wissenschaftlern nicht genug. Asche und Erde, die sich in den gefundenen Tonkrügen, Kesseln, auf dem Boden der Steinhütten und in Gruben erhalten haben, zu untersuchen ist nun die Aufgabe von Juzhong und Xiankhun. Es dauert zwei Jahre, bis sie ihr Ergebnis thematisch gut platziert in der neunten Ausgabe des Chinese Journal of Rice Science veröffentlichen können. Die Phytolythen, die „Pflanzensteine", anorganische Substanzen, die Feuer und Jahrtausende unbeschadet überstehen und einwandfrei datiert werden können, haben zu den Wissenschaftern gesprochen, und ihre alten Herren verraten: Reiskörner. 11.000 Jahre alte Reiskörner der Sorte oryza japonica, allerdings ein wenig kleiner als die heute gebräuchliche Sorte. Und die Phytolythen sagen auch etwas über die klimatischen idealen Bedingungen, unter welchen die Reiskörner einst zum Leben erwachten: Viel Regen und viel Sonnenschein wechselten sich in subtropischem Klima ab. Dazu fand man 200 zerborstene und 50 ganze verkohlte Reiskörner und einige Schalenreste, die Spuren der Kultivierung zeigten. Auf den  Tag genau kommt man zwar nicht an ihren Ursprung heran, aber es muss wohl einer jener Tage zwischen 8942 und 7868 v. Chr. gewesen sein, als die Körner den Speisenden zu Boden fielen, im Kessel verbrannten oder unbeachtet in den Schalen allein gelassen wurden.

An einem Tag 2000 v. Chr.
Die Köchin der Wahrheit

Der Geologe Houyuan Lu erhält 2005 durch die Chinese Academy of Sciences einen ehrenvollen Auftrag. Er soll die jungsteinzeitliche Siedlung Lajia unweit der Gestade des Gelben Flusses, der Wiege der chinesischen Kultur, ausgraben. Lajia wurde ca. 2000 v. Chr. in Folge eines Erdbebens überflutet und liegt seitdem unter einer meterdicken Lössschicht begraben. Lu gräbt sich mit seinem Team drei Meter in die Tiefe und legt die Siedlung schließlich frei. Er findet die Knochen zahlreicher Menschen, die in Panik versucht haben müssen der Katastrophe zu entgehen, dazu interessante Siedlungsreste und Keramik. Doch fesselt das Auge des Wissenschaftlers eine Tonschale, die unbeschadet auf dem Boden steht, vergessen in der Aufregung des Aufbruchs. Sie scheint mit Lehm gefüllt, doch der entpuppt sich nur als Deckel, ja als Hüter einer Kostbarkeit von unschätzbarem Wert, welche die Bewohner von Lajia ihren chinesischen Nachfahren hinterlassen haben. Als man die Tonschicht entfernt, liegen sie da, klar erkennbar und ungeschminkt, gewissermaßen zum Verzehr bereit: Eine Hand voll 3 Millimeter dicker, 50 Zentimeter langer gekräuselter Fäden von gelber Farbe – die ältesten Nudeln der Welt. Und damit nicht genug, es handelt sich zu Lus größter Überraschung um Exemplare der noch heute beliebten Bandnudeln (Lamian). Ihre Herstellung bereitet noch heute selbst erprobten chinesischen Köchen einige Schwierigkeiten, da der Teig hierzu immer wieder geknetet und mit viel Kraft auseinander gezogen werden muss. Vergeblich versucht man sich nun die mächtigen und zugleich geschickten Hände einer jungsteinzeitlichen Köchin vorzustellen, die ganz Lajia mit wohl schmeckenden Teigwaren versorgte. Lange vor allen anderen muss ihr das Geheimnis der Teigherstellung bekannt gewesen sein. Besonders italienische und arabische Köche wünschten wohl, sie könnten ihrer habhaft werden. Denn die rätselhafte Unbekannte gibt doch wenigstens eines ihrer Geheimnisse preis: Die Nudel wurde in China erfunden.

14 | 07 | 1453
Der edle Tropfen

Der Sieur de Larsan schaut ängstlich vom Turm der Burg Château Latour à Saint-Maubert. Es tobt die Schlacht von Castillon. John Talbot, der junge Earl of Shrewsbury, und das englische Heer werden am 14. Juli 1453 von den Franzosen vernichtend geschlagen. De Larsan, der mit dem Engländer verbündet war, bleibt nur die Flucht. Seine Burg und seine Weinberge fallen in die Hände der Angreifer. Die Gut an der Mündung der Gironde wechselt mehrmals den Besitzer. Die Produktion von Wein ist im Spätmittelalter ein gutes aber keineswegs exklusives Geschäft. In einem Herrenhaushalt konsumiert man pro Person, das Gesinde eingerechnet, 2-3 Liter Wein am Tag, selbst Tagelöhner können ihn sich immerhin am Wochenende leisten. Erst die Hungerkrisen und das Bevölkerungswachstum werden im 16./17. Jahrhundert den Wein zu einem Luxusprodukt machen. Die Stunde der Weinberge von Château Latour schlägt im 18. Jahrhundert. Die Grafen von Ségur erben das Gut und fügen es mit Château Lafite (1716),

Château Mouton und Château Calon (1718) zu einem Weinimperium zusammen, dessen Ruf bis nach Nordeuropa reicht. Als der Château Latour bei der EXPO in Paris die höchste Auszeichnung die „Médoc 1855 Classification" erhält, die noch heute der höchste Gradmesser für Weinkenner ist, ist sein Weltruf begründet. Latour wird 1862 zu einem noblen Schloss umgestaltet, seine Reben gedeihen nun in einer Kies durchsetzten „Koppel" (l'enclos) dicht am Ufer der Gironde. 18 Monate reift der Wein in neuen Eichenholzfässern, weitere Lagerjahre im Keller sind nötig, bis er seine kräftigen und feurigen Aromen, seine Raffinesse entfaltet. Weinpapst Robert Parker verleiht dem Château Latour 1961, 1982 und 2000 alle hundert seiner begehrten „Weinpunkte". Nachdem das Gut der Ségur, das der Familie mehrmals im Laufe der Jahrhunderte entglitt, inzwischen verkauft ist, gilt es als „Nationales Kulturgut" und darf nicht an Ausländer veräußert werden. Der alte Turm, von dem aus de Larsan einst seinen Untergang beobachtete, wurde bereits 1453 niedergerissen. Der runde Koloss, der das Etikett des Château Latour heute ziert, wurde 1620 erbaut und dient nur noch als Taubenschlag.

15 | 11 | 1475

Vorsicht, scharf!

E s ist eine politische Entscheidung ersten Ranges, als sich der Herzog Georg von Bayern und Prinzessin Hedwig Jagellionica, Tochter des polnischen Königs Kasimir VI., am 14. November 1475 in der St. Martins Kirche in Landshut das Ja-Wort geben. Mit der Liaison soll das polnisch-bayerische Verhältnis gefestigt werden und es eilt. Die Türken haben 1453 Byzanz erobert und drohen ihre Janitscharen weiter Richtung Westen zu werfen. Die Feierlichkeiten des Staatsaktes dauern sechs Tage und beinhalten Turniere, Tänze und Paraden. Dazu verwandelt der Markgraf die gesamte Stadt mit 165 Köchen in ein Restaurant, stellt Weinbrunnen auf und bietet Buffet für alle Einwohner in der Steckengasse. Bäckern und Metzgern wird der Verkauf von Speisen untersagt, alles ist umsonst. Am 15. November setzt sich auch das Paar mit seinen Gästen, darunter der Kaiser und Kurfürsten, zum Hochzeitsmahl nieder. Doch die Gesellschaft, so scheint es, liebt es scharf. 207 Pfund Safran, 386 Pfund Pfeffer, 286 Pfund Ingwer, 205 Pfund Zimt, 105 Pfund Gewürznelken, 85 Pfund Muskatnuss und 500 Pfund Zucker werden für die Veredelung der Speisen bereit gehalten. In einer Zeit ohne Kühlschränke dienen Gewürze zwar auch der Konservierung, doch muss der mittelalterliche Gaumen ein anderer gewesen sein. Im 15. Jahrhundert kann bis zur Entdeckung Amerikas der jährliche Import von 1 Million Kilo Pfeffer und 2 Millionen Kilo „indischer

Gewürze" (Ingwer, Nelken, Muskat, Zimt) nach Westeuropa nachgewiesen werden. Der Verbraucherendpreis für diese Menge beträgt 65.000 Kilo Silber und entspricht damit dem Wert von 300.000 Tonnen Roggen, eine Menge, die zur Ernährung von 1,5 Millionen Menschen ausreicht. Den hohen Preis verdanken die Gewürze den zahlreichen Zwischenhändlern, die zwischen Indien, Arabien, Venedig und dem Endverbraucher ihre Geschäfte machen, unterwegs verdreißigfacht sich der Preis. Den Landshutern war dies nur recht und billig, die Türken kamen nicht zu ihnen, dafür wird die Landshuter Hochzeit noch heute alle zwei Jahre nachgefeiert.

10 | 06 | 1507
Schnaps, das war ihr letztes Wort

Ob Schnaps oder Korn, die Geburtsstunde des klaren Tropfens aus gebranntem Getreide liegt im Dunkeln. Arabische Ärzte sollen das Geheimnis der Destillation im 10. Jahrhundert entdeckt haben. Ein „gebranntes Wasser" im Sinne des heutigen Korns wird 1438 erstmals in der hessischen Herrschaft Katzel-Ellenbogen erwähnt. Die erste Kornbrennerurkunde ist jedoch auf den 10. Juni 1507 datiert und stammt aus Nordhausen. Ein erster Durchbruch des Korns setzt nach dem Dreißigjährigen Krieg ein. Da die Weinberge größtenteils zerstört sind, sucht man trinkbare Alternativen. Wieder glänzt Nordhausen, das 1726 in 69 Betrieben jährlich 1,3 Millionen Liter Korn aus Roggen und Malz brennt. In den Jahren der Getreideknappheit wie in den Jahren 1771/72 sind Kornbrennereien allerdings nicht gerne gesehen und werden verboten. Im 19. Jahrhundert wird Kartoffelsprit zum ständigen Begleiter des Korns und dieser, wie der preußische Statistiker Krug 1805 feststellt, zu einem Getränk der Armen. In Ermangelung von Brot und Bier greift man zur Flasche. Erst die Versorgungswende um 1900 gebietet der Entwicklung Einhalt. 1909 kann man guten Gewissens ein Reinheitsgebot für Korn im gesamten Deutschen Reich erlassen: Korn darf nur noch aus Weizen, Roggen, Buchweizen, Hafer oder Gerste gebrannt werden, muss mindestens 32 Prozent Alkohol enthalten. Dennoch geht der Konsum zurück. Ende des 18. Jahrhunderts tranken die 173.000 Bewohner Berlins jährlich 24 Liter Schnaps pro Kopf, heute werden in ganz Deutschland durchschnittlich nur noch neun Liter Branntwein jährlich konsumiert. Man trinkt lieber Bier.

23 | 04 | 1516
Öl her, Öl her ...

Artikel 12 der „Statuta thaberna": „Zu dem Bier brauen soll man nicht mehr nehmen als soviel Malz, als man zu den drei Gebräuen von dreizehn Maltern an ein Viertel Gerstenmalz braucht... Es sollen auch nicht in das Bier weder Harz noch keinerlei andere Ungeferck. Dazu soll man nichts anderes geben als Hopfen, Malz und Wasser. Das verbietet man bei zwei Mark, und derjenige muß die Stadt für vier Wochen räumen." Wenn das keine Drohung ist, zumindest im Jahr 1434, als im thüringischen Weißensee das erste bekannte deutsche Reinheitsgebot in Kraft tritt. Hier werden zum ersten Mal Regeln für das Brauen von Bier aufgestellt. Wie ernst dieses „Wirtshausgesetz" gemeint war, belegt obiger Auszug. Und dies mit gutem Grund, sind doch in einer Stadt wie Göttingen, die zu dieser Zeit gerade 5.000 Einwohner zählt, 396 Einwohner brauberechtigt. Ein „bier ist halb Speis" und entsprechend hoch ist der Konsum, den man auf 300 Liter Bier pro Einwohner pro Jahr schätzt, das Doppelte dessen, was heute konsumiert wird. Sogar Kinder dürfen zu dieser Zeit das gelbe Nass genießen, ist es doch keimfreier als zum Beispiel Wasser in jenen Tagen. Bier als solches wird bereits im altmesopotamischen Raum nachgewiesen. In Ägypten lässt man nicht zu Ende gebackenes Brot mit Wasser vergären, um die „Hefekaltschale" herzustellen, auch die Römer haben ihr „Cervisia" (nach der Göttin Ceres) und die Kelten nennen ihres schlicht „Korma". Zwei wichtige Daten gibt es in der Geschichte des Bieres: Am 23. April 1516 erlässt Wilhelm IV. das bayerische Reinheitsgebot, welches fortan landesweit gilt. Seit 1994 feiert man an diesem Datum daher den „Tag des Deutschen Bieres". Rund 330 Jahre später ist es der 5. Oktober 1842, an dem Josef Groll erstmals den Sud nach „Pilsner" Brauart braut. Dazu verwendet er leicht geröstetes Malz und lagert das Bier in tiefen Kellern. Am 11. November 1842 wird dieses „Pilsner Urquell" das erste Mal ausgeschenkt. Der Ursprung des Namens Bier ist nicht verbrieft, das lateinische Wort „Biber" (Getränk) könnte Pate gestanden haben, die Schweden kommen indes mit dem passenden Wörtchen „Öl" aus.

26 | 01 | 1588
Knollige Zeiten

Carolus Clusius Atrebatis, kaiserlicher Vorsteher aller Gärten im Dienste Rudolfs II., steht am 26. Januar 1588 in Wien und zeichnet. Kurze Zeit später nimmt er das fertige Aquarell in die Hand und notiert darunter das Wort „taratouffli". Über das Schicksal der zwei Exemplare der Gattung „Papas Peruanorum Petri Ciecae", die er zuvor aus Flandern durch Philippe de Sivry, Präfekt von Mons, erhalten hatte, ist nichts bekannt. Doch hat Clusius soeben die Kartoffel offiziell getauft, auch wenn bald an anderen Orten von „Cartuffeli" (Schweiz), Aardappel (Rheinland/ Niederlande), „pommes de terre" (Frankreich) oder „Potatoes" (England) die Rede ist. Dennoch ist Clusius nicht der erste, der mit der Kartoffel in Berührung kommt. Bei weitem nicht, um 6000 v. Chr. so schätzt man wurde die Knolle bereits am Titicacasee angebaut, sie prägte die mythischen Vorstellungen der präkolumbischen Indianer Südamerikas, galt als Flächen- und Zeitmaß, war das Objekt kultischer Verehrung. 1526 wird Francisco Pizarro bei der Eroberung des Inkareiches erstmals der Kartoffel ansichtig. 1565 kommt sie auf Befehl des spanischen Königs Philipp II. aus Peru nach Spanien. Einen Teil soll der Monarch an Papst Pius VI. gesandt haben, um dessen Zahnschmerzen zu heilen. Max Rumpolt präsentiert der Welt 1581 in seinem „New Kochbuch" das erste Kartoffelrezept. Der Spanier Poma de Ayala erörtert 1584 erstmals den Kartoffelanbau. Skeptisch steht man der Knolle dennoch lange gegenüber. In Preußen, wo man seit 1681 die Kartoffel pflanzt, ist das Gemüse zunächst ein Gericht für die Armen. Die Hungerjahre nach 1770 beschleunigen den Siegeszug der Kartoffeln erheblich, in Deutschland sind 1800 bereits 300.000 ha Feldfläche mit Kartoffeln bepflanzt. Das Kartoffelzeitalter löst jetzt das herrschende Kohlzeitalter ab, bringt ein Hektar Kohl mit 6.000 kcal zwar bereits dreimal soviel Kalorien auf den Tisch wie ein Hektar Getreide, so wirft ein Hektar Kartoffeln mit 7.200 kcal gleich dreieinhalb mal soviel ab. Um 1900 verspeist jeder Deutsche 285 kg Kartoffeln im Jahr. Heute sind es nur noch 60 kg, wovon gut die Hälfte über Chips, Pommes Frites oder Püreepulver in den Magen gelangt.

An einem Tag im Jahr 1598

Tafelfreuden

Im 16. Jahrhundert wird Spaß am Tisch groß geschrieben, besonders die „Frauenzimmer" sind einem guten Scherz stets zugetan. Das weiß auch der braunschweigische Mundkoch Frantz de Rontzier. Sein Herr Herzog Julius hat ein Kochbuch bei ihm in Auftrag gegeben und er will ihn auch in diesem Punkt nicht enttäuschen. Da de Rontzier weder des Lesens noch des Schreibens mächtig ist, ist er nun ganz auf seine Erinnerung und seine Fantasie angewiesen, als er dem Sekretär in breitem Niederdeutsch seine „Frauenbelustigung" zu diktieren beginnt: „Man nimmt ein Spanferkel und brät es, lässt's kalt werden,

heftet die Bauchdecke mit Stäbchen zusammen, nimmt kleine oder größere lebendige Aale, schiebt durch Maul ins Spanferkel hinein, stopft das Maul mit einer Birne oder einem Apfel zu. Wenn dann das Ferkel auf die Tafel kommt und aufgeschnitten wird, so laufen die Aale auf dem Tisch herum. Und solches ist eine schöne Lust für das Frauenzimmer." Und de Rontzier weiß noch mehr: „Schneide in einen Pastetenboden ein Loch so groß dass ein Kaninchen heineinpasst, bevor Du die Pastete hineinträgst, schiebe ein Kaninchen hinein, setzt die Pastete auf eine Schüssel, Du musst aber mit dem Tranchierer reden, dass er die Pastete richtig aufschneidet, wenn Die Pastete aufgeschnitten ist, so springt's Kaninchen heraus, so ist es fein, höflich und zierlich". De Rontziers „Kunstbuch für mancherlei Essen", das in Wolfenbüttel gedruckt wird, findet keine große Verbreitung, seine Rezepte werden dennoch zu Unterhaltungsklassikern an deutschen Höfen.

11 | 05 | 1655
Eine hochprozentige Eroberung

Die Flotte Admiral Pens ist randvoll besetzt mit britischen Soldaten unter General Venables und setzt Kurs auf Haiti. Man wünscht die wirtschaftliche Metropole der Karibik der spanischen Macht zu entreißen. Doch es gelingt nicht, Haiti empfängt die Angreifer mit Kanonensalven. Pen weicht auf das schlecht befestigte Jamaika aus und nimmt die Insel am 11. Mai 1655 ohne Schwierigkeiten ein. Hier kommen er und seine Mannschaft bald mit einem Getränk in Kontakt, das seine nachhaltigen Wirkungen nicht nur beim ersten Konsum entfaltet. Ein Zuckerschnaps ist es, der sich rund um die Hauptstadt Santiago de la Vega unter den Bewohnern größter Beliebtheit erfreut und der seine Entstehung der Einführung des Zuckerrohrs durch Kolumbus verdankt. Man sagt, er sei auf Barbados oder Grenada erfunden worden. Pens raue Mannschaft spricht dem Getränk in vollen Zügen zu. Ob sie den Namen „Rum" daraufhin selbst kreieren, ist ebenso umstritten wie seine etymologische Herkunft. Die einen meinen, er stamme vom lateinischen Wort für Zucker „saccharum", die anderen tippen auf das französische Wort für Rebellion „rumbullion". Die Einnahme Jamaikas leitet das Zeitalter der englischen Freibeuterei in der Karibik ein und macht den Rum zum klassischen Piraten- und Seefahrergetränk. 1740 ist der Rumkonsum derart fortgeschritten, dass der englische Admiral Edward Vernon seiner Mannschaft das Getränk mit Wasser verdünnt reichen muss, um die Nachfrage zu bewältigen. Da Vernons stets einen „grogram", einen Überrock aus Kamelhaar trug, wird die Mischung später als Grog berühmt. Zwischen 1830 und 1862 entwickelt Don Facundo Bacardi auf Kuba das moderne Herstellungsverfahren für Rum. Er verwendet Melasse, Wasser, Skimming (Zuckerschaum), Dunder (Säure) und Gärhefe. Die Lagerung in verkohlten oder zuvor für Wein oder Whiskey benutzten Holzfässern gibt dem Rum die schöne braune Farbe. Die 1878 von José Arechabala gegründete Firma Havana Club reift ihren Rum seit jeher in Fässern der Marke Jack Daniels.

09 | 06 | 1665
Der Besuch der Bohne

Am 9. Juni 1665 erhält der Kaiser Leopold I. in Wien Besuch. Vor der Stadt wartet der türkische Gesandte Kara Mehmed Pascha. Er ist nicht allein, an seiner Seite finden sich nicht weniger als 295 Begleiter, die schwer bepackt die lange Reise von Istanbul über Ofen und Esztergom in die Donaustadt bewältigt haben. Kara Mehmed Pascha kommt in Freundschaft, 1664 haben Sultan Mehmed IV. und der Kaiser einen zwanzigjährigen Waffenstillstand geschlossen und man wünscht die guten Beziehungen zu untermauern. Eine Gesandtschaft geleitet Mehmed Pascha schließlich feierlich durch das Kärntnertor in die Stadt.  Zehn Tage später tritt er vor den Kaiser, überbringt einen Brief des Sultans und reicht zahllose Geschenke, darunter etliche Teppiche und zwei arabische Pferde. Danach richtet Mehmend Pascha sich in Wien ein und ist für die nächsten neun Monate die Sensation der Stadt. Doch noch mehr als das geistreiche Gespräch mit dem Gesandten interessiert die Adligen, die ihn immer wieder besuchen, das kulinarische Angebot, das dieser seinen Gästen bietet. Man staunt über das zuckrignussige Konfekt Lokum und nennt es den „türkischen Honig". Großes Erstaunen weckt auch das Scherbe, ein kühles erfrischendes Getränk, das der Gesandte aus Schnee und Fruchtsaft bereiten lässt. Faszination löst aber auch ein eigenartig bitter schmeckendes Heißgetränk, das aus einem braunen Bohnensud bereitet wird und Kava oder Kaffa genannt wird. Mehmed Pascha freut sich über so viel Aufmerksamkeit, er seinerseits interessiert sich besonders für Wiener Uhren, Kirchenorgeln und Wassermühlen, verwendet aber die meiste Zeit seines Besuchs darauf die Wiener Befestigungsanlagen zu inspizieren. Am 14. Juli 1683 stehen die Türken unter Großwesir Kara Mustafah mit 40.000 Mann vor Wien. Am 11. September muss die Belagerung abgebrochen werden. Am 12. September soll ein gewisser Georg Franz Koltschitzky einem hartnäckigen Gerücht zufolge drei Kavasäcke aus dem brach liegenden Lager der Türken entwendet haben. Am 17. Januar 1685 erhält der armenische Kaufmann Johannes Theodat das erste kaiserliche Privileg „Caffé, Theé und Scherbet" in Wien verkaufen zu dürfen.

01 | 12 | 1680
Von Sprotten und Brücken

Der belgische Historiker Jo Gérard wendet sich verschwörerisch an seinen Tischnachbarn: „Die belgischen Fischer an der Maas liebten einst frittierte Sprotten. Doch in den kalten Wintermonaten, wenn das Gewässer zwischen Namur, Andenne und Dinant einfror und seine Fische dem Menschen nicht mehr preisgeben wollte, mussten die hungrigen Bauern der umliegenden Gegend monatelang auf ihre Lieblingsspeise verzichten. Im Winter 1680 kam schlauen Fischern daher eine Idee, sie schnitzt aus Kartoffeln kleine fischähnliche Stäbchen und erhitzten sie in Fett. Die Pommes Frites waren geboren."
Der französische Schriftsteller Louis-Ferdinand Céline beginnt sich zu räuspern, er rückt etwas näher an Gérard heran: „Seit den Tagen der Revolution stand an der Seine in Paris ganz in der Nähe der Pont-Neuf ein kleines Grillhäuschen und verwöhnte die Pariser Gaumen. Selbst Louis Philippe, der Bürgerkönig, schickte später, wenn ihm nach Salzigem zumute war, Boten an die Seine. Sie kehrten mit knusprigen Kartoffelstäbchen in leicht gebogener Form zurück, die den König an die von ihm so geliebte Pont-Neuf in Paris erinnern sollten. Paris, das bedeutet den Duft knuspriger Frites". Beide schweigen. Dann holt Gérard mit triumphierender Geste ein Dokument aus seiner Tasche. Es trägt die Überschrift „Curiosités de la table dans les Pays-Bas Belgiques" und stammt aus der Feder seines Ur-Ur-Ur-Großonkels Joseph Gérard. Der alte Gérard liebte es, alte Bauern nach noch älteren Geschichten zu befragen und notierte sie 1781 in seiner kleinen Chronik. Gérard Jr. deutet lächelnd auf die Passage mit den Sprotten. Céline bestellt einen Pastis und schweigt. Ganz so war es leider nicht, der Sozialist Céline (1894-1961) hat den rechtskonservativen Gérard (1919-2006) in Wirklichkeit nie getroffen. Doch ereignen sich Gespräche dieser Art noch heute, wo immer patriotische Belgier und Franzosen aufeinander treffen. Die Frage nach der nationalen Urheberschaft der Pommes Frites bleibt ein Politikum. Was die Echtheit des Dokuments Gérards angeht, mit dem er die Welt einst überraschte, wartet man bis heute auf eine wissenschaftliche Untersuchung. Doch Klimaforscher können eines bestätigen, der Winter 1680/1681 war einer der kältesten der letzten Jahrhunderte.

27 | 12 | 1703
Zwei ganz gefährliche Brüder

Der Journalist Raymond Postgate notiert 1930: „Unsere Vorfahren waren arme Leute. Sie starben jung, purpurn oder gelb angelaufen, gichtisch, von hitzigem Temperament und leicht entflammt. Die Memoiren des 18. Jh. sind voll von den traurigen Resultaten des Portwein-Trinkens." Dass es so kam, geschah auf königlichen Befehl. Der britische König William III., der die Franzosen von 1689-1697 erfolgreich bekriegt hat, will auch weiterhin den größtmöglichen Schaden gegenüber seinem Rivalen Ludwig XIV. anrichten. So belegt er den Wein und Cognac, zwei wichtige französische Exportgüter, mit so hohen Einfuhrzöllen, dass sie sich niemand mehr leisten will. Um seine trinkfreudige Bevölkerung zufrieden zu stellen, unternimmt der König zweierlei: Er erklärt den Gin anstatt des Cognac zum Getränk der Nation und schließt am 27. Dezember 1703 den Vertrag von Methuen, ein Handelsabkommen, in dem England mit Portugal englische Wolle gegen portugiesischen Wein tauscht. Doch der süße, schwere, trübe Wein aus dem fernen Portugal, das immerhin als Erfinder des Korkens und der Flaschengärung in die Weingeschichte eingegangen ist, will den Engländern nicht munden. „Da ist kein Geist, kein Geschmack. Da schmeckt man alles durcheinander, als äße man den Abfall von Pasteten" beklagt sich ein Zeitgenosse. Der Portwein leidet noch heute unter seinem schlechten Ruf. Auch dem Gin war zunächst kein schönes Schicksal beschieden. Der über Holland und die Karibik nach England gelangte Wacholderschnaps erfreute sich zwar größter Beliebtheit, gelangte aber bald in den Ruf, die Menschen „faul und kriminell" zu machen. Hohe Besteuerungen waren die Antwort und führten schließlich 1736 zu Straßenrevolten: Der englische König William IV. reagierte ebenso schlagfertig wie einst sein Vorgänger, er empfahl seinen Untertanen ein neues Volksgetränk: Tee.

17 | 11 | 1825
Mühlen mahlen süß

Der Berner Zuckerbäcker Philippe Suchard hat genug vom Naschwerk, er will hinaus in die weite Welt. So lässt der 27-Jährige die kleinen Gassen der Schweizer Heimat hinter sich und schifft sich 1824 nach Amerika ein. In seinem Handgepäck finden sich einige Schweizer Uhren. Suchard glaubt mit diesen im fernen Amerika ein gutes Geschäft machen zu können. Als daraus nichts wird, besinnt sich Suchard auf seinen Kindheitstraum, mit Schokolade zu „Reichtümern"

zu gelangen. Bereits 1825 kehrt er zurück nach Europa und eröffnet am 17. November eine Confiserie in Neuenburg. Die Geschäfte laufen gut, doch für Suchard nicht gut genug. Er sucht einen Ort, der eine maschinelle Produktion der Schokolade erlaubt und findet ihn 1826 in einer Mühle bei Serrières. Suchard funktioniert die Mühlmechanik in eine „Mélangeure" um, die Kakaomasse und Zucker schnell und ohne körperlichen Aufwand verrühren kann. Bald verlassen täglich 30 Kilo Schokolade die süße Mühle. Kurz vor seinem Tod 1884 gelingt Suchard ein letzter Geniestreich, als er der bis dahin eher herben Trinkschokolade durch die Zugabe von Milch einen verträglicheren Charakter verleiht. Carl Russ Suchard wird das Werk seines Schwiegervaters schließlich zukunftsweisend fortsetzen. 1901 gelingt es ihm, die Milchrezeptur auch auf feste Schokolade anzuwenden. Das Ergebnis verpackt man in lila Papier, illustriert es mit einer Kuh und gibt ihm den Namen Milka, der sowohl eine Abkürzung für „Milch und Kakao" darstellt als auch dem gleich lautenden slawischen Namen, der soviel wie „die Zarte" bedeutet, entlehnt ist. Nach zahlreichen Experimenten mit schwarzweißen Kühen, menschlicher Begleitung und wechselnden Farbkulissen, entscheidet sich die Firma Suchard 1960 für den weißen Milchschriftzug und färbt 1973 auch die Kuh ins charakteristische Lila. Heute werden jährlich 400 Millionen Tafeln Milka verkauft. Findige Österreicher errechneten, das alle jemals in Österreich abgesetzten Schokoladen aneinander gereiht 20mal um den Erdball reichen und dem Gewicht von einer Million Kühe entsprechen würden.

24 | 08 | 1853

Dünner als ein Model

Das „Moon's Lake House" schimmert im Abendlicht. Das Resort in Saratoga Springs, New York, beherbergt wie jeden Abend in seinem Restaurantbereich diverse Kunden. Alle sind, wie eigentlich immer, mit dem Essen von Chefkoch George „Speck" Crum zufrieden. Alle? An jenem Abend des 24. August 1853 winkt plötzlich ein Kunde den Kellner zu sich an den Tisch und beschwert sich über die Pommes Frites, diese seien viel zu dick, so das Lamento des Gastes. Als Crum von der Beschwerde hört, ist er außer sich. Seine Pommes Frites zu dick? Na gut, kann er haben, sagt sich der von allen nur Speck genannte Chefkoch. Er lässt alles stehen und liegen und schneidet neue Kartoffeln, dieses Mal in hauchdünne Scheiben. Anschließend frittiert er die so bearbeiteten Kartoffeln über Gebühr lange, bis sie knochentrocken nicht mehr mit der Gabel aufzuspießen sind und salzt am Ende noch ordentlich nach. Was dann geschieht ist in unterschiedlichen Versionen überliefert. Die einen sagen, der Gast, welcher angeblich gar der betagte und bekannte Unternehmer Cornelius Vanderbilt gewesen sein soll, hätte die so veränderten „Fries" sehr zum Erstaunen des Kochs genossen. Andere behaupten, der Kunde habe das neue Ergebnis gehasst. So oder so, die Geschichte macht in der New Yorker Gegend die Runde, die so erfundenen Chips werden bald eine lokale Spezialität und Crum ob dieser Tatsache berühmt. Bald eröffnet er sein eigenes Restaurant. Auf jedem Tisch steht dort ein kleiner Korb mit... Kartoffelchips.

28 | 12 | 1869
Indianer retten Thomas Adams

Thomas Adams ist zu vielem bereit. Der New Yorker Erfinder versucht es mit vielen Berufen, unter anderem als Glashändler oder Fotograf. Ein zufälliges Treffen mit dem mexikanischen General Antonio López de Santa Anna auf Staten Island ändert Adams' Leben. Santa Anna gibt dem Amerikaner Chicle, ein Baumharz aus dem Saft des Sapotillbaumes und berichtet, dass jenes seit Jahrhunderten von Indianern in Mittelamerika genutzt wird. Adams ist begeistert. Zunächst versucht er damit Spielzeug, Gummistiefel, Reifen und Masken zu verbessern, ohne eine Spur von Erfolg. Nach durchweg frustrierenden Ergebnissen ist Adams kurz davor, das verbliebene Chicle in New Yorks East River zu versenken. Ein Kaugummi kauendes Mädchen erinnert ihn dann aber an die Worte von Santa Anna, der ihm mit auf den Weg gab, dass die beste Verwendung von Chicle das Kauen sei. Kurzerhand steckt Adams sich ein Stück in den Mund. Es schmeckt, es ist gut zu kauen, es ist der perfekte Neuanfang für die vorher nur rudimentär als Kaugummi zu bezeichnende Kugel-Süßigkeit aus Paraffinwachs. Thomas Adams entscheidet sich, alles auf eine Karte zu setzen und gibt sein letztes Geld für die Herstellung des neuen Kaugummis aus, welches er als brandneue Präsentationsform in Streifen schneiden und in bunten Papieren anbieten lässt. Ein Penny kostet „Adams' New York Gum No. 1", damals noch geschmacklos neutral. Es folgen die Geschmacksrichtungen Lakritz und Tutti-Frutti, eine entsprechende eigene Fabrik und der damit einhergehende gigantische Siegeszug des Kaugummis, wie wir ihn heute kennen. Der berühmte William Wrigley Jr. trat übrigens erst 1891 auf den Plan, wurde aber später erfolgreichster Anbieter der Kaumasse. Das Patent für Kaugummi besitzen jedoch weder Adams noch Wrigley, es wird am 28. Dezember 1869 einem William Finley Semple ausgehändigt.

11 | 06 | 1889
Königin Teig

König Umberto von Italien und seine Gemahlin Margherita weilen in Neapel und haben Hunger. Man schreibt den 11. Juni 1889. Aus ungeklärten Umständen ist Raffaelle Esposito, der Besitzer der Taverne „Pizzeria die Pietro e Basta Cosi", in der Nähe und wird in den königlichen Palast gerufen. Er bereitet den Monarchen das volkstümliche Teiggericht, das man Pizza nennt, in drei Varianten. Zunächst wählt er Speck, Käse und Basilikum, danach Knoblauch, Öl und Tomaten und schließlich, um den königlichen Gaumen nicht allzu sehr zu provozieren und gleichfalls seine patriotische Haltung zum frisch gegründeten Königreich Italien unter Beweis zu stellen, sucht er rote Tomaten, weißen Mozarella-Käse und grüne Basilikum-Blätter als optisch attraktive Geschmacksträger aus. Die Königin ist vor allem von der dritten Variante begeistert, die Reaktionen des Königs sind nicht überliefert. Der königliche Küchenchef fertigt im Anschluss an die historische Nahrungsaufnahme Esposito eine Dankesurkunde aus, die dieser stolz in seiner Taverne in der Salita S. Anna de Pilazzo 1 an die Wand hängt. Dort, wo inzwischen nicht mehr Esposito, sondern die Familie Pagnani hinter dem Holzofen steht, hängt die Urkunde noch immer. Doch muss Esposito seinen Ruf als Erfinder der Pizza Margherita und damit der Pizza schlechthin mit zahlreichen Nebenbuhlern teilen. Der prominenteste ist der persische König Darius, der seine Gefolgsleute um 500 v. Chr. durch mit Käse und Datteln belegten Backfladen bei Laune hielt. In Frage kommen auch die Bewohner der zerstörten Stadt Pompei, die unter der Lava runde Backfladen zurückließen (79 v. Chr.). Oder wie wäre es mit den armen Bewohnern Neapels, welche den aus Mittelamerika eingeführten „Pomme D'Oro" (gelbe Tomate) der allgemein als ungenießbar galt, auf Fladen rösteten und um 1522 in der Tavern Cerrigloi feil hielten? Auch in Chicago reklamiert man die Erfindung der Pizza für sich. Hier soll ein fahrender Händler um 1890 die Taylor Street durchquert haben, auf dem Kopf eine Metalltonne, voll dampfender Pizzen. Doch scheint erwiesen, dass der Mann aus Neapel stammte.

01 | 04 | 1891
Gum, Gum, Gum...

Als William Wrigley Jr. am 1. April 1891 sein Unternehmen in Chicago gründet, steht zunächst nur ordinäre Seife auf der Produktpalette. Wenig später folgt Backpulver; eine exotisch anmutende Kombination, scheint es auf den ersten Blick, die sich allerdings wie folgt erklärt: Da der Amerikaner des ausgehenden 19. Jahrhunderts offenbar ein begeisterter Beilagenkäufer ist und die Seife auch des beigefügten Backpulvers wegen kauft, spannt Wrigleys Team den Bogen weiter und fügt nun jedem Päckchen Backpulver obendrein zwei Streifen Kaugummi bei. Die Idee entpuppt sich als Verkaufsschlager und 1893 beschließt man, zu 100 Prozent in die Kaugummi-Produktion einzusteigen. Dabei ist die elastische Süßigkeit schon zu jener Zeit ein alter Hut. Anhand von Ausgrabungen in Südschweden lässt sich der älteste Kaugummi auf ein Alter von 9.000 Jahre beziffern, und auch die Griechen in der Antike kauten das Harz des so genannten Mastix-Baums zur Zahnreinigung und für die tägliche Atemfrische. Erst durch den Pionier Wrigley erlangt jedoch der Kaugummi seine bis heute ungebrochene Popularität. Als ideenreiches Verkaufstalent mit einem einzigartigen Gespür für zielgerichtete Werbemaßnahmen verhilft er dem essbaren Klebestreifen zu einem beispiellosen Siegeszug, der in den 50er Jahren auch Deutschland erreicht. Neben den ursprünglichen Klassikern SPEARMINT, DOUBLEMINT, BIG RED und JUICY FRUIT gibt es heutzutage eine schier unüberschaubare Palette von Kaugummisorten in den unterschiedlichsten Formen, Farben und Geschmacksrichtungen. Legendär ist dabei die Reihe der Fernsehspots, mit denen Wrigley's in den 70er Jahren Menschen mit überdimensionalen Kaugummi-Packungen über den Bildschirm wandern lässt, musikalisch untermalt von dem unvergessenen „Wrigley's Spearmint Gum, Gum, Gum...".

02 | 04 | 1892
Bärige Zeiten

Manchmal ist der Weg nicht weit, wenn eine Firma nach einem passenden Namen und Maskottchen für sein Produkt sucht. So ist es auch, als am 2. April 1892 die Berner Alpen Gesellschaft gegründet wird und deren Betreiber sich in den Kopf setzen, mit lang konservierbarer Milch den Markt zu erobern. Ein Blick auf das Wappen der Heimat im Kanton Bern und das herzustellende Produkt genügt, und die Firmengründer haben zusammen, was sie brauchen: Einen Bären, der gern Milch trinkt. Bis zum eigentlichen Geniestreich vergehen dennoch Jahre. Zunächst macht man sich 1906 die Erfindung des Amerikaners Gail Borden zunutze, der am 19. August 1856 ein Verfahren zur industriellen Herstellung extrem haltbarer Dosenmilch entwickelt hatte. 1912 bringt man die kleinen Dosen als „Bärenmarke Alpenmilch" auf den Markt und entwickelt ein neues Logo mit einer

Bärin, die ihr Kleines mit einer Milchflasche stillt. Als „Bearbrand" wird die Milch rund um die Welt bis nach Afrika exportiert. Bis aus der stillenden Bärin ein Logo für die Ewigkeit wird, gehen weitere 58 Jahre ins Land. Dem Zeichner Fritz Wilm ist es 1960 vergönnt, der Bärenmarke ihr noch heute gültiges Aussehen zu verleihen, Steiff übernimmt die Gestaltung eines grobmotorischen Stoffbären, der in den passenden Werbespots über grüne Almen tappst. 1970 schluckt Nestlé, 2003 dann Hochwald die Bärenmarke. Italienische Kaffeekultur und Bio-Boom machen der Kondensmilch allerdings bald schwer zu schaffen. Heute produziert Bärenmarke deshalb eine Premium-Linie aus Frischeprodukten. Der Werbeslogan wird dezent abgewandelt, lautete er früher „Nichts geht über Bärenmarke – Bärenmarke zum Kaffee", heißt es nun „… – Bärenmarke Qualität". 90% der klassischen Bärenmarke Kondensmilch werden heute ins Ausland exportiert.

05|06|1898
Die Geldbrigade

Der Niederwaldener Bergbauernsohn César Ritz begeistert sich für die Kochkunst, doch die macht es ihm schwer. Seine erste Kellnerlehre endet 1865 mit einer Kündigung. Auch als Schankbursche, Portier und Kellner im Pariser Hotel de la Fidélité ist ihm 1867 nur ein kurzer Aufenthalt beschieden. Um einige Erfahrungen reicher dient sich Ritz jedoch im Pariser Luxushotel Splendide vom Kellner zum Oberkellner und schließlich 1872 zum Mâite d'Hôtel empor. Tief im Süden Frankreichs rüstet sich zeitgleich ein anderer Mann für die noble Welt der Gastronomie. Auguste Escoffier aus Nizza hat die Kochkunst seit 1859 von der Pike auf gelernt, vom Koch zum Rôttiseur und Saucier, 1871 weiter zum Küchenchef des französischen Generalstabs und hinein ins „Petit Moulin Rouge". Escoffier ist ein Mann mit Visionen, er entwickelt das Konzept der Küchenbrigade mit einem Chef de Partie für jeden Gang, führt den Service à la Russe ein, bei dem die Speisen nicht mehr gleichzeitig, sondern nacheinander aufgetragen werden. Ritz und Escoffier sind fortan in den noblen Küchen Europas, in Wien, Nizza, Locarno, San Remo, Cannes oder Luzern zuhause. Wo immer man mit goldener Gabel speist, ist Monsieur Ritz zu finden, er plaudert, scherzt mit seinen betuchten Gästen, macht sich unentbehrlich. Wo man sich über kulinarische Novitäten wie das Geflügel à la Derby oder den Pfirsich Melba freut, steckt in der Regel Escoffier dahinter. 1884 geschieht, was geschehen muss, die beiden treffen im National in Cannes aufeinander und sind bald unzertrennlich. Am 5. Juni 1898 eröffnen sie gemeinsam das Hotel Ritz in Paris. Das Haus an der Place Vendôme, dessen Fassade Mansart, der Hofarchitekt Ludwigs XIV. gestaltete, ist ihnen hierzu gerade recht. Von nun an speist die wohlhabende Welt „à la carte" im Ritz, auch wenn man dazu meilenweit anreisen muss. Das Gespann wiederholt den Erfolg in London und Cannes. 1902 muss sich César Ritz aus dem Geschäft zurückziehen, er leidet an Depressionen und Erschöpfung. Auguste Escoffier führt sein Leben um Teller und Gabel weiter. 1903 gibt er seinen Guide Culinaire, die Bibel der Haute Cuisine, heraus. Das als Lehrbuch zur Kochausbildung konzipierte Werk enthält bei seiner 4. Auflage 1921 5.000 Rezepte auf siebzehn Kapiteln von der Sauce bis zur Confiture.

29 | 04 | 1903
Für'n Groschen 'n Riesenspaß

August „Oberwelland" Storck baut am 29. April 1903 eine Zuckerfabrik auf dem Gestüt Storck in Werther/Westfalen. Damit ist eigentlich bereits alles gesagt, nur weiß Oberwelland davon noch nichts. Er versucht stattdessen mit drei Mitarbeitern, einem Bonbonkocher und einem Drageekessel „Zuckerwaren aller Art in Handarbeit" zu produzieren. Es braucht aber bis 1934, bis sich sein jüngster Sohn Hugo erstmals lautstark auf dem Markt bemerkbar machen kann. Das Produkt, dass ihm den Durchbruch ermöglicht, sind die „1 Pfennig Riesen", würfelartige Karamellbonbons, die an den Zähnen kleben, aber reißenden Absatz finden. Bereits 1937 werden 1.170 Tonnen verkauft. 1945 wird in Halle/Westfalen ein neues Werk mit einer 100 Meter langen „Karamellhalle" in Betrieb genommen. Hugo Storck macht sich durch seine menschelnde Firmenpolitik beliebt, er beteiligt seit 1950 die Mitarbeiter am Umsatz und führt bereits 1958 die 40-Stunden-Woche ein. Er identifiziert sich derart stark mit dem Unternehmen, dass er sich eine Villa mit Blick aufs Werk errichten lässt. 1953 startet der Export in die USA und nach Hongkong. In den Sechziger Jahren schlägt Storcks große Stunde, woran der Düsseldorfer Werbefachmann Otto Pahnke maßgeblichen Anteil hat. In knapp zehn Jahren addiert Storck dem legendären Riesen fünf bis heute international bekannte Süßigkeiten-Klassiker hinzu, „nimm 2" (1962), „merci" (1965), „Campino" (1966), „Werthers Echte" (1969) und „Toffifee" (1973). Wenig später ist auch die Zeit für „Mamba", das „fruchtig-frische Kaubonbon", „fruchtige Stielbonbons" namens „Storckies" und das Kaugummi „Bazooka Joe" („blas den Großen!") gekommen. Für Storck werben nun die blaue Maus Goliath, das Schwein Tante Hippie, der popelgrüne Muskelkater und Schleck, der Bär in Pink. Der „Spaß mit Schleck", der „für'n Groschen 'nen Riesenspaß" bringt, schafft es jedoch nicht mehr ins neue Jahrtausend. Anders Storcks legendäre Riesen, die heute noch „Riesenkauvergnügen" bescheren, obwohl der Preis von einem soliden Pfennig nicht mehr zu halten ist. 250.000 Tonnen Süßwaren produziert die August Storck KG heute jährlich, der Umsatz beträgt rund 1,2 Milliarden Euro.

21 | 09 | 1903
Helle Köpfe

Der Apotheker Dr. August Oetker hat eine Aufgabe, die er mit etlichen Hausfrauen seiner Heimatstadt Bielefeld teilt, er wünscht die Geheimrezeptur für einen todsicher gelingenden Kuchen zu entschlüsseln. Im Hinterstübchen der Aschoffschen Apotheke hantiert er über Wochen mit Pulver, Waage und Mörser, bis sich das gewünschte Ergebnis einstellt. Das Backpulver ist erfunden. „Backin" nennt Oetker sein Werk und verpackt es gut abgewogen in kleinen Tütchen. Da die Mischung aus Natron, Phosphaten und Säuerungsmittel für fremde Backmeister rasch zu entschlüsseln ist, lässt sich Oetker am 21. September 1903 sein „Verfahren zu Herstellung von dauerhaftem Backpulver oder backfertigem Mehl" patentieren und macht sich auf die Suche nach einem unverwechselbaren Markenzeichen. Passend zum Werbeslogan „Ein heller Kopf verwendet nur Dr. Oetker's Backpulver" beauftragt er seinen Werbefachmann vor einem rot-weißen Hintergrund den sogenannten „Hellkopf" abzubilden. Der beauftragte Zeichner hält Ausschau nach einem geeigneten Modell, schließlich sitzt ihm die eigene Tochter Model für die unverwechselbare Silhouette, die bis heute auf allen Dr. Oetker-Produkten prangt. Der Name der Schönen ist leider nicht überliefert.

15 | 12 | 1908
Im Kaffeesatz gelesen

Frage: Wie viel Eigenkapital braucht man für eine Firma? Antwort: 73 Pfennig. Mit eben jenem Betrag eigenen Geldes startet Melitta Bentz am 15. Dezember des Jahres 1908 ihren Betrieb, der später Familienbetrieb wird. Wie viele Menschen stören auch Bentz die kleinen Dinge des Lebens, die einem den Tag madig machen können. Eines dieser Probleme ist für sie der stets in jeder Tasse Kaffee vorhandene Kaffeesatz. Eines Tages reicht es der Hausfrau, sie stromert durchs Haus und greift sich einen Messingtopf, als nächstes holt sie Nägel und bohrt in den Topf kleine Löcher. Das Entscheidende aber fehlt noch. Sie sucht die Räume ab, bis sie schließlich in das Zimmer ihrer Kinder kommt. Dort fällt ihr Blick auf die Schulhefte ihrer Söhne und die darin liegenden Löschblätter. Perfekt. Für die nächsten Tage müssen die Kinder Horst und Willi ohne jene Tinte saugenden Papiere auskommen, die Mutter benötigt sie für ihr Experiment. Sie lässt heißes Wasser durch den löchrigen Topf mit zwei Löschblättern als Bettlaken für den darin befindlichen Kaffee laufen und ist begeistert: Ein kaffeesatzfreies Ergebnis! Ehemann und Söhne werden erste Angestellte ihrer Firma, die in den kommenden Jahren floriert und noch heute mit rund 3.300 Mitarbeitern existiert.

An einem Tag im Jahr 1929
Hanf für alle

Thomas Sullivan hat eine gute Idee. Die Blechdosen, in denen sein Tee bisher verschickt wird, sind dem Teehändler schlicht zu teuer, seine Alternative sind Seidenbeutel. Diese werden von der Kundschaft auch dankbar angenommen. Sie werden allerdings, ohne beigelegte Anleitung, gleich komplett ins Wasser getunkt, anstatt den Tee, einfach zur weiteren Verwendung aus dem Beutel herauszunehmen. Vom Kunden erfunden sozusagen. Der neuartige Teebeutel wird schnell mit minderwertigen Kräutern aufgefüllt und sein Image verschlechtert sich. Weitere Varianten, welche verleimt den Teegeschmack beeinflussen, oder Versionen in pappigen Papiertüten erzielen ebenfalls keinen positiven Nachhall beim Kunden. Erst der bei der deutschen Firma Teekanne GmbH arbeitende Adolf Rambold kann 1929 das Problem beseitigen. Mit Manilahanf und thermoplastischen Fasern, die beim Verschweißen der Teebeutel helfen, gelingt ihm eine geschmacksneutrale Umgebung für den Tee. Zunächst formt er 15 Zentimeter lange Stoffstreifen zu Schläuchen, welche dann, und darin liegt ein weiterer Pluspunkt seiner Erfindung, in einem von Rambold entwickelten Verfahren zu Beuteln gefaltet werden. Am Ende wird der neue Teebeutel von ihm per Klammer verschlossen und so bis zum heutigen Tag hergestellt. Pro Jahr gehen heute 220 Milliarden Teebeutel zum Endkunden.

27 | 04 | 1929
Viel Rauch um ein Dromedar

Der Zirkus „Barum and Bailey" gastiert 1913 in Winston in North Carolina. Auch Richard Joshua Reynolds besucht die Vorstellung der fahrenden Sensationsschau. Reynolds kann sich in der Manege vor allem für das altes Dromedar Old Joe begeistern. Der Tabakhändler, der seit 1874 im Geschäft ist, hat eine Idee und wenige Monate später steht die erste Schachtel „Camel Cigarettes" in den Auslagen amerikanischer Tabakhändler. Das Camel-Dromedar aus dem Zirkus, das jetzt von zwei Pyramiden und Palmen eingerahmt wird, ist eine der ersten Bildmarken der Werbegeschichte. Gemeinsam mit ihrem Inhalt, der in seiner Mischung aus amerikanischem und türkischem Tabak eine echte Innovation darstellt, avanciert die Schachtel schnell zu einem der berühmtesten Konsumprodukte der Welt. 1921 ist jede zweite gerauchte Zigarette eine Camel. 1928 hält die Schachtel auf Christian Schads Gemälde „Sonja" auch Einzug in die Kunst. Am 27. April 1929 setzt der Konzern seiner Wirtschaftsmacht mit dem 22-stöckigen Reynolds Building, einer Vorform des Empire State in New York, in Winston-Salem ein gewaltiges Baudenkmal, das die Marktstellung des berühmten Kamels eindrucksvoll unterstreicht. 1954 bringt Reynolds Tobacco mit „Winston" auch die erste Filterzigarette auf den Markt. Das Camel-Dromedar übersteht über Jahrzehnte selbst die härtesten Angriffe der Konkurrenz. Um 1970 gesellt sich ihm mit dem Camel-Mann Bob Beck ein verlässlicher und ebenso weit akzeptierter Freund hinzu. 1991 beschädigt ein Verwandter des stoischen Dromedars sein Image empfindlich. Werbestrategen kreieren das Plüschdromedar Joe Camel, das den Absatz mit lustigen Werbespots ankurbeln soll. Das Experiment misslingt und die Absatzzahlen von Camel brechen in Europa ein. In den USA ist Camel heute die Nummer Drei unter den meist verkauften Zigaretten, der Reynolds-Konzern verfügt über 30% Marktanteil.

21 | 08 | 1931

Wollt ihr unentschieden?

Die Fußballsaison hat Pause, trotzdem steht Schiedsrichter Walter Eschweiler 1973 in Köln-Neuss im Stadion. Er wendet sich an die tosende Fanmasse: „Wollt ihr einen Elfmeter?" – „Nein!", „Wollt ihr unentschieden?" – „Nein!" „Was wollt ihr denn?" – „Ma-o-am, Ma-o-am!" An den deutschen Fernsehgeräten schauen Hunderttausende zu. Tags darauf berichtet die Kölnische Rundschau von irritierten Eltern, die sich geweigert haben sollen, ihre Kinder weiterhin mit dem fruchtigen Kaubonbon „Maoam" zu versorgen, da die Firma offensichtlich Verbindungen zur Volksrepublik China und ihren kommunistischen Führer Mao Tse-tung pflege. Medienente oder nicht, Edmund Münster hat dergleichen nicht im Sinn, als er, lange vor Mao, 1900 erst das „Düsseldorfer Lakritzenwerk" kauft und 30 Jahre später die Produktion auf Fruchtbonbons verlagert. Er hat sich hierfür eigens aus dem Ausland eine Lizenz für den klingenden Namen Maoam besorgt. Am 21. August 1931 beantragt Münster beim Amtsgericht Düsseldorf Musterschutz für sein Bonbon, das aus Zucker, Sirup und etwas Chemie besteht. Das süße rechteckige Bonbon wird in Wachspapier eingeschlagen, zu je fünf Bonbons in eine Hülle gesteckt und in Pappkästen à 50 Päckchen in die Läden geschickt. Hier wird es unter dem Slogan „Am liebsten Münsters Maoam" um Ostern 1931 erstmals verkauft. Erst 1973 werden aus Maoam „fröhlich-fruchtige Kaubonbons". 1986 kauft Süßwarengigant Haribo die Marke und verändert Rezeptur und Packungsdesign. Form, Größe und der blauweiße Schriftzug bleiben dem Produkt, das vor allem in Deutschland, Skandinavien und England ein Verkaufsschlager ist, aber erhalten.

23 | 03 | 1933
Aus dem Kopf ins Glas

Kalifornien ist ein Land der Visionen, einst suchten die Menschen hier nach Gold, später nach unsterblichem Ruhm in Hollywood. Seit 1936 sucht man hier nach dem Paradies. Indessen nach einem, welches eigentlich fern der USA liegt: Polynesien, das Inselreich der edlen Wilden, schönen Frauen und duftenden Blumen, der Inbegriff aller exotischen Träume. Palmen und tropische Blumen schießen plötzlich wie Pilze aus dem Wüstenboden. Überall entstehen „Tiki-Tempel", verzierte Holzhallen, in denen man neben gebratenem Schweinefleisch vom Spieß eigenartige bunte Flüssigkeiten reicht. Von Mädchen in Baströcken werden sie in Kokosnüssen, Porzellan-Schädeln und fantasievoll geschwungenen Gläsern serviert und tragen so exotische Namen wie „Tahitian Punch", „Zombie" oder „Mai-Tai". Herren in Hawaii-Hemden und Damen in Aloha-Kleidern sitzen an üppig mit Ananas und Holzskulpturen geschmückten Tischen. Auf einer Bühne tanzen Mädchen zu Ukulele und Trommeln im Hula-Takt. Dahinter steht Victor Bergeron alias Trader Vic und betrachtet sein Werk, das Ergebnis einer Vision, deren Umsetzung er dem Ende der Prohibition am 23. März 1933 verdankt. Bereits 1934 eröffnet Bergeron in Oakland die Bar „Hinky Dink". Reisen nach Kuba, Louisiana und nach Los Angeles, wo Don Beach und Sunny Sund mit der Bar „Don the Beachcomber" den Exotik-Trend für Hollywood losgetreten haben, inspirieren ihn zu mehr. 1936 eröffnet er das „Trader Vic's", einen Südseekosmos ganz nach der eigenen Fantasie, dessen Markenzeichen der Südseegott Tiki wird. Bergeron, der sich selbst nun Trader Vic nennt, erfindet dazu eigene Cocktails wie den Mai-Tai. Das Geschäft boomt sofort. Bald schreibt

Vic Koch- und Mixbücher, gründet Filialen überall in den USA und exportiert Trader Vic's 1940 sogar an seinen „Ursprungsort", nach Hawaii. Als die Touristenströme das Eiland erreichen, finden sie schon vor, was ihnen Vic zuhause als den „Traum der Südsee" verkauft hat: Rum-Cocktails, Lounges, Ukulelen oder den „Menehune", einen kleinen dicken Häuptling, der wie das meiste allein Vics Kopf entsprungen ist. Um 1965 klingt der Tiki-Boom ab, in kurzer Zeit versinkt eine urbane Kultur zwischen Abrissbirne und Verwahrlosung, als hätte es sie nie gegeben. Doch Vic hat bereits neue Begierden bei den Amerikanern geweckt, mit Señor Pico gründet er die erste Mexican-Food-Kette der USA, und als noch niemand auch nur im Traum daran denkt, eröffnet er ein Sushi-Restaurant. Seine Cocktails sind heute aus keiner Bar mehr wegzudenken, auch Trader Vic's-Filialen gibt es noch, visionäre Titanen wie Victor Bergeron (+ 1984) dagegen sind ausgestorben.

08 | 04 | 1934
Der Riegelvater und sein Erbe

Es muss eine Alternative zur gängigen Schokoladentafel geben, denkt sich Franklin Clarence Mars, und derselben Meinung ist seine Frau Ethel. In Tacoma/ Washington bieten die beiden Süßwarenhändler immer wieder neue Pralinenvariationen an. 1911 macht er aus dem Geschäft ein größeres Unternehmen. 1923 ist endlich die gewünschte Alternative gefunden. „Milky Way", eine Komposition aus Schokomalzmilchnougat, Karamell und Schokolade, ist der erste Schokoriegel auf dem weltweiten Markt. 1930 folgt der Erdnussriegel „Snickers" und 1933 „Three Musketeers". Währenddessen hat sich Franklins Sohn Forrest Edward Mars nach Großbritannien aufgemacht und hier 1933 einen eigenen Riegel mit dem Namen „Mars" entwickelt. Damit ist der bis heute herrschenden Verwirrung unter Schokoriegelfreunden der Boden bereitet. Denn das britische Mars ist nichts weiter als eine leicht veränderte Form des US Milky Way Riegels, während die 1965 in Europa eingeführte Marke „Milky Way", die „in Milch schwimmt" mit den amerikanischen „Three Musketeers" identisch ist. Das deutsche „Mars", das 1962 auf den Markt kommt, ist zwar mit der englischen Variante identisch, das US-„Mars" dagegen ist eine Adaption des niederländischen Riegels „Nuts", der seit den Sechzigern in Europa mit dem Slogan „Nootje voor nootje een genoot" wirbt. All das muss Franklin Clarence Mars nicht mehr erleben. Der Vater aller Schokoriegel stirbt am 8. April 1934 in Tacoma. Sohn Forrest, der die Mars

Inc. durch eine rücksichtslose Marktpolitik zum Global Player gemacht hat, verlässt das Unternehmen 1973 und gründet im Gedenken an seine Mutter in Nevada die „Ethel M Candies".

25|09|1936
Pralinen, Pennies und Peter Pan

Der Süßwarenfabrikant John Macintosh ist nicht nur ein großer Schokoladenfan, sondern er schätzt auch den britischen Autor Sir James Matthew Barrie. So kommt eins zum andern, als Macintosh eine neue Pralinenkollektion für den internationalen Markt entwickelt, die die Sehnsüchte nach Luxus in der wieder aufblühenden britischen Konsumgesellschaft der späten Dreißiger Jahre stillen soll. Barries Theaterstück „Quality Street" um den schmucken Major Quality und seine charmante Verlobte Miss Sweetly inspiriert Macintosh zu einer neuen Pralinen-Variation. Das Stück scheint irgendwie in der Luft zu liegen, beginnt doch auf der anderen Seite des Atlantiks die gerade noch unbekannte Schauspielerin namens Katherine Hepburn am 25. September 1936 mit den Dreharbeiten zur Hollywoodverfilmung. Macintoshs kreiert nun seine Mischung aus 14 Toffees vom Noisette Triangle bis zum Toffee Penny. Sie soll zum stolzen Preis von 20 Pennies (heute 3,5 £) in einer noblen Blechbüchse verpackt angeboten werden. Er beauftragt seinen Werbezeichner Sidney Coles entsprechende Figuren zu entwerfen. Coles geht wie so viele Werbezeichner den Weg des geringsten Widerstandes: Er porträtiert jene, deren Gesichter er ohnehin immer um sich hat, seine Kinder Iris und Tony, die nun, er charmant, sie kokett, die Rolle des Majors und seiner Angebeteten übernehmen. Mehrfach umgestaltet – in den Sechzigern trägt Miss Sweetly sogar einen Midi-Skirt – erleben die beiden schließlich 1969 die Liaison ihres Schöpfers Macintosh mit dem Süßwarenmogul Rowntree. Während Rowntree Kit Kat und Smarties mit in die Ehe bringt, stellt Macintosh neben Quality Street Rolo, Caramac und Munchies unter die gemeinsame Obhut. 1988 adoptiert Nestlé alle zusammen, produziert seitdem sieben Millionen Pralinen täglich, schickt aber 2000 Major Quality und Miss Sweetly in Rente. Ihr Schöpfer Sir James Matthew Barrie bleibt dennoch unvergessen, er ist der Autor von Peter Pan.

15 | 05 | 1940
Ich kaufe es

Was heute mit über 30.000 Filialen die bekannteste Fast Food-Kette der Welt darstellt, beginnt am 15. Mai 1940 mit der Gründung eines Hamburger-Restaurants im kalifornischen San Bernardino durch die Brüder Maurice und Richard McDonald. Durch eine äußerst zeitsparende Vorgehensweise bei der Zubereitung der allseits beliebten Rindfleisch-Boulette und die Umstellung auf einen Selbstbedienungsbetrieb wird das Lokal Ende der 40er Jahre überregional bekannt. Mit Ray Kroc, einem Verkäufer für Milkshake-Mixgeräte, der 1954 dazustößt, wird das Erfolgsteam zunächst komplett und es entwickelt sich ab diesem Zeitpunkt ein rasant anwachsendes Unternehmen mit vielen Standorten. Das von Kroc etablierte Geschäftsmodell basiert auf einem noch heute gültigen Franchise-System und mit der steigenden Zahl der Filialen vergrößert sich auch die Produktpalette von McDonalds. Neben Hamburgern und Cheeseburgern wird vor allem der Big Mäc zum Sinnbild der Imbiss-Kultur des 20. Jahrhunderts. Das McDonalds-Logo, die berühmten „Golden Arches", dürften neben dem Coca Cola-Schriftzug wohl eines der unverwechselbarsten Wahrzeichen der heutigen Konsum-Gesellschaft darstellen. Selbst scheinbar geschäftsschädigende Gerüchte um die legendäre Kakerlake auf der Frikadelle, ob wahr oder unwahr, konnten den Siegeszug des Hackfleischbrötchens nicht aufhalten. Neben dem klassischen McDonalds-Restaurant gibt es derzeit zahlreiche McDrive-Stationen für Autofahrer und die Ergänzung einiger Filialen um McCafé. Hier kann der Kunde verschiedene Kaffeesorten und Gebäck im Gegensatz zur sonst üblichen Pappschachtel auch von echtem Porzellan genießen.

04 | 09 | 1949
Ohne Darm

Am 4. September 1949 steht Herta Heuwer in ihrem Imbissstand am Stuttgarter Platz im Berliner Bezirk Charlottenburg. Da hat sie einen brillanten Einfall. Warum die Brühwurst nicht einmal mit einer Sauce servieren? Sie versucht es mit einer Mischung aus Currypulver, Tomatenmark und Worcestershiresauce, und, voilà, es schmeckt ihren Kunden. Seitdem gilt sie als die Erfinderin der Currywurst. Binnen kürzester Zeit entwickelt sich die Zwischenmahlzeit zu einem Berliner Nationalgericht der einfachen Leute. Schon bald finden sich zahlreiche Nachahmer, so dass die Imbissbesitzerin ihre Sauce sogar patentieren lässt. In den 80er Jahren bekommt die Currywurst starke Konkurrenz von Hamburger und Döner. Doch nach der Wende erlebt sie eine regelrechte Renaissance. Imbissbuden wie Konnopke's in der Schönhauser Allee oder Curry 36 am Mehringdamm sind heute Kult, und man muss nicht selten lange anstehen, bis man endlich an der Reihe ist. Und es sind nicht mehr nur die Leute der Straße, die nach einer Currywurst „mit oder ohne Darm", „scharf" und „mit gedünsteten Zwiebeln" verlangen. Wie fast alle originellen Geschichten enthält aber auch Herta Heuwers Erfolgsstory einen Wermutstropfen. So behauptet der Autor Uwe Timm, bereits 1947 bei einer Frau auf dem Hamburger Großneumarkt erstmals eine Currywurst gegessen zu haben, eine Begebenheit, die er auch in seiner Novelle Die Entdeckung der Currywurst (1993) verarbeitet hat. Doch als Berliner hält man natürlich zu Hert(h)a.

15 | 04 | 1960

Das Mädchen auf dem gelben Blechkasten

Gerda Hahn liest Zeitung, genauer gesagt die deutsche Jugendzeitschrift Bravo, der sie auch im April 1960 wieder die neuesten Informationen über Peter Kraus, Freddy Quinn oder die Bardot entnimmt. Zum zweiten Mal in Folge ist O.W. Fischer Gewinner des Goldenen Otto, doch das interessiert die junge Österreicherin weitaus weniger als eine Anzeige, die sich im selben knallgelben Heft befindet: „PEZ sucht Talent" heißt es da, und der weitere Text liest sich wie eine Einladung nach Hollywood: „Für Pez Werbefilme suchen wir hübsche und begabte Teenager. Bitte sendet uns Aufnahmen von Euch! Wenn der neue Star seine Sache gut macht, werden Probeaufnahmen gemacht werden". Die hübsche blonde Gerda Hahn fühlt sich angesprochen und folgt kurz darauf der vorgegebenen Anleitung zum Glück: „Darum setzt Euch mal schön in Pose und lasst Euch hübsch fotografieren. Es werden nur Bilder veröffentlicht auf denen die Pezbox deutlich zu erkennen ist." Eine Pezbox hat im Jahr 1960 in Österreich jeder zur Hand, bereits seit 1952 produziert die 1927 durch Eduard Haas gegründete österreichische Bonbonfirma ihre „Pezzuckerl" im praktischen „Dispenser", dessen oberes Ende berühmte Köpfe wie Mickey Maus oder Dumbo der Elefant zieren. Hahn besorgt sich also eine Pezbox, lässt ein Foto schießen und schickt das fertige Bild an Pez Österreich, Wien I, Hauptpost, Postfach 96. In der Pez-Zentrale macht man sich am 15. April 1960, dem Tag des Einsendeschluss die Wahl nicht leicht, doch fällt sie schließlich nach dem Probe-Shooting doch auf Gerda Hahn, die Friseurmeisterin aus der Wiener Leopoldstadt. Ihr ist es vergönnt in der blauen Marineuniform, mit Pez-Käppi und herausfordernder Geste Werbeclips zu drehen und die nächsten 15 Jahre die knallgelben Blechautomaten zu schmücken, die Wände, Bahnhöfe oder Tankstellen in Westeuropa und den USA zieren, und kleinen Kindern oder Jugendlichen Groschen um Groschen für Citrus, Orange und Pfefferminz, später Wild Cherry, Tombi und Doppel-Pez aus dem Portemonnaie locken. 4,2 Milliarden Pez-Packungen wurden bis heute verkauft und 80 Millionen Pezboxen an das Kind gebracht, ein guter Anteil davon durch Gerda Hahn.

14 | 01 | 1966
Günters Gesicht

Niemand kennt Günter Euringers Körper. Sein Gesicht hingegen kennt fast jeder. Es wurde in Deutschland gar zu den fünf bekanntesten Ikonen der Popkultur gewählt. Hätte das Kind, das Euringer 1973 war, diese Ausmaße geahnt, wären vielleicht mehr als die 300,- DM Gage herausgesprungen, die er für das Foto bekam, welches über drei Jahrzehnte die Verpackung der berühmten Kinder-Schokolade zierte. Die Erfolgsgeschichte der Kinder-Schokolade ist erstaunlich. Seit 1967 (Markenanmeldung: 14. Januar 1966) kann die Welt nicht die Finger von den Riegeln lassen, selbst außerhalb Deutschlands heißen die inzwischen zur Familie angewachsenen Produkte teilweise „Kinder", obwohl die Mutterfirma Ferrero italienischer Herkunft ist. 1974 folgt das ebenso populäre Überraschungsei. Das Prinzip ist dasselbe: Außen dunkle, innen cremig helle Schokolade. Stete Werbung und eine nahezu unveränderte Präsentation des Produktes bringen allein in Deutschland einen Bekanntheitsgrad von fast 100% und einen Jahresabsatz der Kinder-Schokolade von 90 Millionen Tafeln. Der Werbespruch „Das besondere daran: Der außergewöhnlich hohe Milchanteil" sollte einen indes nicht zu sehr in ökologischer Sicherheit wiegen, seinem Körper etwas Gutes zu tun. Günter Euringer kehrte im Jahr 2005 zur beliebten Schokolade zurück, als sein Buch „Das Kind der Schokolade" erschien.

02 | 03 | 1971
Mit Sossé

Mehmet Aygün ist 16 Jahre alt und gerade aus der Türkei nach Deutschland gekommen. Sein erster Anlaufpunkt ist die Adalbertstraße 10 im Berliner Bezirk Kreuzberg, denn dort besitzt sein Onkel einen Imbiss, das Hasir. Schon bald bietet der ihm einen Job in dem Laden an. Am 2. März 1971 kommt ihm eine zündende Idee. Warum das Kebab nicht einmal in einem Fladenbrot mit Krautsalat und Soße servieren? Der Döner Kebab, wie man ihn heute überall in Deutschland kennt, ist geboren. Schnell macht das neue Imbissgericht die Runde und findet immer mehr Nachahmer. Schon Ende der 70er Jahre ist die mit Lammfleisch gefüllte Fladenbrottasche fast so etwas wie ein Kreuzberger Nationalgericht und gehört zum alten Berlin wie die Mauer oder die Currywurst. Mittlerweile gibt es allein in der Hauptstadt etwa 1.300 Döner-Buden. Das Hasir ist heute ein Restaurant, das selbstverständlich auch Döner Kebab im Angebot hat. Schließlich ist sein jetziger Besitzer kein Geringerer als Mehmet Aygün.

09 | 07 | 1985
Altes Glykol in neuen Schläuchen

Am 9. Juli 1985 werfen viele Weinliebhaber noch einmal einen ganz genauen Blick auf ihre Flaschenetiketten, um zu überprüfen, woher die guten Tropfen kommen. Das Bundesgesundheitsministerium hat nämlich gerade eine offizielle Warnung vor österreichischen Weinen veröffentlicht. Die schockierenden Neuigkeiten: Einige Winzer haben ihre Weine mit dem Frostschutzmittel Glykol gepanscht, um sie „lieblicher" zu machen. Der „Genuss" von Glykol kann Krämpfe, Durchfall und Übelkeit verursachen. Niemand will die Weine aus Österreich mehr trinken, die Exporte der Flaschen „Made in Austria" sinken innerhalb von zwei Jahren von rund 450.000 Hektolitern auf 44.000. Dann geraten auch deutsche Weinhändler in Verruf, Frostschutzmittel in ihre Weine gepanscht zu haben. 75 Weine kommen auf die Schwarze Liste, allein in Deutschland werden vier Millionen Liter Wein beschlagnahmt. Die Weinindustrie zieht Konsequenzen aus dem Skandal und verschärft die Qualitätskontrollen. Und „Glykol" wird in Deutschland „Wort des Jahres 1985".

15 | 11 | 1989
Der Koch des Jahrhunderts

Wer als Koch mit vierzig mal drei Michelin-Sternen ausgezeichnet wurde, kann nicht zu den schlechtesten gehören. Das weiß auch Paul Bocuse. Und dennoch ist der 63-jährige Mann mit der 50 Zentimeter hohen Kochmütze und den langen abstehenden Ohren gerührt und ein bisschen überrascht, als ihn die Gourmet-Bibel Gault Millau Mitte November 1989 zum „Koch des Jahrhunderts" ausruft. Die Familie Bocuse hat sich allerdings lange mit der Speisezubereitung beschäftigen müssen, bis es soweit war. 1840 eröffnete Nicolas Bocuse ein Restaurant am Ufer der Saône und gab es bis in die dritte Generation weiter. Eben hier steht Paul Bocuse 110 Jahre später hinter der Kochplatte, nachdem er eine Kochausbildung in Paris und eine Lehrzeit in einem 3-Sterne-Restaurant in Vienne absolviert hat. Seinen Namen aber macht sich Bocuse durch seine Kochphilosophie, die sowohl auf Raffinesse wie auf Bodenständigkeit und vor allem Frische setzt. Gut gezogenes Gemüse der Saison lautet eines der vielen Zauberworte des Genies, mit dem er sich in den Sechziger Jahren gegen Tiefkühlkost und Konservennahrung erhebt. Für diese Pioniertat erhält er 1961 den „Melleur Ouvrier de France", den Orden als „bester Mann Frankreichs". Im „Institut Paul Bocuse hôtellerie et arts culinaire" in Ecully lassen sich heute neue Jünger durch den Meister ausbilden, seit 1987 unterwerfen sich beim Bocuse D'or Europe selbst Profiköche seinem Votum. Bocuse weiß wie man kocht und noch besser, wie man der Welt klar macht, dass man der weltbeste Koch ist: Durch Fernsehauftritte, Werbeverträge, ein Kreuz der Ehrenlegion, zahlreiche Filialen, eine eigene Produktlinie, Präsidentenmenüs und Restaurantpreise, die bei einer 80 Euro-Vorspeise beginnen. Auch an diesem Novembertag hat es wieder einmal funktioniert.

23 | 02 | 2005
Die Rache der Gourmands

Jamie Oliver schaut leicht bekümmert aus an diesem Mittwoch im Februar 2005. Der fidele Starkoch, der weltweit Gourmets, Hausfrauen und Hobbyköche mit seinen delikaten, gesunden aber einfachen Speisen verwöhnt, wird zum Zeugen eines Aktes der Barbarei. Die Schüler der Kidbrooke School in South London lassen Olivers liebevoll kreierten Speisen mit den Worten „it tastes disgusting!" angewidert auf den Kantinentischen stehen. Manche schütten sie gar triumphierend vor seinen Augen in den Mülleimer. Als unter den Schülern ruchbar wird, dass Oliver am 14. März zurückzukehren beabsichtigt, arrangieren sie Anti-Oliver-Demos auf dem Schulhof. Begonnen hat alles, als sich James Oliver mit befreundeten Köchen aus dem Schulbereich unterhielt und erfuhr, dass sie mit umgerechnet 50 Cent pro Mahlzeit und Schüler kalkulieren müssen. Hinzu kamen die Berichte des britischen Gesundheitsministeriums. Danach waren 14% der Jungen und 17% der Mädchen in Großbritannien übergewichtig, der Anteil fettleibiger Jugendlicher hatte sich in den 25 Jahren, seit Margaret Thatcher die Ausgaben in der Schulspeisung drastisch kürzte, verdreifacht. Man diagnostizierte der heranwachsenden Generation eine durchschnittliche Lebenserwartung von 50 Jahren. Olivers Projekt „Feed me better" wollte dem Trübsaal ein Ende machen, er sammelte 2005 271.000 Unterschriften und überreichte sie Tony Blair. Dieser stellte 417 Millionen Euro bereit und finanzierte davon u.a. die TV-Serie „Jamie's School Dinners", die von Februar bis März 2005 auf Channel 4 zu sehen war. 2006 nimmt der kampflustige Koch das Projekt wieder auf. Im September zeigt die Zeitschrift „Independent" bereits glückliche Kindergesichter über seinen Töpfen. Am 11. März 2008, gut fünf Jahre nach dem Debakel von Kidbrooke, ist der engagierte Koch mit seinem „Feed me better" sogar in den Kindergärten Australiens angekommen.

21 | 11 | 2005

Schwarze Schafe

Eine schier endlose Kette: 21. November 2005 – 131 Tonnen verdorbenes Rind- und Putenfleisch werden in Niedersachsen, Hamburg und Nordrhein-Westfalen sichergestellt + 24. Januar 2006 – Passauer Unternehmen Berger Wild verkauft Ekel-Hirsch-Gulasch als angebliches Elch-Fleisch an IKEA + 15. Februar 2006 – In Kieler Schule wird Gammelfleisch gefunden + 1. August 2006 – Münchner Polizei stellt vierzig Tonnen Gammelfleisch bei Großhändler sicher, Fleisch zum Teil fünf Jahre über Haltbarkeitsdatum. Die schockierenden Nachrichten um Fleischskandale in Deutschland reißen nicht ab. Immer mehr Hersteller im ganzen Land fliegen auf und verderben den Deutschen die „Fleischeslust". Europas größter Dönerhersteller „Karmez" verzeichnet nach den Skandalen Umsatzeinbußen von 20 Prozent. Doch es gibt Hoffnung: Am 1. Juli 2008 treten neue Bestimmungen der EU-Kommission in Kraft, die eine verbesserte Bewertung, Identifikation und Rückverfolgung tierischer Nebenprodukte zulassen.

07 | 01 | 2008
Der Welteroberer

Der Englischlehrer Jerry Baldwin, der Geschichtslehrer Zev Siegl und der Buchautor Gordon Bowker eröffnen 1971 das Kaffeegeschäft Starbucks in der Western Avenue in Seattle. Die drei Freunde wollen Kaffeebohnen verkaufen, doch bereits 1983 tragen sie sich mit dem Gedanken, lieber in die neue Cafékette Peet's einzusteigen. Zur selben Zeit reißt den US-Geschäftsmann Howard Schultz ein Besuch in Mailand aus dem kreativen Schlaf. Kaum wird er der Espressobars der italienischen Metropole ansichtig, ereilt ihn die Vision von einem neuen Kaffee- und Muffin-Imperium für Amerika. „Ich wollte ein neues Kaffeeritual in den USA einführen, es ging nicht nur um exzellenten Kaffee, sondern um Konversation, um Gemeinschaft, um das Mensch-zu-Mensch!", behauptet Schultz später. In Seattle eröffnet Schultz 1985 das „Il Giornale", das sich vor allem durch das neue Coffee-to-Go Konzept bald einen guten Namen macht. Nur können sich die Amerikaner das italienische Wort schlecht merken. So kommt es Schultz wie gerufen, als das akademische Starbucks-Trio endlich entschlossen ist, seinen Laden zu verkaufen. 1987 trocknet gerade noch die Tinte unter dem Vertrag, da sind bereits fünf Starbucks-Filialen in Illinois, Chicago und Kanada eröffnet, 1992 sind es 165 Filialen in Japan (1996) und England (1998) folgen. 2000 überträgt Schultz die Geschäftsleitung an Jim Donald, der den Auftrag der Welteroberung und Produktausweitung mit voller Fahrt aufnimmt. Neue Ziele, neue Zahlen verspricht er seinem Chef. Im Mai 2007 schickt er seinen Pressesprecher Martin Coles auf Promotion-Tour, um neue Zukunftsvisionen zu verkünden. Die 17.300 Filialen in 40 Ländern, die 2007 von 40 Millionen Gästen wöchentlich besucht werden, sollen sich bis 2010 verdreifachen. Pressesprecher Coles schwärmt von „neuen Premiumprodukten" und „neuen Märkten". Doch kommen seine Pläne in der Öffentlichkeit schlecht an. Firmenvater Schultz schlägt plötzlich eine Welle der Entrüstung entgegen, er wolle die Welt mit einer „grünen Pest" auf den Fährten von Mac Donalds überziehen. Schultz hat seinen Ruf zu retten, und da Coles Bilanzen ohnehin hinter den Erwartungen zurück geblieben sind, entlässt er ihn am 7. Januar 2008. Der Welteroberer verkündet kurz darauf die Rückbesinnung des Unternehmens auf seine Stärke: Kaffee.

Tage des Wachstums
Erziehung, Kinder- und Jugendtrends

An einem Tag im Jahr 1529
Was ist das? Der Katechimsus
erzieht die Jugend **S. 717**

19|06|1811 *Jetzt mal nicht hier einfach so rumturnen!* Turnvater Jahn treibt Kinder zur Leibesertüchtigung **S. 717**

10|02|1823 *Spaß in Maßen* Große Kinder auf dem Rosenmontagszug **S. 718**

28|06|1840 *Kindgerecht* Friedrich Fröbel pflanzt Kindergärten **S. 719**

04|04|1854 *Erich & Wilhelm* Wilhelm Busch malt Max und Moritz **S. 720**

08|12|1879 *Von Elefäntles und 55 PB* Steiff schafft Spielkameraden **S. 720**

05|01|1904 *Straßen aus Wachs* Parker führt Monopoly ins Spielzimmer **S. 721**

06|01|1907 *Für alle Bambini* Maria Montessori erzieht **S. 722**

03|07|1926 *Die verschenkte Jugend* Die HJ steht auf **S. 723**

13|02|1937 *Warme Ritter* Hal Foster und Prinz Eisenherz **S. 723**

09|12|1937 *Zeichner für „Das Reich"* Das leise Ende des o.p. plauen **S. 724**

28|03|1944 *Rote Zöpfe* Pippi kommt zur Welt **S. 725**

11|12|1946 *In der Not* Gründung der UNICEF **S. 726**

18|07|1949 *Nicht hingucken!* Die FSK regelt den Bildkonsum **S. 727**

02|12|1950 *Spike's Hütte* Charles M. Schulz mag Peanuts **S. 727**

01|03|1955 *E wie...* Das MAD Heft stellt sich vor **S. 728**

26|08|1956 *Fühl Dich Bravo* Boenischs Bravo klatscht der Jugend Applaus **S. 729**

27|09|1956 *Rebellion in Nietenhosen* Aus Kindern werden Halbstarke **S. 729**

28|01|1958 *Acrylnitril-Butadien-Styrol* Eine Welt aus LEGO **S. 730**

25|10|1958 *Erster ohne Ehrgeiz* William Higginbotham erfindet das erste Computerspiel **S. 731**

22|02|1959 *Wer erinnert sich nicht?* Otto Mayer macht Memory **S. 732**

09|03|1959 *Revolution in Pink* Barbie wird geboren **S. 732**

01|11|1961 *It's clobberin' Time* Stan Lee malt für Jung und Alt **S. 733**

01|09|1962 *Jugend mit Gesicht!* Die wundervolle Welt der MODS **S. 734**

10|11|1969 *Quitscheentchen, Du allein...* Die Sesamstraße wird eröffnet **S. 735**

05|02|1972 *Bobbys Vater* Big baut das Bobby Car **S. 736**

09|12|1975 *Öl Mobil* Horst Brandstätter erfindet Playmobil **S. 736**

29|11|1976 *Es ist Dreck* Die Jugend liebt Punk **S. 737**

30|01|1977 *Der Würfel ist gefallen* Drehen an Rubik's Cube **S. 738**

19|06|1978 *Ich hasse Montage* Jim Davis und sein Kater Garfield **S. 738**

10|10|1979 *Paku Paku* Die fabulose Geburt des Pacman **S. 739**

15|12|1979 *Torten des Wissens* Lernen mit Trivial Pursuit **S. 740**

17|12|1989 *15 Minutes of Fame* Matthew Abram Groening und die Simpsons **S. 741**

04|09|1998 *Ich rufe meinen Vater an* Lernen im Fernsehen mit „How to be a millionaire" **S. 741**

01|05|1999 *Als der Schwamm schwamm* Spongebob erreicht Dimensionen **S. 742**

An einem Tag im Jahr 1529
Was ist das?

Martin Luther steht vor einem Scherbenhaufen. Soeben hat er eine Reise durch das Kurfürstentum Sachsen unternommen, um sich von den Erfolgen seiner Reformation zu überzeugen und das Ergebnis ist deprimierend: Die Zehn Gebote sind den meisten Dorfbewohnern unbekannt, die Pfarrer, „ungeschickt und untüchtig", predigen die falsche Lehre, können oft weder lesen noch schreiben; Trinken, Tanzen und unzüchtiges Treiben sind bei den „unvernünftigen Säuen" der jugendlichen Bevölkerung deutlich beliebter als das Göttliche Wort. Er bringt daher im Dezember 1528 die christliche Lehre in der erdenklich leichtesten Form zu Papier und verbreitet seine Schrift als „Kleinen Katechismus" in den Gemeinden. Enthalten sind eine Erklärung der Zehn Gebote und der Sakramente, das Glaubensbekenntnis, das Vaterunser und eine „Haustafel", welche die Regeln in Familie und Gesellschaft beschreibt. Die Didaktik dieser „Laienbibel" ist denkbar einfach, der imaginäre Leser fragt: „Du sollst nicht töten, was ist das?" und Luther antwortet: „Wir sollen unserm Nächsten an seinem Leibe keinen Schaden noch Leid tun, sondern ihm helfen und fördern in allen Leibesnöten." Erweist sich Luther in der Schrift als milder, verständnisvoller Didakt, so sind die Maßnahmen, die er Pfarrern und Eltern zur Eintrichterung des Katechismus empfiehlt, drakonisch: Kindern, die diese „Stücke nicht wissen", soll nicht „zu essen und zu trinken" gegeben werden, bis sie die „Stücke ordentlich nacheinander aufsagen können," erwachsene Schwänzer werden nicht zum Abendmahl zugelassen. Bis zum ausgehenden 16. Jahrhundert ist der Katechismusunterricht in den Gebieten der Reformation flächendeckend verbreitet, er wird später zur Grundlage des Grundschul- und Konfirmandenunterrichts. Das geforderte Auswendiglernen trübt dabei meist den tatsächlichen Lernerfolg.

19 | 06 | 1811
Jetzt mal nicht hier einfach so rumturnen!

Friedrich Ludwig Jahn ist ein Mann mit Prinzipien. „Wer seinen Kindern die französische Sprache lehren lässt, ist ein Irrender, wer darin beharrt, sündigt gegen den heiligen Geist." oder „Polen, Franzosen, Pfaffen, Junker und Juden sind Deutschlands Unglück" lauten die Parolen des Sporterziehers, die sich unschuldige Kinder am 16. Juni 1811 auf dem just eröffneten ersten Turnplatz der Welt in der Berliner Hasenheide anhören müssen. „Turnvater" Jahn ist, unschwer zu erkennen, ein Nationalist und ein Antisemit. Damit ist er im Deutschland des frühen 19. Jahrhunderts allerdings kein Konservativer, sondern gehört zu den jungen Revolutionären, die zugleich die freie Rede und eine konstitutionelle Verfassung fordern. Mit derartigen Gedanken im Kopf scheitert Jahn zwar an der Lehrerprüfung in Königsberg, kann aber in Berlin 1811 den genannten Turnplatz eröffnen und den Begriff Turnen sowie die heute noch gefürchteten Turngeräte Barren und Bock erfinden. Zweck des Jahnschen Turnens ist jedoch nicht der Sport, sondern die Vorbereitung der Jugend auf den Partisanenkrieg im Befreiungskampf gegen die Franzosen. Als 1813 die Franzosen abziehen, das autoritäre System souveräner Fürstenstaaten aber bestehen bleibt, schließt sich Jahn der nationalistischen Studentenbewegung an, daneben gründet er Turnplätze und Turnhallen, schreibt die „Deutsche Turnkunst" und wird mehrmals verhaftet. 1849 tritt er in die Nationalversammlung der Paulskirche ein und schwört den radikalen Ansichten der Vergangenheit ab, um sein Verhältnis zum preußischen König zu verbessern. Das patriotische Turnen weicht der heute klassischen Disziplin. 1852 wird Jahn in Freyburg an der Unstrut begraben, in einer Turnhalle. Er hinterlässt der Jugend den Sportunterricht und einen faden Beigeschmack.

10 | 02 | 1823

Spaß in Maßen

Im Jahr 1822 ruft der Kunstsammler Franz Ferdinand Wallraff im Kölner Bayernturm die Honoratioren der Stadt zu einer wichtigen Besprechung zusammen. Es geht um Spaß. Der Karneval, eine alte mittelalterliche Volksfesttradition, bei der vor dem Fasten regelmäßig von Sex- und Gewaltorgien begleitete Tumulte ausbrachen, soll wieder belebt werden. Allerdings nicht in der ursprünglichen, unsittlichen Form, welche die Kirche im 16. Jahrhundert mit harter Hand abgeschafft hat. Vielmehr beabsichtigt Wallraffs Olympische Gesellschaft, wie sie sich aufgrund der Tagungsstätte in luftigen Höhen nennt, eine die militärisch-preußische Ordnung humorvoll auf die Schippe nehmende Veranstaltung. Politisch soll es sein, aber in Maßen, ein Spaß für Groß und Klein. Die alte Funktion des Karnevals, die gesellschaftliche Ordnung für eine Woche komplett auf den Kopf zu stellen, um die streng hierarchischen Strukturen der Gesellschaft den Rest des Jahres über besser ertragen zu können, wird in moderate, geordnete Bahnen gelenkt. Rangfolge und Abzeichen der Spaßtreibenden werden genau festgelegt, ordentliche Vereine werden gegründet. Im Weinhäuschen an der St. Ursula Kirche tritt das Festordnende Komitee des Kölner Karnevals von 1823 e. V. im November 1822 schließlich zusammen, um bei viel Hochprozentigem die letzten Einzelheiten zu besprechen. Am 10. Februar 1823 rollt der 7 km lange Zug erstmals durch die Innenstadt von Köln. 1827 kann der preußische Generalmajor von Czettritz mit der Karnevalsmütze ein weiteres wichtiges Utensil zum närrischen Treiben beisteuern. Heute fliegen alljährlich in Köln 150 Tonnen Süßigkeiten, darunter 700.000 Tafeln Schokolade, 22.000 Schachteln Pralinen und 300.000 Strüssjer, Stoffpuppen und zuweilen unerwünschte Präsente von den Wagen, bevor das Dreigestirn aus Prinz, Jungfrau und Bauer mit ihren Vehikeln den Schlussakkord einläuten und den Weg für die Müllabfuhr freimachen.

28 | 06 | 1840

Kindgerecht

Es ist kaum zu glauben, aber es bedurfte einer tatsächlichen Erfindung und Idee, um Kindern einen Kindergarten zu erschaffen und noch mehr, um anzuerkennen, dass Kinder in einem bestimmten, frühen Alter eine eigene Pädagogik benötigen. Friedrich Fröbel erkennt, dass Spielen der kindlichen Lebensform am ehesten entspricht und dementsprechend auch am meisten Bildungswert für Kinder besitzt. Der zwischen 1805 und 1840 in verschiedenen Städten und „Erziehungsanstalten" (darunter auch seinen eigenen) tätige Fröbel entwickelt in dieser Zeit nicht nur die so genannten „pädagogischen Grundformen" Kugel, Zylinder und Würfel, im Jahr 1840 benennt er auch seine bisherige „Beschäftigungsanstalt" um in „Kindergarten" und verlagert diesen nach Keilhau. Bewegungs- und Geistesspiele, Sprüche, Lieder und die ständige Berührung mit der Natur stehen in dem neuartigen Kindergarten auf dem Programm. Im Rathhaussaal Blankenburg findet schließlich am 28. Juni 1840 die Gründungsveranstaltung des „Allgemeinen deutschen Kindergartens" statt. Aus dieser Zeit stammt auch der von Fröbel erdachte Text von dem heute noch beliebten Kinderlied „Häschen in der Grube", welches er zu der Melodie von „Fuchs du hast die Gans gestohlen" schreibt. Es folgen Jahre der Ausbildung von Kindergärtnerinnen, Vortragsreisen und ein „Einigungsblatt für alle Freunde der Menschenbildung". Kurz vor seinem Tod muss Fröbel hinnehmen, dass das Kultusministerium in Preußen die Kindergärten wegen angeblich destruktiver und atheistischer Tendenzen verbietet. Dieses Verbot gilt bis 1860, neun Jahre nach Fröbels Ableben. Erst dann wird es wieder aufgehoben. Seine Methoden und Konzepte eines modernen und kindgerechten Kindergartens werden bis heute in vielen Ländern eingesetzt.

04 | 04 | 1865
Erich & Wilhelm

Erich Bachmanns Vater ist der ortsansässige Müller. Erich Bachmann selber ist Wilhelms bester Freund. Sie lernen sich kennen, nachdem Wilhelms Eltern ihn, das erste von sieben Kindern, aus der Enge des elterlichen Hauses zu einem Onkel nach Ebergötzen bei Göttingen geben. Von dem Onkel lernt er die Natur kennen und schätzen. Vor allem die Bienen haben es ihm angetan. Noch mehr aber lernt er von und mit seinem Kumpel Erich. Das ganze Dorf amüsiert und echauffiert sich über die beiden, wie sie den Dorftrottel ärgern, ebenso den lokalen Gastwirt, wie sie Äpfel und Birnen klauen, Fallen basteln und mit der Hand Forellen im Bach fangen. Die beiden Kinder „backen" sich zudem im Schlamm ein und lassen die Sonne sie zu „menschlichen Broten" trocknen. Nach drei Jahren ohne Kontakt zu den Eltern, ist Wilhelm das erste Mal wieder zu Besuch zu Hause. Auf der Straße begegnet er seiner Mutter, die ihn jedoch nicht erkennt. Er hingegen weiß, wer ihm da entgegen kommt, tut aber so, als ob sie auch für ihn jemand wildfremdes wäre. Die Streiche sind ihm nicht auszutreiben. Erich und er bleiben ein Leben lang Freunde. Während Bachmann Mühlenbesitzer und Bürgermeister wird, möchte Wilhelm nach Brasilien ins Eldorado für Bienenzüchter ziehen. Er verwirft den Plan und geht seiner Vorliebe fürs Zeichnen nach. Als am 4. April 1865 die Bildergeschichte „Max und Moritz" erscheint, weiß die Welt noch nicht, dass die beiden Figuren im Grunde der Autor Wilhelm Busch und sein Freund Erich Bachmann sind. Schon bald gehen die sieben Streiche der Jungen um die ganze Welt.

08 | 12 | 1879
Von Elefäntles und 55 PB

Margarete wird am 24. Juli 1847 geboren. Das dritte von vier Kindern hat Pech: Mit 18 Monaten bereits bekommt sie hohes Fieber; bald sind ihre Beine gelähmt, den rechten Arm kann sie nur unter großen Schmerzen heben. Die erschütternde Diagnose: Kinderlähmung. Doch schon bald stellt sich heraus, dass Margarete nicht gewillt ist, den Kampf gegen ein tristes Leben in der Bewegungslosigkeit so einfach aufzugeben. Sie schließt mit 17 Jahren eine Schneiderlehre ab und arbeitet ab 1862 bei ihren Geschwistern in der Damenschneiderei. Ihr Vater richtet ihr schließlich ein eigenes Nähzimmer zu Hause ein, 1877 gründet sie ein Filzkonfektionsgeschäft und verkauft eigenhändig genähte Kleider und Haushaltsartikel

– schon bald beschäftigt sie die ersten Näherinnen. Margarete Steiffs Welt stellt sich unbemerkt am 8. Dezember 1879 auf den Kopf, als die junge Frau in einem Journal das Schnittmuster eines kleinen Stoffelefanten sieht. Kurz darauf fertigt sie einen solchen als Nadelkissen an. Aber die Welt, vor allem die Kinderwelt, will von Nadeln in dem kleinen Tier nichts wissen, stattdessen erfreut sich der genähte Kamerad als Stofftier großer Beliebtheit. Im Jahr 1880 gründet die Rollstuhlfahrerin die Margarete Steiff GmbH. Binnen weniger Jahre werden mehrere tausend „Elefäntles" verkauft, ihr Bruder Fritz hilft ihr beim Aufbau eines Wohn- und Geschäftshauses mit kleinem Laden im Erdgeschoss. Affen, Esel, Kamele, Schweine, Giraffen und viele andere folgen dem Elefanten. Margaretes Neffe Richard ist es, der als Teil des Unternehmens 1902 den so genannten „Bär 55 PB" entwirft, der erste mit beweglichen Armen und Beinen. Er wird nach dem Spitznamen von US-Präsidenten Theodore „Teddy" Roosevelt benannt und ein amerikanischer Geschäftsmann ordert gleich 3.000 Stück. Familienmitglied Franz Steiff ist es, der 1904 den berühmten Knopf im Ohr der Tiere erfindet, um Nachahmer auf Distanz zu halten. 1907 werden bereits 1,7 Millionen Spielartikel hergestellt, knapp eine Million davon sind die Teddybären. Am 9. Mai 1909 stirbt Margarete Steiff 61-jährig an einer Lungenentzündung.

05|01|1904
Straßen aus Wachs

Das Jahr ist erst fünf Tage alt, als Elizabeth Magie, eine Quäkerin aus Virginia, das Patent für ihr Brettspiel „The Landlord's Game" erhält. Ab 1910 wird das bereits vorher schon unter Studenten beliebte Spiel von der Economic Game Company of New York vertrieben. Als Magie versucht, das Spiel an die Firma Parker zu verkaufen, scheitern bereits die ersten Versuche der Kontaktaufnahme mit dem Unternehmen. Besser ergeht es dem arbeitslosen Heizungsbauingenieur Charles Darrow, der zu Zeiten der Weltwirtschaftskrise viel Zeit totzuschlagen hat. Die Idee, die ihn später zu einem reichen Mann machen soll, hat er am Küchentisch und (wahrscheinlich) unter zuhilfenahme eines Brettspiels namens „Atlantic City" von einer gewissen Ruth Hoskins. Er beginnt, Straßen auf ein Wachstuch zu malen, aus Schmuckstücken seiner Frau ein paar Spielfiguren anzufertigen und schließlich noch Häuser und Hotels aus Holz zu schnitzen. Seine Freunde sind hellauf begeistert von seinem neu entwickelten Spiel namens „Monopoly" und eine persönliche Produktion von Unikaten steigert sich von anfänglich zwei auf sechs pro Tag. Vier Dollar müssen die Käufer für eins berappen. Er bietet es auch dem Spielhersteller Parker an, der jedoch ablehnt, mit der Begründung, das Spiel habe 52 Fehler, sei zu lang und ohne richtiges Ziel auf dem Brett. 1934 kaufen ein paar Warenhäuser Darrow die ersten Exemplare ab. Als über 5.000 Stück verkauft sind, bekommt Parker-Präsident Robert Barton Wind von der Sache und kauft von Darrow für seine Firma die Lizenz. Ende des Jahres hat Parker über eine Million „Monopoly"-Spiele abgesetzt. Bis heute wurde das Spiel über 250 Millionen Mal verkauft, es gibt zig nationale und lokale Versionen, bis hin zu einem „Spongebob"-Monopoly. Parker kauft Elizabeth Magie 1936 zur Sicherheit auch ihr Patent ab – für 500 Dollar.

06|01|1907
Für alle Bambini

Maria Montessori ist fasziniert von dem kleinen Kind. Sie beobachtet nun schon eine Weile ein dreijähriges Mädchen, welches vollkommen versunken in sein Spiel mit Einsatzzylinderblöcken ist und sich durch nichts und niemanden ablenken lässt. Zu dieser Zeit, ist eine kindgerechte Erziehung, die sich den tatsächlichen Interessen kleiner Kinder annimmt, in etwa so populär ist, wie Homosexuellenehen. Die Italienerin Montessori eröffnet am 6. Januar 1907 eine Tagesstätte für Kinder, die sich sozial schwachen Kindern widmet und welche die „Polarisation der Aufmerksamkeit" in den Fokus rückt. Dies ist genau die konzentrierte spielerische Arbeit mit Dingen, die Montessori kurz zuvor bei dem kleinen Mädchen beobachtet hat – ein Schlüsselerlebnis für die erfahrene Frau. Maria Montessori kann dabei auf ausreichend pädagogische Erfahrung zurückgreifen. Nach einem Medizinstudium und dem Erringen des Doktortitels der Medizin (als erste Frau), befasst sie sich mit dem „Positivismus" und arbeitet an einer psychiatrischen Klinik in Rom. Hier wird sie vor allem von der Zeit in der Abteilung für Kinderpsychiatrie geprägt. Anschließend arbeitet sie jahrelang an ihrer eigenen anthropologisch-biologischen Theorie. Von 1899-1901 leitet sie als Direktorin das Heilpädagogische Institut und entwickelt in dieser Zeit spezielle didaktische Materialien für den Unterricht. In den zwei Jahren nach der Eröffnung des oben genannten „Casa dei Bambini" (Kinderhaus) hat sie die erste Fassung ihrer Montessori-Erziehungsmethode entwickelt. Zwar ist diese Methode in den nächsten Jahrzehnten umstritten, wird aber speziell in der zweiten Hälfte des Jahrhunderts wieder aufgegriffen und in vielen Ländern angewendet. Heute gibt es immer mehr so genannte Montessori-Schulen und auch traditionelle Grundschulen greifen immer mehr Aspekte der Lernmethoden der Italienerin auf.

03 | 07 | 1926
Die verschenkte Jugend

Gustav Lenk will seinen Beitrag leisten: Die Jugend soll marschieren. Bereits 1923 hat er in München den Nationalsozialistischen Jugendbund angeführt, doch die Weimarer Regierung hatte die Organisation auflösen lassen. Nun, wo die NSDAP wieder erlaubt ist, soll seine Stunde schlagen. Im März 1925 gründet Lenk die „Deutsche Wehrjugend", die der Partei junges unverbrauchtes arisches Menschenmaterial zuführen soll. Und Lenk hat Ideen: Am 9. April 1925 organisiert er einen bunten Fackelzug zu General Ludendorffs Geburtstag, am 11. April lädt er zu einer Filmvorführung von „Des Königs Grenadiere" ein, zu der 70 Jungen im Alter zwischen 8 und 16 erscheinen. Doch Hitler dankt es dem als unzuverlässig geltenden Lenk nicht. Stattdessen erkennt er 1925 erst den Konkurrenten Gerhard Rossbach mit seiner „Schilljugend", dann Kurt Grubers „Große Deutsche Jugendbewegung" als offizielles Jugendorgan der NSDAP an. Am 3. Juli 1926 ruft Hitler schließlich mit der Hitlerjugend (HJ) eine eigene Organisation ins Leben, die 10-18-jährige Jungen zu Ariern und Parteinachwuchs erziehen soll, 1927 kommt auch die „Schwesternschaft der HJ" dazu. 1933 zählt die in diverse Unterabteilungen wie dem „Jungmädelbund" oder dem „Deutschen Jungvolk" unterteilte HJ bereits 108.000 Mitglieder, bei Kriegseintritt 1939 sind es 8,1 Millionen Jugendliche, die sich „flink wie die Windhunde, zäh wie Leder, hart wie Kruppstahl" für die Belange des Nationalsozialismus und des Weltkriegs verwenden lassen müssen. Auf dem Appellplatz heißt es: „Was sind wir? Pimpfe! Was wollen wir werden? Soldaten!", die SS-Panzerdivision „Hitlerjugend" wird im Juni 1944 in der Normandie vollständig aufgerieben. Lenks Schicksal dagegen liegt im Verborgenen.

13 | 02 | 1937
Warme Ritter

Hal Foster ist ein guter Zeichner, aber kein Prophet. Im Brustton der Überzeugung lässt er 1979 einen Journalisten wissen: „Ich habe nichts gemacht, dass dieses Jahrhundert überdauert. Papier hält nicht lange." Der Vater des Abenteuercomics soll sich irren.

Bereits 1928 liegt der ausgebildete Werbefachmann falsch, als er im von der Wirtschaftskrise geschüttelten Amerika seinen neuen Job als Comiczeichner nur als Übergangslösung annimmt. Neun lange Jahre zeichnet er „Tarzan" und entwickelt schließlich mit seinem Ritterhelden Prince Valiant alias Prinz Eisenherz eine eigene Figur, die alles kann, was Foster gerne könnte, sich aber nie trauen würde: Drachen töten, Mädchen aus Höhlen befreien oder Feinden den Schädel spalten. Fosters Strips werden nach ihrem Debüt am 13. Februar 1937 schnell zum Bestseller, der Ritter altert mit seinem Zeichner, heiratet, bekommt Kinder – bis eine Arthritis Foster im Mai 1971 nach 1.788 Seiten zu Aufgabe zwingt. Diesen Schritt macht der Prinz nicht mit, sondern stellt sich in die Obhut des Zeichners John Collin Murphy. Der Ritter mit dem schwarzen Pagenkopf, gedacht als Anlehnung an den Bubikopf der 20er, gilt auch als Ikone der Schwulenbewegung. Ein Bild vom 19. März 1944, dass Eisenherz – nur mit einem Lendenschurz bekleidet – angekettet in einen Eisenring zeigt, soll der Auslöser hierfür sein. Hal Foster dachte bei der Zeichnung allerdings an die Proportions- und Anatomiemalerei Leonardo da Vincis und machte sich damit als Erfinder des illustrativen Comicstils unsterblich. Kinder zeigen dem Prinzen heute allerdings die kalte Schulter.

09 | 12 | 1937

Zeichner für „Das Reich"

Auf dem Tisch liegt eine Nachricht: „Auf Wiedersehen". Vater und Sohn laufen auf einer endlosen Chaussee aufwärts, ihr Ziel ist der Himmel, sie drehen sich nicht um, sind bald verschwunden, ein Mondgesicht mit den Zügen des Vaters strahlt schließlich am Firmament. Zu seinen Füßen die Erde, getaucht in dunkelste Nacht. Man schreibt den 9. Dezember 1937 als die Leser der „Berlill", der Berliner Illustrierten Zeitung, nach 137 Wochen von ihren Cartoonhelden „Vater und Sohn" Abschied nehmen müssen. Man weiß nicht so recht warum, obwohl aufmerksame Leser dem vorausgegangenen Comicstrip des Zeichners „e.o. plauen" bereits die Antwort hätten entnehmen können. Hier waren Vater und Sohn in „Kehrseite des Ruhms" von einer Horde Menschen überrannt worden, die ihre Masken trugen. Es ist eine Allegorie auf das, was sich zu dieser Zeit um e.o. plauen, der eigentlich Erich Ohser heißt, abspielt. Der Zeichner, zu Weimarer Zeiten ein scharfzüngiger Karikaturist, durfte nach zwei Jahren Berufsverbot seit dem 13. Dezember 1934 seine Cartoons unter Pseudonym in der Berlill veröffentlichen. Der Erfolg der Geschichten um den autoritären, dicken Vater mit dem wilhelminischen Bart und seine struppelhaarigen, frechen Sohn, dem Ohsers Spross Christian Pate steht, ist so groß, dass bald eigene Bänden veröffentlicht werden und 100.000 Exemplare absetzen. Doch Goebbels, der sich an Ohsers beißende Nazisatiren aus Weimarer Tagen noch gut erinnert, stellt den Zeichner schließlich vor die Wahl ein neues Berufsverbot hinzunehmen, oder aber seine Figuren für Propagandazwecke zur Verfügung zu stellen. Ohser gibt nach, Vater und Sohn machen 1936 Reklame für die Reichstagswahlen und das Mütterhilfswerk. Doch kommt er mit der Maskerade nicht zurecht und lässt seine Helden auf dem Zenit ihres Erfolges abtreten. Ohser zeichnet später mehrdeutige Karikaturen für das Kriegspropagandablatt „Das Reich". Am 28. März 1944 wird der Vater wegen „staatsfeindlicher Äußerungen" verhaftet, am 5. April begeht er im Zuchthaus Brandenburg Selbstmord. Der Sohn stirbt am 24. Juni 2001 in Ohsers Heimatstadt Plauen, zuvor hat er den väterlichen Nachlass dem Stadtmuseum gestiftet.

28 | 03 | 1944
Rote Zöpfe und kunterbunte Villa

Eine eisglatte Straße im verschneiten Stockholm bietet den räumlichen Rahmen für die Geburtsstunde einer der beliebtesten Kinderbuch- und auch Kinderfilmfiguren – Pippi Langstrumpf. Am Abend des 28. März 1944 rutscht die gelernte schwedische Sekretärin Astrid Lindgren bei einem Spaziergang aus und zieht sich dabei eine schmerzhafte Fußverletzung zu. Da sie während der folgenden Wochen zwangsläufig strenge Bettruhe halten muss, beginnt sie ihre aufkeimende Langeweile damit zu bekämpfen, die Geschichten der fiktiven Figur Pippi Langstrumpf aufzuschreiben. Diese hatte sie ihrer Tochter bereits drei Jahre zuvor erzählt, ihr schriftstellerisches Talent schlummert jedoch zunächst in der Schublade. Die Romane, vor allem aber die späteren Verfilmungen mit der vortrefflich gewählten Inger Nilsson in der Titelrolle der sympathischen Göre begeistern bis heute Generationen von kleinen und größeren Kindern und sind fester Bestandteil des sonntäglichen Fernsehprogramms. Kaum ein Kind möchte nicht wenigstens einmal wie Pippi Langstrumpf durch die Welt ziehen, die sich selbige bekanntlich „macht, wie sie ihr gefällt". Frech, stark, stets gut gelaunt und auf alles eine Antwort, verwandelt der kleine Wirbelwind die beschauliche schwedische Idylle in einen Abenteuerspielplatz allererster Güte. Immer an ihrer Seite: Die Geschwister Tommi und Annika, ihr Pferd „Kleiner Onkel" und Herr Nilsson, ein possierliches Meerkatzenäffchen. Der volle Name des Mädchens mit den roten Zöpfen und den übergroßen Schuhen lautet übrigens Pippilotta Viktualia

Rollgardina Schokominza Efraimstochter Langstrumpf. Da ist es auch nicht verwunderlich, dass ihr Vater ein berüchtigter Seebär und „Negerkönig von Taka Tuka" und das Zuhause von Pippi die Villa Kunterbunt ist. Von hier aus starten Pippi und ihre Freunde ihre ereignisreichen Entdeckungsreisen, die sie einmal sogar auf eine exotische Pirateninsel führen. Wer erinnert sich nicht an die beiden Seeräuberkapitäne mit den illustren Namen Blut-Svente und Messer-Jocke? Hauptdarstellerin Inger Nilsson, heute Ende Vierzig, war übrigens unlängst als Gerichtsmedizinerin Ewa in der ZDF-Krimiserie „Der Kommissar und das Meer" zu sehen.

11 | 12 | 1946
In der Not

United Nations International Children's Emergency Fund, so der ausgeschriebene Name der Organisation UNICEF, die am 11. Dezember 1946 mit der Mission, Kindern nach dem Ende des Zweiten Weltkrieges zu helfen, gegründet wird. Das Hilfswerk soll so lange laufen, bis die nachwachsende Generation im verwüsteten Europa wieder auf eigenen Beinen stehen kann. Vor allem Milch und Lebertran sind es, die nach Europa geliefert werden. Doch schon bald weitet sich die Hilfe aus. 1950 ist UNICEF bereits in 38 Ländern aktiv, darunter China, Palästina und Israel. Bald richtet sich das Augenmerk vor allem auf Afrika, wo es gilt, Krankheiten wie Lepra, Malaria und Tuberkulose einzudämmen. 1954 schlägt UNICEF ein Kapitel auf, das die Organisation nicht nur über alle Grenzen hinaus bekannt machen, sondern auch die Hilfsmittel in Form von Spenden wesentlich potenzieren wird. Die so genannten UNICEF-Botschafter treten in Aktion. Der erste von ihnen ist der bekannte und ohnehin sozial engagierte Schauspieler Danny Kaye, dem es gelingt, mit Benefizkonzerten 10 Millionen Dollar für UNICEF zu sammeln. Dabei dirigiert er unter anderem das Musikstück „Der Hummelflug" mit einer Fliegenklatsche. Noch im gleichen Jahr erhält er für seinen Einsatz einen Ehren-Oscar und Kaye ist es auch, der im Jahr 1965 stellvertretend für UNICEF den Friedensnobelpreis entgegen nimmt. Im Jahr 2008 gerät UNICEF, zumindest in Deutschland, in Verruf und arge Nöte, als der Verdacht aufkommt, die Organisation würde Gelder veruntreuen. Der Geschäftsführer tritt daraufhin am 8. Februar zurück.

18 | 07 | 1949

Nicht hingucken!

Im Westflügel des Biebricher Schlosses in Wiesbaden sitzen am 18. Juli 1949 Curt Oertel, Horst von Hartlieb und einige Vertreter der Katholischen Jugend Bayerns vor einer Leinwand und schauen sich das Liebeslustspiel „Intimitäten" mit Victor de Kowa und Camilla Horn in der Hauptrolle an. Man tut das nicht aus freien Stücken. Die Alliierte Militärzensur hat den von den Nazis verbotenen Film in alten Archiven aufgestöbert und wünscht eine Beurteilung durch die Freiwillige Selbstkontrolle der Filmwirtschaft (FSK), die man 1948 zum Schutz der Jugend nach amerikanischem Vorbild gegründet hat. Im Land der unbegrenzten Möglichkeiten hatte bereits am 31. März 1930 der Jesuitenpater Daniel Lord die moralischen Richtlinien im „Production Code" festgelegt. Nach 88 Minuten und einigen Diskussionen über den durchaus frivolen Auftritt der Frau Horn stellt das deutsche Gremium übereinstimmend fest: Freigegeben, „aber nicht für Jugendliche unter 16 Jahren und nicht am Karfreitag, Buß- und Bettag und Allerseelen oder Totensonntag". Viktor de Kowa († 1973) synchronisiert in den 50ern James Stewart und erhält 1966 eine letzte Gastrolle in Winnetou, Camilla Horn († 1996) schreibt 1985 ihre Memoiren „Verliebt in die Liebe". Die FSK setzt ihre Arbeit fort, sie kann am 10. April 2004 dem 100.000sten Film, „Sophie Scholl", das Prädikat „Freigegeben ab 12" verleihen.

02 | 10 | 1950

Spikes Hütte

Charles M. Schulz ist gerade aus dem Zweiten Weltkrieg zurückgekehrt. Er an der Befreiung Dachaus teilnommen. Nun arbeitet der begabte Zeichner für die „Art Instruction Schools Inc." Dort lernt er Frank Wing kennen, der ihn eines Tages darauf aufmerksam macht, dass er die Arbeit an Cartoons mit den kleinen Kindern, die er zwischenzeitlich anfertigte, doch vertiefen solle, diese hätten am meisten Zukunft. Charles hört auf seinen Freund und schickt 1950 eine Auswahl seiner „Just keep laughing" betitelten Comic-Strips an das „United Feature Syndicate" in New York. Die Manager dort sind begeistert und entscheiden, den Comic unter dem Namen „Die Peanuts" in diversen Zeitungen unterzubringen. Charles ist nicht angetan von dem Namen, seiner Meinung nach sollte der Cartoon lieber nach dem Titelhelden heißen: „Charlie Brown" oder „Guter alter Charlie Brown". Am 2. Oktober 1950 erscheinen die Peanuts das erste Mal in sieben Zeitungen,

Schulz erhält 90,- Dollar dafür im ersten Monat. Bis zu seinem Lebensende am 12. Februar 2000 zeichnet Schulz knapp 18.000 Comicstrips, die Peanuts erscheinen in 2600 Zeitungen in 75 Ländern, 350 Millionen Bücher setzt der beliebteste Cartoon aller Zeiten ab. Einen Tag nach Schulz' Tod am 12. Februar 2000 erscheint der unwiederbringlich letzte Peanuts-Comic, Schulz, der Zeit Lebens keinen Assistenten neben sich duldete, verfügt, dass niemand anders die Serie weiterführen darf. Die Erben dürfen sich freuen, jährlich um die 35 Millionen Dollar an den Rechten der Serie zu erwirtschaften. In einem Schulz-Museum in Santa Rosa kann man eine vom Künstler Christo verpackte Hütte des Peanuts-Hundes Snoopy besichtigen, der eigentlich Schulzes Hund nachempfunden wurde. Im Alter von 12 Jahren bekam ihn dieser von seinen Eltern geschenkt. Er nannte ihn... Spike.

01 | 03 | 1955
E wie...

Der Musiker Randy Newman hat einen berühmten Onkel, den Filmkomponisten und Musikdirektor Alfred Newman. Dieser war zwar auch ein hervorragender Musiker, diente aber, der Legende nach, vor allem als Namenspate einer Comicfigur, die bis heute weltweit Furore macht: Alfred E. Neuman (in der deutschen Fassung Neumann mit zwei n). Der Comedian Henry Moore ist es, der den Komponisten Alfred Newman in den vierziger Jahren Teil eines kurzen running gags in seiner Radioshow werden lässt. Knappe zehn Jahre später findet der Name schließlich eine neue humoristische Verwendung. Obwohl die Figur als Charakter-Gesicht schon seit Jahrzehnten in verschiedenen Versionen auf diversen Publikationen zu sehen ist, unter anderem Ende des 19. Jahrhunderts als Zahnarztwerbung, ist es erst der Chefredakteur und Erfinder der Satire-Zeitung MAD, Harvey Kurtzman, der im Jahr 1954 das Antlitz auf einer Postkarte im Verlagsbüro sichtet und eine prompte Assoziation hat: „Es war ein Gesicht, dass scheinbar nichts im Kopf hat – außer Unfug!" Niemand ahnt, dass die im März 1955, drei Jahre nach Einführung des prompt erfolgreichen Heftes, erscheinende Ausgabe, bei der Neuman das erste Mal als „idiot boy" klein auf dem Cover erscheint, der Startschuss für eine entscheidende Wende für das Heft und den Humor der Welt bedeutet. Ab Ausgabe |30, 1956, auf der Neuman als nicht auf den offiziellen Stimmzetteln gelisteter Präsidentschaftskandidat mit seinem letztendlich haften bleibenden vollen Namen erscheint, findet man ihn bis heute als Titelheld des um den Globus herum erfolgreichen Heftes. Laut der deutschen MAD-Redaktion steht das „E" in seinem Namen für – E.

26|08|1956
Fühl Dich Bravo

Bravo, die „Zeitschrift für Film und Fernsehen" verspricht am 26. August 1956 in ihrer ersten Ausgabe den Lesern einiges. Der neue farbige Roman „Gepeinigt bis auf's Blut" wird angekündigt und man stellt die Frage „Haben auch Marilyns Kurven geheiratet?". Die Antwort kostet 50 Pfennig. Der Ex-Sportreporter Peter Boenisch steckt hinter dem Blatt, das in einer Auflage von 30.000 beim Verlag Kindler und Schiermeyer erscheint. Boenisch weiß, was Menschen bewegt und wird es als Chefredakteur der BILD 1965 noch einmal unter Beweis stellen. Zunächst aber genügt ihm Bravo, die, schnell umbenannt in „Zeitung mit dem jungen Herzen", im gerade wieder aufgebauten Deutschland einschlägt wie eine Granate. Lange wird es nicht dauern bis Brigitte Bardot als elfteiliger knapp lebensgroßer Starschnitt erscheint und eine Welle der Empörung in deutsche Einfamilienhäuser trägt oder Dr. Sommer fragt „Was Dich bewegt", erklärt ob man „mit 15 noch zu unreif" ist oder weshalb „sechs Jungen nicht ein Mädchen lieben" können. Auch Dr. Renate ist eine gern bemühte Instanz, die auf rosa Seiten mit den Lesern „Entdecke deinen Körper" spielt, Schönheitsempfehlungen wie „Du bist schöner als Du glaubst" oder „Nur keine Angst vor Brillen" gehören mit dazu. Weniger haltbar ist „Otto die Schnauze mit Herz", das soziale Gewissen, dass der Jugend rät den „alten Meckersäcken zu zeigen, dass ihr besser seid als Euer Ruf". Otto wird 1966 zum Indianer umgestaltet, die nach ihm benannte Ehren-Trophäe aber entscheidet zumindest in Deutschland lange Jahre über die Karrieren von Musikern und Schauspielern. Mit der Bravo erleben drei Generationen Teenager ihren ersten Frühling, Musiker manchen Aufstieg und jede Menge Talfahrten. Bravo macht die Jugend, im Rest der Welt erledigen diese Aufgabe das „16 Magazine" (USA/1957), „Honey" (GB/1960) oder „Salute des Copains" (F/1962).

27|09|1956
Rebellion in Nietenhosen

Etwa fünf Prozent der Jugendlichen der 50er und frühen 60er Jahre zählen sich zur Halbstarkenbewegung und ziehen durchaus negative Blicke von Presse und Öffentlichkeit auf sich. Die Situation eskaliert, als im Herbst 1958 bei einem Konzert des US-Rock & Rollers Bill Haley im Berliner Sportpalast eine Saalschlacht entbrennt und dabei ein Sachschaden von mehreren tausend Mark entsteht. Der damalige Berliner Bürgermeister Willy Brandt veranlasst daraufhin die

Unruhestifter mittes einer Kartei zu erfassen, da man den Halbstarken u.a. auch eine nationalsozialistische Gesinnung unterstellte. „Die Halbstarken" erfährt 1996 in einer Neuverfilmung mit Til Schweiger ein Comeback, zu Ausschreitungen kam es in der Folge hierbei jedoch nicht. Am 27. September 1956 startet in den deutschen Kinos Georg Tresslers „Die Halbstarken" mit Horst Buchholz und Karin Baal in den Hauptrollen. Der Film und seine Darsteller avancieren bei den Teenagern augenblicklich zu Kultobjekten, und die Halbstarken bilden als Pendant zur amerikanischen Rock & Roll-Welle die erste Gegenbewegung zur damals vorherrschenden Jugendkultur. Sie gelten damit als Vorläufer später auftretender Subkulturen wie etwa der Punkbewegung der späten 70er Jahre. Was für den Jungrebellen in den Vereinigten Staaten James Dean oder Marlon Brando sind, verkörpern in Deutschland Horst „Hotte" Buchholz oder Musiker wie Ted Herold. Lederjacke, T-Shirt und hochgekrempelte Jeans gehören dabei ebenso zum authentischen Stil wie die unvermeidliche pomadisierte Tolle. Die Mädchen der zumeist in Banden herumlungernden „neuen Wilden" entscheiden sich bei der Wahl ihrer Haartracht vorzugsweise für die klassische Pferdeschwanzfrisur, die in Anlehnung an weibliche Ikonen wie Marylin Monroe mit reichlich Wasserstoffperoxid blondiert wird. Wichtigstes Element ist jedoch die Rock & Roll-Musik, wie sie vor allem von Elvis Presley zu jener Zeit popularisiert wird. Damit schafft die Bewegung ein deutliches Gegengewicht zum gesetzten Bürgertum und der damit verbundenen Volksmusik.

28 | 01 | 1958

Acrylnitril-Butadien-Styrol

Eine Flasche Brombeerwein bekommt derjenige, der dem jungen Kunsttischler einen Namen für sein just erfundenes Spielzeug von kleinen Klötzchen nennt. Man schreibt das Jahr 1932 und am Ende dieses Prozesses kommt der Däne Ole Kirk Christiansen selber auf das Wort, das er sucht: LEGO, hergeleitet aus dem Dänischen („Leg godt" = „spiel gut") ist genau der Begriff, den er braucht. Bis aus diesen Bausteinen jedoch offiziell das „Spielzeug des Jahrhunderts" wird, vergehen noch viele Jahre. Zunächst werden aus den Holzsteinen hohle Plastiksteine mit Noppen, im Jahr 1958 dann die Lego-Steine wie sie heute fast jeder Erdbewohner kennt. Das Patent dazu wird Christiansens Sohn Godtfred Kirk am 28. Januar 1958 ausgehändigt. Keine zwei Monate später stirbt Christiansen Senior. Der Siegeszug des simplen wie genialen Spielzeugs ist aber nicht aufzuhalten und beispiellos: 400 Milliarden Elemente verkauft die Firma bis 2008, jedes gestern gekaufte ist mit einem von 1958 kompatibel. Acrylnitril-Butadien-Styrol heißt der Stoff, der, verwandelt und in Form gegossen, Kinderherzen höher schlagen lässt. Legoland-Themenparks und weltweite Riesenbauten mit den kleinen Plastikfreunden sind die fast logische Folge. Dem Unternehmen nach besitzt jeder Mensch statistisch 62 Legosteine.

25 | 10 | 1958
Erster ohne Ehrgeiz

Kurz vor seinem 48. Geburtstag am 25. Oktober 1958 gelingt William Higinbotham etwas, was er mit den daraus resultierenden Ausmaßen gar nicht gewollt hat. Der amerikanische Physiker ist bei seiner Firma, dem von der Regierung gesteuerten Brookhaven National Laboratory (BNL), als Leiter der Instrumentation Division beschäftigt und als solcher auch für die Öffentlichkeitsarbeit zuständig. Da er vorher am so genannten „Manhattan Project" zur Entstehung der Atombombe beteiligt war, gilt sein Ehrgeiz eigentlich dem Engagement gegen die Nutzung dieser Waffe, als dem Erfinden von trivialen Dingen. Da seine Abteilung mit diversen Mess- und Analyseinstrumenten ein eher trockenes Tagesgeschäft betreibt, gilt es, für die Öffentlichkeit ein optisches und möglichst spielerisches Lockmittel zu erfinden. Innerhalb von zwei Stunden hat Higinbotham eine Skizze entworfen, deren Umsetzung zwar drei Wochen dauert, deren Effekt am Ende aber den Aufwand lohnt. Am Tag der offenen Tür bietet sich den Besuchern in der Turnhalle des BNL ein Bild diverser komplizierter Apparate, von denen einer zum Spielen gedacht ist. Er besteht aus einem Analogcomputer und einem Oszillographen. Ein kleiner runder Bildschirm mit 12,5 cm Durchmessern bietet das Bild eines sehr vereinfachten Tenniscourts, einen Strich als Mittellinie (das Netz) und zwei kleine senkrechte Striche als gegeneinander antretende Spieler. Der von diesen „Strich"-Spielern geschlagene Ball ist eine kleine Kugel, die bei Bewegung einen Schweif hinter sich zieht. Die Besucher stehen Schlange für das Spiel. Ohne es zu wollen, und ohne je ein Patent darauf anzumelden, hat William Higinbotham das erste Computerspiel erfunden, welches in ähnlicher Form über 10 Jahre später als „Pong" Furore macht. Ein Jahr nach seiner epochalen Idee vergrößert der Physiker für den nächsten Tag der offenen Tür den Bildschirm für das Spiel, im darauf folgenden denkt er sich bereits eine neue Attraktion aus.

22 | 02 | 1959
Wer erinnert sich nicht?

Es klingelt. Es sind die Nachbarskinder. Sie wollen mit den Sprösslingen des Schweizer Militärattachés William Hurter spielen. Diese haben nämlich ein überaus beliebtes Spiel, welches in ihrer Heimat Basel „Zwillingsspiel" heißt. Jetzt in London, wohin es den Vater und somit die Familie gerade beruflich hin verschlagen hat, kennt man es indes nicht. Umso begeisterter rennen die Kinder nun an Hurter vorbei und rufen „Let's play the memory game!" Hurter versucht das bei den Seinen so populäre Spiel bei der Edition Carlit herauszugeben, vergebens, die Firma führt schon ein ähnliches Legekartenspiel namens „Punta". Doch Hurter gibt nicht auf. Als er „the memory game" und vor allem die dazugehörige Geschichte der Freunde seiner Kinder dem Spielexperten Erwin Glonnegger vom Verlag Otto Maier (heute Ravensburger) erzählt, ist dieser schwer begeistert. „Da haben wir doch einen Titel (für das Spiel), den nehmen wir." Am 22. Februar 1959 stellt der Verlag das Spiel auf der Nürnberger Spielwarenmesse vor und binnen weniger Wochen werden mehrere Tausend Stück verkauft. Bis heute wurden von „Memory" über 50 Millionen Exemplare in 70 Ländern abgesetzt.

09 | 03 | 1959
Revolution in Pink

Der 9. März 1959 leitet mit der Geburt von Barbie die Revolution der Kinderzimmer ein. Dabei sieht es anfangs nicht gut für das amerikanische Fräulein Wunder aus: Auf der American Toy Fair in New York, der größten weltweiten Spielzeugmesse, fällt die blonde 30 cm große Ponytail-Puppe mit Badeanzug und Peeptoes bei den männlichen Messevertretern auf ganzer Linie durch. Kein einziger Spielzeughändler will die „Puppe aus haltbarem, fleischfarbenen Vinylplastik" ins Programm aufnehmen. Die Geschichte von Barbie beginnt in den frühen Fünfzigern als Ruth Handler erkennt, dass ihre zehnjährige Tochter Barbara statt der üblichen Babypüppchen aus Illustrierten ausgeschnittene Mannequins als Spielkameradinnen bevorzugt. Selbstbewusste Diva statt treusorgender Hausmutter: Handler kommt die Idee, Millionen von amerikanischen Teens ein neues weibliches Leitbild zu vermitteln, das dem New Look der frühen Fünfziger entspricht. Wie man damit noch jede Menge Dollar verdienen kann, weiß

Handler nur zu gut, leitet sie doch seit 1945 mit Harold Matson (MAT) ihrem Mann Eliott (EL) die amerikanische Spielzeugfirma MATTEL, die schon zuvor mit der Ukulele „Uke-a-Doodle", dem piepsenden „Toy Piano" und fantasievollen Puppenhauseinrichtungen für neue Farben im Spielzeugland gesorgt hat. Während Ehemann Eliott nun seit 1955 seine Zeit in die Entwicklung von „Chatty Cathy", einer sprechende Babypuppe investiert, arbeitet Ruth mit Jack Ryan – einem Raketendesigner des Pentagon – mit Hochdruck an Barbie. Als optische Vorlage dient „BILD-Lili", eine deutsche Cartoon-Puppe aus Plastik, die Handler in Zürich beim Shoppen entdeckt hatte. Als die letzten Rundungen der Lady in Pink 1959 endlich gefeilt sind, benennt Ruth ihre Schöpfung dankbar nach ihrer Tochter Barbara. Trotz des missglückten Messedebüts im März 1959 tritt Barbie nun ihren Siegeszug durch die Kinderzimmer an. 1970 liegt der Umsatz bereits bei 500 Millionen US-Dollar. Heute wird alle zwei Sekunden irgendwo auf der Welt eine Barbiepuppe verkauft. Allein in Deutschland besitzt im Durchschnitt jedes Mädchen sieben Barbies. Die legendären Traummaße von „Ponytail No. 1" 99-46-84 hat bisher jedoch noch kein Mädchen erreicht.

01 | 11 | 1961

It's clobberin' Time

Stanley Martin Lieber macht sich Gedanken. Er fragt sich, wie es wohl wäre, als brennender Feuerball durch die Straßen von New York zu fliegen. Was würde geschehen, wenn er unsichtbar wäre, sein Hände von einem Ende der Fifth Avenue bis zum anderen strecken könnte? Wie sich ein Leben in einem Körper aus Stein wohl anfühlte? Wie würde er das seinen Freunden und seiner Familie erklären, was wäre ihre Reaktion? Wenige Monate später, sitzen Lieber alias Stan Lee und der kraushaarige ewig Zigarren rauchende Comiczeichner Jack Kirby in ihrem New Yorker Büro. Stan sagt: „Es sieht aus als hätten wir einen Hit gelandet." Kirby antwortet: „Ok, schön, aber was bringen wir in der nächsten Ausgabe?". Es ist November 1961 und am Monatsersten ist das Comic „Fantastic Four" am Kiosk erschienen. Die Reaktionen der Teenager sind so euphorisch, dass bereits die dritte Ausgabe „The Menace of the Miracle Man" als „The World's Greatest Comic Magazine" übertitelt werden kann, Kirby wird es sich nicht nehmen lassen den Zusatz mit einem dicken „!" zu markieren. Das Publikum geht vor dem Duo in die Knie, vor allem aber vor dem grübelnden Wissenschafter Mr. Fantastic mit den langen Armen, seiner Frau Invisible Girl, dem brennenden Jungen The Torch und dem gewaltigen Steinmann Ben Grimm alias The Thing. Die vier sind zwar Superhelden, aber vor allem eine Familie mit all den Problemen, die jede US-Durchschnittsbürger täglich erleben muss: Enttäuschte Liebe, die Bürden der Verantwortung, Rivalitäten am Arbeitsplatz und aufgrund durchaus destruktiven Fähigkeiten der „fearless foursome" auch die Angst um den Job, der in ihrem Fall simpel lautet, die Welt zu retten. Auch 2008 nach zahlreichen Zeichnerwechseln und behutsamen Relaunches, zuletzt 2002 durch Mark Waid, haben die Fantastic Four ihre persönlichen Probleme noch nicht bewältigt, auch Dr. Doom, der Mole Man und ihre zahlreichen anderen Gegner, die überwiegend bereits 1961 entwickelt wurden geben sich noch nicht geschlagen. Bernd Eichinger war sogar so nett die Familientragödie 2005 auf die Leinwand zu bringen. Jack Kirby († 1994) und Stan Lee hinterlassen Teenagern und Erwachsenen neben den FF das gesamte Marvel Universe mit Spiderman, Hulk und Verwandten.

01 | 09 | 1962
Jugend mit Gesicht

Die Leser der September-Ausgabe des englischen Männermagazins „Town" sind 1962 ein wenig irritiert, wohl ist man von den Herausgebern Clive Labovitch und Michael Heseltine einen stilbewussten Blick in die Männerwelt gewohnt, doch was man hier unter der Überschrift „Faces without Shadows" zu lesen bekommt, ändert den Blick auf die Jugend von heute grundlegend. Der 15-jährige Marc Feld und seine Freunde Pete Sugar und Michael Simmonds erzählen von ihrem Alltag, der darin besteht, ihren Eltern auf der Tasche zu liegen und ihr sämtliches Geld in Mode und Partys zu investieren. Feld gibt an, zehn Anzüge, 35 Hosen und sechs Paar Schuhe zu besitzen, obwohl er als Sohn eines LKW-Fahrers zur Working Class Englands gehört. Früher haben Jungs in seinem Alter noch Fußball gespielt, später vielleicht mit aufgekrempelten Jeans Kaugummi kauend Mädchen hinterher gerufen und die ersten Zigaretten geraucht. Doch für Field, der sich selbst ein „Face" nennt, ist Kleidung die „wichtigste Sache der Welt" und er steht damit nicht allein, sondern in einer Welt, die sich MOD nennt und zu der dunkelviolette Dreiknopf-Jackets ebenso gehören wie zwei Taschenklappen, Krawattennadeln, ziemlich enge Hosen und ein mit Spiegeln verzierter Vespa-Motorroller. Der Kampf gegen die Altersgenossen, aber auch gegen die langweilige Welt ihrer Eltern wird bereits 1959 eröffnet, wobei die Mods oder „Modernists" ihre Inspiration bei Oscar Wilde, im Cool Jazz und den Boutiquen der King's Road schöpfen, die seit 1955 von Mary Quant beherrscht werden. Als 1964 Bands wie The Who bekannt werden, hat die Bewegung auch endlich einen eigenen Soundtrack, um sich am Wochenende mit den „Teds" und Vertretern abgedankter Jugendkulturen wie dem Rock'n'Roll zu prügeln. Dazu wirft man blaue, gelbe und rote Amphetamine ein. Das Motto der Mods bringt Roger Daltrey, Sänger von The Who, auf den Punkt, als die Bewegung bereits wieder am Abflauen ist: „Hope I die before I'll get old". Für Marc Feld, später besser bekannt als Marc Bolan, erfüllt sich der Wunsch auf tragische Weise, er stirbt zwei Wochen vor seinem dreißigsten Geburtstag bei einem Autounfall.

10 | 11 | 1969
Quietscheentchen, Du allein...

Joan Ganz Cooney schmeißt eines Abends im Jahr 1966 eine Dinner-Party. Eingeladen ist auch Lloyd N. Morrisett, der Vizepräsident der finanziell mächtigen Carnegie Corporation, der sich an jenem Abend fragt, ob das Fernsehen, für das Cooney bisher einige Dokumentationen realisiert hat, nicht noch spezieller erzieherisch auf Kinder einwirken könne. Cooney fertigt daraufhin eine Studie mit dem Titel „The Potential Uses of Television in Preschool Education" an und reicht diese bei der Carnegie Corporation ein. Schon bald entsteht daraus der Children's Television Workshop (CTW) und das von Cooney maßgeblich vorangetriebene Programm-Schema „Sesame Street".
Morrisett setzt sich stark für die Umsetzung der Sendung ein, es ist aber Cooney, die sich vor allem um die entscheidenden Details kümmert: Es soll keine 1:1 Abbildung eines Klassenzimmers geben, die Vorteile des Fernsehens sollen kindgerecht genutzt werden, statt einem Star soll es eine multikulturelle Crew geben, die sowohl aus Männern und Frauen bestehen soll, die Szenerie soll einer durchschnittlichen amerikanische Straße nachempfunden sein. Am 10. November 1969 ist es soweit, die neben den Menschen auch und vor allem mit einigen Muppets ausgestattete Sendung geht „on air" und wird ein durchschlagender Erfolg, der schnell in andere Länder importiert wird. Ernie und Bert, das Quietscheentchen, Bibo, Kermit, das Krümelmonster, Oskar aus der Mülltonne und viele mehr begeistern fortan die Kinder. Allein das Lied „Wer, wie, was" wird ein Evergreen. Und wer erinnert sich nicht an Episoden, in denen zum Beispiel Buchstaben aus einem Trenchcoat verkauft werden. „Pssshhhht... Genauuuu!"

05|02|1972
Bobbys Vater

Ernst A. Bettag sieht aus seinem Bürofenster. Direkt davor liegt, wie er es angeordnet hat, der firmeneigene Spielplatz. Plötzlich hat er die Idee. Wie sich herausstellen wird, die Idee seines Lebens. Könnten Kinder nicht auch Autos haben? Und diese vor allem selber fahren, statt sie immer nur zu schieben? Der am 18. April 1929 geborene Unternehmer nennt sein geplantes Kinderfahrzeug „Rutscherauto". Farbe und Name hat der findige Spielzeugwarenhersteller dabei schneller als einen ausgefeilten Plan für die Herstellung. Mit einem Bildhauer entwirft er fortan Modell um Modell, nichts scheint passend, lediglich dass das Material Plastik sein soll, steht fest, robust muss es sein. Als ein der Bildhauer am Ende ein Holzmodell anfertigt und Bettags Söhne damit herumfahren, ist der Knoten geplatzt. Die Kinder lieben das neue Auto. Die ersten Plastik-Prototypen sind fertig und Mitarbeiter sehen Bettag es immer und immer wieder auf den Boden schmeißen und gegen Ecken schlagen. Diese Tests sind notwendig, damit es am Ende auch jedwede „Kinderbehandlung" übersteht. Am 5. Februar 1972 wird das rote „Bobbycar" auf der 23. Nürnberger Spielwarenmesse mehr als skeptisch aufgenommen. Diese Skepsis ist inzwischen mehr als verflogen: Bis heute wurden mehr als 16 Millionen „Bobbycars" verkauft.

09|12|1975
Öl mobil

Öl! Das wertvolle Nass steigt im Preis und Horst Brandstätter ist aufgefordert zu handeln. Seine Firma geobra ist bisher mit der Produktion von großen Spielzeugen und Kindermöbeln gut gefahren. Doch als 1973 der Ölpreis derart drastisch steigt, dass man international von einer Ölkrise spricht, sind die hergestellten Waren von geobra nicht mehr rentabel, da hilft der Firma auch nicht mehr ein gigantischer Erfolg wie 1958 der Hula-Hoop-Reifen. Brandstätter setzt auf eine Fahrzeugserie für Kinder, doch sein Entwickler Hans Beck widerspricht ihm, bereits seit 1971 arbeitet er an einer kleinen Plastik-Grundfigur, der verschiedene Werkzeuge, Accessoires und Waffen in die Hände gesteckt werden können und die sich hauptsächlich in der Farbe unterscheiden. Der Vorteil: Die kleinen Männchen verbrauchen erfreulich wenig Rohstoff in der Herstellung. Die Zeit drängt, die so entstandene Marke Playmobil wird am 9. Dezember 1975 als Patent eingetragen, die Figur wird als Serie zu Ende entwickelt und schon vorher auf der Spielwarenmesse 1974 vorgestellt. Seitdem haben die einheitlichen Figuren ein internationales Eigenleben entwickelt, ihrer Firma viel Geld und der Welt sogar Themenparks gebracht. Brandstätter wird 1999 „Manager des Jahres".

29 | 11 | 1976
Der Dreck und die Wut

Der Stadtrat von Lancaster reagiert. Man will „diesen Dreck nicht in dieser Stadt". Das Sex Pistols Konzert im Lancaster Poltechnikum für den 29. November 1976 ist abgesagt und damit ihren zahlreichen Anhängern der Marsch auf Lancaster verwehrt. Die Band wird zwei Tage später ihre Wut an TV-Confrencier Bill Grundy auslassen und ihn als „dirty fucker" beschimpfen. Die britische Presse bringt das Phänomen „Punk", das die Sex Pistols als Galionsfiguren repräsentieren mit dem Titel „The filth and the fury" auf den konservativen Standpunkt. An die Hippies haben sich die älteren Generationen gerade ein bisschen gewöhnt, und plötzlich sind sie vorbei, die Tage der Rauschebärte, des Ausdiskutierens in Schlaghosen und Glockenpullovern. Junge Menschen, die noch gestern artig im Sitzstreik saßen, fordern plötzlich nicht mehr engagiert den Kommunismus, sondern finden alles einfach „scheiße" dazu tragen sie Irokesenfrisuren in bunten Farben auf dem Kopf, Bondage-Hosen mit Reißverschluss und Springerstiefel, die Mädchen zerrissene Strumpfhosen, Fuck-you-to-Hell-and-back-Absätze, Kurzhaarfrisuren und Miniröcke aus Plastik und wenn sie wohl begütert sind oder zufällig aus London kommen, T-Shirts aus der Sex-Bouitique von Vivienne Westwood mit nackten Cowboys, Sex- oder Fuck-Schriftzug, über die Nils Stevenson so treffend feststellt: „Ich glaube nicht, dass je zuvor so wenige T-Shirts so vielen Leuten so großen Kummer bereitet haben". So schnell wie der Punk als Sucht nach einem neuen aufregenderen Leben im heißen Sommer von 1976 in London aufflackert, so schnell ist er Ende 1977 auch wieder zuende, doch das gilt nur für das Szenemekka London. Im übrigen Europa überlebt die Jugendbewegung mit Kampfsprüchen wie „Ficken und Saufen" noch eine ganz Weile und findet im März 1980 sogar in den konservativen Popperbewegung einen würdigen Gegner.

30|01|1977
Der Würfel ist gefallen

William O. Gustafson gibt nicht auf. Er hat bereits 75 Spielzeugherstellern seinen „Gustafsons Globus" angeboten, ein mechanisches Geduldspiel, das jedoch niemand haben will. Als auch die 76. Absage eintrudelt, lässt es der Hochschullehrer aus Fresno dabei bewenden. Der Engländer Frank Fox schlägt 1970 in eine ähnliche Kerbe, auch er lässt sich seine drehbare 3 x 3 x 3-Kugel patentieren, aber auch sein Name erhält keine besondere Gravur in der Spielzeughistorie. Noch ein Jahr vor Gustafson, 1957, entwirft der Chemiker Jarry Nichols aus Massachusetts einen Miniwürfel, der im Prinzip ein festes Puzzle darstellt. Im Jahr 1972 erhält er dafür sein Patent, welches für ihn später noch sehr wertvoll wird. All die Namen dieser Erfinder sind jedoch Schall und Rauch gegenüber dem des Ungarn ErnÐ Rubik, dessen Name unauflösbar mit dem dazugehörigen Würfel, dem „Rubik's Cube", verbunden ist. Der Architekt, Designer und Professor führt in den Siebziger Jahren seinen Studenten einen Prototyp seines Spielwürfels vor und kaum jemand möchte ihn, einmal in der Hand haltend, wieder hergeben. Am 30. Januar 1977 lässt auch Rubik sich seine Idee patentieren, eine Firma übernimmt die weltweite Vermarktung und der Erfolg ist umwerfend, vermutlich weil seine Version des mechanischen Spielzeugs am einfachsten und besten funktioniert. Auch in Deutschland gibt es bald kaum einen Schüler, in dessen Scout-Schulranzen das Unterrichtszeit verkürzende Utensil nicht versteckt wäre. Als 1982 der Boom des Spielgerätes wieder abflacht, sind bereits 160 Millionen Exemplare weltweit verkauft. Nichol's klagt und kann zumindest in den USA einen Erfolg erzielen. Hier heißt, was kaum einer weiß, der Würfel auch ab und an „Nichol's Cube".

19|06|1978
Ich hasse Montage

Tom K. Ryan sucht einen Assistenten. Der bekannte amerikanische Comiczeichner, der auch die Reihe „Tumbleweeds" erfand, wird in seinem Umfeld schnell fündig. Der junge und aufstrebende Werbeagentur-Mitarbeiter James Robert Davis, von den meisten Jim genannt, will die Stelle unbedingt haben und bekommt sie. Fortan zeichnet er für Ryan Hintergründe, beschriftet Sprechblasen und putzt die Fußböden. Schon bald entwickelt er seinen eigenen ersten Charakter: Der Käfer „Gnorm Gnat" soll die Leute unterhalten. Die Comicfigur hält fünf Jahre durch, bis Davis sie von einem Riesenfuß aus dem Himmel töten lässt. Als nächstes erinnert er sich nicht nur an seine Kindheit mit 25 Katzen auf der Farm seiner Eltern, sondern auch an seinen Großvater, der genauso hieß wie er, mit dem Unterschied des Mittelnamens: Garfield. Jener nun als Comicfigur neu erfundene Kater soll aber nur die zweite Geige in dem angehenden Comicstrip werden, der Star ist ein Cartoonist namens Jon Arbuckle. Zwei Jahre nach dem ersten Versuch einer Garfield-Zeichnung wird ein Zeitungssyndikat auf den neu entstandenen Strip aufmerksam und möchte ihn abdrucken. So erscheint am 19. Juni 1978 der Montage hassende Kater Garfield das erste Mal in gleich 41 amerikanischen Zeitungen. Aber nach nur zwei Monaten entscheidet sich die Tageszeitung aus Chicago, den Comic wieder fallen zu lassen. Ein Proteststurm sondergleichen ergeht über der Redaktion, mehr als 1.300 Briefe und Anrufe erreichen die Zeitung, die Garfield sofort wieder aufnimmt. Laut dem Guinness Buch der Rekorde ist Garfield heute mit weltweit über 2.600 Zeitungsabdrucken täglich und somit über 263.000.000 Lesern der am weitesten verbreitete Comic der Welt.

10 | 10 | 1979

Paku Paku

Iwatani Toru hat einen Bärenhunger. Er nimmt in der Firmenkantine Platz, vor ihm auf dem Teller eine Riesenpizza. Mit Messer und Gabel schneidet er ein Viertel heraus und isst es auf. Wie bei Millionen Menschen zuvor bleiben die restlichen drei Viertel in einem Stück übrig. Für den Japaner Toru ist dies jedoch der vielleicht entscheidende Moment seines Lebens. Die Tage zuvor hat er bereits an einem neuen Videospiel für seine Firma Namco gearbeitet. Sein Ziel war es, ein so genanntes Arcade-Spiel (also eines für eine Spielhalle) zu erschaffen, bei dem es nicht, wie zu jener Zeit üblich, um martialische Inhalte geht. Er nahm sich vor, ein Spiel erfinden, welches auch Frauen spielen wollen. Dass es dabei um Essen gehen soll, ist bereits klar. Das wichtigste Element fehlt ihm bisher her allerdings, die Hauptfigur – jetzt liegt sie, zumindest in ihrer Form, vor ihm auf dem Teller. Der japanische Slang-Begriff „paku paku" für die Bewegung des Mundes während man isst, gibt dem neuen Spielhelden dann auch noch den Namen und zugleich lautmalerisch das Geräusch, welches er während des Spiels macht, wenn er seine Beute, die Punkte, auffisst. Der so entstandene „Pac Man" bekommt noch vier verschieden farbige Feinde in Form von Geister-Monstern an die Seite, ansonsten soll das Spiel in der Optik sehr schlicht bleiben. Am 10. Oktober 1979 fängt die kleine gelbe Kugel mit Mund zunächst in ihrem Heimatland Japan an, ihre

Punktebeute in den Gängen eines virtuellen Irrgarten zu essen, danach erobert sie die Welt.

15 | 12 | 1979
Tortenstücke voller Wissen

Es ist der 15. Dezember 1979. Der Fotoredakteur Chris Haney und sein Kollege Scott Abbott, Sportjournalist spielen gerade eine Partie „Scrabble" als ihnen spontan die Idee kommt, doch ein eigenes Spiel zu erfinden. Die beiden Kanadier zeichnen ihre Idee auf und denken sich so in ein paar Stunden schon einmal das Grundkonzept für „Trivial Pursuit" aus. Und das geht so: Mehrere Spieler beantworten Fragen zu unterschiedlichen Wissensgebieten, für die sie als Belohnung sechs verschiedenfarbige Tortenstücke sammeln. Haney und Abbott gründen zunächst eine Firma, die „Horn Abbott company" und verkaufen Anteile, um genug Geld für die Veröffentlichung ihres Spiels zusammenzukratzen. Zwei weitere Freunde und der 18-jährige Michael Wurstlin steigen in das Geschäft mit ein. Wurstlin gestaltet das Spielbrett. Am 10. November 1981 kommen 1.100 Kopien des ersten „Trivial Pursuit"-Spiels in Kanada auf den Markt. Die Herstellungskosten betragen 75 Dollar, das Spiel wird für 15 Dollar an die Händler abgegeben – ein Verlustgeschäft. Das dürfte sich inzwischen millionenfach amortisiert haben. In den USA werden alleine 1984 20 Millionen Ausgaben verkauft. Inzwischen gibt es „Trivial Pursuit" in 19 Sprachen und 33 Ländern. Und erst die Sondereditionen: Von Star Wars über Bayern, von Disney bis hin zum World Cup gibt es inzwischen so viele Ausgaben von „Trivial Pursuit", das man alleine dazu ein eigenes Wissensspiel eröffnen könnte. Auch als Fernseh-Show wird das Spiel immer mal wieder adaptiert. 1993 bis 1994 läuft „Trivial Pursuit" in Deutschland auf VOX mit der Moderatorin Birgit Lechtermann, auch in England und den USA gibt es Shows und Ende 2008 ist wieder eine Ausgabe mit Mark Wahlberg als Moderator geplant. Und die Erfinder? Die haben die Rechte für „Trivial Pursuit" längst an den Spiele-Hersteller „Hasbro" verkauft. Scott Abbott gehört heute ein Hockeyteam und Chris Haney erfindet 2006 ein neues Spiel, das „TimeTripper" heißt und noch nicht ganz an den Erfolg von „Trivial Pursuit" anknüpfen konnte.

17 | 12 | 1989
15 Minutes of Fame

Matthew Abram Groening, den alle nur Matt nennen, muss warten. Der ehemalige Musikjournalist hat in den letzten Jahren mit seiner Comicreihe „Life in hell" („Leben in der Hölle") für Aufsehen gesorgt, viele Zeitungen fingen an, seine Cartoons abzudrucken. Nun sitzt er in dem Gebäude einer Fernsehanstalt, soll ein Vorstellungsgespräch absolvieren, in dem es um Beiträge von ihm zu der populären „Tracey Ullman Show" geht. Groening ist locker und entspannt. Dann erfährt er, dass die Verantwortlichen der Show von ihm erwarten, dass er den Fernsehmachern etwas noch nie da gewesenes präsentiert. Der Zeichner verliert keine Zeit. Er nimmt sich Stift und Zettel und fängt aus dem Stegreif an, Figuren für eine neue Zeichentrickserie zu zeichnen, denen er Namen von Mitgliedern seiner eigenen Familie gibt. Er hat 15 Minuten. Fieberhaft bringt er Figur um Figur auf Papier. Eine der Hauptpersonen, Homer, soll, so seine spontane Idee, in einem Atomkraftwerk arbeiten. Seine Auftraggeber in spe sind begeistert und auch die Zuschauer der Show reagieren enthusiastisch auf die zunächst 30-60 Sekunden langen Comicstrips. Schnell weitet man die Idee aus und am 17. Dezember 1989 flimmert das erste Mal eine 30-Minuten-Folge der Simpsons über den Bildschirm. Ein historisches Datum, sind „Die Simpsons" doch bis heute die am längsten laufende Zeichentrickserie Amerikas, über 410 folgen sind bis heute gelaufen, ein Film wurde produziert und das Produkt „Simpsons" mehr als in klingende Münze verwandelt. Groening produziert weiterhin „Life in hell" und hat zwischenzeitlich die ebenso famose Zeichentrickserie „Futurama" umgesetzt, die jedoch weniger erfolgreich war.

04 | 09 | 1998
Ich rufe meinen Vater an

Cole Porter war ein außergewöhnlicher Komponist. Eines seiner bekanntesten Lieder singen 1956 die Schauspieler Celeste Holm und Frank Sinatra in dem Film „High Society" („Die oberen Zehntausend"): „Who wants to be a millionaire?" Am 4. September 1998 kommt der Song zu ganz neuen Ehren, nachdem der Textinhalt bereits seit Jahrzehnten dafür steht, dass Reichtum nicht alles im Leben ist. Das Gegenteil wird in den folgenden Jahren das Hohelied der gleichnamigen englischen Quizshow, welche an jenem Datum das erste Mal ausgestrahlt wird. Die „Erfinder" der Show, David Briggs, Mike Whitehill und Steve Knight, können sich die Hände reiben, das Format wird über alle Maßen erfolgreich und bis heute in 106 Länder lizenziert. Der Top-Gewinn den man dabei als Fragenbeantworter erreichen kann liegt bei einer Million (in welcher Währung auch immer), ein paar Länder haben inzwischen jedoch eine Sonderausgabe ins Leben gerufen, die 10 Millionen auslobt. Die Hilfsmittel der Show wie zum Beispiel der „50/50 Joker" oder der „Telefonjoker" sind dabei in fast allen Ländern in den alltäglichen Sprachgebrauch übergegangen und finden sich hier und da sogar in Wörterbüchern wieder. Der amerikanische Millionen-Gewinner setzte seinen „Telefon-Joker" am coolsten ein, er rief seinen Vater an, um ihm mitzuteilen, dass er die Antwort wisse und im Begriff sei Millionär zu werden.

01 | 05 | 1999
Als der Schwamm schwamm

Stephen Hillenburg studiert Anfang der Achtziger Jahre brav den Studiengang Meeresbiologie und niemand ahnt, was die Zukunft für den 1961 in Oklahoma geborenen Amerikaner bereithält – vermutlich nicht mal er selbst. Er lehrt schließlich auf dem Gebiet, nachdem er 1984 seinen College-Abschluss gemacht hat. Doch seine Schüler können die vielen weniger bekannten Meeresbewohner einfach nicht alle im Kopf behalten, immer wieder werden Arten des Meeres vergessen. Hillenburg, der auch ein begabter Zeichner ist, kommt auf die Idee, diesem Umstand mit einer Zeichentrickserie Abhilfe zu verschaffen. Er belegt einen Master-Studiengang in Animation und heuert beim Kinder-Fernsehsender Nickelodeon an. Im Laufe der Zeit entwickelt er so die Hauptfigur seiner Serie, einen gelben Schwamm namens Spongebob (hierzulande Spongebob Schwammkopf). Um diesen herum entstehen bald der Seestern Patrick, der Tintenfisch Thaddäus, Fast-Food-Restaurant-Besitzer Mr. Krabs, die miauende Schnecke Gary, ein NASA-Eichhörnchen namens Sandy und viele mehr. Gemein haben sie alle, dass sie skurrile und absurde Macken und Eigenschaften haben. Die Serie startet am 1. Mai 1999 und bietet überdies Geschichten und Szenerien, die auch der englischen Komikertruppe Monty Python zu Ehren gereicht hätten. Die Eruptionen bei jung und alt sind fast schon körperlich spürbar, „Spongebob" wird ein weltweiter Erfolg und das Merchandising erreicht Dimensionen, die sonst nur den Simpsons und Star Wars vorbehalten sind. 2004 folgt der „Spongebob Film".

Tage des Wachstums | 743

===== Weiterlesen =====

- Manfred Berger: 150 Jahre Kindergarten. Ein Brief an Friedrich Fröbel. Frankfurt 1990
- Helmut Heiland: Maria Montessori. Berlin 2003
- Karin H. Balk: Kinder und ihr Spielzeug. Erfurt 2007
- Bernd Havenstein: DDR-Spielzeug. Köln 2007
- Tom Defalco: Marvel Enzyclopädie. Stuttgart 2006
- Hal Foster: Prinz Eisenherz. Rom 2006 ff.
- Billy Boy/ George Corsillo: Barbie. Ihr Leben & ihre Welt, München 1988
- Giovanni Romano: Geschichte der Jugend. Frankfurt am Main 1997
- Helmut Schmidt: Kindheit und Jugend unter Hitler. München 1992
- Bastian Sick: 40 Jahre Carlsen Comics. Hamburg 2007
- Jerry Siegel/ Joe Schuster: Superman. Frankfurt am Main 2005
- Jim Davies: Garfield Gesamtausgabe. Berlin 2008

Tage des Tieres
Animalische Höhepunkte

Kapitel 23

An einem Tag im Jahr 68.000.000 v. Chr. *7 Tonnen Tier* Das Leben des Tyrannosaurus Rex S. 747

An einem Tag im Jahr 33.000 v. Chr. *Die Aufgabe des Mammuts* Vom Tod des Mammuts und einer posthumen Ehrung S. 747

24|03|3961 v. Chr. *Das kriechende Böse?* Imageprobleme einer Schlange S. 748

18|07|387 v. Chr. *Gans schön auf der Hut* Gänse schnattern auf dem Kapitol S. 749

15|08|1554 *Das indianische Kaninchen* Das Meerschweinchen stellt sich vor S. 749

13|05|1588 *Ein Horn – und viele Geschichten* Die Tierwelt hat vieles hervorgebracht, nur kein Einhorn S. 750

08|12|1708 *Wie Franz den Zoo erfand* Ein Kaiser gründet den Tiergarten Schönbrunn S. 751

05|04|1753 *Simoni & Garfunkeli* Carl von Linné und die binäre Nomenklatur S. 752

19|09|1783 *Die fliegende Ziege und ihre Crew* Drei Tiere werden Luftfahrer S. 752

20|11|1820 *Mocha und Moby* Tödlicher Hintergrund des Bestsellers „Moby Dick" S. 753

An einem Tag im Jahr 1830 *Ein langsames, rasantes Leben* Das lange und aufregende Leben der Schildkröte Harriet S. 754

01|05|1851 *Zimmer aus Wasser* Geburtsort Glaspalast: Das Aquarium S. 755

05|10|1879 *Das Publikum bricht eine Lanze* Ein Stier knickt nicht ein und wird gerettet S. 755

24|03|1882 *Der Elefant, ein Begriff* Groß, größer, Jumbo S. 756

09|12|1914 *Winnies zweites Leben* Winnie the Pooh und die seltsame Reise eines Schwarzbären S. 757

13|09|1916 *Chronik eines angekündigten Todes* Der traurige Tod einer Elefantendame S. 758

05|02|1918 *Der Held von Frankreich* Stubby der Hund wird zum Gewinner S. 758

15|09|1918 *Sollst auch nicht leben wie ein Hund* Rin Tin Tin wird zum Star S. 759

21|05|1925 *Bis dass der Tod euch scheidet?* Die Geschichte des treuesten Hundes aller Zeiten S. 760

18|11|1928 *Maus mit drei Eltern* Drei Menschen zeugen Mickey Mouse S. 761

12|04|1930 *Drei Hamster legen zusammen* Israel Aharoni kreiert das Volk der Goldhamster S. 762

03|04|1934 *Jane kommt auch ohne Tarzan klar* Jane Goodall lebt mit Affen und bringt sie uns näher S. 762

17|12|1938 *Lassie rettet (fast) alle* Der bekannteste Collie aller Zeiten S. 763

18|10|1943 *Lieber die Taube in der Hand…* G.I. Joe rettet Menschen das Leben S. 763

30|04|1945 *Auf den Hund gekommen* Hitler zeigt selbst Blondi wie schäbig er ist S. 764

01|05|1945 *Ein Mann schafft Platz für Tiere* Das wilde Leben des Dr. Grzimek S. 765

22|11|1954 *Tierischer Einsatz* Die Humane Society rettet Tierleben S. 766

17|06|1956 *Die Wunderstute* Pferd Halla gewinnt Gold und muss alles alleine machen S. 766

03|11|1957 *Der fliegende Hund* Laika reist ins All S. 767

11|09|1961 *Huxley und 9/11 mal anders* Der World Wildlife Fund wird gegründet S. 768

19|09|1964 *Talent für Vier* Mitzi Flipper erobert die Herzen S. 769

11|01|1966 *Der schielende Löwe* Das langsame Leben des Daktari-Löwen Clarence S. 769

03|03|1973 *Der lange Lauf unters schützende Dach* Das Washingtoner Artenschutzabkommen ist ein zähes Geschäft S. 770

05|09|1976 *Ein Mantel wird Star* Kermit der Frosch entsteigt dem Altkleidersack S. 771

22|09|1988 *Ein Pferd namens Rembrandt* Ein Westfalenwallach macht seinem Namen alle Ehre S. 771

12|08|1990 *Ein Saurier namens Sue* Susan Hendrickson findet einen Dino S. 772

01|06|1994 *Tiere in der Kamera* Heinz Sielmann macht sich unsterblich S. 773

23|11|1996 *Maita Aki brütet etwas aus* Die Geburt des Tamagotschi S. 773

22|02|1997 *Hello Dolly!* Das doppelte Schäfchen des Ian Wilmut S. 774

21|06|2005 *Löwenherz* Löwen können Menschen retten S. 775

26|08|2005 *Menschen im Zoo* Der Londoner Zoo zeigt Ungewöhnliches S. 775

12|05|2006 *Mir schwant was Gutes* Schwan Peter begeht einen tierischen Irrtum S. 776

26|06|2006 *Der Problembär* Bruno stiftet Verwirrung S. 777

05|12|2006 *Knut Superstar* So schnell kann ein einfacher Eisbär um die Welt gehen S. 777

30|10|2007 *Das erste Mensch-Tier* Die Schimpansin Washoe spricht eine eigene Sprache S. 778

31|12|2028 *Der Einsame George* Die erschütternde Bilanz des Artensterbens S. 779

An einem Tag im Jahr 68.000.000 v. Chr.
7 Tonnen Tier

Was wird etwa 30 Jahre alt, hat kurze Arme, aber lange Zähne (15 Zentimeter), ernährt sich hauptsächlich von Fleisch, erhält erst viel zu spät seinen Namen und steht ständig in der Kreide? Richtig, der Tyrannosaurus Rex. Allein sein Kopf maß mehr als 1,25 Meter, das gesamte Tier war 12 Meter lang, 6 Meter hoch und wog 7 Tonnen – was ausreichend war, um dem ein oder anderen Gegner im Kampf überlegen zu sein. Manch einer behauptet dennoch, der T. Rex hätte sich nur von Aas ernährt, da er für die Jagd zu langsam und zu behäbig gewesen sei. Er lebte nicht nur in der Kreidezeit, sondern sogar in der so genannten „Oberkreide", 68-65 Millionen Jahre vor unserer Zeit. Sein Ursprung ist auf den Tag genau schwer zu berechnen, aber mit Sicherheit haben wir es beim Tyrannosaurus mit dem größten Fleisch fressenden Dinosaurier zu tun. Seine Zähne erneuerten sich von alleine, war einer abgenutzt, wartete schon der nächste Hauer darunter. Das gewaltige Tier, der „König der Herrscherechsen", hatte eine Beißkraft von ca. 3 Tonnen pro Quadratzentimeter und ist nach heutiger Erkenntnis mehr waagerecht als senkrecht gelaufen. Seine im Verhältnis winzigen Ärmchen benutzte er, so die Vermutung, nur zum Aufstehen. Über die ungewöhnliche Gangart, die kurzen Arme und den erstaunlichen Überbiss selbst im geschlossenen Zustand des Mauls, machte man sich seinerzeit dennoch besser nicht lustig. Um 1900 fand Barnum Brown die ersten bestimmbaren Überreste des Giganten, 1990 entdeckte Susann Hendrickson das erste komplette Skelett, seinen Namen aber bekam der Riese 1905 durch den Amerikaner Henry Fairfield Osborn.

An einem Tag im Jahr 33.000 v. Chr.
Die Aufgabe des Mammuts

Dima kommt nicht hinterher. Das Mammut-Baby, ca. 7 Monate alt, ist nicht bei bester Gesundheit, eine Fußverletzung behindert das ca. 100 Zentimeter große Tier beim Laufen, Parasiten haben es ebenfalls befallen. Dann die Schrecksekunde: Ihre Herde bemerkt nicht, dass Dima in eine Schlammloch fällt, lediglich die Mutter versucht, Dima zu retten. Vergeblich. Der Kampf mit dem Morast dauert ein paar Tage, am ersten Juni 33.000 v. Chr. (+/- ein Tage) ist Dima vollständig versunken und stirbt. Rund 35.000 Jahre später, man schreibt das Jahr 1977 nach Christi Geburt, entdecken Arbeiter, die nach Gold suchen, am 23. Juli das eingefrorene Mammut-Baby im sibirischen Russland, dem Lebensraum der Mammuts gegen Ende der letzten Eiszeit. Sämtliche inneren Organe sind noch vorhanden, der schlammige und schnell gefrorene Boden diente dem verendeten Tier als natürliche Gefriertruhe. Besser hätte man es kaum konservieren können. Zum Zeitpunkt des Todes wog Dima ca. 100 Kilogramm und war 115 cm lang. An den äußeren Enden der Beine befinden sich am Tag des Fundes sogar noch Haare des Mammuts. Die arme Dima findet schließlich zigtausend Jahre nach ihrem Ableben noch eine Heimat im Zoologischen Museum St. Petersburg und ist dort, wie auch bei „Reisen" nach New York, Japan oder Deutschland, der uneingeschränkte Star und letztlich das bekannteste Mammut aller Zeiten.

24 | 03 | 3961 v. Chr.
Das kriechende Böse?

Was für eine Lebensperspektive: Man ist gerade einmal ein paar Tage auf der Welt, da werden einem schon die Gliedmaßen abgeschnitten, man wird zu einem Leben auf der flachen Erde zwischen Staub und Sand verdammt und soll sich von seinen Feinden auch noch den Kopf zertreten lassen. Dieses Schicksal ereilt an einem Märztag vor vielen vielen Jahren die Schlange. Antike und mittelalterliche Theologen haben ihr exaktes Geburtsdatum auf den 24. März Jahr 3961 v. Chr. berechnet, während Biologen 100 Millionen Jahre v. Chr. für die zwar weniger exakte aber wahrscheinlichere Variante halten. Moderne Christen und Juden geben sich schlicht mit dem Sechsten Tag als Zeitangabe zufrieden, als Gott selbst „alles Gewürm" erschafft und mit einer Seele beschenkt. Die Schlange fühlt sich schon bald zu Höherem berufen. Obwohl ungeklärt ist, was sie sich wohl davon versprochen haben mag, verführt sie Adam und Eva, von der verbotenen Frucht des Baumes der Erkenntnis im Garten Eden zu essen und setzt auf diese Weise das Schicksal der Welt unumkehrbar in Gang. Über Jahrtausende kann die Schlange ihrem schlechten Image nicht entkommen: Sie gilt in nahezu allen Kulturen als verschlagen, hinterlistig, schleimig, doppelzüngig, als Weltverschlingerin und Ausgeburt des Bösen. Mitunter deshalb wird sie oft ungeniert und ohne moralische Bedenken zu Handtaschen, Jacken und Stiefeln verarbeitet. Dabei sind die wenigsten der 3.000 noch lebenden Schlangenarten giftig. Eine Ausnahme macht da allerdings die Expecteria Trouserius, die als gefährlichste Schlange der Welt ein Gift verspritzt, gegen das es kein Gegenmittel gibt. Sie beißt unheimlicher Weise bevorzugt Frauen in den Unterleib, ganz so als wollte sie sich an den Nachfahren Evas für ihre grausame Bestrafung rächen.

18|07|387 v. Chr.
Gans schön auf der Hut

Es geschieht zu der Zeit, als die Gallier, schwer gekränkt vom Hochmut der Römer, am 18. Juli 387 vor Christi Geburt auf Rom einstürmen und zehn Kilometer vor den Mauern der Stadt auf ein zwar großes, aber unvorbereitetes Heer stoßen. Durch List, Tücke und eine kluge Angriffstaktik können sie die Römer schlagen, nur rund eintausend Männer retten sich unter der Führung von Markus Manlius in das Kapitol, die städtische Burg, die als einziger Ort Roms nicht leicht einzunehmen ist. Die Gallier plündern derweil die übrigen ungeschützten Gebäude der Stadt, die Einwohner müssen fliehen oder werden getötet. Danach belagern die Gallier das Kapitol. Dabei folgen sie schließlich eines Tages einem Boten der Römer, der ausgesandt wurde, um Hilfe zu holen. Als sie ihm bis zu einer geheimen Tür am Kapitol nachlaufen und kurz davor sind, in die Burg einzudringen, schlagen statt der postierten Wachen plötzlich die in der Burg befindlichen Gänse Alarm. Sie schnattern wie wild und wecken so Manlius, welcher den ersten Eindringling von der Burgmauer in die Tiefe stößt, der alle Nachfolgenden mit sich reißt. Seither wird für lange Zeit jedes Jahr eine Gans mit einem feierlichen Aufzug durch die Straßen Roms getragen. Da die Hunde in jener Nacht nicht durch Bellen Alarm schlugen, ist an Seite der geheiligten Gans stets ein gekreuzigter Hund zu finden. Die Belagerung ging schließlich entweder durch ein mit Malaria auf beiden Seiten erzwungenes Unentschieden aus, oder durch eine gewonnene Schlacht der Römer mit Hilfe des hinzugekommenen Feldherrn Camillus. So ganz genau will sich keiner an den Hergang der Geschichte erinnern können, lediglich die hilfreichen Gänse sind die Schnittmenge des Überlieferten.

15|08|1554
Das indianische Kaninchen

Am 15. August 1554 stellt der Züricher Oberarzt Conrad Gessner auf der Frankfurter Buchmesse dem Lesepublikum auf Seite 158 seiner „Historia Animalum" ein neues Tier vor: „Das Indianische Kaninchen oder Säulein ist vor wenigen Jahren aus dem neu erfundenen Land in unsern Teil des Erdreichs gebracht worden und

bei uns jetzt ganz gemein: Denn es ist ein überaus fruchtbares Tier".
„Säulein" wird das Wesen genannt, weil sein charakteristisches Fiepen dem Quieken junger Schweine nicht unähnlich ist, „Kaninchen" aufgrund seiner durchaus vergleichbaren pelzigen Beschaffenheit. Das „üppige", „geile", niemals durstige Tier eignet sich bestens für die Unterhaltung der Hofdamen in Europa. Als Nahrungsmittel kommt es hier anders als in Südamerika kaum in Betracht. Sein Fleisch gilt Genießern als zu speckig, zu feucht und ungesund. Bald bürgert sich der Name „Meerschweinchen" für den vierfüßigen Pelzkameraden ein. Er ist in den kommenden Jahren eine Attraktion auf Jahrmärkten und wird im 18. Jahrhundert vor allem von der Wissenschaft für Versuchszwecke missbraucht. Mitte des 20. Jahrhunderts wird das Meerschwein zu einem der beliebtesten Haustiere Europas. Im angloamerikanischen Raum nennt man es Guinea Pig (von Guyana), in Frankreich Cochon d'Inde (Schwein aus Indien). In der Heimat hat das Meerschwein einen schwereren Stand: Allein in Peru landen jährlich 50 Millionen Meerschweinchen auf dem Tisch.

13 | 05 | 1588
Ein Horn – und viele Geschichten

Der 13. Mai 1588 war eigentlich kein guter Tag für das Einhorn. Ist es doch der an jenem Tag geborene Olaus Wormius, besser bekannt als Olaf Wurm oder Ole Worms, der 1638 der Jahrhunderte alten Legende des berühmten Fabelwesens ein Ende setzt. Wormius, der, so ist es überliefert, sowohl Antiquar, Archäologe, Doktor der Medizin, Inhaber eines Lehrstuhls für klassische Altertumskunde und Griechisch als auch Sammler war, stellt in seiner Rolle als Naturforscher fest, dass es sich bei den vermeintlichen Hörnern der Einhörner lediglich um die Stoßzähne von Narwalen handelt. So beraubt er mehrere Generationen von Kaisern, Königen und Wissenschaftlern ihrer Illusion, sich im Besitze eines „Ainkhürn" und damit einer wahren Kostbarkeit zu befinden. Vielleicht liegt es an Wormius' offensichtlich ausreichender Qualifizierung, dass man ihm Glauben schenkt. Ins gleiche, Pardon, Horn stößt 1827 dann der französische Paläontologe Baron Georges Cuvier, der dem Paarhufer eine mangelnde Knochenbasis an der Stirn nachweist: Ein Horn könne also dort gar keinen Halt finden. Versuche, bei denen man zwei Hörner zu einem zusammenband, welche dann zu einem Horn zusammenwuchsen, sollten auch keinen geeigneten Nachweis für die Existenz des Einhorns mehr erbringen. Der wahrscheinlichste Doppelgänger des Phantoms Einhorn scheint indes die Arabische Oryx zu sein, Farbe, Körperbau und Größe entsprechen dem Profil des Wunsch-Tieres. Leidtragender der Einhorn-Legende ist der Narwal, dessen Horn immer wieder dazu genutzt wurde, um die Nachfrage nach Einhorn-Produkten zu stillen. Aber immerhin trägt dieser seither den Namen „Einhorn des Meeres".

08 | 12 | 1708
Wie Franz den Zoo erfand

Für die Geschichte des Zoos ist das Geburtsdatum Franz Stephans I. von Österreich am 8. Dezember 1708 mehr als entscheidend. Wer auch immer ihm eine Vorliebe für Naturwissenschaften mit in die Wiege legte, trägt damit auch Verantwortung für die Entstehung der Tierparks. In seiner Funktion als Kaiser des Heiligen Römischen Reiches Deutscher Nation (1745-1765) war er entscheidend an der Gründung des ältesten noch heute existierenden Zoos der Welt beteiligt, dem Tiergarten Schönbrunn bei Wien. In dieser Zeit wird der Architekt Jean Nicolas Jadot de Ville-Issey vom Kaiser beauftragt, eine Menagerie im Park der Sommerresidenz Schönbrunn zu entwerfen. Im Jahr 1752 wird diese, ausgestattet mit diversen Tieren, für das geneigte Publikum eröffnet. Dennoch darf zunächst hauptsächlich die kaiserliche Familie den Park nutzen. Erste nicht blaublütige Besucher sind Schulklassen, dann „anständig gekleidete Personen" ausschließlich an Sonntagen, bis man um 1800 herum der Neugier der Menschen nicht mehr Paroli bieten kann. Inzwischen waren der erste Elefant, Wölfe, Bären, dann Eisbären, Hyänen und Kängurus als neue Attraktionen in den Zoo gekommen. 1828 beeinflusst die erste Giraffe im Zoo sogar Mode, Kunsthandwerk und gesellschaftliches Leben der Stadt Wien. Bis heute ist Schönbrunn, auch Dank zahlreicher Neuerungen und Reanimationen, einer der schönsten Zoos der Welt. Die allerersten Zoos soll es hingegen schon 2.000 vor Christus gegeben haben, am Hof eines Kaisers der Xia-Dynastie in China. Nach Christus waren vor allem im 16. Jahrhundert die üppigen Zoos der Azteken bekannt geworden, anders als Schönbrunn sind diese aber längst geschlossen.

05|04|1753
Simoni & Garfunkeli

Carl Nilsson Linnaeus, besser bekannt als Carl von Linné, hat sich viele Verdienste für die moderne Biologie erworben. Besonders nachhaltig wirkte der am 23. Mai 1707 geborene Schwede bei der Klassifizierung von Pflanzen und Tierarten durch lateinische Vor- und Nachnamen. Linné veröffentlichte seine erste umfangreiche Namensliste am 5. April 1753 in seinem epochalen Werk „Species Plantarum". Diese „binäre Nomenklatur" genannte Kategorisierung treibt indes inzwischen sprichwörtlich seltsame Blüten. Wissenschaftler geben seit längerer Zeit Pflanzen und vor allem neu entdeckten Tierarten immer skurrilere Namen. Der Münchner Biologe Manfred Parth zum Beispiel nennt 1996 eine unbekannte Meeresschnecke Bufonaria borisbeckeri und widmet sie „dem meines Erachtens größten deutschen Einzelsportler aller Zeiten." Damit steht er längst nicht allein. Vor- und nachher entstanden so der Darwinfrosch, die Wespenarten Gotheana shakespearei und Mozartella beethoveni (doppelt hält besser), die Spinne Draculoides bramstokeri (Werk und Autor in einem Tier), der Käfer Agra schwarzeneggeri sowie der Elvisaurus. Ein Insektenduo aus der Familie der Gliederfüssler hört gar auf die Namen Avalanchurus simoni und Avalanchurus garfunkeli, ein anderer Verwandter darf sich Struszia mccartneyi nennen. Drei Tiere mit dem Vornamen Agathidium tragen seit 2005 die Zunamen bushi, cheneyi und rumsfeldi. Die Forscher versuchten dadurch wenn auch wenig überzeugend die „Prinzipientreue" der Namensgeber auch für diese drei Schleimpilze fressenden Schwammkugelkäfer hervorzuheben. Ähnlich erging es dem kleinen, braunen und blinden Höhlenkäfer Anophthalmus hitleri.

19|09|1783
Die fliegende Ziege und ihre Crew

Jean-François Pilâtre de Rozier und Marquis d'Arlandes sind die ersten Luftfahrer der Welt! Allerdings sind sie nicht die ersten Lebewesen, welche in einem Luftschiff die Erde verlassen. Am 19. September 1783 platzieren die Brüder Michel Joseph und Ètienne Jacques de Montgolfier in dem von ihnen entwickelten ersten Heißluftballon der Planeten nicht etwa sich selbst oder andere Menschen. Um kein Risiko einzugehen bestimmen sie als Crew vielmehr ein Schaf, eine Ente und einen Hahn. Der aus Leinwand, Papier und einem Hanfnetz gefertigte Prototyp hebt an jenem Tag vom Boden ab und trägt die Tiere in die Lüfte. Entgegen der vorherrschenden Meinung, dass man oberhalb

der Wolken keine Luft mehr bekommt und stirbt, landen die Tiere wohlbehalten, lediglich das Schaf hat anscheinend dem Hahn einen Tritt verpasst. Im November 1783 sind es Rozier und d'Arlandes selbst, die seine 25-Minuten-Reise in dem Ballon unternehmen. Bestaunt werden sie dabei von niemand geringerem als König Ludwig XVI. und Marie Antoinette. Der König ist allerdings weniger begeistert davon, dass dem normalen Volk dieselbe Ehre zuteil werden könne und erlässt ein Gesetz, welches Ballonfahrten fortan nur noch dem Adel erlaubt.

20|11|1820
Mocha und Moby

Es ist ein schwedisches Walfängerschiff, welches 1859 Mocha Dick zur Strecke bringt. Der inzwischen altersschwache Pottwal ist übersät mit Narben, die er sich in über 100 Kämpfen gegen Mensch und Boot hart erworben hat. 19 Waffen stecken in seiner Haut, die ein eindeutiger Verweis auf die vielen Boote sind, die der 26 Meter lange Wal gerammt, versenkt und dabei mindestens 30 Menschenleben beendet hat. Viele Jahre vorher ist Owen Chase Erster Steuermann des Walfängers „Essex". Der Seemann führt auf der letzten mörderischen Reise des Schiffes Tagebuch und veröffentlicht diese später unter folgendem seltsam langen Titel: „Erzählungen des höchst außergewöhnlichen und erschütternden Untergangs der „Essex", eines Walfängers aus Nantucket, der im Pazifischen Ozean von einem Pottwal attackiert und schließlich versenkt wurde, samt eines Berichtes der unvergleichlichen Leiden des Kapitäns und der Crew während der 93 Tage in offenen Booten in den Jahren 1819 und 1820." In Marketingfragen sicherlich keine allzu große Nummer, ist Owen Chase dennoch für einen der größten Romane aller Zeiten mit verantwortlich. Ende der 1840er trifft Chase' Sohn den Schriftsteller und Seefahrer Herman Melville und überreicht ihm das „Essex"-Buch
seines Vaters. Melville liest es in einer Nacht und ist begeistert. Neben eigenen Erlebnissen und aufgeschnappten Geschichten, verarbeitet er die Story der „Essex" in seinem Buch „Moby Dick or The Whale" zu einem drei Bände umfassenden Roman, welcher am 18. Oktober 1851 veröffentlicht wird. Fast genau 31 Jahre nachdem am 20. November 1820 der riesige Pottwal die „Essex" angriff und acht Jahre bevor er selbst altersschwach besiegt werden kann. Melvilles Popularität nimmt trotz des hervorragenden Buches nicht zu, im Gegenteil, die Kritiken

sind harsch und Melville selbst erlebt die Wiederauferstehung seines Buches im 20.Jahrhundert nicht mehr. 1927 erklärt beispielsweise William Faulkner, dass er ein Buch am liebsten selbst geschrieben hätte: Moby Dick. Für die Walpopulationen hat Melvilles Roman indessen tödliche Folgen: Die eigentlich friedlichen Seegiganten gehen an ihrem schlechten Image sprichwörtlich zugrunde.

An einem Tag im Jahr 1830
Ein langsames, rasantes Leben

Was für eine Lebensgeschichte: Geboren auf den Galápagos-Inseln vor Ecuador, wir sagen der Einfachheit halber mal am ersten Januar 1830, mit sechs Jahren auf den Namen Harry getauft, gerät man mit seinen zwei Brüdern Dick und Tom in Gefangenschaft und wird 1837 von Charles Darwin nach England verschleppt. Mit elf geht es weiter nach Brisbane, Australien, wo man 111 Jahre, also ein ziemlich langes Leben, verbringt. Im Gepäck eines Beamten führt der Weg danach an Australiens Goldküste, und als man gerade den 130. Geburtstag feiern will, entdeckt jemand urplötzlich, dass man gar kein Mann sei und somit unmöglich Harry heißen kann. In „Harriet" umgetauft geht es in ein neues Zuhause an der Sunshine Coast in Queensland. Da aber auf einer der vielen Reisen um 1920 auch noch die Ausweispapiere verloren gehen, fehlt bald auch noch jedweder Beweis für die eigene Abstammung. Dennoch geht die Welt davon aus, dass diese Lebensgeschichte sich genauso abgespielt hat. Glücklicherweise ist sie keinem Menschen, sondern einer Riesenschildkröte passiert. Jene werden in der Regel um die 150 Jahre alt, doch mit einer derartigen Story unterm Panzer bringt Harriet es locker auf 176 Jahre (und 180 kg, nebenbei), bevor sie am 23. Juni 2006 im Australia Zoo in Queensland an Herzversagen stirbt. Damit ist Harriet die drittälteste (bekannte) Schildkröte aller Zeiten, unterlegen nur der 190jährigen Tu'i Malila, welche von James Cook Mitte der 1770er Jahre der königlichen Familie von Tonga übergeben wurde und Spitzenreiter Adwaita, die mit einer Lebensdauer von 1750 bis 2006 gar als ältestes Wirbeltier der Welt gilt. Keine der beiden letztgenannten kann jedoch auf eine derart bizarre Vita verweisen wie Harriet.

01 | 05 | 1851
Zimmer aus Wasser

Am ersten Mai 1851 erstrahlt der neue gebaute Crystal Palace in London so wie es sein Name vermuten lässt. Angelehnt an große britische Gewächshäuser, ist das Licht in dem riesigen Gebäude ein wesentlicher Bestandteil der Architektur. Innen werden von den Menschen riesigen Maschinen, aber auch Bäume platziert, alles findet in den hohen Hallen Platz. Hintergrund ist die erste Weltausstellung, welche Prinz Albert kurzerhand in den Londoner Hyde Park gelegt hat und von dem Architekten Joseph Paxton den „Kristallpalast" dazu bauen ließ. Die technische und kunsthandwerkliche Leistungsschau bietet ab diesem ersten Mai jedoch noch eine Neuerung, welche die Menschheit bislang noch nie gesehen hat: Das Aquarium. Während es Gebilde, welche im Wesentlichen die Funktion von Aquarien hatten, bereits im Laufe des 4. Jahrtausends v. Chr. bei dem Volk der altorientalischen Sumerer gegeben hat, oder auch in alten ägyptischen Hausgärten, konnte man jenen Anlagen doch eher den Namen Teich zuordnen. Angeblich sollen auch von einem gewissen Samuel Pepys bereits 1665 in einem Glas gehaltene Fische in London gesehen worden sein. Dennoch waren es vornehmlich Naturwissenschaftler, die Fische in Glasbehälter steckten, bevor diese für die breite Masse an Fischfreunden attraktiv wurden. Startschuss für den Siegeszug des Aquariums gab also letztlich die Weltausstellung 1851 in London, die den Fischen somit Tür und Tor in die bürgerlichen Haushalte öffnete. Der Begriff „Aquarium" wird zwei Jahre später von dem englischen Naturforscher Philip Henry Gosse geprägt, in Deutschland macht der Pädagoge, Naturforscher und Schriftsteller Emil Adolf Roßmäßler die Glaswanne mit dem gusseisernen Rahmen populär.

05 | 10 | 1879
Das Publikum bricht eine Lanze

Die Lanze fährt dem armen Tier in den Körper. Es ist Nummer 12. Ein neuer Torero kommt, es folgen weitere Lanzenstöße, der Stier windet sich, schnaubt, nimmt neuen Anlauf, von einem Todeskampf keine ersichtliche Spur. Immer weitere Verletzungen werden dem Tier in der Arena von Córdoba zugefügt, bis nahezu 20 Lanzen verbraucht sind. Kein Stier hat bisher mehr als 23 Stöße überlebt, das Publikum johlt und ist gleichermaßen geschockt wie begeistert. Ein neuer Torero. 21, 22, 23. Der Stierkampf ist an Dramatik kaum zu überbieten. Wann wird Murciélago endlich zu Boden gehen? Murciélago ist ein

Kampfstier aus der Zucht von Joaquín del Val de Navarra. Inzwischen, in diesem Moment, am 5. Oktober 1879 ist er allerdings mehr als das. Er ist eine Kreatur, die nicht unterzukriegen ist. Auch der verzweifelte 24. Stoß bringt keine Entscheidung, kein Einknicken oder gar Sterben von Murciélago. Bevor das gequälte Tier weiter traktiert werden kann, schreitet das Publikum ein. Es verlangt lautstark, den Stier leben zu lassen. Matador Rafael Molino „Lagartijo" erkennt, dass er hier einer überlebenswilligen Legende gegenüber steht. Ohne weiteres Blutvergießen wird der Kampf beendet und Murciélago an den Züchter Antonio Miura verschenkt, welcher mit dem glorreichen Tier eine neue Zuchtlinie beginnt, die bis in die heutige Zeit reicht. Unter anderen ist auch der Stier Islero ein Nachfahre, der am 28. August 1947 den Stierkämpfer Manolete in der Arena von Linares tötet. Nach beiden Stieren benennt der Autohersteller Lamborghini später Sportwagen.

24|03|1882
Der Elefant, ein Begriff

1969 startet die erste 747, ein Flugzeug der Firma Boeing, welches bereits kurz nach der Herstellung „Jumbo-Jet" getauft wird. Das Wort Jumbo ist zu diesem Zeitpunkt bereits tief in der englischen Sprache verankert, dabei ist es kaum hundert Jahre alt. 1861 wird ein Jungelefant in Abessinien gefangen und zunächst nach Paris gebracht. Vier Jahre später führt sein Weg weiter in den Londoner Zoo, wo er schnell zur Attraktion wird. Sein Wärter Matthew Scott verleiht ihm, in Anlehnung an die Wörter „Jambo" bzw. „Jumbe", die in Suaheli soviel wie „Hallo" und „Chief" bedeuten, den Namen Jumbo. Jumbo wächst als dritter schriftlich registrierter afrikanischer Elefant in Europa zu einer Höhe von 4 Metern heran. In London werden mehr als eine Million Kinder gezählt, die der Riese im Lauf der Jahre auf seinem Rücken herumträgt, darunter auch der junge Winston Churchill und Theodore Roosevelt. Doch schließlich kommt Jumbo in die Musth-Phase, etwa vergleichbar mit der Pubertät, wird ungenießbar und bösartig, so dass es den Verantwortlichen des Zoos letztlich zu heikel wird, weiter Kinder auf ihm reiten zu lassen. Das Angebot vom amerikanischen Zirkusdirektor Phineas Barnum kommt da gerade recht. Für 10.000,- Dollar wechselt Jumbo seinen Besitzer und wird unter großer Entrüstung der englischen Bevölkerung nach Amerika verschifft. Dort wird er am 24.März 1882 mit Blaskapelle und einer Parade, die zum Madison Square Garden führt, begrüßt. Circa 15-20 Millionen Menschen sehen fortan das Riesentier, ohne dass dieses dafür auch nur ein Kunststück vorführen muss. Am 15. September 1885 ereignet sich dann die Katastrophe, als Jumbo beim Umladen auf dem Bahnhof von St. Thomas, Ontario, von einer Lokomotive erfasst wird. Die genauen Umstände werden oft unterschiedlich erzählt, fast jeder Zeitzeuge berichtet jedoch, dass Jumbo mit einem enormen Tröt-Signal aus seinem Rüssel die Lokomotive zu stoppen versuchte und dass er später am Boden liegend seinen weinenden Wärter Matthew Scott mit dem Rüssel umarmte.

09 | 12 | 1914
Winnies zweites Leben

Leutnant Harry Colebourn, seines Zeichens Veterinäroffizier der kanadischen Armee, ist per Bahn auf dem Weg zu seinen Kameraden, als ihm an diesem Augusttag 1914 auf dem Bahnsteig von White River Bend, Ontario, ein Schwarzbär-Baby auffällt, welches an einer Bank festgebunden ist. Colebourn ist fasziniert und beginnt ein Gespräch mit dem Herrchen des Tieres, einem Trapper, der kurz zuvor die Mutter des kleinen Bären-Weibchens auf der Jagd erschossen hatte. Colebourn zückt sofort seine Brieftasche und bietet dem Mann 20 Dollar für die Bärin. Dieser schlägt ein und fortan ist der Schwarzbär das Maskottchen der Kanadischen Infanteriebrigade. Als die Armee kurz davor ist nach Frankreich abzurücken, entschließt sich der neue Besitzer, statt den Bären durch die Unwägbarkeiten des Ersten Weltkrieges zu quälen, ihn dem Londoner Zoo als Pension anzubieten. Am 9. Dezember 1914 taucht er mit dem Tier dort auf, mit der Bitte, sich um den Bären bis zu seiner Rückkehr zu kümmern, es würde schlimmstenfalls zwei Wochen dauern. Colebourn verschätzt sich ein wenig, taucht aber tatsächlich vier Jahre später im Zoo wieder auf, um den Bären abzuholen. Dieser hat sich jedoch in der Zwischenzeit längst zu einer Attraktion gemausert und Colebourn beschließt, ihn dort zu lassen. Die Wärter des Zoos hatten die Bärin längst auf den Namen „Winnie" getauft, stammte sein Armee-Herrchen doch aus dem kanadischen Winnipeg. Im Jahr 1924 steht der vierjährige Christopher Robin, Sohn von Alan Alexander Milne, vor dem Bärenkäfig und kann seine Augen nicht mehr von der Schwarzbärin nehmen, so verliebt ist er in die Tierdame. Sein Vater registriert dies und beginnt, „Winnie"-Gedichte zu verfassen. Wenig später hat er seine perfekte Bären-Figur für viele kommende Geschichten gefunden: Winnie-the-Pooh (Pu, der Bär). Einer der berühmtesten Bären aller Zeiten ist (ein zweites Mal) geboren. Am 12. Mai 1934 stirbt die Originalbärin „Winnie".

13|09|1916
Chronik eines Todes

Der weibliche, 5 Tonnen schwere asiatische Elefant Mary ist die Attraktion von Sparks World Famous Show, als diese am 12. September 1916 nach Kingsport, Tennessee kommt. Der erst einen Tag zuvor als Assistent des Elefanten-Trainers angeheuerte ex-Hotelangestellte Red Eldridge ist an jenem Tag beauftragt, Mary zu einem Fluss zu führen. Von dem, was dann geschieht, gibt es verschiedene Versionen, die am häufigsten auftauchende ist jedoch jene, die besagt, dass Eldridge die Elefanten-Dame etwas zu robust mit dem Kopfteil seines Stockes hinter das Ohr sticht, als diese gerade ein Stück Wassermelone aufheben will. Mary gerät in Rage, schleudert Eldridge gegen eine Tränke und läuft dann über das, was von ihm noch am Leben ist, herüber, wobei sie seinen Kopf wie eine Weintraube zerquetscht. Es wird auch berichtet, dass sofort danach fünf Schüsse auf Mary abgegeben werden, die jedoch an dem robusten Tier abprallen, als hätte man sie mit Bleistiften beworfen. Ebenfalls nur wenige Minuten später fordert ein Lynchmob: „Tötet den Elefanten!" Obwohl Mary für Zirkusdirektor Charlie Sparks so etwas wie sein eigenes Kind ist, kann er sich der aufgeheizten Stimmung nicht entziehen und spürt, dass sein Zirkus mit ihr keine Zukunft hat. Erste Absagen für Auftritte mit Mary trudeln ein. Das Tier muss sterben. Aber wie? Erschießen scheint aussichtslos, eine elektrische Hinrichtung kommt auch nicht in Frage, zu wenig Strom ist vorhanden. Sparks sieht nur einen Ausweg: Erhängen. Am 13. September 1916 zieht der Zirkus weiter nach Erwin, Tennessee, wo bereits 2.500 Schaulustige auf die bizarre Tötung warten. Nachdem man die schon spürbar unruhig gewordene Mary überlistet und in Ketten gelegt hat, wird ihr eine Eisenkette um den Hals gelegt, ein Kran zieht sie in die Höhe. Mary windet sich, die Kette reißt, die Elefanten-Frau fällt krachend auf den Boden, aber sie kann nicht fliehen, zu schwer sind die Verletzungen von dem Sturz. Nach kurzer Zeit legt man ihr eine dickere Kette um den Hals und zieht sie erneut in die Luft. Diesmal mit Erfolg. Mary wird wenige Meter weiter in einem bereits ausgehobenen Loch begraben.

05|02|1918
Der Held von Frankreich

Seine Freunde nennen ihn nur Stubby. Keiner weiß, wie er wirklich heißt. Stubby geht seinem besten Freund und Wohnkameraden John Conroy zum 102. Infanterieregiment, reist mit dem

Kriegsschiff SS Minnesota nach Frankreich und nimmt am Ersten Weltkrieg teil. Am 5. Februar 1918 beginnen für ihn die Kämpfe, Tag und Nacht ist er mit seinen Leuten unter Beschuss. Stubby ist klein, kein Hüne, der im Kampf Angst und Schrecken verbreiten kann, also wird er vorzugsweise dazu eingesetzt, Nachrichten zu transportieren, Wache zu halten und Verwundete aufzuspüren. Aber Stubby zeichnet sich immer mehr aus, zum Beispiel als er seine Kameraden rechtzeitig vor einem Gasangriff warnen kann. Zum Dank bekommt er von seinen Armeefreunden eine extra für sein kleines Gesicht angefertigte Gasmaske. Seine große Stunde schlägt aber erst, als er einen deutschen Spion aufspürt und auch noch hilft, diesen auf frischer Tat zu ertappen und festzunehmen. Er wird dafür mit dem Ehrengrad eines Sergeanten ausgezeichnet. Doch ganz ungeschoren kommt auch Stubby nicht aus dem Krieg. Ein Schrapnell (Granate) verwundet ihn und er muss ins Hospital. Aufgeben gibt es für den wackeren Soldaten aber nicht. Ausgezeichnet mit dem Purple Heart kehrt er zu seinem Regiment zurück. Als die Frauen von Château-Thierry von seinem Mut und seinen Heldentaten hören, sticken sie ihm eigens einen Mantel aus Ziegenleder, den sie mit Fahnen der Alliierten und seinem Namen dekorieren. Bei einer Siegesparade des 102. Regiments, bei der auch der amerikanische Präsident Woodrow Wilson zugegen ist, läuft Stubby am Anfang des Zuges und salutiert, indem er seine rechte Pfote hebt. Oh, haben wir vergessen zu erwähnen, dass Stubby ein American Pit Bull Terrier ist? Verzeihung.

15 | 09 | 1918
Sollst auch nicht leben wie ein Hund

Der Welpe ist erst ein paar Tage alt und neben vier anderen Hunde-Babys und ihrer Mutter einziger Überlebender eines Bombenangriffs im Frankreich des Ersten Weltkrieges. Corporal Lee Duncan rettet den kleinen Hund und eine seiner Schwestern und nimmt beide mit nach Amerika. Sie bekommt den Namen Nanette, er Rin Tin Tin, nach französischen Puppen. Nanette stirbt kurz nach der langen Überfahrt, Rin Tin Tin wird jedoch von seinem Herrchen, einem begeisterten Schäferhund-Fan, in den kommenden Jahren in Los Angeles trainiert. Im Jahr 1922 macht ein Mann namens Charles Jones erste Aufnahmen mit einer Kamera von Rin Tin Tin, nachdem dieser in einer Zirkusshow begeistern konnte. Duncan spürt, dass sein Hund eine mediale Zukunft haben könnte und besucht viele Filmstudios, um ein Filmkonzept mit seinem Hund an den Mann zu bringen – ergebnislos. Eines Tages sieht er mit Rin Tin Tin einer Filmcrew zu, die verzweifelt versucht, eine Szene mit einem Hund zu drehen, der einen Wolf spielen soll. Duncan erklärt, sein Hund könne die Szene in einem Take drehen. Aber auch hier wird er weggeschickt. Der Hundebesitzer aber lässt nicht locker und letztendlich wird die Szene mit Rin Tin Tin probiert – und ist nach einem Take im Kasten. Der Hund wird schließlich für den gesamten Film engagiert. „Man From Hell's River" wird ein Riesenerfolg in den Kinos. Für das Studio hinter dem Film kommen Rin Tin Tin und der Erfolg keine Sekunde zu früh. Die Firma steht kurz vor dem Aus und der Hund rettet dem Unternehmen das Leben. Für insgesamt 26 Filme steht Rin Tin Tin in den kommenden Jahren für Warner vor der Kamera. Er bekommt zeitweise 10.000 Fanbriefe pro Woche, verdient viel Geld, erhält sogar eine eigene Radioshow („The Wonderdog") und einen Stern auf dem Hollywood Walk of Fame, bevor er am 10. August 1932 im Beisein der Pfötchen haltenden Schauspielerin Jean Harlow stirbt.

21|05|1925
Bis dass der Tod euch scheidet?

Was die Käufer der Zeitung Asahi News in Japan am 4. Oktober 1933 unter der Artikelüberschrift „Treuer alter Hund wartet auf sein seit sieben Jahren totes Herrchen" lesen, kann kaum einer von ihnen glauben. Erzählt wird die Geschichte des Akita Hundes Hachiko, den im Alter von zwei Monaten 1924 ein Professor namens Ueno im Shibuya District von Tokyo aufnimmt. Hachiko empfängt seinen Herr und Meister jeden Abend wenn dieser von der Arbeit kommt an der U-Bahnstation, bis dieser eines Abends nicht aus der U-Bahn steigt. Ueno erleidet am 21. Mai 1925 an der Universität einen Schlaganfall und stirbt kurz darauf im Krankenhaus. Dennoch kommt der Hund auch am nächsten Tag zum traditionellen Treffpunkt, und er geht erneut allein nach Hause. Obwohl Hachiko inzwischen bei Verwandten und Freunden des Professors wohnt, hält ihn die nächsten Jahre nichts und niemand davon ab, weiter jeden Abend an der U-Bahn auf sein erstes Herrchen zu warten, und zu warten, und zu warten. Zum Zeitpunkt des Artikels acht, am Ende sogar insgesamt zehn Jahre lang wiederholt der Hund dieses Ritual, bis er schließlich am 8. März 1934 selbst das Zeitliche segnet. Als Hachiko tot ist, berichtet sogar das Fernsehen davon und schnell ist ausgemachte Sache, dass es ein Denkmal für den treuherzigen Kameraden geben muss. Spenden kommen hierfür sogar aus den USA und weiteren Ländern. Seit April 1934 steht in der Shibuya Station in Tokyo eine Bronzestatue

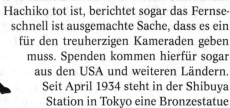

genau an dem Ort, wo Hachiko auf seinen Professor gewartet hat. Der Hund selbst wurde ausgestopft und ist im National Science Museum im Tokioter Bezirk Ueno zu bewundern. 2008 folgt ein Film über sein Leben mit Richard Gere in der Hauptrolle, als Professor Ueno versteht sich.

18|11|1928
Maus mit drei Eltern

Man kann sich drehen und wenden wie man will, weder eine reale Maus mit einem Ohr auf dem Rücken, noch jede erfundene wird je die Bekanntheit von Micky Maus erreichen. Erster Vater der weltberühmten Zeichentrickfigur ist ein gewisser Ubbe Ert Iwerks, genannt Ub Iwerks, dessen etwas merkwürdiger Name mit ostfriesischen Vorfahren aus der heutigen Gemeinde Krummhörn in Deutschland zu erklären ist. Der Comiczeichner ist einer der schnellsten seiner Zunft und paktiert in den frühen 20er Jahren mit Walter E. Disney. Letzterer verleiht Micky Maus viele Jahre seine Stimme in den Trickfilmen, die mit „Steamboat Willie" am 18. November 1928 ihren Anfang nehmen, tritt aber sonst „nur" als Produzent auf. Namensgeber ist Disneys Frau Lillian, die den zunächst vorgeschlagenen Namen Mortimer nicht passend findet. Vater Iwerks trennt sich von Micky nach der Geburt vorübergehend, weil es Streitigkeiten und Kompetenzgerangel zwischen ihm und Walt Disney gibt. Dennoch entwickelt sich die Maus prächtig, bekommt im Laufe der Jahre Anziehsachen und größere Augen und wird immer populärer. Weitere „Kinder" wie Minni Maus und Kater Karlo sind schon früh mit von der Partie, andere wie Donald Duck, Pluto und Goofy folgen. Disney erhält 1932 den Ehrenoscar für die „Erfindung" von Micky Maus. Iwerk kehrt 1940 reumütig zu Disney zurück, danach spezialisiert er sich auf Special Effects u.a. in Hitchcocks „Die Vögel" (1963). Lillian Disney wird sich 1987 die Eröffnung der Walt Disney Concert Hall zur Lebensaufgabe machen. Walt Disney nimmt das mit dem „Sohn" verdiente Geld und hebt als Produzent einen der größten Entertaiment-Konzerne der Welt aus der Taufe. Micky überlebt beide Väter und die Mutter. Er führt in vielen Ländern in Comics, den Abenteuerparks Disneyland und natürlich in Film und Fernsehen ein aufregendes Leben. All das mag Disney dazu verleitet haben, folgendes zu sagen: „Ich liebe Micky Maus mehr als irgendeine Frau, die ich jemals gekannt habe."

12|04|1930
Drei Hamster legen zusammen

Wer immer auch heutzutage einen putzigen Hamster sein eigen nennt, kann davon ausgehen, dass dieser syrische Vorfahren hat und darf den Umstand, dass es überhaupt Hamster in unseren Breitengraden gibt, Professor Israel Aharoni danken. Am 12. April 1930 bringt Aharoni eine Hamsterfamilie bestehend aus einer Goldhamstermutter und ihren elf Kindern aus Nordsyrien an seine Universität in Jerusalem. Nur drei der Jungtiere überleben und vermehren sich dort. Alle weiteren Hamster stammen in den nächsten Monaten von diesem Hamster-Trio ab, ob Versuchstier oder Hamster für das private Vergnügen zu Hause. Erst ein Jahr später werden die ersten Exemplare nach England exportiert, 1938 dann nach Amerika. Noch mal zehn Jahre später finden sich die kleinen Nager erstmals in Deutschland ein. All diese Tiere sind Nachfolger der kleinen Hamsterfamilie aus Syrien. Hier liegt das weltweit einzige natürliche Verbreitungsgebiet dieser Tiere. Es hat eine Fläche von 15.000 Quadratkilometern und befindet sich in einer Hochebene von Alepo im Norden des Landes. Entdeckt und benannt wurden die Goldhamster das erste Mal 1839 von George Robert Waterhouse, gesehen hatte man sie danach jedoch fast hundert Jahre nicht mehr, bis Israel Aharoni die auserwählte Hamsterfamilie nach Jerusalem trug.

03|04|1934
Jane kommt auch ohne Tarzan klar

Eigentlich müssten alle Tiere auf der Welt jährlich den dritten April als Feiertag begehen. An diesem Datum 1934 wird in London die britische Verhaltensforscherin Jane Goodall geboren. Da ihr Traum von Kindesbeinen an ein Leben in der Wildnis mit vielen Tieren ist, und sie zu den großen Tarzan-Fans zählt, bricht sie ihre erste Ausbildung als Sekretärin ab und arbeitet als Kellnerin, um Geld für ihre erste Afrikareise zu sparen. Eine Freundin lädt sie schließlich nach Kenia ein, wo sie unter der Leitung des berühmten Paläontologen Louis Leaky am Kenya National Museum eine Stelle bekommt. Mehr noch, sie wird seine Assistentin, da sie in einem ersten Gespräch bereits fast alle Fragen Leakys über Afrika und das dortige „Wildlife" beantworten kann. Schließlich wird Goodall nach kurzer Zeit von Leaky ausgewählt, eine Langzeitstudie über wild lebende Schimpansen durchzuführen. Monate vergehen, ehe Jane Goodall den Affen nahe kommt und unter anderem herausfindet, dass diese durchaus, genau wie Menschen, selbst gemachte Werkzeuge benutzen, um Tiere zu fangen. Ebenso gehen die beobachteten Affen auf die Jagd, essen Fleisch und sind nicht die schlichten Charaktere, als die man sie bis dato gerne hinstellt. Viele der gewonnenen Erkenntnisse sind revolutionär. Eine besonders geschulte Einheit aus Tansania führt die Studie bis zum heutigen Tag fort. Goodall hat sich allein mit dieser Arbeit den Status einer Legende erworben, sie veröffentlicht viele Bücher, betreibt weiter Forschungsarbeit und ist heute eine der wichtigsten Tierforscherinnen des Planeten.

17 | 12 | 1938
Lassie rettet (fast) alle

Eric Mowbray Knight ist einer von vielen Schriftstellern, die sich mit Rezensionen, unregelmäßigen Zeitungsartikeln und Drehbüchern über Wasser halten. Ende der 30er Jahre reicht er eine Kurzgeschichte bei der Saturday Evening Post ein, die auch prompt am 17. Dezember 1938 erscheint. Die Geschichte handelt von einem Collie-Weibchen, Vorbild ist Knights bereits verstorbener Collie Toots. Die Leser sind hellauf begeistert und bereits im Jahr 1940 gibt es die Erzählung in Buchform, welche sich nach kürzester Zeit in einen Bestseller verwandelt. Die Übersetzung in 24 Sprachen ist die erste logische Folge, der Verkauf der Filmrechte an MGM eine zweite. 1943 kommt der erste Film über den Hund in die Kinos, welcher auch den Namen des heldenhaften Vierbeiners vorstellt: „Lassie Come Home". Neben dem treuherzigen Hund hat die 10-jährige Elizabeth Taylor eine Rolle und auch hier ist der Erfolg quasi vorprogrammiert. Ab 1958 lässt die TV-Serie „Lassie" weltweit die Kinderherzen höher schlagen. „Gespielt" wird Lassie über die Jahre übrigens zumeist von Rüden, da diese das „schönere" Fell haben. Bis ins neue Jahrtausend folgen Film- und Fernseh-Neuauflagen der populären Klassikers. Neben den vielen filmischen Dokumenten erinnert auch ein Stern auf dem Hollywood Walk of Fame an den berühmten Hund. Der einzige, den Lassie nicht retten konnte, war ihr eigener „Schöpfer". Knight stirbt am 14. Januar 1943, noch vor der Premiere des ersten Lassie-Films, beim Absturz eines Armee-Transportflugzeugs.

18 | 10 | 1943
Lieber die Taube in der Hand...

Die Bezeichnung G.I. Joe hat in den USA eine Tradition, benennt sie doch den durchschnittlichen Soldaten, der für die USA in den Krieg zieht und unter dem Titel „The Story of G.I. Joe"

1945 auf der Leinwand zu Ruhm kommt. Weit bekannter noch ist eine Action-Figur, die der amerikanische Spielzeughersteller Hasbro 1964 den geneigten Käufern präsentiert. Weit weniger populär, dafür aber umso nützlicher, war G.I. Joe die Brieftaube. Geschlüpft am 24. März 1943 in Algier, wird die Taube gleich nach ihrer Geburt dazu eingesetzt, den Alliierten im Weltkrieg Nachrichten zu überbringen. Schon ein halbes Jahr später fliegt G.I. Joe ihren wohl wichtigsten Einsatz. Am 18. Oktober 1943 muss der graue Vogel der 56. Britischen Brigade helfen, welche die deutsch besetzte Stadt Calvi Vecchia in Italien schneller einnehmen kann, als geplant. Die Amerikaner sind zur gleichen Zeit wie verabredet schon so gut wie auf dem Weg nach Calvi, um die Stadt aus der Luft zu bombardieren. Bevor es zur Katastrophe kommt, muss G.I. Joe alles geben. In nur 20 Minuten legt die fleißige Taube die Strecke von 30 Kilometern zum US-Kommandostützpunkt zurück und kann den Start der Flugzeugbomber gerade noch abwenden. Joe verhindert auf diese Weise den sinnlosen Tod von ca. 100 Soldaten. Der gefiederte Soldat erhält anschließend sogar eine Kriegsauszeichnung (Dickin Medal) und darf sein restliches Leben in New York City und dem zoologischen Garten von Detroit verbringen.

30 | 04 | 1945
Auf den Hund gekommen

Das zwiespältige Image des Deutschen Schäferhundes hat, wie so vieles, vor allem ein Mann auf dem Gewissen: Adolf Hitler. Vor allem in den Jahren als der Tyrann in Deutschland das Sagen hat, lässt er sich oft und gern mit seinem Schäferhund Blondi fotografieren und filmen. Stets zeigen diese Bilder das besonders innige Verhältnis der beiden und zudem eine menschliche Seite des Führers, die man von Hitler weder kennt noch gewohnt ist. Ob Hitler tatsächlich der große Hundefreund ist, wird unter Historikern bis heute heiß diskutiert. Gegner dieser These sind der Ansicht, dass er mit den veröffentlichten Bildern lediglich Propaganda im Sinn hatte, oder es ihm gar Freude machte, den Willen der Hündin zu brechen, die ihm stets gehorsam sein sollte – und scheinbar auch war. Die Liebe Hitlers zu seiner Hündin geht in jedem Fall so weit, dass er am 30. April 1945 seine treue Gefährtin und ihren Nachwuchs, einen Schäferhund namens Wolf, Cyanid-Kapseln testen lässt, von denen er und seine Frau Eva hernach ebenfalls Gebrauch machen wollen, um sich einer Festnahme zu entziehen. Die Kapseln erfüllen ihren Zweck bei Hund und Mensch. Gegen 23 Uhr finden Soldaten des 79. Infanterie-Korps der Roten Armee in einem Bombenkrater die verkohlten Überreste des Ehepaars Hitler und ihrer vierbeinigen Begleiter. Was aus den Hunden des im Zweiten Weltkrieg aktiven britischen Feldmarschalls Bernard Montgomery wurde, ist nicht überliefert. Ihre Namen: Hitler und Rommel.

01 | 05 | 1945
Ein Mann schafft Platz für Tiere

Am 1. Mai 1945 gewinnt das Leben des Bernhard Grzimek deutlich an Dynamik. Arbeitete er zuvor als Sachverständiger im Preußischen Landwirtschaftsministerium, danach im Krieg als Veterinär, so wird ihm nach seiner Flucht aus Berlin in Frankfurt am Main jetzt von den US-Militärs das Amt des Polizeipräsidenten angedient. Ein Bekannter Grzimeks ist provisorischer Oberbürgermeister und möchte ihm einen Gefallen tun. Grzimek lehnt ab und bekommt die weit adäquatere Position des Direktors am Frankfurter Zoo übertragen. Der stoische Tierfreund startet Anfang der 50er Jahre seine Reisen nach Afrika, wo er nicht nur Tiere für den Zoo fangen, sondern auch deren Lebensräume erkunden und die Voraussetzungen für eine artgerechte Haltung erforschen will. Bald setzt sich Grzimek für bedrohte Tierarten ein und erkennt in dem aufkommenden Massenmedium Fernsehen eine Chance, Aufmerksamkeit auf das Thema zu lenken. Seine Sendung „Ein Platz für Tiere" startet 1956 und läuft bis in die 80er Jahre äußerst erfolgreich. Auch die Bücher Grzimeks finden reißenden Absatz. Für seinen Film „Serengeti darf nicht sterben" erhält er 1960 als erster Deutscher der Nachkriegszeit einen Oscar. Es folgt die Enzyklopädie „Grzimeks Tierleben". Weniger bekannt ist, dass Grzimek sich auch für Juden während des Nazi-Regimes einsetzte. Ebenso überraschend für viele, dass sein Sohn Michael, ein ebenso engagierter Tierschützer, bei einem Flug in Afrika während der Dreharbeiten zu „Serengeti..." starb, Grzimek dessen Witwe nach seiner eigenen Scheidung heiratete und sein Adoptivsohn Thomas 1980 Selbstmord beging. Grzimek selbst stirbt am 13. März 1987 während einer Vorstellung im Zirkus Althoff. Die Stadt Frankfurt erwies dem Tierforscher mit einer Schule und der Bernhard-Grzimek-Allee im Zoo gebührende Ehre.

22 | 11 | 1954
Tierischer Einsatz

Fred Myers wird bald eine der bedeutendsten Handlungen zur Rettung und Erhaltung von Tierleben in den USA durchführen. Doch davon ahnt der Journalist noch nichts als er in den 30er und 40er Jahren in der Gewerkschaft für die Menschen seines Berufsstandes eintritt. Als Mitglied der American Humane Association (AHA) ist Myers nebenher lange für das Magazin der Organisation, „National Humane Review", zuständig und gleichzeitig ein engagierter Kämpfer für die Rechte von Tieren und Gegner jeglicher Grausamkeit. Dennoch kommt es Anfang der 50er Jahre zu Disputen zwischen Myers und der AHA über ineffektive Methoden der Gegenwehr, speziell was Laborversuche an Tieren angeht. Als die Organisation seine Texte zu diesem Thema zensiert, geht der couragierte Journalist seinen eigenen Weg. Mit seinen Kollegen Larry Andrews, Marcia Glaser und Helen Jones gründet Myers am 22. November 1954 die National Humane Society, welche später The Humane Society of the United States (HSUS) heißen wird. Während er die Forschung nicht gänzlich abschaffen will, so fordert er doch nachhaltig eine moralische Verpflichtung all derer, die mit Tieren in Laboren zu tun haben. Schnell sammelt die HSUS Gelder und macht den Tierschutz zu einem nationalen Thema. Heute ist die Humane Society mit zehn Millionen Mitgliedern und einem 100-Millionen-Dollar-Budget die größte Tierschutzorganisation der Welt. Am 1. Dezember 1963 stirbt Myers viel zu früh mit 59 Jahren an einem Herzanfall. Seine Organisation aber besteht bis heute.

17 | 06 | 1956
Die Wunderstute

Halla stirbt am 19. Mai 1979 im Alter von unglaublichen 34 Jahren. Fast genau 23 Jahre vorher wurde die Hessenstute zur Legende. Halla ist kein einfaches Pferd. Ende der Vierziger Jahre soll sie erst Rennpferd werden, dann Hindernis- und schließlich Vielseitigkeitspferd. Alle Versuche, sie in diesen Disziplinen zum Erfolg zu führen scheitern, obwohl der Pferdedame eine immense Sprungkraft attestiert wird. Der Springreiter Hans-Günter Winkler übernimmt 1951 schließlich das störrische Pferd. Winkler ist zu diesem Zeitpunkt ein eher unbeschriebenes Blatt im Pferdesport und nimmt dankbar jedes noch so schwierige Pferd entgegen. Wider Erwarten kommen beide gut miteinander aus. Der erste große Erfolg ist 1954 die Goldmedaille im Einzel-Springreiten in Madrid. Bei den Olympischen Spielen 1956 geht Winkler am 17. Juni als Favorit an den Start, erleidet jedoch schon im ersten Durchgang der Mannschafts- und Einzelentscheidung einen Muskelriss in der Leiste. Halla trägt den lädierten Reiter dennoch bis ins Ziel. Winkler ist für den weiteren Wettkampf eigentlich nicht mehr zu gebrauchen, entscheidet sich aber dennoch für einen weiteren Umlauf, da ansonsten die Mannschaft aus der Wertung fällt. Schmerzstillende Spritzen, der Legende nach sogar Morphium, Zäpfchen und direkt vor dem Start dann Kaffee, um den Springreiter vor dem Einschlafen zu bewahren, werden für den Ritt verabreicht. Winkler ist in diesem Zustand nicht in der Lage, dem Pferd irgendwelche Impulse zu geben. Halla aber spürt scheinbar ihre Verantwortung und nimmt mit vollem Elan die Hindernisse, Winkler schreit bei jedem Sprung vor Schmerzen auf. Das Duo Winkler/ Halla bleibt als einziges fehlerfrei, Gold in der Mannschafts- als auch in der Einzelwertung sind das Ergebnis. Die Fédération Equestre Nationale sperrt den Namen Halla, kein Turnierpferd darf, ihr zu Ehren, je wieder so heißen. Die „Wunderstute" erhält zudem eine Bronze-Plastik vor dem Deutschen Olympia-Komitee für Reiterei und eine eigene Straße im schönen Warendorf.

03 | 11 | 1957

Der fliegende Hund

Als die streunende Promenadenmischung Kurdrawka 1957 in den Straßen Moskaus aufgegriffen wird, ahnt sie wohl kaum etwas von ihrer Bestimmung. Die sowjetische Raumfahrtbehörde ist auf der Suche nach dem ersten raumfahrenden Vierbeiner. Pünktlich zum 50. Jahrestag der Oktoberrevolution will man die wissenschaftliche Führungsposition der Sowjetunion unter Beweis stellen und zugleich den amerikanischen Rivalen düpieren. Chefwissenschaftler Oleg Gazenko nimmt sich dem Training der Hündin und ihrer Kolleginnen Albina und Muschka an. Für die drei Hündinnen erweist sich die Vorbereitung auf ihre geschichtsträchtige Großtat indessen als Tortur: Der Aufenthalt in immer kleineren Zwingern, Zentrifugen sowie die Belastungstests in Hochatmosphären führen zu Kreislauf- und Verdauungsstörungen. Kurdrawka („Löckchen") wird schließlich als die geeignete Kandidatin ausgewählt und vor Antritt ihrer Mission in Laika („Kläffer") umbenannt. Am 3. November 1957 um 2:30 Uhr in der Früh geht Laika schließlich auf Reisen: An Bord ihres nur 18 kg schweren Raumschiffs befindet sich ein Toilette und eine größere Menge Nahrungsgel. Im Kosmodrom Baikonur im sowjetischen Kasachstan erhält man bald die ersten biochemischen Daten aus dem All und nimmt mit Spannung die Veränderungen der Pulsfrequenz Laikas zur Kenntnis.

Gegen acht Uhr morgens verebben die Signale. Laika ist tot. Der fliegende Hundesarg Sputnik II umkreist noch 2570mal Mutter Erde. Am 14. April 1958 tritt er wieder in der Erdatmosphäre ein und verglüht. Die Überreste landen im Karibischen Meer, direkt vor der Haustür des amerikanischen Konkurrenten. Erst später wird man von der wahren Todesursache der Weltraumhündin erfahren: Tödlicher Stress durch schlechte Hitzeabschirmung der Kapsel, von der man durchaus Kenntnis hatte. Erst 1998 darf Laika-Trainer Oleg Gazenko sein Bedauern ausdrücken: „Wir hätten es nicht tun dürfen!"

11 | 09 | 1961
Huxley und 9/11 mal anders

Während Aldous Huxley in seinem Roman „Brave New World" eine düstere Welt beschwört, macht sich sein Bruder Julian daran, diese ein wenig zu verbessern. Er studiert Zoologie, wird Generalsekretär der Zoologischen Gesellschaft in London und ist schließlich nicht unentscheidend an der Gründung der UNESCO beteiligt. Damit aber nicht genug, Huxley ist auch noch der Iniziator für eine der größten Naturschutzorganisationen der Welt, dem World Wildlife Fund, kurz WWF. Als Berater der UNESCO schreibt Julian Huxley 1960 einige Artikel für die britische Zeitung „The Observer". Inhalt der Beiträge ist vor allem die dramatische Zerstörung der Natur in Afrika und die damit verbundenen Schäden für die dort lebenden Tiere. Wichtige Industrielle, Wissenschaftler und Naturschützer um Peter Scott und Max Nicholson lesen die Artikel und sind überzeugt, dass es Zeit für eine neue Organisation sei, die sich diesem Thema widmet. Am 11. September 1961 wird der World Wildlife Fund in der Schweiz gegründet. Entscheidend für den raschen Erfolg der Stiftung ist, dass deren Gründer gute Kontakte in die oberen Zehntausend haben und so zum Beispiel Prinz Bernhard der Niederlande als ersten internationalen Präsidenten und Prinz Philip als Chef der britischen Sektion des WWF gewinnen können. Im Laufe der Jahre wandelt man sich vom reinen Naturschützerverein, der Symptome mehr als Ursachen bekämpft, hin zu einer Organisation, die auch politische Lobbyarbeit leistet und gegen die Auslöser der ökologischen Bedrohung angeht. 1986 wird so aus dem World Wildlife Fund der World Wide Fund for Nature. Die Erfolge sind beachtlich, Tierarten können ebenso wie Teile der Natur gerettet werden, über 3 Milliarden Euro konnten seit der Gründung gesammelt und 11.000 Naturschutzprojekte damit realisiert werden.

19 | 09 | 1964
Talent für Vier

Wir lieben Flipper, Flipper, Flipper, den Freund aller Kinder, Große nicht minder, lieben auch ihn, tönt es, natürlich auf englisch, seit dem 19. September 1964 wöchentlich aus den Fernsehgeräten der US-Amerikaner. Dazu schlägt der Delfin „Flipper" die schönsten Haken in den Gewässern des Corla Key Parks in Florida, wo seine stolzen Besitzer Porter Ricks und seine Söhne Sandy und Bud immer wieder aufregende Abenteuer erleben. Tierquäler, Gauner und Drogendealer werden unter Mithilfe des cleveren Tümmlers gestellt, der mit seiner Schnauze Waffen aus der Hand böser Menschen spitzelt und ihnen mit der Flosse manchen Haken versetzt. Am Ende eines jeden Abenteuers tänzelt Flipper auf den Hinterflossen lächelnd über den Bildschirm. In Wahrheit ist der Tümmler Flipper ein Delfinfräulein namens Mitzi und gerade einmal sechs Jahre alt. Ihr natürliches Heim ist das Dolphin Research Center (DRC) 40 Meilen südlich von Miami, wo sie unter der Anleitung des Serienproduzenten Ivan Thor (Daktari, Feuerball) wahre Höchstleistungen als Tierstuntgirl hinlegt. Alle Szenen spielt sie selbst, mit Ausnahme des legendären „Tail-Walk", für den sie von ihrem Freund Mr. Glipper gedoubelt wird. Im DRC empfängt Mitzi täglich Scharen von Fans, bis sie 1966 ihre Flipper-Rolle an die Delfindamen Suzy, Cathy und Bebe abgeben muss. Mit vierzehn Jahren erliegt Mitzi 1972 einem Herzinfarkt. Ihr Grabstein trägt die Aufschrift „Dedicated to the memory of Mitzi. The original Flipper 1958-1972" und wird als Tourismusmagnet im DRC aufgestellt. Mitzi könnte sich noch heute etwas auf ihr Talent einbilden: Als 1992 das Flipper-Remake mit Paul Hogan in die Kinos kommt, braucht es vier Delfine um ihren Part zu spielen: Die Tümmler Jake, Fatman und McGyver sowie einen Plastik-Fisch.

11 | 01 | 1966
Der schielende Löwe

Es ist Liebe auf den ersten Blick als der Filmproduzent Ivan Thor im Naturpark Africa bei Los Angeles 1965 in die einwärts schielenden Augen des dreijährigen Löwen Clarence schaut. Wenige Monate später ist das Raubtier, das seinem Namen so gar keine Ehre macht und dem sich selbst Kinder ohne Gefahr nähern dürfen, Filmstar. Sein erster Streifen „Clarence the cross-eyed Lion" macht den

„King of Beasts... who just couldn't quite be Beastly!" über Nacht berühmt. Am 11. Januar 1966 startet er mit der TV-Serie „Daktari" seine Weltkarriere. Der Plot ist weitaus weniger aufregend als Clarence' Sehstörungen: Dr. Marsh Tracy (Marshall Thompson), seine Tochter und Assistentin Paula Tracy (Cheryl Miller) studieren im Wameru Study Center in Kenia tierisches Verhalten und geraten pausenlos in Schwierigkeiten mit dem knurrigen Constable Hedley (Hedley Mattingly). Die Publikumsmeriten heimsen der stetig dösende Clarence und die bananensüchtige Schimpansin Cheeta ein. Clarence tut, was andere Löwen nie tun würden, er lässt Cheeta auf seinem Rücken reiten und brütet beim Mittagsschlaf Straußeneier aus. Kommt er ins Bild, wird der Löwe doppelt gezeigt, damit auch Nüchterne auf seine Sehschwäche aufmerksam werden. Löwenartiger ist da sein Double Leo, dessen Attacken auf die Film-Crew gefürchtet sind. Am 8. Juli 1969 findet Trainer Monty Cox den milden König der Raubkatzen tot in seinem Gehege. Ein Magengeschwür und eine Blutvergiftung setzen der blühenden Karriere des siebeneinhalb jährigen Clarence ein Ende. Daktari wird eingestellt.

03 | 03 | 1973
Der lange Lauf unters schützende Dach

Jedes Kind weiß, dass am Aussterben von Tier- und Pflanzenarten meist der Mensch und die Industrialisierung Schuld sind. Speziell der Handel mit Gütern, die aus bedrohten Arten oder Teilen von ihnen hergestellt werden, gefährdet immer mehr Spezies. Dennoch dauert es bis zum Jahr 1933, ehe in London ein Artenschutzabkommen geschlossen wird, welches zumindest das Wildern von 42 Arten in Afrika unterbinden soll. Doch lediglich neun Staaten unterschreiben seinerzeit. Wie langsam die administrativen und natürlich auch politischen Mühlen mahlen, zeigt, dass erst 1967 ein erster Entwurf für ein erneuertes Abkommen in Umlauf ist. Erst sechs Jahre später, am 1. März 1973, in Washington sind 80 Staaten bereit, einen Entwurf, der etliche Male hin- und herging, zu unterzeichnen. Wieder zwei Jahre gehen ins Land, bevor die beschlossenen Gesetze für die ersten Mitgliedsländer der in Washington gegründeten CITES (Convention on International Trade in Endangered Species of Wild Fauna and Flora) in Kraft treten. Ratifiziert werden diese erst 1976 – die Bundesrepublik Deutschland macht den Anfang. Wieder drei Jahre später werden die Gesetze nochmals überarbeitet und danach nochmals vier Jahre später erneut verändert. Heute müssen sich 172 Staaten an das Reglement halten. Unter den geschützten Tieren, Pflanzen und deren Erzeugnissen befinden sich unter anderem Elefanten (Elfenbein) und Störe (Kaviar).

Der Wissenschaftler Edward Wilson spricht von über 70 Arten, die dennoch täglich ein unwiederbringliches Ende finden. Zusammen wären dies nach Wilsons vorsichtiger Schätzung 27.000 Arten pro Jahr.

05|09|1976
Ein Mantel wird Star

„Applaus, Applaus, Applaaaaaaaauuuuss!", wer erinnert sich nicht an die legendären Worte des kleinen grünen Frosches namens Kermit? Obwohl das sympathische Stofftier vor allem durch seine Auftritte als Gastgeber der Muppet Show seit dem 5. September 1976 berühmt wird, ist er zu diesem Zeitpunkt eigentlich schon 21 Jahre alt. 1955 erwacht der inzwischen weltweit bekannte Frosch zum Leben. Die Mutter des Amerikaners Jim Henson hat just ihren alten grünen Mantel in den Müll geworfen, als ihr sich ohnehin schon mit Puppen und Stofftieren aller Art befassende Sohn das gute Stück wieder hervorholt, bearbeitet und mit zwei Tischtennisbällen versieht, welche kurz darauf als Augen des Kermit fungieren. Obwohl Kermit als solch froschähnliches Wesen im gleichen Jahr schon eine 5-Minuten-Rolle in der Sendung „Sam and Friends" hat, geht sein Stern erst 1969 auf, als er in der TV-Sendung „Hey Cinderella" glänzen kann. Im gleichen Jahr noch wird er eine der Kult-Figuren der Sesamstraße. Aber Kermits Karriere hat noch lange nicht den Höhepunkt erreicht. Geführt und gesprochen von seinem Erfinder Jim Henson, ist das grüne Stofftier ab 1976 Moderator der Varieté-Sendung „Muppet-Show", in deren Verlauf er auch erste zarte Bande mit der Schweinedame Miss Piggy knüpft – das Paar findet jedoch nie wirklich zueinander. Auch nach Hensons Tod 1990 ist Kermit medial noch lange nicht am Ende. Sein 1993er Buch „One Frog Can Make A Difference, Kermit's Guide to Life" verkauft sich gut, drei Jahre später spricht er gar über Umweltthemen am Southampton College, welches ihm die Ehrendoktorwürde verleiht. Muppet-Filme sind ebenso eine logische Folge wie ein Stern auf dem Hollywood Walk of Fame und letztlich die Aufnahme in das National Museum of American History.

22|09|1988
Ein Pferd namens Rembrandt

Selten können sich Tiere in der Welt des Sports auszeichnen und wenn sie es tun, steht ein dazugehöriger Mensch oft genug weit mehr im Rampenlicht. Das gilt nicht für Rembrandt, das vielleicht bekannteste Tier der Sportgeschichte. Ausgestattet mit einem Namen, der bereits Großes erahnen lässt, wird das Pferd 1977 geboren. Tatsächlich beginnt für den Westfalenwallach spätestens mit dem Zusammentreffen mit der deutschen Dressurreiterin Nicole Uphoff ein aufregendes Pferdeleben. Am 22. September 1988 erhält das Duo zwei Mal Gold bei den Olympischen Spielen in Seoul, im Einzel und mit der Mannschaft. Vier Jahre später gelingt ihnen das Kunststück Doppel-Olympia-Gold erneut, Rembrandt wird mit diesen Siegen und weiteren bei Landes-, Europa- und Weltmeisterschaften das erfolgreichste Dressurpferd aller Zeiten. Am 30. Oktober 2001 muss der braune Wallach eingeschläfert werden, eine Artrose setzt dem Leben des Ausnahmepferdes ein Ende.

12 | 08 | 1990
Ein Saurier namens Sue

Kann ein Skelett berühmt sein? Die Antwort gibt „Sue", der Star unter den Fossilien und das größte bislang entdeckte Tyrannosaurus Rex-Fossil. Ausgegraben und gefunden hat die Amateurpaläontologin Susan Hendrickson den 65-Millionen Jahre alten T. Rex am 12. August 1990 in Faith, South Dakota, als sie drei riesige Knochen aus einem Felsen hervorstechen sah. Unschwer zu erraten, dass der Name „Sue" in Anlehnung an die Entdeckerin gewählt wurde. Von allen 22 bislang gefundenen Tyrannosaurus-Modellen ist jenes von Hendrickson das kompletteste (90%) und die Knochen am besten erhalten. Es dauert zehn Jahre bis das lange verblichene Tier in seiner Vollständigkeit ausgestellt werden kann. Dies liegt unter anderem daran, dass Maurice Williams, der vermeintliche Besitzer des Landes auf dem „Sue" gefunden wurde und der die Überreste für 5.000,- $ an Hendricksons Auftraggeber verkaufte, gar nicht der Landeigner ist. Am Ende ersteigert das Field Museum of Natural History in Chicago für 8,36 $ Millionen das Fossil. Das Museum präsentiert schließlich am 17. Mai 2000 das von Hendrickson auch als ihre „Skulptur" bezeichnete Skelett. „Es ist ein Gefühl, als würdest du das Wesen aus dem Stein hauen, sie zum Leben erwecken, gerade so, als hätte sie auf dich gewartet. Das ist ein Kick, den man schwer beschreiben kann", sagt die Autodidaktin. Eine weitere Besonderheit des Fundes ist, dass Hendrickson das Geschlecht des Tieres bestimmen kann, ihr T. Rex ist eindeutig eine Sie. Ihr nächstes Ziel hat sich die fleißige Forscherin auch schon gesetzt: Sie will eine vollständige Tyrannosaurus-Familie finden.

01 | 06 | 1994
Tiere in der Kamera

„Den Sinn für die Schönheiten der Natur wieder zu wecken. Dem bunten Treiben der Schmetterlinge zuzuschauen. Den Duft einer frischen Sommerwiese einzuatmen. Das ist Wohlstand – nicht, im Supermarkt alles kaufen zu können." Diese Worte spricht Heinz Sielmann am 1. Juni 1994 bei der Vorstellung der Heinz-Sielmann-Stiftung, die sich als Motto „Naturschutz als positive Lebensphilosophie" auf die Fahnen schreibt. An jenem Tag hat Sielmann sein Lebenswerk vollendet, auch wenn sein Leben und Wirken noch Jahre weitergehen. Der 1917 in Rheydt geborene spätere Professor für Ökologie, Biologe, Verhaltensforscher, Kameramann, Produzent, Publizist und Tierfilmer weiß schon als Kind, dass es seine Berufung ist, Tiere mit der Kamera festzuhalten. Es wird dieses Ziel bei weitem übertreffen: Nachdem er bereits mit 21 Jahren einen beim Publikum beliebten und in der Fachwelt anerkannten Film über Vögel dreht, folgen nach dem Krieg Auftragsproduktionen und erste eigene Filme wie das „Lied der Wildbahn" (1949) und die „Zimmerleute des Waldes" (1955) – letzterer erhält bereits den Bundesfilmpreis. 1958 beauftragt ihn sogar das belgische Königshaus, einen Film über Berggorillas zu drehen. Spätestens in den Jahren 1965 bis 1991 wird Sielmann einer der bekanntesten Deutschen, als er die Sendung „Expedition ins Tierreich" moderiert und dazu fast ausschließlich eigenes Filmmaterial beisteuert. Am 6. Oktober 2006 stirbt der engagierte Tier- und Naturschützer im Alter von 89 Jahren.

23 | 11 | 1996
Maita Aki brütet etwas aus

Tokyo im Jahr 1994: In der Zentrale des Spielzeugherstellers Bandai & Co. in der Komagata Straße 2-5-4 im Bezirk Taito-Ku sitzt die junge Trendforscherin Maita Aki und grübelt über die Entwicklung eines neuen Produkts. Die kleine, zurückhaltende Frau, deren größte Freude es nach eigener Aussage ist, ihren Mitarbeitern frischen Tee zu kredenzen, hat monatelang das Konsumverhalten der japanischen Gesellschaft studiert. Das Ergebnis, Japaner lieben vor allem Goldfische, Hamster und tragbare technische Gadgets. Aki zählt eins und eins zusammen und hat eine Idee: Das Tamagotschi, ein kleines pixeliges Küken in einer quietschbunten eiförmigen Plastikschale mit Display und drei Tasten. Im Tamagotschi reduziert sich der Sinn des Lebens auf seine nüchterne Essenz, denn es kann nur drei Dinge: Schlafen, essen und sterben. Ab und zu macht es auch einen

Pieps. Doch was noch wichtiger ist: Tamagotschi braucht keinen Käfig, muss nicht mit Bürsten gereinigt werden und macht keinen Dreck. Als es am 23.11.1996 das Licht der japanischen Kaufhäuser erblickt, ist sein Erfolg bei Kindern vorprogrammiert, doch auch Erwachsene sind dem Elektro-Küken sofort verfallen: 6 Millionen verkaufte Tamagotschis gehen innerhalb eines halben Jahres über den Ladentisch, was nicht bedeutet, dass auch 6 Millionen Japaner ein Tamagotschi besitzen. Denn den meisten geht das kleine Küken wenigstens beim ersten Pflegeversuch ein, da schon ein Tag ohne Futter zum Ableben führt. Die piepsenden Tamagotschis, die am 5. Dezember 1997 in Deutschland im Kaufhof ankommen, sind dennoch binnen Minuten ausverkauft. Erst um die Jahrtausendwende krabbeln die Tamagotschis wieder zurück ins Nest ihrer Mutter – Maita Aki arbeitet noch immer im selben Job bei Pandai und kocht am liebsten Tee für ihre Kollegen.

22|02|1997
Hello Dolly!

Der Embryologe Ian Wilmut stellt am 22. Februar 1997 der staunenden Welt das Klon-Schaf vor. Für die Herstellung hat er einem schottischen Blacklace-Schaf 277 Eizellen entnommen und daraus 29 Embryonen hergestellt. 1996 ist aus einem der Embryonen das Schaf Dolly entstanden. Das medienwirksame Pressefoto zeigt in einer Montage das Zellenspenderschaf Finn Dorset, welches sich in doppelter Ausführung im Spiegel betrachtet. Bald gilt Dolly als die bekannteste Schottin seit Maria Stuart, Wilmuts Experiment wird gar als der größte Coup seit Georg Mendels legendärer Erbsenkreuzung gehandelt. Wilmut erhält für seine Arbeit zahlreiche Preise, evoziert aber eine flammende Diskussion um die Grundpfeiler der menschlichen Ethik. Der italienische Gynäkologe Severino Antinori verkündet 2001 nunmehr auch Menschen klonen zu wollen, die amerikanische Sekte der Raelianer behauptet sogar, es schon getan zu haben, beide bleiben aber die Beweise für ihre Behauptungen schuldig. Wilmut wechselt im Zuge der Diskussion auf die Seite der Klongegner. Ebenfalls räumt er ein, dass der Ruhm eigentlich seinem Mitarbeiter, dem Zellbiologen Keith Campbell gebührt, dessen maßgebliche Erkenntnisse zum Gelingen des Experimentes führten. Am 14. Februar 2003 erkrankt Dolly an einer Lungenkrankheit und muss eingeschläfert werden. Das Schaf hinterlässt neben zahlreichen Kindern, die Angst vor dem duplizierbaren Menschen und pessimistische Zukunftsvisionen.

21 | 06 | 2005
Löwenherz

Die Geschehnisse liegen schon ein paar Tage zurück, als am 21. Juni 2005 die Associated Press von einer unglaublichen Geschichte berichtet. Vielleicht knapp einen Monat früher entführen einige Männer ein 12-jähriges Mädchen auf ihrem Heimweg von der Schule in der Nähe von Bita Genet in Äthiopien. Die Kidnapper schlagen das Mädchen und versuchen, sie zu einer Heirat zu zwingen. Dieser vor allem in ländlichen Gegenden Äthiopiens oft praktizierte „Brauch" erfährt dieses eine Mal jedoch eine erstaunliche Wende. Nach sieben Tagen nähern sich drei Löwen der Gruppe und verjagen die Männer. Das heulende Mädchen bleibt mit den wilden Tieren zurück. Stunden vergehen, die Löwen tun dem Mädchen nicht das Geringste an. Als die Polizei eintrifft, verschwinden die Raubtiere im nahen Wald. Polizeisprecher Wondimu Wedaja: „Sie haben sie bewacht und sie dann einfach wie ein Geschenk zurückgelassen." Schnell kommen Zweifel an der Wahrhaftigkeit der Geschichte auf; die Löwen hätten sich nur auf das kleine Festmahl vorbereitet und das Mädchen mit Sicherheit später vertilgt. Forscher erklären sich die Hilfsbereitschaft der Löwen allerdings damit, dass das Wimmern des Mädchens ähnlich dem Schreien eines Welpen geklungen haben könnte.

26 | 08 | 2005
Menschen im Zoo

Die Besucher trauen ihren Augen nicht: Vom 26. bis 29. August 2005 stehen sie vor dem Bärengehege und starren acht Exemplare einer Art an, die man noch nie zuvor in einem Zoo gesehen hat: Menschen. Die als „Menschlicher Zoo" betitelte Aktion mit den nur mit Feigenblättern bekleideten Wesen soll die Besucher auf die Problematik der Verbreitung des Menschen in den Lebensräumen der Tiere sowie auf der anderen Seite auf die Zugehörigkeit der Menschen zur Tierwelt aufmerksam machen. Diese Aufsehen erregende Maßnahme ist bei weitem nicht die einzige spektakuläre Neuerung, die der am 27. April 1828 eröffnete Zoo im Verlauf seiner Geschichte zu bieten hatte. In den ersten Jahren wird der Londoner Zoo lediglich für wissenschaftliche Zwecke genutzt, 1847 schließlich der Öffentlichkeit zugänglich gemacht. Die Betreiber und Direktoren des am nördlichen Ende des Regent's Park gelegenen Zoos wissen im Laufe der Jahre mit etlichen Eröffnungen neuer Häuser und Gehege immer wieder das Interesse der Besucher zu schüren. Hier entstehen 1849 die weltweit ersten Häuser für Reptilien, vier Jahre später das erste Aquarium, 1881 das erste Insektenhaus der Welt und im Jahr 1938 der erste Kinderzoo. Zudem ist hier für einige Jahre der größte Elefant des 19. Jahrhunderts, Jumbo, zu Hause und die hier ansässige Schwarzbärin „Winnie" gibt dem Buchcharakter „Winnie the Pooh" 1924 seinen Namen. Aber auch außerhalb des Geländes weiß der Zoo zu glänzen, viele Szenen berühmter Filme werden hier gedreht und tragen Bilder des Zoos in alle Welt, unter anderem in „About A Boy" und „Harry Potter und der Stein der Weisen". Heutzutage beherbergt der Londoner Zoo über 700 Tierarten.

12|05|2006
Mir schwant was Gutes

Es war ein Mal im Mai 2006, das genaue Datum ist nicht mehr zu ermitteln, sagen wir es war der 12. Mai, da schwamm urplötzlich ein schwarzer Schwan auf dem Münsteraner Aasee. Niemand weiß, woher er kam, doch schnell gewöhnte sich der zunächst „Schwarzer Peter" getaufte Schwan an seine neue Umgebung. Eines Tages entdeckte das dunkle Tier einen riesengroßen Artgenossen, jedoch ganz in weiß, bald zwei Meter im Durchmesser. Es war Liebe auf den ersten Blick, Peter folgte dem großen Schwan überall hin. Besucher kamen und bestaunten die Liaison, umso mehr, da sich der große weiße Schwan als Tretboot herausstellte. Das aber war dem verliebten Peter egal. Immer mehr Menschen aus dem In- und Ausland bewunderten die Romanze und trugen die Kunde hinaus in die Welt. Schließlich aber drohte der Winter und das Tretboot musste vom See entfernt werden. Mit List und Tücke konnten der Besitzer des Bootes und findige Helfer das Paar jedoch Meter für Meter in den Allwetterzoo locken. Der Winter kam und ging, die Liebe aber blieb und sie überdauerte auch noch den nahenden Frühling und den Sommer, den die Schwäne wieder auf ihrem See verbrachten. Peter entpuppte sich im Winter als eine Petra, aber obwohl ihr zahlreiche Avancen von anderen, „echten" und zudem schwarzen Schwänen gemacht und ihr immer wieder unzählige gleichartige Tiere präsentiert wurden, senkte Petra ihren Kopf und blickte sehnsüchtig das Tretboot an. Eines Tages dann im Winter 2007, das Paar bereitete sich bereits wieder auf den Umzug in den Zoo vor, sah Petra einen anderen großen weißen Schwan auf dem See. Er war kleiner als ihr bisheriger Begleiter, aber Amor bemächtigte sich ihres Körpers und eine neue Liebe entbrannte. Das arme Tretboot blieb zurück.

Wenn aber das neue schwarz-weiße Paar noch nicht gestorben ist, so schwimmen sie noch heute auf dem Aasee zu Münster

26 | 06 | 2006

Der Problembär

In der New York Times erscheint am 16. Juni 2006 ein Artikel über den Braunbären Bruno, welcher ursprünglich nach den Anfangsbuchstaben seiner slowenischen Eltern den wenig prosaischen Namen JJ1 trägt. Zu diesem Zeitpunkt wandert der Bär aus der italienischen Provinz Trentino kommend schon eine Weile in dem Gebiet der deutsch-österreichischen Grenze umher. Das allein wäre noch nichts Besonderes, doch handelt es sich bei Bruno um den ersten frei lebenden Braunbären, der Deutschland nach 170 bärlosen Jahren beehrt. Zudem tötet der stets hungrige Bruno auf seinen Streifzügen Schafe sowie Haus- und Nutztiere, was ihm schnell die Bezeichnung „Problembär" einbringt. Der Begriff stammt selbstverständlich vom bayerischen Ministerpräsidenten Edmund Stoiber, der sich auf Bonmots versteht wie wohl kaum ein anderer Politiker. Nun bricht eine öffentliche Diskussion um das Schicksal des vagabundierenden Braunbären los: Tierschutzverbände verwenden sich für seine friedliche Gefangennahme, blutrünstige Bürgerwehren fordern, den Schlächter Bruno in einer breit angelegten Hatz zur Stecke zu bringen. Die Landesregierungen sind ratlos und erklären sich für nicht zuständig, weil Bruno immer wieder den Wohnsitz zwischen Italien, Deutschland und Österreich wechselt. Der bayerische Umweltminister Schnappauf erteilt schließlich den Abschussbefehl. Vier Wochen versuchen Umweltschützer noch erfolglos, Bruno zu fangen, bis ein Jäger aus Bayrischzell die Sache in die Hand nimmt und den Braunbären am 26. Juni 2006 um 4:50 Uhr erlegt. Eine Klage des Tierschutzbundes wird am 7. Juli 2006 abgewiesen. Seit dem 26. März 2008 findet der ausgestopfte Bruno im Naturkundemuseum auf Schloss Nymphenburg seine letzte Ruhe.

05 | 12 | 2006

Knut Superstar

Das Leben ist ungerecht. Auch für Tiere. Gut, dass diese das oft nicht mitbekommen. Als Lars und Tosca am 5. Dezember 2006 in Berlin zwei Kinder bekommen, ist das zunächst kein großes Ereignis, auch wenn es sich um eine Eisbären-Familie handelt und Berlin eine solche Geburt in den letzten 30 Jahren nicht erlebt hat. Tosca nimmt die beiden männlichen Nachkommen jedoch nicht an und eines der Tiere stirbt nach nur vier Tagen. Baby Knut kann gerettet werden und wird von Tierpfleger Thomas Dörflein und seinen Kollegen im Zoo versorgt und groß gezogen. Obwohl eine offizielle Vorstellung des kleinen Eisbären erst am 23. März 2007 stattfindet, berichtet das lokale Fernsehen schon ab Ende Januar. Bundesumweltminister Gabriel ist bei der Präsentation im Zoologischen Garten von Berlin anwesend und steht stellvertretend für das weltweite Echo, das der niedliche Bär in den kommenden Monaten verursacht. Zwar sind in den vergangenen drei Jahrzehnten über 70 Eisbären in Deutschland ohne jede Beachtung geboren worden, doch ausgerechnet Knut wird zum Kult-Tier. Merchandising Artikel mit dem Bären finden reißenden Absatz, aus aller Welt strömen Reporter und Fernsehteams herbei und am Ende landet das nichts ahnende Tier sogar auf der Titelseite der internationalen Ausgabe des Boulevard-Magazins Vanity Fair, montiert direkt neben Leonardo di Caprio. Lieder über Knut folgen und sogar ein Kinofilm: „Knut und seine Freunde". Der Berliner Zoo hält sich bei all dem schadlos, nur alle anderen Eisbären in In- und Ausland dürfen sich fragen: Was hat er, was ich nicht habe?

30 | 10 | 2007

Das erste Mensch-Tier

Ihr Geburtsdatum ist unklar, 1965 wird vermutet, ebenso ungewiss ihr Stammbaum. Lediglich dass sie aus Afrika stammt, ist wohl sicher. Ihr Name: Washoe. Die Schimpansin wächst im Forschungszentrum der Central Washington University in Ellensburg auf und wird dort in einem Experiment wie ein Kind gehörloser Eltern behandelt. Zur Kommunikation dient die Amerikanische Gebärdensprache (ASL), auf das gesprochene Wort soll weitestgehend verzichtet werden. Im Laufe der Zeit geschieht das Unglaubliche, Washoe entwickelt sich zum ersten nicht-menschlichen Wesen, welches eine menschliche Gebärdensprache erlernt. Nörgler bezweifeln den Erfolg und mahnen, dass die Schimpansin lediglich einige Handlungen sprichwörtlich nachäfft, um belohnt zu werden. Die Ergebnisse aber sprechen, eine andere Sprache: Washoe lernt Wörter, erfindet sogar neue Wortkreationen, flucht, durchschaut inhaltlich und syntaktisch den Unterschied zwischen „Du kitzelst mich" und „Ich kitzele dich" und bringt sogar jüngeren Schimpansen die Sprache bei. Diese führen gar einen Kalender, erinnern an Thanksgiving und Geburtstage. ASL wird unter ihnen zur Umgangssprache. 1969 werden diese Ergebnisse bekannt und als Sensation gefeiert. Ähnliche Versuche mit Delfinen, Seelöwen, Tauben, Papageien und Gorillas folgen. Am 30. Oktober 2007 stirbt Washoe eines natürlichen Todes in Ellensburg.

31|12|2028
Der Einsame George

Lemerles Flusspferd, Blaubock, Stellers Seekuh, Karibische Spitzmäuse, Kurzschwanz- und Langschwanz-Hüpfmaus, Quagga, Schomburgk-Hirsch, Beutelwolf, Kaukasus-Elch, Tarpan, Atlasbär, Auerochse, Portugiesischer Steinbock, Goldkröte, Florida-Rotwolf, Maclear-Ratte Kaplöwe, Sansibar-Leopard, Java-Tiger, Syrischer Halbesel, Barbados-Waschbär, Queen-Charlotte-Karibu, Langkiefer-Maräne, Magenbrüterfrösche, Linsenfliege... All diese Tiere, sind bereits ausgestorben, Pessimisten wie Edward O. Wilson sprechen von 500 Millionen ausgestorbenen Arten, was gleichbedeutend mit 99% aller Tierarten wäre, Biologen können immerhin wissenschaftlich belegen, dass 1000 Arten in den letzten 500 Jahren verschwunden sind. Nicht einbezogen sind Tiere, die in prähistorischer Zeit das letzte ihrer Art hergeben mussten. Ursache ist beschämender weise zumeist der Mensch. Die Jagd, Lebensraumzerstörung und das Einschleppen von fremden Arten sind entsprechend die häufigste Ursache einer Ausrottung. Ein aktuelles Beispiel: „Lonesome George", der seinen Namen nicht nur langsam, sondern auch zurecht trägt, ist er doch das einsame letzte Exemplar einer Unterart der Galápagos-Riesenschildkröte. Seine Vorfahren wurden, wie nicht anders zu erwarten war, vor allem durch Walfänger im 19. Jahrhundert getötet. Derzeit knapp über 80 Jahre alt, hat George noch etwa 20 Jahre, bevor er in die Annalen eingehen wird als das letzte nicht mehr lebende Exemplar seiner ausgestorbenen Art. Das David's Deer Park Museum (Peking) und der Bronx-Zoo (NY) werden ihm wie seinen Leidensgenossen voraussichtlich am 31. Dezember 2028 auf dem „Friedhof der ausgestorbenen Tiere" gedenken.

===== Weiterlesen =====

- Heinz Sielmann: Mein Abenteuer Natur. Edition Pro Terra, 1995
- Karl Braun: Der Tod des Stiers – Fest und Ritual in- Spanien. C.H. Beck, 1997
- Keith Campbell/ Colin Tudge/ Ian Wilmut: Dolly. Carl Hanser 2001
- Bernhard Grzimek: Grzimeks Tierleben. Enzyklopädie des Tierreichs. Bechtermünz 2001
- Edwin Antonius: Lexikon ausgestorbener Vögel und Säugetiere. Natur- und Tierverlag 2003
- Petra Fohrmann: Bruno alias JJ1. Reisetagebuch eines Bären. Nicolai'sche Verlagsbuchhandlung 2006
- Jane Goodall/ Philip Berman/ Erika Ifang: Grund zur Hoffnung. Riemann 2006
- Peter Repp: Laika. Geschichte des sibirischen Hündchens, das 1957 als erstes Lebewesen das All bereiste. Axel Dielmann 2007
- Tom Kummer: Kleiner Knut ganz groß. Heyne 2007
- Robert Sabuda/ Matthew Reinhart: Dinosaurier, Oetinger 2007

Tage der Empörung
Skandale, Schlagzeilen und Schicksale

13|06|1525 *Der Mönch und die Nonne* Luthers Hochzeit sorgt für Aufruhr S. 783

19|05|1536 *Der echte Blaubart* Heinrich VIII. und seine Frauen S. 783

01|11|1700 *Der Schokoladennarr* Der spanische Infant Karl II. bringt die Habsburger um Spanien S. 784

10|10|1711 *Das eiserne Rätsel* Wer war der Mann mit der eisernen Maske? S. 785

31|05|1786 *Der verliebte Kardinal* Königin Marie Antoinette und die Halsbandaffäre S. 786

26|05|1828 *Bettelkind oder Königssohn?* Kaspar Hauser ist ein Rätsel seiner Zeit S. 786

25|09|1888 *Ein Brief aus der Hölle* Jack the Ripper schafft sich einen Mythos S. 787

08|09|1890 *Verbotene Leidenschaft* Prinz Edward schlittert in die Tranby-Affäre S. 788

31|01|1898 *Ich klage an...* Émile Zola und die Dreyfus-Affäre S. 788

10|09|1898 *Die letzte Reise* Luigi Lucheni ermordet Sisi S. 789

15|10|1917 *Femme Fatale und Meisterspionin* Mata Hari macht Schlagzeilen S. 790

15|04|1925 *Der Werwolf von Hannover* Friedrich Haarmann wird enthauptet S. 791

24|10|1931 *Skrupellos* Al Capones langer Weg nach Alcatraz S. 791

05|04|1958 *Nicht ohne meine Mutter* Lana Turner und ihre resolute Tochter S. 792

10|01|1959 *Der unartige Politiker* André Le Troquer veranstaltet „Ballets Roses" S. 793

23|06|1959 *Der falsche Fuchs* Atomspion Thomas Fuchs wird entlassen S. 793

05|06|1963 *Eine verhängnisvolle Affäre* Die Profumo-Affäre S. 794

08|08|1963 *Der Millionendieb* Postraub von Glasgow S. 795

07|05|1967 *Guten Tag, Frau Pahlawi!* Ulrike Meinhof schreibt an die Königin vor Persien S. 795

27|05|1968 *Harmlos wie Zuckerplätzchen* Das leise Ende des Contergan-Prozesses S. 796

08|08|1969 *Mord in Hollywood* Das Manson Attentat S. 797

24|10|1969 *Für immer und ewig* Der Taylor-Burton Diamant begleitet eine Skandal-Ehe S. 798

06|06|1971 *Wir „hätten" abgetrieben* Attacke auf den § 218 S. 798

17|06|1972 *Abgehört* Richard Nixon erlebt sein Watergate S. 799

16|11|1976 *Ein Mann will zurück* Wolf Biermann verlässt den Osten unfreiwillig S. 800

06|03|1978 *Unter Beschuss* Ein Attentat auf Larry Flynt S. 800

27|06|1984 *Die gekaufte Republik* Die Affäre Flick S. 801

28|02|1986 *Tödliche Bürgernähe* Schüsse auf Olof und Lisbet Palme S. 802

03|03|1986 *Der Mann aus dem Schmutzkübel* Bundespräsident Waldheim isoliert Österreich S. 802

28|05|1987 *Landung auf dem Busparkplatz* Mathias Rust besucht Moskau S. 803

05|01|1989 *Ein gutes Geschäft für alle* Imhausen hilft Lybien beim Giftmischen S. 804

01|02|1992 *United Colors of Shock* Benetton wirbt mit AIDS-Kranken S. 804

12|06|1994 *Live und in Farbe* O.J. Simpsons Prozess wird zum Medienereignis S. 805

29|06|1994 *Öffentliches Geständnis* Prince Charles geht fremd S. 806

31|12|1994 *Zu treuen Händen* Die schmutzige Geschichte der Treuhand S. 806

22|12|1997 *Was sie schon immer über Sex wissen wollten...* Woody Allen liebt seine Adoptivtochter mehr als erlaubt S. 807

26|01|1998 *Mann mit Zigarre* Bill Clinton macht einen Seitensprung S. 807

28|02|2000 *Shakesbier* Zlatko Trpkovski ist der Big Brother S. 808

01|12|2001 *Kind der Liebe* Prinzessin Aiko verliert den japanischen Thron S. 809

12|01|2002 *Lex Berlusconi* Die Regierung Berlusconi S. 809

17|03|2003 *Der Gouvernator* Arnold Schwarzenegger regiert Kalifornien S. 810

03|10|2003 *5.750 Mal berührt...* Unfall durch Tigerbiss bei Siegfried und Roy S. 811

05|09|2004 *Mit allen Mitteln* Wiktor Juschtschenko wird attackiert S. 811

03|05|2006 *Italienische Gerechtigkeit* Luciano Moggi und der Fußballskandal in Italien S. 812

23|11|2006 *23 letale Tage* Polonium 210 verseucht Alexander Litwinenko S. 813

26|11|2006 *Frust* Der Emsdettener Amoklauf S. 814

15|01|2008 *Sekte oder Selters* Andrew Morton und Scientology S. 814

13 | 06 | 1525
Der Mönch und die Nonne

Im April 1523 berichtet der Wittenberger Student Wolfgang Schiver seinem Freund Beat Bild, das ein Wagen „voll und überladen mit Jungfrauen", die „so sehr nach dem Heiraten wie nach dem Leben" strebten, in der Elbestadt „gestrandet" sei. Kurz vor Ostern sind die neun Nonnen aus dem Zisterzienserinnenkloster Grimma geflohen, und wie man munkelt war ihre Flucht, versteckt in den Heringsfässern des Kaufmanns Leonard Koppe, sogar ziemlich aufregend. Eine der Neun ist Katharina von Bora, eine 24-jährige Adelstochter aus Hirschfeld. Die Nonnen, die sich aus Sympathie für die Reformation aus den klösterlichen Mauern befreit haben, beabsichtigen wirklich und möglichst bald in den ehelichen Hafen einzulaufen, könnte ihre wirtschaftliche Lage fern der Heimat doch schnell prekär werden. Schiver betet deshalb: „Möge Gott sie mit Ehemännern versorgen, damit sie nicht in schlimmere Übel abrutschen." Zuständig für eine solche Aufgabe kann in Wittenberg nur Martin Luther sein. Sofort macht er sich an die Arbeit. Für Katharina hat er einen Hieronymus Baumgärtner vorgesehen, doch der weicht aus, der zweite Kandidat, Kaspar Glatz, wiederum scheint Katharina nicht recht zu sein. Und so geschieht, womit niemand rechnet: Martin Luther nimmt sie am 13. Juni 1525 selbst zur Frau. Damit „nichts verhindert werde", vollzieht er das öffentliche Beilager sofort nach der Trauung. Die Ehe Luthers ist eine Sensation, nicht nur, dass Luther stets betont hat, dass er der „Ehe fern stehe", auch der Zeitpunkt für eine fröhliche Hochzeit – Luther hat soeben zur gewaltsamen Niederschlagung des Bauernkrieges aufgerufen – erscheint vielen, selbst guten Freunden, unpassend, ganz zu schweigen von seinen altgläubigen Gegnern, die in der Heirat den letzten Beweis für Luthers Ruchlosigkeit sehen. Doch die Aufregung legt sich, und Luther gesteht bald „ich bin an Kethen gebunden und gefangen, und liege auf der Bore", Katharina, die auch „Herr Käthe" genannt wird, überlebt ihren Mann um sieben Jahre.

19 | 05 | 1536
Der echte Blaubart

Am 19. Mai 1536 steht die englische Königin Anne Boleyn auf dem Schafott. Bevor der eigens aus Frankreich angereiste Henker Jean Rombeaud sein grausiges Werk verrichten kann, hält die schöne Frau eine letzte Ansprache an das Tribunal und an Heinrich VIII., der einmal ihr Ehemann war und für ihre Verurteilung verantwortlich ist. Boleyn rühmt den König, beteuert ihre Liebe und bittet darum, für sie zu beten, dann legt sie ihr Haupt auf den Richtblock. Der Fall Boleyn steht im öffentlichen Interesse, denn der König hat sich 1533 von der spanischen Infantin Katharina von Aragonien scheiden lassen und so sowohl die Großmacht Spanien als auch die Papstkurie verprellt. Die Reformation Englands und die spanisch-englische Erzfeindschaft werden die wichtigsten Folgen dieser Entscheidung sein, doch der Öffentlichkeit, heute wie damals, erscheint das mit Blut und Intrigen verbundene Liebesleben des Monarchen spannender. So schaut die Welt auf das Schicksal Anna Boleyns, der Mätresse, die ihre Rivalin Katharina durch öffentliche Auftritte an Seiten des Königs demütigte, und die dennoch nicht in der Lage war, Heinrich den gewünschten Thronnachfolger zu präsentieren. Ihr Prozess, in dem der cholerische König der intelligenten Frau eine inzestuöse Beziehung zu ihrem Bruder unterstellt, ist eine Sensation. Das Liebesleben des blutrünstigen Monarchen bleibt auch danach sensationsgeladen: Heinrichs dritte Gattin Jane Seymour bringt den erhofften Königssohn, stirbt aber im Kindbett, ihre Nachfolgerin Anna von Kleve wird sexueller Passivität wegen verstoßen, Catherine Howard aufgrund einer Liaison mit ihrem Kammerdiener geköpft. Nur Ehefrau Nr. 6 Catherine Parr wird Heinrich VIII. überleben. Englische Schüler lernen noch heute gern den Abzählreim „divorced, beheaded, died, divorced, beheaded, survived", um sich die Schicksale der sechs Königinnen besser merken zu können.

01 | 11 | 1700

Der Schokoladennarr

1658 ist kein gutes Jahr für die Spanische Krone: Das große Reich Karls V., das vom Orient bis in den Okzident reichte und die Alte und die Neue Welt zusammenschloss, ist mit dem 1658 abgeschlossenen Pyrenäenfrieden beträchtlich geschrumpft, der Traum von der Spanischen Weltherrschaft scheint ausgeträumt. Und schon steht eine neue Katastrophe vor der Tür: Denn der Infant, der im September 1665 als einziger männlicher Nachkomme Phillips IV. den Thron besteigt, ist nicht das, was man sich unter einem perfekten Herrscher vorstellt. Er ist ausnehmend hässlich und wenig gewinnend. Schlimmer noch, er redet wirr, hat wenig Verstand und ein Faible für Süßigkeiten. Wirklich zu verdenken ist ihm das anfangs nicht, denn Karl II. ist bei seiner Thronbesteigung gerade einmal vier Jahre alt. Doch als sich der Geisteszustand des Habsburgers, der in die Stapfen des großen Dynastiegründers Karls I. schlüpfen soll, auch Jahre später nicht wesentlich ändert wird man misstrauisch. Karl II. interessieren die Regierungsgeschäfte kaum, seine ganze Liebe gilt der Schokolade, dem Genussmittel der Saison, das aus der Neuen Welt kommt, die den Habsburgern schon bald nicht mehr gehören wird. Seine Mutter Maria von Österreich beginnt sich zu sorgen und sucht nach Wegen neuen Nachwuchs herbeizuführen, doch es ist zu spät: Karl II. stirbt am 1. November 1700 ruhmlos und vor allem kinderlos. Das Rennen um den spanischen Thron setzt in Europa ein, führt in den spanischen Erbfolgekrieg und bringt 1714 schließlich die Bourbonen auf den Thron, die nach einer kurzen Auszeit unter Franco (1931-1974) bis heute an der Spitze des Staates stehen und für Schlagzeilen sorgen.

10 | 10 | 1711
Das eiserne Rätsel

Die Herzogin Liselotte von Orléans liebt es, ihre Tante Sophie von Hannover mit dem neuesten Klatsch vom französischen Hof bei Laune zu halten, so schreibt sie am 10. Oktober 1711: „Ein Mensch ist lange Jahre in der Bastille gewesen, der ist maskiert darin gestorben; er hatte zwei Musketiere auf beiden Seiten, im Falle, dass er die Maske abtät, ihn gleich niederzuschießen. Er hat maskiert gegessen und geschlafen. Es muss doch etwas Wichtiges gewesen sein, denn man hat ihn sonst sehr gut behandelt. Man hat sein Leben nicht erfahren können, wer der Mensch gewesen." Mit jenen Zeilen entsteht die noch heute gern gehörte Legende um den „Mann mit der eisernen Maske". Denn tatsächlich ist am 17. September 1703 in der Bastille ein Unbekannter gestorben, der gezwungen war im Gefängnis eine Maske – aus Samt oder Eisen – zu tragen. Er wurde 1669 in Pinerolo/ Piemont inhaftiert, 1682 nach St. Margerite vor Cannes und 1698 in die Bastille verlegt, wobei Ludwig XIV. den Befehl gab, seine Identität in Paris geheim zu halten. Öl ins von der Herzogin entfachte Feuer gießt um 1751 der Gelehrte Voltaire, ein erklärter Gegner des Sonnenkönigs, der nach eigener Haftzeit in der Bastille behauptet, der mysteriöse Unbekannte sei ein Zwillingsbruder Ludwigs XIV. gewesen, den man hätte ausschalten wollen. Als sich 1789 beim Sturm auf die Bastille offenbart, dass alle ihn betreffenden Eintragungen aus den Gefängnisakten herausgerissen sind, ist der Spekulation gar kein Einhalt mehr zu gebieten. Der Mann mit der eisernen Maske wird zum Königsvater, Königssohn oder Doppelagenten, Historiker glauben an einen unliebsamen Kammerdiener. Alexander Dumas macht ihn in seinem gleichnamigen Roman unsterblich. Zwanzig Verfilmungen folgen, darunter eine Version mit Leonardo di Caprio in der Hauptrolle.

31 | 05 | 1786
Der verliebte Kardinal

Es heißt, der Skandal um das 1,6 Millionen Livres teure Diamantencollier der Pariser Juweliere Böhmer und Bassenge sei einer der psychologischen Auslöser der französischen Revolution gewesen. 1778 wird Königin Marie Antoinette das verhängnisvolle Halsband erstmals angeboten, doch lehnt sie ab, es ist zu teuer. Im zweiten Akt des Dramas taucht der Kardinal Louis de Rohan auf der Bühne auf. Er hegt schwärmerische Gefühle für die Königin und möchte Premierminister werden. 1784 macht er die Bekanntschaft der Comtesse de La Motte, einer Hochstaplerin, die ihr Auge schon lange auf das Diamantencollier geworfen hat, von dem ganz Paris noch immer spricht. La Motte verspricht dem Kardinal, ein gutes Wort für ihn bei der Königin einzulegen, dann schreibt sie romantische Briefe im Namen Marie Antoinettes und arrangiert für den Liebestrunkenen sogar ein fingiertes Treffen mit einer „Königin", die in Wahrheit eine Schauspielerin ist. Der Kardinal wird zum perfekten Werkzeug in den Händen der Comtesse, die ihn bald wissen lässt, dass die Königin ihn bitte, das Collier bei den Juwelieren Böhmer und Bassenge anzuzahlen und abzuholen. Das Objekt der Begierde gelangt also in die Hände der „Comtesse", deren Mann, der „Comte de la Motte", das Collier in London verkauft. Als die Juweliere, sich bei der Königin nach ihrem Geld erkundigen, fliegt der ganze Schwindel auf. Der verblüffte Kardinal wird 1785 verhaftet. Ein Skandalprozess am 31. Mai 1786 enthüllt die ganze Wahrheit öffentlich. Der Kardinal Rohan wird freigelassen, die Comtesse de La Motte stellt man an der Pranger und verurteilt sie zu lebenslanger Haft. Das Halsband bleibt verschwunden. Und Marie Antoinette? Sie gerät vor allem beim Volk ins Zwielicht, das ihr unterstellt die ganze Affäre koordiniert zu haben, um sich des Kardinals zu entledigen, den sie nicht ausstehen kann.

26 | 05 | 1828
Bettelkind und Königssohn

Es ist Pfingstmontag, der 26. Mai 1828. Der Schuhmachermeister Weickmann sieht auf dem Unschlittplatz in Nürnberg einen Jungen, der hilflos wirkt und verwahrlost aussieht. Auf der Polizeiwache nennt der Junge, der kaum sprechen kann, seinen Namen: „Kaspar Hauser". Er hat zwei Briefe dabei, in denen steht, dass der Junge am 30. April 1812 „gelegt" worden sei, während seiner Aufzucht „keinen Schritt vor die Tür gelassen" wurde und nun „Reiter werden"

wolle. Juristen, Theologen und Pädagogen rätseln um Kaspar Hausers Herkunft. Beim Gymnasialprofessor Georg Friedrich Daumer zieht er schließlich ein, lernt Lesen und Schreiben, muss aber auch pädagogische und psychologische Experimente über sich ergehen lassen. Zwei rätselhafte Attentate auf Hauser folgen 1829 und 1831, von denen nie geklärt wird, ob Hauser sie nicht selbst fingierte oder Selbstmord begehen wollte. Der prominente Wissenschaftler Anselm Feuerbach holt Hauser schließlich nach Ansbach und gibt ihn in die Obhut des Lehrers Meyer. Hauser erregt schnell die Gemüter der Ansbacher Bevölkerung, die das große Interesse an dem „Geisteskranken" befremdlich finden. Er stirbt am 17. Dezember 1833 um 22 Uhr in an einer schweren Stichwunde, deren Ursache nicht ermittelt werden kann. Bis heute ist ungeklärt, wer das „wissenschaftliche Curiosum" Hauser war: Ein Betrüger, der sich selbst umgebracht hat, oder ein Prinz, der wegen eines Erbfolgestreits mit einem toten Kind vertauscht wurde und später einem Auftragsmord zum Opfer fiel? Sein Grabstein auf dem Ansbacher Friedhof trägt die Inschrift: „Hier liegt Kaspar Hauser, Rätsel seiner Zeit, unbekannt die Herkunft, geheimnisvoll der Tod 1833".

27|09|1888

Ein Brief aus der Hölle

Die Mitarbeiter der Central News Agency in London halten am 27. September 1888 ein mit roter Tinte geschriebenes Schriftstück in den Händen: „Lieber Boss, ich liebe meine Arbeit und möchte weiter machen. Ihr werdet von mir hören, wenn ich wieder meine lustigen kleinen Spiele treibe. Mein Messer ist ein so scharfes und nettes Ding, dass ich mich sofort wieder an die Arbeit machen werde, wenn ich dazu Gelegenheit habe. Viel Glück, herzlichst Euer Jack the Ripper." Zu dieser Zeit hat der Serienkiller bereits zweimal zugeschlagen. Polly Nichols und Annie Chapman sind die Opfer, zwei Prostituierte, denen der Unbekannte nachts in den engen Gassen Londons die Kehle durchgeschnitten und Organe entnommen hat. Der Ripper mordet von hinten, wobei er vermutlich Anal-Sex mit den Opfern hat. Er führt das Messer so geschickt, dass man an einen Arzt als Täter glaubt – „they say I'm a doctor now, haha." Die Polizei hat alle Kräfte im Einsatz und doch kann sie nicht verhindern, dass am 30. September zwei weitere Frauen, in unmittelbarer Nähe patrouillierender Beamten, ermordet werden. Am 1. Oktober erreicht eine weitere Nachricht in Form einer Postkarte die News Agency, deren Authentizität jedoch später angezweifelt wird. Ein weiteres Opfer wird mit Mary Jane Kelly am

8. November 1888 folgen, danach endet die Mordserie, deren Motive ebenso wie die Identität des Täters auf ewig im Dunkeln bleiben. 1929 wird die Ripper-Akte geschlossen, im 2. Weltkrieg verbrennt ein Großteil der Unterlagen. Doch gibt es immer wieder Spekulationen selbst ernannter Kommissare. Als wahrscheinlichster Täter gilt bereits zu Ermittlungstagen der Rechtsanwalt M.J. Driutt, dessen Selbstmord 1888 mit dem Ende der Mordserie zusammen passt, andere Kandidaten sind der Giftmischer Severin Klosowski, ein polnischer Psychopath namens Aaron Kosminiski oder gar Prince Albert, der Großsohn der Queen.

08 | 09 | 1890
Verbotene Leidenschaft

Prince Edward, später bekannt als König Edward VII. von England, liebt die Karten. Das Bakkarat ist eines seiner Lieblingsspiele. Zu dumm, dass es derzeit im Königreich illegal ist. Die Wochenend-Gesellschaft, die am Abend des 8. September 1890 auf dem Anwesen „Tranby Croft" zusammenkommt, stört das aber wenig. Mit von der Partie ist neben dem Prinzen auch sein Freund Sir William Gorden-Cumming, ein Offizier der königlichen Armee. Und der spielt falsch. Mehrere Spieler beobachten, wie er heimlich seine Spieleinsätze auf dem Tisch je nach Kartenlage verringert oder erhöht. Man ärgert sich darüber, vereinbart aber Diskretion. Trotzdem führt das falsche Spiel Sir Williams zu seiner Ächtung, der Offizier wird von der feinen Gesellschaft fortan gemieden. Das wiederum veranlasst ihn dazu, seinen Ruf offensiv vor Gericht zu verteidigen und so wird die gezinkte Bakkarat-Partie unter dem Namen „Tranby Croft-Skandal" zur öffentlichen Affäre. Heikel für den Prinzen, denn nun kommt raus, dass er am illegalen Glücksspiel beteiligt war. Sein Ruf nimmt Schaden: Man hält Edward für einen genusssüchtigen Nichtsnutz. Eine Tageszeitung zitiert sogar Standesgenossen Eduards, die ihn als „Verschwender und Hurenbock" verunglimpfen. Edward selbst beklagt sich über „the most bitter and unjust attacks" und geht ab sofort diskreter seiner Leidenschaft nach. König wird er 1901 trotzdem noch.

31 | 01 | 1898
Ich klage an...

Den 31. Januar 1898 verbringt Alfred Dreyfus auf der Teufelsinsel vor der Küste von Französisch-Guayana. Die Insel ist eine Strafkolonie für Schwerverbrecher; der deutschstämmige Jude wurde von Frankreich 1894 wegen Landesverrats zu lebenslanger Haft verurteilt. Er soll für den deutschen Erzfeind spioniert haben. Offenkundiger Beweis: Ein anonymes Schreiben, das dem deutschen Militärattaché in Berlin geheime französische Militärdokumente anbietet, entdeckt in einem Papierkorb der deutschen Botschaft von einer als Putzfrau getarnten französischen Agentin. Für die Franzosen ist schnell klar: Dreyfus ist schuldig. Antisemitische und antideutsche Ressentiments vereinen sich zu einem explosiven Cocktail. Dazu kommen vollmundige Aussagen hochangesehener Militärs: „Die Schuld ist absolut erwiesen". Dabei belasteten Dreyfus ausschließlich wackelige Indizien und ein Gutachten, das Dreyfus zum Urheber des Dokumentes erklärt, der seine Handschrift, wie es Spione tun, willentlich verändert habe. Er wird auf die Teufelsinsel verbannt. Am besagten 31. Januar 1898 nun schaltet sich der Schriftsteller Émile Zola ein. Er veröffentlicht einen bald berühmten, offenen Brief an den französischen Präsidenten. Unter der Überschrift „J'accuse...!" klagt er juristische Verfahrensfehler und antisemitische Propaganda an. Zola wird seinerseits vom Staat angeklagt und muss nach England fliehen. Doch nun regen sich bürgerliche Kreise, die auf die Einhaltung rechtsstaatlicher Normen pochen. 1899 wird das Urteil gegen Dreyfus in zehn Jahre Festungshaft umgewandelt; zudem wird ihm eine Begnadigung angeboten, wenn er auf Berufung verzichtet. Dreyfus akzeptiert – er möchte in Frieden und Freiheit leben. Frankreich erlebt im Anschluss einen Linksruck.

10 | 09 | 1898
Die letzte Reise

Genf, der 10. September 1898. Die schwarz gekleidete Dame reist inkognito. Gemeinsam mit einer Begleiterin läuft sie auf dem Quai zu einem Ausflugsschiff, um eine Fahrt auf dem Genfer See zu machen. Plötzlich schießt ein Mann auf die beiden zu und schlägt der Dame in schwarz vor die Brust. Sie fällt rücklings auf den Boden, aber ihre kunstvolle Turmfrisur mildert den Aufprall. Kurz danach kommt sie wieder zu sich, bedankt sich bei allen umstehenden Helfern auf deutsch, englisch und französisch. Doch an Bord sinkt sie wieder ohnmächtig in sich zusammen, ihre Begleiterin bricht in Panik aus: „Um Gottes willen, landen Sie schnell! Diese Dame hier ist die Kaiserin von Österreich!" Kaiserin Elisabeth, genannt Sisi, röchelt nur noch leise als sie auf einer Trage von Bord gebracht wird, der herbeigeholte Arzt kann wenig später nur noch ihren Tod feststellen. Erst bei der Obduktion wird die Wunde untersucht, die ihr der 24-jährige Anarchist Luigi Lucheni bei dem Schlag vor die Brust zugefügt hat: Er hat sie mit einer Feile erstochen. Elisabeth, die 1854 Kaiserin von Österreich wurde, ist 60 Jahre alt geworden. Ihr tragisches Schicksal – früh entfremdet sie sich von ihrem Ehemann Kaiser Franz Joseph von Österreich, verstrickt sich in einen Schönheitswahn und ist schwer krank – macht sie zur lebenden Legende. In Deutschland wird sie zudem durch die kitschigen „Sissi"-Verfilmungen mit Romy Schneider in der Hauptrolle zu einer Kultfigur. Allerdings nehmen es die Filme mit den historischen Tatsachen nicht allzu genau.

15 | 10 | 1917
Femme Fatale und Meisterspionin

Es ist der 15. Oktober 1917, etwa 5.15 Uhr früh, als Margareta Geertruida Zelle erfährt, dass sie in einer Stunde hingerichtet werden soll. Sie darf noch drei Abschiedsbriefe verfassen, bevor sie ihren letzten Gang antreten muss. Um 6.15 Uhr wird Margaretha Geertruida Zelle alias Marguerite Campbell alias Lady Gretha MacLeod in den Befestigungsanlagen von Schloss Vincennes bei Paris von einem zwölfköpfigen Exekutionskommando erschossen. Die niederländische Tänzerin, geboren am 7. August 1876, hat sich viele Namen gegeben, doch ihr Pseudonym „Mata Hari", malaiisch für „Auge des Tages" macht sie unsterblich. Mit europaweiten Auftritten wird sie die berühmteste exotische Nackttänzerin des frühen 20. Jahrhunderts. Sie verkörpert die geheimnisvolle Femme fatale. Zahlreiche Mythen ranken sich um die Lebefrau. Vor allem deshalb, weil die Mata Hari bei Geschichten über ihren Werdegang ähnlich kreativ ist wie bei ihren diversen Künstlernamen. Nach Ausbruch des Ersten Weltkriegs gerät sie zwischen die Fronten. Sie lässt sich von einem deutschen Presseattaché überreden, die Stimmung in Paris auszukundschaften, dort wiederum überredet sie der Chef des Spionageabwehrdienstes, die Gegenseite zu bespitzeln. Der Schwindel fliegt auf. Am 13. Februar 1917 wird Zelle in Paris verhaftet und wegen Hochverrats zum Tode verurteilt. Es gibt kaum Beweise über ihre Spionagetätigkeit. Die Mata Hari-Stiftung in Leeuwarden versucht bis heute, die vielen offenen Fragen um das Leben Mata Haris zu beantworten, doch auch über 200 Bücher und Filme beschäftigten sich schon mit dem Leben der sagenumwobenen Dame.

15 | 04 | 1925

Der Werwolf von Hannover

Friedrich Haarmann ist stolz: „Amerika, China, Japan und die Türkei, alle kennen mich", murmelt der leicht debil dreinschauende Mann mit dem schmalen Oberlippenbärtchen bevor er am 15. April 1925 um sechs Uhr in der Früh auf dem Gefängnishof des Landgerichts in Hannover enthauptet wird. Der kleine Trödel- und Fleischhändler ist 1924 bis 1925 für knappe elf Monate ein internationaler Medienstar, dessen Künstlernamen „Werwolf von Hannover" man mit Ehrfurcht und Schrecken ausspricht. Die Geschichte beginnt, als am 17. Mai 1924 spielende Kinder einen Totenschädel aus der Leine fischen. Weitere grausige Funde von Knochen, die offenbar alle von jungen Männern stammen, folgen in den nächsten Tagen. Nicht wenige der Vermissten sind kurz vor ihrem Tod in der Nähe von Haarmanns Laden gesehen worden. Hier findet man auch deren Garderobe in den Auslagen. Haarmann leugnet alles, bis seine Zimmerwirtin bestätigt, den Anzug eines der Ermordeten bei ihm gekauft zu haben. Haarmann wird des Mordes in 28 Fällen angeklagt und 24 Mal überführt, 285 Knochen werden aus der Leine geborgen, das Fleisch, so der unappetitliche Verdacht, hat Haarmann den Kunden seiner Metzgerei verkauft. Der „Werwolf" gibt an, die Jungen durch einen Biss in den Hals getötet zu haben. Ein ärztliches Gutachten bestätigt schließlich seine Zurechnungsfähigkeit. Statt des erhofften Denkmals, das, wie Haarmann es sich wünschte, „in 1000 Jahren noch eine Sehenswürdigkeit" sein würde, ist heute allein sein Schädel Eingeweihten in der pathologischen Abteilung der Universität Göttingen zugänglich.

24 | 10 | 1931

Skrupellos

Am 24. Oktober 1931 ist seine „Karriere" beendet. Der wohl bekannteste Mafia-Boss aller Zeiten, Al Capone, wird zu elf Jahren Haft verurteilt – wegen Steuerhinterziehung! Die amerikanische Öffentlichkeit kennt Capone als „Public Enemy No. 1", das Urteil ist daher auch ein Zugeständnis an die verängstigte Masse, die schon lange seinen Kopf fordert. Doch sieht der Mann, der die Straßen von Chicago seit zehn Jahren mit eiserner Faust regiert, und auf dessen Visitenkarte dennoch „Antiquitätenhändler" steht, keine Veranlassung zur Resignation. Am 5. Juni 1931 erhebt er Einspruch, verlangt eine Verkürzung des Strafmaßes auf 2,5 Jahre. Doch Richter James H. Wilkerson lehnt ab. Es muss also anders gehen: Im Herbst 1931 gelingt die Neuaufnahme des Prozesses und diesmal macht sich Capone die Geschworenen gefügig, doch Fortuna verweigert sich ihm erneut: Die Juroren werden heimlich, kurz vor Prozessbeginn, auf Wilkersons Veranlassung ausgetauscht. Der große Alphonse Capone ist auch in diesem Prozess nur ein kleiner Steuerganove, der u.a. seine Einkommenssteuer 1928/ 1929 nicht gezahlt hat, also wieder elf Jahre ins Gefängnis. Capone lässt den Urteilsspruch wegen sprachlicher Mängel anfechten, erfolglos. Also die nächste Instanz, eine Anhörung vor dem US Supreme Court, und dann eine Revision... Die Eingabe wird am 11. April 1932 abgewiesen. Noch ist Capone ungebrochen als er im Mai 1932 ins Staatsgefängnis von Georgia überführt wird. Er beginnt nach den alten Regeln zu spielen, besticht Gefängniswärter und erlangt eine Vorzugsbehandlung, seine Anwälte klagen bereits wieder, diesmal gegen die Angemessenheit der Haftstrafe. Am 17. November 1932 verlässt Capone das Gefängnis, ein letzter Auftritt im Gerichtssaal, der wieder scheitert. Am 18. November 1932 können die US-Zeitungen nur von der Reduzierung der Haftstrafe Capones auf zehn Jahre berichten, es ist nur noch eine Randnotiz, ebenso wie seine Überführung 1934 ins furchtbare Gefängnis Alcatraz, aus dessen Mauern er 1939 schwer krank und deshalb begnadigt in die Zivilisation zurückkehrt. Capone stirbt 1947 im Alter von 49 Jahren verarmt in Florida.

05 | 04 | 1958

Nicht ohne meine Mutter

Von der Klosterschule direkt nach Hollywood. Julia Jean Mildred Frances Turner, geboren am 8. Februar 1920, lebt den amerikanischen Traum und wird unter dem Pseudonym „Lana" Turner das erste „Glamour-Girl" der Filmgeschichte. Turner gibt die laszive, platinblonde Sexgöttin und löst in den USA der 1940er und 1950er Jahre als erotisches „Sweater girl" – der Name kommt von den engen Pullis, die sie trägt – eine Trendwelle aus. Das turbulente Liebesleben der Turner, mit sieben Ehemännern und aufregenden Liebhabern wie Frank Sinatra, liefert der Yellow Press reichlich Schlagzeilen. Am 5. April 1958 dann der Schock: Lana Turners 14-jährige Tochter Cheryl ersticht Johnny Stompanato, den Geliebten ihrer Mutter, mit einem Küchenmesser in ihrer Wohnung in Beverly Hills. Es ist Notwehr. Stompanato hatte Turner vorher in einem erbitterten Schlafzimmerstreit bedroht. Der Fall wird zur Mediensensation. Zeitungen berichten, Lana Turners tränenreicher Auftritt im Zeugenstand wäre die Rolle ihres Lebens gewesen. Turners Memoiren zeichnen endgültig ein Bild fernab vom traumhaften Hollywood-Image: Sie schreibt von Misshandlungen, Abtreibungen und einem gescheiterten Selbstmordversuch.

10|01|1959
Der unartige Politiker

Am 10. Januar 1959 wird in der französischen Tageszeitung „Le Monde" eine kurze Nachricht veröffentlicht. Ein Politiker X soll rechtswidrig etwas mit einer Minderjährigen gehabt haben. Bald weitet sich der Skandal aus. In der Mitte der Affäre steht bald der 1884 geborene André Le Troquer, ein 75 Jahre alter Kriegsveteran, der im ersten Weltkrieg seinen rechten Arm verloren hat, bei der Befreiung von Paris mit Charles de Gaulle triumphierte und später als Innenminister Frankreichs diente. Dieser Mann soll Tanzaufführungen von gazellengleichen, blutjungen Mädchen in enganliegenden Ballettkostümen für hart arbeitende, von schwerer Verantwortung geplagte Mitglieder des französischen Senats organisiert haben. Sehr kultiviert. Allerdings ist auch die Rede von Alkohol, Drogen, Sex und „freundschaftlicher Förderung" des Karrierestarts der jungen Damen auf Staatskosten. Die Medien sprechen bald von der Affäre des „Ballets Roses". Das Vertrauen in die Polit-Gesellschaft schwindet in Frankreich dahin. Die Zeitungen sprechen bald von in Orientteppichen verpackten Mädchen und deren einflussreichen Verehrern. Für Le Troquer hat die Affäre nur geringe juristische Konsequenzen; er wird verwarnt und muss eine recht geringe Geldstrafe zahlen. 1960 verlässt er wortlos das Politparkett.

23|06|1959
Falscher Fuchs

Im englischen Hochsicherheitsgefängnis Wakefield sitzt ein Mann in Haft, der von seinem Richter vor neun Jahren und vier Monaten als „einer der gefährlichsten Menschen auf den britischen Inseln" bezeichnet wurde. Der Mann heißt Dr. Klaus Fuchs und gilt als einer der brillantesten Kernphysiker des 20. Jahrhunderts. Der gebürtige Rüsselsheimer studiert zwischen 1937 und 1941 in Bristol und in Edinburgh. Schon bald danach kann er in Birmingham am britischen militärischen Atomprogramm mitarbeiten. 1942 wird Fuchs britischer Staatsbürger. Doch keiner ahnt, dass der Deutsch-Brite etwa zur selben Zeit Kontakte mit dem sowjetischen Geheimdienst aufnimmt und diesem brisante Informationen zuspielt. Auch als er ein Jahr später im US-amerikanischen Los Alamos am Manhattan-Projekt mitwirkt, setzt Fuchs seine Spionagetätigkeit fort und liefert den Sowjets wertvolle Hinweise zum Bau der Atombombe. Erst 1950 wird der Wissenschaftler enttarnt. Er gesteht und wird zu 14 Jahren Gefängnis verurteilt. Während des Prozesses denkt man in England ernsthaft darüber nach, ob in Zukunft politischen Flüchtlingen Asyl zu gewähren sei. Es ist der 23. Juni 1959, als Fuchs wegen guter Führung vorzeitig aus der Haft entlassen wird. Man gestattet ihm, in die DDR zu emigrieren. Fuchs begibt sich unverzüglich nach Dresden, wo er schon bald neue Arbeit als Kernphysiker findet. Einige Jahre später wird er zum stellvertretenden Direktor des Zentralinstituts für Kernforschung in Rossendorf ernannt. Klaus Fuchs geht als „Atomspion" in die Annalen der Geschichte ein. Er ist der einzige Wissenschaftler, der an den Atombombenprogrammen dreier Großmächte beteiligt war.

05|06|1963
Eine verhängnisvolle Affäre

Eigentlich ist die „eiserne Lady" für ihre Strenge bekannt, doch im Fall des ehemaligen britischen Secretary of State for War, John Profumo, zeigt Margaret Thatcher sich großmütig: Sie nennt ihn „einen unserer Nationalhelden" und setzt ihn an ihrem 70sten Geburtstag im Jahr 1995 sogar neben die Queen an den Tisch. Ähnlich würdevoll geht man auch Anfang der Sechziger Jahre mit Profumo um, der nach einer beachtlichen Karriere als hochrangiges konservatives Kabinettsmitglied alle Ehrbezeugungen des Staates genießt. Da lernt der – natürlich verheiratete – Abgeordnete im Juni 1961 auf einer Pool-Party durch den Prominentenmaler Steven Ward das Mannequin Christine Keeler kennen. Die beiden beginnen eine kurze Affäre, die niemandem auffällt. Doch ein Jahr später bringt eine andere Angelegenheit, das komplette Liebesleben Christine Keelers in die Öffentlichkeit, als ihre Beziehung zum Marineattaché der sowjetischen Botschaft der Presse bekannt wird. Die Presse schließt daraus, Keeler hätte Profumo während ihrer Liaison im sowjetischen Auftrag ausspioniert. Plötzlich steht Englands gesamte Politprominenz im schalen Licht moralischer Verfehlung, besonders als sich John Profumo im März 1963 vor dem Unterhaus in Widersprüche verstrickt, seine Affäre als „nichts irgendwie Ungebührliches" verteidigt und gar droht gegen die Verleumdungen zu klagen. Am 5. Juni 1963 muss Profumo zurücktreten. Der durch seine Kuppelgeschäfte gesellschaftlich diskreditierte Steven Ward begeht im August Selbstmord. Als größter Politskandal Englands wird die Profumo-Affäre stets wiederbelebt: 1989 im Film „Scandal", 1997 im Roman „London Bus" und 2007 im Musical „A Model Girl".

08|08|1963
Der Millionendieb

Es ist der 8. August 1963. Der britische Zimmermann Ronald Biggs wird heute 34 Jahre alt, aber den Tag soll er aus anderen Gründen nie vergessen. Bruce Reynolds und Ronald Edwards haben Biggs angeheuert, um ein ganz großes Ding mit ihnen zu drehen. „Der Schweiger", „das Wiesel" und zwölf weitere Komplizen sind schließlich dabei als sie um 3.10 Uhr morgens ein Zugsignal manipulieren und den königlichen Postzug von Glasgow nach London überfallen. Die Beute ist gigantisch: 120 Geldsäcke mit 2,63 Millionen Pfund, was in etwa 50 Millionen Euro entspricht. Doch Kommissar Jack Slipper bringt Biggs und die meisten anderen Bandenmitglieder schon kurz nach dem Überfall ins Gefängnis. Biggs soll 30 Jahre einsitzen. Ohne ihn: Nach 15 Monaten Knast überklettert er mit drei Mitgefangenen die sechs Meter hohe Mauer des Gefängnisses von Wandsworth und springt durch ein ausgesägtes Loch in das Dach eines bereitstehenden Möbelwagens. In Paris lässt Biggs sein Gesicht zur Unkenntlichkeit umoperieren und flieht über Australien nach Brasilien. Kommissar Slipper ist ihm auf den Fersen, reist ihm sogar bis Brasilien nach, doch die brasilianische Regierung liefert den Posträuber nicht raus. 1978 zeigt Biggs Slipper und England eine lange Nase, indem er mit der Punkband „Sex Pistols" den Song „No One is Innocent" aufnimmt. Erst am 7. Mai 2001 kehrt er krank zurück nach England. Dort wird er sofort von 60 Scotland Yard-Beamten verhaftet und inhaftiert, was ihn so schockiert, dass er in seiner Zelle schluchzend zusammenbricht. Heute sitzt er in einer Haftanstalt in Norwich ein. Der spektakuläre Postraub bildete eine Vorlage für zahlreiche Verfilmungen, unter anderem „Buster" mit Phil Collins und „Die Gentlemen bitten zur Kasse" mit Horst Tappert.

07|05|1967
Guten Tag, Frau Pahlawi!

Im März 1967 erscheint in der Reihe rororo aktuell das Buch „Persien, Modell eines Entwicklungslandes" von Bahman Nirumand. Dort setzt sich der Exil-Iraner mit den skandalösen diktatorischen Verhältnissen in seinem Heimatland auseinander. Während eines Vortrags in Hamburg lernt Nirumand die konkret-Journalistin Ulrike Meinhof kennen. Das Treffen dauert eine ganze Nacht, man diskutiert bis zum Morgengrauen. Wenig später liest Meinhof in der „Illustrierten Neue Revue" vom 7. und 14. Mai einen zweiteiligen Artikel von Farah Diba-Pahlavi, in dem die Schah-Gattin beispielsweise darüber berichtet, dass sie und ihre Familie am liebsten an der persischen Riviera am Kaspischen ihren Urlaub verbringen. Meinhof ist empört über die zur Schau gestellte Ignoranz Farah Dibas gegenüber der größtenteils in Armut lebenden Bevölkerung Persiens. Kurz darauf erscheint in konkret ein „Offener Brief an Farah Diba", in dem Meinhof die Kaiserin persönlich mit den Worten „Guten Tag, Frau Pahlawi" anspricht, sie öffentlich auf das Elend in ihrem Land aufmerksam macht und ihr Nirumands Buch zur Lektüre empfiehlt. Meinhofs Brief und Nirumands Buch kommen zeitlich gelegen, denn der Schah und seine Frau haben sich für einen Berlin-Besuch angemeldet. Am Abend des 2. Juni 1967 befinden sich Mohammad Reza und Farah Diba Pahlavi in der Deutschen Oper, um einer Vorstellung von Mozarts „Zauberflöte" beizuwohnen. Draußen firmiert sich eine studentische Protestdemonstration, in deren Folge der Student Benno Ohnesorg von dem Polizisten Kurras erschossen wird. Der Tag wird, publizistisch von Ulrike Meinhof vorbereitet, zu einem Wendepunkt der Studentenbewegung. Farah Diba indessen hat Ulrike Meinhoff nie zurückgeschrieben.

27 | 05 | 1968
Harmlos wie Zuckerplätzchen

Hans Mückler arbeitet seit 1946 für die Stolberger Arzneimittelfirma Grünenthal. Zuvor hatte er andere Arbeitgeber, für die er Lausmittel an polnischen Gefangenen und Medikamente an KZ-Häftlingen testete, doch das ist vorbei. Mückler entwickelt Contergan, ein Beruhigungsmittel, so „harmlos wie Zuckerplätzchen", besonders geeignet für Schwangere. Es kommt am 1. Oktober 1957 auf den Markt. 1961 wundert sich der Genetiker Widukind Lenz über das vermehrte Auftreten von Missbildungen bei Neugeborenen an der Hamburger Universitätsklinik, er stellt fest, dass es sich um einen überregionalen Trend handelt und findet die Ursache im Wirkstoff Thalidomid, einem Bestandteil des Contergan. Lenz alarmiert Grünenthal, doch erst als die „Bild"-Zeitung eine Schlagzeile bringt, nimmt man das Mittel im September 1961 vom Markt. Zu diesem Zeitpunkt sind bereits 5.000 Contergan-Kinder auf die Welt gekommen. Lenz will einen Prozess, Grünenthal nicht. Doch wirkt das Verantwortungsgefühl des Arztes, dessen Vater Rassenhygieniker im Dritten Reich gewesen ist, am Ende schwerer als alle Diffamierungen, die er aus dem Haus Grünenthal über sich ergehen lassen muss. Am 27. Mai 1968 sitzen neun Vertreter des Konzerns wegen fahrlässiger Tötung auf der Anklagebank, Lenz wird als Sachverständiger nicht zugelassen. Der Prozess zieht sich hin, nach knapp 1.000 Tagen akzeptieren die Eltern der Geschädigten eine Entschädigungssumme von 110 Millionen Mark. Am 18. Dezember 1970 wird der Prozess wegen geringfügiger Schuld und Mangel an öffentlichem Interesse eingestellt. Nur 2.800 Contergankinder haben bis heute überlebt, viele sind verstümmelt, pflegebedürftig und müssen von staatlicher Unterstützung leben. Der Conterganfond, so heißt es, sei aufgebraucht. Für Grünenthal Firmenchef Sebastian Wirtz ist die Sache erledigt, eine Entschuldigung blieb bis heute aus, man habe mit Contergan nichts mehr zu tun.

08 | 08 | 1969
Mord in Hollywood

Es ist die Nacht vom 8. zum 9. August 1969, als Tex Watson, Susan „Sadie" Atkins, Linda Kasabian und Patricia Krenwinkel in einer gestohlenen Ford-Limousine die Zufahrt zum Haus Cielo Drive Nr. 10050 herauf fahren. Das Anwesen ist den vier jungen Leuten wohl bekannt. Gehörte es doch früher einem Bekannten, dem Musikproduzenten und Sohn Doris Days Terry Melcher, der sich 1968 zusammen mit Beach Boy Dennis Wilson des Öfteren bei ihnen zuhause auf der Spahn Movie Ranch rumgetrieben hatte. Jetzt ist das Haus im Besitz des Starregisseurs Roman Polanski. Etwas Unfassbares geschieht: Tex und die Mädchen dringen ins Haus ein und metzeln Polanskis hochschwangere Frau, die Schauspielerin Sharon Tate, sowie ihre drei Gäste erbarmungslos nieder. Die Morde schocken Hollywood. Doch der ermittelnde Staatsanwalt Vincent Bugliosi tappt im Dunkeln: Keine Tatverdächtigen, kein erkennbares Tatmotiv. Monate später sitzt Susan Atkins wegen kleinerer Vergehen im Gefängnis. Doch sie ist eine Plaudertasche und prahlt vor einem weiblichen Mithäftling, die Morde begangen zu haben. Endlich hat Bugliosi eine Spur, in deren Folge er den irren Eremiten Charles Manson und seine als „Family" bekannte Hippie-Sekte verhaftet. Wie sich nach und nach herausstellt, hatte „Charlie" seine Anhänger einer Gehirnwäsche unterzogen und mit seiner rassistischen und satanistischen „Philosophie" infiltriert. Die eigentliche Aufforderung zum Morden hatte er aber angeblich aus verschiedenen Texten des Weißen Albums der Beatles abgeleitet. Das Attentat bewegt noch über Jahrzehnte die Gemüter und wurde zum Stoff zahlreicher Dokumentationen, um Charles Manson entstand ein vielen kaum verständlicher Kult, unter anderem posierte Musiker Axl Rose mit einem Charles Manson T-Shirt öffentlich auf der Bühne.

24 | 10 | 1969
Für immer und ewig?

Es ist der 24. Oktober 1969. Vor einem Tag ist der teuerste Diamant der Welt für 1.050.000 US-Dollar unter den Hammer gekommen. Er ist birnenförmig und unglaubliche 69.42 Karat schwer. Der britische Schauspieler Richard Burton ist bei der Auktion unterlegen, doch er muss den Stein haben, koste es, was es wolle, denn seine Ehefrau, Filmstar Elizabeth Taylor liebt größere Aufmerksamkeiten. Also kauft Burton dem Auktionsgewinner Cartier den Diamanten ab. Wie viel Burton für den Stein, der als „Taylor-Burton-Diamant" in die Geschichte eingehen wird, bezahlen muss, bleibt geheim, aber andere Zahlen sprechen für sich. Gerüchten zufolge soll Burton der Diamanten-Liebhaberin Taylor im Laufe der Zeit Schmuck im Wert von über 90 Millionen Dollar geschenkt haben. Die beiden lernen sich beim Dreh des Monumentalfilms „Cleopatra" kennen und (hass-)lieben. Sie heiraten am 15. März 1964 und halten die Regenbogenpresse mit Burtons Alkoholexzessen, ihren dramatischen, handgreiflichen Auseinandersetzungen und natürlich mit Burtons überdimensionalen Versöhnungsgeschenken in Atem. Nach einer Scheidungspause ab 17. Juni 1974 geben sie sich am 10. Oktober 1975 in Botswana noch einmal das Ja-Wort. Im Gegensatz zum Diamanten hält aber auch diese Ehe aber nicht ewig, sondern nur bis zum 29. Juli 1976 . Als es kein „Taylor-Burton" mehr gibt, verkauft Liz Taylor 1978 auch den „Taylor-Burton Diamanten", obwohl sie später zugeben wird, dass Burton neben Michael Todd der einzige ihrer sieben Ehemänner gewesen sei, den sie wirklich geliebt habe. Ein Jahr später erwirbt der libanesische Diamanten-Händler Robert Mouawad den Stein. Angeblich hat er ihn heute noch.

06 | 06 | 1971
Wir „hätten" abgetrieben

1968 ist nicht nur das Jahr der Studentenrevolte gegen den Krieg in Vietnam, gegen Notstandsgesetzgebung und die Nazi-Vergangenheiten der Vätergeneration. Es ist auch das Jahr der sexuellen Revolution. Denn mit der Zulassung der „Anti-Baby-Pille" in der Bundesrepublik nimmt auch die sexuelle Selbstbestimmung der Frau ihren Anfang. Am 6. Juni 1971 erscheint in einer der auflagenstärksten deutschen Illustrierten, dem Stern, ein Manifest der entstehenden Bewegung, das zum ersten Mal ein Frauenthema ins Zentrum des öffentlichen Interesses rückt. Das neben den „Hitlertagebüchern" (1983) wohl bekannteste Stern-Titelbild ziert eine Collage prominenter

Frauen der westdeutschen Gesellschaft und die plakative Aussage: „Wir haben abgetrieben". Insgesamt 374 Frauen, darunter Schauspielerinnen wie Romy Schneider, Senta Berger, Sabine Sinjen und Veruschka von Lehndorff bekennen öffentlich, den § 218 StGB für überholt zu halten und gegen geltendes Recht verstoßen zu haben. Die von Alice Schwarzer initiierte und juristisch gesehen nicht ungefährliche „Selbstbezichtigungskampagne" wird zum Politikum in der noch stark von Doppelmoral geprägten bundesrepublikanischen Gesellschaft der 70er Jahre. Die Diskussion um den Abtreibungsparagraphen lässt auch in den folgenden Jahren nicht nach. Besonders die Hardliner der christlichen Parteien führen einen erbitterten Kampf für den Schutz des Ungeborenen. Später gestehen einige der unterzeichnenden Frauen, dass sie damals überhaupt nicht abgetrieben hatten. Die gesellschaftspolitische Bedeutung lag für sie aber darin, mit dem Akt der Selbstbezichtigung ein Zeichen für die Emanzipation der Frau gesetzt zu haben.

17 | 06 | 1972

Abgehört

Washington D.C.: In der Nacht vom 16. auf den 17. Juni 1972 machen sich fünf ehemalige FBI- und CIA-Agenten auf zu einer Mission. Sie sollen zum zweiten Mal in das Hauptquartier der Demokraten im „Watergate-Gebäudekomplex" einbrechen, nicht funktionierende Abhörmikrofone neu justieren und Dokumente fotografieren. Doch sie werden von der Polizei gefasst und verhaftet. Schnell kommen Gerüchte auf, der als misstrauisch bekannte republikanische Präsident Richard Nixon, der kurz vor der Wiederwahl steht, habe die Demokraten auszuspionieren wollen und den Einbruch zu verantworten. Nixon und seine Mitarbeiter versuchen, die Ermittlungen zu behindern und die Geschehnisse zu vertuschen. Deshalb dauert es noch bis März 1973 – Nixon ist bereits wiedergewählt – bis die Hintergründe der „Watergate-Affäre" enthüllt werden. Maßgeblich beteiligt sind zwei Journalisten der „Washington Post", Bob Woodward und Carl Bernstein. Ihr „investigativer Journalismus" deckt einen Skandal nach dem anderen auf: Präsident Nixon hat von dem Einbruch gewusst, sein Wahlkomitee ist dafür verantwortlich und es gab diverse weitere Fälle von „Missbrauch der Regierungsvollmachten" während Nixons Amtszeit seit 1969. Der Hauptinformant der Journalisten, damals als „Deep Throat" bekannt, „outet" sich erst 2005: Es ist der ehemalige stellvertretende FBI-Direktor Mark Felt. Die Enthüllungen um „Watergate" lösen in den USA eine massive Vertrauenskrise der Regierung aus, Nixon tritt unter dem Druck der Öffentlichkeit am 9.8.1974 als bisher einziger US-Präsident zurück.

16|11|1976
Ein Mann will zurück

Köln, Sporthalle, 13. November 1976. Es ist der Auftakt einer von der IG Metall organisierten Tournee des DDR-Schriftstellers und Liedermachers Wolf Biermann durch die Bundesrepublik Deutschland – und seit mehr als 10 Jahren eines seiner ersten öffentlichen Konzerte überhaupt, sowohl im Westen wie im Osten. Doch keiner ahnt zu diesem Zeitpunkt, dass das Politbüro der SED die Ausreise vorrangig aus dem Grunde bewilligt hat, um den unliebsamen Regimekritiker und selbsternannten „Troubadour der deutschen Zerrissenheit" schlicht und einfach loszuwerden. Drei Tage später wird die Ausbürgerung Biermanns aus der DDR über ADN bekannt gegeben. Doch auch wenn viele Westdeutsche nicht verstehen können, warum jemand freiwillig in den „Arbeiter- und Bauernstaat" zurückkehren möchte: Wolf Biermann will es, darf aber nicht. Sein Fall wird so auf beiden Seiten der deutsch-deutschen Grenze zum Politikum: Hier wird einem Deutschen das Aufenthaltsrecht in seinem Land verwehrt. Mit Kritik aus dem Westen hatte die DDR-Führung wohl gerechnet, nicht aber mit der beispiellosen Protestkampagne im Osten, die nun folgen soll. Spontan organisieren die Schriftsteller Stefan Heym und Stephan Hermlin eine Petition, in der sie sich mit Biermann gegen dessen Ausbürgerung solidarisieren. Innerhalb weniger Tage haben sich über 100 ostdeutsche Intellektuelle an der Unterschriftenaktion beteiligt, darunter Prominente wie Christa Wolf, Katharina Thalbach, Manfred Krug, Nina Hagen, Bettina Wegner, Jürgen Fuchs oder Armin Müller-Stahl. Die DDR reagiert mit den bekannten Maßnahmen eines Unterdrückungsstaates. Berufsverbote und angedrohte lange Haftstrafen zwingen viele „Dissidenten" zur Emigration. Der 16. November 1976 ist nicht weniger als der Anfang vom Ende der DDR.

06|03|1978
Unter Beschuss

Es ist der 6. März 1978. Der Verleger Larry Flynt und sein Anwalt Gene Reeves Jr. verlassen gerade nichts Böses ahnend nach einer Verhandlung das Gerichtsgebäude in Lawrenceville, Georgia, als plötzlich Schüsse fallen. Flynt wird schwer verletzt und sitzt seitdem im Rollstuhl, der Täter wird nicht gefasst. Erst Jahre später bekennt sich der Serienkiller Joseph Paul Franklin zur Tat, aber zu dem Zeitpunkt sitzt er ohnehin schon lebenslang im Gefängnis, so dass kein erneuter Prozess gegen ihn geführt wird. Franklins Motiv? Rassismus. Der Killer hat sich über ein Foto im „Hustler" aufgeregt, auf dem Personen mit verschiedenen Hautfarben abgebildet waren. „Hustler" polarisiert ohnehin. Der 1942 in Kentucky geborene Flynt hat, ganz „self-made man", das Porno-Magazin 1974, nach einer wechselhaften Karriere als Navy-Offizier und Strip-Club-Besitzer, ins Leben gerufen. Gestartet als kostenloser Newsletter, wird „Hustler" schnell ernsthafte Konkurrenz für „Playboy" und „Penthouse" mit Spitzenauflagen von bis zu drei Millionen Exemplaren. Flynt steht mit den expliziten, offensiven Fotos, die er in seinen Heften veröffentlicht, unter starkem Beschuss konservativer und feministischer Gruppen. In diversen Gerichtsstreits kämpft er bis heute für sein Recht auf freie Meinungsäußerung, ein Fall geht 1981 sogar vor das Oberste Bundesgericht der USA. 1996 verfilmt Miloš Forman das Leben des Porno-Tycoons unter dem Titel „Larry Flynt – Die nackte Wahrheit."

27 | 06 | 1984

Die gekaufte Republik

Bundeswirtschaftsminister Otto Graf Lambsdorff tritt am 27. Juni 1984 von seinem Amt zurück. Ein halbes Jahr zuvor hat der Bundestag seine Immunität aufgehoben. Nun droht ihm eine Klage wegen Bestechlichkeit. Lambsdorff sieht seine Position bröckeln. Er ist immerhin eine der sichtbarsten Figuren in einem Spendenskandal, der die gesamte BRD erschüttert. Im Zuge der Untersuchung der Flick-Affäre wird langsam klar, dass sich fast alle westdeutschen Parteien in den 70er Jahren gerne von dem finanzkräftigen Flick-Konzern unter die Arme greifen ließen – und diesem dafür oftmals politische „Gefallen" erwiesen. So wurden dem Flick-Konzern 1975 wegen einem groß angelegten Aktien-Verkauf an die Deutsche Bank fällige Steuern von über 900 Millionen DM „erlassen" – als „volkswirtschaftlich förderungswürdige Re-Investition". Immer wieder haben führende Politiker Barzahlungen erhalten – zur „Pflege der politischen Landschaft", wie es aus dem Flick-Lager verlautet. Diese „Pflege" schadet dem Vertrauen der Bevölkerung in die „politische Landschaft" enorm. Bei den Untersuchungen glänzen fast alle Politiker durch ein löchriges bis nicht vorhandenes Erinnerungsvermögen. Reue zeigt keiner, gewesen war es auch keiner. Flick, dessen Vater den Reichtum der Familie teilweise als Nazi-Kollaborateur erwirtschaftet hat, sieht offenbar auch kein Problem. Immerhin, das Bundesverfassungsgericht sieht – ähnlich wie die Medien und die Bürgerschaft – Handlungsbedarf und verschärft die entsprechenden gesetzlichen Regelungen.

28 | 02 | 1986
Tödliche Bürgernähe

Sven Olof Joachim Palme und seine Frau Lisbet sind auf dem Heimweg. Es ist der 28. Februar 1986 und der schwedische Ministerpräsident kommt gerade aus dem Kino. Wie so oft verzichten die beiden auf Polizeischutz. Ein fataler Fehler, denn um 23.23 Uhr wird Olof Palme an der Ecke Sveavägen/ Tunnelgatan in der Innenstadt von Stockholm aus unmittelbarer Nähe erschossen. Ein Passant versucht, den Täter zu verfolgen, doch der entkommt. Es sind ebenfalls Passanten, die Patronenhülsen der Mordwaffe finden. Gerüchte kommen auf, dass die Polizei bei den Ermittlungen schlampt, unter anderem, weil es dauert, bis sich Stadtpolizei und Sicherheitspolizei einigen können, wer für denn Fall zuständig ist. Olof Palme ist vor allem für seine engagierte Außenpolitik bekannt geworden: Seine Kritik am Vietnamkrieg, durch internationale Abrüstungsinitiativen und als UNO-Vermittler im Iran-Irak-Krieg. Erst drei Jahre später präsentiert die Polizei Ende 1988 der Öffentlichkeit einen Tatverdächtigen: Den einschlägig vorbestraften und drogenabhängigen Christer Pettersson. Doch in zweiter Instanz wird der wegen eines Verfahrensfehlers freigesprochen. Pettersson stirbt 2004, am 2. Februar 2007 berichtet seine langjährige Freundin der Zeitung „Aftonbladet", dass Pettersson ihr gegenüber den Mord gestanden habe. Das Motiv: Petterson habe für einen Bekannten wegen Steuerschulden Rache an Olof Palme nehmen wollen.

03 | 03 | 1986
Der Mann aus dem Schmutzkübel

Der ehemalige UNO-Generalsekretär und jetzige Spitzenkandidat der ÖVP Kurt Waldheim hat im Frühjahr 1986 die besten Chancen, die österreichischen Wahlen für das Amt des Bundespräsidenten zu gewinnen. Doch im Vorfeld werden einige „unschöne" Details aus der Vergangenheit des 67-jährigen ans Tageslicht gebracht, als das Nachrichtenmagazin profil am 3. März einen Artikel mit dem Titel „Waldheim und die SA" veröffentlicht. Dort wird behauptet, Waldheim habe in seiner Autobiographie in bestimmten Punkten seine Rolle während des Nationalsozialismus und des Zweiten Weltkriegs betreffend die Unwahrheit gesagt. Der streitet jedoch alles ab, seine Anhänger sprechen von einer „Schmutzkübel-Kampagne", und Waldheim kann sich bei einer Stichwahl im Juni des Jahres mit 53,9 % der Wählerstimmen gegen seinen Konkurrenten Kurt Steyrer (SPÖ) durchsetzen. Doch die gegen Waldheim erhobenen Vorwürfe haben ein Nachspiel.

Der Jüdische Weltkongress (WJC), der der SPÖ die betreffenden Informationen zugespielt hatte, erreicht die Aufnahme des Politikers in die „watch list" des US-Justizministeriums, weil er von der Deportation von 40.000 Juden gewusst haben soll. Eine internationale Historikerkommission soll die Geschehnisse rekonstruieren. Allerdings kann man Waldheim keine direkte Beteiligung an Kriegsverbrechen nachweisen. Dennoch bleibt der Makel an ihm haften. Als er den 1988 fertig gestellten Bericht der Kommission zurückhalten will, kommt es gar zu einer Regierungskrise. Österreich wird international isoliert und kann in den folgenden Jahren lediglich zum Vatikan und zu arabischen Ländern gute Beziehungen aufrechterhalten. Etwas Positives bewirkt die Affäre allerdings. Österreich beginnt endlich, über 40 Jahre nach Ende des Krieges, mit der Aufarbeitung seiner NS-Vergangenheit.

28 | 05 | 1987
Landung auf dem Busparkplatz

Am 28. Mai 1987 landet eine deutsche Cessna 172 auf einem Busparkplatz. Ihr Pilot sagt, er sei für den „Weltfrieden" gekommen. Für den „Weltfrieden"? Nun ja, der Busparkplatz liegt etwa hundert Meter neben dem „Roten Platz" in Moskau und Mathias Rust, der 19-jährige Hobbyflieger, hat gerade die sowjetische Luftabwehr ausgetrickst. Ein paar Tage vorher leiht er sich das Flugzeug beim Hamburger Luftsportverein, angeblich für einen Nordsee-Rundflug. Doch Rust startet zu einer Mission als „Friedenstaube": Über Finnland fliegt er in die Sowjetunion und dann entlang von Bahnschienen, zeitweise mit einem sowjetischen Abfangjäger an seine Seite, bis zum Roten Platz, beziehungsweise zum Busparkplatz daneben. Das immense Presse-Echo kann Rust allerdings nicht genießen. Er wird sofort vom KGB festgenommen und zu vier Jahren Arbeitslager verurteilt. Eine weitere Folge der Rust'schen Busparkplatz-Landung: Michail Gorbatschow entlässt Verteidigungsminister Sergej Sokolow und einige störrische Offiziere „in den wohlverdienten, frühzeitigen Ruhestand". Rust selbst scheint sein Engagement für den Weltfrieden aufgegeben zu haben: Er wird in späteren Jahren mehrmals wegen Körperverletzung, Diebstahl und Betrug angezeigt und verdient sein Geld heute angeblich als professioneller Poker-Spieler.

05|01|1989
Ein gutes Geschäft für alle

Der 5. Januar 1989 ist für den Frankfurter Steuerberater Harry P. Meyer ein schlechter Tag. Mitarbeiter des ZKI dringen in sein Büro ein und beschlagnahmen die Akten seines besten Kunden, der irakischen Firma I.B.I. Die Firma steht in Verdacht, gemeinsam mit der Schwarzwälder Firma Imhausen Libyen beim Aufbau der Giftgasfabrik Rabta behilflich gewesen zu sein. Gleichzeitig gerät als dritter Teilhaber am Geschäft die Salzgitter Industrie Bau (SIB) ins Visier der Ermittlungen, die unter der Aufsicht des bundesdeutschen Finanzministeriums steht. Bundeskanzler Kohl äußert sich „bestürzt" über die Vorfälle, zumal er bei seinem letzten USA-Besuch vor Präsident Reagan alle Vorwürfe bestritten hat. Doch die Ermittlungen ziehen sich hin, 200 Aktenordner, die sich auf den Deal beziehen, werden „firmenintern" selbst untersucht und geschreddert. Am 12. Januar tritt der Hauptangeklagte Hippenstiel-Imhausen vor Gericht auf. Hat er zuvor behauptet, Plastiktüten nach Libyen verkauft zu haben, so schweigt er nun und äußert allein, dass das Geschäft ohnehin „nebensächlich" und „klein" gewesen sei. Im Februar muss Wolfgang Schäuble auf heftigen Druck der Medien stellvertretend für die Bundesregierung einräumen: „Wir haben alles gewusst, wochenlang die Unwahrheit gesagt und nichts gegen die Exporte unternommen." Die US-Regierung unter Ronald Reagan, fest davon überzeugt in Libyens Staatschef Gaddafi den Drahtzieher hinter dem Lockerbie-Attentat vor sich zu haben, droht dagegen die Anlage Rabta mit zwölf Tomahawks dem Boden gleich zu machen und spricht von nuklearer Vergeltung. Doch am Ende geht alles „gut" aus: Für Libyen, das eine Fabrik für chemische Kampfstoffe sein eigen nennt und sich auf die Aufgabe „das Atom herzustellen" besinnen kann, für die Bundesregierung die keinerlei personelle Konsequenzen ziehen muss und letztlich auch für Hippenstiel-Imhausen, der zu fünf Jahren Haft verurteilt wird, aber die erwirtschafteten Millionen behalten darf.

01|02|1992
United Colors of Shock

Ein junger Aids-kranker Mann liegt abgemagert im Bett und blickt im Kreis seiner Familie dem Tod ins Auge. Ab 1. Februar 1992 verwendet die italienische Bekleidungsfirma „Benetton" dieses Motiv der Fotografin Therese Frare für ihre internationale Werbe-Kampagne. Das emotionale, schockierende Bild löst eine massive Diskussion über die Krankheit Aids und die ethischen Werte von Wirtschaft und Medien aus. Der Konzern um Luciano Benetton ist bekannt für seine kontroversen Image-Kampagnen: Krieg, Gewalt, Umweltverschmutzung, Rassismus und Kirche – kein Thema ist Benetton zu „heiß". Immer wieder gibt es öffentliche Aufschreie über Anzeigen, die die Menschenwürde zu verletzen scheinen und doch nur dem Verkauf recht konventioneller Mode dienen. Doch bei „Benetton" heißt es, man wolle nur Gutes tun: Aufklären und für Toleranz werben. Verantwortlich für die provokante Werbung, die in 120 Ländern zu sehen ist, zeichnet besonders Fotograf Oliviero Toscani. Doch er verwahrt sich gegen alle Vorwürfe, 1995 rechnet er in seinem Buch „Die Werbung ist ein lächelndes Aas" gar mit seine braven Kollegen ab. Benetton macht also weiter, ebenso Toscani, der 2007 anlässlich der Mailänder Modewoche freizügige Bilder einer magersüchtigen Frau präsentiert, um auf die Problematik des Schlankheitswahnes aufmerksam zu machen.

12 | 06 | 1994
Live und in Farbe

Kurz vor Mitternacht des 12. Juni 1994 werden die erstochenen Leichen von Nicole Brown Simpson und ihrem Freund Ronald Goldman in Los Angeles aufgefunden. Beweise am Tatort vor Browns Wohnung führen zu ihrem Ex-Mann, O.J. Simpson. Der populäre Schauspieler und Ex-American Football-Spieler will sich am 17. Juni um elf Uhr selbst der Polizei stellen. Über tausend Reporter warten auf ihn, doch Simpson taucht nicht auf. Als Simpson einige Stunden später in einem weißen Ford Bronco auf dem Highway gesichtet wird, beginnt eine spektakuläre Polizeiverfolgungsjagd, die live per Hubschrauber in Fernsehen und Radio übertragen wird. Der Sender NBC unterbricht sogar ein Basketball-Endspiel, um draufzuhalten. Auch beim Prozess gegen Simpson schaut die Öffentlichkeit zu. Zeugenaussagen und Plädoyers werden im Fernsehen übertragen. So gerät auch das Gericht unter Druck, denn viele Zuschauer halten die Verhandlungen für einen rassistischen Schauprozess gegen Amerikaner afrikanischer Herkunft. Trotz sicherer DNA-Spuren sprechen die Geschworenen Simpson überraschend frei. Kritiker des amerikanischen Justizsystems sehen den Freispruch als beispielhaft für die Unzulänglichkeit der Geschworenen, die beeinflusst von den flammenden Reden der Verteidiger als Laien allein über das Schicksal der Angeklagten entscheiden. 14 Jahre später sitzt Simpson wieder in Untersuchungshaft. Diesmal wird er beschuldigt, am 13. September 2007 einen Raubüberfall in Las Vegas begangen zu haben.

29|06|1994
Öffentliches Geständnis

Charles Philip Arthur George Mountbatten-Windsor, der Thronfolger des Vereinigten Königreichs, gesteht es am 29. Juni 1994. In einem TV-Interview mit dem Journalisten Jonathan Dimbley gibt er öffentlich zu, seine Frau Prinzessin Diana betrogen zu haben. Aber, so rechtfertigt er sich, seine Ehe mit ihr sei bereits gescheitert gewesen als er die Liaison mit Camilla Parker-Bowles begonnen habe. Charles muss dieses Interview führen, denn die Öffentlichkeit weiß ohnehin längst Bescheid. Schon zwei Jahre zuvor haben ein Enthüllungsbuch von Andrew Morton und Boulevardzeitungen wie „The Sun" über den schlechten Zustand seiner Ehe berichtet. Am 13. Januar 1993 hat eine australische Zeitschrift ein sechsminütigen Telefongesprächs mit sehr intimen Inhalten zwischen Charles und Camilla Parker-Bowles abgedruckt, das angeblich schon 1990 stattfand. In den nächsten Jahren wird Charles zum erklärten Lieblingsfeind der Yellow Press, er hat die „Prinzessin der Herzen" betrogen und unglücklich gemacht. Am 9. April 2005 gibt es für Charles und Camilla endlich ein Happy-End: Camilla Parker-Bowles und Prinz Charles heiraten und die Queen akzeptiert Camilla in der königlichen Familie.

31|12|1994
Zu treuen Händen

Die deutsche Wiedervereinigung von 1990 beflügelt die Phantasien. Der westdeutsche Kanzler beispielsweise träumt von blühenden Landschaften im Osten. Andere fragen sich erst mal, wie mit dem Vermögen der sich auflösenden DDR umzugehen ist. Dazu wird im Juni 1990 das „Gesetz zur Privatisierung und Reorganisation des volkseigenen Vermögens", das Treuhandgesetz, verabschiedet. Die Treuhand verwaltet 8.500 Betriebe. Die meisten davon können wirtschaftlich kaum im westlichen Wettbewerb bestehen; es müssen also Investoren her. Glücklich, wer nun über das nötige Kleingeld verfügt. Die Treuhandgesellschaft verkauft, was zu verkaufen ist. „Abwickeln" nennt sich das im Vereinigungsdeutsch. Der Erlös aus der Privatisierung beträgt 60 Milliarden Deutsche Mark, die Ausgaben der Gesellschaft summieren sich aber auf über 300 Milliarden. Ein schlechtes Geschäft, für dessen Verluste, der neue deutsche Staat aufkommt. Immer mehr Skandale und Fehlentscheidungen bei der „Abwicklung" werden bekannt. So wird die Berliner VEB Wärmeanlagenbau mit 1200 Mitarbeitern von einem betrügerischen Käufer in die Insolvenz „abverkauft"

und dieser flieht mit mehreren Millionen DM ins Ausland. Bei dem Verkauf des DDR-Schiffbaukombinats an die Bremer Vulkan AG werden EU-Fördermittel in Höhe von 700 Millionen DM an den neuen Besitzer umgeleitet. Bei der Privatisierung der Leunawerke fließen Schmiergelder in Millionenhöhe. Eine Aufarbeitung der Fälle erweist sich als schwierig, da, wie man vermutet, die damalige deutsche Regierung entsprechende Unterlagen vernichtet hat. Vom Vertrauen in Recht und Demokratie kann in Deutschland nun keine Rede mehr sein. Am 31. Dezember 1994 wird die Treuhand aufgelöst und zu einer der meist verspotteten Institution der Deutschen Geschichte.

22|12|1997
Was Sie schon immer über Sex wissen wollten...

Sie sind seit zwölf Jahren ein Paar, haben mehrere adoptierte und ein eigenes gemeinsames Kind, und bald kommt ihr neuer Film „Husbands and Wives" in die Kinos. Scheinbar läuft 1992 alles perfekt für Schauspielerin Mia Farrow und Erfolgsregisseur Woody Allen. Doch eines Tages blättert Mia Farrow nichts ahnend durch Papiere und Unterlagen, die im New Yorker Apartment ihres Lebensgefährten auf dem Kaminsims liegen. Die Bilder, die sie dort entdeckt, rauben ihr den Atem: Es sind Nacktfotos ihrer koreanischen Adoptivtochter Soon-Yi Previn! Allen gesteht, dass er seine Adoptivtochter liebt. Zu dem Zeitpunkt ist Soon-Yi 22, Woody Allen schlappe 57. Und es gibt ein Happyend, zumindest für das ungleiche Paar: Am 22. Dezember 1997 heiratet Allen seine Soon-Yi in Venedig. Der als sehr neurotisch bekannte Allen braucht angeblich, seit er mit Soon-Yi zusammen ist, keine Psychotherapie mehr und sagt später, dass der unglückliche Zufall mit den Nacktfotos „das größte Glück" in seinem Leben gewesen sei. Soon-Yi und Allen sind heute immer noch verheiratet und haben selbst zwei Adoptivtöchter. Da kann man nur hoffen, dass sich die Geschichte nicht wiederholt.

26|01|1998
Mann mit Zigarre

Der mächtigste Mann der USA gibt sich empört. Vor ein paar Tagen haben „Newsweek" und „Washington Post" berichtet, Präsident Clinton hätte eine Affäre mit Monica Lewinsky gehabt, einer Praktikantin im Weißen Haus. Clinton hebt dramatisch den Zeigefinger, lässt sich von seiner Frau Hillary Rodham Clinton Rückendeckung geben und stellt auf der Pressekonferenz im Weißen Haus unmissverständlich klar: „Ich hatte keine sexuelle Beziehung mit dieser Frau, Miss Lewinsky. Ich habe niemandem gesagt, dass er lügen soll, nicht ein einziges Mal, niemals." Es ist der 26. Januar 1998. Die Worte, die Präsident Clinton gerade gesagt haben, werden ihn später fast den Kopf kosten. Denn der Präsident lügt. Nach sieben Monaten voll schmutziger Enthüllungen, die unter anderem ein blaues Kleid mit Sperma-Flecken, eine Zigarre und Oral-Sex im Oval Office ans Licht des Tages bringen, kann Bill Clinton dem übermächtigen Druck der Öffentlichkeit nicht mehr ausweichen. Am 17. August 1998 gesteht er im Fernsehen, eine sexuelle Beziehung mit Lewinsky gehabt zu haben. Die USA steht Kopf. Es gibt wohl keine Zeitung, keinen Fernsehsender und keine Radio-Station, die nicht über die privaten Eskapaden des Präsidenten berichten. Vor allem die Lüge wird Clinton übel genommen. Es folgt ein Amtsenthebungsverfahren durch das amerikanische Repräsentantenhaus, das allerdings nach 21 Verhandlungstagen im Senat scheitert. Bill Clinton bleibt regulär bis 20. Januar 2001 im Amt. Heute stärkt er seiner politisch ambitionierten Frau den Rücken. Eins ist sicher: Eine Zigarre wird im Hause Clinton nie wieder das sein, was sie mal war.

28 | 02 | 2000
Shakesbier

Am 28. Februar 2000 macht Deutschland die Bekanntschaft von Zlatko Trpkovski. Er ist einer der ersten Bewohner im „Big Brother"-Wohncontainer, die sich für die Gewinnsumme von 250.000 DM rund um die Uhr von Kameras filmen lassen. Das Sendeformat ist von Anfang an heftig umstritten, weil es das private Leben der offenbar schmerzfreien Teilnehmer live im TV zur Schau stellt. Zlatkos „Karriere" ist typisch für die „Big Brother", der KFZ-Mechaniker mazedonischer Abstammung – das sei vorweggenommen – kam nie groß raus. Doch im Jahr 2000 bringt er es zu 15 Minuten Ruhm. Die allerdings haben sich gewaschen, denn Zlatko tritt mit dem Satz „Shakespeare? Klar! Kenn ich, weiß aber jetzt nicht, was für Filme der gemacht hat." in Deutschland gleich eine ganze Bildungsdebatte los und provoziert einen wahren Sturmlauf bärbeißiger Bildungsbürger gegen die neue Spaßgesellschaft. Als er am 9. Juni 2000 aus dem Container gewählt wird, verabschiedet er sich von seinem TV-Publikum mit den Worten: „Vielen herzlichen Dank, ihr Fotzköpfe!" Mit „Ich vermiss' dich wie die Hölle" und „Großer Bruder" landet er gemeinsam mit seinem Kollegen Jürgen zwei Nummer-Eins-Hits in Deutschland. Die „Bild"-Zeitung berichtet fast täglich über ihn. Zlatkos Management hat die geniale Idee, den Shakespeare-Vorfall zu nutzen und bringt ein „Shakesbier" heraus. Leider erfolglos. Dann wird es ruhig um Zlatko. Ähnlich ruhig wie um die inzwischen achte Staffel von „Big Brother", die 2008 gesendet wird.

01 | 12 | 2001
Kind der Liebe

„Es ist ein Mädchen!" Der Gynäkologe, der am 1. Dezember 2001 das erste Baby der japanischen Kronprinzessin Masako auf die Welt holt, hat bei diesen Worten wahrscheinlich ein etwas eingefrorenes Lächeln. Schließlich wartet ganz Japan seit Jahren auf einen Thronfolger, aber es muss ein Junge sein! Das „Gesetz über die Kaiserliche Familie" von 1947 gebietet, dass nur männliche Nachkommen den Thron besteigen dürfen. Vor ihrer Hochzeit mit dem japanischen Kronprinzen Naruhito am 19. Januar 1993 wird Masakos Gebärfähigkeit untersucht. Unter den gespannten Augen der Öffentlichkeit warten die beiden aber acht Jahre lang vergeblich auf ein Baby. Masako ist fast 39 Jahre alt, als die kleine Prinzessin endlich geboren wird. Die Eltern nennen sie stolz Aiko, was „Kind der Liebe" aber auch „liebes Kind" bedeuten kann. Und in Japan bricht ein Streit um die Thronfolge los. Eine so genannte Zehnerkommission empfiehlt der Regierung Ende 2005 die Abschaffung der männlichen Thronfolgeregelung. Doch dann wird Masakos Schwägerin, Prinzessin Kiko, schwanger und bringt am 6. September 2006 einen kleinen Prinzen, Hisahito, zur Welt. Und der nimmt nun hinter Kronprinz Naruhito und seinem Vater Akishino Platz drei in der Thronfolge ein. Die geplante Gesetzesänderung wird nicht mehr im Parlament beraten und die kleine Aiko wird den Chrysanthemen-Thron wohl nie besteigen.

12 | 01 | 2002
Lex Berlusconi

Das neue italienische Gerichtsjahr wird am 12. Januar 2002 eingeläutet. Doch dieses Mal ist nicht alles wie immer. Zahlreiche Staatsanwälte und Richter verlassen die Feierlichkeiten, sobald die Regierungsvertreter mit ihren Reden beginnen. Sie protestieren gegen die Regierung Berlusconi, die seit einem Jahr an der Macht ist. Berlusconi selbst bezeichnet Richter gerne als „Kommunisten". Der

Self-Made-Mann aus ursprünglich einfachen Verhältnissen behandelt den italienischen Staat weitgehend so, als wäre er sein „Unternehmen". Dabei gebietet der Mann aus Mailand als Besitzer der Sendergruppe Mediaset vor allem im Fernsehen über die öffentliche Meinung. Die juristischen Hindernisse gegen eine Verknüpfung von Medien- und Staatsmacht versucht der als reichster Mann Italiens geltende Machtmensch gegen einigen Widerstand der Opposition „im Interesse aller" zu beseitigen. Die absurdesten neuen Gesetze sind dabei die de facto Abschaffung des Kündigungsschutzes, Straffreiheit für Bilanzbetrug und die beinahe freie Richterwahlrecht durch Angeklagte. Für die protestierenden Juristen und einen großen Teil der europäischen Öffentlichkeit ist Berlusconi daher das beste Beispiel für eine Übernahme der Politik durch Wirtschaft und Medien, man geht auf Distanz. 2006 verliert Berlusconi knapp gegen das Mitte-Links-Bündnis um Romano Prodi. Zuvor hatte er erfolglos versucht in einem seiner TV-Sender eine eigene Wahlkampfshow zu senden.

17 | 11 | 2003
Der Gouvernator

Am 17. November 2003 ist die Welt überrascht, wobei viele nicht wissen, ob sie lachen, weinen oder vor Begeisterung jubeln sollen. Arnold Schwarzenegger hat den amerikanischen Traum vom Tellerwäscher zum Millionär auf ein neues Level gehoben: Als ehemaliger Bodybuilder, fünffacher Mr. Universum und Hollywoodstar erklimmt er den Gouverneursessel, obwohl er offensichtlich nichts von Politik zu verstehen scheint. Dazu kommen eine Drogen- und Anabolikavergangenheit und die vielen Schlagzeilen seines wilden Liebeslebens. „Recall, recall!" fordern die Anhänger des unterlegenen Demokraten Gray Davis, doch sie bleiben machtlos. Wie in einem seiner Filme hat Schwarzenegger schlicht damit gesiegt, dass er Kalifornien den alten Mythos vom amerikanischen Traum mit gut platzierten Kampfparolen gegen „die da oben" und charmantem Lächeln heraufbeschworen hat. Und aller Unkenrufe zum Trotz, bleibt Schwarzenegger nicht nur im Amt, sondern wird am 7. November 2006 von sensationellen 55,9 % der Wähler als 38. Gouverneur wieder gewählt. Im österreichischen Radio sagt Schwarzenegger dazu süffisant: „Ich liebe es, Mehrteiler zu machen. Aber das ist ohne jeden Zweifel meine liebste Fortsetzung." Schwarzenegger setzt sich nun für erneuerbare Energien ein und macht sich in Sacramento beliebt, weil er auf sein Gouverneurs-Gehalt verzichtet. Auch seine harte Einwanderungspolitik und seine unnachgiebige Meinung zur Todesstrafe kommen bei großen Teilen der

Bevölkerung an. Man munkelt, er habe Ambitionen auf das Präsidentschaftsamt. Doch dafür müsste erst die Verfassung geändert werden, weil bisher nur gebürtige US-Amerikaner Präsident werden dürfen, doch nichts scheint nun mehr unmöglich im Land der unbegrenzten Möglichkeiten.

03|10|2003
5750 Mal berührt...

Ein Raunen geht durch das gespannte Publikum im Las Vegas Mirage Hotel. Es ist der 3. Oktober 2003, 1.500 Zuschauer verfolgen die Show des deutschen Magier-Duos „Siegfried und Roy". Es ist keine normale Vorstellung, denn heute ist der 59. Geburtstag des dunkelhaarigen Meister-Dompteurs Roy Horn. Plötzlich schnappt der siebenjährige weiße Tiger „Montecore" nach dem Arm des Magiers. Horn schlägt dem Tiger ein Mikrofon auf den Kopf, um ihn abzulenken, doch dann beißt „Montecore" ihn in den Hals. Wie eine Stoffpuppe schleift er seinen Meister darauf hinter den Vorhang. Viele der Zuschauer glauben zunächst, es handelt sich um eine Show-Einlage. Erst als der blonde Siegfried Fischbacher die Show überraschend für beendet erklärt, bemerken viele, dass etwas nicht stimmt. Es ist der erste Vorfall seit 5.750 erfolgreichen Shows. Horn schwebt in Lebensgefahr. Er wird

notoperiert und soll lange brauchen, bis er sich von dem Unfall erholt. Siegfried und Roy müssen ihre spektakuläre Tiger-Show, die seit 1990 2,5 Millionen Zuschauer angelockt hat, bis auf weiteres absagen. Doch dem Tiger geben die beiden keine Schuld. Fischbacher sagt sogar, der Tiger habe seinen Kollegen nur schützen wollen. Hätte

er ihm etwas antun wollen, wäre Horn jetzt tot und Montecore sicher auch. Für Februar 2009 planen die beiden „Masters of the Impossible" ihr Bühnen-Comeback – natürlich wieder mit weißen Tigern.

05|09|2004
Mit allen Mitteln

Der ukrainische Präsidentschaftskandidat Wiktor Juschtschenko ist eingeladen. Gastgeber Ihor Smeschko, Chef der ukrainischen Staatssicherheit, hat den immer populärer werdenden Politiker am 5. September 2004 zum Abendessen gebeten. Nachts nach dem

Treffen leidet Juschtschenko unter Unterleibs- und Rückenschmerzen, er muss erbrechen und sein Gesicht scheint gelähmt. Der pro-westliche Kandidat fällt daraufhin vier Wochen im Präsidentschaftswahlkampf aus, behandelnde Ärzte im Wiener Rudolfinerhaus erklären erst am 11. Dezember, dass es sich um eine Dioxinvergiftung handelt. Mindestens das 1.000-fache, später behaupten einige das 6.000-fache der normalen Konzentration an Dioxin hätte sich im Körper von Juschtschenko befunden. Eine natürliche Vergiftung wird ausgeschlossen, der Politiker muss das Gift über den Mund aufgenommen haben. Das unaufgeklärte Verbrechen ist noch 2007 Thema, als Juschtschenko Russland vorwirft, die Ermittlungen zu torpedieren und vermutlich selbst in den Anschlag verwickelt zu sein. Das in seinem Körper befindliche Dioxin wird nur an drei Orten weltweit hergestellt, in den USA, Großbritannien und Russland. Lediglich die russische Seite weigert sich, eine Probe zur Untersuchung bereitzustellen. Juschtschenko gewinnt die Wahl dennoch, vor allem im Gesicht stark von dem Anschlag gezeichnet. Der vom Kreml unterstützte Wiktor Janukowytsch unterliegt, ihm werden später massive Manipulation der Medien und des Wahlvorgangs vorgeworfen.

03 | 05 | 2006
Italienische Gerechtigkeit

Luciano Moggi wird den 3. Mai 2006 so schnell nicht vergessen. Es ist jener Tag, an dem italienische Zeitungen Abhörprotokolle von Telefongesprächen des Sportdirektors von Juventus Turin mit Ex-Schiedsrichter-Koordinator Pierluigi Paretto abdrucken. Die Gespräche belegen, dass zwei Jahre zuvor einige Erstligaspiele in Italien manipuliert worden sind. Dieser Startschuss für eine Lawine an Betrugsaufdeckungen zieht als erstes Franco Carraro, den Präsidenten des italienischen Verbandes FIGC mit sich, er tritt zurück. Ihm folgt der komplette Aufsichtsrat von Juventus Turin, einer von neun Erst- und Zweitligaklubs, die in den Skandal verstrickt ist. Auch Nationaltrainer Marcello Lippi und dessen Sohn geraten in Verdacht, gewisse Spieler für die Nationalelf zu berücksichtigen, die bei der Spielervermittlungsagentur von Lippis Sohn unter Vertrag stehen. Es folgen Vorwürfe u.a. an Nationaltorwart Gianluigi Buffon über illegale Wetten, ein italienischer Schiedsrichter wird von der im selben Jahr stattfindenden WM ausgeschlossen, 16 von 18 A-Liga-Klubs wird Steuerbetrug und Bilanzfälschung vorgeworfen. Am 27. Juni unternimmt der Generalmanager von Juventus, Gianluca Pessotto, einen mit angeblich privaten Schwierigkeiten begründeten Selbstmordversuch. Dennoch fordert Justizminister Clemente Mastella am 7. Juli eine Amnestie für alle betroffenen

Vereine und Personen, der sich nach dem gewonnenen WM-Titel am 9. Juli verschiedene Stellen anschließen. Während das erste Urteil noch für drei Vereine den Zwangsabstieg anordnet, fallen nach drei weiteren Urteilen die Strafmaße höchst glimpflich für alle Beteiligten aus, lediglich Juventus muss in die Zweite Liga, Inter Mailand wird nachträglich zum neuen Meister. Moggi erhält ein 5-jähriges Berufsverbot.

23 | 11 | 2006
23 letale Tage

Sie treffen sich am 1. November 2006 um 15 Uhr in der Sushi-Bar Itsu am Piccadilly Circus. Mario Scaramella ist nervös. Der Italiener vertilgt keinen Happen von seinem Essen, nur ein Glas Wasser genügt ihm. Sein Gegenüber Alexander Litwinenko verabschiedet sich schließlich von ihm und stellt nur wenige Stunden später fest, dass es ihm sehr schlecht geht. Er muss ins Krankenhaus, doch erst am 23. November, wenige Stunden vor seinem Tod, entdeckt man die Ursache seiner Krankheit. Litwinenko ist mit dem Giftstoff Polonium 210 verseucht worden. Den Hergang der Ereignisse schildert der Todgeweihte im Krankenhaus. Scaramellas Weg wird nachgezeichnet, Italien sieht sich im Polonium-Alarm, da der Italiener, ebenso erkrankt ist, wenn auch schwächer, und in den Tagen nach dem Treffen in zahlreichen Städten unterwegs war. Währenddessen schießen alle möglichen Vermutungen ins Kraut: Hat Litwinenko, der Ex-Agent, selber das Polonium aus Russland nach England geschmuggelt? Welche Rolle spielte der windige Italiener tatsächlich, über seine Vergangenheit weiß man wenig, außer dass sie mehr als dubios ist. Einige Experten vermuten, dass die Spur nach Russland führt, wo Polonium in einer abgesperrten Stadt produziert wird. Litwinenko, früher Mitglied des KGB mit Kontakten zur tschetschenischen Mafia, könnte von russischen Agenten kontaminiert worden sein, die am 1. November bei einem Champions-League-Spiel von Arsenal London waren und Litwinenko ebenfalls nachmittags trafen. In jedem Fall ist seine Dosis 100-fach tödlich, Beschaffungspreis: Knapp 30 Mio. Euro. Da man auch bei den Russen Spuren von Polonium findet, entsteht der größte Tatort der Kriminalgeschichte und ein rätselhafter, ungelöster Fall eines weiteren Kreml-Kritikers.

26 | 11 | 2006
Frust

Pistole, Schlosspistole, Gewehr, Kleinkalibergewehr, Messer, drei Rohrbomben – der 18-jährige Bastian B. ist für einen ganzen Feldzug ausgerüstet, als er am 26. November 2006 um 9:30 Uhr maskiert die Geschwister-Scholl-Realschule betritt. Bastian B. zögert nicht lange, er schießt wild um sich, wirft Rauchkörper durch die Gänge und in Klassenzimmer, doch ist er dabei zum Glück wenig treffsicher. Es gibt keine Toten, sechs Personen erleiden dennoch schwere Verletzungen. Präzise verfährt Bastian B. dagegen bei der Selbstexekution als er sich eine Pistole in den Mund steckt und abdrückt. Der Emsdettener Amoklauf ist neben dem tödlicheren Erfurter Amok (11. Oktober 2002) nur einer in einer langen Reihe von Anschlägen, die Jugendliche nach dem Vorbild des amerikanischen Littleton-Attentats seit 1999 in den USA und Europa verübt haben und die immer wieder für heftige Diskussionen um Jugenderziehung, Gewaltverherrlichung, Verbrechensprävention und das Waffengesetz sorgen. Auch Bastian B. erweist sich dabei in seinem Profil und seiner Geschichte als exemplarisch, sozialer Frust, schlechte Bildung und starker Hang zu Computerspielen charakterisieren den Jugendlichen, gegen den bereits wegen Verstoß gegen das Waffengesetz ermittelt wurde, und der sich sein Waffenarsenal ganz legal bei Ebay zusammengesteigert hat. Einer der Waffenverkäufer wird beteuern, ihm sei nicht bekannt gewesen, dass Bastian B. eine Straftat plane, und auch die Polizei betont keine Ahnung gehabt zu haben, dass der Junge, der ohne Waffenschein öffentlich mit Pistolen hantierte, so gefährlich sein könnte.

15 | 01 | 2008
Sekte oder Selters

Als am 15. Januar 2008 das Buch „Tom Cruise: An Unauthorized Biography" in Amerika und wenig später auch in anderen Ländern auf den Markt kommt, ist der Aufschrei groß. Fokus von Autor Andrew Morton ist vor allem Cruise' Tätigkeit bei der „Church of Scientology", einer sektenähnlichen Gemeinschaft, die sich selbst gerne als Kirche betrachtet. Während Fiktion und Wahrheit auch bei den Details der Allianz Cruise-Scientology kaum noch auseinander zu halten sind, setzt Morton in seinem Buch stark auf die Gossip-Karte. Während es viele ex-Mitglieder der Organisation gibt, die sich über Praktiken und Ausrichtung von Scientology beschweren und vor ihr warnen, kann Morton nicht wirklich überliefern, welche Rolle genau Cruise in der Struktur der „Kirche" spielt, obwohl er ihn als Vizechef des religiösen Unternehmens handelt. Die Reaktion auf das Werk ist zumeist empörte Kritik. Auch wenn es für Cruise und seinen religiösen Eifer recht einhellig negative Meinungen gibt, so wird Morton doch zumeist als Sensationsautor demaskiert, der seit seiner strittigen Diana-Biografie ein Karrieretief zu durchschreiten hat, welches er nun vermeintlich beenden wollte. Erneut Schulterzucken ob des Wahrheitsgehaltes auch dieser Vermutung. Während Scientology zeitgleich in Deutschland vom Verfassungsschutz mit Argusaugen beobachtet wird, weiß Morton in Interviews interessante Details zu berichten: „Als (Gründer) Ron Hubbard starb, verkündete Nachfolger David Miscavige, dass Hubbard seinen Körper nur abgelegt habe und im Universum weiter seinen Studien nachginge, um in 20 Jahren zurückzukehren. Das war 1986. Es gibt sogar eine Villa in Kalifornien, die immer für Hubbards Rückkehr bereitgehalten wird. Da werden ihm morgens sogar die Kleider rausgelegt. Jeden Morgen!

=========================== Weiterlesen ===========================

- Vincent Duclert: Die Dreyfusaffäre. Militärwahn, Republikfeindschaft, Judenhaß; Berlin 1994.
- Sam Waagenaar: Mata Hari, Bastei-Lübbe, Bergisch-Gladbach 1985
- Pasley, Fred D. Al Capone: The Biography of a Self-Made Man. Garden City, New York: Garden City Publishing Co., 2004
- Lana Turner: Lana: The Lady, the Legend, the Truth, New English Library, Sevenoaks 1982
- Freimut Duve (Hrsg.): Olof Palme. Er rührte an die Herzen der Menschen. Reden und Texte. Rowohlt, Reinbek 1986
- Igor Petri: Anatomie eines Doppelmords: Der Fall O.J. Simpson, Berlin: Das Neue Berlin 2004
- Michael Jürgs: Die Treuhändler. Wie Helden und Halunken die DDR verkauften. List Verlag. München/ Leipzig 1997.
- Alexander Stille: Citizen Berlusconi. München: C.H. Beck, Januar 2006

Tage des Scheiterns
Menschen, die die Welt nicht bewegten

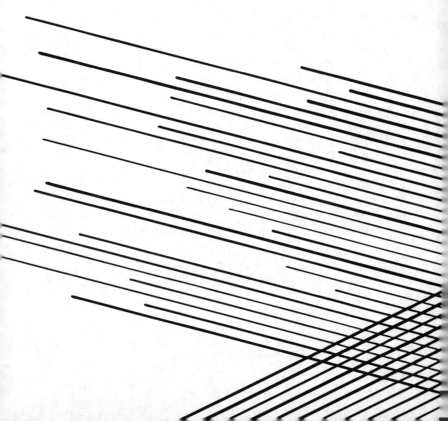

15|03|44 v. Chr. *Der falsche Brutus* Die Iden des März und das Schicksal Cäsars **S. 819**

09|03|1454 *Ist Nicaragua Amerikas Mutter?* Wie benennt man nur Amerika? **S. 820**

19|04|1560 *Luthers Schatten* Philipp Melanchthon wartet auf den Durchbruch **S. 821**

23|03|1561 *Das trügerische Goldreich* Die lange Suche nach El Dorado **S. 822**

22|09|1588 *Der große Untergang* Die Spanische Armada gewinnt nicht **S. 822**

25|02|1634 *Mordbuben* Albrecht von Wallenstein sucht den Frieden **S. 823**

27|09|1822 *Nichts als Hieroglyphen* Athanasius Kircher entziffert ägyptische Altertümer **S. 824**

27|04|1830 *Befreiung vom Befreier* Simon Bolivar resigniert und geht ab **S. 825**

26|12|1890 *Tod eines Autodidakten* Späte Kritik am Werk Heinrich Schliemanns **S. 826**

22|05|1885 *Die Rettung der Zivilisation* Förster bauen Neu-Germania **S. 827**

24|06|1922 *Ein Korvettenkapitän attackiert Weimar* Das Attentat auf Walther Rathenau **S. 827**

07|08|1946 *Indianer in Australien?* Thor Heyerdahl unternimmt die Beweisführung **S. 828**

02|07|1947 *Roswell-Zwischenfall* Charles Berlitz schafft UFOs und fliegende Legenden **S. 829**

09|02|1950 *Josephs Kommunisten* Die Ära McCarthy **S. 830**

15|03|1957 *Der „schlechteste Regisseur aller Zeiten"* Ed Wood dreht Filme, die keiner sehen will **S. 830**

26|01|1962 *Unlucky Lucky* Der Pate des Paten geht von Bord **S. 831**

06|06|1962 *Der Mann mit dem richtigen Riecher* Mike Smith und Dick Rowe treffen eine grundverkehrte Entscheidung **S. 832**

06|05|1967 *Zum Weinen* Brian Wilson inszeniert Großes und geht daran zugrunde **S. 832**

06|12|1969 *Affen und Engel* Das Festival von Altamont **S. 833**

30|12|1982 *Das lateinamerikanische Utopia...* Indianerreservate und Jesuitenreduktionen **S. 834**

23|03|1983 *Das Imperium schlägt nicht zurück* Präsident Reagan spielt Star Wars **S. 835**

15|11|1990 *Lippenbekenntnisse* Der tiefe Fall von Milli Vanilli **S. 835**

23|03|2001 *Ende der Mission* Ein Weltraumstadt hält Ausverkauf **S. 836**

17|02|2007 *Von 1 auf 0* Britney Spears macht vieles, aber nicht immer alles richtig **S. 837**

15|05|2007 *Hasselhoffnungslos* David Hasselhoff boxt sich ins neue Jahrtausend **S. 838**

15 | 03 | 44 v. Chr.
Der falsche Brutus

Der Mann hat Feinde. Im Jahr 44 v. Chr. sind sie zu einer undefinierbaren Menge angewachsen. Verteidiger der republikanischen Verfassung, ehemalige Freunde und kleine Neider, sie alle erhoffen sich vom Sturz Gaius Julius Caesars einen Vorteil. Doch ist es vor allem der Hass eines Mannes, der zum Äußersten führt. Er heißt Gaius Cassius Longinius, ein hoch dekorierter Soldat. Nach republikanischer Sitte wäre er längst der angesehenste Prätor in Rom, wenn nicht gar ein Konsul. Doch Cäsar verleiht beide Posten an seinen Favoriten Marcus Iunius Brutus. Auch im anbrechenden Partherkrieg darf sich Longinius nicht bewähren, wieder ist es Marcus Brutus, der statt seiner auf Caesars Geheiß in den Kampf zieht. Mit den Generälen Decimus Brutus und Gaius Trebonius, die glauben, von Caesar keine nennenswerte Ehren erwarten zu können, plant man die Tat. Caesar mag die Gefahr, die im Verzug ist, riechen, sie liegt förmlich in der Luft, doch er reagiert nicht. Unbeirrbar scheint er daran zu glauben, die Feinde überzeugen zu können, dass er keine Diktatur plane. Er entledigt sich seiner Leibgarde und er beruft für den 15. März 44 v. Chr. den Senat ein, um den anstehenden Partherkrieg zu besprechen. Es ist seine letzte Entscheidung. Allein die Freude am Wein hätte das Unausweichliche noch in letzter Sekunde verhindern können, denn Caesar verschläft die Senatssitzung nach einem Trinkgelage am Vorabend und muss von Hauptverschwörer Decimus Brutus abgeholt werden. Als er den Senat kurz nach elf betritt scheint alles normal. Man erhebt sich, grüßt, Caesar schreitet zu seinem Amtssessel, als sich die Verschwörer um ihn gruppieren. Bald trifft Caesar der erste Dolchstoß, er verteidigt sich mit dem Schreibgerät, das er bei sich trägt. Doch nachdem jeder Verschwörer einmal zugestochen hat, fällt der Imperator tot zu Boden. Panik bricht aus. Die Senatoren auf den Bänken sind entsetzt, Caesars Vertrauter Marc Antonius flieht vom Schauplatz und die Verschwörer vergessen in all dem Tumult sogar die Republik auszurufen. Auf der Straße angekommen, besinnen sie sich eines besseren, doch auch das Volk von Rom stimmt nicht in ihren Jubel ein. Die Gruppe besetzt das Capitol, der Bürgerkrieg, der Rom 15 Jahre in Atem halten wird, hat begonnen. Im Senatsgebäude liegt von allen vergessen die Leiche Caesars in ihrem Blut,

über ihr thront die Statue des Pompeius. Mit Pompeius und Caesar hatte der Bruch mit der traditionellen Römischen Republik begonnen, und ihn später überflügelt. Nun schaut der einst geschlagene Feldherr auf den Gescheiterten herab. „Es ist besser, einmal zu sterben, als ständig den Tod zu erwarten", soll Caesar wenige Tage vor seinem Tod gesagt haben, als man ihm eine neue Leibgarde andienen wollte.

09 | 03 | 1454
Ist Nicaragua Amerikas Mutter?

Vielleicht ist Amerikas Geburtstag nicht der, an dem Christopher Columbus seinen Fuß 1492 auf eine Insel vor dem Festland setzt, und auch nicht 1498, als dieser erstmals das heutige Amerika betritt. Zumindest was die Namensgebung betrifft, ist womöglich der 9. März 1454 um einiges entscheidender. An jenem Tag wird in Florenz ein gewisser Amerigo Vespucci geboren, welcher aber auch den Vornamen Alberigo getragen haben kann. Jener fährt 1499 auf den Spuren des Columbus zu dem neu entdeckten Kontinent, freilich etwas weiter südlich, und findet dabei Mittelamerika, später Brasilien. Im Gegensatz zu Columbus glaubt Vespucci tatsächlich einen neuen Kontinent entdeckt zu haben und nicht wie Columbus (bis zu seinem Tod) Asien. Der Zufall will es, dass die Kartografen Martin Waldseemüller und Matthias Ringmann 1507 die erste Karte mit dem neuen Kontinent anfertigen und diesen kurzerhand Amerika nennen, als weibliche und zudem lateinische Ableitung von Vespuccis Vornamen – diese Festlegung bleibt haften. Hat Vespucci aber tatsächlich Alberigo geheißen, so lautet eine Erklärung, dass Waldseemüller bei einer handschriftlichen Kopie eines Schriftstücks den Vornamen falsch übertrug. Wieder andere behaupten, sowohl Columbus als auch Vespucci hätten auf ihren Fahrten Nicaragua betreten und einen indianischen Stamm namens „Amerrique" schätzen gelernt und vor allem dessen Gold. Beide hätten dann diesen Namen, etwas verändert, in Europa vorgestellt. Oder aber Vespucci habe aus Verehrung für eben jenes Volk sein „lb" gegen ein „m" getauscht. So er denn überhaupt Alberigo hieß. Es gibt auch honorige Menschen, die Stein auf Bein schwören, er wäre als Amerigho auf die Welt gekommen. Mit noch mehr Mut wird um 1908 behauptet, der Name Amerika käme vom Engländer Richard Amerike, der die Amerikareisen John Cabots 1497 finanziert und deswegen womöglich ein Anrecht auf Namensgebung gehabt haben soll. Gewiss ist nur, dass für Columbus als Namenspate nur Kolumbien übrig blieb.

19 | 04 | 1560
Luthers Schatten

Wie der hohe Kirchturm das flache Kirchenschiff, überragt der wortgewaltige, mit den Jahren immer dicker werdende Martin Luther den schmächtigen Mann aus Bretten. Luther ist der Liebling der Massen, der Meister des Wortwitzes, der Medienstar der Reformation. Melanchthon ist in der öffentlichen Wahrnehmung wohl seine rechte Hand, doch scheinbar ein Mann ohne greifbares Charakterprofil. In der Öffentlichkeit kann er kaum glänzen, weil seine Stimme zu hell und zu brüchig ist. Dabei war er es, der 1530 das evangelische Bekenntnis auf dem Reichstag in Augsburg formulierte, überreichte und so den Portestanten beim Kaiser offiziell Gehör verschaffte. Seine „Loci Communes", eine kurze Zusammenfassung der reformatorischen Lehre, sind unter Predigern ein Standard-Werk. Melanchthons Briefe, die er verfasst, um aus der Ferne fremde Kirchenwesen beim Aufbau zu helfen sind Legion. Doch von all dem hat in der weltlichen Öffentlichkeit kaum jemand etwas gemerkt. Als Martin Luther am 18. Februar 1546 in Eisleben stirbt, eröffnet sich für Melanchthon für einen kurzen Moment die große Chance, das Verpasste nachzuholen. Kein anderer ist zur Stelle, um auf Luthers Platz vorzurücken, niemand ist kompetent genug, niemand so eng mit der Reformation verbunden. Niemand außer dem stillen Melanchthon alias Philipp Schwarzerd. Mutig nimmt er die Herausforderung an. Bereits 1548 schlägt ihm die erste Stunde der Bewährung als er den Kaiser überzeugen muss, die unanehmbaren Forderungen seines religiösen Wiedervereinigungsprogrammes (Augsburger Interim) abzumildern. Melanchthon legt einen Kompromissvorschlag vor, doch er erntet in den eigenen Reihen Spott und Hohn. Theologen wie Matthias Flacius Illyricus oder Nikolaus von Amsdorff verunglimpfen ihn öffentlich als Verräter an der Sache. Die Protestanten zerfallen über seine Person in heftigen Streit. Die ehrwürdige Wittenberger Universität, die er leitet, verliert an Renommee. Als Melanchthon 1559 mit der überarbeiteten „Loci Communes" sein Lebenswerk vorlegt, indem er die gesamte protestantische Lehre auf vielen hundert Seiten bündelt, findet das Werk kaum Resonanz. Melanchthon stirbt am 19. April 1560 als trauriger Mann. Die Historiker des 19. Jahrhunderts werden ihn als „blutleeren Leisetreter" verunglimpfen, das 20. Jahrhundert hat diesen Eindruck nur sehr verhalten korrigiert.

23 | 03 | 1561
Das trügerische Goldreich

El Dorado – je nachdem, welcher Legende man Glauben schenkt, handelt es sich dabei um eine Statue aus massivem Gold, einen unfassbaren Goldschatz oder um ein sagenhaftes Reich, auf jeden Fall aber hat die Legende von El Dorado eine starke Wirkung auf die Abenteurer und Glückssucher gehabt, die auf den spanischen Schiffen die Neue Welt erreichen. 1560 kommt daher der spanische Vizekönig in Peru auf eine nahe liegende Idee. Er rüstet eine Expedition aus, die das sagenhafte El Dorado erobern soll – und wird damit immerhin 300 arme und schlecht kontrollierbare Söldner und Glückssucher los. Die Expedition macht sich also auf den Weg, um eine Legende zu finden. Einer der spanischen Eroberer ist Lope de Aguirre, „El Loco" („Der Verrückte"), wie seine Landsleute ihn nennen. Doch der Weg nach El Dorado ist weit und schon bald will Aguirre eigene Wege gehen. Er übernimmt den Befehl der kleinen Armee und plündert und verwüstet Dörfer der Eingeborenen auf dem Weg. Am 23. März 1561 erklärt Aguirre der von ihm als undankbar angesehenen Spanischen Monarchie den Krieg. Er kürt sich selbst zum Herrscher von Peru und Chile und unterschreibt als „El Peregrino", der „Wanderer". Seine Armee erobert die kleine Isla Margarita, wo Aguirre eine Schreckensherrschaft errichtet. El Dorado hat „El Loco" nicht gefunden, aber Reichtum zu erlangen bleibt dennoch sein Ziel. Inzwischen, so die Legende, nennt er sich „Zorn Gottes" und „Prinz der Freiheit". Mit seinen Mannen will er schließlich Panama einnehmen, doch die Monarchie schlägt zurück. Aguirre wird ergriffen und geviertteilt. Die Illusion vom Goldreich ist am Ende angelangt. Auf Geheiß der Machthaber wird der zerstückelte Körper von „El Loco" öffentlich den Hunden zum Fraß vorgeworfen.

22 | 09 | 1588
Der große Untergang

Im Frühjahr des Jahres 1588 vollzieht der spanische König Philipp II. von Habsburg einen Taufakt. Seine Kriegsflotte, die zuvor auf den Namen „Grande y Felicísima Armada" und somit Größe und Glück des Spanischen Weltreichs darstellte, soll nun eine „Armada Invencible", eine Unbesiegbare werden. Die Entscheidung des Königs symbolisiert einen Anspruch, der im Europa des 16. Jahrhunderts nicht von Vielen gutgeheißen wird: Die spanische Hegemonie über die Welt. Tatsächlich reicht diese in jenen Jahren von Spanien über Burgund und die Niederlande bis südwärts nach Italien, von den Kanarischen Inseln bis nach Amerika. Allein in Mitteleuropa, in Frankreich und im religiös gespaltenen Deutschen Reich, fehlt es trotz stetiger kriegerischer Bemühungen am gewünschten Einfluss. Doch noch unerträglicher ist dem König das Inselreich im Norden: Die englische Königin Elizabeth hat das Spanische Weltreich brüskiert, indem sie Kaperfahrten auf spanische Schiffe in der Karibik unterstützte. Sie protegiert den antispanischen Unabhängigkeitskampf in den Niederlanden und die Protestanten in Frankreich. Hinzu kommt, dass sie, als der König einst um ihre Hand anhielt, dies als „unschicklich" zurückgewiesen hatte. Der Admiral Don Juan de Austria, der in der Seeschlacht von Lepanto 1571 bereits die Türken in ihre Schranken verwies, soll nun die zahlreichen offenen Rechnungen begleichen. Am 28. Mai 1588 läuft die Armada Invencible von Lissabon mit Ziel auf London aus, 130 Schiffe sind es, an Bord 27.000 Soldaten. Doch der große vernichtende alles entscheidende Kampf der herrlichen Flotte bleibt aus. Im Ärmelkanal kommt es zu einer zerfahrenen ersten Schlacht ohne Ergebnis. Bei einer Zwischenlandung in den Niederlanden verüben Unbekannte Anschläge auf die Boote. Schließlich wird die Flotte bei der versuchten Umrundung Großbritanniens auf der Suche nach einem geeigneten Landeplatz von den Naturgewalten auf die Hälfte dezimiert. Am 22. September 1588 kehren nur elf Schiffe wohlbehalten nach Spanien zurück, weitere 25 treffen später vereinzelt stark angeschlagen ein. Die Seemacht Spaniens ist besiegt. Es war das Wetter.

25 | 02 | 1634

Mordbuben

Am 12. Januar 1634 verpflichtet der kaiserliche Feldherr Albrecht von Wallenstein seine Offiziere einen Treueeid auf ihn zu leisten. Nur zwölf Tage später erklärt Kaiser Ferdinand II. Albrecht von Wallenstein für abgesetzt und erteilt zwei kaiserlichen Offizieren den Befehl, ihn aus dem Weg zu schaffen. Der Kaiser verdankt seinem Generalissimus Albrecht von Wallenstein alles. Als das kaiserliche Glück sich im Dreißigjährigen Krieg zu wenden beginnt, stellt der wirtschaftlich wie militärisch begabte Feldherr eine Armee für seinen Herren auf und vernichtet einen Widersacher nach dem anderen. Wallenstein führt den Kaiser 1629 auf den Höhepunkt seiner Macht. 1532 schlägt er selbst seinen ärgsten Feind, den König von Schweden. Doch Wallenstein ist bei seinem Herrn in Ungnade gefallen. Es geht das Gerücht, er strebe eigenmächtig Verhandlungen mit Schweden und Protestanten an, und, so wollen es andere Offiziere gehört haben, er beabsichtige sogar selbst Kaiser zu werden. Der Treueeid vom 12. Januar scheint ein schlagender Beweis für Wallensteins Absicht zur Rebellion. Der Feldherr muss weg. Albrecht von Wallenstein, der mit seinen Truppen in Pilsen lagert, weiß von all diesen Spekulationen nichts. Er ist krank, alt, müde und längst entschlossen, sich aus dem Kriegsdienst zurückzuziehen. Nur eines weiß er, dass man zuvor „Frieden machen muss", nie wieder wird die Gelegenheit für den Kaiser so günstig sein. Er teilt dies dem Kaiserlichen Rat von Trautmannsdorff im November 1633 mit, aber nicht nur ihm, auch in Schweden und an protestantischen Höfen versucht er, unauffällig die Möglichkeiten eines Waffenstillstandes zu eruieren. Doch am 11. Februar 1634 treffen die kaiserlichen Generäle Gallas und Piccolomini bei Wallenstein in Pilsen ein, um den Mord auszuführen, wagen es allerdings nicht Hand an ihn zu legen, zu groß ist der Respekt. Unverrichteter Dinge reisen sie wieder ab. Und noch immer ahnt der Generalissimus nicht, dass man ihn in Wien zum Tode verurteilt hat. Arglos führt er seine Korrespondenz mit dem Kaiser weiter, der ihn, als wäre nichts geschehen seinen „lieben Oheim und Fürst" nennt. Am 20. Februar lässt Wallenstein seine Truppen sogar einen neuen Eid auf den Kaiser leisten. Vier Tage später ist er tot. Am 24. Februar 1634 dringen die Mordbuben des Kaisers gegen 22 Uhr in seine Herberge auf dem Marktplatz von Eger ein und stoßen dem Wehrlosen in seinem Schlafgemach eine Lanze in die Brust.

27 | 09 | 1822
Nichts als Hieroglyphen

Fantasie ist die Mutter aller Erfindungen. Dass manche Erfindungen und Entdeckungen nichts als Fantasie sind, ist die Kehrseite der Medaille. Wenn die Geschichte gnädig ist, lässt sie sich einige Jahrhunderte Zeit, um das Erforschte als Humbug zu entlarven, nachdem der Urheber längst verschieden ist. Diese Milde wurde Athanasius Kircher (1602-1680) zuteil – zu Lebzeiten galt er als wissenschaftliche Geheimwaffe der Jesuiten in den intellektuellen Wirren des Dreißigjährigen Krieges, heute betrachtet man ihn bestenfalls als schillerndes Kuriosum und Produkt seiner Zeit. Kirchers Forschungsgebiet war nichts weniger als die Welt – das war im Barock durchaus nichts Ungewöhnliches. Wie viele Forscher, Wissenschaftler und Gelehrte, die in der Übergangsphase vom mittelalterlichen zum Neuzeitlichen Weltbild lebten, konnte Kircher noch nicht auf eine ausgereifte wissenschaftliche Systematik zurückgreifen, und so waren viele seiner Arbeiten geprägt von Spekulation und Fantasie. Kirchers bekannteste Veröffentlichungen beschäftigen sich mit den ägyptischen Hieroglyphen, die er nach und nach zu entziffern glaubte. In mehreren Büchern, auf insgesamt über tausend Seiten entwickelte Kircher eine Systematik, die antike ägyptische Inschriften entschlüsseln sollte, und fantasiereiche Übersetzungen antiker Texte lieferte er gleich mit. Darin wimmelte es nur so von metaphysischen Bezügen, doch das lag durchaus im Trend der Zeit. Damit galt Kircher lange Zeit in Europa als führende Autorität – bis zum 27. September 1822, als der junge französische Wissenschaftler Jean-François Champollion in Paris die Ergebnisse seiner Forschungen zur Entschlüsselung der ägyptischen Hieroglyphen vorstellt. Zwar ebneten viele der Schlüsse und Analysen Kirchers Champollion den Weg, etwa die Erkenntnis, Hieroglyphen seien auch als phonetische Zeichen zu verstehen, doch alle Übersetzungsversuche Kirchers konnten nun, dank der besseren Ergebnisse Champollions, als Fiktion entlarvt werden.

27 | 04 | 1830
Befreiung vom Befreier

Als Simon Bolivar am 27. April 1830, voller Bitterkeit und Gram, die Herrschaft der von ihm gegründeten Republik Großkolumbiens niederlegt, begrüßen nicht wenige diesen Schritt. Einstige Weggefährten des erfolgreichen Unabhängigkeitskämpfers Lateinamerikas haben sich längst zu Kontrahenten gewandelt. Sie verweigern sich Bolivars Umsetzung der panamerikanischen Idee durch eine in der Verfassung verankerten lebenslangen Präsidentschaft. Denn allein nur unter seiner Führung glaubt Bolivar, der schon zu Lebzeiten Libertador (span.: Befreier) genannt wird, ein starkes, vereintes Südamerika errichten zu können. Als er sich nach gescheiterten Einigungsversuchen 1827 kurzerhand zum Diktator ernennt, wird in der Folge ein Attentat auf ihn verübt. Nur der schnellen Reaktion seiner Geliebten, Manuela Saenz, verdankt Bolivar das Leben. Seither wird sie La Libertadora del Libertador (span.: Die Befreierein des Befreiers) genannt. Bolivars politisches Vorbild ist Napoleon Bonaparte. Ihn hatte der aus der Oberschicht stammende Kreole auf seinen Reisen nach Europa kennen- und bewundern gelernt. Kurzzeitig will er sich gleich seinem Vorbild sogar zum Kaiser krönen lassen. Spätestens am Tag seines Rücktritts zerrinnt nicht nur dieser Traum endgültig. Womöglich ahnt Bolivar die kommende Entwicklung.

Noch im selben Jahr zerfällt die erst neun Jahre alte Republik Großkolumbien in drei Länder: Kolumbien, Venezuela und Ecuador. Es ist zugleich das Jahr seines Todes. Schon bald wird er nicht nur in Südamerika trotz seines Scheiterns als der „Libertador" (bis heute) verehrt.

26 | 12 | 1890
Tod eines Autodidakten

„Ruhe in Frieden, Du hast genug getan" lauten die Abschlusssätze der Oratio, mit welcher der Archäologe Wilhelm Dörpfeld am 4. Januar 1891 der Leiche Heinrich Schliemanns das letzte Geleit gibt. Am 25. Dezember 1890 ist der Archäologe mitten auf der Piazza della Santa Carità in Neapel zusammen gebrochen; das nahe liegende Krankenhaus verweigert ihm die Aufnahme, da er keine Papiere bei sich trägt. Erst am 26. Dezember 1890 kommt es zur Operation, die seinen Tod jedoch nicht mehr aufhalten kann. Schliemann wird am 4. Januar 1891 in seiner Athener Villa unter einer Büste Homers aufgebahrt – auf seinem Sarg sein Evangelium: Homers Ilias und seine Odyssee. Die Ausgrabungsfunde Schliemanns in Hisarlik und Mykene, in Tiryns und Orchomenos, die das Zeitalter Homers und seiner mythischen Helden in das Blickfeld von Öffentlichkeit und Wissenschaft befördert haben, beeindrucken Zeitgenossen und spätere Generationen. Ebenso die Zähigkeit und Beugekraft mit der Schliemann den Wahrheitsgehalt der homerischen Dichtungen zu beweisen versuchte. Schliemann entwickelte darüber hinaus ohne je ein Studium absolviert zu haben die archäologische Methode der Stratigrafie – nach der die obere Schicht die jüngere sein muss – und die Datierung von Fundplätzen durch Gebrauchskeramik. Kurz: Er hat sich für seine Zunft unsterblich gemacht. Im 20. Jahrhundert sind es zunächst die modernen Archäologen, die dem Autodidakten Schliemann grobe Verstöße gegen Zunftregeln vorwerfen. Er habe bei seiner Suche nach Homers Troia rücksichtslos jüngere Grabungsschichten abgetragen und zerstört. Doch es kommt schlimmer, als Raoul Schrott 2008 den lange schon in Fachkreisen gehegten Verdacht bestätigt, dass Schliemanns „Troia" überhaupt nicht mit dem des Homer identisch ist. Schrott selbst meint Troia in Kilikien entdeckt zu haben, den Beweis bleibt aber auch er bis dato schuldig.

22 | 05 | 1885
Die Rettung der Zivilisation

Am 22. Mai 1885 feiert nicht nur Richard Wagner seinen Geburtstag. Zu Ehren des großen Deutschen haben Bernhard Förster, ein radikaler deutschnational-antisemitischer Gymnasiallehrer, und Elisabeth Nietzsche den Tag für ihre Trauung gewählt. Das Brautpaar ist voller Ideen. Förster, wegen einer Schlägerei aus dem Schuldienst entlassen, will in Paraguay mit der Siedlerkolonie „Neu-Germania" ganz von vorne anfangen. Er sieht das Projekt als „Läuterung und Neugeburt der Menschheit". Deutschland ist seiner Ansicht nach „Verjudet". Und Paraguay bietet Siedlern sehr gute Konditionen an. 1886 brechen die Försters mit einer handvoll arischer Kolonisten auf. Doch die Erwartungen der Auswanderer erfüllen sich nicht – Paraguay ist nicht Deutschland, die Kolonisten schaffen es nicht, sich anzupassen. Förster hofft auf Kapital und frisches Blut aus Deutschland, wo er Propagandabroschüren über die „neue Heimat" veröffentlichen lässt. Bald aber wird die Wahrheit bekannt: Alkoholismus, Armut und Stechmücken regieren in „Neu-Germanien". Das Entsetzen ist groß. Förster, dessen Traum am Ende angelangt ist, begeht Selbstmord. Die Witwe Elisabeth Förster-Nietzsche dagegen kehrt nach Deutschland zurück, wo sie das Spätwerk ihres inzwischen wahnsinnig gewordenen Bruders Friedrich in ihrem Sinne interpretiert und das Nietzsche-Archiv gründet. Neu-Germanien existiert weiter. Aufgrund des geringen Genpools sind genetische Defekte häufig; 1992 freuen sich die etwa 800 Bewohner des Dorfes über den ersten Stromanschluss.

24 | 06 | 1922
Ein Korvettenkapitän attackiert Weimar

Am 24. Juni 1922 kurz vor elf bewegen sich zwei Autos auf der Berliner Königsallee im noblen Stadtbezirk Grunewald in Richtung Zentrum. Die vordere verdecklose Limousine wird von einem Chauffeur gesteuert, auf dem Rücksitz sitzt ein bürgerlich gekleideter Herr mit weißem Spitzbart. Der hintere Wagen, ein dunkelgrauer Mercedes Cabriolet, beherbergt drei bartlose Gestalten mit Sport-Lederkappen und Ledermänteln. Vor einer großen Kurve überholt der Mercedes die Limousine aggressiv von rechts. Der bürgerliche Herr wendet sich überrascht dem rücksichtslosen Verkehrsrowdy zu. Fünf Schüsse fallen, gefolgt von einer Handgranate. Der Mann im Stresemann sackt zusammen, sein Kiefer gespalten, sein Bart blutrot. Der Mercedes rast mit hoher Geschwindigkeit davon. Der deutsche Außenminister Walther Rathenau ist Opfer eines tödlichen Attentates geworden. Gerade eben war er im Begriff, der deutschen Außenpolitik durch eine Annäherung an Russland eine entscheidende Wende zu geben. Der Anschlag beherrscht bald darauf die Titelseiten der Presse und die Diskussionen im Reichstag. Man glaubt sich am Vorabend einer zweiten Revolution und Reichskanzler Wirth verkündet: „Der Feind steht rechts!" Denn das Attentat Rathenau ist nur eines in einer langen Folge von Anschlägen, die zahlreiche Regierungsmitglieder der Weimarer Republik aus dem Leben gerissen hat. Hinter den Morden steckt der ehemalige Korvettenkapitän Hermann Ehrhardt, der sich vorgenommen hat, „die ganzen Novembermänner hintereinander zu killen." Von den drei ausführenden Tätern wird später einer verhaftet, einer erschossen und der dritte richtet sich mit den Worten „Ein Hoch auf Kapitän Ehrhardt!" selbst. Ehrhardt flieht nach Ungarn, wird 1923 als Beteiligter am Kapp-Putsch in München verhaftet, flieht 1923 aus dem Gefängnis, schließt sich der NSDAP an, setzt sich 1934 aus Deutschland ab und verstirbt weiterhin unbehelligt am 27. September 1971 in Krems. Einer seiner wichtigsten Mitverschwörer, Friedrich Heinz, beteiligt sich nach 1945 rege am Aufbau des bundesdeutschen Nachrichtendienstes.

07 | 08 | 1946

Indianer in Australien?

Wer besiedelte vor gut 2000 Jahren die Südsee? Ethnologen nehmen an, dass es asiatische Einwanderer waren, die über Neu-Guinea mit hochseetüchtigen Segelbooten in die Weiten des Pazifik aufbrachen, große Teile der rund 1.000 Inseln besiedelten und landwirtschaftlich kultivierten. Doch der Norweger Thor Heyerdahl weiß es besser, nach seiner Meinung müssen es die Indianer Südamerikas gewesen sein, die Kultur, Kartoffel und vor allem den Schiffsbau zu den fernen Eilanden im Pazifik gebracht haben. Heyerdahl macht schließlich Ernst: Aus neun Stämmen Balsaholz und 317,5 m Hanfseil baut er ein Boot nach historischer Anleitung, tauft es nach einer indianischen Legende und segelt am 28. Mai 1947 mit dem „Kontiki" von Peru ab. An Bord befinden sich 1.100 Liter Trinkwasser und 200 Kokosnüsse, ein Kompass, ein Funkgerät und ein Sextant. Weitere unhistorische Beigaben sind Survival-Packs der U.S. Navy. Neben Heyerdahl befinden sich sechs Wissenschaftler an Bord, darunter der Ethnologe Bengt Danielsson, welcher Heyerdahl zwar nicht glaubt, aber Gefallen am großen Abenteuer findet. Zunächst wird das Boot 50 Meilen auf die hohe See geschleppt. Trotz anfänglicher Schwierigkeiten erreicht es nach 1.000 km Fahrt bei einer Geschwindigkeit von 1,5 Knoten schließlich das Eiland Fangataufa, wo Heyerdahl aber nicht anlanden kann. Schließlich läuft das Boot am 7. August 1946 vor Raroia im Tuamotu-Archipel auf Grund und zerbricht. Heyerdahls Mannschaft kann sich an Land retten und verweilt dort einige Wochen. Während Danielsson die Zeit nutzt, eine Studie über das Leben der Inselbewohner zu verfassen, arbeitet Heyerdahl am Bericht der Expedition. Trotz der Schlappe wird „Kontiki" 1951 ein absoluter Bestseller. Während Heyerdahls Versuch unter Ethnologen nur Achselzucken auslöst, wird dieser für seine Leistungen in der experimentellen Archäologie mit Auszeichnungen überhäuft. Am 18. April 2002 verstirbt Heyerdahl mit 87 Jahren in Italien, gewiss, dass der Pazifik doch von Südamerika aus besiedelt wurde und er einfach einen schlechten Tag hatte. 2006 wiederholt Heyerdahls Enkel die Expedition und trifft mit modernem Equipment reich beladen erfolgreich am Zielort ein.

02 | 07 | 1947
Roswell-Zwischenfall

Das so genannte „Roswell Incident" (Buchtitel von Charles Berlitz) beflügelt bis heute die Phantasie selbsternannter Ufologen und Verschwörungstheoretiker. Es ist der Abend des 2. Juli 1947, als verschiedene Menschen über Roswell, New Mexico, ein leuchtendes, diskusähnliches Flugobjekt sichten, das in nordwestlicher Richtung fliegt. Am Tag darauf entdeckt William Brazel auf einer Ranch 120 km von Roswell entfernt weit verstreut herumliegende Wrackteile. Besonders auffällig sind mehrere 60 mal 30 cm große stanniolähnliche Metallteile, die extrem widerstandsfähig zu sein scheinen. Die offizielle Stellungnahme seitens des Militärs lautet, es handle sich bei den Fundstücken um Überreste eines Wetterballons. 10 der 92 befragten Augenzeugen, die an der Entdeckung und Bergung der Wrackteile beteiligt sind, glauben allerdings an einen außerirdischen Ursprung. Für weitere Verwirrung sorgt die Meldung, dass an einer weiteren Absturzstelle zwei Leichen von Außerirdischen gefunden worden sein sollen. Ein von einem gewissen Ray Santilli vertriebener, angeblich authentischer aus dem Jahre 1947 stammender Film mit dem Titel „Alien Autopsy" zeigt, wie solch ein Außerirdischer, der denen aus Steven Spielbergs Blockbuster „Unheimliche Begegnung der Dritten Art" verdächtig ähnlich sieht, seziert wird. Im Jahre 2006 wird allerdings bekannt, dass es sich bei diesem Streifen um eine 1995 produzierte Fälschung handelt.

09|02|1950
Josephs Kommunisten

Joseph McCarthy, der Senator des US-Bundesstaates Wisconsin, hat am 9. Februar 1950, dem Lincoln Day, die Aufgabe, vor dem Republican Women's Club von Wheeling, West Virginia, eine Rede zu halten. Der Mann ist auf der politischen Szene relativ unbekannt und will zeigen, dass er durchaus etwas drauf hat. An jenem Abend sagt er vor dem Women's Club, dass er im Besitz einer langen Liste von Personen ist, die „Mitglieder der Kommunistischen Partei, aber dennoch in der Regierung beschäftigt sind". Der Kommunismus ist gerade ein heißes Thema: immerhin besitzt die Sowjetunion seit 1949 die Atombombe. Fast unverzüglich setzt ein Medienrummel um McCarthys Aussage ein. Der „starke Mann" aus Wisconsin gibt der US-Demokratie bald eine eigene Version der sowjetischen Schaugerichte; McCarthys „Anhörungen" werden im Fernsehen ausgestrahlt, seine Verschwörungstheorien sind populär und Publikumswirksam. Aber schon bald finden sich zahlreiche Politiker und Denker, die McCarthy's „Reinigungskampagne" als beschämend und letztlich sogar „un-amerikanisch" empfinden. Nach 1954 spielt McCarthy nur noch eine historische Rolle: Der „McCarthyismus", der den 1957 verstorbenen Joseph McCarthy überlebt hat, wird allgemein als einer der übelsten Auswüchse der amerikanischen Politik im 20. Jahrhundert angesehen.

15|03|1957
Der „schlechteste Regisseur aller Zeiten"

Edward Davis Wood Jr. will filmische Meisterwerke schaffen, wie „Citizen Kane", etwas, wofür er in einem Atemzug mit seinem erklärten Idol Orson Welles genannt werden würde. Allerdings fehlt ihm dafür meist das nötige Kleingeld im Budget und nach Meinung von Hollywoods Kritikern auch das Talent. Doch Ed Wood hält als Regisseur und Drehbuchschreiber in einer Person unbeirrbar an seiner Vision fest. „Plan 9 from Outer Space" heißt der Film, der die Wende bringen soll. Außerirdische planen darin, sich die Erde Untertan zu machen, indem sie die Toten zum Leben erwecken. Bei seinem Meisterwerk hält sich der Macher, der mit Vorliebe in Frauenkleidern und Angora-Sweater am Set steht, an die bewährte Produktionsmethode: Viel Überzeugungskraft für eine windige Finanzierung, diesmal über die örtliche Baptistengemeinde, aus Filmmaterialmangel möglichst nur ein Take, auch wenn die Kulisse einmal wackelt, ein bunter Haufen „Schauspieler", inklusive Ex-Catcher und Fernseh-Hellseher, dazu Spezialeffekte mit bemalten Partytellern als UFOs, die an deutlich sichtbaren Schnüren durch die Papplandschaften trudeln. Einziges Zugpferd des Projektes ist der mittlerweile abgetakelte und schwer morphiumsüchtige Dracula-Darsteller Bela Lugosi, der schon zu Beginn der Dreharbeiten stirbt. Mit Archivaufnahmen und der Hilfe von Ed Woods Chiropraktiker, der als Lugosi-Double herhalten und aus Mangel an Ähnlichkeit während seiner Szenen stets einen Umhang halb über sein Gesicht ziehen muss, kann der Film beendet werden. Am 15. März 1957 flimmert „Plan 9 from Outer Space" im Carlton Theatre erstmalig über eine Leinwand. Trotz der insgesamt passablen Premiere bleibt Ed Wood der erhoffte Durchbruch und die so lange gesuchte Anerkennung versagt. Seinen Lebensabend verbringt er mit billigen Pornodrehs und jede Menge Alkohol. „Plan 9 from Outer Space" erhält 1980 den „Golden Turkey Award" als „Schlechtester Film aller Zeiten". Ed Wood wird so posthum konsequenterweise „Schlechtester Regisseur aller Zeiten".

26 | 01 | 1962
Unlucky Lucky

Am 26. Januar 1962 stirbt der Mann, den das „Time"-Magazine zu den 20 einflussreichsten „Builders and Titans" des 20. Jahrhunderts zählt, allein und im Exil. Salvatore Luciana, alias Charles „Lucky" Luciano, geboren am 11. November 1896 auf Sizilien, zieht im Alter von neun Jahren mit seiner Familie nach New York City. Es ist die Zeit der „Gangs of New York" und Luciano steigt früh ins kriminelle Geschäft ein. Zunächst „nur" mit Ladendiebstahl und Schutzgeld-Erpressungen auf dem Schulhof, doch als junger Mann nutzt er schon die Prohibition 1920, um im großen Stil mit verbotenem Alkohol zu handeln. Luciano wird in New Yorks größter Mafia-Familie, die von Guiseppe Masseria, genannt Joe the Boss, geführt wird, aufgenommen und übernimmt, nachdem The Boss in einem italienischen Restaurant ermordet wird, die Führung. Luciano leitet das organisierte Verbrechen und macht aus New Yorks Cosa Nostra ein perfekt gemanagtes Verbrecher-Syndikat. Das FBI wird seinen Aufstieg später als Wendepunkt in der Geschichte der Kriminalität bezeichnen. Und Luciano ist ein Gangster mit Stil: Immer im feinen Zwirn und einer schönen Frau an seiner Seite residiert er im luxuriösen Waldorf Astoria. Frank Sinatra ist sein Kumpel. Doch das gute Leben endet im Juni 1936. Schuldig in 62 Anklagepunkten muss Luciano ins Gefängnis. Ihm drohen 30 bis 50 Jahre. Nach dem Zweiten Weltkrieg wird Luciano 1946 frühzeitig aus der Haft entlassen. Er versucht noch einmal in Kuba sein Glück mit illegalen Geschäften, muss aber unter Castro nach Italien fliehen. Im Alter von 66 Jahren erleidet Luciano einen Herzinfarkt auf dem Flughafen von Neapel. Sein Leben wird für zahlreiche Mafia-Filme und Legendenbildung Pate stehen.

06 | 06 | 1962

Der Mann mit dem richtigen Riecher

Im Studio der Londoner Plattenfirma Decca stehen vier junge Musiker aus Liverpool, die sich bereits in Hamburg als Begleitband von Tony Sheridan einen Namen gemacht haben, und nehmen in weniger als einer Stunde 15 Stücke auf, darunter auch einige eigene Songs wie „Like Dreamers Do" und „Hello Little Girl". Es ist der 1. Januar 1962. Manager Brian Epstein hatte die Session eingefädelt, um seiner Band einen Plattenvertrag zu verschaffen. Die Gruppe, die sich The Beatles nennt, gibt alles, doch die Geschäftsführer der Firma, Mike Smith und Dick Rowe, vertreten die Ansicht, Gitarrengruppen seien nicht mehr en vogue. Der Deal kommt nicht zustande. Ziemlich genau ein halbes Jahr später, am 6. Juni 1962, ist die Band erneut zu einer Aufnahmesession eingeladen, diesmal in den Londoner Abbey Road Studios. Der Produzent von Parlophone Records, George Martin, ist begeistert und bietet John Lennon, Paul McCartney, George Harrison und Pete Best endlich ihren lang ersehnten Plattenvertrag an. Der Rest ist Geschichte. Hätten Mike Smith und Dick Rowe an diesem denkwürdigen Neujahrstag des Jahres 1962 in die Zukunft blicken können, sie hätten ganz sicher eine andere Entscheidung getroffen. Um seinen Fehler nicht noch einmal zu wiederholen, nimmt Rowe im Mai 1963 eine andere Gitarrengruppe unter Vertrag. Ihr Name: The Rolling Stones.

06 | 05 | 1967

Zum Weinen

Am 22. Oktober 1966 hat die US-Single-Hitliste eine neue Nummer Eins. „Good Vibrations" nennt sich das Werk und kommt von der kalifornischen Band The Beach Boys. Die Presse überschlägt sich vor Begeisterung. Hatte man noch vor wenigen Jahren die Band als Teenie-Act der seichten Sorte abgetan, so offenbart sich hier selbst für Freunde anspruchsvollerer Töne das Genius eines Masterminds. Sein Name ist Brian Wilson und er zeichnet sich für die gesamte Klangwelt des wundervollen Titels verantwortlich. Der Ruhm Wilsons schwappt auch nach England. Paul McCartney stattet ihm einen Besuch in Los Angeles ab und muss einräumen, dass der Kalifornier ihn in allen musikalischen Belangen überflügelt hat. Im Dezember 1966 lässt Brian Wilson im Namen der Beach Boys eine Bombe platzen. Er plane, ein ganzes Album im Stil von „Good Vibrations" aufzunehmen. Eine Teenager-Symphonie namens „Smile", die alles Dagewesene überbieten soll. 38 Sessions hat Wilson bereits hinter sich. Und es sind keine üblichen Aufnahmen. Um den Song „Fire" zu inszenieren, lässt Wilson im Studio Feuerwehrhelme an die Musiker des Orchesters verteilen und macht ein Feuer im Saal, um die Atmosphäre authentisch einzufangen. An anderer Stelle nimmt er für den Song „Vegetables" seine Mitglieder dabei auf, wie sie Gemüse verspeisen und legt die Kaugeräusche unter die Musik. Doch der Wahnsinn, den Wilson in diesen Monaten lebt und zelebriert, hat seinen Preis. Seine Bandgenossen wenden sich von ihm ab. Besonders der Sänger Mike Love, ein konservativer Strick, hält rein gar nichts von Wilsons Experimenten und wünscht sich die Zeiten zurück, als die Band vor allem Musik machte, um hübsche Strandgirls abzuschleppen. Wilson selbst ist seine Arbeit dagegen noch nicht schöpferisch genug, immer wieder arrangiert er Songs, hat neue Ideen. Die Plattenfirma macht Druck, sie will das Album, das soviel Vorschusslorbeeren genießt, so schnell wie möglich veröffentlichen. All das ist zuviel für Wilson, er entwickelt Wahnvorstellungen und wird depressiv. Sehr depressiv. Am 6. Mai 1967 verkündet der Musikjournalist Derek Taylor aus erster Hand die unglaubliche Nachricht: Brian Wilson hat all die tollen, meisterlich komponierten, liebevoll arrangierten Songs in einer Nacht des Wahns gelöscht. „Smile" wird nicht erscheinen. Die Welt steht unter Schock, und Wilson verschanzt sich in seiner Villa im Bett. Als Monate später ein Album namens „Smiley Smile" erscheint, will von den Beach Boys niemand mehr etwas wissen, die Zeit der psychedelischen Experimente ist vorbei. Wilson degeneriert bis weit in die Siebziger Jahre vor sich hin, eine Therapie und eine Band namens Wondermints helfen ihm um 2000 wieder zurück ins Leben und auf die Bühne. 2005 gelingt es Wilson, „Smile" aus der Erinnerung zu rekonstruieren und zu veröffentlichen, 28 Jahre zu spät.

06 | 12 | 1969

Affen und Engel

Es ist der 6. Dezember 1969. Etwa 300.000 Menschen haben sich auf dem nördlich von San Francisco gelegenen Altamont Speedway eingefunden, um die „Größte Rock'n'Roll Band der Welt" zum Abschluss ihrer US-Tournee bei einem kostenlosen Konzert zu sehen. Doch irgendwie kommt keine richtige Stimmung auf. Das liegt vor allem daran, dass sich das Management der Stones für die kalifornischen Hell's Angels als Ordnungskräfte entschieden hat. Die aber können den Hippies und den Rolling Stones mit „ihren affigen Klamotten" (Chef-Angel Sonny Barger) nicht viel abgewinnen und stellen ihre Geringschätzung unverhohlen zur Schau. Als die Flying Burrito Brothers, die Band von Keith Richards' Kumpel Gram Parsons, spielen, ist die Lage noch halbwegs entspannt. Doch immer wieder kommt es zu Rangeleien seitens der betrunkenen Biker, weil unvorsichtige Festivalbesucher den Harleys der Angels zu nahe kommen. Als Marty Balin von Jefferson Airplane Zivilcourage zeigt und die Situation entschärfen will, wird er von einem feindseligen Hell's Angel kurzerhand ausgeknockt. Endlich spielen die Stones. Als sie gerade „Under My Thumb" zum Besten geben, wird vor der Bühne schon wieder geprügelt. Sie brechen ab, fangen wieder an. Ein Alptraum! Später erfahren sie, dass ein Hell's Angel den 18-jährigen Meredith Hunter erstochen hat, der angeblich eine Pistole gezückt haben soll. Das Festival, das wie Woodstock einige Monate zuvor Love, Peace & Happiness verbreiten wollte, wird zum Abgesang der 60er Jahre. Die Rolling Stones ziehen aus diesem Vorfall ihre Konsequenzen und setzen bis heute geltende Sicherheitsstandards für Konzerte durch.

30 | 12 | 1982
Das lateinamerikanische Utopia...

Am 30. Dezember 1982 nehmen die Vereinten Nationen die Jesuitenreduktion São Miguel das Míssões, gelegen in Brasilien, mit der Nummer 275 in ihre Liste des Weltkulturerbes auf. Damit wird ein weitgehend vergessenes und auch umstrittenes Kapitel in der lateinamerikanischen Geschichte gewürdigt. 1604 beginnt der Jesuitenorden, mit Duldung der spanischen Krone, im heutigen Dreiländereck Paraguay-Brasilien-Argentinien Reduktionen für die dort lebenden Guaraní einzurichten. Es sind befestigte Siedlungen, in denen die Indios vor den damals aktiven Sklavenjägern und den Übergriffen und Aneignungen durch raffsüchtige Großgrundbesitzer geschützt und zudem ausgebildet werden sollen. Tatsächlich erreichen die Guaraní, geschickte Landwirte, mit den Jesuiten zusammen schnell eine bisher unbekannte Blüte. Sie erwirtschaften gemeinschaftlich hohe Erträge, werden aber dank ihrer guten Ausbildung auch zu beliebten Zielen der Sklavenjäger. Ab 1641 bewaffnen die Jesuiten die Guaraní; besonders im Gebiet des heutigen Paraguay sind die Jesuitenreduktionen, die auch als die ersten „Indianerreservate" Amerikas angesehen werden, bestimmend. Doch bald kommt es zu Konflikten mit den Kolonialbehörden. Auch in Europa fallen die Jesuiten in Ungnade; ab 1767 werden die Reduktionen auf Befehl des spanischen Königs aufgehoben und die Jesuiten vertrieben.

23 | 03 | 1983
Das Imperium schlägt nicht zurück

Als Ronald Reagan am 23. März 1983 SDI, das neue nationale Verteidigungsprogramm der USA, der Öffentlichkeit vorstellt, fühlen sich nicht wenige an den Todesstern aus „Star Wars" oder den James Bond-Schurken Hugo Drax aus „Moonraker" erinnert. Ein gigantisches weltumspannendes Abwehrschild mit Laserkanonen gegen feindliche Atomraketen und Satelliten will der Präsident im All errichten lassen. Die USA soll so schon bald in der Lage sein, aus der Hemisphäre über Krieg und Frieden zu wachen. Reagans imperialistische Zukunftsvisionen und seine Werbungen um Teilnahme rufen Pazifisten in der ganzen Welt auf den Plan. In der Bundesrepublik unterzeichnet die Regierung Kohl gegen die Bedenken der Opposition und Proteste in der Bevölkerung ein Unterstützungsabkommen. Bis 1988 fließen 29 Milliarden US-Dollar in das SDI-Projekt, ohne dass die gewünschten Resultate folgen – Kino und Realität sind eben doch zu verschieden. Mit dem Auseinanderbrechen der Sowjetunion und dem damit verbundenen Ende des Kalten Krieges verliert das SDI schließlich seinen Stellenwert für die US-Politik. Die Präsidenten Bill Clinton und George W. Bush lassen nach 1992 die neuen Verteidigungs-Programme BMD (Ballistic Missile Defense) und NMD (National Missile Defense) auf den Haushaltsplan setzen, um sich gegen die mutmaßlichen Gegner der Zukunft, darunter Nordkorea, zu wappnen. Die Feindesabwehr soll nun allerdings ganz traditionell mit Bodenraketen von Mutter Erde aus erfolgen. Reagans Traum vom kosmischen Imperium ist zerplatzt.

15 | 11 | 1990
Lippenbekenntnisse

Es ist wie in dem Alptraum, plötzlich mit heruntergelassener Hose vor einer Menschenmenge zu stehen: Das Playback bleibt bei einem Auftritt des überaus erfolgreichen Disco-Popduos Milli Vanilli in Endlos-Schleife hängen. Rob Pilatus und Fabrice Morvan, die beiden „Sänger", können die Situation nicht retten, denn sie haben bisher zu ihren eigenen Liedern immer nur die Lippen bewegt. Am 15. November 1990 wird es amtlich: Milli Vanillis Produzent Frank Farian bestätigt in einer Pressekonferenz, dass ihm die wirklichen Sänger nicht fotogen genug waren. Deshalb hat er die Tänzer Pilates und Morvan engagiert und als Popsänger groß raus gebracht. Mit Erfolg: Die Single „Girl you know it's true" von Milli Vanilli schlägt ein wie eine Bombe. Die dazugehörige LP verkauft sich zehn Millionen Mal und wird weltweit Nummer Eins. Rob Pilatus bezeichnet sich im „Time"-Magazine vollmundig als neuen Elvis. Das Duo bekommt sogar einen Grammy für sein Werk verliehen. Der Fall vom Gipfel des Erfolgs ist hart: Wenige Tage nachdem die Wahrheit ans Licht gekommen ist, müssen Pilatus und Morvan den Grammy zurückgeben. Die Presse stürzt sich auf den Skandal und zerfleischt Milli Vanilli. Rob Pilatus hält diesem Druck nicht stand. Er versucht nach der Auflösung von Milli Vanilli mehrmals, sich das Leben zu nehmen, stürzt immer weiter ab, wird wegen Alkoholmissbrauch, Vandalismus und Körperverletzung angezeigt. Es ist Frank Farian, der Pilatus am 2. April 1998 tot mit einer Überdosis Alkohol und Drogen in einem Hotelzimmer in Friedrichsdorf bei Frankfurt am Main auffindet. Das tragische Ende eines Mannes, der an der Show im Showbusiness zerbrochen ist.

23 | 03 | 2001
Ende der Mission

Als die erste Besatzung der MIR am 13. März 1986 vom geheimen sowjetischen Weltraumbahnhof Kosmodrom alias NIIP-5 startet, sind die Erwartungen hoch: Die modulare Weltraumstation soll einen dauerhaften wissenschaftlichen Betrieb im All möglich machen und die MIR zum Ausgangspunkt einer schrittweisen Erkundung des Universums unter sowjetischer Führung werden. Doch schon bald zeigen sich dunkle Wolken am Weltraumhorizont: Auf der Erde wird durch die Auflösung der Sowjetunion 1991 die Kontrolle der Station durch NIIP-5 nahezu unmöglich. Das stolze Kosmodrom ist nunmehr Teil des Kasachischen Staatsgebietes. Es kommt zu Lohnausfällen, Plünderungen und Schwierigkeiten beim Start der Versorgungsschiffe. Auch im Weltall gibt es Probleme: Die Kosmonauten Alexander Wolkow und Sergei Krikaljow können aufgrund der politischen Wirren nicht auf die Erde zurückkehren und nur die partnerschaftliche Betreuung der MIR durch Russland, Europa und die USA kann ihre Existenz vorerst retten. Astronauten zahlreicher Nationen gehen an und von Bord ohne jedoch bahnbrechende Ergebnisse zu liefern. Am 25. Juni 1997 muss man melden, dass die MIR nur noch ein Trümmerhaufen ist: Die Sonnensegel der Station sind defekt, Strom und Sauerstoffversorgung fallen zuweilen aus. In den Niederlanden setzt man sich mit der MIRCorp für eine spätere Umnutzung der Station für den Weltraumtourismus ein. Vergeblich: Am 23. Oktober 2000 wird das Ende der MIR beschlossen, da vor allem die USA sich weigern, ihren Anteil für den Erhalt zu leisten. Am 23. März 2001 tritt die MIR wieder in die Erdatmosphäre ein und verglüht. Der Torso stürzt um 6:57 Uhr nahe der Fidschi-Inseln in den Pazifik, mit ihm versinken die stolzen Träume der sowjetischen Weltraumherrschaft.

17 | 02 | 2007

Von 1 auf 0

Britney Spears, das typische All-American-Girl aus einfachem Hause, steht mehr als jeder andere Popstar der neueren Zeit für den sinnlosen Niedergang einer erfolgreichen Schönen, obwohl, oder gerade weil schon früh alles sehr gut für sie aussieht. Nach zahllosen Talent-Shows moderiert sie mit Christina Aguilera und Justin Timberlake die TV-Kindersendung „New Mickey Mouse Club". Ihr Einstieg ins Popbusiness ist wenig später aber weit fulminanter: Das Debüt-Album des Teenie-Stars, „Baby One More Time", schießt mit der Erfolgsformel Sex-Appeal in Schuluniform auf Platz 1 der US-Charts, die gleichnamige Single wird auf Anhieb in 40 Ländern ein Chartbreaker. In den nächsten Jahren folgen Tourneen, Alben, Videos und als Krönung der legendäre (Zungen-) Kuss mit Madonna bei den „MTV Video Music Awards" 2003. Das Kapitel Familie verläuft für Spears weniger erfolgreich: Am 18. September 2004 heiratet sie ihren Background-Tänzer Kevin Federline. Die beiden bekommen zwei Kinder und lassen sich zwei Jahre später wieder scheiden. Seitdem irrlichtert Spears durch LA und produziert Skandale wie früher Nummer 1-Hits: Sie lässt ihre Babys fast fallen, verliert das Sorge- und Besuchsrecht für ihre Kinder, erscheint nicht bei Gerichtsterminen und lacht sich immer wieder die falschen Freunde an. Der dramatische Tiefpunkt: Die verwirrte Spears lässt sich am 17. Februar 2007 von Paparazzi dabei filmen, wie sie sich selbst den Kopf kahl rasiert. Die Yellow Press stürzt sich auf die schockierenden Glatzen-Fotos und erklärt Britney für selbstmordgefährdet. Ein Comeback-Versuch mit ihrem neuen Album "Blackout" misslingt, unter anderem mit einem katastrophalen MTV-Awards Auftritt. Privat steuert die Sängerin 2008 mit schockierenden Schlagzeilen über Psychosen, Zwangseinweisungen und Drogenmissbrauch selbst auf einen „Blackout" zu. Fortsetzung folgt.

15 | 05 | 2007

Hasselhoffnungslos

Vielleicht hat alles mit der bedenklichen Wahl seines Friseurs angefangen. Die Karriere des David Michael Hasselhoff ist ein Meilenstein des White Trash, in der alles Masse, aber nichts Klasse ist. Mit seinem ersten Erscheinen auf dem TV-Bildschirm in der Seifenoper „Schatten der Leidenschaft" findet er bereits zielsicher sein Niveau und sein Publikum, das er mit der weiteren Wahl seiner Rollen niemals enttäuschen soll. Ob als „Knight Rider" mit Super-Auto K.I.T.T. oder „Baywatch"-Bade-Boy, „The Hoff", wie seine Fans ihn nennen, bleibt angesichts des Erfolges seiner Serien dumpfer Unterhaltung von der Stange stets treu und gönnt sich dazu musikalische Seitensprünge mit Platten gleichen Kalibers. Das alles bringt ihm einen Stern auf dem Hollywood Boulevard und den Titel „meistgesehener TV-Star der Welt", ein ehrlicher Lohn für einen Mann und seine Lederjacke, der 2006 in einem Interview zu bedenken gibt, seine Rollen seien ein wenig schwieriger gewesen als ein normales, gut geschriebenes Drehbuch wie „Der Pate" zu sprechen, er habe mit einem Auto sprechen müssen. Am 3. Mai 2007 stellt seine Tochter Taylor Ann ein von ihr gefilmtes Video ins Internet, das Hasselhoff sturzbetrunken und halbnackt am Fußboden eines Hotelzimmers in Las Vegas zeigt, in dem vergeblichen Versuch, einen Burger aus seiner Pappschachtel zum Mund zu führen. Nur wenige Tage später, am 15. Mai 2007, erscheint mit „Don't Hassel The Hoff" die Autobiographie von David Hasselhoff. Die große, intime Beichte eines Lebens, in dem der Star sich mit seinem übersteigerten Ego meist als eine Figur inszeniert hat, die noch hanswurstiger wirkt, als seine Fernsehrollen. Die New Yorker Zeitung Publisher Weekly rät in ihrer Kritik selbst Hasselhoff-Fans davon ab, das Buch zu lesen.

===================== Weiterlesen =====================

▶ David M. Harland: The story of Space Station Mir. Berlin/ Heidelberg/ New York 2005
▶ Frances Fitzgerald: Way Out There in the Blue: Reagan, Star Wars and the End of the Cold War, New York 2001
▶ V.S. Naipaul: Abschied von Eldorado. Eine Kolonialgeschichte, 1993 List Taschenbuch
▶ Joscelyn Godwin, Athanasius Kircher, Berlin 1994
▶ Michael Siebler, Troia – Homer – Schliemann, Mainz 1990
▶ Heinz Frederick Peters: Zarathustras Schwester. Fritz und Lieschen Nietzsche – ein deutsches Trauerspiel. Kindler, München 1983
▶ Peter Claus Hartmann: Der Jesuitenstaat in Südamerika 1609-1768. Eine christliche Alternative zu Kolonialismus und Marxismus. Weißenhorn 1994

Tage des Scheiterns

911 538
4711 614
40 Stunden Woche 335

A

Achttausender 235
Adam Smith 325
Adolf Heinrich August
Bergmann 587
Adorno 100
Afghanistankrieg 272
Afrika 159
Ai Weiwei 511
Aida 424
AIDS 272
Aiko 809
Airbag 125
Akira 416
Akupunktur 606
Al Capone 791
Albert Hofmann 608
Albrecht Dürer 490
Aldi 334
Alexander Fleming 598
Alfons Maria Mucha 499
Alfonso Bialetti 527
Alhambra 553
Alien 415
Alinghi 681
Allen 807
Amalgam 603
Amerika 820
Ampel 523
Anatomie 583
Andenunglück 268
Andrews Sisters 428
Angkor 559
Anne Frank 470
Anselm Kiefer 512
Anti-Baby-Pille 598
Antike Kunst 487
Anton Pavlov 596

Antonius Vesalius 583
Apartheid 165
Apple 542
Applied Kineology 600
Aristoteles 84
Armstrong, Louis 427
Artenschutz 770
Artensterben 779
Arved Fuchs 236
Ärzte ohne Grenzen 600
Ashe 673
Aspirin 595
Asterix und Obelix 474
Atatürk 178
Atlas 14
Atomkriegsgesetz 164
Aum Sekte 75
Australien 176
Auto 111
Autobahn 126
Autoreifen 120
Ayacucho 175
Ayurveda 635

B

Bad Doberan 586
Balboa 208
Ballet Roses 793
Baltikum 193
Bär 777
Barbarossa 205
Barbie 732
Barcelona-Pavillon 563
Bardot 631
Bärenmarke 698
Barnes & Noble 351
Bart 615
Bartholomäusnacht 251
Basilika 572
Bass/Morrow 234
Bastille 557
Batterie 114
Bauernkrieg 172

Bauhaus Manifest 522
Bayer 594, 595
Beach Boys 832
Beamon 657
Beatles 450, 540, 832
Beckenbauer 305
Becker 668
Beethoven 289
Behringstraße 212
Beiersdorf 617
Ben Hur 410
Benetton 804
Berliner Mauer 568
Berlin-Tempelhof 566
Berlusconi 809
Bier 689
Biermann 800
Bikini 626
Bildzeitung 368
Bin Laden 164
Birkin Bag 627
Bizet 425
Blackberry 378
Blackwell-Liste 642
Blauer Engel 401
Bleistift 110
Blindenschrift 361
Bloch, Marc 96
Blog 376
Blondi 764
Blues 427
Blur 448
Blutkreislauf 584
Bob Marley 443
Bobby Car 736
Bocuse 710
Body Shop 634
Bogart 300
Boleyn 783
Bolivar 825
Bollhagen-Porzellan 527
Bond 303
Bonny & Clyde 294

Bophal 273
Borg 665
Boston Tea Party 175
Botanik 14
Botox 616
Bounty 213
Boxen 662
Boyle 584
Brandt 162
Brasilia 567
Braun 533
Bravo 729
Briefmarke 116
Bringin Up Baby 406
Brunei 348
Bruno 777
Bubka 669
Buch 355
Buchmesse 357
Buddhas von Bamiyan 573
Buddhismus 53
Buddy Holly 429
Bühnenschminke 616
Bungee 233
Burj Dubai 574
Burschenschaft 615
Byzanz 145

C

Callas 306
Calvinismus 60
Camel 702
Camera Obscura 200
Can 436
Canisius 146
Canossa 57
Captain Cook 212
Caravaggio 492
Cargolifterhalle 573
Carmen 425
Carpe diem 457
Cary Grant 406

Casablanca ... 155
Caspar David Friedrich ... 496
Castro ... 184
Cervantes ... 457
Chandra Bose ... 180
Chanel ... 629
Chaos CC ... 372
Charlie Chaplin ... 293
Château Latour ... 686
Chatroom ... 375
Che Guevara ... 307
Chinnichap ... 435
Chipkarte ... 135
Chloroform ... 588
Chopin ... 423
Chronofotographie ... 394
Chrysler-Building ... 564
Churchill ... 296
Cicero ... 85
Civil Rights Act ... 161
Clarence ... 769
Clinton ... 807
Cobain ... 313
Coca-Cola ... 521
Coco Chanel ... 621
Colani ... 544
Coltrane ... 431
Comaneci ... 663
Compiegne ... 151
Computer ... 131
Computerspiel ... 731
Contagious Desease ... 176
Contergan ... 796
Cousteau ... 227
Croft ... 314
Currywurst ... 707

D

Dagobert Duck ... 337
Daktari ... 769
Dalai Lama ... 568
Damien Hirst ... 510
Darfur ... 279

Darwin ... 93
Dauerwelle ... 620
Dave Davies ... 430
Dean ... 302
Deep Purple ... 437
Delacroix ... 496
Denis ... 584
Descartes ... 87
Deutsche Börse ... 350
Diamond ... 432
Dian Fossey ... 230
Dick & Doof ... 402
Diego Rodriguez Velasquez ... 493
DiMaggio ... 656
Dinosaurier ... 772
Dior ... 628
Disney ... 405
D-Mark ... 339
Documenta ... 511
Dollar ... 326
Dolly ... 774
Dominique Jean Larrey ... 585
Döner ... 709
Drake ... 209
Drei-Schluchten-Damm ... 575
Drittes Tor ... 655
Druck ... 356
Dschingis Khan ... 145
Dübel ... 124
Duden ... 462
Dylan ... 431

E

Easy Rider ... 413
Ed Wood ... 829
Ederle ... 650
Edison ... 122
Eiffelturm ... 561
Eileen Gray ... 541
Einbauküche ... 543
Einhandsegler ... 230
Einhorn ... 750
Einstein ... 124

Einstein 299
Eisbär......................... 777
Eisenhower 471
Eiserne Maske 785
Eishockey................... 647
Eismann 240
El Dorado................... 822
El Niño....................... 35
Elefant 758
Elly Beinhorn 225
Elsholtz 584
Email 376
Emmerez 584
Emoticon.................... 373
Emsdetter Amoklauf.. 814
Encomienda................ 249
Entartete Kunst.......... 504
Ephesos 549
Erasmus von Rotterdam 86
Erdzeitalter 42
Eroberung Mexikos ... 209
Errol Flynn, ... 405, 800
Escorial 555
ETA............................ 185
Euro 349
Europ. Zentralbank ... 346
Eurotunnel................. 237

F

Facebook 384
Fahrrad...................... 115
Fangataufa 31
Fantastic Four 753
Farbfilm..................... 408
Farncisco de Goya 494
Fatwa......................... 73
Faust 460
Fax 370
FC Bayern Stadion..... 545
Felsentempel.............. 569
Ferdinand Sauerbruch.. 597
Fernsehen 366
Festung Masada 550

Filmbudget................. 419
Fisher......................... 657
Flick........................... 801
Flipper....................... 769
Flugblatt 356
Flugzeug 117
Fotografie 393
Fotohandy.................. 380
Foucault 101
Franco 179
Frankenstein.............. 461
Franklin 324
Franz. Revolution 174
Franziska Tiburtius ... 593
Fraser......................... 655
Frauenkirche.............. 575
Frauenrechte 157
FredAstaire 404
Freud 105, 590
FSK............................ 727
Fugger........................ 322
Fußball 647
Futuristisches Manifest 500

G

Gabriele Münter........ 501
Gammelfleisch........... 712
Gandhi 298
Gänse......................... 749
Gardner, Jostein 102
Garrett Morgan 523
Gaskrieg..................... 238
Gastarbeiter............... 477
Gates.......................... 342
Gauß.......................... 112
Geldof........................ 446
Genfer Konvention ... 149
George G. Blaisdell.... 528
George W. Bush 481
Gerhard Richter 510
Germania 565
Geronimo................... 292
Gerontologie.............. 592

Gewürze ... 687
Gin ... 694
Glasgow ... 795
Global Seed Vault ... 44
Globe Chair ... 538
Glocken von Nagasaki ... 468
Glorious Revolution ... 173
Glykol ... 710
Goddard ... 239
Goethe ... 288
Golden Gate Bridge ... 529
Goldrausch ... 331
Golf ... 662
Goodall ... 762
Goodyear ... 118
Google ... 377
Gore ... 411
Gottlieb Daimler ... 524
Grace Kelly ... 310
Greenpeace ... 35
Greenspan ... 344
Greenspan ... 344
Greenwich Village ... 162
Gregroianischer Kalender ... 61
Gretzky ... 675
Grimm ... 459
Grzimek ... 763
Güllich ... 237

H

H&M ... 338
H5N1 ... 278
Haarmann ... 791
Haarspray ... 622
Habermas ... 103
Hackl ... 677
Hagia Sofia ... 553
Halbstarke ... 729
Hale-Bopp ... 38
Hale-Teleskop ... 27
Halla ... 767
Halleyscher Komet ... 18
Halsband Affäre ... 786

Hamster ... 762
Handball ... 664
Handy ... 372
Handy Cam ... 416
Hannawald ... 677
Hans Werner Richter ... 473
Hanse ... 320
Haribo ... 523
Harriet ... 754
Harry Potter ... 482
Hasselhoff ... 838
Haute Couture ... 620
Hegel ... 91
Heidegger ... 95
Heinrich Lübke ... 473
Heinrich VIII ... 783
Heliozentrisches Weltbild ... 15
Helmut Kohl ... 480
Hendrix ... 308
Henry Dunant ... 589
Hepburn, Katharine ... 406
Hermès ... 627
Heroin ... 594
Hertz ... 426
Herzog & de Mauron ... 545
Herztransplantation ... 599
Hexenhammer ... 248
Heysel ... 667
Hieroglyphen ... 824
Hilbert ... 113
Hildegard von Bingen ... 606
Hilton ... 640
Hinduismus ... 51
Hippokrates ... 581
Hiroshima ... 265
Hitchcock ... 411
Hitlers Hund ... 764
Hitlers Tagebücher/Stern ... 479
HJ ... 723
Hobbes ... 88
Hochzeit ... 783
Höhle von Lascaux ... 505
Hollywood ... 399

Hollywood ... 525
Homer ... 455
Hubble Konstante ... 40
Hubble Teleskop ... 36
Humane Society ... 766
Humboldt ... 92
Hund ... 758, 760
Hundertwasser ... 525
Hungersnot ... 257
Hussiten ... 59

I

Ida Pfeiffer ... 214
Idi Amin Dada ... 268
Imhausen ... 804
Impressionismus ... 497
Indian Jones ... 223
Inka ... 249
Inquisition ... 62
Internet ... 371
IRA ... 188
Islam ... 54
ISO ... 133

J

Jack the Ripper ... 787
Jackson ... 311
Jackson Pollock ... 506
Jacques-Louis David ... 494
Jacuzzi ... 134
Jagger ... 434
James Young Simpson ... 588
Jan van Eyck ... 489
Jazz Singer ... 400
Jerusalem ... 158
Jeshowschtschina ... 262
Jesse James ... 291
Jesuiten ... 834
Jesus ... 285
Jil Sander ... 641
Jim Davis ... 738
Jim Morrison ... 308
Johannes Auping ... 591
John F. Goodheart ... 600
John F. Tie ... 600
Johnnie Walker ... 518
Johnson, Ben ... 670
Johnson, Robert ... 427
Jolee Mohr ... 607
Jordan ... 674
Joseph Beuys ... 508
Joseph Strauss ... 529
Joy ... 623
Joyon ... 241
Juan Carlos ... 191
Judith und Holofernes ... 491
Jugoslawien ... 276
Julius Hackethal ... 604
Jumbo ... 756
Jungfrau v. Orleans ... 207
Juri Gagarin ... 229
Juschtschenko ... 811

K

Kaffee ... 691
Kaffeefilter ... 701
Kafka ... 465
Kajakfahrt ... 226
Kamprad ... 341
Kannibalen ... 252
Kap Hoorn ... 210
Kapitän Ehrhardt ... 827
Karl II. ... 784
Karl May ... 219
Karneval ... 718
Kartoffel ... 689
Kartoffelanbau ... 690
Kartoffelchips ... 695
Kaspar Hauser ... 786
Katechismus ... 717
Käthe ... 783
Kaugummi ... 696
Keith Haring ... 509
Kelly Bag ... 631
Kenia ... 183
Kennedy ... 304

Kennedy ... 476
Kerbala ... 56
Kermit ... 771
Kernspaltung ... 131
Keynes ... 337
Khmer-Könige ... 559
Khomeni ... 190
Kiefner ... 512
Kierkegaard ... 95
Kindergarten ... 719
Kinderkreuzzug ... 246
Kinderschokolade ... 709
Kinks ... 430
Kinsey ... 471
Kircher ... 824
Kirgisistan ... 197
Klavier ... 423
Klebeband ... 127
Klum ... 638
Knigge ... 459
Knut ... 777
Kochbuch ... 690
Kölner Dom ... 560
Konfuzinanismus ... 49
Kongo ... 255
Konstantinische Schenkung ... 55
Kontiki ... 828
Kopftuch ... 78
Kopierer ... 367
Koreakrieg ... 264
Korn ... 687
Kosmetikverordnung ... 635
Kraftwerk ... 441
Kreditkarte ... 133
Krieg der Welten ... 367
Ku Klux Klan ... 257
Kubakrise ... 161
Kugelschreiber ... 130
Kühlschrank ... 120
Kuhn ... 99
Kulturrevolution ... 267
Kursosawa ... 409
Kyoto Protokoll ... 37

L

La Terreur ... 252
Lacoste ... 520
Lady Diana ... 314
Laika ... 767
Lana Turner ... 792
Landminen ... 167
Landshuter Hochzeit ... 687
Lang, Fritz ... 403
Larsson ... 658
Las Vegas ... 344
Lassie ... 763
Laterna Magica ... 391
Latour ... 686
Latynia ... 654
Lazarett ... 585
Leben im Weltall ... 43
Leden, Judy ... 135
Lee, Stan ... 753
Lego ... 730
Leibniz ... 104
Leichner ... 616
Lenin ... 179
Lennon ... 309
Lenz ... 217
Lever House ... 566
Lexikon ... 360
Lhasa ... 568
Libanon ... 198
Liechtenstein ... 506
Lincoln ... 290
Lindbergh ... 224
Linger ... 619
Linné ... 752
Lippenstift ... 618
Litfaß ... 362
Lithographie ... 359
Little Big Horn ... 216
LM 60 ... 41
Locke ... 90
Lokomotive ... 114
Lomo ... 418

London Zoo ... 775
Louis Pasteur ... 604
Love and Peace ... 478
Löwe ... 775
Löwenherz ... 775
Lower ... 584
LSD ... 608
Lucas, George ... 414
Lucheni ... 789
Lucky Luciano ... 831
Lucky Strike ... 532
Luftbrücke ... 156
Luhmann ... 99
Luigi Segre ... 534
Lumière ... 397
Luther ... 286

M

Machu Picchu ... 562
MAD ... 728
Madonna ... 311
Mai Tai ... 704
Malcom X ... 186
Malerinnen ... 498
Mammut ... 747
Mammut-Höhle ... 26
Mangano ... 629
Manson ... 797
Mao ... 182
Maoam ... 703
Marcel Duchamp ... 502
Marco Polo ... 206
Marcuse ... 102
Mardona ... 669
Margarete Schütte-Lihotzky ... 543
Marks & Spencer ... 333
Marlene Dietrich ... 294
Marsgesicht ... 34
Martin Luther King ... 476
Marx ... 332
Mary Quant ... 630
Mata Hari ... 790
Matterhorn ... 215

Mauerbau ... 160
Mauerfall ... 163
Max & Moritz ... 720
Max Daunderer ... 603
Max Ernst ... 503
Max Factor ... 625
Mc Donalds ... 707
McCarthy ... 830
McDonalds ... 536
McDonalds ... 707
McEnroe ... 665
Medici ... 321
Meerschweinchen ... 749
Meinhof ... 795
Melanchthon ... 821
Méliès ... 397
Memory ... 732
Mendel ... 119
Mercury ... 312
Meridiankonferenz ... 23
Messenger ... 42
Messner ... 231
Methodi Medendi ... 581
Michel Eugène Chevreul ... 592
Michelangelo ... 490
Michelangelo ... 572
Mickey Mouse ... 761
Micky Maus ... 469
Midas ... 319
Mies van der Rohe ... 563
Mikrofon ... 425
Mikrowelle ... 132
Milchstraße ... 16
Milka ... 694
Milky Way ... 705
Millenium Prayer ... 76
Milli Vanilli ... 835
Mini ... 535
MIR ... 836
Moby Dick ... 753
Mods ... 734
Moggi ... 812
Moka Express ... 527

Mona Lisa ... 286
Mona Lisa ... 501
Montana, Joe ... 671
Mondlandung ... 32
Monopoly ... 722
Monroe ... 297
Montagsdemo ... 194
Monte Carlo ... 330
Montesori ... 722
Montségur ... 552
Mordbuben ... 823
Morsealphabet ... 360
Moskau ... 803
Mount Everest ... 232
Mozart ... 287
Muhammed Ali ... 297
Mühlenberg-Legende ... 458
Münter ... 501
Mussolini ... 260
Myanmar ... 199
MySpace ... 386

N

Nabokov ... 472
Nag Hammadi ... 68
Nähmaschine ... 117
Nails ... 639
Nam June Paik ... 507
Naomi ... 636
Neil Armstrong ... 478
Neithardt ... 152
Neptun ... 20
Nesser ... 620
Neu Germanien ... 827
Neuer Markt ... 349
Neues Testament ... 50
Nevado del Ruiz ... 274
New Deal ... 153
Newton ... 110
Nibelungen ... 320
Nietzsche ... 462
Nike ... 541
Nilquelle ... 24

Nine-Eleven ... 279
Nixon ... 799
No. 5 ... 621
Nobel ... 122
Nofretete ... 621
Norderney ... 586
Nothern Soul ... 438
Nowitzki ... 680
Nudel ... 685
Nudeln ... 685
Nutella ... 537
Nykänen ... 678
Nylon ... 129

O

o.p. plauen ... 724
Oasis ... 448
Ochi-Tag ... 153
Odol ... 619
Oetker ... 701
Offset-Druck ... 364
Oin Shi Huangdi ... 571
Oklahoma ... 276
Oliver ... 711
Olivier Mourgues ... 539
Olivier, Jamie ... 711
Olof Palme ... 802
Ölrausch ... 330
Olympia ... 648
On Kawara ... 508
Opium ... 588
Orange Rev. ... 196
Orwell ... 468
Oscar ... 525
Owens ... 651
Ozeanographie ... 23
Ozonloch ... 39

P

Paarlauf ... 666
Pablo Picasso ... 503
Pacman ... 739
Paläontologie ... 19

Panamakanal	222
Panorama	394
Panspermietheorie	25
Pantheon	551
Papier	109
Pappenheim	590
Papst Benedikt XVI.	78
Papst Johannes Paul II.	74
Paracelsus	582
Paraguay	827
Parfüm	613
Parker	721
Parks	159
Pasolini	71
Pavlov'scher Reflex	596
Peanuts	727
Pearl Harbour	154
Peking	562
Pelé	653
Penicillin	598
Pergamonaltar	559
Peru	175
Pest	247
Peter der Schwan	776
Petersdom	554
Petrarca	86
PEZ	708
Pfarrer von Buchenwald	67
Pferd	767
Philippe Starck	531
Picasso	300
Piccard	238
Pink Floyd	450
Pippi	725
Piraten	211
Pirelli	632
Pizza	697
Plakat	363
Planck	98
Platon	83
Plattentektonik	30
Playboy	534
Playmobil	736
Plinius	487
Pluto	25
Podcast	385
Polaroid	408
Polen	198
Polonium 210	813
Polschmelze	43
Pommes Frites	693
Pompeji	245
Porsche	538
Porter	398
Portugal	189
Portwein	694
Porzellan	111
Potala Palast	568
Prada	641
Presley	301
Pretty Things	450
Priesterweihe	69
Prince	445
Prince Charles	806
Prinz Edward	788
Procter & Gamble	602
Profumo	794
Prozac	603
Punk	449
Punk	737

Q

Q-Tips	625
Quality Street	706
Quastenflosser	226

R

Radio	365
RAF	187
Rainbow Warrior	235
Ramses II.	569
Rap	444
Rasierer	126
Rathenau	827
Ray-Ban	536
Raymond Loewy	532

Reagan ... 412, 480
Reichssender Flensburg ... 467
Reichstag ... 564
Reis ... 685
Reliquien ... 77
Remarque ... 401
Rembrandt ... 493
Rembrandt ... 771
Retortenbaby ... 601
Revlon ... 624
Richterskala ... 33
Rin Tin Tin ... 759
Ritz ... 699
Robert Koch ... 590
Robin Hood ... 205
Rock von Trier ... 58
Rockefeller ... 329
Roddick ... 634
Rolling Stones ... 833
Rolls Royce ... 520
Römisches Reich ... 141
Röntgenstrahlen ... 593
Roosevelt ... 221
Rosenmontag ... 718
Rosenstraße ... 182
Roswell ... 829
Rote Khmer ... 269
Rotes Kreuz ... 589
Rothschild ... 325
Rousseau ... 90
Rubik's Cube ... 738
Rudolf Virchow ... 596
Rum ... 691
Rust ... 803

S

Saeculum Obscurum ... 55
Saint Paul's ... 556
Saint-Exépury ... 483
Salomons Tempel ... 549
Sarah Bernhardt ... 291
Sarajewo ... 150
SARS ... 280

Saudi Arabien ... 336
Schatzinsel ... 463
Scheidung ... 72
Schiefe Turm von Pisa ... 551
Schiller ... 289
Schimpanse ... 778
Schlacht von Tours ... 142
Schlange ... 748
Schliemann ... 826
Schmeling ... 651
Schnaps ... 687
Schnaps ... 687
Schneewittchensarg ... 533
Schönbrunn ... 751
Schopenhauer ... 93
Schöpfungsmythos ... 13
Schumacher ... 672
Schwan ... 776
Schwarzenegger ... 810
Schwarzer Freitag ... 261
Scientology ... 814
SDI ... 835
Second Life ... 382
Seeheilbad ... 586
Sesamstraße ... 735
Seveso ... 270
Sex Pistols ... 440
Shaanxi ... 250
Shakespeare ... 456
Sherlock Holmes ... 463
Shintoismus ... 69
Siegfried & Roy ... 811
Sielmann ... 773
Silberflotte ... 323
Silikon ... 626
Simpson ... 805
Simpsons ... 741
Sisi ... 789
Skladanowsky ... 396
Smile ... 832
Smith ... 637
Sokrates ... 82
Sony ... 343

Soros 345
Spanische Armada 822
Spartacus 171
Sparwasser 660
Spears 837
Spector 433
Speer 565
Sphinx von Giseh 558
Spinoza 89
Spitz 659
Spongebob 742
Springsteen 438
Spritzen 584
Spülmaschine 121
Sputnik Satellit 29
Sri Lanka 200
Stan & Laurel 402
Stanley Morison 526
Stars & Stripes 517
Starwars 414
Staubsauger 123
Steiff 720
Stenmark 661
Sterbehilfe 604
Stier 755
Stock-Aitkin-Waterman 444
Storck 700
Strabucks 712
Stray Cats 442
Studio 54 439
Stundenbuch 488
Südpol 219
Suharto 195
Superman 295
Supermodel 636
Sylvester Stallone 512
Sylvia Plath 475

T

T. Rex 747
Tagesschau 369
Taiping 254
Taj Mahal 555
Taliban 277
Tamagotschi 773
Tambora 253
Tampon 128
Tangshan 271
Taoismus 75
Tarantino 417
Targeted Genetics 607
Tattoo 613
Taube 763
Taufe Chlodwigs 52
Taylor-Burton 798
Techno 447
Teebeutel 702
Telefon 364
Tempelhof 566
Tenberken 239
Teppich von Bayeux 487
Terrakottafiguren 571
The Who 441
Thomas Fuchs 793
Thoreau 94
Times Typografie 526
Titanic 220
Todesmärsche 259
Tolkien 465
Tönnies 335
Tour de France 676
Trader Vic 704
Tragbahre 591
Tranby Affäre 788
Transib 216
Treuhand 806
Trivial Pursuit 740
Troia 826
Tropenwald 38
Troquer 793
Troska 639
Tschernobyl 275, 571
Tschetschenien 195
TSS Tampon 602
Tsunami 281
Tuberkulose 590

Tupper 532
Turnvater 717
Tutanchamun 223
Tutu 192
Twiggy 633
Tyson 674

U

U-Bahn 128
U-Boot 228
Uhse 346
Ungan 185
UNICEF 726
Universum 17
Uranus 19
Urknall 28
Ursuppe 28
Ustacha 262
UTC 33
Utopia 455
Utopia 834

V

Van Gogh/ Gaugin 498
Venus 31
Verbotene Stadt 562
Verden 245
Verdi 424
Versace 639
Versteinerung 17
Vertrag von Verdun 143
Vespa 530
Viagra 605
Victoriafälle 21
Vietnamkrieg 266
Völkerwanderung 141
Volkstempler 72
Vulkanobservatorium 21
VW 340, 534
VW-Logo 530

W

Wahnzettel 95
Waldheim 802
Waldner 664
Wallach 771
Wal-Mart 341
Wannseekonferenz 263
Warhol 304, 506
Washoe 778
Watergate 799
Waterloo 148
Webcam 381
Weckglas 519
Weihnachten 49
Weihnachtsmann 66
Weinberg 659
Weiße Rose 181
Weiße Väter 64
Weißes Album 540
Weissmüller 649
Weltraumstraße 233
Weltwunder 576
Wembley Tor 655
Werwolf 791
Western 407
Westfälischer Frieden 147
Westwood 633
Wikipedia 381
Wilhelm Conrad Röntgen 593
William Harvey 584
William Turner 495
Williams, Robbie 449
Wilmut, Ian 774
Wilson, Brian 832
Winnie the Pooh 757
Wirgley's 697
W-Lan 378
Woodstock 434
Woolworth 333
World Trade Center 570
World Wildlife Found 768
Wormser Dom 557

Wounded Knee 256
Wren 584
WTO 347
Wunderresl 70
Wunderscheibe 392
Wüstenschutz 40

Y

Yellow Press 370
Yellowstone National Park 22
YMCA 62
Yoga 65
YouTube 385

Z

Zahnpasta 587
Zapata 177
Zápotek 652
Zeitrechnung 52
Zeitschrift 358
Zeitung 358
Zeppelin 218
Zeugen Jehovas 63
Zionistenkongress 65
Zippo 528
Zlatko 808
Zola 788
Zweiter Weltkrieg 466
Zwilling 517

12 | 08 | 1972
Die Sandkastenstory

Es ist ein heißer zwölfter August des Jahres 1972, als der dreijährige Lothar (Berndorff) im Rohnsweg zu Göttingen einen vermeintlichen Spielkameraden entdeckt, der nur ein paar Häuser weiter wohnt. Der schnell gewonnene Freund namens Tobias (Friedrich) wird bald zum Verbündeten, zum Kindergartenkumpel und schließlich Grundschulfreund. Nach einem Karnevalsfest 1975 gründet man zusammen mit Schulkamerad Joachim Staron die Band „Die Rowdies", die es sich zur Aufgabe macht, Charthits mit neuen, deutschen Texten zu versehen. Ebenso entwickelt man die Zeitschriften „Popsel", „Spaß der Welten" und „Flußabwärts", Unikate, geheftet mit aufgeklebten exklusiven Fotos aus Illustrierten. Doch schon bald brechen beide zu neuen Ufern auf, produzieren auf Kassetten das „Lepscheohrstudio", ein eigenes Radioformat mit Musik-, Show- und Comedybeiträgen, und begründen so eine neue Form der Unterhaltung. Als „Die Rowdies" sich auflösen und später unterschiedliche Gymnasien besucht werden, droht die Allianz zu zerbrechen. Doch selbst ein Ein-Jahres-Aufenthalt Friedrichs in Amerika kann den Kitt der Freundschaft nicht lösen. Der Rest der Geschichte ist schnell erzählt: Es folgt ein Engagement bei einer Werbeagentur, eine eigene Uni-Zeitung, ein Studium der Geschichte, VWL und Sozialwissenschaften, eine gemeinsame WG in Berlin, ein eigenes Berliner Stadtmagazin, gemeinsame Bands, Plattenverträge, Kompositionen für andere Künstler, Fernsehjobs, eine Firma für Daten- und Eventmanagement, Softwareentwicklung und Übersetzungsarbeiten, eine eigene AG, Hochzeiten und Kinder, eine Doktorwürde, ein Lehrauftrag, ein Motorbootschein, und was man eben sonst noch so macht.

Im Jahr 2008 entscheiden beide, ihre gemeinsam gesammelten Erfahrungen in Büchern aufzuschreiben, als plötzlich...

Bildnachweis

© nawim96 und Lizenzgeber. Alle Rechte vorbehalten.
Bei folgenden Grafiken dienten Bildvorlagen folgender Hersteller als Gestaltungsgrundlage:

Dover Electronic Clip Art: 13, 15, 44, 47, 70, 77, 80, 138, 169, 202, 218, 223, 317, 353, 355, 460, 484, 546, 715, 721, 746, 750, 753, 754, 760, 769, 777

Hemera Technologies Inc: 4, 11, 50, 52, 84, 92, 106, 113, 115, 117, 121, 133, 148, 171, 174, 232, 253, 258, 282, 285, 288, 322, 350, 364, 365, 369, 386, 388, 393, 404, 431, 439, 441, 456, 464, 487, 491, 499, 510, 512, 528, 559, 571, 579, 583, 584, 587, 591, 601, 603, 608, 623, 682, 685, 689, 692, 705, 707, 711, 719, 735, 747, 765, 785, 787, 811, 817, 819, 822

Stefan Gandl/ Neubau: 228

Textnachweis

Alle Texte stammen von Lothar Berndorff und Tobias Friedrich außer:

Sean Bussenius Seite: 194, 360, 362, 374, 376, 381, 385, 405, 409-411, 413-417, 419, 423-425, 431, 444, 446, 830, 838

Sven Holly Seite: 15-44, 53, 90-91, 93-94, 98, 92, 102, 104,119, 124, 133, 157, 159-162, 176, 180, 183, 184, 185, 187, 188, 192, 193, 199, 200, 268, 275, 325-329, 332-334, 335, 337-338, 341, 343-347, 349-351, 581, 583-585, 588-590, 592-593, 594, 596-601, 603-604, 606, 607, 641, 788, 793, 801, 806, 809, 822, 826, 830, 834

Nils Kalliski Seite: 303, 407, 429, 442, 439, 463, 725, 729

Maja Kersting Seite: 153, 175, 177, 185, 187, 189, 193, 195, 196, 198

Frauke Meier Seite: 487-498, 500-506, 508-511

Kerstin Paulmann Seite: 134, 358, 360, 365, 368, 370, 375, 378, 380, 382, 412, 416, 481, 603, 740, 786, 788-790, 792, 794-795, 792, 798, 799, 800, 802, 803, 804-806, 807-809, 810-811, 831, 835, 837

Olaf Schumacher Seite: 181, 186, 366, 367, 793, 797, 798, 800, 802

Joachim Staron Seite: 260

Philip Wahl Seite: 83-86, 87-89

Karsten Zang Seite: 401, 549-570, 572-576, 824

Haftung
Alle Informationen in diesem Buch wurden sorgfältig recherchiert und geprüft, dennoch kann eine Gewährleistung für die Richtigkeit des Inhalts nicht übernommen werden.
Insbesondere für die in diesem Buch aufgeführten Internet-Adressen gilt: Wir erklären ausdrücklich, dass wir keinen Einfluss auf die Inhalte der Internet-Seiten haben, die mit den in diesem Buch aufgeführten Internet-Adressen zu erreichen sind. Eine Haftung für Personen-, Sach- und Vermögensschäden ist ausgeschlossen, soweit gesetzlich zulässig.